GALATENI, EFESENI
FILIPENI, COLOSENI

BIBLIA
CU PREDICI ȘI SCHIȚE
PENTRU
PREDICATORI®

GALATENI, EFESENI
FILIPENI, COLOSENI

BIBLIA
CU PREDICI ȘI SCHIȚE
PENTRU
PREDICATORI®

NOUL TESTAMENT

TRADUCEREA D. CORNILESCU

Leadership Ministries Worldwide
Chattanooga, TN 37408

DEDICATĂ

Tuturor bărbaţilor şi femeilor din lume care predică şi învaţă pe alţii Evanghelia Domnului nostru Isus Hristos, potrivit milei şi harului lui Dumnezeu

- Făcut cunoscut nouă în Hristos Isus Domnul nostru

  „În El avem răscumpărarea, prin sângele Lui, iertarea păcatelor, după bogăţiile harului Său."(Efeseni 1:7)

- Milă şi har din care se revarsă însuşi Cuvântul lui Dumnezeu. Fie ca orice om să audă vestea bună că Dumnezeu are milă de el, îl iartă şi îl poate folosi în planul Lui de mântuire a lumii.

-

  „Fiindcă atât de mult a iubit Dumnezeu lumea, că a dat pe singurul Lui Fiu, pentru ca oricine crede în El, să nu piară, ci să aibă viaţa veşnică. Dumnezeu, în adevăr, n-a trimis pe Fiul Său în lume ca să judece lumea, ci ca lumea să fie mântuită prin El." (Ioan 3:16-17)

  „Lucrul acesta este bun şi bine primit înaintea lui Dumnezeu, Mântuitorul nostru, care voieşte ca toţi oamenii să fie mântuiţi şi să vină la cunoştinţa adevărului." (1 Timotei 2:3-4)

Biblia cu Predici şi Schiţe pentru Predicatori®

a fost scrisă pentru slujitorii lui Dumnezeu ca ajutor în studiul personal, pentru învăţătura altora şi pentru predicarea Cuvântului sfânt al lui Dumnezeu.

- Să facem cunoscut Cuvântul lui Dumnezeu întregii lumi
- Să îl ajutăm pe credincios, atât pe păstor cât şi pe lucrătorul laic, să înţeleagă, să predice şi să îi înveţe pe alţii Cuvântul lui Dumnezeu
- Să facem tot posibilul ca bărbaţii, femeile, băieţii şi fetele să îşi dăruiască inimile şi vieţile lor Domnului Isus Hristos, şi să primească astfel viaţa veşnică pe care le-a promis-o El
- Să facem tot posibilul să îi ajutăm pe cei în nevoie
- Să Îi dăm lui Isus Hristos locul de cinste pe care I-l dă Scriptura De aceea nici o carte publicată de Leadership Ministries Worldwide nu va avea niciodată autor.

MULȚUMIRI

Fiecare copil al lui Dumnezeu este prețios înaintea Domnului și nespus de iubit de El. Ca slujitor al Domnului, fiecare copil al lui Dumnezeu afectează viețile celor care vin în contact cu el sau cu lucrarea în care slujește. Următorii slujitori au afectat prin scrierile lor volumele de față, iar noi Îi mulțumim lui Dumnezeu pentru lucrările lor scrise de care ne-am putut folosi și noi. Recunoaștem astfel contribuția lor în lucrarea de față, conștienți fiind de faptul că mulți alții, de-a lungul timpului, ne-au afectat viețile prin scrierile lor, însă al căror nume, regretabil, l-am uitat. Fie ca Domnul nostru minunat să continue să binecuvinteze atât lucrarea acestor slujitori îndrăgiți, cât și lucrările în care suntem și noi implicați, trudind cu evlavie ca să câștigăm această lume pentru Hristos și să îi ajutăm pe cei în nevoie care suferă atât de mult.

RESURSE PENTRU LIMBA GREACĂ

1. Expositor's Greek Testament, Edited by W. Robertson Nicoll. Grand Rapids, MI: Eerdmans Publishing Co., 1970.

2. Robertson, A.T. Word Pictures in the New Testament. Nashville, TN: Broadman Press, 1930.

3. Thayer, Joseph Henry. Greek-English Lexicon of New Testament. New York: American Book Co. No date listed.

4. Vincent, Marvin R. Word Studies in the New Testament. Grand Rapids, MI: Eerdmans Publishing Co., 1969.

5. Vine, W. E. Expository Dictionary of New Testament Words. Old Tappan, NJ: Fleming H. Revell Co. No date listed.

6. Wuest, Kenneth S. Word Studies in the Greek New Testament. Grand Rapids, MI: Eerdmans Publishing Co., 1966.

REFERINȚE UTILIZATE

7. Cruden's Complete Concordance of the Old & New Testament. Philadelphia, PA: The John C. Winston Co., 1930.

8. Josephus' Complete Works. Grand Rapids, MI: Kregel Publications, 1981.

9. Lockyer, Herbert. Series of Books, including his Books on All the Men, Women, Miracles, and Parables of the Bible. Grand Rapids, MI: Zondervan Publishing House, 1958-1967.

10. Nave's Topical Bible. Nashville, TN: The Southwestern Co. No date listed.

11. The Amplified New Testament. (Scripture Quotations are from the Amplified New Testament, Copyright 1954, 1958, 1987 by the Lockman Foundation. Used by permision.)

12. The Four Translation New Testament (Including King James, New American Standard, Williams – New Testament In the Language of the People, Beck – New Testament in the Language of Today.) Minneapolis, MN: World Wide Publications.

13. The New Compact Bible Dictionary, Edited by T. Alton Bryant. Grand Rapids, MI: Zondervan Publishing House, 1967.

14. The New Thompson Chain Reference Bible, Indianapolis, IN: B.B. Kirkbride Bible Co., 1964.

COMENTARII UTILIZATE

15. Barclay, William. Daily Study Bible Series. Philadelphia, PA: Westminster Press, Began in 1953.

16. Bruce, F.F. The Epistle to the Ephesians. Westwood, NJ: Fleming H. Revell Co., 1968.

17. Bruce F.F. Epistle to the Hebrews. Grand Rapids, MI: Eerdmans Publishing Co., 1964.

18. Bruce F.F. The Epistles of John. Old Tappan, NJ: Fleming H. Revell Co., 1970.

19. Criswell, W.A. Expository Sermons on Revelation. Grand Rapids, MI: Zondervan Publising House, 1962-66.

20. Greene, Oliver. The Epistles of John. Greenville, SC: The GospelHour, Inc., 1966.

21. Greene, Oliver. The Epistles of Paul the Apostle to the Hebrews. Greenville, SC: The Gospel Hour, Inc., 1965.

22. Greene, Oliver. The Epistles of Paul the Apostle to Timothy and Titus. Greenville, SC: The Gospel Hour, Inc., 1964.

23. Greene, Oliver. The Revelation Verse by Verse Study. Greenville, SC: The Gospel Hourr, Inc., 1963.

i

24. Henry, Matthew. Commentary on the Whole Bible. Old Tappan, NJ: Fleming H. Revell Co.

25. Hodge, Charles. Exposition on Romans & on Corinthians. Grand Rapids, MI: Eerdmans Publishing Co., 1972-1973.

26. Ladd, George Eldon. A Commentary on the Revelation of John. Grand Rapids, MI: Eerdmans Publishing Co., 1972-1973.

27. Leupold, H.C. Exposition of Daniel. Grand Rapids, MI: Baker Book House, 1969

28. Morris, Leon. The Gospel According to John. Grand Rapids, MI: Eerdmans Publishing Co., 1971.

29. Newell, William R. Hebrews, Verse by Verse. Chicago, IL: Moody Press, 1947.

30. Strauss, Lehman. Devotional Studies in Galatians & Ephesians. Neptune, NJ: Loizeaux Brothers, 1957.

31. Strauss, Lehman. Devotional Studies in Philipians. Neptune, NJ: Loizeaux Brothers, 1959.

32. Strauss, Lehman. James, Your Brother. Neptune, NJ: Loizeaux Brothers, 1956.

33. Strauss, Lehman. The Book of Revelation. Neptune, NJ: Loizeaux Brothers, 1964.

34. The New Testament & Wycliffe Bible Commentary, Edited by Charles F. Pfeiffer & Everett F. Harrison. New York: The Iverson Associates, 1971. Produced for Moody Monthly. Chicago Moody Press, 1962.

35. The Pulpit Commentary. Edited by H.D.M. Spence & Joseph S. Exell. Grand Rapids, MI: Eerdmans Publishing Co., 1950.

36. Thomas, W. H. Griffith. Hebrews, A Devotional Commentary. Grand Rapids, MI: Eerdmans Publishing Co., 1970.

37. Thomas, W. H. Griffith. Outline Studies in the Acts of the Apostles. Grand Rapids, MI: Eerdmans Publishing Co., 1956.

38. Thomas, W. H. Griffith. St. Paul's Epistle to the Romans. Grand Rapids, MI: Eerdmans Publishing Co., 1946.

39. Thomas, W. H. Griffith. Studies in Colossians & Philemon. Grand Rapids, MI: Baker Book House, 1973.

40. Tyndale New Testament Commentaries. Grand Rapids, MI: Eerdmans Publishing Co., 1958.

41. Walker, Thomas. Acts of the Apostles. Chicago, IL: Moody Press, 1965.

42. Walvoord, John. The Thessalonian Epistles. Grand Rapids, MI: Zondervan Publishing House, 1973.

ABREVIERI

&	=	Şi
Pt.	=	Pentru
Comp.	=	Compară
Ex.	=	Exemplu
Nr.	=	Număr
NT	=	Noul Testament
Ş.a.m.d.	=	Şi aşa mai departe
v.	=	Verset(e)
VT	=	Vechiul Testament

A	*Pasajul Scripturii* - întotdeauna prezent
B	*Schiţa predicii* - întotdeauna alături de versetul folosit
C	*Comentariul de uz practic* - întotdeauna la îndemâna dumneavoastră
D	*Ilustraţii şi aplicaţii* - pentru toţi ascultătorii
E	*Texte biblice* - bine cercetate şi prezentate în detaliu

Mai întâi: Familiarizaţi-vă cu **Titlul Subiectului.** Meditaţi la el pentru câteva momente. *Apoi:* citiţi împreună **Titlul Subiectului** şi **Punctele Principale.**

Apoi: Urmăriţi care sunt **Punctele Principale** şi **Subpunctele** pasajului citit. Observaţi că acestea se găsesc alături de versetul pe care îl studiaţi – afirmând simplu, sub formă de Schiţă, ce spune Scriptura.

În final: Citiţi **Comentariul.** IMPORTANT: Observaţi că *punctele majore* din *schiţă* sunt numerotate în acelaşi fel ca şi cele din *comentariu.*

MATEI 6:1-4

① Fapte neprihănite făcând binele şi practicând milostenia
a. Avertizare: nu căuta faima
b. Motivul: Dumnezeu nu te va răsplăti

② Motivul greşit
a. Dând cu scopul de a obţine faima

CAPITOLUL 6

K. Motivul corect al dărniciei, *DS1* **6:1-4**

Luaţi seama să nu vă îndepliniţi neprihănirea voastră înaintea oamenilor, ca să fiţi văzuţi de ei; altminteri, nu veţi avea răsplată de la Tatăl vostru care este în ceruri.
2. Tu, dar, când faci milostenie, [A] una cu trâmbiţa în[A] ta, cum fac

făţarnicii, în sinagogi şi în uliţe, pentru ca să fie slăviţi de oameni. Adevărat vă spun, că şi-au luat răsplata.
3. Ci tu, când faci milostenie, să nu ştie stânga ta ce face dreapta,

4. pentru ca milostenia ta să fie făcută în ascuns; şi Tatăl tău, care vede în ascuns, îţi va răsplăti.

b. Trăsăturile făţarnicilor
c. Răsplata: slava oamenilor

3. Motivul corect
a. Dă[B] fără să te gâ[B]
b. Dăruind fără să ştie nimeni – în secret

4. Motivele
a. Tatăl vede în ascuns
b. Tatăl răsplăteşte pe faţă

SECŢIA IV
ÎNVĂŢĂTURILE LUI MESIA ADRESATE UCENICILOR SĂI:
PREDICA DE PE MUNTE, 5:1-7:29
K. Motivul corect al dărniciei, 6:1-4

(6:1-4) Introducere – Motivul: ceea ce face omul contează mult înaintea lui Dumnezeu. Dumnezeu cere ca oamenii să fie buni şi să facă binele, să îi ajute pe cei din jur atât printr-o implicare personală cât şi printr-o dărnicie abundentă şi jerfitoare.

Există însă un alt lucru nespus de important pe care Dumnezeu îl cere de la noi: Dumnezeu doreşte ca omul să aibă *motive corecte.* D[C]ontează înaintea lui Dumnezeu motivul pentru care o[C]ce binele şi pentru care arată bunătate altora? Acest motiv este atât de important încât el determină soarta veşnică a omului. Ca urmare, Hristos ne avertizează în ce priveşte motivele corecte şi motivele greşite pentru care facem binele.
1. Fapte neprihănite – făcând binele şi practicând milostenia (v.1)
2. Motivul greşit (v.2)
3. Motivul corect (v.3-4)
4. Motivele (v.4)

① (6:1) Fapte neprihănite – Slujire – Milostenie: există, aşa numite, fapte neprihănite – şi anume, făcând binele şi practicând milostenia. Expresia „fapte neprihănite" (,a îndeplini neprihănirea') se referă la a da cu scopul de a-i ajuta pe săraci. La evrei, a face fapte neprihănite şi a fi neprihănit era acelaşi lucru. Faptele neprihănite au fost cel mai extraordinar lucru pe care un evreu ar fi putut să îl facă; ele au fost considerate ca fiind prima manifestare a religiei, aşa încât,

facerea faptelor neprihănite şi neprihănirea au devenit cuvinte sinonime. Milostenia, ca faptă neprihănită, garanta neprihănirea şi mântuirea omului (Vezi comentariul 5 – Matei 5:6.) Hristos ne-a avertizat însă cu privire la pericolul milosteniei şi a facerii faptelor neprihănite. Luaţi astfel aminte şi păziţi-vă. Să nu fiţi darnici cu intenţia de a obţine slava oamenilor, altfel, vă veţi pierde răsplata.

Meditaţie 1. Două lecţii importante putem învăţa din acest verset.
1) Omul trebuie să se păzească şi să fie atent cu privire la înşelăciunea dărnici[D] a facerii de bine înaintea oamenilor. Inima omu[D]oate fi uşor înşelată. Păcatul se strecoară încetul cu încetul; el este viclean şi subtil. El poate să îl facă pe om să ajungă să nu primească nimic de la Dumnezeu.
2) Omul trebuie să facă fapte neprihănite, să facă binele. Aceasta este o datorie a Creştinului. În acest pasaj, Hristos vorbeşte de patru ori despre „milostenie" sau despre „îndeplinirea neprihănirii."

② (6:2) Motivul: există posibilitatea de a face binele însă cu motive greşite. Pe Domnul Hristos nu Îl interesează neapărat faptul că cineva este darnic sau face binele. Ce Îl interesează pe El este motivul pentru care inima omului a ales să dea sau să facă binele.

1. Dând cu scopul de a fi slăvit de alții este un motiv greșit de milostenie. Omul caută în două locuri să fie recunoscut pentru dărnicia lui: (a) în sinagogă, înaintea celor religioși, și (b) pe stradă, înaintea oamenilor.

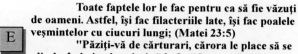 Toate faptele lor le fac pentru ca să fie văzuți de oameni. Astfel, își fac filacteriile late, își fac poalele veșmintelor cu ciucuri lungi; (Matei 23:5)

"Păziți-vă de cărturari, cărora le place să se plimbe în haine lungi, și să le facă lumea plecăciuni prin piețe; ei umblă după scaunele dintâi în sinagogi, și după locurile dintâi la ospețe; (Luca 20:46)

„Vai de mine
dacă nu predic Evanghelia!„
(1 Corinteni 9:16)

GALATENI

INTRODUCERE

AUTOR: Apostolul Pavel.
   Calitatea de autor a lui Pavel nu se pune la îndoială.

DATA SCRIERII: Necunoscută. Undeva între anii 48 – 60 D. Hr. Unii teologi susţin o perioada mai timpurie, între 48-50 D. Hr. iar alţii una mai tarzie, respectiv 51–60 D. Hr.

CUI SE ADRESEAZĂ: "Către Bisericile Galatiei" (Gal.1:2).
   Unii cred că această scrisoare a fost scrisă bisericilor din sudul Galatiei, iar alţii susţin că ar fi fost scrisă celor din Nordul Galatiei. Capitolele 13 şi 14 din Faptele Apostolilor conţin o relatare a misiunii din sud. În cartea Faptele Apostolilor nu există nici o referire la vreo implicare în nord.

SCOPUL: Pentru a demonstra prin argumente chemarea lui Pavel din partea Dumnezeu şi doctrina evangheliei prin har.
   Atât Pavel cat şi evanghelia lui Cristos erau puternic atacate. Câţiva învăţători falşi, care mărturiseau un Creştinism Iudaic (numiţi Iudaizatori), îi învăţau pe oameni o dublă eroare. Ei învăţau (1) că omul putea fi mântuit parţial prin credinţa şi parţial prin fapte bune, şi (2) ca cineva putea creşte în Cristos parţial prin credinţă şi parţial prin eforturi proprii. Omul trebuia să creadă în Isus, da, dar trebuia să şi...
   • împlinească ritualul principal al religiei care era tăierea împrejur (faceţi comparaţia cu botezul, membralitatea într-o biserică şi alte cerinţe din zilele noastre).
   • participe la toate ceremoniile şi ritualurile religioase.
   (Vezi comentariul la—Gal.1:6-7; 2:3-5; 2:4; 2:11-13 pentru mai multe discuţii.)
   Bineînţeles că Pavel nu a propovăduit asta. El avea o învăţătură diferită— că omul este mântuit numai de Cristos şi numai prin Cristos. Mesajul lui era mesajul harului lui Dumnezeu, doar al harului. Mântuirea nu poate fi câştigată, meritată sau moştenită. Omul poate fi mântuit doar prin harul lui Dumnezeu, prin Fiul Său, Domnul Isus Cristos. Din această cauză, Iudaizatorii îl acuzau pe Pavel de înşelăciune: spuneau ca apostolia lui era o falsă pretenţie inventată de el şi creată de imaginaţia lui. Ei spuneau ca el nu este un adevărat slujitor al lui Dumnezeu — că nu era un apostol adevărat aşa cum spunea, pentru că el minimaliza legea lui Dumnezeu şi un apostol adevărat nu ar fi făcut aşa ceva.
   De aceea Pavel le scrie Galatenilor pentru a combate aceste acuzaţii. El le scrie cu multă putere şi insistenţă, le prezintă minunea lui Dumnezeu, minunea harului glorios al lui Dumnezeu.

CARACTERISTICI SPECIALE:
   1. Zona Galatiei. Galatia era o zonă care se întindea în partea centrală a Asiei Mici. Zona Galatiei se afla la o altitudine destul de mare de câteva mii de metri deasupra nivelului mării. Cetatea a fost întemeiată de Gali. Oraşele vizitate de Pavel erau situate în sudul Galatiei. Acestea erau Iconia, Listra, Derbe, şi Antiohia Pisidiei. Nu există informaţii potrivit cărora Pavel ar fi vizitat nordul Galatiei.
   Galatenii ca popor erau nişte oameni impulsivi, emoţionali şi schimbători. Erau pripiţi, nestatornici, certăreţi, gălăgioşi, lăudăroşi şi imorali. Le plăcea tot ce era ciudat, curios sau necunoscut. Erau ataşaţi de o religie care se manifesta în cea mai mare parte prin închinarea la natură. Zona aceea era deasemenea populată de mulţi evrei care erau ferm devotaţi religiei lor iudaice. Grecii erau şi ei numeroşi şi aveau o puternică influenţă elenistică în zonă. Amestecul acesta ciudat de oameni în sudul Galatiei poate fi observat şi în modul în care ei îl tratează pe Pavel. Aceştia păreau dispuşi atât să i se închine, cât şi să îl omoare cu pietre. (Fapte 14:13-19).
   2. Bisericile din Galatia. Pavel a vizitat Galatia atât in prima, cât şi în a treia călătorie misionară (Fapte 13:14; 18:23f). În cea de-a doua călătorie misionară el a fost împiedicat de Duhul Sfânt să predice în Galatia. (Fapte 16:6).
   Biserica era imatură din punct de vedere spiritual. De aceea motivul principal pentru care Pavel le scrie această epistolă, este ca să clarifice doctrina de bază a creştinismului: mântuirea prin har. Aşa cum era de aşteptat, în biserică existau convertiţi dintre neamuri. În Fapte 20:4 Pavel îi enumeră pe cei care urmau să meargă cu el la Ierusalim. Printre aceştia se afla cel puţin un om dintre neamuri, un neevreu, poate chiar doi din Galatia. Acest lucru poate să ne indice că în biserici existau un grup mare de credincioşi dintre neamuri. De asemea era un număr mare şi de evrei convertiţi. Problema amestecului între lege şi har este rezultatul influenţei acestor membrii evrei.

3. *Galateni* este " Inima Evangheliei." Omul trebuie să primească evanghelia prin credință. El nu poate să o primească prin faptele legii. Legea nu produce credință. Ea funcționează doar ca un blestem. De aceea, Cristos însuși trebuie să mântuiască omul. Dar omul trebuie să facă mai mult decât să primească evanghelia; el trebuie să o trăiască in viața lui. Acest lucru este posibil prin puterea de la cruce și prin puterea Duhului Sfânt. (Gal.5:1-6:18).

Pavel insistă pe faptul că omul, orice ar face, nu poate să câștige sau să dobândească mântuirea. Efortul uman nu este nimic mai mult decat o lucrare a firii pământești, o lucrare care își are originea în om, în gândurile și energia omului. Este pământesc, iar ce este pamântesc și coruptibil va pieri. Faptele omului și ale legii nu durează. Efortul uman nu este de natură spirituală sau eternă. Nu are nimic de a face cu duhul. Mântuirea este un dar gratuit din partea lui Dumnezeu. Mântuirea este eternă și va dăinui. Este duhovnicească. De aceea, mântuirea este prin harul lui Dumnezeu și numai prin harul lui Dumnezeu.

4. *Galateni* este "Mesajul Libertății, și totuși al Supunerii; al Unității și totuși al Diversitații și al Diferenței."

    a. Este recunoscut faptul că Neamurile nu trebuie să trăiască la fel ca Evreii, iar Evreii nu trebuie să trăiască la fel ca Neamurile. (Gal.2:11f). Pavel nu spune nicăieri că este greșit pentru un evreu să fie tăiat imprejur. El nu spune niciodată că ar fi greșit ca ei să țină legea sau să țină anumite sărbatori. Ceea ce spune însă este că aceste lucruri nu au legătură cu mântuirea. Obiceiurile si practicile diferă, dar mântuirea nu diferă. Există o singură cale spre a fi mântuit: prin harul lui Dumnezeu.

    b. Este recunoscut faptul că nu toți propovăduitorii sunt la fel (Gal.2:1f). Nu toți sunt chemați să slujească același fel de oameni, și nici nu sunt chemați toți slujitorii la același mod de viață sau obiceiuri. Pavel a fost chemat pentru Neamuri; Petru pentru Evrei. Obiceiurile și stilul de viață al Neamurilor era total diferit față de ale Evreilor. Totuși, atât Petru cât și Pavel erau apostoli ai aceluiași Dumnezeu.

    c. De asemenea este recunoscut faptul că toți creștinii trebuie să aibă părtășie împreună, și trebuie să coopereze. Pavel nu putea înțelege cum două grupuri de creștini puteau trăi în același loc și puteau refuza să mănânce împreună din cauza diferențelor teologice. (Gal.2:11f). Chiar acest lucru a declanșat criza. Și Pavel a criticat în modul cel mai dur acest lucru, a luptat cu pasiune pentru o evanghelie a harului și pentru o viață care să fie pe măsura acestui har.

5. Epistola către *Galateni* a fost numită "Magna Carta Bisericii". Dumnezeu a folosit acest mesaj pentru a stârni treziri spirituale în lume în generațiile trecute. Marea trezire spirituală a lui Martin Luther și a Reformei a început în timp ce Luther studia mesajul cărții Galateni. John Wesley a primit pace în inimă —pacea pe care o căutase atât de mult— când a auzit o predică din Galateni.

Mesajul Cărții Galateni va strapunge inima oricărei generații și o va împinge la acțiune— dacă acea generație va auzi mesajul și îl va pune în practică.

SCHIȚA CĂRȚII GALATENI

BIBLIA CU PREDICI ȘI SCHIȚE PENTRU PREDICATORI® este unică. Este o carte diferită de toate celelalte Studii Biblice și Materiale pentru Predici prin faptul că fiecare Pasaj și fiecare Subiect sunt puse lângă textul biblic. Când alegi orice *Subiect* de mai jos și cauți referința, ai la dispoziție nu doar Scriptura, ci descoperi că Textul biblic și Subiectul au fost deja *schițate pentru tine—verset cu verset.*

Pentru a da un exemplu rapid, alege unul dintre subiectele de mai jos, deschide la textul din Scriptură și vei descoperi că acest ghid te va ajuta să găsești mai repede, mai ușor și îți va fi de un real folos.

Mai mult, fiecare punct și Subiect din Scriptură este *dezvoltat în totalitate într-un Comentariu cu referințe biblice* în partea de jos a fiecărei pagini. Din nou, acest aranjament face ca pregătirea unei predici să fie mult mai rapidă și mai ușoară.

Observați încă un lucru: Subiectele din Galateni au titluri care sunt atât Biblice cât și *practice*. Titlurile practice prind sunt mai atractive pentru omeni. *Avantajul* acestora se poate vedea în folosirea lor pe panouri, buletine informative, scrisori în biserică, etc.

O sugestie: Pentru cea mai rapidă privire de ansamblu asupra cărții Galateni, întâi citește *toate titlurile principale* (I, II, III, etc.), apoi revino și citește subtitlurile.

SCHIȚA CĂRȚII GALATENI

I. **SALUTUL , 1:1-9**

   A. Apostolul lui Dumnezeu și Autoritatea Lui—Pavel, 1:1-5
   B. Singurul Mesaj al lui Dumnezeu—Evanghelia lui Cristos, 1:6-9

II. **DOVADA MESAGERULUI ȘI A MESAJULUI LUI DUMNEZEU, 1:10-2:21**

   A. Viața Slujitorului era Complet Schimbată, 1:10-15
   B. Slujitorul L-a urmat în primul rând pe Dumnezeu în viața lui, 1:17-24
   C. Lucrătorul apără Evanghelia, 2:1-20
   D. Lucrătorul propovăduiește evanghelia celor care s-au îndepărtat de ea, 2:11-21

III. **DOVADA CĂ OMUL ESTE SOCOTIT NEPRIHĂNIT DOAR PRIN CREDINȚĂ ȘI NU PRIN FAPTE, 3:1-4:7**

   A. Dovada experienței credinciosului, 3:1-5
   B. Dovada Scripturii, 3:6-14
   C. Dovada Legământului și a Promisiunii lui Dumnezeu, 3:15-18
   D. Dovada Neputinței Legii, 3:19-22
   E. Dovada a ceea ce face credința pentru noi, 3:23-29
   F. Dovada lui Cristos și Împlinirea vremii, 4:1-7

IV. **CELE CINCI APELURI LA JUSTIFICARE DOAR PRIN CREDINȚĂ, 4:8-5:12**

   A. Primul apel : Nu vă întoarceți înapoi, 4:8-11
   B. Al doilea Apel: Reaprindeți-vă afecțiunea față de Slujitorul chemat de Dumnezeu, 4:12-20
   C. Al treilea Apel: Ascultați ce spune Legea cu adevărat, 4:21-31
   D. Al patrulea Apel: Rămâneți tari în Libertatea în Cristos , 5:1-6
   E. Al cincilea Apel: Ascultați de Adevăr , 5:7-12

V. **VIAȚA ȘI UMBLAREA CREDINCIOSULUI: LIBERĂ ȘI SPIRITUALĂ , 5:13-6:18**

   A. Măreața lege pentru viața credinciosului: Dragostea, 5:13-15
   B. O umblare în continuă luptă cu cel mai mare dușman din viață: Dorințele firii pământești, Natura păcătoasă, 5:16-21
   C. O umblare care rodește natura lui Dumnezeu: Roada Duhului, 5:22-26
   D. O umblare care îl restaurează pe cel care cade, 6:1-5
   E. O umblare în care îi faci bine celui care te învață: Semănatul și Seceratul, 6:6-10
   F. O umblare care se laudă doar în Crucea lui Cristos, 6:11-18

GALATENI

	CAPITOLUL 1	2. și toți frații care sunt împreună cu mine, către Bisericile Galatiei:	2. El este recunoscut ca om al lui Dumnezeu de credincioșii creștini.
	I. SALUTUL, 1:1-9	3. Har și pace vouă dela Dumnezeu Tatăl, și de la Domnul nostru Isus Cristos	3. El dorește tot ce este mai bun pentru ceilalți credincioși.
	A. Apostolul lui Dumnezeu și Autoritatea lui—Pavel, 1:1-5	4. El s-a dat peSine însuși pentru păcatele noastre, ca să ne smulgă din acest veac, după voia Dumnezeului	4. El proclamă lucrarea lui Cristos.
1. El este însărcinat doar de Dumnezeu	Pavel, apostol nu dela oameni, nici printr-un om, ci prin Isus Cristos și prin Dumnezeu Tatăl, care l-a înviat din morți —	nostru si Tatăl 5. A Lui să fie slava in vecii vecilor! Amin.	a. Mesajul: CristosS-a dat pe Sine Însuși b. Scopul: Ca să ne salveze pe noi c. Motivul: Așa a voit Dumnezeu d. Rezultatul:Dumnezeu este slăvit.

SECȚIUNEA I

SALUTUL, 1:1-9

A. Apostolul lui Dumnezeu și Autoritatea Lui—Paul, 1:1-5

(1:1-5) **Introducere**: Salutul cu care Pavel își începe scrisoarea către Galateni este diferit de saluturile lui pentru alte biserici.El le scrie Galatenilor sub presiune și stres. În biserică s-au ridicat învățători falși care îl criticau și îl atacau. Aceștia puneau la îndoială chemarea lui și autoritatea lui ca și trimis a lui Dumnezeu.Unii chiar puneau la îndoială evanghelia. De aceea, afecțiunea pe care Pavel o exprima față de biserică și față de frați de obicei, lipsește. De la prima propoziție, scrierea lui este aspră. El asaltează biserica din Galatia cu cuvinte direct la subiect: el este un apostol adevărat al lui Dumnezeu și un trimis al Domnului Isus Cristos.

1. El este însărcinat doar de Dumnezeu (v.1).
2. El este recunoscut ca om a lui Dumnezeu de credincioșii creștini (v.2).
3. El dorește tot ce este mai bun pentru ceilalți credincioși (v.3).
4. El proclamă lucrarea lui Cristos (vv.4-5).

1(1:1) **Lucrător—Chemare—Apostol**: trimisul lui Dumnezeu este chemat și însărcinat doar de Dumnezeu. Existau oameni în biserică, care puneau la îndoială chemarea și misiunea lui Pavel, întebându-se dacă el cu adevărat a fost chemat de Dumnezeu. Aceștia erau hotărâți să distrugă lucrarea lui Pavel. De ce?

⇨ Pentru că el trăise o viață atât de urâtă înainte de convertirea lui: el persecutase cu sălbăticie pe credincioși(vezi Gal.1:13; vezi comentariul—Faptele Apostolilor 8:1-4; 9:1-2 pentru mai multe discuții).

⇨ Pentru că el nu era unul dintre conducătorii oficiali ai bisericii; adică, el nu a primit învățătura de la Isus Însuși când Domnul fusese pe pământ. Acestă condiție era unul dintre criteriile de bază pentru a putea fi recunoscut ca și apostol. (compară Gal.1:17-18; vezi STUDIU APROFUNDAT # 5, Apostol—Mat.10:2 pentru mai multe discuții).

⇨ Pentru că el nu fusese desemnat de oficialii bisericii mamă, adică de biserica de unde făceau parte apostolii, cea din Ierusalim (vezi Gal.1:17-18).

⇨ Pentru ca el nu respecta formele religioase și ritualurile bisericii oficiale. (vezi Gal.4:9-10; 5:6; 6:12-15).

⇨ Pentru că el predica un mesaj diferit de cel al bisericii oficiale: și anume că un om nu este mântuit prin ritualuri și fapte, ci prin dragostea și prin harul lui Dumnezeu demonstrate în moartea lui Isus Cristos.(Gal.1:4-9; 2:16; 3:1f, mai ales vv.10-11).

Pavel nu răspunde criticilor săi într-un mod nesigur: el era un *apostol* (apostolos). Cuvântul apostol se referă la un om chemat și trimis cu o însărcinare foarte specială (vezi STUDIU APROFUNDAT # 5, Apostol—Mat.10:2 pentru mai multe discuții).
Apostolul...

• Este asemenea unui *ambasador* care este trimis să reprezinte Persoana care l-a chemat și mai apoi l-a trimis.
• Este asemenea unui *mesager* special care este chemat și trimis să ducă mai departe mesajul celui care l-a trimis.

- Este asemenea unui *slujitor special* care este chemat şi trimis să slujească aşa cum Conducătorul lui doreşte
- Este asemenea unui *rob* special, care este chemat şi trimis să împlinească dorinţele Stăpânului.

Observaţi că Pavel nu se ceartă cu criticii lui: ci el spune foarte clar că Dumnezeu este Cel care l-a chemat si i-a încredinţat lucrarea. Această chemare făcea parte din mărturia lui personală(Fapte 9:1f; 22:7f; 26:16f; 1 Cor.9:1).

1. Chemarea lui şi lucrarea lui "nu era de la oameni nici printr-un om."
   ⇒ "Nu de la oameni": nu oamenii erau sursa chemării şi lucrării lui. Chemarea lui nu a venit de la oameni.
   ⇒ "Nici printr-un om": nu un om i-a dat o calificare sau l-a declarat potrivit pentru lucrare. Nu fusee numit lucrător *de oameni*.

2. Chemarea şi lucrarea lui erau de la Isus Cristos şi de la Dumnezeu Tatăl.
   ⇒ Observaţi că Isus Cristos este pus alături de Dumnezeu Tatăl. Acesta este un lucru foarte important deoarece înseamnă că lucrarea şi chemarea lui Pavel au venit de la cea mai înaltă sursă posibilă: atât de la Dumnezeu Tatăl cât şi de la Dumnezeu Fiul.

De asemenea observaţi că se menţionează faptul că Isus Cristos a înviat din morţi. Prin urmare, chemarea şi lucrarea lui Pavel au venit de la Domnul Înviat şi Viu. El a fost chemat să *slujească* Domnului Viu, aceluiaşi Domn pe care cei doisprezece apostoli L-au slujit. Dacă ei erau slujitori adevăraţi, atunci şi el era un slujitor adevărat, pentru că şi el fusee chemat de acelaşi Domn Viu care fusee înviat din morţi de Dumnezeu Tatăl.

Meditaţia 1. Deseori se ridică critici care îi fac probleme slujitorului lui Dumnezeu. În asemenea situaţii slujitorul trebuie să îşi susţină plin de încredere chemarea şi misiunea— nu într-un mod super-spiritual şi lăudăros, ci într-un mod clar şi plin de smerenie.

Meditaţia 2. Fiecare slujitor trebuie să îşi cerceteze inima ca să fie sigur că lucrarea şi chemarea i-au fost încredinţate de Dumnezeu. Lucrarea nu este...
- O profesie ce poate fi aleasă.
- O meserie prin care se poate câştiga traiul de zi cu zi.
- O poziţie care să asigure recunoaştere şi respect.
- O agenţie care prestează servicii întemeiată de oameni.
- O însărcinare dată de oameni.
- O chemare *de la* oameni sau *prin* oameni.

Lucrarea este de la Dumneze; de aceea o chemare pentru lucrare trebuie să vină de la Dumnezeu.Numai Dumnezeu poate să dea o chemare adevărată şi o însărcinare pentru lucrare.

> **Care ne-a şi făcut în stare să fim slujitori ai unui legământ nou, nu al slovei, ci al Duhului; căci slova omoară, dar Duhul dă viată. (2 Cor 3:6)**
>
> **De aceea, fiindca avem slujba aceasta, după îndurarea pe care am căpătat-o, noi nu cădem de oboseală. Ca unii care am lepădat meşteşugirile ruşinoase şi ascunse, nu umblăm cu vicleşug şi nu stricăm Cuvântul lui Dumnezeu. Ci, prin arătarea adevărului, ne facem vrednici să fim primiţi de orice cuget omenesc, înaintea lui Dumnezeu. (2 Cor 4:1-2)**
>
> **Şi toate lucrurile acestea sunt de la Dumnezeu, care ne-a împăcat cu El prin Isus Hristos şi ne-a încredinţat slujba împăcării; Noi, dar, suntem trimişi împuterniciţi ai lui Hristos; şi, ca şi cum Dumnezeu ar îndemna prin noi, va rugăm fierbinte, în Numele lui Hristos: împăcaţi-vă cu Dumnezeu!. (2 Cor 5:18, 20)**
>
> **Al cărei slujitor am fost facut eu, după darul harului lui Dumnezeu dat mie prin lucrarea puterii Lui. (Efeseni 3:7)**
>
> **Multumesc lui Hristos Isus, Domnul nostru, care m-a întărit, că m-a socotit vrednic de încredere şi m-a pus în slujba Lui.(1 Tim 1:12)**
>
> **Dar care a fost descoperit acum prin arătarea Mântuitorului nostru Hristos Isus, care a nimicit moartea si a adus la lumina viata si neputrezirea, prin Evanghelie.. Propovaduitorul si apostolul ei am fost pus eu si invatator al Neamurilor. (2 Tim 1:10-11)**

2(1:2) **Slujitor—Chemare**: slujitorul lui Dumnezeu este recunoscut de credincioşi ca fiind omul lui Dumnezeu. Observaţi: fraţii care sunt puşi alături de Pavel nu trimiteau doar salutul lor împreună cu Pavel bisericii din Galatia, ci aceştia erau de acord cu tot ce Pavel le scria. Ei erau la fel de îngrijoraţi ca şi Pavel cu privire la învăţătorii falşi din bisericile din Galatia, şi ei recunoşteau în mod clar, chemarea lui Pavel şi însărcinarea lui ca fiind de la Dumnezeu. Acest lucru este accentuat. Pavel îi numeşte *fraţi*, nu prieteni. Un frate adevărat în Cristos este mult mai mult decât un prieten. Adevărații frați au o legătură și o relație mult mai adâncă și mai bogată: eu au aceeași credință, aceeași minte, același duh și același scop. Ei pot avea diferite abilități și diferite însărcinări, dar ei cred și slujesc aceluiași Dumnezeu.

Asta spunea Pavel: existau *frați în Domnul* care îl cunoșteau pe el și chemarea lui. Aceștia erau dispuși să îi confirme chemarea și lucrarea. De fapt, ei *s-au unit cu el* în scrierea acestei scrisori și în proclamarea adevărului.

Observați: nu doar o biserică punea la îndoială chemarea și misiunea lui Pavel. Toate bisericile din Galatia îl atacau.

> Drept răspuns, Împăratul le va zice: „Adevărat vă spun că, ori de câte ori ați făcut aceste lucruri unuia din acești foarte neînsemnați frați ai Mei, Mie mi le-ați făcut." (Mat 25:40)
> Dar El, drept răspuns, a zis: „Mama Mea și frații Mei sunt cei ce ascultă Cuvântul lui Dumnezeu, și-l împlinesc." (Luca 8:21)
> Căci pe aceia, pe care i-a cunoscut mai dinainte, i-a și hotărât mai dinainte să fie asemenea chipului Fiului Său, pentru ca El să fie cel întâi născut dintre mai mulți frați. (Rom 8:29)
> Căci Cel ce sfințește și cei ce sunt sfințiți, sunt dintr-unul. De aceea, Lui nu-I este rușine să-i numească „frați",când zice: „Voi vesti Numele Tău fraților Mei; Îți voi cânta lauda în mijlocul adunării." (Evrei 2:11-12)
> Prin urmare, a trebuit să Se asemene fraților Săi în toate lucrurile, ca să poată fi, în ce privește legăturile cu Dumnezeu, un mare preot milos și vrednic de încredere, ca să facă ispășire pentru păcatele norodului. (Evrei 2:17)
> Și am auzit în cer un glas tare, care zicea: „Acum a venit mântuirea, puterea și împărăția Dumnezeului nostru, și stăpânirea Hristosului Lui; pentru că pârâșul fraților noștri, care zi și noaptea îi pâra înaintea Dumnezeului nostru, a fost aruncat jos. (Apoc 12:10)

Meditația 1.Când slujitorul Domnului este atacat de critici, atunci este timpul ca *adevărații frați* în Domnul, să pășească înainte și să îl susțină în lucrarea lui și în apărarea adevărului. Adevărații frați întotdeuna vin în apărarea și în ajutorul fratelui lor, când acesta este criticat și atacat.

> Nu este mai mare dragoste decât să-și dea cineva viața pentru prietenii săi. (Ioan 15:13)
> Căci n-am pe nimeni, care să-mi împărtășească simțirile ca el, și să se îngrijească într-adevăr de starea voastră. Ce-i drept, toți umblă după foloasele lor, și nu după ale lui Isus Hristos. Știți râvna lui încercată; cum, ca un copil cu tatăl lui, a lucrat ca un rob împreună cu mine pentru înaintarea Evangheliei. (Filipeni 2:20-22)
> Prietenul adevărat iubește oricând, și în nenorocire ajunge ca un frate. (Prov 17:17)
> Cine își face mulți prieteni, îi face spre nenorocirea lui, dar este un prieten care ține mai mult la tine decât un frate. (Prov 18:24)
> După cum fierul ascute fierul, tot așa și omul ațâță mânia altui om. (Prov 27:17)
> Scoală-te, căci treaba aceasta te privește. Noi vom fi cu tine. Îmbărbătează-te și lucrează." (Ezra 10:4)
> Mâinile lui Moise fiind trudite, ei au luat o piatră, au pus-o sub el, și el a șezut pe ea. Aaron și Hur îi sprijineau mâinile, unul deoparte, iar altul de alta; și mâinile lui au rămas întinse până la asfințitul soarelui. (Exod 17:12)

3 (1:3) **Slujitor—Har—Pace**: slujitorul dorește tot ce este mai bun pentru ceilalți credincioși. Lucrătorul, Pavel, dorea ca acești credincioși din Galatia să experimenteze harul și pacea lui Dumnezeu și a lui Isus Cristos. (Observați din nou cum dumnezeirea lui Isus Cristos este proclamată: El este pus alături de Dumnezeu.)

1. *Har* (charis) înseamnă *favoare nemeritată și binecuvântări* de la Dumnezeu. (Vezi comentariul—Rom.4:16; STUDIU APROFUNDAT # 1—1 Cor.1:4; STUDIU APROFUNDAT # 1—Tit.2:11-15.) Cuvântul *nemeritat* este cheia spre înțelegerea harului. Omul nu merită favoarea lui Dumnezeu; omul nu poate câștiga aprobarea lui Dumnezeu și nici binecuvântarea Lui. Dumnezeu este prea sus și omul este prea jos pentru a merita ceva de la Dumnezeu. Omul este imperfect iar Dumnezeu este perfect; prin urmare, omul nu poate să aștepte nimic de la Dumnezeu. (vezi comentariul și STUDIU APROFUNDAT # 1, *Justificarea*—Gal.2:15-16 pentru mai multe discuții.) Omul a făcut prea multe lucruri împotriva lui Dumnezeu.Omul...

- L-a respins pe Dumnezeu
- S-a răzvrătit împotriva Lui
- L-a ignorant pe Dumnezeu
- L-a neglijat pe Dumnezeu
- L-a blestemat pe Dumnezeu
- A păcătuit împotriva lui Dumnezeu
- Nu L-a ascultat pe Dumnezeu
- L-a negat pe Dumnezeu
- L-a pus la îndoială pe Dumnezeu.

Omul nu merită nimic din partea lui Dumnezeu, decât judecată, condamnare și pedeapsă. Dar Dumnezeu este dragoste—perfectă și absolută. De aceea, Dumnezeu face posibil pentru om să experimenteze harul Lui, în special

GALATENI 1:1-5

favoarea şi binecuvântarea mântuirii care este în Fiul său, Isus Cristos. (vezi STUDIU APROFUNDAT # 1, *Har*—1 Cor.1:4 pentru mai multe discuţii.)

> **Şi sunt socotiţi neprihăniţi, fără plată, prin harul Său, prin răscumpărarea, care este în Hristos Isus. (Rom 3:24)**
>
> **Căci cunoaşteţi harul Domnului nostru Isus Hristos. El, măcar că era bogat, s-a făcut sărac pentru voi, pentru ca prin sărăcia Lui, voi să vă îmbogăţiţi. (2 Cor 8:9)**
>
> **În El avem răscumpărarea, prin sângele Lui, iertarea păcatelor, după bogăţiile harului Său. (Efeseni 1:7)**
>
> **Ca să arate în veacurile viitoare nemărginita bogăţie a harului Său, în bunătatea Lui faţă de noi în Hristos Isus. (Efeseni 2:7)**
>
> **Şi Dumnezeul meu să îngrijească de toate trebuinţele voastre, după bogăţia Sa, în slavă, în Isus Hristos. (Filipeni 4:19)**
>
> **Şi harul Domnului nostru s-a înmulţit peste măsură de mult împreună cu credinţa şi cu dragostea care este în Hristos Isus.(1 Tim 1:14)**

2. *Pace* (eirene) înseamnă să fi legat, unit şi ţesut împreună cu Dumnezeu şi cu toţi ceilalţi. Înseamnă să fi asigurat, încrezător şi sigur de dragostea şi grija lui Dumnezeu. Înseamnă să ai un sentiment, să fi conştient şi să cunoşti că Dumnezeu va...

- purta de grijă
- îndruma
- întări
- susţine
- izbăvi
- încuraja
- salva
- da viaţă, viaţă adevărată, atât acum cât şi pentru veşnicie

Um om poate experimenta adevărata pace doar atunci când Îl cunoaşte pe Isus Cristos. Doar Cristos poate aduce pace în inima omului, acea pace care aduce eliberare şi siguranţă sufletului uman.

> **Vă las pacea, vă dau pacea Mea. Nu v-o dau cum o dă lumea. Să nu vi se tulbure inima, nici să nu se înspăimânte.(Ioan 14:27)**
>
> **„V-am spus aceste lucruri ca să aveţi pace în Mine. În lume veţi avea necazuri; dar îndrăzniţi, Eu am biruit lumea" (Ioan 16:33)**
>
> **Deci, fiindcă suntem socotiţi neprihăniţi, prin credinţă, avem (Sau: Să avem.) pace cu Dumnezeu, prin Domnul nostru Isus Hristos. (Rom 5:1)**
>
> **Şi umblarea după lucrurile firii pământeşti, este moarte, pe când umblarea după lucrurile Duhului este viaţă şi pace. (Rom 8:6)**
>
> **Roada Duhului, dimpotrivă, este: dragostea, bucuria, pacea, îndelunga răbdare, bunătatea, facerea de bine, credincioşia, blândeţea, înfrânarea poftelor. Împotriva acestor lucruri nu este lege. (Gal 5:22-23)**
>
> **Eu mă culc şi adorm în pace, căci numai Tu, Doamne, îmi dai linişte deplină în locuinţa mea. (Ps. 4:8)**

Se accentuează următorul lucru: nu toţi cei din biserică experimentau harul şi pacea lui Dumnezeu. Unii chiar căzuseră din harul lui Dumnezeu, nu se mai încredeau în Isus pentru mântuire; ei se încredeau în faptele lor şi în bunătatea lor, credeau că acestea îi vor face destul de buni înaintea lui Dumnezeu. Drept rezultat, ei nu aveau pace în inimile lor. Unii chiar căzuseră în tot felul de păcate şi în ruşine (Gal.5:19-21). Alţii au devenit extrem de critici şi dezbinatori, fiind împotriva lui Pavel şi a oricui îl susţinea. Observaţi: Pavel dorea ce este mai bun pentru biserica din Galatia— chiar şi pentru învăţătorii falşi şi criticii lui. El dorea ca toţi să experimenteze...

- Harul lui Dumnezeu prin cunoaşterea lui Isus Cristos ca şi Mântuitor şi Domn personal.
- Pacea lui Dumnezeu în timp ce se confruntau cu diferite greutăţi în viaţă.

Meditaţia1. Fiecare slujitor ar trebui să dorească tot ce este mai bun pentru toţi credincioşii, chiar şi pentru criticii şi duşmanii lui. Ar putea fi dificil, dar chemarea lui este să propovăduiască harul şi pacea lui Dumnezeu.

Meditaţia 2. Credincioşii trebuie să fie atenţi să nu cadă din har, să nu înceapă să se încreadă în faptele lor şi în bunătatea lor ca fiind o cale spre mântuire şi spre a primi acceptarea lui Dumnezeu.

GALATENI 1:1-5

4 (1:4-5) **Isus Cristos, Lucrarea; Moartea:** lucrătorul lui Dumnezeu propovăduieşte lucrarea lui Cristos. Versetul acesta este un rezumat excelent al evangheliei, adică, al lucrării Domnului Isus Cristos. Observaţi patru puncte importante.

1. Mesajul evangheliei este că Cristos "s-a dat pe Sine Însuşi pentru păcatele noastre." Cristos a murit în locul nostru. El a luat locul păcătosului înaintea lui Dumnezeu. Două lucruri ne arată asta.

    a. Cuvântul "pentru" (huper) înseamnă în locul, în schimbul, ca înlocuitor, pentru păcatele noastre.

    b. Fraza "s-a dat pe Sine Însuşi" (dontos eauton) înseamnă că S-a jertfit pentru noi. El Şi-a dat viaţa Sa, pentru viaţa păcătosului. Isus Cristos...

    - S-a oferit pe Sine înaintea lui Dumnezeu ca jertfă pentru păcatele noastre.
    - S-a dat pe Sine ca jertfă pentru păcat, jertfa care trebuia să stea în schimbul păcatelor noastre.
    - a acceptat judecata şi condamnarea păcatului pentru noi.
    - a purtat pedeapsa dreptăţii lui Dumnezeu împotriva păcatului, pentru noi.

Observaţi că "păcatele noastre" nu sunt înşiruite sau descrise. Asta înseamnă că Cristos a murit pentru *toate păcatele noastre*; atât păcatele mari cât şi păcatele mici, păcatele cunoscute cât şi păcatele ascunse, păcatele groaznice cât şi păcatele nu prea grave, păcatele trupului cât şi păcatele duhului.

> **El S-a dat pe Sine însuşi pentru păcatele noastre, ca să ne smulgă din acest veac rău, după voia Dumnezeului nostru şi Tatăl. (Gal 1:4)**
>
> **El a purtat păcatele noastre în trupul Său, pe lemn, pentru ca noi, fiind morţi faţă de păcate, să trăim pentru neprihănire; prin rănile Lui aţi fost vindecaţi. (1 Pet 2:24)**
>
> **Copilaşilor, vă scriu aceste lucruri, ca să nu păcătuiţi. Dar dacă cineva a păcătuit, avem la Tatăl un Mijlocitor (Sau Avocat. Greceşte: Paraclet, adică apărător, ajutor.), pe Isus Hristos, Cel neprihănit. (1 Ioan 2:1)**
>
> **El este jertfa de ispăşire pentru păcatele noastre; şi nu numai pentru ale noastre, ci pentru ale întregii lumi. (1 Ioan 2:2)**
>
> **Şi din partea lui Isus Hristos, martorul credincios, cel întâi născut din morţi, Domnul împăraţilor pământului! A Lui, care ne iubeşte, care ne-a spălat de păcatele noastre cu sângele Său, (Apoc 1:5)**

2. Scopul morţii lui Isus a fost " să ne smulgă din acest veac rău." Observaţi că spune că lumea actuală sau veacul actual este rău. Este rău cel puţin în două sensuri:

    ⇒ Acest veac este păcătos: îi face pe oameni să Îl ignore, să Îl neglijeze, să Îl nege şi să Îl blesteme pe Dumnezeu. De asemenea îndeamnă la necredinţă, nedreptate, imoralitate, răutate, lăcomie, maliţiozitate, invidie, crimă, ceartă, înşelăciune, cruzime, vorbire de rău, bârfă, defăimare, mândrie, lăudăroşenie, inventarea de lucruri rele, neascultarea de părinţi, neînţelegerile, călcarea legămintelor şi distrugerea dragostei adevărate şi a milei. (vezi Rom.1:29-32.)

    ⇒ Veacul acesta este coruptibil: îi ţine departe atât pe om cât şi lumea în care trăieşte, de sănătate şi viaţă veşnică. Lumea aceasta coruptă aduce suferinţă atât omului cât şi societăţii în care trăieşte şi îl face să experimenteze dezastre, accidente, boli, nelinişte, necazuri şi calamităţi. Face ca totul să îmbătrânească, să se deterioreze, să se strice, să se învechească şi să moară.

    ⇒ Veacul acesta cauzează moartea omului şi îl aduce înaintea judecăţii lui Dumnezeu, a Dumnezeului care este *absolut sfânt*. De aceea, lumea de astăzi condamnă omul să se înfăţişeze înaintea sfinţeniei lui Dumnezeu ca o creatură nesfântă, păcătoasă şi coruptibilă. Lumea îl sorteşte pe om la o veşnicie plină de judecată şi moarte— îl condamnă la o veşnicie departe de Dumnezeu.

Dar observaţi: exact acesta a fost scopul pentru care Isus a murit. El a murit ca să ne salveze şi să ne izbăvească din mijlocul acestui veac rău. Cuvântul *a salva* sau *a izbăvi* (exeletai) înseamnă a smulge afară. Isus Cristos a murit ca să ne salveze şi să ne smulgă din acest veac rău. Cum? Aşa cum scrie mai sus: "S-a dat pe Sine Însuşi pentru păcatele noastre". El ne izbăveşte sau ne salvează atât *de puterea* cât şi *de soarta* lumii. Credinciosul experimentează viaţa din belşug şi viaţa veşnică, atât acum cât şi în veşnicie.

> **"Fiindcă atât de mult a iubit Dumnezeu lumea, că a dat pe singurul Lui Fiu, pentru ca oricine crede în El, să nu piară, ci să aibă viaţa veşnică. (Ioan 3:16)**
>
> **"Adevărat, adevărat vă spun, că cine ascultă cuvintele Mele, şi crede în Cel ce M-a trimis, are viaţa veşnică, şi nu vine la judecată, ci a trecut din moarte la viaţă. (Ioan 5:24)**
>
> **Isus i-a zis: „Eu sunt învierea şi viaţa. Cine crede în Mine, chiar dacă ar fi murit, va trăi. Şi oricine trăieşte, şi crede în Mine, nu va muri niciodată. Crezi lucrul acesta?"(Ioan 11:25-26)**

3. Motivul pentru care Isus a murit pentru noi este următorul: aceasta a fost voia lui Dumnezeu. Acesta este un adevăr glorios: Dumnezeu ne iubeşte la fel cum ne iubeşte Cristos. A fost voia lui Dumnezeu să fim salvaţi şi izbăviţi

din acest veac rău. Dumnezeu ne iubeşte atât de mult încât vrea să fim mântuiţi –El vrea asta atât de mult încât Şi-a jertfit propriul Fiu pentru noi.

Observaţi că Dumnezeu vrea să fie Tatăl nostru. Moartea lui Isus Cristos face posibilă înfierea noastră ca fii şi fiice ale lui Dumnezeu. (Rom.8:15-16; Gal.4:4-6).

> **Pe Omul acesta, dat în mâinile voastre, după sfatul hotărât şi după ştiinţa mai dinainte a lui Dumnezeu, voi L-aţi răstignit şi L-aţi omorât prin mâna celor fărădelege. (Fapte 2:23)**
> **Dar Dumnezeu Îşi arată dragostea faţă de noi prin faptul că, pe când eram noi încă păcătoşi, Hristos a murit pentru noi. (Rom 5:8)**
> **Trăiţi în dragoste, după cum şi Hristos ne-a iubit, şi S-a dat pe Sine pentru noi ca un prinos şi ca o jertfă de bun miros, lui Dumnezeu. (Efeseni 5:2)**

4.   Rezultatul morţii lui Isus este slava lui Dumnezeu. Observaţi: Pavel nu putea menţiona moartea lui Cristos şi voia lui Dumnezeu fără să laude Numele Lui. Toţi oamenii ar trebui să Îl laude pentru dragostea Lui minunată şi pentru darul cel mai de preţ al Fiului Său.

> **Dar El era străpuns pentru păcatele noastre, zdrobit pentru fărădelegile noastre. Pedeapsa, care ne dă pacea, a căzut peste El, şi prin rănile Lui suntem tămăduiţi. (Isa 53:5)**
> **De aceea Îi voi da partea Lui la un loc cu cei mari, şi va împărţi prada cu cei puternici, pentru că S-a dat pe Sine însuşi la moarte, şi a fost pus în numărul celor fărădelege, pentru că a purtat păcatele multora şi S-a rugat pentru cei vinovaţi. (Isa 53:12)**
> **"Eu sunt Păstorul cel bun. Păstorul cel bun îşi dă viaţa pentru oi. (Ioan 10:11)**
> **Căci, pe când eram noi încă fără putere, Hristos, la vremea cuvenită a murit pentru cei nelegiuiţi. Dar Dumnezeu Îşi arată dragostea faţă de noi prin faptul că, pe când eram noi încă păcătoşi, Hristos a murit pentru noi. (Rom 5:6, 8)**
> **V-am învăţat înainte de toate, aşa cum am primit şi eu: că Hristos a murit pentru păcatele noastre, după Scripturi; (1 Cor 15:3)**
> **Şi El a murit pentru toţi, pentru ca cei ce trăiesc, să nu mai trăiască pentru ei înşişi, ci pentru Cel ce a murit şi a înviat pentru ei. (2 Cor 5:15)**
> **Hristos ne-a răscumpărat din blestemul Legii, făcându-Se blestem pentru noi, -- fiindcă este scris: „Blestemat e oricine este atârnat pe lemn." (Gal 3:13)**
> **Trăiţi în dragoste, după cum şi Hristos ne-a iubit, şi S-a dat pe Sine pentru noi ca un prinos şi ca o jertfă de bun miros, lui Dumnezeu. (Efeseni 5:2)**
> **El S-a dat pe Sine însuşi pentru noi, ca să ne răscumpere din orice fărădelege, şi să-Şi curăţească un norod care să fie al Lui, plin de râvnă pentru fapte bune. (Tit 2:14)**
> **Dar pe Acela, care a fost făcut pentru puţină vreme mai prejos decât îngerii, adică pe Isus, Îl vedem încununat cu slavă şi cu cinste, din pricina morţii, pe care a suferit-o; pentru ca, prin harul lui Dumnezeu, El să guste moartea pentru toţi. (Evrei 2:9)**
> **Pe când acum, la sfârşitul veacurilor, S-a arătat o singură dată, ca să şteargă păcatul prin jertfa Sa. (Evrei 9:26)**
> **Tot aşa, Hristos, după ce S-a adus jertfă o singură dată, ca să poarte păcatele multora, Se va arăta a doua oară, nu în vederea păcatului, ca să aducă mântuirea celor ce-L aşteaptă. (Evrei 9:28)**
> **Hristos, de asemenea, a suferit odată pentru păcate, El, Cel neprihănit, pentru cei nelegiuiţi, ca să ne aducă la Dumnezeu. El a fost omorât în trup, dar a fost înviat în duh, (1 Pet 3:18)**
> **Noi am cunoscut dragostea Lui prin aceea că El Şi-a dat viaţa pentru noi; şi noi deci trebuie să ne dăm viaţa pentru fraţi. (1 Ioan 3:16)**
> **Şi cântau o cântare nouă, şi ziceau: Vrednic eşti tu să iei cartea şi să-i rupi peceţile: căci ai fost înjunghiat, şi ai răscumpărat pentru Dumnezeu, cu sângele Tău, oameni din orice seminţie, de orice limbă, din orice norod şi de orice neam. (Apocalipsa 5:9)**

	B. Singurul Mesaj al lui Dumnezeu—Evanghelia lui Cristos, 1:6-9	8. Dar chiar dacă noi înșine sau un înger din cer ar veni să vă propovăduiască o Evanghelie, deosebită de aceea pe care v-am propovăduit-o noi, să fie anatema!	3. Propovăduitorii evangheliilor false sunt blestemați

1. Evanghelia lui Dumnezeu (v.4)
 2. Unii s-au întors spre evanghelii false
   a. L-au părăsit pe Dumnezeu
   b. Au mers înspre o altă evanghelie, înspre o evanghelie falsă
   c. I-au urmat pe cei care au răstălmăcit evanghelia
	6. Mă mir că treceți așa de repede de la Cel ce v-a chemat prin harul lui Hristos, la o altă Evanghelie.—
	 7. Nu doar că este o altă Evanghelie; dar sunt unii oameni care vă tulbură, și voiesc să răstoarne Evanghelia lui Hristos.
		9. Cum am mai spus, o spun și acum: dacă vă propovăduiește cineva o Evanghelie, deosebită de aceea pe care ați primit-o, să fie anatema!	a. Evanghelia este mai mare decât apostolul
			 b. Evanghelia este mai mare decât îngerii
			 c. Evanghelia este mai mare decât oricine
			 d. Judecata : Un blestem dublu

SECȚIUNEA I

SALUTUL, 1:1-9

B. Singurul mesaj al lui Dumnezeu—Evanghelia lui Cristos, 1:6-9

(1:6-9) Introducere: bisericile din Galatia erau duse în rătăcire de niște învățători mincinoși, și sufletele oamenilor erau în pericol. Pavel nu avea de ales; trebuia să fie ferm în scrierea lui pentru că Cristos i-a spus că sufletul unui singur om valorează mai mult decât toată bogăția lumii.

> **Și ce folosește unui om să câștige toată lumea, dacă își pierde sufletul? Sau ce va da un om în schimb pentru sufletul său? (Marcu 8:36-37)**

Din nou, sufletele galatenilor erau în joc. Plin de putere și de forță, Pavel îi avertizează atât pe învățătorii mincinoși cât și pe credincioși: Dumnezeu are un singur mesaj— Evanghelia lui Cristos. Numai și numai Evanghelia Lui Dumnezeu trebuie ascultată, predicată, învățată și luată în seamă.
1. Evanghelia lui Dumnezeu (v.6).
2. Unii s-au întors spre evanghelii false (vv.6-7).
3. Propovăduitorii evangheliilor false sunt blestemați(vv.8-9).

1 (1:6) **Evanghelia**: Evanghelia lui Dumnezeu tocmai fusese clar proclamată de Pavel.

> **[Cristos]El S-a dat pe Sine însuși pentru păcatele noastre, ca să ne smulgă din acest veac rău, după voia Dumnezeului nostru și Tatăl.(Gal 1:4. vezi—Gal.1:4-5 pentru mai multe discuții)**

Mesajul evangheliei este acela că Isus a murit ca să ne salveze pe noi din lumea aceasta rea, adică de păcatul acestei lumi...

- nelegiuire
- corupție
- deteriorare
- judecată
- osândă
- nedreptate
- îmbătrânire
- moarte
- condamnare

Cristos a murit pentru ca noi să putem fi izbăviți de păcat și de moarte și să putem trăi cu Dumnezeu pentru veșnicie într-un un pământ nou și un cer nou.

Foarte practic, se întâmplă următorul lucru: când cineva privește înspre Cristos și *crede cu adevărat* că Isus i-a luat păcatele sale asupra Sa și a plătit cu moartea pentru ele, Dumnezeu exact așa consideră că sa și întâmplat. Dumnezeu consideră lucrul acesta un fapt împlinit. Dumnezeu Îl vede pe Cristos purtând păcatele acelui om și îl privește ca pe un om fără păcat, perfect, curățit de orice păcat. De aceea, acel om poate fi acceptat de Dumnezeu. Dumnezeu îl vede *în Cristos* care este fără păcat, total neprihănit și perfect. Dar observați un lucru important: acel om nu este fără păcat; niciun om nu este fără păcat; nimeni nu este perfect și neprihănit. Dar Dumnezeu îl consideră pe acel om fără păcat, îl consideră neprihănit.

GALATENI 1:6-9

De ce face Dumnezeu un lucru atît de minunat? Pentru că El ne iubeşte atât de mult; El ne iubeşte cu o dragoste veşnică şi fără margini. Acesta este mesajul evangheliei glorioase. Noi nu putem să câştigăm acceptarea lui Dumnezeu, pentru că suntem imperfecţi şi păcătoşi, şi doar neprihănirea şi perfecţiunea pot sta în prezenţa lui Dumnezeu. Dar Dumnezeu ne iubeşte atât de mult încât a găsit o cale prin care noi să putem deveni neprihăniţi şi acceptabili înaintea Lui. Acest lucru se înţelege prin justificare şi minunatul har a lui Cristos. Acesta este gloriosul mesaj al evangheliei. (vezi comentariul, *Justificarea*—de asemenea STUDIU APROFUNDAT # 1—Gal.2:15-16; STUDIU APROFUNDAT # 2—2:16 pentru mai multe discuţii.)

> A doua zi, Ioan a văzut pe Isus venind la el, şi a zis: Iată Mielul lui Dumnezeu, care ridică păcatul lumii! (Ioan 1:29)
>
> "Fiindcă atât de mult a iubit Dumnezeu lumea, că a dat pe singurul Lui Fiu, pentru ca oricine crede în El, să nu piară, ci să aibă viaţa veşnică. (Ioan 3:16)
>
> Căci, pe când eram noi încă fără putere, Hristos, la vremea cuvenită a murit pentru cei nelegiuiţi.(Rom 5:6)
>
> Dar Dumnezeu Îşi arată dragostea faţă de noi prin faptul că, pe când eram noi încă păcătoşi, Hristos a murit pentru noi. Deci, cu atât mai mult acum, când suntem socotiţi neprihăniţi, prin sângele Lui, vom fi mântuiţi prin El de mânia lui Dumnezeu. Căci, dacă atunci când eram vrăjmaşi, am fost împăcaţi cu Dumnezeu, prin moartea Fiului Său, cu mult mai mult acum, când suntem împăcaţi cu El, vom fi mântuiţi prin viaţa Lui. (Rom 5:8-10)
>
> V-am învăţat înainte de toate, aşa cum am primit şi eu: că Hristos a murit pentru păcatele noastre, după Scripturi; că a fost îngropat şi a înviat a treia zi, după Scripturi; şi că S-a arătat lui Chifa, apoi celor doisprezece.(1 Cor 15:3-5)
>
> Şi El a murit pentru toţi, pentru ca cei ce trăiesc, să nu mai trăiască pentru ei înşişi, ci pentru Cel ce a murit şi a înviat pentru ei. (2 Cor 5:15)
>
> Dar pe Acela, care a fost făcut „pentru puţină vreme mai prejos decât îngerii", adică pe Isus, Îl vedem „încununat cu slavă şi cu cinste", din pricina morţii, pe care a suferit-o; pentru ca, prin harul lui Dumnezeu, El să guste moartea pentru toţi. (Evrei 2:9)
>
> Tot aşa, Hristos, după ce S-a adus jertfă o singură dată, ca să poarte păcatele multora, Se va arăta a doua oară, nu în vederea păcatului, ca să aducă mântuirea celor ce-L aşteaptă. (Evrei 9:28)
>
> Căci ştiţi că nu cu lucruri pieritoare, cu argint sau cu aur, aţi fost răscumpăraţi din felul deşert de vieţuire, pe care-l moşteniserăţi de la părinţii voştri, ci cu sângele scump al lui Hristos, Mielul fără cusur şi fără prihană. (1 Pet 1:18-19)
>
> Hristos, de asemenea, a suferit odată pentru păcate, El, Cel neprihănit, pentru cei nelegiuiţi, ca să ne aducă la Dumnezeu. El a fost omorât în trup, dar a fost înviat în duh,(1 Pet 3:18)
>
> Şi ştiţi că El S-a arătat ca să ia păcatele; şi în El nu este păcat. (1 Ioan 3:5)
>
> Noi am cunoscut dragostea Lui prin aceea că El Şi-a dat viaţa pentru noi; şi noi deci trebuie să ne dăm viaţa pentru fraţi. (1 Ioan 3:16)
>
> Şi din partea lui Isus Hristos, martorul credincios, cel întâi născut din morţi, Domnul împăraţilor pământului! A Lui, care ne iubeşte, care ne-a spălat de păcatele noastre cu sângele Său. (Apoc 1:5)
>
> Şi cântau o cântare nouă, şi ziceau: Vrednic eşti tu să iei cartea şi să-i rupi peceţile: căci ai fost înjunghiat, şi ai răscumpărat pentru Dumnezeu, cu sângele Tău, oameni din orice seminţie, de orice limbă, din orice norod şi de orice neam. (Apoc 5:9)

2(1:6-7) **Evanghelia, Falsă — Învăţători mincinoşi—Apostazie—Alunecare—Părăsire**: unii oameni s-au întors înspre evanghelii false. Acesta este subiectul cărţii Galateni, însuşi motivul pentru care Pavel scrie bisericilor din Galatia. Câţiva învăţători mincinoşi s-au alăturat bisericii, învăţători care nu credeau în evanghelia propovăduită de Pavel şi de apostoli. Aceştia adăugau la sau scoteau din evanghelia Scripturii şi atacau slujitorul. Drept rezultat, unii credincioşi îi urmau pe aceşti învăţători mincinoşi şi se întorceau înspre aceste evanghelii false. Pavel îi avertizează pe credincioşii din biserică, iar avertizarea lui este directă şi plină de putere.

1. Credincioşii Îl părăseau pe Dumnezeu, se îndepărtau de Dumnezeu. Cuvântul "a părăsi" (metatithesthe) înseamnă să întorci spatele, să îţi schimbi locul, să te transferi altundeva. Timpul verbului este prezent ceea ce înseamnă că Galatenii erau în procesul de părăsire; nu trecuseră în totalitate la o altă evanghelie. Pentru ei încă exista speranţa pocăinţei şi întoarcerii la Dumnezeu. Observaţi trei lucruri surprinzătoare.

   a. Un om care se întoarce de la evanghelie, nu părăseşte o serie de principii sau convingeri, nici o biserică. Acel om Îl părăseşte pe Însuşi Dumnezeu. Dumnezeu este Cel care ne iubeşte şi ne salvează, nu anumite convingeri. Dumnezeu este Cel care *ne cheamă personal* la harul lui Cristos, Dumnezeu, nu un mesaj sau un predicator. Prin urmare, a întoarce spatele înseamnă a-L părăsi pe Dumnezeu, pe Cel care ne-a iubit destul ca să ne salveze şi să ne dea viaţă veşnică în Fiul Său, Isus Cristos.

12

b. Cuvintele "atât de repede" ne arată cât de repede pot fi conduşi oamenii departe de Dumnezeu. Învăţătorii mincinoşi se pare că nu veniseră în biserică de multă vreme dar aveau nişte abilităţi şi o carismă impresionantă, atât de impresionantă încât au fost acceptaţi imediat ca învăţători în biserică. Rezultatul a fost catastrofal: mulţi au fost imediat influenţaţi de cuvintele lor, de ideile lor şi de întelepciunea lumească pe care o aveau.

c. Cuvântul "mă mir" înseamnă a fi uluit, surprins, mirat. Lui Pavel îi venea foarte greu să creadă ce se întâmpla pentru că Galatenii aveau temelia pusă în adevărata Evanghelie şi crescuseră în Cristos. Dar iată că atât de repede părăseau aceste lucruri. Credincioşii aveau nevoie să fie avertizaţi:ei păşeau pe un teren periculos. Ei se îndepărtau şi Îl părăseau pe Însuşi Dumnezeu.

> **Şi, din pricina înmulţirii fărădelegii, dragostea celor mai mulţi se va răci. (Mat 24:12)**
>
> **Cei închipuiţi în sămânţa căzută pe stâncă, sunt aceia care, când aud Cuvântul, îl primesc cu bucurie; dar n-au rădăcină, ci cred până la o vreme, iar când vine ispita, cad. (Luca 8:13)**
>
> **Isus i-a răspuns: Oricine pune mâna pe plug, şi se uită înapoi, nu este destoinic pentru Împărăţia lui Dumnezeu. (Luca 9:62)**
>
> **"Duhul necurat, când iese afară dintr-un om, umblă prin locuri fără apă, şi caută odihnă. Fiindcă n-o găseşte, zice: Mă voi întoarce în casa mea, de unde am ieşit. Şi când vine, o găseşte măturată şi împodobită. Atunci se duce de mai ia cu el alte şapte duhuri, mai rele decât el; intră împreună în casă, se aşează în ea, şi starea de pe urmă a omului aceluia ajunge mai rea decât cea dintâi." (Luca 11:24-26)**
>
> **Dar acum, după ce aţi cunoscut pe Dumnezeu, sau mai bine zis, după ce aţi fost cunoscuţi de Dumnezeu, cum vă mai întoarceţi iarăşi la acele învăţături începătoare, slabe şi sărăcăcioase, cărora vreţi să vă supuneţi din nou? (Gal 4:9)**
>
> **Şi cel neprihănit va trăi prin credinţă: dar dacă dă înapoi, sufletul Meu nu găseşte plăcere în el." (Evrei 10:38)**
>
> **Dar ce am împotriva ta, este că ţi-ai părăsit dragostea dintâi. (Apoc 2:4)**

2. Credincioşii se îndreptau înspre o altă evanghelie, adică spre o evanghelie falsă. Cuvântul *altă* (heteron) înseamnă o evanghelie modificată în esenţă, nu se referă doar la o diferenţă în forma ei. (A.T. Robertson. *Word Pictures in the New Testament*, Vol.4. Nashville: Broadman Press, 1931, p.276). Înseamnă o altă evanghelie care prezintă...

- un alt Isus
- un alt har
- un alt mod de a primi mântuirea
- un alt Dumnezeu
- o altă imagine a dragostei lui Dumnezeu

Dar observaţi ce spune Scriptura: evanghelia înspre care se întorceau Galatenii, nu era de fapt o evanghelie. Nu există o altă evanghelie; există doar o singură evanghelie adevărată prin care oamenii pot fi primiţi de Dumnezeu, şi aceasta este Evanghelia lui Dumnezeu descoperită în moartea Fiului Său, adică " harul lui Cristos" (v.6).

> **"Fiindcă atât de mult a iubit Dumnezeu lumea, că a dat pe singurul Lui Fiu, pentru ca oricine crede în El, să nu piară, ci să aibă viaţa veşnică. (Ioan 3:16)**
>
> **Doamne, I-a răspuns Simon Petru, la cine să ne ducem? Tu ai cuvintele vieţii veşnice. (Ioan 6:68)**
>
> **De aceea v-am spus că veţi muri în păcatele voastre; căci, dacă nu credeţi că Eu sunt, veţi muri în păcatele voastre."(Ioan 8:24)**
>
> **În nimeni altul nu este mântuire: căci nu este sub cer nici un alt Nume dat oamenilor, în care trebuie să fim mântuiţi." (Fapte 4:12)**
>
> **Căci n-am avut de gând să ştiu între voi altceva decât pe Isus Hristos şi pe El răstignit. (1 Cor 2:2)**
>
> **Căci nimeni nu poate pune o altă temelie decât cea care a fost pusă, şi care este Isus Hristos. (1 Cor 3:11)**

3. Credincioşii îi urmau pe aceia care răstălmăceau evanghelia lui Cristos. Urmau învăţători mincinoşi. Observaţi ce îi făcea pe aceşti învăţători să devină *învăţători mincinoşi*: o pervertire a evangheliei. Cuvântul "pervertire" (metastrepsai) înseamnă a schimba, a modifica complet, a distorsiona. Ei luau evanghelia dragostei lui Dumnezeu şi a harului Său, demonstrată în Fiul Său, Isus Cristos, şi o schimbau. Aceşti învăţători mincinoşi spuneau că sunt creştini, urmaşi ai lui Cristos. Ei chiar credeau la fel ca Pavel...

- Că Dumnezeu a iubit lumea şi Şi-a trimis Fiul în lume.
- Că Isus Cristos este Fiul lui Dumnezeu care a venit pe pământ.

GALATENI 1:6-9

- Că Isus Cristos a murit şi a înviat din morţi.

Totuşi, aceşti învăţători adăugau la şi scoteau din mesajul evangheliei, răstălmăceau sensul acesteia şi o făceau să spună ceva total diferit de evanghelia şi Scriptura pe care o predica Pavel. Ei denaturau evanghelia spunând...

a. Că Dumnezeu şi-a arătat într-adevăr dragostea pentru lume trimiţându-şi Fiul, dar El şi-a trimis Fiul în special pentru oamenii religioşi (pentru Iudeu şi pentru omul religios). Ei spuneau că Dumnezeu iubeşte lumea, dar îi iubeşte în mod deosebit pe cei ce trăiesc vieţi religioase. (Observaţi cum această abordare îl prezintă pe un Dumnezeu părtinitor care arată favoritism şi deschide larg o uşă pentru un sistem de clase sociale şi prejudecăţi.)

b. Că Isus a venit într-adevăr pe pământ; totuşi, nu ca să aducă neprihănirea omului, ci ca să arate oamenilor cum să trăiască vieţi plăcute înaintea lui Dumnezeu, ca să poată merita aprobarea lui Dumnezeu

c. Că Isus a murit într-adevăr pentru oameni; totuşi, nu a murit pentru păcatele oamenilor, ci să le arate oamenilor cât de hotărâţi trebuie să fie pentru Dumnezeu, încât să fie gata să moară pentru El.

d. Că moartea lui Isus Cristos nu este suficientă singură, prin ea însăşi; nu este destul ca să îl facă pe un om acceptabil înaintea lui Dumnezeu. Pe lângă dragostea pură a lui Dumnezeu şi pe lângă harul Său, mai trebuie ceva.

e. Că un om trebuie să urmeze un ritual, ritualul păstrat de credincioşi de secole: tăierea împrejur (membralitatea în biserică, botezul, etc.).

f. Că omul trebuie să se străduiască să ţină legea lui Dumnezeu şi diferite rituluri, ceremoniale, reguli şi legi.

Observaţi cât de distrugătoare era această învăţătură greşită: credincioşii erau confuzi, năuciţi, dezorientaţi, nedumeriţi, tulburaţi. Aşa cum scrie mai sus, nu se întorceau doar de la evanghelie, ci se îndepărtau de Dumnezeu Însuşi şi de harul lui Isus. (v.6).

Meditaţia 1. Observaţi un lucru şocant: cât de apropiată este învăţătura mincinoasă din biserică de adevăr! Cum adăugând puţin aici şi scoţând puţin de dincolo poţi denatura puritatea evangheliei! Cu câtă sârguinţă trebuie să păzim evanghelia lui Dumnzeue de ideile noastre omeneşti.

Aşa că, oricine va strica una din cele mai mici din aceste porunci, şi va învăţa pe oameni aşa, va fi chemat cel mai mic în Împărăţia cerurilor; dar oricine le va păzi, şi va învăţa pe alţii să le păzească, va fi chemat mare în Împărăţia cerurilor. (Mat 5:19)

"Păziţi-vă de prooroci mincinoşi. Ei vin la voi îmbrăcaţi în haine de oi, dar pe dinăuntru sunt nişte lupi răpitori. (Mat 7:15)

Mulţi Îmi vor zice în ziua aceea: „Doamne, Doamne! N-am prorocit noi în Numele Tău? N-am scos noi draci în Numele Tău? Şi n-am făcut noi multe minuni în Numele Tău?" Atunci le voi spune curat: „Niciodată nu v-am cunoscut; depărtaţi-vă de la Mine, voi toţi care lucraţi fărădelege!'" (Mat 7:22-23)

Degeaba Mă cinstesc ei, învăţând ca învăţături nişte porunci omeneşti. (Mat 15:9)

"Vai de voi, cărturari şi Farisei făţarnici! Pentru că voi închideţi oamenilor Împărăţia cerurilor: nici voi nu intraţi în ea, şi nici pe cei ce vor să intre, nu-i lăsaţi să intre. (Mat 23:13)

Ştiu bine că, după plecarea mea, se vor vârî între voi lupi răpitori, care nu vor cruţa turma; şi se vor scula din mijlocul vostru oameni, care vor învăţa lucruri stricăcioase, ca să tragă pe ucenici de partea lor. (Fapte 20:29-30)

Vă îndemn, fraţilor, să vă feriţi de cei ce fac dezbinări şi tulburare împotriva învăţăturii, pe care aţi primit-o. Depărtaţi-vă de ei. Căci astfel de oameni nu slujesc lui Hristos, Domnul nostru, ci pântecelui lor; şi, prin vorbiri dulci şi amăgitoare, ei înşeală inimile celor lesne crezători. (Rom 16:17-18)

Căci noi nu stricăm Cuvântul lui Dumnezeu, cum fac cei mai mulţi; ci vorbim cu inimă curată, din partea lui Dumnezeu, înaintea lui Dumnezeu, în Hristos. (2 Cor 2:17)

Oamenii aceştia sunt nişte apostoli mincinoşi, nişte lucrători înşelători, care se prefac în apostoli ai lui Hristos. Şi nu este de mirare, căci chiar Satana se preface într-un înger de lumină. Nu este mare lucru dar, dacă şi slujitorii lui se prefac în slujitori ai neprihănirii. Sfârşitul lor va fi după faptele lor. (2 Cor 11:13-15)

Ca să nu mai fim copii, plutind încoace şi încolo, purtaţi de orice vânt de învăţătură, prin viclenia oamenilor şi prin şiretenia lor în mijloacele de amăgire; (Efeseni 4:14)

Unii, este adevărat, propovăduiesc pe Hristos din pizmă şi din duh de ceartă; dar alţii din bunăvoinţă. Aceştia din urmă lucrează din dragoste, ca unii care ştiu că eu sunt însărcinat cu apărarea Evangheliei; (Filipeni 1:15-16)

Păziţi-vă de câinii aceia; păziţi-vă de lucrătorii aceia răi; păziţi-vă de scrijelaţii aceia! (Filipeni 3:2)

Păziţi-vă de câinii aceia; păziţi-vă de lucrătorii aceia răi; păziţi-vă de scrijelaţii aceia! (Col 2:4)

Luaţi seama ca nimeni să nu vă fure cu filozofia şi cu o amăgire deşartă, după datina oamenilor, după învăţăturile începătoare ale lumii, şi nu după Hristos. (Col 2:8)

14

GALATENI 1:6-9

Nimeni să nu vă răpească premiul alergării, făcându-și voia lui însuși printr-o smerenie și închinare la îngeri, amestecându-se în lucruri pe care nu le-a văzut, umflat de o mândrie deșartă, prin gândurile firii lui pământești, și nu se ține strâns de Capul din care tot trupul, hrănit și bine închegat, cu ajutorul încheieturilor și legăturilor, își primește creșterea pe care i-o dă Dumnezeu. (Col 2:18-19)

După cum te-am rugat la plecarea mea în Macedonia, să rămâi în Efes, ca să poruncești unora să nu învețe pe alții altă învățătură, și să nu se țină de basme și de înșirări de neamuri fără sfârșit, care dau naștere mai mult la certuri de vorbe, decât fac să înainteze lucrul lui Dumnezeu prin credință, așa fac și acum. Ținta poruncii este dragostea, care vine dintr-o inimă curată, dintr-un cuget bun, și dintr-o credință neprefăcută. Unii, fiindcă s-au depărtat de aceste lucruri, au rătăcit și s-au apucat de flecării. Ei vor să fie învățători ai Legii, și nu știu nici măcar ce spun, nici ce urmăresc. (1 Tim 1:3-7)

Dar Duhul spune lămurit că, în vremurile din urmă, unii se vor lepăda de credință, ca să se alipească de duhuri înșelătoare și de învățăturile dracilor, abătuți de fățărnicia unor oameni care vorbesc minciuni, însemnați cu fierul roșu în înșuși cugetul lor. Ei opresc căsătoria și întrebuințarea bucatelor, pe care Dumnezeu le-a făcut ca să fie luate cu mulțumiri de către cei ce cred și cunosc adevărul. (1 Tim 4:1-3)

Dacă învață cineva pe oameni învățătură deosebită, și nu se ține de cuvintele sănătoase ale Domnului nostru Isus Hristos și de învățătura care duce la evlavie, este plin de mândrie, și nu știe nimic: ba încă are boala cercetărilor fără rost și a certurilor de cuvinte, din care se naște pizma, certurile, clevetirile, bănuielile rele, zadarnicele ciocniri de vorbe ale oamenilor stricați la minte, lipsiți de adevăr și care cred că evlavia este un izvor de câștig. Ferește-te de astfel de oameni..(1 Tim 6:3-5)

Timotee, păzește ce ți s-a încredințat; ferește-te de flecăriile lumești și de împotrivirile științei, pe nedrept numite astfel, pe care au mărturisit-o unii și au rătăcit cu privire la credință. Harul să fie cu voi!Amin (1 Tim 6:20-21)

Dar oamenii răi și înșelători vor merge din rău în mai rău, vor amăgi pe alții, și se vor amăgi și pe ei înșiși. (2 Tim 3:13)

În adevăr, mai ales printre cei tăiați împrejur, sunt mulți nesupuși, flecari și amăgitori, cărora trebuie să li se astupe gura. Ei buimăcesc familii întregi, învățând pe oameni, pentru un câștig urât, lucruri, pe care nu trebuie să le învețe. (Tit 1:10-11)

După întâia și a doua mustrare, depărtează-te de cel ce aduce dezbinări, căci știm că un astfel de om este un stricat și păcătuiește, de la sine fiind osândit. (Tit 3:10-11)

Să nu vă lăsați amăgiți de orice fel de învățături străine; căci este bine ca inima să fie întărită prin har, nu prin mâncăruri, care n-au slujit la nimic celor ce le-au păzit. (Evrei 13:9)

În norod s-au ridicat și prooroci mincinoși, cum și între voi vor fi învățători mincinoși, care vor strecura pe furiș erezii nimicitoare, se vor lepăda de Stăpânul, care i-a răscumpărat, și vor face să cadă asupra lor o pierzare năpraznică. Mulți îi vor urma în destrăbălările lor. Și, din pricina lor, calea adevărului va fi vorbită de rău. (2 Pet 2:1-2)

Mulți îi vor urma în destrăbălările lor. Și, din pricina lor, calea adevărului va fi vorbită de rău. Duhul lui Dumnezeu să-L cunoașteți după aceasta: Orice duh, care mărturisește că Isus Hristos a venit în trup, este de la Dumnezeu; și orice duh, care nu mărturisește pe Isus, nu este de la Dumnezeu, ci este duhul lui Anticrist, de a cărui venire ați auzit. El chiar este în lume acum.Voi, copilașilor, sunteți din Dumnezeu; și i-ați biruit, pentru că Cel ce este în voi, este mai mare decât cel ce este în lume. Ei sunt din lume; de aceea vorbesc ca din lume, și lumea îi ascultă. (1 Ioan 4:1-5)

Căci în lume s-au răspândit mulți amăgitori, care nu mărturisesc că Isus Hristos vine în trup. Iată amăgitorul, iată Anticristul! Păziți-vă bine să nu pierdeți rodul muncii voastre, ci să primiți o răsplată deplină. (2 Ioan 1:7-8)

Căci s-au strecurat printre voi unii oameni, scriși de mult pentru osânda aceasta, oameni neevlavioși, care schimbă în desfrânare harul Dumnezeului nostru, și tăgăduiesc pe singurul nostru Stăpân și Domn Isus Hristos. (Iuda 1:4)

3(1:8-9) Slujitori—Învățători Mincinoși—Evanghelie, Falsă: propovăduitorii evangheliei false sunt blestemați. Este o afirmație dură dar evident de înțeles. Evanghelia este modalitatea prin care oamenii pot fi salvați din ghearele păcatului, a morții și a condamnări. Fără evanghelie nimeni nu poate fi mântuit—nimeni nu poate deveni acceptabil înaintea lui Dumnezeu —nimeni nu poate moșteni viața veșnică. Scriptura este clară în această privință și avertizează toate bisericile și pe toți învățătorii mincinoși.

1. Evanghelia este mult mai mare decât apostolul Pavel. Aceasta este o afirmație surprinzătoare, dacă ne amintim cine era Pavel: probabil cel mai dedicat slujitor al lui Dumnezeu care a trăit vreodată. El a fost cel care s-a aventurat în diferite colțuri ale lumii păgâne pentru a duce evanghelia lui Cristos, vestea bună care spune că oamenii pot fi eliberați de păcat și moarte și pot trăi veșnic. El atât de mult îi iubea pe Galatenii încât a riscat tot ce era el și tot ce avea pentru binele lor. Pentru unii, Pavel probabil că era un uriaș al credinței, și era drag inimilor lor. Dar observați: Pavel le spune

că dacă el însuşi s-ar întoarce la ei predicând altă evaghelie, să fie blestemat. În acest caz Galatenii nu trebuia să îl primească indiferent cât de mult îl respectau: ei trebuiau să îl respingă. Evanghelia în simplitatea şi puritatea ei era mult mai importantă decât Pavel.

2. Evanghelia este mai măreaţă decât îngerii din ceruri. Chiar dacă un înger ar fi venit din cer cu o altă evanghelie, trebuia respins pentru că şi el ar fi fost blestemat. Gloriosul mesaj al evangheliei este mult mai important decât îngerii din ceruri.

3. Evanghelia este mai măreaţă decât oricine (v.9). Dacă oricine ar predica *o altă evanghelie*, să fie blestemat. Evanghelia este mult mai importantă decât oricine.

4. Propovăduitorii evangheliei mincinoase vor suferi judecata unui blestem dublu. Cuvântul "anatema" (v.9) înseamnă a fi blestemat, sortit pieirii, dat pentru pedeapsă veşnică, pus sub mânia lui Dumnezeu. Sensul care se are în vedere aici este acela de moarte veşnică. Acest lucru este clar din felul în care Pavel foloseşte acest cuvânt în altă parte, unde se referă la el însuşi: "Căci aproape să doresc să fiu eu însumi *anatema*, despărţit de Hristos, pentru fraţii mei..." (Ro.9:3). Pavel era evreu; el spunea că îşi iubeşte fraţii evrei atât de mult încât ar fi gata să sufere pedeapsa veşnică pentru mântuirea lor (vedem aceeaşi dragoste pe care Cristos a arătat-o pentru toţi oamenii).

Aceasta este una dintre cele mai serioase şi grave avertizări din Scriptură, şi observaţi pentru cine este dată: este adresată învăţătorilor, *învăţătorilor mincinoşi*. Lehman Strauss semnalează că fiecare om care nu îl iubeşte pe Domnul Isus Cristos va fi blestemat. Cu cât mai mult, atunci, vor suferi învăţătorii mincinoşi când mânia veşnică a lui Dumnezeu va apăsa peste ei? (*Studii Devoţionale din Galateni şi Efeseni*. Neptune, NJ: Loizeaux Brothers, 1947, p.21)

"Păziţi-vă de prooroci mincinoşi. Ei vin la voi îmbrăcaţi în haine de oi, dar pe dinăuntru sunt nişte lupi răpitori. Îi veţi cunoaşte după roadele lor. Culeg oamenii struguri din spini, sau smochine din mărăcini? Orice pom, care nu face roade bune, este tăiat şi aruncat în foc. (Mat 7:15, 16, 19)

Mulţi Îmi vor zice în ziua aceea: "Doamne, Doamne! N-am prorocit noi în Numele Tău? N-am scos noi draci în Numele Tău? Şi n-am făcut noi multe minuni în Numele Tău?" Atunci le voi spune curat: "Niciodată nu v-am cunoscut; depărtaţi-vă de la Mine, voi toţi care lucraţi fărădelege!" (Mat 7:22-23)

"Vai de voi, cărturari şi Farisei făţarnici! Pentru că voi închideţi oamenilor Împărăţia cerurilor: nici voi nu intraţi în ea, şi nici pe cei ce vor să intre, nu-i lăsaţi să intre. (Mat 23:13)

"Şerpi, pui de năpârci! Cum veţi scăpa de pedeapsa gheenei? (Mat 23:33)

Dar aceştia, ca nişte dobitoace fără minte, din fire sortite să fie prinse şi nimicite, batjocorind ce nu cunosc, vor pieri în însăşi stricăciunea lor, Oamenii aceştia sunt nişte fântâni fără apă, nişte nori, alungaţi de furtună: lor le este păstrată negura întunericului. (2 Pet 2:12, 17)

Ca şi în toate epistolele lui, când vorbeşte despre lucrurile acestea. În ele sunt unele lucruri grele de înţeles, pe care cei neştiutori şi nestatornici le răstălmăcesc ca şi pe celelalte Scripturi, spre pierzarea lor. (2 Pet 3:16)

Preaiubiţilor, să nu daţi crezare oricărui duh; ci să cercetaţi duhurile, dacă sunt de la Dumnezeu; căci în lume au ieşit mulţi prooroci mincinoşi. (1 Ioan 4:1)

"De aceea, aşa vorbeşte Domnul, Dumnezeul lui Israel, împotriva păstorilor care pasc pe poporul meu: ,Pentru că Mi-aţi risipit oile, le-aţi izgonit, şi nu v-aţi îngrijit de ele, iată că vă voi pedepsi din pricina răutăţii faptelor voastre, zice Domnul." (Ier 23:2)

	II. DOVADA MESAGERULUI ȘI A MESAJULUI LUI DUMNEZEU, 1:10-2:21	13. Ați auzit, în adevăr, care era purtarea mea de altădată, în religia Iudeilor.	3. Viața lui s-a schimbat radical
	A. Viața slujitorului era complet schimbată,1:10-16	Cum, adică, prigoneam peste măsură de mult Biserica lui Dumnezeu, și făceam prăpăd în ea;	a. Experiența lui anterioară 1) Un mare prigonitor
1. El căuta să Îl mulțumească pe Dumnezeu, nu pe oameni	10. Caut eu oare, în clipa aceasta, să capăt bunăvoința oamenilor, sau bunăvoința lui Dumnezeu? Sau caut să plac oamenilor? Dacă aș mai căuta să plac oamenilor, n-aș fi robul lui Hristos.	14. și cum eram mai înaintat în religia Iudeilor decât mulți din neamul meu, de o vârstă cu mine. Eram însuflețit de o râvnă nespus de mare pentru datinile strămoșești.	2) Un exemplu suprem de autoneprihănire b. Schimbarea radicală 1) Pus deoparte și chemat prin harul lui Dumnezeu
2. El propovăduia evanghelia a. Nu o evanghelie fabricată de oameni b. Nu primită de la oameni c. O descoperire de la Cristos	11. Fraților, vă mărturisesc că Evanghelia propovăduită de mine, nu este de obârșie omenească; 12. pentru că, n-am primit-o, nici n-am învățat-o de la vreun om, ci prin descoperirea lui Isus Hristos.	15. Dar când Dumnezeu care m-a pus deoparte din pântecele maicii mele, și m-a chemat prin harul Său, a găsit cu cale 16. să descopere în mine pe Fiul Său, ca să-L vestesc între Neamuri, îndată, n-am întrebat pe nici un om,	2) Chemat ca slujitor să Îl descopere pe Cristos 3) Chemat să Îl predice pe Cristos 4) Chemat să caute evanghelia numai la Dumnezeu.

SECȚIUNEA II

DOVADA MESAGERULUI ȘI A MESAJULUI LUI DUMNEZEU, 1:10-2:21

A. Viața slujitorului era complet schimbată, 1:10-16

(1:10-16) **Introducere**: în bisericile din Galatia s-au ridicat învățători micinoși și critici la adresa lui Pavel. Aceștia spuneau că evanghelia pe care o propovăduia Pavel și chemarea lui erau false. Spuneau că el nu este un trimis adevărat al lui Dumnezeu; spuneau că el este un slujitor autoproclamat și folosește lucrarea lui ca o sursă de venit și în alte scopuri lacome.

Răspunsul lui Pavel la aceste acuzații este direct și puternic: mesajul lui și viața lui erau de la Dumnezeu. Viața lui cea veche și mesajul anterior lui au fost schimbate radical.

1. El căuta să Îl mulțumească pe Dumnezeu, nu pe oameni(v.10).
2. El propovăduia evanghelia (vv.11-12).
3. Viața lui s-a schimbat radical (vv.13-16).

1 (1:10) **Slujitorul—Pavel**: slujitorul căuta să Îi fie plăcut lui Dumnezeu nu oamenilor. Criticii lui Pavel spuneau că este inconsecvent...

- căuta aprobarea oamenilor, nu a lui Dumnezeu.
- se chinuia să placă oamenilor, nu lui Dumnezeu.
- trăia după lege când era în compania oamenilor religioși (Iudei) și trăia o viață mai liberă când era cu păgâni sau oameni nereligioși (nemuri).
- spunea ceva la un grup de oameni și altceva la alt grup de oameni.
- trăia o viață duplicitară și de înșelăciune ca să aiba sprijinul oamenilor.

Pavel nu comentează afirmațiile lor; doar le pune două întrebări acestor critici: "Caut eu oare, *în clipa aceasta*, să capăt bunăvoința oamenilor, sau bunăvoința lui Dumnezeu? Sau caut să plac oamenilor?" Așa cum am zis, Pavel nu întinde vorba. El răspunde propriilor întrebări făcând o afirmație surprinzătoare: este de acord cu criticii săi. "Dacă aș mai căuta să plac oamenilor, n-aș fi robul lui Hristos."

Argumentul lui este clar: observați cuvântul *"mai."* Pavel spune prin asta, că a existat o vreme când încerca să capete bunăvoința oamenilor, când încerca să placă oamenilor și nu lui Dumnezeu. Dar acum nu mai face acest lucru: el nu "mai căuta să placă oamenilor." Acum el căuta să placă lui Dumnezeu și numai lui Dumnezeu. Căutarea de a plăcea oamenilor, umblarea după aprobarea acestora și după recunoașterea lor, toate astea au făcut parte din viața lui cea veche. Dar acum onoarea, poziția și bogăția nu mai contau pentru el. El acum dorea un singur lucru: să placă lui Dumnezeu. De aceea, el era *robul* (doulos) lui Isus Cristos.

GALATENI 1:10-16

Dacă Îmi slujeşte cineva, să Mă urmeze; şi unde sunt Eu, acolo va fi şi slujitorul Meu. Dacă Îmi slujeşte cineva, Tatăl îl va cinsti. (Ioan 12:26)

Căci robul chemat în Domnul, este un slobozit al Domnului. Tot aşa, cel slobod, care a fost chemat, este un rob al lui Hristos. (1 Cor 7:22)

Slujiţi-le nu numai când sunteţi sub ochii lor, ca şi cum aţi vrea să plăceţi oamenilor, ci ca nişte robi ai lui Hristos, care fac din inimă voia lui Dumnezeu. Slujiţi-le cu bucurie, ca Domnului, iar nu oamenilor. (Efeseni 6:6-7)

Ca unii care ştiţi că veţi primi de la Domnul răsplata moştenirii. Voi slujiţi Domnului Hristos. (Col 3:24)

Ci, fiindcă Dumnezeu ne-a găsit vrednici să ne încredinţeze Evanghelia, căutăm să vorbim aşa ca să placem nu oamenilor, ci lui Dumnezeu, care ne cercetează inima. În adevăr, cum bine ştiţi, niciodată n-am întrebuinţat vorbe măgulitoare, nici haina lăcomiei: martor este Dumnezeu. (1 Tes 2:4-5)

Fiindcă am primit dar o împărăţie, care nu se poate clătina, să ne arătăm mulţumitori, şi să aducem astfel lui Dumnezeu o închinare plăcută, cu evlavie şi cu frică; (Evrei 12:28)

2.(1:11-12) **Slujitor—Pavel**: slujitorul propovăduia evanghelia. Unii critici spuneau că Pavel nu este un apostol adevărat al lui Isus Cristos pentru că nu făcuse parte dintre cei care L-au urmat pe Isus când a fost pe pământ. Prin urmare, ceea ce propovăduia el era o evanghelie inventată de oameni, plină de greşeli şi care ducea în rătăcire.

Observaţi cuvântul *cunosc* (gnorizo): este un cuvânt solemn, o declaraţie puternică anunţând că mesajul care urmează este de o importanţă crucială şi trebuie să fie auzit.

1. Evanghelia pe care o propovăduia Pavel nu este o evanghelie fabricată de oameni. Nu este o evanghelie concepută de...

- mintea omului
- ideile omului
- raţiunea omului
- speranţele omului
- religia omului
- imaginaţia omului
- ştiinţa omului
- energia omului
- visele omului

Evanghelia nu este ceva omenesc; originea ei nu se află la oameni. Evaaghelia nu este vestea bună *a oamenilor.*

2. Evanghelia pe care o provăduia Pavel nu a fost primită de la oameni. Nu era un *mesaj învăţat de la cineva,* nu era un mesaj pe care l-a învăţat de la vreun om. Mesajul pe care îl propovăduia el nu era un mesaj....

- primit de la alţii ca şi o tradiţie
- învăţat de el la şcoală
- predat lui de vreun om

3. Evanghelia pe care Pavel o propovăduia a fost primită de el printr-*o descoperire directă* de la Isus Cristos. Descoperire înseamnă un adevăr pe care Dumnezeu îl împărtăşeşte omului, un adevăr pe care omul nu l-a cunoscut niciodată. Este crucial să clarificăm acest lucru, pentru că, chemarea lui Pavel la lucrare şi evanghelia pe care o propovăduia se bazau pe doar acest fapt: i-a descoperit Isus Cristos într-adevăr lui Pavel adevărul despre moartea şi învierea Sa, sau nu? Dacă Pavel minţea, atunci cu siguranţă nu era un adevărat slujitor al adevăratei evanghelii. În acest caz, el ar fi fost un mincinos, un înşelător, un om care privea lucrarea ca pe o meserie pentru a-şi câştiga pâinea de zi cu zi, pentru a avea onoare şi puterea asupra oamenilor.

Totuşi, aşa cum Pavel spune clar, el a primit evanghelia ca pe o descoperire directă de la Isus Cristos. Din nou şi din nou el repetă acest lucru (vezi STUDIU APROFUNDAT # 1—1 Cor.2:7 pentru o listă completă a descoperirilor şi a tainelor din Scriptură).

Noi propovăduim înţelepciunea lui Dumnezeu, cea tainică şi ţinută ascunsă, pe care o rânduise Dumnezeu, spre slava noastră, mai înainte de veci. (1 Cor 2:7)

Căci a binevoit să ne descopere taina voii Sale, după planul pe care-l alcătuise în Sine însuşi, (Efeseni 1:9)

Citindu-le, vă puteţi închipui priceperea pe care o am eu despre taina lui Hristos, care n-a fost făcută cunoscut fiilor oamenilor în celelalte veacuri, în felul cum a fost descoperită acum sfinţilor apostoli şi prooroci ai luiHristos, prin Duhul. Că adică Neamurile sunt împreună moştenitoare cu noi, alcătuiesc un singur trup cu noi şi iau parte cu noi la aceeaşi făgăduinţă în Hristos Isus, prin Evanghelia aceea. (Efeseni 3:4-6)

Slujitorul ei am fost făcut eu, după ispravnicia, pe care mi-a dat-o Dumnezeu pentru voi ca să întregesc Cuvântul lui Dumnezeu. Vreau să zic: taina ţinută ascunsă din veşnicii şi în toate veacurile, dar

GALATENI 1:10-16

descoperită acum sfinților Lui, cărora Dumnezeu a voit să le facă cunoscut care este bogăția slavei tainei acesteia între Neamuri, și anume: Hristos în voi, nădejdea slavei. (Col 1:25-27)

Ci, fiindcă Dumnezeu ne-a găsit vrednici să ne încredințeze Evanghelia, căutăm să vorbim așa ca să placem nu oamenilor, ci lui Dumnezeu, care ne cercetează inima. (1 Tes 2:4)

Potrivit cu Evanghelia slavei fericitului Dumnezeu care mi-a fost încredințată mie. (1 Tim 1:11)

Ci Și-a descoperit Cuvântul la vremea Lui, prin propovăduirea care mi-a fost încredințată, după porunca lui Dumnezeu, Mântuitorul nostru; (Tit 1:3)

3 (1:13-16) **Slujitor—Pavel**: viața slujitorului lui Dumnezeu a fost schimbată radical. Acest lucru se vede clar făcând comparație între viața lui din trecut și cea din prezent.

1. Vechea viață a lui Pavel includea două lucruri groaznice.
   a. Pavel fusese primul mare prigonitor al bisericii. El era un om *aprins împotriva credinței* care a șocat mai mult decât alții în încercarea sa de a-i nimici pe credincioși.

   Dar Saul sufla încă amenințarea și uciderea împotriva ucenicilor Domnului. S-a dus la marele preot, Pe drum, când s-a apropiat de Damasc, deodată a strălucit o lumină din cer în jurul lui. El a căzut la pământ, și a auzit un glas, care-i zicea: Saule, Saule, pentru ce Mă prigonești?" (Fapte 9:1,3-4)

   S-ar părea că Saul a început prigonirea bisericii chiar în ziua morții lui Ștefan. Saul dorea să acționeze rapid în nimicirea bisericii. Credincioșii erau plini de frică și pe picior de fugă; de aceea, Pavel a simțit că trebuie să acționeze imediat ca să îi poată prinde înainte ca aceștia să scape.

   Ce trebuie să observăm aici este că Pavel era plin de violență; el dorea să nimicească biserica; să șteargă credincioșii de pe fața pământului. Cuvântul "distruge" (eporthoun) înseamnă a face prăpăd; a nimici în totalitate; a ruina, a șterge de tot (vezi comentariul, *Biserica,Persecuția*—Faptele Apostolilor 8:3 pentru mai multe discuții).

   Saul de partea lui, făcea prăpăd în Biserică; intra prin case, lua cu sila pe bărbați și pe femei, și-i arunca în temniță. (Fapte 8:3)

   Dar Saul sufla încă amenințarea și uciderea împotriva ucenicilor Domnului. S-a dus la marele preot, și i-a cerut scrisori către sinagogile din Damasc, ca, dacă va găsi pe unii umblând pe Calea credinței, atât bărbați cât și femei, să-i aducă legați la Ierusalim. (Fapte 9:1-2)

   Am prigonit până la moarte această Cale, am legat și am pus în temniță bărbați și femei: Marele preot și tot soborul bătrânilor îmi sunt martori. Am luat chiar și scrisori de la ei către frații din Damasc, unde m-am dus să aduc legați la Ierusalim pe cei ce se aflau acolo, ca să fie pedepsiți. (Fapte 22:4-5)

   "Și eu, ce-i drept, credeam că trebuie să fac multe lucruri împotriva Numelui lui Isus din Nazaret, și așa am și făcut în Ierusalim. Am aruncat în temniță pe mulți sfinți, căci am primit puterea aceasta de la preoții cei mai de seamă; și, când erau osândiți la moarte, îmi dădeam și eu votul împotriva lor. I-am pedepsit adesea în toate sinagogile și îmi dădeam toată silința ca să-i fac să hulească. În pornirea mea nebună împotriva lor, îi prigoneam până și în cetățile străine. (Fapte 26:9-11)

   Ați auzit, în adevăr, care era purtarea mea de altădată, în religia Iudeilor. Cum, adică, prigoneam peste măsură de mult Biserica lui Dumnezeu, și făceam prăpăd în ea; (Gal 1:13)

   În ce privește râvna, prigonitor al Bisericii; (Filipeni 3:6)

   Căci eu sunt cel mai neînsemnat dintre apostoli; nu sunt vrednic să port numele de apostol, fiindcă am prigonit Biserica lui Dumnezeu.(1 Cor 15:9)

   Mulțumesc lui Hristos Isus, Domnul nostru, care m-a întărit, că m-a socotit vrednic de încredere, și m-a pus în slujba Lui, măcar că mai înainte eram un hulitor, un prigonitor și batjocoritor. Dar am căpătat îndurare, pentru că lucram din neștiință, în necredință!. (1 Tim 1:12-13)

   b. Pavel este exemplul suprem de autoneprihănire. Pavel spune că el "creștea în iudaism" mult mai mult decât alții. Ideea este că el a deschis o cale, și a realizat mult mai mult decât alții. El era mult mai *zelos* decât ei.

   Dar observați spre ce se îndrepta devotamentul lui: spre religie și spre tradițiile liderilor religioși. Concentrarea și fanatismul lui erau bazate pe religie și tradiții, ritualuri și ceremonii și nu pe Dumnezeu.

   Drept răspuns, El le-a zis: Dar voi de ce călcați porunca lui Dumnezeu în folosul datinii voastre? (Mat 15:3)

   Voi lăsați porunca lui Dumnezeu, și țineți datina așezată de oameni, precum: spălarea ulcioarelor și a paharelor, și faceți multe alte lucruri de acestea. (Marcu 7:8)

   Luați seama ca nimeni să nu vă fure cu filozofia și cu o amăgire deșartă, după datina oamenilor, după învățăturile începătoare ale lumii, și nu după Hristos. (Col 2:8)

19

GALATENI 1:10-16

Căci știți că nu cu lucruri pieritoare, cu argint sau cu aur, ați fost răscumpărați din felul deșert de viețuire, pe care-l moșteniserăți de lapărinții voștri, ci cu sângele scump al lui Hristos, Mielul fără cusur și fără prihană. (1 Pet 1:18-19)

2. Schimbarea radicală a lui Pavel include patru puncte importante.
   a. Dumnezeu l-a pus deoparte pe Pavel și l-a chemat prin harul Său. Pavel spune clar...
   - că harul lui Dumnezeu l-a salvat de la o viață de autoneprihănire și osândă.
   - harul lui Dumnezeu l-a pus deoparte "de la naștere" ca să Îl slujească pe Cristos. Ideea este că Dumnezeu s-a gândit la Pavel înainte ca acesta să se nască. Chemarea și misiunea lui Pavel nu i se datorau lui Pavel ci lui Dumnezeu și harului Său. Dumnezeu a privit înspre Pavel din veșnicie.

Meditația 1. Chemarea credinciosului și lucrarea sa este de la Dumnezeu, nu de la oameni.

De pildă, fraților, uitați-vă la voi care ați fost chemați: printre voi nu sunt mulți înțelepți în felul lumii, nici mulți puternici, nici mulți de neam ales. Dar Dumnezeu a ales lucrurile nebune ale lumii, ca să facă de rușine pe cele înțelepte. Dumnezeu a ales lucrurile slabe ale lumii, ca să facă de rușine pe cele tari. (1 Cor 1:26-27)

Și să vă lumineze ochii inimii, ca să pricepeți care este nădejdea chemării Lui, care este bogăția slavei moștenirii Lui în sfinți, (Efeseni 1:18)

Vă sfătuiesc dar eu, cel întemnițat pentru Domnul, să vă purtați într-un chip vrednic de chemarea, pe care ați primit-o. (Efeseni 4:1)

Fraților, eu nu cred că l-am apucat încă; dar fac un singur lucru: uitând ce este în urma mea, și aruncându-mă spre ce este înainte, alerg spre țintă, pentru premiul chemării cerești a lui Dumnezeu, în Hristos Isus. (Filipeni 3:13-14)

Să vă purtați într-un chip vrednic de Dumnezeu, care vă cheamă la Împărăția și slava Sa. (2 Tes 2:14)

El ne-a mântuit și ne-a dat o chemare sfântă, nu pentru faptele noastre, ci după hotărârea Lui și după harul care ne-a fost dat în Hristos Isus, înainte de veșnicii, (2 Tim 1:9)

De aceea, frați sfinți, care aveți parte de chemarea cerească, ațintiți-vă privirile la Apostolul și Marele Preot al mărturisirii noastre, adică Isus. (Evrei 3:1)

Dumnezeul oricărui har, care v-a chemat în Hristos Isus la slava Sa veșnică, după ce veți suferi puțină vreme, vă va desăvârși, vă va întări, vă va da putere și vă va face neclintiți. (1 Pet 5:10)

De aceea, fraților, căutați cu atât mai mult să vă întăriți chemarea și alegerea voastră; căci, dacă faceți lucrul acesta, nu veți aluneca niciodată.(2 Pet 1:10)

   b. Dumnezeu l-a chemat pe Pavel ca să fie un vas care să îl descopere pe Cristos. Observați cuvintele "în mine". Chemarea principală a lui Dumnezeu pentru Pavel este aceeași ca pentru fiecare credincios: aceea de a-L descoperi pe Fiul Său Isus Cristos atât *lui însuși* cât și *prin el*. Dumnezeu vrea ca credinciosul să Îl cunoască pe Dumnezeu cât și să Îl facă cunoscut celor din jur. Noi suntem chemați să avem părtășie cu Dumnezeu și să lăsăm ca El să fie tot mai mult și mai mult văzut în noi. Credinciosul este un vas în care și prin care trăiește Cristos.

Dar, după cum este scris: Lucruri, pe care ochiul nu le-a văzut, urechea nu le-a auzit, și la inima omului nu s-au suit, așa sunt lucrurile, pe care le-a pregătit Dumnezeu pentru cei ce-L iubesc. Nouă însă Dumnezeu ni le-a descoperit prin Duhul Său. Căci Duhul cercetează totul, chiar și lucrurile adânci ale lui Dumnezeu. (1 Cor 2:9-10)

Nu știți că trupul vostru este Templul Duhului Sfânt, care locuiește în voi, și pe care L-ați primit de la Dumnezeu? Și că voi nu sunteți ai voștri? Căci ați fost cumpărați cu un preț. Proslăviți dar pe Dumnezeu în trupul și în duhul vostru, care sunt ale lui Dumnezeu. (1 Cor 6:19-20)

Cărora Dumnezeu a voit să le facă cunoscut care este bogăția slavei tainei acesteia între Neamuri, și anume: Hristos în voi, nădejdea slavei. (Col 1:27)

   c. Dumnezeu l-a chemat pe Pavel să Îl propovăduiască pe Cristos. Credincioșii nu sunt chemați doar să Îl cunoască pe Cristos, ci și să Îl facă cunoscut. Trebuie să predicăm și să fim martori ai lui Cristos.

Apoi le-a zis: Duceți-vă în toată lumea, și propovăduiți Evanghelia la orice făptură. (Marcu 16:15)

Și îndată a început să propovăduiască în sinagogi că Isus este Fiul lui Dumnezeu. (Fapte 9:20)

Căci noi nu ne propovăduim pe noi înșine, ci pe Domnul Hristos Isus. Noi suntem robii voștri, pentru Isus. (2 Cor 4:5)

GALATENI 1:10-16

d. Dumnezeu l-a chemat pe Pavel să primească evanghelia doar de la Dumnezeu. Pavel nu trebuia să caute evanghelia la oameni, ci la Dumnezeu. Doar Dumnezeu este sursa evangheliei; de aceea, doar la Dumnezeu trebuie căutat mesajul evangheliei.

Meditația 1. Acest lucru sigur că nu înseamnă că lucrătorii nu pot învăța unii de la ceilalți; ce înseamnă este că lucrătorii nu trebuie să propovăduiască evanghelia oamenilor. Dumnezeu ne-a dat evanghelia ca să o studiem și să o predicăm. Lumea are nevoie de mesajul Său, nu de mesajul oamenilor.

> "Fiindcă atât de mult a iubit Dumnezeu lumea, că a dat pe singurul Lui Fiu, pentru ca oricine crede în El, să nu piară, ci să aibă viața veșnică. (Ioan 3:16)
>
> Doamne, I-a răspuns Simon Petru, la cine să ne ducem? Tu ai cuvintele vieții veșnice. (Ioan 6:68)
>
> De aceea v-am spus că veți muri în păcatele voastre; căci, dacă nu credeți că Eu sunt, veți muri în păcatele voastre." (Ioan 8:24)
>
> În nimeni altul nu este mântuire: căci nu este sub cer nici un alt Nume dat oamenilor, în care trebuie să fim mântuiți." (Fapte 4:12)
>
> Căci n-am avut de gând să știu între voi altceva decât pe Isus Hristos și pe El răstignit. (1 Cor 2:2)
>
> Căci nimeni nu poate pune o altă temelie decât cea care a fost pusă, și care este Isus Hristos. (1 Cor 3:11)

	B. Slujitorul L-a urmat în primul rând pe Dumnezeu în viaţa lui,[SA1]**1:17-24**	20. În cele ce vă scriu, iată, înaintea lui Dumnezeu, nu mint.	b. Un protest solemn, vezi v.11-12
1. Mai întâi, a mers în Arabia: A petrecut timp singur cu Dumnezeu	17. nici nu m-am suit în Ierusalim la cei ce au fost apostoli înainte de mine, ci m-am dus în Arabia. Apoi m-am întors din nou la Damasc.	21. După aceea m-am dus în ţinuturile Siriei şi Ciliciei.. 22. Şi eram încă necunoscut la faţă Bisericilor lui Hristos, care sunt în Iudea	4. În al patrulea rând, a mers în Siria şi Cilicia, adică în Tars: Şi-a înfruntat oraşul natal 5. Rezultatul unei vieţi centrate pe Dumnezeu
2. În al doilea rând, s-a întors în Damasc: A reparat răul pe care îl facuse.	18. După trei ani, m-am suit la Ierusalim să fac cunoştinţă cu Chifa, şi am rămas la el cincisprezece zile.	23. Ele auzeau doar spunându-se: Cel ce ne prigonea odinioară, acum propovăduieşte credinţa, pe care căuta s-o nimicească odinioară.	a. Mărturia lui s-a răspândit
3. În al treilea rând, s-a dus în Ierusalim: Şi-a înfruntat trecutul, v.13-14 a. S-a întâlnit faţă în faţă cu Petru şi Iacov: i-a întâlnit ca egali— nu i-a consultat cu privire la evanghelie	19. Dar n-am văzut pe nici unul altul dintre apostoli, decât pe Iacov, fratele Domnului.	24. Şi slăveau pe Dumnezeu din pricina mea.	b. Viaţa lui L-a onorat pe Dumnezeu

SECŢIUNEA II

DOVADA MESAGERULUI ŞI A MESAJULUI LUI DUMNEZEU, 1:10-2:21

B. Slujitorul L-a urmat în primul rând pe Dumnezeu în viaţa lui, 1:17-24

(1:17-24) **Introducere**: Pavel era sub atacul unor critici din bisericile din Galatia. Ei spuneau despre el că nu este un slujitor chemat de Dumnezeu şi că propovăduia o evanghelie falsă. Ei semănau otrava bârfei: ei spuneau că el este implicat în slujire doar pentru profitul personal, şi o făcea ca pe o meserie.

Pasajul acesta continuă versetele de dinainte. Pavel aduce argumente şi dovezi că mesajul şi chemarea lui erau de la Dumnezeu, că el era un slujitor chemat de El, iar mesajul lui era adevăratul mesajul al evangheliei lui Isus Cristos. De fapt, el nu a primit evanghelia de la altcineva decât de la Isus Cristos. Ca să dovedească acest lucru, el relatează călătoriile pe care le-a făcut imediat după convertire. Ideea este următoarea: el a căutat adevărul la Dumnezeu şi doar la El. În primii ani de după convertire, El L-a urmat pe Dumnezeu în primul rând în viaţa lui şi nu pe oameni.

1. Mai întâi, a mers în Arabia: a petrecut timp singur cu Dumnezeu (v.17).
2. În al doilea rând, s-a întors în Damasc: a reparat răul pe care îl făcuse(v.17).
3. În al treilea rând, s-a dus la Ierusalim: şi-a înfruntat trecutul (v.18-20).
4. În al patrulea rând s-a dus în Siria şi Cilicia, adică la Tars: şi-a înfruntat oraşul natal. (v.21-22).
5. Rezultatul unei vieţi centrate pe Dumnezeu(v.23-24).

STUDIU APROFUNDAT # 1

(1:17-24) **Pavel, Călătoriile; Călătoriile la Ierusalim:** Pavel spune "Am mers imediat în Arabia." Succesiunea evenimentelor din lucrarea lui Pavel par să fie după cum urmează. (vezi comentariul —Fapte 15:1-31.)

1. Convertirea sa (Gal.1:15-16; Acts 9:1..).
2. Propovăduirea şi lucrarea sa din Damasc (Fapte 9:19-22).
3. Timpul petrecut singur cu Dumnezeu în Arabia (Gal.1:17). Aceşti trei ani despre care spune, pot să fie trei ani calendaristici întregi sau trei perioade din trei ani calendaristici. Dacă comparăm acest pasaj cu cel din Faptele Apostolilor, experienţa lui Pavel din Arabia se potriveşte spre finalul pasajului Fapte 9:22. S-ar părea că intervine o pauză acolo. Fapte 9:23 începe spunând *"După câtva timp,"* ceea ce ne face să credem că a trecut o perioadă de timp de la convertirea lui pe drumul Damascului (Fapte 9:3, 10-22) şi până la lucrarea pe care a început-o după timpul petrecut în Arabia. El a început lucrarea în cel mai bine cunoscut loc, în Damasc, printre credincioşii pe care îi cunoştea deja. (Fapte 9:23).
4. Cea de-a doua călătorie în Damasc, după întoarcerea din Arabia (Fapte 9:23-25).
5. Prima călătorie în Ierusalim de cincisprezece zile pentru a se întâlni cu Petru (Gal.1:18-19; Fapte 9:23-30). Apostolii din Faptele Apostolilor 9:27 ar fi Petru şi Iacov, fratele Domnului Isus.
6. Lucrarea lui din Tars şi din jurul Tarsului s-ar părea că a durat cam unsprezece ani (Gal.1:21-2:1).
7. Chemarea din partea lui Barnaba pentru a-l ajuta în lucrare în Antiohia (Fapte 11:25-26).
8. Cea de-a doua călătorie la Ierusalim, pentru a duce ajutoare în timpul foametei. (Gal.2:1; Fapte 11:30; 12:25). Unii sunt de părere că această călătorie la Ierusalim este cea descrisă în Faptele Apostolilor 15, cand are loc adunarea

apostolilor şi acel consiliu. Totuşi, sunt două probleme la această poziţie. În primul rând, Pavel accentuează o întâlnire privată în Gal.2:2, în timp ce relatarea din Faptele Apostolilor descrie o întâlnire publică. În al doilea rând, unde se încadrează vizita din timpul foametei? Dacă relatarea din Galateni 2 nu este legata de vizita din timpul foametei, atunci Pavel omite relatarea vizitei din timpul foametei în toată cartea Galateni. Acest lucru este greu de explicat în contextul în care Pavel încearcă să relateze cât mai bine legăturile lui cu biserica din Ierusalim. Când vorbeşte despre vizitele lui, el spune că vorbeşte doar adevărul, "În cele ce vă scriu, iată, înaintea lui Dumnezeu, nu mint." (Gal.1:20).

9. Chemarea şi însărcinarea lui ca misionar. (Fapte 13:2-3).

10. Prima mare lucrare printre neamuri: în Cipru şi Galatia (Fapte 13:1-14:28).

11. Întoarcerea lui în Antiohia, după încheierea primei călătorii misionare (Fapte 14:26-28).

12. Cea de-a treia călătorie la Ierusalim pentru apărarea evangheliei harului înaintea Consiliului de la Ierusalim (Fapte 15:1-30).

13. Întoarcerea în Antiohia cu mesajul din partea Consiliului de la Ierusalim. (Fapte 15:30-35).

14. Cea de-a doua mare călătorie misionară la neamuri: în Europa (Fapte 15:36-18:22).

15. Întoarcerea în Antiohia după încheierea celei de a doua călătorii misionare (Fapte 18:22).

16. Cea de-a treia mare călătorie misionară la neamuri: Asia Mică şi Europa (Fapte 18:23-21:16).

17. Cea de-a patra şi ultima călătorie la Ierusalim, când a fost arestat (Fapte 21:17-26:32).

18. Călătoria la Roma ca şi prizonier (Fapte 27:1-28:15).

19. Lucrarea lui la Roma în timp ce era prizonier (Fapte 28:16-31).

1 (1:17) **Pavel, Devoţional—Scriptură—Studiu**: În primul rând Pavel a mers în Arabia ca să petreacă timp singur cu Dumnezeu. Tocmai ce se convertise iar convertirea lui a fost o experienţă dintre cele mai dramatice (vezi Fapte 9:1). Vechea viaţaa lui Pavel se schimbase radical în două direcţii.

1. Pavel fusese un om care punea mare accent pe autoneprihănire. Era adâncit în religie şi în tradiţiile religiei, în forme şi ritualuri. El simţea că este acceptat de Dumnezeu pentru că era un om religios şi făcea binele cât putea de mult. Simţea că religia lui şi bunătatea lui îl făceau neprihănit înaintea lui Dumnezeu. Nu putea vedea perfecţiunea absolută şi dragostea lui Dumnezeu şi imperfecţiunea şi lipsa de dragoste a omului. Era complet înşelat cu privire la adevărata natură a lui Dumnezeu şi a omului, cu privire la nelegiuire şi neprihănire, cu privire la păcat şi iertare, cu privire la viaţă şi moarte (vezi comentariul şi STUDIU APROFUNDAT # 1—Gal.2:15-16 pentru mai multe discuţii.)

2. Pavel a devenit atât de înşelat încât a pornit o campanie de ură şi ucidere împotriva celora care Îl urmau pe Isus. El a folosit tot ce avea la îndemână pentru a şterge numele lui Cristos de pe pământ (vezi comentariul—Fapte 8:1-4 pentru mai multe discuţii).

Ideea principală este că Pavel a fost salvat de la o viaţă groaznică trăită în păcat şi ruşine, o viaţă adâncită la maxim în păcat şi ruşine. El era autoneprihănit şi arogant, plin de amărăciunea, ură şi ucidere; şi îşi folosea greşit poziţia şi puterea la fel ca un tiran—ajungând până într-acolo încât să-i arunce în temniţă şi să-i omoare pe cei care nu erau la fel ca el.

După convertire Pavel a simţit o nevoie cumplită de a petrece timp singur cu Dumnezeu. Nu avea nevoie de sfaturi sau de ajutorul oamenilor; avea nevoie doar de prezenţa şi de ajutorul lui Dumnezeu şi a Duhului Său. El deja cunoştea Scriptura. O studiase la picioarele celui mai mare învăţător religios al vremii, dar nu Îl cunoscuse pe Dumnezeu sau pe Cristos, nu într-un mod personal. Pavel nu cunoştea nimic despre Dumnezeu, nu cunoştea nimic în mod personal. Ceea ce cunoştea despre Dumnezeu era o greşeală şi o răstălmăcire a adevărului, o informaţie aplicată greşit şi folosită greşit. El avea nevoie disperată de....

- timp în care să înveţe cum să trăiască cu Cristos în fiecare zi, primind încredere şi putere de la El.
- timp să înveţe adevărata însemnătate a Scripturilor: modul în care vorbeau despre Cristos.
- timp să se obişnuiască cu Adevărul (Scripturile).
- timp să înveţe cum să aibă părtăşie cu Cristos zilnic (momente de linişte, devoţionale).
- timp să înveţe cum să umble în prezenţa lui Cristos şi în părtăşie cu Cristos întreaga zi.
- timp să înveţe poruncile şi voia lui Cristos.
- timp să se gândească cum poate să Îl facă pe Cristos cunoscut unei lumi adâncite în păcat şi întuneric.

De cât timp a avut nevoie Pavel? Se pare că a petrecut în jur de trei ani în Arabia, (vezi STUDIU APROFUNDAT # 1, *Pavel, Călătorii*—Gal.1:17-24). Imaginează-ţi cum ar fi să petreci trei ani căutându-L pe Dumnezeu şi învăţând cum să trăieşti o viaţă în care să Îl slujeşti pe El!

Meditaţia 1. Ce lecţie pentru credincioşi şi lucrători! Ce putere s-ar declanşa în viaţa noastră dacă L-am căuta pe Dumnezeu aşa cum a făcut-o Pavel!

> **După ce a dat drumul noroadelor, S-a suit pe munte să Se roage, singur la o parte. Se înnoptase, şi El era singur acolo. (Mat 14:23)**

GALATENI 1:17-24

Caută să te înfățișezi înaintea lui Dumnezeu ca un om încercat, ca un lucrător care n-are de ce să-i fie rușine, și care împarte drept Cuvântul adevărului. (2 Tim 2:15)

Să ne apropiem cu o inimă curată, cu credință deplină, cu inimile stropite și curățite de un cuget rău, și cu trupul spălat cu o apă curată. (Evrei 10:22)

Apropiați-vă de Dumnezeu, și El Se va apropia de voi. Curățiți-vă mâinile, păcătoșilor; curățiți-vă inima, oameni cu inima împărțită! (Iacov 4:8)

Și dacă de acolo vei căuta pe Domnul, Dumnezeul tău, Îl vei găsi dacă-L vei căuta din toată inima ta și din tot sufletul tău. (Deut. 4:29)

Povățuiește-mă în adevărul Tău, și învață-mă; căci Tu ești Dumnezeul mîntuirii mele, Tu ești totdeauna nădejdea mea! (Ps. 25:5)

Nădăjduiește în Domnul! Fii tare, îmbărbătează-ți inima, și nădăjduiește în Domnul! (Ps. 27:14)

Da, suflete, încrede-te în Dumnezeu, căci dela El îmi vine nădejdea. (Psa 62:5)

Cît pentru mine, fericirea mea este să mă apropii de Dumnezeu: pe Domnul Dumnezeu Îl fac locul meu de adăpost, ca să povestesc toate lucrările Tale. (Ps. 73:28)

Celce stă supt ocrotirea Celui Prea Înalt, și se odihnește la umbra Celui Atoputernic, (Ps. 91:1)

Dar cei ce se încred în Domnul își înnoiesc puterea, ei zboară ca vulturii; aleargă și nu obosesc, umblă, și nu ostenesc. (Isa 40:31)

Căutați pe Domnul câtă vreme se poate găsi; chemați-L, câtă vreme este aproape. (Isa 55:6)

Tu dar, întoarce-te la Dumnezeul tău, păstrează bunătatea și iubirea, și nădăjduiește totdeauna în Dumnezeul tău. (Osea 12:6)

Ferice de cei împăciuitori, căci ei vor fi chemați fii ai lui Dumnezeu! (Mat 5:9)

2 (1:17) **Paul—Restituirea**: În al doilea rând, Pavel s-a întors în Damasc ca să repare răul ce îl facuse. Când Pavel a fost convertit, el era în drum spre Damasc unde urma să-i aresteze și să-i nimicească pe cei care Îl urmau pe Cristos. Intenția lui și scopul lui era să curețe Damascul de toți creștinii. Persecuția aceasta cu siguranță că a afectat viețile credincioșilor. I-a forțat pe mulți să fugă ca să își scape viața, lăsând în urmă familii, slujbe și toate mijloacele prin care își câștigau existența.

Pavel s-a întors în Damasc ca să repare pe cât posibil răul pe care îl făcuse credincioșilor din Damasc. El dorea să le ceară iertare și să îi asigure că fusese mântuit; și fără îndoială că dorea și să Îl împărtășească pe Cristos cu cei pe care fusese atât de hotărât să îi distrugă înainte.

Ferice de cei împăciuitori, căci ei vor fi chemați fii ai lui Dumnezeu! (Mat 5:9)

"Așa că, dacă îți aduci darul la altar, și acolo îți aduci aminte că fratele tău are ceva împotriva ta, lasă-ți darul acolo înaintea altarului, și du-te întâi de împacă-te cu fratele tău; apoi vino de adu-ți darul (Mat 5:23-24)

Așadar, să urmărim lucrurile, care duc la pacea și zidirea noastră. (Rom 14:19)

Dimpotrivă, fiți buni unii cu alții, miloși, și iertați-vă unul pe altul, cum v-a iertat și Dumnezeu pe voi în Hristos. (Efeseni 4:32)

Îngăduiți-vă unii pe alții, și, dacă unul are pricină să se plângă de altul, iertați-vă unul pe altul. Cum v-a iertat Hristos, așa iertați-vă și voi. (Col 3:13)

3 (1:18-20) **Pavel—Evanghelizare Acasă**: În al treilea rând, Pavel s-a dus la Ierusalim să își înfrunte trecutul. Înainte de convertire, Pavel trăise în Ierusalim și făcuse parte dintre conducătorii Iudei, (din Sinedriu), și le fusese apropiat celor din Sinedriu. Știm asta pentru că Sinedriul era cel care susținea atacurile lui Pavel împotriva creștinilor. În orice caz, Pavel era foarte cunoscut în Ierusalim și el știa că unii dintre foștii lui prieteni îl consideră un trădător al religiei și cauzei lor. Oricum, Pavel dorea să își împărtășească mărturia lui cu cât mai mulți dintre cei în care avea încredere.

Totuși, motivul principal pentru care a mers la Ierusalim a fost să îl vadă pe Petru, liderul primilor creștini. Prin întâlnirea cu Petru, Pavel simțea că mulți dintre credincioși vor primi confirmarea că el a fost cu adevărat convertit. De aceea vor fi mai pregătiți și mai dornici să îl accepte pe el și lucrarea lui.

Dar observați: ceilalți apostoli se pare că erau plecați în călătorii misionare. Pavel nu s-a întâlnit, pe lângă Petru, cu alți lideri creștini în afară de Iacov, fratele Domnului Isus, care păstorea biserica din Ierusalim. Imaginați-vă ce au împărtășit Pavel și Petru....

- în timp ce Petru povestea despre trecutul lui, despre convertirea lui, și experiențele lui din Arabia.
- în timp ce Petru povestea despre viața Domnului Isus de pe pământ.

Țineți minte că Pavel le relatează despre călătoriile lui celor din Galatia cu un scop precis: ca să demonstreze că el nu a învățat evanghelia de la vreun om ci a primit-o de la însuși Domnul Isus. El era un apostol adevărat a Domnului, evanghelia lui era evanghelia adevărată, evanghelia care i-a fost descoperită de Cristos. Pavel mărturiseşte aceste adevăruri prin următoarea declaraţie:

> **În cele ce vă scriu, iată, înaintea lui Dumnezeu, nu mint. (v.20)**

Meditaţia 1. Pe cât posibil...
- credincioşii ar trebui să caute să împărtăşească despre Cristos cu vechii prieteni şi cunoştinţe. Necredincioşii trebuie să vadă schimbarea pe care Cristos poate să o facă în viaţa omului.
- Credincioşii ar trebui să caute sfaturi şi ajutor în timp ce îşi încep lucrările, în special sfatul şi ajutorul liderilor.

> **Isus nu i-a dat voie, ci i-a zis: Du-te acasă la ai tăi, şi povesteşte-le tot ce ţi-a făcut Domnul, şi cum a avut milă de tine." (Marcu 5:19)**
> **Ci voi veţi primi o putere, când Se va pogorî Duhul Sfânt peste voi, şi-Mi veţi fi martori în Ierusalim, în toată Iudea, în Samaria, şi până la marginile pământului." (Fapte 1:8)**
> **Ci sfinţiţi în inimile voastre pe Hristos ca Domn. Fiţi totdeauna gata să răspundeţi oricui vă cere socoteală de nădejdea care este în voi; dar cu blândeţe şi teamă, (1 Pet 3:15)**

4 (1:21-22) **Pavel—Evanghelizare Acasă**: în al patrulea rând, Pavel s-a dus în Siria şi Cilicia, adică în Tars pentru a-şi înfrunta localitatea natală. Familia lui Pavel locuia în Tars, acolo erau prietenii lui din copilărie, acesta era locul unde el fusese la şcoală şi unde a crescut. Era, desigur, dorinţa lui Pavel să Îl împărtăşească pe Cristos cu cât mai mulţi din familia lui şi dintre prietenii săi.

> **Tot aşa să lumineze şi lumina voastră înaintea oamenilor, ca ei să vadă faptele voastre bune, şi să slăvească pe Tatăl vostru, care este în ceruri.(Mat 5:16)**
> **Isus nu i-a dat voie, ci i-a zis: Du-te acasă la ai tăi, şi povesteşte-le tot ce ţi-a făcut Domnul, şi cum a avut milă de tine. (Marcu 5:19)**
> **Întoarce-te acasă, şi povesteşte tot ce ţi-a făcut Dumnezeu. El a plecat, şi a vestit prin toată cetatea tot ce-i făcuse Isus. (Luca 8:39)**
> **Căci noi nu putem să nu vorbim despre ce am văzut şi am auzit. (Fapte 4:20)**
> **I-a scos afară, şi le-a zis: Domnilor, ce trebuie să fac ca să fiu mântuit? Pavel şi Sila i-au răspuns: Crede în Domnul Isus, şi vei fi mântuit tu şi casa ta." (Fapte 16:30-31)**
> **Veniţi de ascultaţi, toţi cei ce vă temeţi de Dumnezeu, şi voi istorisi cei a făcut El sufletului meu. (Psa 66:16)**

5 (1:23-24) **Pavel**: rezultatele unei vieţi centrate pe Dumnezeu sunt în două direcţii şi sunt foarte puternice.

1. Mărturia unei vieţi centrate pe Dumnezeu s-a răspândit în toată zona. Pavel încă nu vizitase bisericile din Iudea, adică bisericile din jurul Ierusalimului. Totuşi, credincioşii de acolo au auzit despre convertirea lui Pavel, că el, care înainte persecutase biserica, acum Îl predica pe Cristos.

2. Mărturia unei vieţi centrate pe Dumnezeu îi provoacă pe credincioşi să Îl onoreze pe Dumnezeu. Bisericile din Iudea nu l-au văzut niciodată pe Pavel dar Îl glorificau pe Dumnezeu pentru mărturia lui puternică despre care au auzit.

> **Tot aşa să lumineze şi lumina voastră înaintea oamenilor, ca ei să vadă faptele voastre bune, şi să slăvească pe Tatăl vostru, care este în ceruri. (Mat 5:16)**

CAPITOLUL 2

C. Lucrătorul apără Evanghelia, 2:1-10

1. Cea de-a doua călătorie a lui Pavel la Ierusalim

2. El a apărat lucrarea evangheliei
   a. pentru că Dumnezeu l-a călăuzit
   b. Scopul apărării sale:să protejeze lucrarea adevăratei evanghelii

3. A apărat evanghelia înaintea falșilor credincioșilor
   a. Tit a fost prezentat ca exemplu
   b. Credincioșii falși[SA1]
      1) O intrare ipocrită în biserică
      2) Un mesaj greșit al robiei
   c. Scopul apărării sale: să păstreze o evanghelie curată

După patrusprezece ani, m-am suit din nou la Ierusalim împreună cu Barnaba; și am luat cu mine și pe Tit.
2. M-am suit, în urma unei descoperiri, și le-am arătat Evanghelia, pe care o propovăduiesc eu între Neamuri, în deosebi celor mai cu vază, ca nu cumva să alerg sau să fi alergat în zadar.
3. Nici chiar Tit, care era cu mine, măcar că era Grec, n-a fost silit să se taie împrejur,
4. din pricina fraților mincinoși, furișați și strecurați printre noi, ca să pândească slobozenia, pe care o avem în Hristos Isus, cu gând să ne aducă la robie;
5. noi nu ne-am supus și nu ne-am potrivit lor nici o clipă măcar, pentru ca adevărul Evangheliei să rămână cu voi.

6. Cei ce sunt socotiți ca fiind ceva orice ar fi fost ei, nu-mi pasă: Dumnezeu nu caută la fața oamenilor aceștia, zic, ei cei cu vază nu mi-au adăugat nimic.
7. Ba dimpotrivă, când au văzut că mie îmi fusese încredințată Evanghelia pentru cei netăiați împrejur, după cum lui Petru îi fusese încredințată Evanghelia pentru cei tăiați împrejur,
8. căci Cel ce făcuse din Petru apostolul celor tăiați împrejur, făcuse și din mine apostolul Neamurilor
9. și când au cunoscut harul, care-mi fusese dat, Iacov, Chifa și Ioan, care sunt priviți ca stâlpi, mi-au dat mie și lui Barnaba, mâna dreaptă de însoțire, ca să mergem să propovăduim: noi la Neamuri, iar ei la cei tăiați împrejur.
10. Ne-au spus numai să ne aducem aminte de cei săraci, și chiar așa am și căutat să fac

4. El a apărat evanghelia înaintea oricui și a tuturor
   a. Pentru că Dumnezeu nu este părtinitor
   b. Scopul apărării sale: să păstreze evanghelia intactă, fără a-i adăuga nimic

5. A apărat chemarea specială dată fiecărui om de a propovădui evanghelia

   a. Fiecărui om îi este încredințată o misiune specială
   b. Scopul apărării sale
      1) Să se asigure că misiunea fiecăruia este recunoscută

      2) Să se asigure că fiecare om are dreptul să își îndeplinească misiunea

SECȚIUNEA II

DOVADA MESAGERULUI ȘI A MESAJULUI LUI DUMNEZEU, 1:10–2:21

C. Lucrătorul apără Evanghelia, 2:1-10

(2:1-10) Introducere—Pavel, Acuzații împotriva lui: Pavel se afla sub atacul criticilor din partea învățătorilor mincinoși din bisericile din Galatia. Îl acuzau că ar fi un lucrător autoproclamat și îl acuzau de propovăduirea unei evanghelii false. Pavel se apără pe sine însuși și evanghelia pe care o predică. În pasajul acesta el apără evanghelia în termeni foarte clari, și arată cum a apărat el evanghelia chiar și înaintea liderilor recunoscuți ai bisericii, înaintea apostolilor.

1. Cea de-a doua călătorie a lui Pavel la Ierusalim (v.1).
2. El a apărat lucrarea evangheliei (v.2).
3. A apărat evanghelia înaintea falșilor credincioși. (v.3-5).
4. El a apărat evanghelia înaintea oricui și a tuturor. (v.6).
5. El apără chemarea specială dată fiecărui om de a propovădui evanghelia. (v.7-10).

1 **(2:1) Pavel, Călătorie:** Pavel spune clar că aceasta este cea de-a doua călătorie a sa la Ierusalim. Trebuie ținut minte că Pavel este foarte atent și încearcă pe cât posibil să arate legăturile lui cu biserica din Ierusalim. El trebuia să arate că lucrarea și chemarea sa vin de la Cristos și nu de la oameni, nici măcar de la liderii din Ierusalim. Acest lucru era absolut necesar, deoarece calificarea de bază pentru a fi considerat un apostol era chemarea directă din partea lui Cristos. Cristos i s-a arătat pe drumul Damascului; Cristos l-a mântuit pe Pavel și l-a chemat să propovăduiască evanghelia. Prin urmare, Pavel întrunea criteriile absolut necesare unui apostol: îl văzuse pe Domnul Isus față în față. Cristos l-a confruntat și l-a chemat personal să fie apostol.

Ce face Pavel în acest verset este să le răspundă criticilor săi: el nu a vizitat Ierusalimul pentru a discuta despre chemarea lui sau despre evanghelie decât abia dupa paisprezece ani de la prima lui întâlnire cu Petru, când petrecuse cu el cincisprezece zile (vezi Gal.1:18-20). El Îl slujise pe Domnul Isus ca lucrător și propovăduise evanghelia timp de mai mulți ani până să-i viziteze pe liderii bisericii din Ierusalim. Chemarea lui și mesajul lui fuseseră dovedite și

GALATENI 2:1-10

probate de ani de slujire. Misiunea lui pentru Cristos era stabilită; ea nu putea fi pusă la îndoială sau negată—nu de un om cinstit. Cei care îl criticau greşeau foarte tare prin faptul că îi puneau la îndoială chemarea (vezi **STUDIU APROFUNDAT** # 1—Gal.1:17-24 pentru o listă a călătoriilor lui Pavel, în special pct.8 pentru o discuţie legată de călătoria descrisă în Gal.2:1)

2 (2:2) **Evanghelia—Misiuni**: Lucrătorul apără lucrarea evangheliei. Dumnezeu l-a călăuzit pe Pavel să meargă la Ierusalim. Această călătorie nu era o una planificată de oameni ci era o călătorie programată de Dumnezeu. Dumnezeu a vrut ca Pavel să meargă la Ierusalim ca să apere lucrarea evangheliei din întreaga lume. Existau oameni în biserică care insistau asupra necesităţii ritualurilor şi a regulilor pentru mântuire, în special necesitatea tăierii împrejur şi obligaţia de a ţine legea lui Moise.

Pavel ştia un singur lucru: dacă oamenii aveau voie să adauge reguli şi ritualuri la evanghelie atunci el şi lucrarea lui erau în zadar (fără roade). Fiecare om care s-a încrezut în Domnul Isus Cristos şi fiecare om care se va încrede în Domnul Isus Cristos pentru mântuire ar fi trebuit să se supună ritualului tăierii împrejur. Ar fi trebuit să îşi concentreze viaţa asupra legii şi nu asupra lui Isus Cristos.

Acesta este motivul pentru care Dumnezeu l-a condus pe Pavel la Ierusalim: ca să salveze mesajul şi lucrarea *adevăratei evanghelii.*

⇒ Doar imaginaţi-vă miile de credincioşi dintre neamuri care fuseseră conduşi la Cristos, şi toate bisericile care au fost întemeiate de Pavel şi de alţii în toată lumea.

⇒ Imaginaţi-vă dezastrul şi catastrofa care fi venit asupra bisericilor şi asupra credincioşilor dacă ei ar fi trebuit să se întoarcă la experienţa convertirii şi să adauge un ritual şi alte reguli la vieţile lor.

Observaţi metoda pe care o foloseşte Pavel pentru a-şi apăra cauza: discuţie în particular cu liderii spirituali, mai ales cu apostolii.

Meditaţia 1. Lucrătorul nu trebuie să alerge în zadar. El trebuie să predice evanghelia şi doar evanghelia, şi trebuie să îşi construiască lucrarea numai şi numai pe evanghelie. Nu trebuie să dea voie ca niciun ritual, nicio regulă, ceremonie sau lege *să fie adăugate* evangheliei. Oamenii sunt mântuiţi şi cresc doar prin evanghelie, doar prin vestea bună a dragostei lui Dumnezeu pentru lume—o dragoste care a fost demonstrată prin darul suprem al Fiului Său care a murit *pentru noi.*

> **Fiindcă atât de mult a iubit Dumnezeu lumea, că a dat pe singurul Lui Fiu, pentru ca oricine crede în El, să nu piară, ci să aibă viaţa veşnică. Dumnezeu, în adevăr, n-a trimis pe Fiul Său în lume ca să judece lumea, ci ca lumea să fie mântuită prin El. (Ioan 3:16-17)**
> **Căci, pe când eram noi încă fără putere, Hristos, la vremea cuvenită a murit pentru cei nelegiuiţi. (Rom 5:6)**
> **Dar Dumnezeu Îşi arată dragostea faţă de noi prin faptul că, pe când eram noi încă păcătoşi, Hristos a murit pentru noi. (Rom 5:8)**
> **Căci n-am avut de gând să ştiu între voi altceva decât pe Isus Hristos şi pe El răstignit. (1 Cor 2:2)**
> **V-am învăţat înainte de toate, aşa cum am primit şi eu: că Hristos a murit pentru păcatele noastre, după Scripturi; că a fost îngropat şi a înviat a treia zi, după Scripturi. (1 Cor 15:3-4)**

3 (2:3-5) **Pavel—Învăţători, Falşi—Iudaizatori**: lucrătorul a apărat evanghelia înaintea falşilor credincioşi. O privire rapidă la ce se află în spatele acestor versete îl va ajuta foarte mult pe cititor. Pavel predica evanghelia harului şi doar a harului şi lucrul acesta i-a aţâţat pe câţiva dintre credincioşii evrei. Ţineţi minte că majoritatea credincioşilor din Ierusalim erau evrei. Ei fuseseră tăiaţi împrejur la vârsta de opt zile şi cufundaţi în legea lui Moise din pruncie. Când L-au acceptat pe Crisos unii dintre ei au refuzat să renunţe la religia lor iudaică. Ei vedeau creştinismul doar ca pe o extensie a Iudaismului. În minţile lor Cristos doar *a adăugat* învăţături noi la legea şi religia lor existentă. De aceea, dacă cineva dorea să Îl primească pe Cristos, în primul rând trebuia să devină un Iudeu...

• trebuia să treacă prin ritualul tăierii împrejur.
• trebuia să ţină legea lui Moise.
• trebuia să respecte toate ceremoniile şi ritualurile religiei Iudaice.

Doar după ce un om făcea aceste lucruri, adică, după ce devenea Iudeu, doar după aceea putea să Îl primească pe Cristos şi putea fi botezat. Doar atunci putea fi primit în biserică.

Pavel, sigur că a fost împotriva acestor concepţii şi practici. El...

• a dat voie oamenilor să Îl primească pe Cristos prin har
• i-a primit pe oameni prin credinţă fără a trece prin ritualul tăierii împrejur.

- le-a dat voie oamenilor să Îl urmeze şi să se concentreze pe Cristos şi nu pe legea lui Moise.

Acest lucru i-a şocat pe cei care încă erau loiali religiei lor iudaice, şi ei au început să formeze o alianţă ca să i se opună lui Pavel cu vehemenţă. Ei simţeau că el dorea să le distrugă religia împreună cu formele şi ritualurile ei. De aceea, ei au pornit o campanie de denigrare şi distrugere a lui Pavel....

- punându-i la îndoială mântuirea şi chemarea
- nerecunoscând că apostolia lui şi misiunea lui erau de la Dumnezeu.
- infiltrând învăţători de-ai lor în bisericile unde Pavel lucrase şi îndoctrinând bisericile cu învăţăturile lor mincinoase.
- trimiţându-şi emisari de-ai lor care să îl urmărească şi să îl hărţuiască pe Pavel instigându-i pe oameni împotriva lui—îndemnându-i să îi pună la îndoială mesajul şi chemarea.

Aceşti oameni se chemau Iudaizatori, oameni care amestecau ritualul şi legea cu evanghelia. Argumentul lui Pavel era că această învăţătură se afla în opoziţie directă cu adevărata evanghelie. Un om nu este mântuit prin semnele de pe trup, sau printr-un ritual, nici măcar prin abilitatea lui de a păzi legea sau de a respecta regulile. Un om pur şi simplu nu poate să câştige mântuirea sau să muncească pentru ea. Mântuirea este numai prin credinţa în Isus Cristos (Gal.2:16). Tot ce poate să facă omul este să accepte mântuirea, şi apoi din recunoştinţă pentru darul lui Dumnezeu, el trebuie să depindă de puterea Duhului Sfânt pentru a trăi pentru Dumnezeu.

Acum în ceea ce priveşte versetele de mai sus: când Pavel s-a dus la Ierusalim, i-a luat cu el pe Barnaba şi pe Tit, doi colegi de lucrare. Barnaba era un evreu care fusese convertit în Ierusalim. Era bine cunoscut de majoritatea credincioşilor, pentru că el fusese unul dintre primii misionari, şi a experimentat mari treziri făcute de Dumnezeu peste tot pe unde a mers cu evanghelia.

În cazul lui Tit, situaţia era total diferită. El era dintre păgâni (Neamuri), un convertit dintre neamuri. El nu era evreu, ceea ce înseamnă că nu trecuse prin ritualul tăierii împrejur, nici nu ţinea legea lui Moise şi celelalte ritualuri ale religiei. Tit era exemplul perfect al mântuirii prin har, pentru că el fusese mântuit şi chemat de Cristos să propovăduiască, fără să fie tăiat împrejur şi fără să se supună leagii lui Moise. Se pare că intenţia lui Pavel era de a-l prezenta pe Tit ca un exemplu a felului în care Dumnezeu îi mântuieşte oamenii prin har şi doar prin credinţă—fără ajutorul religiei, fără niciun fel de reguli sau ritualuri.

Totuşi, când Iudaizatorii au auzit despre Tit, ei i-au pus pe câţiva dintre adepţii lor din biserică să reacţioneze şi să ceară ca Tit să fie tăiat împrejur şi să facă din legea lui Moise punctul central al vieţii sale. Observaţi că ei au intrat în biserică într-un mod ipocrit; ei nu erau credincioşi autentici. Pavel îi numeşte "fraţi," dar "fraţi mincinoşi."

Observaţi că Pavel refuză să se supună învăţătorilor mincinoşi. El nu voia să îi spună lui Tit că trebuie să treacă printr-un ritual şi că trebuie să se concentreze pe lege ca să fie mântuit. Pavel a luptat ca să păstreze o evanghelie curată în toate adevărurile sale (vezi STUDIU APROFUNDAT # 1, Iudaizatori—Gal.2:4 pentru mai multe discuţii).

> **El S-a dat pe Sine însuşi pentru păcatele noastre, ca să ne smulgă din acest veac rău, după voia Dumnezeului nostru şi Tatăl. (Gal 1:4)**
>
> **Totuşi, fiindcă ştim că omul nu este socotit neprihănit, prin faptele Legii, ci numai prin credinţa în Isus Hristos, am crezut şi noi în Hristos Isus, ca să fim socotiţi neprihăniţi prin credinţa în Hristos, iar nu prin faptele Legii; pentru că nimeni nu va fi socotit neprihănit prin faptele Legii. (Gal 2:16)**
>
> **Iată numai ce voiesc să ştiu de la voi: prin faptele Legii aţi primit voi Duhul, ori prin auzirea credinţei? Sunteţi aşa de nechibzuiţi? După ce aţi început prin Duhul, vreţi acum să sfârşiţi prin firea pământească?(Gal 3:2-3)**
>
> **Şi că nimeni nu este socotit neprihănit înaintea lui Dumnezeu, prin Lege, este învederat, căci cel neprihănit prin credinţă va trăi. Însă Legea nu se întemeiază pe credinţă; ci ea zice: Cine va face aceste lucruri, va trăi prin ele. Hristos ne-a răscumpărat din blestemul Legii, făcându-Se blestem pentru noi, fiindcă este scris: Blestemat e oricine este atârnat pe lemn. (Gal 3:11-13)**
>
> **Dar când a venit împlinirea vremii, Dumnezeu a trimis pe Fiul Său, născut din femeie, născut sub Lege, ca să răscumpere pe cei ce erau sub Lege, pentru ca să căpătăm înfierea. Şi pentru că sunteţi fii, Dumnezeu ne-a trimis în inimă Duhul Fiului Său, care strigă: Ava, adică: Tată!" (Gal 4:4-6)**

STUDIU APROFUNDAT # 1

(2:4) **Iudaizatori—Legalişti**: aceştia erau evreii care Îl mărturiseau pe Cristos dar se ţineau de religia lor iudaică, în special de ritualul tăierii împrejur şi de legea lui Moise (vezi Fapte 5:1-35, în special 1, 24-29). Ei credeau că un om poate deveni creştin dacă.....

- mai întâi devine Iudeu. Omul trebuia să îmbrăţişeze Iudaismul cu toate ritualurile şi ceremoniile sale, să fie tăiat împrejur, şi apoi să înceapă să respecte legea lui Moise.
- doar după aceasta omul putea să Îl accepte pe Cristos ca şi Mântuitor.

În mintea celor tăiați împrejur, Creștinismul era un amestec între Iudaism și învățăturie lui Cristos. Legea era la fel de importantă ca și Cristos, și Cristos nu era mai important decât legea. Ei nu înțelegeau că....

- Cristos era împlinirea legii.
- Cristos a ținut în mod perfect legea, astfel devenind Omul Ideal, Modelul Perfect a ceea ce fiecare om ar trebui să fie.
- Cristos nu a fost doar întruparea legii, ci mult mai mult —întruparea lui Dumnezeu Însuși, Omul Ideal, Modelul Perfect la care *toți oamenii* trebuie să privească pentru mântuire și pentru a-și stabili un standard.
- Cristos, Fiul lui Dumnezeu, Omul Perfect, Modelul Perfect, este Cel la care *toți oamenii* trebuie să privească și pe El trebuie să Îl asculte.

Unii evrei au fost impresionați de Cristos și L-au mărturisit pe El dar nu putea înțelege sau nu doreau să Îl accepte pe Cristos ca fiind împlinirea legii și ca Mântuitor al tuturor oamenilor. De aceea, ei nu s-au întors doar la Cristos, nu s-au rupt de....

- religia lor legalistă
- la a cere oamenilor (Neamurilor) să devină Iudei înainte să poată deveni Creștini.

Aceasta a fost marea bătălie pe care biserica a dus-o la începuturile sale. Era marea problemă a lui Dumnezeu: cum să îndepărteze biserica de rădăcinile sale iudaice și să o oprească din excluderea și darea la o parte a oamenilor din lume (Neamurile). Aceasta a fost întotdeauna problema evreilor—problema ținerii neamurilor departe de Dumnezeu și de glorioasa mântuire pregătită pentru *toți oamenii*. Acum, după venirea lui Cristos, Dumnezeu a trebuit să îndepărteze biserica de această abordarea iudaică, de a-i obliga pe oameni să devină Iudei înainte de a-L accepta pe Cristos. Nu asta era voia lui Dumnezeu, pentru că Dumnezeu L-a trimis pe Cristos în lume ca să-i mântuiască pe *toți oamenii*, nu doar pe evrei. Mesajul acesta trebuia transmis tuturor. El a trebuit să-i îndepărteze pe primii credincioși evrei de legalismul lor, de...

- diferențele pe care le făceau între ei și alții.
- a-i obliga pe alții să devină religioși înainte de a-L accepta pe Cristos.
- discriminarea altora
- barierele și zidurile pe care le construiau (reguli legalistice).
- separatism și dezbinări
- prejudecăți și bigotism.

Totuși, observați următorul lucru: pe tot parcursul istoriei bisericii, începând de la biserica primară și până acum, au existat oameni care au refuzat să Îl urmeze *doar* pe Cristos. Ei au pus povara legii, a ritualurilor și ceremoniilor (legalism, religie, Iudeu) asupra oamenilor. În trecut astfel de oameni erau cunoscuți ca *tăiați împrejur* sau Iudaizatori; în vremurile noastre sunt cunoscuți sub denumirea de oameni religioși sau legaliști.

> Câțiva oameni, veniți din Iudea, învățau pe frați și ziceau: Dacă nu sunteți tăiați împrejur după obiceiul lui Moise, nu puteți fi mântuiți. (Fapte 15:1)
> Fiindcă am auzit că unii, plecați dintre noi, fără vreo însărcinare din partea noastră, v-au tulburat prin vorbirile lor, și v-au zdruncinat sufletele, zicând să vă tăiați împrejur și să păziți Legea.(Fapte 15:24)
> Din pricina fraților mincinoși, furișați și strecurați printre noi, ca să pândească slobozenia, pe care o avem în Hristos Isus, cu gând să ne aducă la robie; (Gal 2:4)
> Toți cei ce umblă după plăcerea oamenilor, vă silesc să primiți tăierea împrejur, numai ca să nu sufere ei prigonire pentru Crucea lui Hristos. Toți cei ce umblă după plăcerea oamenilor, vă silesc să primiți tăierea împrejur, numai ca să nu sufere ei prigonire pentru Crucea lui Hristos. În ce mă privește, departe de mine gândul să mă laud cu altceva decât cu crucea Domnului nostru Isus Hristos, prin care lumea este răstignită față de mine, și eu față de lume! Căci în Hristos Isus nici tăierea împrejur, nici netăierea împrejur nu sunt nimic, ci a fi o făptură nouă. (Gal 6:12-15)

4 (2:6) **Evanghelie—Părtinire:** lucrătorul a apărat evanghelia în fața oricui și în fața tuturor. Frații mincinoși spuneau că Pavel nu trebuie urmat pentru că nu este un slujitor adevărat. Chemarea lui nu era egală cu cea a apostolilor lui Cristos: el nu a făcut niciodată parte dintre ucenicii lui Isus Cristos sau dintre liderii bisericii.Cum putea el fi, în acest caz, un slujitor adevărat al lui Cristos? Nu avea recomandările necesare, nici educația și nu era un apropiat al liderilor.

Fără ocolișuri, Pavel le spune adevărul pătrunzător:

GALATENI 2:1-10

⇒ Dumnezeu nu se uită la faţa omului; Dumnezeu nu este părtinitor.

⇒ Niciun om, nici măcar un om cu reputaţie, nu poate adăuga ceva la chemarea unui alt om sau la Evanghelie. Dumnezeu este creatorul evangheliei şi Cel care cheamă oamenii în lucrare. Nu oamenii au gândit evanghelia, cel puţin evanghelia adevărată, şi nu oamenii cheamă alţi oamenii la lucrare, nu la lucrarea adevărată.

Meditaţia 1. Toţi credincioşii, în special slujitorii, trebuie să îşi cerceteze inimile prin următoarele întrebări:

⇒ Câţi dintre noi caută aprobarea liderilor mai presus de aprobarea lui Dumnezeu?

⇒ Câţi dintre noi caută chemarea bisericilor sau a liderilor bisericilor mai presus de chemarea lui Dumnezeu?

⇒ Câţi dintre noi caută ajutorul şi favoarea oamenilor, înainte de a căuta ajutorul şi favoarea lui Dumnezeu?

⇒ Câţi dintre noi caută să îşi îmbunăţească reputaţia asociindu-se cu anumiţi lideri în loc să Îl caute pe Dumnezeu şi locul de slujire pe care îl are El pregătit?

⇒ Şi, un pericol extrem, câţi dintre noi, adaugă şi învaţă propriile idei, ritualuri şi reguli în loc să propovăduiască o evangheliei curată?

> Nu voi M-aţi ales pe Mine; ci Eu v-am ales pe voi; şi v-am rânduit să mergeţi şi să aduceţi rod, şi roada voastră să rămână, pentru ca orice veţi cere de la Tatăl, în Numele Meu, să vă dea. (Ioan 15:16)
>
> Dar Domnul i-a zis: Du-te, căci el este un vas, pe care l-am ales, ca să ducă Numele Meu înaintea Neamurilor, înaintea împăraţilor, şi înaintea fiilor lui Israel; (Fapte 9:15)
>
> Dar Dumnezeu a ales lucrurile nebune ale lumii, ca să facă de ruşine pe cele înţelepte. Dumnezeu a ales lucrurile slabe ale lumii, ca să facă de ruşine pe cele tari. Şi Dumnezeu a ales lucrurile josnice ale lumii, şi lucrurile dispreţuite, ba încă lucrurile care nu sunt, ca să nimicească pe cele ce sunt; pentru ca nimeni să nu se laude înaintea lui Dumnezeu. (1 Cor 1:27-29)
>
> De aceea, fiindcă avem slujba aceasta, după îndurarea pe care am căpătat-o, noi nu cădem de oboseală. Ca unii, care am lepădat meşteşugirile ruşinoase şi ascunse, nu umblăm cu vicleşug şi nu stricăm Cuvântul lui Dumnezeu. Ci, prin arătarea adevărului, ne facem vrednici să fim primiţi de orice cuget omenesc, înaintea lui Dumnezeu. (2 Cor 4:1-2)
>
> Şi toate lucrurile acestea sunt de la Dumnezeu, care ne-a împăcat cu El prin Isus Hristos, şi ne-a încredinţat slujba împăcării; că adică, Dumnezeu era în Hristos, împăcând lumea cu Sine, neţinându-le în socoteală păcatele lor, şi ne-a încredinţat nouă propovăduirea acestei împăcări. Noi dar, suntem trimişi împuterniciţi ai lui Hristos; şi, ca şi cum Dumnezeu ar îndemna prin noi, vă rugăm fierbinte, în Numele lui Hristos: Împăcaţi-vă cu Dumnezeu! Pe Cel ce n-a cunoscut nici un păcat, El L-a făcut păcat pentru noi, ca noi să fim neprihănirea lui Dumnezeu în El. (2 Cor 5:18-21)
>
> Al cărei slujitor am fost făcut eu, după darul harului lui Dumnezeu, dat mie prin lucrarea puterii Lui. (Efeseni 3:7)
>
> Mulţumesc lui Hristos Isus, Domnul nostru, care m-a întărit, că m-a socotit vrednic de încredere, şi m-a pus în slujba Lui. (1 Tim 1:12)
>
> El ne-a mântuit şi ne-a dat o chemare sfântă, nu pentru faptele noastre, ci după hotărârea Lui şi după harul care ne-a fost dat în Hristos Isus, înainte de veşnicii, dar care a fost descoperit acum prin arătarea Mântuitorului nostru Hristos Isus, care a nimicit moartea şi a adus la lumină viaţa şi neputrezirea, prin Evanghelie. Propovăduitorul şi apostolul ei am fost pus eu şi învăţător al Neamurilor. (2 Tim 1:9-11)

Meditaţia 2. Dumnezeu îi tratează pe toţi oamenii la fel. El nu are preferaţi nici nu este părtinitor. Orice om este mântuit de aceeaşi evanghelie, şi orice slujitor este chemat de acelaşi Dumnezeu.

> Atunci Petru a început să vorbească, şi a zis: În adevăr, văd că Dumnezeu nu este părtinitor, ci că în orice neam, cine se teme de El, şi lucrează neprihănire este primit de El. (Fapte 10:34-35)
>
> Şi Dumnezeu, care cunoaşte inimile, a mărturisit pentru ei, şi le-a dat Duhul Sfânt ca şi nouă. N-a făcut nici o deosebire între noi şi ei, întrucât le-a curăţit inimile prin credinţă. (Fapte 15:8-9)
>
> Căci înaintea lui Dumnezeu nu se are în vedere faţa omului. (Rom 2:11)
>
> În adevăr, nu este nici o deosebire între Iudeu şi Grec; căci toţi au acelaşi Domn, care este bogat în îndurare pentru toţi cei ce-L cheamă. Fiindcă, oricine va chema Numele Domnului, va fi mântuit." (Rom 10:12-13)

5 (2:7-10) **Evanghelie—Chemare**: slujitorul a apărat chemarea specială dată fiecărui om de a propovădui evanghelia. Observaţi cuvântul "contrar" (tounantion): liderii bisericii nu erau de acord cu Iudaizatorii aşa cum aceştia speraseră;

din contră, ei stăteau alături de Pavel şi militau pentru chemareaşi evanghelia lui Cristos. Ei au văzut că Dumnezeu l-a chemat pe Pavel să le predice Neamurilor (celor netăiaţi împrejur) la fel cum l-a chemat pe Petru să predice evreilor (celor tăiaţi împrejur). Ei militau pentru adevărul că Dumnezeu dă fiecărui om o însărcinare specială.

Observaţi cine erau aceşti lideri din Ierusalim: Iacov, fratele Domnului Isus care era păstorul bisericii din Ierusalim, Petru şi Ioan. Ceea ce trebuie să observăm este că stâlpii bisericii *stăteau împreună* proclamând....

- că mântuirea prin har şi prin credinţă este evanghelia adevărată.
- că Dumnezeu este Cel care l-a chemat pe Pavel şi pe toţi ceilalţi slujitori la predicarea evangheliei.
- că Pavel şi ceilalţi slujitori trebuie să îşi amintească şi de săraci, nu doar de clasa mijlocie şi de bogaţi.

> Nu voi M-aţi ales pe Mine; ci Eu v-am ales pe voi; şi v-am rânduit să mergeţi şi să aduceţi rod, şi roada voastră să rămână, pentru ca orice veţi cere de la Tatăl, în Numele Meu, să vă dea. (Ioan 15:16)
>
> Dacă vestesc Evanghelia, nu este pentru mine o pricină de laudă, căci trebuie s-o vestesc; şi vai de mine, dacă nu vestesc Evanghelia! Dacă fac lucrul acesta de bună voie, am o răsplată. Chiar dacă-l fac de silă, este o isprăvnicie care mi-a fost încredinţată. (1 Cor 9:16-17)
>
> Slujitorul ei am fost făcut eu, după isprăvnicia, pe care mi-a dat-o Dumnezeu pentru voi ca să întregesc Cuvântul lui Dumnezeu.— (Col 1:25)
>
> Ci, fiindcă Dumnezeu ne-a găsit vrednici să ne încredinţeze Evanghelia, căutăm să vorbim aşa ca să placem nu oamenilor, ci lui Dumnezeu, care ne cercetează inima. (1 Tes 2:4)
>
> Potrivit cu Evanghelia slavei fericitului Dumnezeu care mi-a fost încredinţată mie. Mulţumesc lui Hristos Isus, Domnul nostru, care m-a întărit, că m-a socotit vrednic de încredere, şi m-a pus în slujba Lui. (1 Tim 1:11-12)
>
> Ci Şi-a descoperit Cuvântul la vremea Lui, prin propovăduirea care mi-a fost încredinţată, după porunca lui Dumnezeu, Mântuitorul nostru; (Tit 1:3)

	D. Lucrătorul propovăduieşte evanghelia celor care s-au îndepărtat de ea, 2:11-21	16. Totuşi, fiindcă ştim că omul nu este socotit neprihănit, prin faptele Legii, ci numai prin credinţa în Isus Hristos, am crezut şi noi în Hristos Isus, ca să fim socotiţi neprihăniţi prin credinţa în Hristos, iar nu prin faptele Legii; pentru că nimeni nu va fi socotit neprihănit prin faptele Legii.	a. Nu prin ţinerea legii, prin faptele legii[SA2] b. Ci doar prin credinţa în Isus Cristos
1. Pavel îl confruntă pe Petru	11. Dar când a venit Chifa în Antiohia, i-am stat împotrivă în faţă, căci era de osândit.		c. Nimeni nu poate fi socotit neprihănit prin ţinerea legii
a. Greşeala lui Petru 1) a urmat mulţimea, oamenii 2) a fost un om cu prejudecăţi şi legalist	12. În adevăr, înainte de venirea unora de la Iacov, el mânca împreună cu Neamurile; dar când au venit ei, s-a ferit şi a stat deoparte, de teama celor tăiaţi împrejur.	17. "Dar dacă, în timp ce căutăm să fim socotiţi neprihăniţi în Hristos, şi noi înşine am fi găsiţi ca păcătoşi, este oare Hristos un slujitor al păcatului? Nicidecum!	4. Un om nu este înşelat de Cristos a. Departe de noi un astfel de gând b. Omul se face pe el însuşi păcătos
b. Rezultatul greşelii lui Petru: alţi oameni sunt conduşi în altă direcţie—chiar şi un lider, Barnaba	13. Împreună cu el au început să se prefacă şi ceilalţi Iudei, aşa că până şi Barnaba a fost prins în laţul făţărniciei lor.	18. Căci, dacă zidesc iarăşi lucrurile, pe care le-am stricat, mă arăt ca un călcător de lege.	
2. Un credincios nu poate avea un standard dublu a. O umblare nepotrivită: Neconformă cu evanghelia b. O umblare ipocrită: Trăind într-un fel şi spunându-le altora să trăiască într-un alt fel.	14. Când i-am văzut eu că nu umblă drept după adevărul Evangheliei, am spus lui Chifa în faţa tuturor: Dacă tu, care eşti Iudeu, trăieşti ca Neamurile, şi nu ca Iudeii, cum sileşti pe Neamuri să trăiască în felul Iudeilor?	19. Căci eu, prin Lege, am murit faţă de Lege, ca să trăiesc pentru Dumnezeu. 20. Am fost răstignit împreună cu Hristos, şi trăiesc dar nu mai trăiesc eu, ci Hristos trăieşte în mine. Şi viaţa, pe care o trăiesc acum în trup, o trăiesc în credinţa în Fiul lui Dumnezeu, care m-a iubit şi S-a dat pe Sine însuşi pentru mine.	5. Un om este socotit neprihănit prin trăirea pentru Dumnezeu a. murind faţă de lege b. fiind răstignit împreună cu Cristos c. lăsându-L pe Cristos să trăiască prin el
3. Un credincios este socotit neprihănit doar prin credinţă[SA1]	15. "Noi suntem Iudei din fire, iar nu păcătoşi dintre Neamuri.	21. Nu vreau să fac zadarnic harul lui Dumnezeu; căci dacă neprihănirea se capătă prin Lege, degeaba a murit Hristos!"	d. încrezându-se în harul lui Dumnezeu: în Isus Cristos care este neprihănirea lui Dumnezeu

SECŢIUNEA II

DOVADA MESAJULUI ŞI A MESAGERULUI LUI DUMNEZEU, 1:10-2:21

D. Lucrătorul propovăduieşte Evanghelia celor care s-au îndepărtat de ea, 2:11-21

(2:11-21) **Introducere**: acest pasaj este plin de însemnătate şi adevăr pentru toţi oamenii, dar în mod special pentru credincioşi. Este un pasaj în care se vorbeşte despre cei care s-au îndepărtat, despre neprihănire şi neprihănirea pe care unii credeau ca pot să o primească prin forţe proprii, despre fapte şi credinţă, despre legea şi harul lui Dumnezeu. Este un pasaj care trebuie propovăduit lumii. Este mesajul evangheliei pentru cei care se îndepărtează de Dumnezeu.

1. Pavel l-a confruntat pe Petru (vv.11-13).
2. Un credincios nu poate avea un standard dublu(v.14).
3. Un credincios este socotit neprihănit doar prin credinţă (vv.15-16).
4. Un om nu este înşelat de Cristos(vv.17-18).
5. Un om este socotit neprihănit prin trăirea pentru Dumnezeu (vv.19-21).

1 (2:11-13) **Pavel—Contradicţie—Standard dublu**: Pavel l-a confruntat pe Petru. Ce s-a întâmplat poate fi explicat cu uşurinţă. Pavel şi Barnaba erau slujitori ai bisericii din Antiohia şi se pare că l-au invitat pe Petru, sau acesta a ales să conducă câteva servicii în Antiohia (vezi Fapte 11:25-26). Biserica din Antiohia nu era doar o biserică mare, ci era şi prima biserică a Neamurilor şi cea dintâi biserică gata să trimită misionari. Era formată în mare măsură de credincioşi dintre neamuri (vezi Fapte 11:20-21; 13:1-3). Când Petru şi-a început lucrarea în Antiohia el s-a alăturat neamurilor, având părtășie cu ei, mâncând cu ei, petrecând timp împreună. Dar, câțiva Iudaizatori sau oameni religioși, au venit în vizită în biserica din Antiohia. Ei au rămas uimiți de felul în care Petru petrecea și mânca laolaltă cu Neamurile, chiar dacă erau credincioși. Nu uitați: Iudaizatorii credeau în evanghelia lui Isus Cristos, dar ei credeau că aceasta este doar o adăugare la religia existentă (Iudaismul). Ei spuneau că dacă cineva dorește să fie mântuit....

- trebuie să se supună ritualului tăierii împrejur
- trebuie să respecte legea lui Moise
- trebuie să respecte ritualurile și ceremoniile religiei existente.
- trebuie să practice regulile religiei, de exemplu, regulile stricte legate de mâncare care interzicea carnea de porc cumpărată de la piață.
- trebuiau să se separe de neamuri și să nu aibă nici o legătură cu cei netăiați împrejur care nu respectau legea lui Moise și regulile religiei.

Cânt Iudaizatorii l-au văzut pe Petru, marele apostol al evreilor mâncând cu Neamurile care încălcau aceste reguli, "l-au mustrat". Au folosit chiar și numele lui Iacov pentru a-și susține poziția. Sigur că Iacov nu le susținea poziția sau învățăturile lor false (vezi Fapte 15:24).Totuși, Petru a slăbit sub atacurile lor și s-a depărtat de la părtășia lui strânsă cu Neamurile. Când Petru s-a depărtat, inevitabilul s-a produs: biserica s-a rupt. Biserica s-a dezbinat la fel cum se întâmplă cu orice biserică atunci când liderul ei devine un om care caută să facă pe plac oamenilor și urmează criticii.

Observați cât de gravă a fost ruptura: Petru și alți evrei s-au separat de Neamuri. Și observați încă un lucru: controversa lor a fost atât de puternică încât slujitorul de acolo, Barnaba, chiar li s-a alăturat. Pavel a rămas singurul lider care trebuia să lupte pentru adevărul evangheliei.

Un alt mod de a privi la greșeala lui Petru este să privim la cele trei păcate mari pe care le-a făcut. (vezi comentariul—Gal.2:14 pentru mai multe discuții).

2 (2:14) **Standarde duble—Inconsecvență**: un credincios nu trebuie să aibă standarde duble. Cu alte cuvinte, Petru era fățarnic; el căuta să placă oamenilor. El a mâncat împreună cu credincioșii dintre Neamuri; dar când au ajuns Iudaizatorii, el s-a separat complet de Neamuri. S-a temut de părerea Iudaizatorilor. Greșeala lui era întreită.

⇒ A fost ipocrit. Spunea un lucru (Gal.2:9) și trăia altceva (Gal.2:11-12).
⇒ Urma mulțimea doar pentru că aceasta exercita presiune asupra lui—chiar dacă știa că nu este bine.
⇒ Pe unii îi stima mai mult decât pe alții. (Gal.2:12).

1. Petru umbla pe o cale păcătoasă, nu trăia în concordanță cu adevărul evangheliei. Evanghelia spune că Dumnezeu îi iubește și îi primește pe *toți oamenii*. Dar Petru se separa de cei care *îl urmau pe Cristos într-un mod diferit* de el și de biserica mamă din Ierusalim.

2. Petru umbla pe o cale a ipocriziei, trăind într-un fel și învățându-i pe alții să trăiască în alt fel. Când Iudaizatorii nu erau acolo să îl vadă, el avea părtășie cu Neamurile; dar când oamenii religioși au ajuns acolo, el a devenit mai strict și le urma modul de viață strict al acestora. Observați: el chiar a început să forțeze neamurile să se supună tăierii împrejur și legii lui Moise ca să poată fi acceptați în biserica adevărată a lui Cristos.

Meditația 1. Faptul că Petru a putut fi dus în rătăcire este un avertisment puternic pentru fiecare credincios, mai ales pentru slujitori.
⇒ Trebuie să veghem la umblarea noastră, să nu alunecăm de pe cale și să nu ne îndepărtăm de la evanghelia adevărată.

> Dar acum, după ce ați cunoscut pe Dumnezeu, sau mai bine zis, după ce ați fost cunoscuți de Dumnezeu, cum vă mai întoarceți iarăși la acele învățături începătoare, slabe și sărăcăcioase, cărora vreți să vă supuneți din nou? (Gal 4:9)
> ca să nu mai fim copii, plutind încoace și încolo, purtați de orice vânt de învățătură, prin viclenia oamenilor și prin șiretenia lor în mijloacele de amăgire; (Efeseni 4:14)
> Să nu vă lăsați amăgiți de orice fel de învățături străine; căci este bine ca inima să fie întărită prin har, nu prin mâncăruri, care n-au slujit la nimic celor ce le-au păzit. (Evrei 13:9)

⇒ Trebuie să ne păzim de ipocrizie, să nu trăim într-un fel în timp ce pe alții îi învățăm să trăiască altfel.

> "De ce vezi tu paiul din ochiul fratelui tău, și nu te uiți cu băgare de seamă la bârna din ochiul tău? (Mat 7:3)
> "De ce-Mi ziceți: ,Doamne, Doamne! și nu faceți ce spun Eu? (Luca 6:46)
> Așadar, omule, oricine ai fi tu, care, judeci pe altul, nu te poți dezvinovăți; căci prin faptul că judeci pe altul, te osândești singur; fiindcă tu, care judeci pe altul, faci aceleași lucruri. (Rom 2:1)

tu deci, care înveți pe alții, pe tine însuți nu te înveți? Tu, care propovăduiești: Să nu furi, furi? (Rom 2:21)

Ei se laudă că cunosc pe Dumnezeu, dar cu faptele Îl tăgăduiesc, căci sunt o scârbă: nesupuși, și netrebnici pentru orice faptă bună. (Tit 1:16)

3 (2:15-16) **Socotiți neprihăniți—Credință sau Fapte**: un credincios este socotit neprihănit doar prin credință. Obsevați cum Pavel se identifică acum cu Iudeii, pentru că el, prin *natura lui*, adică prin naștere, era Iudeu. Observați deasemenea referirea la Neamuri ca "păcătoși." Sensul este de *păgâni*. Evreii se considerau religioși iar pe cei dintre Neamuri îi considerau păgâni. Pavel spune următorul lucru: *toți Evreii (religioși) care au crezut în Isus* au mărturisit același lucru pe care și păgânii l-au mărturisit: că un om este socotit neprihănit prin credință, nu prin faptele legii.

Venind la Cristos, Evreii religioși mărturiseau că religia lor, ritualurile lor, faptele lor și legea nu puteau să îi mântuiască. Aveau nevoie de ceva mai mult, mult mai mult; de aceea, s-au întors înspre Cristos. Observați trei puncte importante.

1. Un om nu este socotit neprihănit și acceptat de Dumnezeu prin ținerea legii. De ce? Pentru că omul nu poate atinge slava lui Dumnzeu; el este imperfect, incomplet, și mult sub ceea ce ar trebui să fie. Și totuși tot ce trăiește în prezența lui Dumnezeu trebuie să fie perfect și întreg, umplut pe deplin de slavă, pentru că Dumnezeu este perfecțiunea însăși, Dumnezeu este întregirea și plinătatea. De aceea omul, care este imperfect și incomplet, nu poate sta sau trăi în prezența lui Dumnezeu.

Totuși, trebuie pusă o întrebare: Există vreo faptă pe care omul să o facă sau vreo lege pe care poate să o țină și care să îl facă perfect? Dumnezeu spune "Nu!" Pentru că tot ce ar face o făptură imperfectă, este imperfect și incomplet. O făptură imperfectă nu poate să facă ceva perfect bun, și sigur nu destul de bun pentru a deveni perfect. Un om imperfect nu poate atinge perfecțiunea lui Dumnezeu; de aceea, indiferent ce ar face un om, el nu este ceea ce ar trebui să fie. El întotdeauna are loc de mai bine, mult mai bine într-o lume infinit imperfectă.

Prin urmare, omul nu poate fi mântuit prin faptele legii sau prin ținerea legii. Dacă mântuirea noastră ar depinde de faptele pe care noi le facem, atunci am fi pierduți fără speranță. Pentru că, ce faptă am putea face care să ne dea dreptul să devenim făpturi perfecte și veșnice? Nici un om nu ne poate face perfecți și veșnici ca să putem trăi într-o lume perfectă și sfântă— și noi știm asta. Ce poate să facă un om pentru cel pe care îl iubește ca să îl ajute să trăiască veșnic — să îl facă perfect și veșnic? Nu există nicio faptă și nicio lege pe care să o ținem ca să ne mântuim de păcat și de moarte. Dacă putem fi socotiți neprihăniți înaintea lui Dumnezeu, acceptați ca perfecți și compleți, asta nu va fi prin ținerea legii. (vezi schița și comentariul—Rom.4:14-15; 7:1-6; 7:7-13; 7:14; STUDIU APROFUNDAT # 1—8:3 pentru mai multe discuții).

Știm însă că tot ce spune Legea, spune celor ce sunt sub Lege, pentru ca orice gură să fie astupată, și toată lumea să fie găsită vinovată înaintea lui Dumnezeu. Căci nimeni nu va fi socotit neprihănit înaintea Lui, prin faptele Legii, deoarece prin Lege vine cunoștința deplină a păcatului. (Rom 3:19-20)

Căci toți au păcătuit, și sunt lipsiți de slava lui Dumnezeu. (Rom 3:23)

Căci toți cei ce se bizuiesc pe faptele Legii, sunt sub blestem; pentru că este scris: Blestemat este oricine nu stăruie în toate lucrurile scrise în cartea Legii, ca să le facă." (Gal 3:10)

Deci, cine știe să facă bine și nu face, săvârșește un păcat! (Iacov 4:17)

Cum ar putea să iasă dintr-o ființă necurată un om curat? Nu poate să iasă nici unul.! (Iov 14:4)

Dacă ai păstra, Doamne, aducerea aminte a nelegiuirilor, cine ar putea sta în picioare, Doamne? (Psa 130:3)

Cine poate zice: Mi-am curățit inima, sunt curat de păcatul meu"? (Prov 20:9)

Este un neam de oameni care se crede curat, și totuși, nu este spălat de întinăciunea lui; (Prov 30:12)

Fiindcă pe pământ nu este nici un om fără prihană, care să facă binele fără să păcătuiască. (Ecl 7:20)

Atunci care este speranța noastră? Cum putem fi socotiți neprihăniți, perfecți și întregi înaintea lui Dumnezeu? Dumnezeu spune că există o singură cale. Obsevați mijlocul versetului:

Noi trebuie să credem "în Hristos Isus, ca să fim socotiți neprihăniți prin credința în Hristos" (v.16).

2. Un om este socotit neprihănit doar prin credința în Isus (vezi STUDIU APROFUNDAT # 1, *Justificare*—Gal.2:15-16; 2:16 pentru mai multe discuții).

3. Nimeni nu poate fi socotit neprihănit prin ținerea legii, sau făcând faptele legii. (vezi STUDIU APROFUNDAT# 2, *Credință sau Fapte* —Gal.2:16 pentru mai multe discuții).

STUDIU APROFUNDAT# 1
(2:15-16) **Justificare**: (diakioun): a socoti neprihănit. Înseamnă a socoti, a considera, a trata, a vedea ca neprihănit. Nu înseamnă a face un om neprihănit. Toate verbele în limba greacă, care se termină în "oun" înseamnă nu a face pe cineva ceva, ci doar a considera, a judeca, a trata pe cineva ca ceva.

GALATENI 2:11-21

Trebuie observate trei lucruri cu privire la justificare.

1. **De ce este necesară justificarea.**

    a. Justificarea este necesară din cauza păcatului şi înstrăinări omului de Dumnezeu. Omul s-a răzvrătit împotriva lui Dumnezeu şi şi-a luat viaţa în propriile mâini. Omul trăieşte aşa cum doreşte….
    - împlinindu-şi poftele ochilor lui şi a firii (natura păcătoasă).
    - agăţându-se de mândria lumii şi de lucrurile lumii.

    Omul a devenit păcătos şi fără de Dumnezeu, un duşman al lui Dumnezeu, împingându-L pe Dumnezeu afară din viaţa lui şi dorind să nu aibă nimic de a face cu Dumnezeu. Omul s-a despărţit de Dumnezeu şi s-a înstrăinat de el.

    b. Justificarea este necesară din cauza mâniei lui Dumnezeu. "Dumnezeu ..care Se mînie în orice vreme.." (Ps.7:11). Păcatul a provocat mânia lui Dumnezeu. Dumnezeu este mâniat pe….
    - răzvrătirea omului
    - păcatul omului
    - ostilitatea omului
    - abandonarea omului
    - necredinţa omului
    - nelegiuirea omului

    Omul I-a întors spatele lui Dumnezeu, împingându-L pe Dumnezeu de-o parte şi nevrând să aibă de a face cu El. Omul nu L-a făcut pe Dumnezeu centrul vieţii sale; omul a rupt relaţia lui cu Dumnezeu. De aceea, cea mai mare nevoie din viaţa omului este să afle răspunsul la întrebarea: Cum poate fi restaurată relaţia dintre Dumnezeu şi om?

2. **De ce socoteşte Dumnezeu, ca neprihănit, un om.** Dumnezeu socoteşte neprihănit un om datorită Fiului Său Isus Cristos. Când cineva crede în Isus Cristos, Dumnezeu ia credinţa acelui om şi o socoteşte drept neprihănire. Omul nu este neprihănit, dar Dumnezeu îl socoteşte aşa în baza credinţei lui. De ce este Dumnezeu dispus să facă asta?

    a. Dumnezeu este gata să socotească omul neprihănit pentru că îl iubeşte atât de mult. Dumnezeu iubeşte atât de mult omul, încât şi-a trimis Fiul în lume şi L-a jertfit pentru neprihănirea omului. (Ioan.3:16; Ro.5:8).

    b. Dumnezeu este gata să socotească omul neprihănit datorită a ceea ce Fiul Său Isus Cristos a făcut pentru om.
    ⇒ Isus Cristos a asigurat neprihănirea *Ideală* pentru om. El a venit pe pământ ca să trăiască o viaţă perfectă şi fără păcat. Ca şi om, El nu a încălcat nici o dată legea lui Dumnezeu; El nu a făcut nimic împotriva voiei lui Dumnezeu, nici măcar o dată. De aceea, a stat înaintea lui Dumnezeu şi înaintea întregii lumi ca Omul Ideal, Omul Perfect, Reprezentantul oamenilor, Neprihănirea Perfectă care poate sta în dreptul fiecărui om.
    ⇒ Isus Cristos a venit în lume ca *să moară* pentru om. Ca şi Om Perfect, El a putut lua toate păcatele lumii asupra Sa şi a putut muri pentru fiecare om. Moartea lui *poate fi pusă* în dreptul fiecărui om. El a schimbat locul cu omul, devenind păcătos (2 Cor.5:19). El a purtat mânia lui Dumnezeu împotriva păcatului, purtând pedeapsa pentru fiecare om. Din nou, a putut face asta pentru că El a fost *Omul Perfect*, şi fiind omul Perfect, moartea Lui poate sta în dreptul fiecărui om.
    ⇒ Isus Cristos a venit în lume ca să *învieze din morţi* şi astfel să cucerească moartea. Ca şi Om Perfect, Învierea Lui şi ridicarea Lui la cer, la Dumnezeu, poate sta în dreptul nevoiei disperate a fiecărui om de a cuceri moartea şi de a fi acceptat de Dumnezeu. Învierea Lui poate sta în dreptul învierii la o viaţă nouă a credinciosului.

    Acum, aşa cum s-a spus mai sus, când un om crede în Isus Cristos—crede cu adevărat—Dumnezeu ia credinţa acelui om şi ...
    - o socoteşte ca neprihănirea (perfecţiunea) lui Cristos. Omul este socotit *neprihănit în Cristos*.
    - o socoteşte ca moartea lui Cristos. Omul este socotit *mort în Cristos*, ca şi cum deja ar fi plătit plata pentru păcat *în moartea lui Cristos*.
    - o socoteşte ca învierea lui Cristos. Omul este socotit ca şi cum ar *fi înviat în Cristos*.

    Foarte simplu, Dumnezeu Îşi iubeşte Fiul atât de mult încât onorează pe orice om care Îl onorează pe Fiul Său, *crezând în El*. El onorează omul, luând credinţa omului şi socotind-o drept neprihănire, dându-i privilegiul de a trăi cu Cristos pentru veşnicie în prezenţa lui Dumnezeu.

3. **Cum socoteşte Dumnezeu, neprihănit um om.** Cuvântul a justifica (diakioun) este un termen legal folosit în justiţie. Ne prezintă un om aflat la judecată înaintea lui Dumnezeu. Omul este văzut ca vinovat de cea mai groaznică infracţiune; s-a răzvrătit împotriva lui Dumnezeu şi a rupt relaţia lui cu El. Cum ar putea restaura acea relaţie? În justiţia lumii dacă un om este achitat, atunci este declarat nevinovat, dar acest lucru nu se întâmplă la Tribunalul Divin. Când un om se prezintă înaintea lui Dumnezeu, acesta este orice altceva decât nevinovat; este vinovat şi condamnat în conformitate cu vinovăţia lui.

Dar când un om se întoarce în mod sincer la Cristos, atunci Dumnezeu ia acea credinţă şi o socoteşte drept neprihănire. Astfel Dumnezeu îl socoteşte—îl judecă, îl tratează—ca şi când ar fi nevinovat. Omul nu este făcut nevinovat; el este vinovat. El ştie asta şi Dumnezeu ştie asta, dar Dumnezeu îl socoteşte neprihănit. "Dumnezeu socoteşte neprihăniţi pe păcătoşi"—o milă incredibilă, un har minunat. (vezi comentariul—Rom.4:1-3; STUDIU APROFUNDAT # 1—4:1-25; STUDIU APROFUNDAT # 1,2—4:22.)

Cum putem şti asta? Cum putem şti sigur că Dumnezeu este aşa? Pentru că Isus a spus aşa. El a spus că Dumnezeu ne iubeşte. Noi suntem păcătoşi, da; dar Isus a spus că Îi suntem foarte, foarte dragi lui Dumnezeu.

> **Avram a crezut pe Domnul, şi Domnul i-a socotit lucrul acesta ca neprihănire. (Gen 15:6)**
>
> **şi oricine crede, este iertat prin El de toate lucrurile de care n-aţi putut fi iertaţi prin Legea lui Moise. (Fapte 13:39)**
>
> **Căci toţi au păcătuit, şi sunt lipsiţi de slava lui Dumnezeu. Şi sunt socotiţi neprihăniţi, fără plată, prin harul Său, prin răscumpărarea, care este în Hristos Isus. (Rom 3:23-24)**
>
> **Căci ce zice Scriptura? Avraam a crezut pe Dumnezeu, şi aceasta i s-a socotit ca neprihănire.(Rom 4:3)**
>
> **Deci, fiindcă suntem socotiţi neprihăniţi, prin credinţă, avem (Sau: Să avem.) pace cu Dumnezeu, prin Domnul nostru Isus Hristos. (Rom 5:1)**
>
> **Deci, cu atât mai mult acum, când suntem socotiţi neprihăniţi, prin sângele Lui, vom fi mântuiţi prin El de mânia lui Dumnezeu! (Rom 5:9)**
>
> **căci cine a murit, de drept, este izbăvit de păcat. (Rom 6:7)**
>
> **Cine va ridica pâră împotriva aleşilor lui Dumnezeu? Dumnezeu este Acela, care-i socoteşte neprihăniţi! (Rom 8:33)**
>
> **Şi aşa eraţi unii din voi! Dar aţi fost spălaţi, aţi fost sfinţiţi, aţi fost socotiţi neprihăniţi, în Numele Domnului Isus Hristos, şi prin Duhul Dumnezeului nostru. (1 Cor 6:11)**
>
> **Cei ce sunt socotiţi ca fiind ceva orice ar fi fost ei, nu-mi pasă: Dumnezeu nu caută la faţa oamenilor aceştia, zic, ei cei cu vază nu mi-au adăugat nimic. (Gal 2:16)**
>
> **Tot aşa şi Avraam a crezut pe Dumnezeu, şi credinţa aceasta i-a fost socotită ca neprihănire. (Gal 3:6)**
>
> **Astfel, Legea ne-a fost un îndrumător spre Hristos, ca să fim socotiţi neprihăniţi prin credinţă. (Gal 3:24)**
>
> **şi să fiu găsit în El, nu având o neprihănire a mea, pe care mi-o dă Legea, ci aceea care se capătă prin credinţa în Hristos, neprihănirea, pe care o dă Dumnezeu, prin credinţă. (Filipeni 3:9)**

STUDIU APROFUNDAT # 2

(2:16) Credinţă sau Fapte—Autoneprihănire—Ţinerea Legii: De ce nu poate fi un om socotit neprihănit prin fapte sau prin lege? De ce nu se poate apropia omul de Dumnezeu prin fapte şi lege?

1. Sunt două moduri prin care omul poate încerca să ajungă la neprihănire şi la apropierea de Dumnezeu.
   a. Un om poatea încerca să lucreze la neprihănirea lui; poate să încerce din toate puterile să ţină legea lui Dumnezeu şi să Îi fie pe plac lui Dumnezeu. Dar observaţi: un om poate să facă asta....
      - doar dacă ar ţine legea într-un mod perfect fără să o încalce măcar o dată.
      - doar dacă se asigură că tot ce face sau gândeşte este perfect bun şi curat
      - doar dacă poate să Îl mulţumească pe Dumnezeu cu fiecare faptă, cuvânt şi gând, fără să Îl necăjească pe Dumnezeu cu nimic.

   Doar dacă un om poate face asta, doar atunci poate căpăta neprihănirea prin faptele legii. Dar, ce om poate fi perfect, bun, neprihănit şi curat în fiecare faptă, cuvânt şi gând? Este absolut imposibil să se capete neprihănirea prin faptele legii. Un om poate încerca să se apropie de Dumnezeu prin fapte şi lege, dar nu poate atinge niciodată perfecţiunea—nu perfecţiunea şi sfinţenia fără de care *nimeni nu Îl poate vedea* pe Dumnezeu.

   > **Urmăriţi pacea cu toţi şi sfinţirea, fără care nimeni nu va vedea pe Domnul. (Evrei 12:14)**
   >
   > **Mulţi Îmi vor zice în ziua aceea: Doamne, Doamne! N-am prorocit noi în Numele Tău? N-am scos noi draci în Numele Tău? Şi n-am făcut noi multe minuni în Numele Tău? Atunci le voi spune curat: Niciodată nu v-am cunoscut; depărtaţi-vă de la Mine, voi toţi care lucraţi fărădelege. (Mat 7:22-23)**
   >
   > **Căci nimeni nu va fi socotit neprihănit înaintea Lui, prin faptele Legii, deoarece prin Lege vine cunoştinţa deplină a păcatului. (Rom 3:20)**
   >
   > **Căci toţi cei ce se bizuiesc pe faptele Legii, sunt sub blestem; pentru că este scris: Blestemat este oricine nu stăruie în toate lucrurile scrise în cartea Legii, ca să le facă. (Gal 3:10)**
   >
   > **Deci, cine ştie să facă bine şi nu face, săvârşeşte un păcat! (Iacov 4:17)**

   b. Omul poate să creadă că Isus Cristos este darul neprihănirii lui Dumnezeu pentru lume—atât de mult a iubit

GALATENI 2:11-21

Dumnezeu lumea ...
- că a dat pe Fiul Său să trăiască o viață perfectă pe pământ ca să poată asigura Neprihănirea Ideală și Perfectă pentru om.
- că a dat pe Fiul Său ca să ia păcatele omului asupra Sa și să moară pentru om, adică să poarte judecata nelegiurilor omului.
- că a dat pe Fiul Său să învie din morți pentru om, ca să biruiască moartea și să-i poată da omului o viață nouă perfectă și veșnică.

Omul poate crede că Dumnezeu îl iubește și îi ia credința lui în Cristos și o socotește drept neprihănire.

Omul poate să creadă că Dumnezeu îl iubește și îl acceptă pentru că Îl onorează pe Fiul Lui, Isus Cristos—Îl onorează pe Cristos crezând în El și urmându-L.

Omul poate să creadă că Dumnezeu Îl iubește pe Fiul Său atât de mult încât este gata să accepte pe oricine Îl onorează pe Fiul Său și să facă orice pentru El. Dacă omul crede în Isus pentru neprihănire, atunci Dumnezeu îl va socoti neprihănit.

Căci prin har ați fost mântuiți, prin credință. Și aceasta nu vine de la voi; ci este darul lui Dumnezeu. Nu prin fapte, ca să nu se laude nimeni. (Efeseni 2:8-9)

Dar, când s-a arătat bunătatea lui Dumnezeu, Mântuitorul nostru, și dragostea Lui de oameni, El ne-a mântuit, nu pentru faptele, făcute de noi în neprihănire, ci pentru îndurarea Lui, prin spălarea nașterii din nou și prin înnoirea făcută de Duhul Sfânt, (Tit 3:4-5)

2. Observați încă un lucru: cele două moduri în care oamenii încearcă să se apropie de Dumnezeu sunt total diferite unul de celălalt. Credința și faptele sunt incompatibile. Credința este întotdeauna opusă faptelor.
   ⇒ Dacă omul lucrează ca să țină legea pentru a fi neprihănit, atunci el poate să Îi ofere lui Duumnezeu doar *autoneprihănirea lui proprie,* doar neprihănirea bazată pe faptele pe care *el le-a făcut.*
   ⇒ Dacă omul se încrede în neprihănirea lui Isus Cristos *pentru neprihănirea lui,* atunci el poate să Îi ofere lui Dumnezeu neprihănirea lui Cristos. El poate veni la Dumnezeu îmbrăcat în neprihănirea lui Cristos.

Dumnezeu acceptă întotdeauna neprihănirea Fiului Său, Isus Cristos. Pentru orice om care se încrede cu adevărat în neprihănirea lui Cristos—care Îi dă lui Cristos tot ce este el și tot ce are— Dumnezeu primește încrederea acelui om ca și neprihănire. Omul nu este neprihănit, dar Dumnezeu ia încrederea lui în Cristos și o acceptă drept neprihănire.

3. Observați încă un lucru: un om care *se încrede* în Dumnezeu pentru *neprihănire* se apropie de Dumnezeu într-un mod total diferit de cel care se apropie de Dumnezeu în neprihănirea lui.
   a. Omul care se apropie de Dumnezeu în neprihănirea lui personală...
      - Îi prezintă lui Dumnezeu *neprihănirea lui*
      - depinde de neprihănirea lui
      - se încrede în neprihănirea lui.
      - crede în neprihănirea lui.
      - declară că el are puterea să se facă neprihănit și primit de Dumnezeu.

   b. Omul care se apropie de Dumnezeu în neprihănirea lui Isus Cristos...
      - Îi prezintă lui Dumnezeu dragostea sa și încrederea în neprihănirea lui Isus Cristos ca și neprihănire a lui (Dumnezeu nu poate respinge un om care Îl iubește și se încrede din toată inima în Fiul Său).
      - respinge dependența față de sine însuși și depinde în totalitate de neprihănirea lui Isus Cristos.
      - renunță la neprihănirea lui personală și se încrede total în neprihănirea lui Cristos.
      - nu mai crede în neprihănirea lui, ci crede în Cristos pentru neprihănire.
      - declară că el nu are putere să se facă neprihănit ca să fie primit de Dumnezeu; se încrede în puterea lui Dumnezeu ca să îl facă desăvârșit și primit de Dumnezeu.

Observați ce spune de fapt: un om ori crede că are puterea să se mântuiască singur de la moarte sau crede că Dumnezeu are putere să îl mântuiască. Omul ori se încrede în propriile puteri pentru mântuire ori se încrede în puterea lui Dumnezeu. Dacă crede că are putere să se mântuiască singur, atunci lucrează la neprihănirea lui ca să primească viața veșnică. Dacă crede că doar Dumnezeu are putere să îl mântuiască, atunci se încrede în Dumnezeu pentru neprihănire și viață.

În concluzie, nimeni nu poate fi socotit neprihănit prin fapte sau prin lege. Noi putem încerca să obținem neprihănire prin faptele noastre sau prin lege, dar este întotdeauna o autoneprihănire și autoneprihănirea sfârșește întotdeauna cu propria persoană: în mormânt—moarte, trecând așa cum trece carnea—departe de slava lui

Dumnezeu, de perfecțiune, și descalificați de la viața veșnică cu Dumnezeu. Neprihănirea obținută prin forțe proprii nu este primită de Dumnezeu; faptele și legea nu pot face un om neprihănit și nu îl pot face perfect.

Totuși, putem primi neprihănirea prin credință. Putem să ne încredem în Dumnezeu la fel cum un copil se încrede în tatăl său. Putem să avem încredere în Dumnezeu că ne iubește atît de mult încât ne socotește dragostea și încrederea noastră pentru Fiul Său, ca neprihănire.

CREDINȚA ÎN CRISTOS ESTE NEPRIHĂNIREA LUI DUMNEZEU,
SINGURA NEPRIHĂNIRE
CARE ÎL FACE PE OM ACCEPTABIL ÎNAINTEA LUI DUMNEZEU

Dar acum s-a arătat o neprihănire (Greceşte: dreptate), pe care o dă Dumnezeu, fără lege despre ea mărturisesc Legea și proorocii și anume, neprihănirea dată de Dumnezeu, care vine prin credința în Isus Hristos, pentru toți și peste toți cei ce cred în El. Nu este nici o deosebire. (Rom 3:21-22)

Căci Hristos este sfârșitul Legii, pentru ca oricine crede în El, să poată căpăta neprihănirea. (Rom 10:4)

Hristos-- neprihănirea, pe care o dă Dumnezeu, prin credință.Christ—the righteousness that comes from God and is by faith. (Filipeni 3:9)

Și voi, prin El, sunteți în Hristos Isus. El a fost făcut de Dumnezeu pentru noi înțelepciune, neprihănire, sfințire și răscumpărare. (1 Cor 1:30)

Pe Cel ce n-a cunoscut nici un păcat, El L-a făcut păcat pentru noi, ca noi să fim neprihănirea lui Dumnezeu în El. (2 Cor 5:21)

Căci voi ați murit, și viața voastră este ascunsă cu Hristos în Dumnezeu. (Col 3:3)

4. Observați încă un lucru: neprihănirea prin fapte îl onorează pe om și îi dă supremația omului, îl pune în prim plan. Neprihănirea prin credință, Îl onorează pe Dumnezeu și Îl pune pe Dumnezeu în centrul vieții. Dumnezeu trebuie ascultat dintr-o inimă plină de dragoste, adorare și apreciere pentru tot ce a făcut El. (Ro.2:29).

4 (2:17-18) **Neprihănire—Lege—Fapte**: credinciosul nu este înșelat de Cristos. Întrebare, "Poate Cristos să ne facă păcătoși dacă ne încredem că suntem socotiți neprihăniți doar prin credința în El?" Unii spuneau că Pavel Îl prezintă pe Cristos ca un *lucrător al păcatului*. Logica lor era următoarea: când omul se depărtează de lege și se încrede în Cristos pentru neprihănire, Cristos îi face să păcătuiască, pentru că Isus ușurează încălcarea legii. Ei spuneau că Isus a desființat legea, pentru că i-a îndepărtat pe oameni de ea. El a luat barierele și restricțiile legii, prin urmare, oamenii au devenit călcători de lege prin respingerea legii.

Pavel spune doar două lucruri simple în legătură cu acest argument. În primul rând : Nicidecum! În al doilea rând, omul care încearcă să țină legea se face el singur păcătos, pentru că legea este cea care îl osândește. (Gal.3:19).

Credinciosul, sigur că respinge neprihănirea pe care o dă legea, pentru că legea nu dă nicio neprihănire. Ci doar îi arată unde a greșit și cum a eșuat. Legea îl condamnă în conștiința lui și îl face să se simtă nenorocit și zdrobit. Totuși, și legea își are locul ei în planul lui Dumnezeu la fel ca și credința (vezi schița și comentariul —Rom.3:31; 4:14-15; 7:1-6; 7:7-13; 7:14; **STUDIU APROFUNDAT # 2—8:3**). Foarte simplu, când un om realizează ce a făcut Dumnezeu pentru el, el dorește să Îi facă pe plac lui Dumnezeu. Credinciosul Îl vede pe Cristos purtând vina și pedeapsa pentru crimele (păcatele) lui și se pleacă în dragoste și adorare, ridicându-se mai apoi pentru a lucra pentru El în semn de apreciere pentru așa o dragoste minunată. Credinciosul încearcă să facă ce este bine, nu ca să câștige neprihănirea ci ca să Îl slujească pe Dumnezeu din recunoștință pentru că a primit neprihănirea. Nu încearcă să Îl facă pe Dumnezeu dator pentru mântuirea lui, ci Îi mulțumește lui Dumnezeu pentru neprihănire. El își dă seama că îi este dator lui Dumnezeu cu tot ce ar putea face. Credinciosul adevărat știe mai presus de orice că dragostea este o forță mult mai puternică decât teama. El Îl urmează pe Cristos—face tot ce poate pentru a trăi ca și Cristos—pentru că Îl iubește pe Cristos. Îl iubește pentru că Isus a făcut atât de mult pentru el.

Căci dragostea lui Hristos ne strânge; fiindcă socotim că, dacă Unul singur a murit pentru toți, toți deci au murit. Și El a murit pentru toți, pentru ca cei ce trăiesc, să nu mai trăiască pentru ei înșiși, ci pentru Cel ce a murit și a înviat pentru ei. (2 Cor 5:14-15)

Am fost răstignit împreună cu Hristos, și trăiesc dar nu mai trăiesc eu, ci Hristos trăiește în mine. Și viața, pe care o trăiesc acum în trup, o trăiesc în credința în Fiul lui Dumnezeu, care m-a iubit și S-a dat pe Sine însuși pentru mine. (Gal 2:20)

Noi am cunoscut dragostea Lui prin aceea că El Și-a dat viața pentru noi; și noi deci trebuie să ne dăm viața pentru frați. (1 Ioan 3:16)

GALATENI 2:11-21

5 (2:19-21) **Credincios, Poziție—Prezență Divină Interioară—Cristos, În Credincios**: un credincios este socotit neprihănit prin faptul că trăiește pentru Dumnezeu. Un credincios trăiește pentru Dumnezeu făcând patru lucruri.

1. Credinciosul trăiește pentru Dumnezeu *murind față de lege*. Legea arată omului că este păcătos și că este departe de perfecțiune și neprihănire. Legea îi descoperă omului că trebuie să fie pedepsit și despărțit de Dumnezeu pentru veșnicie. Leagea arată omului că nu are nici o șansă să fie vreodata destul de bun pentru Dumnezeu —nu apropiindu-se de Dumnezeu prin lege. El nu poate ține legea—nu într-un mod continuu, nu într-un mod consecvent—pentru că niciodată nu va fi destul de bun pentru legea și slava lui Dumnezeu. Legea ucide omul; îl omoară și îl condamnă la moarte. Singura speranță pe care omul o are de a fi destul de bun pentru Dumnezeu este să moară față de lege—cumva, să fie eliberat de sub jugul legii—să fie îndepărtat atât de mult de lege încât aceasta să nu mai aibă putere asupra lui. Cum poate omul să facă acest lucru ? Întorcându-se cu spatele spre lege și găsind pe Cineva care poate să Îl convingă pe Dumnezeu să îl considere destul de bun și de neprihănit înaintea Lui și să îl primească. Primul lucru pe care un om trebuie să îl facă ca să poată trăi pentru Dumnezeu este să *moară față de lege și față de neprihănirea pe care ar putea-o căpăta prin fapte.*

2. Credinciosul trăiește pentru Dumnezeu *murind împreună cu Cristos* (v.20). Cum poate fi cineva răstignit împreună cu Cristos, când Cristos a murit în urmă cu multe secole? Scriptura ne spune cum. Atunci când un om crede că Isus Cristos a murit pentru el—că Isus Cristos a purtat pedeapsa pentru păcatele lui—Dumnezeu ia credința acelui om și...

- socotește credința lui ca și cum *ar fi murit în cu Cristos*
- socotește credința lui ca o *identificare cu moartea lui Cristos.*
- socotește credința lui ca și cum ar fi fost pedepsit deja pentru păcatul lui, *în moartea lui Cristos.*

Așa cum spune Scriptura, omul este "răstignit împreună cu Cristos." Dumnezeu consideră credinciosul ca și cum ar fi murit deja—ca și cum ar fi murit cu Cristos. (vezi comentariul —Rom.6:3-5; comentariul 3—Rom.8:1 pentru mai multe discuții.)

3. Credinciosul trăiește pentru Dumnezeu permițându-I lui Cristos să trăiască viața Lui prin trupul credinciosului (vezi schița și comentariul—Rom.6:1-10; 6:11-13; 6:14-23; 8:1-17.) Observați: credinciosul este "răstignit cu Cristos," și totuși trăiește încă pe pământ. Cu toate acestea, nu el trebuie să dețină *controlul vieții sale.* Prin credință el a murit cu Cristos; de aceea el trebuie să și trăiască împreună cu Cristos. El trebuie să Îi dea voie lui Cristos să trăiască *în și prin trupul lui,* să-i conducă viața.

⇒ Credinciosul trebie să fie așa de unit cu Cristos, ca și cum Cristos ar fi pe pământ și ar trăi prin el.

⇒ Credinciosul trebuie să fie atât de unit în părtășie cu Cristos ca și cum ar fi o mlădiță care își trage hrana și viața din Cristos. (vezi Vița și mlădițele, Ioan.15:1-6).

Meditația 1. Isus Cristos (Duhul lui Dumnezeu) trăiește în trupul credinciosului.

> În ziua aceea, veți cunoaște că Eu sunt în Tatăl Meu, că voi sunteți în Mine, și că Eu sunt în voi. **(Ioan 14:20)**
> Rămâneți în Mine, și Eu voi rămâne în voi. După cum mlădița nu poate aduce rod de la sine, dacă nu rămâne în viță, tot așa nici voi nu puteți aduceți rod, dacă nu rămâneți în Mine. Eu sunt Vița, voi sunteți mlădițele. Cine rămâne în Mine, și în cine rămân Eu, aduce mult rod; căci despărțiți de Mine, nu puteți face nimic. **(Ioan 15:4-5)**
> Eu în ei, și Tu în Mine; pentru ca ei să fie în chip desăvârșit una, ca să cunoască lumea că Tu M-ai trimis, și că i-ai iubit, cum M-ai iubit pe Mine. **(Ioan 17:23)**
> Am fost răstignit împreună cu Hristos, și trăiesc dar nu mai trăiesc eu, ci Hristos trăiește în mine. Și viața, pe care o trăiesc acum în trup, o trăiesc în credința în Fiul lui Dumnezeu, care m-a iubit și S-a dat pe Sine însuși pentru mine. **(Gal 2:20)**
> așa încât Hristos să locuiască în inimile voastre prin credință; pentru ca, având rădăcina și temelia pusă în dragoste, să puteți pricepe împreună cu toți sfinții, care este lărgimea, lungimea, adâncimea și înălțimea; și să cunoașteți dragostea lui Hristos, care întrece orice cunoștință, ca să ajungeți plini de toată plinătatea lui Dumnezeu. **(Efeseni 3:17-19)**
> cărora Dumnezeu a voit să le facă cunoscut care este bogăția slavei tainei acesteia între Neamuri, și anume: Hristos în voi, nădejdea slavei. **(Col 1:27)**
> Iată Eu stau la ușă, și bat. Dacă aude cineva glasul meu și deschide ușa, voi intra la el, voi cina cu el, și el cu Mine. **(Apoc 3:20)**

Meditația 2. Credinciosul trebuie să îi dea voie lui Cristos să trăiască prin trupul lui.

GALATENI 2:11-21

Vă îndemn dar, fraților, pentru îndurarea lui Dumnezeu, să aduceți trupurile voastre ca o jertfă vie, sfântă, plăcută lui Dumnezeu: aceasta va fi din partea voastră o slujbă duhovnicească. Să nu vă potriviți chipului veacului acestuia, ci să vă prefaceți, prin înnoirea minții voastre, ca să puteți deosebi bine voia lui Dumnezeu: cea bună, plăcută și desăvârșită. (Rom 12:1-2)

Nu știți că voi sunteți Templul lui Dumnezeu, și că Duhul lui Dumnezeu locuiește în voi? Dacă nimicește cineva Templul lui Dumnezeu, pe acela îl va nimici Dumnezeu; căci Templul lui Dumnezeu este sfânt: și așa sunteți voi. (1 Cor 3:16-17)

Nu știți că trupul vostru este Templul Duhului Sfânt, care locuiește în voi, și pe care L-ați primit de la Dumnezeu? Și că voi nu sunteți ai voștri? Căci ați fost cumpărați cu un preț. Proslăviți dar pe Dumnezeu în trupul și în duhul vostru, care sunt ale lui Dumnezeu. (1 Cor 6:19-20)

Cum se împacă Templul lui Dumnezeu cu idolii? Căci noi suntem Templul Dumnezeului celui viu, cum a zis Dumnezeu: Eu voi locui și voi umbla în mijlocul lor; Eu voi fi Dumnezeul lor, și ei vor fi poporul MeuDe aceea: Ieșiți din mijlocul lor, și despărțiți-vă de ei, zice Domnul; nu vă atingeți de ce este necurat, și vă voi primi. Eu vă voi fi Tată, și voi Îmi veți fi fii și fiice, zice Domnul Cel Atotputernic. (2 Cor 6:16-18)

4. Credinciosul trăiește pentru Dumnezeu încrezându-se în harul Lui, adică încrezându-se în Isus Cristos care este neprihănirea lui Dumnezeu. Termenul *pus deoparte* (atheto) înseamnă a goli, a invalida, a face ineficient, a anula. Dacă un om pune deoparte harul lui Dumnezeu și caută neprihănirea prin lege, atunci Cristos a murit degeaba. Cel care propovăduiește că omul poate să fie destul de bun— că omul poate să lucreze destul sau să țină destul legea—ca să îi fie plăcut lui Dumnezeu....
- anulează dragostea și harul lui Dumnezeu
- anulează însemnătatea morții lui Cristos lăsând-o goală și fără sens

Singura cale prin care omul poate trăi pentru Dumnezeu este încrezându-se în harul și dragostea lui Dumnezeu, adică încrezându-se în moartea lui Isus Cristos pentru neprihănire.

Dar acum s-a arătat o neprihănire (Grecește: dreptate), pe care o dă Dumnezeu, fără lege despre ea mărturisesc Legea și proorocii și anume, neprihănirea dată de Dumnezeu, care vine prin credința în Isus Hristos, pentru toți și peste toți cei ce cred în El. Nu este nici o deosebire. (Rom 3:21-22)

și anume, neprihănirea dată de Dumnezeu, care vine prin credința în Isus Hristos, pentru toți și peste toți cei ce cred în El. Nu este nici o deosebire. Căci Hristos este sfârșitul Legii, pentru ca oricine crede în El, să poată căpăta neprihănirea. (Rom 10:3-4)

Și voi, prin El, sunteți în Hristos Isus. El a fost făcut de Dumnezeu pentru noi înțelepciune, neprihănire, sfințire și răscumpărare,. (1 Cor 1:30)

și să fiu găsit în El, nu având o neprihănire a mea, pe care mi-o dă Legea, ci aceea care se capătă prin credința în Hristos, neprihănirea, pe care o dă Dumnezeu, prin credință. (Filipeni 3:9)

	CAPITOLUL 3	prin faptele Legii aţi primit voi Duhul, ori prin auzirea credinţei?	d. pentru că L-a văzut într-un mod clar pe Cristos
	III.DOVADA CĂ OMUL ESTE SOCOTIT NEPRIHĂNIT DOAR PRIN CREDINŢĂ ŞI NU PRIN FAPTE, 3:1-4:7	3. Sunteţi aşa de nechibzuiţi? După ce aţi început prin Duhul, vreţi acum să sfârşiţi prin firea pământească?	**2. Un credincios primeşte Duhul Sfânt prin credinţă, nu prin ţinerea legii**
	A. Dovada experienţei credinciosului, 3:1-5	4. În zadar aţi suferit voi atât de mult? Dacă, în adevăr, e în zadar!	**3. Un credincios creşte prin credinţă**
1. Un credincios corectează erorile (învăţăturile mincinoase)	**O**, Galateni nechibzuiţi! Cine v-a fermecat, pe voi, înaintea ochilor cărora a fost zugrăvit Isus Hristos ca răstignit?	5. Cel ce vă dă Duhul şi face minuni printre voi, le face oare prin faptele Legii sau prin auzirea credinţei?	**4. Un credincios suferă prin credinţă**
a. pentru că eroarea îl face nichibzuit	2. Iată numai ce voiesc să ştiu de la voi:		**5. Un credincios experimentează lucrarea minunată a lui Dumnezeu prin credinţă şi nu prin ţinerea legii**
b. pentru că îl înşeală			
c. pentru că îi descoperă neascultarea .			

SECŢIUNEA III

DOVADA CĂ OMUL ESTE SOCOTIT NEPRIHĂNIT DOAR PRIN CREDINŢĂ ŞI NU PRIN FAPTE, 3:1-4:7

A. Dovada Experienţei Credinciosului, 3:1-5

(3:1-4:7) PRIVIRE GENERALĂ ASUPRA SECŢIUNII: Justificare—Credinţă sau Fapte: pasajul acesta deschide marea învăţătură a Cărţii Galateni, şi anume că omul poate fi socotit neprihănit doar prin credinţă, nu prin fapte sau ţinerea legii. Sigur că omul trebuie să fie bun şi să facă binele, să fie cât poate de bun şi să facă cât mai mult bine poate. Omul ar trebui să trăiască o viaţă morală şi dreaptă exact aşa cum spune legea. Dar nu acesta este cel mai important lucru; nu asta spune Scriptura. Scriptura spune că un om nu poate fi *socotit neprihănit* înaintea lui Dumnezeu făcând bine sau ţinând legea. Nimeni nu poate să facă destul bine sau să ţină legea în mod perfect astfel încât să devină perfect înaintea lui Dumnezeu. Dumnezeu este perfect, şi indiferent cât bine am face şi cât de mult am ţine legea, nu putem deveni perfecţi. Suntem departe de perfecţiune: cădem, păcătuim, îmbătrânim şi murim. Faptele bune şi legea nu ne fac perfecţi; nu ne fac buni înaintea lui Dumnezeu şi nici nu ne dau viaţa veşnică. Doar Dumnezeu Însuşi ne poate face perfecţi, ne poate accepta şi ne poate da viaţa veşnică. Orice om sincer ştie că nu există nimic—absolut nimic—pe pământul acesta care să ne scape de moarte. Nu există nimic pe pământul acesta care să ne poată da viaţa veşnică într-o lume perfectă unde nu există nimic în afară de dragoste, bucurie şi pace. Dacă ar fi posibil ca noi să putem moşteni viaţa veşnică, aceasta s-ar datora doar faptului că Dumnezeu ne-o dă (vezi schiţa, comentariul şi STUDIU APROFUNDAT # 1—Gal.2:15-16; STUDIU APROFUNDAT # 2—2:16; comentariul—2:19-21 pentru mai multe discuţii.)

Următorul lucru este important: cum putem şti că Dumnezeu ne va socoti neprihăniţi? Cum putem şti că Dumnezeu ne va primi şi ne va da viaţa veşnică împreună cu El? Răspunsul la întrebarea aceasta este discuţia acestui pasaj. Sunt şase dovezi care ne spun că Dumnezeu ne va socoti neprihăniţi doar prin credinţă, şase dovezi care ne arată că Dumnezeu nu ne va socoti neprihăniţi prin lege sau prin fapte.

1.   Dovada experienţei credinciosului (3:1-5).
2.   Dovada Scripturii (3:6-14).
3.   Dovada Legământului sau promisiunii lui Dumnezeu (3:15-18).
4.   Dovada neputinţei Legii (3:19-22).
5.   Dovada lucrării credinţei din noi (3:23-29).
6.   Dovada lui Cristos şi a împlinirii vremii (4:1-7).

(3:1-5) Introducere: câţiva oameni cu influenţă s-au alăturat bisericilor din Galatia, şi credincioşii s-au mândrit cu prezenţa acestora. Noii membri erau atât de capabili şi bisericile erau atât de bucuroase să îi aibă, încât imediat au fost puşi în poziţii de conducere şi să dea învăţătură în biserică. Totuşi, aceşti noi membri nu erau cu adevărat urmaşi ai lui Cristos pentru că înţelegerea lor cu privire la Scriptură era greşită. Ei au început să înveţe că credinţa nu este suficientă pentru mântuirea unui om, ci este nevoie şi de ritualurile religiei (tăierea împrejur) şi că omul trebuie să îşi concentreze viaţa pe ţinerea legii ca să poată fi acceptat de Dumnezeu.

GALATENI 3:1-5

Răspunsul lui Pavel este direct: *experienţa* credincioşilor din Galatia infirmă teoria care susţine că omul poate fi primit de Dumnezeu în baza ţinerii legii. *Experienţa credinciosului* dovedeşte că el este socotit neprihănit doar prin credinţă şi tot ce trebuie să facă credinciosul este să îşi reamintească experienţele lui din trecut şi va vedea adevărul.

1. Un credincios corectează erorile (învăţăturile mincinoase) (v.1).
2. Un credincios primeşte Duhul Sfânt prin credinţă nu prin ţinerea legii (v.2).
3. Un credincios creşte prin credinţă (v.3).
4. Un credincios suferă prin credinţă (v.4).
5. Un credincios experimentează lucrarea minunată a lui Dumnezeu, prin credinţă şi nu prin ţinerea legii. (v.5).

1 **(3:1) Înşelarea**: un credincios corectează erorile. Sunt patru motive pentru care trebuie să facem aşa.

1. Eroarea îl face pe om "nechibzuit." Observaţi cum li se adresează Pavel galatenilor : "Galateni nechibzuiţi." Cuvântul *nechibzuit* (anoetoi) înseamnă un om care nu înţelege, nu cugetă şi nu gândeşte. Galatenii ascultau o altă învăţătură şi o acceptau în mod pasiv. Nu se gândeau la ceea ce erau învăţaţi. Ei nu încercau să vadă dacă ceea ce erau învăţaţi era adevărat sau nu. Erau *nechibzuiţi*, se purtau ca nişte oameni fără minte, incapabili să gândească.

2. Eroarea îl înşeală pe om. Cuvântul "fermecat" înseamnă a fascina, a arunca o vrajă asupra cuiva, a conduce în rătăcire, a înşela. Învăţătorii mincinoşi, la fel ca mulţi alţii, sunt oameni capabili, fluenţi în vorbire şi foarte convingători având personalităţi dinamice şi carismă. Învăţătura lor părea că are sens şi că este logică.

⇒ Omul trebuie să ţină ritualurile religiei.
⇒ Omul trebuie să facă fapte bune ca să fie bun.
⇒ Omul trebuie să ţină legea ca să fie primit de Dumnezeu.

Învăţătura părea logică, mai ales pentru un om care nu gândea prea mult şi nu compara învăţătura cu evanghelia lui Cristos. Eroarea era *fermecătoare,* înşelându-i pe credincioşi.

3. Eroarea descoperă neascultarea. Galatenii pur şi simplu nu ascultau de adevăr. Ei încercau să devină destul de buni ca să fie acceptaţi de Dumnezeu...

- păstrând ritualurile religiei (tăierea împrejur, botez, etc) în loc să se încreadă în moartea lui Isus Cristos.
- concentrându-şi atenţia şi vieţile asupra legii şi nu asupra lui Cristos.

4. Eroarea îl duce pe credincios departe de Cristos. Acest lucru este tragic, pentru că un credincios este un om care L-a văzut pe Cristos răstignit pentru el. Galatenii au văzut cu siguranţă moartea lui Cristos prin învăţăturile lui Pavel. Predicile lui Pavel au abordat foarte clar şi au explicat moartea lui Cristos. De fapt, atât de bine le-a fost explicată moartea lui Cristos încât era ca şi cum Isus Cristos ar fi fost răstignit în prezenţa lor, înaintea ochilor lor. Aşadar, nu aveau nici o scuză pentru faptul că ei îi urmau pe învăţătorii mincinoşi. Ei ştiau ce făcuse Cristos pentru ei, că Cristos a murit pentru ei şi le-a luat păcatele lor asupra Lui şi a purtat pedeapsa pentru ele.

Ei ştiau că Dumnezeu îi iubeşte, că Dumnezeu iubeşte întreaga lume...

- că El Şi-a trimis Fiul în lume ca să moară *pentru ei.*
- că Dumnezeu aşteaptă ca toţi oamenii să creadă în moartea Fiului Său, Isus Cristos.
- că Dumnezeu a luat credinţa şi dragostea lor pentru Fiul Lui şi astfel i-a acceptat pentru că au crezut şi L-au iubit pe Fiul Său.

Cum atunci au putut ei să fie atât de nechibzuiţi şi fermecaţi încât să nu mai asculte de adevăr—mai ales după ce au văzut şi au înţeles clar moartea lui Isus Cristos?

2 **(3:2) Duhul Sfânt—Credinţă sau Fapte**: un credincios primeşte Duhul Sfânt prin credinţă, nu ţinând legea. Observaţi că întregul pasaj constă într-o serie de întrebări. Pavel provoacă Galatenii să gândească. Următoarea întrebare atinge chiar inima evangheliei: Cum v-aţi început viaţa de creştini? Aţi primit Duhul Sfant prin ţinerea legii, sau prin credinţa în ceea ce aţi auzit?

Există un lucru pe care credincioşii adevăraţi îl cunosc, şi îl cunoşteau şi credincioşii din Galatia: nimeni nu poate câştiga, sau merita Duhul Sfânt al lui Dumnezeu. Omul este prea stricat şi prea departe de slava lui Dumnezeu pentru a merita Duhul lui Dumnezeu. Gândurile şi purtarea lui sunt prea des....

• urâte	• desfrânate
• egoiste	• nedisciplinate
• lacome	• impure
• nedrepte	• nelegiuite
• negative	• imperfecte
• imorale	• departe de a fi sfinte

Indiferent de câte fapte bune şi cât din lege ar ţine omul, credinciosul ştie că nu a eliminat şi nu poate să elimine o asemenea purtare şi gânduri—nu în întregime, nu în mod perfect. Prin urmare, el nu a devenit creştin—nu a primit Duhul Sfânt—prin purtarea lui bună, ci crezând ce a auzit—prin credinţă. El a devenit creştin şi a primit Duhul Sfânt al lui Dumnezeu prin auzirea despre credinţa în Isus. El a auzit măreaţa veste că Isus a murit pentru el şi pentru păcatele lui şi a crezut această. De aceea, Dumnezeu i-a luat credinţa şi a socotit-o neprihănire. Credinciosul ştie că nu este neprihănit, dar Dumnezeu *îl socoteşte neprihănit* pentru că Îl iubeşte şi Îl crede pe Fiul Său. Credinciosul ştie că Duhul Sfânt nu locuieşte în el datorită faptelor sau bunătăţii lui; ştie că are Duhul Sfânt pentru că Dumnezeu îi socoteşte credinţa în Isus ca motiv suficient pentru a pune Duhul Sfânt în inima lui. Astfel primeşte credinciosul Duhul Sfânt, şi aşa au primit şi galatenii Duhul lui Dumnezeu.

Meditaţia 1. Fiecare om trebuie să audă mesajul glorios al credinţei. "Credinţa vine prin auzire:"—credinţa este singura cale prin care un om poate fi primit de Dumnezeu. Omul trebuie să audă şi să creadă *mesajul credinţei*. *Mesajul credinţei* este evanghelia mântuirii —*credinţa în Domnul Isus Cristos şi în moartea lui pentru păcatele noastre.*

> **Dar cum vor chema pe Acela în care n-au crezut? Şi cum vor crede în Acela, despre care n-au auzit? Şi cum vor auzi despre El fără propovăduitor? Şi cum vor propovădui, dacă nu sunt trimişi? După cum este scris: ,Cât de frumoase sunt picioarele celor ce vestesc pacea, ale celor ce vestesc Evanghelia! „Dar nu toţi au ascultat de Evanghelie. Căci Isaia zice: ,Doamne, cine a crezut propovăduirea noastră? „Astfel, credinţa vine în urma auzirii; iar auzirea vine prin Cuvântul lui Hristos. (Rom 10:14-17)**

Meditaţia 2. Duhul Sfânt este darul lui Dumnezeu. Nimeni nu poate să câştige sau să merite Duhul lui Dumnezeu. Duhul lui Dumnezeu nu poate fi dat decât de Dumnezeu.

> **Şi Eu voi ruga pe Tatăl, şi El vă va da un alt Mângâietor (Greceşte: Paraclet, apărător, ajutor.), care să rămână cu voi în veac; şi anume, Duhul adevărului, pe care lumea nu-l poate primi, pentru că nu-L vede şi nu-L cunoaşte; dar voi Îl cunoaşteţi, căci rămâne cu voi, şi va fi în voi. (Ioan 14:16-17)**
> **Voi însă nu mai sunteţi pământeşti, ci duhovniceşti, dacă Duhul lui Dumnezeu locuieşte în adevăr în voi. Dacă n-are cineva Duhul lui Hristos, nu este al Lui. (Rom 8:9)**
> **Nu ştiţi că trupul vostru este Templul Duhului Sfânt, care locuieşte în voi, şi pe care L-aţi primit de la Dumnezeu? Şi că voi nu sunteţi ai voştri? Căci aţi fost cumpăraţi cu un preţ. Proslăviţi dar pe Dumnezeu în trupul şi în duhul vostru, care sunt ale lui Dumnezeu. (1 Cor 6:19-20)**
> **Cât despre voi, ungerea, pe care aţi primit-o de la El, rămâne în voi, şi n-aveţi trebuinţă să vă înveţe cineva; ci, după cum ungerea Lui vă învaţă despre toate lucrurile şi este adevărată, şi nu este o minciună, rămâneţi în El, după cum v-a învăţat ea. (1 Ioan 2:27)**

3 (3:3) **Creştere, Duh—Maturitate—Credinţă:** un credincios poate să crească şi va merge spre perfecţiune doar prin credinţă şi nu prin eforturile lui. Din nou, observaţi întrebarea: "După ce aţi început prin Duhul, vreţi acum să sfârşiţi prin firea pământească?"

Un credincios nu poate deveni matur din punct de vedere spiritual concentrându-se pe firea lui, pe ceea ce ar putea el să facă....

- eforturile lui
- faptele lui
- bunătatea lui
- disciplina lui
- moralitatea lui
- purtarea lui dreapta

Indiferent cât de puternică şi disciplinată ar fi firea lui—oricât de multe fapte bune ar putea face şi de cât de bine ar ţine legea—eforturile credinciosului nu îl ajută să crească spiritual. Concentrându-se pe firea lui şi pe puterea lui, credinciosul de fapt se concentrează asupra propriei persoane. Acest lucru pune accent pe eul omului, nu pe Duhul Sfânt— pe ceea ce este omenesc şi fizic, nu pe ce este spiritual şi veşnic,

Observaţi încă un lucru: indiferent de câte fapte bune ar fi făcute şi de câte legi ar fi ţinute, acestea nu îl pot face pe om perfect; nu pot da viaţă veşnică omului. Nu există nici un om pe pământ care trăieşte veşnic datorită faptelor sale. Nu există lege care să poată ţine omul în viaţă pentru totdeauna. Oricât de multe fapte bune a făcut omul *în firea sa*, el nu a ajuns la perfecţiune— nu la perfecţiunea pe care o aşteaptă Dumnezeu. Dacă el va deveni vreodată destul de perfect ca să fie primit de un Dumnezeu Sfânt, aceasta se va întâmpla pentru că Dumnezeu îl va face perfect, şi nu pentru că a lucrat la a deveni astfel prin firea lui coruptibilă şi prin eforturile lui umane.

Aşa cum spune Pavel, "Sunteţi aşa de nechibzuiţi?" Este standardul lui Dumnezeu atât de jos încât un om coruptibil şi muritor să poată realiza atât de mult ? Este omul atât de sus încât să aibă aşa de puţin de realizat pentru a fi perfect? Orice inimă sinceră care gândeşte ştie că nu este posibil.

⇒ Un om *îşi începe* călătoria spre Dumnezeu când crede cu adevărat în Isus Cristos şi este "născut din nou"—*un lucru spiritual.*

⇒ Un om *îşi continuă* călătoria fiind înnoit în fiecare zi de Duhul Sfânt— un alt *lucru spiritual.*

GALATENI 3:1-5

Singurul mod prin care un credincios poate să crească și să se maturizeze este dacă își concentrezează viața și mintea asupra lui Isus Cristos. Credinciosul trebuie să își concentreze mintea asupra lucrurilor lui Cristos în fiecare moment, și în timp ce face asta, Duhul lui Dumnezeu va conduce mintea lui spre lucruri spirituale. Țineți minte: Duhul lui Dumnezeu trăiește *în* credincios. El este acolo ca să lucreze în credincios și să îl ajute să crească și să se maturizeze în Cristos.

⇒ Credinciosul își concentrezează gândurile și mintea asupra lui Cristos, lăsând la o parte orice dezbatere și făcând fiecare gând al său robul lui Cristos.

> **Noi răsturnăm izvodirile minții și orice înălțime, care se ridică împotriva cunoștinței lui Dumnezeu ; și orice gând îl facem rob ascultării de Cristos. (2 Cor 10:5)**
> **Încolo, frații mei, tot ce este adevărat, tot ce este vrednic de cinste, tot ce este drept, tot ce este curat, tot ce este vrednic de iubit, tot ce este vrednic de primit, orice faptă bună, și orice laudă, aceea să vă însuflețească. (Filipeni 4:8)**

⇒ Credinciosul își concentrează mintea și gândurile pe a deveni cât mai asemănător cu modelul și chipul lui Isus. El își concentrează mintea și gândurile la Cristos toată ziua—slăvindu-L, onorându-L, inchinându-Se, și cerându-I ajutorul și călăuzirea. El învață să trăiască, să se miște și să își aibă ființa în Cristos.

> **Căci pe aceia, pe care i-a cunoscut mai dinainte, i-a și hotărât mai dinainte să fie asemenea chipului Fiului Său, pentru ca El să fie cel întâi născut dintre mai mulți frați. (Rom 8:29)**
> **Noi toți privim cu fața descoperită, ca într-o oglindă, slava Domnului, și suntem schimbați în același chip al Lui, din slavă în slavă, prin Duhul Domnului. (2 Cor 3:18)**
> **și v-ați îmbrăcat cu omul cel nou, care se înnoiește spre cunoștință, după chipul Celui ce l-a făcut. (Col 3:10)**
> **Pune-ți pe inimă aceste lucruri, îndeletnicește-te în totul cu ele, pentru ca înaintarea ta să fie văzută de toți. (1 Tim 4:15)**
> **ci creșteți în harul și în cunoștința Domnului și Mântuitorului nostru Isus Hristos. A Lui să fie slava, acum și în ziua veșniciei. Amin. (2 Pet 3:18)**

⇒ Credinciosul care își concentrează dragostea, atenția și viața pe Isus Cristos este primit de Dumnezeu. Dumnezeu își iubește Fiul atât de mult încât primește pe oricine Îl iubește cu adevărat și își concentrează viața asupra Fiului Său. Și într-o zi—în glorioasa zi a răscumpărării—Dumnezeu va desăvârși credinciosul și îl va transforma pe deplin conform modelului lui Cristos.

> **Dar cetățenia noastră este în ceruri, de unde și așteptăm ca Mântuitor pe Domnul Isus Hristos. El va schimba trupul stării noastre smerite, și-l va face asemenea trupului slavei Sale, prin lucrarea puterii pe care o are de a-Și supune toate lucrurile. (Filipeni 3:20-21)**
> **Preaiubiților, acum suntem copii ai lui Dumnezeu. Și ce vom fi, nu s-a arătat încă. Dar știm că atunci când Se va arăta El, vom fi ca El; pentru că Îl vom vedea așa cum este. (1 Ioan 3:2)**

4 (3:4) **Credința sau Fapte—Suferința**: un credincios suferă prin credință. Când galatenii L-au primit pe Cristos, au suferit batjocuri, insulte, izolare și persecuții din partea vecinilor lor; și se pare că persecuția a continuat o vreme (Fapte 14:1-7, 19, 22). Este important următorul lucru: dacă galatenii s-au întors acum de la Cristos înspre învățături greșite, atunci suferințele pe care ei le-au îndurat pentru Cristos fuseseră în zadar. Atunci au suferit degeaba. De fapt, acum ar părea nechibzuiți dacă s-ar întoarce de la Cristos după ce au suferit atât de mult pentru El.

Meditația 1. Fiecare credincios care se întoarce cu adevărat la Cristos are de suferit. Poate că este ușoară, dar este suferință. Sunt suferințele...
- despărțirii de lume
- lepădării de sine
- luării crucii—și a morții față de voința personală în fiecare zi.
- de a da tot ce ai pentru Cristos și lucrarea lui (bani, timp, energie, efort).

Lista ar putea continua, dar ideea este foarte clară. Dacă merită să suferim pentru Cristos atunci de ce să Îl părăsim pentru învățături mincinoase?

GALATENI 3:1-5

"Ferice va fi de voi când, din pricina Mea, oamenii vă vor ocărî, vă vor prigoni, şi vor spune tot felul de lucruri rele şi neadevărate împotriva voastră! (Mat 5:11)

Veţi fi urâţi de toţi, din pricina Numelui Meu; dar cine va răbda până la sfârşit, va fi mântuit. (Mat 10:22)

Şi oricine a lăsat case, sau fraţi, sau surori, sau tată, sau mamă, sau nevastă, sau feciori, sau holde, pentru Numele Meu, va primi însutit, şi va moşteni viaţa veşnică. (Mat 19:29)

Apoi a zis tuturor: „Dacă voieşte cineva să vină după Mine, să se lepede de sine, să-şi ia crucea în fiecare zi, şi să Mă urmeze. Fiindcă oricine va voi să-şi scape viaţa, o va pierde; dar oricine îşi va pierde viaţa pentru Mine, o va mântui. Şi ce ar folosi un om să câştige toată lumea, dacă s-ar prăpădi sau s-ar pierde pe sine însuşi? (Luca 9:23-25)

Căci noi cei vii, totdeauna suntem daţi la moarte din pricina lui Isus, pentruca şi viaţa lui Isus să se arate în trupul nostru muritor. (2 Cor 4:11)

5 (3:5) **Credinţă sau Fapte**: credinciosul experimentează lucrarea minunată a lui Dumnezeu prin credinţă şi nu prin ţinerea legii. Ce minuni au experimentat galatenii? Au fost lucrări miraculoase de vindecare (vezi Fapte 14:8-15). Dar observaţi: minunile nu se datorau galatenilor; se datorau lui Dumnezeu. Galatenii nu au câştigat nici nu au meritat aceste minuni. Ei doar au *auzit despre credinţă*, despre puterea credinţei, şi au crezut că Dumnezeu va socoti credinţa lor ca o minune şi se va îngriji de nevoia lor. Şi Dumnezeu a făcut aşa—Dumnezeu a făcut minuni printre ei pentru că au crezut ceea ce au auzit. Ei au auzit mesajul glorios al credinţei în Isus, şi au crezut în puterea credinţei în Isus. De aceea, Dumnezeu le-a onorat credinţa şi s-a îngrijit de nevoile lor.

Meditaţia 1. Ce lecţie pentru noi! Să credem " ce auzim"—mesajul glorios al credinţei în Isus Cristos şi al puterii acestei credinţe—şi apoi să experimentăm acea putere!

Tot ce veţi cere cu credinţă, prin rugăciune, veţi primi. (Mat 21:22)

Şi dacă eu scot dracii cu Beelzebul, fiii voştri cu cine îi scot? De aceea ei înşişi vor fi judecătorii voştri. (Luca 11:19)

"Fiindcă atât de mult a iubit Dumnezeu lumea, că a dat pe singurul Lui Fiu, pentru ca oricine crede în El, să nu piară, ci să aibă viaţa veşnică. (Ioan 3:16. Minunea regenerării.)

"Adevărat, adevărat vă spun, că cine ascultă cuvintele Mele, şi crede în Cel ce M-a trimis, are viaţa veşnică, şi nu vine la judecată, ci a trecut din moarte la viaţă. (Ioan 5:24. Minunea vieţii veşnice.)

Dacă rămâneţi în Mine, şi dacă rămân în voi cuvintele Mele, cereţi orice veţi vrea, şi vi se va da. (Ioan 15:7)

Iar a Celui ce, prin puterea care lucrează în noi, poate să facă nespus mai mult decât cerem sau gândim noi, (Efeseni 3:20)

Cînd Mă va chema, îi voi răspunde; voi fi cu el în strîmtorare, îl voi izbăvi şi -l voi proslăvi. (Psa 91:15)

Înainte ca să Mă cheme, le voi răspunde; înainte ca să isprăvească vorba, îi voi asculta! (Isa 65:24)

1. Scriptura se foloseşte de Avraam pentru a ilustra adevărul a. El a crezut pe Dumnezeu—şi de aceea a fost socotit neprihănit b. Cei care cred cu adevărat sunt adevăraţii fii ai lui Avraam 2. Scriptura "a vestit mai dinainte lui Avraam evanghelia"^SA1 a. Scriptura a prevăzut că Dumnezeu va socoti oamenii neprihăniţi prin credinţă b. Cei care cred sunt socotiţi neprihăniţi împreună cu Avraam 3. Scriptura spune "legea pune omul sub blestem"	B. Dovada Scripturii, 3:6-14 6 Tot aşa şi Avraam a crezut pe Dumnezeu, şi credinţa aceasta i-a fost socotită ca neprihănire." 7 Înţelegeţi şi voi dar, că fii ai lui Avraam sunt cei ce au credinţă. 8 Scriptura, de asemenea, fiindcă prevedea că Dumnezeu va socoti neprihănite pe Neamuri, prin credinţă, a vestit mai dinainte lui Avraam această veste bună: Toate neamurile vor fi binecuvântate în tine. 9 Aşa că cei ce se bizuiesc pe credinţă, sunt binecuvântaţi împreună cu Avraam cel credincios. 10 Căci toţi cei ce se bizuiesc pe faptele Legii, sunt sub blestem; pentru că este scris: Blestemat este oricine nu stăruie în toate	lucrurile scrise în cartea Legii, ca să le facă. 11 Şi că nimeni nu este socotit neprihănit înaintea lui Dumnezeu, prin Lege, este învederat, căci cel neprihănit prin credinţă va trăi. 12 Însă Legea nu se întemeiază pe credinţă; ci ea zice: Cine va face aceste lucruri, va trăi prin ele 13 Hristos ne-a răscumpărat din blestemul Legii, făcându-Se blestem pentru noi, fiindcă este scris: Blestemat e oricine este atârnat pe lemn 14 pentru ca binecuvântarea vestită lui Avraam să vină peste Neamuri, în Hristos Isus, aşa ca, prin credinţă, noi să primim Duhul făgăduit.	a. Pentru că omul nu ţine toată legea^SA2 b. Pentru că planul lui Dumnezeu este ca noi "să trăim prin credinţă"^SA3 1) Legea nu ţine de credinţă 2) Omul legii va fi judecat după lege 4. Scriptura spune "Cristos ne-a izbăvit de sub blestem" a. El a fost făcut blestem pentru noi b. Scopul Lui: Să deschidă uşa binecuvântării pentru toţi oamenii 1) Binecuvântările lui Avraam 2) Binecuvântările Duhului

SECŢIUNEA III

DOVADA CĂ OMUL ESTE SOCOTIT NEPRIHĂNIT DOAR PRIN CREDINŢĂ ŞI NU PRIN FAPTE, 3:1-4:7

B. Dovada Scripturii, 3:6-14

(3:6-14) **Introducere—Scriptură—Justificare—Învăţători Mincinoşi**: în bisericile din Galatia s-au ridicat învăţători mincinoşi. Învăţătura lor spunea că omul trebuie să îşi concentreze viaţa asupa ritualurilor şi învăţăturilor religiei —asupra faptelor legii— în loc să se concentreze asupra lui Cristos. În termeni simpli, ei spuneau că un om trebuie *să treacă prin toate ritualurile* (tăierea împrejur, membralitatea într-o biserică, botezul) şi să îşi dedice viaţa ţinerii legii ca să fie primit de Dumnezeu. Ei aşezau legea şi ritualurile—faptele şi eforturile lor—înaintea lui Isus Cristos.

⇒ Ei se concentrau pe ceea ce ei aveau de făcut în loc să se concentreze asupra lui Cristos.

⇒ Ei îşi concentrau atenţia asupra propriei persoane—asupra a ceea ce ei puteau face pentru a se mântui şi a deveni destul de buni pentru Dumnezeu—nu asupra lui Cristos şi a puterii Sale mântuitoare.

⇒ Ei accentuau firea, fizicul şi naturalul, puterea omului în locul dragostei lui Dumnezeu arătată pentru întreaga lume, în Fiul Său Isus Cristos.

Răspunsul lui Pavel este plin de putere: Scriptura dovedeşte că omul este socotit neprihănit prin credinţă şi nu prin ţinerea legii.
1. Scriptura îl foloseşte pe Avraam pentru a ne arăta acest adevăr. (vv.6-7).
2. Scriptura "i-a vestit mai dinainte lui Avraam vestea bună" (vv.8-9).
3. Scriptura spune "legea pune omul sub blestem" (vv.10-12).
4. Scriptura spune "Cristos ne-a izbăvit de sub blestem" (vv.13-14).

1 (3:6-7) **Avraam—Justificare—Credinţă—Neprihănire**: Scriptura îl foloseşte pe Avraam pentru a ne arăta că putem fi socotiţi neprihăniţi doar prin credinţă. Avraam avea o poziţie deosebită în poporul evreu, pentru că el era întemeietorul naţiunii. El a fost omul pe care Dumnezeu l-a provocat să fie un martor pentru celelalte naţiuni ale lumii—un martor al singurului Dumnezeu viu şi adevărat. Dumnezeu i s-a arătat lui Avraam şi i-a cerut să îşi părăsească locuinţa, prietenii, slujba, şi ţara. Dumnezeu i-a făcut două mari promisiuni cu condiţia ca Avraam să Îl urmeze fără şovăire: Avraam va deveni tatăl unei noi naţiuni şi toate popoarele pământului vor fi binecuvântate prin sămânța lui. (Gen.13:14-17; 15:1-7; 17:1-8, 15-19; 22:15-18; 26:2-5, 24; 28:13-15; 35:9-12). (vezi comentariul și STUDIU APROFUNDAT # 1—Ioan.4:22.)

Observați două lucruri.

1.   Avraam L-a crezut pe Dumnezeu; de aceea a fost socotit neprihănit. El a plecat—și-a părăsit casa și a riscat totul—fără să știe unde merge (Evr.11:8). El s-a încrezut cu totul în Dumnezeu fără să se îndoiască și L-a crezut pe Dumnezeu pe cuvânt.

Observați: nu felul în care Avraam ținea legea L-a bucurat pe Dumnezeu. De fapt, legea nici măcar nu fusese încă dată (Gal.3:17). Ce I-a plăcut lui Dumnezeu și L-a făcut să îl socotească neprihănit pe Avraam a fost ascultarea lui. Avraam pur și simplu *a crezut* promisiunile lui Dumnezeu, că Dumnezeu îi va da o viață nouă—*într-o* națiune nouă— *cu* un popor nou. (vezi STUDIU APROFUNDAT # 1—Gal.3:8, comentariul—Gal.3:16; Evrei. 11:9-19.)

   a. Avraam și "sămânța" lui erau singurii oameni cărora Dumnezeu le-a dat promisiunile. Acest lucru este accentuat (Rom.4:13-25; Gal.3:6-16, 26, 29).
   b. Lui Avraam i-a fost dată doar o promisiune (Rom.4:13-21; Gal.3:14, 18-21, 29). Nu a primit nicio altă informație. Dumnezeu nu i-a arătat țara nici nu i-a spus unde merge. Nici nu i-a spus momentul când Sara va purta sămânța (fiul) din care se va naște poporul promis. Dumnezeu a făcut o promisiune simplă, și tot ce trebuia Avraam să facă era să creadă promisiunea lui Dumnezeu, adică Cuvântul Său.
   c. singură condiție era legată de promisiune: Avraam trebuia să Îl creadă pe Dumnezeu. Niciun fel de fapte nu intrau în discuție.
   d. Avraam L-a crezut cu adevărat pe Dumnezeu (Gen.12:4-5; Rom.4:3, 11-22; Gal.3:6; Evrei.11:8f).
   e. Avraam a fost *socotit neprihănit* pentru că L-a crezut pe Dumnezeu. (Rom.4:3-5, 9-13, 19-22; Gal.3:6; see Gen.15:6). Dumnezeu nu l-a socotit neprihănit pentru cine era el, sau pentru ceea ce a făcut. El doar L-a crezut pe Dumnezeu. De aceea, Dumnezeu a luat credința lui și a socotit-o neprihănire. (vezi comentariul — Rom.4:1-3; STUDIU APROFUNDAT # 1,2—4:22; observați—5:1).
   f. Dovada că Avraam L-a crezut pe Dumnezeu a fost faptul el a făcut ceea ce i-a cerut Dumnezeu. Credința lui a precedat ascultarea lui. El L-a crezut pe Dumnezeu și apoi L-a ascultat. Dacă nu L-ar fi crezut pe Dumnezeu, nu și-ar fi părăsit casa sau slujba. Nu ar fi plecat din mijlocul prietenilor săi, din mijlocul relațiilor lui. Faptul că el a făcut exact ce i-a cerut Dumnezeu este dovada credinței lui în promisiunile lui Dumnezeu.

2.   Cei care cred sunt adevărați fii ai lui Avraam. Cel care crede în Dumnezeu este cel care primește promisiunile lui Dumnezeu. (Rom.4:5-12, 16-17, 23-25; Gal.3:7-9, 14, 22, 26, 29). Pavel susține că nici moștenirea familială nici naționalitatea, nici meritele nici faptele, nici legea nici regulile legii nu au nimic de a face cu promisiunile lui Dumnezeu (Gal.3:6-7). Adevărații fii ai lui Avraam sunt cei care cred în Dumnezeu—oricine ar fi, și din orice popor ar face parte. De fapt, promisiunea că va da naștere unui popor pe care Dumnezeu i-a făcut-o lui Avraam și "semínței lui" era promisiunea unui popor veșnic. Acest popor veșnic aparține altei lumi, altei dimensiuni, dimensiunii spirituale, o dimensiune la fel de reală ca cea fizică. Dar trebuie să aibă o distincție: fiecare cetățean trebuie să fie un credincios — unul care Îl crede pe Dumnezeu și Cuvântul Său. Exact aceasta ne spune pasajul "Căci fiii lui Avraam sunt cei ce au credință, fiii făgăduinței. Ei vor locui în Împărăția lui Dumnezeu, "cerurile noi și pământul nou" (vezi Evrei.11:8-18; 2 Pt.3:10-14.)

2 (3:8-9) **Scriptură—Justificare—Credință**: Scriptura "a vestit mai dinainte lui Avraam vestea bună." Pentru Pavel, Scriptura era Cuvântul lui Dumnezeu, vocea lui Dumnezeu. De aceea, el putea spune că Scriptura i-a vorbit lui Avraam la fel cum putea spune că Dumnezeu i-a vorbit lui Avraam. (Observați care este părerea lui Pavel cu privire la Scriptură, poate fi o cercetare și o mustrare pentru mulți.)

1.   Scriptura vorbește despre evanghelia credinței cu mult înainte de venirea lui Isus: Scriptura îi vestește evanghelia lui Avraam. Așa cum s-a zis mai sus, Dumnezeu îi spune lui Avraam că îl va primi și binecuvânta dacă el crede (iubește și urmează) promisiunea lui Dumnezeu. Care era promisiunea?

   "Toate popoarele vor fi binecuvântate prin tine."

Avraam L-a crezut pe Dumnezeu; el s-a separat de lume și i-a dat viața lui Dumnezeu, în întregime; de aceea, Dumnezeu l-a primit și l-a socotit neprihănit.

2.   Cei care cred sunt socotiți neprihăniți împreună cu Avraam. Avraam a fost socotit neprihănit prin credința în Dumnezeu. S-a întâmplat următorul lucru : Avraam L-a crezut pe Dumnezeu și Dumnezeu a luat credința lui și a socoti-o ca neprihănire. Nu a fost prin faptele lui Avraam, ci credința lui a fost socotită de Dumnezeu ca neprihănire. Dumnezeu a făcut totul; de aceea, toată slava I se cuvine lui Dumnezeu, nu lui Avraam. Omul este mântuit prin credință; cu alte cuvinte, Dumnezeu ia credința omului și o socotește drept neprihănire. Pentru că:

   ⇒ Dumnezeu este perfect; El este desăvârșit. Nimeni nu poate ajunge la perfecțiune, de aceea, nimeni nu poate trăi în prezența lui Dumnezeu.

GALATENI 3:6-14

⇒ Dumnezeu este dragoste; de aceea, ceea ce face Dumnezeu este că ia credinţa omului şi socoteşte acea credinţă ca neprihănire şi perfecţiune. De aceea, omul poate trăi în prezenţa lui Dumnezeu prin credinţă sau justificare.

> **Mulţi Îmi vor zice în ziua aceea: Doamne, Doamne! N-am prorocit noi în Numele Tău? N-am scos noi draci în Numele Tău? Şi n-am făcut noi multe minuni în Numele Tău? Atunci le voi spune curat: Niciodată nu v-am cunoscut; depărtaţi-vă de la Mine, voi toţi care lucraţi fărădelege. (Mat 7:22-23)**
>
> **Căci nimeni nu va fi socotit neprihănit înaintea Lui, prin faptele Legii, deoarece prin Lege vine cunoştinţa deplină a păcatului. (Rom 3:20)**
>
> **Totuşi, fiindcă ştim că omul nu este socotit neprihănit, prin faptele Legii, ci numai prin credinţa în Isus Hristos, am crezut şi noi în Hristos Isus, ca să fim socotiţi neprihăniţi prin credinţa în Hristos, iar nu prin faptele Legii; pentru că nimeni nu va fi socotit neprihănit prin faptele Legii. (Gal 2:16)**
>
> **Căci prin har aţi fost mântuiţi, prin credinţă. Şi aceasta nu vine de la voi; ci este darul lui Dumnezeu Nu prin fapte, ca să nu se laude nimeni. (Efeseni 2:8-9)**
>
> **Dar, când s-a arătat bunătatea lui Dumnezeu, Mântuitorul nostru, şi dragostea Lui de oameni, El ne-a mântuit, nu pentru faptele, făcute de noi în neprihănire, ci pentru îndurarea Lui, prin spălarea naşterii din nou şi prin înnoirea făcută de Duhul Sfânt, (Tit 3:4-5)**

STUDIU APROFUNDAT# 1

(3:8, 16) **Avraam**: Scriptura...a vestit mai dinainte evanghelia lui Avraam (Gal.3:8). Ce înseamnă asta?

Dumnezeu i-a promis lui Avraam un fiu şi un mare popor pământesc. Dar în spatele promisiunii lui Dumnezeu stătea ceva mai mult decât o împlinire omenească şi pământească. Fiul lui Avraam, Isaac, era o imagine a adevăratului fiu (*adevărata sămânţă*) care urma să vină, iar naţiunea evreiască este o imagine a adevăratei naţiuni care urma să se nască (vezi **STUDIU APROFUNDAT # 1**—Rom.4:1-25; comentariul—9:7-13; Evrei.11:9-19.)

Pavel dă cel puţin două dovezi ale acestei tipologii.
1. Cuvântul "sămânţă" este la singular, nu la plural (Gal.3:16). Promisiunea lui Dumnezeu nu arată înspre o mulţime de oameni, ci înspre un singur om. Omul acela este Isus Cristos. Isus Cristos este împlinirea promisiunii făcute lui Avraam. Şi poporul promis este poporul de credincioşi pe care Dumnezeu îl formează pentru a moşteni cerurile noi şi pământul nou. (vezi comentariul—Gal.3:16; Efeseni.1:9-10; 2:11-18; 3:6; 4:17-19).
2. Evenimentele principale din viaţa lui Isaac sunt în paralel cu cele din viaţa lui Isus.
   ⇒ În primul rând, Isaac a fost născut într-un mod miraculos (Gen.15:2-3; 18:11; vezi Rom.4:18-22; Evrei.11:11).
   ⇒ În al doilea rând, Isaac trebuia adus ca jertfă (Gen.22). Avraam a fost gata să îl aducă pe Isaac ca jertfă iar Dumnezeu a luat bunăvoinţa lui şi motivaţia lui ca şi faptul împlinit. Evrei 11:17 ne spune: "prin credinţă a adus Avraam jertfă pe Isaac, când a fost pus la încercare: el, care primise făgăduinţele cu bucurie, a adus jertfă pe singurul lui fiu."
   ⇒ În al treilea rând, Isaac a fost salvat de la moarte printr-o minune a lui Dumnezeu (Gen.22:10-13). Avraam ştia că Dumnezeu poate să îl învie din morţi pe Isaac, ca să îşi împlinească promisiunea, dacă ar fi fost nevoie. (Evr.11:19).

---

3 (3:10-12) **Lege—Credinţă**: Scriptura spune că "legea pune omul sub blestem." Observaţi un lucru important: în acest verset cuvântul *blestem* (kataran) înseamnă a fi condamnat şi sortit pedepsei de către judecata dreaptă a lui Dumnezeu. De unde ştim asta? Din versetul 13 care spune că Isus a purtat blestemul legii pentru noi (condamnarea, moartea, şi pedeapsa noastră pentru încălcarea legii). Legea duce cu ea un blestem. Omul ori ţine legea, ori este blestemat; adică, trebuie să stea înaintea Judecătorului şi trebuie să primească pedeapsa călcătorilor de lege. Blestemul (pedeapsa) pentru încălcarea legii este...

• Semnul morţii (2 Cor.3:7).

> **Fiindcă plata păcatului este moartea: dar darul fără plată al lui Dumnezeu este viaţa veşnică în Isus Hristos, Domnul nostru. (Rom 6:23)**
>
> **Căci, când trăiam sub firea noastră pământească, patimile păcatelor, aţâţate de Lege, lucrau în mădularele noastre, şi ne făceau să aducem roade pentru moarte. (Rom 7:5)**

• Semnul pedepsei (2 Cor.3:9).

> **Şi porunca, ea, care trebuia să-mi dea viaţa, mi-a pricinuit moartea. Pentru că păcatul a luat prilejul prin ea m-a amăgit, şi prin însăşi, porunca aceasta m-a lovit cu moartea. (Rom 7:10-11)**

GALATENI 3:6-14

Și, după cum oamenilor le este rânduit să moară o singură dată, iar după aceea vine judecata, (Evrei 9:27)

De ce pune legea un blestem peste om? Sunt două motive.

1.   Omul care se apropie de Dumnezeu prin lege este blestemat pentru că nu ține toată legea. Observați un lucru important: există o neprihănire a legii (Rom.10:5; Gal.3:12). Acea neprihănire promite viața oricui poate să țină legea în mod perfect. Dacă există cineva care poate să țină toate cerințele legii fără să greșească nici măcar o dată, atunci acel om poate scăpa de pedeapsa pentru păcat, care este moartea. Totuși, orice om sincer știe că nu poate să țină legea lui Dumnezeu în fiecare detaliu—nu tot timpul. Știe că deseori greșește în...

- purtare
- motivație
- slujire
- emoții
- închinare

Fiecare om sincer știe că este departe de a fi perfect sau de a atinge perfecțiunea. Știe că deseori greșește și nu este suficient de bun. Știe că ceea ce acest verset spune este adevărat: nimeni nu poate să *stăruiască și să facă toate lucrurile* care sunt scrise în legea lui Dumnezeu.

În adevăr, Moise scrie că omul care împlinește neprihănirea, pe care o dă Legea, va trăi prin ea. (Rom 10:5)
Căci toți cei ce se bizuiesc pe faptele Legii, sunt sub blestem; pentru că este scris: Blestemat este oricine nu stăruie în toate lucrurile scrise în cartea Legii, ca să le facă. Însă Legea nu se întemeiază pe credință; ci ea zice: Cine va face aceste lucruri, va trăi prin ele. (Gal 3:10,12)

2.   Calea lui Dumnezeu pentru apropierea de El este "să trăim prin credință." Scriptura spune cât se poate de clar: nimeni nu este socotit neprihănit prin lege, înaintea lui Dumnezeu. Așa cum s-a spus mai sus, Dumnezeu este perfect; El este perfect neprihănit. Nimeni nu poate ajunge la perfecțiune; de aceea, niciun om nu poate trăi în prezența lui Dumnezeu. Indiferent de cât de bun este sau cât bine a făcut, nu poate atinge perfecțiunea. Este evident, dacă cineva ar atinge perfecțiunea atunci ar fi perfect—ar trăi veșnic într-o stare perfectă chiar și pe acest pământ.

Dar observați următorul lucru: Dumnezeu este dragoste. Deci ceea ce face Dumnezeu este că El ia credința omului și consideră acea credință drept neprihănire. De aceea, omul poate trăi în prezența lui Dumnezeu fiind justificat prin credință. Important este: Modalitatea lui Dumnezeu pentru ca omul să se poată apropia de El este credința: "Cel neprihănit va trăi prin credință."

Observați deasemenea că legea include credința, dar orice om care încearcă să trăiască prin lege va fi lăsat să trăiască așa. Dar omul trebuie să își dea seama că va fi judecat după aceeași lege.

Căci nimeni nu va fi socotit neprihănit înaintea Lui, prin faptele Legii, deoarece prin Lege vine cunoștința deplină a păcatului. (Rom 3:20)
Totuși, fiindcă știm că omul nu este socotit neprihănit, prin faptele Legii, ci numai prin credința în Isus Hristos, am crezut și noi în Hristos Isus, ca să fim socotiți neprihăniți prin credința în Hristos, iar nu prin faptele Legii; pentru că nimeni nu va fi socotit neprihănit prin faptele Legii. (Gal 2:16)
Căci prin har ați fost mântuiți, prin credință. Și aceasta nu vine de la voi; ci este darul lui Dumnezeu. Nu prin fapte, ca să nu se laude nimeni. (Efeseni 2:8-9)
Dar, când s-a arătat bunătatea lui Dumnezeu, Mântuitorul nostru, și dragostea Lui de oameni, El ne-a mântuit, nu pentru faptele, făcute de noi în neprihănire, ci pentru îndurarea Lui, prin spălarea nașterii din nou și prin înnoirea făcută de Duhul Sfânt, (Tit 3:4-5)

STUDIU APROFUNDAT # 2
(3:10) **Legea**: Capitolul 3 ne prezintă un studiu excelent asupra legii.

1.   Legea aduce cu ea un blestem (Gal.3:10). Blestemul este *semnul morții* și *semnul condamnării* sau a vinei: înstrăinarea de Dumnezeu atât în viața aceasta cât și în veșnicie (vezi Dt.27:1f; 28:15; Ro.6:23; 2 Cor.3:7, 9).

2.   Există o neprihănire a legii (Rom.10:5-10; Gal.3:12). Acea neprihănire promite viața oricărui om care poate ține legea într-un mod perfect. Dacă există cineva care să poată respecta toate cerințele legii în timpul vieții sale fără să le încalce măcar o dată, atunci omul acela poate scăpa de pedeapsa pentru păcat, care este moartea.

3.   Isus Cristos eliberează omul de sub blestemul legii (Gal.3:13). Ce înseamnă asta? Isus Cristos a ținut legea până în cel mai mic detaliu. De aceea, El nu a avut nicio vină; El nu avea însemnul morții. El a avut dreptul de a sta înaintea lui Dumnezeu și de a cere viața veșnică, a avut dreptul de a nu experimenta moartea. El a fost perfect; El a asigurat o neprihănire incoruptibilă. Mesajul glorios al evangheliei este că în loc să ceară aceste drepturi pentru El, Cristos a

oferit perfecțiunea Lui și neprihănirea Lui oamenilor de pe pământ și a luat păcatele lor asupra Lui. El S-a oferit să facă schimb între neprihănirea Lui și nelegiuirea omului, între viața Lui și viața omului. Aceasta imagine glorioasă a dragostei înlocuitoare a fost chiar scopul cu care Dumnezeu a creat pământul. Dumnezeu a dorit să Își arate dragostea Lui mare și de neînțeles care s-a dăruit într-un mod atât de perfect (Efes.1:5f). Tragedia este că omul acceptă cu atâta greutate această mare dragoste (1 Cor.1:18).

Mai înseamnă încă un lucru. Isus Cristos a împlinit exact ceea ce Dumnezeu a dorit cu privire la lege, și mai mult decât atât. El nu doar a pus aceleași idealuri și standarde și pentru noi, ci El a stabilit o relație între El și noi. În timp ce legea este o serie de litere reci fără putere de a da viață (Gal.3:21), Isus Cristos este o persoană vie care are putere să dea viață celor morți. El fixează standardele, și dă putere oamenilor ca să se poată ridica la aceste standarde. El a înlocuit legea prin faptul că i-a arătat omului urâciunea păcatului (prin moartea Sa), și a adăugat încă o dimensiune, puterea de a trăi cum a trăit El (Gal.5:22f; Efeseni.1:19f; 3:20).

4.   Legea a fost dată cu scopul de a fi doar un aranjament temporar între Dumnezeu și om (Gal.3:16). Ea trebuia să țină de la Moise până la Isus, pentru că Isus Cristos este "sămânța" căreia I s-a dat promisiunea neprihănirii (vezi comentariul—Mat.5:17). Dumnezeu nu a dat legea cu intenția ca aceasta să fie *calea spre mântuire*. Ci a dat-o cu scopul temporar de a le arăta oamenilor gravitatea păcatului. După ce a venit Isus Cristos, El (viața lui perfectă și neprihănirea lui) trebuie să fie standardul pentru om.

5.   Legea a fost dată ca să arate le oamenilor păcatele lor și să insufle în ei sentimentul de vinovăție pentru neascultarea lor față de Dumenzeu și de legea Lui (Rom.3:19-20; 7:7; Gal.3:19). Această vinovăție trebuia să determine omul să Îl caute pe Dumnezeu și să se încreadă în El pentru mântuire. Astfel, legea oprește orice gură din a putea spune că neprihănirea prin forțe propri este posibilă și face toata lumea vinovată înaintea lui Dumnezeu.

6.   Legea este inferioară promisiunii harului lui Dumnezeu (Gal.3:19c-20). Trei argumente arată asta.
   ⇒ În primul rând, legea nu a fost dată direct de Dumnezeu. Legea a fost dată de îngeri, oamenilor, prin Moise. Moise a fost un intermediar. Dar Dumnezeu și nimeni altul, a dat promisiunea harului și neprihănirii lui Avraam.
   ⇒ În al doilea rând, legea era un legământ între două părți—om și Dumnezeu. Dacă omul ținea legea, el primea răsplata neprihănirii. Darul neprihănirii era condiționat sub lege. Dar promisiunea harului este dată doar de Dumnezeu. Nimeni nu poate rupe această promisiune. Dacă omul crede, primește promisiunea neprihănirii.
   ⇒ În al treilea rând, legea a fost dată după promisiunea făcută lui Avraam—după patru sute treizeci de ani. Promisiunea harului a fost făcută înainte de a fi dată legea. De aceea, legea nu poate anula promisiunea. Promisiunea lui Dumnezeu rămâne în picioare.

7.   Legea nu are putere de a da viață (Gal.3:21). Legea cere ca fiecare poruncă să fie ținută și ascultată. Dar porunca este format din cuvinte reci și fără viață. Este cu totul exterioară omului. Nu are putere să ajute omul în vreun fel la ținerea ei.

8.   Concluzia Scripturii este următoarea: toți oamenii sunt călcători de lege și păcătoși (Gal.3:22).

9.   Credinciosul nu mai este sub lege, ci sub har (Rom.6:14; 7:4; Gal.3:22). Omul nu poate atinge neprihănirea legii, pentru că el este total incapabil să țină legea. Dar poate experimenta harul lui Dumnezeu încrezându-se în neprihănirea pe care a asigurat-o Isus Cristos. Când omul crede în Isus Cristos, Isus Cristos socotește acel om neprihănit. Acel om devine "părtaș firii dumnezeiești" (2 Pt.1:4).

10.   Legea închide omul sub păcat (Gal.3:23). Omul este veșnic un rob sub lege. Sub lege el este în robie și ținut prizonier toate zilele vieții sale. Singura cale de scăpare este Isus Cristos, adică credința în El. Dacă Isus nu poate elibera, atunci nu este altă scăpare, pentru că legea nu eliberează ci înrobește omul.

11.   Legea a fost îndrumătorul omului care îi arăta că are nevoie de Isus (Gal.3:24). *Îndrumătorul și învățătorul* (paidagogos) era de obicei un rob de încredere care se ocupa de îngrijirea unui copil, dar avea și o îndatorire specială la care Pavel face referire. În fiecare zi îndrumătorul ducea copilul la școală și îl preda în grija învățătorului. Iar la sfârșitul zilei, lua copilul și îl ducea în siguranță înapoi acasă. Asta trebuia să facă legea. Legea trebuia să conducă omul la Cristos, adevăratul Învățător. Legea face acest lucru arătându-i omului că nu poate să ajungă la neprihănire singur. Omul trebuie să se uite la Isus, adevăratul Învățător, pentru neprihănire și pentru a fi primit de Dumnezeu. Și după ce a venit credința în Isus, nu mai este nevoie de lege sau de vreun alt îndrumător, pentru că Isus Cristos ne aduce față în față cu Dumnezeu.

12.   Legea este încă în vigoare pentru necredincios (1 Tim.1:8-14). Rămâne în vigoare pentru a condamna și a-l conduce pe omul necredincios să își vadă nevoia de Dumnezeu.

13.   Omul nu a fost călcător de lege dintotdeauna (Rom.4:15; 5:20). Nu există călcare de lege acolo unde nu există lege, pentru că nu există legea care să fie încălcată. Dar oamenii erau păcătoși înainte ca legea să fie dată lui Moise. Doar că nu erau la fel de conștienți de păcatul lor și nu se simțeau destul de vinovați ca să simtă nevoia de Dumnezeu. Din acest motiv a fost dată legea, ca omul să realizeze cât de păcătos este înaintea lui Dumnezeu (vezi comentariul—

Rom.5:19-21).

STUDIU APROFUNDAT # 3
(3:11) **Justificare—Credință**: acest verset este folosit de trei ori în Noul Testament. De fiecare dată este accentuat un alt punct. El spune despre cum poate un om să fie neprihănit înaintea lui Dumnezeu (vezi Hab.2:3-4).
1. *"Cel neprihănit* va trăi prin credință" (Rom.1:17). Cine poate trăi prin credință? Doar cel neprihănit. Oamenii spun două lucruri cu privire la justificare. Omul care spune, "Eu sunt justificat pentru că fac tot ce pot" spune de fapt că se așteaptă ca Dumnezeu să îi treacă cu vederea păcatul. Dar Dumnezeu nu trece cu vederea păcatul; Dumnezeu iartă păcatul. A trece cu vedere păcatul ar fi un permis de păcătuire—i-ar da voie omului să continue să păcătuiască și să trăiască așa cum dorește. De aceea omul nu este socotit neprihănit prin faptul că face tot ce poate—trăind după lege. El este justificat prin credință, încrezându-se în iertarea lui Dumnezeu. După ce un om s-a încrezut cu adevărat în Dumnezeu, el este neprihănit. Și *cel neprihănit* atunci începe să trăiască prin credință. Omul cel vechi, fie legalist, fie cel preocupat de firea lui, nu are ocazia să trăiască prin credință. De ce? Pentru că el nu și-a început viața de credință. Cel neprihănit va trăi prin credință nu cel legalist sau cel firesc.
2. "Cel neprihănit *va trăi* prin credință" (Gal.3:11). După ce regulă trăiește acest om? După principiul credinței nu după principiul faptelor. Cel socotit neprihănit prin credință va trăi despărțit de fapte. Credinciosul este mântuit prin credință, și trăiește prin credință (Gal.3:11).
3. "Cel neprihănit va trăi prin *credință*" (Evrei.10:38). Prin ce putere trăiește omul? Prin puterea care ne este dată de Dumnezeu datorită credinței. Credinciosul Îl crede pe Dumnezeu, crede în promisiunile făcute de Dumnezeu. Prin urmare, credinciosul face ceea ce Dumnezeu spune. Puterea credinței *îi dă energia* necesară pentru a trăi o viață sfântă. Faptele nu au legătură cu a-l face neprihănit sau a-l menține neprihănit.

4 (3:13-14) **Isus Cristos, Moarte—Izbăvire—Blestem**: Scriptura spune că "Isus ne-a izbăvit de sub blestemul legii." Cuvântul *izbăvire* (exegorasen) înseamnă a recumpăra, a cumpăra sau a răscumpăra. Cristos a recumpărat omul și l-a răscumpărat de sub blestemul legii. Faptul că omul a călcat legea lui Dumnezeu este indiscutabil; fiecare om sincer știe acest lucru. De aceea fiecare om este vinovat înaintea lui Dumnezeu și trebuie să fie judecat, și condamnat să poarte blestemul și pedeapsa legii. Dar aceasta este vestea glorioasă: Isus Cristos ne-a izbăvit de sub blestemul legii. Cum?
1. Isus Cristos a fost făcut blestem pentru noi. În termeni simpli, Isus a luat condamnarea noastră, moartea, asupra Sa și le-a purtat pentru noi. Isus Cristos ne-a luat locul ca și călcători de lege și parte vinovată înaintea lui Dumnezeu, și a purtat pedeapsa pentru noi. Cum a fost posibil acest lucru?
   ⇒ A fost posibil pentru că Isus Cristos a ținut legea lui Dumnezeu în mod perfect. El nu a încălcat legea, nici măcar o dată. A fost fără păcat și perfect. El a obținut Neprihănirea Ideală și Perfecțiunea înaintea lui Dumnezeu. De aceea, El nu a avut nici o vină, nu a meritat nici o pedeapsă și nu a avut însemnul morții. El a avut dreptul de a sta înaintea lui Dumnezeu și de a cere viața veșnică, dreptul de a fi primit de Dumnezeu și de a nu mai experimenta moartea vreodată. El a fost perfect; El a asigurat perfecțiunea incoruptibilă.
   ⇒ A fost posibil pentru că Dumnezeu este dragoste. Veste glorioasă este că în loc să Își ceară dreptul de a locui în prezența lui Dumnezeu, Isus a ales să Își dăruiască perfecțiunea Lui și neprihănirea Lui oamenilor de pe pământ, și să le ia păcatele lor asupra Lui. El a fost hotărât să dea neprihănirea Lui în schimbul păcătoșeniei omului, să dea viața lui perfectă în schimbul vieții păcătoase a omului.

În termeni cât se poate de simpli, Isus Cristos S-a dat pe Sine Însuși, viața Lui perfectă, în schimbul vieții omului păcătos. El a dat la schimb ascultarea Lui față de Dumnezeu pentru neascultarea omului față de Dumnezeu. El a purtat păcatul omului și pedeapsa omului pentru ca omul să poată sta neprihănit și perfect înaintea lui Dumnezeu. Isus Cristos a purtat blestemul legii pentru noi (vezi comentariul—Gal.1:4-5; 1:6-9; comentariul și STUDIU APROFUNDAT # 1—2:15-16; STUDIU APROFUNDAT # 2—2:16; comentariul—2:19-21 pentru mai multe discuții. De asemenea toate comentariile din Romani care tratează subiectele Justificare și Lege).

Observați citatul din Vechiul Testament: "Blestemat este orcine este atârnat pe lemn" (Deut.21:23). Acest lucru nu înseamnă că un om este blestemat dacă este executat pe lemn, ci mai degrabă că un om este executat pe lemn pentru că este blestemat, fiind pedepsit ca un călcător de lege. Isus Cristos a luat păcatele omului, luând locul celui nelegiuit; de aceea a fost blestemat (condamnat) să moară ca cei nelegiuiți și păcătoși.
2. Scopul pentru care Isus Cristos a purtat blestemul legii a fost ca să deschidă o ușă a binecuvântării pentru toți oamenii. Prin purtarea blestemul legii de către Isus, Dumnezeu și-a împlinit promisiunea față de Avraam: că toate popoarele vor fi binecuvântate prin El. Prin Isus, Dumnezeu extinde spre întreaga lume promisiunile făcute lui Avraam. Orice om care crede în Isus Cristos—că Isus a purtat blestemul legii pentru el—este primit de Dumnezeu și îi este dată binecuvântarea de a intra în țara promisă.

Pe scurt, omul care crede în Isus primește promisiunea Duhului Sfânt al lui Dumnezeu, adică promisiunea...
• naturii divine.

GALATENI 3:6-14

prin care El ne-a dat făgăduințele Lui nespus de mari și scumpe, ca prin ele să vă faceți părtași firii dumnezeiești, după ce ați fugit de stricăciunea, care este în lume prin pofte. (2 Pet 1:4)

- nașterii din nou.

Drept răspuns, Isus i-a zis: Adevărat, adevărat îți spun că, dacă un om nu se naște din nou, nu poate vedea Împărăția lui Dumnezeu. Nicodim I-a zis: Cum se poate naște un om bătrân? Poate el să intre a doua oară în pântecele maicii sale, și să se nască? Isus i-a răspuns: Adevărat, adevărat îți spun, că, dacă nu se naște cineva din apă și din Duh, nu poate să intre în Împărăția lui Dumnezeu. Ce este născut din carne, este carne, și ce este născut din Duh, este duh. (Ioan 3:3-6)
fiindcă ați fost născuți din nou nu dintr-o sămânță, care poate putrezi, ci dintr-una care nu poate putrezi, prin Cuvântul lui Dumnezeu, care este viu și care rămâne în veac. (1 Pet 1:23)

- făpturii noi.

Căci, dacă este cineva în Hristos, este o făptură (Sau: zidire.) nouă. Cele vechi s-au dus: iată că toate lucrurile s-au făcut noi. (2 Cor 5:17)

- de a deveni un om nou.

și să vă îmbrăcați în omul cel nou, făcut după chipul lui Dumnezeu, de o neprihănire și sfințenie pe care o dă adevărul. (Efeseni 4:24)
și v-ați îmbrăcat cu omul cel nou, care se înnoiește spre cunoștință, după chipul Celui ce l-a făcut. (Col 3:10)

| 1. Dumnezeu a dat un legământ permanent, veșnic
  a. Un legământ omenesc stă în picioare
  b. Legământul lui Dumnezeu stă în picioare și mai mult
2. Dumnezeu a încheiat legământul cu Avraam și cu sămânța lui
  a. Se afirmă în mod accentuat | C. Dovada Legământului și a Promisiunii lui Dumnezeu, 3:15-18

15 Fraților, (vorbesc în felul oamenilor), un testament, chiar al unui om, odată întărit, totuși nimeni nu-l desființează, nici nu-i mai adaugă ceva.
16 Acum, făgăduințele au fost făcute lui Avraam și semniței lui. Nu zice: Și seminţelor (ca și cum ar fi vorba de mai multe), ci ca și cum ar fi vorba numai de | una: Și seminței tale, adică Hristos.
17 Iată ce vreau să zic: un testament, pe care l-a întărit Dumnezeu mai înainte, nu poate fi desființat, așa ca făgăduința să fie nimicită, de Legea venită după patru sute treizeci de ani.
18 Căci dacă moștenirea ar veni din Lege, nu mai vine din făgăduință; și Dumnezeu printr-o făgăduință a dat-o lui Avraam. | b. Sămânța este Cristos

3. Dumnezeu a dat legământul credinței înainte de a da legea

4. Dumnezeu a dat legământul sau moștenirea (neprihănirii) prin promisiune —nu prin lege |

SECŢIUNEA III

DOVADA CĂ OMUL ESTE JUSTIFICAT DOAR PRIN CREDINŢĂ ȘI NU PRIN FAPTE, 3:1-4:7

C. Dovada legământului și a Promisiunii lui Dumnezeu, 3:15-18

(3:15-18) **Introducere**: unii învățători din biserica din Galatia învățau o doctrină falsă, o doctrină foarte periculoasă. Ei spuneau că omul nu este mântuit prin harul lui Dumnezeu și doar prin credință; ci omul trebuia să țină ritualurile bisericii și să își concentreze viața asupra legii și asupra facerii de fapte bune. Mai simplu, dacă cineva dorea să fie primit de Dumnezeu, el trebuia să fie cât putea de bun, să fie cât de religios putea să fie, și să țină cât mai bine legile lui Dumnezeu.

Desigur că lucrul acesta este total greșit. Omul este justificat doar prin credință; nu poate fi socotit neprihănit prin măsura religiei lui sau prin fapte bune sau prin ținerea legii. Religia, faptele bune și legea au locul lor în planul lui Dumnezeu și în viața omului. Dar omul nu este mântuit și primit de Dumnezeu prin propriile lui eforturi. Omul nu poate câștiga, sau merita acceptarea lui Dumnezeu; pentru că oricât de bun sau de disciplinat ar putea el deveni, totuși el rămâne departe de slava lui Dumnezeu care este perfecțiunea. În ciuda bunătății omului și a realizărilor lui, omul rămâne de multe ori întinat de....

- egoism
- nedreptate
- păcat
- mândrie
- lipsa dragostei
- invidie
- mânie
- amărăciune
- răutate
- favoritism
- poftă
- gânduri rele
- imoralitate
- prejudecată

- lăcomie
- greșeală
- rezerve
- lipsa slavei lui Dumnezeu
- lipsa închinării înaintea lui Dumnezeu
- purtare nepotrivită
- irascibilitate
- nerăbdare
- lipsa de rugăciune
- lăudăroșenie
- ură
- lipsa de speranță

Lista ar putea continua. Ideea este că indiferent de cât de buni am fi, suntem atât de vinovați, atât de des—suntem lipsiți de slava lui Dumnezeu, departe de a fi perfecți. Bunătatea noastră nu ne poate câștiga sau merita acceptarea lui Dumnezeu. Dacă Dumnezeu ne va primi, o va face pentru că *am crezut* în El, pentru că *credem* cu adevărat că *El ne va primi* și ne iubește destul de mult ca să onoreze credința noastră. Dacă Dumnezeu nu ne iubește îndeajuns ca să primească credința noastră în El, atunci suntem pierduți fără speranță pentru veșnicie. Credința în El—în dragostea și în promisiunile Lui—este singura noastră speranță pentru mântuire și pentru a putea fi primiți de Dumnezeu.

Acest lucru este punctul central al pasajului. Legământul lui Dumnezeu și promisiunea făcută lui Avraam dovedesc că justificarea este doar prin credință și nu prin faptele legii.

1. Dumnezeu a dat un legământ permanent, veșnic (v.15).

GALATENI 3:15-18

2. Dumnezeu a încheiat legământul cu Avraam și cu sămânța lui (v.16).
3. Dumnezeu a dat legământul credinței înainte de a da legea (v.17).
4. Dumnezeu a dat legământul sau moștenirea (neprihănirii) prin promisiune —nu prin lege (v.18).

1 (3:15) **Legământ—Dumnezeu, Promisiune:** Dumnezeu a dat un legământ permanent, veșnic. Pavel ilustrează aceasta prin legământul oamenilor (vezi comentariul, *Legământ*—2 Cor.3:6; vezi Rom.9:4.) Un *legământ* (diatheke) este o înțelegere făcută între două părți, o relație special stabilită între două sau mai multe persoane. Ce vrea să spună este că un legământ o dată făcut, rămâne în picioare; nu poate fi anulat sau adăugat ceva la el. Prin lege promisiunile din legământul lui Dumnezeu sunt pecetluite. Ambele părți—Dumnezeu și sămânța lui Avraam—sunt obligate să se țină de cuvânt, să își țină promisiunea unul față de celălalt.

2 (3:16) **Legământ—Testament—Sămânță, Avraam—Dumnezeu, Promisiuni:** Cum putem ști că un om este socotit neprihănit doar prin credință? Pentru că Dumnezeu a încheiat legământul cu Avraam și cu *sămânța lui.* Observați că promisiunea nu a fost dată doar lui Avraam, ci a fost dată și *semniței*, descendenților, urmașilor lui Avraam. Promisiunea făcută lui Avraam, sau legământul cu Avraam este relatat în cartea Genesa:

> Voi pune legământul Meu între Mine și tine și sămânța ta după tine din neam în neam; acesta va fi un legământ veșnic, în puterea căruia, Eu voi fi Dumnezeul tău și al semniței tale după tine. Ție, și semniței tale după tine, îți voi da țara în care locuiești acum ca străin, și anume îți voi da toată țara Canaanului în stăpânire veșnică; și Eu voi fi Dumnezeul lor." (Gen 17:7-8. Vezi comentariul, *Avraam—Gal.3:6-7* pentru mai multe discuții)

Întrebarea importantă este: La cine se referă cand spune sămânța lui Avraam? Scriptura ne spune că se referă la Isus Cristos. Cuvântul "sămânță" este la singular, nu la plural. De aceea, promisiunea lui Dumnezeu indică înspre o singură persoană, și acea persoană este Isus Cristos. Isus Cristos este...
- *sămânța* promisă lui Avraam.
- *sămânța* care trebuia să primească împlinirea promisiunilor făcute lui Avraam. Aici este un adevăr minunat, care înseamnă trei lucruri.

1. Înseamnă că promisiunile făcute lui Avraam s-au transferat lui Isus. Isus Cristos este descendentul care va moșteni *țara promisă*, țara Canaan pentru *veșnicie.* Canaan, desigur, este o imagine a cerului și a cerurilor noi și a pământului nou pe care Dumnezeu a promis că le va reface (vezi comentariul, *Promisiunea—Rom.4:13* pentru mai multe discuții). Ideea este că Isus Cristos va moșteni lumea și va fi înălțat ca Împărat Suveran al universului, va conduce și va domni pentru veșnicie.
2. Înseamnă că și credincioșii, vor moșteni lumea și vor domni împreună cu Cristos pentru veșnicie. Lui Avraam i s-a promis că va fi tatăl multor popoare sau a multor copii, și credincioșii sunt acei copii.

> Ferice de cei blânzi [cei smeriți, cei încrezători], căci ei vor moșteni pământul!. (Mat 5:5)
> Tot așa și Avraam a crezut pe Dumnezeu, și credința aceasta i-a fost socotită ca neprihănire" (Gal 3:6)
> Și dacă sunteți ai lui Hristos, sunteți sămânța lui Avraam, moștenitori prin făgăduință. (Gal 3:29)

3. Înseamnă că, credința este calea prin care oamenii pot fi socotiți neprihăniți și pot fi primiți de Dumnezeu.

> În adevăr, făgăduința făcută lui Avraam sau semniței lui, că va moșteni lumea, n-a fost făcută pe temeiul Legii, ci pe temeiul acelei neprihăniri, care se capătă prin credință. (Rom 4:13)
> De aceea moștenitori sunt cei ce se fac prin credință, pentru ca să fie prin har, și pentru ca făgăduința să fie chezășuită pentru toată sămânța lui Avraam: nu numai pentru sămânța aceea care este sub Lege, ci și pentru sămânța aceea care are credința lui Avraam, tatăl nostru al tuturor. (Rom 4:16)
> Tot așa și Avraam a crezut pe Dumnezeu, și credința aceasta i-a fost socotită ca neprihănire Înțelegeți și voi dar, că fii ai lui Avraam sunt cei ce au credință. (Gal 3:6-7)
> Așa că cei ce se bizuiesc pe credință, sunt binecuvântați împreună cu Avraam cel credincios. (Gal 3:9)

Pe scurt, Avraam L-a crezut pe Dumnezeu, și pentru că a crezut, Dumnezeu și-a ținut legământul și promisiunea.
⇒ Lui Avraam i s-a dat o *sămânță*, un urmaș care a binecuvântat întreaga lume, care este Isus Cristos.
⇒ Lui Avraam i s-au dat multe popoare de oameni care sunt moștenitori ai săi și ai lui Isus Cristos. Trebuie îndeplinită o singură condiție pentru intrarea în posesia moștenirii: să Îl credem pe Dumnezeu, adică să călcăm "pe urmele credinței aceleia, pe care o avea tatăl nostru Avraam" (Ro.4:12).

GALATENI 3:15-18

Căci ce zice Scriptura? Avraam a crezut pe Dumnezeu, și aceasta i s-a socotit ca neprihănire.(Rom 4:3)

Pe când, celui ce nu lucrează, ci crede în Cel ce socotește pe păcătos neprihănit, credința pe care o are el, îi este socotită ca neprihănire. (Rom 4:5)

În adevăr, făgăduința făcută lui Avraam sau semnței lui, că va moșteni lumea, n-a fost făcută pe temeiul Legii, ci pe temeiul acelei neprihăniri, care se capătă prin credință. (Rom 4:13)

⇒ El, Cristos, și urmașii lui vor primi țara promisă—ceruri noi și un pământ nou care va și perfect pentru veșnicie.

În adevăr, făgăduința făcută lui Avraam sau semnței lui, că va moșteni lumea, n-a fost făcută pe temeiul Legii, ci pe temeiul acelei neprihăniri, care se capătă prin credință. Căci, dacă moștenitori sunt cei ce se țin de Lege, credința este zadarnică, și făgăduința este nimicită; (Rom 4:13-14)

Prin credință Avraam, când a fost chemat să plece într-un loc, pe care avea să-L ia ca moștenire, a ascultat, și a plecat fără să știe unde se duce. Prin credință a venit și s-a așezat el în țara făgăduinței, ca într-o țară care nu era a lui, și a locuit în corturi, ca și Isaac și Iacov, care erau împreună moștenitori cu el ai aceleiași făgăduințe. Căci el aștepta cetatea care are temelii tari, al cărei meșter și ziditor este Dumnezeu. (Evrei 11:8-10)

În credință au murit toți aceștia, fără să fi căpătat lucrurile făgăduite: ci doar le-au văzut și le-au urat de bine de departe, mărturisind că sunt străini și călători pe pământ. Cei ce vorbesc în felul acesta, arată deslușit că sunt în căutarea unei patrii. Dar doreau o patrie mai bună, adică o patrie cerească. De aceea lui Dumnezeu nu-I este rușine să Se numească Dumnezeul lor, căci le-a pregătit o cetate. (Evrei 11:13-14, 16)

Ziua Domnului însă va veni ca un hoț. În ziua aceea, cerurile vor trece cu trosnet, trupurile cerești se vor topi de mare căldură, și pământul, cu tot ce este pe el, va arde. Deci, fiindcă toate aceste lucruri au să se strice, ce fel de oameni ar trebui să fiți voi, printr-o purtare sfântă și evlavioasă, așteptând și grăbind venirea zilei lui Dumnezeu, în care cerurile aprinse vor pieri, și trupurile cerești se vor topi de căldura focului? Dar noi, după făgăduința Lui, așteptăm ceruri noi și un pământ nou, în care va locui neprihănirea. (2 Pet 3:10-13)

Apoi am văzut un cer nou și un pământ nou; pentru că cerul dintâi și pământul dintâi pieriseră, și marea nu mai era. Și eu am văzut coborându-se din cer de la Dumnezeu, cetatea sfântă, noul Ierusalim, gătită ca o mireasă împodobită pentru bărbatul ei. Și am auzit un glas tare, care ieșea din scaunul de domnie, și zicea: Iată cortul lui Dumnezeu cu oamenii! El va locui cu ei, și ei vor fi poporul Lui, și Dumnezeu însuși va fi cu ei. El va fi Dumnezeul lor. El va șterge orice lacrimă din ochii lor. Și moartea nu va mai fi. Nu va mai fi nici tânguire, nici țipăt, nici durere, pentru că lucrurile dintâi au trecut. Cel ce ședea pe scaunul de domnie a zis: Iată, Eu fac toate lucrurile noi. Și a adăugat: Scrie, fiindcă aceste cuvinte sunt vrednice de crezut și adevărate. Apoi mi-a zis: S-a isprăvit! Eu sunt Alfa și Omega, Începutul și Sfârșitul. Celui ce îi este sete, îi voi da să bea fără plată din izvorul apei vieții. Cel ce va birui, va moșteni aceste lucruri. Eu voi fi Dumnezeul lui, și el va fi fiul Meu. (Apoc 21:1-7)

3 (3:17) **Legământ—Lege:** Cum putem ști că un om poate fi socotit neprihănit doar prin credință? Pentru că Dumnezeu a dat legământul credinței înainte de a da legea. Legământul credinței precede legământul legii. Legea lui Dumnezeu nu a fost dată decât patru sute treizeci de ani mai târziu. Observați două lucruri importante.

1. Când s-a dat legea, promisiunea făcută lui Avraam nu fusese încă împlinită; de aceea, legea nu putea schimba sau anula legământul credinței făcut cu Avraam. Promisiunea făcută de Dumnezeu lui Avraam și descendentului său, Isus Cristos, era încă valabilă. Așa cum spune Lehman Strauss:

⇒ Legământul credinței își are rădăcinile în veșnicie.

Căci Legea a fost dată prin Moise, dar harul și adevărul au venit prin Isus Cristos. (Ioan 1:17)

⇒ Din moment ce Isus Cristos, care este veșnic, a existat înaintea lui Avraam, legământul credinței I-a fost dat lui Isus Cristos înainte să îi fie dat lui Avraam (*Studiu Devoțional din Galateni și Efeseni*, p.45).

2. Legământul făcut cu Avraam îi spunea omului cum să îl urmeze pe Dumnezeu și să primească promisiunile lui Dumnezeu, prin credință. De aceea, când a fost dată legea, a fost dată fost dată cu totul pentru alt scop. Nu putea fi fi dată cu scopul de a-i arăta omului cum să Îl urmeze pe Dumnezeu, pentru că acest adevăr era deja stabilit în legământul credinței făcut cu Avraam.

GALATENI 3:15-18

Un lucru este clar: nimeni nu poate fi socotit neprihănit prin lege, adică prin eforturile personale sau prin fapte, încercând să atingă perfecțiunea prin ținerea legii. Nu acesta a fost scopul pentru care a fost dată legea. Omul poate fi socotit neprihănit doar prin credință (vezi comentariul—Gal.3:19-22; Rom.3:19-20; 7:7-13 pentru scopul legii.)

Meditația 1. Legământul credinței și al harului lui Dumnezeu este sigur. Nu poate fi revocat sau schimbat. *Credincioșii* vor moșteni promisiunea făcută lui Avraam și lui Cristos.

Cerul și pământul vor trece, dar cuvintele Mele nu vor trece. (Luca 21:33)
De aceea moștenitori sunt cei ce se fac prin credință, pentru ca să fie prin har, și pentru ca făgăduința să fie chezășuită pentru toată sămânța lui Avraam: nu numai pentru sămânța aceea care este sub Lege, ci și pentru sămânța aceea care are credința lui Avraam, tatăl nostru al tuturor. (Rom 4:16)
Dumnezeu, când a dat lui Avraam făgăduința, fiindcă nu putea să Se jure pe unul mai mare decât El, s-a jurat pe Sine însuși. Oamenii, ce-i drept, obișnuiesc să jure pe cineva mai mare; jurământul este o chezășie, care pune capăt orișicărei neînțelegeri dintre ei. De aceea și Dumnezeu, fiindcă voia să dovedească cu mai multă tărie moștenitorilor făgăduinței nestrămutarea hotărârii Lui, a venit cu un jurământ; pentru ca, prin două lucruri care nu se pot schimba, și în care este cu neputință ca Dumnezeu să mintă, să găsim o puternică îmbărbătare noi, a căror scăpare a fost să apucăm nădejdea care ne era pusă înainte. (Evrei 6:13,16-18. Promisiunea și jurământul lui Dumnezeu sunt două lucruri care nu pot fi negate și care garantează promisiunea)

4 (3:18) **Legământ—Lege—Moștenire:** Cum putem ști că un om poate fi socotit neprihănit doar prin credință? Pentru că Dumnezeu a dat legământul sau moștenirea prin promisiune, nu prin lege.
William Barclay face un rezumat descriptiv al acestui pasaj

Din nou și din nou, Pavel se întoarce în același loc. Întreaga problemă a vieții umane este restabilirea unei relații bune cu Dumnezeu. Atâta timp cât nouă ne este frică de Dumnezeu și El este un străin pentru noi, nu poate exista pace în viață. Cum putem realiza această relație bună? Putem încerca să ajungem la ea printr-o ascultare meticuloasă și chiar chinuitoare față de lege, făcând fapte fără număr, ținând cont de orice regulă cât de mică a legii? Dacă încercăm pe această cale suntem pe veci în pierdere, pentru că imperfecțiunea omului nu poate satisface niciodată perfecțiunea lui Dumnezeu; suntem frustrați pentru veșnicie, veșnic vom urca un deal al cărui vârf nu se vede niciodată, veșnic condamnați; dar dacă abandonăm această luptă fără speranță și ne aducem pe noi înșine și păcatul nostru înaintea lui Dumnezeu, atunci harul lui Dumnezeu își deschide brațele și avem pace cu Dumnezeu, care nu mai este un judecător ci un tată. Toată pledoaria lui Pavel, este că acest lucru i s-a întâmplat lui Avraam; pe această bază a fost făcut legământul între Dumnezeu și Avraam. Și nimic din ce a fost dat mai târziu nu pot schimba acest legământ, la fel cum un testament care a fost semnat deja nu mai poate fi schimbat sau modificat. (Scrisori către Galateni și Efeseni. "Biblia de Studiu Zilnic." Philadelphia, PA: The Westminster Press, 1954, p.30.)

Moștenirea dată lui Avraam este cea a neprihănirii, a acceptării de Dumnezeu și a vieții veșnice cu El în cerurile și pământul nou. Moștenirea lui Avraam nu a fost dată prin lege. Avraam nu a putut să o câștige, sau să o merite; dar Scriptura spune: "Dumnezeu în harul Lui a dat-o [moștenirea] lui Avraam printr-o promisiune."

Meditația 1. Aceeași promisiune este dată credincioșilor, adică tuturor celor care umblă în credința lui Avraam: promisiunea neprihănirii și a acceptării lui Dumnezeu, și de a primi privilegiul de a trăi veșnic în cerurile și în pământul nou.

Să nu vi se tulbure inima. Aveți credință în Dumnezeu, și aveți credință în Mine. În casa Tatălui Meu sunt multe locașuri. Dacă n-ar fi așa, v-aș fi spus. Eu Mă duc să vă pregătesc un loc. (Ioan 14:1-2)
În adevăr, făgăduința făcută lui Avraam sau seminței lui, că va moșteni lumea, n-a fost făcută pe temeiul Legii, ci pe temeiul acelei neprihăniri, care se capătă prin credință. (Rom 4:13)
Însuși Duhul adeverește împreună cu duhul nostru că suntem copii ai lui Dumnezeu. Și, dacă suntem copii, suntem și moștenitori: moștenitori ai lui Dumnezeu, și împreună moștenitori cu Hristos, dacă suferim cu adevărat împreună cu El, ca să fim și proslăviți împreună cu El. (Rom 8:16-17)
Și dacă sunteți ai lui Hristos, sunteți sămânța lui Avraam, moștenitori prin făgăduință. (Gal 3:29)
pentru ca, odată socotiți neprihăniți prin harul Lui, să ne facem, în nădejde, moștenitori ai vieții veșnice. (Tit 3:7)

GALATENI 3:15-18

Binecuvântat să fie Dumnezeu, Tatăl Domnului nostru Isus Hristos, care, după îndurarea Sa cea mare, ne-a născut din nou prin învierea lui Isus Hristos din morţi, la o nădejde vie, şi la o moştenire nestricăcioasă, şi neîntinată, şi care nu se poate veşteji, păstrată în ceruri pentru voi. (1 Pet 1:3-4)

Ziua Domnului însă va veni ca un hoţ. În ziua aceea, cerurile vor trece cu trosnet, trupurile cereşti se vor topi de mare căldură, şi pământul, cu tot ce este pe el, va arde. Deci, fiindcă toate aceste lucruri au să se strice, ce fel de oameni ar trebui să fiţi voi, printr-o purtare sfântă şi evlavioasă, aşteptând şi grăbind venirea zilei lui Dumnezeu, în care cerurile aprinse vor pieri, şi trupurile cereşti se vor topi de căldura focului? Dar noi, după făgăduinţa Lui, aşteptăm ceruri noi şi un pământ nou, în care va locui neprihănirea. (2 Pet 3:10-13)

	D. Dovada Neputinței Legii, 3:19-22	21 Atunci oare Legea este împotriva făgăduințelor lui Dumnezeu? Nicidecum! Dacă s-ar fi dat o Lege care să poată da viața, într-adevăr, neprihănirea ar veni din Lege.	6. **Legea nu are putere să dea viață**
3. **Legea a fost dată ca să descopere păcatul— ca să-l facă pe om mai conștient de păcatul său**	19 Atunci pentru ce este Legea? Ea a fost adăugată din pricina călcărilor de lege, până când avea să vină Sămânța, căreia îi fusese făcută făgăduința; și a fost dată prin îngeri, prin mâna unui mijlocitor.		
4. **Legea a avut un caracter temporar**			7. **Legea declară că întreaga lume este prizonieră a păcatului**
5. **Legea nu a fost dată direct de Dumnezeu, ci printr-un intermediar; de aceea este inferioară**	20 Dar mijlocitorul nu este mijlocitorul unei singure părți, pe când Dumnezeu, este unul singur.	22 Dar Scriptura a închis totul sub păcat, pentru ca făgăduința să fie dată celor ce cred, prin credința în Isus Hristos.	

SECȚIUNEA III

DOVADA CĂ OMUL ESTE SOCOTIT NEPRIHĂNIT DOAR PRIN CREDINȚĂ ȘI NU PRIN FAPTE, 3:1-4:7

D. Dovada Neputinței Legii, 3:19-22

(3:19-22) **Introducere:** erau câțiva învățători în bisericile din Galatia care învățau că omul este justificat, primit de Dumnezeu pentru că...

- face cele mai bune fapte pe care poate să le facă: încearcă în mod sincer să țină legea lui Dumnezeu să facă mult bine, cât de mult poate.
- practică religia: respectă ritualurile, ceremoniile și regulile bisericii.
- se supune ritualurilor de bază ale bisericii (tăierea împrejur, membralitatea în biserică, botezul, sau orice altceva).

Toate aceste lucruri sunt importante: toți oamenii ar trebui să asculte cu credincioșie de lege, să practice religia, și să fie botezați. Totuși, Scriptura este foarte clară: nu aceste lucruri sunt cele care *îl justifică de fapt* pe om. Doar Isus Cristos poate justifica un om. Omul nu poate să facă nimic pentru asta—nici un efort, nici o faptă—ca să se facă acceptabil și vrednic înaintea lui Dumnezeu. Un om poate fi primit de Dumnezeu și poate fi justificat înaintea Lui doar când crede, când crede cu adevărat în Fiul lui Dumnezeu, Isus Cristos. Sunt mulți oameni care....

- încearcă prin eforturile lor să țină legea și să facă tot ce pot ei mai bine, dar *nu cred în Isus Cristos*.
- practică religia, *dar nu cred în Isus Cristos*.
- uu fost tăiați împrejur și botezați, dar *nu cred în Isus Cristos*.

Singurul lucru—lucrul fundamental—care mântuiește omul este *credința în Isus Cristos, credința adevărată* în Fiul lui Dumnezeu. Când omul crede cu adevărat în Fiul lui Dumnezeu, Dumnezeu ia credința acelui om și o socotește drept neprihănire. Dumnezeu acceptă acel om pentru că Îl onorează pe Fiul Său—Îl onorează pe Isus Cristos încrezându-se în El și dându-I Lui tot ce are.

Dacă este așa, atunci de ce a mai dat Dumnezeu Legea omului? Dacă nu suntem mântuiți prin ținerea legii lui Dumnezeu și prin strădania noastră, care este scopul legii? Aceasta este discuția din acest pasaj: ca să arate că legea nu are nici o putere să mântuiască omul. Iar neputința legii demonstrează că omul este justificat și primit de Dumnezeu doar prin credință.

1. Legea a fost dată ca să descopere păcatul—să îl facă pe om conștient de păcatul său (v.19).
2. Legea a avut caracter temporar (v.19).
3. Legea nu a fost dată direct de Dumnezeu, ci printr-un intermediar; de aceea este inferioară (vv. 19-20).
4. Legea nu are putere să dea viață (v.21).
5. Legea declară că întreaga lume este prizonieră a păcatului (v.22).

1 (3:19) **Lege, Scop:** Cum putem ști că legea nu îl justifică nici nu îl face acceptabil pe om înaintea lui Dumnezeu? Pentru că legea a fost dată ca să descopere păcatul—să îi facă pe oameni conștienți de păcatele lor. Observați un punct crucial: legea nu a a fost dată ca să îi facă pe oameni neprihăniți ci...

- să îi facă conștienți de păcatul lor și de pedeapsa
- să arate omului că este lipsit de slava lui Dumnezeu

58

- să-i provoace pe oameni să fie atenți la păcătoșenia lor.
- să oprească orice gură de la a se lăuda și a pretinde neprihănirea prin forțe proprii.
- să-i trezească pe oameni la nevoia lor de Dumnezeu și de ajutorul Lui.
- să sădească în mintea omului gândul că are o nevoie disperată ca Dumnezeu să îl salveze de păcatele lui și de moarte.
- să determine orice gură să mărturisească nevoia de Mântuitor care să salveze omul de păcat și de pedeapsa lui (moartea).

Căci nimeni nu va fi socotit neprihănit înaintea Lui, prin faptele Legii, deoarece prin Lege vine cunoștința deplină a păcatului. (Rom 3:20)

Ba încă și Legea a venit pentru ca să se înmulțească greșeala; dar unde s-a înmulțit păcatul, acolo harul s-a înmulțit și mai mult; (Rom 5:20)

Deci ce vom zice? Legea este ceva păcătos? Nicidecum! Dimpotrivă, păcatul nu l-am cunoscut decât prin Lege. De pildă, n-aș fi cunoscut pofta, dacă Legea nu mi-ar fi spus: Să nu poftești!" (Rom 7:7)

Atunci pentru ce este Legea? Ea a fost adăugată din pricina călcărilor de lege, până când avea să vină Sămânța, căreia îi fusese făcută făgăduința; și a fost dată prin îngeri, prin mâna unui mijlocitor. (Gal 3:19)

Astfel, Legea ne-a fost un îndrumător spre Hristos, ca să fim socotiți neprihăniți prin credință. (Gal 3:24)

căci știm că Legea nu este făcută pentru cel neprihănit, ci pentru cei fărădelege și nesupuși, pentru cei nelegiuiți și păcătoși, pentru cei fără evlavie, necurați, pentru ucigătorii de tată și ucigătorii de mamă, pentru ucigătorii de oameni, (1 Tim 1:9)

2 (3:19) **Legea**: Cum putem ști că legea nu îl justifică pe om și nu îl face acceptabil înaintea lui Dumnezeu? Pentru că legea a fost dată cu un caracter temporar. A fost dată pentru o perioadă de timp, iar apoi, la expirarea acelui timp, a fost pusă deoparte. A spune că legea a avut caracter temporar, este ceva ce îi sperie pe unii credincioși, pentru că se tem că o astfel de învățătură sugerează o trăire libertină. Nimic nu poate fi mai departe de adevăr. Observați ce spune Scriptura:

Ea (Legea) a fost adăugată din pricina călcărilor de lege, până când avea să vină...Sămânța (Gal 3:19)

La venirea lui Isus Cristos, legea urma să fie dată la o parte. Legea *a fost dată cu scopul* de a fi temporară și de a avea o un scop temporar și o durată temporară. Ea se întindea de la Moise până la Isus Cristos, pentru că Isus Cristos este "sămânța" căreia i-a fost făcută promisiunea neprihănirii (vezi comentariul și STUDIU APROFUNDAT # 2—Mat.5:17-18 pentru mai multe discuții). Dumnezeu *nu a intenționat ca legea* să fie calea spre mântuire. Legea a fost dată doar pentru scopul temporar de a le arăta oamenilor urâciunea păcatului.

⇒ *Totuși, observați*: de când a venit Isus Cristos, El (viața Lui perfectă și neprihănirea Lui) trebuie să fie standardul pentru oameni. Isus Cristos a împlinit legea; adică în Isus Cristos, Dumnezeu a dat omului mai mult decât niște cuvinte care să descrie felul în care El dorește ca omul să trăiască. El a dat omului Viața, Persoana care în mod perfect a ilustrat legea înaintea ochilor întregii lumi. Isus Cristos este Imaginea, Exemplul Viu, Modelul și Demonstrația unei vieți trăite așa cum trebuie. El este imaginea Perfectă a Voiei lui Dumnezeu, a Omului Ideal, a Omului Reprezentativ, a Modelului pentru toți oamenii.

Și Cuvântul S-a făcut trup, și a locuit printre noi, plin de har, și de adevăr. Și noi am privit slava Lui, o slavă întocmai ca slava singurului născut din Tatăl. (Ioan 1:14)

El este chipul Dumnezeului celui nevăzut, cel întâi născut din toată zidirea. (Col 1:15)

El, care este oglindirea slavei Lui și întipărirea Ființei Lui, și care ține toate lucrurile cu Cuvântul puterii Lui, a făcut curățirea păcatelor, și a șezut la dreapta Măririi în locurile prea înalte. (Evrei 1:3)

Și la aceasta ați fost chemați; fiindcă și Hristos a suferit pentru voi, și v-a lăsat o pildă, ca să călcați pe urmele Lui. El n-a făcut păcat, și în gura Lui nu s-a găsit vicleșug. Când era batjocorit, nu răspundea cu batjocuri; și, când era chinuit, nu amenința, ci Se supunea dreptului Judecător. (1 Pet 2:21-23)

Acum observați: din moment ce legea a fost dată cu un caracter temporar, până la venirea lui Isus, atunci înseamnă că legea nu mai are nici o valoare pentru oameni astăzi? Putem scoate legea de tot din Biblie? Nu, de o mie de ori nu! Isus Cristos a împlinit legea; El a fost întruparea legii. Este adevărat că El a întrupat mult mai mult decât legea, dar a întrupat și legea. Legea și neprihănirea ei sunt o parte din natura Lui. De aceea, când un om se uită la Isus, el vede perfecțiunea naturii Lui, iar acea perfecțiune include neprihănirea legii. A scoate legea din Biblie ar însemna să ștergem o parte din înțelegerea noastră cu privire la Isus Cristos și o parte din natura Lui.

> Să nu credeţi că am venit să stric Legea sau Proorocii; am venit nu să stric, ci să împlinesc. (Mat 5:17)
> Căci, lucru cu neputinţă Legii, întrucât firea pământească (Greceşte: carnea, aici şi peste tot unde e firea pământească) o făcea fără putere, Dumnezeu a osândit păcatul în firea pământească, trimiţând, din pricina păcatului, pe însuşi Fiul Său într-o fire asemănătoare cu a păcatului, (Rom 8:3)
> Zic dar: umblaţi cârmuiţi de Duhul, şi nu împliniţi poftele firii pământeşti. Căci firea pământească pofteşte împotriva Duhului, şi Duhul împotriva firii pământeşti: sunt lucruri potrivnice unele altora, aşa că nu puteţi face tot ce voiţi. Dacă sunteţi călăuziţi de Duhul, nu sunteţi sub Lege. (Gal 5:16-18)
> Dar iată legământul, pe care-l voi face cu casa lui Israel, după acele zile, zice Domnul: voi pune legile Mele în mintea lor şi le voi scrie în inimile lor; Eu voi fi Dumnezeul lor, şi ei vor fi poporul Meu. (Evrei 8:10)
> Lucrul acesta ni-l adevereşte şi Duhul Sfânt. Căci, după ce a zis: Iată legământul pe care-l voi face cu ei după acele zile, zice Domnul: voi pune legile Mele în inimile lor, şi le voi scrie în mintea lor, adaugă: Şi nu-Mi voi mai aduce aminte de păcatele lor, nici de fărădelegile lor.(Evrei 10:15-17)

Observaţi încă un lucru: legea este încă în vigoare pentru cei care nu cred. De ce? Pentru că toţi cei care nu s-au încrezut în Isus Cristos, se încred în neprihănirea lor personală, că această neprihănire a lor Îl va face pe Dumnezeu să îi primească. Ei încă încearcă să devină neprihăniţi prin lege. De aceea Dumnezeu îi va judeca după lege.

> pentru că, întrucât n-au cunoscut neprihănirea, pe care o dă Dumnezeu, au căutat să-şi pună înainte o neprihănire a lor înşişi, şi nu s-au supus astfel neprihănirii, pe care o dă Dumnezeu. Căci Hristos este sfârşitul Legii, pentru ca oricine crede în El, să poată căpăta neprihănirea. (Rom 10:3-4)
> Căci toţi cei ce se bizuiesc pe faptele Legii, sunt sub blestem; pentru că este scris: Blestemat este oricine nu stăruie în toate lucrurile scrise în cartea Legii, ca să le facă. (Gal 3:10)

Matthew Henry accentuează un alt lucru care trebuie observat: legea poate fi încă folosită pentru a-i convinge pe oameni de păcatele lor şi pentru a-i întoarce de la vieţile lor trăite în păcat (*Comentariul lui Matthew Henry*, Vol.5, p.661).

3 (3:19-20) **Lege—Intermediar**: Cum putem şti că legea nu îl justifică pe om şi nu îl face acceptabil înaintea lui Dumnezeu? Pentru că legea nu a fost dată direct de Dumnezeu, ci printr-un intermediar; de aceea, este inferioară. Două argumente susţin acest lucru:

1. Legea nu a fost dată direct de Dumnezeu. Legea a venit de la Dumnezeu, dar a fost dată de îngeri lui Moise şi apoi omului. Moise a stat ca intermediar între om şi Dumnezeu în momentul în care legea a fost dată.; prin urmare, legea a venit la om ca un lucru de mâna a doua. Dar nu la fel s-a întâmplat cu promisiunea lui Dumnezeu. Dumnezeu Însuşi a dat promisiunea harului şi a neprihănirii (adică, acceptarea omului de către El şi viaţa veşnică sau ţara promisă). Avraam a primit promisiunea lui Dumnezeu direct de la Dumnezeu. De aceea, promisiunea lui Dumnezeu trebuie să fie superioară legii, pentru că implică un contact personal (o relaţie) cu Dumnezeu.

2. Legea era între două părţi—om şi Dumnezeu. În legământul legii, atât omul cât şi Dumnezeu aveau responsabilităţi şi lucruri de făcut. Omul trebuia să ţină legea, şi dacă o ţinea, Dumnezeu urma să îl răsplătească cu darul neprihănirii. Darul neprihănirii era condiţionat de lege.

Totuşi, promisiunea neprihănirii sau a harului a fost dată doar de Dumnezeu. Nimeni nu poate rupe acea promisiune. Dacă omul (Avraam) crede promisiunea lui Dumnezeu, atunci el primeşte promisiunea neprihănirii şi a harului lui Dumnezeu.

4 (3:21) **Legea**: Cum putem şti că legea nu îl justifică pe om şi nu îl face acceptabil înaintea lui Dumnezeu? Pentru că legea nu are putere de a da viaţă.

1. Legea conţine doar cuvinte şi reguli. Ea poate doar să sugereze ideea de bună purtare în mintea omului. Poate doar să ceară— să ceară ca fiecare regulă să fie ţinută şi respectată. Legea este formată doar din cuvinte, reci şi fără viaţă. Este în totalitate în afara omului, în afara trupului său. Nu are spirit, nu are viaţă, nu are puterea să-l facă pe om să ţină legea. Nu-l poate ajuta pe om în nici un fel în timp ce el încearcă să ţină legea. Legea cere ascultare, dar îl lasă pe om singur în timp ce el se chinuie să asculte.

2. Legea nu poate da viaţă omului. Nu este o făptură vie cu putere de a da viaţă. Dacă ar fi fost, atunci neprihănirea ar fi venit prin lege. Dar aşa cum s-a spus, legea nu are viaţă şi nu are putere. Este doar o scriere, doar cuvinte şi reguli. Totuşi, acest lucru nu este valabil şi cu privire la Isus Cristos. Isus Cristos este atât o Persoană cât şi viaţă. De aceea, El poate să pună duh şi viaţă în cuvintele şi în regulile legii. El poate trăi viaţa descrisă de acele cuvinte şi reguli. El poate să insufle atât ideea cât şi puterea de a avea o astfel de purtare în mintea şi viaţa unui om. Acum viaţa Lui stabileşte standardul şi regulile pentru credincios; Duhul Lui şi viaţa Lui dau putere credinciosului ca să asculte.

Să nu credeți că am venit să stric Legea sau Proorocii; am venit nu să stric, ci să împlinesc. (Mat 5:17)

Căci nimeni nu va fi socotit neprihănit înaintea Lui, prin faptele Legii, deoarece prin Lege vine cunoștința deplină a păcatului. Căci nimeni nu va fi socotit neprihănit înaintea Lui, prin faptele Legii, deoarece prin Lege vine cunoștința deplină a păcatului. și anume, neprihănirea dată de Dumnezeu, care vine prin credința în Isus Hristos, pentru toți și peste toți cei ce cred în El. Nu este nici o deosebire. (Rom 3:20-22)

Căci, lucru cu neputință Legii, întrucât firea pământească (Grecește: carnea, aici și peste tot unde e firea pământească) o făcea fără putere, Dumnezeu a osândit păcatul în firea pământească, trimițând, din pricina păcatului, pe însuși Fiul Său într-o fire asemănătoare cu a păcatului. (Rom 8:3)

căci Legea n-a făcut nimic desăvârșit și pe de alta, se pune în loc o nădejde mai bună, prin care ne apropiem de Dumnezeu. (Evrei 7:19)

5 (3:22) **Lege—Promisiune**: Cum putem ști că legea nu îl justifică pe om și nu îl face acceptabil înaintea lui Dumnezeu? Pentru că legea declară că întreaga lume este prizonieră a păcatului. Observați câteva lucruri importante.

1. "Scriptura" face referire la lege. Legea lui Dumnezeu, sau Scriptura, este definitivă: toți oamenii sunt călcători de lege—toți oamenii sunt prizonieri ai păcatului.

2. *Prizonieri ai păcatului* (hupo hamartian) înseamnă să fi ținut ca ostatic fără vreo speranță, într-un beci sau într-o carceră.

Ce urmează atunci? Suntem noi mai buni decât ei? Nicidecum. Fiindcă am dovedit că toți, fie Iudei, fie Greci, sunt sub păcat, după cum este scris: Nu este nici un om neprihănit, nici unul măcar. Nu este nici unul care să aibă pricepere. Nu este nici unul care să caute cu tot dinadinsul pe Dumnezeu. Toți s-au abătut, și au ajuns niște netrebnici. Nu este nici unul care să facă binele, nici unul măcar. Gâtlejul lor este un mormânt deschis; se slujesc de limbile lor ca să înșele; sub buze au venin de aspidă; gura le este plină de blestem și de amărăciune; au picioarele grabnice să verse sânge; prăpădul și pustiirea sunt pe drumul lor; nu cunosc calea păcii; frica de Dumnezeu nu este înaintea ochilor lor. Știm însă că tot ce spune Legea, spune celor ce sunt sub Lege, pentru ca orice gură să fie astupată, și toată lumea să fie găsită vinovată înaintea lui Dumnezeu. Căci nimeni nu va fi socotit neprihănit înaintea Lui, prin faptele Legii, deoarece prin Lege vine cunoștința deplină a păcatului. (Rom 3:9-20)

Fiindcă Dumnezeu a închis pe toți oamenii în neascultare, ca să aibă îndurare de toți. (Rom 11:32)

3. Marele scop al legii este reafirmat: să îl determine pe om să caute promisiunea lui Isus Cristos, adică, neprihănirea prin credință. Când oamenii se uită la lege și văd că sunt păcătoși, ei încep să caute un Salvator, pe Isus Cristos. Omul poate să caute și să se încreadă în neprihănirea pe care Isus Cristos a asigurat-o. Când un om crede în Isus Cristos, Isus Cristos îl socotește pe acel om neprihănit, și omul devine "părtași firii dumnezeiești" (2 Pt.1:4).

Deci, fiindcă suntem socotiți neprihăniți, prin credință, avem (Sau: Să avem) pace cu Dumnezeu, prin Domnul nostru Isus Hristos. (Rom 5:1)

Tot așa și Avraam a crezut pe Dumnezeu, și credința aceasta i-a fost socotită ca neprihănire. (Gal 3:6)

și să fiu găsit în El, nu având o neprihănire a mea, pe care mi-o dă Legea, ci aceea care se capătă prin credința în Hristos, neprihănirea, pe care o dă Dumnezeu, prin credință. (Filipeni 3:9)

| 3. Credința în Cristos ne eliberează de sub supravegherea legii
a. Legea era ca o închisoare pentru om
b. Legea era ca un paznic sau învățător pentru om

c. Puterea credinței în Cristos ne eliberează de sub robia legii | **E. Dovada a ceea ce face credința pentru noi, 3:23-29**

23 Înainte de venirea credinței, noi eram sub paza Legii, închiși pentru credința care trebuia să fie descoperită.
24 Astfel, Legea ne-a fost un îndrumător spre Hristos, ca să fim socotiți neprihăniți prin credință.
25 După ce a venit credința, nu mai suntem sub îndrumătorul acesta. | 26 Căci toți sunteți fii ai lui Dumnezeu, prin credința în Hristos Isus.
27 Toți care ați fost botezați pentru Hristos, v-ați îmbrăcat cu Hristos.
28 Nu mai este nici Iudeu, nici Grec; nu mai este nici rob nici slobod; nu mai este nici parte bărbătească, nici parte femeiască, fiindcă toți sunteți una în Hristos Isus.
29 Și dacă sunteți ai lui Hristos, sunteți „sămânța" lui Avraam, moștenitori prin făgăduință. | 4. Credința ne face copii ai lui Dumnezeu
a. Ne face să ne concentrăm asupra lui Isus Cristos.
b. Ne îmbracă în neprihănirea lui Cristos și ne oferă statului de Fiu, pe care îl are El.
5. Credința în Cristos ne face una: dă la o parte orice deosebire sau prejudecată
6. Credința în Cristos ne face moștenitori ai promisiunii |

SECȚIUNEA III

DOVADA CĂ OMUL ESTE JUSTIFICAT DOAR PRIN CREDINȚĂ ȘI NU PRIN FAPTE, 3:1-4:7

E. Dovada a ceea ce face credința pentru Noi, 3:23-29

(3:23-29) Introducere: unii din bisericile din Galatia răspândeau învățături false. Ei spuneau că omul este justificat de fapte și lege; adică un om poate fi primit de Dumnezeu dacă I se supune lui Cristos, dar trebuie deasemenea să se supună legii și să facă faptele legii cât poate de bine. Cristos este important, da, dar un angajament luat de a trăi după lege—un angajament de a face cât mai mult bine posibil—este deasemenea esențial pentru a putea fi mântuit și primit de Dumnezeu.

Învățăturile false sună bine, pentru că fiecare om trebuie să se străduiască să facă tot ce poate mai bun. De fapt omul nu trebuie să facă tot ce poate ca să îl caute pe Dumnezeu, ci el trebuie să facă tot ce poate în fiecare lucru pe care îl face. Totuși, Scriptura este foarte clară: omul nu este justificat în funcție de cât este de bun sau de rău. Omul pur și simplu nu poate fi destul de bun și nu poate face destule fapte bune ca să devină perfect. Dumnezeu este perfect, de aceea, omul trebuie să devină perfect dacă dorește să trăiască cu Dumnezeu.

Atunci cum poate cineva să fie acceptat de Dumnezeu? Prin credința în Isus Cristos. Când omul crede în Isus Cristos, el Îl onorează pe Fiul lui Dumnezeu, iar Dumnezeu onorează pe oricine Îl onorează pe Fiul Său. Dumnezeu onorează omul făcând exact ceea ce omul crede. De aceea, când un om Îl onorează pe Fiul lui Dumnezeu crezând în El, Dumnezeu onorează acel om făcând pentru el exact lucrul pentru care omul a crezut în Cristos. Dumnezeu îl socotește pe acel om neprihănit, socotește credința lui ca și neprihănire. Observați: credința nu înseamnă *acceptare la nivelul minții*, a crede doar în minte și în gând că Isus Cristos este Mântuitorul. Adevărata credință este un *angajament spiritual*, angajamentul unei inimi și a unei vieți—tot ce este omul și tot ce are, Îi dă lui Cristos.

Cum putem ști că suntem justificați prin credință și nu prin faptele legii sau făcând tot ce putem? Datorită a ceea ce credința face pentru noi.

1. Credința în Cristos ne eliberează de sub supravegherea legii (vv.23-25).
2. Credința ne face copii ai lui Dumnezeu (vv.26-27).
3. Credința în Cristos ne face una: dă la o parte orice deosebire sau prejudecată (v.28).
4. Credința în Cristos ne face moștenitori ai promisiunii (v.29).

1 (3:23-25) **Prizonier al Legii—Paznic—Învățător**: Credința în Cristos ne eliberează de sub supravegherea legii. Sunt trei imagini care ilustrează în mod clar acest punct.

1. Legea era o închisoare pentru om. Înainte să vină credința adică înainte de moartea lui Cristos, "oamenii erau sub paza legii, închiși." Cuvântul *închiși* (ephrouroumetha) înseamnă a fi păziți, ținuți în custodie, prizonieri. În termeni simpli, legea îl încuie pe om sub păcat; ține omul legat de robie și păcat. Cum?

a. Legea îi arată omului exact punctul în care eșuează—exact lucrul în care nu este destul de bun. Nu rămâne îndoială: legea a spus să faci așa, iar omul a făcut altfel. Greșeala scoasă în evidență, la fel cum un semn rutier, care indică o restricție de viteză, scoate în evidență depășirea vitezei făcută de un șofer grăbit.

b. Legea îl acuză și îl condamnă pe om. Legea îl acuză imediat după ce omul a încălcat-o. Legea este scrisă negru pe alb, nu mai rămâne îndoială legată de încălcarea ei. De aceea, îi atinge mintea, și îi face inima să se simtă vinovată. Vinovăția preia controlul iar omul este contrariat din mai multe motive şi pe mai multe nivele, toate depinzând de gravitatea încălcării legii.

c. Legea nu are viață şi nu are putere să elibereze omul de pedeapsa ce i se cuvine pentru încălcarea ei. Aceasta este ideea: legea descoperă încălcarea de lege şi îl condamnă pe om; îl inchide. Legea nu eliberează omul; ci îl condamnă la robie. În mod cotinuu arată înspre păcatele şi greşelile omului. Face acest lucru la nesfârşit: degetul ei acuzator arată înspre greşelile omului de fiecare dată când omul încalcă ceva din lege. Robia legii este permanentă.

Singura speranță a omului este ca cineva care are putere, să apară şi să îl elibereze. Acel cineva a apărut: Isus Cristos a venit ca să ne elibereze. Dar observați: noi ca prizonieri trebuie să acceptăm eliberarea Lui. Alegerea este a noastră. Noi putem să credem şi să ne încredem în puterea Sa, sau nu.

2. Legea a fost *un paznic sau un învățător* (paidagogos) pentru om. Biblia de Studiu NIV spune că legea a luat în primire omul ca să îl conducă la Cristos. Sau, legea a fost păzitorul omului, care trebuia să îl conducă să îşi vadă nevoia lui pentru Cristos. Păzitorul *paidagogos* era de obicei un rob de încredere care se ocupa de îngrijirea unui copil, dar mai avea o îndatorire specială la care Pavel face referire. În fiecare zi păzitorul lua copilul, îl ducea la şcoală şi îl preda învățătorului. Iar la sfârşitul zilei, se întorcea, îl lua iarăşi şi îl ducea acasă. Asta trebuia să facă legea. Legea trebuia să conducă omul la Cristos, la adevăratul Învățător. Legea face acest lucru arătându-i omului că îi este imposibil să atingă neprihănirea pe cont propriu. El trebuie să privească la Cristos, Adevăratul Învățător, pentru neprhănire şi pentru a fi acceptat de Dumnezeu, adică pentru justificarea prin credință.

3. Legea l-a ținut pe om în robie față de lege. Dar după ce a venit Cristos (credința în El) nu a mai fost nevoie de lege sau de vreun al păzitor, pentru că Isus Cristos ne aduce față în față cu Dumnezeu. De aceea prin puterea credinței în Cristos, suntem cu adevărat eliberați de sub robia legii.

2 (3:26-27) **Credință—Credincioşi, Poziție:** Cum putem şti că suntem justificați prin credință şi nu prin faptele legii sau prin faptul că facem cât de mult bine putem? Pentru că credința ne face copii ai lui Dumnezeu. Aşa cum s-a spus la punctul precedent, Isus Cristos ne aduce față în față cu Dumnezeu. El Îl determină pe Dumnezeu să ne înfieze ca şi copii ai Lui. Cum? Prin credință. Observați două lucruri importante.

1. Credința ne determină să ne concentrăm atenția asupra Fiului lui Dumnezeu, Isus Cristos. Oamenii pot să se încreadă în următoarea afirmație: Dumnezeu va primi pe oricine se *concentrează* pe Fiul Său, Isus Cristos, pentru că El îşi iubeşte Fiul în mod suprem. Dumnezeu nu este mai prejos decât orice tată pământesc, care îşi iubeşte fiul. De fapt, Dumnezeu este mult mai mult decât atât; El este perfect. De aceea, Dumnezeu Îşi iubeşte Fiul, pe Isus Cristos, cu o iubire perfectă. Ceea ce înseamnă că Dumnezeu va onora orice om care crede şi se încrede în Fiul Lui. Dacă cineva se încrede în Isus Cristos pentru neprihănire, atunci Dumnezeu va onora acel om, socotindu-l neprihănit.

Ideea este următoarea: omul care încearcă să fie primit de Dumnezeu prin ținerea legii şi făcând fapte bune—omul care îşi concentrează atenția asupra legii şi a faptelor bune—acel om îşi ține mintea ocupată cu legea şi se luptă să fie bun. Dumnezeu nu este centrul concentrării lui, a gândurilor lui şi a vieții lui; legea şi faptele sunt centrul preocupărilor lui.

Dar omul care are *credință în Isus Cristos*, se concentrează asupra lui Cristos. El Îl onorează pe Fiul lui Dumnezeu; de aceea, Dumnezeu primeşte credința lui, care este centrul vieții lui, ca neprihănire. Acel om este primit de Dumnezeu. De fapt, Dumnezeu îl primeşte ca pe un fiu. Cum este posibil acest lucru? Răspunsul la această întrebare este subiectul pentru punctul următor.

2. Credința ne îmbracă în Cristos, în neprihănirea Lui şi ne conferă statutul de Fiu. Acesta este cel mai minunat adevăr, pentru că ne spune că noi putem să "ne îmbrăcăm cu" Cristos. Ne putem îmbrăca cu Cristos— ce revelație glorioasă! Expresia folosită înseamnă chiar asta, a te acoperi cu ceva, a te îmbrăca. Tot ceea ce este şi reprezintă Cristos, poate să ne acopere. Cristos reprezintă două lucruri care au o mare însemnătate pentru noi.

a. Cristos este întruparea neprihănirii. El este Fiul lui Dumnezeu care a venit pe pământ să asigure neprihănirea pentru noi. A trăit o viață perfectă şi fără păcat; El L-a ascultat întotdeauna pe Dumnezeu, nu a încălcat nici o lege de-a lui Dumnezeu—nici măcar o dată. De aceea, El a fost Omul Perfect, Ideal; El a fost Modelul a ceea ce fiecare om ar trebui să fie. Ca Model Ideal şi Perfect, El i-a putut reprezenta pe toți oamenii; şi exact lucrul acesta s-a şi întâmplat. Isus Cristos este neprihănirea noastră. Când credem în El, Dumnezeu ne îmbracă cu Cristos, cu neprihănirea Lui. Şi pentru că suntem îmbrăcați cu neprihănirea lui Isus Cristos, Dumnezeu ne vede pe noi în Fiul Său şi ne primeşte.

Imaginați-vă următoarea ilustrație. Dacă mâna mea stângă ia în mână degetul arătător de la mâna mea dreaptă, ce se vede? Mâna mea stângă, nu degetul arătător, pentru că mâna mea stângă acoperă degetul meu arătător. Acum, dacă mâna mea stângă L-ar reprezenta pe Cristos şi degetul arătător mă reprezintă pe mine. Când Cristos mă acoperă, ce se mai vede? Cristos, desigur, nu eu; pentru că Cristos mă acoperă. Aşa este şi cu credința. Când cred în Isus Cristos, credința mea mă acoperă cu Isus Cristos şi cu neprihănirea Lui.

Pe Cel ce n-a cunoscut nici un păcat, El L-a făcut păcat pentru noi, ca noi să fim neprihănirea lui Dumnezeu în El. (2 Cor 5:21)

şi să fiu găsit în El, nu având o neprihănire a mea, pe care mi-o dă Legea, ci aceea care se capătă prin credinţa în Hristos, neprihănirea, pe care o dă Dumnezeu, prin credinţă. (Filipeni 3:9)

Căci n-avem un Mare Preot, care să n-aibă milă de slăbiciunile noastre; ci unul care în toate lucrurile a fost ispitit ca şi noi, dar fără păcat. Să ne apropiem dar cu deplină încredere de scaunul harului, ca să căpătăm îndurare şi să găsim har, pentru ca să fim ajutaţi la vreme de nevoie. (Evrei 4:15-16)

De aceea şi poate să mântuiască în chip desăvârşit pe cei ce se apropie de Dumnezeu prin El, pentru că trăieşte pururea ca să mijlocească pentru ei. Şi tocmai un astfel de Mare Preot ne trebuia: sfânt, nevinovat, fără pată, despărţit de păcătoşi, şi înălţat mai presus de ceruri. (Evrei 7:25-26)

căci ştiţi că nu cu lucruri pieritoare, cu argint sau cu aur, aţi fost răscumpăraţi din felul deşert de vieţuire, pe care-l moşteniserăţi de la părinţii voştri, ci cu sângele scump al lui Hristos, Mielul fără cusur şi fără prihană. (1 Petru 1:18-19)

şi oricine crede, este iertat prin El de toate lucrurile de care n-aţi putut fi iertaţi prin Legea lui Moise. (Fapte 13:39)

Deci, fiindcă suntem socotiţi neprihăniţi, prin credinţă, avem (Sau: Să avem.) pace cu Dumnezeu, prin Domnul nostru Isus Hristos. (Rom 5:1)

b. Cristos este Fiul lui Dumnezeu; prin urmare, a fi îmbrăcat cu Cristos înseamnă a fi îmbrăcat cu statutul lui de Fiu. Când Dumnezeu se uită la credincios, îl vede pe Fiul Său, Isus Cristos care îl acoperă; de aceea, el îl socoteşte pe credincios ca pe un fiu. În acest fel devenim noi fii ai lui Dumnezeu: prin credinţa în Isus Cristos, Fiul lui Dumnezeu. Când credem că Isus Cristos este Fiul lui Dumnezeu, Dumnezeu ia credinţa noastră şi ne aşează în Cristos, şi a fi în Cristos înseamnă a fi aşezat în statutul Lui de Fiu. Dumnezeu ne vede în Isus Cristos, în Fiul Lui. De aceea, ne acceptă ca pe nişte copii ai Lui—doar datorită credinţei noastre care ne-a îmbrăcat în Cristos (vezi STUDIU APROFUNDAT # 2, Înfiere—Gal.4:5-6.)

Dar tuturor celor ce L-au primit, adică celor ce cred în Numele Lui, le-a dat dreptul să se facă copii ai lui Dumnezeu; (Ioan 1:12)

ci îmbrăcaţi-vă în Domnul Isus Hristos, şi nu purtaţi grijă de firea pământească, pentru ca să-i treziţi poftele. (Rom 13:14)

Toţi care aţi fost botezaţi pentru Hristos, v-aţi îmbrăcat cu Hristos. (Gal 3:27)

şi să vă îmbrăcaţi în omul cel nou, făcut după chipul lui Dumnezeu, de o neprihănire şi sfinţenie pe care o dă adevărul. (Efeseni 4:24)

şi v-aţi îmbrăcat cu omul cel nou, care se înnoieşte spre cunoştinţă, după chipul Celui ce l-a făcut. (Col 3:10)

deci, ce am văzut şi am auzit, aceea vă vestim şi vouă, ca şi voi să aveţi părtăşie cu noi. Şi părtăşia noastră este cu Tatăl şi cu Fiul Său, Isus Hristos. (1 Ioan 1:3)

Vedeţi ce dragoste ne-a arătat Tatăl, să ne numim copii ai lui Dumnezeu! Şi suntem. Lumea nu ne cunoaşte, pentru că nu L-a cunoscut nici pe El. (1 Ioan 3:1)

STUDIU APROFUNDAT # 1

(3:27) **Botez**: observaţi referinţa la botez şi nu la credinţă:

Toţi care aţi fost botezaţi pentru Hristos, v-aţi îmbrăcat cu Hristos. (v.27)

De ce a folosit Pavel cuvântul botez în loc să folosească cuvântul credinţă? De ce nu a spus:

Toţi care aţi crezut în Isus Cristos, v-aţi îmbrăcat cu Cristos?

Oare spune Pavel aici că omul este *mântuit* prin botez? Orice om sincer ştie că sunt mii şi mii de oameni care au fost botezaţi şi totuşi trăiesc vieţi asemănătoare cu cea a diavolului. De aceea, Pavel nu putea să spună că botezul este ceea ce îl face pe Dumnezeu să îmbrace pe cineva în Cristos.

În mod similar, orice om sincer ştie că sunt există mii şi mii de oameni care *mărturisesc o credinţă* şi totuşi trăiesc ca şi diavolul. De aceea, Pavel sigur nu s-a referit la credinţa la care fac referire cei mai mulţi.

Pavel spune ceea ce spune şi Scriptura: un credincios adevărat împlineşte toată neprihănirea lui Cristos ceea ce include şi botezul. Credinciosul trăieşte pentru Cristos şi a trăi pentru Cristos include o dovadă a credinţei lui. Botezul (şi pocăinţa) este *prima dovadă* şi dovada *imediată* a credinţei; de aceea credinţa şi botezul sunt strâns legate, atât de strâns legate încât Pavel poate vorbi despre botez ca şi despre credinţă (vezi STUDIU APROFUNDAT # 1, *Botez*—Rom.6:3-5; STUDIU APROFUNDAT # 1—Fapte 2:38 pentru discuţii mai în detaliu.)

3 (3:28) **Credinţa—Frăţietatea—Unitatea:** Cum putem şti că suntem justificaţi prin credinţă şi nu prin faptele legii sau prin faptul că facem cât mai mult bine? Pentru că, credinţa în Cristos ne face una, dă la o parte orice deosebire şi prejudecată.

> **Nu mai este nici Iudeu, nici Grec; nu mai este nici rob nici slobod; nu mai este nici parte bărbătească, nici parte femeiască, fiindcă toţi sunteţi una în Hristos Isus (v.28).**

Acesta este un adevăr uimitor: Isus Cristos este răspunsul pentru toate prejudecăţile, amărăciunile, pentru toată ura, opresiunea, şi nedreptatea pe pământ. Cum poate El să repare dezbinările dintre oameni? Observaţi o afirmaţie fenomenală: "Toţi sunteţi una în Cristos." Ce are Cristos care ne poate face una?

1. Fiecare credincios este pe picior de egalitate înaintea lui Isus Cristos: egalitatea credinţei. Nimeni nu este acceptat pentru vreun alt motiv, decât credinţa. Toţi cei care vin la Isus Cristos, vin...
    *   pentru că sunt departe de cum este Cristos
    *   pentru că sunt atât de diferiţi de El
    *   pentru că sunt atât de imperfecţi

Totuşi, Isus Cristos îi primeşte. Isus Cristos îmbrăţişează toţi credincioşii în ciuda imperfecţiunilor lor şi a distanţei la care se află faţă de El. De aceea, când ne uităm la un credincios diferit de noi, trebuie să facem ceea ce Isus Cristos a făcut pentru noi. Să iubim, să acceptăm, să îl îmbăţişăm; diferenţele nu contează. Tot ce contează este dragostea, acceptarea, şi frăţietatea în Cristos.

2. Fiecare credincios adevărat iubeşte şi rămâne *în Isus Cristos*. De aceea, atunci când ne uităm la un alt credincios îl vedem *în Cristos*. Nu îl vedem pe acel credincios, ci Îl vedem pe Cristos care îl acoperă pe acel credincios. Nu ne concentrăm atenţia asupra culorii pielii lui, asupra naţionalităţii lui, asupra sexului lui, asupra statutului social, sau asupra altor diferenţe. Diferenţele nu contează. Tot ce contează este să creştem în asemănarea cu Cristos—în dragoste, în acceptare, să devenim tot mai mult şi mai mult fraţii şi surorile lui Dumnezeu.

> În adevăr, nu este nici o deosebire între Iudeu şi Grec; căci toţi au acelaşi Domn, care este bogat în îndurare pentru toţi cei ce-L cheamă. (Rom 10:12)
> tot aşa, şi noi, care suntem mulţi, alcătuim un singur trup în Hristos; dar, fiecare în parte, suntem mădulare unii altora. (Rom 12:5)
> Nu mai este nici Iudeu, nici Grec; nu mai este nici rob nici slobod; nu mai este nici parte bărbătească, nici parte femeiască, fiindcă toţi sunteţi una în Hristos Isus (Gal 3:28)
> până vom ajunge toţi la unirea credinţei şi a cunoştinţei Fiului lui Dumnezeu, la starea de om mare, la înălţimea staturii plinătăţii lui Hristos; (Efeseni 4:13)
> Ascultaţi, preaiubiţii mei fraţi: n-a ales Dumnezeu pe cei ce sunt săraci în ochii lumii acesteia, ca să-i facă bogaţi în credinţă şi moştenitori ai Împărăţiei, pe care a făgăduit-o celor ce-L iubesc? (Iacov 2:5)
> Dar dacă umblăm în lumină, după cum El însuşi este în lumină, avem părtăşie unii cu alţii; şi sângele lui Isus Hristos, Fiul Lui, ne curăţă de orice păcat. (1 Ioan 1:7)
> Sînt prieten cu toţi cei ce se tem de Tine, şi cu cei ce păzesc poruncile Tale (Psa 119:63)
> Bogatul şi săracul se întâlnesc: Domnul i-a făcut şi pe unul şi pe altul. (Prov 22:2)

4 (3:29) **Credinţa—Moştenirea:** Cum putem şti că suntem justificaţi prin credinţă şi nu prin faptele legii sau prin faptul că facem cât mai mult bine putem? Pentru că, credinţa în Cristos ne face moştenitori ai promisiunii.

⇒ Aduceţi-vă aminte de promisiunea făcută lui Avraam: promisiunea binecuvântării lui Dumnezeu, a prezenţei Lui, a călăuzirii Lui, a acceptării Lui şi a privilegiului de a trăi veşnic în Canaan (simbolul cerului, a cerurilor şi a pământului nou). (Vezi comentariul—Gal.3:15-18 pentru mai multe discuţii.)

Ideea este următoarea: Isus Cristos este moştenitorul lui Avraam; de aceea, dacă este cineva în Cristos, atunci şi el moşteneşte promisiunea făcută lui Avraam. Moşteneşte promisiunea acceptării lui Dumnezeu, a neprihănirii, şi a vieţii veşnice în cerurile şi în pământul nou ca Fiu a lui Dumnezeu.

> "Să nu vi se tulbure inima. Aveţi credinţă în Dumnezeu, şi aveţi credinţă în Mine. În casa Tatălui Meu sunt multe locaşuri. Dacă n-ar fi aşa, v-aş fi spus. Eu Mă duc să vă pregătesc un loc. (Ioan 14:1-2)
> Şi voi n-aţi primit un duh de robie, ca să mai aveţi frică; ci aţi primit un duh de înfiere, care ne face să strigăm: „Ava! adică: Tată!" Însuşi Duhul adevereşte împreună cu duhul nostru că suntem copii ai lui

Dumnezeu. Şi, dacă suntem copii, suntem şi moştenitori: moştenitori ai lui Dumnezeu, şi împreună moştenitori cu Hristos, dacă suferim cu adevărat împreună cu El, ca să fim şi proslăviţi împreună cu El. (Rom 8:15-17)

Şi dacă sunteţi ai lui Hristos, sunteţi „sămânţa" lui Avraam, moştenitori prin făgăduinţă. (Gal 3:29)

Aşa că nu mai eşti rob, ci fiu; şi dacă eşti fiu, eşti şi moştenitor, prin Dumnezeu. (Gal 4:7)

pentru ca, odată socotiţi neprihăniţi prin harul Lui, să ne facem, în nădejde, moştenitori ai vieţii veşnice. (Tit 3:7)

De aceea şi Dumnezeu, fiindcă voia să dovedească cu mai multă tărie moştenitorilor făgăduinţei nestrămutarea hotărârii Lui, a venit cu un jurământ; (Evrei 6:17)

Binecuvântat să fie Dumnezeu, Tatăl Domnului nostru Isus Hristos, care, după îndurarea Sa cea mare, ne-a născut din nou prin învierea lui Isus Hristos din morţi, la o nădejde vie, şi la o moştenire nestricăcioasă, şi neîntinată, şi care nu se poate veşteji, păstrată în ceruri pentru voi. (1 Petru 1:3-4)

	CAPITOLU 4 **F. Dovada lui Cristos și Împlinirea vremii, 4:1-7**	4 Dar când a venit împlinirea vremii, Dumnezeu a trimis pe Fiul Său, născut din femeie, născut sub Lege,	**2. A existat o împlinire a vremii când Dumnezeu a izbăvit lumea**^{SA1}

1. A fost o vreme când lumea era în robie
a. Un copil: o ilustrație
  1) se află sub tutori și păzitori
  2) Moștenește averea la vremea potrivită
	Dar câtă vreme moștenitorul este nevârstnic, eu spun că nu se deosebește cu nimic de un rob, măcar că este stăpân pe tot.
	2 Ci este sub epitropi și îngrijitori, până la vremea rânduită de tatăl său.
		5 ca să răscumpere pe cei ce erau sub Lege, pentru ca să căpătăm înfierea.
		6 Și pentru că sunteți fii, Dumnezeu ne-a trimis în inimă Duhul Fiului Său, care strigă: Ava, adică: Tată!
		7 Așa că nu mai ești rob, ci
			a. Cum?: Dumnezeu Și-a trimis Fiul ca om, sub lege
			b. De ce? Ca să mântuiască lumea
			c. Rezultatul
			  1) Suntem înfiați ca și fii de Dumnezeu^{SA2}
			  2) Primim asigurarea acceptării prin Duhul Sfânt

b. Lumea: Educația ei elementară obligatorie prin lege	3 Tot așa și noi, când eram nevârstnici, eram sub robia învățăturilor începătoare ale lumii.	fiu; și dacă ești fiu, ești și moștenitor, prin Dumnezeu.	3) Devenim moștenitori ai lui Dumnezeu

SECȚIUNEA III

DOVADA CĂ OMUL ESTE JUSTIFICAT DOAR PRIN CREDINȚĂ ȘI NU PRIN FAPTE, 3:1-4:7

F. Dovada lui Cristos și a Împlinirii Vremii, 4:1-7

(4:1-7) Introducere: câțiva oameni din bisericile din Galatia învățau pe alții că omul este mântuit prin lege; adică, este mântuit prin purtarea lui bună și religioasă și făcând toate faptele bune de care este capabil. Desigur că fiecare om....

- ar trebui să fie bun, să se străduiască să devină tot mai bun și mai bun
- ar trebui să fie credincios în închinarea în fața lui Dumnezeu *în biserică*
- ar trebui să facă cât mai mult bine—întotdeauna

Totuși, Scriptura este clară și dură: nimeni nu poate fi mântuit prin aceste lucruri, pentru că nu eforturile omului, oricât ar fi de multe, nu energia lui, nici vreo faptă pe care o face, ar putea să îl facă perfect. Ca omul să fie primit de Dumnezeu—să primească dreptul de a trăi cu Dumnezeu—omul trebuie să fie perfect.

Cum atunci poate cineva să fie mântuit—să fie justificat și acceptat de Dumnezeu? Acest pasaj se ocupă de acest subiect; dă răspunsul la această întrebare. Arată cum Cristos și împlinirea vremii dovedesc că omul este justificat prin credință, nu prin lege sau prin fapte.

1. A fost o vreme când lumea era în robie (vv.1-3).
2. A existat o împlinire a vremii când Dumnezeu a izbăvit lumea (vv.4-7).

1 **(4:1-3) Lege—Lume, Principii de bază ale Lumii, Lucruri de bază ale lui—Dumnezeu, Concepții greșite despre Dumnezeu**: a fost o vreme când lumea era în robie. Ilustrația este scurtă și totuși foarte descriptivă: un moștenitor care este copil este sub paza tutorilor, a administratorilor, sau a managerilor până la vremea hotărâtă pentru el ca să își primească moștenirea. Până se împlinește acea vreme, el nu are mai multe drepturi la moștenire decât un rob.

Ce ne spune această ilustrație este șocant: a existat o vreme când omul a fost în robie, în robie sub principiile de bază ale lumii. Ce înseamnă *principiile de bază ale lumii*? Foarte simplu, se referă la *noțiunile de bază pe care le avea omul despre Dumnezeu și diversele modalități prin care încerca să ajungă la El*. Dacă lăsăm Scriptura să interpreteze Scriptura:

⇒ Înseamnă primele principii (ABC-ul) Cuvântului lui Dumnezeu, adică, jertfele, regulile, ritualurile și ceremoniile Vechiului Testament (Evrei.5:12).

⇒ Înseamnă filosofie, tradițiile oamenilor, și învățăturile elementare și rudimentare ale oamenilor—ABC-ul abordării lui Dumnezeu pe care o aveau oamenii (Col.2:8).

⇒ Înseamnă, elementele naturii, trupurile cerești din univers (2 Pet.3:10). (Întotdeauna au existat oameni care au dorit să își conducă viața după trupurile cerești din univers, astrologie sau semnele zodiacului).

⇒ Înseamnă regulile și legile oamenilor (Col.2:20).

GALATENI 4:1-7

⇒ Înseamnă legile ceremoniale, jugul care se punea asupra oamenilor în timp ce încercau să se apropie de Dumnezeu. (Fapte 15:10).

⇒ Înseamnă legea Vechiului Testament, jugul robiei (Gal.5:1; vezi 4:3).

⇒ Însaemnă ținerea zilelor de sărbătoare, lunile și anii (Gal.4:9).

În termeni simplii, principiile de bază se referă la toate lucrurile de care oamenii se folosesc că să se apropie de Dumnezeu și să primească acceptarea Lui. Se referă la orice ar putea folosi omul pentru a se justifica înaintea lui Dumnezeu, orice cale de abordare a lui Dumnezeu care este inițiată de om și care este făcută folosind energia și eforturile personale...

- lege sau fapte
- ritualuri sau ceremonii
- membralitatea în biserică sau alt rit
- astrologie sau știință
- filosofie sau religie

Ideea este următoarea: înainte de venirea lui Cristos, toate abordările erau doar elementare. Nici una dintre aborări nu era cea potrivită, pentru că omul știa foarte puțin despre Dumnezeu —omul avea o cunoștință limitată care necesita *disciplina și conducerea legii* (vezi comentariul—Gal.4:9-11 pentru mai multe discuții.)

Totuși, la vremea potrivită, când lumea a fost pregătită să devină matură și să primească o înțelegere matură a lui Dumnezeu, Cristos a venit să elibereze omul de lege și să îi descopere că între om și Dumnezeu s-a intenționat să existe o relație de tată-fiu cu Dumnezeu. În Cristos oamenii nu mai sunt robi ai legii, ci sunt fii ai lui Dumnezeu. În Cristos ei pot intra în posesia moștenirii.

> **Fraților, nu fiți copii la minte; ci, la răutate, fiți prunci; iar la minte, fiți oameni mari. (1 Cor. 14:20)**
> **ca să nu mai fim copii, plutind încoace și încolo, purtați de orice vânt de învățătură, prin viclenia oamenilor și prin șiretenia lor în mijloacele de amăgire; (Efeseni 4:14)**
> **În adevăr, voi care de mult trebuia să fiți învățători, aveți iarăși trebuință de cineva să vă învețe cele dintâi adevăruri ale cuvintelor lui Dumnezeu, și ați ajuns să aveți nevoie de lapte, nu de hrană tare. (Evrei 5:12)**

2 (4:4-7) **Înfiere—Mântuire**: a fost un moment al împlinirii vremii când Dumnezeu a izbăvit lumea. Acest pasaj este unul dintre pasajele minunate din Scriptură care vorbește despre misiunea sau lucrarea Fiului lui Dumnezeu, Domnul Isus Cristos. Observați câteva puncte importante.

1. Observați că Dumnezeu a pregătit lumea pentru venirea lui Cristos (vezi STUDIU APROFUNDAT # 1, *Împlinirea Vremii*—Gal.4:4 pentru mai multe discuții).

2. Observați că Dumnezeu Și-a trimis propriul Fiul în lume ca să elibereze oamenii. Dumnezeu nu a trimis un înger sau vreo altă făptură—nici vreun mare lider dintre oameni. El L-a trimis chiar pe Fiul Său. Dumnezeu atât de mult a iubit și a ținut la oameni încât nu a trimis pe altcineva decât pe Fiul Său, ca să izbăvească oamenii de sub teribila condamnare a legii: robia păcatului și a morții.

> **"Fiindcă atât de mult a iubit Dumnezeu lumea, că a dat pe singurul Lui Fiu, pentru ca oricine crede în El, să nu piară, ci să aibă viața veșnică. Dumnezeu, în adevăr, n-a trimis pe Fiul Său în lume ca să judece lumea, ci ca lumea să fie mântuită prin El. (Ioan 3:16-17)**
> **căci M-am pogorât din cer ca să fac nu voia Mea, ci voia Celui ce M-a trimis. (Ioan 6:38)**
> **Eu Îl cunosc, căci vin de la El, și El M-a trimis. (Ioan 7:29)**
> **Isus le-a zis: Dacă ar fi Dumnezeu Tatăl vostru, M-ați iubi și pe Mine, căci Eu am ieșit și vin de la Dumnezeu: n-am venit de la Mine însumi, ci El M-a trimis. (Ioan 8:42)**
> **Cât este ziuă, trebuie să lucrez lucrările Celui ce M-a trimis; vine noaptea, când nimeni nu mai poate să lucreze. (Ioan 9:4)**
> **cum ziceți voi că hulesc Eu, pe care Tatăl M-a sfințit și M-a trimis în lume? Și aceasta, pentru că am zis: „Sunt Fiul lui Dumnezeu! Dacă nu fac lucrările Tatălui Meu, să nu Mă credeți. Dar dacă le fac, chiar dacă nu Mă credeți pe Mine, credeți măcar lucrările acestea, ca să ajungeți să cunoașteți și să știți că Tatăl este în Mine și Eu sunt în Tatăl. (Ioan 10:36-38)**

3. Observați că Dumnezeu Și-a trimis Fiul să *se nască din femeie* (genomenon ek gunaikos). El a venit în lume, la fel ca toți oamenii, prin femeie. Dar observați cel mai glorios adevăr: El a fost "trimis" de Dumnezeu. Isus Cristos a fost "Fiul Său," Fiul lui Dumnezeu. Dumnezeu a zis un Cuvânt și femeia a rămas însărcinată în mod miraculos. Nașterea din fecioară a avut loc: Fiul lui Dumnezeu a fost trimis în lume *ca și om* ca să salveze oamenii (vezi STUDIU APROFUNDAT #

GALATENI 4:1-7

3, *Isus Cristos, Naștere*—Mat.1:16; STUDIU APROFUNDAT # 8—1:23; STUDIU APROFUNDAT # 1—Luca 1:27;—1:34-35. Vezi în mod special Luca 1:27.)

> Și iată că vei rămâne însărcinată, și vei naște un fiu, căruia îi vei pune numele Isus. (Luca 1:31)
>
> Și Cuvântul S-a făcut trup, și a locuit printre noi, plin de har, și de adevăr. Și noi am privit slava Lui, o slavă întocmai ca slava singurului născut din Tatăl. (Ioan 1:14)
>
> ci S-a dezbrăcat pe sine însuși și a luat un chip de rob, făcându-Se asemenea oamenilor. (Filipeni 2:7)
>
> Și fără îndoială, mare este taina evlaviei: Cel ce a fost arătat în trup, a fost dovedit neprihănit în Duhul, a fost văzut de îngeri, a fost propovăduit printre Neamuri, a fost crezut în lume, a fost înălțat în slavă. (1 Tim. 3:16)
>
> Astfel dar, deoarece copiii sunt părtași sângelui și cărnii, tot așa și El însuși a fost deopotrivă părtaș la ele, pentru ca, prin moarte, să nimicească pe cel ce are puterea morții, adică pe diavolul, și să izbăvească pe toți aceia, care prin frica morții erau supuși robiei toată viața lor. (Evrei 2:14-15)
>
> Duhul lui Dumnezeu să-L cunoașteți după aceasta: Orice duh, care mărturisește că Isus Hristos a venit în trup, este de la Dumnezeu; (1 Ioan 4:2)

4. Observați că Dumnezeu Și-a trimis Fiul să se nască sub lege. Isus Cristos a trebuit să trăiască sub lege ca să poată căpăta neprihănirea legii pentru om. El a trebuit să țină legea până în cel mai mic detaliu și să stea înaintea lui Dumnezeu ca Omul Perfect și Ideal—Întruparea Ideală a Neprihănirii. Așa cum s-a spus, El a trebuit să facă ceea ce niciun alt nu om nu mai făcuse: să asigure Neprihănirea Ideală și Perfectă pentru ca Idealul și Perfecțiunea să poată fi valabile pentru toți oamenii.

> Căci, lucru cu neputință Legii, întrucât firea pământească (Greceşte: carnea, aici și peste tot unde e firea pământească) o făcea fără putere Dumnezeu a osândit păcatul în firea pământească, trimițând, din pricina păcatului, pe însuși Fiul Său într-o fire asemănătoare cu a păcatului, pentru ca porunca Legii să fie împlinită în noi, care trăim nu după îndemnurile firii pământeşti, ci după îndemnurile Duhului. (Rom 8:3-4)
>
> Pe Cel ce n-a cunoscut nici un păcat, El L-a făcut păcat pentru noi, ca noi să fim neprihănirea lui Dumnezeu în El. (2 Cor 5:21)
>
> Căci n-avem un Mare Preot, care să n-aibă milă de slăbiciunile noastre; ci unul care în toate lucrurile a fost ispitit ca și noi, dar fără păcat. (Evrei 4:15)
>
> De aceea și poate să mântuiască în chip desăvârșit pe cei ce se apropie de Dumnezeu prin El, pentru că trăiește pururea ca să mijlocească pentru ei. Și tocmai un astfel de Mare Preot ne trebuia: sfânt, nevinovat, fără pată, despărțit de păcătoși, și înălțat mai presus de ceruri. (Evrei 7:25-26)
>
> căci știți că nu cu lucruri pieritoare, cu argint sau cu aur, ați fost răscumpărați din felul deșert de viețuire, pe care-l moșteniserăți de la părinții voștri, ci cu sângele scump al lui Hristos, Mielul fără cusur și fără prihană. (1 Pet 1:18-19)

5. Observați de ce L-a trimis Dumnezeu pe Fiul Său: să mântuiască oamenii (vezi comentariul, *Mântuire*—Gal.3:13-14 pentru mai multe discuții).
6. Observați rezultatul trimiterii Fiului lui Dumnezeu ca să mântuiască oamenii.
   a. Credincioșii sunt înfiați—primesc drepturi depline—ca fii de Dumnezeu. Când un om crede *în Isus Cristos*, Dumnezeu ia credința omului și îl socotește pe acel om ca fiind *în Isus Cristos*. Din moment ce Isus Cristos este Fiul lui Dumnezeu, credinciosul este socotit fiu de Dumnezeu—doar pentru că Dumnezeu îl vede *în Isus Cristos*. Credința lui *în Isus Cristos* Îl face pe Dumnezeu să îl acopere cu statutul de Fiu al fiului Său, să îl adopteze ca fiu de Dumnezeu (vezi comentariul, *Credincioşi, Poziție*, pt.2—Gal.3:26-27; STUDIU APROFUNDAT # 2, *Înfiere* Gal.4:5-6.)

> Dar tuturor celor ce L-au primit, adică celor ce cred în Numele Lui, le-a dat dreptul să se facă copii ai lui Dumnezeu; (Ioan 1:12)
>
> Și voi n-ați primit un duh de robie, ca să mai aveți frică; ci ați primit un duh de înfiere, care ne face să strigăm: Ava! adică: Tată!(Rom 8:15)
>
> "De aceea: Ieșiți din mijlocul lor, și despărțiți-vă de ei, zice Domnul; nu vă atingeți de ce este necurat, și vă voi primi. Eu vă voi fi Tată, și voi Îmi veți fi fii și fiice, zice Domnul Cel Atotputernic. (2 Cor. 6:17-18)
>
> Dar când a venit împlinirea vremii, Dumnezeu a trimis pe Fiul Său, născut din femeie, născut sub Lege, ca să răscumpere pe cei ce erau sub Lege, pentru ca să căpătăm înfierea. Și pentru că sunteți fii, Dumnezeu ne-a trimis în inimă Duhul Fiului Său, care strigă: Ava, adică: Tată! (Gal. 4:4-6)

b. Credincioșii primesc asigurarea acceptării din partea lui Dumnezeu prin Duhul Fiului Său. Duhul lui Dumnezeu este trimis de Dumnezeu să trăiască în inimile noastre și să ne dea o relație personală cu Dumnezeu. Duhul lui Cristos, adică, Duhul Sfânt, ne dă părtășia și comunicarea cu Dumnezeu: El ne îndeamnă inimile să strige înspre Dumnezeu ca înspre un Tată: "Tată, Tată."

> **Însuși Duhul adeverește împreună cu duhul nostru că suntem copii ai lui Dumnezeu. (Rom. 8:16)**
> **Și pentru că sunteți fii, Dumnezeu ne-a trimis în inimă Duhul Fiului Său, care strigă: Ava, adică: Tată! (Gal. 4:6)**
> **Cine păzește poruncile Lui, rămâne în El, și El în el. Și cunoaștem că El rămâne în noi prin Duhul, pe care ni L-a dat. (1 Ioan 3:24)**
> **Cunoaștem că rămânem în El și că El rămâne în noi prin faptul că ne-a dat din Duhul Său. (1 Ioan 4:13)**
> **El, Isus Hristos, este Cel ce a venit cu apă și cu sânge; nu numai cu apă, ci cu apă și cu sânge; și Duhul este Cel ce mărturisește despre lucrul acesta, fiindcă Duhul este adevărul. (1 Ioan 5:6)**

c. Credincioșii sunt făcuți moștenitori ai lui Dumnezeu. Dar observați: ei sunt moștenitori pentru că sunt fii de Dumnezeu. Atât statulul de fii cât și cel de moștenitori sunt posibile "prin Cristos"—prin credința în El.

> **Însuși Duhul adeverește împreună cu duhul nostru că suntem copii ai lui Dumnezeu. Și, dacă suntem copii, suntem și moștenitori: moștenitori ai lui Dumnezeu, și împreună moștenitori cu Hristos, dacă suferim cu adevărat împreună cu El, ca să fim și proslăviți împreună cu El. (Rom. 8:16-17)**
> **Și dacă sunteți ai lui Hristos, sunteți sămânța lui Avraam, moștenitori prin făgăduință. (Gal. 3:29)**
> **pentru ca, odată socotiți neprihăniți prin harul Lui, să ne facem, în nădejde, moștenitori ai vieții veșnice. (Tit. 3:7)**
> **Nu sunt oare toți duhuri slujitoare trimise să îndeplinească o slujbă pentru cei ce vor moșteni mântuirea? (Evrei 1:14)**
> **De aceea și Dumnezeu, fiindcă voia să dovedească cu mai multă tărie moștenitorilor făgăduinței nestrămutarea hotărârii Lui, a venit cu un jurământ; (Evrei 6:17)**
> **Binecuvântat să fie Dumnezeu, Tatăl Domnului nostru Isus Hristos, care, după îndurarea Sa cea mare, ne-a născut din nou prin învierea lui Isus Hristos din morți, la o nădejde vie, și la o moștenire nestricăcioasă, și neîntinată, și care nu se poate veșteji, păstrată în ceruri pentru voi. (1 Pet. 1:3-4)**

STUDIU APROFUNDAT # 1

(4:4) Împlinirea vrenmii: venirea lui Cristos în lume nu a fost la întâmplare. Venirea Lui s-a produs la momentul potrivit, strategic, hotărât mai dinainte de Dumnezeu. Venirea lui nu s-a produs nici măcar cu o zi mai devreme sau mai târziu decât vremea potrivită (vezi comentariul—Marcu 1:15). Un copil care este pus sub tutela unor reprezentați legali este sub paza lor până "la vremea hotărâtă de tatăl său" (Gal.4:2). Doar Dumnezeu a hotărât când va fi împlinirea vremii, momentul în care trebuia să vină Cristos. Cristos S-a născut dint-o anumită femeie, la un anumit moment, într-un anumit mod (întrupare), sub un anumit sistem (legea). El a împărtășit cu noi frustrarea și agonia supunerii față de însuși sistemul de sub care a venit să salveze omenirea. Lumea a fost pregătită într-un mod deosebit pentru venirea Lui.

1. Legea și-a făcut lucrarea de educare a omului. A arătat prin poporul evreu, că oamenii sunt îngrozitor de păcătoși, și în ciuda tuturor binecuvântărilor lui Dumnezeu, oamenii tot nu puteau să I se închine lui Dumnezeu din dragoste. Lumea avea acum o imagine a inimii depravate a omului. (vezi Rom.3:10-18 pentru o descriere clară a păcătoșeniei omului.)

2. Lumea era plină de oameni înfometați spiritual. Închinarea la sine, la plăceri, la zei și filosofii etice—toate îi lăsau goi și pustii pe oameni. Sufletul era acum pregătit să fie cu adevărat săturat.

3. Lumea era în timp de pace sub guvernarea romană. Lumea era ca o ușă deschisă pentru răspâdirea evangheliei—fără nicio oprelište.

4. Limba vorbită în lume era limba greacă, acest lucru făcând comunicarea posibilă cu mulți oameni de pe tot pământul.

5. Lumea avea un sistem de drumuri internaționale, ceea ce făcea mai ușoară călătoria pentru misionarii creștini, în cele mai îndepărtate colțuri ale pământului. De asemenea, aceleași drumuri aduceau călători, negustori, în marile orașe, acolo unde erau concentrați credincioșii creștini.

"El zicea: S-a împlinit vremea, și Împărăția lui Dumnezeu este aproape. Pocăiți-vă, și credeți în Evanghelie." (Marcu 1:15)

GALATENI 4:1-7

Dar când a venit împlinirea vremii, Dumnezeu a trimis pe Fiul Său, născut din femeie, născut sub Lege, **(Gal 4:4)**
care S-a dat pe Sine însuși, ca preț de răscumpărare pentru toți: faptul acesta trebuia adeverit la vremea cuvenită. **(1 Tim. 2:6)**
ci Și-a descoperit Cuvântul la vremea Lui, prin propovăduirea care mi-a fost încredințată, după porunca lui Dumnezeu, Mântuitorul nostru; **(Tit 1:3)**
fiindcă atunci ar fi trebuit să pătimească de mai multe ori de la întemeierea lumii; pe când acum, la sfârșitul veacurilor, S-a arătat o singură dată, ca să șteargă păcatul prin jertfa Sa. **(Evrei 9:26)**

STUDIU APROFUNDAT # 2

(4:5-6) **Înfiere**: cuvântul *drepturi* sau *înfiere* (huiothesia) înseamnă *să așezi ca și fiu*. Imaginea înfierii este o imagine minunată a ceea ce Dumnezeu face pentru credincios. În lumea veche, familia era bazată pe o lege romană, numită "patria potestas," puterea tatălui. Legea dădea tatălui, autoritate absolută asupra copiilor săi atâta timp cât tatăl era în viață. El putea să îi pună la lucru, să îi facă robi, să îi vândă, sau dacă dorea, să îi pedepsească cu moartea. Indiferent de vârsta fiului adult, tatăl acestuia avea toată puterea asupra vieții lui personale și asupra proprietăților sale.

De aceea, înfierea era un lucru foarte serios. Totuși, era o practică obișnuită, ca fiecare familie să se asigure că numele ei nu dispărea în cazul în care nu avea urmași de sex masculin. Când se înfia un copil, se urmau trei pași legali.

1. Fiul înfiat era înfiat pentru totdeauna. Nu putea fi înfiat astăzi și dezmoștenit mâine. El devenea un fiu al tatălui—pentru totdeuna. Era asigurat ca fiu pentru totdeuna.

2. Fiul înfiat avea imediat toate drepturile de care se bucura fiul născut în acea familie.

3. Fiul înfiat își pierdea imediat toate drepturile avute în familia lui veche. Se privea înspre fiul înfiat ca înspre o persoană nouă—atât de nouă încât toate datoriile lui vechi și obligațiile lui vechi erau anulate ca și când nu ar fi existat niciodată.

Biblia spune câteva lucruri despre înfierea credinciosului de către Dumnezeu.

1. Înfierea credinciosului stabilește o nouă relație cu Dumnezeu—pentru totdeuna. El este asigurat pentru totdeauna ca un copil de Dumnezeu. Dar această nouă relație se stabilește doar atunci când cineva vine la Cristos prin credință (Gal.3:26; 4:4-5).

2. Înfierea credinciosului stabilește o nouă relație cu Dumnezeu ca Tată. Credinciosul are toate drepturile și privilegiile unui adevărat fiu de Dumnezeu (Rom.8:16-17; 1 Ioan 3:1-2).

3. Înfierea credinciosului stabilește o nouă dinamică a experienței cu Dumnezeu Tatăl, asigură un acces direct, moment de moment, în prezența Lui (Rom.8:14, 16; Gal.4:6).

4. Înfierea credinciosului îi oferă o relație specială cu alți copii ai lui Dumnezeu—o relație de familie care îl leagă de alții într-o uniune spirituală fără egal (vezi comentariul —Efeseni 2:11-18; 2:19-22; 3:6; 4:4-6; 4:17-19. Vezi Fapte 2:42. Vezi schița și comentariul—Mat.12:46-50.)

5. Înfierea credinciosului îl face un om nou. Credinciosul a fost scos de sub puterea și autoritatea lumii și a păcatului. Credinciosul *este așezat ca fiu* în familia și sub autoritatea lui Dumnezeu. Viața lui cea veche, cu toate datoriile ei și obligațiile ei, este anulată și ștearsă (2 Cor.5:17; Gal.3:23-27; 2 Pet.1:4. Vezi STUDIU APROFUNDAT # 1— Efeseni 4:22; STUDIU APROFUNDAT # 3—4:24.)

6. Înfierea credinciosului va fi realizată în întregime la revenirea lui Isus Cristos (Rom.8:19; Efeseni 1:14; 1 Timotei 4:14-17; 1 Ioan 3:2).

7. Înfierea credinciosului și bucuria ei va fi împărtășită cu toată creația la un nivel cosmic (Rom.8:21). Când vor fi cerurile noi și pământul nou. (2 Pet.3:12-14; Apocalipsa 21:1-7).

	IV.CELE CINCI APELURI LA JUSTIFICARE DOAR PRIN CREDINȚĂ, 4:8-5:12 A. Primul apel : Nu vă întoarceți înapoi, 4:8-11 8 Odinioară, când nu cunoșteați pe Dumnezeu, erați robiți celor ce din firea lor, nu sunt dumnezei.	9 Dar acum, după ce ați cunoscut pe Dumnezeu, sau mai bine zis, după ce ați fost cunoscuți de Dumnezeu, cum vă mai întoarceți iarăși la acele învățături începătoare, slabe și sărăcăcioase, cărora vreți să vă supuneți din nou? 10 Voi păziți zile, luni, vremuri și ani. 11 Mă tem să nu mă fi ostenit degeaba pentru voi.	4. Uitați-vă la viața voastră actuală: Îl cunoașteți pe Dumnezeu și sunteți cunoscuți de Dumnezeu 5. Gandiți-vă la o posibilă întoarcere din drum a. La ce să vă întoarceți: La pricipii sărăcăcioase b. Care sunt rezultatele alunecării: 1) Robia (v.9) 2) O viață risipită

(left cell) 3. Aduceți-vă aminte de viața voastră cea veche
a. Nu L-ați cunoscut pe Dumnezeu
b. Ați slujit unor dumnezei falși

SECȚIUNEA IV

CELE CINCI APELURI LA JUSTIFICĂRE DOAR PRIN CREDINȚĂ, 4:8-5:12

A. Primul apel: Nu vă întoarceți înapoi, 4:8-11

(4:8-5:12) **PRIVIRE DE ANSAMBLU ASUPRA SECȚIUNII: Justificare**: un om este justificat prin credință și nu prin lege sau prin fapte. Nu contează câte fapte bune ar face cineva sau cât de bun ar putea deveni; nu poate ajunge perfect niciodată. De aceea, omul nu poate câștiga sau merita vreodată dreptul de a trăi în prezența lui Dumnezeu. Un om nu poate să Îl determine pe Dumnezeu să îl primească—să Îl facă dator pe Dumnezeu—prin purtarea lui bună sau prin faptele lui bune. Dumnezeu este perfect; de aceea, dacă vreun om va trăi vreodată în prezența lui Dumnezeu, acest lucru se va datora dragostei lui Dumnezeu care a găsit o cale prin care omul să poată deveni perfect. Ce veste glorioasă! Dumnezeu a deschis o cale prin Fiul Său Isus Cristos, Domnul Isus Cristos. Când un om crede în Domnul Isus Cristos, Dumnezeu ia credința lui și o socotește neprihănire sau perfecțiune. Dumnezeu îl acceptă pe acel om pe baza credinței lui, credință care spune: "Doamne Dumnezeule, cred că Fiul Tău a murit pentru mine. El a luat imperfecțiunea mea, rușinea mea, păcatul meu, lipsa slavei Tale, și a murit pentru toate acestea. Eu îl onorez pe El. Îi dau viața mea, *tot ce am și tot ce sunt*, ca să Îl slujesc pe El. Mântuiește-mă—acceptă-mă în El."

Când un om se apropie în felul acesta de Dumnezeu, Îl onorează pe Fiul Său, Isus Cristos. Iar Dumnezeu onorează pe oricine Îi onorează Fiul. Dumnezeu îl onorează făcând exact ce acel om crede și cere. Dacă un om crede în Isus Cristos pentru neprihănire, atunci Dumnezeu socotește credința acelui om (angajamentul lui față de Cristos) ca neprihănire. Aceasta este justificarea; așa poate fi un om primit de Dumnezeu.

Justificarea prin credința în Isus Cristos a fost dovedită. Acesta este punctul central al ultimelor șase pasaje din Galateni. Acum Pavel lansează cinci apeluri bisericii: cinci apeluri pentru justificarea prin credință.

1. Primul apel: Nu vă întoarceți înapoi (4:8-11).
2. Al doilea apel: Reaprindeți-vă afecțiunea față de slujitorul chemat de Dumnezeu (4:12-20).
3. Al treilea apel: Ascultați ce spune legea cu adevărat (4:21-31).
4. Al patrulea apel: Rămâneți neclintiți în libertatea lui Cristos (5:1-6).
5. Al cincilea apel: Ascultați Adevărul (5:7-12).

(4:8-11) **Introducere**: prima cerință este de așteptat. Un om sau niște oameni care I-au întors sau sunt pe cale de a-I întoarce spatele lui Dumnezeu au nevoie doar de un mesaj; să nu te întorci înapoi!

1. Aduceți-vă aminte de viața voastră cea veche (v.8).
2. Uitați-vă la viața voastră actuală : Îl cunoașteți pe Dumneze și sunteți cunoscuți de Dumnezeu (v.9).
3. Gândiți-vă la o posibilă întoarcere din drum (vv.9-11).

1 (4:8) **Idolatrie—Alunecare**: amintește-ți de viața ta cea veche. Amintește-ți ce erai când erai necredincios, înainte de a crede în Isus Cristos și de a experimenta mântuirea. Necredinciosul este caracterizat de două lucruri esențiale.

1. Necredinciosul nu Îl cunoaște pe Dumnezeu. Asta înseamnă că el nu Îl cunoaște pe Dumnezeu într-un mod personal; Duhul lui Dumnezeu nu locuiește în omul necredincios și nu îl umple de plinătatea lui Dumnezeu. Necredinciosul nu experimentează...

- natura divină a lui Dumnezeu (2 Pet.1:4)
- prezența Lui
- asigurarea Lui
- viața Lui
- puterea Lui
- încrederea Lui

GALATENI 4:8-11

- grija Lui
- dragostea Lui

- purtarea Lui de grijă

Necredinciosul nu are experiența zilnică a cunoșterii lui Dumnezeu, experiența prezenței Lui, a părtășiei și comuniunii cu El și a purtării Lui de grijă—nu experimentează belșugul vieții cu Dumnezeu. Și, lucrul cel mai tragic dintre toate, necredinciosul nu are siguranța absolută a vieții veșnice alături de Dumnezeu.

2. Necredinciosul slujește unor dumnezei falși. Chiar și înainte de convertirea lor, galatenii au simțit nevoia după Dumnezeu. Ei nu fuseseră atei sau gnostici. Ei au fost niște oameni religioși care căutau să capete acceptarea lui Dumnezeu. Ei se închinau *multor zei* inclusiv lui Jupiter (Zeus) și lui Mercur (Hermes). Acest lucru, înseamnă cu siguranță că ei erau robiți de zei străini, de religii, rituluri și ceremonii, reguli și legi, superstiții și idoli.

Observați ce se spune despre necredincios: el slujește dumnezei care *prin natura lor nu sunt dumnezei*. Prin natura lor, obiectele închinării omului nu erau dumnezei. Cum ar putea fi dumnezei, din moment ce sunt doar o creație a minții necredinciosului. El poate că îi socotește dumnezei, dar ei nu sunt mai mult decât idei din mintea lui.

Meditația 1. Lucrul pe care mulți oameni îl venerează este doar ceva ce mintea lor a creat. Ei au o idee despre Dumnezeu, despre cine este El și cum este El, și se închină acestei idei. Puțini caută după revelația lui Dumnezeu Însuși, revelația Sa în Isus Cristos. Dacă oamenii ar crede cu adevărat că Isus Cristos este descoperirea vie a lui Dumnezeu, atunci ei L-ar studia pe El și viața Lui și ar căuta să Îl cunoască cu tot ce sunt ei. Dar puțini sunt cei care fac asta, iar această greșeală este o dovadă clară că ei nu cred cu adevărat.

Ideea este următoarea: din moment ce omul necredincios nu crede în Isus Cristos, Cel care a venit să Îl descopere pe Dumnezeu, atunci orice dumnezeu la care s-ar închina el este fals—un dumnezeu fals. Este o născocire a imaginației lui, doar o idee a minții lui. Indiferent dacă un om se închină înaintea unui idol sau nu, el se închină doar ideii lui, propriului său gând, cencept și imaginație.

> Dar vă vor face toate aceste lucruri pentru Numele Meu, pentru că ei nu cunosc pe Cel ce M-a trimis. (Ioan 15:21)
>
> Și se vor purta astfel cu voi, pentru că n-au cunoscut nici pe Tatăl, nici pe Mine. [Isus Cristos]. (Ioan 16:3)
>
> Căci, pe când străbăteam cetatea voastră și mă uitam de aproape la lucrurile la care vă închinați voi, am descoperit chiar și un altar, pe care este scris: ,UNUI DUMNEZEU NECUNOSCUT!Ei bine, ceea ce voi cinstiți, fără să cunoașteți, aceea vă vestesc eu. (Fapte 17:23)
>
> care învață întotdeauna și nu pot ajunge niciodată la deplina cunoștință a adevărului. (2 Tim. 3:7)
>
> "Astfel dar, fiindcă suntem de neam din Dumnezeu, nu trebuie să credem că Dumnezeirea este asemenea aurului sau argintului sau pietrei cioplite cu meșteșugirea și iscusința omului. (Fapte 17:29)
>
> aduceți-vă aminte că în vremea aceea erați fără Hristos, fără drept de cetățenie în Israel, străini de legămintele făgăduinței, fără nădejde și fără Dumnezeu în lume. (Efeseni 2:12)

Meditația 2. Fiecare credincios trebuie să își amintească de unde a venit el, înainte de a-L cunoaște pe Dumnezeu. Dumnezeu a avut o mare îndurare față de fiecare dintre noi: de aceea, nu trebuie niciodată să uităm că Isus Cristos ne-a curățit de păcatele noastre.

> Dumnezeiasca Lui putere ne-a dăruit tot ce privește viața și evlavia, prin cunoașterea Celui ce ne-a chemat prin slava și puterea Lui. (2 Pet. 1:3)

2 (4:9) **Cunoașterea, lui Dumnezeu:** uită-te la viața ta actuală. Ai cel mai mare privilegiu de a-L cunoaște pe Dumnezeu, sau, spus mai correct, ești cunoscut de Dumnezeu. Gandește-te la gloriosul privilegiu de a-L cunoaște pe Dumnezeu și de a fi cunoscut de Însuși Dumnezeu!

Așa cum R.A. Cole spune, când un om Îl primește pe Isus Cristos ca și Mântuitor, ajunge să Îl cunoască pe Dumnezeu în mod personal, nu doar intelectual—ci într-un fel mult mai profund, pentru că în Biblie "a cunoaște" înseamnă mult mai mult decât doar cunoștință intelectuală. Înseamnă o relație intimă; de aceea Biblia folosește cuvântul "cunoaște" pentru a exprima cea mai intimă relație care există între un bărbat și o femeie: "Adam s-a împreunat [a cunoscut] pe/cu nevasta sa Eva; ea a rămas însărcinată (Gen.4:1). (Epistola lui Pavel către Galateni. "Comentariile Tyndale la Noul Testament," ed. RVG Tasker. Grand Rapids, MI: Eerdmans, 1965, p.118.)

Totuși, observați un lucru important. Când cineva *întoarce spatele lumii și se separă de lume* pentru a-L cunoaște pe Dumnezeu, se întâmplă cel mai minunat lucru: Dumnezeu îl primește și devine Tatăl lui și îl cunoaște ca pe un fiu sau o fiică a Lui. Acel om devine cunoscut de Dumnezeu. Exact asta spune Scriptura.

GALATENI 4:8-11

"De aceea: Ieșiți din mijlocul lor, și despărțiți-vă de ei, zice Domnul; nu vă atingeți de ce este necurat, și vă voi primi. Eu vă voi fi Tată, și voi Îmi veți fi fii și fiice, zice Domnul cel Atotputernic" (2 Cor. 6:17-18)

Din nou, imaginați-vă gloriosul privilegiu de a avea o asemenea relație! Nu doar să Îl cunoști pe Dumnezeu ca pe un Tată, ci să și fi *cunoscut de Dumnezeu* ca un fiu sau o fiică!

Căci Eu te izbăvesc, te chem pe nume: ești al Meu. (Isa. 43:1)
Dar dacă iubește cineva pe Dumnezeu, este cunoscut de Dumnezeu. (1 Cor. 8:3)
Portarul îi deschide, și oile aud glasul lui; el își cheamă oile pe nume, și le scoate afară din staul. (Ioan 10:3)
"Eu sunt Păstorul cel bun. Eu Îmi cunosc oile Mele, și ele Mă cunosc pe Mine— (Ioan 10:14)
Totuși temelia tare a lui Dumnezeu stă nezguduită, având pecetea aceasta: Domnul cunoaște pe cei ce sunt ai Lui; și: Oricine rostește Numele Domnului, să se depărteze de fărădelege! (2 Tim. 2:19)

Meditația 1. Credincioșii ar trebui în mod constant să privească la viețile lor din prezent—la mântuirea glorioasă pe care Dumnezeu le-a dat-o: privilegiul de a-L cunoaște pe El și de a fi cunoscuți de El. Dar observați că trebuie să ținem minte întotdeauna că noi nu putem să Îl cunoaștem pe Dumnezeu prin eforturile noastre sau prin faptele noastre, nici făcând cât mai multe fapte bune și ascultând legea, chiar dacă toate acestea sunt importante. Putem să Îl cunoaștem pe Dumnezeu prin justificare, adică, prin credința în Isus Cristos și doar prin credință.

3 (4:9-11) **Alunecare—Lege:** gândește-te la întoarcerea ta înapoi.

1. Observați un lucru important: Galatenii erau pe punctul de a se întoarce înapoi la bază, înapoi la principiile de bază despre Dumnezeu, la noțiunile pe care le aveau ei înainte despre Dumnezeu (vezi comentariul—Gal.4:1-3). Înseamnă asta că ei erau pregătiți să se întoarcă înapoi la închinările lor păgânești la idoli? Nu, nu asta urmau să facă. Atunci la ce întorceau ei spatele? Învățătorii mincinoși, (Iudaizatorii) din Galatia învățau că omul trebuie să se apropie de Dumnezeu prin faptele lor și prin lege—că omul poate fi acceptat de Dumnezeu prin eforturile lui, prin faptele lui bune și prin strădania lui.

Desigur, aceasta este exact ce fac oamenii religioși, indiferent de religia lor: ei încearcă să îl mulțumească pe dumnezeul lor, să primească aprobarea lui făcând fapte ca să îl mulțumească. Asta înseamnă că toate religiile (cu excepția creștinismului) sunt religii ale faptelor și ale legii. De aceea, dacă galatenii s-ar fi supus unei religii a faptelor, *s-ar fi întors* la o viață de robie—robia strădaniei de a primi atenția lui Dumnezeu prin fapte, de a încerca din răsputeri să primești acceptul Lui.

Punctul crucial este următorul: nu există nicio diferență între a-L căuta pe Dumnezeu prin lege sau prin practici păgâne. Temelia pentru toate căutările religioase (cu excepția creștinismului) este aceeași: a ținerii unei legi pentru a mulțumi un dumnezeu—a facerii de bine pentru a fi primit de *dumnezeu.*

Observați că Pavel numește noțiunile acestea de bază despre Dumnezeu, slabe și sărăcăcioase.

a. Legea și alte abordări ale lui Dumnezeu sunt slabe în sensul că nu pot face nimic pentru a mântui omul. Legea poate doar să arate păcatul omului, dar nu poate niciodată să îl justifice și să îl facă primit de Dumnezeu.

b. Legea și alte abordarări spre Dumnezeu sunt sărăcăcioase, nu au nici o valoare în mântuirea omului. Legea în sine nu are nici un sens, nu are nici un rol în justificare omului și în a-l face acceptabil pentru Dumnezeu. Nici legea și nici faptele omului sau eforturile lui de a fi bun, nu îl mântuie.

Observați că Pavel ilustrează acest punct făcând referire la sărbătorile religioase. Ce vrea el să accentueze este că ritualurile, ceremoniile, și ținerea zilelor de sărbătoare nu justifică pe nimeni și nu fac pe nimeni bun înaintea lui Dumnezeu. Cristos și doar Cristos—credința în El—poate mântui pe cineva.

2. Observați rezultatul alunecării, a întoarcerii înapoi la lume și la a căuta să placi lui Dumnezeu prin eforturi personale și autoneprihănire.

a. Omul devine înrobit de încercările lui de a ține regulile legii și descoperă că nu poate. Dar el încearcă din nou și din nou. Totuși, toate în zadar, pentru că omul se află tot sub robia păcatului și a morții. El încă păcătuiește și încă moare, și nu are siguranța absolută a vieții veșnice. Și această lipsă de siguranță, a nu ști sigur dacă ești primit de Dumnezeu, este cea care înrobește. Întrebarea și îndoiala asupra vieții veșnice cu Dumnezeu roade și roade omul—întotdeauna fără asigurarea dragostei lui Dumnezeu. Siguranța perfectă, încrederea și asigurarea vin doar prin credință în Isus Cristos.

b. Omul trăiește o viață risipită. Fiecare încercare de apropiere de Dumnezeu dă greș în afara credinței în Isus Cristos. Fiecare încercare conduce la moarte și condamnare; de aceea, orice viață care se apropie de Dumnezeu pe alte căi decât credința în Isus Cristos, este o viață risipită.

74

GALATENI 4:8-11

Isus i-a răspuns: Oricine pune mâna pe plug, şi se uită înapoi, nu este destoinic pentru Împărăţia lui Dumnezeu. (Luca 9:62)

Mă mir că treceţi aşa de repede de la Cel ce v-a chemat prin harul lui Hristos, la o altă Evanghelie. (Gal. 1:6)

Sunteţi aşa de nechibzuiţi? După ce aţi început prin Duhul, vreţi acum să sfârşiţi prin firea pământească? (Gal. 3:3)

Dar acum, după ce aţi cunoscut pe Dumnezeu, sau mai bine zis, după ce aţi fost cunoscuţi de Dumnezeu, cum vă mai întoarceţi iarăşi la acele învăţături începătoare, slabe şi sărăcăcioase, cărora vreţi să vă supuneţi din nou? (Gal. 4:9)

Şi cel neprihănit va trăi prin credinţă: dar dacă dă înapoi, sufletul Meu nu găseşte plăcere în el.(Evrei 10:38)

Dar ce am împotriva ta, este că ţi-ai părăsit dragostea dintâi. (Apoc. 2:4)

	B. Al doilea Apel: Reaprindeţi-vă afecţiunea faţă de Slujitorul chemat de Dumnezeu, 4:12-20	16 M-am făcut oare vrăjmaşul vostru, pentru că v-am spus adevărul? 17 Nu cu gând bun sunt plini de râvnă ei pentru voi, ci vor să vă dezlipească de noi, ca să fiţi plini de râvnă faţă de ei. 18 Este bine să fii plin de râvnă totdeauna pentru bine, nu numai când sunt de faţă la voi. 19 Copilaşii mei, pentru care iarăşi simt durerile naşterii, până ce va lua Hristos chip în voi! 20 O, cum aş vrea să fiu acum de faţă la voi, şi să-mi schimb glasul; căci nu ştiu ce să mai cred!	d. În adevărul pe care îl proclamă 3. Vegheaţi împotriva învăţătorilor falşi respingeţi-le învăţăturile false 4. Primiţi-i întotdeauna pe adevăraţii slujitori
1. Trataţi-I pe slujitorul lui Dumnezeu ca pe un frate a. Identificaţi-vă cu el b. Nu ţineţi nicio ranchiună 2. Primiţi-i cu bucurie pe adevăraţii slujitori ai lui Dumnezeu a. În mărturia lor b. În neputinţa lor, boala lor c. Cu empatie şi identificându-vă cu el	12 Fraţilor, vă rog să fiţi ca mine, căci şi eu sunt ca voi. Nu mi-aţi făcut nici o nedreptate. 13 Dimpotrivă, ştiţi că, în neputinţa trupului v-am propovăduit Evanghelia pentru întâia dată. 14 Şi, n-aţi arătat nici dispreţ, nici dezgust faţă de ceea ce era o ispită pentru voi în trupul meu; dimpotrivă, m-aţi primit ca pe un înger al lui Dumnezeu, ca pe însuşi Hristos Isus. 15 Unde este dar fericirea voastră? Căci vă mărturisesc că, dacă ar fi fost cu putinţă, v-aţi fi scos până şi ochii şi mi i-aţi fi dat.		a. Ei îi caută pe credincioşi pentru a le face bine b. Ei îi poartă pe credincioşi în inimile lor ca pe nişte *copii dragi* c. Ei doresc cu toată fiinţa lor creşterea spirituală a credincioşilor d. Ei veghează să nu apară greşeli în învăţătură

SECŢIUNEA IV

CELE CINCI APELURI LA JUSTIFICĂRE DOAR PRIN CREDINŢĂ, 4:8-5:12

B. Al doilea Apel: Reaprindeţi-vă afecţiunea faţă de slujitorul chemat de Dumnezeu, 4:12-20

(4:12-20) **Introducere**: nişte oameni care alunecă au nevoie să li se facă apel şi să li se spună din nou şi din nou, pentru că ei umblă pe o cale periculoasă, întorcându-I spatele lui Dumnezeu. De asemenea, un om care alunecă de obicei se înstrăinează de slujitor: nu vrea să aibă nimic de a face cu slujitorul lui Dumnezeu atunci când se îndepărtează de Dumnezeu. Bisericile din Galatia au mers şi mai departe. Învăţătorii mincinoşi şi criticii lui Pavel au început să îl atace pe Pavel în mod personal, atacând atât persoana lui cât şi lucrarea lui. Ei încercau să îi strice imaginea pe orice cale puteau (vezi comentariul—Gal.1:10-16; 2:3-5; etc. pentru mai multe discuţii). Era un mare pericol ca toate bisericile să îi respingă lucrarea; de aceea, Pavel trebuia să facă tot ce putea el ca să oprească haosul şi să salveze bisericile de la distrugere şi apostazie. Pasajul acesta este un apel pe care îl face credincioşilor, să îşi amintească şi să reaprindă afecţiunea pe care o poartă slujitorului lui Dumnezeu.

1. Să îl trateze pe slujitorul lui Dumnezeu ca pe un frate (v.12).
2. Să îi primească cu bucurie pe adevăraţii slujitori ai lui Dumnezeu (vv.13-16).
3. Să vegheze împotriva învăţătorilor falşi şi să le respingă învăţăturile (v.17).
4. Să îi primească întotdeauna pe adevăraţii slujitori (vv.18-20).

1 (4:12) **Slujitor, Datoria faţă de**: trataţi-l pe slujitorul lui Dumnezeu ca pe un frate. Amintiţi-vă că unii din bisecile din Galatia îl criticau şi îl atacau pe Pavel. Dar observaţi câteva lucruri importante.

1. Pavel îi numeşte fraţi: el nu îi tratează ca pe nişte duşmani, nici măcar ca pe nişte adversari. El nu comentează, nu se plânge şi nu îi atacă. El face opusul: el simte şi îşi exprimă o afecţiune frăţească pentru ei.

2. Pavel *se roagă* de ei; adică nu le porunceşte nici nu le spune ce să facă, ci îi roagă şi îi imploră dintr-o inimă de slujitor adevărat a lui Dumnezeu.

3. Pavel îi imploră să fie ca şi el, pentru că şi el devenise unul dintre ei. El i-a iubit întotdeauna, i-a păsat de ei şi şi-a arătat afecţiunea pentru ei, şi el dorea ca şi ei să facă la fel ca el—să nu îl abandoneze sau să îi întoarcă spatele, lui şi lucrării lui.

GALATENI 4:12-20

Trebuie observat faptul că mulți comentatori înțeleg că Pavel spune că el s-a făcut ca și ei, adică dintre neamuri; de aceea, el dorește ca ei să rămână la fel ca el, unul dintre neamuri care se încrede în Cristos, și să nu se întoarcă la legea evreilor pentru a fi primiți de Dumnezeu.

4. Pavel îi asigură că ceea ce au făcut ei nu l-a rănit: el nu păstra nici o amărăciune, mânie sau răutate împotriva lor.

> **Meditația 1.** Inima unui adevărat slujitor se vede clar în versetul doisprezece: dragoste, afecțiune, bunătate, și grijă pentru niște oameni care au devenit critici ai slujitorului lui Dumnezeu.

> **Meditația 2.** Credincioșii trebuie să asculte apelul slujitorului lui Dumnezeu: "Faceți-vă și voi ca mine în afecțiune și în dragoste – nu mă abandonați și nu îmi întoarceți spatele."

2 (4:13-16) **Slujitorii:** primiți-i cu bucurie pe adevărații slujitori ai lui Dumnezeu. Sunt trei zone în care adevărații slujitori trebuie primiți.

1. Adevărații slujitori trebuie primiți bine în mărturia lor: Observați: galatenii l-au primit bine pe Pavel prima oară când le-a predicat evanghelia, și au răspuns mesajului evangheliei. Nu au pus la îndoială chemarea lui și nici mesajul pe care îl propovăduia. Nu a existat nici un critic și nici un om care să îl cenzureze pe el sau mesajul lui. Brațele lor erau deschise și inimile lor erau receptive.

Observați că Pavel face apel ca ei să se întoarcă la același duh de primire și receptivitate și acum. Nici un alt fel de duh nu trebuie să-i caracterizeze pe oamenii lui Dumnezeu—față de vreun slujitor a lui Dumnezeu—sau față de vreun copil al lui Dumnezeu.

2. Adevărații slujitori ar trebui să fie primiți chiar și în slăbiciunea sau boala lor trupească. De prea multe ori, acest lucru nu se întâmplă. Bisericile și credincioșii câteodată îi abandonează și îi ignoră pe slujitorii lui Dumnezeu când aceștia sunt răniți în trup sau în duh. Când Pavel a mers pentru prima oară în bisericile din Galatia, el era lovit de o boală. Nu se știe exact despre ce boală ar fi vorba, cu toate că se presupune că ar fi o boală gravă de ochi (v.15. vezi comentariul—2 Cor.12:7-10 pentru mai multe discuții. Vezi și Gal.6:11). Ideea este că Galatenii...

- nu l-au disprețuit
- nu l-au respins
- l-au primit ca pe un înger sau mesager al lui Dumnezeu

Ultimul lucru spus, accentuează cât de bine a fost primit Pavel. Nu a existat nici o rezervă cu privire la grija pe care au arătat-o față de slujitorul lui Dumnezeu. Și-ar fi scos chiar și ochii și i-ar fi dat lui Pavel dacă ar fi putut.

3. Adevărații slujitori ar trebui primiți bine atât ei cât și adevărul pe care îl proclamă. Pavel proclama adevărul: un om este socotit neprihănit prin credință și nu prin lege sau fapte—nu încercând să câștige acceptarea lui Dumnezeu făcând fapte bune din când în când. Biserica urma să îl trateze pe Pavel ca pe un dușman pentru că le spusese adevărul?

> **Meditația 1.** Câte biserici se întorc împotriva slujitorului lui Dumnezeu pentru că predică adevărul? Biserica ar trebui să-l primească întotdeauna pe slujitorul care proclamă și spune adevărul.

> **Primiți-l deci în Domnul, cu toată bucuria; și prețuiți pe astfel de oameni. (Filipeni 2:29)**
> **Să-i prețuiți foarte mult, în dragoste, din pricina lucrării lor. (1 Tes. 5:13)**
> **Prezbiterii (Sau: bătrâni) care cârmuiesc bine, să fie învredniciți de îndoită cinste, mai ales cei ce se ostenesc cu propovăduirea și cu învățătura, pe care o dau altora. (1 Tim. 5:17)**
> **Aduceți-vă aminte de mai marii voștri, care v-au vestit Cuvântul lui Dumnezeu; uitați-vă cu băgare de seamă la sfârșitul felului lor de viețuire, și urmați-le credința! (Evrei 13:7)**

3 (4:17) **Lucrătorii:** vegheați împotriva lucrătorilor falși și respingeți-le învățăturile false. Observați că învățătorii mincinoși (Iudaizatorii, Religioșii) erau plini de zel în învățăturile lor și dorea ca mai mulți oameni să îi urmeze. Și observați cum făceau asta: excluzând oamenii, încercând să îi îndepărteze de slujitorul lui Dumnezeu. Ei nu doar căutau să îi convingă pe oameni prin meritele învățăturii lor, ci îl mai atacau și dărâmau și pe slujitor ca să îi îndepărteze pe oameni de el.

Observați diferența între ce făcea slujitorul creștin (Pavel) și ce făceau învățătorii mincinoși. Sau dacă o punem sub formă de întrebare: Care este diferența între eforturile evanghelistice ale adevăratului slujitor și eforturile învățătorilor mincinoși?

GALATENI 4:12-20

⇒ Învățătorii mincinoși încearcă să-i facă pe oameni să se concentreze asupra legii, asupra faptelor, asupra eforturilor, ritualurilor, ceremonialurilor, jertfelor, regulilor—asupra unui lucru care îi cere omului să facă cât de mult bine poate și să fie cât mai bun pentru a putea fi primit de Dumnezeu.

⇒ Adevăratul slujitor al lui Dumnezeu caută să-i facă pe oameni să se concentreze asupra lui Dumnezeu: asupra dragostei Lui, onoarei Lui și slavei Lui—asupra faptului că Dumnezeu a creat o cale prin care omul poate să fie primit de Dumnezeu, și această cale este prin Fiul Său, Isus Cristos (vezi comentariul și STUDIU APROFUNDAT#1—Gal.2:15-16; STUDIU APROFUNDAT # 2—2:16; comentariul—2:19-21; 3:1-5; 3:6-14 pentru mai multe discuții.)

"Păziți-vă de prooroci mincinoși. Ei vin la voi îmbrăcați în haine de oi, dar pe dinăuntru sunt niște lupi răpitori. (Mat. 7:15)

Așa că, oricine va strica una din cele mai mici din aceste porunci, și va învăța pe oameni așa, va fi chemat cel mai mic în Împărăția cerurilor; dar oricine le va păzi, și va învăța pe alții să le păzească, va fi chemat mare în Împărăția cerurilor. (Mat. 5:19)

Degeaba Mă cinstesc ei, învățând ca învățături niște porunci omenești. (Mat. 15:9)

și se vor scula din mijlocul vostru oameni, care vor învăța lucruri stricăcioase, ca să tragă pe ucenici de partea lor. (Fapte 20:30)

pentru că, întrucât n-au cunoscut neprihănirea, pe care o dă Dumnezeu, au căutat să-și pună înainte o neprihănire a lor înșiși, și nu s-au supus astfel neprihănirii, pe care o dă Dumnezeu. (Rom. 10:3)

Căci astfel de oameni nu slujesc lui Hristos, Domnul nostru, ci pântecelui lor; și, prin vorbiri dulci și amăgitoare, ei înșeală inimile celor lesne crezători. (Rom. 16:18)

ca să nu mai fim copii, plutind încoace și încolo, purtați de orice vânt de învățătură, prin viclenia oamenilor și prin șiretenia lor în mijloacele de amăgire; (Efeseni 4:14)

Dar Duhul spune lămurit că, în vremurile din urmă, unii se vor lepăda de credință, ca să se alipească de duhuri înșelătoare și de învățăturile dracilor, abătuți de fățărnicia unor oameni care vorbesc minciuni, însemnați cu fierul roșu în însuși cugetul lor. (1 Tim. 4:1-2)

În adevăr, mai ales printre cei tăiați împrejur, sunt mulți nesupuși, flecari și amăgitori, cărora trebuie să li se astupe gura. Ei buimăcesc familii întregi, învățând pe oameni, pentru un câștig urât, lucruri, pe care nu trebuie să le învețe. (Tit 1:10-11)

În norod s-au ridicat și prooroci mincinoși, cum și între voi vor fi învățători mincinoși, care vor strecura pe furiș erezii nimicitoare, se vor lepăda de Stăpânul, care i-a răscumpărat, și vor face să cadă asupra lor o pierzare năpraznică. (2 Pet. 2:1)

Copilașilor, este ceasul cel de pe urmă. Și, după cum ați auzit că are să vină anticrist, să știți că acum s-au ridicat mulți anticriști: prin aceasta cunoaștem că este ceasul de pe urmă. Ei au ieșit din mijlocul nostru, dar nu erau dintre ai noștri. Căci dacă ar fi fost dintre ai noștri, ar fi rămas cu noi; ci au ieșit, ca să se arate că nu toți sunt dintre ai noștri. (1 Ioan 2:18-19)

Cine este mincinosul, dacă nu cel ce tăgăduiește că Isus este Hristosul? Acela este Anticristul, care tăgăduiește pe Tatăl și pe Fiul. (1 Ioan 2:22)

Căci în lume s-au răspândit mulți amăgitori, care nu mărturisesc că Isus Hristos vine în trup. Iată amăgitorul, iată Anticristul! (2 Ioan 1:7)

4 (4:18-20) **Slujitorii:** Pavel spune că biserica ar trebui să îi primească întotdeauna pe adevărații slujitori care caută să facă binele, pe slujitorii care lucrează pentru binele bisericii. Observați că el încurajează biserica nu doar să îi accepte lucrarea lui, ci și lucrarea altor adevărați slujitori. Ei trebuie să respingă învățătorii mincinoși și să nu aibă nimic de a face cu ei, dar trebuie să primească lucrarea slujitorilor adevărați ca să crească în Cristos. Pavel demonstrează trei motive pentru care biserica trebuie să îi primească pe adevărații slujitori ai lui Dumnezeu.

Meditația 1. Niciun credincios sau vreo biserică nu trebuie să respingă lucrarea sau lucrătorul care caută să îi ajute sau să îi ajute să crească în Cristos.

1. Adevărații slujitori îi poartă pe credincioși în inimile lor ca pe niște *copii dragi.* Inima slujitorului este sensibilă, caldă, îngrijorată, protectoare și încearcă să se îngrijească de nevoile bisericii.

2. Adevărații slujitori doresc cu toată ființa lor creșterea spirituală a credincioșilor. Ei vreau ca "Cristos să ia chip" în credincioși. Ei doresc ca ei să trăiască așa cum a trăit Isus, și să se asemene tot mai mult cu imaginea lui Cristos.

"Ierusalime, Ierusalime, care omori pe prooroci și ucizi cu pietre pe cei trimiși la tine! De câte ori am vrut să strâng pe copiii tăi cum își strânge găina puii sub aripi, și n-ați vrut! (Mat. 23:37)

GALATENI 4:12-20

De aceea vegheați, și aduceți-vă aminte că, timp de trei ani, zi și noapte, n-am încetat să sfătuiesc cu lacrimi pe fiecare din voi. (Fapte 20:31)

Noi toți privim cu fața descoperită, ca într-o oglindă, slava Domnului, și suntem schimbați în același chip al Lui, din slavă în slavă, prin Duhul Domnului. (2 Cor. 3:18)

și să vă îmbrăcați în omul cel nou, făcut după chipul lui Dumnezeu, de o neprihănire și sfințenie pe care o dă adevărul. (Efeseni 4:24)

Dar cetățenia noastră este în ceruri, de unde și așteptăm ca Mântuitor pe Domnul Isus Hristos. El va schimba trupul stării noastre smerite, și-l va face asemenea trupului slavei Sale, prin lucrarea puterii pe care o are de a-Și supune toate lucrurile. (Filipeni 3:20-21)

Preaiubiților, acum suntem copii ai lui Dumnezeu. Și ce vom fi, nu s-a arătat încă. Dar știm că atunci când Se va arăta El, vom fi ca El; pentru că Îl vom vedea așa cum este. (1 Ioan 3:2)

Iar dacă nu vreți să ascultați, voi plânge în ascuns, pentru mândria voastră; mi se vor topi ochii în lacrimi, pentru că turma Domnului va fi dusă în robie. (Ier. 13:17)

3. Adevărații slujitori veghează asupra bisericii, să nu apară greșeli de învățătură. Observați: dacă există vreo îndoială cu privire la asta, el avertizează biserica.

Căci v-am spus de multe ori, și vă mai spun și acum, plângând: sunt mulți, care se poartă ca vrăjmași ai crucii lui Hristos. (Filipeni 3:18)

În ziua aceea, veți cunoaște că Eu sunt în Tatăl Meu, că voi sunteți în Mine, și că Eu sunt în voi. (Ioan 14:20)

Căci pe aceia, pe care i-a cunoscut mai dinainte, i-a și hotărât mai dinainte să fie asemenea chipului Fiului Său, pentru ca El să fie cel întâi născut dintre mai mulți frați. (Rom. 8:29)

Am fost răstignit împreună cu Hristos, și trăiesc dar nu mai trăiesc eu, ci Hristos trăiește în mine. Și viața, pe care o trăiesc acum în trup, o trăiesc în credința în Fiul lui Dumnezeu, care m-a iubit și S-a dat pe Sine însuși pentru mine. (Gal. 2:20)

Noi toți privim cu fața descoperită, ca într-o oglindă, slava Domnului, și suntem schimbați în același chip al Lui, din slavă în slavă, prin Duhul Domnului. (2 Cor. 3:18)

	C. Al treilea Apel: Ascultați ce spune Legea cu adevărat, 4:21-31		

1. Auzirea legii este absolut esențială pentru omul legalist sau religios.
2. Legalismul pune accentul pe diferența dintre cei doi fii ai lui Avraam
  a. Unul s-a născut rob
  b. Unul s-a născut liber
  c. Primul s-a născut în mod natural—prin eforturi omenești
  d. Al doilea s-a născut prin promisiunea lui Dumnezeu
3. Legalismul accentuează diferența dintre cele două legăminte, două mame
  a. Agar: o imagine a legii
    1) înrobește
    2) reprezintă punctul central al religiei legii— Muntele Sinai și Ierusalim
	21 Spuneți-mi voi, care voiți să fiți sub Lege, n-ascultați voi Legea? 22 Căci este scris că Avraam a avut doi fii: unul din roabă, și unul din femeia slobodă. 23 Dar cel din roabă s-a născut în chip firesc, iar cel din femeia slobodă s-a născut prin făgăduință. 24 Lucrurile acestea trebuie luate într-alt înțeles: acestea sunt două legăminte: unul de pe muntele Sinai naște pentru robie și este Agar, 25 căci Agar este muntele Sinai din Arabia; și răspunde Ierusalimului de acum, care este în robie împreună cu copiii săi.	26 Dar Ierusalimul cel de sus este slobod, și el este mama noastră.. 27 Fiindcă este scris: Bucură-te, stearpo, care nu naști deloc! Izbucnește de bucurie și strigă, tu, care nu ești în durerile nașterii! Căci copiii celei părăsite vor fi în număr mai mare decât copiii celei cu bărbat. 28 Și voi, fraților, ca și Isaac, voi sunteți copii ai făgăduinței.. 29 Și cum s-a întâmplat atunci, că cel ce se născuse în chip firesc prigonea pe cel ce se născuse prin Duhul tot așa se întâmplă și acum. 30 Dar ce zice Scriptura? Izgonește pe roabă și pe fiul ei; căci fiul roabei nu va moșteni împreună cu fiul femeii slobode. 31 De aceea, fraților, noi nu suntem copiii celei roabe, ci ai femeii slobode. Hristos ne-a izbăvit ca să fim slobozi.	b. Sara: o imagine a harului
			    1) reprezintă Ierusalimul ceresc, spiritual
			    2) eliberează oamenii, v.26
			    3) rezultatul este bucuria și mult mai mulți copii
			
			  c. Punctul central: Credincioșii sunt copiii făgăduinței
			
			4. Legalismul prigonește și înrobește credincioșii
			
			5. Legalismul trebuie izgonit—nu are parte de moștenire
			
			6. Legalismul nu are nici o putere asupra copiilor harului

SECȚIUNEA IV

CELE CINCI APELURI LA JUSTIFICARE DOAR PRIN CREDINȚĂ, 4:8–5:12

C. Al treilea Apel: Ascultați ce Spune Legea de Fapt, 4:21-31

(4:21-31) **Introducere**: calea spre cer nu este legea și nici faptele. Nimeni nu poate face destule fapte bune sau ține legea atât de bine încât să devină *perfect*. Iar pentru ca un om să poată trăi în prezența lui Dumnezeu, el trebuie să fie perfect. Atunci, care este calea spre cer? Dacă omul nu poate face destule fapte bune și nu poate fi destul de bun ca să ajungă acolo, atunci cum poate ajunge acolo? Prin credință în promisiunea lui Dumnezeu. Dumnezeu le promite cerul, celor care cred în Fiul Său—celor care se încred cu adevărat în Isus Cristos pentru mântuire.

Totuși, cei mai mulți oameni din lume nu cred promisiunea lui Dumnezeu. Ei încă cred, că trebuie să lucreze și să își câștige aprobarea lui Dumnezeu—cred că trebuie să construiască o listă lungă de *fapte bune* care îl vor forța pe Dumnezeu să îi primească. Ei cred că trebuie să caute neprihănirea făcând binele și fiind buni, făcând lucruri religioase ca să ajungă în cer. De aceea, ei se pun sub regulile și normele legii și ale religiei, și fac tot ce pot ca să ajungă în cer. Acesta este cel de-al treilea apel din acest pasaj; omul care încearcă să se apropie de Dumnezeu prin faptele religiei și prin lege, trebuie să asculte la *ce spune legea de fapt*.

1. Auzirea legii este absolut esențială pentru omul legalist și religios (v.21).
2. Legalismul pune accentul pe diferența dintre cei doi fii ai lui Avraam (vv.22-23).
3. Legalismul pune accentul pe diferența dintre cele două legăminte, cele două mame (vv.24-28).
4. Legalismul prigonește și înrobește credincioșii (v.29).
5. Legalismul trebuie izgonit afară—nu are parte de moștenire (v.30).
6. Legalismul nu are nici o putere asupra copiilor harului (v.31).

1 (4:21) **Lege—Religie**; este absolut esențial ca omul legalist sau religios să audă ce spune legea. Omul legalist sau religios este cel care se apropie de Dumnezeu prin lege sau prin faptele bune ale religiei. Oamenii religioși și legaliști trebuie să audă și să înțeleagă ce fac, care este felul în care Îl abordează ei pe Dumnezeu. Ei trebuie să înțeleagă implicațiile faptelor lor.

2 (4:22-23) **Avraam—Sara—Isaac—Agar—Ismael**: Legalismul accentuează diferența dintre cei doi fii ai lui Avraam. Țineți minte că nu prin lege sau fapte bune se poate ajunge în cer sau se primește bunăvoința lui Dumnezeu, ci prin promisiunea lui Dumnezeu. Pavel se foloseşte de exemplul cu Avraam ca să dovedească acest punct (vezi Genesa Capitolele 16, 17, şi 21). Foarte pe scurt şi simplu, Avraam a avut doi fii. Unul dintre fii i-a fost promis de Dumnezeu lui Avraam prin soţia sa, Sara; totuşi, au trecut mulţi ani fără ca Sara să aibă vreun copil. Ea părea incapabilă să aibă copii. A devenit descurajată, aşa că a trimis-o pe slujnica ei, pe Agar, la Avraam. Agar a născut un fiu, pe Ismael. Dar, după un timp, Dumnezeu şi-a ţinut promisiunea şi imposibilul a devenie posibil: Sara, trecută de mult de vârsta la care ar fi putut avea copii, a născut un fiu şi i-a dat numele Isaac (Rom.4:10).

1. Observaţi câteva lucruri despre Ismael. El a fost...
   * născut printr-un proces natural
   * născut în robie, născut dintr-o roabă
   * născut datorită eforturilor şi prin voinţa Sarei
   * născut datorită impulsurilor fireşti, a grabei şi a atracţiei lui Avraam

2. Observaţi câteva lucruri despre Isaac. El a fost...
   * născut ca om liber, născut din femeie liberă, din Sara.
   * născut doar prin promisiunea lui Dumnezeu. Dumnezeu îi promisese lui Avraam că Sara va naşte un fiu, şi când s-a născut Isaac, atât Avraam cât şi Sara trecuseră de mult de vârsta la care ar fi putut face copii—aveau o sută de ani. Isaac a fost un copil minune, născut în mod miraculos prin lucrarea lui Dumnezeu—totul pentru că Dumnezeu îi promisese lui Avraam un fiu. Isaac era deci, un fiu promis.

Trebuie ţinut minte următorul lucru: Ismael, fiul născut printr-o idee omenească, prin energie şi eforturi omeneşti, a fost născut în robie. Dar Isaac, fiul promis de Dumnezeu s-a născut în mod miraculos prin promisiunea lui Dumnezeu—doar prin dragostea şi puterea Lui—şi toate acestea doar pentru că El a făcut promisiunea.

3 (4:24-28) **Legăminte—Lege—Har:** Legalismul pune aceentul pe diferenţa dintre cele două legăminte, dintre cele două mame. Observaţi: Pavel spune că aceste lucruri sunt alegorii, adică ilustraţii ale adevărului care se poate vedea şi care poate fi scos din aceste întâmplări. Dacă ne uităm cu atenţie la întâmplare, putem vedea cum cele două mame, Agar şi Sara, resprezintă cele două legăminte—legământul legii şi legământul harului lui Dumnezeu.

1. Agar reprezintă vechiul legământ dintre Dumnezeu şi om—legea. Despre lege se spun două lucruri.
   a. Agar, adică, legea, naşte copii în robie. Legea spune ce să faci şi ce să nu faci. Cere şi insistă asupra ascultării. Ea înrobeşte omul ca să facă exact ceea ce ea cere. De aceea, dacă cineva speră să se apropie de Dumnezeu prin bunătatea lui, sau pentru meritele, virtuţile sau moralitatea lui sau prin autoneprihănire, atunci se află în robia legii. Trebuie să ţină legea ca să fie bun, moral şi neprihănit şi ca să câştige acceptarea lui Dumnezeu. Legea, regulile de bunătate şi de autoneprihănire îl înrobesc pe om. (Ţineţi minte, Pavel nu spune că legea nu este bună. Noi trebuie să trăim o viaţă neprihănită şi morală, dar nu suntem primiţi de Dumnezeu datorită bunătăţii noastre sau datorită eforturilor noastre. Nu ne putem mântui singuri; nu trebuie să fim lăudaţi pentru faptele şi bunătatea noastră. Lauda este a lui Dumnezeu. Dumnezeu este cel care ne mântuieşte. Despre asta este vorba.)
   b. Agar, legea, reprezintă punctul central al religiei legii şi a faptelor care exista în Ierusalim la vremea aceea (v.25). Observaţi că Pavel face două legături ca să accentueze acest lucru:
      ⇒ Agar reprezintă muntele Sinai, acel munte din Arabia, pe care a fost dată legea.
      ⇒ Atât Agar cât şi Muntele Sinai ilustrează centrul religiei faptelor şi a legii, Ierusalimul vremii. Desigur că Agar ilustrează şi orice altă religie, biserică, popor sau persoană care caută autoneprihănirea şi caută să fie acceptat de Dumnezeu în cer prin fapte şi lege.

2. Sara era imaginea noului legământ dintre Dumnezeu şi om, legământul harului şi al făgăduinţei. Se spun două lucruri despre harul şi promisiunea lui Dumnezeu pentru om.
   a. Sara, adică, harul, se vede în noul Ierusalim, care este sus, Ierusalimul ceresc. Ierusalimul ceresc este oraşul spiritual şi veşnic al lui Dumnezeu, care este promis celor care se apropie de El prin credinţă.
   b. Harul şi promisiunea oraşului ceresc sunt amandouă fără plată. Orice om care acceptă promisiunea lui Dumnezeu legată de oraşul ceresc care este veşnic—care primeşte promisiunea Lui şi crede din toată inima, bazându-se cu tot de este el şi tot ce are, pe acea promisiune—este primit de Dumnezeu. Dumnezeu ia simpla credinţă a acelui om—credinţa care se bazează în totalitate pe Dumnezeu—şi o socoteşte drept neprihănire. De aceea, omul este primit de Dumnezeu: primeşte făgăduinţa lui Dumnezeu fără plată—fără preţ—fără să trebuiască să lucreze pentru ea ţinând legi sau reguli.
   c. Observaţi un al doilea rezultat: legământul harului are mai mulţi urmaşi decât legământul legii iudaice. Aceasta este o profeţie care spune că mai mulţi vor fi cei dintre Neamuri care vor crede în harul lui Dumnezeu decât dintre evrei (Isa.55:1).

GALATENI 4:21-31

3.   Acest punct este accentuat cu putere: "Şi voi, fraţilor, ca şi Isaac, voi sunteţi copii ai făgăduinţei." Credincioşii—toţi cei care au crezut în Isus Cristos—au fost născuţi de Dumnezeu—o naştere spirituală. Noi primim moştenirea lui Dumnezeu. Dumnezeu ia credinţa noastră şi fără nici o plată o socoteşte drept neprihănire.

⇒   Credinţa noastră este socotită în locul neprihănirii de care ducem lipsă înlăuntrul nostru.

Aceasta este glorioasa promisiunea a harului lui Dumnezeu, legământul harului pe care Dumnezeu acum l-a făcut cu omul. Omul acum poate moşteni ţara promisă (Canaanul, Ierusalimul ceresc sau oraşul lui Dumnezeu) şi poate trăi veşnic cu Dumnezeu. (vezi comentariul—Evr.12:18-24 pentru mai multe discuţii.)

> În adevăr, făgăduinţa făcută lui Avraam sau seminţei lui, că va moşteni lumea, n-a fost făcută pe temeiul Legii, ci pe temeiul acelei neprihăniri, care se capătă prin credinţă. Căci, dacă moştenitori sunt cei ce se ţin de Lege, credinţa este zadarnică, şi făgăduinţa este nimicită; (Rom. 4:13-14)
> Prin credinţă Avraam, când a fost chemat să plece într-un loc, pe care avea să-L ia ca moştenire, a ascultat, şi a plecat fără să ştie unde se duce. Prin credinţă a venit şi s-a aşezat el în ţara făgăduinţei, ca într-o ţară care nu era a lui, şi a locuit în corturi, ca şi Isaac şi Iacov, care erau împreună moştenitori cu el ai aceleiaşi făgăduinţe. Căci el aştepta cetatea care are temelii tari, al cărei meşter şi ziditor este Dumnezeu. (Evrei 11:8-10)
> În credinţă au murit toţi aceştia, fără să fi căpătat lucrurile făgăduite: ci doar le-au văzut şi le-au urat de bine de departe, mărturisind că sunt străini şi călători pe pământ. Cei ce vorbesc în felul acesta, arată desluşit că sunt în căutarea unei patrii. Dar doreau o patrie mai bună, adică o patrie cerească. De aceea lui Dumnezeu nu-I este ruşine să Se numească Dumnezeul lor, căci le-a pregătit o cetate. (Evrei 11:13-14,16)
> Ci v-aţi apropiat de muntele Sionului, de cetatea Dumnezeului celui viu, Ierusalimul ceresc, de zecile de mii, de adunarea în sărbătoare a îngerilor, de Biserica celor întâi născuţi, care sunt scrişi în ceruri, de Dumnezeu, Judecătorul tuturor, de duhurile celor neprihăniţi, făcuţi desăvârşiţi, (Evrei 12:22-23)
> Căci noi n-avem aici o cetate stătătoare, ci suntem în căutarea celei viitoare. Prin El, să aducem totdeauna lui Dumnezeu o jertfă de laudă, adică, rodul buzelor care mărturisesc Numele Lui. (Evrei 13:14-15)
> Ziua Domnului însă va veni ca un hoţ. În ziua aceea, cerurile vor trece cu trosnet, trupurile cereşti se vor topi de mare căldură, şi pământul, cu tot ce este pe el, va arde. Deci, fiindcă toate aceste lucruri au să se strice, ce fel de oameni ar trebui să fiţi voi, printr-o purtare sfântă şi evlavioasă, aşteptând şi grăbind venirea zilei lui Dumnezeu, în care cerurile aprinse vor pieri, şi trupurile cereşti se vor topi de căldura focului? Dar noi, după făgăduinţa Lui, aşteptăm ceruri noi şi un pământ nou, în care va locui neprihănirea. (2 Pet. 3:10-13)
> Apoi am văzut un cer nou şi un pământ nou; pentru că cerul dintâi şi pământul dintâi pieriseră, şi marea nu mai era. Şi eu am văzut coborându-se din cer de la Dumnezeu, cetatea sfântă, noul Ierusalim, gătită ca o mireasă împodobită pentru bărbatul ei. (Apoc. 21:1-2)
> Şi m-a dus, în Duhul, pe un munte mare şi înalt. Şi mi-a arătat cetatea sfântă, Ierusalimul, care se pogora din cer de la Dumnezeu, având slava lui Dumnezeu. Lumina ei era ca o piatră prea scumpă, ca o piatră de iaspis, străvezie ca cristalul. (Apoc. 21:10-11)
> Şi dacă scoate cineva ceva din cuvintele cărţii acestei proorocii, îi va scoate Dumnezeu partea lui de la pomul vieţii şi din cetatea sfântă, scrise în cartea aceasta. (Apoc. 22:19)

4 (4:29) **Lege—Legalism—Persecuţie:** Legalismul persecută şi înrobeşte credincioşii. Ismael l-a ridiculizat, l-a batjocorit şi l-a persecutat pe Isaac. Pavel accentuează acest lucru ca să arate de ce sunt credincioşii persecutaţi. Pentru că oamenii încearcă iar şi iar să se apropie de Dumnezeu prin firea lor, prin eforturile lor şi prin energia lor, încearcă să fie buni şi neprihăniţi.

1.   Omul care trăieşte în firea lui, în mod conştient şi în mod inconştient încearcă să fie recunoscut, să capete aprobarea, acceptarea şi lauda din partea lui Dumnezeu—toate acestea prin eforturile lui proprii. De aceea, el îl batjocoreşte, îl prigoneşte şi râde de credinciosul care spune că eforturile proprii şi autoneprihănirea nu sunt suficiente pentru a fi primit de Dumnezeu.

2.   Omul care trăieşte în firea lui trebuie să îşi mărturisească neputinţa lui omenească—faptul că nu poate face nimic pentru a fi primit de Dumnezeu pentru că este...

- prea păcătos
- prea lipsit de slava lui Dumnezeu
- prea nelegiuit
- prea rău
- prea poluat
- prea deznădăjduit
- prea neajutorat
- prea nevrednic

Omul care trăiește în firea lui, refuză să accepte aceste lucruri. El vrea să aibă o părere bună despre el însuși și să se considere pe un nivel apropiat de Dumnezeu. De aceea, când vine un credincios și spune că omul trebuie să se nască din nou prin Duhul Sfânt al lui Dumnezeu, omul firesc reacționează. El refuză să accepte faptul că firea lui, energia și eforturile lui, nu pot să câștige, sau să merite aprobarea lui Dumnezeu.

> "Ferice va fi de voi când, din pricina Mea, oamenii vă vor ocărî, vă vor prigoni, și vor spune tot felul de lucruri rele și neadevărate împotriva voastră! (Mat. 5:11)
> Veți fi urâți de toți, din pricina Numelui Meu; dar cine va răbda până la sfârșit, va fi mântuit. (Mat. 10:22)
> Cine nu-și ia crucea lui, și nu vine după Mine, nu este vrednic de Mine. Cine își va păstra viața, o va pierde; și cine își va pierde viața, pentru Mine, o va câștiga. (Mat. 10:38-39)
> Căci cu privire la Hristos, vouă vi s-a dat harul nu numai să credeți în El, ci să și pătimiți pentru El, (Filipeni 1:29)
> De altfel, toți cei ce voiesc să trăiască cu evlavie în Hristos Isus, vor fi prigoniți. Dar oamenii răi și înșelători vor merge din rău în mai rău, vor amăgi pe alții, și se vor amăgi și pe ei înșiși. (2 Tim. 3:12-13)

5 (4:30) **Lege—Legalism**: legalismul trebuie scos afară și alungat pentru că nu are nici o moștenire cu Dumnezeu. Legea nu poate trăi împreună cu harul lui Dumnezeu. Fiul lui Agar, legea, nu va fi moștenitor împreună cu fiul Sarei, adică, harul. Judecata viitoare nu putea fi ilustrată mai clar decât atât: Ismael a fost izgonit ca să nu moștenească împreună cu Isaac (Gen.21:10).

Dumnezeu nu va primi pe cineva care încearcă să se apropie de El prin lege sau fapte bune. De ce? Pentru că acel om trebuie să stea înaintea lui Dumnezeu și să spună, "Doamne, iată, aici sunt faptele *mele*, bunătatea *mea*, neprihănirea *mea*, o listă a legilor pe care *eu* le-am respectat, o listă a contribuțiilor *mele*." O asemenea pledoarie ar fi o lăudăroșie înșelătoare. O astfel de susținere ar aduce înaintea lui Dumnezeu doar eforturi omenești și energie omenească, fapte și facere de bine. Dumnezeu este perfect; de aceea, doar perfecțiunea poate locui împreună cu El. Oricât de mult bine sau câte fapte bune I-ar aduce cineva lui Dumnezeu, acestea nu sunt suficiente, pentru că nu îl fac perfect. În consecință, el trebuie izgonit din prezența lui Dumnezeu. Dar cei care au promisiunea, nu sunt izgoniți. Cei care au promisiunea se apropie de Dumnezeu zicând:

> "Tată, tu ești Mântuitorul și Domnul meu. M-ai iubit atât de mult încât Ți-ai trimis pe Fiul Tău ca să moară pentru mine. Cred din toată inima că Cristos a murit pentru mine, și tot ce am eu îi dau Lui, mă scufund în neprihănirea Lui și în moartea Lui pentru păcatele mele."

Dumnezeu promite celor care cred cu adevărat în Fiul Său că nu vor pieri niciodată ci vor avea viața veșnică. Ei vor moșteni promisiunea lui Dumnezeu. Dumnezeu va primi credința lor și o va socoti drept neprihănire, și aceștia vor moștenii făgăduința.

> În adevăr, făgăduința făcută lui Avraam sau seminței lui, că va moșteni lumea, n-a fost făcută pe temeiul Legii, ci pe temeiul acelei neprihăniri, care se capătă prin credință. (Rom. 4:13)
> Și voi n-ați primit un duh de robie, ca să mai aveți frică; ci ați primit un duh de înfiere, care ne face să strigăm: Ava! adică: Tată! Însuși Duhul adeverește împreună cu duhul nostru că suntem copii ai lui Dumnezeu. Și, dacă suntem copii, suntem și moștenitori: moștenitori ai lui Dumnezeu, și împreună moștenitori cu Hristos, dacă suferim cu adevărat împreună cu El, ca să fim și proslăviți împreună cu El. (Rom. 8:15-17)
> Și dacă sunteți ai lui Hristos, sunteți sămânța lui Avraam, moștenitori prin făgăduință. (Gal. 3:29)
> Dar, când s-a arătat bunătatea lui Dumnezeu, Mântuitorul nostru, și dragostea Lui de oameni, El ne-a mântuit, nu pentru faptele, făcute de noi în neprihănire, ci pentru îndurarea Lui, prin spălarea nașterii din nou și prin înnoirea făcută de Duhul Sfânt, pe care L-a vărsat din belșug peste noi, prin Isus Hristos, Mântuitorul nostru; pentru ca, odată socotiți neprihăniți prin harul Lui, să ne facem, în nădejde, moștenitori ai vieții veșnice. (Tit 3:4-7)

6 (4:31) **Lege—Legalism**: legalismul nu are nici o putere asupra copiilor harului. Acest lucru reiese clar din tot ce s-a spus până acum. Credincioșii—da, toți oamenii dacă ar accepta acest lucru—au atât de multe lucruri pentru care să Îi mulțumească lui Dumnezeu. Dumnezeu a iubit atât de mult lumea și Și-a arătat dragostea în cel mai minunat mod.

> "Fiindcă atât de mult a iubit Dumnezeu lumea, că a dat pe singurul Lui Fiu, pentru ca oricine crede în El, să nu piară, ci să aibă viața veșnică. (Ioan 3:16)
> Adevărat, adevărat vă spun, că cine ascultă cuvintele Mele, și crede în Cel ce M-a trimis, are viața veșnică, și nu vine la judecată, ci a trecut din moarte la viață. (Ioan 5:24)

GALATENI 4:21-31

Dar Dumnezeu Îşi arată dragostea faţă de noi prin faptul că, pe când eram noi încă păcătoşi, Hristos a murit pentru noi. (Rom. 5:8)

Dar Dumnezeu, care este bogat în îndurare, pentru dragostea cea mare cu care ne-a iubit, măcar că eram morţi în greşelile noastre, ne-a adus la viaţă împreună cu Hristos (prin har sunteţi mântuiţi). El ne-a înviat împreună, şi ne-a pus să şedem împreună în locurile cereşti, în Hristos Isus, ca să arate în veacurile viitoare nemărginita bogăţie a harului Său, în bunătatea Lui faţă de noi în Hristos Isus. Căci prin har aţi fost mântuiţi, prin credinţă. Şi aceasta nu vine de la voi; ci este darul lui Dumnezeu. Nu prin fapte, ca să nu se laude nimeni. Căci noi suntem lucrarea Lui, şi am fost zidiţi în Hristos Isus pentru faptele bune, pe care le-a pregătit Dumnezeu mai dinainte, ca să umblăm în ele. (Efeseni 2:4-10)

CAPITOLUL 5

D. Al patrulea Apel: Rămâneți tari în Libertatea în Cristos, 5:1-6

1. Rămâneți tari pentru că Cristos l-a eliberat pe credincios

2. Rămâneți tari pentru că legea nu este calea lui Dumnezeu prin care omul să fie justificat
   a. Dacă este *ritualizat*, Cristos nu are nici o valoare pentru tine

Cristos ne-a izbăvit ca să fim slobozi. Rămâneți dar tari, și nu vă plecați iarăși sub jugul robiei. 2 Iată, eu, Pavel, vă spun că, dacă vă veți tăia împrejur, Hristos nu vă va folosi la nimic.

3 Și mărturisesc iarăși încă odată oricărui om care primește tăierea împrejur, că este dator să împlinească toată Legea. 4 Voi, care voiți să fiți socotiți neprihăniți prin Lege, v-ați despărțit de Hristos; ați căzut din har. 5 Căci noi, prin Duhul, așteptăm prin credință nădejdea neprihănirii. 6 Căci în Isus Hristos, nici tăierea împrejur, nici netăierea împrejur n-au vreun preț, ci credința care lucrează prin dragoste.

   b. Dacă este *ritualizat*, un om este obligat să țină întreaga lege

   c. Dacă un om dorește să fie justificat prin lege, atunci Cristos nu poate să aibă niciun efect asupra lui: el este tăiat și aruncat, a căzut din har

3. Rămâneți tari pentru că speranța neprihănirii este prin credință
   a. Vine prin Duhul Sfânt
   b. Vine doar prin Isus Cristos—nu prin lege
   c. Vine prin credința exprimată prin dragoste

SECȚIUNEA IV

CELE CINCI APELURI LA JUSTIFICARE DOAR PRIN CREDINȚĂ, 4:8-5:12

D. Al patrulea apel: Rămâneți Tari în Libertatea în Cristos, 5:1-6

(5:1-6) **Introducere**: foarte direct, un apel foarte necesar este făcut bisericilor care alunecă și oamenilor din biserică—rămâneți tari în libertatea lui Cristos.
1. Rămâneți tari pentru că Cristos l-a eliberat pe credincios (v.1).
2. Rămâneți tari pentru că legea nu este calea lui Dumnezeu prin care omul să fie justificat (vv.2-4).
3. Rămâneți tari pentru că speranța neprihănirii vine prin credință (vv.5-6).

1 (5:1) **Isus Cristos, Fapte—Libertate, Spirituală**: fiți tari pentru că Cristos l-a eliberat pe credincios. Observați două lucruri.

1.   Când omul crede în Isus Cristos, el este eliberat de lede și de puterea ei care înrobește. El nu mai trebuie să se îngrijoreze cu privire la cât este de bun, dacă a făcut destule fapte bune, sau dacă a ținut destule legi ca să fie acceptat de Dumnezeu. De ce? Pentru că Cristos a împlinit legea pentru el. Când Cristos a fost pe pământ, el a trăit fără păcat: El a ținut legea în mod perfect, nu a încălcat-o nici măcar o dată. De aceea, El a asigurat o Neprihănire Ideală și a stat înaintea lui Dumnezeu ca și Omul Perfect. Dar Cristos a mai făcut ceva mai minunant. Nu era suficient ca Neprihănirea să fie asigurată pentru om. Mai era și problema pedepsei legii; odată ce legea a fost încălcată, pedeapsa intra în vigoare; și trebuia plătită. Acesta este mesajul glorios al crucii—despre aceasta vorbește moartea lui Cristos. Isus Cristos nu a asigurat doar neprihănirea ideală pentru noi, ci a luat și pedeapsa pentru greșelile noastre asupra Lui. Isus Cristos a purtat judecata și pedeapsa pentru încălcarea legii și acea pedeapsă a fost moartea.

Dacă neprihănirea a fost asigurată pentru noi și pedeapsa pentru păcatele noastre a fost plătită, atunci noi putem sta înaintea lui Dumnezeu, perfecți—neprihăniți și fără păcat—și acceptabili înaintea Lui. Acest lucru înseamnă că toți oamenii sunt primiți de Dumnezeu și acoperiți de viața și de moartea lui Isus Cristos? Nu! Iar motivul este foarte ușor de văzut: nu toți acceptă ceea ce a făcut Isus Cristos—nu toți cred în Isus Cristos. Isus Cristos ne-a eliberat; suntem liberi, eliberați de robia păcatului și a morții, a legii—dar doar dacă credem. Desigur că—este foarte evident—dacă nu credem și nu primim darul fără plată, atunci acesta rămâne la cel care îl dăruiește. Noi nu primim darul; prin urmare, nu îl avem.

Ideea este următoarea: Cristos l-a eliberat pe credincios de sub robia legii. De aceea, noi trebuie să stăm tari în libertatea pe care El ne-o dă.

2.   Galatenii erau pe cale să devină iar robi sub jugul legii. S-au ridicat învățători mincinoși care învățau că lucrarea de bază a lui Cristos a fost de a trăi ca un exemplu și de a ne aduce învățăturile lui Dumnezeu. Adică, ei Îl acceptau pe Isus Cristos ca pe Fiul lui Dumnezeu, dar nu primeau mesajul mântuirii prin har (neprihănirea și moartea lui Isus Cristos). Ei învățau că Isus Cristos nu a venit ca să arate un alt mod de a ne apropia de Dumnezeu; El a venit ca să adauge învățături la lege. De aceea, omul încă trebuie să se apropie de Dumnezeu...
   • trecând prin ritualul religiei Iudaice care era tăierea împrejur (comparați cu ritualurile religioase de astăzi ca botezul, membralitatea într-o biserică și multe altele).
   • supunându-se legii

GALATENI 5:1-6

- ținând toate ritualurile și ceremonialurile religiei Iudaice

Desigur că aceste lucruri sună familiar fiecărei generații de oameni, pentru că dacă doar omitem cuvântul iudaic, cele trei condiții sunt prezente și astăzi în multe din învățăturile, religiile și bisericile din societate.

Din nou, îndemnul este ca omul să nu se încurce, în drumul lui spre lui Dumnezeu, în lege sau fapte, pentru că nimeni nu poate face destul bine sau nu poate deveni perfect înaintea lui Dumnezeu. Perfecțiunea noastră și acceptarea înaintea lui Dumnezeu ne-a fost asigurată—în Cristos Isus Domnul nostru. De aceea, să stăm tari în libertatea lui Cristos. Pentru că singurul om care va fi primit de Dumnezeu este cel care stă înaintea lui Dumnezeu *fără păcat și fără să fie condamnat*, un om care a fost eliberat de Dumnezeu prin Fiul Său. (vezi comentariul—Gal.4:4-7.)

> **În adevăr, legea Duhului de viață în Hristos Isus, m-a izbăvit de Legea păcatului și a morții. Căci lucru cu neputință Legii, întrucât firea pământească (Grecește: carnea, aici și peste tot unde e firea pământească) o făcea fără putere Dumnezeu a osândit păcatul în firea pământească, trimițând, din pricina păcatului, pe însuși Fiul Său într-o fire asemănătoare cu a păcatului, (Rom 8:2-3)**
>
> **Pe Cel ce n-a cunoscut nici un păcat, El L-a făcut păcat pentru noi, ca noi să fim neprihănirea lui Dumnezeu în El. (2 Cor 5:21)**
>
> **Hristos ne-a răscumpărat din blestemul Legii, făcându-Se blestem pentru noi, fiindcă este scris: Blestemat e oricine este atârnat pe lemn. (Gal 3:13)**
>
> **Dar când a venit împlinirea vremii, Dumnezeu a trimis pe Fiul Său, născut din femeie, născut sub Lege, ca să răscumpere pe cei ce erau sub Lege, pentru ca să căpătăm înfierea. Și pentru că sunteți fii, Dumnezeu ne-a trimis în inimă Duhul Fiului Său, care strigă: Ava, adică: Tată! Așa că nu mai ești rob, ci fiu; și dacă ești fiu, ești și moștenitor, prin Dumnezeu. (Gal 4:4-7)**
>
> **El a purtat păcatele noastre în trupul Său, pe lemn, pentru ca noi, fiind morți față de păcate, să trăim pentru neprihănire; prin rănile Lui ați fost vindecați. (1 Pet 2:24)**
>
> **Hristos, de asemenea, a suferit odată pentru păcate, El, Cel neprihănit, pentru cei nelegiuiți, ca să ne aducă la Dumnezeu. El a fost omorât în trup, dar a fost înviat în duh, (1 Pet 3:18)**

2 (5:2-4) **Tăiere împrejur—Lege—Apostazie**: rămâneți tari pentru că legea nu este calea lui Dumnezeu prin care omul să fie justificat. Trei avertizări puternice sunt date.

1. Dacă un om este *ritualizat*, atunci Cristos nu va avea nici o valoare pentru el. *Ritualizat* înseamnă că un om depinde de anumite lucruri religioase și crede că acestea îl vor face destul de bun pentru a fi primit de Dumnezeu. În cazul galatenilor, era vorba despre ritualul tăierii împrejur; dar se poate aplica la orice lucru: ritualuri, ceremoniale, fapte, lege, bunătate, membralitate în biserică, rugăciune, servicii religioase, misiune, chiar și însăși religia. Dacă un om încearcă să se apropie de Dumnezeu pe o altă cale decât Cristos, atunci Cristos nu îi va ajuta la nimic. Ceea ce a făcut Cristos nu va avea nici un efect asupra omului. Neprihănirea și moartea lui Cristos nu vor fi de nici un ajutor omului, pentru că el se încrede în faptele lui și în bunătatea lui, nu în neprihănirea și moartea lui Isus Cristos.

2. Dacă un om este ritualizat, atunci el trebuie să țină întreaga lege. Ganditi-vă pentru un moment: dacă un om se încrede într-un ritual pentru mântuire, depinde chiar, de un ritual pentru a fi primit de Dumnezeu, atunci ar face bine să țină întreaga lege. De ce? Pentru că acceptă legea (faptele, religia) ca și calea spre Dumnezeu. El se supune ritualurilor, umblă în calea legii, spre Dumnezeu. De aceea, trebuie să continue să se apropie de Dumnezeu prin lege. Trebuie să țină *întreaga* lege.

În concluzie: dacă un om dorește să se apropie de Dumnezeu pe calea vreunui ritual, oricare ar fi el, trebuie să își asume responsabilitatea ținerii întregii legi.

3. Dacă un om caută să fie justificat prin lege, Cristos nu poate să aibă niciun efect asupra lui—el a căzut din har. Ce înseamnă asta?

Amintiți-vă: Pavel îi avertizează pe credincioșii din Galatia printr-un avertisment puternic. Învățătorii mincinoși spuneau: un om poate fi mântuit doar ascultând de lege și făcând cât mai multe fapte bune. Ei învățau că neprihănirea și moartea lui Isus Cristos nu erau suficiente pentru a avea intrare la Dumnezeu și a primi viața veșnică. Ei spuneau că este nevoie de mai mult decât doar de Cristos: este nevoie și de autoneprihănire, bunătate, fapte, și eforturi propri.

Țineți minte: putem vedea de ce Pavel a emis un asemenea avertisment serios pentru credincioșii din Galatia. Ei nu trebuie să îi urmeze pe învățătorii mincinoși, nu trebuie să se întoarcă de la Cristos înspre apostazie.

Ideea este următoarea: nu doar galatenii, ci și noi, trebuie să luam în seamă avertizarea ca să nu ne depărtăm de Cristos. Dacă ne lepădăm de Cristos, de neprihănirea și moartea Lui, suntem sortiți pieirii și apostaziei. Trebuie să nu uitam niciodată: Pavel însuși spune că el trebuie să fie anatema dacă va predica vreodată altceva decât evanghelia, decât evanghelia dragostei lui Dumnezeu în Fiul Său, Domnul Isus Cristos. Nu este vorba despre siguranța veșnică[1], de

---
[1] NT: O doctrină care spune că mântuirea nu se poate pierde

86

multe ori se vorbește despre aceasta aici. Este vorba despre Fiul lui Dumnezeu, neprihănirea și moartea Lui—viața și lucrarea Lui—onoarea și Persoana Lui. Niciun om care a trăit sau va trăi nu va putea falsifica neprihănirea și moartea Fiului lui Dumnezeu. Suntem *nebuni* dacă credem așa, chiar dacă încercăm să susținem sau să explicăm o poziție doctrinară. Acesta a fost cu siguranță și gândul lui Pavel când a spus despre el, să fie anatema dacă predică altceva.

> **Mulți Îmi vor zice în ziua aceea: Doamne, Doamne! N-am prorocit noi în Numele Tău? N-am scos noi draci în Numele Tău? Și n-am făcut noi multe minuni în Numele Tău? Atunci le voi spune curat: Niciodată nu v-am cunoscut; depărtați-vă de la Mine, voi toți care lucrați fărădelege. (Mat 7:22-23)**
>
> **Căci nimeni nu va fi socotit neprihănit înaintea Lui, prin faptele Legii, deoarece prin Lege vine cunoștința deplină a păcatului. (Rom 3:20)**
>
> **pe când Israel, care umbla după o Lege, care să dea neprihănirea, n-a ajuns la Legea aceasta. Pentru ce? Pentru că Israel n-a căutat-o prin credință, ci prin fapte. Ei s-au lovit de piatra de poticnire, (Rom 9:31-32)**
>
> **Le mărturisesc că ei au râvnă pentru Dumnezeu, dar fără pricepere: pentru că, întrucât n-au cunoscut neprihănirea, pe care o dă Dumnezeu, au căutat să-și pună înainte o neprihănire a lor înșiși, și nu s-au supus astfel neprihănirii, pe care o dă Dumnezeu. Căci Hristos este sfârșitul Legii, pentru ca oricine crede în El, să poată căpăta neprihănirea. În adevăr, Moise scrie că omul care împlinește neprihănirea, pe care o dă Legea, va trăi prin ea. (Rom 10:2-5)**
>
> **Căci prin har ați fost mântuiți, prin credință. Și aceasta nu vine de la voi; ci este darul lui Dumnezeu. Nu prin fapte, ca să nu se laude nimeni. Căci noi suntem lucrarea Lui, și am fost zidiți în Hristos Isus pentru faptele bune, pe care le-a pregătit Dumnezeu mai dinainte, ca să umblăm în ele. (Efeseni 2:8-10)**
>
> **Dar, când s-a arătat bunătatea lui Dumnezeu, Mântuitorul nostru, și dragostea Lui de oameni, El ne-a mântuit, nu pentru faptele, făcute de noi în neprihănire, ci pentru îndurarea Lui, prin spălarea nașterii din nou și prin înnoirea făcută de Duhul Sfânt, (Tit 3:4-5)**
>
> **Căci toți cei ce se bizuiesc pe faptele Legii, sunt sub blestem; pentru că este scris: Blestemat este oricine nu stăruie în toate lucrurile scrise în cartea Legii, ca să le facă. (Gal 3:10)**
>
> **Dar chiar dacă noi înșine sau un înger din cer ar veni să vă propovăduiască o Evanghelie, deosebită de aceea pe care v-am propovăduit-o noi, să fie anatema! Cum am mai spus, o spun și acum: dacă vă propovăduiește cineva o Evanghelie, deosebită de aceea pe care ați primit-o, să fie anatema! (Gal 1:8-9)**

3 (5:5-6) **Credință—Neprihănire—Lege—Ritual**: rămâneți tari pentru că speranța nerpihănirii este prin credință. Speranța credinciosului este pentru neprihănire. *Speranță* nu înseamnă nesiguranța unei speranțe lumești, care spune că credinciosul ar putea să—dar în același timp ar putea să nu—primească neprihănirea lui Dumnezeu. Speranța credinciosului este în Isus Cristos și este la fel de sigură ca și existența Lui. Speranță în Biblie înseamnă concentrare, dorință, sete după neprihănire—privilegiul mântuirii și a trăirii veșniciei alături de Dumnezeu. Observați sursa acestei siguranțe și speranțe sigure.

1. Speranța pentru neprihănire vine prin Duhul Sfânt al lui Dumnezeu. Prezența Duhului Sfânt din credincios stârnește această speranță. Duhul Sfânt stârnește speranță și dă *asigurarea absolută* că Dumnezeu va lua credința omului și o va socoti neprihănire.

2. Speranța neprihănirii vine doar prin Isus Cristos, nu prin vreun ritual (tăiere împrejur, lege) nici prin lipsa vreunui ritual. Observați exact ce se spune:

⇒ Nici supunerea față de vreun ritual (tăierea împrejur), nici lipsa vreunui ritual nu aduce speranță.

⇒ Nici ținerea legii nici încălcarea ei nu aduce speranță.

⇒ Nici faptele făcute pentru neprihănire nici lipsa faptelor nu aduce speranță.

Nimic, absolut nimic nu poate da o speranță puternică a neprihănirii decăt Isus Cristos: doar neprihănirea Lui și moartea Lui pot da speranță omului.

3. Speranța pentru neprihănire vine prin credința care se exprimă prin dragoste. Dragostea lui Dumnezeu L-a trimis pe Fiul Său să moară și să capete neprihănirea pentru noi. Când omul *vede* acest lucru *cu adevărat*, el este zdrobit, și atunci se pleacă și își supune dragostea, credința, viața și loialitatea lui Cristos. Dragostea lui Dumnezeu ne stârnește și pe noi să Îl iubim și să credem în El. Noi îl iubim pentru că El ne-a iubit.

> **Căci în nădejdea aceasta am fost mântuiți. Dar o nădejde care se vede, nu mai este nădejde: pentru că ce se vede, se mai poate nădăjdui? (Rom 8:24)**
>
> **Și tot ce a fost scris mai înainte, a fost scris pentru învățătura noastră, pentru ca, prin răbdarea și nu prin mângâierea pe care o dau Scripturile, să avem nădejde. (Rom 15:4)**
>
> **Vedeți ce dragoste ne-a arătat Tatăl, să ne numim copii ai lui Dumnezeu! Și suntem. Lumea nu ne cunoaște, pentru că nu L-a cunoscut nici pe El. Preaiubiților, acum suntem copii ai lui Dumnezeu. Și ce**

vom fi, nu s-a arătat încă. Dar știm că atunci când Se va arăta El, vom fi ca El; pentru că Îl vom vedea așa cum este. Oricine are nădejdea aceasta în El, se curățește, după cum El este curat. (1 Ioan 3:1-3)

Și noi am cunoscut și am crezut dragostea pe care o are Dumnezeu față de noi. Dumnezeu este dragoste; și cine rămâne în dragoste, rămâne în Dumnezeu, și Dumnezeu rămâne în el. (1 Ioan 4:16)

Și știm că Cel ce a înviat pe Domnul Isus, ne va învia și pe noi împreună cu Isus, și ne va face să ne înfățișăm împreună cu voi. Căci toate aceste lucruri se petrec în folosul vostru, pentru ca harul mare, căpătat prin mulți, să facă să sporească mulțumirile spre slava lui Dumnezeu. (2 Cor 4:14-15)

Trăiți în dragoste, după cum și Hristos ne-a iubit, și S-a dat pe Sine pentru noi ca un prinos și ca o jertfă de bun miros, lui Dumnezeu. (Efeseni 5:2)

Când Se va arăta Hristos, viața voastră, atunci vă veți arăta și voi împreună cu El în slavă. De aceea, omorâți mădularele voastre care sunt pe pământ: curvia, necurăția, patima, pofta rea, și lăcomia, care este o închinare la idoli. (Col 3:4-5)

și ne învață s-o rupem cu păgânătatea și cu poftele lumești, și să trăim în veacul de acum cu cumpătare, dreptate și evlavie, așteptând fericita noastră nădejde și arătarea slavei marelui nostru Dumnezeu și Mântuitor Isus Hristos. (Tit 2:12-13)

pentru ca, prin două lucruri care nu se pot schimba, și în care este cu neputință ca Dumnezeu să mintă, să găsim o puternică îmbărbătare noi, a căror scăpare a fost să apucăm nădejdea care ne era pusă înainte, (Evrei 6:18)

	E. Al cincilea Apel: Ascultați de Adevăr, 5:7-12	încrederea că nu gândiți altfel. Dar cel ce vă tulbură, va purta osânda, oricine ar fi el.	are încredere în voi
1. Ascultați de adevăr, pentru că viața creștină este o alergare	7 Voi alergați bine: cine v-a tăiat calea ca să n-ascultați de adevăr?	11 Cât despre mine, fraților, dacă mai propovăduiesc tăierea împrejur, de ce mai sunt prigonit? Atunci pricina de poticnire a crucii s-a dus.	5. Ascultați de adevăr, pentru că învățătorii mincinoși vor fi judecați
2. Ascultați de adevăr, pentru că Dumnezeu v-a chemat la libertate	8 Înduplecarea aceasta nu vine de la Cel ce v-a chemat.	12 Și, schilodească-se odată cei ce vă tulbură!	a. pentru că ei creează probleme
3. Ascultați de adevăr, pentru că puțin neadevăr strică totul	9 "Puțin aluat face să se dospească toată plămădeala."		b. pentru că răspândesc minciuni despre adevăratul slujitor
4. Ascultați de adevăr, pentru că slujitorul lui Dumnezeu	10 Eu, cu privire la voi, am, în Domnul ,		c. pentru că ei se poticnesc în cruce
			d. pentru că merită să fie condamnați

SECȚIUNEA IV

CELE CINCI APELURI LA JUSTIFICARE DOAR PRIN CREDINȚĂ, 4:8-5:12

E. Al cincilea Apel: Ascultați de Adevăr, 5:7-12

(5:7-12) **Introducere**: bisericile din Galatia au alunecat. Acestea se întorceau de la adevăr, de la Isus Cristos Însuși. În acest pasaj, Pavel le face un ultim apel: ascultați de adevăr. Singura speranță pentru cei care alunecă este să se întoarcă înapoi la Cristos și să asculte de adevăr.

1. Ascultați de adevăr pentru că viața creștină este o alergare (v.7).
2. Ascultați de adevăr pentru că Dumnezeu v-a chemat la libertate (v.8).
3. Ascultați de adevăr pentru că puțin neadevăr strică totul (v.9).
4. Ascultați de adevăr pentru încrederea pe care o au alții în voi (v.10).
5. Ascultați de adevăr pentru că învățătorii mincinoși vor fi judecați (v.10-12).

1 (5:7) **Ascultare—Alergarea Creștină**: ascultați de adevăr pentru că viața creștină este o alergare. Expresia folosită "voi alergați bine" este o imagine a atleților care aleargă la un concurs.

Galatenii au alergat și au alergat bine. Când au auzit evanghelia, au crezut...

- în dragostea lui Dumnezeu—au crezut că Dumnezeu a iubit atât de mult lumea încât L-a trimis pe Fiul Său în lume ca să o salveze.
- în neprihănirea lui Cristos—că Isus Cristos a trăit o viața perfectă, și a asigurat neprihănirea și pentru ei.
- în moartea lui Cristos—că Isus Cristos a murit pentru păcatele lor—El a purtat pedeapsa pentru nelegiuirile lor.

Așa cum s-a spus, Galatenii alergaseră bine. Au crezut în Cristos, și au trăit pentru Cristos: trăind vieți curate și pure și fiind o mărturie pentru El. Ei I se închinau și Îl slujeau fiind plini de zel. Ei trăiau ceea ce propovăduiau. Nu exista nimic fals în legătură cu ei: nici o fățărnicie, nimic contrafăcut. Ei nu fuseseră doar *Creștini de Dumnică*; ci lucraseră din greu pentru Cristos șapte zile din săptămână, și oameni din tot orașul veneau la cunoștința lui Cristos.

Dar observați: câțiva oameni au intervenit și au început să îi împiedice în alergarea lor. Știm din primele patru capitole că în bisericile din Galatia s-au ridicat învățători mincinoși. Totuși, acum se face referire la un singur om. S-ar părea că un om ar fi preluat conducerea și ar fi devenit cauza principală a problemelor și a învățăturilor mincinoase. Cuvântul *tăiat* (enekopsen) înseamnă a încurca, a se băga, a obstrucționa. Rămânem la aceeași imagine a pistei de alergare. În timp ce galatenii alergau în alergarea creștină, unii oameni au intrat în fața lor și au început să îi încurce în alergare. Ei nu mai ascultau de adevăr. Acum ei încercau să se apropie de Dumnezeu printr-o altă cale decît Cristos. Acum ei se gândeau că...

- Dumnezeu îi acceptă pentru că au fost *ritualizați*: tăiați împrejur și botezați.
- Dumnezeu îi primește pentru că au încercat să țină legea: au încercat să fie cât de buni pot și să facă cât mai multe fapte bune.
- Dumnezeu îi primește pentru că sunt credincioși bisericii: ritualurilor ei, ceremoniilor, serviciilor, regulilor și legilor ei.

Ei nu mai alergau bine. Ei i-au permis unui învățător mincinos să îi îndepărteze de adevăr. Ei aveau nevoie disperată să se gândească la problema aceasta, să se gândească la...

- modul în care alergau.

- cine era cel care le împiedica alergarea.

> Nu știți că cei ce aleargă în locul de alergare, toți aleargă, dar numai unul capătă premiul? Alergați dar în așa fel ca să căpătați premiul! (1 Cor 9:24)
>
> Voi alergați bine: cine v-a tăiat calea ca să n-ascultați de adevăr? (Gal 5:7)
>
> Ținând sus Cuvântul vieții; așa ca, în ziua lui Hristos, să mă pot lăuda că n-am alergat, nici nu m-am ostenit în zadar. (Filipeni 2:16)
>
> Alerg spre țintă, pentru premiul chemării cerești a lui Dumnezeu, în Hristos Isus. (Filipeni 3:14)
>
> Și noi, dar, fiindcă suntem înconjurați cu un nor așa de mare de martori, să dăm la o parte orice piedică, și păcatul care ne înfășoară așa de lesne, și să alergăm cu stăruință în alergarea care ne stă înainte. (Evrei 12:1)
>
> M-am luptat lupta cea bună, mi-am isprăvit alergarea, am păzit credința. (2 Tim 4:7)
>
> De acum mă așteaptă cununa neprihănirii, pe care mi-o va da, în ziua aceea, Domnul, Judecătorul cel drept. Și nu numai mie, ci și tuturor celor ce vor fi iubit venirea Lui. (2 Tim 4:8)

2 (5:8) **Dumnezeu, Chemare:** ascultați de adevăr pentru că Dumnezeu nu vă cheamă la ceva greșit. Observați cât de concisă și de aspră este aceasă afirmație; este directă și la subiect: "Înduplecarea aceasta nu vine de la cel ce v-a chemat!" Cuvântul folosit în limba greacă este *persuasiune* (peismone). Orice convingere, orice poziție, orice învățătură care îndepărtează de la adevărul lui Isus Cristos, nu este de la Dumnezeu. Doar Dumnezeu stabilește calea prin care oamenii se pot apropia de El, și El a stabilit asta deja. Omul poate să se apropie de El prin neprihănirea și moartea Fiului Său, Isus Cristos. Nu există altă cale spre justificare și mântuire decât prin Fiul Său. Nu există alt mod de a ne apropia de Dumnezeu. De aceea, oricine învață pe alții altceva, învață o doctrină falsă; înduplecarea pe care o fac acei oameni nu este înduplecarea lui Dumnezeu.

> Fiindcă atât de mult a iubit Dumnezeu lumea, că a dat pe singurul Lui Fiu, pentru ca oricine crede în El, să nu piară, ci să aibă viața veșnică. (Ioan 3:16)
>
> Doamne, I-a răspuns Simon Petru, la cine să ne ducem? Tu ai cuvintele vieții veșnice. (Ioan 6:68)
>
> De aceea v-am spus că veți muri în păcatele voastre; căci, dacă nu credeți că Eu sunt, veți muri în păcatele voastre. (Ioan 8:24)
>
> În nimeni altul nu este mântuire: căci nu este sub cer nici un alt Nume dat oamenilor, în care trebuie să fim mântuiți. (Fapte 4:12)
>
> Căci n-am avut de gând să știu între voi altceva decât pe Isus Hristos și pe El răstignit. (1 Cor 2:2)
>
> Căci nimeni nu poate pune o altă temelie decât cea care a fost pusă, și care este Isus Hristos. (1 Cor 3:11)
>
> Căci este un singur Dumnezeu, și este un singur mijlocitor între Dumnezeu și oameni: Omul Isus Hristos. (1 Tim 2:5)

3 (5:9) **Aluat—Plămădeală:** Ascultați de adevăr pentru că puțin aluat (neadevăr) strică toată plămădeala. Aluatul sau plămădeala reprezintă răul, corupția, fermentația, infecția. Este nevoie doar de puțin aluat stricat pentru a strica totul, toată plămădeala. La fel este și cu învățătorii mincinoși (Amintiți-vă că Pavel se referă doar la liderul învățătorilor mincinoși în acest pasaj). Un învățător mincinos poate să injecteze învățăturile lui false în biserică și foarte repede acestea vor influența întreaga biserică. Asta spune apostolul Pavel și Scriptura. Dacă galatenii nu vor reuși scoată din rădăcini învățătura mincinoasă, întreaga biserică va fi coruptă și adevărul va fi distrus. Isus Cristos nu va mai fi centrul atenției. Atunci biserica și oamenii din ea se vor concentra asupra ritualurilor lor, a ceremoniilor, a faptelor bune în loc să se concentreze asupra lui Cristos.

În felul acesta ei vor încerca să se apropie de Dumnezeu prin bunătatea lor și prin meritele lor personale. Isus Cristos va urma să fie vazut ca ceva nesemnificativ, neimportant și va fi pierdut din vedere de mulți. Proeminența Lui și nevoia omului după neprihănirea și moartea Lui ar fi pierdut din importanță și s-ar fi diminuat. Acest lucru se întâmplă de fiecare dată când învățătura mincinoasă este permisă în biserică. Singurul răspuns pentru învățătura mincinoasă este acela care s-a spus deja: să fie scoasă din rădăcini.

> Atunci au înțeles ei că nu le zisese să se păzească de aluatul pâinii, ci de învățătura Fariseilor și a Saducheilor. (Mat 16:12)
>
> Ca să nu mai fim copii, plutind încoace și încolo, purtați de orice vânt de învățătură, prin viclenia oamenilor și prin șiretenia lor în mijloacele de amăgire; (Efes 4:14)
>
> Luați seama ca nimeni să nu vă fure cu filozofia și cu o amăgire deșartă, după datina oamenilor, după învățăturile începătoare ale lumii, și nu după Hristos. (Col 2:8)

GALATENI 5:7-12

Să nu vă lăsați amăgiți de orice fel de învățături străine; căci este bine ca inima să fie întărită prin har, nu prin mâncăruri, care n-au slujit la nimic celor ce le-au păzit. (Evrei 13:9)

Căci nebunul spune nebunii, și inima lui gândeşte rău, ca să lucreze în chip nelegiuit, și să spună neadevăruri împotriva Domnului, ca să lase lihnit sufletul celui flămând, și să ia băutura celui însetat. (Isa 32:6)

4 (5:10) **Slujitorul**: ascultați de adevăr pentru că slujitorul lui Dumnezeu are încredere în voi. Ce afirmație minunată! Când ne gândim la tot ce a fost scris în cartea Galateni (atacurile teribile la adresa lui Pavel și gravitatea învățăturilor mincinoase care amenințau biserica), încrederea pe care Pavel încă o mai are în galateni este șocantă.

Totuși, observați exact ce spune: încrederea lui este "în Domnul;" adică, galatenii pot birui învățătura mincinoasă doar în Domnul. În Cristos ei pot birui această situație și pot ieși victorioși. De fapt, Pavel avea încredere că bisericile vor asculta de avertismentele lui și se vor întoarce la Domnul și vor asculta de adevărul Lui.

Meditația 1. Singura cale prin care învățătura mincinoasă din biserică poate fi ținută sub control este "în Domnul."

Eu sunt Vița, voi sunteți mlădițele. Cine rămâne în Mine, și în cine rămân Eu, aduce mult rod; căci despărțiți de Mine, nu puteți face nimic. (Ioan 15:5)

Iar Aceluia care poate să vă întărească, după Evanghelia mea și propovăduirea lui Isus Hristos, potrivit cu descoperirea tainei, care a fost ținută ascunsă timp de veacuri, (Rom 16:25)

Iar a Celui ce, prin puterea care lucrează în noi, poate să facă nespus mai mult decât cerem sau gândim noi. (Efes 3:20)

Sunt încredințat că Acela care a început în voi această bună lucrare, o va isprăvi până în ziua lui Isus Hristos. (Filip 1:6)

Iar a Aceluia, care poate să vă păzească de orice cădere, și să vă facă să vă înfățișați fără prihană și plini de bucurieînaintea slavei Sale, singurului Dumnezeu, Mântuitorul nostru, prin Isus Hristos, Domnul nostru, să fie slavă, măreție, putere și stăpânire, mai înainte de toți vecii, și acum și în veci. Amin. (Iuda 1:24-25)

5 (5:10-12) **Învățătorii mincinoși**: ascultați de adevăr pentru că învățătorii mincinoși vor fi judecați. Nu este nimic nesigur în afirmația aceasta: învățătorul mincinos care cauzează confuzie în biserică își va primi pedeapsa—va primi judecata lui Dumnezeu. Pavel dă patru motive pentru care învățătorii mincinoși vor fi judecați.

1. Învățătorii mincinoși vor fi judecați pentru că ei duc biserica și pe credincioși în rătăcire. Prin *rătăcire* se înțelege că ei nelinișteau și tulburau biserica. Învățătorii mincinoși slăbeau funiile credinței în Cristos, tulburând siguranța și viața credincioșilor și lucrarea bisericilor. Ei îi duceau în rătăcire pe credincioși și pângăreau biserica lui Dumnezeu cu învățături mincinoase.

Dacă nimiceşte cineva Templul lui Dumnezeu, pe acela îl va nimici Dumnezeu; căci Templul lui Dumnezeu este sfânt: și aşa sunteți voi. (1 Cor 3:17)

2. Învățătorii mincinoși vor fi judecați pentru că răspândesc minciuni despre slujitorul lui Dumnezeu. Pavel nu predica necesitatea ritualurilor pentru mântuire (tăierea împrejur, botezul, membralitatea în biserică, etc.) dar învățătorii mincinoși spuneau că el predică asta. Totuşi, motivul pentru care evreii îl judecau atât de dur era că el nu predica tăierea împrejur. De aceea Pavel întreabă: De ce mă prigonesc evreii atât de mult dacă eu predic mântuirea prin ritualuri (tăiere împrejur, botez, membralitatea în biserică etc.)?

Ideea este următoarea: Învățătorii mincinoși l-au atacat pe Pavel, încercând să îl discrediteze pe el și lucrarea lui, înaintea credincioșilor. Un lucru pe care Dumnezeu nu îl tolerează este atacul la adresa unșilor Săi.

Cine ești tu, care judeci pe robul altuia? Dacă stă în picioare sau cade, este treaba stăpânului său; totuși, va sta în picioare, căci Domnul are putere să-l întărească pentru ca să stea. (Rom 14:4)

Unul singur este dătătorul și judecătorul Legii: Acela care are putere să mântuiască și să piardă. Dar tu cine ești de judeci pe aproapele tău? (Iacov 4:12)

3. Învățătorii mincinoși vor fi judecați pentru că ei sunt jigniți de cruce. Pavel a predicat crucea, faptul că omul este justificat și primit de Dumnezeu doar prin *crucea lui Isus Cristos*. Învățătorii mincinoși (Iudaizatorii) erau jigniți, se poticneau de asta. Cuvântul "jignire, poticnire" înseamnă împiedicare sau amețire. Crucea i-a făcut pe învățătorii mincinoși să se împiedice în încercarea lor de a se apropia de Dumnezeu. Ei învățau că moartea lui Isus Cristos nu era suficientă pentru a face un om acceptabil înaintea lui Dumnezeu. Numai crucea nu era îndeajuns; era nevoie de mai

mult. Omul trebuia *ritualizat* (tăiat împrejur, botezat) şi trebuia să se supună legii lui Dumnezeu, să ţină toate ritualurile, ceremonialurile şi regulile bisericii. Dacă făcea toate aceste lucruri atunci era un Creştin adevărat.

Mântuirea prin fapte şi lege desigur că este falsă. Mântuirea este posibilă prin Fiul lui Dumnezeu, Isus Cristos şi doar prin El. Scriptura este clară: oricine urmează sau învaţă un alt fel de mântuire va fi aspru judecat.

4. Învăţătorii mincinoşi vor fi judecaţi pentru că merită să fie condamnaţi. Pavel este cuprins de emoţii puternice aici: el ar dori ca învăţătorii mincinoşi să se ducă şi să se castreze—să se taie de tot. Acest gând este respingător pentru mulţi dar Pavel are toate motivele să se exprime astfel, pentru că a aduce o învăţătură mincinoasă este cea mai gravă ofensă. Nimic nu poate întrece asta, mai ales când se ia din sau se adaugă la crucea lui Cristos. Dumnezeu Şi-a dat Fiul ca să moară pentru oameni, iar dacă oamenii nu înţeleg acest lucru atunci ei ratează neprihănirea care le este necesară ca să poată trăi în prezenţa lui Dumnezeu. Nu există altă neprihănire decât neprihănirea lui Isus Cristos, şi nu este altă moarte care să poată reprezenta ca Substituirea Ideală pentru moartea omului—nu înaintea lui Dumnezeu. Dumnezeu nu acceptă altă moarte decât moartea lui Cristos—care să acopere moartea omului. Dacă cineva doreşte să se apropie de Dumnezeu, el trebuie să vină prin cruce, prin moartea lui Isus Cristos. Dumnezeu nu acceptă altă cale. De aceea, dacă un om vine pe altă cale la Dumnezeu, atunci mai bine merge până la capăt cu învăţătura lui—mai bine merge până la capăt şi se taie de tot şi se dă la o parte—mai bine aşa decât să continue să distrugă poporul lui Dumnezeu.

Ideea este următoarea: un învăţător mincinos merită să fie judecat. Nu există pedeapsă prea mare pentru el. Aşa cum s-a spus mai sus: "El va primi pedeapsa."

Căci Fiul omului are să vină în slava Tatălui Său, cu îngerii Săi; şi atunci va răsplăti fiecăruia după faptele lui. (Mat 16:27)

Stăpânul robului aceluia va veni în ziua în care el nu se aşteaptă, şi în ceasul în care nu ştie, şi-l va tăia în bucăţi; şi soarta lui va fi soarta celor necredincioşi în lucrul încredinţat lor. Robul acela, care a ştiut voia stăpânului său, şi nu s-a pregătit deloc, şi n-a lucrat după voia lui, va fi bătut cu multe lovituri. (Luca 12:46-47)

Căci toţi trebuie să ne înfăţişăm înaintea scaunului de judecată al lui Hristos, pentru ca fiecare să-şi primească răsplata după binele sau răul, pe care-l va fi făcut când trăia în trup. (2 Cor 5:10)

Şi dacă chemaţi ca Tată pe Cel ce judecă fără părtinire pe fiecare după faptele lui, purtaţi-vă cu frică în timpul pribegiei voastre; (1 Pet 1:17)

Înseamnă că Domnul ştie să izbăvească din încercare pe oamenii cucernici, şi să păstreze pe cei nelegiuiţi, ca să fie pedepsiţi în ziua judecăţii. (2 Pet 2:9)

Iar cerurile şi pământul de acum sunt păzite şi păstrate, prin acelaşi Cuvânt, pentru focul din ziua de judecată şi de pieire a oamenilor nelegiuiţi. (2 Pet 3:7)

Şi pentru ei a prorocit Enoh, al şaptelea patriarh de la Adam, când a zis: Iată că a venit Domnul cu zecile de mii de sfinţi ai Săi, ca să facă o judecată împotriva tuturor, şi să încredinţeze pe toţi cei nelegiuiţi, de toate faptele nelegiuite, pe care le-au făcut în chip nelegiuit, şi de toate cuvintele de ocară, pe care le-au rostit împotriva Lui aceşti păcătoşi nelegiuiţi. (Iuda 1:14-15)

Iată, Eu vin curând; şi răsplata Mea este cu Mine, ca să dau fiecăruia după fapta lui. (Apoc 22:12)

	V. VIAȚA ȘI UMBLAREA CREDINCIOSULUI: LIBERĂ ȘI SPIRITUALĂ, 5:13–6:18
	A. Măreața lege pentru viața credinciosului: Dragostea, 5:13-15
1. Libertate—dragoste—aceasta este marea chemare a credinciosului a. Pericolul: Firea—indulgența, abuzul de libertate b. Puterea care înfrânează: Dragostea **2. Dragostea îi slujește pe alții** **3. Dragostea nu jignește, ci îi pasă de aproapele** **4. Dragostea nu mușcă nici nu mănâncă pe alții**	13 Fraților, voi ați fost chemați la slobozenie. Numai, nu faceți din slobozenie o pricină ca să trăiți pentru firea pământească, ci slujiți-vă unii altora în dragoste. 14 Căci toată Legea se cuprinde într-o singură poruncă: Să iubești pe aproapele tău ca pe tine însuți. 15 Dar dacă vă mușcați și vă mâncați unii pe alții, luați seama să nu fiți nimiciți unii de alții.

SECȚIUNEA V

VIAȚA ȘI UMBLAREA CREDINCIOSULUI: LIBERĂ ȘI SPIRITUALĂ, 5:13–6:18

A. Măreața Lege pentru Viața Credinciosului: Dragostea, 5:13-15

(5:13-6:18) **PRIVIRE DE ANSAMBLU ASUPRA SECȚIUNII: Credincios, Umblare**: acest pasaj începe ultima secțiune din Galateni. Până aici, tot ce s-a discutat a fost legat de doctrină; acum, Pavel începe să se ocupe de activitățile și lucrurile practice, de zi cu zi, ale crecinciosului. Pavel vorbește despre șase subiecte practice. Dacă am combina toate aceste subiecte, un titlu simplu pe care l-am putea da, ar fi: "Viața și umblarea credinciosului: Liberă și Spirituală."

1. Măreața lege pentru viața credinciosului: Dragostea (5:13-15)
2. O umblare în continuă luptă cu cel mai are dușman din viață: Dorințele Naturii Păcătoase (5:16-21).
3. O umblare care oglindește natura lui Dumnezeu: Roada Duhului Sfânt (5:22-26).
4. O umblare de restaurare a celui care alunecă (6:1-5).
5. O umblare de facere de bine față de cel care învață pe alții. (6:6-10).
6. O umblare care se laudă cu crucea lui Cristos. (6:11-18).

(5:13-15) **Introducere**: Isus Cristos l-a eliberat pe credincios. Credinciosul nu mai trebuie să lucreze din greu ca să primească acceptarea lui Dumnezeu. Credinciosul este primit de Dumnezeu prin lucrarea lui Isus Cristos. Totuși, trebuie ținut minte un lucru esențial: Libertatea credinciosului nu trebuie înțeleasă greșit, ea nu înseamnă libertatea de a păcătui, libertatea de a face tot ce dorești. Libertatea credinciosului este libertatea de a *nu mai păcătui*. Înseamnă libertatea de a birui pasiunile și dorințele firii pământești care se războiesc neîncetat cu judecata și rațiunea omului. Credinciosul este un om atât de conștient de prezența Duhului Sfânt și de puterea Lui, încât el poate să se curețească și să își iubească aproapele ca pe sine însuși. (vezi comentariul—Rom.6:1-2.)

Ideea este următoarea: credinciosul nu trăiește în păcat, pentru că el Îl iubește pe Dumnezeu și își iubește aproapele. Credinciosul trăiește și umblă sub cea mai minunată lege—legea dragostei. Dragostea este legea după care se călăuzește și ghidează viața și umblarea credinciosului.

1. Libertate—dragoste—este marea chemare a credinciosului (v.13).
2. Dragostea îi slujește pe alții (v.13).
3. Dragostea nu jignește, ci îi pasă de aproapele. (v.14).
4. Dragostea nu mușcă nici nu mănâncă pe alții (v.15).

1 (5:13) **Libertate sau Abuzul de Libertate—Lege sau Credință—Dragoste**: libertate—dragoste—este marea chemare a credinciosului. S-a stabilit că, credinciosul nu trăiește prin ținerea legii sau făcând fapte bune. Credinciosul știe că nu poate deveni vreodată perfect, indiferent cât de mult bine ar face. El știe că nu poate să țină destule legi sau

să facă destule fapte bune ca să poată fi la fel ca Dumnezeu. El ştie că este departe de standardul lui Dumnezeu. Dacă va fi vreodată primit de Dumnezeu, atunci acest lucru se va datora dragostei lui Dumnezeu care...
- S-a îngrijit să-i dăruiască o Neprihănire Ideală pentru el
- S-a îngrijit ca cineva să poarte pedeapsa pentru încălcările lui de lege

Credinciosul ştie că Dumnezeu l-a iubit pe el şi întreaga lume atât de mult încât s-a îngrijit de aceste lucruri. El ştie că Dumnezeu a iubit lumea atât de mult încât Şi-a trimis Fiul Său, pe Isus Cristos, în lume ca să facă aceste lucruri în locul lui. El ştie că...
- Isus Cristos a trăit o viaţă fără păcat şi a asigurat o Neprihănire Ideală pentru el
- Isus Cristos a murit pentru el—a murit purtând judecata legii pentru el

Ideea este următoarea: când un om crede aceste lucruri cu privire la Cristos—că Cristos este Salvatorul lui—Dumnezeu ia credinţa acelui om şi o socoteşte neprihănire. Omul devine acceptat de Dumnezeu. Credinciosul ştie următoarele lucruri: el nu este primit de Dumnezeu datorită faptelor lui, şi nu poate deveni mai bun ţinând legea sau făcând anumite ritualuri. El este primit de Dumnezeu pentru că Cristos l-a eliberat de nevoia lui de a se lupta şi de a încerca să fie destul de bun pentru a putea fi mântuit şi de îndoielile pe care le implică această stare. Omul nu mai trebuie să ţină legi şi să facă fapte bune pentru a fi mântuit. Trăirea după lege a fost dintotdeauna o sarcină fără speranţă, care l-a lăsat pe om pierdut şi neajutorat (vezi comentariul—Gal.3:10-12; 3:19). Omul este mântuit prin harul lui Dumnezeu care L-a dat pe Fiul Său pentru lume: prin credinţa în Isus Cristos ca şi Mântuitor—crezând că Isus Cristos a murit pentru el. Totuşi, acestea fiind zise, observaţi două lucruri.

1. Există pericolul abuzului de libertate. Trebuie pusă o întrebare: dacă Cristos ne eliberează de lege, asta înseamnă că omul poate să *creadă în Cristos* şi mai apoi poate trăi aşa cum doreşte, făcând ceea ce vrea el? Se poate folosi de libertatea lui pentru a merge ocazional să îşi satisfacă poftele firii lui (natura păcătoasă) ştiind că Dumnezeu îl va ierta? Poate omul să continue să caute lucrurile acestei lumi şi să permită căderile în firea pământească (natura păcătoasă)? Poate el să creadă în Cristos şi în acelaşi timp să trăiască în felul lumii? Nu! De o mie de ori nu, spune Scriptura!

Un om care crede şi afirmă aceasta, nu înţelege credinţa—adevărata credinţă. În Biblie credinţa nu înseamnă credinţa intelectuală, nu înseamnă să crezi ceva doar la nivelul minţii. Credinţa înseamnă o *credinţă dăruită*, a crede ceva cu preţul vieţii. A crede în Cristos înseamnă a-ţi dărui viaţa lui Cristos (vezi STUDIU APROFUNDAT # 2, *Credinţa*—Ioan 2:24 pentru mai multe discuţii). Gândiţi-vă doar pentru un moment la asta şi va deveni foarte clar: dacă cineva nu este gata să îşi dedice viaţa lui Cristos, atunci el, de fapt, nu crede în Cristos. El nu crede, nu crede cu adevărat; pentru că dacă ar crede cu adevărat, i-ar da Fiului lui Dumnezeu, fără îndoială, tot ce are şi tot ce este (vezi Rom.6:16; Evrei.5:9.)

2. Există înfrânarea dragostei. Un om care crede că Cristos l-a eliberat şi i-a dat voie să păcătuiască, nu înţelege ce este dragostea. Acesta este subiectul pasajului la care privim. Adevăratul credincios este eliberat de povara primirii acceptării lui Dumnezeu prin lege, singura lege pusă asupra sa, este dragostea. Credinciosul nu are nevoie de o altă constrângere sau înfrânare decât cea a dragostei. Sunt două motive pentru asta.

⇒ Dumnezeu l-a iubit, deci omul care vede cu adevărat dragostea lui Dumnezeu este atras să Îl iubească pe Dumnezeu şi toate făpturile create de Dumnezeu.

Căci dragostea lui Hristos ne strânge; fiindcă socotim că, dacă Unul singur a murit pentru toţi, toţi deci au murit. Şi El a murit pentru toţi, pentru ca cei ce trăiesc, să nu mai trăiască pentru ei înşişi, ci pentru Cel ce a murit şi a înviat pentru ei. (2 Cor 5:14-15)

⇒ Dragostea îmbrăţişează toate poruncile lui Dumnezeu. Isus Însuşi a spus aşa, iar acest lucru reiese clar din punctele acestui pasaj.

"Învăţătorule, care este cea mai mare poruncă din Lege? Isus i-a răspuns: Să iubeşti pe Domnul, Dumnezeul tău, cu toată inima ta, cu tot sufletul tău, şi cu tot cugetul tău. Aceasta este cea dintâi, şi cea mai mare poruncă. Iar a doua, asemenea ei, este: ‚Să iubeşti pe aproapele tău ca pe tine însuţi. În aceste două porunci se cuprinde toată Legea şi Proorocii." (Mat 22:36-40)

2 (5:13) Dragoste—Slujire: dragostea slujeşte pe alţii. Un credincios este liber în Cristos: el este eliberat de toată legea, de toate constrângerile şi faptele. El nu se află sub absolut nimic, decât sub Cristos. El trăieşte în Cristos, se mişcă în Cristos, şi îşi are toată fiinţa în El. De ce? Pentru că Cristos l-a iubit pe credincios, l-a slujit şi S-a dat pe Sine pentru el, iar credinciosul ştie asta. De aceea, credinciosul Îl iubeşte pe Cristos cu toată inima şi viaţa sa. El doreşte să Îi facă pe plac lui Cristos, şi să facă tot ce poate el ca să Îl slujească pe Cristos. Acesta este un lucru important: cum poate credinciosul să Îl slujească pe Cristos? Făcând exact ceea ce a făcut Cristos: iubindu-i şi slujindu-Ii pe alţii.

GALATENI 5:13-15

"Slujiţi-vă unii altora în dragoste."

Un om care iubeşte nu se poartă ca un *stăpân peste oameni*; el...
* slujeşte şi ajută
* arată bunătate şi blândeţe
* îşi exprimă îngrijorarea şi grija
* îşi arată simpatia şi empatia

Omul care iubeşte cu adevărat se identifică cu cel pe care îl slujeşte, se coboară unde este acesta, chiar mai jos decât este, şi slujeşte. Dragostea slujeşte—întotdeauna întinde mâna ca să facă tot ce poate pentru celălalt. Niciodată nu se retrage de la celălalt, simţind că acesta...
* nu merită efotul şi ajutorul lui
* nu este vrednic de ajutorul lui
* nu este ceea ce ar trebui să fie
* este prea rău, prea imoral, prea needucat, prea nerecunoscut, prea neînsemnat

> **Pentru că nici Fiul omului n-a venit să I se slujească, ci El să slujească şi să-Şi dea viaţa ca răscumpărare pentru mulţi. (Mat 20:28)**
> **Dar între voi să nu fie aşa. Ci oricare va vrea să fie mare între voi, să fie slujitorul vostru; şi oricare va vrea să fie cel dintâi între voi, să fie robul tuturor. (Marcu 10:43-44)**
> **"Care dintr-aceşti trei ţi se pare că a dat dovadă că este aproapele celui ce căzuse între tâlhari? Cel ce şi-a făcut milă cu el, a răspuns învăţătorul Legii. Du-te de fă şi tu la fel, i-a zis Isus." (Luca 10:36-37)**
> **Căci care este mai mare: cine stă la masă, sau cine slujeşte la masă? Nu cine stă la masă? Şi Eu totuşi, sunt în mijlocul vostru ca cel ce slujeşte la masă. (Luca 22:27)**
> **S-a sculat de la masă, S-a dezbrăcat de hainele Lui, a luat un ştergar, şi S-a încins cu el. Apoi a turnat apă într-un lighean şi a început să spele picioarele ucenicilor, şi să le şteargă cu ştergarul cu care era încins. Deci, dacă Eu, Domnul şi Învăţătorul vostru, v-am spălat picioarele, şi voi sunteţi datori să vă spălaţi picioarele unii altora. (Ioan 13:4-5,14)**
> **I-a zis a doua oară: Simone, fiul lui Iona, Mă iubeşti? Da Doamne, I-a răspuns Petru, ştii că Te iubesc. Isus i-a zis: Paşte oiţele Mele. (Ioan 21:16)**
> **Purtaţi-vă sarcinile unii altora, şi veţi împlini astfel Legea lui Hristos. (Gal 6:2)**
> **Aşadar, cât avem prilej, să facem bine la toţi, şi mai ales fraţilor în credinţă. (Gal 6:10)**
> **ci S-a dezbrăcat pe sine însuşi şi a luat un chip de rob, făcându-Se asemenea oamenilor. (Filip 2:7)**

3 (5:14) **Dragostea**: dragostea nu jigneşte ci îi pasă de aproapele ei—îi pasă la fel de mult cât îi pasă de sine însuşi. Trebuie recunoscut faptul că:
⇒ Dacă unui om i-ar păsa la fel de mult de cel de lângă el, cât îi pasă de sine însuşi, atunci nu ar avea nevoie de nicio lege. Atunci el ar trăi aşa cum trebuie şi ar face exact ceea ce trebuie.

Acesta este motivul pentru care dragostea împlineşte toată legea. Dragostea nu profită de ceilalţi oameni. Dragostea nu se foloseşte de oameni pentru a-şi împlini scopurile sale, lăcomia sau pofta. Dragostea nu va răni pe cineva la fel cum nu va dori ca cineva să îl rănească pe el.

Dragostea implică acţiuni practice care sunt foarte clar descrise în Scriptură (1 Cor.13:4-7).
⇒ Dragostea este răbdătoare (suferă).
⇒ Dragostea este plină de bunătate.
⇒ Dragostea nu pizmuieşte (nu este geloasă).
⇒ Dragostea nu se laudă (nu se mândreşte).
⇒ Dragostea nu se umflă de mândrie (nu este arogantă, mândră, trufaşă).
⇒ Dragostea nu se poartă necuvincios (nepotrivit, indecent, nemanierat).
⇒ Dragostea nu caută folosul său (nu este egoistă; nu insistă asupra drepturilor ei).
⇒ Dragostea nu se mânie (nu este sensibilă, nu este supărăcioasă).
⇒ Dragostea nu se gândeşte la rău (nu plănuieşte răul; nu ţine evidenţa răului făcut).
⇒ Dragostea nu se bucură de nelegiuire (greşeală, păcat, injustiţie), ci se bucură de adevăr (dreptate şi neprihănire).
⇒ Dragostea întotdeauna acoperă, protejează.
⇒ Dragostea întotdeauna crede (are încredere in tot; este gata să creadă lucrurile cele mai bune despre toţi).
⇒ Dragostea întotdeauna nădăjduieşte totul (nu îşi pierde speranţa în orice circumstaţe s-ar afla).
⇒ Dragostea suferă totul (fără să slăbească; are putere să rabde).

Să nu datoraţi nimănui nimic, decât să vă iubiţi unii pe alţii: căci cine iubeşte pe alţii, a împlinit Legea. De fapt: Să nu preacurveşti, să nu furi, să nu faci nici o mărturisire mincinoasă, să nu pofteşti, şi orice altă poruncă mai poate fi, se cuprind în porunca aceasta: Să iubeşti pe aproapele tău ca pe tine însuţi. Dragostea nu face rău aproapelui: dragostea deci este împlinirea Legii. (Rom 13:8-10)

Căci toată Legea se cuprinde într-o singură poruncă: Să iubeşti pe aproapele tău ca pe tine însuţi. (Gal 5:14)

Dacă împliniţi Legea împărătească, potrivit Scripturii: Să iubeşti pe aproapele tău ca pe tine însuţi, bine faceţi. (Iacov 2:8)

4 (5:15) **Dragostea**: dragostea nu-i muşcă şi nu-i mănâncă pe alţii. A.T. Robertson spune că imaginea este aceea a unei lupte dintre un câine şi o pisică, sau o luptă dintre două animale sălbatice (*Word Pictures in the New Testament*, Vol.4, p.311). A muşca şi a mânca se referă la mult mai mult decât la o simplă ceartă. Oamenii se muşcă între ei atunci când se nesocotesc. De exemplu, nimic nu este mai clar decât felul in care deseori are loc o astfel de confruntare între un soţ şi o soţie. Totuşi, dragostea îl respectă pe celălalt—indiferent cine este acea persoană sau ce a făcut. Dragostea nu muşcă nici nu mănâncă pe alţii în niciun fel. Dragostea nu...

- plezneşte
- condamnă
- dă la iveală
- răneşte
- cleveteşte

- cenzurează
- pofteşte
- critică
- acuză
- foloseşte greşit

- bârfeşte
- exploatează
- ia ce nu este a ei
- abuzează

De unde vin luptele şi certurile între voi? Nu vin oare din poftele voastre, care se luptă în mădularele voastre? Voi poftiţi, şi nu aveţi; ucideţi, pizmuiţi, şi nu izbutiţi să căpătaţi; vă certaţi, şi vă luptaţi; şi nu aveţi, pentru că nu cereţi. (Iacov 4:1-2)

Cine zice că este în lumină, şi urăşte pe fratele său, este încă în întuneric până acum. (1 Ioan 2:9)

Oricine urăşte pe fratele său, este un ucigaş; şi ştiţi că nici un ucigaş n-are viaţa veşnică rămânând în el. (1 Ioan 3:15)

Dacă zice cineva: Eu iubesc pe Dumnezeu, şi urăşte pe fratele său, este un mincinos; căci cine nu iubeşte pe fratele său, pe care-l vede, cum poate să iubească pe Dumnezeu, pe care nu-L vede? Şi aceasta este porunca, pe care o avem de la El: cine iubeşte pe Dumnezeu, iubeşte şi pe fratele său. (1 Ioan 4:20-21)

Ura stârneşte certuri, dar dragostea acoperă toate greşelile. (Prov 10:12)

	B. O umblare în continuă luptă cu cel mai mare dușman din viață: Dorințele firii pământești, Natura păcătoasă, 5:16-21	18 Dacă sunteți călăuziți de Duhul, nu sunteți sub Lege.. 19 Și faptele firii pământești sunt cunoscute și sunt acestea: preacurvia, curvia, necurăția, desfrânarea,	d. Natura păcătoasă nu poate să țină legea
1. Secretul biruinței asupra poftelor naturii păcătoase: Duhul Sfânt	16 Zic dar: umblați cârmuiți de Duhul, și nu împliniți poftele firii pământești.	20 închinarea la idoli, vrăjitoria, vrăjbile, certurile, zavistiile, mâniile, neînțelegerile, dezbinările, certurile de partide,	**2. Faptele naturii (firii) păcătoase**
a. Natura (firea) păcătoasă luptă pentru supremație. b. Natura (firea) păcătoasă este împotriva Duhului c. Natura (firea) păcătoasă nu îl lasă pe om să facă ceea ce ar dori să facă	17 Căci firea pământească poftește împotriva Duhului, și Duhul împotriva firii pământești: sunt lucruri potrivnice unele altora, așa că nu puteți face tot ce voiți.	21 pizmele, uciderile, bețiile, îmbuibările, și alte lucruri asemănătoare cu acestea. Vă spun mai dinainte, cum am mai spus, că cei ce fac astfel de lucruri, nu vor moșteni Împărăția lui Dumnezeu.	**3. Judecata celor care trăiesc după îndemnurile naturii (firii) păcătoase**

SECȚIUNEA V

UMBLAREA ȘI VIAȚA CREDINCIOSULUI: LIBERĂ ȘI SPIRITUALĂ, 5:13–6:18

B. O umblare în continuă luptă cu cel mai mare dușman din viață: Dorințele firii pământești, Natura păcătoasă, 5:16-21

(5:16-21) **Introducere**: pasajul acesta și cel următor sunt două pasaje de o importanță deosebită pentru umblarea credinciosului. Acestea vorbesc despre umblarea prin Duhul Sfânt și despre biruința asupra firii păcătoase. Aceste lucruri trebuie urmate cu sfințenie de credincios.

1. Secretul biruinței asupra poftelor naturii (firii) păcătoase: Duhul Sfânt (vv.16-18).
2. Faptele naturii (firii) păcătoase (vv.19-21).
3. Judecata celor care trăiesc după îndemnurile naturii (firii) păcătoase (v.21).

1 (5:16-18) **Duhul Sfânt—Fire—Natura Păcătoasă**: soluția pentru a putea birui dorințele firii păcătoase (carnale) este Duhul Sfânt al lui Dumnezeu. Credinciosul trebuie să umble în prezența și în puterea Duhului Sfânt. Aceasta este singura cale prin care el poate să nu împlinească dorințele și poftele firii pământești. Niciun om nu are puterea necesară pentru a putea controla poftele firii lui păcătoase—nu în el însuși. Scriptura ne dă patru motive clare pentru aceasta.

1. Firea, natura păcătoasă se luptă pentru supremație. Ea poftește împotriva Duhului, se luptă și vrea să controleze omul. Imaginea prezentată este cea a unei bătălii dintr-un război (A.T. Robertson. *Word Pictures in the New Testament*, Vol.4, p.311). Firea este împotriva Duhului— față în față—și caută să îl controleze pe om.

Cuvântul *pofte* (epithumei kata) are sensul de *pasiune arzătoare pentru ceva*. Fiecare om a experimentat cum firea pământească

- dorește
- îi e foame
- însetează
- trage
- poftește
- tânjește
- vrea
- apucă
- cere
- ia

Fiecare om știe ce înseamnă ca firea lui păcătoasă să tânjească după ceva, să dorească cu ardoare să aibă ceva. Firea păcătoasă este foarte puternică și foarte greu de controlat. Acesta este primul motiv pentru care singura speranță a credinciosului de a-și putea controla natura păcătoasă este Duhul lui Dumnezeu.

> Dar văd în mădularele mele o altă lege, care se luptă împotriva legii primite de mintea mea, și mă ține rob legii păcatului, care este în mădularele mele. (Rom 7:23)
> Fiindcă umblarea după lucrurile firii pământești este vrăjmășie împotriva lui Dumnezeu, căci, ea nu se supune Legii lui Dumnezeu, și nici nu poate să se supună. (Rom 8:7)

GALATENI 5:16-21

De unde vin luptele şi certurile între voi? Nu vin oare din poftele voastre, care se luptă în mădularele voastre? Voi poftiţi, şi nu aveţi; ucideţi, pizmuiţi, şi nu izbutiţi să căpătaţi; vă certaţi, şi vă luptaţi; şi nu aveţi, pentru că nu cereţi. (Iacov 4:1-2)

2. Firea, natura păcătoasă doreşte ceea ce este împotriva Duhului. Firea, natura păcătoasă are în ea instincte primare şi pasiuni necontrolate. Omul simte dorinţa de a face ceea ce doreşte, de a ridica barierele şi de a-şi urma înclinaţiile, sentimentele, dorinţele şi pasiunile. La acest lucru se referă Biblia când vorbeşte despre "poftele firii pământeşti."

Totuşi, credinciosul adevărat are în viaţa lui o altă forţă—forţa Duhului Sfânt. Când credinciosul simte *lupta şi tensiunea* dintre natura păcătoasă şi Duhul Sfânt, atunci Duhul Sfânt îi va da puterea de a birui firea păcătoasă. Lupta este *puterea*. Credinciosul care simte lupta şi se îndepărtează de lucrul care creează tensiune, şi îi cere lui Dumnezeu să-i dea curajul de a sta departe de acel lucru, acela este credinciosul care umbă după îndemnurile Duhului. Credinciosul trebuie să înţeleagă firea păcătoasă şi Duhul Sfânt nu pot să coexiste în pace (vezi comentariul—Rom.7:14-25; 8:18; 8:28-39).

3. Natura păcătoasă nu îl lasă pe om să facă ceea ce ar dori să facă. Fiecare om a experimentat puterea firii păcătoase; fiecare a căzut în plasa firii păcătoase şi a făcut ceva ce nu ar fi dorit să facă. S-a luptat să nu facă lucrul respectiv—a ştiut că este rău sau dăunător —şi totuşi nu a rezistat firii păcătoase. A cedat sub puterea firii păcătoase şi a făcut acel lucru. A...

- mâncat prea mult
- s-a mâniat
- s-a apucat de fumat
- s-a îmbătat
- a făcut lucruri rele
- a poftit
- a fost egoist
- a fost imoral
- a înşelat,a minţit, a furat
- s-a mândrit
- a înjurat

Observaţi încă un lucru. Fiecare dintre noi a fost ispitit, şi am ştiut cum să biruim aceste ispite. Dar, în ciuda acestui lucru, firea, natura păcătoasă a fost atât de puternică încât nu am putut birui. Lupta pe care am experimentat-o a însemnat să ...

- ne controlăm
- cerem ajutor
- iubim
- ne jertfim
- cedăm
- arătăm bunătate
- dăruim
- ajutăm
- avem răbdare

Ideea este următoarea: natura păcătoasă este atât de puternică încât de multe ori nu ne lasă să facem ceea ce am dori. Singura speranţă de a putea vreodată să controlăm firea pământească este să trăim prin Duhul lui Dumnezeu—în prezenţa Lui şi în puterea Lui.

Căci nu ştiu ce fac: nu fac ce vreau, ci fac ce urăsc. Acum, dacă fac ce nu vreau, mărturisesc prin aceasta că Legea este bună. Şi atunci, nu mai sunt eu cel ce face lucrul acesta, ci păcatul care locuieşte în mine. Ştiu, în adevăr, că nimic bun nu locuieşte în mine, adică în firea mea pământească, pentru că, ce-i drept, am voinţa să fac binele, dar n-am puterea să-l fac. Căci binele, pe care vreau să-l fac, nu-l fac, ci răul, pe care nu vreau să-l fac, iată ce fac! Şi dacă fac ce nu vreau să fac, nu mai sunt eu cel ce face lucrul acesta, ci păcatul care locuieşte în mine. (Rom 7:15-20)
Căci armele cu care ne luptăm noi, nu sunt supuse firii pământeşti, ci sunt puternice, întărite de Dumnezeu ca să surpe întăriturile. (2 Cor 10:4)

4. Firea, natura păcătoasă nu poate să ţină legea. Acest lucru a fost prezentat clar în punctul precedent. Nimeni nu ţine legea tot timpul: firea ne face să cădem, şi oricât de mult am încerca, nu putem face tot ce spune legea —nu tot timpul. Atunci care este soluţia? Este esenţial să cunoaştem soluţia, pentru că de fiecare dată când greşim în ţinerea legii, legea este încălcată şi noi suntem condamnaţi. Noi nu putem satisface cerinţele legii, nu în mod perfect. De aceea, suntem vinovaţi şi trebuie să ne primim pedeapsa. Observaţi încă un lucru: conştiinţa noastră ne condamnă. Conştiinţa ne condamnă şi ne acuză dacă încercăm să trăim pentru Cristos şi totuşi cădem şi cădem. Din nou, care este soluţia?

Duhul lui Dumnezeu este soluţia; dacă suntem călăuziţi de Duhul Sfânt, acest lucru ne va elibera de natura noastră păcătoasă şi de condamnarea legii. Ce înseamnă acest lucru? (vezi comentariul, *Duhul Sfânt, Viaţă*—Rom.8:2-4 pentru mai multe discuţii.) Înseamnă că Duhul Sfânt ne eliberează ca să putem trăi aşa cum a trăit Cristos, să trăim viaţa pe care a trăit-o Cristos. *Energia activă* a vieţii, forţa dinamică a vieţii—tot ce este în Cristos Isus—îi este dat

GALATENI 5:16-21

credinciosului. Credinciosul trăiește de fapt în Cristos Isus. Iar Duhul de viață care este în Cristos îl eliberează pe credincios de (legea) păcatului și a morții. Aceasta înseamnă că, credinciosul trăiește *conștient de libertatea lui*. El simte și respiră o adîncime a vieții, o bogăție, o plinătate a vieții care nu se poate descrie. El trăiește având putere—putere asupra presiunilor, a tensiunilor, a impedimentelor, a legăturilor vieții—chiar și asupra legăturilor păcatului și ale morții. El trăiește acum și va trăi veșnic. El simte asta și știe asta. Pentru el viața este în *duh, respiră fiind conștient de libertatea* pe care o are în Cristos. Chiar și când păcătuiește și se simte vinovat, există o putere (Duhul Sfânt) care îl atrage înapoi spre Dumnezeu. El cere iertarea și îndepărtarea vinei (1 Ioan.1:9), și imediat după ce o cere, aceeași putere (Duhul Sfânt) îl face să simtă o asigurare instantanee de curățire. Duhul de viață își face simțită prezența înlăuntrul lui, instantaneu. El se simte liber din nou, se simte plin de viață și simte puterea și eliberarea Duhului. El simte bogăția, plinătatea și adâncimea vieții. El este plin de "Duhul de Viață." Viața devine din nou un *duh, o trăire conștientă că este cu adevărat vie*. El trăiește acum și în veci.

În adevăr, legea Duhului de viață în Hristos Isus, m-a izbăvit de Legea păcatului și a morții. Căci lucru cu neputință Legii, întrucât firea pământească (Grecește: carnea, aici și peste tot unde e firea pământească.) o făcea fără putere Dumnezeu a osândit păcatul în firea pământească, trimițând, din pricina păcatului, pe însuși Fiul Său într-o fire asemănătoare cu a păcatului, pentru ca porunca Legii să fie împlinită în noi, care trăim nu după îndemnurile firii pământești, ci după îndemnurile Duhului. (Rom 8:2-4)
Căci toți cei ce sunt călăuziți de Duhul lui Dumnezeu sunt fii ai lui Dumnezeu. (Rom 8:14)
Când va veni Mângâietorul, Duhul adevărului, are să vă călăuzească în tot adevărul; căci El nu va vorbi de la El, ci va vorbi tot ce va fi auzit, și vă va descoperi lucrurile viitoare. (Ioan 16:13)

2 (5:19-21) **Fire—Natura păcătoasă**: faptele sau acțiunile firii păcătoase arată cât de puternică este această fire. Observați un lucru de o importanță esențială: trupul în sine nu este păcătos. Trupul omenesc este dat de Dumnezeu; pentru a fi folosit de Dumnezeu. De fapt, când un om este convertit la Cristos, trupul lui devine un templu pentru Dumnezeu, în care să locuiască El prin Duhul Sfânt. Creștinul nu trebuie să se curățească de trupul lui ci de "poftele firii pământești" (Gal.5:16), "orice întinăciune a cărnii și a duhului" (2 Cor.7:1), și de "faptele firii pământești" (Rom.13:12; Gal.5:19). Faptele firii pământești sunt roada păcatului din om, iar păcatul își are originea în inimă, nu în trup. Faptele firii pământești, înșiruite în acest pasaj se văd clar în întreaga societate; și tragic este că nu le vedem doar în știrile zilnice din fiecare oraș, ci în fiecare comunitate, în fiecare casă și în fiecare viață de pe planeta noastră. Prezența acestor păcate firești arată cât de puternică este firea păcătoasă și cât de neputincios este omul în a-și controla firea lui păcătoasă.

1. *Preacurvia, curvia - Imoralitatea sexuală* (moicheia): a fi necredincios din punct de vedere sexual, față de soț sau soție. Aici intră și privitul la un bărbat sau la o femeie ca să îl/o poftești. A privi și a pofti după sexul opus, la modul propriu, în persoană, sau în reviste, cărți, pe plaje sau oriunde, este o formă de adulter. A-ți imagina sau a pofti în inimă este același lucru cu săvârșirea actului respectiv. Este un cuvânt cu sens larg pentru a descrie toate formele de imoralitate sexuală; sexul înaintea căsătoriei și adulterul, sexul anormal, toate felurile de vicii sexuale.

Dar Eu vă spun că oricine se uită la o femeie, ca s-o poftească, a și preacurvit cu ea în inima lui. (Mat 5:28)
" Să nu preacurvești. (Exod 20:14; vezi Lev. 20:10))
Ochiul preacurvarului pândește amurgul: ,Nimeni nu mă va vedea, zice el, și își pune o maramă pe față. Noaptea sparg casele, ziua stau închiși; se tem de lumină. Pentru ei, dimineața este umbra morții, și când o văd, simt toate spaimele morții. Dar nelegiuitul alunecă ușor pe fața apelor, pe pământ n-are decât o parte blestemată, și niciodată n-apucă pe drumul celor vii! Cum sorb seceta și căldura apele zăpezii, așa înghite locuința morților pe cei ce păcătuiesc. (Iov 24:15-19)
Fugiți de curvie! Orice alt păcat, pe care-l face omul, este un păcat săvârșit afară din trup; dar cine curvește, păcătuiește împotriva trupului său. (1 Cor 6:18)
Curvia, sau orice altfel de necurăție, sau lăcomia de avere, nici să nu fie pomenite între voi, așa cum se cuvine unor sfinți. (Efes 5:3)
De aceea, omorâți mădularele voastre care sunt pe pământ: curvia, necurăția, patima, pofta rea, și lăcomia, care este o închinare la idoli. (Col 3:5)
Voia lui Dumnezeu este sfințirea voastră: să vă feriți de curvie; (1 Tes 4:3)

2. *Necurăția* (akatharsia): necurăție morală; a face lucruri care murdăresc, ne întinează și ne poluează viața.

Dar Eu vă spun că oricine se uită la o femeie, ca s-o poftească, a și preacurvit cu ea în inima lui. (Mat 5:28)

De aceea, Dumnezeu i-a lăsat pradă necurăției, să urmeze poftele inimilor lor; așa că își necinstesc singuri trupurile; (Rom 1:24)

Vorbesc omenește, din pricina neputinței firii voastre pământești: după cum odinioară v-ați făcut mădularele voastre roabe ale necurăției și fărădelegii, așa că săvârșeați fărădelegea, tot așa, acum trebuie să vă faceți mădularele voastre roabe ale neprihănirii, ca să ajungeți la sfințirea voastră! (Rom 6:19)

Curvia, sau orice altfel de necurăție, sau lăcomia de avere, nici să nu fie pomenite între voi, așa cum se cuvine unor sfinți. (Efes 5:3)

De aceea, omorâți mădularele voastre care sunt pe pământ: curvia, necurăția, patima, pofta rea, și lăcomia, care este o închinare la idoli. (Col 3:5)

3. *Desfrânarea* (aselgeia): mizeria morală, indecența, lipsa rușinii. O caracteristică principală a acestui fel de purtare este indecența lipsită de rușine. Înseamnă prezența fără nici o oprelişte a gândurilor rele și unui comportament rău. Înseamnă a ceda poftelor păcătoase, animalice, și a fi dipus oricând să îți satisfaci orice plăcere. Un astfel de om nu cunoaște nici o limită, a păcătuit atât de mult încât nu îi mai pasă de ceea ce spun sau gândesc oamenii despre el. Starea aceasta este mult mai josnică decât cea în care pur și simplu faci răul. Un om care greșește, de obicei, încearcă să își ascundă răul făcut, dar omului care se complace în păcatul lui, nu îi pasă de cei care îi cunosc excesele sau rușinea. El vrea; de aceea, el caută să ia și să-și satisfacă dorința. Nici decența și nici părerile altora nu contează. La început, când a început să păcătuiască, a făcut așa cum fac toți oamenii: a păcătuit în ascuns. Dar până la urmă, păcatul a distrus tot ce a fost bun în el—până la punctul în care omului nu mai îi pasă de cei care l-au văzut sau cunosc despre păcatul lui. El a devenit sclavul unui stăpân—stăpânul fiind obiceiul, sau lucrul respectiv în sine. Oamenii devin robi ai poftelor, ai dorințelor, ai desfrânării, ai moravurilor ușoare, ai lipsei rușinii (Marcu 7:22), robii gândurilor rele, ai cuvintelor urâte, ai dansurilor indecente, ai comportamentelor nepotrivite între femei și bărbați (Rom.13:13), robii unei exprimări nepotrivite de afecțiune în public, ai carnalității, ai îmbuibării, ai imoralității sexuale (1 Pet.4:3; 2 Pet.2:2, 18). (Vezi 2 Cor.12:21; Gal.5:19; Efes.4:19; 2 Pet.2:7.)

Tot astfel și bărbații, au părăsit întrebuințarea firească a femeii, s-au aprins în poftele lor unii pentru alții, au săvârșit parte bărbătească cu parte bărbătească lucruri scârboase, și au primit în ei înșiși plata cuvenită pentru rătăcirea lor. (Rom 1:27)

Ei și-au pierdut orice pic de simțire, s-au dedat la desfrânare, și săvârșesc cu lăcomie orice fel de necurăție. (Efes 4:19)

Căci s-au strecurat printre voi unii oameni, scriși de mult pentru osânda aceasta, oameni neevlavioși, care schimbă în desfrânare harul Dumnezeului nostru, și tăgăduiesc pe singurul nostru Stăpân și Domn Isus Hristos. Tot așa, Sodoma și Gomora și cetățile dimprejurul lor, care se dăduseră ca și ele la curvie și au poftit după trupul altuia, ne stau înainte ca o pildă, suferind pedeapsa unui foc veșnic. (Iuda 1:4, 7)

Ajunge, în adevăr, că în trecut ați făcut voia Neamurilor, și ați trăit în desfrânări, în pofte, în beții, în ospețe, în chefuri și în slujiri idolești neîngăduite. (1 Pet 4:3)

4. *Închinarea la idoli (idolatria)* (eidololatreia): închinarea la idoli, fie ei imaginari sau făcuți de mâna omului; închinarea la o idee despre Dumnezeu, sau la o imagine a lui Dumnezeu din mintea vreunui om; a dărui timpul principal de închinare (timpul și energia) unui alt lucru, decât Dumnezeu. (Vezi comentariul, *Păcat*, partea 2—1 Cor.6:9 pentru mai multe discuții.)

De aceea, preaiubiții mei, fugiți de închinarea la idoli. (1 Cor 10:14)

Și faptele firii pământești sunt cunoscute, și sunt acestea: preacurvia, curvia, necurăția, desfrânarea, închinarea la idoli, vrăjitoria, vrăjbile, certurile, zavistiile, mâniile, neînțelegerile, dezbinările, certurile de partide,

pizmele, uciderile, bețiile, îmbuibările, și alte lucruri asemănătoare cu acestea. Vă spun mai dinainte, cum am mai spus, că cei ce fac astfel de lucruri, nu vor moșteni Împărăția lui Dumnezeu. (Gal 5:19-21)

Căci știți bine că nici un curvar, nici un stricat, nici un lacom de avere, care este un închinător la idoli, n-are parte de moștenire în Împărăția lui Hristos și a lui Dumnezeu. (Efes 5:5)

De aceea, omorâți mădularele voastre care sunt pe pământ: curvia, necurăția, patima, pofta rea, și lăcomia, care este o închinare la idoli. Din pricina acestor lucruri vine mânia lui Dumnezeu peste fiii neascultării. (Col 3:5-6)

Dar cât despre fricoși, necredincioși, scârboși, ucigași, curvari, vrăjitori, închinătorii la idoli, și toți mincinoșii, partea lor este în iazul, care arde cu foc și cu pucioasă, adică moartea a doua. (Apoc 21:8)

Afară sunt câinii, vrăjitorii, curvarii, ucigașii, închinătorii la idoli, și oricine iubește minciuna și trăiește în minciună! (Apoc 22:15)

GALATENI 5:16-21

5.   *Vrăjitoria* (pharmakeia): magia, sau folosirea drogurilor sau a duhurilor rele pentru a controla vieţile altora sau propria viaţă. În contextul în care trăim, acest păcat ar include toate formele de ghicire a viitorului, include astrologia, cititul în palmă, ghicirea viitorului, globurile de cristal şi alte forme de vrăjitorie.

> Saul a murit, pentru că s-a făcut vinovat de fărădelege faţă de Domnul, al cărui cuvânt nu l-a păzit, şi pentru că a întrebat şi cerut sfatul celor ce cheamă morţii. (1 Cron. 10:13)
> Dacă vi se zice însă: Întrebaţi pe cei ce cheamă morţii şi pe cei ce spun viitorul, care şoptesc şi bolborosesc, răspundeţi: Nu va întreba oare un popor pe Dumnezeul său? Va întreba el pe cei morţi pentru cei vii? La lege şi la mărturie! Căci dacă nu vor vorbi aşa, nu vor mai răsări zorile pentru poporul acesta. (Isaia 8:19-20)
> Voi nimici cu desăvârşire descântecele din mijlocul tău, şi nu vei mai avea vrăjitori; (Mica 5:12)
> închinarea la idoli, vrăjitoria, vrăjbile, certurile, zavistiile, mâniile, neînţelegerile, dezbinările, certurile de partide, pizmele, uciderile, beţiile, îmbuibările, şi alte lucruri asemănătoare cu acestea. Vă spun mai dinainte, cum am mai spus, că cei ce fac astfel de lucruri, nu vor moşteni Împărăţia lui Dumnezeu. (Gal 5:20-21)

6.   *Ura* (echthrai): vrajba, duşmănia, ostilitatea. Se referă la ura care durează o perioadă lungă de timp; o ură care vine din interior, din adâncul inimii.

> Cine zice că este în lumină, şi urăşte pe fratele său, este încă în întuneric până acum. (1 Ioan 2:9)
> Oricine urăşte pe fratele său, este un ucigaş; şi ştiţi că nici un ucigaş n-are viaţa veşnică rămânând în el. (1 Ioan 3:15)
> Dacă zice cineva: Eu iubesc pe Dumnezeu, şi urăşte pe fratele său, este un mincinos; căci cine nu iubeşte pe fratele său, pe care-l vede, cum poate să iubească pe Dumnezeu, pe care nu-L vede? (1 Ioan 4:20)
> Să nu urăşti pe fratele tău în inima ta; să mustri pe aproapele tău, dar să nu te încarci cu un păcat din pricina lui. (Lev 19:17)
> Ura stârneşte certuri, dar dragostea acoperă toate greşelile. (Prov 10:12)

7.   *Discordie* (ereis): neînţelegere, ceartă, controversă, dispută, luptă. Înseamnă că un om se ceartă cu alt om ca să obţină ceva: o poziţie, o promovare, o proprietate, onoare, recunoaştere. El înşeală, face orice, ca să obţină ceea ce doreşte.

> Este plin de mândrie, şi nu ştie nimic: ba încă are boala cercetărilor fără rost şi a certurilor de cuvinte, din care se naşte pizma, certurile, clevetirile, bănuielile rele, (1 Tim 6:4)
> Adu-le aminte de aceste lucruri, şi roagă-i fierbinte înaintea lui Dumnezeu, să se ferească de certurile de cuvinte, care nu duc la alt folos decât la pieirea celor ce le ascultă. (2 Tim 2:14)
> Începutul unei certe este ca slobozirea unor ape; de aceea, curmă cearta înainte de a se înteţi. (Prov 17:14)
> După cum cărbunele face jăratic, şi lemnul foc, tot aşa şi omul gâlcevitor aprinde cearta. (Prov 26:21)

8.   *Gelozia* (zeloi): a dori şi a vrea să ai ce are altcineva. Poate fi vorba de lucruri materiale, recunoaştere, onoare sau poziţie.

> Fraţii lui au văzut că tatăl lor îl iubea mai mult decât pe ei toţi, şi au început să-l urască. Nu puteau să-i spună nici o vorbă prietenească. (Gen 37:4)
> Căci gelozia înfurie pe un bărbat, şi n-are milă în ziua răzbunării; (Prov 6:34)
> Dar el, drept răspuns, a zis tatălui său: Iată, eu îţi slujesc ca un rob de atâţia ani, şi niciodată nu ţi-am călcat porunca; şi mie niciodată nu mi-ai dat măcar un ied să mă înveselesc cu prietenii mei; iar când a venit acest fiu al tău, care ţi-a mâncat averea cu femeile desfrânate, i-ai tăiat viţelul cel îngrăşat. (Luca 15:29-30)

9.   *Crize de furie* (thumoi): izbucniri de mânie; indignare; un temperament violent; iute la mânie, reacţii explozive care sunt declanşarte de emoţii care fierb. Dar acest tip de furie dispare la fel de rapid cum a şi apărut. Nu este o mânie care durează.

> Ştiţi bine lucrul acesta, preaiubiţii mei fraţi! Orice om să fie grabnic la ascultare, încet la vorbire, zăbavnic la mânie; căci mânia omului nu lucrează neprihănirea lui Dumnezeu. (Iacov 1:19-20)
> Un om mânios stârneşte certuri, şi un înfuriat face multe păcate. (Prov 29:22)

GALATENI 5:16-21

10. *Ambițiile egoiste* (eritheiai): conflict, luptă, ceartă, controversă; un duh de dezbinare.

> Nu faceți nimic din duh de ceartă sau din slavă deșartă; ci în smerenie fiecare să privească pe altul mai presus de el însuși. (Filip. 2:3)
>
> Adu-le aminte de aceste lucruri, și roagă-i fierbinte înaintea lui Dumnezeu, să se ferească de certurile de cuvinte, care nu duc la alt folos decât la pieirea celor ce le ascultă. (2 Tim 2:14)
>
> Este o cinste pentru om să se ferească de certuri; dar orice nebun se lasă stăpânit de aprindere. (Prov 20:3)

11. *Neînțelegerile* (dichostasiai): disensiunile, dezbinările, răzvrătirile, confruntările unii împotriva altora, ruperea grupurilor.

> Căci neascultarea este tot atât de vinovată ca ghicirea, și împotrivirea nu este mai puțin vinovată decât închinarea la idoli și terafimii. Fiindcă ai lepădat cuvântul Domnului, te leapădă și El ca împărat." (1 Sam 15:23)
>
> "Vai, zice Domnul de copiii răzvrătiți, care iau hotărâri fără Mine, fac legăminte care nu vin din Duhul Meu, și îngrămădesc astfel păcat peste păcat! (Isa 30:1)
>
> Mi-am întins mâinile toată ziua spre un popor răzvrătit, care umblă pe o cale rea, în voia gândurilor lui— (Isa 65:2)
>
> Mai ales pe cei ce, în pofta lor necurată, umblă poftind trupul altuia, și disprețuiesc stăpânirea. Ca niște îndrăzneți și încăpățânați ce sunt, ei nu se tem să batjocorească dregătoriile. (2 Pet 2:10)

12. *Partidele* (aireseis): respingerea învățăturilor fundamentale ale lui Dumnezeu, ale lui Cristos, ale Scripturii și ale bisericii; a crede și a ține de alte învățături diferite de adevăr.

> Degeaba Mă cinstesc ei, învățând ca învățături niște porunci omenești. (Mat 15:9)
>
> Dar Duhul spune lămurit că, în vremurile din urmă, unii se vor lepăda de credință, ca să se alipească de duhuri înșelătoare și de învățăturile dracilor, (1 Tim 4:1)
>
> În norod s-au ridicat și prooroci mincinoși, cum și între voi vor fi învățători mincinoși, care vor strecura pe furiș erezii nimicitoare, se vor lepăda de Stăpânul, care i-a răscumpărat, și vor face să cadă asupra lor o pierzare năpraznică. (2 Pet 2:1)
>
> Voi deci, preaiubiților, știind mai dinainte aceste lucruri, păziți-vă ca nu cumva să vă lăsați târâți de rătăcirea acestor nelegiuiți, și să vă pierdeți tăria; (2 Pet 3:17)

13. *Invidia* (phthonoi): acest cuvânt înseamnă ceva mai mult decât gelozie. Este vorba despre spiritul care...
- nu doar dorește ceea ce are cineva, ci nu suportă gândul că omul respectiv are acel lucru.
- nu dorește doar ca acel lucru să fie luat de la omul respectiv ci dorește ca acesta să sufere la pierderea lui.

> O inimă liniștită este viața trupului, dar pizma este putrezirea oaselor. (Prov 14:30)
>
> Să nu-ți pizmuiască inima pe cei păcătoși, ci să aibă totdeauna frică de Domnul; (Prov 23:17)
>
> Nu pizmui pe oamenii cei răi, și nu dori să fii cu ei; (Prov 24:1)
>
> Să trăim frumos, ca în timpul zilei, nu în chefuri și în beții; nu în curvii și în fapte de rușine; nu în certuri și în pizmă; (Rom 13:13)
>
> Dragostea este îndelung răbdătoare, este plină de bunătate: dragostea nu pizmuiește; dragostea nu se laudă, nu se umflă de mândrie, (1 Cor 13:4)
>
> Să nu umblăm după o slavă deșartă, întărâtându-ne unii pe alții, și pizmuindu-ne unii pe alții. (Gal 5:26)

14. *Bețiile* (methai): a bea băuturi sau a consuma droguri care afectează simțurile și dorințele pentru plăcere și pofte; a fi amețit sau cherchelit; a consuma droguri; a căuta să evadeze din constrângerile morale pentru plăcerile trupești.

> "Luați seama la voi înșivă, ca nu cumva să vi se îngreuieze inimile cu îmbuibare de mâncare și băutură, și cu îngrijorările vieții acesteia, și astfel ziua aceea să vină fără veste asupra voastră. (Luca 21:34)
>
> Să trăim frumos, ca în timpul zilei, nu în chefuri și în beții; nu în curvii și în fapte de rușine; nu în certuri și în pizmă; (Rom 13:13)
>
> Nici hoții, nici cei lacomi, nici bețivii, nici defăimătorii, nici hrăpăreții nu vor moșteni Împărăția lui Dumnezeu. (1 Cor 6:10)

GALATENI 5:16-21

> Nu vă îmbătați de vin, aceasta este destrăbălare. Dimpotrivă, fiți plini de Duh. (Efes 5:18)
>
> Căci cei ce dorm, dorm noaptea; și cei ce se îmbată, se îmbată noaptea. (1 Tes 5:7)
>
> Vinul este batjocoritor, băuturile tari sunt gălăgioase; oricine se îmbată cu ele nu este înțelept. (Prov 20:1)
>
> Ale cui sunt vaietele? Ale cui sunt oftările? Ale cui sunt neînțelegerile? Ale cui sunt plângerile? Ale cui sunt rănirile fără pricină? Ai cui sunt ochii roșii? Ale celor ce întârzie la vin, și se duc să golească paharul cu vin amestecat. (Prov 23:29-30)
>
> Vai de cei ce dis-de-dimineață aleargă după băuturi amețitoare, și șed până târziu noaptea și se înfierbântă de vin! (Isa 5:11)
>
> Căci vor fi ca niște mănunchiuri de spini încâlciți, și tocmai când vor fi beți de vinul lor, vor fi mistuiți de foc, ca o miriște de tot uscată. (Naum 1:10)

15. *Orgiile* (komoi): îmbuibările; desfrânările extreme, tolerarea păcatului și plăcerile; a lua parte la petreceri sălbatice sau petreceri unde se consumă băutură ; a lua parte la satisfacerea dorințelor păcătoase, a poftelor firii.

> Ajunge, în adevăr, că în trecut ați făcut voia Neamurilor, și ați trăit în desfrânări, în pofte, în beții, în ospețe, în chefuri și în slujiri idolești neîngăduite. (1 Pet 4:3)
>
> Și își vor lua astfel plata cuvenită pentru nelegiuirea lor. Fericirea lor este să trăiască în plăceri ziua în amiaza mare. Ca niște întinați și spurcați, se pun pe chefuit la mesele lor de dragoste, când ospătează împreună cu voi. Le scapără ochii de preacurvie, și nu se satură de păcătuit. Momesc sufletele nestatornice, au inima deprinsă la lăcomie, sunt niște blestemați! (2 Pet 2:13-14)
>
> Pizmele, uciderile, bețiile, îmbuibările, și alte lucruri asemănătoare cu acestea. Vă spun mai dinainte, cum am mai spus, că cei ce fac astfel de lucruri, nu vor moșteni Împărăția lui Dumnezeu. (Gal 5:21)
>
> A doua zi, s-au sculat dis-de-dimineață, și au adus arderi de tot și jertfe de mulțumire. Poporul a șezut de a mâncat și a băut; apoi s-au sculat să joace. (Exod 32:6; vezi Judecători 9:27; 1 Sam.30:16)

3 (5:21) **Fire pământească—Judecată—Natură Păcătoasă**: judecata celor care trăiesc după îndemnurile firii pământești, a naturii păcătoase. Foarte simplu spus, ei nu vor moșteni împărăția lui Dumnezeu. Acest lucru se poate vedea clar: dacă Dumnezeu este neprihănit, atunci oamenii trebuie să trăiască vieți neprihănite ca să poată fi primiți de Dumnezeu. În ciuda acestui fapt, oamenii nu țin cont de neprihănirea lui Dumnezeu și pretenția Lui pentru neprhiănire. Oamenii își separă purtarea lor de religia pe care o practică. Oamenii..

- își mărturisesc religia
- își practică religia
- vorbesc într-un mod religios
- își apără convingerile legate de religie

Și totuși, ei continuă să trăiască așa cum doresc în ciuda religiei pe care o au. Dacă își doresc să facă un lucru, atunci fac acel lucru, simțind cumva că Dumnezeu îi va ierta. Există puțini oameni care chiar cred că Dumnezeu îi va respinge. Cei mai mulți simt că au făcut destule fapte bune ca să fie primiți de Dumnezeu, că...

- au fost destul de buni
- au fost destul de religioși
- au făcut destule fapte bune
- au slujit destul

La urma urmei, cei mai mulți oameni cred că Dumnezeu îi va primi. Atitudinea aceasta își are originea într-o concepție falsă despre Dumnezeu, și anume o concepție care Îl privește pe Dumnezeu ca pe un tată indulgent care le dă copiilor Săi voie să *greșească din când în când*.

Aceasta este o greșeală fatală. Este greșeala pe care cei mai mulți oameni din bisericile din Galatia o făceau, și este aceeași greșeală pe care au făcut-o mulți oameni religioși de-a lungul secolelor.

> Nu știți că cei nedrepți nu vor moșteni Împărăția lui Dumnezeu? Nu vă înșelați în privința aceasta: nici curvarii, nici închinătorii la idoli, nici preacurvarii, nici malahii, nici sodomiții (1 Cor 6:9)

Credincioșii vor moșteni o împărăție, ceruri noi și un pământ nou, unde Dumnezeu va conduce și va domni. Ei vor primi viața veșnică și gloriosul privilegiu de a fi cetățeni ai împărăției și ai lumii lui Dumnezeu. Ei vor trăi cu El și Îl vor sluji *în perfecțiune* pentru veșnicie (vezi comentariul, *Răsplătire*—1 Cor.6:2-3; Luca 16:10-12 pentru mai multe discuții). Dar acest privilegiu glorios va fi dat doar credincioșilor adevărați, acelor bărbați și femei care într-adevăr și-au dăruit viețile lor Domnului Isus Cristos—și-au predat viețile, pentru a fi trăite așa cum a spus Isus Cristos că trebuie trăite. Indiferent cât de religios ar fi un om—indiferent cât zel ar putea avea un om pentru a ține ritualurile religiei și a lua parte la serviciile religioase sau a da bani săracilor—dacă nu trăiește o viață curată și neprihănită, el "nu va moșteni împărăția lui Dumnezeu."

Nu știți că cei nedrepți nu vor moșteni Împărăția lui Dumnezeu? Nu vă înșelați în privința aceasta: nici curvarii, nici închinătorii la idoli, nici preacurvarii, nici malahii, nici sodomiții (1 Cor 6:9)

Căci vă spun că, dacă neprihănirea voastră nu va întrece neprihănirea cărturarilor și a Fariseilor, cu nici un chip nu veți intra în Împărăția cerurilor. (Mat 5:20)

Ce spun eu, fraților, este că nu poate carnea și sângele să moștenească Împărăția lui Dumnezeu; și că, putrezirea nu poate moșteni neputrezirea (1 Cor 15:50)

Căci știți bine că nici un curvar, nici un stricat, nici un lacom de avere, care este un închinător la idoli, n-are parte de moștenire în Împărăția lui Hristos și a lui Dumnezeu. (Efes 5:5)

Nimic întinat nu va intra în ea, nimeni care trăiește în spurcăciune și în minciună; ci numai cei scriși în cartea vieții Mielului. (Apoc 21:27)

Afară sunt câinii, vrăjitorii, curvarii, ucigașii, închinătorii la idoli, și oricine iubește minciuna și trăiește în minciună! (Apoc 22:15)

GALATENI 5:22-26

| 1. Credinciosul trebuie să rodească natura lui Dumnezeu în umblarea sa
a. Sursa: Duhul Sfânt
b. Scopul: să poată ține piept poftelor firii pământești (5:19-20) | C. O umblare care rodește natura lui Dumnezeu: Roada Duhului, 5:22-26

22 Roada Duhului, dimpotrivă, este: dragostea, bucuria, pacea, îndelunga răbdare, bunătatea, facerea de bine, credincioşia, 23 blândețea, înfrânarea poftelor. Împotriva acestor lucruri nu este lege. | 24 Cei ce sunt ai lui Hristos Isus, şi-au răstignit firea pământească împreună cu patimile şi poftele ei.
25 Dacă trăim Duhul, să şi umblăm prin Duhul.
26 Să nu umblăm după o slavă deşartă, întărâtându-ne unii pe alții, şi pizmuindu-ne unii pe alții. | 2. Credinciosul trebuie să îşi răstignească firea pământească sau natura păcătoasă în umblarea lui
3. Credinciosul trebuie să umble conform cu poziția pe care o are în Cristos
4. Credinciosul trebuie să fie liber de super-spiritualitate şi invidie, în umblarea lui |

SECȚIUNEA V

VIAȚA ȘI UMBLAREA CREDINCIOSULUI: LIBERĂ ȘI SPIRITUALĂ, 5:13-6:18

C. O Umblare care rodește Natura lui Dumnezeu: Roada Duhului, 5:22-26

(5:22-26) **Introducere**: un credincios adevărat stă înaintea lui Dumnezeu acceptat şi aprobat. El este îmbrăţişat de Dumnezeu, Dumnezeu îi poartă de grijă. El primeşte viața veşnică şi siguranța absolută a vieții veşnice.

Dar observați: credinciosul nu a fost acceptat de Dumnezeu datorită meritelor sale, nu este acceptat pentru că el a ținut destule legi pentru a primi aprobarea lui Dumnezeu. Credinciosul este primit de Dumnezeu datorită lui Isus Cristos. Isus Cristos a murit pentru a plăti pedeapsa pentru călcările de lege ale omului. El a murit ca să îl elibereze pe om de lege, de judecata şi de condamnarea ei. De aceea, dacă omul poate sta înaintea lui Dumnezeu, el stă nu pentru că ar fi ținut legea sau pentru că şi-ar fi câştigat dreptul de a fi înaintea Lui. El este acolo datorită credinței în Isus Cristos. Credința lui Îl onorează pe Fiul lui Dumnezeu, şi Dumnezeu Îşi iubeşte Fiul atât de mult încât va onora pe oricine crede în El. Dumnezeu onorează omul făcându-i exact ceea ce cere, potrivit cu credința lui. De aceea, omul care crede că numai credința lui în Isus Cristos îl face plăcut şi acceptabil înaintea lui Dumnezeu, este primit de Dumnezeu.

Ideea este următoarea: din moment ce credinciosul trebuie să se apropie de Dumnezeu prin Isus Cristos şi nu prin lege, el este eliberat de lege. Acum el este sub Isus Cristos, nu sub lege. Acest lucru înseamnă atunci că nu mai există nici o restricție asupra vieții sau asupra comportamentului credinciosului?—înseamnă oare că el este liber să facă ce doreşte? Este el liber acum, să îşi satisfacă dorințele şi poftele firii, ale naturii păcătoase—să umble după lucrurile din lume, şi să cedeze presiunii de a privi, de a gândi, de a atinge, de a gusta orice?

Răspunsul este nu! De o mie de ori nu! Din moment ce credinciosul a primit de-acum natura lui Dumnezeu; el îşi trăieşte viața rodind natura lui Dumnezeu (2 Pet.1:4; Efes.4:24; Col.3:10; 1 Cor.6:19-20). Dumnezeu nu are absolut nimic de a face cu păcatul, păcatul nu este parte din natura Lui. De aceea, credinciosul nu trebuie să cedeze dorințelor naturii păcătoase; el trebuie să fie plin de roada naturii lui Dumnezeu, adică, roada Duhului lui Dumnezeu

1. Credinciosul trebuie să rodească natura lui Dumnezeu în umblarea sa (vv.22-23).
2. Credinciosul trebuie îşi răstignească firea pământească sau natura păcătoasă în umblarea lui (v.24).
3. Credinciosul trebuie să umble conform cu poziția pe care o are în Cristos (v.25).
4. Credinciosul trebuie să fie liber de super-spiritualitate şi de invidie, în umblarea (v.26).

1 (5:22-23) **Duhul Sfânt—Credincios, Umblare**: credinciosul trebuie să rodească natura lui Dumnezeu în umblarea sa, adică roada Duhului lui Dumnezeu. Observați că, cuvântul "roadă" este la singular, nu la plural. Duhul Sfânt are *o singură roadă*. Această roadă este împărțită în mai multe trăsături pe lista aceasta ca să ne ajute să înțelegem mai bine natura Lui. Şi totuşi, Duhul Sfânt are o singură natură, o singură roadă. De aceea, când El trăieşte într-un om, acolo toate aceste caracteristici sunt prezente. Credinciosul adevărat nu rodeşte sau experimentează doar o parte din aceste trăsături: Duhul lui Dumnezeu le produce pe toate, în viața credinciosului.

1. Este pe listă roada *dragostei* (agape). Dragostea Agape este dragostea de la nivelul minții, a rațiunii, a voinței. Este dragostea care merge până într-acolo încât...

- iubeşte indiferent de sentimente—chiar dacă un om nu simte că poate să iubească.
- iubeşte chiar dacă persoana iubită nu merită să fie iubită.
- iubeşte chiar şi pe cei care nu sunt vrednici deloc de iubire

Observați patru lucruri importante despre dragostea agape.

a. Dragostea altruistă sau agape este dragostea lui Dumnezeu, dragostea cu care Dumnezeu iubeşte. Această dragostea a fost demonstrată în crucea lui Cristos.

⇒ Este dragostea lui Dumnezeu pentru cei *nelegiuiți*

> **Căci, pe când eram noi încă fără putere, Hristos, la vremea cuvenită a murit pentru cei nelegiuiți. (Rom 5:6)**

⇒ Este dragostea lui Dumnezeu pentru *păcătoșii nevrednici.*

> **Dar Dumnezeu Își arată dragostea față de noi prin faptul că, pe când eram noi încă păcătoși, Hristos a murit pentru noi. (Rom 5:8)**

⇒ Este dragostea lui Dumnezeu pentru *vrăjmașii care nu o merită .*

> **Căci, dacă atunci când eram vrăjmași, am fost împăcați cu Dumnezeu, prin moartea Fiului Său, cu mult mai mult acum, când suntem împăcați cu El, vom fi mântuiți prin viața Lui! (Rom 5:10)**

b. Dragostea altruistă sau agape este un dar al lui Dumnezeu. Ea poate fi experimentată doar dacă omul Îl cunoaște pe Dumnezeu *în mod personal*—doar dacă omul a primit dragostea lui Dumnezeu, adică pe Isus Cristos, în inima și în viața Sa. Atunci, Duhul lui Dumnezeu a turnat dragostea agape în inima credinciosului, a inundat inima omului.

> **Însă nădejdea aceasta nu înșeală, pentru că dragostea lui Dumnezeu a fost turnată în inimile noastre prin Duhul Sfânt, care ne-a fost dat. (Rom 5:5)**

c. Dragostea altruistă sau agape este cel mai măreț lucru din viață, așa spune Domul Isus Cristos.

> **" Isus i-a răspuns: Cea dintâi este aceasta: ,Ascultă Israele! Domnul, Dumnezeul nostru, este un singur Domn; și: ,Să iubești pe Domnul, Dumnezeul tău, cu toată inima ta, cu tot sufletul tău, cu tot cugetul tău, și cu toată puterea ta; iată porunca dintâi. Iar a doua este următoarea: ,Să iubești pe aproapele tău ca pe tine însuți. Nu este altă poruncă mai mare decât acestea." (Marcu 12:29-31)**

d. Dragostea altruistă sau agape este cel mai de preț dar conform cu ce spune Scriptura (1 Cor.13:1-13).

> **Acum dar rămân acestea trei: credința, nădejdea și dragostea; dar cea mai mare dintre ele este dragostea.(1 Cor 13:13)**

2. O altă roadă din listă este *bucuria* (chara): o bucurie interioară; o plăcere care își are locuința în adâncul inimii. Este o siguranță specială și o încredere profundă care produc o inimă veselă. O inimă bucuroasă duce la o purtare plină de bucurie. (vezi comentariul, *Bucurie*—Filip.1:4 pentru mai multe discuții.)

3. O altă roadă este *pacea* (eirene): înseamnă a fi legat împreună, a fi țesut, a te alătura. Înseamnă că un om este legat, țesut împreună cu sine, cu Dumnezeu și cu alții.

Cuvântul în limba ebraică este *shalom*. Acesta are sensul de a fi liber de necazuri și mult mai mult. Înseamnă experimentarea binelui suprem, a te bucura de tot ce este mai bun, înseamnă a avea tot binele înlăuntrul tău. Înseamnă întregire și sănătate. Înseamnă prosperitate în cel mai larg sens posibil, prosperitate mai ales în sens sprიtual, în sensul de a avea un suflet care îmboboceşte și înflorește. (vezi comentariul, *Pace*—Efes.2:14-15 pentru mai multe discuții.)

a. O pace posibilă este pacea lumii. Aceasta pace este cea care evită conflictele și necazurile, refuză să înfrunte lucrurile, refuză realitatea. Este o pace care se caută în plăceri, în satisfacții, în împlinire, în absența necazurilor, în gândirea pozitivă, sau în negarea problemelor.

b. O altă pace este pacea lui Cristos și a lui Dumnezeu.

⇒ Pacea lui Dumneze este în primul rând o *pace sufletească*, o pace care vine din străfundurile ființei. Este o liniște a minții, o stare de liniște și de odihnă care nu poate fi deranjată de circumstanțe sau situații. Este ceva mai mult decât un simplu sentiment—chiar mai mult decât un gând sau o atitudine.

⇒ Pacea lui Dumnezeu, în al doilea rând, este *pacea care biruiește* (cf. Ioan 16:33). Pacea aceasta este independentă de condiții sau mediu; este acea pace pe care nici un necaz, nici o suferință, nici un pericol nu o poate lua.

GALATENI 5:22-26

"V-am spus aceste lucruri ca să aveți pace în Mine. În lume veți avea necazuri; dar îndrăzniți, Eu am biruit lumea." (Ioan 16:33)

⇒ În al treilea rând, pacea lui Dumnezeu este *pacea care dă siguranță* (cf. Rom.8:28). Este pacea unei încrederii fără îndoială; pacea care știe sigur că viața omului este în mâinile lui Dumnezeu, și că orice s-ar întâmpla toate lucrurile vor lucra spre bine, spre binele celor care Îl iubesc pe Dumnezeu și sunt chemați după planul Său.

De altă parte, știm că toate lucrurile lucrează împreună spre binele celor ce iubesc pe Dumnezeu, și anume, spre binele celor ce sunt chemați după planul Său. (Rom 8:28)

⇒ În al patrulea rând, pacea lui Dumnezeu înseamnă *pacea intimității cu Dumnezeu* (cf. Filip.4:6-7). Este pacea binelui suprem. Este pacea care liniștește mintea, întărește voința și statornicește inima.

c. Sursa păcii. Pacea întotdeauna se naște din reconciliere, din împăcare. Sursa ei se găsește doar în împăcarea făcută de Isus Cristos. Pacea întotdeauna are de a face cu relațiile personale: relația omului cu sine însuși, cu Dumnezeu și cu semenii lui.
   ⇒ Omul trebuie să fie legat, țesut laolaltă cu sine însuși ca să poată avea pace.
   ⇒ Omul trebuie să fie legat, țesut laolaltă cu Dumnezeu ca să poată avea pace.
   ⇒ Omul trebuie să fie legat, țesut laolaltă cu aproapele său ca să poată avea pace

Dar acum, în Hristos Isus, voi, care odinioară erați depărtați, ați fost apropiați prin sângele lui Hristos. Căci El este pacea noastră, care din doi a făcut unul, și a surpat zidul de la mijloc care-i despărțea, (Efes 2:13-14)
să împace totul cu Sine prin El, atât ce este pe pământ cât și ce este în ceruri, făcând pace, prin sângele crucii Lui. Și pe voi, care odinioară erați străini și vrăjmași prin gândurile și prin faptele voastre rele, El v-a împăcat acum. (Col 1:20-21)

4. O altă roadă este *răbdarea sau îndelunga răbdare* (makrothumia): a răbda și a suferi mult timp, a persevera, a fi constant, statornic, răbdător. Îndelunga răbdare nu cedează niciodată; nu se frânge oricât ar fi de atacată.
   ⇒ Poate că munca grea sau presiunile care sunt asupra noastră ne apasă, dar Duhul lui Dumnezeu ne ajută să rămânem răbdători în toate situațiile.
   ⇒ Poate boala sau vreun accident, sau vârsta, ne mâhnesc, dar Duhul lui Dumnezeu ne ajută să rămânem răbdători.
   ⇒ Poate ne atacă dezamăgirea și ne descurajăm, dar Duhul lui Dumnezeu ne ajută să rămânem răbdători.
   ⇒ Poate că oamenii ne greșesc, ne jignesc, ne rănesc; dar Duhul lui Dumnezeu ne ajută să rămânem răbdători.

Trebuie să observăm două lucruri importante în legătură cu răbdarea și îndelunga răbdare.
   a. Răbdarea sau îndelunga răbdare niciodată nu ripostează. Logica sau rațiunea noastră ne spune că un om, atunci când este atacat de alții, este îndreptățit să riposteze și el și să se răzbune. *Dar* credinciosului îi este dată puterea răbdării—puterea de a suporta o situație sau un om, mult, mult timp.
   b. Rabdarea sau îndelunga răbdare este una dintre trăsăturile mărețe ale lui Dumnezeu. Așa cum ni se spune în acest verset, este o roadă a Duhului lui Dumnezeu, o roadă care trebuie să se vadă în viața credinciosului.
      ⇒ Dumnezeu și Cristos sunt răbdători și îndelung răbdători cu păcătoșii.

Sau disprețuiești tu bogățiile bunătății, îngăduinței și îndelungii Lui răbdări? Nu vezi tu că bunătatea lui Dumnezeu te îndeamnă la pocăință? (Rom 2:4)

⇒ Dumnezeu îi mântuiește pe cei care cred pentru ca și ei, la rândul lor, să fie exemple de răbdare.

Dar am căpătat îndurare, pentru ca Isus Hristos să-Și arate în mine, cel dintâi, toată îndelunga Lui răbdare, ca o pildă celor ce ar crede în El, în urmă, ca să capete viața veșnică. (1 Tim 1:16)

⇒ Dumnezeu nu trimite judecata Lui asupra lumii pentru că El este răbdător și așteaptă ca mai mulți să fie mântuiți.

GALATENI 5:22-26

Domnul nu întârzie în împlinirea făgăduinței Lui, cum cred unii; ci are o îndelungă răbdare pentru voi, și dorește ca nici unul să nu piară, ci toți să vină la pocăință. (2 Pet 3:9; vezi 1 Pet.3:20)

Din pricina Numelui Meu, sunt îndelung răbdător, pentru slava Mea Mă opresc față de tine, ca să nu te nimicesc. (Isa 48:9)

William Barclay spune că dacă Dumnezeu ar fi om, de mult i-ar fi șters pe oameni de pe fața pământului, din cauza neascultării lor (*Scrisorile către Galateni și Efeseni*, p.56). Dar Dumnezeu iubește oamenii și îi pasă de oameni; de aceea, Dumnezeu este răbdător, îndelung răbdător cu oamenii. Dumnezeu are răbdare mult timp cu omul, îngăduind ca mai mulți să fie mântuiți.

Întăriți, cu toată puterea, potrivit cu tăria slavei Lui, pentru orice răbdare și îndelungă răbdare, cu bucurie, (Col 1:11)

Propovăduiește Cuvântul, stăruie asupra lui la timp și ne la timp, mustră, ceartă, îndeamnă cu toată blândețea și învățătura. (2 Tim 4:2)

5. O altă roadă este bunătatea (chrestotes): înseamnă a fi bun și amabil, folositor și de ajutor, blând și drăguț, atent și binevoitor în toate situațiile, indiferent de circumstanțe. Un om care este bun nu se poartă....

- Dur
- indiferent
- aspru
- neîngrijorat
- prea ocupat
- cu amărăciune

Bunătatea ține la sentimentele altora și simte împreună cu ei. Ea experimentează simpatia adâncă și empatia. Arată grijă față de ceilalți și ajută în orice situație. Bunătatea suferă cu cei care suferă, se luptă alături de cei care luptă, și lucrează cu cei care lucrează.

⇒ Dumnezeu este bun.

Voi însă, iubiți pe vrăjmașii voștri, faceți bine și dați cu împrumut, fără să nădăjduiți ceva în schimb. Și răsplata voastră va fi mare, și veți fi fiii Celui Prea Înalt; căci El este bun și cu cei nemulțumitori și cu cei răi. (Luca 6:35)

Dar Dumnezeu, care este bogat în îndurare, pentru dragostea cea mare cu care ne-a iubit, măcar că eram morți în greșelile noastre, ne-a adus la viață împreună cu Hristos (prin har sunteți mântuiți). El ne-a înviat împreună, și ne-a pus să ședem împreună în locurile cerești, în Hristos Isus, ca să arate în veacurile viitoare nemărginita bogăție a harului Său, în bunătatea Lui față de noi în Hristos Isus. (Efes 2:4-7)

⇒ Credincioșii trebie să fie buni unii cu alții.

Iubiți-vă unii pe alții cu o dragoste frățească. În cinste, fiecare să dea întâietate altuia. (Rom 12:10)

Dimpotrivă, fiți buni unii cu alții, miloși, și iertați-vă unul pe altul, cum v-a iertat și Dumnezeu pe voi în Hristos. (Efes. 4:32)

Astfel dar, ca niște aleși ai lui Dumnezeu, sfinți și preaiubiți, îmbrăcați-vă cu o inimă plină de îndurare, cu bunătate, cu smerenie, cu blândețe, cu îndelungă răbdare. (Col 3:12)

De aceea, dați-vă și voi toate silințele ca să uniți cu credința voastră fapta; cu fapta, cunoștința; cu cunoștința, înfrânarea; cu înfrânarea, răbdarea; cu răbdarea, evlavia; cu evlavia, dragostea de frați; cu dragostea de frați, iubirea de oameni. (2 Pet 1:5-7)

6. O altă roadă este *facerea de bine* (agathosune): aceasta înseamnă a fi plin de virtute și excelență, plin de bunătate și dispus să ajuți pe alții, plin de pace și considerație. Înseamnă că un om este plin de bunătate și face bine. Înseamnă că...

- are o inimă bună și o purtare bună
- este bun și face bine
- este un om de calitate

Observați că un om bun trăiește și îi tratează pe ceilalți așa cum ar trebui tratați. El nu se folosește de nimeni și nici nu sta cu mâinile încrucișate când unii oameni profită de alții. El se ridică în apărarea binelui și a dreptății. Asta înseamnă că facerea de bine implică disciplină, mustrare, corectare și instrucție, precum și dragoste, grijă, pace și împăcare. Un om bun nu va permite răului să acționeze în voie în jurul lui. El nu va permite răului să îi trateze pe alții într-un mod nedrept. El nu va permite ca alții să sufere din cauza răului. Facerea de bine intervine și face ceea ce poate ca să oprească și să controleze răul.

> În ce vă privește pe voi, fraților, eu însumi sunt încredințat că sunteți plini de bunătate, plini și de orice fel de cunoștință, și astfel sunteți în stare să vă sfătuiți unii pe alții. (Rom 15:14)

⇒ Dumnezeu este caracterizat de facere de bine.

> Roada Duhului, dimpotrivă, este: dragostea, bucuria, pacea, îndelunga răbdare, bunătatea, facerea de bine, credincioșia, blândețea, înfrânarea poftelor. Împotriva acestor lucruri nu este lege. (Gal 5:22-23)
> (Căci roada luminii stă în orice bunătate, în neprihănire și în adevăr) (Efes 5:9)
> De aceea ne rugăm necurmat pentru voi, ca Dumnezeul nostru să vă găsească vrednici de chemarea Lui, și să împlinească în voi, cu putere, orice dorință de bunătate, și orice lucrare izvorâtă din credință, (2 Tes 1:11)
> El iubește dreptatea și neprihănirea; bunătatea Domnului umple pământul. (Psa 33:5)
> Gustați și vedeți ce bun este Domnul! Ferice de omul care se încrede în El! (Psa 34:8)
> Mă uitam împrejur, și nu era nimeni să M-ajute, și Mă îngrozeam, dar nu era cine să Mă sprijinească; atunci brațul Meu Mi-a fost într-ajutor, și urgia mea M-a sprijinit! (Isa 63:5)

⇒ Credincioșii trebuie să fie caracterizați de facere de bine.

> În ce vă privește pe voi, fraților, eu însumi sunt încredințat că sunteți plini de bunătate, plini și de orice fel de cunoștință, și astfel sunteți în stare să vă sfătuiți unii pe alții. (Rom 15:14)
> Și să cunoașteți dragostea lui Hristos, care întrece orice cunoștință, ca să ajungeți plini de toată plinătatea lui Dumnezeu. (Efes 3:19)

7. O altă roadă este *credincioșia* (pistis): înseamnă a fi credincios și de încredere; a fi loial, statornic, devotat și răbdător. Un om credincios se sacrifică pe sine—tot ce are și tot ce este—și se încrede în Dumnezeu. El Îl crede pe Dumnezeu și știe că Dumnezeu va face toate lucrurile să lucreze spre binele său. De aceea, se aruncă cu tot ce este asupra lui Dumnezeu și îi este credincios lui Dumnezeu.

⇒ Credincioșia nu se îndoiește de Dumnezeu—de mântuirea Lui, de purtarea Lui de grijă, de puterea și ajutorul Lui.

⇒ Credincioșia nu începe ceva cu Dumnezeu ca mai apoi să dea înapoi și să renunțe.

⇒ Credincioșia nu umblă cu Dumnezeu ca apoi să cedeze poftelor firii.

Credincioșia începe cu Dumnezeu și continuă cu Dumnezeu. Credincioșia continuă iar și iar; nu renunță niciodată.

⇒ Dumnezeu este credincios.

> Credincios este Dumnezeu, care v-a chemat la părtășia cu Fiul Său Isus Hristos, Domnul nostru (1 Cor 1:9)
> Așa că cei ce suferă după voia lui Dumnezeu, să-și încredințeze sufletele credinciosului Ziditor, și să facă ce este bine. (1 Pet 4:19)
> Să știi dar că Domnul, Dumnezeul tău, este singurul Dumnezeu. El este un Dumnezeu credincios și Își ține legământul și îndurarea până la al miilea neam de oameni față de cei ce-L iubesc și păzesc poruncile Lui. (Deut. 7:9)
> „Binecuvântat să fie Domnul, care a dat odihnă poporului Său Israel, după toate făgăduințele Lui! Din toate bunele cuvinte pe care le rostise prin robul său Moise, nuciunul n-a rămas neîmplinit."(1 Împ. 8:56)
> Voi cînta totdeauna îndurările Domnului: voi spune din neam în neam, cu gura mea, credincioșia Ta. (Ps. 89:1)

⇒ Creștinii trebuie să fie credincioși.

> "El i-a zis: Bine, rob bun; fiindcă ai fost credincios în puține lucruri, primește cârmuirea a zece cetăți.' (Luca 19:17)
> Încolo, ce se cere de la ispravnici, este ca fiecare să fie găsit credincios în lucrul încredințat lui. (1 Cor 4:2)

GALATENI 5:22-26

> **Cât despre Moise, el a fost credincios în toată casa lui Dumnezeu, ca slugă, ca să mărturisească despre lucrurile, care aveau să fie vestite mai târziu. (Evrei 3:5)**
>
> **Acum, dacă veți asculta glasul meu, și dacă veți păzi legământul Meu, veți fi ai Mei dintre toate popoarele, căci tot pământul este al Meu; (Ex. 19:5)**

8.   O altă roadă este *blândețea* (prautes): înseamnă să fi sensibil, umil, blând și atent, să fi și puternic în același timp. Blândețea are puterea de a controla și a disciplina, și face aceste lucruri la momentul potrivit.

   a.   Blândețea înseamnă a avea *minte umilă*. Dar asta nu înseamnă că respectiva persoană este neapărat slabă sau lașă. Un om blând îi iubește pe oamenii și iubește pacea; de aceea, el umblă într-un mod umil printre oameni indiferent de statutul lor și de situația vieții lor. Pe omul blând nu îl deranjează să se asocieze cu oamenii săraci sau cu cei umili de pe acest pământ. El dorește să fie prietenul tuturor și dorește să-i ajute pe toți cât poate mai mult.

   b.   Blândețea înseamnă a avea *o minte puternică*. Ea se uită la toate situațiile și dorește să se facă dreptate. Nu este o minte slabă care să ignore răul, abuzurile și suferințele.

   ⇒   Dacă cineva suferă, blândețea intervine și face tot ce poate ca să ajute.

   ⇒   Dacă se face rău cuiva, blândețea intervine și face tot ce poate ca să oprească acel rău și să îl corecteze.

   ⇒   Dacă răul își face de cap, blândețea poate chiar să se mânie. Dar observați: mânia vine întotdeauna la momentul potrivit și împotriva lucrului potrivit.

   c.   Blândețea înseamnă să ai *un autocontrol foarte puternic*. Omul blând își controlează duhul și mintea. El își controlează poftele firii pământești. El nu cedează în fața temperamentului, pasiunilor, răzbunării sau toleranței față de păcat. Omul blând moare față de sine, față de firea sa, față de natura păcătoasă, și face ceea ce trebuie—exact ceea ce vrea Dumnezeu să se facă.

În concluzie, omul blând umblă într-un mod umil, atent dar sigur pe sine; el se leapădă de sine și se dăruiește cât mai mult celorlalți. El manifestă un control și o mânie sfântă împotriva răului și a nedreptății. Un om blând uită și trăiește pentru alții datorită a ceea ce Cristos a făcut pentru El.

   ⇒   Dumnezeu este blând.

> **Roada Duhului, dimpotrivă, este: dragostea, bucuria, pacea, îndelunga răbdare, bunătatea, facerea de bine, credincioșia, blândețea, înfrânarea poftelor. Împotriva acestor lucruri nu este lege. (Gal 5:22-23)**

   ⇒   Isus Cristos a fost blând.

> **Luați jugul Meu asupra voastră, și învățați de la Mine, căci Eu sunt blând și smerit cu inima; și veți găsi odihnă pentru sufletele voastre. (Mat 11:29)**

   ⇒   Credincioșii trebuie să fie blânzi.

> **Fraților, chiar dacă un om ar cădea deodată în vreo greșeală, voi, care sunteți duhovnicești, să-l ridicați cu duhul blândeții. Și ia seama la tine însuți, ca să nu fii ispitit și tu. (Gal 6:1)**
>
> **Vă sfătuiesc dar eu, cel întemnițat pentru Domnul, să vă purtați într-un chip vrednic de chemarea, pe care ați primit-o, cu toată smerenia și blândețea, cu îndelungă răbdare; îngăduiți-vă unii pe alții în dragoste, și căutați să păstrați unirea Duhului, prin legătura păcii. (Efes 4:1-3)**
>
> **Să îndrepte cu blândețe pe potrivnici, în nădejdea că Dumnezeu le va da pocăința, ca să ajungă la cunoștința adevărului; (2 Tim 2:25)**
>
> **Să nu vorbească de rău pe nimeni, să nu fie gata de ceartă, ci cumpătați, plini de blândețe față de toți oamenii. (Tit 3:2)**
>
> **De aceea lepădați orice necurăție și orice revărsare de răutate și primiți cu blândețe Cuvântul sădit în voi, care vă poate mântui sufletele. (Iacov 1:21)**
>
> **Cine dintre voi este înțelept și priceput? Să-și arate, prin purtarea lui bună, faptele făcute cu blândețea înțelepciunii! (Iacov 3:13)**
>
> **Ci să fie omul ascuns al inimii, în curăția nepieritoare a unui duh blând și liniștit, care este de mare preț înaintea lui Dumnezeu. (1 Pet 3:4)**

9.   O altă roadă este *înfrânarea poftelor* (egkrateia): înseamnă a putea controla trupul și firea (natura păcătoasă) cu toate poftele ei. Înseamnă auto-control, a fi stăpân peste dorințe, pasiuni, mai ales peste dorințele senzuale. Înseamnă să fi tare, controlat, și înfrânat. Înseamnă să stai împotriva poftelor firii (natura păcătoasă), a poftelor ochilor, și a mândriei referitoare la ce este și ce face omul. (1 Ioan.2:15-16).

GALATENI 5:22-26

⇒ Înfrânarea poftelor este de la Dumnezeu, o roadă a Duhului Sfânt.

> **Roada Duhului, dimpotrivă, este: dragostea, bucuria, pacea, îndelunga răbdare, bunătatea, facerea de bine, credincioşia, blândeţea, înfrânarea poftelor. Împotriva acestor lucruri nu este lege. (Gal 5:22-23)**

⇒ Credinciosul trebuie să propovăduiască înfrânarea poftelor celor pierduţi.

> **Dar, pe când vorbea Pavel despre neprihănire, despre înfrânare şi despre judecata viitoare, Felix, îngrozit, a zis: De astă dată, du-te; când voi mai avea prilej, te voi chema." (Fapte 24:25)**

⇒ Credinciosul trebuie să îşi controleze dorinţele sexuale.

> **Dar dacă nu se pot înfrâna, să se căsătorească; pentru că este mai bine să se căsătorească decât să ardă. (1 Cor 7:9)**

⇒ Credinciosul trebuie să se lupte să exercite auto-controlul, la fel cum o face un sportiv.

> **Toţi cei ce se luptă la jocurile de obşte, se supun la tot felul de înfrânări. Şi ei fac lucrul acesta ca să capete o cunună, care se poate vesteji: noi să facem lucrul acesta pentru o cunună, care nu se poate vesteji. (1 Cor 9:25)**

⇒ Credinciosul trebuie să crească în auto-control.

> **Cu cunoştinţa, înfrânarea; cu înfrânarea, răbdarea; cu răbdarea, evlavia; (2 Pet 1:6)**

⇒ Credinciosul mai în vârstă trebuie în mod deosebit să fie atent să se înfrâneze pe sine.

> **Spune că cei bătrâni trebuie să fie treji, vrednici de cinste, cumpătaţi, sănătoşi în credinţă, în dragoste, în răbdare. (Tit 2:2)**

Ca o concluzie la discuţia noastră, trebuie să ţinem minte că roada Duhului este însăşi natura lui Dumnezeu (Gal.2:20; Efes.5:18).Crecinciosul trebuie să umble în Duhul; adică, el trebuie să trăiască fiind atât de conştient de prezenţa lui Dumnezeu şi, într-o continuă mărturisire, încât să fie liber de păcat. Dumnezeu îl menţine curat şi pur ca şi cum ar fi perfect. Când credinciosul umblă conştient fiind de Dumnezeu, el asimilează natura lui Dumnezeu şi roada Duhului Sfânt este produsă în el. Nici o lege nu poate sta împotriva acestor lucruri. (vezi STUDIU APROFUNDAT # 1— Ioan.15:1-8).

2 (5:24) **Credincios, Poziţie—Omul cel vechi—Natura Păcătoasă**: credinciosul trebuie să îşi răstigneasca firea pământească şi natură păcătoasă. Acest verset este uimitor. Observaţi câteva lucruri.
1.   Observaţi cuvintele, "cei care sunt ai Isus Cristos." Un om *devine proprietatea şi intră în posesia* lui Cristos în momentul în care se încrede în El ca Mântuitor. Când un om vine la Isus Cristos pentru a fi mântuit, el vine pentru că vrea să fie eliberat de robia păcatului, a morţii şi a judecăţii. El doreşte să trăiască pentru veşnicie cu Dumnezeu. El nu vrea să continue să fie robul firii sale (al naturii păcătoase), supus poftelor ei, morţii şi judecăţii sigure. El vrea să fie mântuit de firea unei lumi coruptibile. De aceea, când un om vine la Cristos, el se întoarce de la firea lui înspre Dumnezeu; el întoarce spatele conducerii firii sale (natura păcătoasă) şi la tot ce reprezintă ea. El se întoarce spre Isus Cristos, ca spre noul său stăpân. În consecinţă....
*   credinciosul nu mai aparţine firii sale (naturii păcătoase); el îi aparţine lui Cristos.
*   firea sau natura păcătoasă nu îl mai are în posesie pe credincios; Isus Cristos îl are în posesie.
*   credinciosul nu mai slujeşte firea; el Îl slujeşte pe Isus Cristos.

2.   Observaţi că, credinciosul şi-a răstignit firea sa (natura păcătoasă) împreună cu dorinţele şi pasiunile ei. Cum? Murind împreună cu Isus Cristos. Cum poate cineva să moară împreună cu Isus Cristos? Dumnezeu a făcut posibil acest lucru. Doar Dumnezeu poate socoti că cineva a murit împreună cu Isus Cristos şi *acest lucru să fie adevărat, ca şi cum chiar s-ar fi întâmplat.* Exact acest lucru îl face Dumnezeu. Când un om crede cu adevărat în Isus Cristos, Dumnezeu ia credinţa acelui om şi o socoteşte ca şi cum ar fo moartea acelui om împreună cu Fiul Său. Dumnezeu onorează credinţa lui, identificându-l cu Cristos. Dumnezeu socoteşte că omul acela...
*   a murit în moartea lui Cristos

- este aşezat în moartea lui Cristos
- se identifică cu moartea lui Cristos
- este părtaş la moartea lui Cristos
- este una cu moartea lui Cristos
- este legat în moartea lui Cristos

Acum, observaţi: dacă credinciosul este socotit de Dumnezeu, ca fiind răstignit împreună cu Cristos, atunci credinciosul....

- a murit faţă de firea pământească (natura păcătoasă)
- a murit faţă de pasiunile şi dorinţele firii păcătoase
- a murit faţă de poftele naturii păcătoase
- este eliberat de firea sa, sau natura păcătoasă.
- este eliberat de pasiunile naturii păcătoase
- este eliberat de poftele naturii păăctoase.

O dată ce un om a murit, el este mort. Regulile, domnia, obiceiurile şi dorinţele naturii lui păcătoase nu mai au niciun control asupra lui. Natura păcătoasă nu îşi mai găseşte locul în viaţa sa. El este eliberat de natura păcătoasă, eliberat de...

- obiceiurile firii
- controlul firii
- robia firii
- judecata firii
- condamnarea firii
- moartea firii

A fi răstignit împreună cu Cristos înseamnă a nu mai trăi în firea pământească *(natura păcătoasă)*, în locul şi poziţia pe care o are natura păcătoasă. Noi nu putem trăi *despărţiţi* de firea noastră, pentru că trăim în trup pe acest pământ. Dar suntem eliberaţi de a mai trăi *după conducerea* firii. Nu mai urmăm îndemnurile şi pasiunile ei. Noi dorim şi urmăm neprihănirea, căutând să îi fim plăcuţi lui Dumnezeu în tot ce facem.

> **Nicidecum! Noi, care am murit faţă de păcat, cum să mai trăim în păcat? (Rom 6:2)**
> **Tot aşa şi voi înşivă, socotiţi-vă morţi faţă de păcat, şi vii pentru Dumnezeu, în Isus Hristos, Domnul nostru. (Rom 6:11)**
> **Am fost răstignit împreună cu Hristos, şi trăiesc, dar nu mai trăiesc eu, ci Hristos trăieşte în mine. Şi viaţa, pe care o trăiesc acum în trup, o trăiesc în credinţa în Fiul lui Dumnezeu, care m-a iubit şi S-a dat pe Sine însuşi pentru mine. (Gal 2:20)**
> **Cei ce sunt ai lui Hristos Isus, şi-au răstignit firea pământească împreună cu patimile şi poftele ei. (Gal 5:24)**
> **Căci voi aţi murit, şi viaţa voastră este ascunsă cu Hristos în Dumnezeu. (Col 3:3)**
> **Adevărat este cuvântul acesta: dacă am murit împreună cu El, vom şi trăi împreună cu El. (2 Tim 2:11)**
> **El a purtat păcatele noastre în trupul Său, pe lemn, pentru ca noi, fiind morţi faţă de păcate, să trăim pentru neprihănire; prin rănile Lui aţi fost vindecaţi. (1 Pet 2:24)**

3 (5:25) **Credinciosul—Duhul Sfânt**: credinciosul trebuie să umble conform cu poziţia pe care o are în Cristos. A fi în Cristos înseamnă a fi în Duhul lui Dumnezeu. Când credinciosul se încrede în Isus Cristos ca Mântuitor, Dumnezeu pune Duhul Lui în inima credinciosului. Duhul lui Dumnezeu este pus acolo ca să îl călăuzească pe credincios în fiecare zi. De aceea, credinciosul trebuie să trăiască prin Duhul; el trebuie să trăiască aşa cum îi spune Duhul lui Dumnezeu. Acesta este punctul esenţial din acest verset. Dacă trăim prin Duhul, atunci să şi umblăm prin El. Duhul ne dă viaţă, viaţa lui Dumnezeu; de aceea, *să umblăm şi să trăim* viaţa care ne-a dat-o El.

> **Noi deci, prin botezul în moartea Lui, am fost îngropaţi împreună cu El, pentru ca, după cum Hristos a înviat din morţi, prin slava Tatălui, tot aşa şi noi să trăim o viaţă nouă. (Rom 6:4)**
> **Acum dar nu este nici o osândire pentru cei ce sunt în Hristos Isus, (Rom 8:1)**
> **În adevăr, cei ce trăiesc după îndemnurile firii pământeşti, umblă după lucrurile firii pământeşti; pe când cei ce trăiesc după îndemnurile Duhului, umblă după lucrurile Duhului. Şi umblarea după lucrurile firii pământeşti, este moarte, pe când umblarea după lucrurile Duhului este viaţă şi pace. (Rom 8:5-6)**
> **Voi însă nu mai sunteţi pământeşti, ci duhovniceşti, dacă Duhul lui Dumnezeu locuieşte în adevăr în voi. Dacă n-are cineva Duhul lui Hristos, nu este al Lui. (Rom 8:9)**

GALATENI 5:22-26

Dacă trăiți după îndemnurile ei, veți muri; dar dacă, prin Duhul, faceți să moară faptele trupului, veți trăi. Căci toți cei ce sunt călăuziți de Duhul lui Dumnezeu sunt fii ai lui Dumnezeu. (Rom 8:13-14)

Căci în Isus Cristos, nici tăierea împrejur, nici netăierea împrejur n-au vreun preț, ci credința care lucrează prin dragoste. (Gal 5:6)

4 (5:26) **Credincios, Umblare—Viață**: credinciosul trebuie să trăiască liber de super-spiritualitate și invidie. Când credincioșii sunt provocați să trăiască vieți spirituale, întotdeauna există pericolul ca unii să de vină super spirituali și alții vor invidia darurile spirituale ale celor care sunt cu adevărat spirituali și au binecuvântarea lui Dumnezeu.

1. Pericolul super-spirtualității există. Există pericolul ispitei de a te mândri și a te arăta superior. Exista atitudinea care spune, "Eu am asta, și tu nu ai." Această atitudine, desigur, îi irită și îi provoacă pe oameni. Ea cauzează rupturi în biserică.

Vai de voi, care sunteți sătui acum! Pentru că voi veți flămânzi! Vai de voi, care râdeți acum, pentru că voi veți plânge și vă veți tângui! (Luca 6:25)

Pentru că zici: Sunt bogat, m-am îmbogățit, și nu duc lipsă de nimic, și nu știi că ești ticălos, nenorocit, sărac, orb și gol. (Apoc 3:17)

Ei își închid inima, au cuvintele semețe în gură. (Psa 17:10)

2. Există pericolul invidiei (vezi comentariul, *Fire—Natura Păcătoasă*, pt.13—Gal.5:19-21 pentru mai multe discuții).

	CAPITOLUL 6	2 Purtați-vă sarcinile unii altora, și veți împlini astfel Legea lui Hristos. 3 Dacă vreunul crede că este ceva, măcar că nu este nimic, se înșeală singur. 4 Fiecare să-și cerceteze fapta lui, și atunci va avea cu ce să se laude numai în ce-l privește pe el, și nu cu privire la alții; 5 căci fiecare își va purta sarcina lui însuși.	4. În al patrulea rând, purtați-vă sarcinile unii altora 5. În al cincilea rând, mărturisește-ți nimicnicia 6. În al șaselea rând, cercetează-ți propria purtare și propriile fapte 7. În al șaptelea rând, dă-ți seama de responsabilitățile pe care le ai
1. În primul rând, lăsați-i pe credincioșii spirituali să se ocupe de problemă 2. În al doilea rând, abordați-l pe fratele respectiv cu duhul blândeții 3. În al treilea rând, ia seama la tine însuți	**D. O umblare care îl restaurează pe cel care cade, 6:1-5** Fraților, chiar dacă un om ar cădea deodată în vreo greșeală, voi, care sunteți duhovnicești, să-l ridicați cu duhul blândeții. Și ia seama la tine însuți, ca să nu fii ispitit și tu.		

SECȚIUNEA V

VIAȚA ȘI UMBLAREA CREDINCIOSULUI: LIBERĂ ȘI SPIRITUALĂ, 5:13-6:18

D. O umblare care îl restaurează pe cel care cade, 6:1-5

(6:1-5) **Introducere**: observați cuvântul *un om*. Un om la fel ca toți ceilalți oameni; care are dorințe, pasiuni și pofte care îl îndeamnă, cum avem cu toții. El umblă și trăiește în trup, la fel ca noi. De aceea, el se confruntă cu aceleași ispite ca și noi, pentru că *toate ispitele* sunt aceleași pentru toți oamenii (1 Cor.10:13).

Ce-i de făcut atunci când un frate credincios a cedat ispitei, s-a împiedicat sau a căzut? Care trebuie să fie atitudinea bisericii cu privire la asta? Cum trebuie abordată problema? Trebuie să ....

- îl ignorăm?
- îl criticăm?
- ne depărtăm de el?
- îl rușinăm?
- îl cenzurăm?
- îl excludem?
- îl izolăm?
- împrăștiem zvonuri despre?
- îl defăimăm?

Observați un lucru: nu este specificat nici un păcat. Păcatul poate fi mare sau mic, negru sau gri, josnic sau acceptabil (omului), grav sau nevinovat, care face rău sau inofensiv. Trebuie să observăm că: un frate, credincios cu adevărat, poate să cadă în păcat. Cuvântul "să cadă" este interesant: înseamnă a fi luat prin surprindere, pe neașteptate. Un adevărat credincios este *luat prin surprindere* când cade în păcat; el *nu s-a așteptat*. De fapt, căderea în păcate grave este rară, dacă chiar se întâmplă vreodată; pentru că el îi aparține lui Cristos și trăiește în Cristos.

Totuși, când un frate cade în păcat, alunecă și cade, ce-i de făcut? Scriptura este clară: frații creștini trebuie să îl restaureze. Cuvântul *restaurare* (katartizete) este un cuvânt folosit pentru punerea la loc a unei mâini rupte sau a unui picior rupt, pentru repararea plaselor de pescuit, sau pentru tăierea unor ramuri crescute cum nu trebuie (William Barclay. Scrisori către Galateni și Efeseni p.58). Credincioșii trebuie să îl ajute pe fratele căzut:

- să îl reîndrepte pe drumul bun
- să îl restaureze
- să îl ajute să elimine păcatul
- să îl îngrijească
- să îl conducă înapoi

Totuși, există atât o cale bună, cât și o cale greșită de a ajuta un frate căzut. Acest punct este accentuat aici, și credincioșii din biserici au mare nevoie de el. Toți credincioșii sunt oameni, care au aceleași pasiuni, ca toți oamenii, și întotdeauna vor fi unii care cad în păcat. Asta înseamnă că noi trebuie tot timpul să fim în alertă și să fim disponibili pentru frații căzuți.

Din nou, felul în care abordăm un frate căzut este foarte important. Aceasta este o chestiune foarte delicată. Fratele va fi foarte sensibil, poate jenat și foarte ușor poate fi rușinat. Poate să devină atât de rușinat încât să nu se mai întoarcă vreodată la părtășia credincioșilor. Poate simte că nu mai este binevenit, din cauza lucrurilor pe care le-a făcut, și că nu va mai fi acceptat printre credincioși. El a căzut, și a căzut în mod public, a dezonorat numele lui Cristos, și a stricat imaginea bisericii. El știe care este atitudinea bisericii și a credincioșilor cu privire la această chestiune.

De aceea, dacă nu este abordat într-un mod potrivit, el poate să fie pierdut pentru veșnicie. Asta înseamă că lucrarea de restaurare este de o importanță monumentală, pentru că viața unui frate drag este în joc. Lucrul de care biserica trebuie să își dea seama este următorul: lucrarea de restaurare este lucrarea lui Dumnezeu. Este lucrarea la care Dumnezeu ne-a chemat. Noi trebuie să umblăm în așa fel încât să-i restaurăm pe oameni la Împărăția lui Dumnezeu și la părtășia cu biserica Lui.

GALATENI 6:1-5

1. În primul rând, lăsați-i pe credincioșii spirituali să se ocupe de problemă (v.1).
2. În al doilea rând, abordați-l pe fratele respectiv cu duhul blândeții (v.1).
3. În al treilea rând, ia seama la tine însuți (v.1).
4. În al patrulea rând, purtați-vă sarcinile unii altora (v.2).
5. În al cincilea rând, mărturisește-ți nimicnicia (v.3).
6. În al șaselea rând, cercetează-ți propria purtare și propriile fapte (v.4).
7. În al șaptelea rând, dă-ți seama de responsabilitățile pe care le ai (v.5).

1 (6:1) **Restaurare—Alunecare—Credincioși, datorie**: în primul rând, lăsați-i pe frații duhovnicești să se ocupe de frații care păcătuiesc. Credincioșii duhovnicești sunt cei care umblă în Duhul Sfânt. Cum poate ști biserica dacă un frate este duhovnicesc, dacă umblă într-adevăr prin Duhul? Pasajul de mai sus ne-a spus cum.

1. Rodește credinciosul roada Duhului Sfânt? (Gal.5:22-23).

   * dragoste
   * bucurie
   * pace
   * răbdare
   * bunătate
   * credincioșie
   * blândețe
   * înfrânarea poftelor
   * facerea de bine

2. Trăiește credinciosul o viață răstignită împreună cu Cristos, adică, o viață jertfitoare, în lepădare de sine? Și-a răstignit credinciosul firea sa, natura lui păcătoasă împreună cu pasiunile și dorințele ei? (Gal.5:24).
3. Umblă credinciosul în Duhul—trăiește o viață care este în concordanță cu poziția lui în Cristos? (Gal.5:25).
4. Este credinciosul liber de super-spiritualitate, invidie, mândrie, gelozie, aroganță și egoism? (Gal.5:26).

2 (6:1) **Cei care alunecă—Restaurare**: în al doilea rând, apropiați-vă de fratele acela *cu duhul blândeții*. Ce mare este nevoia aceasta! Prea des este prezentat un duh....

   * aspru
   * dur
   * disprețuitor
   * critic
   * nemulțumit
   * de reproș
   * super-spiritual
   * "mai sfânt decât tine"
   * de respingere
   * de ciudă
   * jignitor
   * nerespectuos

Aceste abordări, desigur că nu sunt interesate de restaurarea fratelui respectiv. Mai mult se concentrează pe punerea la pământ a fratelui sau pe distrugerea lui. Și marea tragedie este că acest lucru îl face să se întoarcă la lume, la cei care sunt mai înțelegători, care îi înțeleg slăbiciunea pentru că și ei sunt slabi.

Totuși, duhul acesta de respingere nu este ceea ce Scriptura spune că ar trebui să arate un credincios. Scriptura spune să îl abordăm pe acel frate cu duhul blândeții: să fim blânzi, calzi, plini de dragoste, și să ne pese. Să discutăm despre păcatul lui, da, dar cu el, nu cu alții! El trebuie abordat și iubit, trebuie întinsă o mână înspre el, trebuie împărtășită Scriptura cu el, trebuie ajutat, trebuie arătată grijă, și *mai presus de orice, el* nu trebuie abandonat. Deschideți-vă brațele și primiți-l înapoi. Restaurați-l înapoi în părtășia bisericii. Lăsați-l să știe că este iertat, iertat de către toți și primit de toți, cu căldură și blândețe.

> Fiecare să-și cerceteze fapta lui, și atunci va avea cu ce să se laude numai în ce-l privește pe el, și nu cu privire la alții; (Gal 6:4)
> Vă sfătuiesc dar eu, cel întemnițat pentru Domnul, să vă purtați într-un chip vrednic de chemarea, pe care ați primit-o, cu toată smerenia și blândețea, cu îndelungă răbdare; îngăduiți-vă unii pe alții în dragoste. (Efes 4:1-2)
> Să îndrepte cu blândețe pe potrivnici, în nădejdea că Dumnezeu le va da pocăința, ca să ajungă la cunoștința adevărului; (2 Tim 2:25)

3 (6:1) **Restaurare—Cei care alunecă**: în al treilea rând, veghează la tine însuți, pentru că și tu poți fi prins în păcat și poți cădea. Acesta este un punct important, pentru că toți credincioșii sunt ispitiți cu tot felul de păcate (1 Cor.10:13). Există o posibilitate reală să cădem în păcat; de aceea, trebuie să îl iubim și să îl ajutăm pe fratele căzut, așa cum am vrea să fim și noi iubiți și ajutați. Cuvântul *vegheați* (skopon) înseamnă să fi atent la tine, să te gândești la tine și să îți dai atenție. Înseamnă să fi cu ochii în patru la propria ta purtare. Dacă ne gândim bine la asta, atunci vom întinde mâna cu blândețe și cu dragoste înspre frații căzuți. Trebuie să îi ajutăm, pentru că și noi putem oricând să cădem în păcat.

GALATENI 6:1-5

Nu v-a ajuns nici o ispită, care să nu fi fost potrivită cu puterea omenească. Şi Dumnezeu, care este credincios, nu va îngădui să fiți ispitiți peste puterile voastre; ci, împreună cu ispita, a pregătit şi mijlocul să ieșiți din ea, ca s-o puteți răbda. (1 Cor 10:13)

Voi deci, preaiubiților, ştiind mai dinainte aceste lucruri, păziți-vă ca nu cumva să vă lăsați târâți de rătăcirea acestor nelegiuiți, şi să vă pierdeți tăria; (2 Pet 3:17)

4 (6:2) **Sarcini —Restaurare—Alunecare:** În al patrulea rând, purtați-vă sarcinile unii altora. Legea lui Cristos este legea slujirii şi a dragostei.

Pentru că nici Fiul omului n-a venit să I se slujească, ci El să slujească şi să-Şi dea viața ca răscumpărare pentru mulți. (Mat 20:28)

"Vă dau o poruncă nouă: Să vă iubiți unii pe alții; cum v-am iubit Eu, aşa să vă iubiți şi voi unii pe alții. Prin aceasta vor cunoaşte toți că sunteți ucenicii Mei, dacă veți avea dragoste unii pentru alții." (Ioan 13:34-35)

Cristos S-a dat şi S-a jertfit pe Sine pentru a întinde o mână înspre om. El a purtat păcatele omului *pentru om*. Noi, sigur că nu putem purta păcatele oamenilor; dar putem purta sarcinile altora, pentru că toți suferim sub greutatea păcatului—indiferent dacă păcatele sunt cunoscute sau nu. Noi putem...

- să fim plini de compasiune
- să încurajăm
- să ne rugăm
- să iertăm
- să fim calzi şi blânzi
- să împărtăşim promisiunile lui Dumnezeu
- să simțim împreună
- să simpatizăm

"Şi acum, ştiu că nu-mi veți mai vedea fața, voi toți aceia, în mijlocul cărora am umblat propovăduind Împărăția lui Dumnezeu. (Fapte 20:25)

Bucurați-vă cu cei ce se bucură; plângeți cu cei ce plâng. (Rom 12:15)

Noi, care suntem tari, suntem datori să răbdăm slăbiciunile celor slabi, şi să nu ne plăcem nouă înşine. (Rom 15:1)

Purtați-vă sarcinile unii altora, şi veți împlini astfel Legea lui Hristos. (Gal 6:2)

5 (6:3) **Mândrie—Trufie—Super-Spiritualitate:** în al cincilea rând, mărturiseşte-ți nimicnicia. Acesta este motivul pentru care aşa de mulți frați căzuți sunt departe de părtăşia fraților şi a bisericii. Se concentrează pe faptul că sunt...

- nepotriviți
- incapabili
- slabi
- mai puțin spirituali
- prea murdari

Această atitudine, sigur este contrară Duhului lui Cristos. Observați cuvintele, "măcar că nu este nimic". Cristos a venit să mântuiască "nimicuri" adică, păcătoşi. Toți oamenii sunt păcătoşi fie că ştiu asta, fie că nu ştiu. Chiar şi credincioşii, după ce sunt mântuiți, sunt păcătoşi. Acest lucru este uitat de multe ori, dar credincioşii sunt *mântuiți* şi sunt *păstrați în mântuire* tot prin neprihănirea lui Cristos, nu prin neprihănirea lor. Trebuie să nu uităm asta, pentru că singura cale spre Dumnezeu este prin neprihănirea lui Isus Cristos.

Ideea este următoarea: nimeni nu este mai bun decât alt om, nici în neprihănire nici în evlavie. Toți oamenii înaintea lui Dumnezeu sunt păcătoşi. Nu este nici un om neprihănit, nici măcar unul—nici azi, nici mâine, niciodată. Dacă un om, credincios sau necredincios vrea să stea în prezența lui Dumnezeu, trebuie să vină doar prin neprihănirea lui Isus Cristos. De aceea, nu este loc printre oamenii lui Dumnezeu, pentru....

- super-spiritualitate
- snobism spiritual
- mândrie spirituală

Nu este loc pentru sentimente de superioritate față de alții. Un singur om poate pretinde acest lucru: Isus Cristos. În biserică şi printre credincioşi trebuie să fie o singură atitudine: aceea prin care ne mărturisim nimicnicia înaintea lui Dumnezeu —aceea prin care ne mărturisim dependența totală de harul lui Dumnezeu — aceea prin care mărturisim neprihănirea lui Isus Cristos. Observați că orice altă mărturisire este o minciună. Dacă credem altceva, ne înşelăm singuri.

Când un credincios înțelege acest adevăr, atunci el este gata să întindă o mână înspre fratele căzut şi să îl ajute. El ştie că nu este cu nimic mai bun; şi el trebuie să se apropie de Cristos la fel ca şi fratele lui căzut —ca un nimic, pentru că el este un nimic. Din punct de vedere al neprihănirii şi sfințeniei, el este în aceeaşi situație ca şi fratele căzut: nici unul dintre ei nu are neprihănire şi sfințenie pe care să i-o dea lui Dumnezeu. De aceea, amândoi trebuie să se apropie de Dumnezeu prin Fiul Său, Isus Cristos. Cunoaşterea acestui adevăr va provoca dragoste, grijă, şi îngrijorare în inima credinciosului pentru toți frații căzuți.

Oricine se va înălța, va fi smerit; şi oricine se va smeri, va fi înălțat. (Mat 23:12)

116

GALATENI 6:1-5

Aveți aceleași simțăminte unii față de alții. Nu umblați după lucrurile înalte, ci rămâneți la cele smerite. Să nu vă socotiți singuri înțelepți. (Rom 12:16)

Dacă crede cineva că știe ceva, încă n-a cunoscut cum trebuie să cunoască. (1 Cor 8:2)

Negreșit, n-avem îndrăzneala să ne punem alături sau în rândul unora din aceia care se laudă singuri. Dar ei, prin faptul că se măsoară cu ei înșiși și se pun alături ei cu ei înșiși, sunt fără pricepere. (2 Cor 10:12)

Dacă vreunul crede că este ceva, măcar că nu este nimic, se înșeală singur. (Gal 6:3)

Pentru că zici: Sunt bogat, m-am îmbogățit, și nu duc lipsă de nimic, și nu știi că ești ticălos, nenorocit, sărac, orb și gol, (Apoc 3:17)

Fariseul sta în picioare, și a început să se roage în sine astfel: ,Dumnezeule, Îți mulțumesc că nu sunt ca ceilalți oameni, hrăpăreți, nedrepți, preacurvari sau chiar ca vameșul acesta. (Luca 18:11)

Dacă ați fi orbi, le-a răspuns Isus, n-ați avea păcat; dar acum ziceți: ,Vedem. Tocmai de aceea, păcatul vostru rămâne.(Ioan 9:41)

Sunt curat, sunt fără păcat, sunt fără prihană, nu este fărădelege în mine. (Iov 33:9)

Mândria merge înaintea pieirii, și trufia merge înainte căderii. (Prov 16:18)

Mulți oameni își trâmbițează bunătatea; dar cine poate găsi un om credincios? (Prov 20:6)

Este un neam de oameni care se crede curat, și totuși, nu este spălat de întinăciunea lui. (Prov 30:12)

6 (6:4) **Cercetare**: în al șaselea rând, cercetează-ți propria purtare și propriile fapte. Cuvântul *fapta se referă la* comportament și purtare. Sigur că este vorba și de fapte aici, dar punctul central al versetului este *comportamentul nostru în întregime*. Trebuie să ne cercetăm și să ne judecăm viața noastră, nu viața fratelui căzut. Scriptura este dură în legătură cu asta: *fiecare om* trebuie să fie preocupat de cercetarea *propriei* vieți, fără excepție. Este atât de mult rău în lumea aceasta, și trupul omului este atât de slab încât este greu pentru un om să rămână curat. Firea sau natura păcătoasă vrea...

- acceptare
- recunoaștere
- poziție
- onoare
- recompensă
- aprobare

- să privească
- să guste
- să simtă
- să facă
- să aibă
- să experimenteze

Sigur că fiecare dintre aceste dorințe este bună și benefică, până când trec de limita interzisă și sunt duse prea departe. A gusta mâncarea este un lucru bun; a gusta prea multă mâncare este un lucru rău. A vrea să fi recunoscut este bine; a iubi acea recunoaștere este un păcat.

Ideea este că ispita ne dă târcoale—la toți. De aceea, trebuie să fim preocupați de a ne cerceta pe noi înșine și nu pe alții. De fapt, este atât de multă ispită în jurul nostru încât dacă lăsăm garda jos și începem să îi judecăm pe alții, imediat suntem prinși și noi în plasa păcatului. Țineți minte: a-i critica și a-i judeca pe alții este un păcat; de aceea, dacă nu ne mai cercetăm pe noi înșine ci îi cercetăm pe alții, păcătuim.

Termenul nostru de comparație trebuie să fie Cuvântul lui Dumnezeu, nu alți oameni. Atitudinea noastră față de ceilalți trebuie să fie una de dragostea, grijă, slujire și restaurare—nu una critică și care judecă.

Observați că, credinciosul care se cercetează în mod constant, are motive să se bucure în sine însuși și nu doar de alții. Bucuria ne umple atunci când viața și inima noastră este curată. Nimic nu ne umple de bucurie mai mult decât o conștiință curată. Este adevărat că ne bucurăm când îi vedem pe ceilalți că umblă așa cum ar trebui, dar adevărata bucurie vine când știm că îi facem plăcere lui Dumnezeu prin purtarea noastră.

Fățarnicule, scoate întâi bârna din ochiul tău, și atunci vei vedea deslușit să scoți paiul din ochiul fratelui tău. (Mat 7:5)

Pe voi înșivă încercați-vă dacă sunteți în credință. Pe voi înșivă încercați-vă. Nu recunoașteți voi că Isus Hristos este în voi? Afară numai dacă sunteți lepădați. (2 Cor 13:5)

Fiecare să-și cerceteze fapta lui, și atunci va avea cu ce să se laude numai în ce-l privește pe el, și nu cu privire la alții; (Gal 6:4)

Să luăm seama la umbletele noastre, să le cercetăm, și să ne întoarcem la Domnul. (Plângeri 3:40)

7 (6:5) **Judecată—Responsabilitate**: în al șaptelea rând, trebuie să ne dăm seama de responsabilitățile pe care le avem. Versetul acesta îl avertizează pe credincios: el este responsabil înaintea lui Dumnezeu pentru propria lui purtare și va fi judecat pentru ceea ce a făcut. Fiecare credincios are sarcinile lui, vina lui și păcatele lui. Acestea trebuie să le poarte, trebuie să și le cerceteze și să le judece. Ca să le poată birui trebuie să nu se mai uite la alții și să se concentreze asupra poverii greșelilor lui.

Vă spun că, în ziua judecății, oamenii vor da socoteală de orice cuvânt nefolositor, pe care-l vor fi rostit. (Mat 12:36)

GALATENI 6:1-5

"De aceea, Împărăţia cerurilor se aseamănă cu un împărat, care a vrut să se socotească cu robii săi. (Mat 18:23)

Aşa că fiecare din noi are să dea socoteală despre sine însuşi lui Dumnezeu. (Rom 14:12)

Căci toţi trebuie să ne înfăţişăm înaintea scaunului de judecată al lui Hristos, pentru ca fiecare să-şi primească răsplata după binele sau răul, pe care-l va fi făcut când trăia în trup. (2 Cor 5:10)

	E. O umblare în care îi faci bine celui care te învață: Semănatul și Seceratul, 6:6-10
1. Cum poți să-i faci bine învățătorului: luând parte la slujirea învățătorului	6 Cine primește învățătura în Cuvânt, să facă parte din toate bunurile lui și celui ce-l învață.
2. De ce să-i faci bine unui învățător	7 Nu vă înșelați: „Dumnezeu nu Se lasă să fie batjocorit." Ce seamănă omul, aceea va și secera.
a. Pentru că omul poate fi înșelat cu privire la judecata lui Dumnezeu	8 Cine seamănă în firea lui pământească, va secera din firea pământească putrezirea; dar cine seamănă în Duhul, va secera din Duhul viața veșnică.
1) cine seamănă într-un mod egoist, va secera distrugerea	
2) cine seamănă în Duhul, va secera viață	
b. Pentru că omul va secera—dacă nu renunță	9 Să nu obosim în facerea binelui; căci la vremea potrivită, vom secera, dacă nu vom cădea de oboseală.
3. Când să îl slujești pe un învățător: Atunci când ai ocazia	10 Așadar, cât avem prilej, să facem bine la toți, și mai ales fraților în credință.
a. Fă bine tuturor	
b. Fă bine mai ales credincioșilor	

SECȚIUNEA V

UMBLAREA ȘI VIAȚA CREDINCIOSULUI: LIBERĂ ȘI SPIRITUALĂ, 5:13-6:18

E. O umblare în care îi faci bine celui care te învață, Semănatul și Seceratul, 6:6-10

(6:6-10) **Introducere**: puțini oameni sunt atât de importanți pentru societate cum sunt învățătorii. Relația dintre un învățător și un elev este un subiect care nu este accentuat destul în biserică. Acest pasaj se ocupă chiar de acest subiect, în mod deosebit de responsabilitățile elevului față de învățător. Țineți minte că fiecare credincios este un elev care stă la picioarele învățătorilor lui Dumnezeu, fie ei slujitori sau învățători.

1. Cum poți să-i faci bine învățătorului: luând parte la slujirea învățătorului (v.6).
2. De ce să-i faci bine unui învățător (vv.7-9).
3. Când să îl slujești pe învățător: Atunci când ai ocazia (v.10).

1 (6:6) **Învățătorul**: Cum poate credinciosul să-i facă bine unui învățător? Foarte simplu, comunicând și luând parte la slujirea învățătorului. Asta înseamnă mai mult decât a contribui doar cu un ajutor financiar. Sigur că înseamnă și ajutor financiar, dar înseamnă mai mult decât doar atât. Observați că Scriptura îi vorbește direct celui care *învață*, adică, credinciosului din biserică, *celui care este învățat din Cuvântul lui Dumnezeu*. Cel care învață are o responsabilitate față de învățător la fel cum învățătorul are o responsabilitate față de cel care învață. Care este această responsabilitate? Să ia parte cu învățătorul la toate lucrurile bune și să participe la slujirea învățătorului. Cel care învață ia parte la slujirea învățătorului...

- *fiind prezent* când acesta dă învățătură
- *fiind atent și învățând* ceea ce i se spune
- *luând parte la discuțiile* pe care învățătorul le inițiază
- *dând mai departe* ceea ce învățătorul îi spune
- *participând* cu învățătorul la întreaga lui slujire
- *sprijinindu-l* financiar pe învățător
- *încurajându-i și pe alții* să vină să învețe de la învățător

Observați încă un lucru: atunci când este vorba despre cuvântul "Cuvânt", acesta înseamnă întotdeauna *Cuvântul lui Dumnezeu*. Un învățător trebuie *întotdeauna* să-i învețe pe alții Cuvântul lui Dumnezeu, iar cel care învață trebuie să fie sigur că învață de la unul care dă învățătură doar din cuvântul lui Dumnezeu.

GALATENI 6:6-10

Să nu luați nici aur, nici argint, nici aramă în brâurile voastre, nici traistă pentru drum, nici două haine, nici încălțăminte, nici toiag, căci vrednic este lucrătorul de hrana lui. (Mat 10:9-10)

Tot așa, Domnul a rânduit ca cei ce propovăduiesc Evanghelia, să trăiască din Evanghelie. (1 Cor 9:14)

Dar bine ați făcut că ați luat parte la strâmtorarea mea. (Filip 4:14)

Prezbiterii (Sau: bătrâni) care cârmuiesc bine, să fie învredniciți de îndoită cinste, mai ales cei ce se ostenesc cu propovăduirea și cu învățătura, pe care o dau altora. Căci Scriptura zice: „Să nu legi gura boului când treieră bucate"; și: Vrednic este lucrătorul de plata lui. (1 Tim 5:17-18)

2 (6:7-9) **Semănatul—Seceratul—Slujitorii—Învățătorii**: De ce ar trebui credincioșii să le facă bine învățătorilor lor? Sunt date două motive puternice.

1.   Pentru că omul poate fi înșelat cu privire la judecata lui Dumnezeu. Cuvântul *înșelat* (planasthe) înseamnă a fi dus în rătăcire. Unii Galateni erau conduși în rătăcire în legătură cu asta. Ei nu luau parte la slujirea lui Pavel, ei au devenit criticii lui în loc să îl sprijinească. (vezi comentariul—Gal.1:1 pentru mai multe discuții.) Și observați ce înseamnă să îl ataci pe slujitorului lui Dumnezeu: înseamnă batjocură la adresa lui Dumnezeu. Cuvântul "batjocură" (mukterizetai) înseamnă să strâmbi din nas în fața lui Dumnezeu. Respingându-l pe slujitorul pe care Dumnezeu l-a trimis la ei, Galatenii îl respingeau pe Dumnezeu. Ei nu îl batjocoreau doar pe slujitorul lui Dumnezeu, ci îl batjocoreau pe Dumnezeu. Totuși, Scriptura spune în termeni foarte clari: "Dumnezeu nu se lasă batjocorit. Omul seceră ceea ce a semănat." Dacă omul seamănă o viață care...

- nu este prezentă când învățătorul dă învățătură
- nu este atentă și nu învață ceea ce spune învățătorul
- nu dă mai departe ceea ce spune învățătorul
- nu participă împreună cu învățătorul la slujirea lui
- nu-i încurajează pe alții să învețe de la învățător

...dacă un om seamănă această respingere, dacă strâmbă din nas în felul acesta, el de fapt Îl respinge pe Dumnezeu. Și dacă Îl respinge pe Dumnezeu, va fi la rândul lui respins de Dumnezeu. Ceea ce seamănă omul față de învățătorul lui, aceea va secera. Va primi judecata purtării lui față de învățătorul lui Dumnezeu.

a.   Dacă un credincios seamănă satisfacerea firii lui, a naturii păcătoase, va secera putrezirea (v.8). Dacă nu ascultă de avertismentele învățătorului în legătură cu poftele firii, va secera din poftele firii. Va fi copleșit de dorința, chemarea, pasiunea și pofta ei...

- de a se închina așa cum dorește
- de a-și căuta destinul în astrologie și ghicire, nu în rugăciune
- de a trăi așa cum dorește
- de a căuta poziții, onoare și putere pământească
- de a se răzvrăti împotriva altora așa cum dorește
- de a petrece așa cum dorește
- de a întreține relații sexuale interzise
- de a strânge bogății
- de a căuta lucrurile acestei lumi

Lista ar putea continua, dar am înțeles ideea. Trupul uman este trecător. Îmbătrânește, moare și se strică. Dacă un om seamănă în firea lui (natura păcătoasă), va merge pe calea firii: va muri și va înfrunta pedeapsa lui Dumnezeu. Dumnezeu nu va permite să fie batjocorit. Învățătorii Lui trebuie auziți și lecțiile lor trebuie învățate, pentru că ei învață din Cuvântul lui Dumnezeu. Dacă un om îl respinge pe mesagerul lui Dumnezeu și alege să samene în firea lui (natura păcătoasă), va secera firea și destinul ei: moartea și judecata. Dumnezeu nu este batjocorit; nu există cale de scăpare.

Și umblarea după lucrurile firii pământești, este moarte, pe când umblarea după lucrurile Duhului este viață și pace. Fiindcă umblarea după lucrurile firii pământești este vrăjmășie împotriva lui Dumnezeu, căci, ea nu se supune Legii lui Dumnezeu, și nici nu poate să se supună. Deci, cei ce sunt pământești, nu pot să placă lui Dumnezeu. (Rom 8:6-8)

Dacă trăiți după îndemnurile ei (firii pământești), veți muri; dar dacă, prin Duhul, faceți să moară faptele trupului, veți trăi (Rom 8:13)

Și, după cum oamenilor le este rânduit să moară o singură dată, iar după aceea vine judecata, (Evrei 9:27)

GALATENI 6:6-10

După câte am văzut eu, numai cei ce ară fărădelegea și seamănă nelegiuirea îi seceră roadele! (Iov 4:8)

Cine seamănă nelegiuire, nelegiuire va secera, și nuiaua nelegiuirii lui este gata. (Prov 22:8)

"Fiindcă au semănat vânt, vor secera furtună. Nu le va crește un spic de grâu; ce va răsări, nu va da făină, și dacă ar da, ar mânca-o străinii. (Osea 8:7)

b. Dacă un credincios seamănă în Duhul Sfânt, el va secera viața veșnică. Dacă ascultă sfaturile învățătorului cu privire la mântuirea care este posibilă în Fiul lui Dumnezeu, și în legătură cu viața pe care El vrea să o trăiască, va secera în Duhul lui Dumnezeu. Duhul lui Dumnezeu va intra în viața lui și va își va stabili reședința acolo. Duhul lui Dumnezeu va pune natura divină a lui Dumnezeu în inima credinciosului, natura divină care va trăi acum și pentru veșnicie. Credinciosul va putea (va primi puterea de a) trăi o viață plină de ...

- dragoste
- bucurie
- pace
- răbdare
- bunătate

- credincioșie
- blândețe
- înfrânare
- bunătate

Iar, lucrul cel mai important, așa cum am mai spus, va trăi veșnic cu Dumnezeu în cerurile noi și în pământul nou.

Și, după cum a înălțat Moise șarpele în pustie, tot așa trebuie să fie înălțat și Fiul omului, pentru ca oricine crede în El să nu piară, ci să aibă viața veșnică. (John 3:14-15)

Cine crede în Fiul, are viața veșnică; dar cine nu crede în Fiul, nu va vedea viața, ci mânia lui Dumnezeu rămâne peste el. (Ioan 3:36)

"Adevărat, adevărat vă spun, că cine ascultă cuvintele Mele, și crede în Cel ce M-a trimis, are viața veșnică, și nu vine la judecată, ci a trecut din moarte la viață. (Ioan 5:24)

Cine își iubește viața, o va pierde; și cine își urăște viața în lumea aceasta, o va păstra pentru viața veșnică. (Ioan 12:25)

Cine seamănă în firea lui pământească, va secera din firea pământească putrezirea; dar cine seamănă în Duhul, va secera din Duhul viața veșnică. (Gal 6:8)

Dar noi, după făgăduința Lui, așteptăm ceruri noi și un pământ nou, în care va locui neprihănirea. De aceea, preaiubiților, fiindcă așteptați aceste lucruri, siliți-vă să fiți găsiți înaintea Lui fără prihană, fără vină, și în pace. (2 Pt 3:13-14)

Apoi am văzut un cer nou și un pământ nou; pentru că cerul dintâi și pământul dintâi pieriseră, și marea nu mai era. (Apoc 21:1)

Semănați potrivit cu neprihănirea și veți secera potrivit cu îndurarea. Desțeleniți-vă un ogor nou! Este vremea să căutați pe Domnul, ca să vină și să vă ploaie mântuire. (Osea 10:12)

2. Omul va secera dacă nu va renunța să ia parte la slujirea învățătorului lui. Credinciosul sau elevul trebuie să ia parte la slujirea învățătorului dacă vrea să secere răsplata. El nu trebuie să...

- se retragă
- cadă
- slăbească
- permită rutina
- permită slăbiciunea

- permită întreruperi
- renunțe în fața persecuției
- cedeze ispitei
- cedeze presiunii

Elevul trebuie să fie consecvent, ferm și perseverent—așa cum este învățat de învățătorul lui. El trebuie să Îl slujească pe Domnul Isus Cristos împreună cu învățătorul lui.

De aceea, preaiubiții mei frați, fiți tari, neclintiți, sporiți totdeauna în lucrul Domnului, căci știți că osteneala voastră în Domnul nu este zadarnică. (1 Cor 15:58)

De aceea, fiindcă avem slujba aceasta, după îndurarea pe care am căpătat-o, noi nu cădem de oboseală. (2 Cor 4:1)

Tu să rămâi în lucrurile, pe care le-ai învățat și de care ești deplin încredințat, căci știi de la cine le-ai învățat: (2 Tim 3:14)

Și noi, dar, fiindcă suntem înconjurați cu un nor așa de mare de martori, să dăm la o parte orice piedică, și păcatul care ne înfășoară așa de lesne, și să alergăm cu stăruință în alergarea care ne stă înainte. (Evrei 12:1)

De aceea, încingeți-vă coapsele minții voastre, fiți treji, și puneți-vă toată nădejdea în harul, care vă va fi adus, la arătarea lui Isus Hristos. (1 Pt 1:13)

Voi deci, preaiubiților, știind mai dinainte aceste lucruri, păziți-vă ca nu cumva să vă lăsați târâți de rătăcirea acestor nelegiuiți, și să vă pierdeți tăria; (2 Pt 3:17)

Eu vin curând. Păstrează ce ai, ca nimeni să nu-ți ia cununa. (Apoc 3:11)

Observați motivul pentru care nu trebuie să renunțe: elevul va secera la vremea potrivită. Ziua secerișului va veni. Dumnezeu îl va răsplăti pe elevul (credinciosul) care slujește și lucrează împreună cu învățătorul.

Și oricine va da de băut numai un pahar de apă rece unuia din acești micuți, în numele unui ucenic, adevărat vă spun că nu-și va pierde răsplata. (Mat 10:42)

" Stăpânul său i-a zis: ,Bine, rob bun și credincios; ai fost credincios în puține lucruri, te voi pune peste multe lucruri; intră în bucuria stăpânului tău!' (Mat 25:23)

Cele nechibzuite, când și-au luat candelele, n-au luat cu ele untdelemn; (Mat 25:3)

Cine seceră, primește o plată, și strânge rod pentru viața veșnică; pentru ca și cel ce seamănă și cel ce seceră să se bucure în același timp. (Ioan 4:36)

căci știți că fiecare, fie rob, fie slobod, va primi răsplată de la Domnul, după binele pe care-l va fi făcut. (Efes 6:8)

3 (6:10) Învățător—Elev—Lucrare: Când trebuie credinciosul să slujească împreună cu învățătorul? Foarte simplu, cu fiecare ocazie. El trebuie să facă bine ori de câte ori are ocazia. El trebuie să....

- fie atent la fiecare ocazie
- țină ochii deschiși pentru fiecare ocazie
- profite de orice ocazie apare

Când un învățător merge să se îngrijească de o anumită nevoie, credinciosul nu trebuie să piardă ocazia de a merge împreună cu el în slujire. Nici o ocazie de slujire nu trebuie ratată. Se pot rata ocazii, și credinciosul poate pierde privilegiul de a fi răsplătit în ziua glorioasă a mântuirii. De aceea, el trebuie să fie în alertă, și să nu obosească dacă vrea o răsplată întreagă.

Observați cui trebuie să slujească: tuturor oamenilor (necredincioși), dar în mod special, credincioșilor. Fiecare om este responsabil în primul rând de familia lui: apoi se adaugă povara lumii. Dumnezeu ne-a așezat pe fiecare într-o familie, și noi suntem primii responsabili pentru acea familie. Alții ne pot ajuta, dar noi suntem responsabili în primul rând. Același lucru este adevărat și pentru familia lui Dumnezeu. Un frate credincios este responsabil pentru familia lui Dumnezeu. De aceea, noi trebuie întotdeauna să ne îngrijim de familia noastră de credincioși înainte de a merge la necredincioși.

Voi însă, iubiți pe vrăjmașii voștri, faceți bine și dați cu împrumut, fără să nădăjduiți ceva în schimb. Și răsplata voastră va fi mare, și veți fi fiii Celui Prea Înalt; căci El este bun și cu cei nemulțumitori și cu cei răi. (Luca 6:35)

Îndeamnă pe bogații veacului acestuia să nu se îngâmfe, și să nu-și pună nădejdea în niște bogății nestatornice, ci în Dumnezeu, care ne dă toate lucrurile din belșug, ca să ne bucurăm de ele. Îndeamnă-i să facă bine, să fie bogați în fapte bune, să fie darnici, gata să simtă împreună cu alții, (1 Tim 6:17-18)

Și să nu dați uitării binefacerea și dărnicia; căci lui Dumnezeu jertfe ca acestea Îi plac. (Evrei 13:16)

Deci, cine știe să facă bine și nu face, săvârșește un păcat! (Iacov 4:17)

Depărtează-te de rău, și fă binele; caută pacea, și aleargă după ea! (Psa 34:14)

Încrede-te în Domnul, și fă binele; locuiește în țară, și umblă în credincioșie. (Psa 37:3)

	F. O umblare care se laudă doar în Crucea lui Cristos, 6:11-18	14 În ce mă priveşte, departe de mine gândul să mă laud cu altceva decât cu crucea Domnului nostru Isus Hristos, prin care lumea este răstignită faţă de mine, şi eu faţă de lume!	3. Adevăraţii slujitori se laudă în crucea lui Cristos a. Prin cruce lumea este răstignită faţă de om şi omul faţă de lume
1. O secţiune importantă—Pavel însuşi o scrie	11 Uitaţi-vă cu ce slove mari v-am scris, cu însăşi mâna mea!	15 Căci în Hristos Isus nici tăierea împrejur, nici netăierea împrejur nu sunt nimic, ci a fi o făptură nouă.	b. Crucea creează un om nou
2. Învăţătorii mincinoşi fac o impresie exterioară bună—în firea lor—caută popularitate a. pentru a primi aprobare şi a scăpa de persecuţie b. pentru a se lăuda prin creşterea cifrelor din statisticile lor	12 Toţi cei ce umblă după plăcerea oamenilor, vă silesc să primiţi tăierea împrejur, numai ca să nu sufere ei prigonire pentru Crucea lui Hristos. 13 Căci nici ei, care au primit tăierea împrejur, nu păzesc Legea; ci voiesc doar ca voi să primiţi tăierea împrejur, pentru ca să se laude ei cu trupul vostru.	16 Şi peste toţi cei ce vor umbla după dreptarul acesta şi peste Israelul lui Dumnezeu să fie pace şi îndurare! 17 De acum încolo nimeni să nu mă mai necăjească, pentru că port semnele Domnului Isus pe trupul meu.	c. Crucea aduce pace şi îndurare d. Crucea dă un scop rănilor vieţii
		18 Fraţilor, harul Domnului nostru Isus Hristos să fie cu duhul vostru! Amin.	4. Concluzie: O binecuvântare a harului

SECŢIUNEA V

UMBLAREA ŞI VIAŢA CREDINCIOSULUI: LIBERĂ ŞI SPIRITUALĂ, 5:13-6:18

F. O Umblare care se laudă doar în Crucea lui Cristos, 6:11-18

(6:11-18) **Introducere:** acest pasaj este o concluzie la scrisoarea pe care Pavel o scrie Galatenilor. Inima lui Pavel era plină de îngrijorare pentru credincioşii din Galatia şi bisericile lor. Ei au permis învăţătorilor mincinoşi să intre printre ei, şi mulţi dintre ei au început să-i asculte şi să-i urmeze pe învăţătorii mincinoşi. Bisericile erau pe punctul de a-L părăsi pe Dumnezeu şi de a-şi distruge mărturia lor pentru Cristos şi lucrarea misionară în lume. De obicei când scria, Pavel dicta scrisorile lui unui scrib, iar când termina de dictat scrisoarea, încheia cu o binecuvântare scurtă şi cu semnătura sa. Dar observaţi ce face în incheierea scrisorii către Galateni: el însuşi a luat condeiul şi a scris încheierea, a încheiat-o cu un îndemn puternic şi cu o apărare a lucrării sale şi a evangheliei. El nu vorbeşte în termeni neclari: credincioşii—slujitori şi laici deopotrivă—trebuie să umble lăudându-se cu nimic altceva decât în Crucea lui Cristos.

1. O secţiune importantă—Pavel însuşi o scrie (v.11).
2. Învăţătorii mincinoşi fac o impresie exterioară bună—în firea lor—caută popularitate (vv.12-13).
3. Adevăraţii slujitori se laudă în crucea lui Cristos (vv.14-17).
4. Concluzie: O binecuvântare a harului (v.18).

1 (6:11) **Pavel—Scriptură:** acesta este un pasaj important din Galateni, atât de important încât Pavel a luat condeiul din mâna scribului şi a scris el însuşi. De ce a scris Pavel cu litere atât de mari? Sunt date câteva explicaţii.

1. Pentru că Pavel a dorit să accentueze ceea ce spunea. Trebuie observat că este acest lucru este posibil, dar scribul ar fi putut face acest lucru la fel de bine ca şi Pavel.

2. Pentru că Pavel nu scria bine, şi a trebuit să scrie mare că să se poată înţelege ce a scris. Din nou acest lucru este improbabil, pentru că Pavel era un om educat.

3. Pentru că Pavel avea ceva probleme cu ochii, sau vederea înceţoşată şi slabă. Dintre toate explicaţiile, aceasta pare cea mai plauzibilă. (vezi comentariul—2 Cor.12:7-10 pentru mai multe discuţii. Vezi Gal.4:14-15.)

Nu există îndoială cu privire la faptul că Pavel a dorit să scrie personal această parte din scrisoare ca să îi accentueze mesajul şi să demonstreze că el este adevăratul autor al scrisorii. Nu se cunoaşte motivul pentru care a scris cu litere mari.

Lecţia pentru noi este aceasta: mesajul acestei părţi este atât de important încât Pavel a luat condeiul şi l-a scris cu mâna lui. De aceea, trebuie să-i acordăm mare atenţie.

GALATENI 6:11-18

2 (6:12-13) **Învățători mincinoși—Fire**: învățătorii mincinoși caută să facă o impresie bună în exterior—în firea lor. Ei caută popularitate lumească, doresc să fie acceptați și primiți de oameni. Țineți minte: învățătorii mincinoși s-au infiltrat în bisericile din Galatia (vezi comentariul, *Învățători Mincinoși* —Gal.1:6-7 legat de învățătura lor). Ei s-au împotrivit atât lui Pavel, cât și evangheliei pe care o predica Pavel. Accentul principal cădea pe ritualul religiei, al tăierii împrejur (botezul, membralitatea în biserică, etc.). Ei spuneau că tăierea împrejur este necesară mântuirii. Dacă un om era tăiat împrejur, se afla pe drumul spre mântuire. Pavel atacă această poziție și aduce acuzații puternice la adresa învățătorilor mincinoși. El îi acuză că sunt conduși de motive lumești. Nu uitați că el avea de a face cu învățători mincinoși *în interiorul bisericii*. Ceea ce a avut de spus este o lecție foarte importantă pentru învățătorii din fiecare generație.

1. Învățătorii căutau să primească aprobarea celor din jur pentru a evita prigonirea. Ei căutau aprobarea oamenilor mai presus de aprobarea lui Dumnezeu. Mulți dintre primii slujitori ai evangheliei erau preoți care Îl vedeau pe Cristos ca pe Salvatorul Lumii. Totuși, ei L-au acceptat doar ca o adăugare la lege. Ei spuneau că Isus Cristos a venit în primul rând ca să ne arate cum vrea Dumnezeu să trăim; de aceea, El doar a adăugat ceva la lege. Legea încă era importantă pentru apropierea noastră de Dumnezeu; omul trebuia să se apropie de Dumnezeu atât prin lege cât și prin Isus Cristos. De aceea, nu era un lucru bine văzut în vremea aceea să spui că Cristos este singura cale spre Dumnezeu. Slujitorii care propovăduiau asta, erau prigoniți prin batjocuri, ridiculizați, abuzați și respinși. Un slujitor care predica mântuirea doar prin crucea lui Cristos, era văzut ca unul care strică legea și religia deja instituită. De aceea, slujitorii religiei existente, îi prigoneau pe slujitorii crucii. Drept rezultat, era nevoie de mult curaj pentru a rămâne în picioare și a proclama adevărul. Cei mai mulți au ales calea mai ușoară și au rămas alături de religia existentă pentru a evita persecuția.

> **Meditația 1.** Câți merg alături de *religia deja întemeiată și populară a lumii* în loc să proclame adevărul lui Isus Cristos și Cuvântul Lui? Câți se tem de a respingerea, ridiculizarea, și suferința crucii? Cât de des este ispitit un slujitor să îndulcească mesajul crucii ca să nu jignească biserica? Câți slujitori ar trebui să se teamă de reacția oamenilor, dacă ar proclama mesajul simplu al mântuirii prin credință *doar* prin crucea lui Cristos? Câți ar trebui să se teamă de reacția prietenilor lor și a liderilor religioși?

2. Învățătorii mincinoși au dorit să se laude prin creșterea cifrelor din statisticile lor (v.13). Observați exact ce spune Scriptura: ei au dorit ca oamenii să se taie împrejur ca să se poată lăuda cu numărul lor. Interesul lor nu era atât de mult legat de a-i învăța pe oameni să asculte de Dumnezeu și de lege, cât era legat de construirea unei siguranțe personale. Ei doreau să fie recunoscuți prin aparența unei lucrări în creștere. Ei căutau aprobarea și acceptarea oamenilor mai mult decât căutau binele acestora. Sigur că ținerea legii și a-i face pe oameni să asculte de Dumnezeu era important, la fel cum învățătura fiecărui om este importantă pentru el. Dar interesul lor principal era imaginea unei lucrări în creștere, care să le poată asigura viața și poziția între oameni.

> **Meditația 1.** Oamenii sunt impresionați de numere și de statistici care arată creștere. Fiecare om știe asta, atât liderii religioși cât și cei laici. Ca rezultat, de multe ori slujitorii sunt ispitiți să accentueze creșterea în botezuri, frecvența în biserică, Studii Biblice, programe sau activități. Numerele mari....
> - construiesc imaginea
> - cresc ego-ul
> - aduc succes
> - măresc reputația
> - asigură poziția
> - cresc oportunitățile
> - arată înspre daruri și abilități
> - accentuează carisma
> - deschid uși
> - ajută la obținerea de venituri
> - atrag atenția

3 (6:14-17) **Slujitorii**: adevărații slujitori se laudă în crucea lui Cristos. Crucea lui Cristos este singurul lucru cu care se poate lăuda un adevărat slujitor a lui Dumnezeu, pentru că nu există o altă cale prin care să ne apropriem de Dumnezeu. Dumnezeu acceptă omul doar dacă vine la El prin cruce. Nu este există altă cale prin care poate cineva să fie primit de Dumnezeu. De aceea, adevăratul slujitor nu are alt mesaj, nu are alt adevăr cu care să se laude. Pavel a dat patru motive pentru care crucea este singura laudă a slujitorului.

1. Prin cruce lumea este răstignită față de om și omul față de lume. Ce înseamnă asta?
   a. În primul rând, crucea răstignește lumea față de om. Lumea are tot felul de atracții care ispitesc omul, iar oamenii poftesc după aceste atracții. Aceste atracții pot fi....
      - poziție
      - putere
      - acceptare
      - sex
      - plăcere
      - onoare

GALATENI 6:11-18

- recunoaştere
- bani
- mâncare
- posesiuni materiale

Lista ar putea continua şi ar putea conţine fiecare atracţie de pe pământ, dar care este sfârşitul tuturor acestor lucrurilor? Deteriorarea,putrezirea, moartea şi judecata. Chiar şi omul îmbătrâneşte, moare şi putrezeşte. Nu există nimic pe pământ care să trăiască veşnic. Dacă omul doreşte să trăiască veşnic, cineva cu puteri nelimitate trebuie să restructureze această lume. Cineva trebuie să distrugă lumea şi să o refacă, cu tot ce este în ea, inclusiv firea omului. Vestea glorioasă este că Dumnezeu a făcut lucrul acesta. Dumnezeu a arătat faptul că iubeşte lumea aceasta, şi El Şi-a demonstrat dragostea Sa, în cel mai perfect mod posibil.Cum?

Dumnezeu L-a trimis pe Fiul Său în lume, *ca să moară pentru oameni* şi să îi elibereze de lume. Când Isus Cristos a murit pe cruce, El a purtat pedeapsa pentru fărădelegile noastre. El a luat condamnarea legii împotriva noastră, adică moartea, şi a purtat-o pentru noi. De aceea, orice om care crede că Isus Cristos a murit pentru el, va fi mântuit de lumea aceasta a morţii. Dumnezeu spune că El îl va socoti pe acel om, răstignit împreună cu Cristos. Omul nu mai trebuie să moară vreodată. Când va sosi momentul pentru acel om să treacă din această lume în cealaltă, Dumnezeu îl va muta direct în prezenţa Lui pentru a trăi veşnic. Acest lucru se va întâmpla într-o clipeală din ochi. Omul care crede în Cristos nu va muri niciodată, nu va gusta din experienţa morţii.

Asta înseamnă că lumea este răstignită faţă de credincios. Credinciosul nu trebuie să meargă pe drumul lumii, adică, pe drumul păcatului, al corupţiei, al moarţii şi al judecăţii.

⇒ Isus Cristos a murit pentru a-l elibera pe credincios de lume, şi de toate robiile ei, inclusiv de robia morţii.

⇒ Duhul lui Isus Cristos (Duhul Sfânt) trăieşte în credincios pentru a-i da puterea pentru a birui lumea şi toate atracţiile ei coruptibile. Prin Duhul lui Dumnezeu, credinciosul are puterea de a birui poftele firii (naturii păcătoase).

b. În al doilea rând, crucea l-a răstignit pe om faţă de lume. Ce înseamnă asta? Când credinciosul moare faţă de lume, el întoarce spatele atracţiilor şi plăcerilor lumii; de aceea, credinciosul nu mai este atras de lume. Oamenilor lumeşti nu le place ceea ce văd, pentru că, credinciosul respinge stilul de viaţă şi pâcerile lumii. În consecinţă, lumea nu mai vrea să aibă nimic de a face cu credinciosul. Lumea va dori ca el să nu îi stea în cale. Va fi ca şi inexistent, mort faţă de ei. De aceea, când un om vine la crucea lui Cristos, crucea îl răstigneşte faţă de lume şi de calea ei. El nu mai este un punct de atracţie pentru lume.

Ştim bine că omul nostru cel vechi a fost răstignit împreună cu El, pentru ca trupul păcatului să fie dezbrăcat de puterea lui, în aşa fel ca să nu mai fim robi ai păcatului; (Rom 6:6)

Căci noi cei vii, totdeauna suntem daţi la moarte din pricina lui Isus, pentru ca şi viaţa lui Isus să se arate în trupul nostru muritor. (2 Cor 4:11)

Am fost răstignit împreună cu Hristos, şi trăiesc dar nu mai trăiesc eu, ci Hristos trăieşte în mine. Şi viaţa, pe care o trăiesc acum în trup, o trăiesc în credinţa în Fiul lui Dumnezeu, care m-a iubit şi S-a dat pe Sine însuşi pentru mine. (Gal 2:20)

Adevărat este cuvântul acesta: dacă am murit împreună cu El, vom şi trăi împreună cu El. (2 Tim 2:11)

2. Crucea creează un om nou. Nimic nu-l poate face pe un om acceptabil înaintea lui Dumnezeu, decât Fiul Său, Isus Cristos. Nici o religie, nici o lege, nici un ritual—nimeni şi nimic nu poate rezolva ceva înaintea lui Dumnezeu decât Isus Cristos. De aceea, dacă vreun om doreşte să trăiască cu Dumnezeu, trebuie *să creadă în Isus Cristos şi să se apropie de Dumnezeu în numele lui Isus Cristos.*

Acum se ridică o întrebare foarte practică: Cum se poate ca folosirea numelui lui Isus Cristos, să îl facă pe un om să trăiască veşnic? Un om devine acceptabil înaintea lui Dumnezu doar dacă spune, "Doamne, vin înaintea ta în numele lui Isus Cristos"? Nu! Şi există un motiv bun pentru asta. Dumnezeu ştie cine este cu adevărat sincer şi cine nu este. Dumnezeu nu poate fi înşelat. *Cuvintele şi o mărturisire mincinoasă*—doar folosirea cuvintelor "în numele lui Isus Cristos"—nu vor mântui pe nimeni. Omul trebuie să fie într-adevăr sincer.

Ideea este următoarea: când un om este sincer în credinţa lui, Dumnezeu îi dă omului un duh nou—un duh recreat. Dumnezeu aşează natura Lui divină, prezenţa Duhului Său, în viaţa omului. Omul este "născut din nou" spiritual. El devine ceea ce Scriptura numeşte o *făptură nouă, un om nou—omul ce nou.*

Drept răspuns, Isus i-a zis: „Adevărat, adevărat îţi spun că, dacă un om nu se naşte din nou, nu poate vedea Împărăţia lui Dumnezeu." Nicodim I-a zis: „Cum se poate naşte un om bătrân? Poate el să intre a doua oară în pântecele maicii sale, şi să se nască?" Isus i-a răspuns: „Adevărat, adevărat îţi spun, că,

dacă nu se naşte cineva din apă şi din Duh, nu poate să intre în Împărăţia lui Dumnezeu. Ce este născut din carne, este carne, şi ce este născut din Duh, este duh. (Ioan 3:3-6)

Căci, dacă este cineva în Hristos, este o făptură (Sau: zidire.) nouă. Cele vechi s-au dus: iată că toate lucrurile s-au făcut noi. (2 Cor 5:17)

Căci în Hristos Isus nici tăierea împrejur, nici netăierea împrejur nu sunt nimic, ci a fi o făptură nouă. (Gal 6:15)

Şi să vă îmbrăcaţi în omul cel nou, făcut după chipul lui Dumnezeu, de o neprihănire şi sfinţenie pe care o dă adevărul. (Efes 4:24)

Şi v-aţi îmbrăcat cu omul cel nou, care se înnoieşte spre cunoştinţă, după chipul Celui ce l-a făcut. (Col 3:10)

Fiindcă aţi fost născuţi din nou nu dintr-o sămânţă, care poate putrezi, ci dintr-una care nu poate putrezi, prin Cuvântul lui Dumnezeu, care este viu şi care rămâne în veac. (1 Pet 1:23)

Prin care El ne-a dat făgăduinţele Lui nespus de mari şi scumpe, ca prin ele să vă faceţi părtaşi firii dumnezeieşti, după ce aţi fugit de stricăciunea, care este în lume prin pofte. (2 Pet 1:4)

Preaiubiţilor, să ne iubim unii pe alţii; căci dragostea este de la Dumnezeu. Şi oricine iubeşte, este născut din Dumnezeu, şi cunoaşte pe Dumnezeu. (1 Ioan 4:7)

Oricine crede că Isus este Hristosul, este născut din Dumnezeu; şi oricine iubeşte pe Cel ce L-a născut, iubeşte şi pe cel născut din El. (1 Ioan 5:1)

3. Crucea aduce pace şi îndurare (v.16). Observaţi cine experimentează pacea şi îndurarea: cei care umblă *după dreptarul crucii şi al făpturii noi*. Un om care umblă după cruce, căutând să trăiască în calitatea de făptură nouă, pe care o are în Isus Cristos, va primi....

- pacea lui Dumnezeu (vezi comentariul, *Pace*—Gal.1:3 pentru mai multe discuţii).
- îndurarea lui Dumnezeu. Va experimenta atât iertarea de păcat cât şi acceptarea lui Dumnezeu. Iar cel mai minunat lucru este că va primi *asigurarea perfectă* a vieţii veşnice în grija lui Dumnezeu. (vezi comentariul, *Îndurare*—Efes.2:4-5 pentru mai multe discuţii.)

Observaţi că biserica şi credincioşii sunt numiţi "Israelul lui Dumnezeu." Aceasta înseamnă că biserica şi credincioşii sunt adevăratul Israel al lui Dumnezeu, cei în care Dumnezeu îşi împlineşte promisiunile. (vezi comentariul şi schiţa—*Romani*, Capitolele 9-11, pentru o discuţie cu privire la Israel şi la locul lui în planul lui Dumnezeu pentru întreaga lume.)

4. Crucea dă un scop rănilor vieţii. Cristos a suferit pentru Pavel; de aceea, Pavel era la rândul lui gata să sufere pentru Cristos. Şi a suferit. El se numără printre oamenii care au suferit cel mai mult pentru Cristos (vezi comentariul, *Pavel, Suferinţe*—2 Cor.1:8-10 pentru o listă a suferinţelor lui Pavel). Cuvântul folosit pentru semne (stigmata) se referă la însemnurile pe care stăpânii le făceau sclavilor lor. Prin semnul respectiv îşi identificau sclavii care le aprţineau lor.

Ideea principală este foarte clară: Pavel a suferit aşa de multă persecuţie în trupul lui, pentru Cristos, încât trupul lui purta semnele chinurilor şi suferinţelor pe care le-a îndurat. El putea spune că semnele de pe trupul lui erau însemnele lui Cristos—semnele care dovedeau faptul că el era un rob în slujba lui Cristos. De aceea, nimeni să nu poate să îi pună la îndoială chemarea şi lucrarea. El avea dovezi puternice ale faptului că era un adevărat slujitor al Domnului Isus: semnele din trupul lui. Crucea lui Cristos l-a făcut pe Pavel să Îl slujească pe Cristos, chiar şi prin suferinţe greu de imaginat.

Meditaţia 1. Credinciosul care suferă ocară, batjocură şi alte persecuţii pentru că stă de partea lui Cristos—acel credincios poartă semnele lui Cristos în trupul lui.

4 (6:18) **Concluzie:** Pavel încheie scrisoarea către Galateni foarte brusc. El nu va mai accepta alte atacuri la adresa lucrării sale sau la adresa evangheliei lui Cristos. Bisericile şi oamenii din ele trebuie să se pocăiască şi să îi scoată afară pe învăţătorii mincinoşi. Până atunci:

Fraţilor, harul Domnului nostru Isus Hristos să fie cu duhul vostru! Amin. (v.18. vezi comentariu, *Harul*—Gal.1:3)

CUPRINSUL SCHIȚELOR ȘI TEMELOR PRINCIPALE

NU UITAȚI: Atunci când căutați să aprofundați un anumit subiect, nu aveți doar Scriptura la îndemână, aveți de asemenea o *schiță si o discuție* (comentariu) al textului biblic potrivit cu subiectul respectiv.

Aceasta este doar una dintre *MARILE VALORI* ale **Bibliei cu Predici și Schițe pentru Predicatori**. Odată ce ai în mână toate volumele, vei avea nu doar referințele biblice la toate subiectele din Scriptura, **CI** vei mai avea și...

- O schiță a *fiecărui* Text și a fiecărui subiect din Biblie.
- O discuție (comentariu) pe fiecare Text și subiect.
- Fiecare subiect este susținut de alte Texte și referințe din Bilbie.

DESCOPERĂ singur această *MARE VALOARE*. Mai jos te poți uita peste primul subiect din Cuprinsul cărții Galateni. Acesta este:

ACCEPTARE - ACCEPTABIL
Cum poate cineva să fie **a**. 2:6

Caută versetele de mai sus. Citește textul din Scriptură și schița textului, apoi citește comentariul. Vei vedea imediat MAREA VALOARE a CUPRINSULUI **Bibliei cu Predici și Schițe pentru Predicatori**.

CUPRINSUL SCHIȚELOR ȘI TEMELOR PRINCIPALE

FAPTE
  Realități.
    Nu duc la mântuire. 3:1-5
    Omul nu poate face destule fapte bune
      pentru a deveni perfect. 2:15-16
  Nevoie. De a ști că omul nu este justificat
    prin **f**. 3:1-4:7
  În comparație cu credința. Discuție. 2:1-
    21; 2:15-16; 2:16; 2:17-18; 3:1-5
  Slăbiciunea lor. Îl pun pe om sub blestem.
    3:10-12

FĂPTURĂ NOUĂ (vezi **NAȘTERE DIN
NOU; OM NOU; REGENERARE;
MÂNTUIRE**)
  Nume – Titluri – Identitate. Sămânța lui
    Avraam. 3:6-7; 3:8-9

FIREA PĂCĂTOASĂ
  Datorie.
    Să lupți împotriva **f**. 5:16-21
    Să răstignești **f**. împreună cu dorințele
      ei. 5:24
    Să întorci spatele **f**. și să te întorci înspre
      Cristos. 5:24
  Discuție 5:16-21
  Fapte- Faptele **f**. Șaptesprezece fapte.
    5:19-21

**FIRESC – FIRE PĂMÂNTEASCĂ
(CARNALITATE)**
  Descrisă ca.
    Laudă cu privire la firea păcătoasă.
      6:12-13
    Compromis. 2:11-14
    Standarde duble. 2:11-14
  Iust.
    Compromisul lui Barnaba, 2:11-13
    Slăbiciunea lui Petru, 2:11-13

FRATE – FRĂȚIETATE
  Discuție. 4:12-20
  Datorie. Să te îngrijești de aproapele tău.
    5:13-15
  Sursa. Isus Cristos. Ar putea elimina toate
    diferențele și discriminările. 3:28

GELOZIE
  Ce înseamnă. 5:19-21

HAR
  Tip - Simbol. Sarah și Isaac. 4:21-31

IACOV, FRATELE DOMNULUI
  Identificat ca un apostol. 1:18-20

IDOLI – IDOLATRIE
  Efecte. Înrobesc. 4:8-9
  Ce înseamnă. 5:19-21
  Natura **i**. Nu sunt dumnezei—doar
    noțiuni, idei și închipuiri omenești. 4:8

IERUSALIM
  Este un Ierusalim sau un oraș ceresc. Este
    moștenirea credinciosului. 4:24-28

IERUSALIM, CERESC
  Definiție. Moștenirea spirituală a
    credinciosului. 4:24-28

IMORALITATE SEXUALĂ
  Feluri de **i**. Adulterul fizic. Un păcat al
    naturii păcătoase. 5:19-21
  Ce înseamnă. 5:19-21

INCONSECVENȚĂ
  Examplul lui. Petru. 2:11-13

INVIDIE
  Ce înseamnă. 5:19-21

IPOCRIZIE – IPOCRIT (Vezi
ÎNȘELĂCIUNE)
  Discuție. Mesajul către. 2:11-21
  Standarde duble. 2:11-21
  Exemple. Petru. 2:11-14

ISAAC
  Tip - Simbol al. Harului și al neprihănirii
    prin credință. 4:21-31

ISMAEL
  Tip - Simbol al. Legii. 4:21-31

ISRAEL
  Adevăratul **I**.
    O făptură nouă. 6:15
    Adevărata sămânță a lui Avraam.
      3:27-29
    Oameni care sunt ai lui Cristos.3:27-29
    I. lui Dumnezeu. 6:15-16
    Cei care cred. 3:6-9; 5:6; 6:15

ISUS CRISTOS
  Și neprihănirea. Cristos este **n**. lui
    Dumnezeu. 2:16; 2:19-23
  Crucea lui
    Îi răstignește pe oameni față de lume și
      lumea față de oameni. 6:11-18
    Lucrare împătrită. 6:11-18
  Moartea lui
    Hotărâtă de Dumnezeu. 1:4-5
    Scop.
      Să poarte și să moară pentru
        păcatele lumii. 1:4-5
      Să poarte blestemul legii în locul
        oamenilor. 3:13-14
      Să ne elibereze pe noi de răul din
        lume. 1:4-5
      Să moară în locul nostru.3:13-14
  Umanitate.
    A venit pe pământ printr-o femeie.
      4:4-7
    Sămânța lui. Avraam. 3:8, 16; 3:16
    Trimis sub lege. 4:4-5
  Întrupare. A venit pe pământ prin femeie.
    4:4-7
  Prezență care locuiește. (Vezi
    **PREZENȚĂ CARE LOCUIEȘTE ÎN
    INTERIOR**)
  Nume - Titluri – Identitate.
    Sămânța lui Avraam. 3:16; vezi 3:6-9
  Profeția legată de. "Sămânța" femeii.
    Împlinită. 4:4;vezi Gen.3:15
  Sămânța lui. Avraam. 3:8, 16; 3:16
  Lucrarea lui.
    Discuție. 1:4; 4:4-7
    Să demoleze toate barierele. 3:28
    Să elibereze de lege. 4:4-7
    Să elibereze de blestemul legii. 3:13-
      14
    Să moară și să ne elibereze de răul din
      lume. 1:4-5
    Să împlinească legea, adică să asigure
      neprihănirea. 4:4-7
    Să mântuiască oamenii. 4:4-7
    Să-i elibereze pe oameni de lege. 5:1-
      6

IUDAIZATORI
  Disuție. 2:3-5; 2:4; 2:11-13
  Învățăturile lor. 1:6-7; 2:3-5; 2:4; 2:11-13

ÎMPLINIREA VREMII
  Discuție. 4:4

ÎNCHINARE (vezi **SERVICIU DE
BISERICĂ**)
  Pericol. Închinarea la dumnezei inventați
    de oameni, lucruri, fapte bune,
    dumnezei falși. 4:8-11

ÎNDELUNGA RĂBDARE (vezi
RĂBDAREA)

ÎNFIAT - ÎNFIERE
  Cum poate fi cineva **î**. Prin mântuire. 4:5
  Ce înseamnă. 4:5-6
  Dovada **î**. Un strigăt lăuntric după
    Dumnezeu. 4:6
  Rezultatele **î**.
    Transformarea din sclav în fiu. 4:7
    Duhul lui Dumnezeu este martor. 4:6
    Duhul Lui Dumnezeu locuiește în om.
      4:6
    Primirea unei moșteniri. 4:7
  Etapele **î**. Etapa actuală: Acceptați ca și
    copii 4:6

**ÎNFRÂNAREA POFTELOR –
CUMPĂTARE**
  Ce înseamnă. 5:22-23

ÎNȘELĂCIUNE
  Cauzată de. Învățătorii mincinoși. 3:1
  Descrisă ca. Întoarcerea spre evanghelii
    false. 1:6-9

ÎNVĂȚĂTORI
  Discuție. 6:6-10
  Responsabilitate față de. Discuție. 6:6-10

ÎNVĂȚĂTORI, FALȘI
  Comportament. (vezi **ÎNVĂȚĂTORI,
    FALȘI**, Identitate)
    Creează probleme. 1:6-7
    Înrobesc pe alții. 2:3-5
    Vin în biserică într-un mod ipocrit.
      2:3-5
    Opresc pe alții de la ascultarea
      adevărului. 5:7-12
    Fac o impresie exterioară bună. 6:12-
      13
    Persecută și critică pe adevărații
      credincioși. 4:29
    Răstălmăcesc evanghelia. 1:6-9
  Erorile lor. Răstălmăcesc evanghelia.
    1:6-9
  Identitate.
    Înrobesc pe cei ce îi urmează. 2:3-5
    Fac o impresie exterioară bună. 6:12-
      13
    Persecută credincioșii. 4:29
    Răstălmăcesc evanghelia. 1:6-9
    Fac probleme. 1:6-7
  Judecata lor.
    Vor fi blestemați, anatema. 1:6-9
    De ce vor fi judecati **î**. mincinoși..
      5:10-12
  Motivele lor.
    Discuție. 6:12-13
    Pentru a face o impresie bună,
      crescând cifrele. 6:12-13

VRĂJITORIE
Ce înseamnă. 5:19-21

EFESENI

EFESENI

INTRODUCERE

AUTOR: Pavel. Puțini critici contestă acest lucru. Lucrarea lui din Efes este relatată în cartea Faptele Apostolilor 18:18-21; 19:2-41; 20:17-35.

DATA SCRIERII: Probabil între anii 60-63 d.Hr. Scrisoarea aceasta a fost scrisă în timpul întemnițării lui Pavel la Roma (Efes.3:1; 4:1; 6:20). Probabil că Pavel a ajuns la Roma în primăvara anului 60 sau 61 d.Hr. El a fost arestat la domiciliu timp de doi ani (Fapte 28:30). În timpul celor doi ani cât a fost închis (anii 60-62 d. Hr., sau 61-63 d.Hr.), el a scris aceste scrisori care sunt numite "Epistolele din închisoare": *Efeseni, Filipeni, Coloseni* și *Filimon*.

CUI ÎI ESTE ADRESATĂ: Nu se știe sigur. Sunt motive bine întemeiate pentru care cuvintele "către sfinții care sunt în Efes" sunt puse la îndoială.

1.   Cuvintele "către sfinții care sunt în Efes" nu se găsesc în cel mai vechi și cel mai bun manuscris al Noului Testament în limba greacă (Papirusul "Chester Beatty" care datează aproximativ din anul 200 d. Hr.; nici în cele două documente importante ale secolului al IV-lea, Codex Sinaiticus și Codex Vaticanus). Scriitororul secolului al treilea, Origene, a susținut că aceste cuvinte "către efeseni" nu apăreau în textul original. Basil (Sf. Vasile) și Ieronim, ai secolului al patrulea, au spus că cele mai bune manuscrise nu conțineau cuvintele acestea în textul lor (Francis Foulkes. *Epistolele lui Pavel către Efeseni*, ed. de RVG Tasker. Grand Rapids, MI: Eerdmans, no date listed, p.17).

2.   Această scrisoare este cea mai impersonală dintre scrisorile lui Pavel. Este fără cuvinte calde, fără căldură—fără mesaje personale. Acest lucru este ciudat pentru că Pavel a petrecut cel puțin trei ani în Efes (Fapte 20:17-35).

3.   Impresia este că Pavel și destinatarii acestei scrisori nu se cunoșteau. Cuvântul "auzit" este folosit în locul cuvântului "cunoscut" (Efes..1:15; 3:2).

4.   Scrisorile către Efeseni și Coloseni au în mare parte același mesaj. Acest lucru indică spre faptul că Pavel ar fi scris ambele scrisori în aceeași perioadă. De fapt, el menționează o altă scrisoare care circula prin biserici cam în aceeași perioadă cu epistola către Coloseni (Col.4:16).

Această dovadă indică spre un adevăr minunat! Scrisoarea este de la "Pavel...către sfinții din Efes, cei credincioși în Cristos Isus." Este adresată sfinților de pretutindeni, din toate generațiile. Este scrisă pentru credincioșii și bisericile de astăzi.

SCOPUL: Pavel le scrie *Efesenilor* cel puțin din două motive.

1.   Pentru a le descoperi planul lui Dumnezeu cu privire la întregul univers. Dumnezeu Și-a arătat descoperit planul Său prin Fiul Său, Isus Cristos, și Își îndeplinește scopul prin biserică, care este este trupul Său pe pământ.

2.   Pentru a încuraja biserica să umble într-un duh de unitate: "fiți buni unii cu alții, miloși, și iertați-vă unul pe altul, cum v-a iertat și Dumnezeu pe voi în Hristos." (Efes.4:32).

Observați cuvântul "împreună" (Efes.1:10; 2:22) și cuvântul "una" (Efes.2:15, 16, 18; 4:4, 5, 6).

CARACTERISTICI SPECIALE:

1.   Orașul Efes. Ca și poziție, Efesul era cel mai important oraș de pe coasta Asiei Mici. Pe coasta Asiei Mici erau două sute treizeci de orașe. Multe dintre ele aveau porturi ideale, dar Efesul era regina comunităților de pe întreaga coastă. Orașul fusese construit pentru a controla unul dintre drumurile principale ale Asiei Mici. Atracția lui nu era doar portul natural, ci și pământul bogat, fertil din interiorul continentului.

Efesul era desigur un mare oraș comercial. Portul său natural și locația strategică pe unul dintre cele mai importante drumuri ale lumii îl făceau să fie astfel. Totuși, pe la mijlocul secolului întâi, portul său decăzuse atât de mult încât comerțul scăzuse dramatic comparativ cu zilele de glorie a Efesului. Au fost eforturi de curățire a portului, dar aceste eforturi s-au făcut cu jumătate de inimă și până la urmă au fost abandonate. Oamenii nu își doreau din toată inimă să facă acest lucru. O parte din motivul care a determinat această atitudine a fost negoțul profitabil pe care Efesul îl avea datorită cultului religios. Marele templu al zeiței Artemis (vezi Fapte. 19:24, 27, 28, 34, 35) se afla aici. Artemis era o zeiță cu un cap foarte urât, grotesc, și mulți sâni și se concentra pe plăcerile senzuale ale firii. Pelerinii care veneau să se închine își găseau plăcerea în prostituție cu preotesele care promovau cultul zeiței. De-a lungul anilor s-a dezvoltat un comerț prosper cu argintărie, iar afacerile făcute cu turiștii înfloreau în tot timpul anului. De aici se trage breasla argintarilor care au ațâțat mulțimile ca să înceapă o răscoală împotriva lui Pavel (Fapte 19:24). O dată cu trecerea anilor, portul s-a umplut tot mai mult, și Efesenii depindeau tot mai mult de comerțul care venea din religia lor și din superstițiile lor. Portul natural Smirna, care se afla în apropiere, a devenit un port mai potrivit și a început să ia tot mai mult din traficul comercial al Efesului. Drept rezultat, Efesul a ajuns un oraș pe moarte, trăind din reputația lui trecută ca centru religios şi filosofic. Marele oraş al Efesului avea o boală, boală necurăţiei senzuale şi boala şi-a făcut treaba: a corupt oamenii. Oamenii, senzuali şi egoişti, şi-au pierdut voinţa de a profita dintr-un comerţ practicat. Astfel, boala Efesului s-a dovedit mortală. "Sfeşnicul" din Efes s-a dărâmat iar lumina Efesului a murit (vezi Apoc.2:1-7, esp. 5).

2.   Biserica din Efes. Biserica din Efes a avut un început mic. Când Pavel a vizitat Efesul, a găsit doar doisprezece credincioşi în oraş. Ei fuseseră câştigaţi pentru Cristos de un predicator imatur dar impresionant: Apolo. Astfel ei fuseseră informaţi greşit în legătură cu prezenţa Duhului Sfânt; se pare că le lipsea conştienţa Duhului în viaţa credinciosului şi conştienţa că El fusese deja trimis în lume (Fapte 19:1-7). După ce Pavel le-a dat învăţătură acestor doisprezece, el a început să înveţe în sinagogă. El a propovăduit timp de trei luni, dar evreii erau împietriţi şi au refuzat să creadă evanghelia. Ei au cârtit împotriva ei. De aceea, Pavel a mutat biserica în şcoala filosofului Tiranus. Acolo L-a predicat pe Cristos timp de doi ani întregi. În timpul acesta se spune că biserica se gândea la a trimite Cuvântul în toată Asia: "Lucrul acesta a ţinut doi ani, aşa că toţi cei ce locuiau în Asia, Iudei şi Greci, au auzit Cuvântul Domnului." (Fapte 19:10).

Domul a făcut minuni prin Pavel în Efes şi biserica a fost martoră la nişte lucruri minunate. Dintre toate dovezile, spectaculosul a fost necesar pentru a putea ajunge la oameni. Ca întotdeauna, Dumnezeu a făcut tot ce a putut pentru a ajunge la oameni. Aceste experienţe demonstrează marea dragoste şi mişcarea pe care Dumnezeu o face pentru oameni (vezi Fapte 19:11-20). Când citim aceste relatări trebuie să avem în minte contextul oraşului. Efesul era un pat fierbinte pentru superstiţiile şi magia Orientală. Oamenii erau emoţionali şi senzuali, care îşi schimbau repede sentimentele. Ei erau nişte oameni devotaţi, oameni expresivi, oameni iubitori, şi oameni uşor de iubit înapoi. (Apoc.2:1-7, mai ales 4).

Dumnezeu făcea minuni pe măsură ce Pavel predica, mulţi credeau, iar biserica se înmulţea. Credincioşii dădeau dovadă de vieţi schimbate trăind pentru Cristos în mijlocul unei societăţi imorale şi păgâne. Într-o anumită ocazie, biserica a demonstrat credinţa ei nouă construind un mare foc în care au ars toată literatura lor păgână.

3.   Marele mesaj al cărţii *Efeseni* este "Împăcarea." Pavel se adresează problemei majore a omului—problema dezbinării, a unităţii rupte şi a armoniei stricate. El discută desăre dezbinarile şi neînţelegerile din întreg universul.

a. Omul este prezentat ca dezbinat împotriva lui Dumnezeu (Efes.2:1).
b. Omul este prezentat ca dezbinat împotriva omului (Efes.2:11).
c. Creştinii nu sunt în armonie cu ceilalţi creştini (Efes.4:1).
d. Creştinii nu sunt în armonie cu Dumnezeu (Efes.5:1).
e. Membrii familiilor sunt dezbinaţi unii împotriva altora (Efes.5:22).
f. Robii (angajaţii) sunt dezbinaţi împotriva stăpânilor lor (angajatori) (Efes.6:5).
g. Omul nu este în armonie cu puterile cosmice (Efes.2:2; 6:10, 11-12; 3:10, 15; cap. 1:10, 20-21. Vedeţi şi Rom.8:18 pentru răzvrătirea omului împotriva naturii).

Această dezbinare groaznică şi teribilă, îl urmăreşte şi îl bântuie pe om, şi îi cere să fie atent şi să lupte mereu. Răspunsul lui Pavel este unul singur. Şi trebuie să observăm că răspunsul lui este una dintre marile revelaţii ale Scripturii. "Căci a binevoit să ne descopere taina voii Sale, după planul pe care-l alcătuise în Sine însuşi, ca să-l aducă la îndeplinire la plinirea vremurilor, spre a-Şi uni iarăşi într-unul în Hristos, toate lucrurile: cele din ceruri, şi cele de pe pământ." (Efes.1:9-10).

Cristos este soluţia pentru dezbinare, pentru lipsa unităţii şi a armoniei. El este Cel care dărâmă toate barierele; El este Cel care împacă toate lucrurile.

a. El împacă îl pe om cu Dumnezeu prin sîngele de pe cruce (Efes.2:4-13, esp. 13).
b. El îl împacă pe om cu ceilalţi oameni aducându-i pe toţi oamenii împreună într-un singur trup, biserica Sa (Efes.2:13-22; cap. 1:22-23).
c. El îi împacă pe credincioşi între ei prin puterea Duhului Sfânt, dând daruri şi funcţii fiecărui membru în parte (Efes.4:1-32).
d. El îi împacă pe credincioşi cu Dumnezeu prin puterea roadelor Duhului Sfânt (Efes.5:1-21).
e. El îi împacă pe membri familiilor între ei arătându-le exemplul dragostei lui Cristos pentru biserică (Efes.5:22-24).
f. El îi împacă pe robi (angajaţi) cu stăpânii lor (angajatorii) punându-i pe picior egal înaintea lui Cristos (Efes.6:5-9).
g. El îl ajută pe om să biruiască puterile spirituale şi cosmice şi puterile răului din univers prin armura lui Dumnezeu (Efes.6:10-18).

4.   Imaginea minunată din *Efeseni* este "Planul de mântuire al lui Dumnezeu." Planul Lui de mântuire se citeşte ca o imagine teologică formată din patru scene.

a. Imaginea 1: Alegerea lui Dumnezeu (Efes.1:3-14). Înainte ca pământul să fi fost creat, Dumnezeu a i-a ales pe credincioşii în Cristos. El i-a ales pe toţi cei care se vor încrede şi se vor dărui lui Cristos.

b. Imaginea 2: Împăcarea cu Dumnezeu (Efes.2:1-18). Toate lucrurile sunt stricate, nu sunt în armonie; în prezent toate lucrurile sunt dezordonate. Dezbinarea, separarea și lipsa de unitate domnesc acum. Dar vine ziua când Dumnezeu va aduce toate lucrurile împreună, și le va așeza înaintea lui Cristos în Împărăția Sa—toate lucrurile care sunt în cer și pe pământ (Efes.1:9-10). Cristos este centrul și liantul care ține toate lucrurile împreună. El este marele Împăciuitor, Cel spre Care toate lucrurile pot privi pentru a primi mântuire și pace—veșnic.

c. Imaginea 3: Trupul lui Dumnezeu, Biserica Sa (Efes.2:19-3:13; vezi 1:22-23). Dumnezeu are un trup, un trup de oameni pe care El îi *recreează* în mod supranatural. El îi *recreează* pentru a experimenta marele adevăr al împăcării și al păcii și pentru a duce mesajul la toți oamenii. Cristos este instrumentul lui Dumnezeu al împăcării, iar biserica este instrumentul lui Cristos al împăcării.

d. Imaginea 4: Biserica, urmașii lui Cristos (Efes.4:1-6:20). Umarșii lui Cristos trebuie să aibă o umblare demnă de viața aceasta glorioasă pe care au primit-o, și anume umblând în perfectă unitate. Ei trebuie să trăiască în unitate, în armonie, și trebuie să ducă mesajul împăcării unei lumi înghițită de separare.

5. Asemănările cu cartea *Coloseni*. Sunt peste cincizeci și cinci de versete identice și douăzeci și cinci de versete similare. Asta înseamnă că din cele o sută cinci zeci de versete din *Efeseni*, șaptezeci și cinci sunt strâns legate de *Coloseni*. Atât *Efeseni* cât și *Coloseni* încep cu o secțiune de doctrină și se încheie cu o secțiune practică, și ambele se pare că au fost aduse de același om, Tihic (Efes.6:20; vezi Col.4:7).

Aceste asemănări erau de așteptat. Pavel a scris ambele scrisori din închisoare din Roma, probabil una după cealaltă.

6. *Efeseni* a fost numită "Regina epistolelor". Este o carte foarte iubită; probabil este iubită mai mult decât orice altă carte de majoritatea oamenilor. Având aripi puternice, ea se înalță spre înălțimea gândirii teologice, și plutește pe vântul celor mai mari adevăruri.

Este asemănătoare cu o predică bună care îl ține pe om atent, vrăjit. Este asemenea unei rugăciuni care îl aduce pe om în prezența lui Dumnezeu. Este asemenea unei doxologii care îl lasă pe om cu un sentiment adânc de închinare.

SCHIȚA CĂRȚII EFESENI

BIBLIA CU PREDICI ȘI SCHIȚE PENTRU PREDICATORI® este unică. Este o carte diferită de toate celelalte Studii Biblice și Materiale pentru Predici prin faptul că fiecare Pasaj și fiecare Subiect sunt puse lângă textul biblic. Când alegi orice *Subiect* de mai jos și cauți referința, ai la dispoziție nu doar Scriptura, ci descoperi că Textul biblic și Subiectul au fost deja *schițate pentru tine—verset cu verset.*

Pentru a da un exemplu rapid, alege unul dintre subiectele de mai jos, deschide la textul din Scriptură și vei descoperi că acest ghid te va ajuta să găsești mai repede, mai ușor și îți va fi de un real folos.

Mai mult, fiecare punct și Subiect din Scriptură este *dezvoltat în totalitate într-un Comentariu cu referințe biblice* în partea de jos a fiecărei pagini. Din nou, acest aranjament face ca pregătirea unei predici să fie mult mai rapidă și mai ușoară.

Observați încă un lucru: Subiectele din Galateni au titluri care sunt atât Biblice cât și *practice*. Titlurile practice sunt mai atractive pentru oameni. *Avantajul* acestora se poate vedea în folosirea lor pe panouri, buletine informative, scrisori în biserică, etc.

O sugestie: Pentru cea mai rapidă privire de ansamblu asupra cărții Efeseni, întâi citește *toate titlurile principale* (I, II, III, etc.), apoi revino și citește subtitlurile.

SCHIȚA CĂRȚII EFESENI

SALUTUL: CHEMAREA LUI DUMNEZEU, 1:1-2

I. PLANUL VEȘNIC AL LUI DUMNEZEU PENTRU CREDINCIOS, 1:3-23

    A. Binecuvântările lui Dumnezeu, 1:3-14
    B. Cunoașterea lui Dumnezeu, 1:15-18
    C. Puterea lui Dumnezeu: Desfășurată în învierea lui Cristos. 1:19-23

II. VIAȚA CREDINCIOSULUI CREȘTIN, 2:1-22

    A. Viața credinciosului înainte de convertire: viața fără Cristos, 2:1-3
    B. Convertirea credinciosului (Partea I): Lucrarea îndurării lui Dumnezeu, 2:4-7
    C. Convertirea credinciosului (Partea II): Lucrarea harului lui Dumnezeu – Mântuirea, 2:8-10
    D. Amintește-ți cum e viața ta de când a venit Cristos: Împăcare și pace, 2:11-18
    E. Amintește-ți cine ești: Șase imagini ale bisericii, 2:19-22

III. SCOPUL VEȘNIC AL LUI DUMNEZEU PENTRU VIAȚA CREDINCIOSULUI, 3:1-21

    A. Un nou trup de oameni: marea taină a lui Cristos, 3:1-13
    B. Un credincios matur în Cristos: măreața rugăciune, 3:14-21

IV. UMBLAREA CREDINCIOSULUI CREȘTIN, 4:1-6:9

    A. Credinciosul trebuie să umble într-un chip vrednic de chemarea sa, 4:1-6
    B. Credinciosul trebuie să umble folosindu-se de darurile sale, 4:7-16
    C. Credinciosul trebuie să umble într-un mod diferit de cei dintre neamuri, 4:17-24
    D. Credinciosul trebuie să umble dezbrăcat de hainele omului vechi, 4:25-32
    E. Credinciosul trebuie să umble urmându-L pe Dumnezeu, 5:1-7
    F. Credinciosul trebuie să umble ca un fiu al luminii, 5:8-14
    G. Credinciosul trebuie să umble cu atenție și strictețe, 5:15-21
    H. Soțul credincios și soția credincioasă trebuie să umble într-un duh de supunere și dragoste, 5:22-24
    I. Copiii credincioși și părinții credincioși trebuie să umble sub autoritatea lui Dumnezeu, 6:1-4
    J. Robii și stăpânii credincioși (angajații și angajatorii) trebuie să umble sub autoritatea lui Dumnezeu, 6:5-9

V. RĂZBOIUL CREDINCIOSULUI CREȘTIN, 6:10-24

    A. Armura soldatului creștin, 6:10-20
    B. Exemple de soldați creștini credincioși, 6:21-24

EFESENI

CAPITOLUL 1

SALUTUL: CHEMAREA LUI DUMNEZEU, 1:1-2

1. **Chemarea lui Dumnezeu pentru Pavel**
   a. să fie un apostol
   b. prin voia lui Dumnezeu
2. **Chemarea lui Dumnezeu pentru biserică și credincioși**
   a. să fie sfinți și credincioși
   b. să primească har [SA1] și pace

Pavel, apostol al lui Isus Hristos, prin voia lui Dumnezeu, către sfinții care sunt în Efes și credincioșii în Hristos Isus:
2. Har și pace de la Dumnezeu, Tatăl nostru, și de la Domnul Isus Hristos.

SALUTUL: CHEMAREA LUI DUMNEZEU, 1:1-2

(1:1-2) **Introducere**: Pavel își începe scrisoarea către Efeseni cu unul dintre cele mai minunate subiecte—chemarea lui Dumnezeu. Nimic nu poate să însemne mai mult pentru cineva, decât a fi chemat de Dumnezeu.

1. Chemarea lui Dumnezeu pentru Pavel (v.1).
2. Chemarea lui Dumnezeu pentru biserică și credincioși. (vv.1-2).

1 (1:1) **Chemare—Pavel—Apostol—Voia lui Dumnezeu**: Pavel a fost chemat de Dumnezeu. Pavel spune că este "un apostol al lui Isus Hristos, prin voia lui Dumnezeu." Observați patru lucruri importante.

1. Pavel s-a bucurat de un privilegiu extraordinar. Nu există vreun privilegiu mai mare în lumea aceasta, decât acela de a-L sluji pe Isus Cristos. Isus Cristos este însuși Fiul lui Dumnezeu, Stăpânul suprem al întregului univers, în toată măreția Sa. Oricât de mare ar fi universul și oricâte universuri ar mai exista, Isus Cristos este singurul Domn și Împărat al tuturor. El conduce și domnește ca Dumnezeu Atotputernic. Nu poate exista un privilegiu mai mare decât să Îl slujești pe Domnul Isus Cristos, Împăratul Suveran al universului.

2. Cuvântul *apostol* (apostolos) se referă la un om care a fost trimis cu o misiune foarte specială (vezi STUDIU APROFUNDAT # 5, *Apostol*—Mat.10:2 pentru mai multe discuții). Misunea încredințată lui Pavel a fost aceea de mesager. Domnul Isus Cristos l-a chemat pe Pavel ca să proclame mesajul glorios al mântuirii în toată lumea.

Ideea este aceasta: Isus Cristos nu este doar Stăpânul Suveran al universului, El este și Mântuitorul lumii. Dumnezeu a iubit atât de mult lumea, încât a dat pe singurul Lui Fiu pentru a salva lumea. Orice om care crede în Isus Cristos, nu va pieri, ci va avea viața veșnică (Ioan 3:16). *Cristos are nevoie de mesageri*—de mesageri care să ducă în toată lumea mesajul glorios al mântuirii. Aceasta a fost chemarea lui Pavel: să fie un mesager al lui Isus Cristos pentru lume. (vezi schița, *Slujitor, Chemare*—Gal.1:1 pentru mai multe discuții.)

> **Meditația 1.** Cristos are nevoie de mesageri. Au trecut de atunci mai multe sute de ani și totuși vestea glorioasă despre Isus Cristos, singurul Fiu al lui Dumnezeu, nu a ajuns peste tot în lume. Vai ce cel care a fost chemat să ducă această veste și nu o face! Dacă Dumnezeu ne cheamă la aceasta, noi trebuie să mergem, altfel ne vom întâlni cu o zi groaznică în care vom da socoteală.
>
> > Nu voi M-ați ales pe Mine; ci Eu v-am ales pe voi; și v-am rânduit să mergeți și să aduceți rod, și roada voastră să rămână, pentru ca orice veți cere de la Tatăl, în Numele Meu, să vă dea. (Ioan 15:16)
> >
> > Dar scoală-te, și stai în picioare; căci M-am arătat ție, ca să te pun slujitor și martor atât al lucrurilor, pe care le-ai văzut, cât și al lucrurilor, pe care Mă vei vedea făcându-le. (Fapte 26:16)
> >
> > Și toate lucrurile acestea sunt de la Dumnezeu, care ne-a împăcat cu El prin Isus Hristos, și ne-a încredințat slujba împăcării; că adică, Dumnezeu era în Hristos, împăcând lumea cu Sine, neținându-le în socoteală păcatele lor, și ne-a încredințat nouă propovăduirea acestei împăcări. Noi dar, suntem trimiși împuterniciți ai lui Hristos; și, ca și cum Dumnezeu ar îndemna prin noi, vă rugăm fierbinte, în Numele lui Hristos: Împăcați-vă cu Dumnezeu! Pe Cel ce n-a cunoscut nici un păcat, El L-a făcut păcat pentru noi, ca noi să fim neprihănirea lui Dumnezeu în El. (2 Cor 5:18-21)
> >
> > Mulțumesc lui Hristos Isus, Domnul nostru, care m-a întărit, că m-a socotit vrednic de încredere, și m-a pus în slujba Lui. (1 Tim 1:12)

3. Pavel Îi aparținea lui Isus Cristos. Domnul și Împăratul suprem al universului S-a smerit pe Sine și a venit pe pământ ca să îl mântuiască. Însuși Fiul lui Dumnezeu i-a dat omului ocazia de a-L cunoaște în cel mai personal mod—ca Mântuitor și Domn. Pavel L-a cunoscut pe Cristos—L-a cunoscut personal—L-a cunoscut ca și Mântuitor al său. Imaginați-vă ce înseamnă să Îl cunoști pe Fiul lui Dumnezeu în mod personal! Nu există un privilegiu mai mare. Pavel știa lucrul acesta; prin urmare, el și-a dăruit viața întreagă lui Cristos. Tot ce era și tot ce avea, Pavel i-a dat lui Cristos.

EFESENI 1:1-2

El era posedat și obsedat de Cristos. El trăia pentru Cristos și doar pentru El. Cristos era Mântuitorul lui Pavel, dar era și Domnul lui și Stăpânul lui. El era în întregime în posesia lui Cristos. Nu mai era al său ca să poată face ceea ce dorește; acum era al lui Cristos, și putea să facă doar ceea ce Cristos dorea.

> **Atunci Isus a zis ucenicilor Săi:Dacă voiește cineva să vină după Mine, să se lepede de sine, să-și ia crucea, și să Mă urmeze. (Mat. 16:24)**
> **Petru a început să-I zică: Iată că noi am lăsat totul, și Te-am urmat. (Marcu 10:28)**
> **Tot așa, oricine dintre voi, care nu se leapădă de tot ce are, nu poate fi ucenicul Meu. (Luca 14:33)**
> **Și Isus le-a zis: Adevărat vă spun că nu este nimeni, care să-și fi lăsat casa, sau nevasta, sau frații, sau părinții, sau copiii, pentru Împărăția lui Dumnezeu, și să nu primească mult mai mult în veacul acesta de acum, iar în veacul viitor, viața veșnică (Luca 18:29-30)**
> **Să nu mai dați în stăpânirea păcatului mădularele voastre, ca niște unelte ale nelegiuirii; ci dați-vă pe voi înșivă lui Dumnezeu, ca vii, din morți cum erați; și dați lui Dumnezeu mădularele voastre, ca pe niște unelte ale neprihănirii. (Rom. 6:13)**
> **Vă îndemn dar, fraților, pentru îndurarea lui Dumnezeu, să aduceți trupurile voastre ca o jertfă vie, sfântă, plăcută lui Dumnezeu: aceasta va fi din partea voastră o slujbă duhovnicească. Să nu vă potriviți chipului veacului acestuia, ci să vă prefaceți, prin înnoirea minții voastre, ca să puteți deosebi bine voia lui Dumnezeu: cea bună, plăcută și desăvârșită. (Rom. 12:1-2)**
> **Nu știți că trupul vostru este Templul Duhului Sfânt, care locuiește în voi, și pe care L-ați primit de la Dumnezeu? Și că voi nu sunteți ai voștri? Căci ați fost cumpărați cu un preț. Proslăviți dar pe Dumnezeu în trupul și în duhul vostru, care sunt ale lui Dumnezeu. (1 Cor. 6:19-20)**
> **Dar lucrurile, care pentru mine erau câștiguri, le-am socotit ca o pierdere, din pricina lui Hristos. Ba încă, și acum privesc toate aceste lucruri ca o pierdere, față de prețul nespus de mare al cunoașterii lui Hristos Isus, Domnul meu. Pentru El am pierdut toate și le socotesc ca un gunoi, ca să câștig pe Hristos. (Filip. 3:7-8)**
> **Fiule, dă-mi inima ta, și să găsească plăcere ochii tăi în căile Mele. (Prov. 23:26)**

4. Pavel a fost chemat prin voia lui Dumnezeu. Tot ce era el și tot ceea ce făcea, era în voia lui Dumnezeu. Lucrarea lui și slujba lui erau alese de Dumnezeu, și nu de el. El nu a ales lucrarea lui Dumnezeu pentru că era o profesie bună sau pentru că prietenii lui îl considerau un bun predicator. El era în lucrare pentru că Dumnezeu l-a chemat la aceasta.

Meditația 1. Câți dintre noi putem spune că ceea ce facem este voia lui Dumnezeu? Câți dintre noi suntem siguri că ceea ce facem, profesia noastră este de la Dumnezeu—că suntem exact acolo unde ne vrea Dumnezeu? Oare lucrăm și slujim noi acolo unde ne vrea Dumnezeu sau unde vrem noi? Suntem în voia lui Dumnezeu sau în afara voiei Lui?

> **Căci oricine face voia Tatălui Meu care este în ceruri, acela Îmi este frate, soră și mamă. (Mat. 12:50)**
> **Să nu vă potriviți chipului veacului acestuia, ci să vă prefaceți, prin înnoirea minții voastre, ca să puteți deosebi bine voia lui Dumnezeu: cea bună, plăcută și desăvârșită. (Rom. 12:2)**
> **Slujiți-ie nu numai când sunteți sub ochii lor, ca și cum ați vrea să plăceți oamenilor, ci ca niște robi ai lui Hristos, care fac din inimă voia lui Dumnezeu. (Efes. 6:6)**
> **Voi, dimpotrivă, ar trebui să ziceți: Dacă va vrea Domnul, vom trăi și vom face cutare sau cutare lucru. (Iacov 4:15)**
> **Și lumea și pofta ei trece; dar cine face voia lui Dumnezeu, rămâne în veac. (1 Ioan 2:17)**
> **Vreau să fac voia Ta, Dumnezeule! Și Legea Ta este în fundul inimii mele. (Ps. 40:8)**

2 (1:1-2) **Biserică—Credincioși, Chemare—Sfinți—Credincioșie**: chemarea lui Dumnezeu pentru biserică. Acesta este salutul lui Pavel pentru biserică și seamănă foarte bine cu salutul obișnuit al lui Pavel pentru toate bisericile. Observați profunzimea cuvintelor: el de fapt atinge în întregime sensul chemării lui Dumnezeu pentru biserică și pentru credincioși.

5. Dumnezeu îi cheamă pe credincioși să fie *sfinți și credincioși*.
   a. În Biblie cuvântul "sfânt" nu se referă doar la câțiva oameni care au făcut lucruri mari pentru Dumnezeu. Ci se referă la toți oamenii. Cuvântul *sfânt* (hagioi) înseamnă a fi pus deoparte, consacrat, dedicat și curat. Un sfânt este un urmaș al Domnului Isus Cristos care a fost pus deoparte să trăiască pentru Dumnezeu. Un om sfânt s-a dăruit pe sine însuși ca să trăiască o viață consacrată, dedicată și curată—doar pentru slava lui Dumnezeu. Observați că, credincioșii sunt *sfinți* în ambele sensuri:
   ⇒ Credincioșii sunt *sfinți* în sensul că au primit o inimă nouă de la Dumnezeu: o inimă înnoită și recreată în neprihănire și sfințenie adevărată.

> **Și să vă îmbrăcați în omul cel nou, făcut după chipul lui Dumnezeu, de o neprihănire și sfințenie pe care o dă adevărul. (Efes. 4:24)**

142

EFESENI 1:1-2

Şi v-aţi îmbrăcat cu omul cel nou, care se înnoieşte spre cunoştinţă, după chipul Celui ce l-a făcut. (Col. 3:10)

Căci, dacă este cineva în Hristos, este o făptură nouă. Cele vechi s-au dus: iată că toate lucrurile s-au făcut noi. (2 Cor. 5:17)

⇒ Credincioşii sunt *sfinţi*, în sensul că sunt puşi deoparte să trăiască vieţi consacrate şi curate în această lume.

Vă îndemn dar, fraţilor, pentru îndurarea lui Dumnezeu, să aduceţi trupurile voastre ca o jertfă vie, sfântă, plăcută lui Dumnezeu: aceasta va fi din partea voastră o slujbă duhovnicească. Să nu vă potriviţi chipului veacului acestuia, ci să vă prefaceţi, prin înnoirea minţii voastre, ca să puteţi deosebi bine voia lui Dumnezeu: cea bună, plăcută şi desăvârşită. (Rom. 12:1-2)

Ca nişte copii ascultători, nu vă lăsaţi târâţi în poftele, pe care le aveaţi altădată, când eraţi în neştiinţă. Ci, după cum Cel ce v-a chemat este sfânt, fiţi şi voi sfinţi în toată purtarea voastră. (1 Pet. 1:14-15)

b. Cuvântul *credincios* (pistois) descrie un om care şi-a pus încrederea în Domnul Isus Cristos. Omul credincios este un om care priveşte înspre Domnul Isus Cristos şi...
- crede că Cristos îl poate mântui şi îl va mântui.
- Îl socoteşte pe Cristos vrednic de încrederea sa.
- şi-a pus încrederea în Cristos şi în Cuvântul Lui.
- I-a încredinţat lui Cristos problema mântuirii lui.
- şi-a dedicat viaţa lui Cristos.

În termeni simpli, credincioşii sunt aceia care şi-au predat viaţa lui Isus Cristos, care şi-au pus deoparte viaţa pentru El, şi se încred în El pentru mântuire. Aceasta este prima chemare pe care Dumnezeu o face oamenilor: să fie sfinţii şi credincioşii Domnului Isus Cristos.

Meditaţia 1. Fiecare om trebuie să se asigure că este printre cei pe care Dumnezeu îi socoteşte sfinţi şi credincioşi în această lume. Dacă nu este socotit aşa, nu există pentru el nicio scăpare din sclavia şi corupţia acestei lumi; iar cel mai tragic lucru este că sfârşitul lui este moartea, moartea veşnică.

Şi, după cum a înălţat Moise şarpele în pustie, tot aşa trebuie să fie înălţat şi Fiul omului, pentru ca oricine crede în El să nu piară, ci să aibă viaţa veşnică. (Ioan 3:14-15)

Fiindcă atât de mult a iubit Dumnezeu lumea, că a dat pe singurul Lui Fiu, pentru ca oricine crede în El, să nu piară, ci să aibă viaţa veşnică. (Ioan 3:16)

Cine crede în Fiul, are viaţa veşnică; dar cine nu crede în Fiul, nu va vedea viaţa, ci mânia lui Dumnezeu rămâne peste el." (Ioan 3:36)

Adevărat, adevărat vă spun, că cine ascultă cuvintele Mele, şi crede în Cel ce M-a trimis, are viaţa veşnică, şi nu vine la judecată, ci a trecut din moarte la viaţă. (Ioan 5:24)

Isus i-a zis: Eu sunt învierea şi viaţa. Cine crede în Mine, chiar dacă ar fi murit, va trăi. (Ioan 11:25)

Eu am venit ca să fiu o lumină în lume, pentru ca oricine crede în Mine, să nu rămână în întuneric. (Ioan 12:46)

Dar lucrurile acestea au fost scrise, pentru ca voi să credeţi că Isus este Hristosul, Fiul lui Dumnezeu; şi crezând, să aveţi viaţa în Numele Lui. (Ioan 20:31)

Dacă mărturiseşti deci cu gura ta pe Isus ca Domn, şi dacă crezi în inima ta că Dumnezeu L-a înviat din morţi, vei fi mântuit. (Rom. 10:9)

6. Dumnezeu îi cheamă pe credincioşi la har şi pace (vezi STUDIU APROFUNDAT#1, *Har*—Efes.1:2; Gal.1:3; *Pace*—Gal.1:3; 5:22-23 pentru mai multe discuţii).

STUDIU APROFUNDAT # 1

(1:2) **Har** (charis): probabil cuvântul cel mai plin de semnificaţii în toate limbile omeneşti. Biblia se referă la ceva mult mai profund decât ceea ce oamenii cred în legătură cu harul. Pentru oameni cuvântul "har" înseamnă trei lucruri.
- ⇒ Harul (graţia) este acel ceva, acea calitate a unui lucru, de a fi frumos şi de a aduce bucurie. Poate fi mireasma unei flori, verdele bogat al ierbii, sau farmecul unei persoane.
- ⇒ Harul este orice lucru care are farmec. Poate fi un gând, o faptă, un cuvânt sau o persoană.
- ⇒ Harul este un dar, o favoare pe care cineva o face unui prieten. Favoarea întotdeauna se face în mod gratuit, fără a aştepta ceva în schimb, şi o favoare întotdeuna se face pentru un prieten.

În lumina acestor lucruri, harul înseamnă două lucruri importante.
1. Harul înseamnă toate favorurile şi darurile lui Dumnezeu. Înseamnă toate darurile bune şi perfecte ale lui

---

143

Dumnezeu, toate lucrurile bune şi de folos pe care El ni le dă sau le face pentru noi, fie fizic, material şi spiritual (Iac.1:17).

> În El avem răscumpărarea, prin sângele Lui, iertarea păcatelor, după bogăţiile harului Său. (Efes. 1:7)
> Ca să arate în veacurile viitoare nemărginita bogăţie a harului Său, în bunătatea Lui faţă de noi în Hristos Isus. (Efes. 2:7)
> Şi Dumnezeul meu să îngrijească de toate trebuinţele voastre, după bogăţia Sa, în slavă, în Isus Hristos. (Filip. 4:19)
> Şi harul Domnului nostru s-a înmulţit peste măsură de mult împreună cu credinţa şi cu dragostea care este în Hristos Isus. (1 Tim. 1:14)

2.   Har înseamnă favoarea lui Dumnezeu, revărsată peste oameni—oameni care nu meritau favorul Lui. Când primii creştini priveau la ceea ce Dumnezeu a făcut pentru oameni, au fost nevoiţi să adauge o însemnătate mai adâncă şi mai bogată cuvântului *har*. Pentru că Dumnezeu i-a mântuit pe păcătoşi, pe cei care au lucrat împotriva Lui. Harul a devenit bunătatea şi dragostea lui Dumnezeu dată în mod gratuit *duşmanilor* Săi—oameni care sunt...
- "fără putere" (Ro.5:6).
- "nelegiuiţi" (Ro.5:6).
- "păcătoşi" (Ro.5:8).
- "vrăjmaşi" (Ro.5:10).

Nici un alt cuvânt nu poate exprima bogăţia inimii şi gândurilor lui Dumnezeu. Aceasta este diferenţa principală dintre harul lui Dumnezeu şi harul oamenilor. Deseori şi oameni îşi fac favoruri între prieteni şi pot spune că sunt binevoitori, Dumnezeu a făcut ceva nemaiauzit printre oameni: El Şi-a dat Fiul să moară pentru vrăjmaşii Săi (Rom.5:8-10). (vezi comentariul—Ioan 21:15-17; Efes.2:8-10.)

a. Harul lui Dumnezeu nu poate fi câştigat. El este ceva total nemeritat.

> Căci prin har aţi fost mântuiţi, prin credinţă. Şi aceasta nu vine de la voi; ci este darul lui Dumnezeu. Nu prin fapte, ca să nu se laude nimeni. (Efes. 2:8-9)
> Dar, când s-a arătat bunătatea lui Dumnezeu, Mântuitorul nostru, şi dragostea Lui de oameni, El ne-a mântuit, nu pentru faptele, făcute de noi în neprihănire, ci pentru îndurarea Lui, prin spălarea naşterii din nou şi prin înnoirea făcută de Duhul Sfânt. (Tit 3:4-5)

b. Harul lui Dumnezeu este un dar fără plată. Dumnezeu îşi extinde harul asupra tuturor oamenilor.

> Şi sunt socotiţi neprihăniţi, fără plată, prin harul Său, prin răscumpărarea, care este în Hristos Isus. (Rom. 3:24)
> Dar Dumnezeu, care este bogat în îndurare, pentru dragostea cea mare cu care ne-a iubit, măcar că eram morţi în greşelile noastre, ne-a adus la viaţă împreună cu Hristos (prin har sunteţi mântuiţi). (Efes. 2:4-5)
> Căci harul lui Dumnezeu, care aduce mântuire pentru toţi oamenii, a fost arătat, şi ne învaţă s-o rupem cu păgânătatea şi cu poftele lumeşti, şi să trăim în veacul de acum cu cumpătare, dreptate şi evlavie, aşteptând fericita noastră nădejde şi arătarea slavei marelui nostru Dumnezeu şi Mântuitor Isus Hristos. El S-a dat pe Sine însuşi pentru noi, ca să ne răscumpere din orice fărădelege, şi să-Şi curăţească un norod care să fie al Lui, plin de râvnă pentru fapte bune. (Tit 2:11-14)

c. Harul lui Dumnezeu este singura cale prin care omul poate fi mântuit.

> Dar cu darul fără plată nu este ca şi cu greşeala; căci, dacă prin greşeala unuia singur, cei mulţi au fost loviţi cu moartea, apoi cu mult mai mult harul lui Dumnezeu şi darul, pe care ni l-a făcut harul acesta într-un singur om, adică în Isus Hristos, s-au dat din belşug celor mulţi. (Rom. 5:15)
> Mulţumesc Dumnezeului meu totdeauna, cu privire la voi, pentru harul lui Dumnezeu, care v-a fost dat în Isus Hristos. (1 Cor. 1:4)
> Căci cunoaşteţi harul Domnului nostru Isus Hristos. El, măcar că era bogat, s-a făcut sărac pentru voi, pentru ca prin sărăcia Lui, voi să vă îmbogăţiţi. (2 Cor. 8:9)
> Pe care L-a vărsat din belşug peste noi, prin Isus Hristos, Mântuitorul nostru; pentru ca, odată socotiţi neprihăniţi prin harul Lui, să ne facem, în nădejde, moştenitori ai vieţii veşnice. (Tit 3:6-7)

	I. **PLANUL VEȘNIC AL LUI DUMNEZEU PENTRU CREDINCIOS, 1:3-23** **A. Binecuvântările lui Dumnezeu,1:3-14**	9. căci a binevoit să ne descopere taina voii Sale, după planul pe care-l alcătuise în Sine însuși, 10. ca să-l aducă la îndeplinire la împlinirea vremurilor, spre a-Și uni iarăși într-unul, în Hristos, toate lucrurile: cele din ceruri și cele de pe pământ.	6. **Dumnezeu ne-a descoperit nouă taina voiei Sale** a. Sursa: planul Său b. Pentru a aduce istoria la un punct culminant c. Pentru a aduce toate lucrurile laolaltă, în cer și pe pământ
1. **Binecuvântările lui Dumnezeu sunt binecuvântări cerești, nu materiale**	3. Binecuvântat să fie Dumnezeu, Tatăl Domnului nostru Isus Hristos, care ne-a binecuvântat cu tot felul de binecuvântări duhovnicești, în locurile cerești, în Hristos.	11. În El am fost făcuți și moștenitori, fiind rânduiți mai dinainte, după hotărârea Aceluia care face toate după sfatul voii Sale,	d. Pentru a pune toate lucrurile sub Cristos 7. **Dumnezeu ne-a dat o moștenire, ne-a ales: El ne-a făcut pe noi moștenitorii lui Dumnezeu**
2. **Dumnezeu ne-a ales să fim sfinți și fără prihană** a. Cum: În Cristos b. Scopul: Să trăim "înaintea Lui, în dragostea Lui" pentru veșnicie	4. În El, Dumnezeu ne-a ales înainte de întemeierea lumii, ca să fim sfinți și fără prihană înaintea Lui, după ce, în dragostea Lui, 5. ne-a rânduit mai dinainte	12. ca să slujim de laudă slavei Sale, noi, care mai dinainte am nădăjduit în Hristos.	a. Rânduiți mai dinainte—voia Sa b. Moștenirea: "să fim," adică să existăm veșnic c. De ce: Ca să existăm pentru gloria lui Dumnezeu
3. **Dumnezeu ne-a adoptat ca să Îi fim fii** a. A rânduit mai dinainte—a hotărât: aceasta a fost voia Sa b. Cum: Prin Cristos c. De ce: Pentru a aduce slavă harului Său	să fim înfiați prin Isus Hristos, după buna plăcere a voii Sale, 6. spre lauda slavei harului Său pe care ni l-a dat în Preaiubitul Lui.	13. Și voi, după ce ați auzit Cuvântul adevărului (Evanghelia mântuirii voastre), ați crezut în El și ați fost pecetluiți cu Duhul Sfânt care fusese făgăduit	d. Cum putem primi moștenirea 1) Auzind cuvântul lui Dumnezeu 2) Încrezându-ne în Cristos 8. **Dumnezeu ne-a pecetluit cu Duhul Sfânt**
4. **Dumnezeu ne-a mântuit—Ne-a iertat păcatele**[SA1] a. Cum: Prin sângele lui Cristos b. Sursa: Harul Său 5. **Dumnezeu ne-a dat înțelepciune și pricepere**	7. În El avem răscumpărarea, prin sângele Lui, iertarea păcatelor, după bogățiile harului Său 8. pe care l-a răspândit din belșug peste noi, prin orice fel de înțelepciune și de pricepere;	14. și care este o arvună a moștenirii noastre, pentru răscumpărarea celor câștigați de Dumnezeu, spre lauda slavei Lui.	a. El este garanția moștenirii noastre b. De ce: Pentru lauda slavei Lui

SECȚIUNEA I

PLANUL VEȘNIC AL LUI DUMNEZEU PENTRU CREDINCIOS, 1:3-23

A. Binecuvântările lui Dumnezeu, 1:3-14

(1:3-14) **Introducere**: dintre toate textele mari din Scriptură, acesta are o importanță deosebită. Importanța lui nu poate fi accentuată îndeajuns. Acest text vorbește despre planul lui Dumnezeu pentru lume, planul Lui veșnic; vorbește despre minunatele binecuvântări ale lui Dumnezeu pe care le revarsă peste cei ce se încred în Fiul Său, Isus Cristos, ca și Mântuitor.

1. Binecuvântările lui Dumnezeu sunt binecuvântări cerești, nu materiale (v.3).
2. Dumnezeu ne-a ales să fim sfinți și fără prihană (v.4).
3. Dumnezeu ne-a adoptat ca să Îi fim fii (vv.5-6).
4. Dumnezeu ne-a mântuit—ne-a iertat păcatele (v.7).
5. Dumnezeu ne-a dat înțelepciune și pricepere (v.8).
6. Dumnezeu ne-a descoperit nouă taina voiei Sale (vv.9-10).
7. Dumnezeu ne-a dat o moștenire, ne-a ales: El ne-a făcut pe noi, moștenitorii lui Dumnezeu (vv.11-13).
8. Dumnezeu ne-a pecetluit cu Duhul Sfânt (v.14).

1 (1:3) **Binecuvântări**: Binecuvântările lui Dumnezeu sunt spirituale și cerești, nu sunt binecuvântări materiale. De-a lungul istoriei Dumnezeu a folosit două metode de a-i binecuvânta pe oameni. Înainte de Cristos, Dumnezeu l-a binecuvântat pe om cu binecuvântări materiale. El le-a promis lui Avraam și lui Israel, pământ, bogăție și faimă. (vezi comentariul și STUDIU APROFUNDAT#1 Ioan 4:22; STUDIU APROFUNDAT#1—Rom. 4:1-25. vezi Gen.12:1; 13:14-17; 15:1-7, 15-19; 22:16-18; 26:2-5, 24; 28:13-15; 31:13; 35:9-12.) Dar Israelul a folosit într-un mod greșit binecuvântările materiale. În loc să facă parte și altor națiuni din binecuvântările lui, Israel s-a izolat și și-a afirmat superioritatea și dreptul primit de la Dumnezeu de a fi mai presus de celelalte naţiuni ale pământului. Totuşi, de la Cristos încoace, Dumnezeu oferă omului binecuvântări spirituale.

Trebuie subliniate cinci lucruri în legătură cu aceasta.
1. Binecuvântările spirituale *sunt ale Duhului Sfânt*. Duhul lui Dumnezeu are controlul omului şi al circumstanţelor care îl înconjoară. Un om se poate simţi rău; poate fi la pământ, în depresie sau apăsat; dar dacă duhul lui este puternic, atunci se ridică şi îşi învinge sentimentele. El preia controlul, depăşeşte circumstanţele apăsătoare şi îşi trăieşte ziua în victorie. Dar dacă duhul lui este slab, fie la lucru sau la joacă, atunci deseori el se scufundă în auto-compătimire, murmurând şi văicărindu-se şi trăind o zi înfrântă. Şi prea adesea aceste zile se transformă în săptămâni sau luni, până când viaţa unui om este trăită mai mult în coborâre decât în urcare—toate acestea pentru că duhul este prea slab ca să biruiască. Şi totuşi, binecuvântările principale, majore, ale lui Dumnezeu sunt binecuvântările spirituale—care îl ajută pe om să preia controlul propriei vieţi.
2. Binecuvântările spirituale sunt opusul binecuvântărilor temporare. Acestea sunt *binecuvântările omului dinlăuntru*, binecuvântările lucrurilor nemuritoare. Dar, dintre toate binecuvântările, acestea sunt cele mai glorioase şi care oferă cea mai mare satisfacţie. Aceste binecuvântări şterg singurătatea, înstrăinarea, şi lipsa de scop din viaţa omului. Aceste binecuvântări îi oferă omului o viaţă din belşug şi din abundenţă.
3. Binecuvântările spirituale sunt cu mult superioare binecuvântărilor materiale. Ele sunt *permanente şi perfecte şi veşnice*, dăinuind pentru totdeauna. Ele sunt de aceeaşi natură ca şi Dumnezeu. Binecuvântările spirituale există şi pot fi experimentate atât pe pământ (în dimensiunea existenţei fizice) cât şi în cer (în dimensiunea existenţei spirituale).
4. Binecuvântările spirituale se găsesc doar *în Cristos*. Isus Cristos a fost înviat din morţi şi înălţat la dreapta lui Dumnezeu Tatăl. El este în cer, înconjurat de plinătatea atmosferei şi a binecuvântărilor cereşti. Toate binecuvântările cereşti Îi aparţin; El este Domnul şi Posesorul tuturor binecuvântărilor. Prin urmare, dacă cineva doreşte să experimenteze binecuvântările spirituale, el trebuie să fie *în Cristos*. Dacă este cineva *în Cristos*, atunci el stă *în cer* împreună cu El. Cum poate fi posibil acest lucru? Când un om *crede în Cristos*, când crede cu adevărat, Dumnezeu ia credinţa lui şi o socoteşte neprihănire. Dumnezeu îl socoteşte pe acel om una cu Cristos, ca fiind neprihănit şi vrednic de a fi primit de Dumnezeu. În mintea lui Dumnezeu, *credinţa în Cristos* îl face pe om exact ca şi Cristos: sfânt şi neprihănit şi acceptabil pentru cer. De aceea, când un om crede în Cristos, Dumnezeu îl vede pe acel om în Cristos; Dumnezeu îl vede pe acel om perfect identificat cu Cristos, aşezat în cer. Şi fiind aşezat în cer, acel om poate experimenta toate binecuvântările cereşti. Pur şi simplu, a fi *în Cristos* înseamnă a crede atât de mult în Fiul lui Dumnezeu, încât Dumnezeu se entuziasmează—şi o face într-o aşa măsură, încât îl socoteşte pe acel om ca fiind la fel ca şi Cristos: vrednic de a fi binecuvântat cu toate binecuvântările cereşti. (vezi comentariul şi STUDIU APROFUNDAT#1—*Justificare*—Gal.2:15-16 pentru mai multe discuţii.)
5. Dumnezeu, la început, l-a tratat pe om cu binecuvântări materiale pentru că omul a trebuit să înveţe câteva lucruri:
   a. O moştenire pământească, nu dăinuieşte. Ea poate fi pierdută sau furată. Fie că privim cum bunurile noastre materiale se deteriorează, fie că lăsăm în urma noastră, altora, bunurile noastre materiale.
   b. O naţiune pământească şi o moştenire materială nu pot aduce pace şi siguranţă. Pacea şi siguranţa fac parte din lumea spirituală, duhovnicească. Naţiunile pământeşti şi lucrurile materiale fac parte din acest pământ, au o natură pieritoare. De aceea, lucrurile materiale şi naţiunile nu pot rezolva lupta spirituală pe care omul o simte în interiorul său. Lucrurile materiale şi naţiunile pământului nu pot nici să şteargă prăpastia spirituală care există între om şi Dumnezeu.
   c. În *fiinţa sa interioară*, omul are o doză de egoism şi lăcomie. Omul are în el tendinţa şi un impuls puternic de a dori şi de a căuta lucrurile materiale şi de a le neglija pe cele spirituale.
   d. Omul trebuie să treacă printr-o schimbare de caracter pentru a putea fi eliberat de această dorinţă, de această tendinţă care cauzează atâta robie, ruptură şi dezbinare în interiorul omului şi între oameni. Omul trebuie *să se nască din nou*, să fie transformat într-o *făptură nouă*, să fie un om nou—din punct de vedere spiritual, în mod permanent, perfect, veşnic. Iar o asemenea creaţie spirituală trebuie făcută de Cineva cu mult mai mare decât omul. Omul trebuie să fie re-creat de mâna lui Dumnezeu.

2 (1:4) **Sfânt—Fără prihană**: prima binecuvântare—Dumnezeu ne-a ales să fim sfinţi şi fără prihană. Acesta este un verset minunat. Imaginaţi-vă numai! Dumnezeu a stabilit chiar înainte de fi fost creată lumea, că va avea un popor...
- care va fi "în El," adică, în Fiul Său, Isus Cristos.
- care va fi "sfânt şi fără prihană."
- care va trăi "înaintea lui, în dragoste"—pentru veşnicie.

EFESENI 1:3-14

Toate acesta înseamnă un lucru minunat; Dumnezeu vrea să fim cu El. Dumnezeu nu vrea să fim despărțiți de El, prinși în ghearele rușinii și ale păcatului, ale tristeții și durerii, ale morții și iadului. Dumnezeu vrea să trăim veșnic împreună cu El. De fapt, observați că Dumnezeu a hotărât ca un număr de oameni să trăiască cu El în Cristos. El "ne-a ales"— i-a ales pe credincioși—să trăiască cu El. Nicio răzvrătire, nicio respingere, niciun blestem împotriva Lui, nici chiar negarea Lui, nu pot opri scopul și planul lui Dumnezeu. Dumnezeu va avea un popor care va trăi în prezența Lui, și El va continua să ne aleagă până când numărul hotărât de El se va împlini.

Acum, observați marea binecuvântare a lui Dumnezeu: să fim sfinți și fără prihană înaintea Lui..

1. Cuvântul *sfânt* (hagious) înseamnă a fi pus deoparte și consacrat pentru Dumnezeu. Este același cuvânt folosit pentru "sfânt" în versetul unu (vezi comentariul, *Sfânt*—Efes.1:1-2 pentru mai multe discuții).

> Deci fiindcă avem astfel de făgăduințe, preaiubiților, să ne curățăm de orice întinăciune a cărnii și a duhului și să ne ducem sfințirea până la capăt, în frica de Dumnezeu. (2 Cor. 7:1)
> Și să vă îmbrăcați în omul cel nou, făcut după chipul lui Dumnezeu, de o neprihănire și sfințenie pe care o dă adevărul. (Efes. 4:24)
> Urmăriți pacea cu toți și sfințirea, fără care nimeni nu va vedea pe Domnul. (Evr. 12:14)
> Ci, după cum Cel ce v-a chemat este sfânt, fiți și voi sfinți în toată purtarea voastră. Căci este scris: Fiți sfinți, căci Eu sunt sfânt. (1 Pet. 1:15-16)
> Deci, fiindcă toate aceste lucruri au să se strice, ce fel de oameni ar trebui să fiți voi, printr-o purtare sfântă și evlavioasă, (2 Pet. 3:11)

2. Cuvântul *fără prihană* (amomous) înseamnă a fi liber de păcat, de mizerie și de murdărie; înseamnă a fi fără pată, ireproșabil; a fi fără vină și nepângărit.

> Ca să fiți fără prihană și curați, copii ai lui Dumnezeu, fără vină, în mijlocul unui neam ticălos și stricat, în care străluciți ca niște lumini în lume. (Filip. 2:15)
> Și pe voi, care odinioară erați străini și vrăjmași prin gândurile și prin faptele voastre rele, El v-a împăcat acum prin trupul Lui de carne, prin moarte, ca să vă facă să vă înfățișați înaintea Lui sfinți, fără prihană și fără vină. (Col. 1:21-22)
> Ca să vi se întărească inimile, și să fie fără prihană în sfințenie, înaintea lui Dumnezeu, Tatăl nostru, la venirea Domnului nostru Isus Hristos împreună cu toți sfinții Săi. (1 Tes. 3:13)
> Dumnezeul păcii să vă sfințească El însuși pe deplin; și: duhul vostru, sufletul vostru și trupul vostru, să fie păzite întregi, fără prihană la venirea Domnului nostru Isus Hristos. (1 Tes. 5:23)
> De aceea, preaiubiților, fiindcă așteptați aceste lucruri, siliți-vă să fiți găsiți înaintea Lui fără prihană, fără vină, și în pace. (2 Pet. 3:14)

În termeni simpli, marea binecuvântare a lui Dumnezeu este perfecțiunea; Dumnezeu l-a ales pe credincios pentru a fi perfect. Dar observați: perfecțiunea credinciosului este *în Cristos și numai în Cristos*. Niciun om—nici măcar unul credincios—nu poate trăi o viață perfectă și fără păcat. Niciun om nu este neprihănit și nici nu va fi vreodată. Isus Cristos este singura Persoană care a trăit vreodată o viață fără păcat și perfectă; de aceea, El este singura Persoană care are dreptul de a trăi în prezența lui Dumnezeu. Singura noastră speranță de a trăi cu Dumnezeu este credința *în Isus Cristos*—să credem atât de mult încât Dumnezeu să poată lua credința noastră și să o socotească ca neprihănirea lui Cristos. Aceasta este evanghelia minunată: Dumnezeu ne iubește atât de mult încât ne-a acceptat în neprihănirea lui Isus Cristos. El a luat *credința noastră în Cristos* și a socotit-o ca neprihănirea Lui. De aceea, noi suntem acceptați de Dumnezeu, pentru că ne încredem în Cristos și în neprihănirea Lui—suntem acceptați ca fiind perfecți, în perfecțiunea lui Isus Cristos. (vezi comentariul și STUDIU APROFUNDAT#1, *Justificare*—Gal.2:15-16; STUDIU APROFUNDAT#2—2:16; observați—2:19-21 pentru mai multe discuții.)

3 (1:5-6) **Înfiere—Predestinare—Hotărâți mai dinainte**: a doua binecuvântare—Dumnezeu ne-a înfiat ca să fim copii ai Lui. Ce lucru incredibil—ce privilegiu glorios, să fi adoptat ca fiu de Dumnezeu! Și observați:

⇨ Acest lucru a fost predestinat, adică *hotărât mai dinainte* (proorisas).
⇨ I-a făcut lui Dumnezeu plăcere să ne înfieze—după buna plăcere a voiei Sale. Și acesta a fost scopul Său, să ne înfieze, iar scopul Său, plăcerea Lui și voia Lui, sunt bune.

Lucrul acesta este uimitor dacă ne gândim cât de păcătoși și cât de stricați suntem noi, și cât de mult L-am blestemat pe Dumnezeu, cât de mult ne-am răzvrătit împotriva Lui, și cât L-am respins. Faptul că Dumnezeu vrea să ne înfieze și găsește plăcere în înfierea noastră și consideră acest lucru ca fiind bun, este parcă prea mult pentru a putea fi crezut. Și totuși, El exact asta spune. Acum, observați două lucruri importante.

147

EFESENI 1:3-14

1.   Cuvintele *hotărâți mai dinainte* nu înseamnă că Dumnezeu i-a ales pe unii pentru mântuire iar pe ceilalți i-a hotărât pentru pedeapsa veșnică. Scriptura ne învață opusul acestei afirmații.

> " Fiindcă atât de mult a iubit Dumnezeu lumea, că a dat pe singurul Lui Fiu, pentru ca oricine crede în El, să nu piară, ci să aibă viața veșnică. (Ioan 3:16)
>
> Fiindcă oricine va chema Numele Domnului va fi mântuit.(Rom. 10:13)
>
> Lucrul acesta este bun și bine primit înaintea lui Dumnezeu, Mântuitorul nostru, care voiește ca toți oamenii să fie mântuiți și să vină la cunoștința adevărului. Căci este un singur Dumnezeu, și este un singur mijlocitor între Dumnezeu și oameni: Omul Isus Hristos, care S-a dat pe Sine însuși, ca preț de răscumpărare pentru toți: faptul acesta trebuia adeverit la vremea cuvenită. (1 Tim. 2:3-6)
>
> Domnul nu întârzie în împlinirea făgăduinței Lui, cum cred unii; ci are o îndelungă răbdare pentru voi, și dorește ca nici unul să nu piară, ci toți să vină la pocăință. (2 Pet. 3:9)
>
> El este jertfa de ispășire pentru păcatele noastre; și nu numai pentru ale noastre, ci pentru ale întregii lumi. (1 Ioan 2:2)

Cuvântul *predestinare* (proorisas) înseamnă a hotărî dinainte, a determina dinainte. Cuvântul folosit în limba Greacă (proorizo) înseamnă a delimita sau a marca granițele, marginile unui anumit lucru. Aceasta este o imagine glorioasă care arată ceea ce face Dumnezeu pentru credincios. Granițele sunt marcate pentru credincios: granițele care garantează înfierea lui ca fiu de Dumnezeu. Credinciosul va fi înfiat, va fi făcut ca și Cristos, și va fi transformat conform imaginii Sale, asemeni Lui. Nimic nu poate sta în calea împlinirii planului lui Dumnezeu pentru credincios. Este un lucru predestinat, însemnat și delimitat. Credinciosul poate lupta și suferi din cauza păcatului și a rușinii acestei lumi; poate chiar să se împiedice și să cadă, sau poate fi descurajat și cu inima grea. Dar dacă este într-adevăr un copil de Dumnezeu, el nu va fi înfrânt, nu de tot. El se va ridica din nou după fiecare cădere și Îl va urma din nou pe Cristos. El este predestinat să fie un frate al lui Cristos, să Îl slujească și să I se închine pentru veșnicie. Iar Cristos nu va fi dezamăgit. Dumnezeu își iubește Fiul prea mult ca să Îl lase să fie dezamăgit de pierderea chiar a unui singur frate de-al Său. Isus Cristos va avea o bucurie deplină; El va vedea pe fiecare dintre frații Săi înfiați și perfect transformați, conform cu imaginea Sa. El va avea parte de slujirea și de închinarea fiecărui om ales de Dumnezeu Tatăl pentru a fi al Lui. Destinul veșnic al credinciosului, acela de a fi un frate adoptat al Domnului Isus Cristos, este hotărât. Credinciosul poate fi sigur de acest adevăr glorios. Dumnezeu l-a predestinat să fie eliberat de suferința și lupta din această lume păcătoasă. (vezi comentariul, *Predestinare*—Ioan 6:37; 6:39; 6:44-46 pentru a vedea partea lui Dumnezeu și partea omului în mântuire. vezi STUDIU APROFUNDAT#3—Fapte. 2:23; Rom.8:28-39; 9:11-13; 9:14-33 pentru mai multe discuții.)

> În El, Dumnezeu ne-a ales înainte de întemeierea lumii, ca să fim sfinți și fără prihană înaintea Lui, după ce, în dragostea Lui, ne-a rânduit mai dinainte să fim înfiați prin Isus Hristos, după buna plăcere a voii Sale— (Efes. 1:4-5)
>
> După planul veșnic, pe care l-a făcut în Hristos Isus, Domnul nostru. În El avem, prin credința în El, slobozenia și apropierea de Dumnezeu cu încredere. (Efes. 3:11-12)

2.   Cuvântul "înfiat" înseamnă a fi așezat ca fiu (vezi STUDIU APROFUNDAT#2, *Înfiere*—Gal.4:5-6 pentru mai multe discuții).

3.   Înfierea este posibilă doar prin Isus Cristos. Dumnezeu ne primește pentru că credem și ne încredem în Fiul Său Isus Cristos. El ne spune foarte clar că dorește ca Fiul Său să aibă mulți frați și surori care să Îl iubească, să Îl slujească, și care să I se închine atât acum cât și pentru veșnicie. De aceea, când cineva dorește să trăiască pentru Isus Cristos—când dorește atât de mult să trăiască pentru El încât Îi *încredințează tot ce este și tot ce are lui Cristos*—Dumnezeu ia încrederea acelui om și îl înfiază, îl face un frate sau o soră ai lui Isus Cristos (vezi comentariul—Rom.8:29).

> De altă parte, știm că toate lucrurile lucrează împreună spre binele celor ce iubesc pe Dumnezeu, și anume, spre binele celor ce sunt chemați după planul Său. (Rom. 8:28)

4.   Scopul lui Dumnezeu în înfiere este ca noi să putem trăi veșnic— să trăim ca să slăvim gloria harului Său.

> ca să arate în veacurile viitoare nemărginita bogăție a harului Său, în bunătatea Lui față de noi în Hristos Isus. (Efes. 2:7; vezi Efes. 1:18)

4 (1:7) **Mântuire—Răscumpărare**: cea de-a treia binecuvântare—Dumnezeu ne-a mântuit și ne-a iertat păcatele. Cuvântul *mântuire* (apolutrosin) este unul dintre cele mai minunate cuvinte din Biblie. El exprimă ideea eliberării, de a face pe cineva liber, plătind o răscumpărare. De exemplu, un prizonier de război sau o persoană răpită este răscumpărată sau mântuită/salvată; sau un infractor condamnat este eliberat de pedeapsa morții. În fiecare caz omul nu poate să se elibereze singur. El nu poate plăti pedeapsa cerută în schimbul eliberării sale din situația lui sau din robie în care se află. Observați câteva lucruri importante.

1. Omul a fost răpit sau luat prizonier de mai multe forțe.
   a. De forța păcatului. Toți oamenii păcătuiesc și nu pot să se oprească din aceasta. Omul este vândut păcatului. Păcatul l-a capturat (Rom.3:23; 7:14).
   e. Forța stricăciunii și a morții. Întreaga creație este stricată (Rom.8:21). Totul se strică; se deteriorează, îmbătrânește și în final moare. Stricăciunea și moartea l-au capturat pe om. (vezi 1 Cor.15:42, 50; Gal.6:8; 2 Pet.1:4; 2:12, 19.)
   f. Forța lui Satan. Toți cei necredincioși se află sub puterea și sub influența lui Satan. El le-a întunecat mintea cu privire la evanghelie (2 Cor.4:4). El lucrează în cei neascultători (Efes.2:2). Ei sunt capturați de el (1 Ioan.5:19).
2. Trei idei cheie sunt incluse în conceptul de mântuire.
   a. Omul are nevoie să fie eliberat, izbăvit și salvat.
   g. Omul nu se poate elibera singur. El nu are nici energia, nici puterea, și nici abilitatea necesară pentru a se elibera.
   h. Dumnezeu l-a răscumpărat pe om prin sângele Fiului Său, Isus Cristos. Dumnezeu Însuși a plătit răscumpărarea pentru eliberarea omului—prețul fiind viață pentru viață. Dumnezeu L-a dat pe Fiul Său pentru ca omul să poată fi eliberat. Omul a fost mântuit prin sângele lui Isus Cristos (vezi Lev.17:11; Mat.20:28; Rom.3:24; 1 Cor.6:20; 7:23; Col.1:14; 1 Tim.2:5-6; Evr.9:15; 1 Pet.1:18f; 2 Pet.2:1; Apoc.5:9; 14:3-4). Acest lucru este important de observat: când un om Îl cheamă *într-adevăr* pe Domnul să îl mântuiască, Dumnezeu îl răscumpără direct de pe piața vieții acesteia stricate. (Rom.10:13). Dumnezeu îl mântuiește o dată pentru totdeauna, îl cumpără și îl șterge de pe lista celor de vânzare. El este răscumpărat pentru veșnicie (vezi Gal.3:13; 4:5; Col.4:5).
3. Dumnezeu îl mântuiește pe om datorită bogățiilor harului Său (vezi comentariul, *Har*—Efes.2:8-9 pentru mai multe discuții). El îl iubește pe om cu o dragoste incredibilă —o dragoste atât de mare care îl determină să facă orice este necesar pentru a-l salva pe om.

Căci viața trupului este în sânge. Vi l-am dat ca să-l puneți pe altar, ca să slujească de ispășire pentru sufletele noastre, căci prin viața din el face sângele ispășire. (Lev. 17:11)

Pentru că nici Fiul omului n-a venit să I se slujească, ci El să slujească și să-Și dea viața ca răscumpărare pentru mulți. (Mat. 20:28)

Și sunt socotiți neprihăniți, fără plată, prin harul Său, prin răscumpărarea, care este în Hristos Isus. (Rom. 3:24)

Căci ați fost cumpărați cu un preț. Proslăviți dar pe Dumnezeu în trupul și în duhul vostru, care sunt ale lui Dumnezeu. (1 Cor. 6:20)

Voi ați fost cumpărați cu un preț. Nu vă faceți dar robi oamenilor. (1 Cor. 7:23)

În El avem răscumpărarea, prin sângele Lui, iertarea păcatelor, după bogățiile harului Său. (Efes. 1:7)

În care avem răscumpărarea, prin sângele Lui, iertarea păcatelor. (Col. 1:14)

Căci este un singur Dumnezeu, și este un singur mijlocitor între Dumnezeu și oameni: Omul Isus Hristos, care S-a dat pe Sine însuși, ca preț de răscumpărare pentru toți: faptul acesta trebuia adeverit la vremea cuvenită. (1 Tim. 2:5-6)

Și tocmai de aceea este El mijlocitorul unui legământ nou, pentru ca, prin moartea Lui pentru răscumpărarea din abaterile făptuite sub legământul dintâi, cei ce au fost chemați, să capete veșnica moștenire, care le-a fost făgăduită. (Evr. 9:15)

Căci știți că nu cu lucruri pieritoare, cu argint sau cu aur, ați fost răscumpărați din felul deșert de viețuire, pe care-l moșteniserăți de la părinții voștri, ci cu sângele scump al lui Hristos, Mielul fără cusur și fără prihană. (1 Pet. 1:18-19)

În norod s-au ridicat și prooroci mincinoși, cum și între voi vor fi învățători mincinoși, care vor strecura pe furiș erezii nimicitoare, se vor lepăda de Stăpânul, care i-a răscumpărat, și vor face să cadă asupra lor o pierzare năpraznică. (2 Pet. 2:1)

Și cântau o cântare nouă, și ziceau: Vrednic ești tu să iei cartea și să-i rupi pecețile: căci ai fost înjunghiat, și ai răscumpărat pentru Dumnezeu, cu sângele Tău, oameni din orice seminție, de orice limbă, din orice norod și de orice neam. (Apoc. 5:9)

EFESENI 1:3-14

Cântau o cântare nouă înaintea scaunului de domnie, înaintea celor patru făpturi vii şi înaintea bătrânilor. Şi nimeni nu putea să înveţe cântarea, afară de cei o sută patruzeci şi patru de mii, care fuseseră răscumpăraţi de pe pământ. Ei nu s-au întinat cu femei, căci sunt verguri şi urmează pe Miel oriunde merge El. Au fost răscumpăraţi dintre oameni, ca cel dintâi rod pentru Dumnezeu şi pentru Miel. (Apoc. 14:3-4)

STUDIUL APROFUNDAT # 1

(1:7) **Iertare**: cuvântul *iertare* (aphesin) înseamnă a fi trimis departe, a fi îndepărtat, a elibera, a da drumul. Cuvântul folosit pentru *păcat* (paraptomaton) înseamnă fărădelege, greşeală, cădere de pe cale, sau deviere de la cale. Toţi oamenii...

- au încălcat legea lui Dumnezeu
- au deviat de la Dumnezeu
- au căzut de pe calea lui Dumnezeu

De aceea, toţi oamenii sunt vinovaţi de încălcarea legii lui Dumnezeu, şi pedeapsa pentru încălcarea legii este moartea. Totuşi, sângele lui Isus Cristos aduce iertare oamenilor. Cum? Isus Cristos a murit pentru om. El a luat pedeapsa păcatelor asupra Sa, şi a suportat El Însuşi pedeapsa. El a putut face acest lucru pentru că El a fost Omul Ideal şi Perfect, El i-a putut reprezenta pe toţi oamenii. Când a murit, El a murit ca Om Ideal, în calitate de Reprezentant al tuturor oamenilor. Orice om care crede cu adevărat că Isus Cristos a murit pentru el, este iertat de păcatele sale. Dumnezeu ia credinţa lui şi o socoteşte una cu moartea lui Isus Cristos. Dumnezeu îl vede pe acel om ca fiind în Cristos Isus, ca fiind una cu moartea lui Isus Cristos. Dumnezeu socoteşte moartea lui Isus Cristos în locul morţii omului. De aceea, pedeapsa şi vinovăţia pentru încălcarea legii lui Dumnezeu sunt îndepărtate complet. Păcatele omului şi vina lui sunt spălate de sângele lui Isus Cristos.

> Pe acest Isus, Dumnezeu L-a înălţat cu puterea Lui, şi L-a făcut Domn şi Mântuitor, ca să dea lui Israel pocăinţa şi iertarea păcatelor. (Fapte 5:31)
> Să ştiţi dar, fraţilor, că în El vi se vesteşte iertarea păcatelor. (Fapte 13:38)
> Ca să le deschizi ochii, să se întoarcă de la întuneric la lumină, şi de sub puterea Satanei la Dumnezeu; şi să primească, prin credinţa în Mine, iertare de păcate şi moştenirea împreună cu cei sfinţiţi. (Fapte 26:18)
> În El avem răscumpărarea, prin sângele Lui, iertarea păcatelor, după bogăţiile harului Său. (Efes. 1:7)

---

5 (1:8) **Înţelepciune—Pricepere**: cea de-a patra binecuvântare—Dumnezeu ne-a dat înţelepciune şi pricepere. Din nou, observaţi că ambele binecuvântări le primim prin Isus Cristos. Mintea noastră ne spune că Dumnezeu va da înţelepciunea şi priceperea Lui, celor care Îl onorează pe El şi pe Fiul Său.

1. Cuvântul *înţelepciune* (sophia) înseamnă a vedea şi a cunoaşte adevărul. Înseamnă a vedea şi a şti ce trebuie să faci. Înţelepciunea cuprinde marile adevăruri ale vieţii. Vede răspunsurile la problemele vieţii şi ale morţii, la întrebările despre Dumnezeu şi om, timp şi veşnicie, bine şi rău—lucrurile adânci ale lui Dumnezeu şi ale universului.

Înţelepciunea se găseşte doar în Isus Cristos şi este promisă doar celor care Îl caută pe El, din toată inima (1 Cor.1:30; 2:10-16; Efes.1:8; Filim.2:5f; Iac.1:5).

> O, adâncul bogăţiei, înţelepciunii şi ştiinţei lui Dumnezeu! Cât de nepătrunse sunt judecăţile Lui, şi cât de neînţelese sunt căile Lui! (Rom. 11:33)
> Dar pentru cei chemaţi, fie Iudei, fie Greci, este puterea şi înţelepciunea lui Dumnezeu. (1 Cor. 1:24)
> Şi voi, prin El, sunteţi în Hristos Isus. El a fost făcut de Dumnezeu pentru noi înţelepciune, neprihănire, sfinţire şi răscumpărare. (1 Cor. 1:30)
> Dar, după cum este scris: Lucruri, pe care ochiul nu le-a văzut, urechea nu le-a auzit, şi la inima omului nu s-au suit, aşa sunt lucrurile, pe care le-a pregătit Dumnezeu pentru cei ce-L iubesc. Nouă însă Dumnezeu ni le-a descoperit prin Duhul Său. Căci Duhul cercetează totul, chiar şi lucrurile adânci ale lui Dumnezeu. În adevăr, cine dintre oameni cunoaşte lucrurile omului, afară de duhul omului, care este în el? Tot aşa: nimeni nu cunoaşte lucrurile lui Dumnezeu afară de Duhul lui Dumnezeu. Şi noi n-am primit duhul lumii, ci Duhul care vine de la Dumnezeu, ca să putem cunoaşte lucrurile, pe care ni le-a dat Dumnezeu prin harul Său. Şi vorbim despre ele nu cu vorbiri învăţate de la înţelepciunea omenească, ci cu vorbiri învăţate de la Duhul Sfânt, întrebuinţând o vorbire duhovnicească pentru lucrurile duhovniceşti. Dar omul firesc nu primeşte lucrurile Duhului lui Dumnezeu, căci, pentru el, sunt o nebunie; şi nici nu le poate înţelege, pentru că trebuie judecate duhovniceşte. Omul duhovnicesc, dimpotrivă, poate să judece totul, şi el însuşi nu poate fi

EFESENI 1:3-14

judecat de nimeni. Căci cine a cunoscut gândul Domnului, ca să-I poată da învățătură? Noi însă avem gândul lui Hristos. (1 Cor. 2:9-16)

Pe care l-a răspândit din belșug peste noi, prin orice fel de înțelepciune și de pricepere. (Efes. 1:8)

În care sunt ascunse toate comorile înțelepciunii și ale științei. (Col. 2:3)

2. Cuvântul *pricepere* (phronesei) înseamnă a vedea cum să folosești și să aplici adevărul. Aceasta vede direcția în care trebuie să se meargă. Înseamnă înțelegere, discernământ, abilitatea de a rezolva problemele de zi cu zi. Înseamnă o înțelegere practică a lucrurilor, a fi cu picioarele pe pământ.

Și mă rog ca Dumnezeul Domnului nostru Isus Hristos, Tatăl slavei, să vă dea un duh de înțelepciune și de descoperire, în cunoașterea Lui, si să vă lumineze ochii inimii, ca să pricepeți care este nădejdea chemării Lui, care este bogăția slavei moștenirii Lui în sfinți. (Efes. 1:17-18)

De aceea și noi, din ziua când am auzit aceste lucruri, nu încetăm să ne rugăm pentru voi, și să cerem să vă umpleți de cunoștința voii Lui, în orice fel de înțelepciune și pricepere duhovnicească; (Col. 1:9)

Pentru ca să li se îmbărbăteze inimile, să fie uniți în dragoste, și să capete toate bogățiile plinătății de pricepere, ca să cunoască taina lui Dumnezeu Tatăl, adică pe Hristos. (Col. 2:2)

Înțelege ce-ți spun; Domnul îți va da pricepere în toate lucrurile. (2 Tim. 2:7)

Știm că Fiul lui Dumnezeu a venit, și ne-a dat pricepere să cunoaștem pe Cel ce este adevărat. Și noi suntem în Cel ce este adevărat, adică în Isus Hristos, Fiul Lui. El este Dumnezeul adevărat și viața veșnică. (1 Ioan 5:20)

Căci Domnul dă înțelepciune; din gura Lui iese cunoștință și pricepere. (Prov. 2:6)

De la mine vine sfatul și izbânda, eu sunt priceperea, a mea este puterea. (Prov. 8:14)

6 (1:9-10) **Taina, Voiei lui Dumnezeu**: cea de-a cincea binecuvântare—Dumnezeu ne-a descoperit nouă taina voiei Sale. Aceasta este cheia și marea temă a cărții Efeseni. (William Barclay are o descriere excelentă a acestui punct, aceasta ar trebui consultată de cei care doresc să studieze acest punct în profunzime. *Scrisorile către Galateni și Efeseni*, p.96f.) Țineți minte: în Biblie o taină nu este ceva misterios și greu de înțeles. Ci mai degrabă, este un adevăr care a fost ținut deoparte, nedezvăluit, în planul lui Dumnezeu pentru mult timp, până când El a fost dispus să descopere acel lucru oamenilor. Când a venit acel moment, El a descuiat acel adevăr și l-a făcut accesibil omului. O taină este un adevăr descoperit de Dumnezeu, care până atunci nu fusese făcut cunoscut. (vezi 1 Cor.2:7 pentru o listă a tuturor tainelor din Biblie.) Taina voiei lui Dumnezeu poate fi descrisă foarte simplu: Dumnezeu va aduce toate lucrurile împreună și le va uni într-un singur duh de pace și armonie—toate lucrurile, atât cele văzute cât și cele nevăzute. Toate lucrurile vor fi aduse într-o stare veșnică de pace, sub autoritatea și gloria lui Isus Cristos. Iar Dumnezeu conduce istoria înspre acest punct cuminant.

Gândul lui Pavel din versetele 9-10 spune câteva lucruri. (Este imposibil să enumerăm toate punctele pe lângă Scriptură, în schiță.)

1. Dumnezeu are un plan și un scop veșnic pentru lume, și este plăcerea Lui să îl ducă la îndeplinire. El se bucură de împlinirea lui, iar tot ce face El este bun. Totul este bun.

2. În univers există o despărțire groaznică. Nevoia ca Dumnezeu " să-Și unească iarăși într-unul, în Hristos, toate lucrurile" ne sugerează ideea de despărțire (vezi Efes.6:12). De fapt, grija principală a lui Dumnezeu, de-a lungul veacurilor a fost să aducă înapoi în armonie toate despățirile, acest fapt ne arată cât de oribilă și distrugătoare este într-adevăr despărțirea. (vezi Materialul Introductiv, Secțiunea Bonus, punctul 3, Marele mesaj al cărții Efeseni este Împăcarea.)

3. Trebuie să existe un moment, o culminare a istoriei —când se va ajunge la împlinirea vremii, la o nouă ordine— în care toate lucrurile vor fi unite, armonizate și aduse într-o stare de pace sub autoritatea lui Isus Cristos. Istoria se află în mâinile lui Dumnezeu. Fraza folosită de Pavel este *să îl aducă la îndeplinire* (oikonomia) care înseamnă la modul propriu, "organizarea gospodăriei". Ideea este că universul este ca o casă aflată sub conducerea lui Dumnezeu. Dumnezeu se ocupă, El plănuiește, aranjează, și administrează toate lucrurile pentru a le duce înspre un punct culminant pentru Cristos și pentru urmașii Săi. În acea zi, toate dezbinările, tot răul și toată lipsa de armonie, vor fi supuse armoniei (anakephalaioo) sub conducerea lui Cristos. Va fi instituită o nouă creație perfectă și veșnică pentru Domnul și pentru urmașii Săi din tot universul.

Dar când a venit împlinirea vremii, Dumnezeu a trimis pe Fiul Său, născut din femeie, născut sub Lege, ca să răscumpere pe cei ce erau sub Lege, pentru ca să căpătăm înfierea. Și pentru că sunteți fii, Dumnezeu ne-a trimis în inimă Duhul Fiului Său, care strigă: Ava, adică:Tată! (Gal. 4:4-6)

151

În El, Dumnezeu ne-a ales înainte de întemeierea lumii, ca să fim sfinţi şi fără prihană înaintea Lui, în dragostea Lui. (Efes. 1:4)

Şi să pun în lumină înaintea tuturor care este isprăvnicia acestei taine, ascunse din veacuri în Dumnezeu, care a făcut toate lucrurile; pentru ca domniile şi stăpânirile din locurile cereşti să cunoască azi, prin Biserică, înţelepciunea nespus de felurită a lui Dumnezeu, după planul veşnic, pe care l-a făcut în Hristos Isus, Domnul nostru. (Efes. 3:9-11)

De aceea şi Dumnezeu L-a înălţat nespus de mult, şi I-a dat Numele, care este mai presus de orice nume; pentru ca, în Numele lui Isus, să se plece orice genunchi al celor din ceruri, de pe pământ şi de sub pământ, şi orice limbă să mărturisească, spre slava lui Dumnezeu Tatăl, că Isus Hristos este Domnul. (Filip. 2:9-11)

El, de bună voia Lui, ne-a născut prin Cuvântul adevărului, ca să fim un fel de pârgă a făpturilor Lui. (Iacov 1:18)

4. Isus Cristos este Capul desemnat de Dumnezeu peste creaţia şi ordinea nouă. El este Capul desemnat de Dumnezeu peste biserică, care este creaţia nouă a lui Dumnezeu în lumea aceasta şi în vremea aceasta (Efes.1:22-23). Şi El va fi *Capul pe care Dumnezeu îl va numi peste toată creaţia cea nouă* în lumea viitoare (Iac.1:18).

El I-a pus totul sub picioare, şi L-a dat căpetenie peste toate lucrurile, Bisericii, care este trupul Lui, plinătatea Celui ce plineşte totul în toţi. (Efes. 1:22-23)

Ci, credincioşi adevărului, în dragoste, să creştem în toate privinţele, ca să ajungem la Cel ce este Capul, Hristos. (Efes. 4:15)

Căci bărbatul este capul nevestei, după cum şi Hristos este capul Bisericii, El, Mântuitorul trupului. (Efes. 5:23)

El este Capul trupului, al Bisericii. El este începutul, cel întâi născut dintre cei morţi, pentru ca în toate lucrurile să aibă întâietatea. (Col. 1:18)

Şi nu se ţine strâns de Capul din care tot trupul, hrănit şi bine închegat, cu ajutorul încheieturilor şi legăturilor, îşi primeşte creşterea pe care i-o dă Dumnezeu. (Col. 2:19)

5. Biserica este instrumentul lui Dumnezeu pentru împăcare şi pace, este trupul care Îl reprezintă pe El pe pământ. Ca instrument al lui Dumnezeu, biserica trebuie să facă două lucruri.

a. Biserica trebuie să Îl ducă pe Cristos şi mesajul Său de împăcare şi de pace, întregii lumi. Prin "trupul Lui, biserica," toată dezbinarea şi neorânduiala dintre oameni trebuie să fie condamnată, iar mesajul Lui de pace şi armonie, trebuie proclamat.

i. Biserica trebuie să practice împăcarea pe pământ. "În biserică" toate legile, barierele şi dezbinările trebuie date la o parte. Acestea nu trebuie să existe. Biserica trebuie să fie o sămânţă, o fărâmă de cer pe pământ.

Că adică, Dumnezeu era în Hristos, împăcând lumea cu Sine, neţinându-le în socoteală păcatele lor, şi ne-a încredinţat nouă propovăduirea acestei împăcări. Noi dar, suntem trimişi împuterniciţi ai lui Hristos; şi, ca şi cum Dumnezeu ar îndemna prin noi, vă rugăm fierbinte, în Numele lui Hristos: Împăcaţi-vă cu Dumnezeu! Pe Cel ce n-a cunoscut nici un păcat, El L-a făcut păcat pentru noi, ca noi să fim neprihănirea lui Dumnezeu în El. (2 Cor. 5:19-21)

Şi El a dat pe unii apostoli; pe alţii, prooroci; pe alţii, evanghelişti; pe alţii, păstori şi învăţători, pentru desăvârşirea sfinţilor, în vederea lucrării de slujire, pentru zidirea trupului lui Hristos, (Efes. 4:11-12)

7(1:11-13) **Rânduiţi—Moştenire**: cea de-a şasea binecuvântare—Dumnezeu ne-a ales şi ne-a dat o moştenire, adică, ne-a făcut moştenitorii lui Dumnezeu. Observaţi câteva puncte importante.

1. Moştenirea a fost hotărâtă mai dinainte, adică predestinată. Dumnezeu face toate lucrurile după sfatul voiei Sale. El trebuie să facă aşa pentru că doar El ştie cum este cel mai bine. Şi nimic nu poate fi mai bun decât să primeşti cea mai bună moştenire posibilă: a fi moştenitorul lui Dumnezeu, să moşteneşti tot ce deţine Dumnezeu. (vezi comentariul, *Rânduiţi*—Efes.1:5-6.)

2. Moştenirea este clarificată în cuvintele "ca să...*fim*," adică, să existăm veşnic. Dumnezeu îi dă credinciosului o fiinţă veşnică—o existenţă veşnică. De fapt, fraza folosită "am fost aleşi" (eklerothemen) înseamnă *moştenire*. Dumnezeu îl ia pe credincios şi face din el, moştenirea şi posesia Lui. Credinciosul este făcut moştenirea lui Dumnezeu. El primeşte privilegiul deosebit de a fi, de a trăi şi de a exista veşnic *ca cea mai de preţ moştenire şi posesie a lui*

Dumnezeu. El devine mărgăritarul cel mai de preţ şi comoara cea mai preţioasă a lui Dumnezeu. Aceasta este moştenirea crediciosului.

> Totuşi ei sunt poporul Tău şi moştenirea Ta, pe care ai scos-o din Egipt cu mâna Ta cea puternică şi cu braţul Tău cel întins. (Deut. 9:29; vezi Ex.19:5)
> Căci partea Domnului, este poporul Lui, Iacov este partea Lui de moştenire. (Deut. 32:9)
> Acum, dacă veţi asculta glasul meu, şi dacă veţi păzi legământul Meu, veţi fi ai Mei dintre toate popoarele, căci tot pământul este al Meu; (Ex. 19:5)
> Căci Domnul Şi -a ales pe Iacov, pe Israel, ca să fie al Lui. (Ps. 135:4)
> Acum, aşa vorbeşte Domnul, care te-a făcut, Iacove, şi Cel ce te-a întocmit, Israele! Nu te teme de nimic, căci Eu te izbăvesc, te chem pe nume: eşti al Meu. (Isa. 43:1)
> Ei vor fi ai Mei, zice Domnul oştirilor, Îmi vor fi o comoară deosebită, în ziua pe care o pregătesc Eu. Voi avea milă de ei, cum are milă un om de fiul său, care-i slujeşte. (Mal. 3:17)
> Comoara aceasta o purtăm în nişte vase de lut, pentru ca această putere nemaipomenită să fie de la Dumnezeu şi nu de la noi. (2 Cor. 4:7)
> Aşadar, voi nu mai sunteţi nici străini, nici oaspeţi ai casei, ci sunteţi împreună cetăţeni cu sfinţii, oameni din casa lui Dumnezeu, fiind zidiţi pe temelia apostolilor şi proorocilor, piatra din capul unghiului fiind Isus Hristos. În El toată clădirea, bine închegată, creşte ca să fie un Templu sfânt în Domnul. (Efes. 2:19-21)
> Voi însă sunteţi o seminţie aleasă, o preoţie împărătească, un neam sfânt, un popor, pe care Dumnezeu Şi l-a câştigat ca să fie al Lui, ca să vestiţi puterile minunate ale Celui ce v-a chemat din întuneric la lumina Sa minunată; (1 Pet. 2:9)

3.   Motivul pentru care Dumnezeu ne alege sau ne face moştenirea Lui, este ca să existăm pentru slava gloriei sale. Noi vom trăi veşnic în cerurile noi şi în pământul nou, ca şi o dovadă perfectă a gloriei Sale. Faptul că Dumnezeu este gata să-i ia pe păcătoşi—pe nişte păcătoşi total depravaţi—şi să îi mântuiască, lucrul acesta va fi un motiv de laudă la adresa Numelui Său. Dragostea Lui incredibilă va fi văzută şi slăvită pentru veşnicie de toată creaţia Sa—atât de cea din cer cât şi de cea de pe pământ, atât de cea văzută cât şi de cea nevăzută, atât de cea prezentă cât şi de cea viitoare. Toţi vor rămâne uimiţi de gloria uimitoare a lui Dumnezeu—gloria harului Său veşnic şi a dragostei Lui, arătată lumii în Fiul Său drag, Isus Cristos.

> Spre lauda slavei harului Său, pe care ni l-a dat în Preaiubitul Lui. (Efes. 1:6)
> Căci noi n-avem aici o cetate stătătoare, ci suntem în căutarea celei viitoare. Prin El, să aducem totdeauna lui Dumnezeu o jertfă de laudă, adică, rodul buzelor care mărturisesc Numele Lui. (Evrei 13:14-15)
> Voi însă sunteţi o seminţie aleasă, o preoţie împărătească, un neam sfânt, un popor, pe care Dumnezeu Şi l-a câştigat ca să fie al Lui, ca să vestiţi puterile minunate ale Celui ce v-a chemat din întuneric la lumina Sa minunată. (1 Pet. 2:9)
> M-am uitat, şi împrejurul scaunului de domnie, în jurul făpturilor vii şi în jurul bătrânilor am auzit glasul multor îngeri. Numărul lor era de zece mii de ori zece mii şi mii de mii. Ei ziceau cu glas tare: Vrednic este Mielul, care a fost înjunghiat, să primească puterea, bogăţia, înţelepciunea, tăria, cinstea, slava şi lauda! (Apoc. 5:11-12)
> După aceea m-am uitat, şi iată că era o mare gloată, pe care nu putea s-o numere nimeni, din orice neam, din orice seminţie, din orice norod şi de orice limbă, care stătea în picioare înaintea scaunului de domnie şi înaintea Mielului, îmbrăcaţi în haine albe, cu ramuri de finic în mâini; şi strigau cu glas tare, şi ziceau: Mântuirea este a Dumnezeului nostru, care stă pe scaunul de domnie, şi a Mielului! Şi toţi îngerii stăteau împrejurul scaunului de domnie, împrejurul bătrânilor şi împrejurul celor patru făpturi vii. Şi s-au aruncat cu feţele la pământ în faţa scaunului de domnie, şi s-au închinat lui Dumnezeu, şi au zis: Amin. A Dumnezeului nostru, să fie lauda, slava, înţelepciunea, mulţumirile, cinstea, puterea şi tăria, în vecii vecilor! Amin. (Apoc. 7:9-12)
> După aceea, am auzit în cer ca un glas puternic de gloată multă, care zicea: Aleluia! A Domnului, Dumnezeului nostru, este mântuirea, slava, cinstea şi puterea! (Apoc 19:1)

4.   Cum poate primi un om această moştenire? Acest verset spune că există două moduri (v.13).
   a. Prin auzirea Cuvântului lui Dumnezeu. Un om trebuie să audă Cuvântul lui Dumnezeu înainte ca să poată cunoaşte adevărul, evanghelia glorioasă a mântuirii. El nu poate crede în Isus Cristos dacă nu aude întâi despre Cristos.

> Astfel, credința vine în urma auzirii; iar auzirea vine prin Cuvântul lui Hristos. (Rom. 10:17)
> Fiindcă ați fost născuți din nou nu dintr-o sămânță, care poate putrezi, ci dintr-una care nu poate putrezi, prin Cuvântul lui Dumnezeu, care este viu și care rămâne în veac. (1 Pet. 1:23)

j. Prin credința și încrederea în Isus Cristos.

> Adevărat, adevărat vă spun, că cine ascultă cuvintele Mele, și crede în Cel ce M-a trimis, are viața veșnică, și nu vine la judecată, ci a trecut din moarte la viață. (Ioan 5:24)
> Dacă mărturisești deci cu gura ta pe Isus ca Domn, și dacă crezi în inima ta că Dumnezeu L-a înviat din morți, vei fi mântuit. Căci prin credința din inimă se capătă neprihănirea, și prin mărturisirea cu gura se ajunge la mântuire. (Rom. 10:9-10)

8 (1:13-14) **Duhul Sfânt—Pecete—Arvună**: cea de-a șaptea binecuvântare—Dumnezeu ne-a pecetluit cu Duhul Sfânt. Cuvântul *arvună* (arrabon) înseamnă garantat, asigurat, un avans dat pentru ceva. Duhul Sfânt îi este dat credinciosului pentru a-i oferi o asigurare perfectă a mântuirii sale. Știm că Duhul Sfânt care locuiește în noi ne mântuiește—că suntem posesia de preț a lui Dumnezeu.

Din nou observați: De ce ne dă Dumnezeu așa o garanție glorioasă a prezenței Lui minunate? Pentru ca gloria Lui să fie slăvită veșnic.

> Însuși Duhul adeverește împreună cu duhul nostru că suntem copii ai lui Dumnezeu. (Rom. 8:16)
> El ne-a și pecetluit, și ne-a pus în inimă arvuna Duhului. (2 Cor. 1:22)
> Și pentru că sunteți fii, Dumnezeu ne-a trimis în inimă Duhul Fiului Său, care strigă:Ava, adică:Tată!(Gal.4:6)

EFESENI 1:15-18

	B. Cunoaşterea lui Dumnezeu, 1:15-18	Domnului nostru Isus Hristos, Tatăl slavei, să vă	a Dumnezeului Domnului Isus Cristos, Tatăl Slavei
1. Temelia: Credinţa şi dragostea a. O mărturie puternică	15. De aceea şi eu, de când am auzit despre credinţa în Domnul Isus care este în voi, şi despre dragostea voastră pentru toţi sfinţii,	dea un duh de înţelepciune şi de descoperire, în cunoaşterea Lui, 18 şi să vă lumineze ochii inimii, ca să pricepeţi care	a. Prin duhul de înţelepciune b. Prin duhul de descoperire c. Prin luminarea inimii
b. O nevoie mereu prezentă	16. nu încetez să aduc mulţumiri pentru voi, când vă pomenesc în rugăciunile mele.	este nădejdea chemării Lui, care este bogăţia slavei moştenirii Lui în sfinţi,	3. Rezultatul cunoaşterii lui Dumnezeu a. Cunoaşterea chemării Lui b. Cunoaşterea moştenirii Lui c. Cunoaşterea puterii lui Dumnezeu, v.19
2. Nevoia: o cunoştere tot mai adâncă a lui Dumnezeu,	17. Şi mă rog ca Dumnezeul		

SECŢIUNEA I

PLANUL VEŞNIC AL LUI DUMNEZEU PENTRU CREDINCIOS, 1:3-23

B. Cunoaşterea lui Dumnezeu, 1:15-18

(1:15-18) **Introducere**: Pavel tocmai a prezentat planul veşnic al lui Dumnezeu pentru lume (vv.3-14). Este crucial pentru credincioşi să ajungă să cunoască planul lui Dumnezeu în cel mai personal şi intim mod posibil. Acesta este subiectul acestui pasaj: cunoaşterea lui Dumnezeu—este absolut esenţial ca cei care sunt credincioşi să crească tot mai mult în cunoaşterea lui Dumnezeu şi ca oamenii din lume să ajungă să Îl cunoască pe Dumnezeu ca Mântuitorul lor personal.

1. Temelia: credinţa şi dragostea (vv.15-16).
2. Nevoia: o cunoştere mai adâncă a lui Dumnezeu, a Dumnezeului Domnului Isus Cristos, Tatăl Slavei (vv.17-18).
3. Rezultatul cunoaşterii lui Dumnezeu (v.18).

1 (1:15-16) **Biserica—Mărturia**: temelia cunoaşterii lui Dumnezeu este credinţa şi dragostea. Biserica din Efes avea o mărturie puternică, o mărturie atât de puternică încât se vorbea despre ea în întreaga lume. Veştile despre mărturia lor şi despre puterea bisericii au ajuns şi la urechile lui Pavel. Şi observaţi ce auzise el: biserica avea o credinţă puternică în Domnul Isus şi o dragoste puternică pentru toţi sfinţii (credincioşii) lui Dumnezeu.

⇒ El auzise despre credinţa lor în dragostea lui Dumnezeu (că Dumnezeu şi-a trimis Fiul să mântuiască lumea) şi despre credincioşia lor pentru Domnul Isus în ducerea mesajului dragostei lui Dumnezeu în întreaga lume.
⇒ El auzise că ei îi slujeau pe sfinţii lui Dumnezeu—arătând o dragoste mare pentru oamenii lui Dumnezeu.

Acest lucru—mărturia puternică despre credinţa şi dragostea lor—l-a determinat pe Pavel să le scrie Efesenilor. El ştia că viaţa de credinţă nu îţi dă voie să stai pe loc. Credinciosul trebuie să crească, altfel alunecă în jos. De aceea, Pavel dorea ca aceşti credincioşi efeseni să crească în cunoştinţa lui Dumnezeu şi a puterii Lui. El le împărtăşeşte marile binecuvântări ale lui Dumnezeu, care au devenit ale lor de când L-au cunoscut pe Dumnezeu (vezi Efes.1:3-14). De-acum, el dorea ca ei să crească în aceste binecuvântări, binecuvântările cunoaşterii lui Dumnezeu şi ale experimentării puterii lui Dumnezeu. De aceea, el le spune că se roagă pentru ei. De fapt, el nu încetează să Îi ceară lui Dumnezeu ca ei să crească în cunoştinţa şi puterea lui Dumnezeu.

2 (1:17-18) **Cunoştinţa, lui Dumnezeu**: marea nevoie a credinciosului este să crească în cunoaşterea lui Dumnezeu. Observaţi că Dumnezeul pe care trebuie să Îl cunoaştem este identificat clar. El nu este un dumnezeu al minţii noastre şi al gândurilor noastre—dumnezeul pe care ni-l imaginăm atunci când ne întrebăm cum ar fi dumnezeu—dumnezeul făcut de minţile şi mâinile oamenilor—dumnezeul religiei.

⇒ Dumnezeul pe care trebuie să Îl cunoaştem este Dumnezeul lui Isus Cristos: adică, Dumnezeul căruia Isus Cristos I S-a închinat când a trăit pe pământ ca şi om; Dumnezeul pe care Isus Cristos a venit să Îl descopere oamenilor. Nu există alt Dumnezeu—niciun alt Dumnezeu viu şi adevărat. Dacă dorim să Îl cunoştem cu adevărat pe Dumnezeu, trebuie să Îl cunoaştem pe Dumnezeul căruia Cristos I s-a închinat şi pe care El ni L-a descoperit.
⇒ Dumnezeul pe care trebuie să Îl cunoaştem este Tatăl Slavei, adică, singurul Dumnezeu adevărat şi viu, Regele Suprem şi Domnul Suveran al Universului—Cel care întruchipează inteligenţa şi puterea Supremă a întregului univers şi care a creat toate legile—Cel care este omnipotent (atotputernic), omniprezent

155

(atotprezent), şi atât de măreţ încât fiinţa şi prezenţa Lui ajung dincolo de stele şi cuprind tot ce există şi va exista vreodată—Cel care declară că "Slava Lui se înalţă *mai pe sus* de ceruri." (Ps.8:1).

Acesta este Dumnezeul pe care trebuie să Îl cunoaştem. Aşa cum s-a mai spus, El este singurul Dumnezeu viu şi adevărat, Dumnezeul şi Tatăl Domnului Isus Cristos, şi Dumnezeu slavei. Credincioşii trebuie să crească tot mai mult în cunoaşterea Lui; ei trebuie să capete o cunoştintă despre El, care se adânceşte mereu.

Trei lucruri sunt esenţiale pentru creşterea credincioşilor în cunoştinţa lui Dumnezeu. Şi reţineţi că sunt atât de importante încât Pavel se ruga neîncetat pentru ca Dumnezeu să li le dea credincioşilor.

1. În primul rând, pentru a creşte în cunoştinţa lui Dumnezeu, credinciosul trebuie să aibă *Duhul de Înţelepciune* (sophia). (vezi comentariul, *Înţelepciune*—Efes.1:8 pentru a înţelege sensul cuvântului)
    a. Observaţi fraza "Duh de înţelepciune." Credinciosul are nevoie de la Dumnezeu *de un duh...*
        *   un duh care caută înţelepciunea şi tânjeşte după înţelepciune
        *   un duh care înseteazǎ şi îi este foame după înţelepciune
        *   un duh care caută şi caută după neprihănire
    b. Înţelepciunea poate fi înţeleasă cel mai bine cu ajutorul cuvintelor *ce* şi *cum*. Înţelepciunea înseamnă a şti ceea ce este ceva, ceea ce se află în spatele unui lucru, şi ce se poate face. Înseamnă a şti cum să foloseşti sau să faci legatura cu ceva. De aceea, înţelepciunea spirituală înseamnă...
        *   să şti cine este Dumnezeu şi cum poţi să stabileşti o legătură cu El
        *   să cunoşti adevărul şi modul în care poţi să îl foloseşti
        *   să şti ce să faci şi cum să faci
        *   să şti cum să trăieşti o viaţă care să aducă tot mai multă roadă—pentru slava lui Dumnezeu şi pentru binele altora
    c. Înţelepciunea este diferită de cunoştinţă. Cunoştinţa înseamnă a deţine multe informaţii, dar a cunoaşte informaţii nu este destul. Este nevoie de mult mai mult: omul trebuie să ştie cum să folosească acele informaţii. Aici intervine înţelepciunea. Înţelepciunea ştie cum să folosească cunoştinţa. Ideea este următoarea: nu este destul să cunoşti lucruri despre Dumnezeu; omul trebuie să Îl cunoască pe Dumnezeu în mod personal. El trebuie să ştie cum să experimenteze informaţiile despre Dumnezeu. El trebuie să folosească cunoştinţa pe care o are despre Dumnezeu pentru a dezvolta o relaţie cu Dumnezeu —o relaţie care creşte—o relaţie intimă, care se adânceşte tot mai mult. Aceasta înseamnă cuvântul *cunoştinţă* (epignosei): o relaţie personală şi intimă cu Dumnezeu; o experienţă personală cu Dumnezeu. Nu se referă la o cunoaştere intelectuală a lui Dumnezeu, ci la o cunoaştere a lui Dumnezeu din experienţă.

Meditaţia 1. Pentru ca credinciosul să crească în cunoştinţa lui Dumnezeu, el trebuie să caute înţelepciunea lui Dumnezeu mai mult decât orice altceva pe pământul acesta. Cel care este însetat şi înfometat după Dumnezeu şi după neprihănirea Lui, acela este săturat.

> **De aceea, pe orişicine aude aceste cuvinte ale Mele, şi le face, îl voi asemăna cu un om cu judecată, care şi-a zidit casa pe stâncă. (Mat. 7:24)**
> **În care sunt ascunse toate comorile înţelepciunii şi ale ştiinţei. (Col. 2:3)**
> **Din pruncie cunoşti Sfintele Scripturi, care pot să-ţi dea înţelepciunea care duce la mântuire, prin credinţa în Hristos Isus. (2 Tim. 3:15)**
> **Dacă vreunuia dintre voi îi lipseşte înţelepciunea, s-o ceară de la Dumnezeu, care dă tuturor cu mână largă şi fără mustrare, şi ea îi va fi dată. (Iacov 1:5)**
> **Înţelepciunea care vine de sus, este, întâi, curată, apoi paşnică, blândă, uşor de înduplecat, plină de îndurare şi de roade bune, fără părtinire, nefăţarnică. (Iacov 3:17)**

2. În al doilea rând, pentru a creşte în cunoştinţa lui Dumnezeu, credinciosul trebuie să aibă *Duhul de descoperire.*
    a. Din nou, observaţi expresia "Duhul de descoperire." Duhul Sfânt este Cel care Îl descoperă pe Dumnezeu credinciosului. Acest lucru este foarte clar în Scriptură.

> **Dar, după cum este scris: Lucruri, pe care ochiul nu le-a văzut, urechea nu le-a auzit, şi la inima omului nu s-au suit, aşa sunt lucrurile, pe care le-a pregătit Dumnezeu pentru cei ce-L iubesc. Nouă însă Dumnezeu ni le-a descoperit prin Duhul Său. Căci Duhul cercetează totul, chiar şi lucrurile adânci ale lui Dumnezeu. În adevăr, cine dintre oameni cunoaşte lucrurile omului, afară de duhul omului, care este în el? Tot aşa: nimeni nu cunoaşte lucrurile lui Dumnezeu afară de Duhul lui**

Dumnezeu. Şi noi n-am primit duhul lumii, ci Duhul care vine de la Dumnezeu, ca să putem cunoaşte lucrurile, pe care ni le-a dat Dumnezeu prin harul Său. (1 Cor. 2:9-12)

În credincios locuieşte Duhul lui Dumnezeu (Ioan 14:16-17; 14:26; 16:12-15; 1 Cor.6:19-20; 2 Cor.6:16). Duhul lui Dumnezeu locuieşte în el pentru a-l învăţa lucrurile adânci ale lui Dumnezeu. Dar observaţi de ce are nevoie credinciosul pentru a putea creşte în cunoştinţa lui Dumnezeu: "Duhul de descoperire"...

* este un duh care Îl caută pe Dumnezeu
* este un duh care caută să Îl cunoască pe Dumnezeu
* este un duh însetat şi înfometat după Dumnezeu mai mult decât după orice altceva

d. Cuvântul *descoperire* (apokalupseos) înseamnă a se manifesta; a arăta; a descoperi; a deschide. Este lucrarea Duhului Sfânt aceea de a descoperi cunoştinţa lui Dumnezeu, credincioşilor. De fapt, lucrarea Duhului Sfânt este aceea de a le descoperi credincioşilor însemnătatea adevărului (Ioan 14:26; 16:12-15). Acest lucru poate fi văzut clar în 1 Cor.1:9-16 unde înţelepciunea lumii este comparată cu înţelepciunea lui Dumnezeu. Un credincios spiritual vede (prin Duhul Sfânt care îi descoperă) însemnătatea din spatele evenimentelor din lume cât şi din spatele experienţelor de zi cu zi. El înţelege cine şi ce este în spatele evenimentelor din istorie şi în spatele experieţei umane. De aceea, el câştigă o cunoştinţă despre Dumnezeu, care creşte zilnic.

Meditaţia 1. Pentru ca credinciosul să crească în cunoştinţa lui despre Dumnezeu, atunci bogăţiile şi adâncimile lucrurilor lui Dumnezeu trebuie să fie deschise pentru credincios. Dar lucrurile lui Dumnezeu sunt la fel ca toate lucrurile care merită să le ai: ele nu îi sunt date omului doar aşa, pur şi simplu. Omul trebuie să caute să înveţe tot mai mult despre Dumnezeu. El trebuie să se trudească pentru ca adevărul lui Dumnezeu să îi fie descoperit.

Meditaţia 2. Lehman Strauss accentuează ce spune filosofia, "cunoaşte-te pe tine însuţi" (*Devotional Studies in Galatians & Ephesians*, p.132). Totuşi, Isus a spus, " Şi viaţa veşnică este aceasta: să Te cunoască pe Tine, singurul Dumnezeu adevărat şi pe Isus Hristos, pe care L-ai trimis Tu." (Ioan 17:3).

A te cunoaşte pe tine însuţi este important—foarte, foarte important. Dar cel mai important lucru din lumea aceasta este să-L cunoşti pe Dumnezeu în mod personal şi să şti că ai asigurată viaţa veşnică alături de El. Dumnezeu şi viaţa veşnică sunt culmile cunoaşterii. Este mai bine să ştii că nu vei muri niciodată, decât să ştii tot ce se poate cunoaşte despre tine însuţi şi să pierzi acea cunoştintă odată cu moartea ta.

3. În al treilea rând, pentru a putea creşte în cunoştinţa lui Dumnezeu omului trebuie *să i se deschidă ochii inimii*. Aceasta este o descriere minunată a inimii: "ochii inimii tale." Inima trebuie să fie deschisă pentru ca lumina lui Dumnezeu să poată fi văzută şi înţeleasă. O inimă deschisă este atât responsabilitatea credinciosului cât şi a Duhului Sfânt.

⇒ Credinciosul trebuie să îşi deschidă inima şi să îşi concentreze atenţia, afecţiunea, inteligenţa şi voinţa asupra cunoaşterii lui Dumnezeu.

⇒ Credinciosul trebuie să dorească ca Duhul Sfânt să îi lumineze inima şi să i-o inunde cu lucrurile lui Dumnezeu.

Căci Dumnezeu, care a zis: Să lumineze lumina din întuneric, ne-a luminat inimile, pentru ca să facem să strălucească lumina cunoştinţei slavei lui Dumnezeu pe faţa lui Isus Hristos. (2 Cor 4:6)

Şi să vă lumineze ochii inimii, ca să pricepeţi care este nădejdea chemării Lui, care este bogăţia slavei moştenirii Lui în sfinţi. (Efes. 1:18)

Voi însă sunteţi o seminţie aleasă, o preoţie împărătească, un neam sfânt, un popor, pe care Dumnezeu Şi l-a câştigat ca să fie al Lui, ca să vestiţi puterile minunate ale Celui ce v-a chemat din întuneric la lumina Sa minunată; (1 Pet. 2:9)

Da, Tu îmi aprinzi lumina mea. Domnul, Dumnezeul meu, îmi luminează întunerecul meu. (Ps. 18:28)

Descoperirea cuvintelor Tale dă lumină, dă pricepere celor fără răutate. (Ps 119:129)

3 (1:18) **Cunoştinţa, lui Dumnezeu**: rezultatul cunoaşterii lui Dumnezeu are trei puncte.

1. Credinciosul ajunge să cunoască nădejdea chemării lui Dumnezeu. Care este nădejdea chemării credinciosului? Răspunsul la această întrebare a fost deja dat când s-a vorbit despre marile binecuvântări spririuale ale lui Dumnezeu (Efes.1:13-14):

⇒ să fim sfinţi şi fără prihană, trăind înaintea Lui pentru veşnicie (v.4).

⇒ să experimentăm ce înseamnă de fapt să fim înfiați de Dumnezeu —pentru veșnicie (vv.5-6).

⇒ să experimentăm mântuirea veșnică și iertarea păcatelor (v.7).

⇒ să primim înțelepciunea și înțelegerea lui Dumnezeu (v.8).

⇒ să trăim în cerul perfect și în pământul perfect unde nu va mai fi despărțire ci doar unitate și pace în Isus Cristos (vv.9-10).

În termeni simpli, Dumnezeu ne-a chemat să stăm înaintea Lui în numele și în neprihănirea lui Isus Cristos—să stăm înaintea Lui la fel cum stă Isus Cristos: perfecți. Este evident faptul că noi nu suntem perfecți—nu acum, nu încă. Dar va veni ziua cand vom fi. Acum experimentăm doar în parte binecuvântările lui Dumnezeu, doar într-un mod imperfect. Dar când va veni glorioasa *Zi a Izbăvirii*, vom fi făcuți la fel ca Domnul nostru Isus Cristos, neprihăniți și perfecți, și vom putea să trăim în prezența lui Dumnezeu, să Îi slujim și să ne închinăm Lui pentru veșnicie. Aceasta este speranța credinciosului; aceasta este chemarea credinciosului.

> **Atunci cei neprihăniți vor străluci ca soarele în Împărăția Tatălui lor. Cine are urechi de auzit, să audă. (Mat. 13:43)**
>
> **Însuși Duhul adeverește împreună cu duhul nostru că suntem copii ai lui Dumnezeu. Și, dacă suntem copii, suntem și moștenitori: moștenitori ai lui Dumnezeu, și împreună moștenitori cu Hristos, dacă suferim cu adevărat împreună cu El, ca să fim și proslăviți împreună cu El. (Rom. 8:16-17)**
>
> **Căci pe aceia, pe care i-a cunoscut mai dinainte, i-a și hotărât mai dinainte să fie asemenea chipului Fiului Său, pentru ca El să fie cel întâi născut dintre mai mulți frați. Și pe aceia pe care i-a hotărât mai dinainte, i-a și chemat; și pe aceia pe care i-a chemat, i-a și socotit neprihăniți; iar pe aceia pe care i-a socotit neprihăniți, i-a și proslăvit. (Rom. 8:29-30)**
>
> **Dar cetățenia noastră este în ceruri, de unde și așteptăm ca Mântuitor pe Domnul Isus Hristos. El va schimba trupul stării noastre smerite, și-l va face asemenea trupului slavei Sale, prin lucrarea puterii pe care o are de a-Și supune toate lucrurile. (Filip. 3:20-21)**
>
> **Când Se va arăta Hristos, viața voastră, atunci vă veți arăta și voi împreună cu El în slavă. (Col. 3:4)**
>
> **Preaiubiților, acum suntem copii ai lui Dumnezeu. Și ce vom fi, nu s-a arătat încă. Dar știm că atunci când Se va arăta El, vom fi ca El; pentru că Îl vom vedea așa cum este. (1 Ioan 3:2)**

2. Credinciosul ajunge să cunoască moștenirea lui Dumnezeu—moștenirea lui în sfinți. Credincioșii sunt moștenirea, adică, moștenirea și proprietatea lui Dumnezeu. Când ajungem să Îl cunoaștem pe Dumnezeu, învățăm cine suntem noi—poziția glorioasă pe care Dumnezeu ne-a dat-o: El ne-a făcut moștenirea și posesiunea Sa. (vezi comentariul, *Moștenire*—Efes.1:11-13 pentru mai multe discuții.)

3. Credinciosul ajunge să cunoască și să experimenteze imensa putere a lui Dumnezeu. În timp ce discută despre gloriosul rezultat, Pavel dezvoltă discuția înspre puterea lui Dumnezeu care se vede clar în ceea ce a făcut pentru Cristos. Datorită lungimii pasajului, acesta este discutat într-un subiect separat în următoarea schiță.

> **Iar a Celui ce, prin puterea care lucrează în noi, poate să facă nespus mai mult decât cerem sau gândim noi (Efes. 3:20)**

	C. Puterea lui Dumnezeu: Desfășurată în Înălțarea lui Cristos, 1:19-23	21. mai presus de orice domnie, de orice stăpânire, de orice putere, de orice dregătorie și de orice nume, care se poate numi, nu numai în veacul acesta, ci și în cel viitor.	**4. Puterea care L-a înălțat pe Cristos mai presus de orice: În veacul acesta și în cel viitor**
1. Puterea lui Dumnezeu: O putere extraordinar de mare a. În credincioși b. Desfășurată de Dumnezeu în învierea lui Cristos **2. Puterea care L-a înviat din morți** **3. Puterea care L-a luat la cer și care L-a așezat la dreapta lui Dumnezeu**	19. și care este față de noi, credincioșii, nemărginita mărime a puterii Sale, după lucrarea puterii tăriei Lui, 20. pe care a desfășurat-o în Hristos, prin faptul că L-a înviat din morți, și L-a pus să șadă la dreapta Sa, în locurile cerești,	22. El I-a pus totul sub picioare, și L-a dat căpetenie peste toate lucrurile, Bisericii, 23. care este trupul Lui, plinătatea Celui ce plinește totul în toți.	**5. Puterea care L-a numit Capul Suprem al Bisericii** a. Cristos—capul b. Biserica—trupul Lui c. Biserica—instrumentul de care se folosește

SECȚIUNEA I

PLANUL VEȘNIC AL LUI DUMNEZEU PENTRU CREDINCIOS, 1:3-23

C. Puterea lui Dumnezeu: Desfășurată în Înălțarea lui Cristos, 1:19-23

(1:19-23) **Introducere**: acest pasaj tratează un subiect de care este mare nevoie—puterea lui Dumnezeu. Dacă există o nevoie pe care o au oamenii, atunci ei au nevoie astăzi de puterea lui Dumnezeu în viețile lor. Și oamenii nu au fost niciodată mai mult ca în vremurile pe care trăim, sclavi ai răutății și rușinii, ai amărăciunii și ai urii, ai poftei și imoralității, ai blestemului și mâniei, ai jafului și violenței, ai crimei și ai războiului, ai egoismului și lăcomiei, ai dezbinării și certurilor, ai dezamăgirii și goliciunii, ai plictiselii și lipsei de scop. Oamenii au o nevoie disperată de puterea lui Dumnezeu care să îi ajute în viața lor de zi cu zi și să îndrepte răul din societate.

Vestea glorioasă este aceea că Dumnezeu le oferă oamenilor puterea Lui—dacă ei se întorc înspre Fiul Său Isus Cristos. El le promite puterea Sa tuturor credincioșilor. Observați că acest pasaj este o continuare a rugăciunii lui Pavel. El se roagă ca efesenii să Îl cunoască pe Dumnezeu într-un mod personal și intim, pentru că Dumnezeu pune puterea Lui la dispoziția tuturor celor care doresc să Îl cunoască cu adevărat. A-L cunoaște pe Dumnezeu este cheia pentru a putea primi puterea lui Dumnezeu.

1. Puterea lui Dumnezeu: O putere extraordinar de mare (v.19).
2. Puterea care L-a înviat din morți (v.20).
3. Puterea care L-a luat la cer și care l-a așezat la dreapta lui Dumnezeu (v.20).
4. Puterea care L-a înălțat pe Cristos mai presus de orice: În veacul acesta și în cel viitor (v.21).
5. Puterea care L-a numit Capul Suprem al Bisericii (vv.22-23).

1 (1:19) **Dumnezeu, Puterea Lui**: când un credincios Îl cunoaște cu adevărat pe Dumnezeu, atunci el experimentează puterea—puterea lui Dumnezeu Însuși. Observați că puterea lui Dumnezeu este descrisă:

⇒ Este *nemărginită* (huperballon): depășește orice limită, nemăsurată, depășește orice imaginație.
⇒ Este mare (megathos): măreață, explozivă, nu poate fi măsurată. De la acest cuvânt provine prefixul *mega*, folosit pentru a exprima cantități foarte mari. Imaginați-vă puterea explozivă a lui Dumnezeu!

Lucrul care trebuie observat este acela că puterea lui Dumnezeu este *pentru noi*; adică, Dumnezeu își extinde puterea spre noi, o prezintă, o face accesibilă credincioșilor. Cum putem ști acest lucru? Datorită a ceea ce a făcut Dumnezeu pentru Cristos. Ceea ce Dumnezeu a făcut pentru Cristos, va face și pentru noi. Puterea lui Dumnezeu este arătată în ceea ce a făcut pentru Cristos.

2 (1:20) **Putere—Puterea lui Dumnezeu—Învierea lui Isus Cristos—Înviere**: credincioșii trebuie să experimenteze puterea lui Dumnezeu—aceeași putere care L-a înviat pe Isus Cristos din morți. Imaginați-vă ce putere măreață a fost necesară pentru a învia pe cineva din morți. Dumnezeu a arătat o asemenea putere atunci când L-a înviat pe Isus Cristos din morți.

> Pe Omul acesta, dat în mâinile voastre, după sfatul hotărât și după știința mai dinainte a lui Dumnezeu, voi L-ați răstignit și L-ați omorât prin mâna celor fărădelege. Dar Dumnezeu L-a înviat, dezlegându-I legăturile morții, pentru că nu era cu putință să fie ținut de ea. (Fapte. 2:23-24)

EFESENI 1:19-23

Voi v-ați lepădat de Cel Sfânt și Neprihănit, și ați cerut să vi se dăruiască un ucigaș. Ați omorât pe Domnul vieții, pe care Dumnezeu L-a înviat din morți; noi suntem martori ai Lui. (Fapte. 3:14-15)

"Noi suntem martori a tot ce a făcut El în țara Iudeilor și în Ierusalim. Ei L-au omorât, atârnându-L pe lemn. Dar Dumnezeu L-a înviat a treia zi, și a îngăduit să Se arate, nu la tot norodul, ci nouă, martorilor aleși mai dinainte de Dumnezeu, nouă, care am mâncat și am băut împreună cu El, după ce a înviat din morți. (Fapte. 10:39-41)

Iar în ce privește duhul sfințeniei dovedit cu putere că este Fiul lui Dumnezeu, prin învierea morților; adică pe Isus Cristos, Domnul nostru. (Rom 1:4)

Ideea este următoarea: când Dumnezeu L-a înviat pe Isus Cristos, El a demonstrat trei lucruri oamenilor. A arătat oamenilor că are putere să facă trei lucruri.

1.   Puterea de a-L învia pe Cristos arată că Dumnezeu are puterea de a birui toate necazurile și ispitele vieții. Când Dumnezeu Și-a exercitat puterea cu care L-a înviat pe Cristos, El a biruit cel mai puternic necaz pe care omul trebuia să îl înfrunte—moartea. Și biruind moartea, Dumnezeu a demonstrat că are putere să biruiască orice necaz sau ispită omenească, indiferent ce ar fi.

Nu v-a ajuns nici o ispită, care să nu fi fost potrivită cu puterea omenească. Și Dumnezeu, care este credincios, nu va îngădui să fiți ispitiți peste puterile voastre; ci, împreună cu ispita, a pregătit și mijlocul să ieșiți din ea, ca s-o puteți răbda. (1 Cor. 10:13)

Și El mi-a zis: Harul Meu îți este de ajuns; căci puterea Mea în slăbiciune este făcută desăvârșită. Deci mă voi lăuda mult mai bucuros cu slăbiciunile mele, pentru ca puterea lui Hristos să rămână în mine. (2 Cor. 12:9)

2.   Învierea lui Isus Cristos arată că Dumnezeu are puterea să-i dea omului o viață nouă și puterea de a trăi o viață nouă înaintea Lui. După ce Isus Cristos a fost înviat din morți, El nu a mai trăit viața Lui cea veche, viața pe care o avea înainte de moarte. Acum El era un Om nou; El avea o viață nouă. El a fost înviat din morți ca să trăiască o viață nouă înaintea lui Dumnezeu pentru veșnicie. El umblă acum înaintea lui Dumnezeu în această viață nouă.

Noi deci, prin botezul în moartea Lui, am fost îngropați împreună cu El, pentru ca, după cum Hristos a înviat din morți, prin slava Tatălui, tot așa și noi să trăim o viață nouă. (Rom 6:4)

Și să vă îmbrăcați în omul cel nou, făcut după chipul lui Dumnezeu, de o neprihănire și sfințenie pe care o dă adevărul. (Efes 4:24)

Și v-ați îmbrăcat cu omul cel nou, care se înnoiește spre cunoștință, după chipul Celui ce l-a făcut. (Col. 3:10)

Cine zice că rămâne în El, trebuie să trăiască și el cum a trăit Isus. (1 Ioan 2:6)

3.   Puterea de a-L învia pe Cristos din morți arată că Dumnezeu are puterea de a-i învia pe oameni din morți. Credinciosul va experimenta măreața putere a învierii lui Dumnezeu și va fi înviat din morți.

Nu vă mirați de lucrul acesta; pentru că vine ceasul când toți cei din morminte vor auzi glasul Lui, și vor ieși afară din ele. Cei ce au făcut binele, vor învia pentru viață; iar cei ce au făcut rău, vor învia pentru judecată. (Ioan 5:28-29)

Voia Tatălui meu este ca oricine vede pe Fiul, și crede în El, să aibă viața veșnică; și Eu îl voi învia în ziua de apoi. (Ioan 6:40)

Și am în Dumnezeu nădejdea aceasta, pe care o au și ei înșiși, că va fi o înviere a celor drepți și a celor nedrepți. (Fapte 24:15)

Și știm că Cel ce a înviat pe Domnul Isus, ne va învia și pe noi împreună cu Isus, și ne va face să ne înfățișăm împreună cu voi. (2 Cor. 4:14)

Căci însuși Domnul, cu un strigăt, cu glasul unui arhanghel și cu trâmbița lui Dumnezeu, Se va pogorî din cer, și întâi vor învia cei morți în Hristos. Apoi, noi cei vii, care vom fi rămas, vom fi răpiți toți împreună cu ei, în nori, ca să întâmpinăm pe Domnul în văzduh; și astfel vom fi totdeauna cu Domnul. Mângâiați-vă dar unii pe alții cu aceste cuvinte. (1 Tes. 4:16-18)

3 (1:20) **Putere—Isus Cristos, Înălțare**: credincioșii trebuie să experimenteze puterea lui Dumnezeu—aceeași putere care L-a înălțat pe Cristos la cer și L-a așezat la dreapta lui Dumnezeu. Dumnezeu nu a avut doar puterea de a-L învia pe Isus Cristos, ci a avut și puterea de a-L duce pe Isus Cristos într-o altă dimensiune a existenței—în lumea spirituală, adică, în lumea Duhului. Dumnezeu L-a înălțat la Sine pe Isus Cristos și L-a așezat chiar la dreapta Sa. El este chiar acolo; trupul Său este în cer— în lumea și în dimensiunea spirituală a existenței.

Domnul Isus, după ce a vorbit cu ei, S-a înălțat la cer, și a șezut la dreapta lui Dumnezeu. (Marcu 16:19)

De acum încolo, Fiul omului va ședea la dreapta puterii lui Dumnezeu. (Luca 22:69)

Dumnezeul părinților noștri a înviat pe Isus, pe care voi L-ați omorât, atârnându-L pe lemn. Pe acest Isus, Dumnezeu L-a înălțat cu puterea Lui, și L-a făcut Domn și Mântuitor, ca să dea lui Israel pocăința și iertarea păcatelor. (Fapte 5:30-31)

Pe care a desfășurat-o în Hristos, prin faptul că L-a înviat din morți, și L-a pus să șadă la dreapta Sa, în locurile cerești. (Efes. 1:20)

Scopul puterii lui Dumnezeu este clar: El L-a luat pe Cristos la cer și l-a înălțat pentru a arăta că El are puterea să îi ducă pe oameni în cer și să îi înalțe.

În casa Tatălui Meu sunt multe locașuri. Dacă n-ar fi așa, v-aș fi spus. Eu Mă duc să vă pregătesc un loc. Și după ce Mă voi duce și vă voi pregăti un loc, Mă voi întoarce și vă voi lua cu Mine, ca acolo unde sunt Eu, să fiți și voi. (Ioan 14:2-3)

Dar Ștefan, plin de Duhul Sfânt, și-a pironit ochii spre cer, a văzut slava lui Dumnezeu, și pe Isus stând în picioare la dreapta lui Dumnezeu; și a zis: Iată, văd cerurile deschise, și pe Fiul omului stând în picioare la dreapta lui Dumnezeu. (Fapte 7:55-56)

Dar cetățenia noastră este în ceruri, de unde și așteptăm ca Mântuitor pe Domnul Isus Hristos. El va schimba trupul stării noastre smerite, și-l va face asemenea trupului slavei Sale, prin lucrarea puterii pe care o are de a-Și supune toate lucrurile. (Filip. 3:20-21)

Când Se va arăta Hristos, viața voastră, atunci vă veți arăta și voi împreună cu El în slavă. (Col. 3:4)

Ferice de cei ce își spală hainele, ca să aibă drept la pomul vieții, și să intre pe porți în cetate! (Apoc. 22:14)

4 (1:21) **Putere, Dumnezeu—Credincioși, Înălțați:** credincioșii trebuie să experimenteze puterea lui Dumnezeu— aceeași putere care l-a înălțat pe Isus Cristos mai presus de orice, atât în veacul acesta cât și în cel viitor. A fi așezat la dreapta lui Dumnezeu înseamnă a avea cel mai înalt scaun de onoare și de autoritate din univers. Dumnezeu L-a înălțat pe Isus Cristos ca să stăpânească și să domnească peste orice autoritate, indiferent de puterea și măreția ei. Cristos a fost înălțat " mai presus de orice domnie, de orice stăpânire, de orice putere." Și pentru a se asigura că nimic nu rămâne neacoperit—Isus Cristos a fost înălțat peste " orice nume care se poate numi, nu numai în veacul acesta, ci și în cel viitor." (v.21). Toate lucrurile îi sunt supuse Lui.

De aceea și Dumnezeu L-a înălțat nespus de mult, și I-a dat Numele, care este mai presus de orice nume; pentru ca, în Numele lui Isus, să se plece orice genunchi al celor din ceruri, de pe pământ și de sub pământ (Filip. 2:9-10)

Tu ai iubit neprihănirea și ai urât nelegiuirea: de aceea, Dumnezeule, Dumnezeul Tău Te-a uns cu un untdelemn de bucurie mai presus decât pe tovarășii Tăi. (Evr. 1:9)

Care stă la dreapta lui Dumnezeu, după ce s-a înălțat la cer, și Și-a supus îngerii, stăpânirile și puterile. (1 Pet. 3:22)

Ideea este următoarea: Dumnezeu i-a dat lui Isus Cristos autoritatea să domnească peste absolut tot; El a arătat că are puterea să ne înalțe ca să domnim și să conducem împreună cu Cristos. Dumnezeu promite că va face asta.

Stăpânul său i-a zis: Bine, rob bun și credincios; ai fost credincios în puține lucruri, te voi pune peste multe lucruri; intră în bucuria stăpânului tau! (Mat. 25:23)

Atunci Împăratul va zice celor de la dreapta Lui: Veniți binecuvântații Tatălui Meu de moșteniți Împărăția, care v-a fost pregătită de la întemeierea lumii. (Mat. 25:34)

El i-a zis: Bine, rob bun; fiindcă ai fost credincios în puține lucruri, primește cârmuirea a zece cetăți.(Luca19:17)

Nu știți că sfinții vor judeca lumea? Și dacă lumea va fi judecată de voi, sunteți voi nevrednici să judecați lucruri de foarte mică însemnătate? Nu știți că noi vom judeca pe îngeri? Cu cât mai mult lucrurile vieții acesteia? (1 Cor. 6:2-3)

Și au gustat Cuvântul cel bun al lui Dumnezeu și puterile veacului viitor (Evr. 6:5)

Ascultați, preaiubiții mei frați: n-a ales Dumnezeu pe cei ce sunt săraci în ochii lumii acesteia, ca să-i facă bogați în credință și moștenitori ai Împărăției, pe care a făgăduit-o celor ce-L iubesc? (Iacov 2:5)

Ai făcut din ei o împărăție și preoți pentru Dumnezeul nostru, și ei vor împărăți pe pământ! (Apoc. 5:10)

Și am văzut niște scaune de domnie; și celor ce au șezut pe ele, li s-a dat judecata. (Apoc. 20:4)

Acolo nu va mai fi noapte. Și nu vor mai avea trebuință nici de lampă, nici de lumina soarelui, pentru că Domnul Dumnezeu îi va lumina. Și vor împărăți în vecii vecilor. (Apoc. 22:5)

5 (1:22-23) **Biserică—Isus Cristos, Capul Bisericii:** credincioșii trebuie să experimenteze puterea lui Dumnezeu—aceeași putere care L-a făcut pe Isus Cristos capul bisericii. Isus Cristos a plătit prețul suprem pentru a putea zidi biserica: El a murit pentru asta. De aceea, Dumnezeu i-a dat Lui poziția supremă asupra bisericii. Observați două lucruri.

1. Biserica este numită *trupul lui Cristos*. Aceasta este una dintre cele mai bune imagini vizuale ale relației dintre Isus Cristos și biserică pe care o găsim în Biblie: imaginea trupului uman unde Cristos este Capul și biserica este trupul Său (vezi comentariul—1 Cor.12:12-31). William Barclay accentuează faptul că această imagine transmite o idee care are o valoare imensă. Cristos are nevoie de biserică și biserica are nevoie de Cristos (Ioan 20:21) *(Scrisori către Galateni și Efeseni*, p.108.) Capul nu poate exista fără trup, și nici trupul nu poate exista fără cap. Capul visează și face planuri. Dar un cap, o minte, de una singură, nu poate fi de nici un folos. Un cap trebuie să aibă un trup care să ducă la îndeplinire planurile pentru ca visele să poată fi realizate. Cristos a venit să aducă visul și planul păcii și al împăcării, unei lumi de oameni pierduți, oameni înstrăinați de Dumnezeu și unii de alții. Iar acum, trupul, biserica, trebuie să ducă la îndeplinire acest vis și plan. Mesajul păcii trebuie dus toți oamenilor de către biserică, în puterea lui Cristos.

Ideea este următoarea: dacă Dumnezeu are puterea de a crea biserica și de a-L face pe Cristos capul bisericii, atunci El are și puterea de a face ca trupul să *funcționeze și să lucreze* pentru Cristos. Dumnezeu are puterea *să ne facă să ne ocupăm* de slujba Sa—puterea să ne ajute în mărturisirea noastră—puterea de a ne provoca să proclamăm mesajul împăcării și de a veni în întâmpinarea nevoii disperate a unei lumi pierdute și păcătoase, aflată sub greutatea păcatului și a întunericului, a foametei, a bolilor și a suferinței.

Ci voi veți primi o putere, când Se va pogorî Duhul Sfânt peste voi, și-Mi veți fi martori în Ierusalim, în toată Iudea, în Samaria, și până la marginile pământului. (Fapte 1:8)

Tot așa, și noi, care suntem mulți, alcătuim un singur trup în Hristos; dar, fiecare în parte, suntem mădulare unii altora. (Rom. 12:5)

Voi sunteți trupul lui Hristos, și fiecare, în parte, mădularele lui. Și Dumnezeu a rânduit în Biserică, întâi, apostoli; al doilea, prooroci; al treilea, învățători; apoi, pe cei ce au darul minunilor; apoi pe cei ce au darul tămăduirilor, ajutorărilor, cârmuirilor, și vorbirii în felurite limbi. (1 Cor. 12:27-28)

Care este trupul Lui, plinătatea Celui ce plinește totul în toți. (Efes. 1:23)

Și El a dat pe unii apostoli; pe alții, prooroci; pe alții, evangheliști; pe alții, păstori și învățători, pentru desăvârșirea sfinților, în vederea lucrării de slujire, pentru zidirea trupului lui Hristos. (Efes. 4:11-12)

Mă bucur acum în suferințele mele pentru voi; și în trupul meu, împlinesc ce lipsește suferințelor lui Hristos, pentru trupul Lui, care este Biserica. (Col. 1:24)

Și nu se ține strâns de Capul din care tot trupul, hrănit și bine închegat, cu ajutorul încheieturilor și legăturilor, își primește creșterea pe care i-o dă Dumnezeu. (Col. 2:19)

Căci Dumnezeu nu ne-a dat un duh de frică, ci de putere, de dragoste și de chibzuință. (2 Tim. 1:7)

2. Biserica face totul pentru Cristos. William Barclay din nou accentuează faptul că biserica este instrumentul prin care plinătatea lui Cristos împlinește totul în toți—totul. Isus Cristos lucrează în lume, de-a lungul istoriei umane, pentru a duce la îndeplinire planul veșnic al lui Dumnezeu pentru lume. El pune toate lucrurile la locul lor, puțin câte puțin, și face acest lucru *prin biserică*. Biserica este instrumentul lui Dumnezeu prin care Își face voia Sa pe pământ. (*Scrisori către Galateni și Efeseni* p.109.)

Din nou, ideea este că Dumnezeu are puterea să folosească biserica și pe credincioșii ei pentru a-Și duce la îndeplinire planul Lui veșnic cu privire la lume. Gândiți-vă doar—biserica este trupul Său pe pământ, pe care Dumnezeu îl folosește pentru a duce la îndeplinire istoria umană!

EFESENI 1:19-23

Duceți-vă și faceți ucenici din toate neamurile, botezându-i în Numele Tatălui și al Fiului și al Sfântului Duh. Și învățați-i să păzească tot ce v-am poruncit. Și iată că Eu sunt cu voi în toate zilele, până la sfârșitul veacului. Amin. (Mat. 28:19-20)

Pentru că prin El au fost făcute toate lucrurile care sunt în ceruri și pe pământ, cele văzute și cele nevăzute: fie scaune de domnii, fie dregătorii, fie domnii, fie stăpâniri. Toate au fost făcute prin El și pentru El. El este mai înainte de toate lucrurile, și toate se țin prin El. El este Capul trupului, al Bisericii. El este începutul, cel întâi născut dintre cei morți, pentru ca în toate lucrurile să aibă întâietatea. Căci Dumnezeu a vrut ca toată plinătatea să locuiască în El, și să împace totul cu Sine prin El, atât ce este pe pământ cât și ce este în ceruri, făcând pace, prin sângele crucii Lui. (Col. 1:16-20)

Luați seama ca nimeni să nu vă fure cu filozofia și cu o amăgire deșartă, după datina oamenilor, după învățăturile începătoare ale lumii, și nu după Hristos. Căci în El locuiește trupește toată plinătatea Dumnezeirii. Voi aveți totul deplin în El, care este Capul oricărei domnii și stăpâniri. (Col. 2:8-10)

Domnul nu întârzie în împlinirea făgăduinței Lui, cum cred unii; ci are o îndelungă răbdare pentru voi, și dorește ca nici unul să nu piară, ci toți să vină la pocăință. Ziua Domnului însă va veni ca un hoț. În ziua aceea, cerurile vor trece cu trosnet, trupurile cerești se vor topi de mare căldură, și pământul, cu tot ce este pe el, va arde. Deci, fiindcă toate aceste lucruri au să se strice, ce fel de oameni ar trebui să fiți voi, printr-o purtare sfântă și evlavioasă, așteptând și grăbind venirea zilei lui Dumnezeu, în care cerurile aprinse vor pieri, și trupurile cerești se vor topi de căldura focului? Dar noi, după făgăduința Lui, așteptăm ceruri noi și un pământ nou, în care va locui neprihănirea. (2 Pet. 3:9-13)

	CAPITOLUL 2 **II. VIAȚA CREDINCIOSULUI CREȘTIN, 2:1-22** **A. Viața credinciosului înainte de convertire: Viața fără Cristos, 2:1-3** **V**oi erați morți în greșelile și în păcatele voastre ,	2. în care trăiați odinioară, după mersul lumii acesteia, după domnul puterii văzduhului, a duhului care lucrează acum în fiii neascultării. 3. Între ei eram și noi toți odinioară, când trăiam în poftele firii noastre pământești, când făceam voile firii pământești și ale gândurilor noastre, și eram din fire copii ai mâniei, ca și ceilalți.	a. Urmând mersul lumii b. Urmând căile diavolului c. Urmând căile celor neascultători **3. O viață petrecută împreună cu neascultătorii acestei lumi** a. Petrecută trăind în poftele firii b. Petrecută urmând dorințele și gândurile firii **4. O viață aflată sub mânia lui Dumnezeu**
1. O viață în moarte **2. O viață plină de fărădelege și păcat**			

SECȚIUNEA II

VIAȚA CREDINCIOSULUI CREȘTIN, 2:1-22

A. Viața credinciosului înainte de convertire: Viața fără Cristos, 2:1-3

(2:1-22) PRIVIRE DE ANSAMBLU ASUPRA SECȚIUNII: Viața credincioșilor: acest capitol este unul dintre cele mai importante capitole din Biblie. Se concentrează asupra vieții credinciosului. Vorbește despre trecutul, prezentul și viitorul lui. Arată cum era viața lui înainte de a veni la Cristos și cum este ea acum, de când a venit El. Vorbește despre ceea ce a făcut Dumnezeu pentru om prin *lucrarea îndurării Sale* și despre *darul harului Său*. De asemenea ne prezintă șase imagini ale bisericii. Acest capitol este unul care trebuie trăit; trebuie studiat și învățat din nou și din nou.

A. Viața credinciosului înainte de convertire: Viața fără Cristos (2:1-3).
B. Convertirea credinciosului (Partea 1): Lucrarea îndurării lui Dumnezeu (2:4-7).
C. Convertirea credinciosului (Partea a 2-a): Lucrarea Harului lui Dumnezeu —Mântuirea (2:8-10).
D. Amintește-ți cum e viața ta de când a venit Cristos: Împăcare și Pace (2:11-18).
E. Amintește-ți cine ești: Șase imagini ale Bisericii (2:19-22).

(2:1-3) Introducere: viața credinciosului—cum era ea înainte de convertire? Cum era viața credinciosului înainte să Îl cunoască pe Cristos? Când Dumnezeu privește înspre un om neconvertit, cum îl vede Dumnezeu? Cum îl vede Dumnezeu pe un om nemântuit? William Barclay intitulează acest pasaj: "Viața fără Cristos." Deci, cum este această viață—această viață fără Cristos? Ce fel de viață a trăit credinciosul înainte de convertire?

1. O viață în moarte (v.1).
2. O viață plină de fărădelege și păcat (vv.1-2).
3. O viață petrecută împreună cu neascultătorii acestei lumi (v.3).
4. O viață aflată sub mânia lui Dumnezeu. (v.3).

1 **(2:1) Moartea:** înainte de convertire omul trăiește o viață în moarte. Observați cuvintele "voi erați morți." Cum poate un om să trăiască și totuși să fie mort? Pentru a putea răspunde la această întrebare, trebuie să înțelegem mai întâi ce înseamnă moartea. Înțelesul de bază al morții (nekros) este *despărțirea*. Moartea niciodată nu înseamnă dispariție, anihilare, inexistență sau inactivitate. Moartea înseamnă doar că cineva este despărțit, ori despărțit de trupul său, ori despărțit de Dumnezeu, ori ambele. H.S. Miller spune că "Moartea înseamnă despărțirea unui om de scopul pentru care a fost făcut" (citat de Lehman Strauss, *Studii Devoționale din Galateni și Efeseni*, p.137). Omul a fost creat pentru a cunoaște părtășia cu Dumnezeu, închinarea și pentru a-L sluji pe Dumnezeu; dar omul nu face aceste lucruri. Dacă se închină, el se închină *ideilor și conceptelor lui personale despre Dumnezeu*, și creează un dumnezeu care să se potrivească noțiunilor sale—un dumnezeu care îi permite să trăiască așa cum dorește.

Ideea este următoarea: omul nu își îndeplinește scopul său pe acest pământ, scopul pentru care a fost creat. El are puțin de a face cu Dumnezeu. El este *despărțit de Dumnezeu și mort față de El*. Biblia vorbește despre trei tipuri de moarte.

1. Moartea fizică: *despărțirea* duhului omului de trupul său. Acesta este fenomenul pe care cel mai des oamenii îl numesc moarte. El are loc atunci când un om încetează să mai existe pe acest pământ, și este îngropat.

> **Căci dacă moartea a venit prin om, tot prin om a venit și învierea morților. Și după cum toți mor**
> **în Adam, tot așa, toți vor învia în Hristos. (1 Cor 15:21-22)**

EFESENI 2:1-3

Şi, după cum oamenilor le este rânduit să moară o singură dată, iar după aceea vine judecata. (Evr. 9:27)

2. Moartea spirituală: despărţirea omului de Dumnezeu în timp ce el încă trăieşte şi umblă pe acest pământ. Aceasta este *starea naturală* a unui om de pe pământ fără de Isus Cristos. Omul este văzut de Dumnezeu ca fiind în păcatele lui, şi mort faţă de Dumnezeu.

⇒ Un om poate umbla în viaţa aceasta *fără de Dumnezeu şi fără de Cristos*, respingându-L, răzvrătindu-se împotriva Lui şi blestemându-L pe Dumnezeu. Omul este *despărţit* din punct de vedere spiritual de Dumnezeu; el este *mort* pentru Dumnezeu.

⇒ Un om poate umbla în viaţa aceasta ca un om religios, închinându-se unui dumnezeu al gândurilor lui, respingând-L pe singurul Dumnezeu adevărat şi viu care S-a descoperit în Isus Cristos. Omul religios este despărţit din punct de vedere spiritual de Dumnezeu; el este mort pentru Dumnezeu.

Moartea spirituală vorbeşte despre un om care este mort deşi încă trăieşte (1 Tim.5:6). El este un om natural care trăieşte în lumea aceasta, dar el este mort faţă de Domnul Isus Cristos şi faţă de Dumnezeu, şi faţă de lucrurile spirituale.

a. Un om care îşi risipeşte viaţa trăind în destrăbălare, este mort spiritual.

> **Dar trebuia să ne înveselim şi să ne bucurăm, pentru că acest frate al tău era mort, şi a înviat, era pierdut şi a fost găsit. (Luca 15:32)**

b. Un om care nu este părtaş cu Cristos este mort spiritual.

> **Isus le-a zis: Adevărat, adevărat, vă spun, că, dacă nu mâncaţi trupul Fiului omului, şi dacă nu beţi sângele Lui, n-aveţi viaţa în voi înşivă. (Ioan 6:53)**

c. Un om care nu are duhul lui Cristos este mort spiritual.

> **Voi însă nu mai sunteţi pământeşti, ci duhovniceşti, dacă Duhul lui Dumnezeu locuieşte în adevăr în voi. Dacă n-are cineva Duhul lui Hristos, nu este al Lui. (Rom. 8:9)**

d. Un om care trăieşte în păcat este mort spiritual.

> **Voi eraţi morţi în greşelile şi în păcatele voastre. (Efes. 2:1)**
> **Pe voi, care eraţi morţi în greşelile voastre şi în firea voastră pământească netăiată împrejur, Dumnezeu v-a adus la viaţă împreună cu El, după ce ne-a iertat toate greşelile. (Col. 2:13)**

e. Un om care este despărţit de Dumnezeu este mort spiritual.

> **Având mintea întunecată, fiind străini de viaţa lui Dumnezeu, din pricina neştiinţei în care se află în urma împietririi inimii lor. Ei şi-au pierdut orice pic de simţire, s-au dedat la desfrânare, şi săvârşesc cu lăcomie orice fel de necurăţie. (Efes. 4:18-19)**

f. Un om care doarme în păcat este mort spiritual.

> **Pentru că ceea ce scoate totul la iveală, este lumina. De aceea zice: Deşteaptă-te tu, care dormi, scoală-te din morţi, şi Hristos te va lumina. (Efes. 5:14)**

g. Un om care trăieşte în plăceri păcătoase este mort chiar dacă încă trăieşte.

> **Dar cea dedată la plăceri, măcar că trăieşte, este moartă. (1 Tim 5:6)**

h. Un om care nu Îl are pe Fiul lui Dumnezeu este mort.

> **Cine are pe Fiul, are viaţa; cine n-are pe Fiul lui Dumnezeu, n-are viaţa. (1 Ioan 5:12)**

i. Un om care face fapte bune religioase, dar le face pe cele greşite este mort.

EFESENI 2:1-3

Îngerului Bisericii din Sardes, scrie-i: Iată ce zice Cel ce are cele șapte Duhuri ale lui Dumnezeu și cele șapte stele: Știu faptele tale: că îți merge numele că trăiești, dar ești mort. (Apoc. 3:1)

3. Moartea veșnică: despărțirea omului de prezența lui Dumnezeu pentru veșnicie. Aceasta este moartea a doua, o stare veșnică de *moarte față de Dumnezeu*. Moartea spirituală, despărțirea de Dumnezeu care este prelungită și dincolo de moartea trupului. Este numită "moartea a doua" sau moartea veșnică.

Fiindcă plata păcatului este moartea: dar darul fără plată al lui Dumnezeu este viața veșnică în Isus Hristos, Domnul nostru. (Rom. 6:23)

Și umblarea după lucrurile firii pământești, este moarte, pe când umblarea după lucrurile Duhului este viață și pace. (Rom. 8:6)

Ei vor avea ca pedeapsă o pierzare veșnică, de la fața Domnului și de la slava puterii Lui. (2 Tes. 1:9)

Dacă vreunuia dintre voi îi lipsește înțelepciunea, s-o ceară de la Dumnezeu, care dă tuturor cu mână largă și fără mustrare, și ea îi va fi dată. (Iacov 1:5)

Să știți că cine întoarce pe un păcătos de la rătăcirea căii lui, va mântui un suflet de la moarte, și va acoperi o sumedenie de păcate. (Iacov 5:20)

Cine are urechi, să asculte ce zice Bisericilor Duhul:Cel ce va birui, nicidecum nu va fi vătămat de a doua moarte. (Apoc. 2:11)

Dar cât despre fricoși, necredincioși, scârboși, ucigași, curvari, vrăjitori, închinătorii la idoli, și toți mincinoșii, partea lor este în iazul, care arde cu foc și cu pucioasă, adică moartea a doua. (Apoc. 21:8)

Sufletul care păcătuiește, acela va muri. Fiul nu va purta nelegiuirea tatălui său, și tatăl nu va purta nelegiuirea fiului său! Neprihănirea celui neprihănit va fi peste el, și răutatea celui rău va fi peste el. (Ezec. 18:20)

Meditația 1. Oricine nu se încrede în Cristos este mort spiritual—mort față de Dumnezeu, mort chiar și dacă încă trăiește pe acest pământ. Așa era viața credinciosului înainte de convertire.

2 (2:1-2)**Fărădelege—Păcat—Satan—Trăire Lumească**: înainte de convertire, omul trăiește o viață plină de "fărădelege" și păcat. Observați că păcatele și fărăgelegile sunt cele care îl despart pe om de Dumnezeu, aceastea sunt cele care îl pun *într-o stare de moarte*. Oamenii sunt morți față de Dumnezeu (despărțiți de El), în timp ce trăiesc în fărădelege și păcat.

Cuvântul *fărădelege* (paraptoma) înseamnă a cădea, a aluneca, a greși, a devia, a te întoarce, a te îndepărta. Este un om care....

- cade de pe calea bună
- alunecă de la a face ceea trebuie
- greșește și eșuează
- deviază de la drumul cel bun
- se întoarce de la ce este bine
- se îndepărtează de Dumnezeu și de neprihănire

[Cristos] care a fost dat din pricina fărădelegilor noastre, și a înviat din pricină că am fost socotiți neprihăniți. (Rom. 4:25)

Că adică, Dumnezeu era în Hristos, împăcând lumea cu Sine, neținându-le în socoteală păcatele lor, și ne-a încredințat nouă propovăduirea acestei împăcări. (2 Cor. 5:19)

În El avem răscumpărarea, prin sângele Lui, iertarea păcatelor, după bogățiile harului Său. (Efes. 1:7)

Voi erați morți în greșelile și în păcatele voastre. (Efes. 2:1)

Pe voi, care erați morți în greșelile voastre și în firea voastră pământească netăiată împrejur, Dumnezeu v-a adus la viață împreună cu El, după ce ne-a iertat toate greșelile. (Col. 2:13)

Cuvântul *păcat* (hamartia) înseamnă a rata, a nu nimeri, ținta. W.E. Vine accentuează faptul că acest cuvânt este cel mai folosit pentru a descrie condiția căzută a omului. La asta se face referire când se spune că oamenii sunt *lipsiți de slava lui Dumnezeu*. Omul ar trebui să trăiască fiind plin de slava lui Dumnezeu, dar este evident că el nu trăiește așa. Nu există glorie, nu există strălucire, splendoare, sau lumină care să strălucească prin el. Și cu siguranță nu este emanată nicio lumină sau glorie din comportamentul lui. Orice buletin de ştiri am asculta în oricare din zile, este o dovadă clară a *comportamentului lipsit de glorie.*

Ideea este următoarea: Dumnezeu este perfect dar omul este imperfect. Iar imperfecţiunea este la fel de diferită de perfecţiune, cum este de diferită ziua de noapte. Imperfecţiunea este departe — foarte departe — de perfecţiune. Omul este departe de slava lui Dumnezeu:

⇒ Omul nu se ridică la standardul lui Dumnezeu.

⇒ Omul nu este pe acelaşi nivel cu Dumnezeu.

⇒ Omul nu poate ajunge la Dumnezeu.

Omul păcătuieşte; ratează ţinta vieţii sale. El nu trăieşte o viaţă perfectă. Poate fi decent, dar rămâne imperfect. El nu este niciodată tot ce ar putea fi.

⇒ Niciun soţ şi nicio soţie nu este liber, liberă de egoism şi tulburare tot timpul —nu într-un mod perfect.

⇒ Niciun tată şi nicio mamă nu se poartă cu copilul lui sau al ei aşa cum ar trebui tot timpul—nu într-un mod perfect.

⇒ Niciun copil nu îşi ascultă părinţii tot timpul—nu într-un mod perfect.

⇒ Niciun om care lucrează nu este mulţumit de lucrul lui în fiecare minut al fiecărei zile—nu într-un mod perfect.

⇒ Niciun vecin nu este atât de bun sau atât de generos cum ar trebui să fie, tot timpul—nu într-un mod perfect.

⇒ Niciun om nu îşi disciplinează trupul în privinţa mâncării, a exerciţiilor fizice sau a somnului, tot timpul—nu într-un mod perfect.

⇒ Niciun om nu îşi controlează mintea de gânduri egoiste şi murdare tot timpul —nu într-un mod perfect.

⇒ Niciun om nu îşi foloseşte mintea la capacitate maximă, tot timpul—nu într-un mod perfect.

Omul nu este perfect; el este departe de perfecţiune—lipsit de slava lui Dumnezeu—lipsit de scopul pentru care Dumnezeu l-a creat. Acesta este sensul noţiunii de păcat. Păcatul îl desparte pe om de Dumnezeu. Omul este mort (despărţit) în fărădelege şi păcat. El este mort pentru că greşeşte şi nu se ridică la standardul lui Dumnezeu.

> **Căci toţi au păcătuit, şi sunt lipsiţi de slava lui Dumnezeu. (Rom 3:23)**
>
> **De aceea, după cum printr-un singur om a intrat păcatul în lume, şi prin păcat a intrat moartea, şi astfel moartea a trecut asupra tuturor oamenilor, din pricină că toţi au păcătuit. (Rom. 5:12)**
>
> **Deci, păcatul să nu mai domnească în trupul vostru muritor, şi să nu mai ascultaţi de poftele lui. (Rom. 6:12)**

Acum, observaţi: omul care păcătuieşte spune că umblă după trei lucruri.

4. Păcătosul umblă după "mersul lumii acesteia [sau vremurilor, aion, Greek]." Acest lucru înseamnă că el urmează lumea aceasta şi...

- opiniile ei
- viaţa ei
- speculaţiile ei
- plăcerile ei
- egoismul ei
- poziţiile ei
- popularitatea ei
- onoarea ei
- scopurile ei
- tehnologiile ei
- avuţiile ei
- ştiinţa ei
- standardele ei
- religia ei
- valorile ei

> **Şi ce ar folosi unui om să câştige toată lumea, dacă şi-ar pierde sufletul? Sau, ce ar da un om în schimb pentru sufletul său? (Mat. 16:26)**
>
> **Luaţi seama la voi înşivă, ca nu cumva să vi se îngreuieze inimile cu îmbuibare de mâncare şi băutură, şi cu îngrijorările vieţii acesteia, şi astfel ziua aceea să vină fără veste asupra voastră. (Luca 21:34)**
>
> **Suflete preacurvare! Nu ştiţi că prietenia lumii este vrăjmăşie cu Dumnezeu? Aşa că cine vrea să fie prieten cu lumea se face vrăjmaş cu Dumnezeu. (Iacov 4:4)**
>
> **Nu iubiţi lumea, nici lucrurile din lume. Dacă iubeşte cineva lumea, dragostea Tatălui nu este în El. (1 Ioan 2:15)**

5. Păcătosul urmează puterea lui Satan. Observaţi că Satan este numit "domnul puterii văzduhului." Omul nu a fost creat să fie rău sau să facă rău. Răul a început cu o forţă străină, o forţă străină care există într-o altă lume, în lumea

167

spirituală sau în dimensiunea spirituală. Biblia numeşte acea forţă o persoană iar numele ei este Satan sau Diavolul. Lumea spirituală are acces în lumea noastră şi poate influenţa duhul omului. Ceea ce s-a întâmplat este că omul, care are o voinţă liberă, a ales să urmeze căile rele ale lui Satan. Când Satan încearcă să influenţeze duhul omului ca să păcătuiască, deseori omul ascultă şi păcătuieşte. Exact asta spune Scriptura:

> **Voi aveţi de tată pe diavolul; şi vreţi să împliniţi poftele tatălui vostru. El de la început a fost ucigaş; şi nu stă în adevăr, pentru că în el nu este adevăr. Ori de câte ori spune o minciună, vorbeşte din ale lui, căci este mincinos şi tatăl minciunii. (Ioan 8:44)**
>
> **În timpul cinei, după ce diavolul pusese în inima lui Iuda Iscarioteanul, fiul lui Simon, gândul să-L vândă. (Ioan 13:2)**
>
> **Şi dacă Evanghelia noastră este acoperită, este acoperită pentru cei ce sunt pe calea pierzării, a căror minte necredincioasă a orbit-o dumnezeul veacului acestuia, ca să nu vadă strălucind lumina Evangheliei slavei lui Hristos, care este chipul lui Dumnezeu. (2 Cor. 4:3-4)**
>
> **Căci noi n-avem de luptat împotriva cărnii şi sângelui, ci împotriva căpeteniilor, împotriva domniilor, împotriva stăpânitorilor întunericului acestui veac, împotriva duhurilor răutăţii care sunt în locurile cereşti. (Efes. 6:12)**
>
> **Astfel dar, deoarece copiii sunt părtaşi sângelui şi cărnii, tot aşa şi El însuşi a fost deopotrivă părtaş la ele, pentru ca, prin moarte, să nimicească pe cel ce are puterea morţii, adică pe diavolul. (Evr. 2:14)**
>
> **Fiţi treji, şi vegheaţi! Pentru că potrivnicul vostru, diavolul, dă târcoale ca un leu care răcneşte, şi caută pe cine să înghită. (1 Pet. 5:8)**
>
> **Cine păcătuieşte, este de la diavolul, căci diavolul păcătuieşte de la început. Fiul lui Dumnezeu S-a arătat ca să nimicească lucrările diavolului. (1 Ioan 3:8)**
>
> **Prin aceasta se cunosc copiii lui Dumnezeu şi copiii diavolului. Oricine nu trăieşte în neprihănire, nu este de la Dumnezeu; nici cine nu iubeşte pe fratele său. (1 Ioan 3:10)**

6. Păcătosul urmează în neascultare. În termeni foarte simpli, el refuză să Îl asculte pe Dumnezeu, refuză să facă ceea ce Dumnezeu spune. El alege să facă ce doreşte el, în loc să facă ceea ce ar trebui. Şi observaţi: el este socotit de Dumnezeu ca făcând parte dintre "cei care sunt neascultători". El este un urmaş a neascultării; adică, el face parte din familia neascultătorilor, nu din familia lui Dumnezeu.

> **Însă oricine aude aceste cuvinte ale Mele, şi nu le face, va fi asemănat cu un om nechibzuit, care şi-a zidit casa pe nisip. A dat ploaia, au venit şuvoaiele, au suflat vânturile, şi au izbit în casa aceea: ea s-a prăbuşit, şi prăbuşirea i-a fost mare. (Mat. 7:26-27)**
>
> **Căci eraţi ca nişte oi rătăcite. Dar acum v-aţi întors la Păstorul şi Episcopul sufletelor voastre. (1 Pet. 2:25)**
>
> **[cei neascultători] După ce au părăsit calea cea dreaptă, au rătăcit, şi au urmat calea lui Balaam, fiul lui Bosor, care a iubit plata fărădelegii. (2 Pet. 2:15)**
>
> **Omul care se abate de la calea înţelepciunii, se va odihni în adunarea celor morţi. (Prov. 21:16)**

3 (2:3) **Pofte puternice**: înainte de convertire omul trăieşte o viaţă împreună cu cei neascultători din lume. Observaţi cuvintele "între ei." Se face referire la cei neascultători menţionaţi în versetul precedent. Observaţi că o caracteristică majoră a celor neascultători, sunt dorinţele şi poftele naturii păcătoase. Când cei mai mulţi oameni se gândesc la pofte şi dorinţe, ei se gândesc la faptele firii păcătoase sau ale naturii păcătoase, cum ar fi:

⇒ imoralitate sexuală   ⇒ lenevia
⇒ exagerarea în reacţii   ⇒ pornografia
⇒ beţiile

Dar observaţi: şi mintea are dorinţe şi pofte. Poftele păcătoase ale minţii ar putea fi:

⇒ gânduri imorale   ⇒ idolatria
⇒ mânia   ⇒ invidia
⇒ necredinţa   ⇒ convingeri false

Ideea este următoarea: omul neconvertit trăieşte ca să îşi satisfacă dorinţele naturii sale păcătoase, ale firii sale şi ale gândurilor sale. De fapt, el nu are nimic pentru care să trăiască în afară de asta. El nu ştie altceva, decât lumea aceasta şi chemările ei; de aceea, el caută să aibă atât de mult din lumea aceasta, cât de mult poate să posede şi să se simtă bine. Viaţa lui este concentrată asupra propriei persoane, nu asupra lui Dumnezeu; se concentrează asupra lumii, nu asupra cerului; este un egoist care strânge totul pentru sine, nu se sacrifică—nu se îngrijeşte de nevoile unei lumi moarte şi cu nevoi disperate. Omul neconvertit îşi petrece viaţa împreună cu cei neascultători din lumea aceasta, trăind după dorinţele firii sale, ale naturii sale şi ale gândurilor sale.

> Dar Eu vă spun că oricine se uită la o femeie, ca s-o poftească, a şi preacurvit cu ea în inima lui. (Mat. 5:28)

> Dar năvălesc în ei grijile lumii, înşelăciunea bogăţiilor şi poftele altor lucruri, care îneacă Cuvântul, şi-l fac astfel neroditor. (Marcu 4:19)

> Din pricina aceasta, Dumnezeu i-a lăsat în voia unor patimi scârboase; căci femeile lor au schimbat întrebuinţarea firească a lor într-una care este împotriva firii; tot astfel şi bărbaţii, au părăsit întrebuinţarea firească a femeii, s-au aprins în poftele lor unii pentru alţii, au săvârşit parte bărbătească cu parte bărbătească lucruri scârboase, şi au primit în ei înşişi plata cuvenită pentru rătăcirea lor. (Rom. 1:26-27)

> Căci, când trăiam sub firea noastră pământească, patimile păcatelor, aţâţate de Lege, lucrau în mădularele noastre, şi ne făceau să aducem roade pentru moarte. (Rom. 7:5)

> Zic dar: umblaţi cârmuiţi de Duhul, şi nu împliniţi poftele firii pământeşti. Căci firea pământească pofteşte împotriva Duhului, şi Duhul împotriva firii pământeşti: sunt lucruri potrivnice unele altora, aşa că nu puteţi face tot ce voiţi. (Gal. 5:16-17)

> De aceea, omorâţi mădularele voastre care sunt pe pământ: curvia, necurăţia, patima, pofta rea, şi lăcomia, care este o închinare la idoli. (Col. 3:5)

> Fiecare din voi să ştie să-şi stăpânească vasul în sfinţenie şi cinste, nu în aprinderea poftei [imoralitate], ca Neamurile, care nu cunosc pe Dumnezeu. (1 Tes. 4:4-5)

> Apoi pofta, când a zămislit, dă naştere păcatului; şi păcatul odată făptuit, aduce moartea. (Iacov 1:15)

> De unde vin luptele şi certurile între voi? Nu vin oare din poftele voastre, care se luptă în mădularele voastre? Voi poftiţi, şi nu aveţi; ucideţi, pizmuiţi, şi nu izbutiţi să căpătaţi; vă certaţi, şi vă luptaţi; şi nu aveţi, pentru că nu cereţi. Sau cereţi şi nu căpătaţi, pentru că cereţi rău, cu gând să risipiţi în plăcerile voastre. Suflete preacurvare! Nu ştiţi că prietenia lumii este vrăjmăşie cu Dumnezeu? Aşa că cine vrea să fie prieten cu lumea se face vrăjmaş cu Dumnezeu. (Iacov 4:1-4)

> Preaiubiţilor, vă sfătuiesc ca pe nişte străini şi călători, să vă feriţi de poftele firii pământeşti care se războiesc cu sufletul. (1 Pet. 2:11)

> Căci tot ce este în lume: pofta firii pământeşti, pofta ochilor şi lăudăroşia vieţii, nu este de la Tatăl, ci din lume. (1 Ioan 2:16)

4 (2:3) **Mânia lui Dumnezeu**: înainte de convertire, omul trăieşte sub mânia lui Dumnezeu. Observaţi cuvintele folosite în această afirmaţie: "şi eram din fire copii ai mâniei."
- ⇒ Omul neconvertit acţionează împotriva lui Dumnezeu; el nu acţionează pentru Dumnezeu.
- ⇒ Omul neconvertit Îl respinge pe Dumnezeu; el nu Îl primeşte pe Dumnezeu.
- ⇒ Omul neconvertit Îl ignoră pe Dumnezeu; nu Îl mărturiseşte pe Dumnezeu.
- ⇒ Omul neconvertit Îl neagă pe Dumnezeu; el nu Îl acceptă pe Dumnezeu.
- ⇒ Omul neconvertit Îl blastămă pe Dumnezeu; el nu Îl slăveşte pe Dumnezeu.
- ⇒ Omul neconvertit slujeşte religia; el nu Îi slujeşte lui Dumnezeu.
- ⇒ Omul neconvertit onorează o idee personală; el nu Îl onorează pe Cristos, Fiul lui Dumnezeu.

Omul acţionează în mânie împotriva lui Dumnezeu: el este un fiu al mâniei, nu un fiu al lui Dumnezeu. De aceea, el va secera ceea ce a semănat. Ceea ce I-a măsurat el lui Dumnezeu, aceia îi va măsura şi Dumnezeu lui. Mânia lui Dumnezeu va cădea asupra sa.

> Cine crede în Fiul, are viaţa veşnică; dar cine nu crede în Fiul, nu va vedea viaţa, ci mânia lui Dumnezeu rămâne peste el. (Ioan 3:36)

> Mai întâi mulţumesc Dumnezeului meu, prin Isus Hristos, pentru voi toţi, căci credinţa voastră este vestită în toată lumea. (Rom. 1:8)

> Nimeni să nu vă înşele cu vorbe deşarte; căci din pricina acestor lucruri vine mânia lui Dumnezeu peste oamenii neascultători. (Efes. 5:6)

> Şi va da mânie şi urgie celor ce, din duh de gâlceavă, se împotrivesc adevărului şi ascultă de nelegiuire. (Rom. 2:8)

Şi să vă dea odihnă atât vouă, care sunteţi întristaţi, cât şi nouă, la descoperirea Domnului Isus din cer, cu îngerii puterii Lui, într-o flacără de foc, ca să pedepsească pe cei ce nu cunosc pe Dumnezeu şi pe cei ce nu ascultă de Evanghelia Domnului nostru Isus Hristos. (2 Tes. 1:7-8)

Căci, dacă Cuvântul vestit prin îngeri s-a dovedit nezguduit, şi dacă orice abatere şi orice neascultare şi-a primit o dreaptă răsplătire, cum vom scăpa noi, dacă stăm nepăsători faţă de o mântuire aşa de mare, care, după ce a fost vestită întâi de Domnul, ne-a fost adeverită de cei ce au auzit-o. (Evr. 2:2-3)

| 1. Dumnezeu ne-a înviat, ne-a adus la viață împreună cu Cristos
  a. De ce: pentru că însăși natura Sa este îndurare și dragoste.
  b. Când: pe când eram morți în păcat. | **B. Convertirea Credinciosului (Partea I): Lucrarea îndurării lui Dumnezeu, 2:4-7**

4. Dar Dumnezeu, care este bogat în îndurare, pentru dragostea cea mare cu care ne-a iubit,
5. măcar că eram morți în greșelile noastre, ne-a adus la viață împreună cu Hristos | (prin har sunteți mântuiți).
6. El ne-a înviat împreună, și ne-a pus să ședem împreună în locurile cerești, în Hristos Isus,
7. ca să arate în veacurile viitoare nemărginita bogăție a harului Său, în bunătatea Lui față de noi în Hristos Isus. | c. Cum: însuflețindu-ne sau înviindu-ne împreună cu Cristos
2. **Dumnezeu ne-a înviat, ne-a ridicat, împreună cu Cristos**
3. **Dumnezeu ne-a așezat în locurile cerești—în Cristos**
4. **Dumnezeu are un scop măreț: ca să ne arate bogățiile harului Său—în veacurile viitoare** |

SECȚIUNEA II

VIAȚA CREDINCIOSULUI CREȘTIN, 2:1-22

B. Convertirea Credinciosului (Partea I): Lucrarea îndurării lui Dumnezeu, 2:4-7

(2:4-7) Introducere: cea mai uimitoare întrerupere în istoria omenirii este cuvântul "dar" din acest pasaj. Omul este mort în păcat și fărădelege, dar Dumnezeu este bogat în îndurare. El a interevenit în destinul omului; El a întrerupt pedeapsa morții și a judecății. Dumnezeu a avut îndurare față de noi!

1. Dumnezeu ne-a înviat, ne-a adus la viață împreună cu Cristos (vv.4-5).
2. Dumnezeu ne-a înviat, ne-a ridicat, împreună cu Cristos (v.6).
3. Dumnezeu ne-a așezat în locurile cerești—în Cristos (v.6).
4. Dumnezeu are un scop măreț: ca să ne arate bogățiile harului Său—în veacurile viitoare (v.7).

1 **(2:4-5) Înviere—Îndurare—Dragoste**: lucrarea îndurării lui Dumnezeu este învierea noastră, să ne aducă la viață împreună cu Cristos. Noi eram morți în fărădelegi și păcate, dar Dumnezeu ne-a înviat. Observați trei lucruri importante.

1. De ce ne-a înviat Dumnezeu, de ce ne-a adus la viață? Datorită naturii sale. Dumnezeu nu este așa cum mulți oameni și-L imaginează: distant, dezinteresat, neîngrijorat, răzbunător, înspăimântător.

   a. Dumnezeu este plin de îndurare (eleei): El are sentimente de milă, compasiune, afecțiune, generozitate. El are o dorință să ajute, să strângă cu blândețe pe cineva la piept și să aibă grijă de el. Două lucruri sunt esențiale pentru a putea avea îndurare: a vedea o nevoie și a fi în stare să împlinești acea nevoie. Dumnezeu vede nevoia noastră și simte împreună cu noi (Efes.2:1-3). De aceea, El acționează; El are îndurare față de noi...
   - Dumnezeu Își pune deoparte judecata Sa.
   - Dumnezeu se îngrijește de o cale prin care noi să fim mântuiți.

   b. Dumnezeu este dragoste; El este plin de dragoste (agape): o dragoste lipsită de egoism, o dragoste jertfitoare; o dragoste a minții, a rațiunii, atât a voinței cât și a inimii și a afecțiunii. Aceasta dragoste merge atât de departe încât...
   - iubește un om chiar dacă acel om nu merită să fie iubit.
   - iubește omul care nu este vrednic de iubire.
   - este hotărâtă să se sacrifice pe sine pentru dușmanii (Rom.5:8, 10).

   > **Fiindcă atât de mult a iubit Dumnezeu lumea, că a dat pe singurul Lui Fiu, pentru ca oricine crede în El, să nu piară, ci să aibă viața veșnică. (Ioan 3:16)**
   >
   > **Căci, pe când eram noi încă fără putere, Hristos, la vremea cuvenită a murit pentru cei nelegiuiți. (Rom. 5:6)**
   >
   > **Dar Dumnezeu Își arată dragostea față de noi prin faptul că, pe când eram noi încă păcătoși, Hristos a murit pentru noi. (Rom. 5:8)**
   >
   > **Căci, dacă atunci când eram vrăjmași, am fost împăcați cu Dumnezeu, prin moartea Fiului Său, cu mult mai mult acum, când suntem împăcați cu El, vom fi mântuiți prin viața Lui. (Rom. 5:10)**

2. Când ne-a înviat Dumnezeu și ne-a făcut vii pentru El? Pe când eram moți în păcat. Acest lucru face referire la pasajul și schița precedentă (vezi schița și comentariile—Efes.2:1-3 pentru mai multe discuții).

3. Cum ne-a înviat Dumnezeu și ne-a făcut vii împreună cu El? Înviindu-ne *împreună cu Cristos*. Cristos este viu; El este în ceruri față în față cu Dumnezeu, chiar acum. Dumnezeu ne învie sau ne regenerează împreună cu Cristos. Cum face El asta? Aceste lucruri vor fi dezvoltate în următoarele două puncte majore. În timp ce sunt dezvoltate, țineți minte că suntem mântuiți prin harul lui Dumnezeu. Mântuirea este lucrarea Lui; nimic din ea nu este lucrarea noastră. Suntem mântuiți doar prin lucrarea lui Dumnezeu.

4 (2:6) **Mântuire—Justificare—Isus Cristos, Înviere**: Lucrarea îndurării lui Dumnezeu este să ne învie împreună cu Cristos. Observați un lucru foarte important. Scriptura spune că Dumnezeu i-a înviat pe credincioși *împreună cu Cristos*. Cum este acest lucru posibil când Cristos a fost răstignit și înviat în urmă cu mii de ani? Ce vrea să spună Scriptura? Vrea să spună următorul lucru: Dumnezeu L-a înviat pe Isus Cristos pentru trei motive.

1. Isus Cristos a trăit o viață perfectă și fără de păcat. Dumnezeu iubea omul și dorea să îl salveze, dar avea o problemă. Omul era păcătos. Neprihănirea și perfecțiunea erau deja pierdute, iar în prezența lui Dumnezeu poate trăi doar perfecțiunea. Totuși, exista o speranță. Dacă ar fi existat un om care să poată trăi o viață perfectă și ideală, atunci acel om ar fi putut asigura neprihănirea pentru toți oamenii. Iar mai apoi acel om i-ar fi putut reprezenta și acoperi pe toți oamenii care s-ar încrede în El. Asta a făcut Isus Cristos. El a venit pe pământ ca și om, și a trăit o viață perfectă și fără de păcat. El nu a încălcat legea și nu a făcut nimic împotriva voiei lui Dumnezeu – nici măcar o dată. El a asigurat neprihănirea perfectă. El a fost Omul Ideal și Perfect. De aceea, El nu a meritat să moară; El a meritat să trăiască veșnic împreună cu Dumnezeu.

2. Isus Cristos a murit pentru om. Dumnezeu iubea omul și dorea să îl mântuiască, dar avea o problemă. Omul *deja păcătuise* și încălcase legea; el deja se răzvătise împotriva lui Dumnezeu. De aceea, pedeapsa cu moartea *fusese deja rostită*. Omul trebuia să moară. Totuși, exista o ieșire din această dilemă. Dacă Omul Ideal și Perfect ar fi purtat pedeapsa pentru păcatele omului, atunci moartea lui ideală ar fi putut sta în locul și ar fi putut acoperi pe orice om s-ar fi încrezut cu adevărat în El. Exact acest lucru l-a făcut Isus Cristos. El a fost Omul Perfect și Ideal care L-a iubit pe Dumnezeu cu toată inima sa. De aceea, când Dumnezeu a voit ca El să poarte pedeapsa și judecata pentru păcat, El S-a supus și S-a jertfit pe Sine. El a murit pentru om; El a purtat pedeapsa omului pentru păcat. El a fost perfect ascultător de Tatăl *chiar și în moarte*. De aceea, El nu a meritat să moară; El a meritat să trăiască veșnic împreună cu Dumnezeu.

3. Isus Cristos a fost înviat din morți. El a fost Omul Perfect și Ideal; de aceea, învierea Lui poate sta în locul oricui se încrede cu adevărat în El.

Acum, cum îl învie Dumnezeu pe credincios împreună cu Cristos? Prin încredere și credință. Când un om se încrede cu adevărat în Isus Cristos, pentru că Dumnezeu își iubește Fiul atât de mult, El *socotește* credința acelui om ca o identificare a lui cu Fiul Său. Dumnezeu vede credința și dragostea acelui om pentru Cristos, și El onorează acea dragoste și credință făcând exact ceea ce omul crede. Omul crede în Cristos și Îl iubește pentru neprihănirea Lui, pentru moartea Lui și pentru învierea Lui; de aceea, Dumnezeu socotește acel om ca *fiind împreună* cu Cristos în neprihănirea Lui, în moartea Lui și în învierea Lui. Dumnezeu socotește credința omul ca fiind deja...

- mort și înviat împreună cu Cristos.
- așezat în moartea și învierea lui Cristos.
- una cu moartea și învierea lui Cristos.
- părtaș la moartea și învierea lui Cristos.
- unit cu moartea și învierea lui Cristos.
- legat împreună cu moartea și învierea lui Cristos.

> **Avram a crezut pe Domnul, și Domnul i-a socotit lucrul acesta ca neprihănire. (Gen. 15:6)**
> **Și oricine crede, este iertat prin El de toate lucrurile de care n-ați putut fi iertați prin Legea lui Moise. (Fapte 13:39)**
> **Căci toți au păcătuit, și sunt lipsiți de slava lui Dumnezeu. Și sunt socotiți neprihăniți, fără plată, prin harul Său, prin răscumpărarea, care este în Hristos Isus. (Rom. 3:23-24)**
> **Căci ce zice Scriptura? Avraam a crezut pe Dumnezeu, și aceasta i s-a socotit ca neprihănire.⍰(Rom. 4:3)**
> **Ci este scris și pentru noi, cărora de asemenea ne va fi socotită, nouă celor ce credem în Cel ce a înviat din morți pe Isus Hristos, Domnul nostru, care a fost dat din pricina fărădelegilor noastre, și a înviat din pricină că am fost socotiți neprihăniți. (Rom. 4:24-25)**
> **Deci, fiindcă suntem socotiți neprihăniți, prin credință, avem (Sau: Să avem.) pace cu Dumnezeu, prin Domnul nostru Isus Hristos. (Rom. 5:1)**
> **Deci, cu atât mai mult acum, când suntem socotiți neprihăniți, prin sângele Lui, vom fi mântuiți prin El de mânia lui Dumnezeu! (Rom. 5:9)**

Căci cine a murit, de drept, este izbăvit de păcat. (Rom. 6:7)

Și dacă Duhul Celui ce a înviat pe Isus dintre cei morți locuiește în voi, Cel ce a înviat pe Hristos Isus din morți, va învia și trupurile voastre muritoare, din pricina Duhului Său, care locuiește în voi. (Rom. 8:11)

Cine va ridica pâră împotriva aleșilor lui Dumnezeu? Dumnezeu este Acela, care-i socotește neprihăniți! (Rom. 8:33)

Și așa erați unii din voi! Dar ați fost spălați, ați fost sfințiți, ați fost socotiți neprihăniți, în Numele Domnului Isus Hristos, și prin Duhul Dumnezeului nostru. (1 Cor. 6:11)

Totuși, fiindcă știm că omul nu este socotit neprihănit, prin faptele Legii, ci numai prin credința în Isus Hristos, am crezut și noi în Hristos Isus, ca să fim socotiți neprihăniți prin credința în Hristos, iar nu prin faptele Legii; pentru că nimeni nu va fi socotit neprihănit prin faptele Legii. (Gal. 2:16)

Tot așa și Avraam a crezut pe Dumnezeu, și credința aceasta i-a fost socotită ca neprihănire.(Gal. 3:6)

Astfel, Legea ne-a fost un îndrumător spre Hristos, ca să fim socotiți neprihăniți prin credință. (Gal. 3:24)

Și să fiu găsit în El, nu având o neprihănire a mea, pe care mi-o dă Legea, ci aceea care se capătă prin credința în Hristos, neprihănirea, pe care o dă Dumnezeu, prin credință. (Filip. 3:9)

3 (2:6) **Cer—Mântuire:** Lucrarea îndurării lui Dumnezeu este să ne așeze pe noi în locurile cerești împreună cu Cristos. Observați două lucruri.

1. Primul lucru este legat de "locurile cerești". Biblia spune aici că credinciosul este *în Cristos*. Despre Cristos spune că este "în locurile cerești". De aceea, credinciosul se află în locurile cerești împreună cu Cristos. Este adevărat, credinciosul din punct de vedere fizic trăiește pe pământ, dar spiritual, el deja a fost așezat în locurile cerești. Credinciosul este în ambele lumi. El aparține celor două lumi. El are două adrese: *în Efes* și *în Cristos*. El are două relații: una cu pământul și una cu cerul (cp. Evrei.3:1; 1 Pet.2:11).

2. Mântuirea credinciosului, învierea lui și înălțarea lui, sunt un fapt împlinit. În cuvintele "ne-a înviat împreună cu Cristos" (synegeiro) ni se descoperă un adevăr profund.
   a. Puterea lui Dumnezeu nemărginită l-a înviat pe Cristos din morți și L-a așezat la dreapta Sa în locurile cerești. (Efes.1:20).
   b. Credincioșii au fost înviați împreună *cu Cristos* și sunt îndemnați să "își concentreze inimile pe lucrurile de sus unde Cristos este așezat la dreapta lui Dumnezeu...." (Col.2:12; 3:1, 3).
   c. Credincioșii deja au fost înviați *împreună cu Cristos* din morți și deja au fost așezați la dreapta lui Dumnezeu *împreună cu El*. Cuvintele "ne-a înviat" și "ne-a adus la viață" și "așezat" în limba greacă toate sunt puse la timpul aorist. Ele exprimă ceea ce Dumneze deja a făcut pentru copii Săi în Cristos. Cristos deja a murit și a fost înviat și înălțat la cer ca să trăiască veșnic împreună cu Dumnezeu. Dumnezeu vede toate lucrurile așa cum sunt ele de fapt. De aceea, El îi vede pe credincioși ca fiind deja înviați și înălțați să trăiască veșnic cu El—toate aceste lucruri pentru că El îi vede în Isus Cristos. El vede credința lor și astfel îi socotește—îi consideră, privește înspre ei—ca și când ei ar fi în Cristos (cp. Fapte. 1:10-11; Filip.2:9; 1 Pet.2:9; Apoc.1:6; 5:10).

Și dacă Duhul Celui ce a înviat pe Isus dintre cei morți locuiește în voi, Cel ce a înviat pe Hristos Isus din morți, va învia și trupurile voastre muritoare, din pricina Duhului Său, care locuiește în voi. (Rom. 8:11)

Și, dacă suntem copii, suntem și moștenitori: moștenitori ai lui Dumnezeu, și împreună moștenitori cu Hristos, dacă suferim cu adevărat împreună cu El, ca să fim și proslăviți împreună cu El. (Rom. 8:17)

Eu socotesc că suferințele din vremea de acum nu sunt vrednice să fie puse alături cu slava viitoare, care are să fie descoperită față de noi. (Rom. 8:18)

Căci întristările noastre ușoare de o clipă lucrează pentru noi tot mai mult o greutate veșnică de slavă. (2 Cor. 4:17)

El va schimba trupul stării noastre smerite, și-l va face asemenea trupului slavei Sale, prin lucrarea puterii pe care o are de a-Și supune toate lucrurile. (Filip. 3:21)

Când Se va arăta Hristos, viața voastră, atunci vă veți arăta și voi împreună cu El în slavă. (Col. 3:4)

De aceea rabd totul pentru cei aleși, pentru ca și ei să capete mântuirea care este în Hristos Isus, împreună cu slava veșnică. (2 Tim. 2:10)

Sfătuiesc pe prezbiterii (Sau: bătrân.) dintre voi, eu, care sunt un prezbiter (Sau: bătrân.) ca şi ei, un martor al patimilor lui Hristos, şi părtaş al slavei care va fi descoperită. (1 Pet. 5:1)

Celui ce va birui, îi voi da să şadă cu Mine pe scaunul Meu de domnie, după cum şi Eu am biruit şi am şezut cu Tatăl Meu pe scaunul Lui de domnie. (Apoc. 3:21)

Ai făcut din ei o împărăţie şi preoţi pentru Dumnezeul nostru, şi ei vor împărăţi pe pământ!⬚ (Apoc. 5:10)

Acolo nu va mai fi noapte. Şi nu vor mai avea trebuinţă nici de lampă, nici de lumina soarelui, pentru că Domnul Dumnezeu îi va lumina. Şi vor împărăţi în vecii vecilor. (Apoc. 22:5)

"Fiindcă Mă iubeşte - zice Domnul -deaceea îl voi izbăvi; îl voi ocroti, căci cunoaşte Numele Meu. (Ps. 91:14)

Cei înţelepţi vor străluci ca strălucirea cerului, şi cei ce vor învăţa pe mulţi să umble în neprihănire vor străluci ca stelele, în veac şi în veci de veci. (Dan. 12:3)

4 (2:7) **Mântuire, Scop:** lucrarea îndurării lui Dumnezeu are un scop măreţ—să arate credincioşilor bogăţiile harului Său în toate veacurile. În termeni simpli, scopul măreţ al lui Dumnezeu este...
- să arate bogăţiile harului Său pentru noi, demonstrate în Isus Cristos.

Dumnezeu a făcut atât de mult pentru noi prin Isus Cristos încât ar dura o veşnicie să ne arate tot ce a făcut pentru noi. "Veacuri" (aiosin) literal înseamnă veacurile care urmează unul după altul; care trec unul după altul. Înseamnă o veşnicie de veacuri. Putem înţelege mai bine versetul dacă îl rupem aşa...
- nemărginita bogăţie
- a harului Său în bunătatea Sa
- pentru noi
- în Cristos Isus

Dumnezeu va fi veşnic glorificat pentru harul şi bunătatea Lui arătate faţă de noi. Toată creaţia va trăi în *uimire absolută* faţă de îndurarea minunată pe care Dumnezeu a arătată tuturor oamenilor—toate în Cristos Isus (vezi Efes.3:10).

Atunci cei neprihăniţi vor străluci ca soarele în Împărăţia Tatălui lor. Cine are urechi de auzit, să audă. (Mat. 13:43)

Sau dispreţuieşti tu bogăţiile bunătăţii, îngăduinţei şi îndelungii Lui răbdări? Nu vezi tu că bunătatea lui Dumnezeu te îndeamnă la pocăinţă? (Rom. 2:4)

În El avem răscumpărarea, prin sângele Lui, iertarea păcatelor, după bogăţiile harului Său, (Efes. 1:7)

Ca să arate în veacurile viitoare nemărginita bogăţie a harului Său, în bunătatea Lui faţă de noi în Hristos Isus. (Efes. 2:7)

Şi harul Domnului nostru s-a înmulţit peste măsură de mult împreună cu credinţa şi cu dragostea care este în Hristos Isus. (1 Tim. 1:14)

C. Convertirea credinciosului (Partea II): Lucrarea harului lui Dumnezeu— Mântuirea, 2:8-10	

1. Eşti mântuit
  a. Mântuit prin harul lui Dumnezeu
  b. Mântuit prin credinţă
  c. Nu prin puterea ta
  d. Mântuit prin darul lui Dumnezeu, nu prin fapte
  e. Motivul: ca să nu te lauzi, v.9
2. Eşti lucrarea lui Dumnezeu
  a. Zidit în Cristos Isus
  b. Zidit pentru fapte bune
	8. Căci prin har aţi fost mântuiţi, prin credinţă. Şi aceasta nu vine de la voi; ci este darul lui Dumnezeu.— 9. Nu prin fapte, ca să nu se laude nimeni. 10. Căci noi suntem lucrarea Lui, şi am fost zidiţi în Hristos Isus pentru faptele bune, pe care le-a pregătit Dumnezeu mai dinainte, ca să umblăm în ele.

SECŢIUNEA II

VIAŢA CREDINCIOSULUI CREŞTIN, 2:1-22

C. Convertirea credinciosului (Partea II): Lucrarea harului lui Dumnezeu—Mântuirea, 2:8-10

(2:8-10) **Introducere**: acest pasaj este unul dintre cele mai frumoase rezumate ale evangheliei pe care le găsim în Biblie. Aşa cum subliniază F.F. Bruce, acest pasaj este cheia reformei teologice: "Numai prin har, numai prin credinţă, slava este numai a lui Dumnezeu" (sola gratia, sola fide, soli Deo gloria) (F.F. Bruce. *Epistola către Efeseni*. Westwood, NJ: Fleming H. Revell, 1961, p.51.) Dacă cineva doreşte să fie mântuit, aceste versete îi spun cum poate să fie mântuit. Mântuirea este lucrarea lui Dumnezeu, a harului lui Dumnezeu şi doar a harului lui Dumnezeu. Nu este lucrarea omului, în nici o măsură.

⇒ Mântuirea este un dar de la Dumnezeu. Omul poate fi mântuit doar prin har. Omul nu poate face absolut nimic ca să se mântuiască. El nu poate câştiga, atinge sau merita mântuirea. Tot ce poate să facă omul este să accepte faptul că Dumnezeu spune că îl mântuieşte şi să primească oferta gratuită a mântuiri (Rom.11:6).

⇒ Mântuirea se primeşte prin credinţă (Rom.3:27; 4:2, 5; 1 Cor.1:31). Omul trebuie doar să creadă ceea ce spune Dumnezeu, să primească Cuvântul Lui, să primească oferta Lui gratuită a mântuirii. Iar când acceptă ceea ce Dumnezeu spune, că îl va mântui, Dumnezeu îl ia şi face din el "o făptură nouă", "un om nou", "o fire nouă" (2 Cor.5:17; Efes.4:24; 1 Pet.1:23; 2 Pet.1:4).

1. Eşti mântuit (v.8-9).
2. Eşti lucrarea lui Dumnezeu (v.10).

1 (2:8-9) **Mântuire—Har—Credinţă**: eşti mântuit de Dumnezeu şi doar de Dumnezeu. Accentul acestui pasaj cade pe acest lucru.

1. Eşti mântuit prin harul lui Dumnezeu. Harul înseamnă bunătatea şi îndurarea lui Dumnezeu, dar bunătatea şi îndurarea lui Dumnezeu sunt unice. Îndurarea şi bunătatea Lui sunt arătate *în ciuda faptului că sunt nemeritate*. Dumnezeu a făcut un lucru nemaiauzit între oameni: Dumnezeu le-a dat oamenilor harul Lui....

- În ciuda faptului că ei L-au blestemat
- În ciuda respingerii lor
- În ciuda răzvrătirii lor
- În ciuda ostilităţii lor faţă de El
- În ciuda faptului că ei Îl neagă pe Dumnezeu
- În ciuda faptului că ei Îl neglijează
- În ciuda faptului că ei au inima împărţită faţă de El
- În ciuda faptului că ei se închină religiei şi nu Lui
- În ciuda închinării lor false
- În ciuda închinării lor idolatre
- În ciuda fărădelegilor lor

EFESENI 2:8-10

- În ciuda păcatelor lor

Harul este dăruit, dar el este dăruit unor oameni care nu merită acest dar. Car este darul pe care Dumnezeu l-a dat? Isus Cristos. Dumnezeu a pe dat fiul Său, pe Isus Cristos, ca să salveze oamenii. El nu era obligat să Îşi dea fiul. Dumnezeu ar fi putut să-i şteargă pe oameni de pe faţa pământului. Oamenii ar fi meritat asta, dar acesta este harul lui Dumnezeu. Dumnezeu este plin de îndurare, de dragoste şi de bunătate—prin natura Sa, El este plin de aceste calităţi glorioase. De aceea, Dumnezeu *a trebuit* să Îşi arate harul Lui faţă de oameni. Dumnezeu a trebuit să Îşi trimită Fiul ca să salveze oamenii.

Dumnezeu nu se află într-un loc îndepărtat, departe de oameni, dezinteresat şi neîngrijorat faţă de suferinţele şi moartea omului. Dumnezeu este plin de har, plin de milă, plin de dragoste şi plin de bunătate faţă de om; de aceea, El a întins o mână de ajutor oamenilor, prin Fiul Său, Isus Cristos. Cum?

⇒ Dându-şi fiul să moară *pentru om*. Când Isus Cristos a atârnat pe cruce, El a luat păcatele noastre asupra Sa, şi a purtat pedeapsa pentru păcatele noastre. Noi am comis un act de înaltă trădare împotriva lui Dumnezeu: ne-am răzvrătit împotriva Lui şi L-am respins. Pedeapsa pentru faptele de înaltă trădare este moartea; noi suntem condamnaţi la moarte. Dar Cristos a luat pedeapsa noastră şi condamnarea noastră asupra Sa. El a murit pentru noi—în locul nostru, ca înlocuitor al nostru. La asta se referă Scriptura când spune că, Cristos a murit *pentru noi*.

> **Căci, pe când eram noi încă fără putere, Hristos, la vremea cuvenită a murit pentru cei nelegiuiţi. (Rom. 5:6)**
> **Dar Dumnezeu Îşi arată dragostea faţă de noi prin faptul că, pe când eram noi încă păcătoşi, Hristos a murit pentru noi. (Rom. 5:8)**
> **Căci, dacă atunci când eram vrăjmaşi, am fost împăcaţi cu Dumnezeu, prin moartea Fiului Său, cu mult mai mult acum, când suntem împăcaţi cu El, vom fi mântuiţi prin viaţa Lui. (Rom. 5:10)**

Observaţi că oamenii pentru care a murit Cristos, nu au meritat dragostea Lui jertfitoare. Ei erau oameni...
- "fără putere" (Ro.5:6)
- "nelegiuiţi" (Ro.5:6)
- "păcătoşi" (Ro.5:8)
- "vrăjmaşi" (Ro.5:10)

Acesta este harul lui Dumnezeu—Harul lui Dumnezeu care a fost revărsat peste oamenii păcătoşi, pierduţi şi condamnaţi—harul lui Dumnezeu care a dat cel mai minunat dar posibil oamenilor—darul Fiului Său pentru mântuirea lumii. (vezi comentarile, *Mântuire*—Efes.2:6; observaţi şi STUDIU APROFUNDAT # 1, *Justificare*—Gal.2:15-16; STUDIU APROFUNDAT # 2—2:16; observaţi—2:19-21.)

> **Şi sunt socotiţi neprihăniţi, fără plată, prin harul Său, prin răscumpărarea, care este în Hristos Isus. (Rom. 3:24)**
> **Căci cunoaşteţi harul Domnului nostru Isus Hristos. El, măcar că era bogat, s-a făcut sărac pentru voi, pentru ca prin sărăcia Lui, voi să vă îmbogăţiţi.(2 Cor. 8:9)**
> **În El avem răscumpărarea, prin sângele Lui, iertarea păcatelor, după bogăţiile harului Său, (Efes. 1:7)**
> **Dar Dumnezeu, care este bogat în îndurare, pentru dragostea cea mare cu care ne-a iubit, măcar că eram morţi în greşelile noastre, ne-a adus la viaţă împreună cu Hristos (prin har sunteţi mântuiţi). (Efes. 2:4-5)**

2. Eşti mântuit prin credinţă. Ce înseamnă a fi mântuit prin credinţă? Foarte simplu aceasta: Isus Cristos a murit pentru noi. El a purtat păcatele noastre şi pedeapsa noastră pe cruce. Atunci când credem, când credem cu adevărat, că Isus Cristos a murit pentru noi, Dumnezeu face un lucru minunat. Dumnezeu ia credinţa noastră şi o socoteşte ca fiind moartea lui Isus Cristos pentru noi. Adică, atunci când noi Îl onorăm pe Fiul Drag al lui Dumnezeu crezând în El atât de mult încât Îi dăm tot ce suntem şi tot ce avem Lui, atunci Dumnezeu ia moartea lui Isus Cristos şi o pune în dreptul nostru.

Ideea este următoarea: credinţa noastră Îl face pe Dumnezeu să ne vadă ca fiind în Cristos când El a murit. Credinţa noastră Îl face pe Dumnezeu să ne dea mântuire. (vezi comentarile, *Mântuire*—Efes.2:6; STUDIU APROFUNDAT # 1, *Justificare*—Gal.2:15-16; STUDIU APROFUNDAT # 2—2:16; comentariul—2:19-21 pentru mai multe discuţii.)

EFESENI 2:8-10

Isus Cristos este darul lui Dumnezeu pentru noi. Mântuirea prin Isus Cristos a fost împachetată ca un cadou pe care Dumnezeu ni-l întinde nouă. Dar observați: un dar nu este al nostru până când nu credem că este al nostru și întindem mâna să îl primim. Să presupunem că eu îți întind o Biblie și spun, "Poftim, este a ta. Ți-o dau în dar. Este a ta; ia-o." Ce trebuie să faci pentru ca Biblia (darul) să devină a ta? Trebuie să crezi că este a ta și să întinzi mâna să o primești. Sau ai putea spune, "Nu, mulțumesc...

- Nu te cred.
- Nu o vreau.
- Neg existența ei.
- Nu am suficient timp ca să o folosesc."

Dacă aceasta ar fi atitudinea ta, ce s-ar întâmpla cu darul? Niciodată nu va devenii al tău. În mintea mea, eu ți l-am oferit; dar tu nu l-ai primit niciodată. Ori nu ai crezut ori nu l-ai vrut.

Aceasta înseamnă credința. Dacă crezi, dacă crezi cu adevărat că Isus Cristos a murit *pentru tine*, atunci vei întinde mâna și vei primi darul harului lui Dumnezeu.

> **Fiindcă atât de mult a iubit Dumnezeu lumea, că a dat pe singurul Lui Fiu, pentru ca oricine crede în El, să nu piară, ci să aibă viața veșnică. (Ioan 3:16)**
> **Adevărat, adevărat vă spun, că cine ascultă cuvintele Mele, și crede în Cel ce M-a trimis, are viața veșnică, și nu vine la judecată, ci a trecut din moarte la viață. (Ioan 5:24)**
> **Dar lucrurile acestea au fost scrise, pentru ca voi să credeți că Isus este Hristosul, Fiul lui Dumnezeu; și crezând, să aveți viața în Numele Lui. (Ioan 20:31)**
> **Dacă mărturisești deci cu gura ta pe Isus ca Domn, și dacă crezi în inima ta că Dumnezeu L-a înviat din morți, vei fi mântuit. Căci prin credința din inimă se capătă neprihănirea, și prin mărturisirea cu gura se ajunge la mântuire, (Rom. 10:9-10)**

3. Nu poți fi mântuit prin tine însuți. Dumnezeu este perfect, și pentru ca cineva să poată trăi în prezența Sa, acel om trebuie să fie perfect. Aceasta este marea problemă a omului. Omul nu este perfect, de aceea, el niciodată nu va putea trăi în prezența lui Dumnezeu—nu prin eforturi proprii. Chiar dacă ar putea fi destul de bun și ar putea face destul bine încât să devină perfect (nimeni nu poate, dar dacă ar putea) nici măcar atunci nu ar fi primit de Dumnezeu. De ce? Pentru că el deja a păcătuit și a devenit imperfect. El deja este imperfect, corupt, îmbătrânește, moare și se strică. Dacă cineva poate fi primit de Dumnezeu—dacă va fi făcut perfect și i se va șterge trecutul lui—acest lucru nu se va face prin forțele lui proprii. El nu se poate mântui singur. Mântuirea nu este de natură omenească.

> **Negreșit, n-avem îndrăzneala să ne punem alături sau în rândul unora din aceia care se laudă singuri. Dar ei, prin faptul că se măsoară cu ei înșiși și se pun alături ei cu ei înșiși, sunt fără pricepere. (2 Cor. 10:12)**
> **Dacă vreunul crede că este ceva, măcar că nu este nimic, se înșeală singur. (Gal. 6:3)**
> **El ne-a mântuit, nu pentru faptele, făcute de noi în neprihănire, ci pentru îndurarea Lui, prin spălarea nașterii din nou și prin înnoirea făcută de Duhul Sfânt, (Tit 3:5)**
> **Mulți oameni își trâmbițează bunătatea; dar cine poate găsi un om credincios? (Prov. 20:6)**
> **Cine se încrede în inima lui este un nebun, dar cine umblă în înțelepciune va fi mântuit. (Prov. 28:26)**
> **Este un neam de oameni care se crede curat, și totuși, nu este spălat de întinăciunea lui. (Prov. 30:12)**
> **Căci mândria inimii tale te-a dus în rătăcire, pe tine, care locuiești în crăpăturile stâncilor, și domnești în înălțime; de aceea, tu zici în tine însuți: ⬜Cine mă va arunca la pământ?Dar chiar dacă ai locui tot atât de sus ca vulturul, chiar dacă ți-ai așeza cuibul între stele, tot te voi arunca jos și de acolo, zice Domnul.(Obadia 1:3-4)**

4. Ești mântuit prin darul lui Dumnezeu, nu prin fapte. Sunt cel puțin șapte motive pentru care mântuirea trebuie să fie un dar. (Observați: câteva dintre acestea au fost scoase la iveală de gândurile lui William Barclay, *Scrisori către Galateni și Efeseni*, p.121f.)

  a. Omul nu Îl poate face pe Dumnezeu să îi fie dator. Omul nu poate să Îl facă pe Dumnezeu dator pentru ceva ce a făcut el. Un om care lucrează îl face pe angajatorul său, dator pentru serviciile prestatate (Rom.4:4). Dumnezeu este complet indepedent. El nu poate fi făcut dator cuiva. Dumnezeu nu datorează nimănui nimic, și nu are nicio obligație față de nimeni. Dumnezeu nu îi mântuiește pe oameni pentru este obligat să facă asta, ci El face asta pentru că El iubește oamenii și dorește mântuirea lor.

b. Omul nu poate veni înaintea lui Dumnezeu cu perfecțiune. Dumnezeu este perfect, incoruptibil și veșnic. Omul și tot ce ține de el este imperfect, coruptibil și se strică (vezi comentariul și **STUDIU APROFUNDAT # 1**— Efes. 1:7). Omul nu are nimic de oferit și nu poate să îi dea lui Dumnezeu ceva ce să Îi satisfacă perfecțiunea. Orice dar sau ofertă din partea unui om imperfect este departe de a fi potrivit. Dumnezeu acceptă oferta omului nu pentru că omul ar merita să fie primit, ci doar pentru că Dumnezeu îl iubește și dorește să îl primească.

c. Omul nu poate să Îl determine pe Dumnezeu să îl ierte. Omul este cel care a greșit, care L-a jignit și L-a rănit pe Dumnezeu. Omul este acela care a rupt prietenia și relația cu Dumnezeu (Rom.3:23; 8:6-8). De aceea, omul este acela care trebuie să își ceară iertare înaintea lui Dumnezeu, iar Dumnezeu este în poziția de a oferi milă și iertare. Dacă Dumnezeu alege să aibă milă, o face pentru că acesta vine dintr-o inimă plină de har, nu pentru că omul ar merita.

d. Omul nu poate vindeca inima lui Dumnezeu. Păcatele omului frâng inima lui Dumnezeu (Rom.5:6, 8, 10). De aceea, greșelile omului sunt în primul rând împotriva dragostei; sunt în primul rând împotriva naturii lui Dumnezeu care este dragoste, îndurare și pace. Din moment ce greșeala principală a omului frânge inima lui Dumnezeu, tot ce poate să facă este să se arunce în dragostea lui Dumnezeu, să își ceară iertare și să se încreadă în Dumnezeu că îl va ierta. Acesta este mesajul glorios al mântuirii. Dacă omul se întoarce înspre Dumnezeu și Îi cere iertare, Dumnezeu îl iartă și îl primește pe om înapoi în harul Său.

e. Omul nu se poate mântui singur. (Efes.2:8-9). Indiferent care ar fi legea sau fapta aleasă pentru a fi calea spre mântuire, tot ar exista câțiva oameni care nu ar putea ține acea lege sau nu ar putea face fapta respectivă. Dacă mântuirea ar fi prin fapte sau legi, omul nu ar putea fi mântuit. Întotdeauna există mulți care nu pot munci ca să își câștige existența: cei handicapați, cei săraci, cei bolnavi, cei trudiți, cei neprivilegiați, cei dezavantajați, cei asupriți, și mulți, mulți alții. Totuși, cei nevoiași sunt întotdeauna înaintea ochilor lui Dumnezeu, și sunt scumpi în ochii Lui. De aceea, El a făcut ca mântuirea să fie prin har și numai prin har.

f. Omul nu poate să Îl facă pe Dumnezeu să Îl iubească (Tit.3:4-7). Dacă mântuirea ar fi prin fapte sau lege, atunci dragostea lui Dumnezeu nu s-ar putea cunoaște. Dumnezeu ar fi obligat să ne mântuiască și să ne binecuvânteze datorită faptului că ne-ar fi dator, și nu pentru că ne iubește. Faptele noastre i-ar cere să ne plătească ce ni se cuvine pentru veșnicie. El nu ar fi liber să facă ceva pentru noi doar pentru că ne iubește. Noi nu am ști niciodată ce înseamnă să fim iubiți de Dumnezeu. Am ști doar ce înseamnă să fim plătiți de Dumnezeu pentru faptele noastre.

g. Omul nu se poate elibera, și nu își poate elibera conștiința (vezi STUDIUL APROFUNDAT # 4—MAt.26:28). Dacă am fi mântuiți prin fapte și lege, libertatea duhului și a conștiinței ar fi imposibil de experimentat. Noi în mod constant cădem și nu suntem destul de buni. Acest lucru ne roade. Dacă Dumnezeu nu ne-ar ierta doar pentru că ne iubește, atunci ce ar putea îndepărta sentimentul de vinovăție și dezamăgire din inimile noastre? Legea? Nu, pentru că legea doar ne arată greșelile noastre atunci când greșim, și atunci începe măcinarea conștinței noastre (vezi comentariul —Rom.3:21-22). Singura cale prin care vinovăția din conștiința noastră poate fi îndepărtată este dacă Dumnezeu ne iartă greșelile noastre și ne convinge de iertarea Lui. Acest lucru El l-a făcut prin har – prin harul Lui.

> Mulți Îmi vor zice în ziua aceea: Doamne, Doamne! N-am prorocit noi în Numele Tău? N-am scos noi draci în Numele Tău? Și n-am făcut noi multe minuni în Numele Tău? Atunci le voi spune curat: Niciodată nu v-am cunoscut; depărtați-vă de la Mine, voi toți care lucrați fărădelege. (Mat. 7:22-23)
>
> Căci nimeni nu va fi socotit neprihănit înaintea Lui, prin faptele Legii, deoarece prin Lege vine cunoștința deplină a păcatului. (Rom. 3:20)
>
> Totuși, fiindcă știm că omul nu este socotit neprihănit, prin faptele Legii, ci numai prin credința în Isus Hristos, am crezut și noi în Hristos Isus, ca să fim socotiți neprihăniți prin credința în Hristos, iar nu prin faptele Legii; pentru că nimeni nu va fi socotit neprihănit prin faptele Legii. (Gal. 2:16)
>
> Căci prin har ați fost mântuiți, prin credință. Și aceasta nu vine de la voi; ci este darul lui Dumnezeu.—Nu prin fapte, ca să nu se laude nimeni. (Efes. 2:8-9)
>
> Dar, când s-a arătat bunătatea lui Dumnezeu, Mântuitorul nostru, și dragostea Lui de oameni, El ne-a mântuit, nu pentru faptele, făcute de noi în neprihănire, ci pentru îndurarea Lui, prin spălarea nașterii din nou și prin înnoirea făcută de Duhul Sfânt, (Tit 3:4-5)

5. Motivul pentru care mântuirea este prin har și nu prin fapte este pentru a-i împiedica pe oameni să se mândrească. Dumnezeu este creatura Supremă și Măreață a acestui univers. El este Creatorul tuturor lucrurilor care se află pe pământ și în cer. Dumnezeu locuiește în lumină și sfințenie perfectă, și este Cel care merită toată închinarea

și slava pentru veșnicie. Onoarea și gloria care se cuvin Numelui Său nu se împart cu nimeni. Dacă omul ar fi mântuit prin eforturile lui proprii, atunci ar putea să se mândrească, ar putea primi o parte din slavă. Dumnezeu nu poate permite acest lucru. Natura Sa interzice acest lucru. Ca și Dumnezeu, El este slava supremă a acestui univers. Iar ca și Persoană Supremă, El trebuie să primească gloria supremă—adică, toată gloria și slava. Supremația sa—Faptul că El este Dumnezeu—cere aceasta.

Meditația 1. Cât de mici suntem noi și cât de glorios este Dumnezeu!

> **Știm însă că tot ce spune Legea, spune celor ce sunt sub Lege, pentru ca orice gură să fie astupată, și toată lumea să fie găsită vinovată înaintea lui Dumnezeu. (Rom. 3:19)**
> **Unde este dar pricina de laudă? S-a dus. Prin ce fel de lege? A faptelor? Nu; ci prin legea credinței. (Rom. 3:27)**

2 (2:10) **Mântuire—Fapte, Dumnezeu—Om Nou**: ești *lucrarea* lui Dumnezeu (poiema). Observați două lucruri.

1.   Noi suntem lucrarea lui Dumnezeu, zidită în Cristos Isus. Credinciosul experimentează două creații, atât o naștere naturală cât și o naștere spirituală. Nașterea spirituală este punctul central al acestui verset. Când un om crede în Isus Cristos, Dumnezeu *îl crează în Cristos*. Ce înseamnă acest lucru?

⇒ Înseamnă că Dumnezeu însuflețește duhul credinciosului și îl face un duh viu. Înainte, duhul credinciosului era mort față Dumnezeu, Dumnezeu îl creează din nou și îl face viu pentru El.

> **Voi erați morți în greșelile și în păcatele voastre. (Efes. 2:1)**
> **Măcar că eram morți în greșelile noastre, ne-a adus la viață împreună cu Hristos (prin har sunteți mântuiți). (Efes. 2:5)**

⇒ Înseamnă că Dumnezeu a făcut în așa fel încât credinciosul să *se nască din nou din punct de vedere spiritual.*

> **Drept răspuns, Isus i-a zis: Adevărat, adevărat îți spun că, dacă un om nu se naște din nou, nu poate vedea Împărăția lui Dumnezeu. Isus i-a răspuns: Adevărat, adevărat îți spun, că, dacă nu se naște cineva din apă și din Duh, nu poate să intre în Împărăția lui Dumnezeu. Ce este născut din carne, este carne, și ce este născut din Duh, este duh. (Ioan 3:3,5,6)**
> **Fiindcă ați fost născuți din nou nu dintr-o sămânță, care poate putrezi, ci dintr-una care nu poate putrezi, prin Cuvântul lui Dumnezeu, care este viu și care rămâne în veac. (1 Pet. 1:23)**
> **Oricine crede că Isus este Hristosul, este născut din Dumnezeu; și oricine iubește pe Cel ce L-a născut, iubește și pe cel născut din El. (1 Ioan 5:1)**

⇒ Înseamnă că Dumnezeu și-a așezat *natura Sa divină* în inima credinciosului.

> **Prin care El ne-a dat făgăduințele Lui nespus de mari și scumpe, ca prin ele să vă faceți părtași firii dumnezeiești, după ce ați fugit de stricăciunea, care este în lume prin pofte. (2 Pet. 1:4)**

⇒ Înseamnă că Dumnezeu face din credincios *o făptură nouă.*

> **Căci, dacă este cineva în Hristos, este o făptură (Sau: zidire.) nouă. Cele vechi s-au dus: iată că toate lucrurile s-au făcut noi. (2 Cor. 5:17)**
> **Căci în Hristos Isus nici tăierea împrejur, nici netăierea împrejur nu sunt nimic, ci a fi o făptură nouă. (Gal. 6:15)**

⇒ Înseamnă că Dumnezeu face din credincios *un om nou.*

> **Și să vă îmbrăcați în omul cel nou, făcut după chipul lui Dumnezeu, de o neprihănire și sfințenie pe care o dă adevărul. (Efes. 4:24)**
> **Și v-ați îmbrăcat cu omul cel nou, care se înnoiește spre cunoștință, după chipul Celui ce l-a făcut. (Col. 3:10)**

⇒ Înseamnă că Dumnezeu *înnoiește credinciosul* prin Duhul Sfânt.

EFESENI 2:8-10

El ne-a mântuit, nu pentru faptele, făcute de noi în neprihănire, ci pentru îndurarea Lui, prin spălarea nașterii din nou și prin înnoirea făcută de Duhul Sfânt, (Tit 3:5)

2.   Noi am fost creați pentru fapte bune. Dumnezeu mântuiește omul *pentru fapte bune* și nu prin fapte bune. F.F. Bruce subliniază faptul că, credinciosul este *lucrarea* lui Dumnezeu (poiema), opera de artă a lui Dumnezeu, piesa de rezistență (*Epistola către Efeseni*, p.52). Dumnezeu face din om o operă de artă. Ceea ce face Dumnezeu întotdeauna este o lucrare de artă. Nu credinciosul creează frumusețea, arta care se poate vedea pe pânza vieții sale. Crecinciosul este acela care reflectă frumusețea lucrării lui Dumnezeu prin viața pe care o trăiește. Faptele sunt dovada mântuirii. Cei care umblă în fărădelege și păcat (Efes.2:1-2) demonstrează că nu sunt lucrarea lui Dumnezeu indiferent de ce ar putea spune. Oamenii lui Dumnezeu aduc o dovadă clară a puterii vieții noi care lucrează în ei.

Observați că Dumnezeu a pregătit mai dinainte faptele în care să umblăm. A face fapte bune nu este o opțiune pentru credincios; aceasta este natura credinciosului. Dacă cineva a fost creat în Cristos—dacă Dumnezeu a lucrat într-adevăr în el—atunci acel om face fapte bune. Natura lui îl obligă. El nu poate face altfel. El nu este perfect, și greșește; dar el se întoarce la Dumnezeu de fiecare dată, pe genunchi, crede, își cere iertare și din nou se ridică să facă tot ce poate cât mai bine. Așa cum am spus, este natura lui. El este o nouă creație, creat pentru fapte bune. De aceea, el le face. La fel cum pentru un pom aduce roade potrivit cu natura sa.

> Tot așa să lumineze și lumina voastră înaintea oamenilor, ca ei să vadă faptele voastre bune, și să slăvească pe Tatăl vostru, care este în ceruri. (Mat. 5:16)
>
> Pentru ca astfel să vă purtați într-un chip vrednic de Domnul, ca să-I fiți plăcuți în orice lucru: aducând roade în tot felul de fapte bune, și crescând în cunoștința lui Dumnezeu. (Col. 1:10)
>
> Îndeamnă-i să facă bine, să fie bogați în fapte bune, să fie darnici, gata să simtă împreună cu alții, (1 Tim. 6:18)
>
> Și dă-te pe tine însuți pildă de fapte bune, în toate privințele. Iar în învățătură, dă dovadă de curăție, de vrednicie, (Tit 2:7)
>
> Adevărat este cuvântul acesta, și vreau să spui apăsat aceste lucruri, pentru ca cei ce au crezut în Dumnezeu, să caute să fie cei dintâi în fapte bune. Iată ce este bine și de folos pentru oameni! (Tit 3:8)
>
> Să veghem unii asupra altora, ca să ne îndemnăm la dragoste și la fapte bune. (Evr. 10:24)
>
> Tot așa și credința: dacă n-are fapte, este moartă în ea însăși. Dar va zice cineva: ⌐Tu ai credința, și eu am faptele. Arată-mi credința ta fără fapte, și eu îți voi arăta credința mea din faptele mele. (Iacov 2:17-18)
>
> Să aveți o purtare bună în mijlocul Neamurilor, pentru ca în ceea ce vă vorbesc de rău ca pe niște făcători de rele, prin faptele voastre bune, pe care le văd, să slăvească pe Dumnezeu în ziua cercetării. (1 Pet. 2:12)
>
> Dar dacă umblăm în lumină, după cum El însuși este în lumină, avem părtășie unii cu alții; și sângele lui Isus Hristos, Fiul Lui, ne curăță de orice păcat. (1 Ioan 1:7)

1. Noi eram departe, despărțiți de Dumnezeu	D. Aminteşte-ți cum s-a schimbat viața ta, de când a venit Cristos: Împăcare şi Pace, 2:11-18	14. Căci El este pacea noastră, care din doi a făcut unul, şi a surpat zidul de la mijloc care-i despărțea,	3. Cristos ne aduce pace
			a. El face ca toți oamenii să fie una
a. Noi eram despărțiți de Dumnezeu: eram dintre neamuri, netăiați împrejur	11. De aceea voi, care altădată erați Neamuri din naştere, numiți netăiați împrejur de către aceia care se cheamă tăiați împrejur, şi care sunt tăiați împrejur în trup de mâna omului:	15. şi, în trupul Lui, a înlăturat vrăjmăşia dintre ei, Legea poruncilor, în orânduirile ei, ca să facă pe cei doi să fie în El însuşi un singur om nou, făcând astfel pace;	b. El a dărâmat toate barierele
			c. El a şters toate regulile
b. Noi eram despărțiți de Dumneze			
c. Noi eram excluşi din poporul lui Dumnezeu (Israel)	12. aduceți-vă aminte că în vremea aceea erați fără Hristos, fără drept de cetățenie în Israel, străini de legămintele făgăduinței, fără nădejde şi fără Dumnezeu în lume.	16. şi a împăcat pe cei doi cu Dumnezeu într-un singur trup, prin cruce, prin care a nimicit vrăjmăşia.	d. El face "oameni noi"
d. Noi eram excluşi de la legământul şi promisiunile lui Dumnezeu		17. El a venit astfel să aducă vestea bună a păcii vouă celor ce erați departe, şi pace celor ce erau aproape.	4. Cristos ne aduce împăcarea
			a. Prin cruce
e. Noi eram fără speranță şi fără Dumnezeu	13. Dar acum, în Hristos Isus, voi, care odinioară erați depărtați, ați fost apropiați prin sângele lui Hristos.	18. Căci prin El şi unii şi alții avem intrare la Tatăl, într-un Duh.	b. Prin propovăduirea păcii
2. Cristos ne apropie de Dumnezeu			5. Cristos ne aduce accesul la Dumnezeu

SECȚIUNEA II

VIAȚA CREDINCIOSULUI CREŞTIN, 2:1-22

D. Aminteşte-ți cum s-a schimbat viața ta de când a venit Cristos: Împăcare şi Pace, 2:11-18

(2:11-18) **Introducere—O făptură nouă—Biserica**: în versetele 11-22 Pavel doreşte ca cititorul să înțeleagă ceea ce Dumnezeu a făcut pentru om, din trei puncte de vedere diferite.

1. Din punct de vedere *istoric*. Înainte de Cristos, Dumnezeu le-a vorbit oamenilor prin poporul Israel. De la Cristos, Dumnezeu a mers mai departe spre toate Neamurile, adică spre aceia care doresc să Îl urmeze pe Cristos. Dumnezeu îi ia pe oameni, atât dintre evrei cât şi dintre neamuri, pe aceia care cred, şi îi face cetățeni ai *noii rase* a Lui, ai *noii națiuni*, ai *creației noi* (vezi comentariul—Efes.2:14-15; 4:17).

2. Din punct de vedere *individual*. Națiunea evreiască era formată din indivizi evrei, iar neamurile sunt formate la fel din indivizi dintre neamuri. De aceea, Dumnezeu se raportează la fiecare persoană separat aşa cum se ocupa de Natiunea Evreiască şi de Neamuri în mod separat. (1 Cor.10:32; Efes.2:10).

3. Din punct de vedere al *făpturii celei noi*. Dumnezeu nu mai are de a face cu o separare pământească între națiuni. El relaționeazp acum cu o naționalitate nouă de oameni, *un grup nou* de oameni care din care fac parte adevărații cetățeni ai Împărăției Sale. Aceşti cetățeni sunt indivizi din toate națiunile lumii care se apropie de Dumnezeu prin Domnul Isus Cristos. Dumnezeu promite *să recreeze din punct de vedere spiritual* pe orice om care se apropie de El prin Cristos. Dumnezeu face acel om *să se nască din nou*; El face din el un *om nou*. Apoi, Dumnezeu îi promite *omului nou* că va deveni un membru al *trupului nou* al lui Dumnezeu şi *al noii națiuni* de oameni a lui Dumnezeu—Biserica Sa adevărată (1 Cor.10:32). Aceşti credincioşi—cei care cred în Cristos—sunt cei care alcătuiesc adevărata *familie a lui Dumnezeu*, ei sunt cei care vor locui *în cerurile noi şi în pământul nou* pe care Dumnezeu le va crea în viitor. (2 Pet.3:10-13; Apoc.21:1f).

Acest pasaj este unul dintre cele mai minunate din Scriptură. Aminteşte-ți cum s-a schimbat viața ta acum de când a venit Cristos: împăcare şi pace.

1. Noi eram departe, despărțiți de Dumnezeu (vv.11-13).
2. Cristos ne apropie de Dumnezeu(v.13).
3. Cristos ne aduce pace (vv.14-15).
4. Cristos ne aduce împăcare (vv.16-17).
5. Cristos ne aduce acces la Dumnezeu (v.18).

EFESENI 2:11-18

1 (2:11-12) **Despărțire—Separare—Starea Omului:** noi eram departe și despărțiți de Dumnezeu. Observați că Pavel folosește persona a doua aici, "voi." Aici face referire la Neamuri, adică la toți cei care nu erau evrei. Observați cuvântul "depărtați" din versetul 13. A existat o vreme când noi toți care facem parte dintre neamuri eram "depărtați" și despărțiți de Dumnezeu, a fost o vreme când între noi și cer era o mare prăpastie. Când? Înainte de Cristos. Înainte de Cristos exista o mare prăpastie între majoritatea oamenilor și Dumnezeu. Despre asta este vorba în aceste două versete. Șase lucruri ne-au ținut departe de Dumnezeu. (Observați: aceleași șase lucruri îl țin pe om departe de Dumnezeu și astăzi. Vezi schița și comentariul—Rom.9:3-5 pentru mai multe discuții.)

1. Noi eram despărțiți de Dumnezeu de către evrei. Dumnezeu Însuși a făcut ca națiunea evreiască să se nască din Avraam. Dumnezeu i-a provocat pe evrei să fie forța misionară a lumii, cei care să proclame că El și doar El este singurul Dumnezeu viu și adevărat, și că El va trimite pe Mesia în lume ca să salveze omenirea. Dar evreii eu eșuat în îndeplinirea misiunii lor. Ei au devenit exclusiviști, super spirituali, plini de mândrie, mândri în religia lor și nu au reușit să le întindă o mână și celorlați oameni din lume.

⇒ Ei și-au luat pentru ei numele de Evrei, și s-au chemat așa, iar pe toți ceilalți i-au numit clasificat într-o singură categorie numită Neamuri.

⇒ Ei au luat ritualul principal al religiei lor, tăierea împrejur, și s-au numit așa, iar pe toți ceilalți i-au clasificat într-o singură categorie numită "netăiați împrejur".

Ideea este că noi ca și neamuri am fost despărțiți de Dumnezeu de religie, de o religie care cunoștea adevărul dar care a permis corupției să intre în ea. (vezi comentariul și STUDIU APROFUNDAT # 1—*Israel*—Ioan.4:22; STUDIU APROFUNDAT # 1, *Tăierea împrejur*—Rom.4:11.)

Meditația 1. Religia poate să îl țină pe om departe de Dumnezeu—o religie coruptă. Noi trebuie să fim atenți și să protejăm adevărul lui Isus Cristos de corupție.

2. Noi eram "despărțiți de Cristos." Acest lucru înseamnă că noi ca și Neamuri nici nu știam despre El și nici nu Îl așteptam pe Mesia, adică, pe Unsul lui Dumnezeu. Ca și Neamuri noi nu aveam nicio speranță a unui Mântuitor care urma să vină în lume.

3. Noi eram "excluși" din poporul lui Dumnezeu, adică, din Israel. Ceea ce înseamnă că noi ca și Neamuri nu eram cetățeni ai poporului lui Dumnezeu—nu făceam parte din națiunea pe care Dumnezeu Și-o construia pentru El. Ca și Neamuri noi nu aveam nici un rost.

4. Noi eram "străini de legământul promisiunii." Ceea ce înseamnă că noi ca și Neamuri nu eram oamenii legământului lui Dumnezeu. Dumnezeu nu le-a dat Neamurilor direct, legământul relației. Doar evreii aveau o relație cu Dumnezeu bazată pe un legământ.

5. Noi "eram fără speranță." Ceea ce înseamnă că noi ca și Neamuri trăiam în toate temerile și nesiguranțele vieții și într-o continuă așteptare a morții. Noi eram fără speranța unei vieți dincolo de lumea aceasta, dincolo de istoria umană.

6. Noi eram "fără Dumnezeu în lume." Asta înseamnă că noi ca și Neamuri eram singuri în această lume. Nu aveam nicio sursă de unde să ne tragem puterea sau speranța, dincolo de ceea ce puteam face noi înșine sau de ceea ce alții puteau să ne dea. Nu aveam nimic înspre ce să privim dincolo de noi înșine. Noi aveam "mulți zei și dumnezei" (1 Cor.8:5), dar eram străini de singurul Dumnezeu viu și adevărat.

,Norodul acesta se apropie de Mine cu gura și mă cinstește cu buzele, dar inima lui este departe de Mine. (Mat. 15:8)

În adevăr, însușirile nevăzute ale Lui, puterea Lui veșnică și dumnezeirea Lui, se văd lămurit, de la facerea lumii, când te uiți cu băgare de seamă la ele în lucrurile făcute de El. Așa că nu se pot dezvinovăți; fiindcă, măcar că au cunoscut pe Dumnezeu, nu L-au proslăvit ca Dumnezeu, nici nu I-au mulțumit; ci s-au dedat la gândiri deșarte, și inima lor fără pricepere s-a întunecat. S-au fălit că sunt înțelepți, și au înnebunit; căci au schimbat în minciună adevărul lui Dumnezeu, și au slujit și s-au închinat făpturii în locul Făcătorului, care este binecuvântat în veci! Amin. (Rom. 1:20-22,25)

Iată dar ce vă spun și mărturisesc eu în Domnul: să nu mai trăiți cum trăiesc păgânii, în deșertăciunea gândurilor lor, având mintea întunecată, fiind străini de viața lui Dumnezeu, din pricina neștiinței în care se află în urma împietririi inimii lor. Ei și-au pierdut orice pic de simțire, s-au dedat la desfrânare, și săvârșesc cu lăcomie orice fel de necurăție. (Efes. 4:17-19)

Cei răi sînt stricați încă din pîntecele mamei lor, mincinoșii se rătăcesc odată cu ieșirea din pîntecele mamei lor. (Ps. 58:3)

2 (2:13) **Isus Cristos, Sânge—Împăcare**: Cristos ne apropie de Dumnezeu. Cuvintele "dar acum" au o putere cataclismică și creează un contrast puternic. Isus Cristos a venit în lume. A existat o vreme când El nu venise în lume, o vreme când oamenii erau despărțiți de Dumnezeu și unii de alții, *dar acum* Cristos a venit ca să-i aducă pe toți oamenii la Dumnezeu și unii spre alții. Cum ne apropie Cristos de Dumnezeu? Observați cât de clar și fără de greș spune Scriptura: "prin sângele Lui." Prin sângele lui Cristos, oamenii sunt apropiați de Dumnezeu. Dar de ce prin sânge? De ce a fost nevoie ca Cristos să moară pentru ca să ne apropie pe noi de Dumnezeu? Sunt cel puțin două motive.

1.   Omul era înstrăinat de Dumnezeu: el L-a respins și s-a răzvrătit împotriva lui Dumnezeu, el a comis acte de înaltă trădare împotriva Lui. Omul făcea tot felul de răutăți și nedreptăți în lume—toate acestea împotriva voiei și legii lui Dumnezeu. Și chiar și între oameni, pedeapsa pentru acte de înaltă trădare se pedepsesc cu exil, despărțire și moarte.

Acum observați: exista doar o singură cale prin care omul putea fi adus înapoi la Dumnezeu—doar dacă Dumnezeu l-ar fi iubit destul de mult ca să îi ierte fărădelegile și răzvrătirea. Evanghelia glorioasă este aceea că Dumnezeu a iubit omul atât de mult. Dumnezeu a fost gata să ierte omul. Totuși, exista o problemă. Judecata exilului și a morții deja fusese rostită, iar cuvântul lui Dumnezeu nu poate fi revocat. Ce putea Dumnezeu să facă? Un singur lucru: Dumnezeu a trebuit să se îngrijească de un Om perfect și Ideal pentru toți oamenii, un Om care să poate sta ca și Tipar pentru toți oamenii. Dacă El putea să se îngrijească și să-L trimită pe acel Om Ideal, atunci acel om ar fi putut muri pentru toți oamenii, iar moartea Lui ar fi putut sta în contul morții tuturor oamenilor.

Dumnezeu a făcut așa. Dumnezeu a iubit omul cu o dragoste perfectă—o dragoste atât de puternică încât a fost gata să Îl dea pe Fiul Său în locul oamenilor. Doar Dumnezeu și Fiul lui Dumnezeu pot iubi atât de mult. Acesta este primul motiv pentru care Cristos a trebuit să moară, ca să Își verse sângele pentru oameni.

> **Pe Cel ce n-a cunoscut nici un păcat, El L-a făcut păcat pentru noi, ca noi să fim neprihănirea lui Dumnezeu în El. (2 Cor. 5:21)**
>
> **Cu cât mai mult sângele lui Hristos, care, prin Duhul cel veșnic, S-a adus pe Sine însuși jertfă fără pată lui Dumnezeu, vă va curăți cugetul vostru de faptele moarte, ca să slujiți Dumnezeului cel viu! (Evr. 9:14)**
>
> **Căci știți că nu cu lucruri pieritoare, cu argint sau cu aur, ați fost răscumpărați din felul deșert de viețuire, pe care-l moșteniserăți de la părinții voștri, ci cu sângele scump al lui Hristos, Mielul fără cusur și fără prihană. (1 Pet. 1:18-19)**
>
> **El a purtat păcatele noastre în trupul Său, pe lemn, pentru ca noi, fiind morți față de păcate, să trăim pentru neprihănire; prin rănile Lui ați fost vindecați. (1 Pet. 2:24)**
>
> **Hristos, de asemenea, a suferit odată pentru păcate, El, Cel neprihănit, pentru cei nelegiuiți, ca să ne aducă la Dumnezeu. El a fost omorât în trup, dar a fost înviat în duh, (1 Pet. 3:18)**
>
> **Dar dacă umblăm în lumină, după cum El însuși este în lumină, avem părtășie unii cu alții; și sângele lui Isus Hristos, Fiul Lui, ne curăță de orice păcat. (1 Ioan 1:7)**

2.   Dumnezeu a dorit să arate cât de mult iubește El lumea. "Nu este mai mare dragoste decât să-și dea cineva viața pentru prietenii săi" (Ioan.15:13). Totuși, Dumnezeu a mers mai departe decât atât. Dar observați următorul lucru: noi nu eram prieteni cu Dumnezeu. Noi eram dușmani, noi ne răzvrăteam împotriva Lui, Îl respingeam pe El și fiecare respingeam fiecare din legile Lui. De aceea, când a murit Cristos, El a murit pentru oameni care erau...

- "fără nici o putere" (Rom.5:6)
- "nelegiuiți" (Rom.5:6)
- "păcătoși" (Rom.5:8)
- "vrăjmași" (Rom.5:10)

> **Căci, pe când eram noi încă fără putere, Hristos, la vremea cuvenită a murit pentru cei nelegiuiți. (Rom. 5:6)**
>
> **Dar Dumnezeu Își arată dragostea față de noi prin faptul că, pe când eram noi încă păcătoși, Hristos a murit pentru noi. Deci, cu atât mai mult acum, când suntem socotiți neprihăniți, prin sângele Lui, vom fi mântuiți prin El de mânia lui Dumnezeu. Căci, dacă atunci când eram vrăjmași, am fost împăcați cu Dumnezeu, prin moartea Fiului Său, cu mult mai mult acum, când suntem împăcați cu El, vom fi mântuiți prin viața Lui. (Rom. 5:8-10)**

3 (2:14-15) **Pace—Împăcare—Lege—Frățietate—Unitate—Separare—Om Nou**: Cristos ne aduce pace. Observați că Însuși Cruistos este pacea noastră.

⇒   Cristos ne aduce pacea atunci când ne dăm seama că El a murit pentru noi și că El este Cel care ne oferă eliberarea de robia păcatului și a morții și ne oferă viața veșnică împreună cu Dumnezeu.

EFESENI 2:11-18

⇒ Cristos ne aduce un sentiment profund de pace când ne dăm seama că El este Cel care zilnic ne dă puterea să biruim greutatea și povara chinului vinovăției, a singurătății, a golului și a fricii.

⇒ Cristos ne aduce un sentiment adânc de pace când ne dăm seama că El a adus dragostea și unitatea perfectă în lume—că El este Cel care a eliminat toate barierele și diferențele dintre om și Dumnezeu și dintre om și om.

Cristos este *pacea omului* pentru că El face patru lucruri pentru om.

1. Cristos aduce pacea unind pe toți oamenii, făcându-i "una" (v.14). Observați că El a făcut "pe cei doi, una," adică pe Evreu și pe cel neevreu. Sunt două modalități prin care Cristos îi face pe oameni una.

   a. Toți oamenii se apropie acum de Dumnezeu de pe același nivel, de pe picior de egalitate: prin sângele lui Isus Cristos. Nu există altă cale. De aceea, când un om vine la cruce, el vine împreună cu toți ceilalți care stau la picioarele lui Isus. El este una cu ei—având aceeași bază egală: păcătoși care au nevoie de un Salvator. El nu poate fi acceptat de Dumnezeu pentru că este mai bun, mai sănătos, mai inteligent, mai capabil sau mai religios decât altcineva. El este primit de Dumnezeu pentru că el acceptă că este fără nici o valoare și este nimic—nevoia lui disperată este—să fie mântuit prin sângele lui Cristos. El este primit de Dumnezeu pentru că el își dă seama că este la fel ca ceilalți oameni—pierdut și plin de nevoi—și devine una cu toți ceilalți oameni care Îl mărturisesc pe Cristos ca și Mântuitor.

   > Vă las pacea, vă dau pacea Mea. Nu v-o dau cum o dă lumea. Să nu vi se tulbure inima, nici să nu se înspăimânte. (Ioan 14:27)
   > Deci, fiindcă suntem socotiți neprihăniți, prin credință, avem (Sau: Să avem.) pace cu Dumnezeu, prin Domnul nostru Isus Hristos. (Rom. 5:1)
   > Căci Împărăția lui Dumnezeu nu este mâncare și băutură, ci neprihănire, pace și bucurie în Duhul Sfânt. (Rom. 14:17)
   > Căci El este pacea noastră, care din doi a făcut unul, și a surpat zidul de la mijloc care-i despărțea, (Efes. 2:14)
   > Și să împace totul cu Sine prin El, atât ce este pe pământ cât și ce este în ceruri, făcând pace, prin sângele crucii Lui. (Col. 1:20)

   b. Toți oamenii care vin la Cristos primesc o dragoste comună, un scop comun, și o slujbă comună.

   ⇒ În primul rând, dragostea comună. Fiecare credincios care vine la Isus Cristos Îl iubește pe Cristos, iar această dragoste comună *între* credincioși îndeamnă la o dragoste comună și printre credincioși. Dragostea pentru Isus Cristos îndeamnă la dragoste și pentru toți cei pe care îi iubește Cristos—adică pentru toți oamenii. Cristos îi îndeamnă pe oameni să se iubească unii pe alții.

   ⇒ În al doilea rând, există un scop comun și o slujbă comună: acest scop comun este acela de a trăi o viață sfântă și de a mărturisi despre mesajul glorios al mântuirii și al vieții veșnice.

   > Tot așa, și noi, care suntem mulți, alcătuim un singur trup în Hristos; dar, fiecare în parte, suntem mădulare unii altora. (Rom. 12:5)
   > Nu mai este nici Iudeu, nici Grec; nu mai este nici rob nici slobod; nu mai este nici parte bărbătească, nici parte femeiască, fiindcă toți sunteți una în Hristos Isus. (Gal. 3:28)
   > Pentru desăvârșirea sfinților, în vederea lucrării de slujire, pentru zidirea trupului lui Hristos, până vom ajunge toți la unirea credinței și a cunoștinței Fiului lui Dumnezeu, la starea de om mare, la înălțimea staturii plinătății lui Hristos; (Efes. 4:12-13)
   > Dar dacă umblăm în lumină, după cum El însuși este în lumină, avem părtășie unii cu alții; și sângele lui Isus Hristos, Fiul Lui, ne curăță de orice păcat. (1 Ioan 1:7)

2. Cristos aduce pace, dărâmând toate barierele (v.14). Această imagine este luată din templu. Templul era înconjurat de o serie de curți. Fiecare curte avea un zid înalt care o despărțea de cea precedentă. Când un om venea la templu, întâi intra în Curtea exterioară a Neamurilor. Aici aveau loc cumpărări și vânzări de animale, și tot aici se schimbau bani pentru cei care veneau să se închine din alte țări (evreii prozeliți), toate acestea se petreceau aici (vezi schița—Marcu.11:15). Apoi mai era Curtea Femeilor. O femeie evreică era limitată la această curte dacă nu veanea să aducă o jertfă. Următoarea Curte era Curtea Israeliților. Aici se aduna întreaga adunare în zilele de sărbătoare și tot aici erau date preoților jertfele. Următoarea Curte era cea a Preoților. Această curte era situată în templul propriu-zis, de aici începea clădirea templului. Această zonă era considerată sfântă și le era accesibilă doar preoților. În ultimul rând, în inima templului se afla Sfânta Sfintelor, sau Locul Preasfânt, unde locuia prezența lui Dumnezeu. Doar Marele Preot putea intra aici și putea intra o singură dată pe an—la marea sărbătoare a Paștelui.

EFESENI 2:11-18

Fiecare zid îi separa oamenii de prezența lui Dumnezeu. Pe ziduri erau atârnate tăblițe care anunțau că dacă vreunul dintre Neamuri intra în vreo altă curte decât cea a Neamurilor, urma să fie omorât. Imaginea pe care o avem este aceea a lui Isus Cristos care dărâmă toate barierele și toate zidurile care îl despărțeau pe om de Dumnezeu. Toți oamenii se pot apropia de Dumnezeu pe picior de egalitate, prin moartea lui Isus Cristos. Oamenii construiesc tot felul de bariere și prejudecăți împotriva altor oameni. Societatea este plină de bariere și prejudecăți construite în jurul unor lucruri cum sunt ...

- rasa
- culoarea
- religia
- organizațiile
- bogățiile
- poziția

- aparențele
- sănătatea
- angajamentele
- abilitățile
- morala
- îmbrăcămintea

Dar Cristos a dărâmat toate barierele și prejudecățile. El le-a distrus pe toate prin sângele vărsat pe crucea Sa. Toți oamenii acum se pot apropia de Dumnezeu și pot deveni vrednici de pe același nivel: închinându-se înaintea crucii și predându-și viețile Fiului lui Dumnezeu, Domnul Isus Cristos.

> "Voi să nu vă numiți Rabi! Fiindcă Unul singur este Învățătorul vostru: Hristos, și voi toți sunteți frați. (Mat. 23:8)
>
> Dar Dumnezeu mi-a arătat să nu numesc pe nici un om spurcat sau necurat. (Fapte 10:28)
>
> În adevăr, nu este nici o deosebire între Iudeu și Grec; căci toți au același Domn, care este bogat în îndurare pentru toți cei ce-L cheamă. (Rom. 10:12)
>
> Nu mai este nici Iudeu, nici Grec; nu mai este nici rob nici slobod; nu mai este nici parte bărbătească, nici parte femeiască, fiindcă toți sunteți una în Hristos Isus. (Gal. 3:28)
>
> Ascultați, preaiubiții mei frați: n-a ales Dumnezeu pe cei ce sunt săraci în ochii lumii acesteia, ca să-i facă bogați în credință și moștenitori ai Împărăției, pe care a făgăduit-o celor ce-L iubesc? (Iacov 2:5)
>
> Bogatul și săracul se întâlnesc: Domnul i-a făcut și pe unul și pe altul. (Prov. 22:2)

3.   Cristos aduce pace ștergând ostilitatea legii împotriva noastră. Înainte de Cristos, omul trebuia să se apropie de Dumnezeu prin lege. Totuși, omul a descoperit ceva: legea nu îl făcea acceptabil înaintea lui Dumnezeu: îl condamna și îi arăta cât de departe de Dumnezeu este de fapt—depravat total. De fiecare dată când încălca legea, legea striga "vinovat" și pronunța pedeapsa pentru că omul era imperfect, nevrednic și neacceptat de Dumnezeu. Omul a descoperit că legea era împotriva lui—în vrăjmășie cu el. Dar acum, Cristos a dat la o parte vrăjmășia și condamnarea legii.

⇒   El a trăit o viață fără păcat, a împlinit legea în mod perfect; de aceea El a asigurat Neprihănirea Perfectă și Ideală.

⇒   El deasemenea a plătit pedeapsa pentru încălcările de lege pe care le-a făcut omul. El a putut face acest lucru pentru că era Omul Perfect. Când a murit pe cruce, El a purtat condamnarea și pedeapsa pentru noi.

Ideea este următoarea: când Cristos a împlinit legea, El a devenit întruparea legii. Acum El este Calea. Omul se poate apropia de Dumnezeu prin El, nu prin lege. De aceea, nu mai există legi, nu mai există reguli, și nici alte bariere care să îi țină pe oameni departe de Dumnezeu. Un singur lucru îl poate ține pe un om departe de Dumnezeu: refuzul de a veni la Dumnezeu prin Fiul Său, Isus Cristos. (vezi schița și STUDIU APROFUNDAT # 1—Gal.2:15-16; STUDIU APROFUNDAT # 2—2:16; schița—2:19-21; 3:13-14; 4:4-7; STUDIU APROFUNDAT # 2—Rom.8:3 penru mai multe discuții.)

> Să nu credeți că am venit să stric Legea sau Proorocii; am venit nu să stric, ci să împlinesc. (Mat. 5:17)
>
> Căci, lucru cu neputință Legii, întrucât firea pământească (Grecește: carnea, aici și peste tot unde e firea pământească) o făcea fără putere Dumnezeu a osândit păcatul în firea pământească, trimițând, din pricina păcatului, pe însuși Fiul Său într-o fire asemănătoare cu a păcatului, (Rom. 8:3)
>
> Hristos ne-a răscumpărat din blestemul Legii, făcându-Se blestem pentru noi, fiindcă este scris: Blestemat e oricine este atârnat pe lemn. (Gal. 3:13)
>
> Dar când a venit împlinirea vremii, Dumnezeu a trimis pe Fiul Său, născut din femeie, născut sub Lege, ca să răscumpere pe cei ce erau sub Lege, pentru ca să căpătăm înfierea. (Gal. 4:4-5)

4.   Cristos aduce pacea, creând un "om nou." Dumnezeu a plănuit și a promis o "nouă creație"—creația unui *om nou*, a unui om în care să locuiască Isus Cristos (Col.1:27).

În mod individual, când un om se întoarce la Cristos, Cristos face ca acel om să *se nască din nou*. El îl reface pe acel om—crează omul *de la capăt*. Omul are o viață nouă; el își începe viața din nou. El primește un nou început, iar acest început nou aduce pace—pace în inimă și în minte (vezi schița, *Om Nou*—Efes.2:10 pentru mai multe discuții.)

În Isus Cristos toți oamenii care cred, atât evrei cât și neevrei, formează un singur *trup nou* (Efes.2:16), *o familie nouă* (Efes.2:19), *o clădire nouă* (Efes.2:20-22), *un templu nou* (Efes.2:21), *o părtășie nouă* (Efes.1:22). (vezi schița— Efes.4:17; STUDIU APROFUNDAT # 3—Efes.4:24.)

4 (2:16-17) **Împăcare—Isus Cristos, Cruce:** Cristos ne aduce împăcarea. Cuvântul *împăcare* (apo-katallasso) înseamnă a schimba, a schimba în întregime, a da la schimb, a schimba vrăjmășia în prietenie, a aduce împreună, a restaura. Ideea prezentată este aceea a două persoane care ar fi trebuit să fie împreună de la început, care sunt aduse laolaltă; două persoane care au avut o problemă între ele, care acum sunt reunite și restaurate.

Trebuie observate cinci puncte în legătură cu împăcarea.

1.   Lucrul care a rupt relația dintre Dumnezeu și om a fost păcatul. Despre oameni se spune că sunt vrăjmași cu Dumnezeu (Rom.5:10), iar cuvântul "vrăjmași" se referă la starea de păcătoși și de nelegiuți (Rom.5:6, 8). "Vrăjmașii" lui Dumnezeu sunt păcătoșii și nelegiuții acestei lumi. Asta înseamnă că fiecare om este un vrăjmaș al lui Dumnezeu, pentru că fiecare om este păcătos și nelegiuit. Poate acest lucru pare dur, dar este exact ce spune Scriptura. Acest lucru este clar dacă ne gândim puțin la asta.

Despre păcătos nu se poate spune că este prieten cu Dumnezeu. El este împotriva lui Dumnezeu, este împotriva a tot ce înseamnă Dumnezeu. Păcătosul ...

- Este răzvrătit împotriva lui Dumnezeu
- Îl respinge pe Dumnezeu
- Îl blastămă pe Dumnezeu
- Îl ignoră pe Dumnezeu
- Este neascultător față de Dumnezeu
- Luptă împotriva lui Dumnezeu
- Îl neagă pe Dumnezeu
- Refuză să trăiască pentru Dumnezeu

Când oricare dintre noi păcătuim, noi acționăm împotriva lui Dumnezeu și promovăm răul prin cuvânt și exemplu.

⇒   Când păcătosul trăiește pentru sine, el devine un dușman al lui Dumnezeu. De ce? Pentru că Dumnezeu nu trăiește pentru Sine. Dumnezeu S-a dat pe Sine în cel mai suprem mod posibil: El L-a dat pe singurul Său Fiu să moară pentru noi.

⇒   Când păcătosul trăiește pentru lucrurile din lume, el devine un vrăjmaș al lui Dumnezeu. De ce? Pentru că el alege lucrurile trecătoare, lucrurile care pier, în locul lui Dumnezeu. Omul alege lucrurile pieritoare în timp ce Dumnezeu a asigurat viața veșnică pentru el prin moartea Fiului Său.

Acesta este scopul dragostei mărețe a lui Dumnezeu sau a împăcării Lui. El nu ne-a împăcat și nu ne-a mântuit când eram neprihăniți și buni. El ne-a împăcat și ne-a mântuit când eram încă vrăjmași, când Îl ignoram și Îl respingeam pe El. Așa cum s-a spus mai sus, pentru că suntem păcătoși și vrăjmași cu Dumnezeu, avem nevoie de împăcare.

2.   Oamenii sunt împăcați cu Dumnezeu prin moartea Fiului Său, Isus Cristos. Foarte simplu spus, când un om crede că Isus Cristos a murit pentru el...

- Dumnezeu acceptă moartea lui Isus Cristos *în locul* morții omului.
- Dumnezeu acceptă păcatele purtate de Cristos ca fiind păcatele comise, acceptă condamnarea purtată de Cristos ca fiind condamnarea cuvenită omului.

De aceea, omul este eliberat de păcate și de pedeapsa cuvenită păcatelor sale. Cristos a purtat atât păcatele cât și pedeapsa pentru ele, în locul omului. Omul care crede cu adevărat că Dumnezeu iubește atât de mult—destul cât să Își dea Fiul Său prea iubit—devine primit de Dumnezeu, și este împăcat cu El pentru veșnicie.

3.   Dumnezeu este Cel care împacă, nu omul. Nu oamenii se împacă cu Dumnezeu. Ei niciodată nu ar putea face destule fapte bune pentru a deveni acceptați de Dumnezeu. Împăcarea este în totalitate lucrarea lui Dumnezeu. Dumnezeu este cel care Își întinde mâna înspre oameni și îi împacă cu Sine. Oamenii primesc împăcarea lui Dumnezeu.

4.   Toți oamenii pot fi împăcați unii cu alții, pot fi aduși laolaltă, dacă privesc înspre Dumnezeu, prin Domnul Isus Cristos. Oamenii care privesc în sus spre Isus Cristos pentru împăcare și pace cu Dumnezeu, sunt legați mână în mână sub același Domn. (vezi schița—Ioan.14:27; Efes.2:13; 2:14-15; 1 Ioan.1:3-4; 2:1-2.)

5.   Oamenii ajung să cunoască despre împăcare prin propovăduirea lui Isus Cristos. Cristos a fost primul care a predicat acest mesaj. Urmașii Lui trebuie să Îl urmeze pe El, pentru că nu există altă cale prin care oamenii să știe că ei pot fi împăcați cu Dumnezeu, decât prin propovăduire.

> **Și toate lucrurile acestea sunt de la Dumnezeu, care ne-a împăcat cu El prin Isus Hristos, și ne-a încredințat slujba împăcării; (2 Cor. 5:18; vezi v.19-21)**

EFESENI 2:11-18

Spre lauda slavei harului Său, pe care ni l-a dat în Preaiubitul Lui. (Efes. 1:6)

Și a împăcat pe cei doi cu Dumnezeu într-un singur trup, prin cruce, prin care a nimicit vrăjmășia. (Efes. 2:16)

Și să împace totul cu Sine prin El, atât ce este pe pământ cât și ce este în ceruri, făcând pace, prin sângele crucii Lui. (Col. 1:20)

Prin urmare, a trebuit să Se asemene fraților Săi în toate lucrurile, ca să poată fi, în ce privește legăturile cu Dumnezeu, un mare preot milos și vrednic de încredere, ca să facă ispășire pentru păcatele norodului. (Evr. 2:17)

Noi Îl iubim pentru că El ne-a iubit întâi. (1 Ioan 4:19)

5 (2:18) **Acces**: Cristos ne deschide accesul la Dumnezeu. Cuvântul *acces* (prosagoge) înseamnă a aduce, a muta la, a introduce, a prezenta. Gândul transmis este acela al unei curți regale unde ești prezentat și adus în fața Regelui Regilor. Isus Cristos este Cel deschide ușa înspre prezența lui Dumnezeu. El este cel care ne prezintă în fața lui Dumnezeu, în fața Majestății Supreme a universului.

Observați că Duhul Sfânt este cel care ne escortează în prezența lui Dumnezeu. Ideea prezentată este aceea a accesului zilnic—oră de oră, moment de moment. Duhul Sfânt ne ține în prezența lui Dumnezeu.

⇒ Duhul Sfânt este Natura Divină a a lui Dumnezeu, care este în noi și care ne permite accesul la Dumnezeu (Ioan.3:5; Rom.8:11; 2 Pet.1:4).

⇒ Duhul Sfânt este Cel care lucrează în noi și Cel care ne provoacă să mergem tot mai aproape în prezența lui Dumnezeu (Rom.8:14; Gal.4:6-7).

⇒ Duhul Sfânt este continuu cu noi, ne învață cum să trăim în prezența lui Dumnezeu. (Ioan.14:26; 1 Cor.2:12-13).

⇒ Duhul Sfânt este Cel care este în noi și ne învață să fim mărturii, că suntem copii ai lui Dumnezeu și ar trebui să ne apropiem de Dumnezeu în mod continuu (Rom.8:15-16; Gal.4:4-6).

	E. Aminteşte-ţi cine eşti:Şase imagini ale Bisericii, 2:19-22	21. În El toată clădirea, bine închegată, creşte ca să fie un Templu sfânt în Domnul 22. Şi prin El şi voi sunteţi zidiţi împreună, ca să fiţi un locaş al lui Dumnezeu, prin Duhul.	4. A patra Imagine: Un organism viu 5. A cincea imagine: Un templu pe întreg pământul —biserica universală 6. A şasea imagine: Un templu local—biserica locală
1. Prima Imagine: O nouă naţiune 2. A doua Imagine: familia lui Dumnezeu 3. A treia Imagine: Clădirea lui Dumnezeu	19. Aşadar, voi nu mai sunteţi nici străini, nici oaspeţi ai casei, ci sunteţi împreună cetăţeni cu sfinţii, oameni din casa lui Dumnezeu, 20. fiind zidiţi pe temelia apostolilor şi proorocilor, piatra din capul unghiului fiind Isus Hristos.		

SECŢIUNEA II

VIAŢA CREDINCIOSULUI CREŞTIN, 2:1-22

E. AMINTEŞTE-ŢI CINE EŞTI: ŞASE IMAGINI ALE BISERICII, 2:19-22

(2:19-22) **Introducere—Biserica**: aceasta este o descriere excelentă a bisericii. Sunt prezentate şase imagini în aceste patru versete scurte.
1. Prima Imagine: o naţiune nouă (v.19).
2. A doua Imagine: Familia lui Dumnezeu (v.19).
3. A treia Imagine: Clădirea lui Dumnezeu (v.20).
4. A patra Imagine: un organism viu (v.21).
5. A cincea imagine: un templu pe întreg pământul—biserica universală (v.21).
6. A şasea imagine: un templu local—biserica locală (v.22).

1 (2:19) **Biserica—Credincioşii—O naţiune nouă**: în primul rând, biserica este prezentată ca o naţiune nouă sau ca o societate nouă. Observaţi cuvintele "împreună cetăţeni." Noi, Neamurile, nu mai suntem străini faţă de Dumnezeu; acum suntem împreună cetăţeni cu sfinţii lui Dumnezeu.
1. Noi eram străini sau oaspeţi ai casei. Cuvântul *străin* (xenoi) se referă la cineva care vine din afară, o persoană necunoscută, cineva care nu aparţine acolo. Cuvântul *oaspete* (paroikoi) înseamnă cineva care călătoreşte, un străin, un emigrant, un exilat. A existat o vreme când...
   * Noi eram afară din Împărăţia lui Dumnezeu
   * Noi eram necunoscuţi lui Dumnezeu şi Împărăţiei Lui.
   * Noi nu aparţineam lui Dumnezeu şi Împărăţiei Lui.
   * Noi eram străini, locuiam departe de Dumnezeu şi de Împărăţia Lui.
   * Noi eram rătăcitori faţă de Dumnezeu şi de Împărăţia Lui.
   * Noi eram emigranţi, nu aparţineam lui Dumnezeu şi nici Împărăţiei Lui.
   * Noi eram exilaţi faţă de Dumnezeu şi faţă de Împărăţia Lui.

A existat o vreme când noi eram ca nişte străini şi ca nişte oaspeţi pentru Dumnezeu, atunci când nu eram cetăţeni ai Împărăţiei lui Dumnezeu. Nu aveam nicio relaţie şi nicio părtăşie cu Dumnezeu. Noi nu aveam o casă şi nu aveam niciun drept de cetăţenie în Împărăţia Lui.

Dar observaţi vestea glorioasă: acum nu mai suntem nici străini nici oaspeţi ai lui Dumnezeu. Isus Cristos ne-a adus la Dumnezeu (vezi schiţa şi comentariul—Efes.2:13-18). Acum noi suntem *împreună cetăţeni* cu toţi copiii lui Dumnezeu. Acum noi avem o casă şi un drept de cetăţenie în Împărăţia lui Dumnezeu.
2. Observaţi cuvintele "cetăţeni cu sfinţii." Adică cei care sunt puşi deoparte sau separaţi, de către Dumnezeu. Imaginea este aceea unor oameni, care sunt *împreună cetăţeni* ai unei naţiuni create de Dumnezeu. Aceşti oameni sunt numiţi...
   * *Oamenii lui Dumnezeu*: un popor pus deoparte pentru Dumnezeu.
   * *Împreună cetăţeni*: un popor de oameni care sunt zidiţi într-o naţiune nouă pentru Dumnezeu.

EFESENI 2:19-22

Dar cetăţenia noastră este în ceruri, de unde şi aşteptăm ca Mântuitor pe Domnul Isus Hristos. (Filip. 3:20)

Prin credinţă a venit şi s-a aşezat el în ţara făgăduinţei, ca într-o ţară care nu era a lui, şi a locuit în corturi, ca şi Isaac şi Iacov, care erau împreună moştenitori cu el ai aceleiaşi făgăduinţe. Căci el aştepta cetatea care are temelii tari, al cărei meşter şi ziditor este Dumnezeu. (Evr. 11:9-10)

În credinţă au murit toţi aceştia, fără să fi căpătat lucrurile făgăduite: ci doar le-au văzut şi le-au urat de bine de departe, mărturisind că sunt străini şi călători pe pământ. Cei ce vorbesc în felul acesta, arată desluşit că sunt în căutarea unei patrii. Dacă ar fi avut în vedere pe aceea din care ieşiseră, negreşit că ar fi avut vreme să se întoarcă în ea. Dar doreau o patrie mai bună, adică o patrie cerească. De aceea lui Dumnezeu nu-I este ruşine să Se numească Dumnezeul lor, căci le-a pregătit o cetate. (Evr. 11:13-16)

Dar noi, după făgăduinţa Lui, aşteptăm ceruri noi şi un pământ nou, în care va locui neprihănirea. (2 Pet. 3:13)

Apoi am văzut un cer nou şi un pământ nou; pentru că cerul dintâi şi pământul dintâi pieriseră, şi marea nu mai era. (Apoc. 21:1)

Nimic întinat nu va intra în ea, nimeni care trăieşte în spurcăciune şi în minciună; ci numai cei scrişi în cartea vieţii Mielului. (Apoc. 21:27)

2 (2:19) **Biserica—Familia lui Dumnezeu**: în al doilea rând, biserica este prezentată ca fiind familia lui Dumnezeu. Observaţi fraza folosită "oameni din casa lui Dumnezeu." Isus Cristos ne-a adus în familia lui Dumnezeu. Acest lucru implică două privilegii deosebite.

1. Privilegiul adopţiei. Noi am fost adoptaţi ca fii ai lui Dumnezeu, fii şi fiice ale Lui (vezi STUDIU APROFUNDAT # 2— *Adopţie*—Gal.4:5-6 pentru mai multe discuţii). Acum noi locuim în aceeaşi casă cu Dumnezeu şi cu familia Lui, şi toate experienţele familiei lui Dumnezeu, acum sunt şi ale noastre:

- dragostea
- grija
- interesul
- îngrijorarea
- ajutorul
- purtarea de grijă
- protecţia
- adăpostul
- îmbrăcămintea
- mâncarea
- echiparea
- disciplina
- direcţia
- părtăşia
- compania
- intimitatea

Şi voi n-aţi primit un duh de robie, ca să mai aveţi frică; ci aţi primit un duh de înfiere, care ne face să strigăm: Ava! adică: Tată! Însuşi Duhul adevereşte împreună cu duhul nostru că suntem copii ai lui Dumnezeu. Şi, dacă suntem copii, suntem şi moştenitori: moştenitori ai lui Dumnezeu, şi împreună moştenitori cu Hristos, dacă suferim cu adevărat împreună cu El, ca să fim şi proslăviţi împreună cu El. (Rom. 8:15-17)

În zadar aţi suferit voi atât de mult? Dacă, în adevăr, e în zadar! Cel ce vă dă Duhul şi face minuni printre voi, le face oare prin faptele Legii sau prin auzirea credinţei? Tot aşa şi Avraam a crezut pe Dumnezeu, şi credinţa aceasta i-a fost socotită ca neprihănire. (Gal. 3:4-6)

Căci Cel ce sfinţeşte şi cei ce sunt sfinţiţi, sunt dintr-unul. De aceea, Lui nu-I este ruşine să-i numească fraţi. (Evr. 2:11)

Vedeţi ce dragoste ne-a arătat Tatăl, să ne numim copii ai lui Dumnezeu! Şi suntem. Lumea nu ne cunoaşte, pentru că nu L-a cunoscut nici pe El. (1 Ioan 3:1)

2. Privilegiul responsabilităţii şi al slujirii. Din nou observaţi termenul casă. Fiecare persoană din casă are de îndeplinit unele sarcini, trebuie să facă unele servicii pentru binele familiei. Suntem responsabili să iubim, să ne pese, să ne îngrijim de cele necesare, să ne învăţăm unii pe alţii—să facem toate lucrurile menţionate în punctul de mai sus şi toate celelalte lucruri care zidesc şi întăresc familia lui Dumnezeu.

Căci oricine face voia Tatălui Meu care este în ceruri, acela Îmi este frate, soră şi mamă. (Mat. 12:50)

Pentru că nici Fiul omului n-a venit să I se slujească, ci El să slujească şi să-Şi dea viaţa ca răscumpărare pentru mulţi. (Mat. 20:28)

Dar între voi să nu fie aşa. Ci oricare va vrea să fie mare între voi, să fie slujitorul vostru; şi oricare va vrea să fie cel dintâi între voi, să fie robul tuturor. (Marcu 10:43-44)

EFESENI 2:19-22

Căci care este mai mare: cine stă la masă, sau cine slujește la masă? Nu cine stă la masă? Și Eu totuși, sunt în mijlocul vostru ca cel ce slujește la masă. (Luca 22:27)

Deci, dacă Eu, Domnul și Învățătorul vostru, v-am spălat picioarele, și voi sunteți datori să vă spălați picioarele unii altora. (Ioan 13:14)

I-a zis a doua oară: Simone, fiul lui Iona, Mă iubești? Da Doamne, I-a răspuns Petru, știi că Te iubesc. Isus i-a zis: Paște oițele Mele. (Ioan 21:16)

Iubiți-vă unii pe alții cu o dragoste frățească. În cinste, fiecare să dea întâietate altuia. În sârguință, fiți fără preget. Fiți plini de râvnă cu duhul. Slujiți Domnului. (Rom. 12:10-11)

Fraților, voi ați fost chemați la slobozenie. Numai, nu faceți din slobozenie o pricină ca să trăiți pentru firea pământească, ci slujiți-vă unii altora în dragoste. (Gal. 5:13)

Purtați-vă sarcinile unii altora, și veți împlini astfel Legea lui Hristos. (Gal. 6:2)

Așadar, cât avem prilej, să facem bine la toți, și mai ales fraților în credință. (Gal. 6:10)

Slujiți-le cu bucurie, ca Domnului, iar nu oamenilor, (Efes. 6:7)

Și dă-te pe tine însuți pildă de fapte bune, în toate privințele. Iar în învățătură, dă dovadă de curăție, de vrednicie, (Tit 2:7)

Să veghem unii asupra altora, ca să ne îndemnăm la dragoste și la fapte bune. (Evr. 10:24)

Fiindcă am primit dar o împărăție, care nu se poate clătina, să ne arătăm mulțumitori, și să aducem astfel lui Dumnezeu o închinare plăcută, cu evlavie și cu frică; (Evr. 12:28)

3 (2:20) **Biserica—Clădirea lui Dumnezeu**: în al treilea rând, biserica este prezentată ca fiind clădirea lui Dumnezeu. Credincioșii sunt prezentați ca fiind pietrele care sunt folosite pentru a zidi clădirea lui Dumnezeu. Observați două lucruri importante.

1. Isus Cristos Însuși este *Piatra din Capul Unghiului*. Simbolistica pietrei din capul unghiului ne spune trei lucruri importante.

   a. Piatra din capul unghiului este prima piatră așezată. Toate celelalte pietre sunt așezate după aceasta. Este piatra care rămâne în timp. La fel este și cu Cristos. El este *Cel Dintâi* din mișcarea lui Dumnezeu.

   ⇒ Cristos este autorul mântuirii noastre. Toți ceilalți sunt membrii echipajului care Îl urmează pe El.

> Se cuvenea, în adevăr, ca Acela pentru care și prin care sunt toate, și care voia să ducă pe mulți fii la slavă, să desăvârșească, prin suferințe, pe Căpetenia mântuirii lor. (Evr. 2:10)

   ⇒ Cristos este autorul și sursa mântuirii veșnice și a credinței noastre. Toți ceilalți sunt cititori ai acestei povestiri.

> Și după ce a fost făcut desăvârșit, S-a făcut pentru toți cei ce-L ascultă, urzitorul unei mântuiri veșnice, (Evr. 5:9)
> Să ne uităm țintă la Căpetenia și Desăvârșirea credinței noastre, adică la Isus, care, pentru bucuria care-I era pusă înainte, a suferit crucea, a disprețuit rușinea, și stă la dreapta scaunului de domnie al lui Dumnezeu. (Evr. 12:2)

   ⇒ Cristos este alfa și omega—începutul și sfârșitul. Toți ceilalți vin după ei.

> Eu sunt Alfa și Omega, Începutul și Sfârșitul, zice Domnul Dumnezeu, Cel ce este, Cel ce era și Cel ce vine, Cel Atotputernic. (Apoc. 1:8; see 21:6; 22:13)

   ⇒ Cristos este Înainte Mergătorul, Cel care a mers înaintea noastră în prezența lui Dumnezeu. Toți ceilalți intră în prezența lui Dumnezeu după El.

> Pe care o avem ca o ancoră a sufletului; o nădejde tare și neclintită, care pătrunde dincolo de perdeaua dinăuntrul Templului, unde Isus a intrat pentru noi ca înainte mergător, când a fost făcut Mare Preot în veac, după rânduiala lui Melhisedec. (Evr. 6:19-20)

   b. Piatra din capul unghiului este piatra de susținere. Toate celelalte pietre sunt așezate dasupra ei și sunt susținute de ea. Toate celelalte se așează pe ea. Piatra din capul unghiului este piatra proeminentă în poziție și putere. La fel este și cu Cristos. El este suportul și puterea, Temelia Mișcării lui Dumnezeu.

   ⇒ Cristos este *Piatra din capul unghiului*, singura temelie adevărată pe care omul poate construi. Toți cei care nu sunt așezați pe El se prăbușesc.

190

EFESENI 2:19-22

După harul lui Dumnezeu, care mi-a fost dat, eu, ca un meșter-zidar înțelept, am pus temelia, și un altul clădește deasupra. Dar fiecare să ia bine seama cum clădește deasupra. (1 Cor. 3:11)

⇒ Cristos este *Piatra din capul unghiului*, pe care toți ceilalți sunt bine închegați și potriviți. Toți cei care doresc să fie bine închegați trebuie să fie așezați pe El.

Fiind zidiți pe temelia apostolilor și proorocilor, piatra din capul unghiului fiind Isus Hristos. În El toată clădirea, bine închegată, crește ca să fie un Templu sfânt în Domnul. Și prin El și voi sunteți zidiți împreună, ca să fiți un locaș al lui Dumnezeu, prin Duhul. (Efes. 2:20-22)

c. Piatra din capul unghiului este piatra conducătoare. Aceasta este folosită pentru a alinia toată clădirea și toate celelalte pietre. Poate fi numită *piatra instrucțională*—pe aceasta se așează toate pietrele clădirii. La fel este și cu Cristos. El este Cel care a dat și Cel care dă instrucțiuni oamenilor lui Dumnezeu. Noi—biserica—trebuie să ne construim viața bazați doar pe instrucțiunile Lui. Dacă urmăm orice alte instrucțiuni, vom ieși din linie; iar atunci când vom fi observați, va trebui să fim înlăturați, dați la o parte și înlocuiți cu o piatră care poate fi pusă în linie. Isus Cristos este piatra din capul unghiului. Dumnezeu L-a folosit pe El pentru a da instrucțiuni celorlalte pietre.

Căci este scris în Scriptură: Iată că pun în Sion o piatră din capul unghiului, aleasă, scumpă; și cine se încrede în El, nu va fi dat de rușine. Cinstea aceasta este dar pentru voi care ați crezut! Dar pentru cei necredincioși, piatra, pe care au lepădat-o zidarii, a ajuns să fie pusă în capul unghiului; și o piatră de poticnire, și o stâncă de cădere. Ei se lovesc de ea, pentru că n-au crezut Cuvântul, și la aceasta sunt rânduiți. (1 Pet. 2:6-8)

Meditația 1. Isus Cristos este Piatra din Capul Unghiului. Dacă El este dat la o parte, biserica se va probuși: fără Cristos biserica nu poate exista. Cristos ține închegată toată biserica. De aceea, este absolut necesar ca El și doar El să fie predicat, învățat și trăit.

De aceea, pe orișicine aude aceste cuvinte ale Mele, și le face, îl voi asemăna cu un om cu judecată, care și-a zidit casa pe stâncă. A dat ploaia, au venit șuvoaiele, au suflat vânturile și au bătut în casa aceea, dar ea nu s-a prăbușit, pentru că avea temelia zidită pe stâncă. Însă oricine aude aceste cuvinte ale Mele, și nu le face, va fi asemănat cu un om nechibzuit, care și-a zidit casa pe nisip. A dat ploaia, au venit șuvoaiele, au suflat vânturile, și au izbit în casa aceea: ea s-a prăbușit, și prăbușirea i-a fost mare. (Mat. 7:24-27)
Totuși temelia tare a lui Dumnezeu stă nezguduită, având pecetea aceasta: Domnul cunoaște pe cei ce sunt ai Lui; și: Oricine rostește Numele Domnului, să se depărteze de fărădelege! (2 Tim. 2:19)

2. Noi, biserica, suntem zidiți pe temelia așezată de mărturiile apostolilor și proorocilor. Ei au fost cei care L-au înconjurat pe Isus Cristos. Mărturia lor cu privire la Cuvântul lui Dumnezeu întrupat esye temelia pe care trebuie zidită biserica.

Sfințește-i prin adevărul Tău: Cuvântul Tău este adevărul. (Ioan 17:17)
Căci mie nu mi-e rușine de Evanghelia lui Hristos; fiindcă ea este puterea lui Dumnezeu pentru mântuirea fiecăruia care crede: întâi a Iudeului, apoi a Grecului; Ce zice ea deci? ,Cuvântul este aproape de tine: în gura ta și în inima ta. Și cuvântul acesta este cuvântul credinței, pe care-l propovăduim noi. Dacă mărturisești deci cu gura ta pe Isus ca Domn, și dacă crezi în inima ta că Dumnezeu L-a înviat din morți, vei fi mântuit. (Rom. 10:7-9)
Căci prin credința din inimă se capătă neprihănirea, și prin mărturisirea cu gura se ajunge la mântuire.(Rom. 10:10)
Și El a dat pe unii apostoli; pe alții, proroci; pe alții, evangheliști; pe alții, păstori și învățători, pentru desăvârșirea sfinților, în vederea lucrării de slujire, pentru zidirea trupului lui Hristos, (Efes. 4:11-12)
Ca să nu mai fim copii, plutind încoace și încolo, purtați de orice vânt de învățătură, prin viclenia oamenilor și prin șiretenia lor în mijloacele de amăgire; ci, credincioși adevărului, în

dragoste, să creștem în toate privințele, ca să ajungem la Cel ce este Capul, Hristos. (Efes. 4:14-15)
De aceea mulțumim fără încetare lui Dumnezeu că, atunci când ați primit Cuvântul lui Dumnezeu, auzit de la noi, l-ați primit nu ca pe cuvântul oamenilor, ci, așa cum și este în adevăr, ca pe Cuvântul lui Dumnezeu, care lucrează și în voi care credeți.(1 Tes. 2:13)

4 (2:21) **Biserica—Clădirea**: în al patrulea rând, biserica este prezentată ca fiind un organism viu. Cuvântul "crește" este un cuvânt biologic, care ne dă ideea unui organism viu. Biserica este prezentată ca fiind un organism viu—format din diferite părți ale unei ființe vii, ale unui trup dinamic. S-ar putea părea ciudat să se vorbească despre o clădire în termeni biologici—o clădire care crește. Ideea este aceea că tot mai multe părți din ea, tot mai mulți și mai mulți credincioși sunt aduși și potriviți în clădire în fiecare zi. Biserica crește și se ridică, și va continuă să crească până când Isus Cristos se va întoarce.

Observați încă un lucru. Petru Îl numește pe Isus Cristos, *piatra vie*. Cristos este *piatra vie* pe care toate celelalte sunt zidite ca o casă spirituală. Toate celelalte trebuie să fie zidite pe El, dacă doresc să trăiască și să le fie primit sacrificiul spiritual de Dumnezeu.

Apropiați-vă de El, piatra vie, lepădată de oameni, dar aleasă și scumpă înaintea lui Dumnezeu. Și voi, ca niște pietre vii, sunteți zidiți ca să fiți o casă duhovnicească, o preoție sfântă, și să aduceți jertfe duhovnicești, plăcute lui Dumnezeu, prin Isus Hristos. (1 Pet. 2:4-5)

Observați că toată lucrarea este a lui Dumnezeu: toate se datorează lucrării lui Dumnezeu. El este Cel care Îl învie pe Mântuitorul. Observați mai departe că Mântuitorul este o pricină de uimirii și o minune.

Meditația 1. Biserica și credincioșii ei au două provocări în acest punct.
1) Biserica trebuie să crească. Trebuie să aducă pietre noi (credincioși) și să îi potrivească în clădirea lui Dumnezeu. Biserica trebuie să adauge continuu la clădire. Structura ei nu este terminată încă.
2) Fiecare credincios din clădire este parte a clădirii și se așteaptă de la el să își îndeplinească funcția în clădire; adică fiecare credincios este un lucrător, un lucrător de la care se așteaptă să fie ocupat, să adauge la clădirea bisericii. Noi toți trebuie să aducem pietre noi și să le unim împreună în măreața clădire a lui Dumnezeu, biserica.

Duceți-vă și faceți ucenici din toate neamurile, botezându-i în Numele Tatălui și al Fiului și al Sfântului Duh. Și învățați-i să păzească tot ce v-am poruncit. Și iată că Eu sunt cu voi în toate zilele, până la sfârșitul veacului. Amin. (Mat. 28:19-20)
Ci voi veți primi o putere, când Se va pogorî Duhul Sfânt peste voi, și-Mi veți fi martori în Ierusalim, în toată Iudea, în Samaria, și până la marginile pământului. (Fapte. 1:8)
Căci noi nu putem să nu vorbim despre ce am văzut și am auzit. (Fapte. 4:20)
Duceți-vă, stați în Templu, și vestiți norodului toate cuvintele vieții acesteia. (Fapte. 5:20)
Însă fiindcă avem același duh de credință, potrivit cu ceea ce este scris: Am crezut, de aceea am vorbit! și noi credem, și de aceea vorbim. (2 Cor. 4:13)
Și ce-ai auzit de la mine, în fața multor martori, încredințează la oameni de încredere, care să fie în stare să învețe și pe alții. (2 Tim. 2:2)
Ci sfințiți în inimile voastre pe Hristos ca Domn. Fiți totdeauna gata să răspundeți oricui vă cere socoteală de nădejdea care este în voi; dar cu blândețe și teamă. (1 Pet. 3:15)
Veniți de ascultați, toți cei ce vă temeți de Dumnezeu, și voi istorisi cei a făcut El sufletului meu. (Ps. 66:16)
Voi sunteți martorii Mei, zice Domnul, voi și Robul Meu pe care L-am ales, ca să știți, ca să Mă credeți și să înțelegeți că Eu sunt: înainte de Mine n-a fost făcut nici un Dumnezeu, și după Mine nu va fi. (Isa. 43:10)
Voi vesti îndurările Domnului, faptele Lui minunate, după tot ce a făcut Domnul pentru noi! Voi spune marea Lui bunătate față de casa lui Israel, căci i-a făcut după îndurările și bogăția dragostei Lui. (Isa. 63:7)

5 (2:21) **Biserica—Templul Universal**: în al cincilea rând, biserica este imaginea unui templu global, ca biserică universală. Observați cuvântul "tot"—credincioșii împreună ca și un întreg formează Templul Sfânt al lui Dumnezeu. Toți credincioșii—întregul trup de credincioși—sunt prezentați ca și o clădire, o biserică universală, structurată pentru a găzdui prezența lui Dumnezeu. Fiecare credincios nou și fiecare generație de credincioși este vazută ca fiind așezată în structura universală zidită de Dumnezeu. Așa cum spune și refrenul cântării, "Roșii, galbeni, negrii albi—sunt la fel în ochii Lui." Toți credincioșii din fiecare generație care au fost chemați de pe întreg pământul, sunt așezați în clădirea universală a lui Dumnezeu, care va fi pământul nou și cerurile noi. Noi, biserica—credincioșii pământului din toate generațiile—vom fi o parte, vom fi pietre din clădire, a unui univers nou când Dumnezeu va face cerurile și pământul nou (vezi versetele de mai sus; observați 1—Efes.2:19). Totuși, observați că fiecare persoană este așezată în structură *doar de Cristos*. Doar cel care vine la Cristos și cei care vin la Cristos ca și la Piatra din Capul Unghiului, doar ei sunt așezați în clădire. Omul trebuie să construiască pe temelia așezată de apostoli și de proroci, care este Cristos Însuși. Orice altă piatră din capul unghiului sau orice altă fundație, construiesc un alt tip de clădire, nu clădirea lui Dumnezeu. Oamenii pot urma calea gândurilor lor sau filosofiile profunde ale unor oameni sau chiar stilurile lor de viață, dar ei nu construiesc structura lui Dumnezeu. În Cristos și doar în Cristos și doar pe temelia așezată de apostoli poate fi construită clădirea lui Dumnezeu.

Meditația 1. Evanghelia lui Isus Cristos este deschisă pentru toți oamenii de pretutindeni. Nu este loc de separare sau prejudecăți, sau privilegii, sau parțialitate, clase sau sistem de caste în templul și în biserica lui Dumnezeu. Fiecare națiune, chiar și din cel mai izolat loc de pe pământ, trebuie adusă în templul universal al lui Dumnezeu, în biserica Lui.

> Și Eu îți spun: tu ești Petru (Grecește: Petros.), și pe această piatră (Grecește: petra.) voi zidi Biserica Mea, și porțile Locuinței morților nu o vor birui. (Mat. 16:18)
>
> Duceți-vă și faceți ucenici din toate neamurile, botezându-i în Numele Tatălui și al Fiului și al Sfântului Duh. (Mat. 28:19)
>
> Mai întâi trebuie ca Evanghelia să fie propovăduită tuturor neamurilor. (Marcu 13:10)
>
> Apoi le-a zis: Duceți-vă în toată lumea, și propovăduiți Evanghelia la orice făptură. (Marcu 16:15)
>
> Și să se propovăduiască tuturor neamurilor, în Numele Lui, pocăința și iertarea păcatelor, începând din Ierusalim. (Luca 24:47)
>
> Ci voi veți primi o putere, când Se va pogorî Duhul Sfânt peste voi, și-Mi veți fi martori în Ierusalim, în toată Iudea, în Samaria, și până la marginile pământului.(Fapte 1:8)
>
> În adevăr, nu este nici o deosebire între Iudeu și Grec; căci toți au același Domn, care este bogat în îndurare pentru toți cei ce-L cheamă. (Rom. 10:12)
>
> Nu mai este nici Iudeu, nici Grec; nu mai este nici rob nici slobod; nu mai este nici parte bărbătească, nici parte femeiască, fiindcă toți sunteți una în Hristos Isus. (Gal. 3:28)
>
> Că adică Neamurile sunt împreună moștenitoare cu noi, alcătuiesc un singur trup cu noi și iau parte cu noi la aceeași făgăduință în Hristos Isus, prin Evanghelia aceea. (Efes. 3:6)
>
> Și am văzut un alt înger care zbura prin mijlocul cerului, cu o Evanghelie veșnică, pentru ca s-o vestească locuitorilor pământului, oricărui neam, oricărei semnții, oricărei limbi și ori cărui norod. (Apoc. 14:6)

6 (2:22) **Biserica—Duhul Sfânt, Prezența care locuiește în interior**: în al șaselea rând, biserica este prezentată ca fiind un templu local, o biserică locală. Observați că acum Pavel folosește cuvântul "voi," și se referă la biserica din Efes în mod special. Fiecare biserică locală este prezentată ca o clădire structurată pentru găzduirea prezenței lui Dumnezeu (v.22). Iar fiecare membru este văzut ca o piatră integrală și esențială, așezată și bine închegată în clădire (Efes.4:16; 1 Pt.2:5). Stabilitatea bisericii stă în stabilitatea fiecărei pietre, în unitatea ei și în cimentarea ei de către același Domn, și prin felul în care fiecare piatră își susține greutatea, îndeplinindu-și scopul în structură. Observați că biserica locală există cu scopul de a se îngriji de un loc de locuit, o casă pentru prezența lui Dumnezeu—prin Duhul Lui. Biserica trebuie să dea voie Duhului lui Dumnezeu să Își trăiască viața Sa prin biserică. Duhul Sfânt trăiește în biserică pentru a-i ajuta pe credincioși când sunt...

- în necazuri, sau deznădăjduiți sau derutați
- descurajați sau cu moralul la pământ
- în suferințe sau pe moarte
- bucuroși sau nerăbdători
- leneși sau inactivi
- când învață sau mărturisesc
- când predică sau slujesc

Duhul lui Dumnezeu locuiește în biserică pentru a aduce biserica mai aproape de imaginea voiei lui Dumnezeu cu privire la ea. Eficiența oricărei biserici locale, depinde de cât de mult îi permite ea Duhului Sfânt să locuiască și să controleze trupul de membri.

EFESENI 2:19-22

Şi anume, Duhul adevărului, pe care lumea nu-l poate primi, pentru că nu-L vede şi nu-L cunoaşte; dar voi Îl cunoaşteţi, căci rămâne cu voi, şi va fi în voi. (Ioan 14:17)

Voi însă nu mai sunteţi pământeşti, ci duhovniceşti, dacă Duhul lui Dumnezeu locuieşte în adevăr în voi. Dacă n-are cineva Duhul lui Hristos, nu este al Lui. (Rom. 8:9)

Nu ştiţi că voi sunteţi Templul lui Dumnezeu, şi că Duhul lui Dumnezeu locuieşte în voi? (1 Cor. 3:16)

Nu ştiţi că trupul vostru este Templul Duhului Sfânt, care locuieşte în voi, şi pe care L-aţi primit de la Dumnezeu? Şi că voi nu sunteţi ai voştri? (1 Cor. 6:19)

Lucrul acela bun care ţi s-a încredinţat, păzeşte-l prin Duhul Sfânt, care locuieşte în noi. (2 Tim. 1:14)

Cât despre voi, ungerea, pe care aţi primit-o de la El, rămâne în voi, şi n-aveţi trebuinţă să vă înveţe cineva; ci, după cum ungerea Lui vă învaţă despre toate lucrurile şi este adevărată, şi nu este o minciună, rămâneţi în El, după cum v-a învăţat ea. (1 Ioan 2:27)

CAPITOLUL 3

III. SCOPUL VEŞNIC AL LUI DUMNEZEU PENTRU VIAŢA CREDINCIOSULUI, 3:1-21

A. Un nou trup de oameni:Marea Taină a lui Cristos, 3:1-13

1. I-a dat lui Pavel un scop pentru a trăi
   a. El trăia pentru a fi un întemniţat al lui Cristos
   b. El trăia pentru a fi un ispravnic al harului lui Dumnezeu
2. Era o taină: a fost nevoie de o descoperire specială ca să se facă cunoscută

   a. Descoperită lui Pavel

   b. Descoperită şi altora

3. Era o descoperire întreită
   a. Toţi sunt împreună moştenitori
   b. Toţi alcătuiesc un singur trup

Iată de ce eu, Pavel, întemniţatul lui Isus Hristos pentru voi, Neamurilor—
2. Dacă cel puţin aţi auzit de ispravnicia harului lui Dumnezeu, care mi-a fost dată faţă de voi.
3. Prin descoperire dumnezeiască am luat cunoştinţă de taina aceasta, despre care vă scrisei în puţine cuvinte.
4. Citindu-le, vă puteţi închipui priceperea pe care o am eu despre taina lui Hristos,
5. care n-a fost făcută cunoscut fiilor oamenilor în celelalte veacuri, în felul cum a fost descoperită acum sfinţilor apostoli şi prooroci ai lui Hristos, prin Duhul.
6. Că adică Neamurile sunt împreună moştenitoare cu noi, alcătuiesc un singur trup cu noi şi iau parte cu noi la aceeaşi făgăduinţă în Hristos Isus, prin Evanghelia aceea,
7. al cărei slujitor am fost făcut eu, după darul harului lui Dumnezeu, dat mie prin lucrarea puterii Lui
8. Da, mie, care sunt cel mai neînsemnat dintre toţi sfinţii, mi-a fost dat harul acesta să vestesc Neamurilor bogăţiile nepătrunse ale lui Hristos,
9. şi să pun în lumină înaintea tuturor care este ispravnicia acestei taine, ascunse din veacuri în Dumnezeu, care a făcut toate lucrurile;
10. pentru ca domniile şi stăpânirile din locurile cereşti să cunoască azi, prin Biserică, înţelepciunea nespus de felurită a lui Dumnezeu,
11. după planul veşnic, pe care l-a făcut în Hristos Isus, Domnul nostru.
12. În El avem, prin credinţa în El, slobozenia şi apropierea de Dumnezeu cu încredere.
13. Vă rog iarăşi să nu vă pierdeţi cumpătul din pricina necazurilor mele pentru voi: aceasta este slava voastră.

   c. Toţi sunt parte la promisiunea lui Dumnezeu: Făptura cea nouă

4. L-a afectat pe Pavel—profund
   a. L-a determinat să devină un slujitor—prin puterea lui Dumnezeu
   b. L-a determinat să devină un predicator —aşa nevrednic cum era

   c. L-a determinat să devină un evanghelist

5. A afectat fiinţele cereşti, chiar şi acum, într-un mod profund: le-a pus în uimire
   a. Faţă de ceea ce Dumnezeu face în biserică
   b. Faţă de scopul veşnic a lui Dumnezeu—în Cristos

   c. Faţă de accesul credinciosului în prezenţa lui Dumnezeu—prin credinţă
6. A provocat o dorinţă în interior

SECŢIUNEA III

SCOPUL VEŞNIC A LUI DUMNEZEU PENTRU CREDINCIOSUL CREŞTIN, 3:1-21

A. Un nou trup de oameni: Marea taină a lui Cristos, 3:1-13

(3:1-21) **PRIVIRE DE ANSAMBLU ASUPRA SECŢIUNII: Scopul lui Dumnezeu**: capitolul trei începe o nouă secţiune a cărţii, "Scopul lui Dumnezeu pentru Credinciosul Creştin." Dar observaţi: acest pasaj prezintă "Scopul *Veşnic* al lui Dumnezeu." Scopul lui Dumnezeu pentru credincios implică mult mai mult decât doar viaţa de pe acest pământ. Dumnezeu a plănuit un scop veşnic pentru credincioşi.

1. În primul rând, scopul Său este să creeze un trup nou de oameni pe pământ, care să Îl iubească pe El în mod suprem. Acest lucru este numit *taina lui Cristos* (Efes.3:1-13).

2. În al doilea rând, scopul Lui este să facă din credincios o *persoană matură*, plină de toată plinătatea lui Dumnezeu (Efes.3:14-21).

(3:1-13) **Introducere**: prejudecata, amărăciunea, despărţirea, ura, tulburările, rănirile, mâniile şi dezbinările între oameni. Acestea apar în inimile soţilor şi ale soţiilor, a părinţilor şi a copiilor, a elevilor şi a profesorilor, angajaţilor şi a angajatorilor. Acestea există în interiorul raselor şi a religiilor, a denominaţiunilor şi a organizaţiilor, a cartierelor şi a naţiunilor. Dezbinarea, în diversele ei forme, este una dintre cele mai mari probleme cu care se confruntă lumea. Este cea mai gravă problemă cu care Dumnezeu se confruntă, pentru că atâta timp cât oamenii sunt despărţiţi de El şi unii de alţii, nu există vreo speranţă pentru om, de împăcare cu Dumnezeu. Acesta este subiectul acestui pasaj: cum a procedat Dumnezeu vis-a-vis de teribila separare din lume. Scopul veşnic al lui Dumnezeu a fost să creeze un trup nou

195

EFESENI 3:1-13

de oameni, de oameni care să Îl iubească pe El și care să se iubească unii pe alții mai mult decât orice. Observați că acest lucru este cunoscut ca taina lui Cristos.

1. I-a dat lui Pavel un scop pentru a trăi (vv.1-2).
2. Era o taină: a fost nevoie de o revelație specială pentru a se face cunoscută (vv.3-5).
3. Era o descoperire întreită (v.6).
4. L-a afectat pe Pavel—profund (vv.7-9).
5. A afectat ființele cerești, chiar și acum, într-un mod profund: le-a pus în uimire (vv.10-12).
6. A provocat o dorință din interior (v.13).

1 (3:1-2) **Pavel—Slujitori**: aceste două versete ne dau o viziune rapidă asupra scopulul existenței lui Pavel

1. Pavel trăia ca să Îl slujească pe Cristos, indiferent de prețul care trebuia să îl plătească. Observați: el spune că este întemnițatul lui Isus Cristos. El vorbește în mod literal; el era realmente un prizonier în Roma la momentul scrierii acestor cuvinte. El se afla acolo pentru că era robul lui Cristos, rob până la punctul în care ar fi purtat orice suferință pentru a putea împărtăși vestea glorioasă a lui Cristos, chiar dacă asta înseamna temniță sau moarte.

2. Pavel trăia să fie un ispravnic al lui Dumnezeu. Cuvântul *administrare* (oikonomian) înseamnă ispravnicie, management, drepturi de proprietar. Lui Pavel i s-a dat însărcinarea de a supraveghea și de a administra harul lui Dumnezeu pentru lume.

Meditația 1. Ce responsabilitate enormă atârnă pe umerii slujitorilor lui Dumnezeu!

1) Fiecare slujitor al lui Dumnezeu este un rob al Domnului Isus Cristos. El trebuie să Îl slujească pe Cristos indiferent de preț—chiar dacă acest lucru ar însemna întemnițarea.

> **Pentru că nici Fiul omului n-a venit să I se slujească, ci El să slujească și să-Și dea viața ca răscumpărare pentru mulți. (Mat. 20:28)**
> **Dar între voi să nu fie așa. Ci oricare va vrea să fie mare între voi, să fie slujitorul vostru; și oricare va vrea să fie cel dintâi între voi, să fie robul tuturor. (Marcu 10:43-44)**
> **Căci care este mai mare: cine stă la masă, sau cine slujește la masă? Nu cine stă la masă? Și Eu totuși, sunt în mijlocul vostru ca cel ce slujește la masă. (Luca 22:27)**
> **Deci, dacă Eu, Domnul și Învățătorul vostru, v-am spălat picioarele, și voi sunteți datori să vă spălați picioarele unii altora. (Ioan 13:14)**

2) Fiecare slujitor a lui Dumnezeu este un ispravnic al harului Său. El este responsabil pentru ducerea harului lui Dumnezeu la oameni.

> **Iată cum trebuie să fim priviți noi: ca niște slujitori ai lui Hristos, și ca niște ispravnici ai tainelor lui Dumnezeu. Încolo, ce se cere de la ispravnici, este ca fiecare să fie găsit credincios în lucrul încredințat lui. (1 Cor. 4:1-2)**
> **Slujitorul ei am fost făcut eu, după isprăvnicia, pe care mi-a dat-o Dumnezeu pentru voi ca să întregesc Cuvântul lui Dumnezeu— (Col. 1:25)**
> **Ci, fiindcă Dumnezeu ne-a găsit vrednici să ne încredințeze Evanghelia, căutăm să vorbim așa ca să placem nu oamenilor, ci lui Dumnezeu, care ne cercetează inima. În adevăr, cum bine știți, niciodată n-am întrebuințat vorbe măgulitoare, nici haina lăcomiei: martor este Dumnezeu. (1 Tes. 2:4-5)**
> **Potrivit cu Evanghelia slavei fericitului Dumnezeu care mi-a fost încredințată mie. Mulțumesc lui Hristos Isus, Domnul nostru, care m-a întărit, că m-a socotit vrednic de încredere, și m-a pus în slujba Lui. (1 Tim. 1:11-12)**
> **Ci Și-a descoperit Cuvântul la vremea Lui, prin propovăduirea care mi-a fost încredințată, după porunca lui Dumnezeu, Mântuitorul nostru; (Tit 1:3)**

2 (3:3-5) **Taină—Descoperire**: taina lui Cristos a avut nevoie de o descoperire specială pentru a fi făcută cunoscută. Observați două puncte.

1. Taina este numită taina *lui Cristos* (v.4). Ceea ce implică această taină este discutat în schița următoare (v.6).
2. Cuvântul taină (musterion) este definit în trei versete. Conținea un adevăr care trebuia descoperit de Dumnezeu, ca omul să Îl poată cunoaște. Așa cum spune versetul cinci: "care n-a fost făcută cunoscut fiilor oamenilor în celelalte veacuri". Priviți la versetul nouă unde spune "acestei taine, ascunse din veacuri în Dumnezeu." Aceasta înseamnă că taina lui Cristos era...

- un adevăr care nu fusese cunoscut înainte de apostoli și proroci.
- un adevăr care nu putea fi descoperit de rațiunea umană.

EFESENI 3:1-13

- un adevăr care trebuia descoperit de Dumnezeu ca să fie cunoscut.

Observați un lucru important pe care trebuie să îl observe toți oamenii. Taina lui Cristos nu a fost o invenție a minții umane, a rațiunii lui, a conceptelor, a gândurilor și ideilor lui. Omul niciodată nu ar fi putut dezlega această taină. Nici un om din această lume fizică nu ar fi putut intra în lumea spirituală ca să descopere acest adevăr, indiferent de ce ar spune unii. Isus a spus:

> **Nimeni nu s-a suit în cer, afară de Cel ce S-a pogorât din cer, adică Fiul omului, care este în cer. (Ioan 3:13)**

Lumea spirituală și taina lui Cristos a fost o taină dintotdeauna, și ar fi rămas așa dacă Dumnezeu nu ar fi acționat și nu i-ar fi descoperit-o lui Pavel și celorlalți apostoli și proroci ai vremii sale.

3 (3:6) **Taina lui Cristos—Biserica—Trup—Moștenitori:** taina lui Cristos a fost o descoperire întreită.

1. Noi, Neamurile, suntem împreună moștenitori ai lui Dumnezeu cu evreii. Scriptura spune că "căci Mântuirea vine de la Iudei." (Ioan.4:22). Înainte de Isus Cristos, dacă cineva dorea să fie mântuit, el trebuia să se apropie de Dumnezeu prin religia Iudaică. Erveii care credeau cu adevărat promisiunile lui Dumnezeu erau moștenitorii lui Dumnezeu. (Vezi comentariul—Efes.2:11-18; 2:11-12; Gal.3:6-7; 3:8-9; STUDIU APROFUNDAT # 1—3:8, 16; comentariul și STUDIU APROFUNDAT # 1—Ioan.4:22 pentru mai multe discuții.) Totuși, de la Cristos încoace, credincioșii dintre Neamuri—toți oamenii pământului—nu mai trebuie să se apropie de Dumnezeu prin alți oameni sau alte religii. Indiferent cine suntem, acum ne putem apropia de Dumnezeu față în față prin fiul Său, Domnul Isus Cristos Însuși. Fiecare om are acum gloriosul privilegiu de a se apropia de Dumnezeu indiferent de...

- cine este el
- ce a făcut
- unde este sau unde a fost
- când vine
- cum vine
- de ce vine

Dacă un om este sincer în căutarea lui după Dumnezeu, acum el poate să se apropie de Dumnezeu prin Isus Cristos. Nu mai există bariere—niciuna—care să îl împiedice să vină la Dumnezeu și să fie adoptat de Dumnezeu ca un moștenitor al lui Dumnezeu împreună cu ceilalți credincioși.

> **Și voi n-ați primit un duh de robie, ca să mai aveți frică; ci ați primit un duh de înfiere, care ne face să strigăm: Ava! adică: Tată! Însuși Duhul adeverește împreună cu duhul nostru că suntem copii ai lui Dumnezeu. Și, dacă suntem copii, suntem și moștenitori: moștenitori ai lui Dumnezeu, și împreună moștenitori cu Hristos, dacă suferim cu adevărat împreună cu El, ca să fim și proslăviți împreună cu El. (Rom. 8:15-17)**
>
> **Dar când a venit împlinirea vremii, Dumnezeu a trimis pe Fiul Său, născut din femeie, născut sub Lege, ca să răscumpere pe cei ce erau sub Lege, pentru ca să căpătăm înfierea. Și pentru că sunteți fii, Dumnezeu ne-a trimis în inimă Duhul Fiului Său, care strigă: Ava, adică:Tată!(Gal. 4:4-6)**
>
> **Dar, când s-a arătat bunătatea lui Dumnezeu, Mântuitorul nostru, și dragostea Lui de oameni, El ne-a mântuit, nu pentru faptele, făcute de noi în neprihănire, ci pentru îndurarea Lui, prin spălarea nașterii din nou și prin înnoirea făcută de Duhul Sfânt, pe care L-a vărsat din belșug peste noi, prin Isus Hristos, Mântuitorul nostru; pentru ca, odată socotiți neprihăniți prin harul Lui, să ne facem, în nădejde, moștenitori ai vieții veșnice. (Tit 3:4-7)**
>
> **De aceea și Dumnezeu, fiindcă voia să dovedească cu mai multă tărie moștenitorilor făgăduinței nestrămutarea hotărârii Lui, a venit cu un jurământ. (Evr. 6:17)**
>
> **În ea voi vă bucurați mult, măcar că acum, dacă trebuie, sunteți întristați pentru puțină vreme, prin felurite încercări, pentru ca încercarea credinței voastre, cu mult mai scumpă decât aurul care piere și care totuși este încercat prin foc, să aibă ca urmare lauda, slava și cinstea, la arătarea lui Isus Hristos. (1 Pet. 1:6-7)**
>
> **Bărbaților, purtați-vă și voi, la rândul vostru, cu înțelepciune cu nevestele voastre, dând cinste femeii ca unui vas mai slab, ca unele care vor moșteni împreună cu voi harul vieții, ca să nu fie împiedicate rugăciunile voastre. (1 Pet. 3:7)**

2. Noi, Neamurile, facem parte din același trup ca și evreii. Nu mai este nevoie ca oamenii să se apropie de Dumnezeu printr-un trup de oameni sau printr-o anumită națiune. Dragostea lui Dumnezeu este universală. Acum

197

EFESENI 3:1-13

Dumnezeu le permite tuturor oamenilor să se apropie de El prin Domnul Isus Cristos. Acum Dumnezeu creează un nou trup de oameni format din toate națiunile și rasele pământului—toate lucrurile concentrându-se asupra Fiului Său, Domnul Isus Cristos. Credincioșii formează acum ceea ce se numește trupul lui Cristos. Dar observați: acest lucru înseamnă mult mai mult decât un trup organizațional. Trupul lui Cristos (credincioșii în Cristos) este *de fapt un organism viu*. Cum este posibil acest lucru?

⇒ Prin Duhul lui Dumnezeu. În credincioși locuiește la modul propriu Duhul lui Dumnezeu. Duhul Sfânt este Cel care le dă energie și Cel care dă putere duhului credincioșilor. El crează o unitate spirituală topind și modelând inima credinciosului creștin după inimile celorlalți credincioși. El leagă viața fiecărui credincios de viețile celorlalți credincioși. Prin Duhul lui Dumnezeu, credincioșii devin una în viață și în scop. Ei au o viață comună în împărtășirea binecuvântărilor, a nevoilor și a darurilor.

> "Și mă rog nu numai pentru ei, ci și pentru cei ce vor crede în Mine prin cuvântul lor. Mă rog ca toți să fie una, cum Tu, Tată, ești în Mine, și Eu în Tine; ca, și ei să fie una în noi, pentru ca lumea să creadă că Tu M-ai trimis. Eu în ei, și Tu în Mine; pentru ca ei să fie în chip desăvârșit una, ca să cunoască lumea că Tu M-ai trimis, și că i-ai iubit, cum M-ai iubit pe Mine. (Ioan 17:20-21,23)
>
> Tot așa, și noi, care suntem mulți, alcătuim un singur trup în Hristos; dar, fiecare în parte, suntem mădulare unii altora. (Rom. 12:5)
>
> Voi sunteți trupul lui Hristos, și fiecare, în parte, mădularele lui. (1 Cor. 12:27)
>
> [Biserica] care este trupul Lui, plinătatea Celui ce plinește totul în toți. (Efes. 1:23)
>
> În El [Cristos] toată clădirea, bine închegată, crește ca să fie un Templu sfânt în Domnul. Și prin El și voi sunteți zidiți împreună, ca să fiți un locaș al lui Dumnezeu, prin Duhul. (Efes. 2:21-22)
>
> Și El a dat pe unii apostoli; pe alții, prooroci; pe alții, evangheliști; pe alții, păstori și învățători, pentru desăvârșirea sfinților, în vederea lucrării de slujire, pentru zidirea trupului lui Hristos. (Efes. 4:11-12)
>
> Mă bucur acum în suferințele mele pentru voi; și în trupul meu, împlinesc ce lipsește suferințelor lui Hristos, pentru trupul Lui, care este Biserica. (Col. 1:24)
>
> Și nu se ține strâns de Capul din care tot trupul, hrănit și bine închegat, cu ajutorul încheieturilor și legăturilor, își primește creșterea pe care i-o dă Dumnezeu. (Col. 2:19)
>
> Și voi, ca niște pietre vii, sunteți zidiți ca să fiți o casă duhovnicească, o preoție sfântă, și să aduceți jertfe duhovnicești, plăcute lui Dumnezeu, prin Isus Hristos. (1 Pet. 2:5)

3. Noi, Neamurile, primim aceeași promisiune a lui Cristos ca și evreii. Promisiunea lui Cristos, desigur, implică toate promisiunile lui Dumnezeu. Dar observați: Dumnezeu i-a promis lui Avraam că va moșteni țara promisă și că din sămânța lui se va naște o națiune mare. Națiunea aceea a fost națiunea evreiască. Acesta este motivul pentru care Evreii, chiar și astăzi, consideră Palestina ca fiind pământul lor. Totuși, exista și o însemnătate spirituală la promisiunea lui Dumnezeu: Canaanul este imaginea pământului și a cerurilor noi pe care Dumnezeu le va recrea. (vezi comentariul, *Țara Promisă*—Fapte 7:2-8 pentru mai multe discuții.) De aceea, promisiunea principală a lui Cristos are de a face cu privilegiul deosebit de a fi mântuit și de a trăi cu Dumnezeu și cu Cristos pentru veșnicie în pământul și în cerurile noi.

> Fiindcă atât de mult a iubit Dumnezeu lumea, că a dat pe singurul Lui Fiu, pentru ca oricine crede în El, să nu piară, ci să aibă viața veșnică. (Ioan 3:16)
>
> Adevărat, adevărat vă spun, că cine ascultă cuvintele Mele, și crede în Cel ce M-a trimis, are viața veșnică, și nu vine la judecată, ci a trecut din moarte la viață. (Ioan 5:24)
>
> Dacă mărturisești deci cu gura ta pe Isus ca Domn, și dacă crezi în inima ta că Dumnezeu L-a înviat din morți, vei fi mântuit. Căci prin credința din inimă se capătă neprihănirea, și prin mărturisirea cu gura se ajunge la mântuire. (Rom. 10:9-10)
>
> Dar, când s-a arătat bunătatea lui Dumnezeu, Mântuitorul nostru, și dragostea Lui de oameni, El ne-a mântuit, nu pentru faptele, făcute de noi în neprihănire, ci pentru îndurarea Lui, prin spălarea nașterii din nou și prin înnoirea făcută de Duhul Sfânt, pe care L-a vărsat din belșug peste noi, prin Isus Hristos, Mântuitorul nostru; pentru ca, odată socotiți neprihăniți prin harul Lui, să ne facem, în nădejde, moștenitori ai vieții veșnice. (Tit 3:4-7)
>
> Ziua Domnului însă va veni ca un hoț. În ziua aceea, cerurile vor trece cu trosnet, trupurile cerești se vor topi de mare căldură, și pământul, cu tot ce este pe el, va arde. Deci, fiindcă toate aceste lucruri au să se strice, ce fel de oameni ar trebui să fiți voi, printr-o purtare sfântă și evlavioasă, așteptând și grăbind venirea zilei lui Dumnezeu, în care cerurile aprinse vor pieri, și trupurile cerești se vor topi de căldura focului? Dar noi, după făgăduința Lui, așteptăm ceruri noi și un pământ nou, în care va locui neprihănirea. (2 Pet. 3:10-13)

Apoi am văzut un cer nou şi un pământ nou; pentru că cerul dintâi şi pământul dintâi pieriseră, şi marea nu mai era. (Apoc. 21:1)

4 (3:7-9) **Pavel—Slujitor**: taina lui Cristos l-a afectat în mod profund pe Pavel. Barclay accentuează faptul că cea mai mare cinste pentru Pavel a fost chemarea lui Dumnezeu şi lucrarea Lui (*Scrisorile către Galateni şi Efeseni*, p.145). Pavel a văzut demnitatea lucrării sale, demnitatea privilegiului de a fi ales special de Dumnezeu. Lucrarea era un privilegiu pentru Pavel. Dumnezeu nu a trebuit să îl convingă pe Pavel să fie un slujitor. Nimeni nu a trebuit să îl convingă pe Pavel să-i înveţe pe alţii (Efes.4;1); să cânte (Efes.5:19); să vorbească pentru Dumnezeu (Efes.4:17); să-i viziteze pe fraţi (2 Cor.13:1f); să administreze lucrările bisericii (1 Cor.7:1f); să îşi dea banii (2 Cor.8:1f; 9:1f). Pavel nu a trebuit să fie forţat. El şi-a văzut chemarea de a fi un slujitor al lui Dumnezeu ca pe cel mai mare privilegiu.

Încă un lucru de o importanţă majoră: Pavel spune că, chemarea lui de a fi slujitor şi predicator a fost un dar, un dar gratuit al harului lui Dumnezeu. Dumnezeu a avut dreptul de a-l chema pe el doar pentru că Dumnezeu are toate drepturile. Dumnezeu este Dumnezeu. Nu a existat nici un merit, nicio valoare, nicio valoare în Pavel care să Îl determine pe Dumnezeu să îl aleagă pe el ca slujitor şi ca predicator. Pavel spune simplu "Ce privilegiu! Ce responsabilitate! Da, mie, care sunt cel mai neînsemnat dintre toţi sfinţii, mi-a fost dat harul acesta să vestesc!"

1. Mântuirea lui Cristos l-a făcut pe Pavel să de vină un slujitor (v.7).

> Care ne-a şi făcut în stare să fim slujitori ai unui legământ nou, nu al slovei, ci al Duhului; căci slova omoară, dar Duhul dă viaţa. (2 Cor. 3:6)
> De aceea, fiindcă avem slujba aceasta, după îndurarea pe care am căpătat-o, noi nu cădem de oboseală. Ca unii, care am lepădat meşteşugirile ruşinoase şi ascunse, nu umblăm cu vicleşug şi nu stricăm Cuvântul lui Dumnezeu. Ci, prin arătarea adevărului, ne facem vrednici să fim primiţi de orice cuget omenesc, înaintea lui Dumnezeu. (2 Cor. 4:1-2)
> Şi toate lucrurile acestea sunt de la Dumnezeu, care ne-a împăcat cu El prin Isus Hristos, şi ne-a încredinţat slujba împăcării; că adică, Dumnezeu era în Hristos, împăcând lumea cu Sine, neţinându-le în socoteală păcatele lor, şi ne-a încredinţat nouă propovăduirea acestei împăcări. Noi dar, suntem trimişi împuterniciţi ai lui Hristos; şi, ca şi cum Dumnezeu ar îndemna prin noi, vă rugăm fierbinte, în Numele lui Hristos: Împăcaţi-vă cu Dumnezeu! Pe Cel ce n-a cunoscut nici un păcat, El L-a făcut păcat pentru noi, ca noi să fim neprihănirea lui Dumnezeu în El. (2 Cor. 5:18-21)
> Al cărei slujitor am fost făcut eu, după darul harului lui Dumnezeu, dat mie prin lucrarea puterii Lui. (Efes. 3:7)
> Negreşit, dacă rămâneţi şi mai departe întemeiaţi şi neclintiţi în credinţă, fără să vă abateţi de la nădejdea Evangheliei, pe care aţi auzit-o, care a fost propovăduită oricărei făpturi de sub cer, şi al cărei slujitor am fost făcut eu, Pavel. (Col. 1:23)
> Slujitorul ei am fost făcut eu, după isprăvnicia, pe care mi-a dat-o Dumnezeu pentru voi ca să întregesc Cuvântul lui Dumnezeu. (Col. 1:25)
> Mulţumesc lui Hristos Isus, Domnul nostru, care m-a întărit, că m-a socotit vrednic de încredere, şi m-a pus în slujba Lui. (1 Tim. 1:12)

2. Mântuirea lui Cristos l-a făcut pe Pavel să fie un predicator. Observaţi smerenia lui Pavel. El avea lucrul de care avem nevoie cu toţii: un sentiment adânc de nevrednicie înaintea lui Dumnezeu.

> Şi îndată a început să propovăduiască în sinagogi că Isus este Fiul lui Dumnezeu. (Fapte. 9:20)
> Pavel, după obiceiul său, a intrat în sinagogă. Trei zile de Sabat a vorbit cu ei din Scripturi, dovedind şi lămurind, că Hristosul trebuia să pătimească şi să învie din morţi. Şi acest Isus, pe care vi-L vestesc eu, zicea el, este Hristosul. (Fapte. 17:2-3)
> De fapt, Hristos m-a trimis nu să botez, ci să propovăduiesc Evanghelia: nu cu înţelepciunea vorbirii, ca nu cumva crucea lui Hristos să fie făcută zadarnică. (1 Cor. 1:17)
> Şi voi, prin El, sunteţi în Hristos Isus. El a fost făcut de Dumnezeu pentru noi înţelepciune, neprihănire, sfinţire şi răscumpărare. (1 Cor. 1:30)
> Căci n-am avut de gând să ştiu între voi altceva decât pe Isus Hristos şi pe El răstignit. Eu însumi, când am venit în mijlocul vostru, am fost slab, fricos şi plin de cutremur. Şi învăţătura şi propovăduirea mea nu stăteau în vorbirile înduplecătoare ale înţelepciunii, ci într-o dovadă dată de Duhul şi de putere, (1 Cor. 2:2-4)
> Dacă vestesc Evanghelia, nu este pentru mine o pricină de laudă, căci trebuie s-o vestesc; şi vai de mine, dacă nu vestesc Evanghelia! (1 Cor. 9:16)

EFESENI 3:1-13

Căci noi nu ne propovăduim pe noi înşine, ci pe Domnul Hristos Isus. Noi suntem robii voştri, pentru Isus. (2 Cor. 4:5)

Căci ei înşişi istorisesc ce primire ne-aţi făcut, şi cum de la idoli v-aţi întors la Dumnezeu, ca să slujiţi Dumnezeului celui viu şi adevărat, şi să aşteptaţi din ceruri pe Fiul Său, pe care L-a înviat din morţi: pe Isus, care ne izbăveşte de mânia viitoare. (1 Tes. 1:9-10)

Propovăduitorul şi apostolul ei am fost pus eu şi învăţător al Neamurilor. (2 Tim. 1:11)

3. Mântuirea în Cristos l-a determinat pe Pavel să devină un martor dinamic sau evanghelist. Observaţi afirmaţia *"şi să pun în lumină înaintea tuturor* care este isprăvnicia acestei taine [mântuirea]."

Noaptea, Domnul a zis lui Pavel într-o vedenie:Nu te teme; ci vorbeşte şi nu tăcea, căci Eu sunt cu tine; şi nimeni nu va pune mâna pe tine, ca să-ţi facă rău: vorbeşte, fiindcă am mult norod în această cetate. (Fapte 18:9-10)

El mi-a zis: Dumnezeul părinţilor noştri te-a ales să cunoşti voia Lui, să vezi pe Cel Neprihănit, şi să auzi cuvinte din gura Lui; căci Îi vei fi martor, faţă de toţi oamenii, pentru lucrurile, pe care le-ai văzut şi auzit. (Fapte 22:14-15)

Însă fiindcă avem acelaşi duh de credinţă, potrivit cu ceea ce este scris: Am crezut, de aceea am vorbit! şi noi credem, şi de aceea vorbim. (2 Cor. 4:13)

Ci, fiindcă Dumnezeu ne-a găsit vrednici să ne încredinţeze Evanghelia, căutăm să vorbim aşa ca să placem nu oamenilor, ci lui Dumnezeu, care ne cercetează inima. În adevăr, cum bine ştiţi, niciodată n-am întrebuinţat vorbe măgulitoare, nici haina lăcomiei: martor este Dumnezeu. (1 Tes. 2:4-5)

Să nu-ţi fie ruşine dar de mărturisirea Domnului nostru, nici de mine, întemniţatul Lui. Ci suferă împreună cu Evanghelia, prin puterea lui Dumnezeu. (2 Tim. 1:8)

Şi ce-ai auzit de la mine, în faţa multor martori, încredinţează la oameni de încredere, care să fie în stare să înveţe şi pe alţii. (2 Tim. 2:2)

Spune lucrurile acestea, sfătuieşte şi mustră cu deplină putere. Nimeni să nu te dispreţuiască. (Tit 2:15)

5 (3:10-12) **Biserica—Mântuirea**: taina lui Cristos a afectat profund făpturile cereşti. Acestea se minunează de trei lucruri.

1. Făpturile cereşti sunt mirate de ceea ce Dumnezeu face în biserică. Aceasta este însemnătatea versetului zece. Dacă privim la trei traduceri diferite vom vedea asta.

"In order that the manifold wisdom of God might now be made known through the church to the rulers and the authorities in the heavenly places" (NASB).

"So that the many phases of God's wisdom may now through the church be made known to the rulers and authorities in heaven" (Williams).

"So that through the church God's many-sided wisdom would now be shown to the rulers and authorities in heaven" (Beck).

"Pentru ca domniile şi stăpânirile din locurile cereşti să cunoască azi, prin Biserică, înţelepciunea nespus de felurită a lui Dumnezeu" (Cornilescu).

Scopul glorios a lui Dumnezeu în mântuire şi în biserică, este de a arăte dragostea şi înţelepciunea Lui întregului univers—de a provoca fiecare făptură din cer să se mire la vederea a ceea ce face El. Observaţi că făpturile cereşti văd ce se întâmplă acum.

O, adâncul bogăţiei, înţelepciunii şi ştiinţei lui Dumnezeu! Cât de nepătrunse sunt judecăţile Lui, şi cât de neînţelese sunt căile Lui! (Rom. 11:33)

Fiindcă este scris: Pe viaţa Mea Mă jur, zice Domnul, că orice genunchi se va pleca înaintea Mea, şi orice limbă va da slavă lui Dumnezeu. (Rom. 14:11)

De aceea şi Dumnezeu L-a înălţat nespus de mult, şi I-a dat Numele, care este mai presus de orice nume; pentru ca, în Numele lui Isus, să se plece orice genunchi al celor din ceruri, de pe pământ şi de sub pământ, şi orice limbă să mărturisească, spre slava lui Dumnezeu Tatăl, că Isus Hristos este Domnul. (Filip. 2:9-11)

Şi cântau o cântare nouă, şi ziceau: Vrednic eşti tu să iei cartea şi să-i rupi peceţile: căci ai fost înjunghiat, şi ai răscumpărat pentru Dumnezeu, cu sângele Tău, oameni din orice seminţie, de orice limbă, din orice norod şi de orice neam. Ai făcut din ei o împărăţie şi preoţi pentru Dumnezeul nostru, şi ei vor împărăţi pe pământ! M-am uitat, şi împrejurul scaunului de domnie, în jurul făpturilor vii şi în jurul bătrânilor am auzit glasul multor îngeri. Numărul lor era de zece mii de ori zece mii și mii de mii. Ei ziceau cu glas tare: Vrednic este Mielul, care a fost înjunghiat, să primească puterea, bogăția, înțelepciunea, tăria, cinstea, slava și lauda!Și pe toate făpturile, care sunt în cer, pe pământ, sub pământ, pe mare, și tot ce se află în aceste locuri, le-am auzit zicând: A Celui ce stă pe scaunul de domnie, și a Mielului să fie lauda, cinstea, slava și stăpânirea în vecii vecilor!(Apoc. 5:9-13)

2. Făpturile cerești sunt uimite la vederea scopului veșnic al lui Dumnezeu în Isus Cristos. (vezi schița și comentariul—Efes.1:3-14; 2:7 pentru mai multe discuții).

El ne-a mântuit și ne-a dat o chemare sfântă, nu pentru faptele noastre, ci după hotărârea Lui și după harul care ne-a fost dat în Hristos Isus, înainte de veșnicii. (2 Tim. 1:9)
În nădejdea vieții veșnice, făgăduite mai înainte de veșnicii de Dumnezeu, care nu poate să mintă. (Tit 1:2)

3. Făpturile cerești sunt uimite de accesul pe care credinciosului îl are în prezența lui Dumnezeu—sunt uimite de faptul că ne este asigurat accesul prin *credința în Cristos* (vezi schița, *Acces*—Efes.2:18 pentru mai multe discuții).

Eu sunt Ușa. Dacă intră cineva prin Mine, va fi mântuit; va intra și va ieși, și va găsi pășune. (Ioan 10:9)
Deci, fiindcă suntem socotiți neprihăniți, prin credință, avem (Sau: Să avem.) pace cu Dumnezeu, prin Domnul nostru Isus Hristos. Lui Îi datorăm faptul că, prin credință, am intrat în această stare de har, în care suntem; și ne bucurăm în nădejdea slavei lui Dumnezeu. (Rom. 5:1-2)
Căci prin El și unii și alții avem intrare la Tatăl, într-un Duh. (Efes. 2:18)
În El avem, prin credința în El, slobozenia și apropierea de Dumnezeu cu încredere. (Efes. 3:12)

6 (3:13) **Concluzie:** Pavel este gata să sufere pentru biserică. Slava viitoare a credinciosului este atât de mare încât merită suportarea oricăror suferințe pe acest pământ, pentru a primi răsplătirea viitoare. De aceea, niciun credincios nu trebuie să fie *descurajat de* suferințe sau dacă îi vede pe alți credincioși suferind. Merită să suferim pentru lucrarea la care am fost chemați, chiar și martirajul.

EFESENI 3:14-21

	B. Un Credincios Matur în Cristos: Măreața Rugăciune pentru Biserică și Credincios, 3:14-21	18. să puteți pricepe împreună cu toți sfinții, care este lărgimea, lungimea, adâncimea și înălțimea;	**5. A patra cerere: pentru pricepere – o pricepere deplină a lucrurilor spirituale**
1. Rugăciunea a. A fost făcută cu un motiv b. A fost făcută cu genunchii plecați c. A fost făcută Tatălui d. A fost făcută pentru întreaga familie a lui Dumnezeu: din trecut și din prezent **2. Prima cerere: Pentru putere, tărie lăuntrică—prin Duhul lui Dumnezeu** **3. A doua cerere: Cristos să locuiască și să domnească în inimi—prin credință** **4. A treia cerere: pentru dragoste**	14. Iată de ce, zic, îmi plec genunchii înaintea Tatălui Domnului nostru Isus Hristos, 15. din care își trage numele orice familie, în ceruri și pe pământ, 16. și-L rog ca, potrivit cu bogăția slavei Sale, să vă facă să vă întăriți în putere, prin Duhul Lui, în omul dinăuntru, 17. așa încât Hristos să locuiască în inimile voastre prin credință; pentru ca, având rădăcina și temelia pusă în dragoste,	19. și să cunoașteți dragostea lui Hristos, care întrece orice cunoștință, ca să ajungeți plini de toată plinătatea lui Dumnezeu. 20. Iar a Celui ce, prin puterea care lucrează în noi, poate să facă nespus mai mult decât cerem sau gândim noi, 21. a Lui să fie slava în Biserică și în Hristos Isus, din neam în neam, în vecii vecilor! Amin.	**6. A cincea cerere: pentru cunoștința dragostei lui Cristos** **7. A șasea cerere: pentru plinătatea lui Dumnezeu** **8. Concluzia: Încurajarea la rugăciune și încrederea că Dumnezeu va răspunde** a. Fapt: Dumnezeu poate b. Sursa: Puterea care lucrează în noi c. Scopul: Ca Dumnezeu să fie glorificat în biserică prin Isus Cristos

SECȚIUNEA III

SCOPUL VEȘNIC AL LUI DUMNEZEU PENTRU CREDINCIOSUL CREȘTIN, 3:1-21

B. Un Credincios Matur în Cristos: Măreața Rugăciune, 3:14-21

(3:14-21) **Introducere**: aceasta este marea rugăciune pe care Pavel o face pentru biserică și pentru credincios. Este probabil a doua cea mai importantă rugăciune din Biblie, a doua după modelul rugăciunii Domnului (Mt.6:9-13). Datorită importanței sale, ar trebui să fie rostită în fiecare zi de către credincioși. Desigur, acesta este motivul pentru care Dumnezeu a inclus-o în Sfânta Scriptură. Observați detaliile sale în timp ce o citiți și o studiați. Ea se concentrează pe un credincios matur în Cristos.

1. Rugăciunea (vv.14-15).
2. Prima cerere: pentru putere, tărie lăuntrică—prin Duhul lui Dumnezeu (v.16).
3. A doua cerere: Cristos să locuiască și să domnească în inimi—prin credință (v.17).
4. A treia cerere: pentru dragoste (v.17).
5. A patra cerere: : pentru pricepere, o pricepere deplină a lucrurilor spirituale (v.18).
6. A cincea cerere: pentru cunoștința dragostei lui Cristos (v.19).
7. A șasea cerere: pentru plinătatea lui Dumnezeu (v.19).
8. Concluzia: Încurajarea la rugăciune și încrederea că Dumnezeu va răspunde (vv.20-21).

1 (3:14-15) **Rugăciunea**: observați patru lucruri în legătură cu rugăciunea.

1. Rugăciunea avea un motiv specific, un scop specific. Cuvintele, *iata de ce* fac referire la planul veșnic al lui Dumnezeu pentru viața credinciosului, despre care a vorbit mai sus (Efes.2:1-3:13). Adică, Pavel face din nou referire la măreața mântuire și la nașterea bisericii pe care Dumnezeu le-a adus prin Cristos. Nu a fost adus vreodată pe pământ vreun lucru mai măreț decât ceea ce a făcut Dumnezeu prin Cristos. Prin Cristos...

- Dumnezeu a adus mântuirea (Efes.2:1-10).
- Dumnezeu a dat naștere bisericii, noului trup de credincioși pe care El îl construiește (Efes.2:11).

De aceea, este absolut necesar ca lucrarea să fie dusă la bun sfârșit. Lucrarea mântuirii trebuie să fie încheiată, iar clădirea trupului de credincioși (biserica) trebuie să fie terminată. Acesta este marele motiv pentru care Pavel se roagă.

2. Rugăciunea a fost atât de importantă încât l-a adus pe Pavel pe genunchi. Îngenunchierea este un semn de nevoie disperată și de dependență. Arată că un om...

- este cu totul dependent de Dumnezeu.
- este serios.

- este plecat în reverență înaintea lui Dumnezeu.
- este smerit înaintea lui Dumnezeu.

3.   Rugăciunea I se adresează lui Dumnezeu ca Tată. Isus Cristos a venit în lume să Îl descopere pe Dumnezeu, ca să arate le oamenilor exact cum este Dumnezeu. Înainte de Cristos, oamenii și-L imaginau pe Dumnezeu ca fiind departe, distant, și neinteresat de om și de lumea lui. Dar Cristos a descoperit că acest lucru nu este adevărat; aceasta este o imagine greșită a lui Dumnezeu. Dumnezeu este aproape și este foarte interesat de om și de lumea lui. De fapt, "Fiindcă atât de mult a iubit Dumnezeu lumea, că a dat pe singurul Lui Fiu, pentru ca oricine crede în El, să nu piară, ci să aibă viața veșnică." (Ioan 3:16)

Ideea este următoarea: când Pavel s-a rugat lui Dumnezeu, Tatăl Domnului Isus Cristos, el se ruga Dumnezeului care asculta și urma să răspundă rugăciunii lui. El nu se ruga tavanului, nu se ruga doar așa în vânt, nici vreunei idei sau concepte ale minții. El se ruga Tatălui Domnului Isus Cristos care este singurul Dumnezeu adevărat și viu—Dumnezeul care îi auzea rugăciunea.

4.   Rugăciunea era deasemenea adresată Tatălui întregii familii a lui Dumnezeu. Adică, Dumnezeu este Tatăl tuturor credincioșilor care au crezut vreodată și s-au încrezut în promisiunea Lui, atât din prezent cât și din trecut.

2 (3:16) **Duhul Sfânt—Putere**: prima cerință este pentru putere în omul din lăuntru, pentru puterea Duhului lui Dumnezeu, pentru prezența Lui și pentru puterea Lui în viețile noastre. Observați câteva lucruri.

1.   Cuvântul *întăriți* (krataiothenai) înseamnă a fi făcuți tari, puternici, rezistenți. Înseamnă a avea energia sau forța de a acționa, de a îndura, de a rezista.

2.   Cuvântul *putere* (dunamei) înseamnă forță, energie, putere.

3.   Credinciosul trebuie întărit cu putere în "omul dinăuntru," adică, în cea mai adâncă parte a ființei sale, a sufletului său, a inimii sale, a duhului său—în duhul pe care Dumnezeu l-a înnoit. Acolo trebuie să fim *întăriți cu putere*. De ce?

a.   Pentru că este singura cale prin care putem birui firea (natura păcătoasă) cu toate slăbiciunile ei. Este singura cale prin care putem birui...

- ispita și păcatul
- problemele și necazurile
- boala și suferința
- necazul și moartea
- egoismul și lumea
- problemele și circumstanțele

(Vezi comentariul, *Binecuvântările lui Dumnezeu*, pt.1—Efes.1:3 pentru mai multe discuții.)

b.   Pentru că este singura cale prin care credinciosul poate vreodată să ceară binecuvântările lui Dumnezeu și poate îndeplini scopul veșnic pe care îl are Dumnezeu pentru viața lui (Capitolele 1-3). Credinciosul trebuie întărit cu putere ca să poată fi eliberat de fire (natura păcătoasă) și să se poată concentra pe promisiunile veșnice ale lui Dumnezeu și pe chemarea Lui. În termeni simpli, duhul lui trebuie să fie puternic și întărit...

- ca să poată fi tot ceea ce Dumnezeu vrea ca el să fie.
- ca să poată face tot ceea ce Dumnezeu vrea ca el să facă.

4.   Observați sursa acestei puteri biruitoare: Duhul Sfânt al lui Dumnezeu. Și observați că El locuiește în *omul din lăuntru* al credinciosului. Nu există ală sursă care să aibă puterea să biruiască necazurile și corupția acestei lumi, al cărei final este moartea și putrezirea. Nu există vreun grup de oameni—nici măcar toți oamenii din lume cu toată știința și tehnologia lor—care să aibă puterea de a controla răul și moartea omului. Noi nici măcar nu avem puterea de a face un singur om perfect sau de a opri măcar un om de la moarte. Dacă există vreo putere destul de tare ca să biruiască răul și corupția acestei lumi, atunci această putere este Duhul lui Dumnezeu și doar El. De aceea, marea rugăciune a credinciosului este aceea ca Dumnezeu să dea bisericii Sale—tuturor credincioșilor acestei lumi...

- să vă facă să vă întăriți în putere, prin Duhul Lui, în omul dinăuntru.

5.   Observați încă un lucru: Cum putem ști că Dumnezeu va auzi și va răspunde rugăciunii noastre? Cum putem ști că Dumnezeu ne va întări și ne va da putere? Datorită versetului care zice: "...din bogățiile Lui." "Bogățiile Sale" sunt văzute în Isus Cristos. Harul lui Dumnezeu și mântuirea Lui sunt descoperite în Cristos. Dumnezeu ne iubește! Acesta este motivul pentru care El ne va întări și ne va da putere prin Duhul Lui. (vezi Efes.2:4-10.)

Ci voi veți primi o putere, când Se va pogorî Duhul Sfânt peste voi, și-Mi veți fi martori în Ierusalim, în toată Iudea, în Samaria, și până la marginile pământului. (Fapte 1:8)

> Şi El mi-a zis: Harul Meu îţi este de ajuns; căci puterea Mea în slăbiciune este făcută desăvârşită. Deci mă voi lăuda mult mai bucuros cu slăbiciunile mele, pentru ca puterea lui Hristos să rămână în mine. De aceea simt plăcere în slăbiciuni, în defăimări, în nevoi, în prigoniri, în strâmtorări, pentru Hristos; căci când sunt slab, atunci sunt tare. (2 Cor. 12:9-10)
>
> Şi care este faţă de noi, credincioşii, nemărginita mărime a puterii Sale, după lucrarea puterii tăriei Lui. (Efes. 1:19)
>
> Iar a Celui ce, prin puterea care lucrează în noi, poate să facă nespus mai mult decât cerem sau gândim noi. (Efes. 3:20)
>
> Întăriţi, cu toată puterea, potrivit cu tăria slavei Lui, pentru orice răbdare şi îndelungă răbdare, cu bucurie. (Col. 1:11)
>
> Prin credinţă au cucerit ei împărăţii, au făcut dreptate, au căpătat făgăduinţe, au astupat gurile leilor. (Evr. 11:33)
>
> Dar cei ce se încred în Domnul îşi înnoiesc puterea, ei zboară ca vulturii; aleargă şi nu obosesc, umblă, şi nu ostenesc. (Isa. 40:31)
>
> Nu te teme, căci Eu sunt cu tine; nu te uita cu îngrijorare, căci Eu sunt Dumnezeul tău; Eu te întăresc, tot Eu îţi vin în ajutor. Eu te sprijinesc cu dreapta Mea biruitoare. (Isa. 41:10)

3 (3:17) **Isus Cristos, Prezenţă care locuieşte în interior**: a doua cerere este pentru ca Cristos să locuiască în ei, adică să domnească şi să conducă, în inimile noastre—prin credinţă. Cuvântul "locuiască" înseamnă o locuinţă permanentă, nu temporară. Înseamnă a-şi face o locuinţă permanentă; a locui într-o casă; a intra, a se stabili, a fi acasă. Când un om crede în Isus Cristos pentru prima dată, Cristos intră în viaţa lui. De aceea, credinciosul nu se se roagă pentru ca Cristos să intre în inimile şi în vieţile credincioşilor; Cristos este deja în inimile şi în vieţile lor. Ce înseamnă atunci cererea lui? Versetul spune următorul lucru:

⇒ Cristos să fie acasă şi să locuiască permanent în credincios.

⇒ Credinciosul să fie conştient şi să îşi dea seama de prezenţa lui Cristos în inima lui—întotdeuna să fie conştient că Cristos locuieşte în el.

⇒ Credinciosul să Îi permită lui Cristos să îi controleze viaţa—în mod permanent şi constant—pentru că Cristos este acasă în inima lui.

Prezenţa lui Cristos din interior este cea care îl motivează pe credincios să Îl urmeze pe Cristos. Cu cât este mai conştient credinciosul de prezenţa lui Cristos din el, cu atât *va umbla şi va trăi* mai mult în Cristos.

Observaţi că Cristos locuieşte în credincios prin credinţă. Dar observaţi că credinţa Biblică nu este o dorinţă sau o speranţă, ca ceva să fie adevărat. Nu spune *poate* că ceva este adevărat sau *poate* că nu este adevărat. Credinţa biblică înseamnă întotdeuna angajamentul unei vieţi faţă de adevăr şi realitate; este o credinţă şi un angajament faţă de un fapt.

> În ziua aceea, veţi cunoaşte că Eu sunt în Tatăl Meu, că voi sunteţi în Mine, şi că Eu sunt în voi. (Ioan 14:20)
>
> Eu în ei, şi Tu în Mine; pentru ca ei să fie în chip desăvârşit una, ca să cunoască lumea că Tu M-ai trimis, şi că i-ai iubit, cum M-ai iubit pe Mine. (Ioan 17:23)
>
> Am fost răstignit împreună cu Hristos, şi trăiesc dar nu mai trăiesc eu, ci Hristos trăieşte în mine. Şi viaţa, pe care o trăiesc acum în trup, o trăiesc în credinţa în Fiul lui Dumnezeu, care m-a iubit şi S-a dat pe Sine însuşi pentru mine. (Gal. 2:20)
>
> Cărora Dumnezeu a voit să le facă cunoscut care este bogăţia slavei tainei acesteia între Neamuri, şi anume: Hristos în voi, nădejdea slavei. (Col. 1:27)
>
> Cine păzeşte poruncile Lui, rămâne în El, şi El în el. Şi cunoaştem că El rămâne în noi prin Duhul, pe care ni L-a dat. (1 Ioan 3:24)
>
> Iată Eu stau la uşă, şi bat. Dacă aude cineva glasul meu şi deschide uşa, voi intra la el, voi cina cu el, şi el cu Mine. (Apoc. 3:20)

4 (3:17) **Dragostea**: a treia cerere este dragostea. Această dragoste este *dragostea agape*, aceeaşi dragoste pe care Dumnezeu o are pentru noi (vezi comentariul, *Dragoste*—Efes.2:4-5; Gal.5:13-15; 5:14; 5:22-23 pentru mai multe discuţii).

5 (3:18) **Pricepere**: a patra cerere este pentru pricepere, o pricepere desăvârşită a lucrurilor spirituale. Este crucial ca credinciosul să înţeleagă întrutotul planul veşnic al lui Dumnezeu şi măreaţa evanghelie—tot ce deja a fost discutat în capitolele unu la trei:

EFESENI 3:14-21

⇒ marile binecuvântări ale lui Dumnezeu (Efes.1:3-14).
⇒ cunoştinţa şi puterea lui Dumnezeu (Efes.1:15-23).
⇒ îndurarea şi harul lui Dumnezeu (Efes.2:1-10).
⇒ împăcarea şi pacea aduse prin Cristos (Efes.2:11-18).
⇒ biserica: cine şi ce este (Efes.2:19-22).
⇒ noul trup de oameni pe care Dumnezeu îl formează, marea taină a lui Cristos (Efes.3:1-13).

Dumnezeu a făcut atât de mult pentru credincios încât nu se poate măsura. De aceea, credincioşii trebuie să se roage şi să Îl caute pe Dumnezeu, pentru ca El să le mărească priceperea lor, şi priceperea tuturor sfinţilor. Toţi credincioşii trebuie să înţeleagă înălţimea, adâncimea, lăţimea şi lungimea a tot ce Dumnezeu a făcut pentru ei şi pentru biserică. Cu cât înţeleg mai mult credincioşii, cu atât îşi vor supune mai mult vieţile lui Cristos şi Îl vor sluji pe El.

Meditaţia 1. Cu cât înţelegem mai mult ceea ce Dumnezeu a făcut pentru noi, cu atât mai mult vom întinde mâinile ca să ducem dragostea lui Dumnezeu şi mântuirea Lui, unei lumi care zace în răutate, sărăcie şi moarte.

> **Dar, după cum este scris: Lucruri, pe care ochiul nu le-a văzut, urechea nu le-a auzit, şi la inima omului nu s-au suit, aşa sunt lucrurile, pe care le-a pregătit Dumnezeu pentru cei ce-L iubesc. Nouă însă Dumnezeu ni le-a descoperit prin Duhul Său. Căci Duhul cercetează totul, chiar şi lucrurile adânci ale lui Dumnezeu. În adevăr, cine dintre oameni cunoaşte lucrurile omului, afară de duhul omului, care este în el? Tot aşa: nimeni nu cunoaşte lucrurile lui Dumnezeu afară de Duhul lui Dumnezeu. Şi noi n-am primit duhul lumii, ci Duhul care vine de la Dumnezeu, ca să putem cunoaşte lucrurile, pe care ni le-a dat Dumnezeu prin harul Său. (1 Cor. 2:9-12)**
> **Înţelege ce-ţi spun; Domnul îţi va da pricepere în toate lucrurile. (2 Tim. 2:7)**
> **Căci Domnul dă înţelepciune; din gura Lui iese cunoştinţă şi pricepere. (Prov. 2:6)**
> **De la mine vine sfatul şi izbânda, eu sunt priceperea, a mea este puterea. (Prov. 8:14)**

6 (3:19) **Dragostea lui Isus Cristos**: a cincea cerere este să cunoaştem dragostea lui Cristos care întrece orice pricepere. Este imposibil să înţelegem şi să experimentăm dragostea lui Cristos la nivelul ei maxim, dar trebuie să ne rugăm ca Dumnezeu să ne ajute să înţelegem tot mai mult dragostea Lui—şi trebuie să cerem acest lucru *des, în fiecare zi*. (vezi schiţa—Gal.1:4-5; 3:13-14; Efes.2:6; 2:8-10; 2:13 pentru mai multe discuţii legate de dragostea sau moartea lui Isus Cristos. Vezi schiţa, *Isus Cristos, Umilinţa*, pct.2—Luca 2:40 pentru o imagine completă a profunzimii dragostei lui Isus Cristos.) Nu a mai fost făcută vreodată o descriere mai frumoasă a dragostei lui Cristos care întrece orice pricepere, ca aceea a lui of F.M. Lehman din melodia, "Iubirea Lui": "Cu apa mării de-am înscrie iubirea Lui pe cerunt-ins şi orice om de-ar vrea să fie un scrib pe-al slavei necuprins, şi tot n-ar fi destul sa scri, caci marile-ar seca; din veşnicii în veşnicii se-ntinde dragostea. Iubire sfântă şi bogată, Tu ne rămâi mereu cântarea noastră minunata, În veci lui Dumnezeu." (Copyright © 1917, Renewed 1945 by Nazarene Publishing House, Kansas City, MO).

> **Tatăl Mă iubeşte, pentru că Îmi dau viaţa, ca iarăşi s-o iau. Nimeni nu Mi-o ia cu sila, ci o dau Eu de la Mine. Am putere s-o dau, şi am putere s-o iau iarăşi: aceasta este porunca, pe care am primit-o de la Tatăl Meu. (Ioan 10:17-18)**
> **Nu este mai mare dragoste decât să-şi dea cineva viaţa pentru prietenii săi. (Ioan 15:13)**
> **Căci, pe când eram noi încă fără putere, Hristos, la vremea cuvenită a murit pentru cei nelegiuiţi. (Rom. 5:6)**
> **Dar Dumnezeu Îşi arată dragostea faţă de noi prin faptul că, pe când eram noi încă păcătoşi, Hristos a murit pentru noi. Deci, cu atât mai mult acum, când suntem socotiţi neprihăniţi, prin sângele Lui, vom fi mântuiţi prin El de mânia lui Dumnezeu. Căci, dacă atunci când eram vrăjmaşi, am fost împăcaţi cu Dumnezeu, prin moartea Fiului Său, cu mult mai mult acum, când suntem împăcaţi cu El, vom fi mântuiţi prin viaţa Lui. (Rom. 5:8-10)**
> **Cine ne va despărţi pe noi de dragostea lui Hristos? Necazul, sau strâmtorarea, sau prigonirea, sau foametea, sau lipsa de îmbrăcăminte, sau primejdia sau sabia? (Rom. 8:35)**
> **Căci dragostea lui Hristos ne strânge; fiindcă socotim că, dacă Unul singur a murit pentru toţi, toţi deci au murit. Şi El a murit pentru toţi, pentru ca cei ce trăiesc, să nu mai trăiască pentru ei înşişi, ci pentru Cel ce a murit şi a înviat pentru ei. (2 Cor. 5:14-15)**
> **Pe Cel ce n-a cunoscut nici un păcat, El L-a făcut păcat pentru noi, ca noi să fim neprihănirea lui Dumnezeu în El. (2 Cor. 5:21)**

EFESENI 3:14-21

> Noi am cunoscut dragostea Lui prin aceea că El Și-a dat viața pentru noi; și noi deci trebuie să ne dăm viața pentru frați. (1 Ioan 3:16)

7 (3:19) **Plinătatea lui Dumnezeu**: a șasea cerere este pentru plinătatea lui Dumnezeu. Noua Traducere spune așa:
> **"Să cunoașteți dragostea lui Cristos, care întrece orice cunoaștere, ca astfel să fiți umpluți de toată plinătatea lui Dumnezeu."**

Credinciosul are prezența Duhului Sfânt, a lui Cristos, și a lui Dumnezeu, care locuiește în el. Când Isus Cristos a promis că va trimite pe Duhul Sfânt credincioșilor, El a promis că trinitatea—Tatăl, Fiul și Duhul Sfânt—toți trei vor veni și vor locui în credicioși:

> **Și Eu voi ruga pe Tatăl, și El vă va da un alt Mângâietor (Grecește: Paraclet, apărător, ajutor.), care să rămână cu voi în veac— Drept răspuns, Isus i-a zis: Dacă Mă iubește cineva, va păzi cuvântul Meu, și Tatăl Meu îl va iubi. Noi vom veni la el, și vom locui împreună cu el. (Ioan 14:16, 23)**

Ideea este următoarea: fiecare Persoană din Trinitate îndeplinește o altă funcție în credincios. De aceea, credinciosul trebuie să ceară lucruri specifice de la fiecare. El deja a cerut ca să fie întărit de Duhul Sfânt și ca Cristos să locuiască în el și să îi controleze inima. Acum credinciosul trebuie să se roage pentru "toată plinătatea lui Dumnezeu [Însuși]"—pentru ca Dumnezeu și plinătatea prezenței Lui să îl umple și să îl inunde, să locuiască și să domnească, făcundu-și voia în viața credinciosului.

Observați încă un lucru accentuat de F.F. Bruce. Conjuncția *să* (eis) sugerează o experiență progresivă. Credinciosul trebuie să se roage ca Dumneze să îl umple în mod continuu, ca în mod continuu să îl inunde cu toată plinătatea lui Dumnezeu (*Epistolele către Efeseni*, p.69).

> **O, adâncul bogăției, înțelepciunii și științei lui Dumnezeu! Cât de nepătrunse sunt judecățile Lui, și cât de neînțelese sunt căile Lui! Și în adevăr, cine a cunoscut gândul Domnului? Sau cine a fost sfetnicul Lui? Cine I-a dat ceva întâi, ca să aibă de primit înapoi? Din El, prin El, și pentru El sunt toate lucrurile. A Lui să fie slava în veci! Amin. (Rom. 11:33-36)**
> **De aceea și noi, din ziua când am auzit aceste lucruri, nu încetăm să ne rugăm pentru voi, și să cerem să vă umpleți de cunoștința voii Lui, în orice fel de înțelepciune și pricepere duhovnicească; (Col. 1:9)**

8 (3:20-21) **Concluzia**: încurajarea la rugăciune și la încrederea că Dumnezeu aude și va răspunde. Observați două lucruri.
1. Dumnezeu poate să facă ceea ce Îi cerem. Observați cât de puternic este Dumnezeu. El poate să facă...
   * "nespus": să depășească; să meargă dincolo de orice; să depășească și să facă orice.
   * "mai mult": să depășească și să facă mai mult decât este nevoie.
   * "decât cerem." să facă mult mai mult decât orice nevoie.
   * Sau gândim. Imaginați-vă cum ar fi dacă El ar merge dincolo de ceea ce putem gândi! Care este cea mai măreață eliberare sau cel mai măreț răspuns la care ne putem gândi? Dumnezeu poate să facă nespuns mai multe decât putem noi cere sau gândi.

Meditația 1. *Biblia cu Explicații Thompson* accentuează ceea ce Scriptura spune despre puterea lui Dumnezeu. El poate...
   * să ridice copii ai Săi din pietre.

> **Faceți dar roade vrednice de pocăința voastră, și nu vă apucați să ziceți în voi înșivă: Avem pe Avraam ca tată! Căci vă spun că Dumnezeu din pietrele acestea poate să ridice fii lui Avraam. (Luca 3:8)**

   * să îndeplinească promisiuni chiar dacă din punct de vedere omenesc este imposibil.

> **Deplin încredințat că El ce făgăduiește, poate să și împlinească. (Rom. 4:21)**

   * Să înmulțească harul.

> **Și Dumnezeu poate să vă umple cu orice har, pentru ca, având totdeauna în toate lucrurile din destul, să prisosiți în orice faptă bună. (2 Cor. 9:8)**

EFESENI 3:14-21

- Să facă nespus mai mult.

    Iar a Celui ce, prin puterea care lucrează în noi, poate să facă nespus mai mult decât cerem sau gândim noi, (Efes. 3:20)

- să aducă toate lucrurile sub controlul Său.

    El va schimba trupul stării noastre smerite, și-l va face asemenea trupului slavei Sale, prin lucrarea puterii pe care o are de a-Și supune toate lucrurile. (Filip. 3:21)

- să păzească comoara sufletului.

    Și din pricina aceasta sufăr aceste lucruri; dar nu mi-e rușine, căci știu în cine am crezut. Și sunt încredințat că El are putere să păzească ce I-am încredințat până în ziua aceea. (2 Tim. 1:12)

- să mântuiască în chip desăvârșit.

    De aceea și poate să mântuiască în chip desăvârșit pe cei ce se apropie de Dumnezeu prin El, pentru că trăiește pururea ca să mijlocească pentru ei. (Evr. 7:25)

- să păzească de cădere.

    Iar a Aceluia, care poate să vă păzească de orice cădere, și să vă facă să vă înfățișați fără prihană și plini de bucurie înaintea slavei Sale— (Iuda 1:24)

(Thompson, Frank Charles. *The New Comprehensive Bible Helps.* "The New Chain Reference Bible," Indianapolis, IN: B.B. Kirkbride Bible Co., 1964, p.153, number 3810.)

2.   Observați sursa rugăciunilor ascultate: este puterea care lucrează în noi. Ce este această putere din noi? Este combinația a tot ceea ce Dumnezeu a pus în noi, și toate lucrurile pentru care ne rugăm:
   ⇒ puterea Duhului care ne întărește.
   ⇒ puterea lui Cristos care locuiește în noi.
   ⇒ puterea dragostei care lucrează în noi.
   ⇒ puterea de a pricepe tot ceea ce face Dumnezeu.
   ⇒ puterea plinătății lui Dumnezeu Însuși.

   Isus S-a uitat țintă la ei, și le-a zis: La oameni lucrul acesta este cu neputință, dar la Dumnezeu toate lucrurile sunt cu putință. (Mat. 19:26)
   Căci nici un cuvânt de la Dumnezeu nu este lipsit de putere. (Luca 1:37)
   Dacă trăiți după îndemnurile ei, veți muri; dar dacă, prin Duhul, faceți să moară faptele trupului, veți trăi. (Rom. 8:13)
   Iar Aceluia care poate să vă întărească, după Evanghelia mea și propovăduirea lui Isus Hristos, potrivit cu descoperirea tainei, care a fost ținută ascunsă timp de veacuri. (Rom. 16:25)
   Nu v-a ajuns nici o ispită, care să nu fi fost potrivită cu puterea omenească. Și Dumnezeu, care este credincios, nu va îngădui să fiți ispitiți peste puterile voastre; ci, împreună cu ispita, a pregătit și mijlocul să ieșiți din ea, ca s-o puteți răbda. (1 Cor. 10:13)
   Și care este față de noi, credincioșii, nemărginita mărime a puterii Sale, după lucrarea puterii tăriei Lui. (Efes. 1:19)
   Căci Dumnezeu nu ne-a dat un duh de frică, ci de putere, de dragoste și de chibzuință. (2 Tim. 1:7)

3.   Observați scopul lui Dumnezeu în răspunsul pe care îl dă rugpciunilor noastre și în toate lucrurilor pe care le face pentru noi: pentru ca El să fie glorificat în biserică prin Isus Cristos. Și observați pentru cât timp va fi glorificat: din neam în neam, în vecii vecilor.

	CAPITOLUL 4 **IV. UMBLAREA CREDINCIOSULUI CREŞTIN, 4:1-6:9** **A. Credinciosul trebuie să umble într-un chip vrednic de chemare sa, 4:1-6**	2. cu toată smerenia şi blândeţea, cu îndelungă răbdare; îngăduiţi-vă unii pe alţii în dragoste, 3. şi căutaţi să păstraţi unirea Duhului, prin legătura păcii.	b. Cu blândeţe c. Cu răbdare d. Cu dragoste e. **2. Scopul umblării în chip vrednic: păstrarea unităţii, păcii**
1. Cum să umbli în chip vrednic a. Cu smerenie	**V**ă sfătuiesc dar eu, cel întemniţat pentru Domnul, să vă purtaţi într-un chip vrednic de chemarea, pe care aţi primit-o,	4. Este un singur trup, un singur Duh, după cum şi voi aţi fost chemaţi la o singură nădejde a chemării voastre. 5. Este un singur Domn, o singură credinţă, un singur botez. 6. Este un singur Dumnezeu şi Tată al tuturor, care este mai presus de toţi, care lucrează prin toţi şi care este în toţi.	**3. Cele şapte motive principale** a. Un singur trup b. Un singur Duh c. O singură nădejde d. Un singur Domn e. O singură credinţă f. Un singur botez, v.5 g. Un singur Dumnezeu, Tatăl tuturor

SECŢIUNEA IV

UMBLAREA CREDINCIOSULUI CREŞTIN, 4:1-6:9

A. Credinciosul trebuie să umble într-un chip vrednic de chemarea sa, 4:1-6

(4:1-6:9) **PRIVIRE DE ANSAMBLU ASUPRA SECŢIUNII: Credincioşii**: Cum trebuie să trăiască credinciosul, în timp ce umblă în fiecare zi prin viaţă? Acest capitol începe o discuţie despre umblarea credinciosului creştin. Alegem să folosim cuvântul *umblare* în loc de cuvântul *viaţă* pentru că este un cuvânt care descrie mai bine *umblarea* de zi cu zi a vieţii credinciosului. Instrucţiunile sunt foarte practice. Până acum instrucţiunile au ţinut de doctrină:

⇒ planul veşnic al lui Dumnezeu pentru credinciosul creştin.
⇒ marile binecuvântări a lui Dumnezeu.
⇒ cunoştinţa şi priceperea lui Dumnezeu.
⇒ lucrarea îndurării lui Dumnezeu şi darul harului lui Dumnezeu: măreaţa noastră mântuire.
⇒ împăcare şi pace.
⇒ biserica—biserica adevărată—noul trup de credincioşi pe care Dumnezeu îl crează pentru a fi cetăţeni ai cerurilor noi şi a pământului nou.

Am văzut mari adevăruri teologice care descoperă *poziţia credinciosului în Cristos*—adevăruri care arată că credinciosul este înălţat în locurile cereşti! Dar acum, coborând pe pământ şi având de a face cu locul unde suntem: Cum trebuie noi să trăim în fiecare zi? Cum influenţează *poziţia noastră în Cristos* trăirea noastră de zi cu zi? Cum ne ajută Cristos să ne înfruntăm necazurile noastre, problemele, dificulţile şi suferinţele zilnice? Umblarea credinciosului este subiectul cărţii Efeseni de aici înainte.

A. Credinciosul trebuie să umble într-un chip vrednic de chemarea sa, Efes.4:1-6.
B. Credinciosult trebuie să umble folosindu-se de darurile sale, Efes.4:7-16.
C. Credinciosul trebuie să umble într-un mod diferit de cei dintre Neamuri, Efes.4:17-24.
D. Credinciosult trebuie să umble dezbrăcat de hainele Omului Vechi, Efes.4:25-32.
E. Credinciosul trebuie să umble urmându-L pe Dumnezeu, Efes.5:1-7.
F. Credinciosul trebuie să umble ca un Fiu al Luminii , Efes. 5:8-14.
G. Credinciosul trebuie să umble cu atenţie şi stricteţe, Efes.5:15-21.
H. Soţul credincios şi soţia credincioasă trebuie să umble într-un duh de supunere şi dragoste, Efes.5:22-33.
I. Copiii credincioşi şi părinţii credincioşi trebuie să umble sub autoritatea lui Dumnezeu, Efes.6:1-4.
J. Robii şi Stăpânii credincioşi (angajaţii şi angajatorii) trebuie să umble sub autoritatea lui Dumnezeu, Efes.6:5-9.

(4:1-6) **Introducere**: noi Îi datorăm lui Dumnezeu mai mult decât am putea plăti vreodată. Dumnezeu L-a luat pe Fiul Său preiubit şi...

• S-a îngrijit de Neprihănirea perfectă şi ideală pentru noi.

EFESENI 4:1-6

- ne-a trimis un Înlocuitor să moară pentru noi—să poarte pedepsa pentru respingerile noastre, pentru răzvrătirile noastre, pentru blestemele noastre la adresa lui Dumnezeu, și pentru încălcarea legii lui Dumnezeu.
- ne-a asigurat izbăvirea de la moarte, prin împăcarea lui Cristos.
- Ne-a dăruit o viață nouă—o viață de dragoste, bucurie, pace, și de putere prin Duhul Sfânt care locuiește în noi.
- S-a îngrijit de asigurarea absolută a vieții veșnice cu Dumnezeu pentru veșnicie.
- S-a îngrijit de atât de multe lucruri încât o veșnicie nu ar fi deajuns ca să descriem totul.

Dumnezeu ne-a onorat atât de mult cât este posibil pentru o ființă să fie onorată. El ne-a așezat cu Cristos în locurile cerești ca să domnim cu El pentru veșnicie. Dumnezeu a făcut atât de multe pentru noi, încât nu poate face mai mult decât ceea ce a făcut deja. Noi nu putem vedea totul încă, pentru că încă suntem pe pământ—suntem aici pentru a fi martorii minunatei și glorioasei mântuiri care este în Cristos Isus. Dar ziua aceea când vom experimenta totul va veni în curând. Dumnezeu va face ceruri noi și un pământ nou care vor fi perfecte, acolo nu va fi suferință și nici moarte, și noi vom trăi veșnic, și vom domni împreună cu Cristos.

Așa cum am spus, noi îi suntem datori lui Dumnezeu; noi îi datorăm lui Dumnezeu atât de mult încât nu am putea niciodată să începem să Îi plătim datoria aceasta. Ce putem face atunci? Foarte puțin, dar este un lucru pe care trebuie să îl facem: trebuie să umblăm într-un chip vrednic de chemarea noastră. Trebuie să umblăm într-un chip vrednic de poziția onorată la care Dumnezeu ne-a înălțat.

1. Cum să umbli în chip vrednic (v.1-2).
2. Scopul umblării în chip vrednic: păstrarea unității și păcii (v.3).
3. Cele șapte motive principale (v.4-6).

1.(4:1-2) **Credincios, Umblare:** Cum poate umbla credinciosul într-un chip vrednic? Ce trebuie să facă credinciosul ca să Îi fie plăcut lui Dumnezeu prin trăirea lui în fiecare zi...

- la lucru?
- la joacă?
- la școală?
- la biserică?
- acasă?

- cu alți credincioși?
- cu familia?
- cu prietenii?
- cu vecinii?

O dată ce un om crede în Isus Cristos și devine un membru al poporului lui Dumnezeu și al bisericii lui Dumnezeu, ce trebuie el să facă, pentru a umbla într-un mod vrednic de măreața chemare a lui Dumnezeu—pentru a aduce onoare numelui lui Cristos și bisericii Sale?

1. Credinciosul trebuie să umble în toată smerenia (vezi schița, *Smerenia*—Filip.2:3 pentru mai multe discuții).
2. Credinciosul trebuie să umble cu toată blândețea (vezi schița, *Blândețea*—Gal.5:22-23 pentru mai multe discuții).
3. Credinciosul trebuie să umble cu răbdare (vezi schița, *Răbdarea*—Gal.5:22-23 pentru mai multe discuții).
4. Credinciosul trebuie să umble în dragoste (vezi schița, *Dragoste*—Gal.5:22-23. Vezi și schița, *Dragoste*—Gal.5:13-15 pentru mai multe discuții.)

2.(4:3) **Unitate—Frățietate:** Scopul umblării vrednice este unul singur—unitatea. Credincioșii trebuie să lucreze la legătura păcii pentru a putea rămâne uniți în Duhul lui Dumnezeu. Isus Cristos a dărâmat toate barierele și toate zidurile de despărțire dintre oameni. Acum oricine poate fi mântuit:

- orice naționalitate
- orice popor
- orice limbă
- săracii
- bogații

- albii
- roșii
- galbenii
- negrii

Fiecare om este scump în ochii lui Dumnezeu. Când un om se apropie de Dumnezeu prin Isus Cristos, el vine la fel ca și toți ceilalți: de pe același nivel și de pe același teren. El nu este mai bun sau mai rău decât altcineva: el este un om care are nevoie de iertarea lui Dumnezeu; și el, la fel ca toți ceilalți, se închină înaintea lui Cristos și Îl acceptă pe El ca Domn și Mântuitor. Omul respectiv, la fel ca toți ceilalți, se supune pe sine însuși și devine un rob al lui Cristos. Bogăția, poziția și statutul social—sunt uitate. Singurul lucru care contează este mântuirea și viața pe care Cristos le oferă.

Ideea este următoarea: când un om vine la Cristos cu atitudinea aceasta, atunci Duhul lui Dumnezeu intră în viața lui și creează o legătură între el și toți ceilalți credincioși. Aceasta este *legătura spirituală a păcii* posibilă prin Duhul

209

EFESENI 4:1-6

Sfânt între toți credincioșii. Toate dezbinările, toate diferențele, toate prejudecățile sunt puse deoparte; și un duh de dragoste, de pace de unitate există între toți.

În biserică *domnește un duh de pace*, produs de Duhul lui Dumnezeu. Totuși, observați un lucru tragic: nu toți credincioșii umblă în Duhul—nu tot timpul. De prea multe ori, credincioșii dau voie firii lor, sau *vieții celei vechi* să acționeze—vechile...

- prejudecăți
- diferențe
- răni
- gelozii
- nemulțumiri
- critici

- mândrie
- aroganță
- comparații
- neplăceri
- comentarii

Rezultatul este unul catastrofal pentru biserică: dezbinare și tulburarea păcii și a duhului de unitate. Acesta este motivul pentru acest îndemn. Observați cuvintele *căutați să păstrați* (spoudazontes). În limba Greacă sensul este de a fi cumpătați, de a avea grijă să facem cum putem mai bine, și să ne străiduim la aceasta. Singurul mod prin care putem umbla vrednici de chemarea măreață a lui Dumnezeu este lucrând la păstrarea legăturii păcii și a unității pe care Dumnezeu ne-a dat-o. Nimic nu rănește inima lui Dumnezeu atât de mult ca dezbinările dintre oamenii Lui, dezbinări care sfâșie biserica Sa. Dumnezeu Își crează un trup nou de oameni, care să trăiască împreună în unitatea și în dragostea Fiului Său. El va crea un cer nou și un pământ nou unde nu va exista vreun alt fel de duh. De aceea, El se așteaptă de la noi să trăim în unitatea și în dragostea duhului Său acum.

> Vă îndemn, fraților, pentru Numele Domnului nostru Isus Hristos, să aveți toți același fel de vorbire, să n-aveți dezbinări între voi, ci să fiți uniți în chip desăvârșit într-un gând și o simțire. (1 Cor. 1:10)
>
> Încolo, fraților, fiți sănătoși, desăvârșiți-vă, îmbărbătați-vă, fiți cu un cuget, trăiți în pace, și Dumnezeul dragostei și al păcii va fi cu voi. (2 Cor. 13:11)
>
> Și căutați să păstrați unirea Duhului, prin legătura păcii. (Efes. 4:3)
>
> Numai, purtați-vă într-un chip vrednic de Evanghelia lui Hristos, pentru ca, fie că voi veni să vă văd, fie că voi rămâne departe de voi, să aud despre voi că rămâneți tari în același duh, și că luptați cu un suflet pentru credința Evangheliei, (Filip. 1:27)
>
> Încolo, toți să fiți cu aceleași gânduri, simțind cu alții, iubind ca frații, miloși, smeriți. (1 Pet. 3:8)

3. (4:4-6) **Credincioși, Umblare:** sunt șapte motive pentru care noi ar trebui să umblăm vrednici și să ne străduim să păstrăm legătura păcii și a unității a Duhului lui Dumnezeu *în biserică.* Observați ce a fost spus, pentru că acest punct trebuie accentuat: este o mare nevoie de a menține pacea și unitatea *în interiorul bisericii.* Mult prea des, biserica este locul unde pacea și unitatea credincioșilor dispare. Din nou, sunt șapte motive pentru care acest lucru nu ar trebui să se întâmple vreodată—șapte motive pentru care credincioșii ar trebui să umble întotdeauna în pacea și unitatea Duhului.

1. Este *"un singur trup."* Nu există două trupuri sau câteva trupuri de credincioși. Totuși, în această lume imperfectă, există multe denominațiuni și biserici. Dar observați ce face Dumnezeu: Dumnezeu *creează un singur trup de oameni* care se încred și care îl urmează pe Fiul Său drag. Când un om își pune încrederea în Isus Cristos, Dumnezeu face șase lucruri prin care îl așează pe credincios în trupul lui Cristos:

⇒ Dumnezeu îi dă o *nouă naștere* credinciosului—îl învie din punct de vedere spiritual—îl naște din nou (Ioan.1:12-13; 3:3-6; Tit.3:5; 1 Pet.1:23; 1 Ioan.5:1).

⇒ Dumnezeu face o *făptură nouă, un om nou, o creație nouă, un om nou* din credincios (2 Cor.5:17; Efes.4:24; Col.3:10).

⇒ Dumnezeu așează natura Lui divină în credincios (2 Pet.1:4).

⇒ Dumnezeu pune Duhul Lui în credincios, face ca Duhul Lui să intre în trupul fiecărui credincios. Trupul credinciosului devine un templu pentru prezența Duhului lui Dumnezeu (Ioan.14:16-17; 1 Cor.3:16; 6:19-20).

⇒ Dumnezeu îl determină pe credincios să rodească roada Duhului Sfânt care este dragostea, bucuria, pacea, răbdarea, bunătatea, facerea de bine, credincioșia, blândețea, înfrânarea poftelor. (Gal.5:22-23).

⇒ Dumnezeu îl așează pe credincios în *noul trup de oameni* pe care El îl creează, adică, în trupul lui Cristos, biserica Sa.

> Noi toți, în adevăr, am fost botezați de un singur Duh, ca să alcătuim un singur trup, fie Iudei, fie Greci, fie robi, fie slobozi; și toți am fost adăpați dintr-un singur Duh. (1 Cor. 12:13)

EFESENI 4:1-6

Observați ultimele două experiențe în mod deosebit. Nu este posibil ca un credincios să fie în conflict cu un alt credincios decât dacă el umblă în firea sa (natura păcătoasă) și se află într-o stare căzută. Sunt câteva lucruri care sunt contrare dragostei, bucuriei, păcii și care rănesc și strică trupul bisericii...

- un duh bolnav
- lupta pentru poziții
- diferențele egoiste
- reacțiile
- sentimentele de superioritate

- căutarea interesului propriu
- formarea grupulețelor
- egoismul
- invidia
- mânia

Lucruri ca și acestea nu au ce să caute în biserică, nu trebuie să existe în *trupul nou* al lui Dumnezeu pe care El îl zidește. Există un singur trup de credincioși adevărați, nu două—nu un trup aici și altul dincolo. Acesta este motivul pentru care noi trebuie să căutăm să păstrăm pacea și unitatea Duhului. Există un singur trup, și doar păstrând pacea și unitatea trupului putem umbla vrednici de chemarea măreață a lui Dumnezeu.

> Tot așa, și noi, care suntem mulți, alcătuim un singur trup în Hristos; dar, fiecare în parte, suntem mădulare unii altora. (Rom. 12:5)
> Voi sunteți trupul lui Hristos, și fiecare, în parte, mădularele lui. (1 Cor. 12:27)
> [Biserica] care este trupul Lui, plinătatea Celui ce plinește totul în toți. (Efes. 1:23)
> Pentru desăvârșirea sfinților, în vederea lucrării de slujire, pentru zidirea trupului lui Hristos, (Efes. 4:12)
> Mă bucur acum în suferințele mele pentru voi; și în trupul meu, împlinesc ce lipsește suferințelor lui Hristos, pentru trupul Lui, care este Biserica. (Col. 1:24)
> Și nu se ține strâns de Capul din care tot trupul, hrănit și bine închegat, cu ajutorul încheieturilor și legăturilor, își primește creșterea pe care i-o dă Dumnezeu. (Col. 2:19)

2. Este *"un singur Duh."* *Același Duh* care locuiește în fiecare membru al trupului, locuiește în toate mădularele trupului.

⇒ Duhul lui Dumnezeu produce în om nașterea din nou.

> Isus i-a răspuns: Adevărat, adevărat îți spun, că, dacă nu se naște cineva din apă și din Duh, nu poate să intre în Împărăția lui Dumnezeu. Ce este născut din carne, este carne, și ce este născut din Duh, este duh. (Ioan 3:5-6)
> Duhul este acela care dă viață, carnea nu folosește la nimic; cuvintele, pe care vi le-am spus Eu, sunt duh și viață. (Ioan 6:63)
> Și dacă Duhul Celui ce a înviat pe Isus dintre cei morți locuiește în voi, Cel ce a înviat pe Hristos Isus din morți, va învia și trupurile voastre muritoare, din pricina Duhului Său, care locuiește în voi. (Rom. 8:11)

⇒ Duhul lui Dumnezeu este cel care cheamă și dă daruri și călăuzește pe fiecare membru înspre locul unde se potrivește și înspre lucrarea lui din cadrul trupului.

> Pe când slujeau Domnului și posteau, Duhul Sfânt a zis: Puneți-Mi deoparte pe Barnaba și pe Saul pentru lucrarea la care i-am chemat. (Fapte 13:2)
> Căci toți cei ce sunt călăuziți de Duhul lui Dumnezeu sunt fii ai lui Dumnezeu. (Rom. 8:14)
> Și fiecăruia i se dă arătarea Duhului spre folosul altora. (1 Cor 12:7; vezi 12:8f)

Ideea este următoarea: fiecare membru trebuie să își facă partea sa în îndeplinirea misiunii trupului—pentru Cristos. A lucra independent de trup, este lucrarea altui duh, pentru că Trupul lui Cristos este zidit un singur Duh.

3. Este *"o singură speranță."* Fiecare credincios adevărat are aceeași speranță: marea zi a izbăvirii. Va fi o lume perfectă creată pentru Isus Cristos și poporul Său. Viața în cerurile noi și în pământul nou va fi o viață plină de dragoste, bucurie și pace—o viață trăită în unitate și în legătura frățească—toate acestea vor fi perfecte. Ceea ce Dumnezeu dorește este ca acum să trăim deja așa cum vom trăi în viitor. Viețile noastre viitoare în pământul și cerurile noi trebuie să fie un model pentru felul în care trăim acum împreună. Vom fi mântuiți și împăcați cu Dumnezeu și unii cu alții—toți vom trăi împreună într-o lume a dragostei, a păcii, a bucuriei pentru veșnicie. Speranța pentru veșnicie—speranța care ne umple inimile pentru așa o lume—trebuie să fie forța care să ne determine să ne trăim viețile împreună în pace și în unitate.

EFESENI 4:1-6

Şi tot ce a fost scris mai înainte, a fost scris pentru învăţătura noastră, pentru ca, prin răbdarea şi nu prin mângâierea pe care o dau Scripturile, să avem nădejde. (Rom. 15:4)

Şi am auzit despre credinţa voastră în Hristos Isus, şi despre dragostea, pe care o aveţi faţă de toţi sfinţii, din pricina nădejdii care vă aşteaptă în ceruri şi despre care aţi auzit mai înainte în cuvântul adevărului Evangheliei. (Col. 1:4-5)

Şi ne învaţă s-o rupem cu păgânătatea şi cu poftele lumeşti, şi să trăim în veacul de acum cu cumpătare, dreptate şi evlavie, aşteptând fericita noastră nădejde şi arătarea slavei marelui nostru Dumnezeu şi Mântuitor Isus Hristos. (Tit 2:12-13)

Binecuvântat să fie Dumnezeu, Tatăl Domnului nostru Isus Hristos, care, după îndurarea Sa cea mare, ne-a născut din nou prin învierea lui Isus Hristos din morţi, la o nădejde vie, şi la o moştenire nestricăcioasă, şi neîntinată, şi care nu se poate veşteji, păstrată în ceruri pentru voi. (1 Pet. 1:3-4)

Ci, după cum Cel ce v-a chemat este sfânt, fiţi şi voi sfinţi în toată purtarea voastră. (1 Pet. 1:15)

El este jertfa de ispăşire pentru păcatele noastre; şi nu numai pentru ale noastre, ci pentru ale întregii lumi. Şi prin aceasta ştim că Îl cunoaştem, dacă păzim poruncile Lui. (1 Ioan 2:2-3)

4. Este *"un singur Domn."* Este un singur Stăpân şi Rege. Fiecare credincios a îngenunchiat înaintea aceluiaşi Domn pentru a deveni un rob al Lui şi a primii ordine de la El. Ca şi slujitori ai Săi, credincioşii sunt învăţaţi fără echivoc...

- să trăiască aşa cum spune El: sfinţi, neprihăniţi şi curaţi, rodind roada Duhului Său (Gal.5:19-21).
- să îndeplinească ordinele Sale ca şi un singur trup (Mat.7:21-23; 1 Cor.12:5; Filip.2:9-11).

Nu orişicine-Mi zice: Doamne, Doamne! va intra în Împărăţia cerurilor, ci cel ce face voia Tatălui Meu care este în ceruri. Mulţi Îmi vor zice în ziua aceea: Doamne, Doamne! N-am prorocit noi în Numele Tău? N-am scos noi draci în Numele Tău? Şi n-am făcut noi multe minuni în Numele Tău? Atunci le voi spune curat: Niciodată nu v-am cunoscut; depărtaţi-vă de la Mine, voi toţi care lucraţi fărădelege. (Mat. 7:21-23)

Sunt felurite slujbe, dar este acelaşi Domn; (1 Cor. 12:5)

De aceea şi Dumnezeu L-a înălţat nespus de mult, şi I-a dat Numele, care este mai presus de orice nume; pentru ca, în Numele lui Isus, să se plece orice genunchi al celor din ceruri, de pe pământ şi de sub pământ, şi orice limbă să mărturisească, spre slava lui Dumnezeu Tatăl, că Isus Hristos este Domnul. (Filip. 2:9-11)

5. Este *"o singură credinţă."* Nu există două credinţe sau câteva credinţe. Este o singură credinţă care duce înspre prezenţa lui Dumnezeu, iar aceasta este credinţa întemeiată de Domnul Isus Cristos. Nu există altă cale înspre Dumnezeu. Dacă cineva doreşte să trăiască cu Dumnezeu—să fie primit şi acceptat de El—acel om trebuie să se apropie de Dumnezeu prin credinţa în Domnul Isus Cristos.

Ideea este următoarea: fiecare credincios a venit la Dumnezeu în acelaşi fel—crezând în Domnul Isus Cristos. Credinţa în El este singura cale, singura credinţă adevărată. De aceea, înaintea lui Dumnezeu, venind la El în acelaşi mod, prin aceeaşi credinţă, nu este loc pentru diferenţe. Toţi suntem pe teren egal, pe acelaşi nivel, nivelul credinţei.

Ele auzeau doar spunându-se: Cel ce ne prigonea odinioară, acum propovăduieşte credinţa, pe care căuta s-o nimicească odinioară.(Gal. 1:23)

Preaiubiţilor, pe când căutam cu tot dinadinsul să vă scriu despre mântuirea noastră de obşte, m-am văzut silit să vă scriu ca să vă îndemn să luptaţi pentru credinţa, care a fost dată sfinţilor odată pentru totdeauna. (Iuda 1:3)

6. Este *"un singur botez."* Toţi credincioşii au depus o mărturie publică a credinţei lor, supunându-se poruncii de a fi botezaţi în apă. Fiecare a fost identificat ca membru al aceluiaşi trup pentru că fiecare a trecut prin acelaşi ritual. De aceea, pentru că am intrat în biserică în acelaşi fel, nu ar trebui să existe dezbinări. Dezbinarea neagă şi aduce ruşine acestei porunci. Dezbinarea reflectă profunzimea sau superficialitatea angajamentului nostru. Arată că sinceritatea noastră în botez a lăsat de dorit, mult de dorit. Arată că nouă ne pasă prea puţin de Cristos, şi de experienţa botezului nostru, care ne-a adus în biserică.

Nu ştiţi că toţi câţi am fost botezaţi în Isus Hristos, am fost botezaţi în moartea Lui? (Rom. 6:3)

Noi toţi, în adevăr, am fost botezaţi de un singur Duh, ca să alcătuim un singur trup, fie Iudei, fie Greci, fie robi, fie slobozi; şi toţi am fost adăpaţi dintr-un singur Duh. (1 Cor. 12:13)

Toţi care aţi fost botezaţi pentru Hristos, v-aţi îmbrăcat cu Hristos. (Gal. 3:27)

212

EFESENI 4:1-6

7. Este "*un singur Dumnezeu Tatăl Tuturor*." Aceasta probabil este o mărturisire primitivă a credinței.
⇒ "Un Dumnezeu": Dumnezeu este creatorul tuturor lucrurilor, și El este Suveran peste toate.
⇒ "Un Tată al tuturor": ca și Tată, Dumnezeu iubește pe toți. Credința creștină începe cu Dumnezeu ca și dragoste.
⇒ "Mai presus de toți": Dumnezeu are controlul tuturor lucrurilor.

Mesajul transmis aici este tăios: Dacă este un singur Dumnezeu și un sigur Tată pentru toți credincioșii, cum poate El atunci să-i conducă pe doi credincioși să fie unul împotriva celuilalt? Răspunsul este evident: El nu poate face asta. Unul sau ambii credincioși urmează firea lor, firea păcătoasă, căile lor firești. Unul dintre ei nu Îl urmează pe Dumnezeu Tatăl.

Isus i-a răspuns: Cea dintâi este aceasta: Ascultă Israele! Domnul, Dumnezeul nostru, este un singur Domn. (Marcu 12:29)

Căci este un singur Dumnezeu, și este un singur mijlocitor între Dumnezeu și oameni: Omul Isus Hristos, care S-a dat pe Sine însuși, ca preț de răscumpărare pentru toți: faptul acesta trebuia adeverit la vremea cuvenită. (1 Tim. 2:5-6)

(Căci trei sunt care mărturisesc în cer: Tatăl, Cuvântul și Duhul Sfânt, și acești trei una sunt.) (1 Ioan 5:7)

	B. Credinciosul trebuie să umble folosindu-şi darurile, 4:7-16		
1. Fiecare credincios primeşte un dar	7. Dar fiecăruia din noi harul i-a fost dat după măsura darului lui Hristos.	13. până vom ajunge toţi la unirea credinţei şi a cunoştinţei Fiului lui Dumnezeu, la starea de om mare, la înălţimea staturii plinătăţii lui Hristos;	b. Un scop etern: să devină un om matur ca şi Cristos
2. Darul fiecărui credincios a costat cel mai mare preţ	8. De aceea este zis: „S-a suit sus, a luat robia roabă, şi a dat daruri oamenilor."	14. ca să nu mai fim copii, plutind încoace şi încolo, purtaţi de orice vânt de învăţătură, prin viclenia oamenilor şi prin şiretenia lor în mijloacele de amăgire;	c. Un scop personal
b. Imaginea	9. Şi acest: „S-a suit", ce înseamnă decât că înainte Se pogorâse în părţile mai de jos ale pământului?		1) Ca să nu mai fie copii—imaturi
c. Preţul cel mare: Moartea lui Cristos şi coborârea Lui în părţile cele mai de jos ale pământului	10. Cel ce S-a pogorât, este acelaşi cu cel ce s-a suit mai presus de toate cerurile, ca să umple toate lucrurile.	15. ci, credincioşi adevărului, în dragoste, să creştem în toate privinţele, ca să ajungem la Cel ce este Capul, Hristos.	2) Ca să crească în toate lucrurile—să se maturizeze
d. Valoarea cea mare: Cristos poate umple întreg universul cu prezenţa Sa	11. Şi El a dat pe unii apostoli; pe alţii, prooroci; pe alţii, evanghelişti; pe alţii, păstori şi învăţători,	16. Din El tot trupul, bine închegat şi strâns legat, prin ceea ce dă fiecare încheietură, îşi primeşte creşterea, potrivit cu lucrarea fiecărei părţi în măsura ei, şi se zideşte în dragoste.	3) Ca să îşi facă partea sa în zidirea bisericii
3. Darul fiecărui credincios Îl are în centru pe Cristos			
4. Darul fiecărui credincios are trei scopuri	12. pentru desăvârşirea sfinţilor, în vederea lucrării de slujire, pentru zidirea trupului lui Hristos,		
a. Un scop imediat: pentru echiparea altora			

SECŢIUNEA IV

UMBLAREA CREDINCIOSULUI CREŞTIN, 4:1-6:9

B. CREDINCIOSUL TREBUIE SĂ UMBLE FOLOSINDU-ŞI DARURILE, 4:7-16

(4:7-16) **Introducere**: observaţi cuvântul "dar." Produce un contrast puternic. Aşa cum s-a studiat în pasajul anterior, biserica este un trup, şi fiecare membru trebuie să se străduiască să menţină unitatea şi legătura Duhului. Dar credincioşii nu sunt doar o unitate, ei sunt şi o diversitate. Între credincioşi există diferenţe. Care sunt acele diferenţe? Acestea sunt daruri, abilităţi speciale date de Dumnezeu care trebuie folosite pentru a-i întări pe ceilalţi credincioşi şi pentru a atinge lumea şi a-i propovădui evanghelia. Darurile—daruri spirituale date de Dumnezeu—sunt subiectul acestui pasaj. Credinciosul trebuie să umble folosind darurile pe care Dumnezeu i le-a dat. (vezi schiţa şi comentariul—Ro.12:3-8; 1 Cor.12:1-14:40 pentru mai multe discuţii.)

1. Fiecare credincios primeşte un dar (v.7).
2. Darul fiecărui credincios a costat cel mai mare preţ (vv.8-10).
3. Darul fiecărui credincios Îl are în centru pe Cristos (v.11).
4. Darul fiecărui credincios are trei scopuri (vv.12-16).

1. (4:7) **Daruri spirituale**: fiecare credincios primeşte un dar. Observaţi cuvintele, "Dar fiecăruia din noi harul i-a fost dat după măsura darului lui Hristos." Nici un credincios nu este lăsat pe dinafară; Cristos a dat fiecărui credincios câteva daruri spirituale. Este important să înţelegem la ce se referă darurile sprirituale. Prin daruri spirituale nu se înţelege talente sau abilităţi personale. Dumnezeu desigur că ştie ce talente şi abilităţi are fiecare om, atunci când îi dă daruri, dar darurile spirituale sunt daruri speciale pe care El le dă credincioşilor. Sunt daruri foarte specifice—daruri care sunt date pentru zidirea credincioşilor din biserică, care sunt folositoare în mărturisirea şi propovăduirea înaintea lumii. Ce trebuie pbservat este că fiecare credincios adevărat a primit un dar spiritual, un dar foarte specific. El a primit un dar pentru a putea îndeplini misiunea lui Dumnezeu pe acest pământ.

Observaţi încă un lucru important. Isus Cristos ne dă harul să putem folosi darurile. Harul înseamnă putere, înţelepciune, curaj, motivaţie, dragoste, grijă, atenţie şi tărie—toate favorurile şi binecuvântările lui Cristos. Cristos ne dă orice lucru de care avem nevoie pentru ca să putem folosi darul. El măsoară exact harul de care avem nevoi pentru a putea folosi la maxim darul.

Meditaţia 1. Ce adevăr glorios! Ce scânteie de încurajare! Fiecare dintre noi a primit un dar de la Cristos—a primit un dar foarte special. Şi avem şi măsura harului—orice măsură de har ar fi necesară—pentru a putea folosi darurile. Cristos Îşi revarsă harul Lui asupra noasrtă, ne echipează pentru a putea să ne ducem la îndeplinire slujba noastră pe acest pământ. Acest lucru este important, pentru că înseamnă că darul nostru este darul lui Cristos. Este cel mai bun dar posibil *pentru noi*. Nu trebuie să fim nemulţumiţi de darul nostru, nu trebuie să poftim la altcineva sau la darul altcuiva. Cristos ne-a aşezat şi ne-a dat cel mai bun dar posibil pentru noi—dacă suntem într-adevăr ai Lui, dacă dorim cu adevărat să Îl slujim pe El.

> **Unuia i-a dat cinci talanţi, altuia doi, şi altuia unul: fiecăruia după puterea lui; şi a plecat. (Mat. 25:15)**
>
> **Prin harul, care mi-a fost dat, eu spun fiecăruia dintre voi, să nu aibă despre sine o părere mai înaltă decât se cuvine; ci să aibă simţiri cumpătate despre sine, potrivit cu măsura de credinţă, pe care a împărţit-o Dumnezeu fiecăruia. (Rom. 12:3)**
>
> **Deoarece avem felurite daruri, după harul care ne-a fost dat: cine are darul prorociei, să-l întrebuinţeze după măsura credinţei lui. (Rom. 12:6)**
>
> **Căci cine te face deosebit? Ce lucru ai, pe care să nu-l fi primit? Şi dacă l-ai primit, de ce te lauzi ca şi cum nu l-ai fi primit? (1 Cor. 4:7)**
>
> **Sunt felurite daruri, dar este acelaşi Duh. (1 Cor. 12:4)**
>
> **Şi fiecăruia i se dă arătarea Duhului spre folosul altora. (1 Cor. 12:7)**

2. (4:8-10) **Daruri spirituale**: darul fiecărui credincios a costat cel mai mare preţ posibil.

1. Observaţi imaginea. Imaginea lui Cristos dând daruri oamenilor. Este imaginea unui rege care şi-a cucerit duşmanii. Regele intră în oraş pe sub arcul de trimf călare pe calul său alb. Mii de oameni strigă de bucurie, slăvindu-L pe Împărat. Regele este urmat de armată. Iar în urma armatei vin ei, duşmanii clătinându-se pe picioare, legaţi în lanţuri, arătând exact ca oamenii înfrânţi ceea ce şi sunt. Iniţial ei au venit să lupte pentru a-i supune oamenii marelui rege, tiraniei lor. Dar acum ei vin cu daruri pentru marele cuceritor. Învingătorul primeşte darurile şi le împarte printre ai Săi. (vezi Ps.68:18.)

Omul are mari duşmani—duşmani care atacă din nou şi din nou—duşmani care încearcă să-l lase pe om fără niciun scop şi fără nici un ţel.

⇒ Există o mare armată a separării şi a înstrăinării. Înstrăinarea este tendinţa şi energia care încearcă să Îl scoată pe Dumnezeu şi pe alţii din viaţa unui om. Tragic, înstrăinarea are ca şi rezultat un sentiment de goliciune, de inutilitate şi singurătate.

⇒ Sunt doi duşmani care îi fură omului sensul vieţii —păcatul şi moartea.

Totuşi, Cristos a pornit la război în numele omului. Cristos a cucerit toţi vrăjmaşii care fac viaţa fără sens şi însemnătate. Acum El dă cel mai mare dar dintre toate—darul semnificaţiei, al scopului, al unei vieţi pline de sens. El umple viaţa cu tot ce ar putea dori omul şi cu tot ce ar putea folosi. El dă cele mai măreţe daruri, daruri care-l ţin pe om ocupat cu cea viaţa cea mai plină de însemnătate şi scop posibilă.

Meditaţia 1. Dacă Cristos a dat aşa un scop şi o însemnătate vieţii, atunci de ce sunt atâţia oameni plictisiţi de viaţa şi de slujba lor? De ce sunt atâţia (chiar şi credincioşi) nesatisfăcuţi, goi, fără vreun scop, şi dorind o schimbare? Scriptura ne spune, şi ne spune clar.

1) Omul acela nu şi-a dat viaţa întrutotul lui Cristos—nu complet, nu total. El nu se leapădă pe sine întrutotul, şi nu Îl urmează pe Cristos pe deplin.

> **Apoi a zis tuturor: Dacă voieşte cineva să vină după Mine, să se lepede de sine, să-şi ia crucea în fiecare zi, şi să Mă urmeze. (Luca 9:23)**

2) Omul acela nu S-a jertfit pe sine, tot ce este el şi tot ce are, pentru a-L sluji pe Cristos şi omenirea. Omul acela nu s-a angajat la o viaţă reală de slujire. Adevărata viaţă se găseşte doar în slujire. Aşa a făcut Dumnezeu.

> **Pentru că oricine va vrea să-şi scape viaţa, o va pierde; dar oricine îşi va pierde viaţa pentru Mine, o va câştiga. (Mat. 16:25)**
>
> **Cel mai mare dintre voi să fie slujitorul vostru. (Mat. 23:11)**
>
> **Voi să nu fiţi aşa. Ci cel mai mare dintre voi, să fie ca cel mai mic; şi cel ce cârmuieşte, ca cel ce slujeşte. (Luca 22:26)**
>
> **Nu ziceţi voi că mai sunt patru luni până la seceriş? Iată, Eu vă spun: Ridicaţi-vă ochii, şi priviţi holdele, care sunt albe acum, gata pentru seceriş. (Ioan 4:35)**

EFESENI 4:7-16

3) Omul acela trăiește și seamănă în firea sa (natura păcătoasă) și nu în Duhul.

Cine seamănă în firea lui pământească, va secera din firea pământească putrezirea; dar cine seamănă în Duhul, va secera din Duhul viața veșnică. (Gal. 6:8)

2. Observați marele preț pe care Cristos l-a plătit pentru a câștiga dreptul la daruri pentru credincioși. El a trebuit să moară și să coboare în părțile de jos ale pământului. F.F. Bruce spune că "părțile de jos" ale pământului ar putea însemna trei lucruri: pământul pe care a venit Cristos; mormântul în care a fost așezat trupul Domnului; sau Locuința Morților—locașul morților (Fapte 2:25-35; vezi Ps.16:10; 110:1). (*Epistola către Efeseni*, p.83.) (vezi STUDIU APROFUNDAT # 1—1 Pet.3:19-20.)

Dacă lăsăm Scriptura să interpreteze Scriptura, interpretarea corectă ar fi "Locuința Morților." Când în alte locuri din Scriptură unde este pus în contrast coborârea lui Cristos cu înălțarea Lui, sunt indicate cele mai îndepărtate extreme.

a. În Rom.10:6-7 " se va sui în cer" este contrastat cu "se va pogorî în Adânc"—locuința morților.
b. În Filip.2:8, Cristos se smerește pe sine până la moarte "moarte de cruce" este pus în contrast cu Dumnezeu "L-a înălțat nespus de mult" .
c. În Mat.12:40, spune despre Cristos "va sta trei zile și trei nopți în inima pământului" este citat din Iona 2:3-4 "în inima mărilor." În lumina acestor lucruri, faptul că Cristos a coborât în părțile de jos ale pământului, trebuie să însemne ceva mai mult decât că a fost așezat în mormânt. Trebuie să se facă referire la *locul sufletelor plecate, sau locuința morților.*

Ideea este următoarea: Isus Cristos a trebuit să moară și să experimenteze iadul pentru oameni ca să poată câștiga dreptul de a da daruri oamenilor. Acesta este prețul enorm pe care darurile l-au avut. Dacă El nu ar fi murit atunci noi nu am putea primi daruri spirituale. Viața nu ar avea nici un scop și nici o însemnătate—dincolo de câțiva ani scurți trăiți pe acest pământ. Singurul lucru pe care l-am putea aștepta ar fi moartea. Dar Cristos a murit, și El a cucerit toți dușmanii omului—i-a cucerit ca să poată primi dreptul de a ne mântui și de a ne da daruri.

> **Acum are loc judecata lumii acesteia, acum stăpânitorul lumii acesteia va fi aruncat afară. (Ioan 12:31)**
> **De aceea este zis: S-a suit sus, a luat robia roabă, și a dat daruri oamenilor. Și acest: S-a suit, ce înseamnă decât că înainte Se pogorâse în părțile mai de jos ale pământului? (Efes. 4:8-9)**
> **Cel ce S-a pogorât, este același cu cel ce s-a suit mai presus de toate cerurile, ca să umple toate lucrurile. (Efes. 4:10)**
> **A dezbrăcat domniile și stăpânirile, și le-a făcut de ocară înaintea lumii, după ce a ieșit biruitor asupra lor prin cruce. (Col. 2:15)**
> **Astfel dar, deoarece copiii sunt părtași sângelui și cărnii, tot așa și El însuși a fost deopotrivă părtaș la ele, pentru ca, prin moarte, să nimicească pe cel ce are puterea morții, adică pe diavolul. (Evr. 2:14)**
> **Hristos, de asemenea, a suferit odată pentru păcate, El, Cel neprihănit, pentru cei nelegiuiți, ca să ne aducă la Dumnezeu. El a fost omorât în trup, dar a fost înviat în duh, în care S-a dus să propovăduiască duhurilor din închisoare, care fuseseră răzvrătite odinioară, când îndelunga răbdare a lui Dumnezeu era în așteptare, în zilele lui Noe, când se făcea corabia, în care au fost scăpate prin apă un mic număr de suflete, și anume opt. (1 Pet. 3:18-20)**
> **Cine păcătuiește, este de la diavolul, căci diavolul păcătuiește de la început. Fiul lui Dumnezeu S-a arătat ca să nimicească lucrările diavolului. (1 Ioan 3:8)**

3. Marea valoare a ceea ce a făcut Cristos este glorioasă. El a murit ca să se poată înălța deasupra cerurilor, ca să poată umple totul, adică, întregul univers cu prezența Sa. Isus Cristos este Majestatea Suverană a universului. El este așezat la dreapta lui Dumnezeu Tatăl, și El domnește și conduce toate lucrurile. El poate acum să salveze și să dea daruri oamenilor. Dar țineți minte: acest lucru este posibil pentru că El a plătit cel mai mare preț posibil. El a murit pentru noi—a murit ca să câștige dreptul de a-și revărsa harul Său și darurile Lui asupra noasrtă.

De acum încolo, Fiul omului va ședea la dreapta puterii lui Dumnezeu.(Luca 22:69)
Și care este față de noi, credincioșii, nemărginita mărime a puterii Sale, după lucrarea puterii tăriei Lui, pe care a desfășurat-o în Hristos, prin faptul că L-a înviat din morți, și L-a pus să șadă la dreapta Sa, în locurile cerești. (Efes. 1:19-20)

EFESENI 4:7-16

La înfățișare a fost găsit ca un om, S-a smerit și S-a făcut ascultător până la moarte, și încă moarte de cruce. De aceea și Dumnezeu L-a înălțat nespus de mult, și I-a dat Numele, care este mai presus de orice nume. (Filip. 2:8-9)
Ei ziceau cu glas tare: Vrednic este Mielul, care a fost înjunghiat, să primească puterea, bogăția, înțelepciunea, tăria, cinstea, slava și lauda!(Apoc. 5:12)

3. (4:11) **Daruri spirituale**: darul fiecărui credincios Îl are în centru pe Cristos. Observați cuvintele, " El a dat." Cristos și doar El este Acela care dă daruri spirituale oamenilor. Oamenii nu pot primi darurile în schimbul muncii lor, nici nu pot da daruri altor oameni. Doar Cristos are în posesie darurilor spirituale pe care le dă oamenilor. Aici sunt menționate cinci daruri.

1. Darul unui *apostol*. Cuvântul "apostol" (apostolos) înseamnă trimis. Un apostol este un reprezentant, un ambasador, o persoană trimisă într-o țară ca să reprezinte o alta. Trei lucruri sunt adevărate în legătură cu un apostol.
⇒ El aparține Celui care l-a trimis.
⇒ El este însărcinat să fie trimis.
⇒ El are toată puterea și autoritatea Celui care l-a trimis.

Cuvântul "apostol" are atât un sens larg cât și unul mai restrâns, în Noul Testament.
a. Sensul restrâns. Se referă la cei doisprezece apostoli și la Pavel (Fapte 1:21-22; 1 Cor. 9:1). În acest sens restrâns existau cel puțin două calificări de bază.
1) Apostolul era un om ales direct de Domnul sau de Duhul Sfânt (cap. Mat.10:1-2; Marcu 3:13-14; Luca 6:13; Fapte 9:6, 15; 13:2; 22:10, 14-15; Rom.1:1). Era un om care l-a văzut sau a fost un însoțitor al Domnului Isus.
2) Un apostol era un om care a fost un martor ocular la învierea Domnului (Fapte 1:21-22; 1 Cor.9:1).
b. În sens mai larg. Cuvântul "apostol" se referă la alți oameni care predică evanghelia. Este folosit pentru doi misionari, Barnaba (Fapte 14:4, 14, 17) și Sila (1 Tes.2:6); și doi mesageri, Tit (2 Cor.8:23) și Epafrodit (Filip.2:25). Există deasemenea posibilitatea ca la Iacov, fratele Domnului (Gal.1:19) și Andronic și Iunia (Rom.16:7) să se facă referire ca apostoli.

În sens mai restrâns, darul apostoliei urma să dispară datorită calificărilor unice de care era nevoie pentru a putea primi acest dar. Dar istoric vorbind, în sens mai larg, există situații în care calificările acestea și darurile sunt încă date și folosite de Dumnezeu. Slujitorii lui Dumnezeu din orice generație trebuie să Îl *vadă* pe El și să Îl cunoască în mod personal. În mod similar, slujitorul trebuie *să vadă și să experimenteze* personl puterea învierii. Sigur că există unii în fiecare generație care L-au *văzut* pe Domnul Isus și care *cunosc* și *experimentează* puterea învierii Domnului. Poate că Domnul Isus le dă darul special al apostoliei ca să fie folosit în cel mai scump loc al său—biserica.

2. Darul unui *prooroc*. Acesta este darul vorbirii sub inspirația Duhului lui Dumnezeu. Include atât predicția cât și proclamarea, și niciunul dintre ele nu trebuie minimalizat în ciuda abuzurilor întâlnite în cazul acestui dar.

Nu există îndoială, darul prezicerii evenimentelor a fost abuzat până la ridicol. Totuși, abuzul unui dar nu elimină faptul că Duhul lui Dumnezeu câteodată le dă credincioșilor ocazia să arunce o privire asupra evenimentelor viitoare ca să îi pregătească și să îi întărească pentru a face față acelor evenimente.

Totuși, funcția majoră a prorociei este rostită foarte clar în Scriptură, și acest lucru ar trebui luat în seamă de toți credincioșii:

Cine prorocește, dimpotrivă, vorbește oamenilor, spre zidire, sfătuire și mângâiere. (1 Cor. 14:3)

3. Darul unui *evanghelist*. Acesta este darul ducerii evangheliei în întreaga lume. Este darul specializat în proclamarea evangheliei celor pierduți din lume. Include atât pe evanghelist cât și ceea ce noi numim misionar.

A doua zi, am plecat și am ajuns la Cezarea. Am intrat în casa lui Filip evanghelistul, care era unul din cei șapte, și am găzduit la el. (Fapte 21:8; cp. Fapte 8:26-40)
Și El a dat pe unii apostoli; pe alții, prooroci; pe alții, evangheliști; pe alții, păstori și învățători. (Efes. 4:11)
Dar tu fii treaz în toate lucrurile, rabdă suferințele, fă lucrul unui evanghelist, și împlinește-ți bine slujba. (2 Tim. 4:5)

4. Darul dat *păstorului* (poimenas). Acest cuvânt înseamnă cioban. A.T. Robertson subliniază faptul că Domnul Isus i-a spus lui Petru să Îi pască oile Lui (Ioan.21:16), iar Petru a spus altor misionari să păstorească turma lui Dumnezeu (1 Pet.5:2), iar Pavel le-a spus bătrânilor bisericii (slujitorilo) din Efes să păstorească turma lui Dumnezeu, pentru care a murit Cristos (Fapte 20:28) (*Word Pictures in the New Testament*, Vol.4, p.53.) Trăsăturile unui păstor pot fi văzute

EFESENI 4:7-16

dacă ne uităm la Cristos ca şi păstorul credincioşilor. Păstorul este un păstor subordonat Păstorului Principal, Isus Cristos Domnul nostru.

    a. Păstorul cunoaşte oile; le cunoaşte pe fiecare pe nume. Acest lucru se spune că era aşa în legătură cu păstorii din vremea lui Isus. Păstorii cunoşteau fiecare oaie în parte, chiar şi în turme mari. Acest lucru cu siguranţă este adevărat în legătură cu Cristos şi oile Sale.

> Eu sunt Păstorul cel bun. Eu Îmi cunosc oile Mele, şi ele Mă cunosc pe Mine. (Ioan 10:14)
>
> Dar dacă iubeşte cineva pe Dumnezeu, este cunoscut de Dumnezeu. (1 Cor. 8:3)
>
> Totuşi temelia tare a lui Dumnezeu stă nezguduită, având pecetea aceasta: Domnul cunoaşte pe cei ce sunt ai Lui; şi: Oricine rosteşte Numele Domnului, să se depărteze de fărădelege! (2 Tim. 2:19)
>
> Acum, aşa vorbeşte Domnul, care te-a făcut, Iacove, şi Cel ce te-a întocmit, Israele! Nu te teme de nimic, căci Eu te izbăvesc, te chem pe nume: eşti al Meu. (Isa. 43:1)

    d. Păstorul hrăneşte oile chiar dacă trebuie să le ia în braţe şi să le ducă la păşuni bogate.

> El Îşi va paşte turma ca un Păstor, va lua mieii în braţe, îi va duce la sânul Lui, şi va călăuzi blând oile care alăptează. (Isa. 40:11)

    e. Păstorul conduce oile la păşune şi le duce departe de cărările grele periculoase.

> Domnul este Păstorul meu: nu voi duce lipsă de nimic. El mă paşte în păşuni verzi, şi mă duce la ape de odihnă; îmi înviorează sufletul, şi mă povăţuieşte pe cărări drepte, din pricina Numelui Său. Chiar dacă ar fi să umblu prin valea umbrei morţii, nu mă tem de niciun rău, căci Tu eşti cu mine. Toiagul şi nuiaua Ta mă mângâie. (Ps. 23:1-4)

    f. Păstorul caută şi salvează oile care se pierd.

> Ce credeţi? Dacă un om are o sută de oi, şi se rătăceşte una din ele, nu lasă el pe cele nouăzeci şi nouă pe munţi, şi se duce să caute pe cea rătăcită? (Mat. 18:12)
>
> Voi căuta pe cea pierdută, voi aduce înapoi pe cea rătăcită, voi lega pe cea rănită, şi voi întări pe cea slabă. Dar voi păzi pe cele grase şi pline de vlagă: vreau să le pasc cum se cade. (Ezech. 34:16)

    g. Păstorul apără oile. Îşi dă chiar viaţa pentru ele.

> Eu sunt Păstorul cel bun. Păstorul cel bun îşi dă viaţa pentru oi. (Ioan 10:11)
>
> Dumnezeul păcii, care, prin sângele legământului celui veşnic, a sculat din morţi pe Domnul nostru Isus, marele Păstor al oilor. (Evr. 13:20)

    h. Păstorul restaurează oile care se rătăcesc şi apoi se întorc.

> Căci eraţi ca nişte oi rătăcite. Dar acum v-aţi întors la Păstorul şi Episcopul sufletelor voastre. (1 Pet. 2:25)

    i. Păstorul răsplăteşte oile pentru ascultare şi credincioşie.

> Şi când Se va arăta Păstorul cel mare, veţi căpăta cununa, care nu se poate vesteji, a slavei. (1 Pet. 5:4)

    h. Păstorul va ţine despărţite oile de capre.

> Toate neamurile vor fi adunate înaintea Lui. El îi va despărţi pe unii de alţii cum desparte păstorul oile de capre; şi va pune oile la dreapta, iar caprele la stânga Lui. (Mat. 25:32-33)

    5. Darul unui *învăţător*. Unii comentatori sunt de părere că darul învăţăturii este parte din darul păstorului, adică păstorul este păstor-învăţător. Funcţia învăţătorului este darul de a-i învăţa pe credincioşi în adevărurile lui Dumnezeu şi ale Cuvântului Său. Este darul de a-i înrădăcina pe oameni în doctrină, de a corecta în neprihănire. A

EFESENI 4:7-16

învăța este o chemare înaltă, una dintre cele mai mari chemări. Învățătura este pusă pe locul al doilea între darurile spirituale, după darul apostoliei și al prorociei (Fapte 13:1; 1 Cor.12:28; Efes.4:11). Fiecare apostol, proroc și păstor are darul învățării, dar nu fiecare învățător este un apostol, un proroc cau un păstor. Darul învățăturii poartă una dintre cele mai mari responsabilități date de Dumnezeu; de aceea învățătorul va trebui să dea o socoteală strictă lui Dumnezeu în legătură cu credincioșia lui în folosirea darului (vezi schița, *Învățător*—Jas.3:1).

Darul spirtual al învățăturii este darul înțelegerii și comunicării Cuvântului lui Dumnezeu, al zidirii credincioșilor în adevărurile Cuvântului lui Dumnezeu. Implică înțelegerea, interpretarea, aranjarea și comunicarea Cuvântului lui Dumnezeu. Darul învățăturii este dat credinciosului care își dedică viața Cuvântului lui Dumnezeu, și împărtășirii adevărului glorios cu oamenii lui Dumnezeu.

> Duceți-vă și faceți ucenici din toate neamurile, botezându-i în Numele Tatălui și al Fiului și al Sfântului Duh. Și învățați-i să păzească tot ce v-am poruncit. Și iată că Eu sunt cu voi în toate zilele, până la sfârșitul veacului. Amin. (Mat. 28:19-20)
>
> Și acum, fraților, vă încredințez în mâna lui Dumnezeu și a Cuvântului harului Său, care vă poate zidi sufletește, și vă poate da moștenirea împreună cu toți cei sfințiți. (Fapte 20:32)
>
> Și Dumnezeu a rânduit în Biserică, întâi, apostoli; al doilea, prooroci; al treilea, învățători; apoi, pe cei ce au darul minunilor; apoi pe cei ce au darul tămăduirilor, ajutorărilor, cârmuirilor, și vorbirii în felurite limbi. (1 Cor. 12:28)
>
> Și El a dat pe unii apostoli; pe alții, prooroci; pe alții, evangheliști; pe alții, păstori și învățători. (Efes. 4:11)
>
> Caută să te înfățișezi înaintea lui Dumnezeu ca un om încercat, ca un lucrător care n-are de ce să-i fie rușine, și care împarte drept Cuvântul adevărului. (2 Tim. 2:15)
>
> Toată Scriptura este insuflată de Dumnezeu și de folos ca să învețe, să mustre, să îndrepte, să dea înțelepciune în neprihănire, (2 Tim. 3:16)
>
> Iudeii aceștia aveau o inimă mai aleasă decât cei din Tesalonic. Au primit Cuvântul cu toată râvna, și cercetau Scripturile în fiecare zi, ca să vadă dacă ce li se spunea, este așa. (Fapte 17:11)
>
> Și, ca niște prunci născuți de curând, să doriți laptele duhovnicesc și curat, pentru ca prin el să creșteți spre mântuire, dacă ați gustat în adevăr că bun este Domnul. (1 Pet. 2:2-3)

4. (4:12-16) **Daruri sprirituale**: darul fiecărui credincios are trei scopuri. Observați un lucru important: cele cinci daruri descrise mai sus implică vorbire sau proclamare. Sunt daruri foarte specifice, daruri care de obicei sunt privite ca darurile oficiale ale bisericii. Acestea nu sunt date în măsură întreagă fiecărui credincios chiar dacă fiecare credincios...

- ar trebui să fie ca un apostol în sensul că el Îl slujește pe Cristos într-o misiune specială și că își folosește cu credincioșie darul pe care Dumnezeu i l-a dat.
- ar trebui să fie un proroc în sensul ca în fiecare zi să proclame adevărul lui Dumnezeu.
- ar trebui să fie un evanghelist în sensul de a duce o mărturie celor pierduți.
- ar trebui să fie un păstor în sensul ca să poarte de grijă oamenilor tot timpul.
- ar trebui să fie un învățător în sensul ca să-i învețe adevărul cuvântului lui Dumnezeu pe toți cei pe care îi cunoaște.

1. Există un scop imediat pentru darurile profesionale ale celui care are o slujbă în biserică și între oamenii lui Dumnezeu. Este acela de a-i echipa pe credincioși pentru a face lucrarea de slujire. Cuvântul a *pregăti* (katartizo) înseamnă a echipa pentru slujire și misiune. Acest lucru este esențial de observat, pentru că cel care are o anumită slujbă în biserică *nu este* singurul care trebuie să facă lucrarea de misiune. De fapt, *slujba lui principală* este aceea de a fi unul care echipează, un om care face ucenici și *pregătește pe alții* să Îl slujească pe Cristos (vezi schița, *Ucenicie*—Mat.28:19-20). Observați încă un lucru important: scopul echipării fraților din biserică este acela ca trupul lui Cristos, biserica să fie zidite. Acesta este un punct esențial pentru că înseamnă că biserica nu poate fi zidită fără ca membri ei să facă lucrarea de misiune. Toți credincioșii din biserică trebuie să fie implicați în lucrarea de misiune. Așa cum spune Wuest: "Acest lucru este așa pentru ca Trupul lui Cristos, biserica, să fie zidită, adăugând la membrii ei prin mântuirea sufletelor pierdute și zidind indivizi sfinți." (Wuest, Kenneth S. *Ephesians and Colossians.* "Wuest Word Studies," Vol.1. Grand Rapids, MI: Eerdmans, 1953, p.101.)

Dacă lucrarea de misiune ar fi lăsată doar pe umerii misionarilor profesioniști atunci această sarcină nu ar fi îndeplinită niciodată, pentru că aceștia sunt prea puțini. Și cei fără pregătire trebuie echipați pentru a putea ajunge la cei pierduți și pentru a putea sluji nevoile unei lumi aflate sub greutatea răului, a suferinței și a morții.

2. Aceste daruri pentru slujitori au un scop veșnic. Nu se poate spune mai clar decât ce spune versetul. Versetul spune trei lucruri:

EFESENI 4:7-16

a. Slujitorul lui Dumnezeu lucrează pentru a aduce o unitate perfectă între oamenii lui Dumnezeu. Slujitorului lui Dumnezeu este chemat...
- să aducă pace și împăcare în biserică.
- să-i conducă pe oameni înspre o armonie perfectă și o unitate a duhului.
- să-i conducă pe oameni de la grupulețe, dezbinare, comentarii, clevetire, mușcături și toate celelalte păcate care lucrează împotriva unității perfecte.

> **Vă îndemn, fraților, pentru Numele Domnului nostru Isus Hristos, să aveți toți același fel de vorbire, să n-aveți dezbinări între voi, ci să fiți uniți în chip desăvârșit într-un gând și o simțire. (1 Cor. 1:10)**
> **Încolo, fraților, fiți sănătoși, desăvârșiți-vă, îmbărbătați-vă, fiți cu un cuget, trăiți în pace, și Dumnezeul dragostei și al păcii va fi cu voi.**
> **(2 Cor. 13:11)**
> **Și căutați să păstrați unirea Duhului, prin legătura păcii. (Efes. 4:3)**
> **Numai, purtați-vă într-un chip vrednic de Evanghelia lui Hristos, pentru ca, fie că voi veni să vă văd, fie că voi rămâne departe de voi, să aud despre voi că rămâneți tari în același duh, și că luptați cu un suflet pentru credința Evangheliei. (Filip. 1:27)**
> **Încolo, toți să fiți cu aceleași gânduri, simțind cu alții, iubind ca frații, miloși, smeriți. (1 Pet. 3:8)**

j. Slujitorul lui Dumnezeu lucrează pentru a aduce cuniștința Fiului lui Dumnezeu.

> **Să cunoaștem, să căutăm să cunoaștem pe Domnul! Căci El se ivește ca zorile dimineții, și va veni la noi ca o ploaie, ca ploaia de primăvară, care udă pământul!(Osea 6:3)**
> **Și a zis Iudeilor, care crezuseră în El: Dacă rămâneți în cuvântul Meu, sunteți în adevăr ucenicii Mei; veți cunoaște adevărul, și adevărul vă va face slobozi. (Ioan 8:31-32)**
> **Și viața veșnică este aceasta: să Te cunoască pe Tine, singurul Dumnezeu adevărat și pe Isus Hristos, pe care L-ai trimis Tu. (Ioan 17:3)**
> **Și să-L cunosc pe El și puterea învierii Lui și părtășia suferințelor Lui, și să mă fac asemenea cu moartea Lui; (Filip. 3:10)**
> **Pentru ca astfel să vă purtați într-un chip vrednic de Domnul, ca să-I fiți plăcuți în orice lucru: aducând roade în tot felul de fapte bune, și crescând în cunoștința lui Dumnezeu: (Col. 1:10)**

k. Slujitorul lui Dumnezeu lucrează pentru a face omul matur, pentru a-l ajuta să fie un om care a ajuns la plinătatea lui Cristos.

> **Când eram copil, vorbeam ca un copil, simțeam ca un copil, gândeam ca un copil; când m-am făcut om mare, am lepădat ce era copilăresc. (1 Cor. 13:11)**
> **Dar hrana tare este pentru oamenii mari, pentru aceia a căror judecată s-a deprins, prin întrebuințare, să deosebească binele și răul. (Evr. 5:14)**
> **De aceea, să lăsăm adevărurile începătoare ale lui Hristos, și să mergem spre cele desăvârșite, fără să mai punem din nou temelia pocăinței de faptele moarte, și a credinței în Dumnezeu. (Evr. 6:1)**
> **De aceea, dați-vă și voi toate silințele ca să uniți cu credința voastră fapta; cu fapta, cunoștința; cu cunoștința, înfrânarea; cu înfrânarea, răbdarea; cu răbdarea, evlavia; (2 Pet. 1:5-6)**
> **Ci creșteți în harul și în cunoștința Domnului și Mântuitorului nostru Isus Hristos. A Lui să fie slava, acum și în ziua veșniciei. Amin. (2 Pet. 3:18)**
> **Pune-ți pe inimă aceste lucruri, îndeletnicește-te în totul cu ele, pentru ca înaintarea ta să fie văzută de toți. (1 Tim. 4:15)**

3. Există un scop personal pentru aceste daruri așa numite profesionale Acest scop implică deasemenea trei părți.
   a. Ca să nu mai fim copii imaturi, conduși încoace și încolo de orice învățătură falsă. Din nou, versetul este cel mai bun comentariu al său. Slujitorii ne sunt dați pentru a ne ține departe comportamentul copilăresc, "plutind încoace și încolo, purtați de orice vânt de învățătură." Întotdeauna trebuie să ținem minte că există...
   - " prin viclenia oamenilor": înșelători, trișori în ale credinței, oameni care ne vor păcăli și nu ne vor spune adevărul.
   - "șiretenia lor": înșelători care sunt șireți, care au idei noi care sună corect, dar care sunt doar o răstălmăcire a adevărului.

EFESENI 4:7-16

Observați că sunt mulți oameni de felul acesta, atât de mulți încât ei doar mint și așteaptă să înșele.

Păziți-vă de prooroci mincinoși. Ei vin la voi îmbrăcați în haine de oi, dar pe dinăuntru sunt niște lupi răpitori. (Mat. 7:15)

Degeaba Mă cinstesc ei, învățând ca învățături niște porunci omenești.(Mat. 15:9)

Și se vor scula din mijlocul vostru oameni, care vor învăța lucruri stricăcioase, ca să tragă pe ucenici de partea lor. (Fapte 20:30)

Căci astfel de oameni nu slujesc lui Hristos, Domnul nostru, ci pântecelui lor; și, prin vorbiri dulci și amăgitoare, ei înșeală inimile celor lesne crezători. (Rom.16:18)

Să nu vă lăsați amăgiți de orice fel de învățături străine; căci este bine ca inima să fie întărită prin har, nu prin mâncăruri, care n-au slujit la nimic celor ce le-au păzit. (Evr. 13:9)

În norod s-au ridicat și prooroci mincinoși, cum și între voi vor fi învățători mincinoși, care vor strecura pe furiș erezii nimicitoare, se vor lepăda de Stăpânul, care i-a răscumpărat, și vor face să cadă asupra lor o pierzare năprasnică. (2 Pet. 2:1)

Căci în lume s-au răspândit mulți amăgitori, care nu mărturisesc că Isus Hristos vine în trup. Iată amăgitorul, iată Anticristul! (2 Ioan 1:7)

l. Ca să creștem în toate lucrurile—în Cristos. Observați că este o singură cale prin care putem face asta: vorbind și proclamând adevărul. Aceasta este slujba slujitorului.

Acum voi sunteți curați, din pricina cuvântului, pe care vi l-am spus. (Ioan 15:3)

Sfințește-i prin adevărul Tău: Cuvântul Tău este adevărul. (Ioan 17:17)

Deci, ca unii care, prin ascultarea de adevăr, v-ați curățit sufletele prin Duhul, ca să aveți o dragoste de frați neprefăcută, iubiți-vă cu căldură unii pe alții, din toată inima. (1 Pet. 1:22)

m. Ca să ne facem partea noastră la zidirea bisericii. Observați că fiecare *ligament sau fiecare credincios contribuie cu ceva* la trupul lui Cristos (biserica). Și contribuța fiecăruia este deosebit de importantă. Observați cum este accentuată importanța: Cristos ia fiecare ligament sau credincios și credinciosul ...

- este legat de ceilalți credincioși.
- are slujba sa pusă împreună cu cea a celorlalți credincioși.
- are o slujbă eficientă și productivă, măsurată împreună cu cea a celorlalți credincioși.
- ajută la îmbunătățirea trupului.
- ajută la edificarea trupului dragostei.

Ce s-ar mai putea spune despre contribuția fiecărui credincios? Ce provocare mai mare s-ar putea da unui credincios? Trebuie să dăm tot ce avem ca să ne îndeplinim slujba. Foarte mult este în joc pentru fiecare dintre noi. O greutate eternă se află pe fiecare credincios, pentru că fiecare dintre noi suntem responsabili pentru atingerea altora și zidirea lor. Unii oameni niciodată nu vor fi atinși și nu vor auzi evanghelia dacă unul dintre noi nu își îndeplinește misiunea. Datorită acestui motiv, fiecare dintre noi primește un dar de la Domnul nostru Isus Cristos.

Sunt felurite daruri, dar este același Duh; sunt felurite slujbe, dar este același Domn; sunt felurite lucrări, dar este același Dumnezeu, care lucrează totul în toți. Și fiecăruia i se dă arătarea Duhului spre folosul altora. (1 Cor. 12:4-7)

Pune-ți pe inimă aceste lucruri, îndeletnicește-te în totul cu ele, pentru ca înaintarea ta să fie văzută de toți. (1 Tim. 4:15)

Noi toți privim cu fața descoperită, ca într-o oglindă, slava Domnului, și suntem schimbați în același chip al Lui, din slavă în slavă, prin Duhul Domnului. (2 Cor. 3:18)

Cel fără prihană înverzește ca finicul, și crește ca cedrul din Liban. (Ps. 92:12)

Dar cărarea celor neprihăniți este ca lumina strălucitoare, a cărei strălucire merge mereu crescând până la miezul zilei. (Prov. 4:18)

	C. Credinciosul trebuie să umble într-un mod diferit de cei dintre neamuri, 4:17-24	20. Dar voi n-ați învățat așa pe Hristos;	2. Credinciosul trebuie să umble după modelul lui Cristos
1. Credinciosul nu trebuie să umble la fel ca Neamurile, adica la fel ca păgânii	17. Iată dar ce vă spun și mărturisesc eu în Domnul: să nu mai trăiți cum trăiesc păgânii, în deșertăciunea gândurilor lor,	21. dacă, cel puțin, L-ați ascultat, și dacă, potrivit adevărului care este în Isus, ați fost învățați,	g. Motivul: El a învățat despre Cristos —a auzit și a fost învățat de El
a. Cu gânduri deșarte	18. având mintea întunecată, fiind străini de viața lui Dumnezeu, din	22. cu privire la felul vostru de viață din trecut, să vă dezbrăcați de omul cel	h. Modul de umblare în Cristos
b. Cu mintea întunecată	pricina neștiinței în care se află în urma împietririi	vechi care se strică după poftele înșelătoare;	1) Prin dezbrăcarea de omul vechi[SA1]
c. Despărțiți de viața lui Dumnezeu	inimii lor.	23. și să vă înnoiți în duhul minții voastre,	
1) Pentru că ei sunt străini de Dumnezeu	19. Ei și-au pierdut orice pic de simțire, s-au dedat la	24. și să vă îmbrăcați în omul cel nou, făcut după	2) Prin înnoirea minții[SA2]
2) Pentru că inimile lor sunt împietrite	desfrânare, și săvârșesc cu lăcomie orice fel de	chipul lui Dumnezeu, de o neprihănire și sfințenie pe	3) Prin îmbrăcarea cu omul cel nou[SA3]
d. Fiind împietriți și insensibili	necurăție.	care o dă adevărul.	
e. Fiind dedați la desfrânare			
f. Săvârșind orice fel de necurăție			

SECȚIUNEA IV

UMBLAREA CREDINCIOSULUI, 4:1-6:9

C. CREDINCIOSUL TREBUIE SĂ UMBLE ÎNTR-UN MOD DIFERIT DE CEI DINTRE NEAMURI, 4:17-24

(4:17-24) **Introducere**: acest pasaj conține un adevăr uimitor—credincioșii nu sunt nici dintre Neamuri nici dintre Evrei; ei fac parte dintr-o *a treia rasă* de oameni. De aceea, ei nu trebuie să umble la fel ca ceilalți oameni; ei trebuie să umble la fel ca și Cristos.

1. Credinciosul nu trebuie să umble la fel ca Neamurile, adică în felul de umblare al oamenilor (vv.17-19).
2. Credinciosul trebuie să umble cum a umblat Cristos (vv.20-24).

1. (4:17-19) **Viața și umblarea credinciosului**: credinciosul nu trebuie să umble la fel ca Neamurile, la fel ca păgânii. Acest lucru este foarte important. Amintiți-vă că Pavel le scria Neamurilor. Biserica din Efes era o biserică dintre neamuri. Acum observați versetul. Îndemnul este "de a nu mai trăi cum trăiesc păgânii." Adică, credincioșii sunt puși deoparte de cei dintre neamuri. Ei nu mai sunt numiți nici Neamuri nici Evrei (cap. 1 Cor.10:32). Atunci cine sunt credincioșii? Ei sunt *o a treia rasă de oameni pe pământ*. Ei sunt *o creație nouă*; creația *trupului nou* de oameni, *o națiune nouă, o nouă rasă*. Ei sunt copiii lui Dumnezeu care vor popula *cerurile noi și pământul nou*. (F.F. Bruce spune acest lucru și face referire la cei doi scriitori antici care au folosit aceasta frază, *o a treia rasă*. Clement din Alexandria în *Stromatele* (VI. 5.39), un document din secolul al doilea numit *Predicile lui Petru*, și Diogene în lucrarea lui din secolul al doilea, *Epistola către Diogene*, în capitolul 1. Ei îi numesc pe creștinii "o nouă rasă," o rasă distinctă de evrei și neamuri. *Epistolele către Efeseni*, p.90) (vezi comentariul —Luca.8:21; Efes.2:11-18; 2:14-15; 2:19-22; 4:17-19).

Ideea este următoarea: credincioșii nu trebuie să umble la fel ca *ceilalți oameni*. De ce? Pentru că credincioșii sunt făpturi noi în Cristos Isus, și umblarea celorlalți oameni nu este pe placul lui Dumnezeu. Ce fac ceilalți oameni și nu este pe placul lui Dumnezeu? Acest pasaj ne arată cinci caracteristici pe care necredincioșii le au și care nu Îi sunt placute lui Dumnezeu. Rețineți: credincioșii nu trebuie să aibă legătură cu niciuna dintre ele. Ei nu trebuie să se întoarcă vreodată la umblarea lor dinainte.

1. Necredincioșii umblă în *deșertăciunea gândurilor lor* (v.17). Gânduri (nous) include atât abilitatea de dori și de a trăi adevărul cât și de a cunoaște adevărul; include atât moralitatea cât și rațiunea și înțelegerea. Cuvântul *deșertăciune* înseamnă goliciune, lipsă de sens, lipsa scopului, fără succes, fără valoare.

Când oamenii Îl scot pe Dumnezeu din mintea lor, mintea lor rămâne goală de adevărul și de moralitatea lui Dumnezeu. *Dumnezeu nu se află în gândurile lor*. Mințile lor sunt gata pentru a fi umplute de un alt dumnezeu sau alte supremații, adică cu lucrurile lumii:

⇒ plăceri lumești   ⇒ religii lumești
⇒ avuții lumești   ⇒ idei lumești
⇒ putere lumească   ⇒ onoare lumească
⇒ poziție lumească   ⇒ bunuri lumești

EFESENI 4:17-24

Domnul a văzut că răutatea omului era mare pe pământ, și că toate întocmirile gândurilor din inima lui erau îndreptate în fiecare zi numai spre rău. (Gen. 6:5)

Cel rău zice cu trufie: "Nu pedepsește Domnul! Nu este Dumnezeu!" Iată toate gîndurile lui. (Ps. 10:4)

Domnul cunoaște gîndurile omului: știe că sînt deșerte. (Ps. 94:11)

Șase lucruri urăște Domnul, și chiar șapte Îi sunt urâte: ochii trufași, limba mincinoasă, mâinile care varsă sânge nevinovat, inima care urzește planuri nelegiuite, picioarele care aleargă repede la rău, martorul mincinos, care spune minciuni, și cel ce stârnește certuri între frați. (Prov. 6:16-19)

Gândurile rele sunt urâte Domnului, dar cuvintele prietenoase sunt curate înaintea Lui. (Prov. 15:26)

Și El mi-a zis: Fiul omului, vezi ce fac în întuneric bătrânii casei lui Israel, fiecare în odaia lui plină de chipuri? Căci ei zic: Nu ne vede Domnul; a părăsit Domnul țara aceasta!(Ezech. 8:12)

Mintea omului umblă după aceste lucruri, neglijându-L, ignorându-L și respingându-L pe Dumnezeu. Credinciosul nu trebuie niciodată să se întoarcă la *umblarea în această goliciune a minții*; el nu trebuie să permită minții lui ca din nou să devină golită de Dumnezeu.

2. Necredincioșii umblă cu *mintea întunecată* (v.18). A *înțelege* înseamnă a percepe, a cuprinde, a pricepe. A fi *întunecat* înseamnă a fi orbit, a nu putea vedea. Necredinciosul nu poate să Îl cuprindă sau să Îl înțeleagă pe Dumnezeu; înțelegerea lui este întunecată și orbită, și el nu poate să Îl vadă pe Dumnezeu. El deseori înțelege lumea aceasta și lucrurile din lume, și își dedică viața acestora. Dar el nu poate să Îl înțeleagă pe Dumnezeu și planul Lui veșnic pentru lumea aceasta în Domnul Isus Cristos.

Credinciosul nu trebuie să permită ca înțelegerea lui să îi fie întunecată. El nu trebuie să se întoarcă la lumea celor întunecați spiritual, la lumea celor care umblă cu înțelegerea și mintea întunecată.

Dar ei nu vor să știe de nimic, nu pricep nimic, ci umblă în întunerec; de aceea se clatică toate temeliile pământului. (Ps. 82:5)

De cei ce părăsesc cărările adevărate, ca să umble pe drumuri întunecoase. (Prov. 2:13)

Calea celor răi este ca întunericul gros: ei nu văd de ce se vor poticni. (Prov. 4:19)

Căci inima acestui norod s-a împietrit; ei aud greu cu urechile, și-au închis ochii, ca nu cumva să vadă cu ochii, să audă cu urechile, să înțeleagă cu inima, să se întoarcă la Dumnezeu, și să-i vindec.(Fapte. 28:27)

A căror minte necredincioasă a orbit-o dumnezeul veacului acestuia, ca să nu vadă strălucind lumina Evangheliei slavei lui Hristos, care este chipul lui Dumnezeu. (2 Cor. 4:4)

Având mintea întunecată, fiind străini de viața lui Dumnezeu, din pricina neștiinței în care se află în urma împietririi inimii lor. (Efes. 4:18)

Care învață întotdeauna și nu pot ajunge niciodată la deplina cunoștință a adevărului. (2 Tim. 3:7)

3. Necredincioșii umblă *despărțiți, străini de viața lui Dumnezeu*. Necredincioșii sunt morți din punct de vedere spiritual și sortiți morții veșnice. "*Străini*" (apallotrio) înseamnă a fi înstrăinat, taiat, despărțit. Într-o despărțire întotdeauna există sentimente neprietenoase și ostile. Necredinciosul este *despărțit* de viața lui Dumnezeu. El este....

- înstrăinat de Dumnezeu, având sentimente ostile și neprietenoase.
- despărțit de Dumnezeu cu sentimente ostile și neprietenoase.
- taiat de lângă Dumnezeu cu sentimente ostile și neprietenoase.
- luat de lângă Dumnezeu cu sentimente ostile și neprietenoase.

De ce? Nu din cauza lui Dumnezeu. Biblia este clară în privința aceasta. Necredincioșii sunt despărțiți de Dumnezeu din cauza neștiinței lor intenționate și din cauza împietriri inimi lor. Observați cuvântul "împietrire" (porosis) din "inima lor". Cauza se află "în inima lor":

⇒ Ei aleg să fie neștiutori în inima lor—aleg să fie ignoranți față de Dumnezeu.

⇒ Ei aleg să își împietrească inimile.

Necredincioșii sunt responsabili pentru moartea lor. Dumnezeu le-a dăruit oamenilor fântâna tinereții, El a pregătit calea pentru ca omul să trăiască veșnic. Dumnezeu Și-a dat viața Sa, adică viața veșnică, omului. Singura cale prin care omul poate pierde darul lui Dumnezeu, viața veșnică, este dacă omul Îl respinge pe Dumnezeu și darul Său.

Norodul acesta se apropie de Mine cu gura și mă cinstește cu buzele, dar inima lui este departe de Mine. (Mat. 15:8)

EFESENI 4:17-24

Fiindcă atât de mult a iubit Dumnezeu lumea, că a dat pe singurul Lui Fiu, pentru ca oricine crede în El, să nu piară, ci să aibă viața veșnică. Dumnezeu, în adevăr, n-a trimis pe Fiul Său în lume ca să judece lumea, ci ca lumea să fie mântuită prin El. Oricine crede în El, nu este judecat; dar cine nu crede, a și fost judecat, pentru că n-a crezut în Numele singurului Fiu al lui Dumnezeu. Și judecata aceasta stă în faptul că, odată venită Lumina în lume, oamenii au iubit mai mult întunericul decât lumina, pentru că faptele lor erau rele. (Ioan 3:16-19)

Căci inima acestui norod s-a împietrit; ei aud greu cu urechile, și-au închis ochii, ca nu cumva să vadă cu ochii, să audă cu urechile, să înțeleagă cu inima, să se întoarcă la Dumnezeu, și să-i vindec. (Fapte. 28:27)

Aduceți-vă aminte că în vremea aceea erați fără Hristos, fără drept de cetățenie în Israel, străini de legămintele făgăduinței, fără nădejde și fără Dumnezeu în lume. (Efes. 2:12)

Dar cea dedată la plăceri, măcar că trăiește, este moartă. (1 Tim. 5:6)

Cei răi sînt stricați încă din pîntecele mamei lor, mincinoșii se rătăcesc odată cu ieșirea din pîntecele mamei lor. (Ps. 58:3)

Așa vorbește Domnul: Ce nelegiuire au găsit părinții voștri în Mine, de s-au depărtat de Mine, și au mers după nimicuri și au ajuns ei înșiși de nimic? (Ier. 2:5)

Ca să prind în chiar inima lor pe aceia din casa lui Israel, care s-au depărtat de Mine din pricina tuturor idolilor. (Ezech. 14:5)

4. Necredincioșii sunt *împietriți și și-au pierdut orice fel de simțire* (apalgeo); adică, au ajuns la un punct în care nu mai au niciun fel de sentimente față de Dumnezeu și față de standardul moralității Lui. *A pierde orice simțire* înseamnă a deveni insensibil, dur, împietrit. Cu cât un om umblă mai mult fără de Dumnezeu, cu atât devine mai împietrit față de El. Cu cât un om umblă mai mult în păcat, cu atât mai mult i se împietrește conștiința față de neprihănire. Păcatul devine din ce în ce mai acceptabil. Conștiința omului nu îl mai deranjează. El ajunge la un punct în care *își pierde orice simțire*. Credinciosul nu trebuie să umble la fel ca ceilalți oameni—în păcat, devenind insensibil și împietrit față de Dumnezeu.

Căci inima acestui norod s-a împietrit; ei aud greu cu urechile, și-au închis ochii, ca nu cumva să vadă cu ochii, să audă cu urechile, să înțeleagă cu inima, să se întoarcă la Dumnezeu, și să-i vindec. (Fapte. 28:27)

Ei și-au pierdut orice pic de simțire, s-au dedat la desfrânare, și săvârșesc cu lăcomie orice fel de necurăție. (Efes. 4:19)

Abătuți de fățărnicia unor oameni care vorbesc minciuni, însemnați cu fierul roșu în însuși cugetul lor. (1 Tim. 4:2)

Asupra celor de mai sus avem multe de zis, și lucruri grele de tâlcuit; fiindcă v-ați făcut greoi la pricepere. (Evr. 5:11)

5. Necredincioșii se dedau la *desfrânare*, și săvârșesc orice fel de necurăție (vezi comentariul, *Desfrânare*, pt.3—Gal.5:19-21 pentru mai multe discuții).

6. Necredincioșii se dedau la orice fel de necurăție poftind tot mai mult și mai mult. Cuvântul *necurăție* (akatharsias) înseamnă a fi murdar și mizerabil; a fi infectat cu toate felul de purtări necurate, imoralite, murdare și poluate. Este vorba despre cel mai imoral comportament imaginabil. Înseamnă *o desfrânare năvalnică*, fără nicio oprelište.

Dar Eu vă spun că oricine se uită la o femeie, ca s-o poftească, a și preacurvit cu ea în inima lui. (Mat. 5:28)

Vorbesc omenește, din pricina neputinței firii voastre pământești: după cum odinioară v-ați făcut mădularele voastre roabe ale necurăției și fărădelegii, așa că săvârșeați fărădelegea, tot așa, acum trebuie să vă faceți mădularele voastre roabe ale neprihănirii, ca să ajungeți la sfințirea voastră! (Rom. 6:19)

Curvia, sau orice altfel de necurăție, sau lăcomia de avere, nici să nu fie pomenite între voi, așa cum se cuvine unor sfinți. (Efes. 5:3)

Căci Dumnezeu nu ne-a chemat la necurăție, ci la sfințire. (1 Tes. 4:7)

Căsătoria să fie ținută în toată cinstea, și patul să fie nespurcat, căci Dumnezeu va judeca pe curvari și pe preacurvari. (Evr. 13:4)

7. Cuvântul *poftă* sau *lăcomie* (pleonexia) înseamnă avariţie, poftă, dorinţă păcătoasă, o dorinţă de a avea mai mult şi mai mult; a avea tot ce îţi poţi dori la maxim şi încă a mai dori. Înseamnă a fi înrobit şi legat de aceste lucruri, de lucrurile acestui pământ: de exemplu, de mâncare, de băutură, de păcatele trupeşti şi de comportamentul egoist.

Credincioşii nu trebuie să ducă o asemenea viaţă. Ei nu trebuie să umble la fel ca ceilalţi oameni.

> Să nu pofteşti casa aproapelui tău; să nu pofteşti nevasta aproapelui tău, nici robul lui, nici roaba lui, nici boul lui, nici măgarul lui, nici vreun alt lucru, care este al aproapelui tău. (Ex. 20:17)
>
> Căci de la cel mai mic până la cel mai mare, toţi sunt lacomi de câştig; de la prooroc până la preot, toţi înşeală. (Ier. 6:13)
>
> Şi vin cu grămada la tine, stau înaintea ta ca popor al meu, ascultă cuvintele tale, dar nu le împlinesc, căci cu gura vorbesc dulce de tot, dar cu inima umblă tot după poftele lor. (Ezech. 33:31)
>
> Dacă poftesc ogoare, pun mâna pe ele, dacă doresc case, le răpesc; asupresc pe om şi casa lui, pe om şi moştenirea lui. (Mica 2:2)
>
> Vai de cel ce strânge câştiguri nelegiuite pentru casa lui, ca să-şi aşeze apoi cuibul într-un loc înalt, şi să scape din mâna nenorocirii! (Hab. 2:9)
>
> Apoi le-a zis: Vedeţi şi păziţi-vă de orice fel de lăcomie de bani; căci viaţa cuiva nu stă în belşugul avuţiei lui.(Luca 12:15)
>
> De aceea, omorâţi mădularele voastre care sunt pe pământ: curvia, necurăţia, patima, pofta rea, şi lăcomia, care este o închinare la idoli. (Col. 3:5)

2. (4:20-24) **Umblarea credinciosului—Omul cel vechi—Omul cel Nou:** credinciosul trebuie să umble în Cristos. Nu trebuie să umble după cum umblă oamenii. Motivul este spus foarte clar: credinciosul nu a învăţat o astfel de viaţă păcătoasă de la Cristos. Cristos nu a trăit o viaţă păcătoasă, El nu ne-a învăţat să trăim o viaţă în păcat, la fel ca ceilalţi oameni. Dacă un om a fost învăţat de Cristos, atunci el a auzit şi a fost învăţat adevărul. Observaţi că Învăţătorul este Însuşi Cristos, nu slujitorul din biserică. Prin Duhul Sfânt, Cristos foloseşte trupul şi vocea slujitorului pentru a-i învăţa pe oameni cum să trăiască. Dacă cineva cu adevărat L-a auzit pe Cristos vorbindu-i inimii sale, atunci ceea ce a auzit a fost nu felul de viaţă trăit de necredincioşi. Adevărata umblare este o umblare în Cristos, iar umblarea în Cristos implică trei acţiuni. (Datorită importanţei şi lungimii pasajului, cele trei acţiuni sunt sunt dezvoltate separat.)

1. Credinciosul trebuie *să se dezbrace de omul cel vechi* (vezi STUDIU APROFUNDAT# 1—Efes.4:22 pentru mai multe discuţii).

2. Credinciosul trebuie *să se înnoiască în duhul minţii lui, să îşi înnoiască atitudinea din mintea lui* (vezi STUDIU APROFUNDAT # 2—Efes.4:23 pentru mai multe discuţii).

3. Credinciosul trebuie *să se îmbrace cu omul cel nou* (vezi STUDIU APROFUNDAT # 3—Efes.4:24 pentru mai multe discuţii).

STUDIU APROFUNDAT# 1

(4:22) **Omul cel vechi—Firea cea veche—Trupul cel vechi:** "omul cel vechi, firea cea veche" se face referire la ceea ce era omul *înainte de a-L primi pe Cristos*. Este însăşi *natura omului*, sămânţa coruptibilă *naturală* care este transmisă din generaţie în generaţie şi care duce la moarte. Aceasta sămânţă este numită natura lui Adam. (vezi comentariul, *Natura Omului*—1 Cor.2:14 pentru o discuţie mai în detaliu.)

Scriptura ne învaţă trei lucruri despre omul cel vechi.

1. *Firea cea veche* a credinciosului a fost deja pusă la moarte. A fost răstignită împreună cu Cristos (Rom.6:6). Când credinciosul Îl primeşte pe Cristos, Dumnezeu imediat îl consideră mort în Cristos şi unit cu El în moartea Sa. Acesta este simbolul botezului.

2. Faptele omului vechi, sau ale firii vechi au fost *luate* de la credincios (Col.3:9). Puterea faptelor rele au fost zdrobită, iar credinciosul nu mai este ţinut rob de ele.

3. În acest pasaj credinciosul însuşi este îndemnat *să se dezbrace de omul cel vechi*. El îşi folosească voinţa ca să lase la o parte *omul cel vechi*. Acest lucru se poate realiza dacă acţionează pe baza a trei adevăruri.

a. Omul cel vechi din perspectiva lui Dumnezeu, este *socotit* mort. De aceea şi omul trebuie să-l *considere* pe omul lui cel vechi ca fiind mort.

> Tot aşa şi voi înşivă, socotiţi-vă morţi faţă de păcat, şi vii pentru Dumnezeu, în Isus Hristos, Domnul nostru. (Rom. 6:11)

b. Omul cel vechi este recunoscut ca fiind foarte viu. Omul cel vechi este ispitit să se *uite*, să *guste*, să *simtă*, să *gândească*—să *experimenteze păcatul*. Dar credinciosul respinge ispita. El refuză să ia parte la păcat. El pune de-o parte omul cel vechi în umblarea lui de fiecare zi.

EFESENI 4:17-24

Deci, păcatul să nu mai domnească în trupul vostru muritor, şi să nu mai ascultaţi de poftele lui. Să nu mai daţi în stăpânirea păcatului mădularele voastre, ca nişte unelte ale nelegiuirii; ci daţi-vă pe voi înşivă lui Dumnezeu, ca vii, din morţi cum eraţi; şi daţi lui Dumnezeu mădularele voastre, ca pe nişte unelte ale neprihănirii. (Rom. 6:12-13)

c. Omul cel vechi (inclusiv toată creaţia) este văzut cum se chinuie şi moare în fiecare zi. Credinciosul realizează că lumea aceasta cu tot ce este în ea, inclusiv omul lui cel vechi se află într-un continuu proces de moarte. El ştie că toate lucrurile mor pentru că dorinţele păcătoase ale firii sunt înşelătoare, iar înşelăciunea strică şi distruge relaţiile—însăşi natura lucrurilor (Efes.4:22). Distrugerea aceasta corupe şi deteriorează; ea mănâncă din viaţă şi din echilibrul lucrurilor vieţii până când toate lucrurile devin lipsite de sens şi decăzute. De aceea credinciosul se dezbracă de omul cel vechi şi se îmbracă cu omul cel nou—prin credinţa în dragostea lui Dumnezeu. Când un om crede în dragostea lui Dumnezeu, Dumnezeu răspunde dragostei lui iubindu-l atât de mult încât face din el un om veşnic, un om nou care va trăi veşnic şi va deveni un cetăţean al cerurilor noi şi al pământului nou.

Ştim bine că omul nostru cel vechi a fost răstignit împreună cu El, pentru ca trupul păcatului să fie dezbrăcat de puterea lui, în aşa fel ca să nu mai fim robi ai păcatului; (Rom. 6:6)

Cu privire la felul vostru de viaţă din trecut, să vă dezbrăcaţi de omul cel vechi care se strică după poftele înşelătoare; (Efes. 4:22)

Nu vă minţiţi unii pe alţii, întrucât v-aţi dezbrăcat de omul cel vechi, cu faptele lui, (Col. 3:9)

Ajunge, în adevăr, că în trecut aţi făcut voia Neamurilor, şi aţi trăit în desfrânări, în pofte, în beţii, în ospeţe, în chefuri şi în slujiri idoleşti neîngăduite. (1 Pet. 4:3)

Dar cine nu are aceste lucruri, este orb, umblă cu ochii închişi, şi a uitat că a fost curăţit de vehile lui păcate. (2 Pet. 1:9)

STUDIU APROFUNDAT # 2

(4:23) **Înnoirea minţii**: mintea credinciosului trebuie să fie *înnoită* (ananeousthai), ceea ce înseamnă să fie reajustată, schimbată, întoarsă din drum o sută optzeci de grade şi regenerată.

1. Mintea omului a fost afectată de păcat. Ea are nevoie disperată de a fi înnoită. Mintea omului este departe de a fi perfectă. Este *lumească*, adică...
- egoistă
- egocentrică
- caută doar folosul său
- concentrată asupra lumii
- concentrată pe firea pământească
- concentrată pe viaţa acesta

Scriptura este clară în ce priveşte stricăciunea minţii omului. Mintea omului a fost coruptă în mod tragic de egoismul şi de păcatul omului. Mintea omului...
- a devenit goală şi deşartă în *gândire*.

Fiindcă, măcar că au cunoscut pe Dumnezeu, nu L-au proslăvit ca Dumnezeu, nici nu I-au mulţumit; ci s-au dedat la gânduri deşarte, şi inima lor fără pricepere s-a întunecat. (Rom. 1:21)

- a devenit *decăzută*.

Fiindcă n-au căutat să păstreze pe Dumnezeu în cunoştinţa lor, Dumnezeu i-a lăsat în voia minţii lor blestemate, ca să facă lucruri neîngăduite. (Rom. 1:28)

- a devenit păcătoasă şi ostilă faţă de Dumnezeu.

Fiindcă umblarea după lucrurile firii pământeşti este vrăjmăşie împotriva lui Dumnezeu, căci, ea nu se supune Legii lui Dumnezeu, şi nici nu poate să se supună. (Rom. 8:7)

- A devenit întunecată de Satan ca să nu vadă lumina evangheliei.

EFESENI 4:17-24

> A căror minte necredincioasă a orbit-o dumnezeul veacului acestuia, ca să nu vadă strălucind lumina Evangheliei slavei lui Hristos, care este chipul lui Dumnezeu. (2 Cor. 4:4)

- a devenit *plină* de deșertăciune și vanitate.

> Iată dar ce vă spun și mărturisesc eu în Domnul: să nu mai trăiți cum trăiesc păgânii, în deșertăciunea gândurilor lor, (Efes. 4:17)

- a devenit concentrată asupra lucrurilor pământești.

> Căci v-am spus de multe ori, și vă mai spun și acum, plângând: sunt mulți, care se poartă ca vrăjmași ai crucii lui Hristos. Sfârșitul lor va fi pierzarea. Dumnezeul lor este pântecele și slava lor este în rușinea lor, și se gândesc la lucrurile de pe pământ. (Filip. 3:18-19)

- a devenit străină de Dumnezeu și vrăjmașă cu Dumnezeu.

> Și pe voi, care odinioară erați străini și vrăjmași prin gândurile și prin faptele voastre rele, El v-a împăcat acum (Col. 1:21)

- a devenit nespirituală.

> Nimeni să nu vă răpească premiul alergării, făcându-și voia lui însuși printr-o smerenie și închinare la îngeri, amestecându-se în lucruri pe care nu le-a văzut, umflat de o mândrie deșartă, prin gândurile firii lui pământești, (Col. 2:18)

- a devenit spurcată.

> Totul este curat pentru cei curați; dar pentru cei necurați și necredincioși, nimic nu este curat: până și mintea și cugetul le sunt spurcate. (Tit 1:15)

2. Mintea este reînnoită sau făcută nouă prin prezența lui Cristos în viața credinciosului. Când un om Îl primește pe Domnul Isus Cristos ca Domn, omul acela este din punct de vedere spitual...
- născut din nou (Ioan.3:3-8; 1 Pet.1:23).
- făcut o făptură nouă (Efes.4:24; Col.3:10).
- făcut o creație nouă (2 Cor.5:17).
- îi este dată mintea lui Cristos (1 Cor.2:16; vezi vv.9-15).

Acesta este un adevăr minunat, și se poate vedea foarte ușor. Când un om Îl primește pe Cristos în viața sa, el primește și mintea Domnului Isus. Cristos așează Își mintea Lui în mintea credinciosului; adică, Cristos schimbă mintea credinciosului, ca să se concentreze asupra lui Dumnezeu. Până atunci mintea credinciosului se concentra asupra lumii, acum se concentrează asupra lucrurilor spirituale. Mintea credinciosului este înnoită, schimbată, întoarsă și regenerată ca să se concentreze asupra lui Dumnezeu. Totuși este foarte important să ne amintim că doar Cristos poate înnoi mintea omului. Doar Cristos poate implanta *mintea Lui* în cineva. Doar Cristos poate da cuiva gândurile Lui și Duhul Lui pentru ca omul să poată *trăi* gândurile Lui.

3. Credinciosul trebuie să trăiască o viață transformată, adică el trebuie să umble în fiecare zi *înnoindu-și mintea mai mult și mai mult*. El trebuie să-i permită Duhului lui Cristos (Duhului Sfânt) să îi concentreze mintea mai mult și mai mult asupra lucrurilor spirituale.

⇒ Credinciosul trebuie să Îl iubească pe Dumnezeu cu tot cugetul lui.

> Isus i-a răspuns: Să iubești pe Domnul, Dumnezeul tău, cu toată inima ta, cu tot sufletul tău, și cu tot cugetul tău. (Mat. 22:37)

⇒ Credinciosul trebuie să își țină mintea ocupată cu lucrurilor spirituale, nu asupra lucrurilor păcătoase.

> În adevăr, cei ce trăiesc după îndemnurile firii pământești, umblă după lucrurile firii pământești; pe când cei ce trăiesc după îndemnurile Duhului, umblă după lucrurile Duhului. Și umblarea după lucrurile firii pământești, este moarte, pe când umblarea după lucrurile Duhului este viață și pace.

(Rom. 8:5-6)

⇒ Credinciosul trebuie să demoleze argumente, gânduri care i-ar putea întrerupe cunoştinţa lui despre Dumnezeu şi să îşi cucerească fiecare gând pentru Cristos.

Măcar că trăim în firea pământească, totuşi nu ne luptăm călăuziţi de firea pământească. Căci armele cu care ne luptăm noi, nu sunt supuse firii pământeşti, ci sunt puternice, întărite de Dumnezeu ca să surpe întăriturile. Noi răsturnăm izvodirile minţii şi orice înălţime, care se ridică împotriva cunoştinţei lui Dumnezeu; şi orice gând îl facem rob ascultării de Hristos. (2 Cor. 10:3-5)

⇒ Credinciosul nu trebuie să dea voie minţii lui să fie amăgită.

Dar mă tem ca, după cum şarpele a amăgit pe Eva cu şiretlicul lui, tot aşa şi gândurile voastre să nu se strice de la curăţia şi credincioşia care este faţă de Hristos. (2 Cor. 11:3)

⇒ Credinciosul nu trebuie să împlinească poftele firii păcătoase.

Între ei eram şi noi toţi odinioară, când trăiam în poftele firii noastre pământeşti, când făceam voile firii pământeşti şi ale gândurilor noastre, şi eram din fire copii ai mâniei, ca şi ceilalţi. (Efes. 2:3)

⇒ Credinciosul nu trebuie să umble la fel ca lumea, în deşertăciunea gândurilor lor.

Iată dar ce vă spun şi mărturisesc eu în Domnul: să nu mai trăiţi cum trăiesc păgânii, în deşertăciunea gândurilor lor. (Efes. 4:17)

⇒ Credinciosul trebuie să îşi înnoiască atitudinea minţii lui.

Şi să vă înnoiţi în duhul minţii voastre. (Efes. 4:23)

⇒ Credinciosul trebuie să aibă aceeaşi atitudine pe care a avut-o Cristos, umblând în smerenie înaintea lui Dumnezeu şi înaintea oamenilor.

Să aveţi în voi gândul acesta, care era şi în Hristos Isus. (Filip. 2:5)

⇒ Credinciosul trebuie să fie însufleţit de lucrurile bune, vrednice de iubit.

Încolo, fraţii mei, tot ce este adevărat, tot ce este vrednic de cinste, tot ce este drept, tot ce este curat, tot ce este vrednic de iubit, tot ce este vrednic de primit, orice faptă bună, şi orice laudă, aceea să vă însufleţească. (Filip. 4:8)

⇒ Credinciosul trebuie să trăiască după legea lui Dumnezeu pe care Dumnezeu i-a pus-o în minte.

Dar iată legământul, pe care-l voi face cu casa lui Israel, după acele zile, zice Domnul: voi pune legile Mele în mintea lor şi le voi scrie în inimile lor; Eu voi fi Dumnezeul lor, şi ei vor fi poporul Meu. (Evr. 8:10)

⇒ Credinciosul trebuie să se înarmeze cu aceeaşi gândire pe care a avut-o Cristos când a pătimit.

Astfel dar, fiindcă Hristos a pătimit în trup, înarmaţi-vă şi voi cu acelaşi fel de gândire. Căci Cel ce a pătimit în trup, a sfârşit-o cu păcatul; (1 Pet. 4:1)

STUDIU APROFUNDAT # 3

(4:24) **Omul cel nou**: un om *regenerat, reînnoit, născut din nou* care a căpătat o minte spirituală. Este *un om nou* creat de Cristos; el a primit o natură sfântă şi o viaţă incoruptibilă. Acesta este în antiteză cu *omul cel vechi*, cu natura coruptă. Este un om care...

* este în părtăşie cu Dumnezeu

EFESENI 4:17-24

> - este ascultător de voia lui Dumnezeu
> - este devotat slujirii lui Dumnezeu
>
> În limba greacă sunt două cuvinte care sunt traduse în limba romană prin cuvântul *nou*, cuvântul *neos* care se referă la ceva nou care a fost făcut acum proaspăt, dar mai există multe alte lucruri de același fel care există. Celălalt cuvânt este cuvântul *kainos* care se referă la ceva nou, ceva creat de curând, cu care nu mai există nimic asemănător, ceva unic. În acest context cuvântul folosit este *kainos*. Isus Cristos face un *om nou* în totalitate – o creație diferită de tot ceea ce există deja. Credinciosul dintre neamuri nu este transformat în evreu, nici evreul nu este transformat într-unul dintre neamuri. Fiecare în parte, prin Domnul Isus Cristos este făcut *o făptură nouă*- sau *un om nou în Dumnezeu*. Fiecare om *poate să ia viața de la început*; fiecare om poate avea un nou început, o viață nouă venind la Isus Cristos.
>
> Cum este posibil acest lucru? Prin puterea lui Dumnezeu. Când un om crede în Fiul lui Dumnezeu, Domnul Isus Cristos—când crede cu adevărat și își încredințează viața în mâinile lui Isus Cristos—Dumnezeu creează în duhul acelui om neprihănire și sfințenie adevărată. Dumnezeu ia credința acelui om și *o socotește ca neprihănirea lui Isus Cristos*. Dumnezeu deja socotește credința omului ca *neprihănirea perfectă și sfințenia lui Isus Cristos*. De aceea, omul acela poate sta înaintea lui Dumnezeu în neprihănirea și sfințenia lui Isus Cristos. Dar observați: Dumnezeu nu face doar atât. El face lucruri mult mai minunate pentru credincios—toate având de a face cu omul nou care devine credinciosul.
>
> 1. Dumnezeu trezește la viață duhul credinciosului, îl face viu. Duhul omului era mort față de Dumnezeu, Dumnezeu îl recreează și îl face viu pentru El.
> 2. Dumnezeu îl face pe credincios să fie născut din nou din punct de vedere spiritual.
> 3. Dumnezeu pune natura Lui divină în inima credinciosului.
> 4. Dumnezeu face din om o persoană nouă, o făptură nouă.
> 5. Dumnezeu înnoiește credinciosul prin Duhul Sfânt.

	D. Credinciosul trebuie să umble dezbrăcat de hainele Omului Vechi: 4:25-32	29. Nici un cuvânt stricat să nu vă iasă din gură; ci unul bun, pentru zidire, după cum e nevoie, ca să dea har celor ce-l aud.	4. Haina vorbirii ușoare:
			a. Îndemnul: vorbiți doar binele
			b. Motivul: pentru zidirea altora
1. Haina minciunii	25. De aceea, lăsați-vă de minciună: „Fiecare dintre voi să spună aproapelui său adevărul", pentru că suntem mădulare unii altora.	30. Să nu întristați pe Duhul Sfânt al lui Dumnezeu, prin care ați fost pecetluiți pentru ziua răscumpărării.	5. Haina împotrivirii
a. Îndemnul: lăsați-vă			a. Îndemnul: să nu întristați pe Duhul Sfânt
b. Motivul: credincioșii sunt un singur trup			b. Motivul: EL ne pecetluiește
2. Haina mâniei	26. Mâniați-vă și nu păcătuiți. Să n-apună soarele peste mânia voastră,	31. Orice amărăciune, orice iuțime, orice mânie, orice strigare, orice clevetire și orice fel de răutate să piară din mijlocul vostru.	6. Haina răutății
a. Îndemnul: rezolvați mânia			a. Îndemnul: dezbrăcați-vă de ea
b. Motivul: să nu dați prilej Diavolului	27. și să nu dați prilej diavolului.		b. Motivul: Dumnezeu v-a iertat
3. Haina hoției	28. Cine fura, să nu mai fure; ci mai degrabă să lucreze cu mâinile lui la ceva bun, ca să aibă ce să dea celui lipsit.	32. Dimpotrivă, fiți buni unii cu alții, miloși, și iertați-vă unul pe altul, cum v-a iertat și Dumnezeu pe voi în Hristos.	7. Haina omului nou
a. Îndemnul: lucrați			a. Provocarea: Îmbrăcați-vă
b. Motivul: Pentru a-i ajuta pe cei în nevoi			b. Motivul: Sunteți iertați

SECȚIUNEA IV

UMBLAREA CREDINCIOSULUI, 4:1-6:9

D. Credinciosul trebuie să umble dezbrăcat de hainele Omului vechi, 4:25-32

(4:25-32) **Introducere**: acest pasaj este unul foarte practic. Când un om se îmbracă, el vrea să fie sigur că își pune hainele potrivite. Dacă se îmbracă nepotrivit și își pune hainele care nu sunt bune, care nu sunt acceptabile, el este neacceptat și respins de cei mai mulți oameni. Cei mai mulți oameni îl evită pe omul care nu este îmbăcat potrivit pentru că îi face de rușine. La fel este și cu Dumnezeu. Sunt lucruri pe care trebuie să le facem și lucruri pe care nu trebuie să le facem; lucruri cu care viața noastră ar trebui să fie îmbrăcată și lucruri cu care viața noastră nu ar trebui să fie îmbrăcată. Pasajul acesta dezvoltă exact lucrurile pe care ar trebui să le lepădăm. Credinciosul trebuie să pună deoparte hainele omului vechi și ale firii vechi.

1. Haina minciunii (v.25).
2. Haina mâniei (vv.26-27).
3. Haina hoției (v.28).
4. Haina vorbirii ușuratice (v.29).
5. Haina împotrivirii (v.30).
6. Haina răutății (v.31).
7. Haina omului nou. (v.32).

1. (4:25) **Minciuna—Falsitatea**: credinciosul trebuie să pună deoparte haina *minciunii* (pseudo) (vezi comentariul, *Martor Mincinos—Rom*.13:9 pentru mai multe discuții). Cuvântul minciună și falsitate cuprind tot ce este fals. Tot ce este neadevărat, înșelător, interpretat greșit, exagerat.

1. O minciună face cel puțin trei lucruri.
   a. Minciuna sau falsitatea interpretează într-un mod greșit adevărul. Maschează și ascunde adevărul. Persoana mințită nu cunoaște adevărul; de aceea, ea trebuie acționeze și să trăiască în baza unei minciuni. Dacă minciuna este gravă aceasta poate face mari stricăciuni:
      ⇒ O minciună în legătură cu o afacere poate costa bani mulți și pierderi mari.
      ⇒ O minciună în legătură cu mântuirea evangheliei poate costa pe cineva speranța pentru viața veșnică.
      ⇒ O minciună în legătură cu dragostea pentru cineva poate da naștere unor emoții care pot distruge.

   b. Minciuna sau falsitatea îi înșeală pe cei din jur. Poate rătăci pe cineva. Un om înșeală pentru a...
      • Obține ceea ce își dorește
      • seduce pe cineva
      • acoperi sau ascunde ceva
      • face rău cuiva sau pentru a răni pe cineva

230

Ideea este că minciuna este înşelăciune şi înşelăciunea până la urmă creează neînţelegere, dezamăgire, neputinţă şi răni emoţionale.

c. Minciuna sau falsitatea construieşte relaţii greşite, relaţii construite pe nisip mişcător. Doi oameni nu pot fi prieteni, sau nu pot locui împreună dacă relaţia lor este bazată pe minciună. Minciuna distruge...

- încrederea
- dragostea
- siguranţa
- încrederea
- speranţa

2. Scriptura le dă un motiv puternic credincioşilor pentru a vorbi doar adevărul: ei sunt mădularele unii altora. Fiecare credincios este un membru în marele trup pe care Dumnezeu îl construieşte, trupul lui Cristos, adică biserica. William Barclay are o descriere excelentă a acestei idei.

"Putem trăi în siguranţă doar pentru că simţurile noastre şi nervii transmit semnale adevărate către creier. Dacă nervii ar transmite mesaje false creierului, dacă de exemplu ei ar spune creierului că un lucru este rece şi bun de atins când de fapt acesta ar fi fierbinte şi ne-ar arde, viaţa ar ajunge foarte repede la sfârşit. Un trup poate funcţiona în mod corect şi sănătos doar atunci când fiecare părticică din el transmite mesaje adevărate creierului şi celorlalte părţi din trup. Deci dacă noi suntem legaţi unii de ceilalţi într-un singur trup, acel trup poate funcţiona doar atunci când spunem adevărul. Orice minciună şi înşelăciune îngreunează buna funcţionare a trupului lui Cristos." (*Scrisori către Galateni şi Efeseni*, p.184).

3. Credinciosul trebuie să se identifice total cu ceea ce spune. Nu trebuie să existe nimic acoperit, nimic ascuns, să nu existe ruşine sau prefăcătorie. El trebuie să fie exact la fel înaintea oamenilor ca şi în intimitate, la fel în intimitate ca înaintea oamenilor. Viaţa lui nu trebuie să fie o minciună.

⇒ Minciuna sau falsitatea este una dintre cele zece porunci.

Să nu mărturiseşti strâmb împotriva aproapelui tău. (Ex. 20:16)

⇒ Minciuna sau falsitatea este unul dintre marile păcate care îl spurcă pe om.

Căci din inimă ies gândurile rele, uciderile, preacurviile, curviile, furtişagurile, mărturiile mincinoase, hulele. (Mat. 15:19)

⇒ Minciuna sau falsitatea îşi ocupă locul lângă tatăl minciunii, diavolul.

Voi aveţi de tată pe diavolul; şi vreţi să împliniţi poftele tatălui vostru. El de la început a fost ucigaş; şi nu stă în adevăr, pentru că în el nu este adevăr. Ori de câte ori spune o minciună, vorbeşte din ale lui, căci este mincinos şi tatăl minciunii. (Ioan 8:44)

⇒ Minciuna sau falsitatea este foarte apropiată şi asociată cu idolatria. Îl face pe om să spună altceva decât adevărul.

Nimic întinat nu va intra în ea, nimeni care trăieşte în spurcăciune şi în minciună; ci numai cei scrişi în cartea vieţii Mielului. (Apoc. 21:27)
Afară sunt câinii, vrăjitorii, curvarii, ucigaşii, închinătorii la idoli, şi oricine iubeşte minciuna şi trăieşte în minciună! (Apoc. 22:15)

⇒ Minciuna sau falsitatea sau înşelarea oamenilor trebuie să îl caracterizeze pe anticrist.

Arătarea lui se va face prin puterea Satanei, cu tot felul de minuni, de semne şi puteri mincinoase. (2 Tes. 2:9)

⇒ Minciuna sau falsitatea nu este ceea ce spune că este.

V-am scris nu că n-aţi cunoaşte adevărul, ci pentru că îl cunoaşteţi, şi ştiţi că nici o minciună nu vine din adevăr. (1 Ioan 2:21)
Arătarea lui se va face prin puterea Satanei, cu tot felul de minuni, de semne şi puteri mincinoase. (2 Tes. 2:9)

⇒ Minciuna sau falsitatea sunt opuse adevărului.

Cât despre voi, ungerea, pe care aţi primit-o de la El, rămâne în voi, şi n-aveţi trebuinţă să vă înveţe cineva; ci, după cum ungerea Lui vă învaţă despre toate lucrurile şi este adevărată, şi nu este o minciună, rămâneţi în El, după cum v-a învăţat ea. (1 Ioan 2:27)

2. (4:26-27) **Mânia** (orgizesthe): credinciosul trebuie să arunce haina mâniei. Oamenii devin mânioşi: observaţi că Scriptura recunoaşte asta. Sunt situaţii în care mânia se cere, dar noi trebuie să ne păzim de păcat când ne mâniem. Mânia ne face fie să reacţionăm, să explodăm rănindu-i pe alţii sau ne motivează să corectăm greşeli şi nedreptăţi.

1. Există o mânie greşită care poate fi numită nedreaptă sau egoistă.
   a. Această mânie este egoistă. Ea meditează la rău; nu uită; ţine mânie; se va răzbuna şi de cele mai multe ori caută răzbunarea.
   b. Mânia care ţine resentimente (raca). Batjocoreşte; râde; în mod arogant se ridică pe sine mai presus şi îi numeşte pe ceilalţi goi sau nefolositori. Această mânie este plină de răutate. Batjocoreşte şi răneşte (raca). Se înalţă din mândrie—o mânie mândră (Prov.21:24). Asemenea sentimente de mânie calcă pe alţii în picioare. Se spune că orice boală vine peste cineva este bine meritată.
   c. Mai este mânia care blastămă. Caută să distrugă un om şi reputaţia lui morală, intelectuală şi spirituală.
2. Celălalt fel de mânie este mânia bună sau mânia justificată. Credinciosul trebuie să fie un om mânios—mânios pe cei care păcătuiesc şi fac rău şi care sunt nedrepţi şi egoişti în purtarea lor. Totuşi, o mânie justificată este întotdeauna disciplinată şi controlată; întotdeauna se limitează la cei care fac răul împotriva lui Dumnezeu sau împotriva altora. Semnul care distinge mânia justificată de mânia nejustificată este faptul că o mânie justificată nu este niciodată egoistă. Niciodată nu este cauzată de ceva ce s-a întâmplat persoanei în cauză. Este o mânie plină de scop. Credinciosul ştie că este mânios pentru un motiv legitim, şi caută să corecteze situaţia în cel mai calm mod posibil. (vezi comentariul—Rom.12:18; Ioan.2:12-16).

Mâniaţi-vă şi nu păcătuiţi. Să n-apună soarele peste mânia voastră. (Efes. 4:26)
Dacă este cu putinţă, întrucât atârnă de voi, trăiţi în pace cu toţi oamenii. (Rom. 12:18)
Paştele Iudeilor erau aproape; şi Isus S-a suit la Ierusalim. În Templu a găsit pe cei ce vindeau boi, oi şi porumbei, şi pe schimbătorii de bani şezând jos. A făcut un bici de ştreanguri, şi i-a scos pe toţi afară din Templu, împreună cu oile şi boii; a vărsat banii schimbătorilor, şi le-a răsturnat mesele. Şi a zis celor ce vindeau porumbei: Ridicaţi acestea de aici, şi nu faceţi din casa Tatălui Meu o casă de negustorie.(Ioan 2:13-16)

Meditaţia 1. Mânia îşi face simţită prezenţa în cazul multor oameni. Deseori există sentimente rănite între cei care ar trebui să fie cei mai apropiaţi: soţ şi soţie, părinte şi copil, vecin şi prieten, angajat şi angajator. Domnul este clar în privinţa aceasta: noi nu trebuie să permitem mâniei să pună stăpânire pe noi fără o cauză justă.

3. Observaţi că diavolul exploatează mânia egoistă şi o foloseşte pentru scopurile lui. El seamănă neînţelegere, conflicte. Pavel de obicei preferă să folosească cuvântul *satnas* pentru Satan, dar aici foloseşte cuvântul *diabolos*. *Diabolos* înseamnă calomniator, unul care împrăştie zvonuri care pot distruge reputaţia cuiva. (vezi comentariul, *Mânie*—Mat.5:21; 5:22 pentru mai multe discuţii.)

Dar acum lăsaţi-vă de toate aceste lucruri: de mânie, de vrăjmăşie, de răutate, de clevetire, de vorbele ruşinoase, care v-ar putea ieşi din gură. (Col. 3:8)
Ştiţi bine lucrul acesta, preaiubiţii mei fraţi! Orice om să fie grabnic la ascultare, încet la vorbire, zăbavnic la mânie. (Iacov 1:19)
Oricine urăşte pe fratele său, este un ucigaş; şi ştiţi că nici un ucigaş n-are viaţa veşnică rămânând în el. (1 Ioan 3:15)
Lasă mînia, părăseşte iuţimea; nu te supăra, căci supărarea duce numai la rău. (Ps. 37:8)
Cine este iute la mânie face prostii, şi omul plin de răutate se face urât. (Prov. 14:17)
Cel încet la mânie preţuieşte mai mult decât un viteaz, şi cine este stăpân pe sine preţuieşte mai mult decât cine cucereşte cetăţi. (Prov. 16:32)
Înţelepciunea face pe om răbdător, şi este o cinste pentru el să uite greşelile. (Prov. 19:11)
Nu te grăbi să te mânii în sufletul tău, căci mânia locuieşte în sânul nebunilor. (Ecl. 7:9)

EFESENI 4:25-32

3. (4:28) **Furtul**: credinciosul trebuie să se dezbrace de hainele hoției. Cuvântul "furt" (klepto) înseamnă a înșela, a lua în mod greșit de la altcineva, *fie legal sau ilegal*. Observați că legile oamenilor nu sunt regula determinantă care spune dacă cineva fură sau nu. Acest lucru este deseori neînțeles în legătură cu furtul.

⇒ Oameni câteodată se pot folosi de lege pentru a fura.

⇒ Oamenii pot lua de la alții fără să încalce legea.

⇒ Oamenii pot strânge prea mult dintr-un lucru, mult mai mult decât au nevoie; ceea ce au în plus iau din ceea ce aparține altora.

În termeni simpli, Biblia spune că furtul înseamnă a lua ceea ce este *de drept* al altuia sau *prin natura* lui aparține altora. Există cel puțin trei forme ale furtului.

1. Un om ia ceva ce de fapt este *în posesia sau în proprietatea* altcuiva. Dacă cineva posedă ceva iar noi luăm acel lucru, atunci suntem vinovați de furt. Poate fi ceva la fel de simplu ca un creion de la un birou sau un răspuns la un test de la un coleg student, sau poate fi ceva atât de complex ca deturnarea de fonduri în contabilitate. Dacă luăm acel lucru, am încălcat porunca lui Dumnezeu și suntem vinovați ca și hoți.

> **Să nu fure nimic, ci totdeauna să dea dovadă de o desăvârșită credincioșie, ca să facă în totul cinste învățăturii lui Dumnezeu, Mântuitorul nostru. (Tit 2:10)**
>
> **Nimeni din voi să nu sufere ca ucigaș, sau ca hoț, sau ca făcător de rele, sau ca unul care se amestecă în treburile altuia. (1 Pet. 4:15)**
>
> **Cumpăna înșelătoare este urâtă Domnului, dar cântăreala dreaptă Îi este plăcută. (Prov. 11:1)**
>
> **Rău! Rău! zice cumpărătorul, și plecând, se fericește. (Prov. 20:14)**
>
> **Comorile câștigate cu o limbă mincinoasă sunt o deșertăciune care fuge, și ele duc la moarte. (Prov. 21:6)**
>
> **Efraim este un negustor care are în mână o cumpănă mincinoasă. Îi place să înșele. (Osea 12:7)**

2. Un om fură când strânge mai mult decât are nevoie. *A ține de-o parte* este furt. Înseamnă a...

• ține ceea ce nu este necesar pentru nevoile personale.

• a ține de-o parte ceea ce este atât de necesar altora.

• a lua de-o parte ceea ce natura și pământul au dat pentru a acoperi nevoile populației umane.

• a ține de-o parte cunoștința și darurile pe care Dumnezeu le-a dat pentru a fi folosite pentru binele unei lumi disperate plină de atâția care sunt mai puțin privilegiați și talentați.

Noi putem să îi punem ce nume vrem, dar pentru Dumnezeu este furt. Dumnezeu a așezat pe pământ destule resurse pentru a satisface nevoile poporului Său, și a dat oamenilor atât *abilitatea cât și puterea de a stăpâni și a supune pâmântul*. Priviți atent la porunca Lui:

> **Dumnezeu i-a binecuvântat, și Dumnezeu le-a zis: Creșteți, înmulțiți-vă, umpleți pământul, și supuneți-l; și stăpâniți peste peștii mării, peste păsările cerului, și peste orice viețuitoare care se mișcă pe pământ. (Gen. 1:28)**

Pământul trebuie să fie stăpânit și supus de oameni. Oamenilor le este poruncit de Dumnezeu să dezvolte tehnologia necesară pentru a explora universul și pentru a controla natura, și pentru a hrăni, a da locuințe și sănătate oamenilor. Observați ce spune Dumnezeu. El nu spune că unii trebuie să se bucure de beneficiile și binecuvântările pământului. El spune că oamenii trebuie să se iubească unii pe alții și să împartă împreună binecuvântările pământului. Când oamenii își folosesc abilitățile date de Dumnezeu pentru a face bani și pentru a produce bunuri, iar apoi încep să țină de-o parte, ei fură; ei își țin pentru ei ceea ce de drept li se cuvine altora. De aceea, ei vor suferi pierderi catastrofale în cealaltă lume. Ei vor suferi o devastare totală (Luca 12:20; 16:22-23). De ce? Pentru că ei nu au iubit destul pentru a face lucrurile pentru care au fost puși pe pământ ei și talentele lor: să se îngrijească de nevoile celor care nu au fost așa talentați sau norocoși.

> **Nu vă strângeți comori pe pământ, unde le mănâncă moliile și rugina, și unde le sapă și le fură hoții; ci strângeți-vă comori în cer, unde nu le mănâncă moliile și rugina și unde hoții nu le sapă, nici nu le fură. Pentru că unde este comoara voastră, acolo va fi și inima voastră. (Mat. 6:19-21)**
>
> **El le-a răspuns: Să nu cereți nimic mai mult peste ce v-a fost poruncit să luați. (Luca 3:13)**
>
> **Cine fura, să nu mai fure; ci mai degrabă să lucreze cu mâinile lui la ceva bun, ca să aibă ce să dea celui lipsit. (Efes. 4:28)**

EFESENI 4:25-32

Cei ce vor să se îmbogățească, dimpotrivă, cad în ispită, în laț și în multe pofte nesăbuite și vătămătoare, care cufundă pe oameni în prăpăd, și pierzare. (1 Tim. 6:9)

Îndeamnă pe bogații veacului acestuia să nu se îngâmfe, și să nu-și pună nădejdea în niște bogății nestatornice, ci în Dumnezeu, care ne dă toate lucrurile din belșug, ca să ne bucurăm de ele. Îndeamnă-i să facă bine, să fie bogați în fapte bune, să fie darnici, gata să simtă împreună cu alții, așa ca să-și strângă pentru vremea viitoare drept comoară o bună temelie pentru ca să apuce adevărata viață. (1 Tim. 6:17-19)

În tine, se iau daruri pentru vărsare de sânge. Tu iei dobândă și camătă, jefuiești cu sila pe aproapele tău, și pe Mine, Mă uiți, zice Domnul, Dumnezeu. (Ezec. 22:12)

3. Un om fură printr-o trăire extravagantă, deasupra nevoilor sale. Sunt unii care dau pentru a se îngriji de nevoile disperate ale lumii, dar totuși ei nu trăiesc sacrificându-se. Ei țin destul pentru ei, desfătându-și firea lor (natura păcătoasă)...

- cu haine
- cu mâncare
- cu bijuterii
- cu case
- cu mijloace de transport
- cu mijloace de relaxare
- cu bunuri
- cu proprietăți

Mulți oameni din națiunile industrializate sunt vinovați de *egoism* în ciuda grijii și îngrijorării lor pentru lumea săracă. Totuși, *grija și unele daruri* nu sunt suficiente pentru a satisface cerințele lui Dumnezeu de a împărți și de a ne îngriji de nevoile semenilor noștri din întreaga lume. Fiecare zi în care ne trezim și ne ridicăm din pat, lumea se află sub greutatea *maselor de oameni* care......

- sunt flămânzi și mor de foame
- sunt fără apă potabilă
- sunt lipsiți de îmbrăcăminte potrivită
- sunt bolnavi și fără medicamente
- nu au acoperișuri deasupra capetelor
- nu au pe nimeni care să îi învețe

Nu este îndoială că mijloacele pentru a rezolva nevoile lumii de astăzi există. Nu lipsește puterea omenească sau resursele; lipsește *angajamentul gata de sacrificiu* pentru a da resursele și a fi gata pentru implicare personală. Cei extravaganți fură de la cei nevoiași, iar cei talentați nu acoperă nevoile celor mai puțin talentați. Scena este una tragică, pentru că Dumnezeu i-a pus pe pământ pe cei talentați pentru a se îngriji de cei în nevoi *sacrificându*-se pe ei pentru nevoile celorlalți mai puțin avuți. Dar în loc să se îngrijească de nevoile lor, cei talentați trăiesc în comfort și plăceri exagerate, satisfăcându-se în plăcerile firii lor (a naturii păcătoase).

Dacă vrei să fii desăvârșit, i-a zis Isus, du-te de vinde ce ai, dă la săraci, și vei avea o comoară în cer! Apoi vino, și urmează-Mă. (Mat. 19:21)

Vai de voi, cărturari și Farisei fățarnici! Pentru că voi curățiți partea de afară a paharului și a blidului, dar înăuntru sunt pline de răpire și de necumpătare. (Mat. 23:25)

Dar năvălesc în ei grijile lumii, înșelăciunea bogățiilor și poftele altor lucruri, care îneacă Cuvântul, și-l fac astfel neroditor. (Marcu 4:19)

Vindeți ce aveți și dați milostenie. Faceți-vă rost de pungi, care nu se învechesc, o comoară nesecată în ceruri, unde nu se apropie hoțul, și unde nu roade molia. (Luca 12:33)

De aceea, pentru că pe sărac îl călcați în picioare, și luați daruri de grâu de la el: măcar că ați zidit case de piatră cioplită, nu le veți locui; măcar că ați sădit vii foarte bune, nu veți bea din vinul lor! (Amos 5:11)

Care este răspunsul? A lucra cu sârguință—a lucra și a lucra pentru a avea destul pentru a putea să îi ajutăm și pe alți. Aceasta este voia lui Dumnezeu: să lucrăm pentru a avea destul ca să putem da altora. Munca trebuie să fie cinstită și să se îngrijească de nevoile familiei; totuși, a lucra doar pentru sine este egoist. Iar egoismul corupe și lasă inima omului și slujba lui lipsite de sens. Dar a munci pentru a-i ajuta pe alții în numele lui Cristos—aceasta este voia lui Dumnezeu. Aceasta este singura cale prin care nevoile lumii pot fi satisfăcute. Lucrul trebuie să fie pentru scopul lui Dumnezeu și pentru cauza Lui—cauza care se îngrijește de nevoile altora și pentru a-i ajuta (1 Ioan.3:17). (vezi comentariul, *Furt*—Rom.13:9 pentru mai multe discuții.)

4. (4:29) **Vorbirea stricată**: credinciosul trebuie să lase de-o parte vorbirea murdară și ușuratică. Cuvântul *stricată* (sapros) înseamnă putredă, stricată și poluantă. Vorbirea stricată, desigur ar include injurii și vorbire nesfântă și chiar conversații fără rost care deseori sunt purtate de oameni. Noul Testament are o nouă descriere.

> Nici un cuvânt stricat să nu vă iasă din gură; ci unul bun, pentru zidire, după cum e nevoie, ca să dea har celor ce-l aud. (Efes. 4:29)

Scriptura spune că un om cu o gură stricată este un "mormânt deschis" (Rom.3:13). Un mormânt deschis este putred, și este un simbol al corupției. Așa este și un om cu o vorbire păcătoasă. Gura lui este...

- stricată
- murdară
- obscenă
- poluată
- împuțită
- detestabilă
- urâcioasă
- dezonorabilă
- jignitoare

Gura obscenă poate varia de la un umor colorat la glume murdare, de la sugesti imorale la propuneri sexuale. Dar indiferent de asta, un om cu o gură murdară miroase la fel de greu ca un mormânt deschis; murdăria lui cauzează stricăciune, degradarea caracterului. Mizeria din gura lui mănâncă și mănâncă din caracterul lui și din caracterul ascultătorilor lui—atât de mult încât el devine atât de deranjant ca un cadavru în descompunere. Gura murdară omoară caracterul, atractivitatea lui, încrederea lui, credincioșia lui, moralitatea lui, onoarea lui și dumnezeirea lui.

> Pui de năpârci, cum ați putea voi să spuneți lucruri bune, când voi sunteți răi? Căci din prisosul inimii vorbește gura. (Mat. 12:34)
>
> Limba este și ea un foc, este o lume de nelegiuiri. Ea este aceea dintre mădularele noastre, care întinează tot trupul și aprinde roata vieții, când este aprinsă de focul gheenei. (Iacov 3:6)
>
> Căci inima lor se gândește la prăpăd, și buzele lor vorbesc nelegiuiri. (Prov. 24:2)

Credinciosul trebuie să vorbească doar ceea ce este bun și doar ceea ce va zidi pe alții. Cuvintele sunt pentru a...

- împărtăși lucruri bune.
- zidi și a întări pe alții
- împărtăși altora mesajul harului (binecuvântări) și pentru a ne ajuta unii pe alții în timp ce trecem prin viață.

> Și au zis unul către altul: Nu ne ardea inima în noi, când ne vorbea pe drum, și ne deschidea Scripturile? (Luca 24:32)
>
> Vorbiți între voi cu psalmi, cu cântări de laudă și cu cântări duhovnicești, și cântați și aduceți din toată inima laudă Domnului. (Efes. 5:19)
>
> O cât de înduplecătoare sunt cuvintele adevărului! Dar ce dovedesc mustrările voastre? (Iov 6:25)
>
> Pune, Doamne, o strajă înaintea gurii mele, și păzește ușa buzelor mele! (Ps. 141:3)
>
> Vor spune slava împărăției Tale, și vor vesti puterea Ta. (Ps. 145:11)
>
> Cuvintele prietenoase sunt ca un fagur de miere, dulci pentru suflet, și sănătoase pentru oase. (Prov. 16:24)
>
> Cuvintele unui înțelept sunt plăcute, dar buzele nebunului îi aduc pieirea. (Ecl. 10:12)
>
> Domnul Dumnezeu Mi-a dat o limbă iscusită, ca să știu să înviorez cu vorba pe cel doborât de întristare. El Îmi trezește, în fiecare dimineață, El Îmi trezește urechea, să ascult cum ascultă niște ucenici. (Isa. 50:4)
>
> Atunci și cei ce se tem de Domnul au vorbit adesea unul cu altul; Domnul a luat aminte la lucrul acesta, și a ascultat; și o carte de aducere aminte a fost scrisă înaintea Lui, pentru cei ce se tem de Domnul, și cinstesc Numele Lui. (Mal. 3:16)

5. (4:30) **Duhul Sfânt**: credinciosul trebuie să dea la o parte hainele împotrivirii Duhului Sfânt. "Întristarea" (lupeite) înseamnă a aduce durere; a jigni; a supăra; a întrista pe Duhul Sfânt. Când un copil acționează contrar sfaturilor părinților lui, el îi rănește și îi necăjește. La fel este și când un om acționează împotriva sfatului Duhului Sfânt, el Îl rănește și Îl întristează. Observați trei lucruri.

1. Porunca este dură, foarte dură. Acest lucru se vede în numele Duhului Sfânt. El nu este numit doar Duhul Sfânt aici, El este numit atât Duhul Sfânt cât și "Duhul lui Dumnezeu"—o referință dublă.

2. Sunt cel puțin patru căi prin care Duhul Sfânt poate fi întristat.

    a. El este *întristat* când credincioșii permit lucrurilor murdare să intre în viețile și în gândurile lor.

> În adevăr, cei ce trăiesc după îndemnurile firii pământești, umblă după lucrurile firii pământești; pe când cei ce trăiesc după îndemnurile Duhului, umblă după lucrurile Duhului. În adevăr, cei ce trăiesc după îndemnurile firii pământești, umblă după lucrurile firii pământești; pe când cei ce trăiesc după îndemnurile Duhului, umblă după lucrurile Duhului. Fiindcă umblarea după lucrurile firii pământești este vrăjmășie împotriva lui Dumnezeu, căci, ea nu se supune Legii lui Dumnezeu, și nici nu poate să se supună. (Rom. 8:5-7)

b. El este *întristat* când credincioșii se poartă imoral.

> Fiindcă umblarea după lucrurile firii pământești este vrăjmășie împotriva lui Dumnezeu, căci, ea nu se supune Legii lui Dumnezeu, și nici nu poate să se supună. Dacă trăiți după îndemnurile ei, veți muri; dar dacă, prin Duhul, faceți să moară faptele trupului, veți trăi. (Rom. 8:12-13)

c. El este *întristat* cînd credincioșii se poartă nedrept.

> Petru i-a zis: Anania, pentru ce ți-a umplut Satana inima ca să minți pe Duhul Sfânt, și să ascunzi o parte din prețul moșioarei? Dacă n-o vindeai, nu rămânea ea a ta? Și, după ce ai vândut-o, nu puteai să faci ce vrei cu prețul ei? Cum s-a putut naște un astfel de gând în inima ta? N-ai mințit pe oameni, ci pe Dumnezeu.(Fapte. 5:3-4)

d. El este *întristat* când credincioșii participă la ceva care este contrar naturii Duhului Sfânt. Observați contextul acestui pasaj: porunca "să nu întristați pe Duhul Sfânt" este însoțită de o serie de porunci negative.

> Deci, cei ce sunt pământești, nu pot să placă lui Dumnezeu. Voi însă nu mai sunteți pământești, ci duhovnicești, dacă Duhul lui Dumnezeu locuiește în adevăr în voi. Dacă n-are cineva Duhul lui Hristos, nu este al Lui. Și dacă Hristos este în voi, trupul vostru, da, este supus morții, din pricina păcatului; dar duhul vostru este viu, din pricina neprihănirii. (Rom. 8:8-10)

3. Motivul pentru care noi nu ar trebui să Îl întristăm pe Duhul Sfânt este datorită lucrării importante pe care El o are de făcut în noi: El ne-a pecetluit până la ziua răscumpărării (vezi comentariul, *Duhul Sfânt*, Pecete—Efes.1:13-14 pentru mai multe discuții).

6. (4:31) **Umblarea credinciosului—Listă de păcate:** credinciosul trebuie să se dezbrace de haina răutății.

1. Este *amărăciune* (pikria): resentiment, asprime. Un om amar, deseori este...

- tăios
- plin de resentimente
- cinic
- rece
- dur

- stresant
- intens
- intransigent
- nemulțumit
- neplăcut

Orice expresie a oricăreia dintre trăsăturile de mai sus este păcat înaintea lui Dumnezeu. Dumnezeu dorește ca oamenii să fie plini de dragoste, bucurie și pace și dorește ca acestea să fie exprimate. Altceva decât exprimarea acestora este păcat.

2. Este *furie* (thumos): (vezi comentariul, *Mânie*, pt.9—Gal.5:19-21 pentru mai multe discuții for).

3. Este *mânie* (orge): (vezi comentariul, *Mânie*—Efes.4:26-27 pentru mai multe discuții).

4. Este *strigare* (krauge): ceartă, comentarii, cârtire. Înseamnă a insulta, a avea un comportament nestăpânit și a vorbi tare.

5. Este *clevetire* (blasphemia): vorbire de rău, defăimare, batjocură; a vorbi împotriva lui Dumnezeu, a insulta.

6. Este *răutate* (kakias): vorbire care rănește, vorbire jignitoare.

7. (4:32) **Umblarea credinciosului:** credinciosul trebuie să se îmbrace cu hainele omului nou. De fapt acest verset exprimă mai mult decât ar putea să o facă un comentariu.

EFESENI 4:25-32

1. Cuvântul *bunătate* înseamnă a fi tandru, a te îngriji, a-ți păsa de oameni și a-i ajuta. Este opusul indiferenței, a durității, a amărăciunii, a recentimentului. Lehman Strauss spune că bunătatea înseamnă a-i trata pe cei din jur ca pe membri propriei familii.[1] Credincioșii sunt frați în Domnul. (*Studii Devoționale din Galateni și Efeseni*, p.189)

> **Iubiți-vă unii pe alții cu o dragoste frățească. În cinste, fiecare să dea întâietate altuia. (Rom. 12:10)**
> **Astfel dar, ca niște aleși ai lui Dumnezeu, sfinți și preaiubiți, îmbrăcați-vă cu o inimă plină de îndurare, cu bunătate, cu smerenie, cu blândețe, cu îndelungă răbdare. (Col. 3:12)**

2. Cuvântul *milă* înseamnă a arăta compasiune, milă, înțelegere, dragoste, bunătate, și căldură. Înseamnă a fi *conștient* de durerile și sentimentele cuiva, de problemele, dificultățile de natură emoțională, mentală, fizice și spirituale. Înseamnă a avea o inimă simțitoare față de ei.

> **Ferice de cei milostivi, căci ei vor avea parte de milă! (Mat. 5:7)**
> **Fiți dar milostivi, cum și Tatăl vostru este milostiv. (Luca 6:36)**
> **Prin aceasta vor cunoaște toți că sunteți ucenicii Mei, dacă veți avea dragoste unii pentru alții. (Ioan 13:35)**
> **Dragostea să fie fără prefăcătorie. Fie-vă groază de rău, și lipiți-vă tare de bine. (Rom. 12:9)**
> **Domnul să vă facă să creșteți tot mai mult în dragoste unii față de alții și față de toți, cum facem și noi înșine pentru voi. (1 Tes. 3:12)**
> **Deci, ca unii care, prin ascultarea de adevăr, v-ați curățit sufletele prin Duhul, ca să aveți o dragoste de frați neprefăcută, iubiți-vă cu căldură unii pe alții, din toată inima. (1 Pet. 1:22)**

3. Cuvântul *iertare* înseamnă a fi îngăduitor față de cinva, a ierta pentru o greșeală pe care a făcut-o față de tine. Observați că persoana respectivă a făcut un rău care ne-a cauzat durere; el ne-a rănit și ne-a provocat durere. Dar porunca este ca în ciuda acestui lucru să îl iertăm.

4. Motivul pentru care trebuie să ne iertăm unii pe alții este pentru că Dumnezeu ne-a iertat pe noi. Nu contează cât de mult ne-a greșit cineva, noi i-am greșit lui Dumnezeu mult mai mult. Și totuși Dumnezeu ne-a iertat pe noi. De ce? De dragul lui Cristos. Isus Cristos a murit pentru noi—a murit pentru păcatele noastre ca noi să putem fi iertați. De aceea, Dumnezeu ne iartă. Indiferent ce am făcut, Dumnezeu ne iartă atunci când dorim iertare. El ne iartă în ciuda faptului că noi L-am respins, L-am înjurat, L-am blestemat, L-am ignorat, L-am neglijat, și ne-am răzvrătit împotriva Lui.

Ideea este următoarea; datorită a ceea ce Cristos a făcut pentru noi, noi trebuie să îi iertăm pe ceilalți indiferent de ce ne-au făcut.

> **În vremea aceea, Isus a luat cuvântul și a zis: Te laud, Tată, Doamne al cerului și al pământului, pentru că ai ascuns aceste lucruri de cei înțelepți și pricepuți, și le-ai descoperit pruncilor. (Mat. 11:25)**
> **Voi însă, iubiți pe vrăjmașii voștri, faceți bine și dați cu împrumut, fără să nădăjduiți ceva în schimb. Și răsplata voastra va fi mare, și veți fi fiii Celui Prea Înalt; căci El este bun și cu cei nemulțumitori și cu cei răi. Fiți dar milostivi, cum și Tatăl vostru este milostiv. (Luca 6:35-36)**
> **Și chiar dacă păcătuiește împotriva ta de șapte ori pe zi, și de șapte ori pe zi se întoarce la tine și zice: Îmi pare rău!să-l ierți. (Luca 17:4)**
> **Dimpotrivă, fiți buni unii cu alții, miloși, și iertați-vă unul pe altul, cum v-a iertat și Dumnezeu pe voi în Hristos. (Efes. 4:32)**
> **Îngăduiți-vă unii pe alții, și, dacă unul are pricină să se plângă de altul, iertați-vă unul pe altul. Cum v-a iertat Hristos, așa iertați-vă și voi. (Col. 3:13)**

---

[1] NT: În limba engleză cuvântul *kind (=bun)* se aseamănă cu *kin,kindred (=rudă, înrudire)*

1. Urmând pilda lui Dumnezeu
2. Iubind așa cum a iubit Cristos
  a. El a adus o jertfă de bun miros lui Dumnezeu—jertfindu-Se pe Sine
  b. El a devenit o mireasmă frumos mirositoare lui Dumnezeu
3. Având un trup curățit, pur din punct de vedere moral
	CAPITOLUL 5
	
	E. Credinciosul trebuie să umble urmându-L pe Dumnezeu, 5:1-7
	
	Urmați dar pilda lui Dumnezeu ca niște copii preaiubiți.
	2. Trăiți în dragoste, după cum și Hristos ne-a iubit, și S-a dat pe Sine pentru noi ca un prinos și ca o jertfă de bun miros, lui Dumnezeu.
	3. Curvia, sau orice altfel de necurăție, sau lăcomia de avere, nici să nu fie pomenite între voi, așa cum se cuvine unor sfinți.
		4. Curvia, sau orice altfel de necurăție, sau lăcomia de avere, nici să nu fie pomenite între voi, așa cum se cuvine unor sfinți.
		5. Căci știți bine că nici un curvar, nici un stricat, nici un lacom de avere, care este un închinător la idoli, n-are parte de moștenire în Împărăția lui Hristos și a lui Dumnezeu.
		6. Nimeni să nu vă înșele cu vorbe deșarte; căci din pricina acestor lucruri vine mânia lui Dumnezeu peste oamenii neascultători.
		7. Să nu vă întovărășiți dar deloc cu ei.
			4. Având o gură curată
			
			5. Cunoscând avertismentul solemn al lui Dumnezeu
			  a. Necurăția nu are nicio parte din moștenirea lui Dumnezeu
			
			  b. Există înșelători
			
			  c. Mânia lui Dumnezeu vine
			
			6. Despărțindu-se de cei răi

SECȚIUNEA IV

UMBLAREA CREDINCIOSULUI CREȘTIN, 4:1-6:9

E. Credinciosul trebuie să umble urmându-L pe Dumnezeu, 5:1-7

(5:1-7) Introducere: provocarea din acest pasaj este una dintre cele mai mari provocări din Cuvântul lui Dumnezeu. Imaginați-vă doar—modelul de viață pentru credincios este Însuși Dumnezeu. Credinciosul trebuie să Îl urmeze pe Dumnezeu. Credinciosul trebuie să trăiască imitându-L pe Dumnezeu.

    1. Urmând pilda lui Dumnezeu (v.1).
    2. Iubind așa cum a iubit Cristos (v.2).
    3. Având un trup curățit, pur din punct de vedere moral (v.3).
    4. Având o gură curată (v.4).
    5. Cunoscând avertismentul solemn al lui Dumnezeu (vv.5-6).
    6. Despărțindu-se de cei răi (v.7).

1. **(5:1) Datoria credinciosului**: credinciosul Îl imită pe Dumnezeu în primul rând *devenind* un urmaș al Lui. Observați cuvântul *urmați* (ginomai). Înseamnă a *deveni* un imitator, un urmaș al lui Dumnezeu. Ideea transmisă este aceea a unui angajament, a unui atașament, devotament, apartenență, atenție. Înainte ca cineva să poată fi un urmaș al lui Dumnezeu, el trebuie să I se dedice și să se atașeze de Dumnezeu. El trebuie să renunțe la toate celelalte lucruri și să își dedice viața lui Dumnezeu iar mai apoi poate să înceapă să Îl urmeze pe Dumnezeu.

    Cuvântul *urmași, imitatori,* (mimetai) înseamnă a urma. Unii preferă traducerea care spune că noi trebuie să devenim urmași ai lui Dumnezeu. Observați formularea "ca niște copii preaiubiți." La fel cum copiii învață imitându-și părinții, așa trebuie să învățăm și noi imitându-L pe Dumnezeu. Ideea aceastâ că noi trebuie să fim *imitatori* și *urmași* ai lui Dumnezeu este una curajoasă. Imaginați-vă doar, Scriptura spune că noi trebuie să devenim *ca și Dumnezeu!*

    ⇒ Cristos a zis: "Voi fiți dar desăvârșiți, după cum și Tatăl vostru cel ceresc este desăvârșit." (Mat.5:48).
    ⇒ Dumnezeu cere: "Fiți sfinți, căci Eu sunt sfânt, Eu, Domnul, Dumnezeul vostru." (Lev.19:2).
    ⇒ Pavel a spus: "Noi toți privim cu fața descoperită, ca într-o oglindă, slava Domnului, și suntem schimbați în același chip al Lui, din slavă în slavă, prin Duhul Domnului." (2 Cor.3:18).
    ⇒ Petru spune: "Ci, după cum Cel ce v-a chemat este sfânt, fiți și voi sfinți în toată purtarea voastră. Căci este scris: Fiți sfinți, căci Eu sunt sfânt." (1 Pet.1:15-16)
    ⇒ Sfântul biserici primare, Clement din Alexandria a spus: "Creștinul exersează cum să fie Dumnezeu" (citat de William Barclay, *Scrisorile către Galateni și Efeseni*, p.190).

2. **(5:2) Moartea lui Isus Cristos, —Slava lui Dumnezeu, —Datoria credinciosului**: credinciosul Îl imită pe Dumnezeu în al doilea rând, iubind așa cum a iubit Cristos. Două lucruri în legătură cu moartea lui Cristos trebuie subliniate aici.

    1. Expresia "S-a dat pe Sine pentru noi" este o frază simplă dar cu o însemnătate profundă. Nu înseamnă că Cristos a murit doar ca un exemplu pentru noi, arătându-ne cum ar trebui să fim și noi gata să murim pentru adevăr sau

pentru o cauză măreață. Ci înseamnă că Cristos a murit în locul nostru, înlocuindu-ne pe noi. Însemnătatea asta este fără îndoială foarte clară. (vezi STUDIU APROFUNDAT # 1—1 Pet.2:21-25 pentru mai multe discuții.)

    a. Ideea unei jertfe pentru mintea evreilor și a păgânilor din vremea aceea era idea unei vieți date în locul alteia. Era vorba de sacrificiu substitutiv.

    b. Ideea de jertfă se găsește de multe ori în contextul cuvintelor, "Cristos S-a dat pe Sine pentru noi" (Efes.5:2).

> **Eu sunt Pâinea vie, care s-a pogorât din cer. Dacă mănâncă cineva din pâinea aceasta, va trăi în veac; și pâinea, pe care o voi da Eu, este trupul Meu, pe care îl voi da pentru viața lumii. (Ioan 6:51)**
> **Eu sunt Păstorul cel bun. Păstorul cel bun își dă viața pentru oi. (Ioan 10:11)**
> **Dar lucrul acesta nu l-a spus de la el; ci, fiindcă era mare preot în anul acela, a prorocit că Isus avea să moară pentru neam. (Ioan 11:51)**
> **Așa cum Mă cunoaște pe Mine Tatăl, și cum cunosc Eu pe Tatăl; și Eu Îmi dau viața pentru oile Mele. (Ioan 10:15)**
> **Nu este mai mare dragoste decât să-și dea cineva viața pentru prietenii săi. (Ioan 15:13)**
> **Și Eu însumi Mă sfințesc pentru ei, ca și ei să fie sfințiți prin adevăr. (Ioan 17:19). (vezi Ioan.10:11; Gal.1:4;2:20; 1 Tim.2:6; Tit.2:14.)**

2. Cuvintele "Cristos S-a dat pe Sine.ca o jertfă de bun miros pentru Dumnezeu" dau o însemnătate mai mare morții lui Cristos decât simpla împlinire a unei nevoi pe care noi o aveam. Cuvântul "jertfă" se referă la jertfele din Vechiul Testament (Lev.1:1f). Arderea de tot nu era adusă lui Dumnezeu doar datorită păcatului, dar și dacă cineva dorea să Îl glorifice și să Îl onoreze pe Dumenezeu. Dacă cineva dorea să își exprime dragostea lui și adorarea față de Dumnezeu, putea aduce o astfel de jertfă. Acest aspect al morții lui Cristos este deseori trecut cu vederea—un aspect care ridică moartea Sa mult mai sus decât doar împlinirea nevoii noastre. Dându-se pe Sine ca "o jertfă lui Dumnezeu," Cristos privea dincolo de nevoia noastră înspre responsabilitatea supremă de a-L glorifica pe Dumnezeu. Asta înseamnă că scopul Lui principal era glorificarea lui Dumnezeu. El era preocupat de împlinirea voiei lui Dumnezeu—de ascultarea de El. Dumnezeu fusese dezonorat într-un mod groaznic de primul om, Adam, și de toți cei care au urmat după el. Isus Cristos a dorit să Îl onoreze pe Dumnezeu arătând că cel puțin un om se gândea mai mult decât orice la Gloria lui Dumnezeu. Cristos a dorit să arate că voia lui Dumnezeu însemna pentru El mai mult decât orice dorință personală sau ambiție ar fi avut.

El a zis: " pentru ca să cunoască lumea că Eu iubesc pe Tatăl, și că fac așa cum Mi-a poruncit Tatăl. Sculați-vă, haidem să plecăm de aici!" (Ioan 14:31; vezi Luca 2:42; Ioan.5:30).

Idea este următoarea: credinciosul trebuie să umble în dragoste, *la fel cum a iubit Cristos și S-a dat pe Sine ca o jertfă lui Dumnezeu*. Credinciosul trebuie să iubească atât de mult încât să se dea pe sine ca o jertfă. Nu trebuie să existe o limită a jertfiri vieților noastre lui Dumnezeu și oamenilor. Țineți minte: dragostea lui Dumnezeu—dragostea agape—este întotdeauna o dragoste care acționează.

> **Trăiți în dragoste, după cum și Hristos ne-a iubit, și S-a dat pe Sine pentru noi ca un prinos și ca o jertfă de bun miros, lui Dumnezeu. (Efes. 5:2)**
> **Prin aceasta vor cunoaște toți că sunteți ucenicii Mei, dacă veți avea dragoste unii pentru alții. (Ioan 13:35)**
> **Aceasta este porunca Mea: să vă iubiți unii pe alții, cum v-am iubit Eu. (Ioan 15:12)**
> **Dragostea să fie fără prefăcătorie. Fie-vă groază de rău, și lipiți-vă tare de bine. (Rom. 12:9)**
> **Domnul să vă facă să creșteți tot mai mult în dragoste unii față de alții și față de toți, cum facem și noi înșine pentru voi, (1 Tes. 3:12)**
> **Deci, ca unii care, prin ascultarea de adevăr, v-ați curățit sufletele prin Duhul, ca să aveți o dragoste de frați neprefăcută, iubiți-vă cu căldură unii pe alții, din toată inima; (1 Pet. 1:22)**
> **Noi știm că am trecut din moarte la viață, pentru că iubim pe frați. Cine nu iubește pe fratele său, rămâne în moarte. (1 Ioan 3:14)**
> **Noi am cunoscut dragostea Lui prin aceea că El Și-a dat viața pentru noi; și noi deci trebuie să ne dăm viața pentru frați. Dar cine are bogățiile lumii acesteia, și vede pe fratele său în nevoie, și își închide inima față de el, cum rămâne în el dragostea de Dumnezeu? Copilașilor, să nu iubim cu vorba, nici cu limba, ci cu fapta și cu adevărul. (1 Ioan 3:16-18)**
> **Preaiubiților, să ne iubim unii pe alții; căci dragostea este de la Dumnezeu. Și oricine iubește, este născut din Dumnezeu, și cunoaște pe Dumnezeu. Cine nu iubește, n-a cunoscut pe Dumnezeu; pentru că Dumnezeu este dragoste. (1 Ioan 4:7-8)**

EFESENI 5:1-7

Dacă zice cineva: Eu iubesc pe Dumnezeu, și urăște pe fratele său, este un mincinos; căci cine nu iubește pe fratele său, pe care-l vede, cum poate să iubească pe Dumnezeu, pe care nu-L vede? (1 Ioan 4:20)

3. (5:3) **Datoria credinciosului—Destrăbălare—Necurăție —Lăcomie:** credinciosul Îl imită pe Dumnezeu în al treilea rând, având un trup curat, pur din punct de vedere moral. Dacă un credincios vrea să fie un urmaș al lui Dumnezeu, el trebuie să fie curat din punct de vedere moral; el trebuie să își țină trupul curat. El nu poate să Îl lase să se murdărească și să se păteze.

⇒ El trebuie să își țină trupul neatins de imoralitate sexuală (vezi comentariul, pct. 2—Gal.5:19-21 pentru mai multe discuții).

⇒ El trebuie să își țină trupul neatins de orice fel de impuritate (vezi comentariul, pct. 6—Efes.4:17-19 pentru mai multe discuții).

⇒ El trebuie să își țină trupul neatins de lăcomie (vezi comentariul, pct. 7—Efes.4:17-19 pentru mai multe discuții).

Observați importanța respingeri acestor păcate: nu trebuie să fie nici urmă de aceste păcate. Și porunca este la imperativ: "nici să nu fie pomenite între voi"—să nu existe nici măcar *urmă* de ele. Voi, adică trupurile voastre nu trebuie niciodată să se implice în imoralitate sexuală, orice fel de necurăție sau lăcomie. Observați încă un lucru: despre aceste lucruri nici nu trebuie discutat. Nu trebuie pomenite, discutate sau menționate în conversații. Imoralitatea și conversațiile indecente și glumele indecente trebuie să fie cele mai îndepărtate lucruri de mintea credinciosului care Îl urmează pe Dumnezeu. Dumnezeu nu are vreo legătură cu astfel de mizerii.

Ferice de cei cu inima curată, căci ei vor vedea pe Dumnezeu! (Mat. 5:8)

Ținta poruncii este dragostea, care vine dintr-o inimă curată, dintr-un cuget bun, și dintr-o credință neprefăcută. (1 Tim. 1:5)

Să nu-ți pui mâinile peste nimeni cu grabă: și să nu te faci părtaș păcatelor altora: pe tine însuți păzește-te curat. (1 Tim. 5:22)

Deci, ca unii care, prin ascultarea de adevăr, v-ați curățit sufletele prin Duhul, ca să aveți o dragoste de frați neprefăcută, iubiți-vă cu căldură unii pe alții, din toată inima; (1 Pet. 1:22)

De aceea, preaiubiților, fiindcă așteptați aceste lucruri, siliți-vă să fiți găsiți înaintea Lui fără prihană, fără vină, și în pace.(2 Pet. 3:14)

4. (5:4) **Datoria credinciosului—Limbă—Vorbire—Conversație:** credinciosul Îl imită pe Dumnezeu în al patrulea rând, având o gură curățită. Dacă un credincios Îl urmează pe Dumnezeu și Îl imită, el trebuie să fie curat în vorbire și în conversații; el trebuie să își țină gura și limba lui curate. El nu trebuie să permită gurii lui să devină plină de mizerie, răutate sau obscenități.

1. El nu trebuie nici măcar o dată să se implice în *obscenități* (aischrotes): folosindu-și gura în conversații obscene, rușinoase, poluate, bazate pe comportamente imorale. Ce provocare pentru zilele noastre—zilele sodomiei și ale perversiunii. Și observați: cuvântul acesta se referă atât la conduită cât și la vorbire. Cât de poluați în vorbire au devenit unii, atât de mult încât societatea noastră ar putea foarte ușor să devină o a doua Sodoma și Gomora.

Din pricina aceasta, Dumnezeu i-a lăsat în voia unor patimi scârboase; căci femeile lor au schimbat întrebuințarea firească a lor într-una care este împotriva firii; tot astfel și bărbații, au părăsit întrebuințarea firească a femeii, s-au aprins în poftele lor unii pentru alții, au săvârșit parte bărbătească cu parte bărbătească lucruri scârboase, și au primit în ei înșiși plata cuvenită pentru rătăcirea lor. (Rom. 1:26-27)

Vorbesc omenește, din pricina neputinței firii voastre pământești: după cum odinioară v-ați făcut mădularele voastre roabe ale necurăției și fărădelegii, așa că săvârșeați fărădelegea, tot așa, acum trebuie să vă faceți mădularele voastre roabe ale neprihănirii, ca să ajungeți la sfințirea voastră! (Rom. 6:19)

Să nu se audă nici cuvinte porcoase, nici vorbe nechibzuite, nici glume proaste, care nu sunt cuviincioase; ci mai degrabă cuvinte de mulțumire. (Efes. 5:4)

De aceea lepădați orice necurăție și orice revărsare de răutate și primiți cu blândețe Cuvântul sădit în voi, care vă poate mântui sufletele. (Iacov 1:21)

Înseamnă că Domnul știe să izbăvească din încercare pe oamenii cucernici, și să păstreze pe cei nelegiuiți, ca să fie pedepsiți în ziua judecății: mai ales pe cei ce, în pofta lor necurată, umblă poftind trupul altuia, și disprețuiesc stăpânirea.(2 Pet. 2:9-10)

240

EFESENI 5:1-7

2. Credinciosul nu trebuie *să aducă vorba* sau să se implice în *conversații păcătoase* (morologia): goale, negândite, fără sens, lipsite de scop; conversații care sunt doar o pierdere de timp și care nu au absolut nici un scop. Sunt păcătoase, prostești și corupte.

> **Pentru curvari, pentru sodomiți, pentru vânzătorii de oameni, pentru cei mincinoși, pentru cei ce jură strâmb, și pentru orice este împotriva învățăturii sănătoase: (1 Tim. 1:10)**
> **Se cade să dea înțeleptul ca răspuns înțelepciune deșartă? Sau să-și umfle pieptul cu vânt de răsărit? Să se apere prin cuvinte care n-ajută la nimic, și prin cuvântări care nu slujesc la nimic? (Iov 15:2-3)**
> **Cine vorbește mult nu se poate să nu păcătuiască, dar cel ce-și ține buzele, este un om chibzuit. (Prov. 10:19)**
> **Nebunul își arată toată patima, dar înțeleptul o stăpânește. (Prov. 29:11)**
> **Căci, dacă visurile se nasc din mulțimea grijilor, prostia nebunului se cunoaște din mulțimea cuvintelor. (Ecl. 5:3)**
> **Cel dintâi cuvânt care-i iese din gură este nebunie, și cel din urmă este o nebunie și mai rea. (Ecl 10:13)**

3. Credinciosul nu trebuie *să facă aluzie* sau să se implice în spunerea *glumelor proaste* (eutrapelia): a glumi, a vorbi în mod prostesc, a vorbi fără a gândi înainte; a vorbi cu subînțeles. De asemenea dă ideea și de a fi viclean, a fi un maestru al conversațiilor cu subînțeles și al glumelor colorate și a le folosi pe acestea pentru a atrage atenția sau favoruri. (Wuest. *Efeseni și Coloseni*, Vol.1, p.121). Glumele sunt folosite deseori în conversații colorate, la petreceri, pentru a sugera ceva.

> **Ca nebunul care aruncă săgeți aprinse și ucigătoare, așa este omul care înșeală pe aproapele său, și apoi zice: Am vrut doar să glumesc! (Prov. 26:18-19)**
> **Sunt printre ei unii, care se vâră prin case, și momesc pe femeile ușuratice îngreuiate de păcate și frământate de felurite pofte, (2 Tim. 3:6)**
> **Căci cine iubește viața, și vrea să vadă zile bune, să-și înfrâneze limba de la rău, și buzele de la cuvinte înșelătoare. (1 Pet. 3:10)**

Observați că o astfel de vorbire nu este potrivită pentru credincioși. Credincioșii trebuie să se implice în conversații care zidesc pe alții și care Îi aduc slavă și mulțumire lui Dumnezeu.

> **Nu vă îmbătați de vin, aceasta este destrăbălare. Dimpotrivă, fiți plini de Duh. Vorbiți între voi cu psalmi, cu cântări de laudă și cu cântări duhovnicești, și cântați și aduceți din toată inima laudă Domnului. (Efes. 5:18-19)**
> **Și orice faceți, cu cuvântul sau cu fapta, să faceți totul în Numele Domnului Isus, și mulțumiți, prin El, lui Dumnezeu Tatăl. (Col. 3:17)**
> **Vorbirea voastră să fie totdeauna cu har, dreasă cu sare, ca să știți cum trebuie să răspundeți fiecăruia. (Col. 4:6)**
> **Mulțumiți lui Dumnezeu pentru toate lucrurile; căci aceasta este voia lui Dumnezeu, în Hristos Isus, cu privire la voi. (1 Tes. 5:18)**
> **Dreptarul învățăturilor sănătoase, pe care le-ai auzit de la mine, ține-l cu credința și dragostea care este în Hristos Isus. (2 Tim. 1:13)**
> **De vorbire sănătoasă și fără cusur, ca potrivnicul să rămână de rușine, și să nu poată să spună nimic rău de noi. (Tit 2:8)**
> **Cuvintele unui înțelept sunt plăcute, dar buzele nebunului îi aduc pieirea. (Ecl. 10:12)**

5. (5:5-6) **Datoria credinciosului—Imoralitate—Impuritate:** Credinciosul Îl imită pe Dumnezeu, cunoscând avertizarea solemnă a lui Dumnezeu. Observați trei puncte importante.

1. Necurăția nu are loc de moștenire cu Dumnezeu. Ceea ce mărturisește un om nu contează: dacă el practică aceste lucruri, el nu va avea parte în Împărăția lui Dumnezeu și a lui Cristos. Și observați: *blestemul* promis nu este la viitor; este la prezent. Nu spune, "nu va avea," ci mai degrabă, "n-are parte de moștenire cu Dumnezeu." Poate avea case, pământ, tot felul de lucruri; dar nu are nici o fărâmă de împărăție. El a pierdut tot ceea ce are valoare, ce merită să ai. Observați păcatele specifice care sunt menționare care aduc blestem peste om.

⇒ A fi un *om imoral* (pornos): activități sexuale ilicite; destrăbălarea; prostituția; comportament imoral.
⇒ A fi un *om necurat* (akathartos): necurat, imoral, gânduri și comportament murdar.

EFESENI 5:1-7

⇒ A fi un *om lacom* (vezi comentariul de mai sus—Efes.5:3 pentru mai multe discuţii).

⇒ A fi un *om idolatru* (vezi comentariul, *Idolatrie*, punctul.5—Gal.5:19-21 pentru mai multe discuţii).

2. Există mulţi înşelători în jurul nostru. Sunt oameni care ne vor spune...

- că sexul este cel mai normal şi natural lucru pentru om—că o aventură nu va face nici un rău—că este un lucru acceptat şi nu ne va face rău.

- că a ne strânge bogăţii este un comportamnet normal şi a strânge resurse în bănci este total acceptat. Îţi construieşte o poziţie, o imagine, iar acest lucru nu poate fi greşit; iar a avea mai mult decât avem nevoie ne ajută să dăm altora aşa cum dorim.

> Căci astfel de oameni nu slujesc lui Hristos, Domnul nostru, ci pântecelui lor; şi, prin vorbiri dulci şi amăgitoare, ei înşeală inimile celor lesne crezători. (Rom. 16:18)
> Oamenii aceştia sunt nişte apostoli mincinoşi, nişte lucrători înşelători, care se prefac în apostoli ai lui Hristos. Şi nu este de mirare, căci chiar Satana se preface într-un înger de lumină. (2 Cor. 11:13-14)
> Ca să nu mai fim copii, plutind încoace şi încolo, purtaţi de orice vânt de învăţătură, prin viclenia oamenilor şi prin şiretenia lor în mijloacele de amăgire. (Efes. 4:14)
> Dar oamenii răi şi înşelători vor merge din rău în mai rău, vor amăgi pe alţii, şi se vor amăgi şi pe ei înşişi. (2 Tim. 3:13)
> În adevăr, mai ales printre cei tăiaţi împrejur, sunt mulţi nesupuşi, flecari şi amăgitori, (Tit 1:10)
> Căci în lume s-au răspândit mulţi amăgitori, care nu mărturisesc că Isus Hristos vine în trup. Iată amăgitorul, iată Anticristul! (2 Ioan 1:7)

3. Barclay subliniază faptul că au existat şi încă există două mari înşelăciuni în Creştinism (*Scrisorile către galateni şi Efeseni*, p.192f).

a. Sunt aceia care simt că pot să spună orice şi să facă orice şi totuşi să fie primiţi de Dumnezeu. Argumentul acesta vine în special de la cei care sunt în afara bisericii, cu toate că erau câţiva în biserică care susţineau acelaşi lucru. Această idee îşi găseşte rădăcinile în filosofia Gnosticismului. Gnosticismul spune că omul este atât trup cât şi suflet. Ei spuneau că duhul este singura parte importantă din om—singura parte care contează. Singura parte de care este interesat Dumnezeu. Ceea ce un om face cu trupul său nu contează; trupul nu este important. Nu contează dacă un om abuzează de trupul lui; dacă îl murdăreşte în destrăbălare.

Totuşi creştinismul spune, "Nicidecuum!" Atât trupul cât şi sufletul sunt importante. Vedem acest lucru în Isus Cristos. El a onorat trupul luându-Şi un trup (Evrei 2:14). Astăzi El onorează trupul făcând din el un "templu sfânt" pentru prezenţa Sa în persoana Duhului Sfânt (1 Cor.6:19). Isus Cristos este interesat atât de trupul omului cât şi de sufletul omului. El este interesat de om ca şi întreg, şi El mântuie omul în întregime.

b. Mai erau aceea, în biserică care simţeau că păcatul este irelevant. Cât de mult păcăătuişte un om nu contează. Dumnezeu este dragoste şi El iartă indiferent cât de mult rău facem noi. De fapt, unii spun că, cu cât păcătuim mai mult cu atât Dumnezeu poate să îşi arate mila Lui şi să ne ierte. Atunci de ce să nu trăim aşa cum voim? De ce să nu păcătuim şi să lăsăm mila lui Dumnezeu şi dragostea Lui să strălucească asupra noastră, pentru că cu cât păcătuim mai mult cu atât mai mult se va vedea harul lui Dumnezeu. Dar creştinismul spune, "Nicidecum!" Dragostea şi harul lui Dumnezeu nu sunt doar un dar şi un privilegiu, dar şi o responsabilitate şi o obligaţie.

Totuşi, observaţi ce spune Dumnezeu: "căci din pricina acestor lucruri vine mânia lui Dumnezeu peste oamenii neascultători " (v.6; vezi Efes.2:2). *Mînia* (orge) lui Dumnezeu este o mînie hotărâtoare, o mânie voită care se ridică din natura Lui, din natura sfinţeniei. Este o mânie care este *sfântă, dreaptă şi bună*—care stă împotriva păcatului şi a răutăţii oamenilor—împotriva murdăriei lor, a poluării şi a imoralităţii—a nedreptăţii lor, a nepăsării lor la vederea unei lumi care stă sub greutatea foametei, a bolii şi a morţii multora. Dumnezeu niciodată nu S-ar putea uita în altă parte în timp ce cineva distruge familii sau când cineva este în nevoi. El nu ar fi Dumnezeu; El nu ar fi iubitor dacă ar trece cu vederea astfel de oameni.

> Mânia lui Dumnezeu se descoperă din cer împotriva oricărei necinstiri a lui Dumnezeu şi împotriva oricărei nelegiuiri a oamenilor, care înăbuşe adevărul în nelegiuirea lor. (Rom. 1:18)
> Dar, cu împietrirea inimii tale, care nu vrea să se pocăiască, îţi aduni o comoară de mânie pentru ziua mâniei şi a arătării dreptei judecăţi a lui Dumnezeu. (Rom. 2:5)
> Căci ştiţi bine că nici un curvar, nici un stricat, nici un lacom de avere, care este un închinător la idoli, n-are parte de moştenire în Împărăţia lui Hristos şi a lui Dumnezeu. Nimeni să nu vă înşele cu vorbe deşarte; căci din pricina acestor lucruri vine mânia lui Dumnezeu peste oamenii neascultători. (Efes. 5:5-6)

Dați cinste Fiului, ca să nu Se mînie, și să nu pieriți pe calea voastră, căci mînia Lui este gata să se aprindă! Ferice de toți cîți se încred în El! (Ps. 2:12)

6. (5:7) **Datoria credinciosului—Despărțire**: credinciosul Îl imită pe Dumnezeu în al șaselea rând, despărțindu-se de cei răi. Nici un credincios nu trebuie să ia parte la păcatele discutate în aceste versete. De fapt, el trebuie să se despartă de toți cei ce iau parte la astfel de păcate.

Și, cu multe alte cuvinte, mărturisea, îi îndemna, și zicea:Mântuiți-vă din mijlocul acestui neam ticălos. (Fapte 2:40)

Să nu vă potriviți chipului veacului acestuia, ci să vă prefaceți, prin înnoirea minții voastre, ca să puteți deosebi bine voia lui Dumnezeu: cea bună, plăcută și desăvârșită. (Rom. 12:2)

V-am scris în epistola mea să n-aveți nici o legătură cu curvarii. (1 Cor. 5:9)

Nu vă înjugați la un jug nepotrivit cu cei necredincioși. Căci ce legătură este între neprihănire și fărădelege? Sau cum poate sta împreună lumina cu întunericul? (2 Cor. 6:14)

De aceea: Ieșiți din mijlocul lor, și despărțiți-vă de ei, zice Domnul; nu vă atingeți de ce este necurat, și vă voi primi. Eu vă voi fi Tată, și voi Îmi veți fi fii și fiice, zice Domnul Cel Atotputernic. (2 Cor. 6:17-18)

Și nu luați deloc parte la lucrările neroditoare ale întunericului, ba încă mai degrabă osândiți-le. (Efes. 5:11)

În Numele Domnului nostru Isus Hristos, vă poruncim, fraților, să vă depărtați de orice frate, care trăiește în neorânduială, și nu după învățăturile, pe care le-ați primit de la noi. (2 Tes. 3:6)

Nu iubiți lumea, nici lucrurile din lume. Dacă iubește cineva lumea, dragostea Tatălui nu este în El. (1 Ioan 2:15)

Căci tot ce este în lume: pofta firii pământești, pofta ochilor și lăudăroșia vieții, nu este de la Tatăl, ci din lume. (1 Ioan 2:16)

	F. Credinciosul trebuie să umble ca un fiu al luminii, 5:8-14	11. și nu luați deloc parte la lucrările neroditoare ale întunericului, ba încă mai degrabă osândiți-le.
		12. Căci e rușine numai să spunem ce fac ei în ascuns.
		13. Dar toate aceste lucruri, când sunt osândite de lumină, sunt date la iveală; pentru că ceea ce scoate totul la iveală, este lumina.
		14. De aceea zice: Deșteaptă-te tu, care dormi, scoală-te din morți, și Hristos te va lumina.
			4. **Lumina dă la iveală faptele întunericului**
			  a. Îndemnul: Să nu aveți părtășie cu întunerecul
			  b. Motivul: Este o rușine chiar și numai a vorbi despre lucrurile făcute în ascuns
			5. **Lumina descoperă și transformă tot ce atinge**
			
			6. **Lumina îi trezește pe cei ce dorm**
			  a. Îndemnul: Treziți-vă din morți
			  b. Cum: Prin Cristos

1. **Lumina, nu întunericul, este natura credinciosului** 2. **Lumina rodește roadele vieții—roada Duhului Sfânt**[SA1,2] 3. **Lumina descoperă ceea ce este potrivit, plăcut**	8. Odinioară erați întuneric; dar acum sunteți lumină în Domnul. Umblați deci ca niște copii ai luminii. 9. Căci roada luminii stă în orice bunătate, în neprihănire și în adevăr. 10. Cercetați ce este plăcut înaintea Domnului,		

SECȚIUNEA IV

UMBLAREA CREDINCIOSULUI CREȘTIN, 4:1-6:9

F. Credinciosul trebuie să umble ca un fiu al luminii, 5:8-14

(5:8-14) **Introducere**: există două feluri de umblare pe care oamenii le pot alege în viață. Este umblarea și viața în întuneric și viața și umblarea în lumină. Între cele două este o diferență enormă. De fapt, veșnicia omului depinde de viața și calea pe care o urmează.

1. Lumina, nu întunericul, este natura credinciosului (v.8).
2. Lumina rodește roadele vieții—roada Duhului Sfânt (v.9).
3. Lumina descoperă ceea ce este potrivit și plăcut (v.10).
4. Lumina dă la iveală faptele întunerecului (vv.11-12).
5. Lumina descoperă și transformă tot ce atinge (v.13).
6. Lumina îi trezește pe cei ce dorm (v.14).

1. (5:8) **Întuneric—Lumină—Natura credinciosului**: lumina, nu întunericul, este natura credincioșilor.

1. Înainte ca cineva să fie mântuit el nu este doar în întuneric, el este întuneric – însăși întruparea întunericului. Ce înseamnă acest lucru? Gândiți-vă un moment: un om care nu Îl cunoaște pe Dumnezeu este singur. El poate avea mulți oameni și prieteni în jurul său, dar ei —fiecare dintre— într-o zi va muri și nu va mai fi. De fapt, așa se va întâmpla și cu el, și va muri în întuneric—fără să Îl fi cunoscut pe Dumnezeu. Un om care nu îl cunoaște pe Dumnezeu este în întuneric:

⇒ El nu știe de unde a venit. Pentru el totul este rezultatul proceselor umane și naturale. Acesta este mersul lumii și calea oamenilor: ne-am născut și suntem aici. Omul este orb—în întuneric în legătură cu adevărul cu privire la locul de unde el și lumea lui își au originea.

⇒ El nu știe de ce este pe pământ—nu știe cu adevărat. El se trezește dimineața, își face treburile de fiecare zi, și se odihnește noaptea. Se trezește în următoarea dimineață și face din nou și din nou același lucru. Unde merge și de ce este aici—esența vieții—este un mister pentru el. Adevăratul scop și adevărata însemnătatea vieții nu îi sunt înțelese—nu cu adevărat. El trăiește în întuneric în legătură cu scopul lui pe pământ.

⇒ El nu știe unde merge—după moarte. Există cu adevărat un Dumnezeu, sau nu, există un cer sau nu? Cum poate el să știe și să fie sigur? El se află în întuneric cu privire la viitor, la ziua inevitabilă a morții și a eternității care vine atât de repede înspre fiecare dintre noi.

Asta înseamnă a fi în întuneric, a fi întruchiparea întunericului. Omul este înfășurat în întuneric: trecutul, prezentul și viitorul lui. Despărțit de Dumnezeu, niciun om nu cunoaște adevărul: niciun om nu știe de unde a venit, de ce se află el aici sau unde merge. Întreaga lui viață este umbrită și acoperită de întuneric. El nu umblă ca o lumină; el umblă ca un întuneric.

> **Dar dacă ochiul tău este rău, tot trupul tău va fi plin de întuneric. Așa că, dacă lumina care este în tine este întuneric, cât de mare trebuie să fie întunericul acesta! (Mat. 6:23)**
> **Lumina luminează în întuneric, și întunericul n-a biruit-o. (Ioan 1:5)**

EFESENI 5:8-14

Şi judecata aceasta stă în faptul că, odată venită Lumina în lume, oamenii au iubit mai mult întunericul decât lumina, pentru că faptele lor erau rele. (Ioan 3:19)

Noaptea aproape a trecut, se apropie ziua. Să ne dezbrăcăm dar de faptele întunericului, şi să ne îmbrăcăm cu armele luminii. (Rom. 13:12)

Dar voi, fraţilor, nu sunteţi în întuneric, pentru ca ziua aceea să vă prindă ca un hoţ. (1 Tes. 5:4)

2. Totuşi, adevărul este glorios: credinciosul a fost întuneric, *dar acum* el este lumină *în Domnul*. Isus Cristos a a spus: "Eu sunt lumina lumii; cine Mă urmează pe Mine, nu va umbla în întuneric, ci va avea lumina vieţii" (Ioan 8:12). Isus Cristos aduce lumină în viaţă. El ne arată adevărul vieţii, adevărul lui Dumnezeu, al creaţiei, al morţii şi al destinului. El ne arată...

- începutul şi originea tuturor lucrurilor
- scopul, însemnătatea şi semnificaţia tutor lucrurilor
- adevărul morţii şi a veşniciei

Dar observaţi: Isus Cristos nu ne-a arătat doar lumina; El ne-a făcut lumină. El a schimbat natura din întuneric în lumină. Lumina vieţii a fost implantată în natura noastră. Acum noi suntem întruparea luminii; vom trăi veşnic. Noi suntem lumina Dumnezeului veşnic în mijlocul unei lumi întunecate. De aceea, noi trebuie să umblăm ca şi copii ai luminii (vezi schiţa şi comentariul, *Lumina*—Mat.5:14; STUDIU APROFUNDAT # 3—Ioan.1:5; comentariul—1:9; STUDIU APROFUNDAT #1—8:12; STUDIU APROFUNDAT # 5—12:35-36 pentru mai multe discuţii).

"Voi sunteţi lumina lumii. O cetate aşezată pe un munte, nu poate să rămână ascunsă. (Mat. 5:14)

Lumina luminează în întuneric, şi întunericul n-a biruit-o. (Ioan 1:5)

Odinioară eraţi întuneric; dar acum sunteţi lumină în Domnul. Umblaţi deci ca nişte copii ai luminii. (Efes. 5:8)

Ca să fiţi fără prihană şi curaţi, copii ai lui Dumnezeu, fără vină, în mijlocul unui neam ticălos şi stricat, în care străluciţi ca nişte lumini în lume. (Filip. 2:15)

El ne-a izbăvit de sub puterea întunericului şi ne-a strămutat în împărăţia Fiului dragostei Lui. (Col. 1:13)

Voi toţi sunteţi fii ai luminii şi fii ai zilei. Noi nu suntem ai nopţii, nici ai întunericului. (1 Tes. 5:5)

2. (5:9) **Roada Duhului Sfânt**: lumina aduce ca roadă lucruri bune, roada Duhului. (Vezi comentariul, *Duhul Sfânt, Roadă*—Gal.5:22-23 pentru mai multe discuţii.) O viaţă care luminează va rodi trei lucruri în mod special.
1. *Bunătate* (vezi comentariul, *Bunătate*—Gal.5:22-23 pentru discuţii).
2. *Neprihănire:* (vezi STUDIU APROFUNDAT # 1, *Neprihănire*—Efes.5:9 pentru discuţii).
3. *Adevăr:* (vezi STUDIU APROFUNDAT # 2, *Adevăr*—Efes.5:9 pentru discuţii).

STUDIU APROFUNDAT # 1

(5:9) **Neprihănire** (dikaiosune): înseamnă două lucruri simple dar profunde. Înseamnă atât *a fi bun cât şi a face binele.* (vezi STUDIU APROFUNDAT # 5, *Neprihănire*—Mat.5:6 pentru mai multe discuţii.)

1. Există oameni care pun accentul pe *a fi neprihănit şi neglijează practicarea neprihăniri.* Asta conduce la două erori grave.

    a. Siguranţa falsă. Îl face pe om să creadă că este mântuit şi primit înaintea lui Dumnezeu pentru că *a crezut* în Isus Cristos. Dar el neglijează facerea binelui şi trăirea aşa cum ar trebui să fie. El neglijează ascultarea lui Dumnezeu şi slujirea altora.

    b. Trăirea libertină. Îi dă voie omului să meargă şi să facă tot ce doreşte. El se simte în siguranţă şi sigur de *credinţa lui în Cristos.* El ştie că ceea ce face poate să îi afecteze părtăşia cu Dumnezeu şi cu alţi credincioşi, dar el crede că acest comportament al lui nu îi va afecta mântuirea. El crede că orice ar face, tot este primit de Dumnezeu.

        Problema care apar în situaţia prezentată mai sus este o neprihănire falsă. Neprihănirea în Biblie înseamnă a fi neprihănit, dar în acelaşi timp înseamnă *a face nerprihănirea, a practica neprihănirea.* Biblia nu ştie nimic despre a fi neprihănit fără a practica neprihănirea.

2. Mai există alţi oameni care pun mare accent pe *faptele neprihănirii şi neglijează a fi neprihăniţi.* Şi acest lucru duce la două erori grave.

    a. La autoneprihănire şi legalism. Îl face un om să accentueze faptul că este mântuit şi primit de Dumnezeu datorită faptelor sale bune. El lucrează şi se poartă într-un mod moral şi respectă anumite legi şi reguli. El face lucrurile pe care un credincios ar trebui să le facă ascultând de legile lui Dumnezeu. Dar el neglijează legea de bază: legea dragostei şi a acceptării—că Dumnezeu nu îl iubeşte şi îl acceptă pentru că el face binele, ci pentru că el se încrede în neprihănirea lui Cristos și îl iubește pe El (vezi STUDIU APROFUNDAT # 5—Mat.5:6).

b. La a-i judeca pe alții și a le căuta greșeli. Un om care accentuează că este neprihănit (primit de Dumnezeu) pentru că ține anumite reguli deseori îi judecă pe alții și le caută greșeli altora. El simte că legile și regulile pot fi ținute, *el* le ține. De aceea, oricine nu le ține este judecat, criticat și cenzurat.

Problema aici este că și aceasta este o neprihănire falsă. Din nou, neprihănirea din Biblie înseamnă atât *a fi neprihănit cât și a face fapte vrednice de neprihănire.* Biblia nu știe nimic despre acceptarea lui Dumnezeu fără *a fi făcut neprihănit în Isus Cristos* (vezi STUDIU APROFUNDAT # 5—Mat.5:6; comentariul—Rom.5:1 pentru mai multe discuții, vezi 2 Cor.5:21).

> Căci vă spun că, dacă neprihănirea voastră nu va întrece neprihănirea cărturarilor și a Fariseilor, cu nici un chip nu veți intra în Împărăția cerurilor. (Mat. 5:20)
> Veniți-vă în fire, cum se cuvine, și nu păcătuiți! Căci sunt între voi unii, care nu cunosc pe Dumnezeu: spre rușinea voastră o spun. (1 Cor. 15:34)
> Pe Cel ce n-a cunoscut nici un păcat, El L-a făcut păcat pentru noi, ca noi să fim neprihănirea lui Dumnezeu în El. (2 Cor. 5:21)
> Stați gata dar, având mijlocul încins cu adevărul, îmbrăcați cu platoșa neprihănirii. (Efes. 6:14)
> Plini de roada neprihănirii, prin Isus Hristos, spre slava și lauda lui Dumnezeu. (Filip. 1:11)
> Iar tu, om al lui Dumnezeu, fugi de aceste lucruri, și caută neprihănirea, evlavia, credința, dragostea, răbdarea, blândețea. (1 Tim. 6:11)
> Și ne învață s-o rupem cu păgânătatea și cu poftele lumești, și să trăim în veacul de acum cu cumpătare, dreptate și evlavie, și ne învață s-o rupem cu păgânătatea și cu poftele lumești, și să trăim în veacul de acum cu cumpătare, dreptate și evlavie. (Tit 2:12-13)

STUDIU APROFUNDAT # 2

(5:9) Adevărul (aletheia): adevărul moral, adevărul salvator, adevărul care lucrează, adevărul viu. Nu este ceva ce trebuie doar *să cunoaștem;* este ceva ce trebuie *să facem.* (Ioan.8:31). Este cunoașterea și experimentarea adevăratei realități în contrast cu realitatea falsă. Este adevărul "din lăuntru" (vezi Ps.51:6; Efes.5:9). Este diametral opus ipocriziei. Nu permite compromisul cu răul (1 Tes.5:22). Este păzirea adevărului în fiecare aspect al lui: crezându-l, adorându-l, respectându-l, vorbindu-l, făcându-l, sperându-l și bucurându-ne în el. Un astfel de comportament în adevăr îl eliberează pe om de toate legăturile și de piedicile vieții. (vezi comentariul—Ioan 1:9; STUDIU APROFUNDAT # 2—14:6.)

> Isus le-a răspuns: Învățătura Mea nu este a Mea, ci a Celui ce M-a trimis pe Mine. Dacă vrea cineva să facă voia Lui, va ajunge să cunoască dacă învățătura este de la Dumnezeu, sau dacă Eu vorbesc de la Mine. (Ioan 7:16-17)
> Și să-L cunosc pe El și puterea învierii Lui și părtășia suferințelor Lui, și să mă fac asemenea cu moartea Lui. (Filip. 3:10)
> Pentru ca astfel să vă purtați într-un chip vrednic de Domnul, ca să-I fiți plăcuți în orice lucru: aducând roade în tot felul de fapte bune, și crescând în cunoștința lui Dumnezeu. (Col. 1:10)
> Să cunoaștem, să căutăm să cunoaștem pe Domnul! Căci El se ivește ca zorile dimineții, și va veni la noi ca o ploaie, ca ploaia de primăvară, care udă pământul!" (Osea 6:3)

Cuvântul lui Dumnezeu este adevărul (Ioan.17:17), iar Isus Cristos a spus că El este adevărul (Ioan.14:6). Dacă facem distincția între cele două, Cuvântul lui Dumnezeu este Cuvântul sau Adevărul Scris, iar Isus Cristos este Adevărul Viu sau Cuvântul Viu.

1. Adevărul îl eliberează pe om de umbra îndoielii și a disperării. Omul nu mai trebuie să se chinuie să cunoască adevărul, fie că este vorba de adevărul lui Dumnezeu sau de adevărul acestei lumi. Isus Cristos a descoperit adevărul: natura, însemnătatea și destinul tuturor lucrurilor.

> Lumina aceasta era adevărata Lumină, care luminează pe orice om, venind în lume. Și Cuvântul S-a făcut trup, și a locuit printre noi, plin de har, și de adevăr. Și noi am privit slava Lui, o slavă întocmai ca slava singurului născut din Tatăl. (Ioan 1:9,14)
> Căci Domnul este Duhul; și unde este Duhul Domnului, acolo este slobozenia. (2 Cor. 3:17)

2. Adevărul îl eliberează pe om de robia păcatului. Omul nu mai trebuie să caute puterea pentru a învinge; nici nu mai trebuie să se lupte sub greutatea vinei. Căutarea după eliberare și după puterea de a birui, după succes în viață, acum s-a sfârșit. Toate pot fi găsite în Isus Cristos. (vezi Rom.6:1. Vezi comentariul—Rom.8:28-39.)

Dar tuturor celor ce L-au primit, adică celor ce cred în Numele Lui, le-a dat dreptul să se facă copii ai lui Dumnezeu. (Ioan 1:12)

Isus i-a zis: Eu sunt calea, adevărul și viața. Nimeni nu vine la Tatăl decât prin Mine. (Ioan 14:6)

Dar văd în mădularele mele o altă lege, care se luptă împotriva legii primite de mintea mea, și mă ține rob legii păcatului, care este în mădularele mele. O, nenorocitul de mine! Cine mă va izbăvi de acest trup de moarte?Mulțumiri fie aduse lui Dumnezeu, prin Isus Hristos, Domnul nostru! Astfel dar, cu mintea, eu slujesc legii lui Dumnezeu; dar cu firea pământească, slujesc legii păcatului. (Rom. 7:23-25)

Și umblarea după lucrurile firii pământești, este moarte, pe când umblarea după lucrurile Duhului este viață și pace. Și voi n-ați primit un duh de robie, ca să mai aveți frică; ci ați primit un duh de înfiere, care ne face să strigăm: Ava! adică: Tată!" (Rom. 8:6, 15)

3. Adevărul îl eliberează pe om din robia morții. Omul nu mai trebuie să aibă teamă de moarte. Prin moartea și învierea lui Isus Cristos, moartea a fost biruită. Și în moartea și învierea Lui, omul acum are cea mai glorioasă dintre speranțe: acum el poate trăi veșnic (Evrei.2:14-15).

Adevărat, adevărat vă spun, că cine ascultă cuvintele Mele, și crede în Cel ce M-a trimis, are viața veșnică, și nu vine la judecată, ci a trecut din moarte la viață. Adevărat, adevărat vă spun, că vine ceasul, și acum a și venit, când cei morți vor auzi glasul Fiului lui Dumnezeu, și cei ce-l vor asculta, vor învia. Căci, după cum Tatăl are viața în Sine, tot așa a dat și Fiului să aibă viața în Sine. Și I-a dat putere să judece, întrucât este Fiu al omului. Nu vă mirați de lucrul acesta; pentru că vine ceasul când toți cei din morminte vor auzi glasul Lui, și vor ieși afară din ele. Cei ce au făcut binele, vor învia pentru viață; iar cei ce au făcut răul, vor învia pentru judecată. (Ioan 5:24-29)

În adevăr, legea Duhului de viață în Hristos Isus, m-a izbăvit de Legea păcatului și a morții. (Rom. 8:2)

Astfel dar, deoarece copiii sunt părtași sângelui și cărnii, tot așa și El însuși a fost deopotrivă părtaș la ele, pentru ca, prin moarte, să nimicească pe cel ce are puterea morții, adică pe diavolul, și să izbăvească pe toți aceia, care prin frica morții erau supuși robiei toată viața lor. (Evrei 2:14-15)

4. Adevărul îl eliberează pe om de robia judecății și a iadului. De întunericul unui viitor necunoscut și de teama unei judecăți care urmează să vină. În cel mai bun caz, omul poate spera la anihilarea completă o dată cu moartea, și se se înfioară la acest gând. Iar în cel mai rău caz, el se poate aștepta la tortură din partea zeilor, și tremură gândindu-se la această posibilitate. Dar Isus Cristos a descoperit adevărul. El Însuși a purtat judecata și pedeapsa judecății pentru om.

Fiindcă atât de mult a iubit Dumnezeu lumea, că a dat pe singurul Lui Fiu, pentru ca oricine crede în El, să nu piară, ci să aibă viața veșnică. (Ioan 3:16)

Căci, pe când eram noi încă fără putere, Hristos, la vremea cuvenită a murit pentru cei nelegiuiți. Dar Dumnezeu Își arată dragostea față de noi prin faptul că, pe când eram noi încă păcătoși, Hristos a murit pentru noi. Deci, cu atât mai mult acum, când suntem socotiți neprihăniți, prin sângele Lui, vom fi mântuiți prin El de mânia lui Dumnezeu. (Rom. 5:6, 8-9)

El a purtat păcatele noastre în trupul Său, pe lemn, pentru ca noi, fiind morți față de păcate, să trăim pentru neprihănire; prin rănile Lui ați fost vindecați. (1 Pet. 2:24)

Hristos, de asemenea, a suferit odată pentru păcate, El, Cel neprihănit, pentru cei nelegiuiți, ca să ne aducă la Dumnezeu. El a fost omorât în trup, dar a fost înviat în duh. (1 Pet. 3:18)

5. Adevărul îl eliberează pe om pentru a putea fi mântuit în întregime. Existența, dragostea, pacea, bucuria, satisfacerea, plăcerea, speranța— nimic nu mai trebuie să fie incomplet. Niciun lucru nu mai trebuie să îi fie refuzat omului. Isus Cristos, Adevărul, poate salva omul—complet, perfect, în totalitate, și pentru veșnicie. Tot ce trebuie să facă un om este să vină la Cristos pentru mântuire, pentru că el trăiește veșnic ca mijlocitor pentru fiecare om.

De aceea și poate să mântuiască în chip desăvârșit pe cei ce se apropie de Dumnezeu prin El, pentru că trăiește pururea ca să mijlocească pentru ei. (Evrei 7:25)

Roada Duhului, dimpotrivă, este: dragostea, bucuria, pacea, îndelunga răbdare, bunătatea, facerea de bine, credincioșia, blândețea, înfrânarea poftelor. Împotriva acestor lucruri nu este lege. (Gal. 5:22-23)

Căci în El locuiește trupește toată plinătatea Dumnezeirii. Căci în El locuiește trupește toată plinătatea Dumnezeirii. (Col. 2:9-10)

3. (5:10) Lumina—Umblarea credinciosului: lumina dovedește anumite lucruri; arată ceea ce este plăcut, potrivit. Ce înseamnă acest lucru? În timp ce credinciosul umblă în lumină....

- el vede ce este și ce nu este plăcut lui Dumnezeu.
- el face diferența între ceea ce este plăcut și ceea ce nu este plăcut lui Dumnezeu.
- el arată lumii ceea ce este plăcut și ceea ce nu este plăcut lui Dumnezeu.
- el arată care cărare trebuie urmată și care nu trebuie urmată.
- el arată ceea ce un om ar trebui și ceea ce nu ar trebui să facă.

Meditația 1. Tot ceea ce face credinciosul trebuie să fie "pentru Domnul"; adică, el trebuie să își concentreze atenția și energia asupra a-i face pe plac lui Dumnezeu. El trebuie să se străduiască și să dorească să Îi facă pe plac lui Dumnezeu. El trebuie să se lupte să își țină firea sub control și să își controleze purtarea pentru a-i aduce bucurie Domnului. De ce? Pentru că Dumnezeu l-a iubit și S-a dat pe Sine pentru credincios; de aceea, credinciosul trebuie să iubească și să se dea pe sine pentru a-i aduce bucurie Domnului.

> **Cercetați ce este plăcut înaintea Domnului. (Efes. 5:10)**
>
> **Încolo, fraților, fiindcă ați învățat de la noi cum să vă purtați și să fiți plăcuți lui Dumnezeu, și așa și faceți, vă rugăm, și vă îndemnăm în Numele Domnului Isus, să sporiți tot mai mult în privința aceasta. (1 Tes. 4:1)**
>
> **Ci cercetați toate lucrurile, și păstrați ce este bun. (1 Tes. 5:21)**
>
> **Prin credință a fost mutat Enoh de pe pământ, ca să nu vadă moartea. Și n-a mai fost găsit, pentru că Dumnezeu îl mutase. Căci înainte de mutarea lui, primise mărturia că este plăcut lui Dumnezeu. (Evrei 11:5)**
>
> **Și să nu dați uitării binefacerea și dărnicia; căci lui Dumnezeu jertfe ca acestea Îi plac. (Evrei 13:16)**
>
> **Preaiubiților, să nu dați crezare oricărui duh; ci să cercetați duhurile, dacă sunt de la Dumnezeu; căci în lume au ieșit mulți prooroci mincinoși. (1 Ioan 4:1)**

4. (5:11-12) **Întuneric—Lumină—Umblarea credinciosului**: lumina dă la iveală faptele întunerecului.

1. Îndemnul este clar și dur: credincioșii nu trebuie să aibă vreo legătură cu faptele întunericului. Observați că faptele întunericului sunt...

- întunecate: îl lasă pe om să se chinuie în această lume, pierdut, fără să știe sau să vadă unde merge.
- fără roade: nu aduc roade care să dăinuie dincolo de lumea aceasta după ce moartea îl va lua pe om.

Roadele întunericului sunt faptele discutate în pasajul anterior (Efes.5:3-6) și faptele firii și a naturii păcătoase (Gal.5:19-21). Acestea duc la moarte; de aceea, credinciosul nu trebuie să aibă legături—nicio legătură—cu faptele întunericului.

> **Și, cu multe alte cuvinte, mărturisea, îi îndemna, și zicea: Mântuiți-vă din mijlocul acestui neam ticălos.(Fapte. 2:40)**
>
> **V-am scris în epistola mea să n-aveți nici o legătură cu curvarii. (1 Cor. 5:9)**
>
> **Nu vă înjugați la un jug nepotrivit cu cei necredincioși. Căci ce legătură este între neprihănire și fărădelege? Sau cum poate sta împreună lumina cu întunericul? De aceea: Ieșiți din mijlocul lor, și despărțiți-vă de ei, zice Domnul; nu vă atingeți de ce este necurat, și vă voi primi. Eu vă voi fi Tată, și voi Îmi veți fi fii și fiice, zice Domnul Cel Atotputernic. (2 Cor. 6:14, 17-18)**
>
> **Și nu luați deloc parte la lucrările neroditoare ale întunericului, ba încă mai degrabă osândiți-le. (Efes. 5:11)**
>
> **În Numele Domnului nostru Isus Hristos, vă poruncim, fraților, să vă depărtați de orice frate, care trăiește în neorânduială, și nu după învățăturile, pe care le-ați primit de la noi. (2 Tes. 3:6)**
>
> **Vestea, pe care am auzit-o de la El și pe care v-o propovăduim, este că Dumnezeu e lumină, și în El nu este întuneric. Vestea, pe care am auzit-o de la El și pe care v-o propovăduim, este că Dumnezeu e lumină, și în El nu este întuneric. (1 Ioan 1:5-6)**
>
> **Nu iubiți lumea, nici lucrurile din lume. Dacă iubește cineva lumea, dragostea Tatălui nu este în El. Căci tot ce este în lume: pofta firii pământești, pofta ochilor și lăudăroșia vieții, nu este de la Tatăl, ci din lume. (1 Ioan 2:15-16)**

2. Slujba credinciosului pe pământ este dură: el nu trebuie să aibă legături cu faptele întunericului; el trebuie să trăiască în așa de multă lumină încât viața sa să *dea la iveală* (elegcho, adică să mustre, să dezaprobe, să învinovățească) păcatele și de faptele săvârșite în întuneric de oameni.

EFESENI 5:8-14

Meditația 1. Păcatul nu trebuie luat ușor. Faptul că noi trebuie să îl demascăm este o dovadă clară. Slujba noastră este să reflectăm atât de multă lumină încât toate faptele întunericului din jurul nostru să fie demascate de ea. Țineți minte, când apare lumina, întunericul fuge de fiecare dată. Dar dacă lumina pleacă sau este stinsă, întunericul reapare.

> **Luați seama la voi înșivă! Dacă fratele tău păcătuiește împotriva ta, mustră-l! Și dacă-i pare rău, iartă-l! (Luca 17:3)**
> **Și nu luați deloc parte la lucrările neroditoare ale întunericului, ba încă mai degrabă osândiți-le. (Efes. 5:11)**
> **Pe femeile bătrâne, ca pe niște mame; pe cele tinere, ca pe niște surori, cu toată curăția. (1 Tim. 5:2)**
> **Propovăduiește Cuvântul, stăruie asupra lui la timp și ne la timp, mustră, ceartă, îndeamnă cu toată blândețea și învățătura. (2 Tim. 4:2)**

3. Motivul pentru care noi nu trebuie să avem legături cu faptele făcute în întuneric ale lumii acesteia este următorul: este rușinos și să vorbim despre faptele pe care ei le fac în întuneric. Ce dur! Noi nici nu trebuie să vorbim despre fapte din întuneric! Noi nu trebuie să luăm parte la conversații despre faptele întunecate ale lumii acesteia (vezi comentariul—Efes.5:8; Ioan.3:18-20; STUDIU APROFUNDAT #2—8:12).

> **Felul vostru de vorbire să fie: Da, da; nu, nu; ce trece peste aceste cuvinte, vine de la cel rău. (Mat. 5:37)**
> **Vorbirea voastră să fie totdeauna cu har, dreasă cu sare, ca să știți cum trebuie să răspundeți fiecăruia. (Col. 4:6)**
> **Dreptarul învățăturilor sănătoase, pe care le-ai auzit de la mine, ține-l cu credința și dragostea care este în Hristos Isus. (2 Tim. 1:13)**
> **De vorbire sănătoasă și fără cusur, ca potrivnicul să rămână de rușine, și să nu poată să spună nimic rău de noi. (Tit 2:8)**

5. (5:13)**Transformare—Lumină—Umblarea credinciosului**: lumina descoperă și transformă tot ce atinge. Observați două lucruri.

1. Când lumina atinge ceva, acel lucru devine luminos. Acest lucru este luminat și într-o oarecare măsură acel obiect reflectă lumina. Este convertit și schimbat. Când lumina lui Isus Cristos atinge viața unui om aflat în întuneric, acea viață este schimbată: devine lumină. Întunericul este dat la o parte, eliminat. Observați încă un lucru: acea persoană începe să atingă viețile celor din jurul lui care sunt în întuneric.

2. Atâta timp cât răul este făcut în întuneric, acesta crește, dar când este adus la lumină, scos din colțurile întunecate, el moare. Când un om vine la Cristos, faptele lui întunecate sunt expuse în toată răutatea lor, în toată murdăria lor, în toată stricăciunea lor. Noi trebuie să ținem minte întotdeauna, că acesta este unul dintre motivele pentru care mulți refuză să Îl primească pe Cristos. Ei preferă faptele lor întunecate (Ioan 3:20). Dar când un om vine la Cristos și părăsește păcatele lui întunecate, el devine "lumină în Domnul" (Efes.5:8). El este transformat de Cristos. William Barclay spune că acest lucru se poate vedea în razele *vindecătoare* ale soarelui. Lumina lui Isus Cristos este la fel ca razele soarelui. Lumina lui Isus Cristos nu doar luminează și descoperă, ea deasemenea curățește. Lumina lui Isus Cristos nu este doar ceva care descoperă și care condamnă, este deasemenea și vindecător. (*Scrisorile sătre Galateni și Efeseni*, p.195f.)

6. (5:14) **Somn spiritual—Moarte spirituală— Trasnformare spirituală**: lumina îi trezește pe cei adormiți, pe cei care sunt morți din punct de vedere spiritual. Cei mai mulți oameni din lume sunt ca niște oameni adormiți când vine vorba de a umbla în lumina lui Dumnezeu. Ei trăiesc în întunericul somnului spiritual și al morții spirituale—chiar și în graba lor spre ziua inevitabilă a întunericului și a morții veșnice. Observați un fapt foarte trist: acest pasaj le este scris credincioșilor. Prea mulți dintre cei care spun că sunt credincioși trec prin viață la fel ca cei necredincioși: adormiți—trăind în întunericul spiritual al somnului spiritual și al morții—având părtășie și prea des participând în faptele întunerecului. Ei nu știu și sunt ignoranți față de marea moștenire și de promisiunea pe care Dumnezeu ne-a dat-o în Isus Cristos. (vezi comentariul, *Moarte*—Efes.2:1 pentru mai multe discuții.)

> **Și aceasta cu atât mai mult, cu cât știți în ce împrejurări ne aflăm: este ceasul să vă treziți în sfârșit din somn; căci acum mântuirea este mai aproape de noi decât atunci când am crezut. (Rom. 13:11)**
> **Veniți-vă în fire, cum se cuvine, și nu păcătuiți! Căci sunt între voi unii, care nu cunosc pe Dumnezeu: spre rușinea voastră o spun. (1 Cor. 15:34)**
> **De aceea zice: Deșteaptă-te tu, care dormi, scoală-te din morți, și Hristos te va lumina." (Efes. 5:14)**

EFESENI 5:8-14

Meditația 1. Observați că singura Sursă pentru trezirea spririituală din somnul spiritual și din moartea spirituală este Isus Cristos și doar El.

> În El era viața, și viața era lumina oamenilor. (Ioan 1:4)
> Isus le-a vorbit din nou, și a zis: Eu sunt Lumina lumii; cine Mă urmează pe Mine, nu va umbla în întuneric, ci va avea lumina vieții. (Ioan 8:12)
> Isus le-a zis: Lumina mai este puțină vreme în mijlocul vostru. Umblați ca unii care aveți lumina, ca să nu vă cuprindă întunericul: cine umblă în întuneric, nu știe unde merge. (Ioan 12:35)
> Eu am venit ca să fiu o lumină în lume, pentru ca oricine crede în Mine, să nu rămână în întuneric. (Ioan 12:46)
> Căci Dumnezeu, care a zis: Să lumineze lumina din întuneric, ne-a luminat inimile, pentru ca să facem să strălucească lumina cunoștinței slavei lui Dumnezeu pe fața lui Isus Hristos. (2 Cor. 4:6)
> Totuși vă scriu o poruncă nouă, lucru care este adevărat atât cu privire la El, cât și cu privire la voi; căci întunericul se împrăștie, și lumina adevărată și răsare chiar. (1 Ioan 2:8)

	G. Credinciosul trebuie să umble cu atenție și cu strictețe, 5:15-21	18. Nu vă îmbătați de vin, aceasta este destrăbălare. Dimpotrivă, fiți plini de Duh.	4. Refuzând bețiile 5. Fiind plin de Duh
1. Umblând cu băgare de seamă și fiind atent la fiecare pas	15. Luați seama deci să umblați cu băgare de seamă, nu ca niște neînțelepți, ci ca niște înțelepți.	19. Vorbiți între voi cu psalmi, cu cântări de laudă și cu cântări duhovnicești, și cântați și aduceți din toată inima laudă Domnului.	a. Un duh de cântare
2. Răscumpărând vremea și profitând de fiecare oportunitate	16. Răscumpărați vremea, căci zilele sunt rele.	20. Mulțumiți totdeauna lui Dumnezeu Tatăl, pentru toate lucrurile, în Numele Domnului nostru Isus Hristos.	b. Un duh de mulțumire și de rugăciune
3. Înțelegând voia lui Dumnezeu	17. De aceea nu fiți nepricepuți, ci înțelegeți care este voia Domnului.	21. Supuneți-vă unii altora în frica lui Hristos.	c. Un duh de supunere și de respect

SECȚIUNEA IV

UMBLAREA CREDINCIOSULUI CREȘTIN, 4:1-6:9

G. CREDINCIOSUL TREBUIE SĂ UMBLE CU ATENȚIE ȘI CU STRICTEȚE, 5:15-21

(5:15-21) **Introducere**: felul în care credinciosul umblă în fiecare zi este crucial pentru cauza lui Cristos și pentru binele societății. EL contribuie fie la zidirea societății,fie la dărâmarea ei. El ori duce în lume mesajul vieții, ori duce mesajul tăcerii și al morții. Din acest motiv, este important ca un credincios să umble cu atenție și cu strictețe în viață.

1. Umblând cu băgare de seamă, fiind atent la fiecare pas (v.15).
2. Răscumpărând vremea (v.16).
3. Înțelegând voia lui Dumnezeu (v.17).
4. Refuzând bețiile (v.18).
5. Fiind plin de Duh (vv.18-21).

1. (5:15) **Umblarea credinciosului**: umblați cu atenție și cu strictețe, fiind atenți la fiecare pas. Viața este o umblare, o cărare pe care mergem în fiecare zi. Când ne trezim dimineața, începem să umblăm pe ea. Dumnezeu se așteaptă de la noi să umblăm cu mare grijă (akribos), adică fiind atenți și umblând corect—exact așa cum ar trebui să umblăm. Observați: sunt două tipuri de oameni care umblă prin viață.

1. Omul neînțelept: adică un om care nu gândește, care nu este atent, care nu este simțitor, fără griji, care are o minte lumească.

Neînțeleptul este omul care nu se gândește prea mult la locurile unde ar trebui să meargă și la cele unde nu ar trebui să meargă. El se trezește dimineața și merge la serviciu sau la rutina lui zilnică fără să se gândească la Dumnezeu sau la ceea ce se va întâmpla dincolo de viața aceasta. Dacă face vreo greșeală pe ici pe colo, asta nu contează așa de mult pentru el. Pentru el greșelile sunt ceva normal care fac parte din viața fiecăruia.

El crede că va fi primit de orice Dumnezeu ar exista, dacă trăiește o viață..

- cât de cât decentă, onorabilă și folositoare
- prin care își plătește datoriile către Dumnezeu din când în când

Omul cel neînțelept nu are grijă la fiecare pas pe care îl face, fiind atent la orice ispită ar putea apărea și la orice capcană a vieții. Lui nu îi pasă de lupta vieții și de strictețea cu care ar trebui trăită. A trăi o viață exactă, strictă, grijulie, disciplinată și controlată reprezintă un lucru important pentru el.

2. Omul înțelept: omul care gândește, care are grijă cum trăiește, căruia îi pasă, care are o minte spirituală. Acesta este omul care are o misiune de îndeplinit. El Îl cunoaște pe Dumnezeu în mod personal, și el știe că scopul pentru care el se află pe pământ este acela de a trăi o viață sfântă și plăcută și pentru a fi o mărturie pentru Domnul Isus Cristos. De aceea, el când se trezește dimineața și merge la lucru sau la treburile lui, el umblă în prezența și în slava lui Dumnezeu. Gândurile lui sunt ațintite asupra lui Dumnezeu pe parcursul întregii zile. Greșelile pentru el contează. Totul contează—discuțiile despre...

- păcatele omului
- înjurături
- crime
- glume proaste
- obezitate
- divoț

EFESENI 5:15-21

- imoralitate
- beţie
- război
- foamete
- ruşine
- răutate

- suferinţă
- droguri
- egoism
- lupta pentru putere
- neglijenţă
- ură

Omul înţelept nu doar că are grijă la fiecare pas din viaţă, ci el se luptă să fie atent la fiecare pas—să se asigure că merge prin viaţă exact aşa cum trebuie, cu stricteţe, cu disciplină şi autocontrol. El ştie că singururl răspuns pentru răutatea şi problemele vieţii este Isus Cristos şi neprihănirea lui.

> **Zic dar: umblaţi cârmuiţi de Duhul, şi nu împliniţi poftele firii pământeşti. (Gal. 5:16)**
> **Vă sfătuiesc dar eu, cel întemniţat pentru Domnul, să vă purtaţi într-un chip vrednic de chemarea, pe care aţi primit-o, (Efes. 4:1)**
> **Luaţi seama deci să umblaţi cu băgare de seamă, nu ca nişte neînţelepţi, ci ca nişte înţelepţi. (Efes. 5:15)**
> **Astfel dar, după cum aţi primit pe Hristos Isus, Domnul, aşa să şi umblaţi în El, (Col. 2:6)**
> **Dar dacă umblăm în lumină, după cum El însuşi este în lumină, avem părtăşie unii cu alţii; şi sângele lui Isus Hristos, Fiul Lui, ne curăţă de orice păcat. (1 Ioan 1:7)**
> **Cine zice că rămâne în El, trebuie să trăiască şi el cum a trăit Isus. (1 Ioan 2:6)**

2. (5:16) **Timp—Oportunităţi**: umblaţi cu atenţie şi cu stricteţe, răscumpărând vremea. Ideea nu este aceea de *a cumpăra* timp. Timpul este cadoul lui Dumnezeu; omul are timp. Ceea ce trebuie să facă el este să folosească acest timp pentru a cumpăra lucruri de valoare. Asta presupune două lucruri.

1. Omul trebuie să îşi folosească timpul cu înţelepciune; nu trebuie să risipească timpul. Timpul este un dar de la Dumnezeu. Omul nu trebuie să câştige timp, sau să *cumpere* timp; el deja are timp. Când se naşte un om în lume, el se naşte în timp. Timpul există—este aici cu sau fără prezenţa noastră. Noi nu trebuie să facem nimic ca să îl răscumpărăm. Ceea ce trebuie să facem este să folosim timpul—să îl folosim cu înţelepciune—să îl folosim *ca să facem* tot ce putem mai bine.

Meditaţia 1. Alegerea este a noastră. Putem risipi ore în şir cu activităţi şi conversaţii care sunt de o valoare neînsemnată, sau chiar fără vreo valoare; sau putem să îl folosim cu înţelepciune, ocupându-ne minţile şi mâinile cu...

- profesia şi lucrul nostru, contribuind la binele societăţii.
- închinarea noastră şi cu slujirea lui Cristos—întreaga zi—alăturându-ne altora din biserica lui Cristos în mărturisirea evangheliei la cei pierduţi şi nevoiaşi din oraşele şi comunităţile noastre.
- cu ajutarea la împlinirea nevoilor unei lumi care se cufundă sub povara mulţimilor de oameni înrobiţi de păcat, suferinţă şi moarte.

2. Un om trebuie să îşi folosească timpul şi să profite cât mai mult de fiecare ocazie care se iveşte în fiecare zi. Şi asta înseamnă a răscumpăra timpul. Credinciosul trebuie să răscumpere ocaziile...

- de a trăi o viaţă sfântă.
- de a-L mărturisi şi de a-L împărtăşi pe Cristos.
- de a-şi face slujba cu credincioşie.
- de a fi un exemplu de angajament şi disciplină la lucru, acasă şi la joacă.
- de a-I fi credincios lui Dumnezeu şi familiei sale.
- de a apăra neprihănirea şi pe Cristos.
- de a se ruga în loc să dea voie timpului să se risipească (vezi schiţa şi STUDIU APROFUNDAT # 1, *Rugăciune*—Mat.6:9-13; observaţi—Efes.3:14-21 pentru ce ar trebui să ne rugăm în fiecare zi. Dacă un credincios îşi ia angajamentul de a se ruga în fiecare zi aşa cum s-au rugat Cristos şi Pavel, atunci el va descoperi că nu are timp de pierdut.)

Observaţi de ce trebuie noi să răscumpărăm vremea: pentru că zilele sunt rele. Se referă la tot răul cu care se confruntă credinciosul în umblarea lui de fiecare zi—este vorba de atât de mult rău, încât trebuie să fie mereu în alertă ca să nu cadă. El trebuie să vegheze ca să poată trăi o viaţă neprihănită şi să aibă o mărturie bună pentru Cristos. Răul poate varia de la tentaţii uşoare la persecuţii, de la probleme financiare minore la crize economice mondiale, de la o problemă minoră în familie la război. Răul din lume este mereu înaintea noastră—fie el mic sau mare. Slujba credinciosului este de a răscumpăra timpul—de a profita cât mai bine de timpul pe care îl are. Ocazia va trece în curând pentru că zilele sunt rele.

⇒ Ocazia de a împărtăşi altora va trece.
⇒ Ocazia de a arăta credincioşie va trece.
⇒ Ocazia de a vorbi va trece.
⇒ Ocazia de a iubi va trece.
⇒ Ocazia de a sluji va trece.
⇒ Ocazia de a munci din greu va trece.
⇒ Ocazia de a te ruga va trece.
⇒ Ocazia de a dărui va trece.

Meditaţia 1. Câţi dintre noi irosim timpul? Atât de mult timp este irosit de către atât de mulţi...
• prin lipsa de eficienţă.
• înaintea televizorului.
• Prin lipsa de sârguinţă la servici.
• prin activităţi nefolositoare desfăşurate la sfârşit de săptămână.
• prin lecturi.
• în restaurante.
• în serile petrecute acasă.

Fiecare dintre noi trebuie să petrecem un moment gândindu-ne unde irosim atât de mult timp şi să corectăm asta. Mai mult decât oricând trebuie să ne dedicăm ca să aducem o contribuţie semnificativă în societatea noastră şi în slujba noastră, în biserica noastră şi în comunitatea noastră, să trăim o viaţă neprihănită şi bună, mărturisind şi ajutând o lume de oameni care este descurajată, singură şi flămândă—toţi pierduţi în păcat—cu toţii lipsiţi de cunoştinţa lui Cristos şi a vieţii veşnice. Cea mai actuală chemare pentru fiecare, este de a răscumpăra vremea, de a profita de fiecare ocazie.

> **Iată ce vreau să spun, fraţilor: de acum vremea s-a scurtat. Spun lucrul acesta, pentru ca cei ce au neveste, să fie ca şi cum n-ar avea; cei ce plâng, ca şi cum n-ar plânge; cei ce se bucură ca şi cum nu s-ar bucura; cei ce cumpără, ca şi cum n-ar stăpâni; cei ce se folosesc de lumea aceasta, ca şi cum nu s-ar folosi de ea; căci chipul lumii acesteia trece. (1 Cor. 7:29-31)**
> **Noi răsturnăm izvodirile minţii şi orice înălţime, care se ridică împotriva cunoştinţei lui Dumnezeu; şi orice gând îl facem rob ascultării de Hristos. (2 Cor. 10:5)**
> **Încolo, fraţii mei, tot ce este adevărat, tot ce este vrednic de cinste, tot ce este drept, tot ce este curat, tot ce este vrednic de iubit, tot ce este vrednic de primit, orice faptă bună, şi orice laudă, aceea să vă însufleţească. (Filip. 4:8)**
> **Luaţi seama deci să umblaţi cu băgare de seamă, nu ca nişte neînţelepţi, ci ca nişte înţelepţi. Răscumpăraţi vremea, căci zilele sunt rele. (Efes. 5:15-16)**
> **Purtaţi-vă cu înţelepciune faţă de cei de afară; răscumpăraţi vremea. (Col. 4:5)**
> **Învaţă-ne să ne numărăm bine zilele, ca să căpătăm o inimă înţeleaptă! (Ps. 90:12)**
> **Dar adu-ţi aminte de Făcătorul tău în zilele tinereţii tale, până nu vin zilele cele rele şi până nu se apropie anii, când vei zice: Nu găsesc nici o plăcere în ei; (Ecl. 12:1)**

3. (5:17) **Voia lui Isus Cristos— Umblarea credinciosului**: umblaţi cu grijă şi cu strictețe înţelegând voia lui Dumnezeu. Observaţi cum sunt descrişi, atât omul înţelept cât şi cel neînţelept, în acest verset.
⇒ Omul nepriceput este acela care nu înţelege voia lui Dumnezeu.
⇒ Omul înţelept este acela care înţelege voia lui Dumnezeu.

Cuvântul *pricepe* (suniemi) înseamnă a înţelege, a pătrunde, a vedea cu mintea, a percepe. Aşa cum s-a spus în versetul precedent, zilele sunt rele—pline cu tot felul de rele. Credinciosul trebuie să înţeleagă care este voia lui Dumnezeu ca să poată birui răul. Dacă el nu face asta, atunci este un nebun care se poartă fără înţelepciune. Cum poate şti un om care este voia lui Dumnezeu?
⇒ Cunoscând Cuvântul lui Dumnezeu—ştiindu-l atât de bine încât să îl poată aplica în situaţile cu care se confruntă în fiecare zi.

Şi a zis Iudeilor, care crezuseră în El: Dacă rămâneţi în cuvântul Meu, sunteţi în adevăr ucenicii Mei; veţi cunoaşte adevărul, şi adevărul vă va face slobozi. (Ioan 8:31-32)

Sfinţeşte-i prin adevărul Tău: Cuvântul Tău este adevărul. (Ioan 17:17)

Caută să te înfăţişezi înaintea lui Dumnezeu ca un om încercat, ca un lucrător care n-are de ce să-i fie ruşine, şi care împarte drept Cuvântul adevărului. (2 Tim. 2:15)

Toată Scriptura este insuflată de Dumnezeu şi de folos ca să înveţe, să mustre, să îndrepte, să dea înţelepciune în neprihănire. (2 Tim. 3:16)

Deci, ca unii care, prin ascultarea de adevăr, v-aţi curăţit sufletele prin Duhul, ca să aveţi o dragoste de fraţi neprefăcută, iubiţi-vă cu căldură unii pe alţii, din toată inima. (1 Pet. 1:22)

Vreau să fac voia Ta, Dumnezeule! Şi Legea Ta este în fundul inimii mele. (Ps. 40:8)

Cum îşi va ţinea tînărul curată cărarea? Îndreptîndu-se după Cuvîntul Tău. (Ps. 119:9)

Strîng Cuvîntul Tău în inima mea, ca să nu păcătuiesc împotriva Ta! (Ps. 119:11)

⇒ Fiind sensibil la călăuzirea Duhului Sfânt.

Dar Mângâietorul, adică Duhul Sfânt, pe care-L va trimite Tatăl, în Numele Meu, vă va învăţa toate lucrurile, şi vă va aduce aminte de tot ce v-am spus Eu. (Ioan 14:26)

Totuşi, vă spun adevărul: Vă este de folos să Mă duc; căci, dacă nu Mă duc Eu, Mângâietorul nu va veni la voi; dar dacă Mă duc, vi-L voi trimite. Şi când va veni El, va dovedi lumea vinovată în ce priveşte păcatul, neprihănirea şi judecata. (Ioan 16:7-8)

Când va veni Mângâietorul, Duhul adevărului, are să vă călăuzească în tot adevărul; căci El nu va vorbi de la El, ci va vorbi tot ce va fi auzit, şi vă va descoperi lucrurile viitoare. El Mă va proslăvi, pentru că va lua din ce este al Meu, şi vă va descoperi. (Ioan 16:13-14)

Pentru ca porunca Legii să fie împlinită în noi, care trăim nu după îndemnurile firii pământeşti, ci după îndemnurile Duhului. În adevăr, cei ce trăiesc după îndemnurile firii pământeşti, umblă după lucrurile firii pământeşti; pe când cei ce trăiesc după îndemnurile Duhului, umblă după lucrurile Duhului. (Rom. 8:4-5)

Dacă trăiţi după îndemnurile ei, veţi muri; dar dacă, prin Duhul, faceţi să moară faptele trupului, veţi trăi. Căci toţi cei ce sunt călăuziţi de Duhul lui Dumnezeu sunt fii ai lui Dumnezeu. (Rom. 8:13-14)

Învaţă-mă să fac voia Ta, căci Tu eşti Dumnezeul meu. Duhul Tău cel bun să mă călăuzească pe calea cea dreaptă! (Ps. 143:10)

4. (5:18) **Beţia**: umblaţi cu atenţie şi cu strricteţe şi nu vă îmbătaţi de vin. Beţia înseamnă a fi intoxicat de băutură sau de droguri (vezi Luca 21:34; Rom.13:13; Gal.5:21; vezi Prov.20:1; Isa.28:7; Ezec.23:32; 39:19). Cuvântul "destrăbălare" descrie un comportament exagerat. În greceşte înseamnă...

- distrugerea şi defrâul trupului.
- comportamentul necontrolat.
- răzvrătirea, comportamentul nebunesc, şi ieşit din comun.

Beţia este o faptă a firii (a naturii păcătoase) şi deseori conduce la alte fapte ale firii: petrecerile, comportamentul destrăbălat, îmbrăcămintea nepotrivită, expunerea trupului, gânduri sexuale, imoralitate, răutate sau comportament violent şi abuz fizic, impresii de aroganţă şi putere. Biblia spune câteva lucruri despre beţie.

1. Beţia îl exlude pe om din Împărăţia lui Dumnezeu.

Nici hoţii, nici cei lacomi, nici beţivii, nici defăimătorii, nici hrăpăreţii nu vor moşteni Împărăţia lui Dumnezeu. (1 Cor. 6:10)

Pizmele, uciderile, beţiile, îmbuibările, şi alte lucruri asemănătoare cu acestea. Vă spun mai dinainte, cum am mai spus, că cei ce fac astfel de lucruri, nu vor moşteni Împărăţia lui Dumnezeu. (Gal. 5:21)

2. Beţia duce la alte forme de păcat.

Nu după multe zile, fiul cel mai tânăr a strâns totul, şi a plecat într-o ţară depărtată, unde şi-a risipit averea, ducând o viaţă destrăbălată. (Luca 15:13)

Nu vă îmbătaţi de vin, aceasta este destrăbălare. Dimpotrivă, fiţi plini de Duh. (Efes. 5:18)

3. Beţia face imposibilă recunoaşterea oportunităţilor şi împiedică răscumpărarea timpului.

EFESENI 5:15-21

Răscumpărați vremea căci zilele sunt rele. De aceea nu fiți nepricepuți, ci înțelegeți care este voia Domnului. Nu vă îmbătați de vin, aceasta este destrăbălare. Dimpotrivă, fiți plini de Duh. (Efes. 5:16-18)

5. (5:18-21) **Plinătatea Duhului Sfânt**: umblați cu băgare de seamă fiind umpluți de Duhul Sfânt. Această poruncă este la timpul prezent ceea ce înseamnă că credinciosul trebuie să fie umplut de Duhul Sfânt în mod constant; el trebuie să continue să fie umplut. Duhul Sfânt trebuie să umple credinciosul în mod continuu (Efes.5:18; vezi Fapte 2:4; 4:29-31). Umplerea Duhului Sfânt este o manifestare personală a lui Isus Cristos, pentru credinciosul care umblă în fiecare zi în ascultare (Ioan.14:21). Înseamnă o stare de conștiență a prezenței Lui, a călăuzirii Lui—în fiecare moment. Această conștiență este privilegiul credinciosului. Dar umplerea cu Duhul Sfânt nu este o experiență automată. Responsabilitatea umplerii cu Duhul Sfânt atârnă pe umeri credinciosului. El este umplut doar atât timp cât el umblă în ascultare de Cristos (vezi comentariul—Fapte 2:1-4 pentru mai multe discuții).

Pentru a înțelege umplerea cu Duhul Sfânt, ne este de ajutor dacă privim la ceea ce Domnul Isus a avut de spus în legătură cu manifestarea Duhului Sfânt în Evanghelia lui Ioan.

Cine are poruncile Mele și le păzește, acela Mă iubește; și cine Mă iubește, va fi iubit de Tatăl Meu. Eu îl voi iubi, și Mă voi arăta lui.Iuda, nu Iscarioteanul, I-a zis: Doamne, cum se face că Te vei arăta nouă și nu lumii? (Ioan 14:21-22)

Observați că Duhul Sfânt este *manifestarea specială* a lui Cristos în credincios. Se pare că acest lucru se referă la manifestări speciale ale Domnului în inima credinciosului, acele momente speciale când se conștientizează dragostea dintre Dumnezeu și urmașul Lui drag (vezi comentariul—Ioan 14:21). Sigur la aceasta se referă Cristos, pentru că El deja vorbise despre prezența Lui personală în credincios (Ioan.14:18-20). Când credincioșii trec prin necazuri grele și crize severe, Dumnezeu știe, El îi iubește și îi pasă; așa că El se acționează spre a se îngriji de nevoia copiilor Săi dragi. El se acționează în inima credinciosului, manifestîndu-Și prezența Sa, și făcându-l conștient de dragostea și grija Sa, ajutându-l și dându-i încredere, iertare și siguranță—dându-i exact ceea ce îi lipsește și de ce are nevoie. Profunzimea experienței și intensitatea *manifestării speciale* depinde de nevoia credinciosului. Dumnezeu își cunoaște și își iubește copiii în mod perfect, așa că El le dăruiește acele experiențe și acele emoții adânci de care au ei nevoie pentru a se îngriji de nevoia copiilor Săi. Noi trebuie întotdeauna să ținem minte că Dumnezeu ne iubește pe fiecare atât de mult încât El va face orice este necesar...

- pentru a ne ridica
- pentru a ne întări
- pentru a ne transforma conform imaginii Fiului Său drag, Domnul Isus Cristos.

Observați că *manifestările speciale* ale prezenței Domnului sunt date doar credinciosului care face două lucruri.

⇒ Credinciosului care primește poruncile lui Cristos. Pentru a avea poruncile lui Cristos înseamnă că credinciosul a căutat poruncile lui Isus Cristos. El le are în inima lui, le cunoaște și și le-a însușit (Ioan 14:21-22 deasupra; vezi Ps.119:11).

⇒ Credinciosul care ține poruncile lui Isus.

Credinciosul care face aceste lucruri arată că Îl iubește *într-adevăr* pe Domnul Isus. Și cel care Îl iubește și Îl ascultă pe Domnul Isus primește manifestările speciale ale umplerii cu Duhul Sfânt.

Observați un lucru important: manifestarea specială este pusă la îndoială. Iuda pune întrebarea primul, dar de atunci manifestarea prezenței lui Cristos este pusă la îndoială de mii și mii de oameni. Iuda gândea la fel cum gândesc toți oamenii—în termenii unei manifestări fizice, o apariție vizibilă.

Cuvântul *arăta* (phanerooo; emphanizo) înseamnă descoperire sau revelație. Sugerează faptul că un lucru nou a ieșit la lumină; că ceva ce nu a mai fost cunoscut de oameni, a fost făcut cunoscut. O parte din taină acum a fost descoperită. Este ceva ce nu poate fi descoperit prin înțelepciunea omului sau de mintea omului. Este o taină ascunsă de mintea lui și dincolo de limitele lui. În Ioan 14:21-22 înseamnă că prezența lui Isus a fost descoperită (adusă la lumină), luminată, manifestată, și adusă la viață în viața credinciosului. El Se *arată* ucenicilor într-un mod special. El se își dezvăluie persoana Lui, natura Lui, bunătatea Lui. El se luminează pe Sine *în* inimile și viețile lor. El le dă o stare de conștiență specială în sufletele lor (vezi comentariul—Ioan.14:21-22; Fapte2:1-4.)

Cine crede în Mine, din inima lui vor curge râuri de apă vie, cum zice Scriptura. Spunea cuvintele acestea despre Duhul, pe care aveau să-L primească cei ce vor crede în El. Căci Duhul Sfânt încă nu fusese dat, fiindcă Isus nu fusese încă proslăvit. (Ioan 7:38-39)

EFESENI 5:15-21

Şi toţi s-au umplut de Duh Sfânt, şi au început să vorbească în alte limbi, după cum le da Duhul să vorbească. (Fapte 2:4)

După ce s-au rugat ei, s-a cutremurat locul unde erau adunaţi; toţi s-au umplut de Duhul Sfânt, şi vesteau Cuvântul lui Dumnezeu cu îndrăzneală. (Fapte 4:31)

În timp ce ucenicii erau plini de bucurie şi de Duhul Sfânt. (Fapte 13:52)

Nu vă îmbătaţi de vin, aceasta este destrăbălare. Dimpotrivă, fiţi plini de Duh. (Efes. 5:18)

Acum, observaţi cele trei trăsături ale omului plin de Duhul Sfânt.

1. Un om plin de Duhul Sfânt are un duh care cântă. Acesta este în contrast cu cel beţiv. Menţionarea cântecului este o imagine a fericirii şi a bucuriei. Omul lumesc deseori caută bucurie şi fericire în băutură şi în petrecere. Nu este cazul credinciosului adevărat. El trebuie să caute fericirea şi bucuria în umplerea cu Duhul lui Dumnezeu şi în cântare. Observaţi un lucru crucial: cântarea îl ajută pe om la experimentarea plinătăţii Duhului Sfânt. Ce să cântăm? Dumnezeu ne spune:

⇒ *Psalmi*: psalmii Vechiului Testament. Trebuie să îi învăţăm—da, pe de rost—ca să îi putem cânta. Cânditi-vă cât de victorioşi am putea umbla prin viaţă dacă am cunoaşte Psalmii.

⇒ *Cântări*: cântările bisericii. Din nou trebuie să le învăţăm.

⇒ *Cântări Duhovniceşti*: F.F. Bruce sugerează că acestea se pot referi la cântece compuse de omul respectiv în timpul umblării lui cu Dumnezeu pe parcursul zilei (*Epistolele către Efeseni*, p.111). Cu toţii am exeprimentat cum noi înşine am compus melodii în inimile noastre pentru Dumnezeu; de aceea sugestia aceasta are logică.

⇒ Cu siguranţă este o practică bună.

Ce este de făcut atunci? Mă voi ruga cu duhul, dar mă voi ruga şi cu mintea; voi cânta cu duhul, dar voi cânta şi cu mintea. (1 Cor. 14:15)

Vorbiţi între voi cu psalmi, cu cântări de laudă şi cu cântări duhovniceşti, şi cântaţi şi aduceţi din toată inima laudă Domnului. (Efes. 5:19)

Este vreunul printre voi în suferinţă? Să se roage! Este vreunul cu inimă bună? Să cânte cântări de laudă. (Iacov 5:13)

Cîntaţi cu veselie lui Dumnezeu, care este tăria noastră! Înălţaţi strigăte de bucurie Dumnezeului lui Iacov! (Ps. 81:1)

Veniţi să cîntăm cu veselie Domnului, şi să strigăm de bucurie către Stînca mîntuirii noastre. (Ps. 95:1)

2. Un om plin de Duh Sfânt are un spirit mulţumitor. Observaţi cuvintele "întotdeuna" şi "pentru toate lucrurile." Vieţile noastre sunt în mâinile lui Dumnezeu. El ne conduce şi ne direcţionează prin toate lucrurile. De aceea, noi putem să Îi mulţumim Lui pentru tot—indiferent cum sunt lucrurile. El are controlul tuturor lucrurilor. A da mulţumire de-a lungul zilei—a mulţumi întotdeauna—ne ajută să experimentăm plinătatea Duhului Sfânt.

Nu vă îngrijoraţi de nimic; ci în orice lucru, aduceţi cererile voastre la cunoştinţa lui Dumnezeu, prin rugăciuni şi cereri, cu mulţumiri. (Filip. 4:6)

Şi orice faceţi, cu cuvântul sau cu fapta, să faceţi totul în Numele Domnului Isus, şi mulţumiţi, prin El, lui Dumnezeu Tatăl. (Col. 3:17)

Mulţumiţi lui Dumnezeu pentru toate lucrurile; căci aceasta este voia lui Dumnezeu, în Hristos Isus, cu privire la voi. (1 Tes. 5:18)

Lăudaţi pe Domnul, chemaţi Numele Lui: faceţi cunoscut printre popoare faptele Lui înalte! (1 Cronici 16:8)

3. Un om plin de Duh Sfânt are un duh de supunere şi de respect, de teamă. Un om plin de Duh nu are un duh critic, de invidie, de dezbinare, de egoism. El are un duh de supunere. Acelaşi lucru este adevărat şi pentru biserici: o biserică plină de Duh are un trup de oameni care sunt supuşi —care fac tot ce pot pentru a se sluji unii pe alţii. Nu există dezbinare între ei, invidie, sau egoism, nu între oamenii lui Dumnezeu. În frica de Domnul, ei se supun unii altora ca să nu strice plinătatea Duhului Sfânt al lui Dumnezeu.

De aceea, oricine se va smeri ca acest copilaş, va fi cel mai mare în Împărăţia cerurilor. (Mat. 18:4)

Prin harul, care mi-a fost dat, eu spun fiecăruia dintre voi, să nu aibă despre sine o părere mai înaltă decât se cuvine; ci să aibă simţiri cumpătate despre sine, potrivit cu măsura de credinţă, pe care a împărţit-o Dumnezeu fiecăruia. (Rom. 12:3)

Fiţi şi voi supuşi unor astfel de oameni şi fiecăruia care ajută la lucru şi se osteneşte. (1 Cor. 16:16)

256

EFESENI 5:15-21

Nu faceţi nimic din duh de ceartă sau din slavă deşartă; ci în smerenie fiecare să privească pe altul mai presus de el însuşi. Fiecare din voi să se uite nu la foloasele lui, ci şi la foloasele altora. (Filip. 2:3-4)

Ascultaţi de mai marii voştri, şi fiţi-le supuşi, căci ei priveghează asupra sufletelor voastre, ca unii care au să dea socoteală de ele; pentru ca să poată face lucrul acesta cu bucurie, nu suspinând, căci aşa ceva nu v-ar fi de nici un folos. (Evrei 13:17)

Tot aşa şi voi, tinerilor, fiţi supuşi celor bătrâni. Şi toţi în legăturile voastre, să fiţi împodobiţi cu smerenie. Căci, Dumnezeu stă împotriva celor mândri, dar celor smeriţi le dă har. (1 Pet. 5:5)

	H. Soțul credincios și soția credincioasă trebuie să umble într-un duh de supunere și dragoste, 5:22-33		

1. Soția trebuie să umble într-un duh de supunere
   a. Supunerea este voia lui Dumnezeu
   b. Supunerea este porunca lui Dumnezeu pentru familie
     1) Soțul este capul
     2) Soțul este mântuitorul
   c. Supunerea este o taină spirituală; comparabilă cu taina relațiee dintre Cristos și biserică, vv.23-24
2. Soțul trebuie să își iubească soția
   a. Adică să se dea pe sine pentru ea—să se sacrifice în mod total
     1) Asta implică a fi pus de-o parte și a fi curățit
     2) Înseamnă a nu avea nicio pată sau zbârcitură sau alte defecte
	22. Nevestelor, fiți supuse bărbaților voștri ca Domnului;
	23. căci bărbatul este capul nevestei, după cum și Hristos este capul Bisericii, El, Mântuitorul trupului.
	24. Și după cum Biserica este supusă lui Hristos, tot așa și nevestele să fie supuse bărbaților lor în toate lucrurile.
	25. Bărbaților, iubiți-vă nevestele cum a iubit și Hristos Biserica și S-a dat pe Sine pentru ea,
	26. ca s-o sfințească, după ce a curățit-o prin botezul cu apă prin Cuvânt,
	27. ca să înfățișeze înaintea Lui această Biserică, slăvită,
		fără pată fără zbârcitură sau altceva de felul acesta, ci sfântă și fără prihană.
		28. Tot așa trebuie să-și iubească și bărbații nevestele, ca pe trupurile lor. Cine își iubește nevasta, se iubește pe sine însuși.
		29. Căci nimeni nu și-a urât vreodată trupul lui, ci îl hrănește, îl îngrijește cu drag, ca și Hristos Biserica;
		30. pentru că noi suntem mădulare ale trupului Lui, carne din carnea Lui și os din oasele Lui.
		31. De aceea va lăsa omul pe tatăl său și pe mama sa, și se va lipi de nevasta sa, și cei doi vor fi un singur trup.
		32. Taina aceasta este mare (vorbesc despre Hristos și despre Biserică).
		33. Încolo fiecare din voi să-și iubească nevasta ca pe sine; și nevasta să se teamă de bărbat.
			3) Înseamnă a fi sfât și fără prihană
			   b. Înseamnă să o iubești așa cu îți iubești trupul
			
			     1) Să te îngrijești de ea cu dragoste
			
			     2) Să devi un singur trup cu ea
			
			   c. Înseamnă să îți lași părinții_{SA2}
			     1) Să fi unit cu soția ta
			     2) Să devi un singur trup
			   d. Este o taină spirituală—o dragoste spirituală comparabilă cu dragostea_{SA2} lui Cristos pentru biserică
			   e. Concluzie
			     1) Soților: iubiți-vă nevestele
			     2) Soțiilor: respectați-vă soții

SECȚIUNEA IV

UMBLAREA CREDINCIOSULUI CREȘTIN, 4:1-6:9

H. Soțul credincios și Soția credincioasă trebuie să umble într-un duh de supunere și dragoste, 5:22-24

5:22-33) **Introducere**: când vine vorba despre soți și soții trebuie să ținem minte că instrucțiunile lui Dumnezeu nu sunt grele. De fapt, ele sunt ușoare. Instrucțiunile lui Dumnezeu sunt cele mai simple și ușoare pentru noi. Așa cum a spus:

> **Veniți la Mine, toți cei trudiți și împovărați, și Eu vă voi da odihnă. Luați jugul Meu asupra voastră, și învățați de la Mine, căci Eu sunt blând și smerit cu inima; și veți găsi odihnă pentru sufletele voastre. Căci jugul Meu este bun, și sarcina Mea este ușoară. (Mat. 11:28-30)**

Dacă mergem pe drumul pe care Dumnezeu l-a pregătit pentru noi—dacă facem doar ceea ce a spus El—atunci experimentăm cea mai plină de dragoste, și pace, cea mai bogată și cea mai împlinită viață posibilă. Lucrul acesta este *valabil de două ori* pentru soți și soții, deoarece ei au atât compania celuilalt cât și a Domnului.
   1. Soția trebuie să umble într-un duh de supunere (vv.22-24).
   2. Soțul trebuie să își iubească soția (vv.25-33).

1. (5:22-24) **Soție—Familie**: soția trebuie să umble într-un duh de supunere. Există trei motive pentru care soția trebuie să se supună soțului ei.

1. Supunerea este voia lui Dumnezeu. De fapt, este o poruncă de la Dumnezeu. Nu trebuie să fie nici o greșeală, nici o discuție, nici un semn de întrebare în legătură cu asta: "Nevestelor, fiți supuse bărbaților voștri."

Dumnezeu este Dumnezeu și, ca și Dumnezeu, El are dreptul să ceară orice de la noi. Dar observați cuvintele "ca Domnului." Orice facem trebuie să facem *ca Domnului*. De ce? Pentru că Îl iubim pe El. Dumnezeu ne-a iubit și S-a dat pe Sine pentru noi, S-a dat pe Sine ca să ne salveze. El ne-a iubit; de aceea și noi Îl iubim pe El. Acesta este întotdeauna primul motiv pentru care Îl ascultăm. Noi Îl iubim pe El, de aceea, când El ne spune să facem ceva, facem acel lucru *ca pentru El*—ca să Îi fim Lui pe plac.

Acum, să ne întrebăm: Ce fel de duh trebuie să aibă soția credincioasă în timp ce Îl ascultă pe Dumnezeu?

EFESENI 5:22-33

⇒ Un duh de robie sau un duh de dragoste?
⇒ Un duh de obligaţie sau un duh de dragoste?
⇒ Un duh de ranchiună sau un duh de dragoste?
⇒ Un duh de reacţie sau un duh de dragoste?

Răspunsul este evident: ea acţionează din dragoste. Ea Îl iubeşte pe Dumnezeu; de aceea, ca să Îi fie Lui pe plac, ea i se supune soţului ei. Ideea este următoarea: Dumnezeu le spune soţiilor să umble într-un duh de supunere faţă de soţii lor. De aceea, soţiile credincioase nu Îl ascultă pe Dumnezeu dintr-un duh de ranchiună sau ca o reacţie la această poruncă. Ele Îl ascultă pe Dumnezeu din dragoste pentru că iubesc atât pe Dumnezeu cât şi pe soţii lor. De aceea, ele se concentrează şi îşi focalizează viaţa pe a fi pe plac lui Dumnezeu şi soţilor lor. Dacă Dumnezeu le spune să facă acest lucru, atunci ele îl fac pentru că Îl iubesc pe Dumnezeu şi doresc să Îi fie pe plac mai mult decât orice.

2. Supunerea este porunca lui Dumnezeu pentru familie (v.2). Trebuie să existe un *parteneriat* şi o ordine în interiorul familiei. Aceasta trebuie să fie temelia pe care familia şi societatea să existe. De fapt, nici o organizaţie, de orice fel ar fi ea, nu poate exista sau supravieţui fără un spirit de parteneriat şi ordine. Observaţi trei lucruri importante.

a. Soţul este capul nevestei. Cuvântul "cap" în Scriptură se referă la autoritate. Nici soţul nici soţia nu este superior celuilalt. Atât bărbatul cât şi femeia sunt egali în ochii lui Dumnezeu.

⇒ Există un parteneriat esenţial între femei şi bărbaţi. Niciunul nu este independent de celălalt. Fiecare este parte din celălalt, şi relaţia care există între ei este de la Dumnezeu.

**Totuşi, în Domnul, femeia nu este fără bărbat, nici bărbatul fără femeie. Căci dacă femeia
este din bărbat, tot aşa şi bărbatul prin femeie, şi toate sunt de la Dumnezeu. (1 Cor. 11:11-12)**

⇒ În ochii lui Dumnezeu nu este nici femeie nici bărbat. El vede atât bărbatul cât şi femeia ca fiind una, la fel de important unul ca celălalt.

**Nu mai este nici Iudeu, nici Grec; nu mai este nici rob nici slobod; nu mai este nici parte
bărbătească, nici parte femeiască, fiindcă toţi sunteţi una în Hristos Isus. (Gal. 3:28)**

Când Dumnezeu vorbeşte despre bărbat ca fiind capul femeii, El nu vorbeşte despre abilitate, valoare, competenţă, strălucire sau avantaje. Dumnezeu vorbeşte despre funcţie şi ordine într-o organizaţie. Fiecare organizaţie trebuie să aibă un cap ca să poată funcţiona într-un mod eficient şi într-o ordine. Nu există organizaţie mai mare decât universul lui Dumnezeu, decât biserica Lui şi decât familia Lui creştină. În ordinea lui Dumnezeu există un parteneriat, dar orice parteneriat trebuie să aibă un cap, iar Dumnezeu a rânduit ca bărbatul să fie capul acestui parteneriat.

b. Modelul lui Dumnezeu de urmat pentru femeie este Cristos şi biserica. Cristos este capul bisericii. Asta înseamnă că Cristos are autoritate asupra bisericii. Deci, atâta timp cât biserica trăieşte după aceste reguli, biserica experimentează dragoste, bucurie şi pace—ordine—şi poate să îşi ducă la îndeplinire fucţia şi misiunea pe pământ. Aşa este şi cu bărbatul; el este capul familiei, autoritatea în familie. Soţia trebuie să se supună autorităţii la fel cum biserica Îi este supusă lui Cristos. Atât timp cât ea şi întreaga familie trăieşte după această regulă, familia experimentează dragoste, bucurie, pace—ordine—şi îşi îndeplineşte funcţia şi scopul pe pământ. Toate acestea sunt valabile, desigur dacă soţul îşi îndeplineşte rolul lui în familie. La fel ca în orice organizaţie, fiecare membru trebuie să îşi facă partea lui pentru ca să existe ordine şi pentru ca aceasta să îşi îndeplinească scopul.

c. Soţul este mântuitorul trupului aşa cum Cristos este Mântuitorul bisericii. Cristos este marele Apărător şi Mângâietor al bisericii. Tot aşa şi soţul trebuie să fie *apărătorul* şi *mângâietorul* soţiei sale. Prin natura lui, adică prin construcţia trupului, soţul este mai puternic decât soţia. De aceea, în ordinea lui Dumnezeu, el este apărătorul şi mângâietorul soţiei. Aceste două funcţii sunt beneficiile pe care o soţie le primeşte de la un soţ iubitor care îi este credincios lui Dumnezeu.

3. Supunerea este o taină spirituală (v.23). Supunerea soţiei este comparabilă cu Cristos şi biserica. Din nou, Cristos este modelul pentru soţie:

⇒ aşa cum I se supune lui Cristos, tot aşa trebuie să i se supună şi soţului ei.
⇒ aşa cum depinde de Cristos pentru ajutor şi protecţie, tot aşa trebuie să depindă de soţul ei pentru ajutor şi protecţie.
⇒ aşa cum depinde de Cristos pentru companie şi mângâiere, tot aşa trebuie să se bazeze pe soţul ei pentru mângâiere şi companie.

În concluzie, supunerea pe care soțiile trebuie să o arate soților lor este un exemplu de supunere pe care fiecare credincios trebuie să o arate unul față de celălalt (Efes.5:21). Asta nu înseamnă că femeile le sunt inferioare bărbaților. Înseamnă doar că trebuie să existe un aranjament, o ordine în casă. Fiecare *trup* trebuie să aibă o astfel de ordine, și fiecare *trup* trebuie să aibe un cap. Două capete într-o organizație sau sau într-un trup ar fi o monstruozitate și ar crea dezordine. De aceea, în rânduiala lui Dumnezeu în familie, soțul este capul familiei. El aranjează toate lucrurile cu un duh de *tandrețe și dragoste,* iar soția se supune cu un duh blând de *înțelegere și cumpătare* (vezi Prov.31:10-31).

> **Celor căsătoriți, le poruncesc nu eu, ci Domnul, ca nevasta să nu se despartă de bărbat. (1 Cor. 7:10)**
>
> **Nevestelor, fiți supuse bărbaților voștri, cum se cuvine în Domnul. (Col. 3:18)**
>
> **Femeia să învețe în tăcere, cu toată supunerea. Femeii nu-i dau voie să învețe pe alții, nici să se ridice mai presus de bărbat, ci să stea în tăcere. Căci întâi a fost întocmit Adam, și apoi Eva. (1 Tim. 2:11-13)**
>
> **Femeile, de asemenea, trebuie să fie cinstite, neclevetitoare, cumpătate, credincioase în toate lucrurile. (1 Tim. 3:11)**
>
> **Ca să învețe pe femeile mai tinere să-și iubească bărbați și copiii. (Tit 2:4)**
>
> **Tot astfel, nevestelor, fiți supuse și voi bărbaților voștri; pentru ca, dacă unii nu ascultă Cuvântul, să fie câștigați fără cuvânt, prin purtarea nevestelor lor. (1 Pet. 3:1)**
>
> **Ea veghează asupra celor ce se petrec în casa ei, și nu mănâncă pâinea lenevirii. (Prov. 31:27)**
>
> **Femeii i-a zis: „Voi mări foarte mult suferința și însărcinarea ta; cu durere vei naște copii, și dorințele tale se vor ține după bărbatul tău, iar el va stăpâni peste tine." (Gen. 3:16)**

2. (5:25-33) **Soț—Familie**: bărbatul trebuie să își iubească nevasta. Observați cinci lucruri esențiale.

1. Dragostea pe care soțul trebuie să o aibă pentru soție este dragostea lui Dumnezeu (dragostea agape). Dragostea *agape* este o dragoste neegoistă, o dragoste care se sacrifică și se dăruiește. Este atât o dragostea a minții și a voinței cât și o dragoste a inimii. Nu este doar o dragoste a sentimentelor și a afecțiunii; este o dragoste a *voinței și a angajamentului.* Este o dragoste care dorește și se dedică să iubească pe cineva. Este o dragoste care dorește binele suprem pentru persoana iubită...

- care iubește chiar dacă persoana iubită *nu merită să fie iubită*
- iubește chiar dacă persoana iubită *nu este vrednică de iubire*

Meditația 1. Imaginați-vă doar! Ce s-ar întâmpla în cele mai multe căsnicii dacă soțul și-ar iubi soția atât de mult încât ar iubi-o...

- *cu o dragoste neegoistă și dezinteresată*
- *cu o dragoste care dăruiește și se sacrifică*
- cu o dragoste atât *a voinței cât și a inimii*
- cu o dragoste *de angajament cât și cu o dragoste plină de afecțiune*

Un lucru care s-ar întâmpla în cele mai multe căsnicii ar fi următorul: soția ar accepta de bunăvoie autoritatea lui ca și cap al familiei.

Observați că standardul pentru dragostea soțului este dragostea lui Cristos pentru biserică. Dragostea lui Cristos pentru biserică poate fi descrisă printr-o afirmație simplă: Cristos *S-a dat pe Sine* pentru biserică. Cristos a iubit biserica atât de mult încât s-a dat pe Sine—*s-a jertfit pe Sine în mod total*—a dat tot ce a avut și tot ce a fost pentru ea. Aceasta este dragostea pe care un soț trebuie să o aibă pentru soția sa. Hrisostom, un mare slujitor din biserica de la început, a spus:

> Dacă va fi nevoie să îți dai viața pentru ea, sau să fi tăiat în o mie de bucăți pentru ea, sau să înduri orice, nu refuza nimic....El a adus biserica la picioarele Sale prin grija Sa cea mare, nu prin amenințări sau frică sau orice alt lucru de felul acesta; așa trebuie să te porți și tu față de soția ta. (Citat de Barclay. Scrisori către Galateni și Efeseni, pag.206.)

Dragostea jertfitoare a soțului implică trei lucruri. Observați că ceea ce se spune despre Cristos și biserică este valabil și pentru soț și soție.

    a. Dragostea soțului implică *a fi pus de-o parte și curățit.* Cuvântul *sfânt* înseamnă a sfinți, a fi pus de-o parte. Când un tânăr o cere de soție pe o tânără, el se pune de-o parte pentru ea și doar pentru ea. Cuvântul lui, acțiunea lui, promisiunea lui pentru căsătorie o determină și pe ea să se pună de-o parte. Când el spune cuvântul care promite căsătoria, atât el cât și ea sunt puși de-o parte pentru a fi curați unul pentru celălalt.

    Un mire murdar sau o mireasă murdară—o căsătorie murdară și spurcată—este ceva de neimaginat. Lucrul care va ține căsnicia sfântă, mai presus de orice, este dragostea jertfitoare a soțului. Dacă soțul își va iubi soția atât de mult încât să se dăruiască pe sine, să se jertfească pe sine, dragostea lui nu îl va proteja doar pe el, dar va ajuta mult la protejarea sfințeniei și purității soției lui.

b. Dragostea soțului implică lipsa petelor și a zbârciturilor sau a vreunei murdării. Petele ar însemna greșelile care pătează viața și căsnicia cuiva, greșeli atât de grave încât sunt foarte greu de curățit din trupul cuiva și din mintea cuiva. Acestea ar include...

- abuzuri și tratări nepotrivite
- comportamente imorale
- retragere și evitare

Zbârciturile ar însemna lucruri care cauzează frecare și care supără nervii și care trebuie eliminate. Acestea ar include...

- temperamentul și reacțiile
- promisiuni încălcate și neglijare serioasă
- egoism și respingere

c. Dragostea soțului implică sfințenia și curăția. Cuvântul *sfânt* (hagia) înseamnă a fi separat și neatins de rău. Dragostea soțului—dacă este o dragoste reală—îl va determina să fie sfânt și fără pată și o va determina și pe soția lui să fie sfântă și fără pată.

Meditația 1. Ideea este izbitoare—ne deschide ochii. Ne arată cât de dependentă este căsnicia de dragostea soțului—cât de mult afectează dragostea soțului întreaga căsnicie. Puține soții ar putea respinge o așa dragoste; puține soții ar refuza să umble de mână cu soții lor dacă ei le-ar iubi într-adevăr cu această dragoste jertfitoare.

> **Bărbaților, iubiți-vă nevestele cum a iubit și Hristos Biserica și S-a dat pe Sine pentru ea. (Efes. 5:25)**
> **Bărbaților, purtați-vă și voi, la rândul vostru, cu înțelepciune cu nevestele voastre, dând cinste femeii ca unui vas mai slab, ca unele care vor moșteni împreună cu voi harul vieții, ca să nu fie împiedicate rugăciunile voastre. (1 Pet. 3:7)**

2. Dragostea pe care soțul trebuie să o aibă pentru soția lui este aceeași dragoste pe care o are pentru trupul lui. Această afirmație este surprinzătoare. Observați din nou ce spune: soțul trebuie să își iubească soția *ca pe propriul său trup.*

a. Asta înseamnă că el trebuie să își hrănească și să îi poarte de grijă soției sale așa cum îi poartă de grijă trupului său.

⇒ Cuvântul *a hrăni* (ektrephei) înseamnă a îmbrăca, a avea grijă de ea până când ajunge la o maturitate în căsnicie iar mai apoi, să continue să o hrănească atâta timp cât trăiește.

⇒ Cuvântul *a îngriji* (thalpei) înseamnă a o ține cu drag în inimă; a o trata cu căldură, cu blândețe, cu grijă, cu apreciere și cu afecțiune.

Meditația 1. Ce diferență ar fi în multe căsnicii dacă soțul *ar hrăni și ar îngriji* soția așa cum își hrănește și îngrijește trupul său. Gândiți-vă la sensul cuvintelor pentru un moment și apoi imaginați-vă diferențele care ar fi.

b. Asta înseamnă că el trebuie să devină un singur trup cu soția sa. Doi oameni nu ar putea fi mai apropiați decât atât. Asta este o absorbție completă și o asimilare a unuia în celălalt—o unire completă...

- a trupului și a duhului
- a minții și a gândurilor
- a obiectivelor și a scopurilor
- a comportamentului și a activității

Soțul devine una cu soția sa, și soția devine una cu soțul ei. Cei doi devin un singur trup. (Acest punct este dezbătut mai mult în următorul punct.)

3. Dragostea pe care soțul trebuie să o aibă pentru soția sa este acea dragoste care să îl determine să își lase părinții și să fie unit cu soția sa (vezi STUDIU APROFUNDAT # 1, *Unire—Îmbinare* Efes.5:31 pentru mai multe discuții).

4. Dragostea pe care soțul trebuie să o aibă pentru soția lui este o taină spirituală—o dragoste spirituală—o dragoste la fel ca dragostea lui Cristos pentru biserică (vezi STUDIU APROFUNDAT # 2, *Unire Spirituală*—Efes.5:32 pentru discuții).

5. Concluzia este simplă și directă: soțul trebuie să își iubească soția ca pe sine însuși, iar soția să se teamă de bărbat (să îl respecte și să îl stimeze) (v.33).

EFESENI 5:22-33

STUDIU APROFUNDAT # 1

(5:31) Unitate—Îmbinare (proskollao): a lega împreună; a lipi impreună; a cimenta impreună; a uni în cea mai strânsă uniune posibilă; a fi legat laolaltă; a fi atât de uniți încât două persoane devin una singură. De aceea, a uni în felul acesta înseamnă o uniune spirituală. Este o unire mult mai înaltă și mult mai puternică decât legătura dintre părinte și copil. Este o legătură care înseamnă ceva mai mult decât a locui împreună, mai mult decât a avea relații intime împreună, mai mult decât a avea copii împreună. Animalele fac acest lucru. Dar aici este vorba despre o unitate pe care doar Dumnezeu o poate da (v.11). Este o unitate spirtuală care îl pune pe om deasupra nivelului animalelor. Este o plinătate spirituală, o împărtășire a vieții spirituale: o dedicare, o consacrare, o plinătate, o satisfacție care face din om posesiunea exclusivă a lui Dumnezeu și a soțului. Așa cum s-a spus, o astfel de uniune spirituală este făurită doar de Dumnezeu. Atât soțul cât și soția trebuie să dorească să fie supuși pentru ca Dumnezeu să aducă o asemenea unire în viața lor. "Supuneți-vă unii altora în frica lui Cristos" (Efes.5:21; vezi schița și comentariul—Efes.5:22-33).

Există trei uniuni într-o căsnicie adevărată, adică într-o căsnicie care este *unește cu adevărat* și care este *sudată* de Dumnezeu (Mat.19:6).

1. Există o legătură fizică: împărtășirea trupului celuilalt (1 Cor.7:2-5). Dar observați: părtășia fizică nu poate ajunge la potențialul maxim dacă nu este experimentată fiind conștienți de căldura și mila lui Dumnezeu (Efes.5:25-33).

2. Există legătura mentală: împărtășirea vieții celuilalt, a viselor și a speranțelor, și a muncii depuse împreună pentru a realiza aceste vise și speranțe. Este important de observat că și această legătură are de a face doar cu lumea materială și fizică.

3. Există legătura spirituală: împărtășirea, topirea și modelarea duhului celuilalt (vezi Efes.5:25-33). Acest lucru poate fi realizat doar de Dumnezeu. De aceea, trebuie să existe o părtășie cu Dumnezeu pentru *hrănirea* și *creșterea* spiritului.

Acum iată ideea principală: cel mai important lucru din lume este să Îl cunoști pe Dumnezeu în mod personal și să fi asigurat că vei trăi acum și pentru veșnicie—să ai o viață din belșug plină de toată dragostea, de semnificație, de însemnătate și de țel. Dar un bărbat și o femeie nu pot experimenta viața aceasta din belșug de unii singuri. Ei doar își pot hrăni mintea și se pot uni unul cu celălalt din punct de vedere mental și fizic. Pentru a fi uniți împreună din punct de vedere spiritual, acel cuplu trebuie să Îl împărtășească pe Dumnezeu împreună și harul Lui mântuitor. Când un cuplu Îl împărtășește pe Dumnezeu împreună în fiecare zi, Dumnezeu lucrează în mod supranatural în duhul lor, îi *topește* și îi *modelează* în ceea ce El numește *un singur trup*. Ei devin ca o singură persoană. La aceasta se referă expresia "ceea ce a unit Dumnezeu ." Cuvântul în limba greacă pentru *unit* (sunzeugen) înseamnă de fapt a fi sudat. Este jugul lui Dumnezeu, unirea Lui, legătura Lui, ceea ce face ca un cuplu să aibă o asemenea legătură spirituală încât să devină o singură persoană.

Un cuplu care este unit din punct de vedere spirtual face două lucruri practice.

1. Cuplul "se supune unul celuilalt ca lui Cristos" (Efes.5:21). Ei se supun, se sacrifică, se jertfesc și se dau pe sine pentru celălalt, în timp ce trăiesc fiecare zi în teamă (încredere) față de Dumnezeu. În fiecare zi ei pornesc cu scopul de a se îngriji unul pe celălalt, de a se hrăni, de a se prețui, la fel cum Dumnezeu se îngrijește și prețuiește biserica (Efes.5:29). Ei lucrează ca să devină parte unul din celălalt—atât de mult încât ei caută să devină parte din trupul celuilalt, parte din carnea celuilalt și din oasele celuilalt (Efes.5:30). Ei caută să fie uniți "ca un singur trup," indiferent de sacrificiul și jertfa cerută. Legătura este făcută de Dumnezeu. Dumnezeu ia acest comportament hotărât și voit, topirea de bună voie a comportamnetului cuiva, și o modelează în trupul celuilalt—atât de mult încât cei doi devin una, nu doar fizic și mental ci și spiritual.

2. Cuplul împărtășește prezența lui Dumnezeu și harul Lui salvator împreună. Drept rezultat Dumnezeu le dă o asigurare spirituală și o putere pe care o împărtășesc întreaga viață. Ei împărtășesc cunoștința și încrederea că...

- Dumnezeu va avea grijă de ei și va privi înspre ei acum și pentru totdeuna.
- Dumnezeu îi va purta prin greutățile devastatoare ale vieții cu care se confruntă oamenii atât de des.
- Dumnezeu îi va binecuvânta cu tot ce este necesar pentru a umbla prin viață împreună.
- Dumnezeu le va da o intrare glorioasă în împărăția Domnului Isus Cristos—pentru totdeauna.

Din nou ideea este următoarea: Dumnezeu ia această împărtășire a lucrurilor spirituale și topește și modelează bărbatul și femeia *într-un singur trup* din punct de vedere spiritual—atât de mult încât ei într-adevăr devin una. Un bărbat și o femeie fiind uniți spiritual de Dumnezeu ca un singur trup înseamnă că ei se țin mereu strâns unul de celălalt. A fi unit unul cu celălalt în Duhul lui Dumnezeu este adevărata căsătorie—darul glorios a lui Dumnezeu.

Meditația 1. Nu se puteau evoca imagini mai frumoase ale căsniciei, totuși două probleme grave există în prea multe căsnicii.

1) Problema unuia sau a ambilor soți de a nu dori să fie uniți unul cu celălalt în Duhul lui Dumnezeu.

2) Problema unuia sau a ambilor soți de a nu dori să se rupă de dependența față de părinți.

STUDIU APROFUNDAT# 2

(5:32) **Uniune spirituală—Căsnicie**: Căsnicia este o uniune spirituală care poate fi realizată de Dumnezeu și doar de Dumnezeu (vezi comentariul—Mat.19:10-11). Înseamnă mult mai mult decât doar doi oameni care se pun de acord să locuiască împreună și să fie credincioși unul altuia. Înseamnă mai mult decât o afecțiune naturală și o stimă. Înseamnă mai mult decât o bucată de hârtie, mai mult decât un contract legal, mai mult decât a avea urmași. Până la urmă, și animalele fac același lucru. Căsătoria când este adusă de Dumnezeu și cu sinceritate închinată lui Dumnezeu, ea este o uniune unică diferită de orice altă relație în viață. Când căsnicia este realizată de Dumnezeu și așezată în mâinile Lui în fiecare zi, este o *uniune spirituală* atât de înaltă și plină de splendoare și căldură și bunătate. Este adevărata experimentare a iubirii și a căldurii și a tandreței—plinătatea bogăției împărtășirii celuilalt. În realitate, o căsnicie adevărată nu poate fi descrisă. Pentru că o căsnicie adevărată este o *experiență spirituală* care este dincolo de orice se poate cunoaște în lumea fizică. Este o uniune spirituală experimentată doar de cuplurile care cunosc cu adevărat dragostea lui Cristos pentru biserica Lui.

O căsnicie adevărată înseamnă dragoste (v.25). Este o dragoste jertfitoare (v.25); o dragoste pentru celălalt care este la fel de mare ca dragostea pentru sine (vv.28, 33). Este o dragoste care prețuiește (v.29).

O căsnicie adevărată este o legătură (v.30). Este o legătură atât de completă și de spirituală încât doi oameni devin un singur trup și o singură carne (vv.30-31).

O căsnicie adevărată este o taină (v.32). Este un fapt spiritual care trebuie să fie descoperit de Dumnezeu ca să fie experimentat de cupluri (v.32). Este o taină spirituală care poate fi ilustrată doar de dragostea mare a lui Cristos pentru biserica Sa (vv.23-33).

Cristos și dragostea Lui sunt exemplele simbolice pentru soț. Biserica și dragostea sa pentru Cristos sunt exemplele simbolice pentru soție. Această imagine spune câteva lucruri practice.

1. Căminul creștin trebuie să fie trăit în atmosfera și în prezența lui Dumnezeu.

2. Căminul creștin trebuie să fie condus de Dumnezeu. Deciziile din el trebuie luate în lumina Domnului și a voiei Sale.

3. Căminul creștin nu trebuie să aibă doi parteneri, ci trei—soțul, soția și Cristos.

CAPITOLUL 6

I. Copiii și părinții credincioși trebuie să umble sub autoritatea lui Dumnezeu, 6:1-4

1. Copiii credincioși trebuie să asculte

a. Să asculte "în Domnul"
b. A asculta înseamnă a cinsti

1) Asigură purtarea de grijă din partea lui Dumnezeu
2) Asigură o viață lungă

2. Părinții credincioși nu trebuie să își întărâte copiii, ci să îi educe în învățătura Domnului.

Copii, ascultați în Domnul de părinții voștri, căci este drept.
2. „Să cinstești pe tatăl tău și pe mama ta" — este cea dintâi poruncă însoțită de o făgăduință—
3. „ca să fii fericit, și să trăiești multă vreme pe pământ."
4. Și voi, părinților, nu întărâtați la mânie pe copiii voștri, ci creșteți-i, în mustrarea și învățătura Domnului.

SECȚIUNEA IV

UMBLAREA CREDINCIOSULUI CREȘTIN, 4:1-6:9

I. Copiii și părinții credincioși trebuie să umble sub autoritatea lui Dumnezeu, 6:1-4

(6:1-4) **Introducere**: acesta este un pasaj important, valabil nu doar pentru vremurile lui Pavel, ci valabil pentru orice generație. El este crucial mai ales pentru vremurile pe care le trăim noi acum. Generația noastră este generația *copiilor problemă și a părinților problemă,* și una dintre cauzele principale ale tensiunilor existente este neascultarea de învățăturile care se găsesc în Cuvântul lui Dumnezeu. Copiii și părinții trebuie să umble împreună sub autoritatea lui Dumnezeu.

1. Copiii credincioși trebuie să asculte (vv.1-3).
2. Părinții credincioși nu trebuie să își întărâte copiii, ci să îi educe în învățătura Domnului (v.4).

1. (6:1-3) **Copii—Ascultare**: copiii trebuie să asculte de părinții lor. Cuvântul *a asculta* (hupakouo) înseamnă a se supune; a îndeplini; a da ascultare; a urma instrucțiunile sau călăuzirea cuiva. Când un părinte îndrumă sau instruiește un copil, acel copil trebuie să asculte de părinte. Cum rămâne atunci cu problemele atât de grave și de evidente în societatea noastră: problemele de abuz din partea părinților – problemele abuzurilor fizice, sexuale, emoționale? Copilul trebuie să asculte de părinte chiar și atunci când părintele greșește în cel mai îngrozitor mod? Nu! De o mie de ori nu!

1. În primul rând, a asculta înseamnă a asculta *în Domnul.* Observați porunca din nou: "Copii, ascultați de părinții voștri *în Domnul."* Expresia "în Domnul" înseamnă cel puțin două lucruri.

a. Există o limită în ascultarea din partea copilului. Când un părinte nu se poartă după voia Domnului, acel părinte nu trebuie ascultat. Domnul nu are nicio legătură cu mizeria nelegiuirilor și a abuzurilor comise împotriva copiilor nevinovați. Dacă un copil poate să scape și să se elibereze de o astfel de viață păcătoasă, el are tot dreptul de a se elibera de părintele lui. Domnul a venit ca să-i elibereze pe oameni de abuzul și de mizeria păcatului, nu să-i înrobească pe oameni, și mai ales pe copii.

Unul dintre cele mai serioase avertizări din toată istoria a fost rostit de Domnul Isus la adresa adulților care abuzează de copii:

> Dar, dacă va face cineva să păcătuiască pe unul din acești micuți, care cred în Mine, ar fi mai bine pentru el să i se lege de gât o piatră mare de moară și să fie aruncat în mare. Dacă mâna ta te face să cazi în păcat, taie-o; este mai bine pentru tine să intri ciung în viață, decât să ai două mâini, și să mergi în gheenă, în focul care nu se stinge, unde viermele lor nu moare, și focul nu se stinge. Dacă piciorul tău te face să cazi în păcat, taie-l; este mai bine pentru tine să intri în viață șchiop, decât să ai două picioare, și să fii aruncat în gheenă, în focul care nu se stinge, Și dacă ochiul tău te face să cazi în păcat, scoate-l; este mai bine pentru tine să intri în Împărăția lui Dumnezeu numai cu un

ochi, decât să ai doi ochi și să fii aruncat în focul gheenei, Pentru că fiecare om va fi sărat cu foc. (Marcu 9:42-43, 45, 47-48)

Un părinte care abuzează de copilul lui ar face bine să ia în serios faptul că unul dintre lucrurile pe care Dumnezeu nu le tolerează – sub nicio formă – este abuzul asupra copiilor. Noi trebuie să proclamăm Cuvântul lui Dumnezeu: copiii trebuie să asculte de părinți, dar ei trebuie să asculte numai dacă dorințele părinților și poruncile lor sunt *în Domnul*. Dacă un părinte își bate rău copilul, sau dacă îl supune la abuzuri sexuale, atunci copilul trebuie să se adreseze unui alt adult de care se simte apropiat și să ceară ajutor. Și noi ca și slujitori ai Domnului – slujitori care suntem chemați să-L predicăm pe Cristos și să facem tot ce putem pentru a aduce pe pământ neprihănirea Lui – trebuie să îi învățăm pe oameni adevărul de la toate amvoanele lumii.

b. Expresia "în Domnul" mai include și motivul pentru care copilul trebuie să asculte de părinți. "Copii, ascultați de părinții voștri în Domnul" – a asculta de părinți este drept, este bine; este de la Dumnezeu; este pe placul lui Dumnezeu; prin urmare, ascultați de ei. Atunci când ei vă îndrumă și vă instruiesc, urmați-le sfaturile. (vezi Col.3:20).

Lehman Strauss scoate în evidență faptul că ascultarea este prima lege a universului – acea lege a ascultării guvernează toate lucrurile din univers: stelele, planetele, anotimpurile. Omul însuși încearcă să conducă lumea prin legea ascultării. El vrea ascultare în țară, la servici, la joacă și acasă. (*Studii Devoționale din Galateni și Efeseni*, p.212.) Ideea este pur și simplu următoarea: legea ascultării este însăși natura lucrurilor, în centrul universului și în centrul vieții și purtării omului pe pământ. Așadar, era de așteptat ca porunca lui Dumnezeu pentru copii să fie ascultarea de părinți. Copiii trebuie să asculte – să asculte pentru că lucrul acesta place Domnului și este un lucru corect.

Observați ce se accentuează aici; este șocant. Copiilor nu li se spune să asculte de părinți pentru că acest lucru le place părinților, ci pentru că este plăcut înaintea lui Dumnezeu. A le face pe plac părinților este, desigur, un motiv pentru a asculta de ei. Dar motivul *primordial* pentru a asculta de părinți trebuie să fie că acest lucru este pe placul Domnului. Copilul trebuie să Îl cunoască pe Domnul în așa măsură încât să se gândească mereu la El și la cum poate să-I fie plăcut. Copilul trebuie să umble așa de aproape de Domnul încât mintea lui să se concentreze mereu asupra Domnului – asupra lucrurilor pe care le poate face pentru a-I fi plăcut Domnului. Când un copil Îl cunoaște pe Domnul în acest fel, atunci ascultarea de părinți devine pentru el un lucru natural, automat.

> **Căci Moise a zis: Să cinstești pe tatăl tău și pe mama ta; și: Cine va grăi de rău pe tatăl său sau pe mama sa, să fie pedepsit cu moartea. (Marcu 7:10)**
> **Copii, ascultați în Domnul de părinții voștri, căci este drept. (Efes. 6:1)**
> **Copii, ascultați de părinții voștri în toate lucrurile, căci lucrul acesta place Domnului. (Col. 3:20)**
> **Ascultă, fiule, învățătura tatălui tău, și nu lepăda îndrumările mamei tale! (Prov. 1:8)**
> **Fiule, păzește sfaturile tatălui tău, și nu lepăda învățătura mamei tale: (Prov. 6:20)**
> **Fiule, păstrează cuvintele mele, și ține la tine sfaturile mele. (Prov. 7:1)**
> **Un fiu înțelept este bucuria tatălui, dar un fiu nebun este mâhnirea mamei sale. (Prov. 10:1)**
> **Copilul lasă să se vadă încă din faptele lui dacă purtarea lui va fi curată și fără prihană. (Prov. 20:11)**
> **Ascultă pe tatăl tău, care te-a născut, și nu nesocoti pe mama ta, când a îmbătrânit. (Prov. 23:22)**
> **Dar adu-ți aminte de Făcătorul tău în zilele tinereții tale, până nu vin zilele cele rele și până nu se apropie anii, când vei zice: Nu găsesc nici o plăcere în ei; (Ecl. 12:1)**

2. În al doilea rând, a asculta de părinți înseamnă a-i cinsti pe mamă și pe tată. Cuvântu a cinsti (timao) înseamnă "a stima și a considera prețios" (The Amplified New Testament); A arăta respect, reverență, bunătate, politețe și ascultare (Wuest. *Efeseni și Coloseni*, Vol.1, p.136). Scriptura nu face referire la o anumită vârstă a copilului. Ea ne vorbește tuturor celor care suntem copii cu părinții încă în viață. Noi trebuie să ne cinstim mamele și tații: *să îi stimăm și să îi considerăm prețioși* – să îi respectăm și să îi apreciem. Tragic este că astăzi o asemenea atitudine este o raritate. De prea multe ori atitudinea copilului față de părinți este exprimată prin...

- răspunsuri obraznice
- replici tăioase
- ignorare
- comentarii
- nerespectarea instrucțiunilor părinților
- vorbirea lipsită de respect
- neascultarea la ce spun părinții
- comportament care vrea să spună "eu știu totul"

EFESENI 6:1-4

- poreclirea părintelui cu o *poreclă* nerespectuoasă
- indiferența față de îndrumarea părinților

Pe lângă toate acestea, mai există necinstirea prin delincvență, încălcarea legilor, consumul de droguri și alcool, abuzul de proprietate; și lista poate continua la nesfârșit. Și când vine vorba de adulți care au părinți în vârstă, acolo apare necinsitirea prin neglijență, ignorarea nevoilor lor, și încercarea de a-i da la o parte și a nu-i îngriji așa cum se cuvine. Prea mulți copii adulți uită cât de mult au făcut părinții lor pentru ei – prin faptul că i-au adus pe lume și au avut grijă de ei ani de zile. Prea mulți copii uită de experiența bogată și mulțimea cunoștințelor adunate de părinți de-a lungul anilor, care ar putea fi de mare folos pentru întâmpinarea nevoilor comunității și oamenilor din jur. Și chiar dacă părinții nu au reușit să fie și să facă tot ce ar fi trebuir, noi ca și copii creștini suntem îndrumați să îi cinstim ca niște urmași ai Domnului Isus Cristos.

> **Copii, ascultați în Domnul de părinții voștri, căci este drept. (Efes. 6:1)**
> **Dacă o văduvă are copii sau nepoți de la copii, aceștia să se deprindă să fie evlavioși întâi față de cei din casa lor, și să răsplătească ostenelile părinților, căci lucrul acesta este plăcut înaintea lui Dumnezeu. Dacă nu poartă cineva grijă de ai lui, și mai ales de cei din casa lui, s-a lepădat de credință, și este mai rău decât un necredincios. (1 Tim. 5:4,8)**
> **Dacă cineva blestemă pe tatăl său și pe mama sa, i se va stinge lumina în mijlocul întunericului. (Prov. 20:20)**
> **Pe ochiul care își bate joc de tatăl său, și nesocotește ascultarea de mamă, îl vor scobi corbii de la pârău, și îl vor mânca puii de vultur. (Prov. 30:17)**
> **Cinstește pe tatăl tău și pe mama ta, pentru ca să ți se lungească zilele în țara, pe care ți-o dă Domnul, Dumnezeul tău. (Ex. 20:12)**
> **Fiecare din voi să cinstească pe mama sa și pe tatăl său, și să păzească Sabatele Mele. Eu sunt Domnul, Dumnezeul vostru. (Lev. 19:3)**
> **Să te scoli înaintea perilor albi, și să cinstești pe bătrân. Să te temi de Dumnezeul tău. Eu sunt Domnul. (Lev. 19:32)**
> **Blestemat să fie cel ce va nesocoti pe tatăl său și pe mama sa! Și tot poporul să răspundă: Amin! (Deut. 27:16)**

Observați cele două promisiuni făcute copiilor care își cinstesc părinții.
- ⇒ Toate lucrurile îi vor merge bine acelui copil. Asta înseamnă că acel copil nu va avea niciodată probleme și nu va suferi niciodată? Nu! NU asta vrea să spună Scriptura. Dumnezeu vrea să spună că El va fi alături de acel copil, îl va întări și îi va purta de grijă ca să poată *trece* biruitor *prin* încercările vieții. Copilul va fi întărit *acolo unde contează – în omul din lăuntru.* El va primi puterea de a birui și de a trece victorios prin orice i s-ar ivi în cale în călătoria vieții.
- ⇒ Copilul primește asigurarea că va trăi o viață lungă pe pământ. Sincer, ceea ce spune Pavel este detul de clar și nu se poate combate. Dacă un copil ascultă de părinți și în cinstește într-un mod sincer și cu credincioșie – dacă îi ascultă cu adevărat din toată inima lui – Dumnezeu îi va da o viață lungă pe pământ.

Oare există și excepții de la această promisiune? Cum se explică situațiile în care bebelușii sau copiii foarte mici sunt luați la ceruri? Aceste situații încalcă promisiunea lui Dumnezeu? Nu! Dacă un copil a ascultat cu adevărat, atunci tot ce putem spune este că Dumnezeu știe cum este cel mai bine, și dintr-un motiv întemeiat, Dumnezeu a dorit ca acel copilaș să își continue viața în prezența Lui. Dumnezeu nu a putut să mai aștepte niciun moment pentru a se bucura de părtășia cu acel micuț.

2. **(6:4) Părinți—Copii:** părinții nu trebuie să îi întărâte pe copii. Părinții în mod inevitabil îi vor supăra și irita pe copii uneori; fiecare dintre noi îi supărăm și îi irităm pe cei din jur din când în când. Disciplina, mustrarea, corectarea sunt rareori experiențe plăcute. Însăși natura acestor experiențe produce tulburare și iritare. Nu asta înseamnă îndemnul despre care vorbim. Cuvântul *a întărâta* (parorgizo) înseamnă a stârni mânia sau furia, a provoca pe cineva până la exasperare și resentiment. Observați două discuții importante.
1. Patru lucruri îl vor întărâta pe copil.
   a. Neacceptarea din partea părintelui a faptului că lucrurile se schimbă. Vremurile și generațiile se schimbă. Asta nu înseamnă că unui copil trebuie să i se permită să participe sau să facă tot ce fac ceilalți din generația lui. Dar înseamnă că părinții trebuie să fie deschiși la diferențele dintre generații și să îi permită copilului să facă parte din propria lui generație, în loc să încerce să îl transforme pe copil după modelul generației din copilăria părinților. Generația copilăriei părintelui nu mai există și nici nu va mai exista vreodată.

EFESENI 6:1-4

Ce schimbări ar trebui sau nu ar trebui permise de un părinte creștin. Trei cuvinte ne furnizează un reper util: *răzvrătire, imoralitate* și *nedreptate.* Sfidarea în față sau nesupunerea față de autoritate și imoralitatea și nedreptatea sunt contrare învățăturilor din Cuvântul lui Dumnezeu. Orice schimbare care implică rebeliune, imoralitate sau nedreptate trebuie confruntată și controlată de către părinte. Și probabil că nu greșim dacă spunem că orice schimbare care nu implică unul dintre aceste trei lucruri ar trebui permisă. Dar chiar dacă nu putem generaliza, aceste trei domenii ne ajută foarte bine să ne orientăm.

Ideea este următoarea: un părinte nu trebuie să se opună schimbărilor normale și naturale care au loc între generații. Dacă se opune și îi interzice copilului să crească în generația lui, atunci părintele caută necazurile cu lumânarea. Mai mult ca sigur copilul va fi provocat – să reacționeze.

b. Controlul excesiv exercitat asupra copilului deasemenea îl va întărâta pe copil. Sfera controlului excesiv include atât rescricțiile dure și disciplina de fier, cât și abuzurile asupra copilului (despre care am discutat mai sus la nota de subsol doi, punctul unu). Dacă un copil este disciplinat *prea mult* și dacă i se impun prea multe restricții, acestea sau vor inhiba creșterea copilului, sau îl vor determina să reacționeze și să se răzvrătească. Ce înseamnă prea multă disciplină? Cât de multe restricții ar trebui să i se impună unui copil? Ar trebui să i se permită să facă tot ce vrea? Nu! Există o limită, și limita trebuie să i se impună copilului, iar mai apoi să se facă uz de disciplinare atunci când limita este depășită. Ce trebuie să nu uite părinții creștini este următorul lucru:

⇒ *Unii părinți le permit copiilor* să participe la toate activitățile oferite copilului. Ei fac parte dintre cei fără *îndrumare suficientă* din partea părinților.

Ideea este că trebuie să existe un echilibru între viața de familie a copilului și viața lui din comunitate. Copilului trebuie să i se permită să facă lucruri pe cont propriu uneori, și alteori trebuie să participe la viața familiei lui. Pe măsură ce el crește, ar trebuie, bineînțeles, să i se permită să se îndepărteze de familie tot mai mult, pentru a se pregăti pentru ziua în care va păși în propria lui lume. Un copil are nevoie de timp liber în afara familiei și supravegherii părinților, precum și de timp petrcut în familie, pentru ca să devină o persoană sănătoasă și echilibrată.

Și voi, părinților, nu întărîtați la mînie pe copiii voștri, ci creșteți -i, în mustrarea și învățătura Domnului. (Efes. 6:4)
Părinților, nu întărîtați pe copiii voștri, ca să nu-și piardă nădejdea. (Col. 3:21)

c. Lipsa de control suficient asupra copilului poate să-l întărâte pe copil. Trebuie accentuat faptul că aceasta este cea mai acută problemă într-o societate industrializată. Există o tendință din partea celor care au de toate, sau din partea celor bogați, de a răsfăța, de a fi prea indulgenți, și de a-i da copilului absolut tot ce își poate imagina – cu mult dincolo de nevoile copilului și de ceea ce este cu adevărat bine pentru el. Părinții îi răsfață pe copii și le fac toate mofturile din cinci motive.

⇒ Un părinte îl răsfață pe copil – cedează mofturilor copilului – pentru a scăpa de responsabilitatea pe care o are față de copil: pentru ca acel copil să nu deranjeze programul părinților sau planurile lor; pentru ca acel copil să nu îi incomodeze în vreun fe. Părintele, desigur, are nevoie de timp liber; dar prea mulți părinți trăiesc într-un mod egoist, nedorind să fie deranjați în dorințele și nevoile lor. Prea mulți părinți îi dau la o parte pe copii și le permit prea multe plimbări și escapade. Prea puțini își sacrifică timpul lor și dorințele lor pentru a-i supraveghea pe copii așa cum ar trebui.

⇒ Un părinte răsfață copilul – cedează în fața copilului – pentru a câștiga pe plan social sau pentru a-și retrăi copilăria. Părintele nu avut tot ce și-a dorit, sau nu is s-a permis să facă tot ce ar fi dorit când era copil; prin urmare, el se asigură că în cazul copilului său va fi altfel și acesta va avea totul și va face tot ce fac ceilalți copii. El este hotărât să îi ofere copilului totul oricât l-ar costa.

⇒ Un părinte răsfață copilul – cedează în fața copilului – pentru că are o concepție greșită referitoare la creșterea copiilor. El cedează în fața comportamentelor mofturoase, a plânsetelor sau a crizelor din partea copilului, doar de dragul păcii și al liniștii.

⇒ Un părinte răsfață copilul – cedează în fața copilului – din cauza unui devotament sau unei iubiri greșit înțelese: pentru a nu pierde loialitatea, cooperarea sau afecțiunea copilului.

⇒ Un părinte răsfață copilul – cedează în fața copilului – din cauza nesiguranței și a lipsei de scop. De exemplu, unii îl răsfață pe copil și îl cocoloșesc pentru că ei (părinții) sunt nesiguri în această lume. Alții o fac pentru că nu au un alt scop în viață. Copilul împlinește nevoia de siguranță și de a avea un scop. *Jocul de-a casa* este trăit până la extrem: părintele se joacă de-a casa cu copilul cocoloșindu-l și răsfățându-l exagerat.

Cine cruță nuiaua, urăște pe fiul său, dar cine-l iubește, îl pedepsește îndată. (Prov. 13:24)

EFESENI 6:1-4

Pedepseşte-ţi fiul, căci tot mai este nădejde, dar nu dori să-l omori. (Prov. 19:18)
Nebunia este lipită de inima copilului, dar nuiaua certării o va deslipi de el. (Prov. 22:15)
Nu cruţa copilul de mustrare, căci dacă-l vei lovi cu nuiaua, nu va muri. (Prov. 23:13)
Nuiaua şi certarea dau înţelepciunea, dar copilul lăsat de capul lui face ruşine mamei sale.
(Prov. 29:15)
I-am spus că vreau să pedepsesc casa lui pentru totdeauna, din pricina fărădelegii de care are cunoştinţă, şi prin care fiii lui s-au făcut vrednici de lepădat, fără ca el să-i fi oprit. (1 Sam. 3:13)

d. Trăirea unei vieţi inconsecvente în faţa copilului poate să-l întărâte pe copil. Un părinte care îi spune copilului un anumt lucru şi imediat după aceea se întoarce şi face exact inversul este plin de ipocrizie şi de minciună. Şi totuşi, cât de mult se obişnuieşte asta! Cât de mulţi copii fac anumite lucruri pentru că şi părinţii lor le fac:
   ⇒ beau alcool
   ⇒ se droghează
   ⇒ se uită la scene cu conţinut sexual la televizor sau în filme
   ⇒ citesc cărţi imorale
   ⇒ se uită la reviste care expun corpul omenesc
   ⇒ mănâncă prea mult
   ⇒ pierd timpul
   ⇒ se îmbracă într-un mod provocator pentru a atrage atenţia
   ⇒ participă la petreceri indecente, şi aşa mai departe

O viaţă inconsecventă din partea părintelui poate să-l întărâte pe copil.

El a făcut ce este rău înaintea Domnului, şi a umblat în calea tatălui său şi în calea mamei sale, şi în calea lui Ieroboam, fiul lui Nebat, care făcuse pe Israel să păcătuiască.
(1 Împ. 22:52)
El a umblat în căile casei lui Ahab, căci mamă-sa îi dădea sfaturi nelegiuite. (2 Cr. 22:3)
Ci au umblat după aplecările inimii lor, şi au mers după Baali, cum i-au învăţat părinţii lor.
(Ier. 9:14)
Îndemnată de mamă-sa, ea a zis: Dă-mi aici, într-o farfurie, capul lui Ioan Botezătorul! (Mat. 14:8)

2. Un părinte trebuie să îşi crească copilul în căile Domnului, în învăţătura şi mustrarea Domnului.
   ⇒ Cuvântul *învăţătură* (paideia) se referă la "întreaga educaţie şi intruire a copiilor care include cultivarea minţii şi a moralei...porunci şi mustrări...pedepse şi certări...corectarea greşelilor şi domolirea patimilor...creşterea în virtute" (Dicţionarul Thayers Grec–Englez).
   ⇒ Cuvântul *mustrare* (nouthesia) înseamnă sfat, certare, corectare.

Observaţi că părintele nu trebuie să îl crească pe copil potrivit propriilor sale idei sau concepţii legate de binele copilului, ci trebuie să îl crească în învăţătura şi mustrarea *Domnului*. Cuvântul lui Dumnezeu trebuie să fie ghidul pentru părinţii creştini în creşterea copiilor lor. Beneficiile creşterii copiilor după voia Domnului sunt nenumărate. Iată câteva dintre ele:
   a. Un copil crescut pentru Cristos creşte învăţând iubirea: că este iubit de Dumnezeu şi de toţi cei care se încred în Dumnezeu. El creşte ştiind că trebuie să îi iubească pe cei din jur, oricum s-ar comporta aceştia.
   b. Un copil crescut pentru Cristos creşte învăţând puterea şi triumful: că Dumnezeu îi va ajuta în orice situaţie pe cei ce Îl urmează; că există o putere supranaturală disponibilă pentru a oferi ajutor, o putere care te poate ajuta acolo unde mama, sau tata, sau cei dragi nu pot să o facă.
   c. Un copil crescut pentru Cristos învaţă speranţa şi credinţa: că orice s-ar întâmpla, oricât de mare ar fi necazul, putem mereu să ne încredem în Dumnezeu şi să nădăjduim în El. El poate să ne dea o putere specială care să ne ajute să trecem prin încercările vieţii (oricât de dureroase ar fi); că El a pregătit un loc special numit cer unde ne va duce pe noi şi pe cei dragi ai noştri atunci când ne vom confrunta cu moartea.
   d. Un copil crescut pentru Cristos creşte învăţând adevărul vieţii şi al răbdării (al slujirii): că Dumnezeu ne-a oferit privilegiul de a trăi viaţa aceasta pe acest pământ şi în acest univers minunat; că răul care există în lume este cauzat de oamenii răi; că în ciuda răului, noi trebuie să slujim ca să ne exprimăm aprecierea pentru viaţa şi pământul minunat cu care Dumnezeu ne-a binecuvântat. Noi trebuie să lucrăm cu sârguinţă, şi să aducem o contribuţie cât mai mare prin viaţa noastră.

EFESENI 6:1-4

e. Un copil crescut pentru Cristos crește învățând încrederea și perseverența: că viața este plină de ispite și de capcane care ne pot fura cu ușurință bucuria și pot să ne distrugă viața și să ne împiedice să ne îndeplinim scopul; că modalitatea de a învinge ispitele și capcanele este urmându-L pe Cristos și perseverând în lucrarea și scopul pe care le avem.

f. Un copil crescut pentru Cristos crește învățând pacea: că există o pace interioară în ciuda apelor tulburi ale acestei lumi; că pacea înseamnă să-L cunoști și să te încrezi în Cristos.

Și voi, părinților, nu întărîtați la mînie pe copiii voștri, ci creșteți-i, în mustrarea și învățătura Domnului. (Efes. 6:4)

Părinților, nu întărîtați pe copiii voștri, ca să nu-și piardă nădejdea. (Col. 3:21)

Să-și chivernisească bine casa, și să-și țină copiii în supunere cu toată cuviința. (1 Tim. 3:4)

Diaconii să fie bărbați ai unei singure neveste, și să știe să-și cîrmuiască bine copiii și casele lor. (1 Tim. 3:12)

Ca să învețe pe femeile mai tinere să-și iubească bărbați și copiii. (Tit 2:4)

Numai, ia seama asupra ta, și veghează cu luare aminte asupra sufletului tău, în toate zilele vieții tale, ca nu cumva să uiți lucrurile pe cari ți le-au văzut ochii, și să-ți iasă din inimă; fă-le cunoscut copiilor tăi și copiilor copiilor tăi. (Deut. 4:9)

Și poruncile acestea, pe cari ți le dau astăzi, să le ai în inima ta.Să le întipărești în mintea copiilor tăi, și să vorbești de ele cînd vei fi acasă, cînd vei pleca în călătorie, cînd te vei culca și cînd te vei scula. (Deut. 6:6-7)

Învață pe copil calea pe care trebuie s'o urmeze, și cînd va îmbătrîni, nu se va abate dela ea. (Prov. 22:6)

Ei zic: Pe cine vrea el să învețe înțelepciunea? Cui vrea să dea învățături? Unor copii întărcați de curînd, luați dela țîță? (Isa. 28:9)

Ci cel viu, da, cel viu Te laudă, ca mine astăzi. Tatăl face cunoscut copiilor săi credincioșia Ta. (Isa. 38:19)

Scoală-te și gemi noaptea cînd încep străjile! Varsă-ți inima ca niște apă, înaintea Domnului! Ridică-ți mîinile spre El pentru viața copiilor tăi, cari mor de foame la toate colțurile ulițelor! (Plângeri 2:19)

	J. **Robii și stăpânii cre-dincioși (Angajații - Angajatorii) trebuie să umble sub autoritatea lui Dumnezeu, 6:5-9**	7. Slujiti-le cu bucurie, ca Domnului, iar nu oamenilor. 8. căci stiti că fiecare, fie rob, fie slobod, va primi răsplată dela Domnul, după binele pe care-l va fi făcut. 9. Și voi, stăpînilor, purtați-vă la fel cu ei: feriti-vă de ame-nintări, ca unii cari stiti că Stăpînul lor si al vostru este în cer, si că înaintea Lui nu se are în vedere fața omului.	e. Cu voie bună—pentru anga-jator sau șef f. Rezultatul: Va fi răsplătit—va primi o răsplată

1. **Muncitorul: Să asculte**
  a. Cu respect și teamă
  b. Cu o inimă sinceră—ca de Cristos
  c. Nu doar de ochii lumii – pentru a plăcea oamenilor
 	
  d. Ca slujitori a lui Cristos—făcând voia lui Dumnezeu
	5. Robilor, ascultați de stăpînii voștri pămîntești, cu frică și cutremur, în cură-ție de inimă, ca de Hristos. 6. Slujiți-le nu numai cînd sînteți sub ochii lor, ca și cum ați vrea să plăceți oa-menilor, ci ca niște robi ai lui Hristos, cari fac din ini-mă voia lui Dumnezeu.		2. **Angajatorul**
			  a. Trebuie să facă aceleași lu-cruri ca și muncitorul creș-tin
			  b. Nu trebuie să amenințe
			  c. Motivul: Dumenzeu este stăpânul lui și Dumnezeu va judeca pe fiecare

SECȚIUNEA IV

UMBLAREA CREDINCIOSULUI CREȘTIN, 4:1-6:9

J. Robii și Stăpânii credincioși (Angajații-Angajatorii) trebuie să umble sub autoritatea lui Dumnezeu, 6:5-9

(6:5-9) Introducere: acest pasaj scoate în evidență în niște termeni foarte duri care este adevărata problemă a lumii. Nu este vorba despre o problem economică; este o problemă spirituală. Foamea și relațiile economice dintre indivizi și națiuni pot fi rezolvate doar atunci când oamenii se întorc spre Domnul Isus Cristos. El este Domn, și atunci când oa-menii Îl slujesc ca unui Domn, atunci ei Îl slujesc în tot ceea ce fac. Asta înseamnă că ei lucrează pentru El; și lucrând pentru El, ei lucrează nu doar pentru a-și câștiga existența, ci și pentru a putea să-i ajute pe alții prin ceea ce câștigă (Efes.4:29). Ei lucrează și mănâncă din roadele muncii lor; apoi ei dau și altora. Aceasta este voia lui Dumnezeu pentru om și pentru lumea pe care El a creat-o. Dar aduceți-vă aminte ce îi determină pe oameni să trăiască asemenea vieți jertfitoare: Cristos – devotamentul față de El.

Erau milioane și milioane de sclavi în Imperiul Roman pe vremea lui Pavel. O sursă istorică spune că existau peste șaizeci de milioane (Barclay, *Scrisorile către Galateni și Efeseni*, p.212). Evanghelia cu siguranță că a ajuns la mulți dintre aceștia, și bisericile din tot imperiul cu siguranță că erau pline de sclavi. Din acest motiv Noul Testament are multe îndemnuri adresate sclavilor (1 Cor.7:21-22; Col.3:22; 4:1; 1 Tim.6:1-2; Tit 2:9-10; 1 Pet.2:18-25 și cartea Fili-mon în întregime este adresată unui sclav). Și totuși, problema sclaviei nu este atacată în mod direct nicăieri în Noul Testament. Dacă ar fi fost așa, probabil că ar fi fost multă vărsare de sânge, lucru de neimaginat! Proprietarii de sclavi și guvernul ar fi....

- atacat biserica, predicatorii și credincioșii ei, căutând să distrugă o asemenea doctrină.
- arestat și executat pe oricine ar fi refuzat să tacă în legătură cu o astfel de doctrină.
- reacționat și i-ar fi ucis pe toți sclavii care Îl mărturiseau pe Cristos.

The Expositors Greek Testament descrie într-un mod excelent felul în care creștinismul a procedat pentru a aboli sclavia:

> "Aici, la fel ca și în alte părți din NT, sclavia este acceptată ca o instituție existentă, care nu este nici condamna-tă nici aprobată în mod official. Nu se spune nimic pentru a provoca acțiuni de revoltă, sau pentru a încuraja ani-hilarea sclaviei...instituția este lăsată spre a fi subminată și anulată prin lucrarea marilor principii creștine care susțin...
> - egalitatea oamenilor în fața lui Dumnezeu
> - frățietatea creștină
> - libertatea spirituală a creștinului
> - Domnia lui Cristos căreia îi este supusă orice altă stăpânire" (Salmond, SDF. *Epistola către Efeseni*, "The Expositor's Greek Testament," Vol.3, ed. by W. Robertson Nicoll. Grand Rapids, MI: Eerdmans, 1970, p.377.)

Instruncțiunile adresate sclavilor și stăpânilor în Noul Testament se aplică fiecărei generații de muncitpri. Cum spune Francis Foulkes: "...*principiile întregii secțiuni se aplică angajaților și angajatorilor din toate timpurile, fie în casă,*

EFESENI 6:5-9

în afaceri sau un stat" (Epistola lui Pavel către Efeseni, "Comentariile Tyndale la Noul Testament," ed. by RVG Tasker. Grand Rapids, MI: Eerdmans, p.167).

    1. Muncitorul: să asculte (vv.5-8).
    2. Angajatorul (v.9).

1. (6:5-8) **Angajați—Muncitori—Muncă—Sclavi**: muncitorul trebuie să asculte; adică el trebuie să urmeze intrucțiunile angajatorului. Observați expresia "stăpânii voștri pământești". Asta înseamnă că angajatorii, șefii, trebuie să fie ascultați în chestiunile legate de locul de muncă. Șeful nu are nicio autoritate în tărâmul spiritual. Acea autoritate Îi aparține lui Cristos și numai lui Cristos. Muncitorului creștin îi sunt date șase intrucțiuni specifice.

    1. Muncitorul creștin trebuie să lucreze cu respect și cu evlavie (teamă). Cum spune As F.F. Bruce, asta nu înseamnă a munci cu teamă de oameni, ci având frică de Dumnezeu în inimă (*Epistola către Efeseni,* p.123). Respectul și teama trebuie să fie caracteristicile unui muncitor creștin, dar nu teama de superiori, sau teama că ceva rău s-ar putea întâmpla. Muncitorul creștin...

- trebuie să aibă respect și să se teamă de Dumnezeu, ca să nu se poarte sau să lucreze într-un mod iresponsabil și astfel să aducă ocară asupra numelui Domnului.
- trebuie să îl respecte și să fie dispus să-și slujească angajatorul.

> **Și îndurarea Lui se întinde din neam în neam peste cei ce se tem de El. (Luca 1:50)**
> **Ci că în orice neam, cine se teme de El, și lucrează neprihănire este primit de El. (Fapte 10:35)**
> **Si daca chemati ca Tata pe Cel ce judeca fara partinire pe fiecare dupa faptele lui, purtati-va cu frica in timpul pribegiei voastre.(1 Pet. 1:17)**
> **Cine este omul, care se teme de Domnul? Aceluia Domnul îi arată calea pe care trebuie s'o aleagă. (Ps. 25:12)**
> **O, cît de mare este bunătatea Ta, pe care o păstrezi pentru cei ce se tem de Tine, și pe care o arăți celor ce se încred în Tine, în fața fiilor oamenilor! (Ps. 31:19)**

    2. Muncitorul creștin trebuie să lucreze cu o inimă sinceră, ca pentru Cristos. "O inimă sinceră" înseamnă cu un scop și cu atenția concentrată, în sinceritate și fără vreo ipocrizie sau fățărnicie. Înseamnă că muncitorul creștin nu prierde timpul; el este total devotat muncii sale. Nu există *falsitate,* el nu se preface doar că este un muncitor bun. Muncitorul creștin este cu adevărat un muncitor bun. Inima lui este sinceră și focalizată pe munca lui pe care o face cât poate de bine. Și observați de ce: pentr că el își închină munca lui *Domnului.*

> **Căci ați fost cumpărați cu un preț. Proslăviți dar pe Dumnezeu în trupul și în duhul vostru, cari sînt ale lui Dumnezeu. (1 Cor. 6:20)**
> **De veți voi și veți asculta, veți mînca cele mai bune roade ale țării. (Isa. 1:19)**

    3. Muncitorul creștin nu trebuie să lucreze ca unul care caută să placă oamenilor. El nu trebuie să lucreze doar atunci când îl vede șeful. Există oameni care caută *să intre în grațiile* șefului. Ei sunt cei care încetinesc lucrul atunci când șeful nu se uită și care grăbesc ritmul când se uită șeful. Ei se fac vinovați de căutarea unor favoruri pe care nu le merită. Asemenea standarde distrug toată demnitatea muncii și pătează numele lui Cristos. Când un om se întoarce acasă de la serviciu, el trebuie să își pună o singură întrebare: prestația lui L-a mulțumit pe Dumnezeu?

> **Căci au iubit mai mult slava oamenilor decît slava lui Dumnezeu. (Ioan 12:43)**
> **Frica de oameni este o cursă, dar cel ce se încrede în Domnul n'are dece să se teamă. (Prov. 29:25)**

    4. Muncitorul creștin trebuie să lucreze ca un slujitor al lui Cristos care face voia lui Dumnezeu *din inimă. Din inimă* (ek psyches) înseamnă cu interes și cu energie. Este opusul rutinei și al indiferenței, a lipsei de energie și pasiune pentru munca depusă. Muncitorul creștin trebuie mereu să țină cont de următorul lucru: char dacă șeful nu se uită, Cristos vede ce fel de muncă face el. Prin urmare, el trebuie să lucreze ca și cum ar lucre pentru Cristos. De fapt sensul vieții lui și al inimii lui trebuie să fie munca pentru Cristos. El trebuie să muncească....

- ca să-L slujească pe Cristos
- ca să facă voia lui Dumnezeu
- să le facă pe amândouă *din inimă*

> **Fiindcă am primit dar o împărăție, care nu se poate clătina, să ne arătăm mulțămitori, și să aducem astfel lui Dumnezeu o închinare plăcută, cu evlavie și cu frică. (Evrei 12:28)**

EFESENI 6:5-9

Voi să slujiți Domnului, Dumnezeului vostru, și El vă va binecuvînta pînea și apele, și voi depărta boala din mijlocul tău. (Exod 23:25)

5. Muncitorul creștin trebuie să lucreze cu *voie bună*, și trebuie să o facă pentru Domnul, nu pentru oameni. Din nou, sensul și energia vieții lui trebuie să fie a lucre ca un slujitor al lui Cristos. Nu se putea spune mai clar: muncitorul creștin slujește Domnului, nu oamenilor. Oriunde lucrează și orice lucrează – atâta timp cât nu este o muncă imorală sau nedreaptă – muncitorul creștin trebuie să lucreze cu sârguință și seriozitate. El trebuie să lucreze ca și când șeful lui ar fi Isus Cristos, nu un om.

Încolo, ce se cere dela ispravnici, este ca fiecare să fie găsit credincios în lucrul încredințat lui. (1 Cor. 4:2)
De aceea, prea iubiții mei frați, fiți tari, neclintiți, sporiți totdeauna în lucrul Domnului, căci știți că osteneala voastră în Domnul nu este zădarnică. (1 Cor. 15:58)
Ca niste buni ispravnici ai harului felurit al lui Dumnezeu, fiecare din voi sa slujeasca altora dupa darul, pe care l-a primit. (1 Pet. 4:10)

6. Rezultatul unei munci sârguincioase este *o răsplată pe măsură*. Dumneze îi va da muncitorului creștin *exact* atât cât merită după cum și cât a muncit, nici mai mult nici mai puțin. Dumnezeu nu are în vederea fața omului. Fiecare va primi exact atât cât merită în urma activității desfășurate pe pământ...

- indiferent de profesie
- indiferent de bogăție
- indiferent de poziție
- indiferent de sărăcie

Un om poate să fi fost un muncitor cinstit sau necinstit, bun sau rău, alb sau negru, calificat sau necaligicat, om de afaceri sau zilier, cu disabilități sau talentat – nu contează. Fiecare va primi de la Dumnezeu exact atât cât a investit el în munca sa. Dacă a muncit cu sârguință, ca pentru Cristos, el va fi răsplătit din belșug. Dacă a muncit pentru oameni sau pentru propria persoană, el va continua pe calea oamenilor și va fi pierdut pentru veșnicie. Dacă a fost câteodată harnic și câteodată leneș, atunci va primi o răsplată parțială. "Știți că fiecare va primi răsplată de la Domnul după binele pe care-l va fi făcut".

Căci toți trebuie să ne înfățișăm înaintea scaunului de judecată al lui Hristos, pentru ca fiecare să-și primească răsplata după binele sau răul, pe care -l va fi făcut cînd trăia în trup. (2 Cor. 5:10)
Stăpînul său i-a zis: Bine, rob bun și credincios; ai fost credincios în puține lucruri, te voi pune peste multe lucruri; intră în bucuria stăpînului tău! (Mat. 25:23)
Căci cine umblă cu strîmbătate, își va primi plata după strîmbătatea, pe care a făcut-o; și nu se are în vedere fața omului. (Col 3:25)

2. (6:9) Angajator—Om de afaceri—Manageri—Stăpâni: angajatorul sau managerul primește două porunci clare în legătură cu modul în care trebuie să își trateze angajații sau subalternii.

1. Managerul trebuie să facă aceleași lucruri care le sunt cerute și muncitorilor. El trebuie să își trateze muncitorii așa cum ar dori ca moncitorii să îl trateze pe el. (Ce diferență ar fi în relațiile dintre angajați și angajatori dacă principiul acesta ar fi practicat de ambele părți !)

Managerul sau angajatoru trebuie să își dea seama că el trăiește și lucrează...

- ca să Îl slujească pe Domnul și pe angajați cu frică și cutremur, adică să se poarte cu respect și cu o grijă reală (The Amplified New Testament).
- ca să slujească cu o inimă sinceră, lucrând *ca pentru Cristos*.
- slujind nu de ochii lumii, căutând să placă oamenilor.
- slujind ca niște slujitori ai lui Cristos, care fac voia lui Cristos din inimă.
- slujind cu voie bună, ca pentru Domnul, nu ca pentru oameni.
- slujind fiind conștient că va primi o răsplată conform cu modul în care a lucrat.

Angajatorul sau managerul așteaptă cel puțin două lucruri de la muncitorii lui: hărnicie și loialitate. Ceea ce se așteaptă de la angajator este tot la fel: sârguință în activitatea de organizare și loialitate față de oamenii pe care îi conduce. Această loialitate este demonstrată prin salarii corecte și siguranța locului de muncă.

2. Managerul nu trebuie să amenințe. Asta nu înseamnă că un muncitor nu poate fi mustrat sau concediat dacă este leneș și ne loial. Dumnezeu nu încurajează lenevia, indiferența sau apatia. Dumnezeu mustră și disciplinează atunci

când este nevoie. Dar observați: măsurile dure trebuie luate numai după ce au fost luate toate măsurile corective. Fiecare om – chiar și un muncitor amărât – merită să fie salvat și transformat într-un muncitor constiincios dacă este posibil. Și el este o ființă umană care trăiește pe pămân ca și noi ceilalți, și atât timp cât se află pe pământ, Dumnezeu va încerca să se atingă de el. De aceea, merită să ne apropiem de el dacă putem. Din acest motiv, trebuie făcut tot ce se poate pentru a instrui și a perfecționa fiecare muncitor, oricât de neproductiv.

Ideea este următoarea: angajații și managerii trebuie să se ferească să rostească amenințări, pentru că și ei au un Stăpân în cer, și Acesta nu are favoriți nici nu este părtinitor. Ca angajatori și manageri, fiecare muncitor este responsabil înaintea noastră; tot așa ne consider Dumnezeu responsabili înaintea Lui. Prin urmare, amenințările trebuie făcute întotdeauna cu grijă și cu bun simț.

Și voi, stăpînilor, purtați-vă la fel cu ei; feriți-vă de amenințări, ca unii cari știți că Stăpînul lor și al vostru este în cer, și că înaintea Lui nu se are în vedere fața omului. (Efes. 6:9)

Stăpînilor, dați robilor voștri ce le datorați, și ce li se cuvine, căci știți că și voi aveți un Stăpîn în cer. (Col. 4:1)

Să nu asupreşti pe aproapele tău, și să nu storci nimic dela el prin silă. Să nu opreşti pînă a doua zi plata celui tocmit cu ziua. (Lev. 19:13)

Să-i dai plata pentru ziua lui înainte de apusul soarelui; căci e sărac, și o dorește mult. Altfel, ar striga către Domnul împotriva ta, și te-ai face vinovat de un păcat. (Deut. 24:15)

De aş fi nesocotit dreptul slugii sau slujnicei mele, cînd se certau cu mine (Iov 31:13)

Vai de cel ce îşi zideşte casa cu nedreptate, și odăile cu nelegiuire; care pune pe aproapele său să lucreze degeaba, fără să-i dea plata. (Jer 22:13)

Mă voi apropia de voi pentru judecată, și Mă voi grăbi să mărturisesc împotriva descîntătorilor și preacurvarilor, împotriva celor ce jură strîmb, împotriva celor ce opresc plata simbriaşului, cari asupresc pe văduvă și pe orfan, nedreptăţesc pe străin, și nu se tem de Mine, zice Domnul oştirilor. (Mal 3:5)

| 1. Îndemnul soldatului
  a. Întăriți-vă în Domnul—în marea Lui putere
  b. Îmbrăcați-vă cu toată armura lui Dumnezeu
2. Dușmanul soldatului: Diavolul și uneltirile lui
3. Războiul soldatului: Nu omenesc, ci spiritual

1. Datoria soldatului: Să ia toată armura lui Dumnezeu
  a. Ca să se împotrivească în ziua cea rea
  b. Ca să rămână în picioare

2. Armura soldatului
  a. Brâul adevărului | V. RĂZBOIUL CREDINCIOSULUI CREȘTIN, 6:10-24

A. Armura soldatului creștin, 6:10-20

10. Încolo, fraților, întăriți-vă în Domnul și în puterea tăriei Lui.
11. Îmbrăcați-vă cu toată armătura lui Dumnezeu, ca să puteți ținea piept împotriva uneltirilor diavolului.
12. împotriva stăpînitorilor întunericului acestui veac, împotriva duhurilor răutății cari sînt în locurile cerești.
13. De aceea, luați toată armătura lui Dumnezeu, ca să vă puteți împotrivi în ziua cea rea, și să rămîneți în picioare, după ce veți fi biruit totul.
14. Stați gata dar, având mijlocul încins cu adevărul, | îmbrăcați cu platoșa neprihănirii,
15. avînd picioarele încălțate cu râvna Evangheliei păcii.
16. Pe deasupra tuturor acestora, luați scutul credinței, cu care veți putea stinge toate săgețile arzătoare ale celui rău.
17. Luați și coiful mântuirii și sabia Duhului, care este Cuvântul lui Dumnezeu.
18. Faceți în toată vremea, prin Duhul, tot felul de rugăciuni și cereri. Vegheați la aceasta, cu toată stăruința, și rugăciune pentru toți sfinții,
19. și pentru mine, ca, oridecâteori îmi deschid gura, să mi se dea cuvânt, ca să fac cunoscut cu îndrăzneală taina Evangheliei,
20. al cărei sol în lanțuri sînt; pentruca, zic, să vorbesc cu îndrăzneală, cum trebuie să vorbesc. | b. Platoșa neprihănirii

c. Sandalele Evangheliei

d. Scutul credinței

e. Coiful mântuirii
f. Sabia Duhului

3. Purtarea de grijă supranaturală: Rugăciune – mereu rugăciune
  a. Cu tot felul de rugăciuni
  b. În Duhul
  c. Mereu în alertă
  d. Pentru toți sfinții și pentru lucrători în special |

SECȚIUNEA V

RĂZBOIUL CREDINCIOSULUI CREȘTIN, 6:10-24

A. ARMURA SOLDATULUI CREȘTIN, 6:10-20

6:10-20) **Introducere—Război spiritual**: Pavel a vorbit mai devreme despre umblarea credinciosului(Efes.4:1-6:9). Acum, dintr-o dată, el îl izbește pe cititor și pe ascultător printr-o schimbare de subiect. El spune că mai este un mod de a privi viața credinciosului în Cristos. Viața credinciosului este un câmp de bătălie. Imediat după ce L-a primit pe Cristos, credinciosul se găsește într-o continuă luptă. El este angajat într-o luptă neîncetată, într-un război nesfârșit. El este un luptător, un soldat aflat în central conflictului.Chemarea lui nu este la o viață de plăceri și de odihnă, ci la o viață de conflict dur. Există dușmani înăuntru și în afară. De la leagăn la mormânt are loc o luptă continuă împotriva poftelor firii păcătoase și împotriva ispitelor oferite de Satan și de lume—o luptă împotriva unei stricăciuni excesive care în mod inevitabil duce la moarte. (Rom.7:21; Gal.5:17; 6:8; Efes.4:22b; 6:10).

1. Îndemnul soldatului (vv.10-11).
2. Dușmanul soldatului: diavolul și uneltirile (v.11).
3. Războiul soldatului: nu omenesc, ci spiritual(v.12).
4. Datoria soldatului: să ia toată armura lui Dumnezeu (v.13).
5. Armura soldatului (vv.14-17).
6. Purtarea de grijă supranaturală: rugăciune—mereu rugăciune (vv.18-20).

1. (6:10-11) **Război spiritual**: există un îndemn adresat soldatului creștin. Credincioșii creștini trebuie să asculte de acest îndemn, nu de îndemnurile lumii. Credincioșii creștini trebuie să împlinească cu credincioșie ce urmează mai departe. Nu există vreo altă cale de a-i birui pe dușmanii care se împotrivesc cu atâta forță credinciosului creștin. Dacă credinciosul nu dă ascultare îndemnului și mesajului din acest pasaj, el va cădea în ispită și în păcat și va ajunge să trăiască în felul în care trăiesc majoritatea oamenilor:

⇒ fără a experimenta belșugul și bucuria vieții.
⇒ fără a experimenta puterea și izbăvirea, grija, dragostea și părtășia prezenței zilnice a lui Dumnezeu.
⇒ fiind nesiguri și incerți cu privire la viitor.
⇒ neavând încrederea și siguranța acceptării lui Dumnezeu.
⇒ fără a avea siguranța că vor trăi veșnic cu Dumnezeu.

EFESENI 6:10-20

Un credincios trebuie să ia aminte la ceea ce spune Dumnezeu în acest pasaj; el trebuie să facă exact ce spune Dumnezeu pentru a-i birui pe marii dușmani din viață. Îndemnul este îndreptat în două direcții.

1. Credinciosul trebuie să fie tare *în Domnul* și în puterea tăriei Lui. Observați ce mult accent se pune pe această putere și tărie. Sunt folosite trei cuvinte:

⇒ fiți *tari*

⇒ în *puterea tăriei* Domnului

Fiecare dintre aceste cuvinte este folosit pentru a accentua absoluta nevoie a credinciosului de a fi tare și de a avea putere.

⇒ Cuvântul *tari* (endunamoo) înseamnă putere, tărie, rezistență. Credinciosul trebuie să posede putere, tărie și rezistență în umblarea lui prin viața aceasta.

⇒ *Puterea* (kratos) Domnului se referă la puterea Lui suverană nelimitată și la stăpânirea lui peste toate lucrurile.

⇒ *Tăria* Domnului (ischuos) înseamnă putere, forță, abilitate. Înseamnă că El are abilitatea de a-și folosi puterea și forța cu înțelepciune, adică, într-un mod perfect.

Credinciosul trebuie să fie tare în puterea suverană nelimitată a Domnului – în puterea tăriei Lui – în abilitatea Lui de a-Și folosi puterea exact așa cum ar trebui ea folosită. (Vezi schița și comentariul—Efes.1:19-23 pentru mai multe discuții despre puterea lui Dumnezeu.)

Dar observați un punct esențial: puterea credinciosului nu este omenească, firească; nu este puterea vreunui lucru din lumea aceasta. Puterea credinciosului se găsește *în Domnul* – într-o relație vie și dimanică cu El. Domnul este sursa puterii credinciosului. Nu există nicio altă sursă care poate să-i dea omului puterea de a birui lumea aceasta cu toate încercările, ispitele și pericolele din ea.

2. Credinciosul trebuie să îmbrace armura lui Dumnezeu. După ce credinciosul *s-a întărit pe dinăuntru*, atunci este pregătit să ia armura lui Dumnezeu. Dar observați: nicio armură nu poate atinge scopul pentru care există dacă cel care o poartă, credinciosul, nu este dornic și dispus să lupte în inima lui. Credinciosul trebuie—trebuie neapărat—să fie tare în Domnul înainte de se putea îmbrăca în armura lui Dumnezeu și de a începe războiul împotriva dușmanilor din viață. O dată de omul are în inima lui prezența și puterea lui Dumnezeu, de-abia atunci poate să se înarmeze pentru a începe un război împotriva dușmanilor săi spirituali. Observați acum un punct și mai esențial: el trebuie să îmbrace *toată armura* lui Dumnezeu, fără a uita nimic din ea. Dacă el uită să îmbrace o parte din armură, atunci este vulnerabil înaintea dușmanului și are șanse mari să fie rănit, poate chiar ucis.

Îndemnul este întăriți-vă în Domnul și în puterea tăriei Lui. Îmbrăcați-vă cu toată armura lui Dumnezeu.

> **Căci niciun cuvânt dela Dumnezeu nu este lipsit de putere. (Luca 1:37)**
>
> **Și-L rog ca, potrivit cu bogăția slavei Sale, să vă facă să vă întăriți în putere, prin Duhul Lui, în omul din lăuntru. (Efes. 3:16)**
>
> **Iar a Celui ce, prin puterea care lucrează în noi, poate să facă nespus mai mult decît cerem sau gândim noi. (Efes. 3:20)**
>
> **Întăriți, cu toată puterea, potrivit cu tăria slavei Lui, pentru orice răbdare și îndelungă răbdare, cu bucurie. (Col. 1:11)**
>
> **Căci Dumnezeu nu ne-a dat un duh de frică, ci de putere, de dragoste și de chibzuință. (2 Tim. 1:7)**
>
> **Tu mă încingi cu putere pentru luptă, răpui subt mine pe protivnicii mei. (2 Sam. 22:40)**
>
> **Nu te teme, căci Eu sunt cu tine; nu te uita cu îngrijorare, căci Eu sunt Dumnezeul tău; Eu te întăresc, tot Eu îți vin în ajutor. Eu te sprijinesc cu dreapta Mea biruitoare. (Isa. 41:10)**

2. (6:11) **Satan—Război spiritual**: există un dușman al soldatului creștin. Acest dușman este diavolul și uneltirile lui. Cuvântul "uneltiri" (methodei) înseamnă înșelătorii, șiretenie, șmecherii, metode și strategii pe care diavolul le folosește pentru a duce război împotriva credinciosului. El va face tot ce-i va sta în putință ca să-l înșele și să-l captureze pe credincios.

1. Unele strategii prezintă interes pentru pofta ochilor. Satan va face în așa fel încât privirea credinciosului să cadă pe ceva, pe ceva foarte ispititor pentru fire (natura păcătoasă) și pentru trupul lui:

⇒ o mâncare delicioasă

⇒ o persoană atrăgătoare

⇒ o persoană care își dezgolește trupul

⇒ posesiuni materiale: haine, pământ, mașini, case, orice altceva

⇒ o anumită poziție

EFESENI 6:10-20

⇒ o anumită autoritate sau putere

Satan va prezenta ceva înaintea ochilor credinciosului, ceva atât de ispitor încât credinciosul nu are nicio şansă de a rezista decât dacă este îmbrăcat cu *toată* armura lui Dumnezeu. Satan îl va ademeni pe credincios să îşi mai scotă o dată în farfurie, să mai privească o dată, sau să înceapă să caute mai multă putere sau o poziţie mai înaltă pentru propria persoană. El se va folosi de toate strategiile pentru a ispiti firea (natura păcătoasă) şi mândria credinciosului.

> **Voi aveţi de tată pe diavolul; şi vreţi să împliniţi poftele tatălui vostru. El dela început a fost ucigaş; şi nu stă în adevăr, pentrucă în el nu este adevăr. Oridecâteori spune o minciună, vorbeşte din ale lui, căci este mincinos şi tatăl minciunii. (Ioan 8:44)**

> **Nu ştiţi că, dacă vă daţi robi cuiva, ca să-l ascultaţi, sunteţi robii aceluia de care ascultaţi, fie că este vorba de păcat, care duce la moarte, fie că este vorba de ascultare, care duce la neprihănire? (Rom. 6:16)**

> **Vorbesc omeneşte, din pricina neputinţei firii voastre pămînteşti: dupăcum odinioară v-aţi făcut mădulările voastre roabe ale necurăţiei şi fărădelegii, aşa că săvârşeaţi fărădelegea, tot aşa, acum trebuie să vă faceţi mădulările voastre roabe ale neprihănirii, ca să ajungeţi la sfinţirea voastră! (Rom. 6:19)**

> **În cari trăiaţi odinioară, după mersul lumii acesteia, după domnul puterii văzduhului, a duhului care lucrează acum în fiii neascultării. Între ei eram şi noi toţi odinioară, cînd trăiam în poftele firii noastre pămînteşti, cînd făceam voile firii pămînteşti şi ale gândurilor noastre, şi eram din fire copii ai mâniei, ca şi ceilalţi. (Eph 2:2-3)**

> **De unde vin luptele şi certurile între voi? Nu vin oare din poftele voastre, cari se luptă în mădularele voastre? Voi poftiţi, şi nu aveţi; ucideţi, pizmuiţi, şi nu izbutiţi să căpătaţi; vă certaţi, şi vă luptaţi; şi nu aveţi, pentrucă nu cereţi. Sau cereţi şi nu căpătaţi, pentrucă cereţi rău, cu gând să risipiţi în plăcerile voastre. Suflete prea curvare! Nu ştiţi că prietenia lumii este vrăjmăşie cu Dumnezeu? Aşa că cine vrea să fie prieten cu lumea se face vrăjmaş cu Dumnezeu. (Iacov 4:1-4)**

> **Nu iubiţi lumea, nici lucrurile din lume. Dacă iubeşte cineva lumea, dragostea Tatălui nu este în El. Căci tot ce este în lume: pofta firii pământeşti, pofta ochilor şi lăudăroşia vieţii, nu este dela Tatăl, ci din lume. (1 Ioan 2:15-16)**

2. O altă strategie a diavolului este să trimită un învăţător mincinos, un învăţător foarte impresionant, în calea credinciosului. Noi nu trebuie să uităm că Satan nu este ca un om de culoare roşie, cu coarne, cu o coadă ascuţită şi cu o furcă în mână. El este o fiinţă spirituală—o fiinţă care se transformă într-un *înger sau mesager de lumină*. Şi el are slujitori care umblă din loc în loc ca nişte propovăduitori ai neprihănirii, dar ei proclamă o neprihănire diferită de neprihănirea lui Cristos. Mesajul lor este mesajul autoneprihănirii, al...

- faptelor bune şi binelui care se găseşte în om
- eului şi imaginii de sine
- dezvoltării şi creşterii personale
- îmbunătăţirii şi corectării propriei persoane
- minţii şi voinţei

Astfel de mesaje sunt atrăgătoare pentru firea (natura păcătoasă) omului, şi îl pot ajuta. Trebuie să recunoaştem faptul acesta, dar astfel de mesaje nu sunt adevărata putere de care omul are nevoie. Ele nu pot să îl izbăvească pe om *din* marile încercări şi suferinţe ale vieţii şi ale morţii. Tot ce pot face aceste mesaje este să îl conducă pe om pe calea pe care merg toţi oamenii—calea morţii, a declinului şi a judecăţii veşnice.

Ideea este următoarea: una dintre strategiile preferate ale diavolului este să-i înşele pe oameni prin învăţători mincinoşi şi lucrători falşi şi prin mesajele neadevărate aduse de ei. Credinciosul nu are nicio şansă de a rezista dacă nu este îmbrăcat în *toată armura* lui Dumnezeu.

> **Ca să nu lăsăm pe Satana să aibă un câştig dela noi; căci nu sîntem în neştiinţă despre planurile lui. (2 Cor. 2:11)**

> **Dar mă tem ca, după cum şarpele a amăgit pe Eva cu şiretlicul lui, tot aşa şi gândurile voastre să nu se strice dela curăţia şi credincioşia care este faţă de Hristos. (2 Cor. 11:3)**

> **Oamenii aceştia sunt nişte apostoli mincioşi, nişte lucrători înşelători, cari se prefac în apostoli ai lui Hristos. Şi nu este de mirare, căci chiar Satana se preface într-un înger de lumină. Nu este mare lucru dar, dacă şi slujitorii lui se prefac în slujitori ai neprihănirii. Sfârşitul lor va fi după faptele lor. (2 Cor. 11:13-15)**

EFESENI 6:10-20

Ca să nu mai fim copii, plutind încoace și încolo, purtați de orice vânt de învățătură, prin viclenia oamenilor și prin șiretenia lor în mijloacele de amăgire. (Efes. 4:14)

Îmbrăcați-vă cu toată armătura lui Dumnezeu, ca să puteți ținea piept împotriva uneltirilor diavolului. (Efes. 6:11)

Arătarea lui se va face prin puterea Satanei, cu tot felul de minuni, de semne și puteri mincinoase. (2 Tes. 2:9)

Și balaurul cel mare, șarpele cel vechi, numit Diavolul și Satana, acela care înșală întreaga lume, a fost aruncat pe pământ; și împreună cu el au fost aruncați și îngerii lui. (Apoc. 12:9)

3. (6:12) **Război spiritual**: în al treilea rând, ne este prezentat războiul soldatului creștin. Acest război nu este unul omenesc sau fizic, ci spiritual. Wuest prezintă o imagine descriptivă a luptei spiritual a credinciosului:

"În cuvântul (luptă) [pale], Pavel folosește un termen grecesc din domeniul sportiv. Thayer îl definește astfel: "un concurs între două personae în care fiecare încearcă să-l doboare pe celălalt, și care se încheie atunci când învingătorul reușește să își țină la pământ adversarul, adică să-l țină la pământ apăsându-l cu mâna pe gât". Dacă luăm în considerare și faptul că celui care pierdea I se scoteau ochii drept pedeapsă și rămânea orb pentru tot restul vieții, putem să ne imagină reacția efesenilor greci la auzul ilustrației lui Pavel. Lupta creștinului împotriva puterilor întunericului nu este cu nimic mai puțin disperată și serioasă" (*Efeseni și Coloseni*, Vol.1, p.141).

Ideea care trebuie observată este că lupta credinciosului nu se dă împotriva cărnii și a sângelui. Potrivnicii lui nu sunt oameni sau ființe materiale: ei sunt de natură spirituală—forțe spirituale care posedă o putere incredibilă. Observați exact ce spune textul biblic: credinciosul luptă...

- împotriva căpeteniilor
- împotriva domniilor
- împotriva stăpânitorilor întunericului acestui veac
- împotriva duhurilor răutății care sunt în locurile cerești

Faptul acesta ne descoperă foarte clar câteva lucruri.

1. Forțele răului sunt niște forțe puternice. Scopul acestui verset este de a accentua puterea imensă a forțelor răului care se ridică împotriva credinciosului.

2. Forțele răului sunt numeroase. Căpetenii, domnii, stăpâniri—toate transmit ideea unui mare număr de forțe ale răului care luptă împotriva credinciosului.

3. Forțele răului se pare că sunt organizate într-o ierarhie a răului. Din nou, căpetenii, domnii, stăpâniri și puterile acestei lumi spirituale care sunt în locurile de sus—toate indică existența mai multor ranguri în lumea forțelor spirituale, având o autoritate, poziție și domnie extraordinară.

4. Forțele răului sunt puterile acestei lumi întunecate. Întunericul în Biblie înseamnă necunoașterea adevărului și a realității, necunoașterea naturii și a scopului pe care îl au lucrurile. De exemplu...

- Care este originea omului și a lumii lui?
- De unde vine omul și lumea lui?
- Care este scopul omului și al lumii lui? De ce există omul și lumea?
- Care este sfârșitul omului și al lumii lui? Există un loc pentru om dincolo de această viaț—o altă lume, o altă viață?

Întuneric înseamnă a nu cunoaște răspunsul la aceste întrebări ; a fi ignorant. Lumina înseamnă a-L cunoaște pe Dumnezeu și pe Fiul Său, Isus Cristos—a cunoaște că Dumnezeu și Cristos reprezintă Originea și Scopul și sfârșitul omului și al lumii lui. Lumina înseamnă să cunoști adevărul și realitatea despre om și despre lumea aceasta: că Dumnezeu a creat toate acestea pentru Sine, și că El își iubește creația și o mântuiește ca să trăiască alături de El o veșnicie—dacă oamenii vor crede și se vor încrede în El (vezi 2 Cor.4:4).

Forțele răului sunt puterile întunericului, puterile care orbesc mințile oamenilor ca să nu creadă în lumina evangheliei gloriei lui Cristos și a mântuirii lui veșnice.

5. Forțele răului sunt forțe spirituale ale răutății. Ele caută să primească loialitatea și devotamentul care I se cuvine lui Dumnezeu. De aceea, ele caută să cucerească spiritul omului—acea parte din om care este destinată să se închine lui Dumnezeu și să Îl slujească pe Dumnezeu și să existe pentru totdeauna. Dacă aceste forțe reușesc să captureze spiritul omului, atunci îl vor avea pentru veșnicie—vor avea viața și prezența omului în veci de veci. Prin urmare, ele fac tot ce le stă în putință ca să conducă *spiritul omului* spre rău. Ele sunt *forțele spirituale ale răului*.

EFESENI 6:10-20

Meditaţia 1. Unii oamenii au luat mereu în râs ideea unui diavol personal sau a unor demoni care există cu adevărat într-o aşa-numită lume spirituală. Ei simt că sunt prea educaţi şi prea inteligenţi ca să creadă asemenea prostii. Ei afirmă că astfel de idei sunt demodate şi aparţin perioadei Evului Mediu când oamenii erau cufundaţi în întuneric şi superstiţii. Dar observaţi un fapt semnificativ: omul este conştient de existenţa a ceea ce el numeşte...

- *spaime sau fobii aflate în subconştient* care îi afectează mintea şi trupul.
- *forţe nevăzute şi incontrolabile* care îi afectează foarte mult comportamentul.
- *comportament anormal* pe care nu îl poate controla chiar şi atunci când ştie mai bine şi doreşte să se poarte altfel.
- *forţe cosmice* care îi afectează şi îi determină comportamentul.
- *soarta oarbă* care îi controlează viaţa ca pe o marionetă.

F.F. Bruce vorbeşte despre sebiectul acesta:

Satan şi forţele lui demonice "se află pe cele mai înalte ranguri de îngeri-prinţi în ierarhia locurilor cereşti, şi totuşi cu toţii Îi datorează însăşi existenţa lor lui Cristos, prin Care au fost creaţi [Col.1:16], şi Care este Capul tuturor domniilor şi stăpânirilor" [Col.2:10]. Dar unele dintre aceste domnii şi stăpâniri s-au aventurat într-o răzvrătire împotriva lui Dumnezeu şi nu numai că au căutat să îi forţeze pe oameni să se închine înaintea lor, închinare care I se cuvine numai Lui, dar au lansat şi un atac asupra Cristosului răstignit, într-o vreme când credeau că Îl au în mâna lor şi la mila lor. Dar El, departe de a se supune atacului lor fără a riposta, a luptat împotriva lor, i-a dezbrăcat de armurile lor şi i-a umilit prin triumful Lui fără drept de apel [Col.2:15]. În felul acesta puterile ostile ale răului pe care trebuie să le înfrunte creştinii, sunt déjà nişte puteri înfrânte, însă numai prin unirea prin credinţă cu Isus Cristos cel biruitor, doar aşa poate biruinţa Lui să devină a lor (Epistola către Efeseni, p.127f).

Gândiţi-vă un moment şi fiţi sinceri. Gândiţi-vă la toată răutatea şi răul şi nedreptatea şi egoismul din lume—la toate...

- dezbinările
- prejudecăţile
- favoritismele
- mâniile
- urile
- mândriile
- războaiele
- uciderile

- aroganţa
- furturile
- minciunile
- blestemele
- amărăciunile
- certurile
- egoismul
- imoralitatea

Lista ar putea continua la nesfâtşit. Răutatea omului este o sursă pentru buletinele de ştiri zilnice. Gândiţi-vă puţin! Nu ştiu oamenii ce este bine? Nu stiu destui oameni să facă binele—destui ca să poată fi posibilă o schimbare în bine? Ba da, ştim. Şi atunci de ce nu schimbăm lumea? Textul următor ne spune de ce:

Căci noi n-avem de luptat împotriva cărnii şi sângelui, ci împotriva căpeteniilor, împotriva domniilor, împotriva stăpânitorilor întunericului acestui veac, împotriva duhurilor răutăţii cari sunt în locurile cereşti. (Efes. 6:12)

Dumnezeu—pentru că este Dumnezeu—trebuie să ne spună adevărul. El nu poate face altfel. Prin urmare, Dumnezeu ne descoperă faptul că, la fel de sigur ca orice lucru care se poate vedea pe pământ, există o forţă a răului care are acces la spiritul omului şi îl înrobeşte pe om şi îl determină să facă răul. Această forţă se numeşte Satan, cel care domneşte peste *stăpânitorii întunericului acestui veac.* Singura speranţă pe care o are credinciosul este îmbrăcarea cu *toată armura lui Dumnezeu.*

Şi I-a zis: Ţie Îţi voi da toată stăpânirea şi slava acestor împărăţii; căci mie îmi este dată, şi o dau oricui voiesc. (Luca 4:6)
Domnul a zis: Simone, Simone, Satana v-a cerut să vă cearnă ca grâul. (Luca 22:31)
Şi dacă Evanghelia noastră este acoperită, este acoperită pentru cei ce sunt pe calea pierzării, a căror minte necredincioasă a orbit-o dumnezeul veacului acestuia, ca să nu vadă strălucind lumina Evangheliei slavei lui Hristos, care este chipul lui Dumnezeu. (2 Cor. 4:3-4)

EFESENI 6:10-20

> Căci noi n-avem de luptat împotriva cărnii și sângelui, ci împotriva căpeteniilor, împotriva domniilor, împotriva stăpânitorilor întunerecului acestui veac, împotriva duhurilor răutății cari sunt în locurile cerești. (Efes. 6:12)
>
> Fiți treji și vegheați! Pentru că potrivnicul vostru, diavolul, dă târcoale ca un leu care răcnește, și caută pe cine să înghită. (1 Pet. 5:8)

Meditația 2. Marele savant grec Kenneth Wuest identifică forțele răului după cum urmează:

⇒ *Căpeteniile* (arche): "cei dintâi, cei din față, conducătorii."

⇒ *Domniile* (exousias): "autoritățile, demonii lui Satan din atmosfera inferioară care constituie împărăția lui a văzduhului."

⇒ *Stăpânitorii întunericului acestui veac* (kosmokrator): Satan și demonii lui.

⇒ *Duhurile răutății care sunt în locurile cerești* (pneumatika tes poneris): Satan și toate forțele lui demonice. (*Efeseni și Coloseni*, Vol.1, p.141.)

4. (6:13) **Război Spiritual**: continuăm cu datoria soldatului creștin. Datoria lui este să îmbrace toată armura lui Dumnezeu. Observați că nevoia credinciosului pentru *toată armura* lui Dumnezeu este din nou accentuată. Asta ne arată cât de esențială este armura. Noi trebuie să îmbrăcăm armura lui Dumnezeu. Este absolut necesar. De ce? Pentru că vine "ziua cea rea". Ce înseamnă "ziua cea rea?"

⇒ Se referă la ziua de *astăzi*—la atacul violent al răului care se petrece în lume astăzi: "zilele sunt rele" (Efes. 5:16).

⇒ Se referă la *orice zi*—la ispitele și încercările cu care ne confruntăm în orice moment din zi.

⇒ Se referă la *o zi de ispite și încercări neobișnuite*—la un atac special din partea răului care este lansat împotriva noastră.

Noi trebuie să biruim în ziua cea rea. Dar nu putem să biruim dacă nu ne-am făcut datoria—dacă nu am ascultat și nu ne-am pregătitun—dacă nu am îmbrăcat *toată armura* lui Dumnezeu.

> Noaptea aproape a trecut, se apropie ziua. Să ne desbrăcăm dar de faptele întunerecului, și să ne îmbrăcăm cu armele luminii. (Rom. 13:12)
>
> Căci armele cu cari ne luptăm noi, nu sunt supuse firii pămîntești, ci sunt puternice, întărite de Dumnezeu ca să surpe întăriturile. (2 Cor. 10:4)
>
> Luptă-te lupta cea bună a credinței; apucă viața vecinică la care ai fost chemat, și pentru care ai făcut aceea frumoasă mărturisire înaintea multor marturi. (1 Tim. 6:12)

5. (6:14-17) **Lupta spirituală—Război—Armura lui Dumnezeu**: există o armură a soldatului creștin. Nu uitați că Pavel era în închisoare, păzit tot timpul de gărzi, în timp ce scria epistola către biserica efesenilor. El avea tot timpul înaintea ochilor armura acelor soldați, zi de zi. Astfel avea o imagine ideală a armurii de care are nevoie credinciosul creștin pentru a lupta cu forțele răului.

1. *Brâul adevărului.* Brâul sau cureaua era folosită pentru a ține hainele soldatului strânse pe corp. Astfel, hainele nu puteau să fluture, iar soldatul avea mai multă libertate de mișcare. Cureaua mai era folosită pentru a întări și a susține corpul. Un semn al creștinului este mijlocul încins cu adevărul...

- nu un adevăr subiectiv sau individual.
- nu un adevăr așa cum este le văzut de un om sau un grup de oameni.
- nu un adevăr care se găsește în inovațiile născocite de om.
- nu un adevăr pe care-l învață religia.

Un astfel de adevăr personal este ego-centrat și restrictiv. Un astfel de adevăr vine de la un om limitat—o ființă atât de mică, de imperfectă și de fragilă încât îi este imposibil să descopere suficient adevăr, valabil pentru toți oamenii. El nu poate să descopere suficient adevăr ca să aducă viață oamenilor, nu viață veșnică. Dumnezeu și numai El posedă și poate să dăruiască acel adevăr autentic care îi îmbrățișează pe toți oamenii. Doar Dumnezeu poate împărtăși adevărul unei vieți din belșug și veșnice.

a. Ce este de fapt centura adevărului? Care este adevărul lui Dumnezeu pe care credinciosul trebuie să-l îmbrace?

⇒ În primul rând, Cristos este adevărul. Credinciosul trebuie să se îmbrace în Cristos (vezi STUDIU APROFUNDAT # 3—Efes. 4:24).

> Și Cuvântul S-a făcut trup, și a locuit printre noi, plin de har, și de adevăr. Și noi am privit slava Lui, o slavă întocmai ca slava singurului născut din Tatăl. (Ioan 1:14)

EFESENI 6:10-20

Isus i-a zis: Eu sunt calea, adevărul și viața. Nimeni nu vine la Tatăl decât prin Mine. (Ioan 14:6)

⇒ În al doile rând, Cuvântul lui Dumnezeu este adevărul. Credinciosul trebuie să se îmbrace în Cuvântul lui Dumnezeu. El este sfințit prin Cuvântul lui Dumnezeu.

Sfințește-i prin adevărul Tău: Cuvîntul Tău este adevărul. (Ioan 17:17)
Ca s-o sfințească, după ce a curățit-o prin botezul cu apă prin Cuvînt. (Efes. 5:26)

⇒ În al treilea rând, a spune adevărul și a trăi o viață în adevăr înseamnă a fi îmbrăcat cu adevărul.

De aceea, lăsați-vă de minciună: Fiecare dintre voi să spună aproapelui său adevărul, pentrucă sîntem mădulare unii altora. (Efes. 4:25)
Deci, ca unii care, prin ascultarea de adevăr, v-ați curățit sufletele prin Duhul, ca să aveți o dragoste de frați neprefăcută, iubiți-vă cu căldura unii pe alții, din toată inima. (1 Pet. 1:22)
Iată ce trebuie să faceți: Fiecare să spună aproapelui său adevărul; judecați în porțile voastre după adevăr și în vederea păcii. (Zaharia 8:16)
Legea adevărului era în gura lui, și nu s-a găsit nimic nelegiuit pe buzele lui; a umblat cu Mine în pace și în neprihănire, și pe mulți i-a abătut dela rău. (Mal 2:6)

b. Adevărul face câteva lucruri pentru soldatul creștin.
⇒ Îl ajută să nu ezite mereu între două lucruri, să nu fie aruncat încoace și încolo la fiecare atac al vrăjmașului.

Ca să nu mai fim copii, plutind încoace și încolo, purtați de orice vînt de învățătură, prin viclenia oamenilor și prin șiretenia lor în mijloacele de amăgire. (Efes. 4:14)

⇒ Îl ajută să nu se implice în poveștile oamenilor sau să se încurce cu problemele vieții pământești.

Sufere împreună cu mine, ca un bun ostaș al lui Hristos. Niciun ostaș nu se încurcă cu treburile vieții, dacă vrea să placă celui ce l-a scris la oaste. (2 Tim 2:3-4)

⇒ Îl sprijinește în bătăliile și încercările vieții.

Isus i-a zis: Eu sînt calea, adevărul și viața. Nimeni nu vine la Tatăl decît prin Mine. (Ioan 14:6)
Prin urmare, a trebuit să Se asemene fraților Săi în toate lucrurile, ca să poată fi, în ce privește legăturile cu Dumnezeu, un mare preot milos și vrednic de încredere, ca să facă ispășire pentru păcatele norodului. Și prin faptul că El însuș a fost ispitit în ceeace a suferit, poate să vină în ajutorul celor ce sînt ispitiți. (Evrei 2:17-18)
Căci n-avem un Mare Preot, care să n-aibă milă de slăbiciunile noastre; ci unul care în toate lucrurile a fost ispitit ca și noi, dar fără păcat. Să ne apropiem dar cu deplină încredere de scaunul harului, ca să căpătăm îndurare și să găsim har, pentruca să fim ajutați la vreme de nevoie. (Evrei 4:15-16)

2. *Platoșa neprihănirii.* Platoșa acoperea trupul soldatului de la gât până la coapse. Era folosită pentru a proteja inima. Inima credinciosului trebuie să se concentreze pe Domnul Isus Cristos și pe neprihănirea lui, și această concentrare trebuie protejată. Un semn al soldatului creștin este neprihănirea. Când un om este mântuit, Dumnezeu pune în dreptul lui, în contul lui, neprihănirea lui Cristos, sau altfel spus, Dumnezeu îl consideră neprihănit (vezi comentariul—Gal.2:15-16 pentru mai multe discuții). Și totuși, nu este destul să stai în neprihănirea lui Cristos. Credinciosul trebuie să își protejeze inima. El face asta printr-o trăire în neprihănire. Neprihănirea nu lasă ca inima să fie rănită sau să-și piardă concentrarea. Soldatul creștin trebuie...
- să caute neprihănirea lui Isus Cristos.
- să trăiască în neprihănire în această lume.

Căci vă spun că, dacă neprihănirea voastră nu va întrece neprihănirea cărturarilor și a Fariseilor, cu niciun chip nu veți intra în Împărăția cerurilor. (Mat. 5:20)

EFESENI 6:10-20

Dar acum s-a arătat o neprihănire (Grecește: dreptate), pe care o dă Dumnezeu, fără lege-despre ea mărturisesc Legea și proorocii- și anume, neprihănirea dată de Dumnezeu, care vine prin credința în Isus Hristos, pentru toți și peste toți cei ce cred în El. Nu este nici o deosebire. (Rom. 3:21-22)

Veniți-vă în fire, cum se cuvine, și nu păcătuiți! Căci sînt între voi unii, cari nu cunosc pe Dumnezeu: spre rușinea voastră o spun. (1 Cor. 15:34)

Pe Cel ce n'a cunoscut niciun păcat, El L-a făcut păcat pentru noi, ca noi să fim neprihănirea lui Dumnezeu în El. (2 Cor 5:21)

Plini de roada neprihănirii, prin Isus Hristos, spre slava și lauda lui Dumnezeu. (Filip. 1:11)

Și să fiu găsit în El, nu avînd o neprihănire a mea, pe care mi-o dă Legea, ci aceea care se capătă prin credința în Hristos, neprihănirea, pe care o dă Dumnezeu, prin credință. (Filip. 3:9)

Căci harul lui Dumnezeu, care aduce mîntuire pentru toți oamenii, a fost arătat, și ne învață s-o rupem cu păgînătatea și cu poftele lumești, și să trăim în veacul de acum cu cumpătare, dreptate și evlavie. (Tit 2:11-12)

3. *Sandalele evangheliei.* Sandalele sunt semnul pregătirii—a fi gata de plecare, de a mărșălui spre câmpul de luptă. Sandalele romane aveau pe talpă niște cuie care nu lăsau piciorul să alunece pe teren accidentat sau alonecos. Semnul soldatului creștin este această stare de pregătirere—el este gata de a mărșălui și a mărturisi evanghelia. Oriunde ar ajunge un soldat creștin, el duce vestea bună a evagheliei unei lumi care are nevoie disperată de această veste bună.

Meditația 1. Lehman Strauss face o afirmație legată de acest punct care uimește mandria omului modern: "Încălțămintea unui soldat nu înseamnă pantofii de dans ai acestei lumi, sau papucii de casă ai leneșului, ci este încălțămintea unui războinic, care Îl cunoaște pe Cristos și Îl face cunoscut" (*Galateni și Efeseni*, p.232).

Duceți-vă și faceți ucenici din toate neamurile, botezându-i în Numele Tatălui și al Fiului și al Sfântului Duh. Și învățați-i să păzească tot ce v-am poruncit. Și iată că Eu sunt cu voi în toate zilele, pînă la sfârșitul veacului. Amin (Mat. 28:19-20)

Apoi le-a zis: Duceți-vă în toată lumea, și propovăduiți Evanghelia la orice făptură. (Marcu 16:15)

Ci voi veți primi o putere, cînd Se va pogorî Duhul Sfînt peste voi, și-Mi veți fi martori în Ierusalim, în toată Iudea, în Samaria, și pînă la marginile pământului. (Fapte 1:8)

Căci mie nu mi-e rușine de Evanghelia lui Hristos; fiindcă ea este puterea lui Dumnezeu pentru mântuirea fiecăruia care crede: întâi a Iudeului, apoi a Grecului. (Rom. 1:16)

Ci sfințiți în inimile voastre pe Hristos ca Domn. Fiți totdeauna gata să răspundeți oricui vă cere socoteală de nădejdea care este în voi; dar cu blândețe și teamă. (1 Pet. 3:15)

4. *Scutul credinței în Dumnezeu.* Cuvântul "scut" nu se referă la scutul acela mic și rotund folosit de soldat în timp ce lupta pentru a se apăra de sabia dușmanului. Se referă la celălalt scut mai mare și mai lung purtat de soldat pentru a se apăra de săgețile aprinse ale dușmanului. Săgețile erau înmuiate în smoală sau alt material inflamabil, și apoi aprinse. Când loveau cu ele, rolul lor era de mici bombe incendiare. Satan are săgețile lui aprinse—acele lucruri care îl fac pe credincios...

- să se îndoiască de mântuirea lui
- să se îndoiască de chemarea lui
- să se întrebe dacă este vrednic
- să se îndoiască de abilitatea lui de a sluji
- să se întrebe dacă un anumit proiect este posibil
- să-și pună întrebări, să aibă îndoieli și nesiguranțe
- să devină descurajat, deprimat și înfrânt
- să fie mistuit de patimi și dorințe

Astfel de săgeți aprinse atacă mintea—printr-o avalanșă de gânduri pline de îndoieli—luptă împotriva voinței—se luptă să preia controlul minții și să înrobească îndoielilor și răului.

Totuși, semnul soldatului creștin este acest scut al credinței, credința în Dumnezeu—o încredere totală și perfectă care va stinge săgețile îndoielii și răului care îl atacă, credința că Dumnezeu îl va ajuta să-și controleze mintea și să biruiască toate gândurile rele și toate îndoielile. Soldatul creștin este așa de conștient de prezența lui Dumnezeu încât însăși *prezența lui Dumnezeu* devine scutul și răsplata lui. (Gen.15:1). Cum spune Scriptura, Dumnezeu este ajutorul și scutul lui (Ps.33:20; 84:9), soarele și scutul lui (Ps.84:11).

Dar, Tu, Doamne, Tu ești scutul meu, Tu ești slava mea și Tu îmi înalți capul! Eu strig cu glasul meu către Domnul, și El îmi răspunde din muntele Lui cel sfânt. (Oprire) (Ps. 3:3-4)

EFESENI 6:10-20

Sufletul nostru nădăjduieşte în Domnul; El este ajutorul şi scutul nostru. (Ps. 33:20)

Domnul scapă sufletul robilor Săi, şi niciunul din cei ce se încred în El, nu este osândit. (Ps. 34:22)

Încredinţează-ţi soarta în mâna Domnului, încrede-te în El, şi El va lucra. (Ps. 37:5)

Tu, care eşti scutul nostru, vezi, Dumnezeule, şi priveşte faţa unsului Tău! (Ps. 84:9)

Căci Domnul Dumnezeu este un soare şi un scut, Domnul dă îndurare şi slavă, şi nu lipseşte de niciun bine pe cei ce duc o viaţă fără prihană. (Ps. 84:11)

Mai bine este să cauţi un adăpost în Domnul, decât să te încrezi în om. (Ps. 118:8)

Frica de oameni este o cursă, dar cel ce se încrede în Domnul n-are de ce să se teamă. (Prov 29:25)

Celui cu inima tare, Tu-i chezăşuieşti pacea; da, pacea, căci se încrede în Tine. Încredeţi-vă în Domnul pe vecie, căci Domnul Dumnezeu este Stânca veacurilor. (Isa. 26:3-4)

Isus a luat cuvântul şi le-a zis: Aveţi credinţă în Dumnezeu! De aceea vă spun că orice lucru veţi cere, când vă rugaţi, să credeţi că l-aţi şi primit, şi-l veţi avea. (Marcu 11:22,24)

De aceea, oamenilor, liniştiţi-vă, căci am încredere în Dumnezeu că se va întâmpla aşa cum mi s-a spus. (Fapte 27:25)

Şi, fără credinţă, este cu neputinţă să fim plăcuţi Lui! Căci cine se apropie de Dumnezeu trebuie să creadă că El este şi că răsplăteşte pe cei ce-L caută. (Evrei 11:6)

5. *Coiful mântuirii.* Coiful acoperea capul şi mintea soldatului. Capul, desigur, este esenţa puterii soldatului de a lupta în război. Abilitatea lui de a gândi era cel mai important factor care hotăra victoria sau înfrângerea. Prin urmare, soldatul avea nevoie de un coif care să îi protejeze capul şi mintea. Semul soldatului creştin este coiful mântuirii (izbăvirii). El trebuie să îşi protejeze mintea şi gândurile, concentrându-şi toate gândurile asupra Comandantului, Domnul Isus Cristos, şi asupra obiectivului Lui de a atinge întreaga lume cu glorioasa veste că oamenii pot trăi veşnic.

Coiful care protejează mintea creştinului este *mântuirea.* Dacă un om nu a fost mântuit, mintea lui nu poate fi protejată de săgeţile arzătoare ale ispitelor. Mintea unui om nemântuit este concentrată asupra acestui pământ; pentru el este normal şi natural...

- să caute să adune tot mai mult şi mai mult.
- să posede tot mai mult.
- să privescă plin de dorinţă sexul opus.
- Să guste şi să se răsfeţe cu lucrurile bune de pe pământ.
- să simtă şi să experimenteze lucruri prin care îşi satisface dorinţele şi pasiunile.
- să adune multe lucruri, chiar atunci când alţii au foarte puţin sau nu au nimic.

Un om nemântuit nu vede nicio problemă în a trăi pentru sine, a face tot ce doreşte, atâta timp cât se poartă într-un mod amical, respectabil cu cei din jur. Mintea şi gândurile lui sunt concentrate asupra pământului; şi săgeţile arzătoare ale extravaganţei, ale răsfăţului, plăcerilor, egoismului, păcatului, adunării de bogăţii, şi imoralităţii, sunt o parte din comportamentul zilnic al unui om nemântuit.

Nu tot aşa este cu un om mântuit. Mintea omului mântuit este concentrată pe Cristos şi pe misiunea Lui de propovăduire a veştii bune, dătătoare de viaţă, viaţă din belşug şi viaţă veşnică. Din această cauză, Satan îşi aruncă săgeţile lui aprinse ale ispitei împotriva minţii credinciosului, încercând să îi distragă gândurile şi atenţia de la Cristos şi de la misiunea lui de a câştiga suflete. Soldatul creştin are nevoie disperată de coiful mântuirii. *Coiful mânturii* înseamnă cunoaşterea şi nădejdea mântuirii. Dacă ştim să suntem mântuiţi şi sperăm în glorioasa zi a izbăvirii, atunci...

- vom fi motivaţi să ne concentrăm mintea şi gândurile asupra lui Cristos şi nu asupra păcatului şi lumii.
- Vom fi determinaţi să ne concentrăm asupra lui Cristos şi asupra misiunii lui de a duce evanghelia unei lumi care are nevoie de ea.

Şi umblarea după lucrurile firii pământeşti este moarte, pe când umblarea după lucrurile Duhului este viaţă şi pace. (Rom. 8:6)

Să nu vă potriviţi chipului veacului acestuia, ci să vă prefaceţi, prin înnoirea minţii voastre, ca să puteţi deosebi bine voia lui Dumnezeu: cea bună, plăcută şi desăvârşită. (Rom. 12:2)

Noi răsturnăm izvodirile minţii şi orice înălţime care se ridică împotriva cunoştinţei lui Dumnezeu; şi orice gând îl facem rob ascultării de Hristos. (2 Cor. 10:5)

Cu privire la felul vostru de viaţă din trecut, să vă dezbrăcaţi de omul cel vechi care se strică după poftele înşelătoare; şi să vă înnoiţi în duhul minţii voastre, şi să vă îmbrăcaţi în omul cel nou, făcut după chipul lui Dumnezeu, de o neprihănire şi sfinţenie pe care o dă adevărul. (Efes. 4:22-24)

Încolo, fraţii mei, tot ce este adevărat, tot ce este vrednic de cinste, tot ce este drept, tot ce este curat, tot ce este vrednic de iubit, tot ce este vrednic de primit, orice faptă bună şi orice laudă, aceea să vă însufleţească. (Filip. 4:8)

Celui cu inima tare, Tu-i chezăşuieşti pacea; da, pacea, căci se încrede în Tine. (Isa. 26:3)

EFESENI 6:10-20

El vede că nu este niciun om și Se miră că nimeni nu mijlocește. Atunci brațul Lui Îi vine în ajutor, și neprihănirea Lui Îl sprijină. Se îmbracă cu neprihănire ca și cu o platoșă, Își pune pe cap coiful mântuirii; ia răzbunarea ca o haină și Se acoperă cu gelozia ca și cu o manta. (Isa. 59:16-17)

6. *Sabia Duhului este Cuvântul lui Dumnezeu.* Sabia era o armă folosită atât pentru apărare cât și pentru atac. Sabia era folosită și pentru apărarea înaintea dușmanului, și pentru înfrângerea și uciderea dușmanului. Semnul soldatului creștin este modul în care el folosește Cuvântul lui Dumnezeu. Trăind în Scripturi, el se păzește de atacurile dușmanului; și luptă câștigând bătălie după bătălie, zi după zi. Nu uitați: Isus Cristos a biruit atacurile diavolului folosind Scriptura (Mat.4:4, 7, 10). Cuvântul scris este arma care asigură biruința pentru soldatul creștin, căci "Cuvântul lui Dumnezeu este viu și lucrător, mai tăietor decât orice sabie cu două tăișuri."

Căci Cuvântul lui Dumnezeu este viu și lucrător, mai tăietor decât orice sabie cu două tăișuri: pătrunde până acolo că desparte sufletul și duhul, încheieturile și măduva, judecă simțirile și gândurile inimii. (Evrei 4:12)

În mâna dreaptă ținea șapte stele. Din gura Lui ieșea o sabie ascuțită cu două tăișuri, și fața Lui era ca soarele când strălucește în toată puterea lui. (Apoc. 1:16)

Îngerului Bisericii din Pergam scrie-i: "Iată ce zice Cel ce are sabia ascuțită cu două tăișuri: Pocăiește-te, dar. Altfel, voi veni la tine curând și Mă voi război cu ei cu sabia gurii Mele." (Apoc. 2:12, 16)

Cum își va ține tânărul curată cărarea? Îndreptându-se după cuvântul Tău. (Ps. 119:9)

Strâng cuvântul Tău în inima mea, ca să nu păcătuiesc împotriva Ta! (Ps. 119:11)

6. (6:18-20) **Rugăciune—Război spiritual**: soldatul creștin are o armă secretă spuranaturală—rugăciunea—*un duh continuu ude rgăciune.* Soldatul intră în conflict îmbrăcat și înarmat complet, dar mai este nevoie de încă ceva esențial: încrederea, siguranța și curajul. Acestea vin dintr-un spirit de rugăciune.

Următoarele lucruri trebuie observate cu privire la rugăciunea soldatului.

1. El trebuie să se roage—să se roage întotdeauna. Soldatul care nu se roagă întotdeauna nu este asigurat de protecția lui Dumnezeu. Soldatul creștin trebuie să se roage tot timpul pentru a menține o legătură neîntreruptă cu Dumnezeu și pentru a fi mereu conștient de prezența și grija Lui. Rugăciunea naște încredere, siguranță și curaj

Cereți, și vi se va da; căutați și veți găsi; bateți, și vi se va deschide. (Mat. 7:7)

Până acum n-ați cerut nimic în Numele Meu: cereți, și veți căpăta, pentru ca bucuria voastră să fie deplină. (Ioan 16:24)

Nu vă îngrijorați de nimic; ci, în orice lucru, aduceți cererile voastre la cunoștința lui Dumnezeu, prin rugăciuni și cereri, cu mulțumiri. (Filip. 4:6)

Stăruiți în rugăciune, vegheați în ea cu mulțumiri. (Col. 4:2)

Aurul și argintul vostru au ruginit; și rugina lor va fi o dovadă împotriva voastră: ca focul are să vă mănânce carnea! V-ați strâns comori în zilele din urmă! (Iacov 5:3)

Căutați pe Domnul și sprijinul Lui, căutați necurmat fața Lui! (1 Cron. 16:11)

2. El trebuie să se roage "în Duhul", adică în Duhul Sfânt, în Duhul singurului Dumnezeu viu și adevărat. Rugăciunea adresată oricărui alt dumnezeu, sau propriilor gânduri, sau unui *dumnezeu făcut de om* este goală și inutilă.

Și tot astfel și Duhul ne ajută în slăbiciunea noastră: căci nu știm cum trebuie să ne rugăm. Dar însuși Duhul mijlocește pentru noi cu suspine negrăite. Și Cel ce cercetează inimile știe care este năzuința Duhului; pentru că El mijlocește pentru sfinți după voia lui Dumnezeu. (Rom . 8:26-27)

3. El trebuie *să vegheze în rugăciune.* Soldatul creștin trebuie să se concentreze și să persevereze în rugăciune. El trebuie să ajungă la punctul în care *să renunțe la somn* pentru rugăciune—uneori este așa de intens implicat în rugăciune încât renunță la somn pentru a se putea ruga.

Vegheați și rugați-vă, ca să nu cădeți în ispită; duhul, în adevăr, este plin de râvnă, dar carnea este neputincioasă. (Mat. 26:41)

Isus le-a spus o pildă, ca să le arate că trebuie să se roage necurmat și să nu se lase. (Luca 18:1)

Voi să nu fiți așa. Ci cel mai mare dintre voi să fie ca cel mai mic; și cel ce cârmuiește, ca cel ce slujește. (Luca 22:26)

Rugați-vă neîncetat. (1 Tes. 5:17)

4. El trebuie să se roage fără urmă de egoism. Soldatul nu este în luptă singur; mulţi alţii sunt angajaţi în acelaşi război. Deznodământul bătăliei depinde de toţi cei care sunt implicaţi. Soldatul creştin trebuie să se roage pentru cei care luptă alături de el. El trebuie să se roage la fel de intens pentru cei din jur, cum se roagă pentru el însuşi.

> **De aceea şi eu, de când am auzit despre credinţa în Domnul Isus care este în voi şi despre dragostea voastră pentru toţi sfinţii, nu încetez să aduc mulţumiri pentru voi, când vă pomenesc în rugăciunile mele. (Efes. 1:15-16)**
> **Faceţi în toată vremea, prin Duhul, tot felul de rugăciuni şi cereri. Vegheaţi la aceasta, cu toată stăruinţa, şi rugăciune pentru toţi sfinţii (Efes. 6:18)**

5. El trebuie să se roage în mod special pentru conducători. Conducătorii, deciziile şi exemplul lor, deseori determină rezultatul bătăliei. Soldatul creştin are lideri care predică, învaţă şi lucrează în biserică şi în întreaga lume. Ei au nevoie de hătărâre şi de curăţie pentru a-l pune pe fugă pe duşman şi pentru a câştiga suflete pentru evanghelie. (Fapte 28:20).

> **Simon a răspuns: Rugaţi-vă voi Domnului pentru mine, ca să nu mi se întâmple nimic din ce aţi zis. (Fapte 8:24)**
> **Vă îndemn, dar, fraţilor, pentru Domnul nostru Isus Hristos şi pentru dragostea Duhului, să vă luptaţi împreună cu mine în rugăciunile voastre către Dumnezeu pentru mine. (Rom. 15:30)**
> **Fraţilor, rugaţi-vă pentru noi. (1 Tes. 5:25)**
> **Încolo, fraţilor, rugaţi-vă pentru noi ca Cuvântul Domnului să se răspândească şi să fie proslăvit, cum este la voi.(2 Tes. 3:1)**
> **Rugaţi-vă pentru noi; căci suntem încredinţaţi că avem un cuget bun, dorind să ne purtăm bine în toate lucrurile. (Evrei 13:18)**

	B. Exemple de soldați creștini credincioși, 6:21-24	ca să luati cunostintă despre starea noastră si să vă îmbăr-băteze inimile.	un om care ducea mesaje de încurajare
1. Soldatul Tihic[SA1]	21. Acum, ca să stiti si voi despre mine, Tihic, preaiubi-tul frate si slujitor credincios în Domnul, vă va face cu-noscut totul.	23. Pace, fratilor, si dragoste împreună cu credinta din par-tea lui Dumnezeu Tatăl si din partea Domnului Isus Hris-tos!	**2. Soldatul Pavel**
b. Un frate preaiubit			a. Un frate spiritual: Preocu-pat de pacea, dragostea și credința celorlalți
c. Un slujitor credincios	22. Vi l-am trimis înadins,	24. Harul să fie cu toti cei ce iubesc pe Domnul nostru Isus Hristos în curăție. Amin.	b. Un războinic al rugăciunii: Se ruga ca harul lui Dum-nezeu să rămână peste cei-lalți
d. Un prieten al credincioșilor,			

SECȚIUNEA V

RĂZBOIUL CREDINCIOSULUI CREȘTIN, 6:10-24

B. EXEMPLE DE SOLDAȚI CREȘTINI CREDINCIOȘI, 6:21-24

(6:21-24) Introducere: acest pasaj ne prezintă doi soldați creștini care I-au fost credincioși Domnului Isus Cristos. Ei sunt un exemplu dynamic pentru fiecare om care s-a înrolat în marea armată a Domnului.

1. Soldatul Tihic (vv.21-22).
2. Soldatul Pavel (vv.23-24).

1. (6:21-22) **Tihic—Credincioși:** soldatul creștin Tihic (vezi STUDIU APROFUNDAT # 1—Efes.6:21-22 pentru mai multe discuții). Pavel spune trei lucruri semnificative despre acest mare oștean al lui Cristos.

1. Era un frate preaiubit: era un om care a crezut în Isus Cristos și a dovedit aceasta prin faptul că i-a iubit profund pe ceilalți. El i-a tratat pe ceilalți ca pe niște frați, iubindu-i și ajutându-i cât de mult putea. Prin urmare, ceilalți îl con-siderau foarte drag inimii lor – un frate drag și iubit.

> În toate privințele v-am dat o pildă și v-am arătat că, lucrând astfel, trebuie să ajutați pe cei slabi și să vă aduceți aminte de cuvintele Domnului Isus, care însuși a zis: "Este mai ferice să dai decât să pri-mești." (Fapte 20:35)
> Ajutați pe sfinți când sunt în nevoie. Fiți primitori de oaspeți. (Rom. 12:13)
> Așadar, cât avem prilej, să facem bine la toți, și mai ales fraților în credință. (Gal. 6:10)
> Îndeamnă pe bogății veacului acestuia să nu se îngâmfe și să nu-și pună nădejdea în niște bogății ne-statornice, ci în Dumnezeu, care ne dă toate lucrurile din belșug, ca să ne bucurăm de ele. Îndeamnă-i să facă bine, să fie bogați în fapte bune, să fie darnici, gata să simtă împreună cu alții. (1 Tim. 6:17-18)
> Și să nu dați uitării binefacerea și dărnicia; căci lui Dumnezeu jertfe ca acestea Îi plac. (Evrei 13:16)
> Noi am cunoscut dragostea Lui prin aceea că El Și-a dat viața pentru noi; și noi deci trebuie să ne dăm viața pentru frați. (1 John 3:16)

2. Era un slujitor credincios: un om chemat de Cristos să predice evanghelia, și un om căruia Cristos i-a dat daruri cu care să slujească nevoilor poporului lui Dumnezeu. Era un om cu o viziune largă: și-a dedicat viața pentru a-i atinge pe cât mai mulți oameni din lume cu vestea glorioasă că viața veșnică este de-acum posibilă. Și observați: el a fost cre-dincios. Nu avea nicio urmă de lene, sau de apatie, sau de somnolență, de neglijență sau de îndoială sau de slăbiciune; el nu a eșuat în misiunea lui. El era un slujitor credincios—credincios *în Domnul.* El știa care este sursa puterii lui, și își găsea puterea în Domnul zi de zi.

> Cât este ziuă, trebuie să lucrez lucrările Celui ce M-a trimis; vine noaptea, când nimeni nu mai poate să lucreze. (Ioan 9:4)
> Căci noi nu putem să nu vorbim despre ce am văzut și am auzit. (Fapte 4:20)
> Încolo, ce se cere de la ispravnici este ca fiecare să fie găsit credincios în lucrul încredințat lui. (1 Cor. 4:2)
> Căci ați fost cumpărați cu un preț. Proslăviți, dar, pe Dumnezeu în trupul și în duhul vostru, care sunt ale lui Dumnezeu. (1 Cor. 6:20)
> Dacă vestesc Evanghelia, nu este pentru mine o pricină de laudă, căci trebuie s-o vestesc; și vai de mine, dacă nu vestesc Evanghelia! (1 Cor. 9:16)
> De aceea, preaiubiții mei frați, fiți tari, neclintiți, sporiți totdeauna în lucrul Domnului, căci știți că osteneala voastră în Domnul nu este zadarnică. (1 Cor. 15:58)

3. El era un prieten al credincioșilor, un mesager al încurajărilor. Pavel era la închisoare. Credincioșii din Efes erau îngrijorați pentru el, iar Pavel dore ca ei să știe că îi mergea bine prin puterea lui Dumnezeu. Dar cum putea Pavel să comunice cu biserica aflată la așa o mare distanță? Soluția era un foarte, foarte drag prieten și partener în slujire, Tihic. Observați următorul fapt: Tihic avea propria lui lucrare. El ar fi putut să fie cocupat cu predicarea, mărturisirea sau evanghelizarea. Amintiți-vă că era un evanghelist de talie mondială, care își dedicase viața lucrării de misiune și de evanghelizare. Și totuși, iată-l aici consumându-și timpul și energia ca să îl ajute pe Pavel și ca să slujească în lucrarea lui Pavel. Îl vedem renunțând la o lucrare separată pentru a sluji ca prieten și ca partener al lui Pavel. Se pare că el era un lucrător ideal și un mesager excelent al încurajărilor.

> Orice ni se dă bun și orice dar desăvârșit este de sus, coborându-se de la Tatăl luminilor, în care nu este nici schimbare, nici umbră de mutare. (Iacov 1:17)
>
> Căci cine te face deosebit? Ce lucru ai pe care să nu-l fi primit? Și dacă l-ai primit, de ce te lauzi ca și cum nu l-ai fi primit?(1 Cor. 4:7)
>
> Nu faceți nimic din duh de ceartă sau din slavă deșartă; ci, în smerenie, fiecare să privească pe altul mai presus de el însuși. Fiecare din voi să se uite nu la foloasele lui, ci și la foloasele altora. (Filip. 2:3-4)
>
> Ci, când ești poftit, du-te și așază-te în locul cel mai de pe urmă; pentru ca atunci când va veni cel ce te-a poftit să-ți zică: "Prietene, mută-te mai sus." Lucrul acesta îți va face cinste înaintea tuturor celor ce vor fi la masă împreună cu tine. (Luca 14:10)
>
> Voi să nu fiți așa. Ci cel mai mare dintre voi să fie ca cel mai mic; și cel ce cârmuiește, ca cel ce slujeș-te. (Luca 22:26)
>
> Smeriți-vă înaintea Domnului, și El vă va înălța. (Iacov 4:10)
>
> Tot așa și voi, tinerilor, fiți supuși celor bătrâni. Și toți, în legăturile voastre, să fiți împodobiți cu smerenie. Căci "Dumnezeu stă împotriva celor mândri, dar celor smeriți le dă har." (1 Pet. 5:5)

STUDIU APROFUNDAT # 1

(6:21-22) **Tihic:** Tihic era născut în Asia. El a fost un tovarăș al lui Pavel care călătorea deseori alături de el (Fapte 20:4).
- ⇒ El a fost însărcinat de Pavel să transmit mesaje câtorva biserici (Efes.6:21f; Col.4:7; 2 Tim.4:12; Tit 3:12).
- ⇒ Lui i s-au încredințat câteva scrisori care trebuia să le ducă din partea lui Pavel credincioșilor din Efes, Colose și lui Filimon (Efes.6:21-22; Col.4:7-8).
- ⇒ El a fost trimis cu o misiune specială în Efes (2 Tim.4:12).
- ⇒ El a fost trimis în Creta pentru a-l înlocui pe Tit (Tit.3:12).
- ⇒ El a fost numit nu numai fratele preaiubit al lui Pavel și slujitor credincios, ci și tovarășul lui de slujbă (Col.4:7).

---

2. (6:23-24) **Pavel—Credincioși:** soldatul creștin Pavel. Putem atunca o privire în inima lui Pavel prin aceste două versete.

1. Pavel era un frate spiritual pentru ceilalți credincioși. Observați că preocuparea lui era pentru binele spiritual al fraților.
   - a. El a chemat *pacea* peste ei (vezi comentatiul, *Pacea*—Efes.2:14-15; Gal.1:3; 5:22-23 pentru mai multe discuții).
   - b. El a chemat *dragostea* peste ei (vezi comentariul, *Dragostea*—Efes.2:4-5; Gal.5:13-15; 5:14; 5:22-23 pentru mai multe discuții).
   - c. El a chemat *credința* peste ei (vezi comentariul, *Credinței* sau *Credincios*—Efes.1:1-2; 2:8-10; Gal.5:22-23; see Gal.2:15-16; 2:16; 2:19-21; 3:6-14 pentru mai multe discuții).

2. Pavel era un războinic al rugăciunii pentru ceilalți credincioși. El s-a rugat ca *harul* lui Dumnezeu să rămână peste ei. (Vezi comentariul, *Har*—Efes.2:8-9; 2:8-10 pentru mai multe discuții.)

CUPRINSUL SCHIȚELOR ȘI TEMELOR PRINCIPALE

NU UITAȚI: Atunci când căutați să aprofundați un anumit subiect, nu aveți doar Scriptura la îndemână, aveți de asemenea o *schiță și o discuție* (comentariu) al textului biblic potrivit cu subiectul respectiv.

Aceasta este doar una dintre *MARILE VALORI* ale **Bibliei cu Predici și Schițe pentru Predicatori**. Odată ce ai în mână toate volumele, vei avea nu doar referințele biblice la toate subiectele din Scriptura, **CI** vei mai avea și...

- O schiță a *fiecărui* Text și a fiecărui subiect din Biblie.
- O discuție (comentariu) pe fiecare Text și subiect.
- Fiecare subiect este susținut de alte Texte și referințe din Biblie.

DESCOPERĂ singur această *MARE VALOARE*. Mai jos te poți uita peste primul subiect din Cuprinsul cărții Efeseni. Acesta este:

ACCES
Discutat. 2:18

Caută versetele de mai sus. Citește textul din Scriptură și schița textului, apoi citește comentariul. Vei vedea imediat MAREA VALOARE a CUPRINSULUI **Bibliei cu Predici și Schițe pentru Predicatori**.

CUPRINSUL SCHIȚELOR ȘI TEMELOR PRINCIPALE

CUPRINS

CUPRINS

CUPRINS

CUPRINS

291

CUPRINS

CUPRINS

FILIPENI

FILIPENI

INTRODUCERE

AUTOR: Pavel, apostolul.

Clement din Roma, care a trăit în secolul I, a scris o scrisoare Corintenilor în care face referire la scrisoarea lui Pavel către *Filipeni*. Polycarp, care a trăit în secolul al II-lea, le-a scris *Filipenilor* şi a menţionat scrisoarea lui Pavel. Ignaţiu, un alt lider al bisericii primare face referire la ea. Mai sunt şi alte referiri la autoritatea lui Pavel făcute de Irineu, de Clement din Alexandria, şi de Tertullian—toţi aceştia scriitori ai bisericii primare (Ralph P. Martin. *Epistola lui Pavel către Filipeni*. "Comentariile Biblice ale lui Tyndale," ed. by RVG Tasker. Grand Rapids, MI: Eerdmans, 1959, p.28, 36).

DATA: Incertă. Probabil undeva în jurul anilor 60-63 d.Hr. în timp ce Pavel era în închisoarea din Roma.

Această scrisoare se află printre Epistolele scrise de Pavel din închisoare împreună cu Efeseni, Coloseni şi Filimon. Pavel spune, "În adevăr, în toată curtea împărătească, şi pretutindeni aiurea, toţi ştiu că sunt pus în lanţuri din pricina lui Isus Hristos."(Filip.1:13), şi încheie cu un salut din partea acestora "Toţi sfinţii vă trimit sănătate, mai ales cei din casa Cezarului." (Filip.4:22). Garda palatului era garda pretoriană a Romei, formată din soldaţi de elită care erau aleşi pe sprânceană ca să îl slujească şi să îl păzească pe împărat.

CUI ÎI ESTE ADRESATĂ: "Către toţi sfinţii în Hristos Isus, care sunt în Filipi, împreună cu episcopii (Sau: priveghetori.) şi diaconii" (Filip.1:1). Acest mesaj se aplică cu siguranţă tuturor sfinţilor din fiecare biserică.

SCOPUL: Pavel le scrie *Filipenilor* cu câteva scopuri în minte.

1. El a dorit să prevină orice critică la adresa unui prieten drag şi slujitor al lui Cristos, Epafrodit. Epafrodit fusese trimis de Biserica din Filipi cu un cadou şi o încurajare pentru Pavel, în timp ce acesta se afla în închisoarea din Roma. Dar Epafrodit s-a îmbolnăvit foarte tare, a fost aproape de a-şi pierde viaţa, în timp ce era cu Pavel la Roma. Întoarcerea lui la Filipi a fost întârziată, se pare, cu multă vreme. Datorită acestui lucru, Pavel s-a temut de critici la adresa lui Epafrodit din partea bisericii din Filipi. Ei ar fi putut crede că el este slab sau că a renunţat. Aşa că Pavel le scrie pentru uşura situaţia pentru Epafrodit şi pentru a preveni orice critică la adresa lui (Filip. 2:25-30).

2. Pavel a dorit să mulţumească bisericii din Filipi pentru ajutorul acordat pe tot parcursul slujirii lui. Ei i-au trimis un cadou imediat după ce a plantat biserica şi a plecat mai departe (Filip.1:5; 4:15; 2 Cor.8:1f). Ei deasemenea i-au trimis daruri în Tesalonic (Filip.4:16) şi în Corint (2 Cor.11:9).

Iar acum îi trimit nu doar un cadou, ci mai mult, un sfânt drag care să îl slujească în timp ce este în închisoare (Filip.2:25-30; 4:18).

3. Pavel a dorit să cheme biserica la unitate şi armonie. Erau în biserică erau două surori care se certau şi care deranjau biserica (Filip.4:2; see 1:27; 2:2-4, 14). Acest deranj determină prezentarea uneia dintre cele mai frumoase imagini ale lui Cristos din Sfânta Scriptură (Filip.2:5-11).

4. Pavel a dorit atace problema unor învăţători falşi care începeau să se ridice în biserică (Filip.3:2f).

ELEMENTE DEOSEBITE:

1. Oraşul Filipi. Filipi era poarta spre Europa. Se afla pe drumul Roman cunoscut ca şi Via Egnatia. Oraşul şi-a primit numele după Filip din Macedonia, tatăl lui Alexandru cel Mare. Aşezarea era o fortăreaţă naturală, aşezată pe dealurile care despart Europa de Asia, Estul de Vest. Oraşul era un centru strategic care guverna Via Egnatia.

Oraşul Filipi era deasemenea o colonie Romană de care Roma era mândră. De fapt, era faimoasă pentru reputaţia ei de Roma în miniatură. Un oraş putea să devină colonie romană în două moduri. La început Roma întemeiat colonii la graniţele Imperiului pentru a menţine pacea şi pentru a veghea împotriva invaziilor hoardelor barbare. Soldaţii veterani, aproape de pensionare, de obicei primeau cetăţenie romană dacă mergeau şi se stabileau în aceste colonii. Mai târziu, totuşi, un oraş putea primi titlul onorific de Colonie Romană pentru loialitate şi slujire faţă de Imperiu. Aceste colonii se deosebeau de alte provincii prin loialitatea lor fanatică faţă de Roma. Cetăţenii îşi menţineau toate legăturile cu Roma, limba latină, titlurile, obiceiurile, afacerile şi îmbrăcămintea. Ei refuzau orice influenţă sau asociere locală. Ei respingeau în totalitate lumea din jurul lor. Ei erau colonişti Romani într-un mediu străin.

O imagine a loialităţii Coloniei din Filipi faţă cetăţenia ei Romană se poate vedea în Fapte 16:20-21. Pavel conturează o imagine a acestei loialităţi, şi spune bisericii din Filipi că "cetăţenia noastră este în ceruri" (Filip.3:20).

Oraşul Filipi s-a încadrat în planul principal al lui Pavel. Poziţia strategică pe Via Egnatia a asigurat răspândirea evangheliei în întreg Imperiul Roman. În timp ce Pavel îşi ducea mai departe misiunea, el mergea spre Roma şi dincolo de Roma înspre Spania. El ştia că aceşti noi convertiţi din Filipi, călătoreau prin întreg Imperiul în interes de serviciu, şi puteau ajunge mai departe înaintea lui. Astfel, se putea câştiga timp şi se putea acoperi mai mult teren, pentru a se realiza evanghelizarea lumii mai repede (vezi Fapte 28:13f).

2. Biserica din Filipi. Fapte 16:1-40 descrie
întemeierea bisericii din Filipi în timpul celei de-a
doua călătorii misionare a lui Pavel. Este una
dintre cele mai interesante aventuri din toată
literatura. Cetatea Filipi este martoră la intrarea
evangheliei în Europa. Pavel încercase de câteva
ori să meargă în altă parte, dar Duhul Sfânt l-a
împiedicat (Fapte 16:6-7); de aceea, el a mers în
Troa, neștiind exact de ce merge acolo. În timp ce
se afla în Troa, Pavel are o vedenie cu un om din
Macedoni care striga, "Vino și ajută-ne." Prin acea
vedenie, Duhul Sfânt a schimbat cursul societății.
L-a trimis pe Pavel în Europa cu mesajul glorios al
Evangheliei lui Cristos, și din acea zi lumea nu a
mai fost la fel.

Din Troa, Pavel ajunge în portul european sau
macedonian, portul Neapole și imediat ajunge în
orașul strategic, Filipi. Când Pavel ajunge în Filipi,
el găsește acolo ceea ce numește "neam ticălos și
stricat" (Filip.2:15). El deasemenea găsește un
nucleu de femei care aveau rădăcini evreiești de
care se putea folosi pentru a le aborda. Din acest
grup au avut loc două convertiri importante: Lidia,
o femeie de afaceri remarcabilă, și o slujnică care
fusese posedată de un duh de ghicire. Mai târziu
mai se convertește un Roman care lucra în
închisoare, un temnicer, împreună cu toată casa
lui. La scurt timp, Pavel este atacat, pus în
închisoare și forțat să părăsească orașul Filipi. În
consecință, biserica are un început destul de scurt
sub conducerea personală a lui Pavel.

După plecarea lui Pavel, Luca rămâne acolo cu
un grup mic de noi convertiți (Fapte 17:1).
Biserica se aduna în casa Lidiei și continua să
crească (Fapte 16:40). Noii convertiți erau în mare
parte dintre Neamuri (Filip.2:25; 4:2-3;
Rom.15:26-27).

Puterea bisericii din Filipi se vede în faptul că
biserica a continuat să îl susțină pe Pavel în
misiunea lui, chiar dacă el fusese cu ei pentru
scurtă vreme. Ei îl ajutau pe el chiar în timp ce ei
înșiși erau persecutați și sufereau (vezi Filip.1:7,
27-30; 2:15; 3:10-11; 4:1). Nici nu este de mirare
că Pavel îi numește "preaiubiții și mult doriții mei
frați, bucuria și cununa mea" (Filip.4:1) și se
mândrea cu ei prin celelalte biserici (2 Cor.8:1f).

3. *Filipeni* este "Cea mai personală dintre
epistolele scrise de Pavel." Este scrisă unei biserici
foarte iubită de apostol (vezi Filip.4:1).

4. *Filipeni* este "Epistola slujirii" (vezi Scop,
punctul 2).

5. *Filipeni* este "Epistola bucuriei." Cuvintele
"bucurie," "bucurați-vă," "încântare," și "slavă"
sunt folosite de șaisprezece ori în patru capitole
scurte.

6. *Filipeni* este "Epistola care accentuează fraza
'În Cristos' sau 'În Domnul'."Întreaga teză a lui
Pavel se bazează pe ideea că viața este "*în Cristos*"
și că Cristos trebuie să fie "*în viață*" (vezi
Filip.1:13, 14, 26, 29; 2:1, 5, 19, 24, 29; 3:1, 4, 9,
14; 4:1, 4, 6-7, 10, 13, 17, 21).

SCHIȚA CĂRȚII FILIPENI

BIBLIA CU PREDICI ȘI SCHIȚE PENTRU PREDICATORI® este o carte *unică*. Ea este diferită de toate celelalte studii biblice și resurse creștine datorită faptului că fiecare Subiect este prezentat alături de textul biblic. Când alegieți un *Subiect* pentru studiu și mergeți la tabelul de referințe, veți descoperi că atât textul Scripturii cât și Subiectul textului *sunt deja schițate – verset cu verset*.

De exemplu, alegeți un subiect din cele de mai jos, apoi mergeți la textul biblic pe care îl citează, și veți observa cât de ușor și cât de repede puteți folosi acest ghid.

Totodată, fiecare text din Scriptură și fiecare Subiect este *explicat în mod amănunțit într-un Comentariu care conține versetele corespunzătoare;* acestea fiind ușor de găsit la baza paginii. Folosind această metodă veți observa cât de ușor și cât de repede puteți pregăti o predică.

De asemenea, observați că Subiectele Epistolei către Filipeni conțin atât titluri cât și titluri *practice*. Titlurile de gen practic sunt uneori preferate și mult mai atrăgătoare audienței. *Avantajul* unui titlu practic se poate vedea ușor în reclame, panouri, ziare, etc.

O sugestie: Dacă doriți o privire de ansamblu a Epistolei către Filipeni, citiți mai întâi *titlurile principale* (I, II, III, etc.), apoi reveniți și familiarizați-vă cu subtitlurile.

SCHIȚA EPISTOLEI CĂTRE FILIPENI

I. CARACTERISTICILE POPORULUI LUI DUMNEZEU, 1:1-30

A. Caracteristicile unei biserici sănătoase, 1:1-2
B. Caracteristicile credinciosului matur, 1:3-11
C. Caracteristicile unui martor matur, 1:12-19
D. Caracteristicile uni Mare Credincios Creștin, 1:20-26
E. Caracteristicile bisericii creștine, 1:27-30

II. PAȘI SPRE UNITATE, 2:1-18

A. Cristos—Caracteristicile vieții Lui în noi, 2:1-4
B. Smerirea eului, 2:5-11
C. Ducerea mântuirii până la capăt, 2:12-18

III. EXEMPLELE UNOR CREDINCIOȘI CREȘTINI, 2:19-30

A. Exemplul lui Timotei- un tânăr care a slujit de pe locul al doilea, 2:19-24
B. Exemplul lui Epafrodit—un om care nu a renunțat și căruia nu i-a fost teamă, 2:25-30

IV. "ALERGAREA ÎNAINTE" A CREDINCIOSULUI CREȘTIN, 3:1-21

A. Alergarea înainte: Păzirea propriei persoane, 3:1-3
B. Alergarea înainte – Mărturia personală a lui Pavel – Respingerea autoneprihănirii și căutarea după desăvârșire, 3:4-16
C. Alergarea: Urmându-i pe cei care trăiesc sau umblă ca exemple, 3:17-21

V. SECRETUL PĂCII—PACEA LUI DUMNEZEU, 4:1-9

A. Pași spre pace (Partea I): Fermitatea, Unitatea, Bucuria și Blândețea, 4:1-5
B. Pași spre pace (Partea II): Rugăciune și Gândire pozitivă, 4:6-9

VI. APRECIEREA PENTRU RELAȚIILE BUNE ÎNTRE CREȘTINI, 4:10-23

A. Aprecierea: Pentru o biserică în care dărnicia jertfitoare este reînnoită,, 4:10-19
B. Aprecierea: Pentru Dumnezeu și pentru frații creștini,4:20-23

	CAPITOLUL 1
	I. CARACTERISTICILE POPORULUI LUI DUMNEZEU, 1:1-30
	A. Caracteristicile unei biserici sănătoase, 1:1-2
1. Păstorul (Pavel) îi ucenicizează pe tineri (Timotei)	Pavel şi Timotei, robi ai lui Isus Hristos, către toţi sfinţii în Hristos Isus, cari sînt în Filipi, împreună cu episcopii şi diaconii:
2. O biserică sănătoasă Îl slujeşte pe Cristos	
3. O biserică sănătoasă este plină de sfinţi adevăraţi	2. Har vouă şi pace dela Dumnezeu, Tatăl nostru, şi de la Domnul Isus Hristos!
4. O biserică sănătoasă are lideri care o conduc prin exemplul personal	
5. O biserică sănătoasă experimentează har şi pace	

SECŢIUNEA I

CARACTERISTICILE POPORULUI LUI DUMNEZEU, 1:3-30

A. CARACTERISTICILE UNEI BISERICI SĂNĂTOASE, 1:1-2

(1:1-2) Introducere: salutul adresat de Pavel aceste biserici este unul neobişnuit. El nu se prezintă pe sine ca un apostol al lui Isus Cristos. De ce? Pentru că nu avea nevoie să îşi apere chemarea primită de la Dumnezeu. Relaţia lui Pavel cu biserica din Filipi era aşa cum trebuia să fie: o relaţie întemeiată şi înrădăcinată în Isus Cristos şi în dragostea şi respectul reciproc. Biserica avea un loc special în inima ei pentru slujitorul ei, Pavel; ei îl iubeau şi se îngrijeau de el aşa cum puţine biserici se îngrijesc de slujitorii lor. Salutul acesta oferă câteva trăsături distinctive ale credincioşilor creştini

1. O biserică sănătoasă ucenicizează tinerii (v.1).
2. O biserică sănătoasă Îl slujeşte pe Cristos (v.1).
3. O biserică sănătoasă este plină de sfinţi adevăraţi (v.1).
4. O biserică sănătoasă are lideri care o conduc prin exemplul personal (v.1).
5. O biserică sănătoasă experimentează har şi pace (v.2).

1. (1:1) **Ucenicizarea—Tinerii**: păstorul (Pavel) îi ucenicizează pe tineri (Timotei). În cuvintele "Pavel şi Timotei" vedem *un tată şi un fiu în credinţă*—adultul şi tânărul împreună. Pavel şi Timotei erau legaţi de un ataşament profund. Acest ataşament îşi avea rădăcinile şi scopul în misiunea Domnului Isus Cristos. Pavel a contribuit la această relaţie cu înţelepciunea căpătată prin experienţă, iar Timotei cu speranţa şi energia dinamică a tinereţii. Trebuie observant faptul că adultul, Pavel, este menţionat mai întâi. Adultul are principala responsabilitate şi privilegiul de a se ocupa de tineri şi de a face din ei ucenici. Aceasta este porunca Domnului din *marea însărcinare;* prin urmare, credinciosul trebuie să se concentreze mereu pe lucrarea cu tinerii şi pe transformarea lor în ucenici (vezi comentariul, *Ucenicizare*—Mat.28:19-20 pentru mai multe discuţii). (Vezi **STUDIU APROFUNDAT # 1** *Timotei*—Fapte 16:1-3 pentru discuţii despre viaţa lui Timotei.)

> **Duceţi-vă şi faceţi ucenici din toate neamurile, botezându-i în Numele Tatălui şi al Fiului şi al Sfântului Duh. Şi învăţaţi-i să păzească tot ce v-am poruncit. Şi iată că Eu sunt cu voi în toate zilele, până la sfârşitul veacului." Amin. (Mat. 28:19-20)**
> **Şi, ce-ai auzit de la mine în faţa multor martori, încredinţează la oameni de încredere, care să fie în stare să înveţe şi pe alţii. (2 Tim. 2:2)**

2. (1:1) **Slujitori—Sclavi** (doulos): o biserică sănătoasă Îl slujeşte pe Isus Cristos, Îl slujeşte cu adevărat. Cuvântul *slujitor* (doulos) înseamnă în limba greacă *rob*. Există o diferenţă clară între un slujitor şi un sclav. Un slujitor este liber să lucreze pentru oricine doreşte; un sclav este cumpărat—se află total şi complet în posesia stăpânului. Prin lege, un sclav este legat de stăpânul lui.

Pavel se numeşte pe el şi pe Timotei *robi ai lui Isus Cristos.* Dacă aruncăm o privire spre piaţa de sclavi din vremea lui Pavel, putem vedea mai clar ce a vrut Pavel să spună când s-a numit pe sine un "rob al lui Isus Cristos".

1. Sclavul era proprietatea stăpânului; era posedat total de stăpânul lui. Asta dorea să spună Pavel. Pavel era cumpărat şi se afla în posesia lui Cristos. Cristos S-a uitat la el şi i-a văzut nevoia şi starea decăzută.Şi atunci când S-a uitat Cristos, s-a întâmplat lucrul cel mai minunat: Cristos l-a iubit şi l-a răscumpărat. De aceea, el se află acum în posesia lui Cristos.

2. Sclavul exista pentru stăpânul lui şi nu avea nici un alt motiv pentru a trăi. El nu avea nici un drept personal. Acelaşi lucru era valabil şi în cazul lui Pavel: el exista numai pentru Cristos. Drepturile lui era numai drepturile lui Cristos.

3. Sclavul îşi slujea stăpânul şi exista numai cu scopul de a sluji. El se afla la dispoziţia stăpânului la orice oră din orice zi. La fel era şi cu Pavel: el trăia numai pentru a-L sluji pe Cristos—ceas de ceas şi zi de zi.

4. Voinţa sclavului aparţinea stăpânului. Nu i se permitea să aibă o voinţă sau vreo ambiţie diferite de voinţa şi ambiţiile stăpânului. El era dominat total de stăpân şi era dator să asculte în totalitate de voinţa stăpânului. Pavel Îi aparţinea lui Cristos. De fapt, el a şi afirmat la un moment dat că se luptă şi se străduieşte să facă *din fiecare gând* „un rob al lui Cristos" (2 Cor.10:3-5, mai ales 5).

5. Mai există un lucru foarte preţios la care Pavel s-a referit când a spus că este "un rob al lui Isus Cristos". El a vrut să spună că are cea mai înaltă şi mai privilegiată şi cea mai împărătească profesie din lume. Oamenii lui Dumnezeu, cei mai mari oameni din istorie, au fost întotdeauna numiţi "slujitorii lui Dumnezeu". Acesta era cel mai onorific dintre toate titlurile. Robia credinciosului pentru Isus Cristos nu este o supunere slugarnică, plină de laşitate şi de ruşine. Ci este o poziţie de onoare—onoarea de care se bucură un om care are privilegiul şi resonsabilitatea de a-L sluji pe Regele regilor şi Domnul domnilor.

⇒ Moise a fost robul lui Dumnezeu (Deut.34:5; Ps.105:26; Mal.4:4).
⇒ Iosua a fost robul lui Dumnezeu (Iosua 24:9).
⇒ David a fost robul lui Dumnezeu (2 Sam.3:18; Ps.78:70).
⇒ Pavel a fost robul lui Isus Cristos (Rom.1:1; Filip.1:1; Tit.1:1).
⇒ Iacov a fost robul lui Dumnezeu (Iac.1:1).
⇒ Iuda a fost robul lui Dumnezeu (Iuda 1).
⇒ Proorocii au fost robii lui Dumnezeu (Amos 3:7; Ier.7:25).
⇒ Credincioşii creştini sunt numiţi robi ai lui Isus Cristos (Fapte 2:18; 1 Cor.7:22; Efes.6:6; Col.4:12; 2 Tim.2:24).

Meditaţia 1. Marea nevoie astăzi esta ca oamenii, bărbaţi şi femei, să devină *robi* ai Domnului Isus Cristos. Noi trebuie să devenim robii Lui şi să facem ceea ce spune El. Atunci şi numai atunci va fi lumea câştigată şi atinsă de glorioasa vestea a vieţii veşnice. Atunci şi numai atunci vor fi împlinite nevoile disperate ale lumii.

> **Dacă Îmi slujeşte cineva, să Mă urmeze; şi unde sunt Eu, acolo va fi şi slujitorul Meu. Dacă Îmi slujeşte cineva, Tatăl îl va cinsti. (Ioan 12:26; vezi Rom.12:1;1 Cor.15:58)**
> **Slujiţi-le nu numai când sunteţi sub ochii lor, ca şi cum aţi vrea să plăceţi oamenilor, ci ca nişte robi ai lui Hristos, care fac din inimă voia lui Dumnezeu. Slujiţi-le cu bucurie, ca Domnului, iar nu oamenilor. (Efes. 6:6-7)**
> **Orice faceţi să faceţi din toată inima, ca pentru Domnul, nu ca pentru oameni, ca unii care ştiţi că veţi primi de la Domnul răsplata moştenirii. Voi slujiţi Domnului Hristos. (Col. 3:23-24)**
> **Fiindcă am primit, dar, o împărăţie care nu se poate clătina, să ne arătăm mulţumitori şi să aducem astfel lui Dumnezeu o închinare plăcută, cu evlavie şi cu frică. (Evrei 12:28)**
> **Voi să slujiţi Domnului Dumnezeului vostru, şi El vă va binecuvânta pâinea şi apele, şi voi îndepărta boala din mijlocul tău. (Exod 23:25)**
> **Acum, Israele, ce alta cere de la tine Domnul Dumnezeul tău, decât să te temi de Domnul Dumnezeul tău, să umbli în toate căile Lui, să iubeşti şi să slujeşti Domnului Dumnezeului tău din toată inima ta şi din tot sufletul tău. (Deut. 10:12)**
> **Slujiţi Domnului cu frică şi bucuraţi-vă, tremurând. (Ps. 2:11)**
> **Slujiţi Domnului cu bucurie, veniţi cu veselie înaintea Lui. (Ps. 100:2)**

3. (1:1) **Sfinţi—Sfinţiţi—Sfânt:** o biserică sănătoasă este plină de *sfinţi adevăraţi.* Biblia nu foloseşte niciodată cuvântul *sfânt,* pentru a se referi la câţiva oameni din biserică ce au ajuns la un nivel de maturitate spirituală neobişnuit. Cuvântul *sfinţi* se referă la cei sfinţiţi. El înseamnă pur şi simplu, a fi pus de-o parte, a fi separate. Prin urmare, orice credincios care s-a încrezut cu adevărat în Isus Cristos ca Mântuitor, este separat de lume şi pus de-o parte pentru a trăi pentru Dumnezeu. Fiecare credincios adevărat este un "sfânt", un om pus de-o parte pentru Dumnezeu (vezi STUDIU APROFUNDAT # 1—1 Pet.1:15-16 pentru mai multe discuţii). Există trei nivele ale sfinţirii.

1. Primul este sfinţirea iniţială sau poziţională. Atunci când un om crede în Cristos, el este imediat pus de-o parte pentru Dumnezeu --o dată pentru totdeauna—pentru veşnicie.

FILIPENI 1:1-2

> De aceea, fraţi sfinţi, care aveţi parte de chemarea cerească, aţintiţi-vă privirile la Apostolul şi Marele Preot al mărturisirii noastre, adică Isus. (Evrei 3:1)
>
> Prin această "voie" am fost sfinţiţi noi, şi anume prin jertfirea trupului lui Isus Hristos o dată pentru totdeauna. (Evrei 10:10)

2. Al doilea nivel este sfinţirea progresivă. Adevăratul credincios face un efort hotărât şi disciplinat pentru a-I permite Duhului Sfânt să îl pună de-o parte zi de zi. Duhul lui Dumnezeu îl ia şi îl transformă după chipul lui Cristos tot mai mult—într-un mod continuu în timpul vieţii pe pământ.

> Sfinţeşte-i prin adevărul Tău: Cuvântul Tău este adevărul. (Ioan 17:17)
>
> Noi toţi privim cu faţa descoperită, ca într-o oglindă, slava Domnului, şi suntem schimbaţi în acelaşi chip al Lui, din slavă în slavă, prin Duhul Domnului. (2 Cor. 3:18)
>
> Bărbaţilor, iubiţi-vă nevestele cum a iubit şi Hristos Biserica şi S-a dat pe Sine pentru ea, ca s-o sfinţească, după ce a curăţat-o prin botezul cu apă prin Cuvânt. (Efes. 5:25-26)
>
> Dumnezeul păcii să vă sfinţească El însuşi pe deplin; şi duhul vostru, sufletul vostru şi trupul vostru să fie păzite întregi, fără prihană, la venirea Domnului nostru Isus Hristos. Cel ce v-a chemat este credincios şi va face lucrul acesta. (1 Tes. 5:23-24)

3. Al treilea nivel este sfinţirea veşnică. Va veni o zi în care credinciosul va fi pus de-o parte pentru Dumnezeu şi pentru slujba Lui, într-un mod perfect—fără nicio urmă de păcat sau imperfecţiune. Aceea va fi marea şi glorioasa zi a răscumpărării veşnice a credinciosului.

> Ca să înfăţişeze înaintea Lui această Biserică, slăvită, fără pată, fără zbârcitură sau altceva de felul acesta, ci sfântă şi fără prihană. (Efes. 5:27)
>
> Preaiubiţilor, acum suntem copii ai lui Dumnezeu. Şi ce vom fi nu s-a arătat încă. Dar ştim că, atunci când Se va arăta El, vom fi ca El; pentru că Îl vom vedea aşa cum este. (1 Ioan 3:2)

Meditaţia 1. Noi suntem proprietatea Domnului Isus, puşi de-o parte ca o posesiune sfântă pentru El. Prin urmare, haideţi să trăim ca nişte oameni aflaţi în posesia Domnului. Să umblăm ca nişte oameni puşi de-o parte pentru Dumnezeu, trăind vieţi sfinte, neprihănite şi curate.

Meditaţia 2. Lehman Strauss scoate în evidenţă următoarele (*Studii Devoţionale din Filipeni*. Neptune, NJ: Loizeaux Brothers, 1959, p.32f).
1) Domnul este un Dumnezeu de trei ori sfânt.

> Strigau unul la altul şi ziceau: "Sfânt, sfânt, sfânt este Domnul oştirilor! Tot pământul este plin de mărirea Lui!" (Isa. 6:3)
>
> Fiecare din aceste patru făpturi vii avea câte şase aripi şi erau pline cu ochi de jur împrejur şi pe dinăuntru. Zi şi noapte ziceau fără încetare: "Sfânt, sfânt, sfânt este Domnul Dumnezeu, Cel Atotputernic, care era, care este, care vine!" (Apoc. 4:8)

2) Domnul Isus Cristos Care ne-a mântuit este sfânt.

> În adevăr, împotriva Robului Tău celui sfânt, Isus, pe care L-ai uns Tu, s-au însoţit în cetatea aceasta Irod şi Pilat din Pont cu Neamurile şi cu noroadele lui Israel. (Fapte 4:27)
>
> Şi acum, Doamne, uită-Te la ameninţările lor, dă putere robilor Tăi să vestească Cuvântul Tău cu toată îndrăzneala şi întinde-Ţi mâna, ca să se facă tămăduiri, minuni şi semne prin Numele Robului Tău celui sfânt, Isus. (Fapte 4:29-30)

3) Duhul lui Dumnezeu Care locuieşte în trupurile noastre este sfânt.

> Ci voi veţi primi o putere, când Se va coborî Duhul Sfânt peste voi, şi-Mi veţi fi martori în Ierusalim, în toată Iudeea, în Samaria şi până la marginile pământului. (Fapte 1:8)

4) Biblia, carte care trebuie să ne călăuzească vieţile, este numită Sfânta Scriptură.

[Evanghelia] pe care o făgăduise mai înainte prin prorocii Săi în Sfintele Scripturi. (Rom. 1:2)

5) Unul din numele care ne este dat nouă este acela de *frați sfinți*.

De aceea, frați sfinți, care aveți parte de chemarea cerească, ațintiți-vă privirile la Apostolul și Marele Preot al mărturisirii noastre, adică Isus. (Evrei 3:1)

6) Unul din cele mai mari daruri pe care Dumnezeu vrea să ni-l ofere este să facă din noi *o preoție sfântă* înaintea Lui.

Și voi, ca niște pietre vii, sunteți zidiți ca să fiți o casă duhovnicească, o preoție sfântă și să aduceți jertfe duhovnicești, plăcute lui Dumnezeu, prin Isus Hristos. (1 Pet. 2:5)

7) Marea chemarea a lui Dumnezeu este la *o viață sfântă*.

El ne-a mântuit și ne-a dat o chemare sfântă, nu pentru faptele noastre, ci după hotărârea Lui și după harul care ne-a fost dat în Hristos Isus, înainte de veșnicii. (2 Tim. 1:9)

8) Scopul măreț al revenirii Domnului este ca să ne înfățișeze *sfinți* înaintea lui *Dumnezeu*.

Și pe voi, care odinioară erați străini și vrăjmași prin gândurile și prin faptele voastre rele, El v-a împăcat acum prin trupul Lui de carne, prin moarte, ca să vă facă să vă înfățișați înaintea Lui sfinți, fără prihană și fără vină. (Col. 1:21-22)

9) Una dintre moștenirile pe care le vom primi la revenirea Domnului este *cetatea sfântă*.

Și eu am văzut coborându-se din cer, de la Dumnezeu, cetatea sfântă, Noul Ierusalim, gătită ca o mireasă împodobită pentru bărbatul ei. (Apoc. 21:2)

În lumina a tot ce a făcut Dumnezeu pentru noi, cum am putea noi să facem altceva decât să trăim o viață sfântă și curată înaintea Lui? Cum putem noi să fim leneși și neroditori, apatici și nemotivați? Cum putem să ne permitem să trăim vieței de rutină și dezinteres? Cum am putea să trăim de libertinaj, egoism, imoralitate, perversiune și răutate?

Ziua Domnului însă va veni ca un hoț. În ziua aceea, cerurile vor trece cu trosnet, trupurile cerești se vor topi de mare căldură, și pământul, cu tot ce este pe el, va arde. Deci, fiindcă toate aceste lucruri au să se strice, ce fel de oameni ar trebui să fiți voi, printr-o purtare sfântă și evlavioasă, așteptând și grăbind venirea zilei lui Dumnezeu, în care cerurile aprinse vor pieri, și trupurile cerești se vor topi de căldura focului? (2 Pet. 3:10-12)

4. (1:1) **Episcopi—Diaconi:** o biserică sănătoasă se organizează pentru lucrare și are lideri care o conduc prin exemplul personal. Observați că atât episcopii cât și diaconii sunt menționați în biserica filipenilor. Ce face Pavel este că se adresează liderilor din biserică și îi diferențiază de ceilalți membri cărora li s-a adresat prin cuvântul "sfinți". Lucrul acesta este semnificativ, pentru că avem aici denumirea conducătorilor din biserica primară: aceștia erau episcopii și diaconii. O discuție completă cu privire la aceste două slujbe o găsim în altă (vezi STUDIU APROFUNDAT # 1, *Episcopi*—Tit.1:5-9; comentariul, *Diaconi*—Fapte 6:1-7; STUDIU APROFUNDAT # 1—1 Tim.3:8-13). Ideea principală este să vedem din acest text că toți credincioșii trebuie să fie organizați în lucrare.

1. *Episcopii* (episkopois) se pare că aveau aceeași slujbă ca cea a *prezbiterilor* (presbuteros) sau a lucrătorilor din biserică. Cele două cuvinte se referă la aceiași bărbați (Fapte 20:17, 28; Tit.1:5, 7). Cuvântul înseamnă de fapt "supraveghetor", cel care supraveghează, are grijă, organizează. Instrucțiunile pe care le găsim în *Epistola lui Tit* spun că sarcinile principale ale unui episcop includ îndemnarea, învățătura și vegherea asupra vieții credincioșilor. Episcopul este cel pe care noi îl numim lucrătorul (păstorul) din biserică. (Vezi STUDIU APROFUNDAT # 1—Tit.1:5-9 pentru o discuție completă.)

2. *Diaconii* (diakonois) erau oameni duhovnicești care și-au dedicat viețile Domnului, pentru a-i sluji pe *sfinții* lui Dumnezeu. Ei erau oameni aleși să se îngrijească de nevoile văduvelor, de săracii și de bolnavii din biserică *pentru ca lucrătorul (păstorul) să aibă timp să se concentreze pe rugăciune și predicarea Cuvântului.*

⇒ Predicatorii sunt numiți uneori diaconi, adică slujitori.

FILIPENI 1:1-2

> Cine este Pavel? Şi cine este Apolo? Nişte slujitori ai lui Dumnezeu, prin care aţi crezut; şi fiecare după puterea dată lui de Domnul. (1 Cor. 3:5)
>
> Care ne-a şi făcut în stare să fim slujitori [diakodous] ai unui legământ nou, nu al slovei, ci al Duhului; căci slova omoară, dar Duhul dă viaţa. (2 Cor. 3:6)

⇒ Primii diaconi s-au ocupat şi de predicare şi de celelalte nevoi ale bisericii.

> Ştefan [un diacon] era plin de har şi de putere şi făcea minuni şi semne mari în norod. (Fapte 6:8)
>
> Filip [un diacon] s-a coborât în cetatea Samariei şi le-a propovăduit pe Hristos. (Fapte 8:5)

Meditaţia 1. Trebuie să accentuăm două puncte esenţiale.
1) Biserica trebuie să se organizeze pentru lucrare şi trebuie să aibă întotdeauna grijă să ordineze numai pe acei oameni care au dovedit că sunt maturi în Domnul.
2) Cei care sunt dedicaţi în aceste slujbe în biserică trebuie să lucreze cu sârguinţă şi credincioşie, şi să îşi îndeplinească sarcinile şi să predice Cuvântul Domnului. Este nevoie ca fiecare credincios să Îl mărturisească pe Domnul Isus Cristos şi *conducerea bisericii trebuie să preia conducerea.* Cum să ne aşteptăm ca membrii bisericii să fie martori ai lui Cristos şi să lucreze pentru El, dacă noi, cei din conducere nu Îl mărturisim şi nu lucrăm pentru El?

> Dar între voi să nu fie aşa. Ci oricare va vrea să fie mare între voi să fie slujitorul vostru; şi oricare va vrea să fie cel dintâi între voi să fie robul tuturor. (Marcu 10:43-44)
>
> Ea a făcut ce a putut; Mi-a uns trupul mai dinainte, pentru îngropare. (Marcu 14:8)
>
> Dar cine n-a ştiut-o, şi a făcut lucruri vrednice de lovituri, va fi bătut cu puţine lovituri. Cui i s-a dat mult, i se va cere mult; şi cui i s-a încredinţat mult, i se va cere mai mult. (Luca 12:48)
>
> Deci dacă Eu, Domnul şi Învăţătorul vostru, v-am spălat picioarele, şi voi sunteţi datori să vă spălaţi picioarele unii altora (Ioan 13:14)
>
> I-a zis a doua oară: "Simone, fiul lui Iona, Mă iubeşti?" "Da, Doamne", I-a răspuns Petru, "ştii că Te iubesc." Isus i-a zis: "Paşte oiţele Mele." (Ioan 21:16)
>
> Căci noi suntem împreună-lucrători cu Dumnezeu. Voi sunteţi ogorul lui Dumnezeu, clădirea lui Dumnezeu. (1 Cor. 3:9)
>
> Ca unii care lucrăm împreună cu Dumnezeu, vă sfătuim să faceţi aşa ca să nu fi primit în zadar harul lui Dumnezeu. (2 Cor. 6:1)
>
> Aşadar, cât avem prilej, să facem bine la toţi, şi mai ales fraţilor în credinţă. (Gal. 6:10)
>
> Fiindcă am primit, dar, o împărăţie care nu se poate clătina, să ne arătăm mulţumitori şi să aducem astfel lui Dumnezeu o închinare plăcută, cu evlavie şi cu frică. (Evrei 12:28)
>
> Dacă vorbeşte cineva, să vorbească cuvintele lui Dumnezeu. Dacă slujeşte cineva, să slujească după puterea pe care i-o dă Dumnezeu: pentru ca în toate lucrurile să fie slăvit Dumnezeu prin Isus Hristos, a căruia este slava şi puterea în vecii vecilor! Amin. (1 Pet. 4:11)

5. (1:2) **Har—Pace**: o biserică sănătoasă experimentează har şi pace (vezi comentariul, *Har*—Gal.1:3; Efes.2:8-9; *Pace*—Gal.1:3; 5:22-23 pentru mai multe discuţii).

FILIPENI 1:3-11

1. Caracteristica unei inimi mul-
   țumitoare
2. Caracteristica rugăciunii
3. Caracteristica bucuriei
4. Caracteristica parteneriatului

5. Caracteristica încrederii în
   mântuirea lui Dumnezeu
   b. Este o lucrarea bună
   c. Este incompletă
   d. Va fi întregită la revenirea
      lui Cristos
6. Caracteristica parteneriatului
   a. Parteneri în inimă

**B. Caracteristicile credin-
   ciosului matur, 1:3-11**

3 Mulțumesc Dumnezeului meu pentru toată aducerea aminte pe care o păstrez despre voi.
4 În toate rugăciunile mele mă rog pentru voi toți, cu bucurie,
5 pentru partea pe care o luați la Evanghelie, din cea dintâi zi până acum.
6 Sunt încredințat că Acela care a început în voi această bună lucrare o va isprăvi până în ziua lui Isus Hristos.
7 Este drept să gândesc astfel despre voi toți, fiindcă vă port în inima mea,

întrucât, atât în lanțurile mele cât și în apărarea și întărirea Evangheliei, voi sânteți toți părtași aceluiaș har.
8 Căci martor îmi este Dumnezeu că vă iubesc pe toți cu o dragoste nespusă în Isus Hristos.
9 Și mă rog ca dragostea voastră să crească tot mai mult în cunoștință și orice pricepere,
10 ca să deosebiți lucrurile alese, pentruca să fiți curați și să nu vă poticniți până în ziua venirii lui Hristos,
11 plini de roada neprihănirii, prin Isus Hristos, spre slava și lauda lui Dumnezeu.

   b. Parteneri în suferință
   c. Parteneri la evanghelie
   d. Parteneri în har

   e. Parteneri cu Cristos

7. Caracteristica unei iubiri care
   crește și se maturizează

   a. Pentru a deosebi lucrurile
      alese, excelente
   b. Pentru a trăi vieți curate
   c. Pentru a nu face pe nimeni
      să se poticnească
8. Caracteristica neprihănirii

SECȚIUNEA I

CARACTERISTICILE POPORULUI LUI DUMNEZEU, 1:3-30

B. CARACERISTICILE CREDICIOSULUI MATUR, 1:3-11

1:3-11) Introducere: Care sunt caracteristicile unui credicios creștin matur? Care sunt caracteristicile unei biserici creștine mature și dinamice? Acest pasaj să un răspuns la aceste întrebări. Clar și concis, caracteristicile de care au nevoie credincioșii și bisericile sunt prezentate foarte direct.

1. Caracterisitca unei inimi mulțumitoare (v.3).
2. Caracteristica rugăciunii (v.4).
3. Caracteristica bucuriei (v.4).
4. Caracteristica parteneriatului (v.5).
5. Caracteristica încrederii în mântuirea lui Dumnezeu (v.6).
6. Caracteristica parteneriatului (vv.7-8).
7. Caracteristica unei iubiri care crește și se maturizează (vv.9-10).
8. Caracteristica neprihănirii (v.11).

1. (1:3) **Frățietate—Părtășie—Biserică**: mai întâi, privim la caracteristica unei inimi mulțumitoare. Pavel nu era singur pe lume. El nu era singura persoană care trăia pentru Dumnezeu și Îl mărturisea pe Cristos. El aparținea unei mari familii, o falimie de credincioși care forma familia lui Dumnezeu. Și ei trăiau pentru Dumnezeu și Îl mărturiseau pe Cristos unei lumi pierdute. Nu uitați că Pavel se afla în închisoare la Roma, la o mare distanță de credincioșii din Filipi. El nu se bucura de prezența lor; tot ce avea erau amintirile timpului pretrecut împreună. Și stând acolo în închisoare, amintindu-și de dragostea, de grija și de sprijinul lor, inima lui s-a umplut de recunoștință pentru ei, și a început să-I mulțumească lui Dumnezeu pentru ei.

Meditația 1. Ce lecție bună pentru noi! Dacă Pavel I-a mulțumit lui Dumnezeu pentru credincioșii aflați atât de departe de el, cu cât mai mult ar trebui noi să-I mulțumim lui Dumnezeu unii pentru alții. Noi ne bucurăm de dragostea, grija și sprijinul reciproc săptămână de săptămână și zi de zi și putem să cerem ajutor unii de la alții la orice oră din zi. Și totuși, cât de des Îi mulțumim lui Dumnezeu unii pentru alții?

Un alt punct este următorul: noi ar trebui să urmăm exemplul lui Pavel și să îi mulțumim lui Dumnezeu pentru toți credincioșii în fiecare zi. Noi nu suntem singuri în lume. Dumnezeu zidește un trup de oameni pe tot pământul—un trup de oameni care dunt exact ca și noi—hotărâți să trăiască pentru Isus Cristos și să ducă evanghelia mântuirii și a iubirii Lui unei lumi care zace într-o nevoie disperată.

Mulțumind Tatălui, care v-a învrednicit să aveți parte de moștenirea sfinților în lumină. (Col. 1:12)

FILIPENI 1:3-11

Pacea lui Hristos, la care ați fost chemați, ca să alcătuiți un singur trup, să stăpânească în inimile voastre, și fiți recunoscători. (Col. 3:15)

2. (1:4) **Rugăciunea**: în al doilea rând privim la caracteristica rugăciunii. Pavel spune că el se ruga întotdeauna pentru biserică. Ideea este că el se ruga pe percursul întregii zile pentru ei. Îi păstra mereu în gândurile lui și în rugăciunile lui. Cum spune Matthew Henry, Pavel se ruga pe nume pentru fiecare persoană din bisericile pe care le cunoștea, și avea perioade de rugăciune pentru fiecare biserică (*Comentariul lui Matthew Henry*, Vol.6. Tappan, NJ: Fleming H. Revell, n.d., p.724).

Meditația 1. Ce lecție dinamică despre rugăciune!
1) Să te rogi pe nume pentru toate bisericile pe care le cunoști.
2) Să aloci perioade de timp pentru a te ruga pentru fiecare biserică în parte.
3) Să te rogi întotdeauna—întreaga zi—pentru bisericile Domnului înviat.

Și Mă rog nu numai pentru ei, ci și pentru cei ce vor crede în Mine prin cuvântul lor. (Ioan 17:20)
Dumnezeu, căruia Îi slujesc în duhul meu, în Evanghelia Fiului Său, îmi este martor că vă pomenesc neîncetat în rugăciunile mele. (Rom. 1:9)
Nu încetez să aduc mulțumiri pentru voi, când vă pomenesc în rugăciunile mele. (Efes. 1:16)
Iată de ce, zic, îmi plec genunchii înaintea Tatălui Domnului nostru Isus Hristos. (Efes. 3:14)
Mulțumim lui Dumnezeu, Tatăl Domnului nostru Isus Hristos, căci ne rugăm neîncetat pentru voi [biserica]. (Col. 1:3)
Epafra, care este dintre ai voștri, vă trimite sănătate. El, rob al lui Hristos, totdeauna se luptă pentru voi în rugăciunile sale, pentru ca, desăvârșiți și deplin încredințați, să stăruiți în voia lui Dumnezeu. (Col. 4:12)
Mulțumim totdeauna lui Dumnezeu pentru voi toți pe care vă pomenim necurmat în rugăciunile noastre. (1 Tes. 1:2)

3. (1:4) **Bucuria**: caracteristica bucuriei. Nu uitați că Pavel este în închisoare, și totuși inima lui este plină de bucurie. *Bucurie* (chara) înseamnă veselie interioară; plăcere profundă. Ceea ce produce bucurie și veselie în inimă este o siguranță și o încredere profundă. Mai apoi, o inimă bucuroasă duce la o purtare veselă și plină de bucurie.

Bucuria Domnului nu este la fel cu bucuria lumii. Bucuria lumii este mai mult o plăcere temporară decât bucurie. Bucuria lumii este întotdeauna umbrită de o imperfecțiune, de o neîmplinire, de ceva ce lipsește, sau de o nevoie care există. Ea nu este completă, deplină—omul nu are un sentiment deplin de siguranță, încredere și satisfacție. El este mereu conștient că ceva rău poate să intervină: circumstanțe care se pot ivi pentru a distruge bucuria (o boală, moartea, pierderi financiare, războaie). Gândul că așa ceva se poate întâmpla oricând *îl bântuie mereu* pe om și nu lasă niciodată ca bucuria să fie deplină, asigurată și satisfăcătoare.

Câteva lucruri trebuie spuse în legătură cu bucuria credinciosului.

1. Bucuria este divină. Ea se află în posesia lui Dumnezeu și poate fi dată numai de Dumnezeu. Rădăcinile ei nu sunt în lucrurile pământești sau materiale sau în succese omenești. Ea este bucuria Duhului Sfânt, o bucurie care izvorăște din Domnul. Este însăși bucuria Lui (Ioan.15:11; Fapte 13:52; Rom.14:17; Gal.5:22; 1 Tes.1:6).

2. Bucuria nu depinde de circumstanțe sau de nivelul de fericire. Fericirea depinde de ceea ce se întâmplă, însă bucuria pe care Dumnezeu o sădeşte în inima credinciosului se ridică deasupra tuturor lucrurilor, chiar deasupra celor legate de viață și de moarte (Ps.5:11; 2 Cor.6:10; 7:4).

3. Bucuria izvorăște din credință (Rom.15:13; Filip.1:25; 2 Tim.1:4; cap. Mat.2:10).

4. Bucuria răsplătirilor viitoare mărește credința și credincioșia credinciosului (Mat.25:21, 23; Fapte 20:24; Evrei12:2).

Bucuria credinciosului are șapte surse.
1. Părtășia cu Tatăl și cu Fiul aduce bucurie (1 Ioan 1:3-4).
2. Biruința asupra păcatului, asupra morții și iadului, aduce bucurie (Ioan14:28; 16:20-22).
3. Pocăința aduce bucurie (Luca 15:7, 10).
4. Nădejdea slavei aduce bucurie (Rom.14:17; Evrei 12:2; 1 Pet.4:13).
5. Cuvântul Domnului—descoperirile, poruncile și promisiunile pe care le-a făcut El—aduce bucurie (Ioan 15:11).
6. Poruncile lui Cristos și voia lui Dumnezeu aduc bucurie. Ascultarea și ducerea la îndeplinire a unei slujbe aduce bucure în inima credinciosului (Ioan 15:11; 17:13; Fapte 13:52).
7. Rugăciunea aduce bucurie (Ioan16:24).
8. Prezența și părtășia altor credincioși aduce bucurie (1 Ioan1:3-4).

9.Câştigarea de suflete aduce bucurie (Luca.15:5; Flip. 4:1; 1 Tes.2:19-20).

10.   Auzirea despre alţii care umblă în adevăr aduce bucurie (3 Ioan 1:4).

11.   Dăruirea aduce bucurie (2 Cor.8:2; Evrei 10:34).

> Căci Împărăţia lui Dumnezeu nu este mâncare şi băutură, ci neprihănire, pace şi bucurie în Duhul Sfânt. (Rom. 14:17)
>
> Pe care voi Îl iubiţi fără să-L fi văzut, credeţi în El fără să-L vedeţi şi vă bucuraţi cu o bucurie negrăită şi strălucită. (1 Pet 1:8)
>
> Îmi vei arăta cărarea vieţii; înaintea feţei Tale sunt bucurii nespuse şi desfătări veşnice în dreapta Ta. (Ps. 16:11)
>
> Veţi scoate apă cu bucurie din izvoarele mântuirii. (Isa. 12:3)
>
> Mă bucur în Domnul, şi sufletul Meu este plin de veselie în Dumnezeul Meu; căci M-a îmbrăcat cu hainele mântuirii, M-a acoperit cu mantaua izbăvirii, ca pe un mire împodobit cu o cunună împărătească şi ca o mireasă împodobită cu sculele ei. (Isa. 61:10)

4. (1:5) **Parteneriat—Părtăşie:** caracteristica parteneriatului. Observaţi două puncte importante.

1. Sursa parteneriatului este evanghelia Domnului Isus Cristos, marea mântuire a lui Dumnezeu. Evanghelia glorioasă a lui Cristos este vestea glorioasă că El a murit pentru păcatele noastre, că a înviat, şi că a biruit moartea pentru ca noi să putem trăi cu Dumnezeu pentru veşnicie, şi să nu mai murim niciodată (compară cu 1 Cor.15:3). Credincioşii creştini sunt parteneri: ei au *părtăşie,* o legătură spirituală, o uniune spirituală, pentru că...

- au experimentat *aceeaşi mântuire,* mântuirea lui Dumnezeu.
- au îmbrăţişat *aceeaşi credinţă.*

După cum se afirmă cu tărie, *credincioşii adevăraţi*—credincioşii care şi-au dedicat pe deplin viaţa evangheliei lui Cristos—trăiesc şi propovăduiesc evanghelia. Prin urmare, adevăraţii credincioşi sunt legaţi în jurul evangheliei—toţi trăind acelaşi fel de viaţă şi făcând cam aceleaşi lucruri. Ei trăiesc, slujesc şi sunt martori ai Aceluiaşi Domn; prin urmare, vieţile lor sunt strâns legate în Duhul lui Cristos şi în părtăşia Lui.

2. Parteneriatul între credoncioşi trebuie să existe încă din prima zi a mântuirii. Ce mărturie glorioasă avea biserica filipenilor! Trecuseră în jur de zece ani de când câţiva dintre membrii bisericii şi-au predat vieţile în mâna lui Cristos şi au întemeiat această biserică. Şi observaţi: părtăşia bisericii a continuat încă din prima zi a fondării ei. Cum se întâmplă în toate bisericile, sigur că şi aici trebuie să se fi ridicat probleme şi divergenţe, dar credincioşii le-au rezolvat *în Cristos*—aşa cum trebuia să o facă. Prin urmare, pacea şi unitatea Duhului au rămas vii şi părtăşia bisericii a rămas puternică. (Vezi **STUDIU APROFUNDAT # 3**, *Părtăşia*—Fapte 2:42 pentru mai multe discuţii.)

Meditaţia 1. Una dintre cele mai mari nevoi pe care le are biserica astăzi este nevoia de pace şi de unitate în Duhul lui Dumnezeu—o părtăşie puternică înrădăcinată în jurul evangheliei lui Cristos. Lehman Strauss dezvăluie secretul: "Nu existau conflicte, nici confuzii, ci continuitate. O părtăşie continuă se bazează pe *o părtăşie în rugăciune.* Astăzi o mare parte din sensul părtăşiei s-a pierdut. Dacă frecventăm aceeaşi biserică, recităm acelaşi crez, spunem aceleaşi rugăciuni, mâncăm împreună o cină, şi socializăm cu acelaşi grup, atunci spunem că avem părtăşie creştină. Dar este ea cu adevărat părtăşie? Am observat ani de zile toate aceste lucruri întâmplându-se printre creştini, dar a vedea o *părtăşie adevărată în evanghelie.* Printre creştini se pot ivi dificultăţi şi dezamăgiri câteodată, dar niciodată nu poate apărea o ruptură acolo unde există *părtăşie în rugăciune."* (*Studii devoţionale din Filipeni*, p.42).

> Ei stăruiau în învăţătura apostolilor, în legătura frăţească, în frângerea pâinii şi în rugăciuni. (Fapte 2:42)
>
> Sau mai degrabă, ca să ne îmbărbătăm laolaltă în mijlocul vostru, prin credinţa pe care o avem împreună, şi voi şi eu. (Rom. 1:12)
>
> Dar dacă umblăm în lumină, după cum El însuşi este în lumină, avem părtăşie unii cu alţii; şi sângele lui Isus Hristos, Fiul Lui, ne curăţă de orice păcat. (1 Ioan 1:7)
>
> Sunt prieten cu toţi cei ce se tem de Tine şi cu cei ce păzesc poruncile Tale. (Ps. 119:63)
>
> Atunci şi cei ce se tem de Domnul au vorbit adesea unul cu altul; Domnul a luat aminte la lucrul acesta şi a ascultat; şi o carte de aducere aminte a fost scrisă înaintea Lui, pentru cei ce se tem de Domnul şi cinstesc Numele Lui. (Mal. 3:16)

5. (1:6) **Puterea lui Dumnezeu—Încredere—Siguranţa:** caracteristica încrederii în mântuirea lui Dumnezeu. Dumnezeu va duce la bun sfârşit lucrarea bună pe care a început-o în credincioşi. Încrederea şi siguranţa sunt două caracteristici evidente ale credincioşilor autentici. Credincioşii Îl cunosc pe Dumnezeu, Îl cunosc în mod personal. Duhul lui

FILIPENI 1:3-11

Dumnezeu locuiește în inima și în trupul credinciosului (Ioan 14:16-17; 14:26; 1 Cor.19:20; etc.). Duhul lui Dumnezeu mărturisește duhului credinciosului, că el va fi mântuit într-o zi—că va fi înfățișat perfect înaintea lui Dumnezeu. De fapt, prezența Duhului Sfânt în trupul credinciosului este chiar garanția mântuirii credinciosului (vezi 2 Cor.1:22; 5:5; Efes.1:14).

1. Credinciosul are o încredere absolută în lucrarea mântuirii sau a răscumpărării pe care Dumnezeu a început-o în viața lui. El are încredere prin prezența Duhului lui Dumnezeu care locuiește în el.

2. Lucrarea începută de Dumnezeu este *o lucrare bună;* adică, este o lucrare care revoluționează și schimbă radical viața credinciosului. Orice fel de viață ar fi trăit omul înainte, după ce Dumnezeu îl convertește, noul credincios începe să trăiască *o viață bună: o viață de...*

- neprihănire, puritate și sfințenie
- dragoste, bucurie și pace
- credință, smerenie și înfrânare

3. Lucrarea aceasta bună este imcompletă atâta timp cât credinciosul trăiește pe pământ. El nu este perfect, nu în acest trup omenesc. Dumnezeu are mereu de lucru la el; prin urmare, Dumnezeu întotdeauna lucrează în viața credinciosului pentru a-l maturiza tot mai mult. Dumnezeu lucrează mereu pentru a-l face pe om mai curat și mai credincios în slujba pe care o face pentru Cristos.

4. Această bună lucrare va fi dusă la bun sfârșit la revenirea lui Isus Cristos pe pământ. Atunci credinciosul va fi transformat într-un om perfect și va primi un trup perfect. El va deveni un om perfect și va trăi în cerurile noi și pe pământul nou cu Cristos. Și I se va închina Domnului Isus și Îl va sluji într-un mod perfect o veșnicie întreagă.

> Eu nu mai sunt în lume, dar ei sunt în lume, și Eu vin la Tine. Sfinte Tată, păzește, în Numele Tău, pe aceia pe care Mi i-ai dat, pentru ca ei să fie una, cum suntem și Noi. (Ioan 17:11)
>
> Sunt încredințat că Acela care a început în voi această bună lucrare o va isprăvi până în ziua lui Isus Hristos. (Filip. 1:6)
>
> Și pacea lui Dumnezeu, care întrece orice pricepere, vă va păzi inimile și gândurile în Hristos Isus. (Filip. 4:7)
>
> Și din pricina aceasta sufăr aceste lucruri; dar nu mi-e rușine, căci știu în cine am crezut. Și sunt încredințat că El are putere să păzească ce I-am încredințat până în ziua aceea. (2 Tim. 1:12)
>
> De acum mă așteaptă cununa neprihănirii, pe care mi-o va da în "ziua aceea" Domnul, Judecătorul cel drept. Și nu numai mie, ci și tuturor celor ce vor fi iubit venirea Lui. (2 Tim. 4:8)
>
> Voi sunteți păziți de puterea lui Dumnezeu, prin credință, pentru mântuirea gata să fie descoperită în vremurile de apoi! (1 Pet. 1:5)
>
> Cine crede în Fiul lui Dumnezeu are mărturisirea aceasta în el; cine nu crede pe Dumnezeu Îl face mincinos, fiindcă nu crede mărturisirea pe care a făcut-o Dumnezeu despre Fiul Său. (1 Ioan 5:10)
>
> Iar a Aceluia care poate să vă păzească de orice cădere și să vă facă să vă înfățișați fără prihană și plini de bucurie înaintea slavei Sale, singurului Dumnezeu, Mântuitorul nostru, prin Isus Hristos, Domnul nostru, să fie slavă, măreție, putere și stăpânire, mai înainte de toți vecii, și acum și în veci. Amin (Iuda 1:24-25)
>
> Fiindcă ai păzit cuvântul răbdării Mele, te voi păzi și Eu de ceasul încercării, care are să vină peste lumea întreagă ca să încerce pe locuitorii pământului. (Apoc. 3:10)
>
> Iată, Eu sunt cu tine; te voi păzi pretutindeni pe unde vei merge și te voi aduce înapoi în țara aceasta; căci nu te voi părăsi, până nu voi împlini ce-ți spun. (Gen. 28:15)
>
> Iubiți, dar, pe Domnul, toți cei iubiți de El. Căci Domnul păzește pe cei credincioși, și pedepsește aspru pe cei mândri. (Ps. 31:23)
>
> Căci Domnul iubește dreptatea și nu părăsește pe credincioșii Lui. Totdeauna ei sunt sub paza Lui, dar sămânța celor răi este nimicită. (Ps. 37:28)
>
> Domnul va sfârși ce a început pentru mine. Doamne, bunătatea Ta ține în veci: nu părăsi lucrările mâinilor Tale. (Ps. 138:8)

6. (1:7-8) **Afecțiune—Slujire—Lucrare:** caracteristica parteneriatului. Observați ce legătură puternică exista între Pavel și biserică.

1. Ei erau parteneri în inimă. Pavel îi iubea la fel de mult cum se iubea pe sine însuși; îi ținea aproape de inima lui și se gândea mereu la ei.

2. Ei erau parteneri în suferințele lui Pavel. Asta înseamnă...

- că ei simțeau alături de Pavel suferința din închisoare.
- că îi transmiteau speranță lui Pavel în timp ce se afla în închisoare.
- Că și ei suferiseră sau încă sufereau din pricina evangheliei la fel ca și Pavel.

Ideea este următoarea: afecțiunea dintre Pavel și filipeni era atât de specială încât inimile lor simțeau împreună. Ce experimenta unul, simțea și celălalt, chiar și suferințele.

Meditația 1. Ce imagine izbitoare a compasiunii de care trebuie să dăm dovadă față de cei ce suferă. Trebuie să învățăm să fim parteneri în rugăciune. Atunci și numai atunci vom putea să ne purtăm poverile unii altora și să ne slujim cu adevărat unii pe alții.

> **Noi, care suntem tari, suntem datori să răbdăm slăbiciunile celor slabi și să nu ne plăcem nouă înșine. (Rom. 15:1)**
> **Purtați-vă sarcinile unii altora și veți împlini astfel legea lui Hristos. (Gal. 6:2)**
> **Prin urmare, a trebuit să Se asemene fraților Săi în toate lucrurile, ca să poată fi, în ce privește legăturile cu Dumnezeu, un Mare Preot milos și vrednic de încredere, ca să facă ispășire pentru păcatele norodului. Și, prin faptul că El însuși a fost ispitit în ceea ce a suferit, poate să vină în ajutorul celor ce sunt ispitiți. (Evrei 2:17-18)**
> **Căci n-avem un Mare Preot care să n-aibă milă de slăbiciunile noastre, ci Unul care în toate lucrurile a fost ispitit ca și noi, dar fără păcat. Să ne apropiem, dar, cu deplină încredere de scaunul harului, ca să căpătăm îndurare și să găsim har, pentru ca să fim ajutați la vreme de nevoie. (Evrei 4:15-16)**
> **Aduceți-vă aminte de cei ce sunt în lanțuri, ca și cum ați fi și voi legați cu ei; de cei chinuiți, ca unii care și voi sunteți în trup. (Evrei 13:3)**

3. Ei erau parteneri în evanghelie. Filipenii nu au abandonat evanghelia, nici nu au devenit tăcuți sau leneși în a mărturisi evanghelia. Ei apărau și proclamau în mod activ adevărul evangheliei. Biserica și membrii ei erau ocupați pentru Cristos—mărturisind în mod activ harul mântuitor al Domnului Isus Cristos. Ei luau în serios marea însărcinare din partea Domnului.

> **Duceți-vă și faceți ucenici din toate neamurile, botezându-i în Numele Tatălui și al Fiului și al Sfântului Duh. Și învățați-i să păzească tot ce v-am poruncit. Și iată că Eu sunt cu voi în toate zilele, până la sfârșitul veacului. Amin. (Mat. 28:19-20)**
> **Apoi le-a zis: Duceți-vă în toată lumea și propovăduiți Evanghelia la orice făptură. (Marcu 16:15)**
> **Ci voi veți primi o putere, când Se va coborî Duhul Sfânt peste voi, și-Mi veți fi martori în Ierusalim, în toată Iudeea, în Samaria și până la marginile pământului. (Fapte 1:8)**
> **Căci noi nu putem să nu vorbim despre ce am văzut și am auzit (Fapte 4:20)**
> **Să nu-ți fie rușine, dar, de mărturisirea Domnului nostru, nici de mine, întemnițatul Lui. Ci suferă împreună cu Evanghelia, prin puterea lui Dumnezeu. (2 Tim. 1:8)**
> **Ci sfințiți în inimile voastre pe Hristos ca Domn. Fiți totdeauna gata să răspundeți oricui vă cere socoteală de nădejdea care este în voi; dar cu blândețe și teamă. (1 Pet. 3:15)**

4. Ei erau parteneri în harul lui Dumnezeu. Pavel vorbea despre minunatul har al lui Dumnezeu—favoarea și binecuvântările lui Dumnezeu. Și biserica filipenilor vorbea despre același har. Dumnezeu revărsa cele mai bogate binecuvântări atât asupra lui Pavel, cât și asupra bisericii. De ce? Ce Îl determina pe Dumnezeu să îi binecuvinteze atât de mult? Credincioșia lui: așa cum ne arată acest text, ei aveau caracteristicile credincioșilor maturi.

> **În El avem răscumpărarea, prin sângele Lui, iertarea păcatelor, după bogățiile harului Său. (Efes. 1:7)**
> **Și Dumnezeul meu să îngrijească de toate trebuințele voastre, după bogăția Sa, în slavă, în Isus Hristos. (Filip. 4:19)**
> **Și harul Domnului nostru s-a înmulțit peste măsură de mult împreună cu credința și cu dragostea care este în Hristos Isus. (1 Tim. 1:14)**
> **Tu, dar, copilul meu, întărește-te în harul care este în Hristos Isus. (2 Tim. 2:1)**

5. Ei erau parteneri cu Cristos. Cuvântul *dragoste* (splagchnois) înseamnă tandrețe, compasiune, afecțiune profundă. Și observați: Pavel spune că are tandrețea lui Isus Cristos față de filipeni. El îi iubește cu aceeași dragoste cu care îi iubește Cristos Însuși.

Meditația 1. Câtă nevoie au lucrătorii și bisericile de o astfel de dragoste și afecțiune reciprocă! Cât de diferită ar fi biserica dacă credincioșii din ea ar ține așa de mult unii la alții—dacă s-ar iubi cu iubirea lui Cristos.

FILIPENI 1:3-11

Meditația 2. Marea nevoie a bisericii actuale este nevoia de cooperare—de parteneriat între membrii ei. Credincioșii au o neapărată nevoie de a devein parteneri unii cu alții și cu slujitorul lui Dumnezeu:

⇒ parteneri în înimă
⇒ parteneri în suferință
⇒ parteneri în propovăduirea și apărarea evangheliei
⇒ parteneri în harul lui Dumnezeu
⇒ parteneri cu Domnul Isus Cristosners

> **Vă dau o poruncă nouă: să vă iubiți unii pe alții; cum v-am iubit Eu, așa să vă iubiți și voi unii pe alții. Prin aceasta vor cunoaște toți că sunteți ucenicii Mei, dacă veți avea dragoste unii pentru alții. (Ioan 13:34-35)**
> **Aceasta este porunca Mea: să vă iubiți unii pe alții, cum v-am iubit Eu. (Ioan 15:12)**
> **Dragostea să fie fără prefăcătorie. Fie-vă groază de rău, și lipiți-vă tare de bine. (Rom. 12:9)**
> **De aceea, fiindcă nu mai puteam răbda, am socotit mai bine să fim lăsați singuri în Atena. (1 Tes. 3:1)**
> **Deci ca unii care prin ascultarea de adevăr v-ați curățat sufletele prin Duhul, ca să aveți o dragoste de frați neprefăcută, iubiți-vă cu căldură unii pe alții, din toată inima. (1 Pet. 1:22)**

7. (1:9-10) **Dragostea**: caracteristica unei iubiri care crește și are discernământ. Observați: dragostea în Biblie nu se concentrează niciodată pe *sentimentele bune.* Sentimentele pot apărea și de obicei apar în cazul unei persoane care iubește cu adevărat o altă persoană, dar sentimentele nu sunt niciodată esențialul—nu în cazul iubirii adevărate. Atunci care este esențialul?

⇒ Punctul esențial în drragoste este cunoașterea. Dacă iubim cu adevărat pe cineva, vom dori sp cunoaște persoana respectivă. De fapt vom dori să cunoaștem totul despre acea persoană.
⇒ Forța iubirii este *puterea de pătrundeet* (aisthesei). Cuvântul înseamnă inteligență sau discernământ. Dacă iubim cu adevărat pe cineva, nu doar că dorim să cunoaștem acea persoană, dar vom dori să învățăm tot ce putem despre persoana respectivă. Vrem să adunăm toate informațiile pentru a putea fi pe plac persoanei respective.

Observați că Pavel vrea ca dragostea credincioșilor să crească tot mai mult. Noi avem nevoie să cunoaștem tot mai mult despre Cristos și unii despre alții; avem nevoie de mai multă putere de înțelegere, de mai mult discernământ, de mai multe informații despre cei dun jur. Cu cât cunoaștem mai mult despre Cristos și unii despre alții, cu atât va crește dragostea dintre noi.

Există trei motive pentru care avem nevoie de o dragoste care crește mereu.

1. O dragoste care crește este necesară pentru a discerne lucrurile cele mai bune. Nu este suficient să știm ce este bine și ce este rău. Nu este suficient să facem binele. Uneoi allegerea este între un lucru bun și unul excelent. Numai o *dragoste care merge crescând* ne va determina să alegem lucrurile cele mai bune și excelente.

⇒ Cu cât Îl iubim mai mult pe Domnul, cu atât vom alege lucrurile cele mai bune și excelente pentru El.
⇒ Cu cât ne iubim mai mult unii pe alții, cu atât vom alege lucrurile cele mai bune și excelente pentru cei din jur. O dragoste care crește nu va doris ă facă vreun lucru care poate provoca poticnirea unui alt frate.

2. O dragoste care crește trebuie să fie sinceră și curată. Cuvântul *curată* (eilikrineis) înseamnă a cerne printr-o sită pentru a curăți. Prin urmare, sensul este acela de puritate, necontaminat, nepoluat, nemânjit. Observați că noi trebuie să rămânem curați până la revenirea lui Cristos. Numai o dragoste care crește ne va ține ochii ațintiți asupra lui Cristos. Dacă nu Îl iubim pe El, nu ne voi uita la El. Dacă Îl iubim, voma vea privirea ațintită asupra Lui, vom tânji să Îl vedem și să fim cu El. Numai dragostea—adevărata dragoste—ne va părstra curați în așteptarea revenirii Lui.

Meditația 1. O ilustrație bună în acest sens este aceea cu tânăra care iubește un soldat și așteaptă reîntoarcerea lui. Dacă îl iubește cu adevărat, ea va avea privirea ațintită asupra lui și se va păstra curată.

3. O dragoste care crește este necesară ca să ne ajute să nu îi facem pe ceilalți să se poticnească. Trebuie să avem grijă mereu ca să nu fim *o piatră de poticnire* (aproskopoi) pentru cei din jur. Poate că noi ne putem autocontrola, dar alții nu pot să se controleze în ceea ce privește...

- băutura
- televizorul
- filmele
- muzica
- dansul
- relațiile sociale
- mâncarea
- moda, hainele, machiajul
- cheltuirea banilor

FILIPENI 1:3-11

Lista poate continua cu aproape toate lucrurile pe care le facem. Noi trebuie să ne controlăm în tot ce facem, pentru a nu cădea în excese—câteodată nu trebuie să facem binele, ci trebuie să alegem ce este el mai bine. Trebuie să știm să deosebim ce este cel mai bine. De ce?

⇒ Pentru a nu fi o priatră de poticnire pentru vreun frate.

⇒ Pentru a-I oferi Domnului ce avem mai bun. Punctul acesta ar trebui *să ne frângă inimile.* Gândiți-vă cât de des am ales să facm alceva decât ce era cel mai bine pentru Domnul nostru. I-am oferit un comportament, gânduri, vorbe, fapte care nu erau cele mai bune—și asta cu bună știință! Inima lui a fost rănită—mai ales pentru că El ne-a iubit pe noi în mod supreme și S-a dat pe Sine pentru noi.

> Apoi a zis tuturor: "Dacă voiește cineva să vină după Mine, să se lepede de sine, să-și ia crucea în fiecare zi și să Mă urmeze. (Luca 9:23)
>
> Vă îndemn, dar, fraților, pentru îndurarea lui Dumnezeu, să aduceți trupurile voastre ca o jertfă vie, sfântă, plăcută lui Dumnezeu: aceasta va fi din partea voastră o slujbă duhovnicească. Să nu vă potriviți chipului veacului acestuia, ci să vă prefaceți, prin înnoirea minții voastre, ca să puteți deosebi bine voia lui Dumnezeu: cea bună, plăcută și desăvârșită. (Rom. 12:1-2)
>
> Bine este să nu mănânci carne, să nu bei vin și să te ferești de orice lucru care poate fi pentru fratele tău un prilej de cădere, de păcătuire sau de slăbire. (Rom. 14:21)
>
> Nu știți că trupul vostru este Templul Duhului Sfânt care locuiește în voi și pe care L-ați primit de la Dumnezeu? Și că voi nu sunteți ai voștri? Căci ați fost cumpărați cu un preț. Proslăviți, dar, pe Dumnezeu în trupul și în duhul vostru, care sunt ale lui Dumnezeu. (1 Cor. 6:19-20)
>
> Nimeni să nu-și caute folosul lui, ci fiecare să caute folosul altuia. (1 Cor. 10:24)
>
> "Dacă vrei să fii desăvârșit", i-a zis Isus, "du-te de vinde ce ai, dă la săraci și vei avea o comoară în cer! Apoi vino și urmează-Mă." (Mat. 19:21)

8. (1:11) **Neprihănirea**: caracteristica neprihănirii. (Vezi STUDIU APROFUNDAT # 1, *Neprihănirea*—Efes.5:9; 6:14-17, pct.2 pentru discuții. Vezi și Gal.2:15-16; 3:6-14.)

FILIPENI 1:12-19

	C. Caracteristicile unui martor matur, 1:12-19	16 Aceștia din urmă lucrează din dragoste, ca unii care știu că sunt însărcinat cu apărarea Evangheliei;	a. Alții Îl predicau pe Cristos din gelozie și din pizmă, sperând să-i facă probleme lui Pavel

1. El vestește evanghelia indiferent de circumstanțe
a. Pavel se confrunta cu circumstanțe foarte grele: era întemnițat în Roma
b. Pavel s-a folosit de circumstanțele grele pentru a vesti evanghelia
  1) A vestit printre gărzile de elită ale Romei: În palat și pretutindeni
  2) A vestit încurajându-i pe credincioși să fie martori neînfricați
2. El nu are nicio gelozie personală, nici vreo dorință pentru prestigiu și recunoașterea meritelor
	12 Vreau să știți, fraților, că împrejurările în care mă găsesc, mai degrabă au lucrat la înaintarea Evangheliei. 13 În adevăr, în toată curtea împărătească, și pretutindeni aiurea, toți știu că sunt pus în lanțuri din pricina lui Isus Hristos. 14 Și cei mai mulți din frați, îmbărbătați de lanțurile mele, au și mai multă îndrăzneală să vestească fără teamă Cuvântul lui Dumnezeu. 15 Unii, este adevărat, propovăduiesc pe Hristos din pizmă și din duh de ceartă; dar alții din bunăvoință.	17 cei dintâi, din duh de ceartă vestesc pe Hristos nu cu gând curat, ci ca să mai adauge un necaz la lanțurile mele. 18 Ce ne pasă? Oricum: fie de ochii lumii, fie din toată inima, Hristos este propovăduit. Eu mă bucur de lucrul acesta și mă voi bucura. 19 Căci știu că lucrul acesta se va întoarce spre mântuirea mea prin rugăciunile voastre și prin ajutorul Duhului lui Isus Hristos.	b. Alții predicau din dragoste, sprijinindu-l pe Pavel
			
			c. Pavel se bucura de următorul lucru: Cristos era propovăduit—fie din motive bune, fie din motive greșite, Cristos era propovăduit
			3. El are siguranța unui final fericit: Mântuirea
			a. Prin rugăciune
			b. Prin Duhul Sfânt

SECȚIUNEA I

CARACTERISTICILE POPORULUI LUI DUMNEZEU, 1:3-30

C. CARACTERISTICILE UNUI MARTOR MATUR, 1:12-19

(1:12-19) **Introducere**: împrejurările deseori îi lovesc și îi înfrâng pe oameni. Maturitatea unui om se poate vedea din modul în care gestionează lucrurile care i se întâmplă—lucrurile care pot afecta un om și îi pot provoca schimbări de dispoziție de la schimbări mici până la schimbări serioase. Un lucru pe care credinciosul trebuie să îl învețe, este să trăiască deasupra circumstanțelor—să-și păstreze mărturia pentru Cristos tare și matură, Aceasta este tema din pasajului în discuție: caracteristicile unui martor matur.

1. El vestește evanghelia indiferent de circumstanțe (vv.12-14).
2. El nu are nicio gelozie personală, nici vreo dorință pentru prestigiu și recunoașterea meritelor (vv.15-18).
3. El are siguranța unui final fericit: mântuirea (v.19).

1. (1:12-14) **Mărturisirea—Credinciosul**: un credincios matur mărturisește evanghelia indiferent de circumstanțe. Observați două puncte importante.

1. Pavel se confrunta cu niște împrejurări foarte grele: era întemnițat la Roma. Aceste circumstanțe grele îl priveau pe Pavel față în față. Nicio altă împrejurare nu ar fi putut fi mai gravă decât aceasta—despre orice ar fi fost vorba. Pavel aștepta să se înfățișeze înaintea Curții Supreme a Romei: îl aștepta un process în fața lui Nero, împăratul roman, și el era nevinovat. El nu a făcut nimic rău ca să merite să fie arestat și întemnițat. Și totuși era acolo, și trebuia să aștepte sosirea procurorilor Iudei care veneau cu acuzațiile lor inventate și rău intenționate. Este adevărat că se bucura de anumite privilegii—închiriind o casă și fiindu-i permis să primeasca vizitatori, prieteni—dar aceste privilegii erau prea neînsemnate în comparație cu necazurile și suferințele acestei detenții. El era prizonier de doi ani și, cum se întâmpla în cazul prizonierilor, zilele treceau foarte încet—oră după oră și zi după zi. Tensiunea care apasă asupra unui om care așteaptă un proces care îi va hotărâ viața sau moartea, această tensiune apasa asupra lui Pavel. După cum spune și în Efeseni 3:13, necazurile lui erau intense și de lungă durată.

Dar observați ceva: Pavel...
- nu cârtea și nu se plângea
- nu se îndoia de Dumnezeu și nu întreba de ce
- nu se tânguia și nu murmura
- nu cădea în depresie
- nu Îl blestema pe Dumnezeu și nu renunța la credința lui

2. Pavel s-a folosit de împrejurările grele în care se afla pentru a răspândi evanghelia. Pavel nu se vedea pe sine însuși ca pe un prizonier al Romei, nici al lui Nero. El se considera prizonier *pentru Isus Cristos*. El nu se considera o victimă; el se vedea biruitor pentru Isus Cristos. În Fapte 28:20 Pavel spune că "poartă acest lanț" iar în Efeseni 6:20 el se

313

FILIPENI 1:12-19

numeşte "un sol în lanţuri". Este folosit cuvântul *halusis*. Acest *halusis* era un lanţ scur care îl ţinea pe prizonier de încheietura mâinii gardianului pentru a preveni evadarea lui. Imaginaţi-vă ! Pavel a fost legat de un soldat roman zi şi noapte fără întrerupere timp de peste doi ani. Despre ce credeţi că le vorbea Pavel acelor soldaţi? El ne spune: "Tot ce mi s-a întâmplat a dus la înaintarea evangheliei."

    a. Pavel a vestit evanghelia printre *Garda Pretoriană, elita* armatei romane. Aceşti soldaţi formau Garda Imperială a Romei, erau bărbaţi aleşi unul şi unul pentru a-l apăra pe împărat şi pentru a îndeplini principalele sarcini militare ale statului. Numărul lor era şaizeci de mii, dintre care majoritatea se aflau la Roma tot timpul (Barclay, *Scrisorile către Filipeni, Coloseni şi Tesaloniceni*, p.26). Dintre aceşti soldaţi făceau parte şi cei care au fost legaţi de Pavel zi şi noapte timp de doi ani—bărbaţi tineri care reprezentau elita tineretului roman. Nu se ştie pe câţi dintre ei i-a condus Pavel la Domnul. Dar observaţi : Cristos a fost vestit atât de mult încât evanghelia s-a răspândit prin...

- întreaga gardă Pretoriană.
- întreg palatal împăratului.
- în toate locurile.

Pavel—întemniţarea lui şi poziţia lui pentru Cristos şi evanghelia pe care o predica—a devenit subiectul conversaţiilor din întreaga Romă, conversaţiile din toate categoriile sociale inclusiv aristocraţia, ajungând până în palatal împăratului.

Meditaţia 1. Lecţia pentru noi este următoarea: noi nu trebuie niciodată să lăsăm împrejurările să ne doboare— să nu le lăsăm să ne învingă mărturia pentru Cristos, indiferent în ce împrejurări ne-am găsi...

- persecuţii
- accidente
- eşecuri
- pierderi financiare
- divorţ
- faliment
- păcat

- pierderea unei persoane iubite
- respingere
- închisoare
- bătrâneţe
- abuzuri
- sărăcie

Dacă trăim pentru Cristos noi trebuie *să ştim* că Dumnezeu are controlul vieţilor noastre. El ne va întări ca să putem trece prin orice împrejurări ar putea veni. Noi trebuie să folosim acele împrejurări pentru a mărturisi despre puterea mântuitoare a lui Cristos—despre nădejdea veşnică a iertării Lui şi a vieţii veşnice. Noi trebuie să le vestim tuturor cellor din jurul nostru când...

- suntem bolnavi la pat
- ne confruntăm cu moartea în familie
- când avem probleme financiare
- când suntem abuzaţi şi persecutaţi

Şi dacă am păcătuit şi am eşuat—oricât de grav—trebuie să ne pocăim şi să ne întoarcem la slujba de mărturisire, biruind acele împrejurări în care am eşuat sau am păcătuit atât de mult. Noi trebuie să facem tot ce ne stă în putinţă să învingem orice circumstanţe pentru Cristos şi să continuăm să mărturisim, făcând cât mai mult bine pentru a putea să atingem cât mai mulţi oameni. Tot ce facem trebuie să facem pentru Cristos, pentru că El este vrednic. El a murit pentru noi, purtând păcatul nostru şi pedeapsa noastră şi eliberându-ne pentru a trăi vieţi neprihănite înaintea lui Dumnezeu pentru veşnicie. Lumea nu ştia asta—lumea nu ştie că există acum un leac pentru cancerul păcatului. Ei nu pot să ştie dacă noi nu le spunem. Noi trebuie să răspândim vestea bună—să o răspândim *indiferent de circumstanţe*. Noi trebuie să nu uităm niciodată că:

    ⇒ biruim împrejurările pentru Isus Cristos.

    ⇒ noi nu suntem victimele împrejurărilor; noi suntem învingătorii împrejurărilor—totul pentru Isus Cristos.

    ⇒ noi nu trebuie să lăsăm ca împrejurările să-i descurajeze pe cei din jur; trebuie să folosim împrejurările pentru a-i încuraja.

    a. Pavel a răspândit evanghelia încurajându-i pe ceilalţi credincioşi să fie mai neînfricaţi în mărturisirea lor. Cum a fost posibil aceasta ? Observaţi câteva lucruri.

        ⇒ mărturisirea dinamică a lui Pavel şi convertiţii dintre soldaţii gărzii imperiale erau subiectul de discuţie care făcea să vuiască întreg oraşul. Desigur că şi soldaţii care se converteau începeau să Îl mărturisească pe Cristos.

FILIPENI 1:12-19

⇒ colegii de lucrare ai lui Pavel care l-au vizitat (Timotei și alții) împărtășeau vești despre Pavel și vesteau și ei evanghelia.

⇒ Pavel avea voie să primească vizitatori. În timp ce era arestat, mulți dintre credincioșii din toată Roma l-au vizitat și el le-a vorbit depre Cristos—cu hotărâre. Observați ce spune :

> **Pavel a rămas doi ani întregi într-o casă pe care o luase cu chirie. Primea pe toți care veneau să-l vadă, propovăduia Împărăția lui Dumnezeu și învăța pe oameni, cu toată îndrăzneala și fără nicio piedică, cele privitoare la Domnul Isus Hristos. (Fapte 28:30-31, Citește întâmplarea pentru o imagine încurajatoare a modului în care Pavel vestea evanghelia—indiferent de circumstanțe, Fapte 28:17-31).**

Mărturia dinamică a lui Pavel a avut un impact puternic asupra tuturor celor din jurul lui. Mărturia lui puternică, în ciuda împrejurărilor groaznice în care se afla, i-a provocat pe *mulți* credincioși să devină mult mai încrezători în mărturisirea lor. Mulți dintre credincioși au început să mărturisească oriunde se aflau—indiferent de împrejurări.

> **Apoi le-a zis: Duceți-vă în toată lumea și propovăduiți Evanghelia la orice făptură. (Marcu 16:15)**
> **Pentru că Fiul omului a venit să caute și să mântuiască ce era pierdut. (Luca 19:10)**
> **Isus le-a zis din nou: "Pace vouă! Cum M-a trimis pe Mine Tatăl, așa vă trimit și Eu pe voi." (Ioan 20:21)**
> **Ci voi veți primi o putere, când Se va coborî Duhul Sfânt peste voi, și-Mi veți fi martori în Ierusalim, în toată Iudeea, în Samaria și până la marginile pământului. (Fapte 1:8)**
> **Căci noi nu putem să nu vorbim despre ce am văzut și am auzit. (Fapte 4:20)**
> **Însă, fiindcă avem același duh de credință, potrivit cu ceea ce este scris: "Am crezut, de aceea am vorbit!", și noi credem, și de aceea vorbim. (2 Cor. 4:13)**
> **Să nu-ți fie rușine, dar, de mărturisirea Domnului nostru, nici de mine, întemnițatul Lui. Ci suferă împreună cu Evanghelia, prin puterea lui Dumnezeu. (2 Tim. 1:8)**
> **Spune lucrurile acestea, sfătuiește și mustră cu deplină putere. Nimeni să nu te disprețuiască. (Tit 2:15)**
> **Ci sfințiți în inimile voastre pe Hristos ca Domn." Fiți totdeauna gata să răspundeți oricui vă cere socoteală de nădejdea care este în voi; dar cu blândețe și teamă. (1 Pet. 3:15)**

2. (1:15-18) **Credincioșie—Gelozie—Interes personal**: un martor matur nu are vreo gelozie personală, nici vreo dorință de prestigiu sau de recunoaștere a meritelor. Experiența trăită de Pavel este una tragică, și totuși este o experiență care se repetă în biserică și printre credincioși. Unii predicatori din Roma erau geloși pe Pavel și invidioși...

- pentru rezultatele pe care le avea.
- pentru atenția și prestigiul pe care le primea din partea societății și a grupurior sociale din comunitate.
- pentru sprijinul și loialitatea primite din partea credincioșilor.
- pentru atenția pe care o primea din partea multor membri din bisericile lor.
- pentru poziția pe care și-o câștiga de lider al comunității creștine din Roma.

Observați: predicatorii aceștia erau adevărați urmași ai lui Cristos. Ei nu erau Iudaizator, acei predicatori mincinoși care îl urmăreau pe Pavel și i se împotriveau. Aceștia erau predicatori adevărați care slujeau în Roma și în împrejurimi. Știm lucrul acesta pentru că Pavel era de acord cu predicare lor ; el regreta doar faptul că erau împotriva lui. În loc să îl sprijineacă, ei vorbeau împotriva lui, sperând să-i reducă la tăcere toată influența și sp scape de el (v.16).

Și totuși, nu toți predicatorii din Roma erau împotriva lui Pavel. Unii îl vesteau pe Cristos din dragoste, și își încurajau membrii din biserici să își exprime dragostea pentru Pavel vizitându-l și sprijinindu-l în lucrarea lui de propovăduire a lui Cristos.

Meditația 1. De câte ori nu s-a repetat situația aceasta? Câți nu repetă scena de mai suc chiar acum ? Câți credincioși și lucrători creștini nu sunt geloși și invidioși pentru...

- poziția altuia?
- atenția, sprijinul și loialitatea de care se bucură altul?
- rezultatele pe care le are un alt lucrător?

Câți dintre noi nu începem să ne îndoim și să vorbim împotriva unui slujitor al Domnului din cauza acestor lucruri—poate vorbim în șoaptă doar cu una sau două persoane; și totuși, vorbim. Dumnezeu să ne ierte!

Noi trebuie să nu uităm niciodată: suntem *cu toții* lucrători și slujitori dacă am fost chemați cu adevărat de Cristos să predicăm și să-i învățăm pe oameni evanghelia Lui. Fiecare are chemarea lui, și oricare ar fi această chemare, drumul întotdeauna va fi greu. De aceea, noi trebuie să ne sprijinim unii pe alții. Domnul nu cere de la noi *lucrări mari* sau *nume mari* sau *urmași mulți*. Tot ce vrea El din partea noastră este credincioșie—numai credincioșia este lucrarea la care ne-a chemat. Prin urmare, haideți să fim *credincioși* și să-i sprijinim pe toți cei care lucrează pentru evanghelia lui Cristos.

> **Petru s-a uitat la el și a zis lui Isus: "Doamne, dar cu acesta ce va fi?" Isus i-a răspuns: "Dacă vreau ca el să rămână până voi veni Eu, ce-ți pasă ție? Tu vino după Mine!" (Ioan 21:21-22)**
>
> **Iată cum trebuie să fim priviți noi: ca niște slujitori ai lui Hristos și ca niște ispravnici ai tainelor lui Dumnezeu. Iată cum trebuie să fim priviți noi: ca niște slujitori ai lui Hristos și ca niște ispravnici ai tainelor lui Dumnezeu. (1 Cor. 4:1-2)**
>
> **Căci noi nu ne propovăduim pe noi înșine, ci pe Domnul Hristos Isus. Noi suntem robii voștri, pentru Isus. (2 Cor. 4:5)**
>
> **Păstoriți turma lui Dumnezeu care este sub paza voastră, nu de silă, ci de bunăvoie, după voia lui Dumnezeu; nu pentru un câștig mârșav, ci cu lepădare de sine. (1 Pet. 5:2)**
>
> **Toți păzitorii lui sunt orbi, fără pricepere; toți sunt niște câini muți, care nu pot să latre; aiurează, stau tolăniți și le place să doarmă. Totuși sunt niște câini lacomi, care nu se mai satură. Sunt niște păstori care nu pot pricepe nimic; toți își văd de calea lor, fiecare umblă după folosul lui, fără abatere. (Isa. 56:10-11)**
>
> **Vă voi da păstori după inima Mea, și vă vor paște cu pricepere și cu înțelepciune. (Ier. 3:15)**
>
> **De aceea, așa vorbește Domnul Dumnezeul lui Israel împotriva păstorilor care pasc pe poporul meu: "Pentru că Mi-ați risipit oile, le-ați izgonit și nu v-ați îngrijit de ele, iată că vă voi pedepsi din pricina răutății faptelor voastre, zice Domnul. (Ier. 23:2)**
>
> **Fiul omului, prorocește împotriva păstorilor sufletești ai lui Israel! Prorocește și spune-le lor, păstorilor: Așa vorbește Domnul Dumnezeu: Vai de păstorii lui Israel, care se pasc pe ei înșiși! Nu trebuie păstorii să pască turma? (Ezec. 34:2)**

3. (1:19) **Izbăvirea:** un martor matur are siguranța unui final fericit—cel al izbăvirii. Din nou, nu uitați împrejurările lui Pavel: era în închisoare, dar Îl predica, ca întotdeauna, pe Cristos. Oricare ar fi fost circumstanțele în care se afla, el Îl predica mereu pe Cristos; și pentru că el era atât de credincios chemării lui, Dumnezeu onora predicarea lui. Avea rezultate extraordinare: se mântuiau necredincioși din toată lumea, și credincioșii erau încurajați să meargă înainte și să devină martori mai hotărâți pentru Cristos. Rezultatul era că toți locuitorii Romei, atât credincioși cât și necredincioși, vorbeau despre Pavel, cinstindu-l și admirându-l în mintea lor. Și totuși, unii începeau să îi acorde lui Pavel așa de multă atenție, sprijin și loialitate încât unii dintre predicatorii romani deveneau geloși și invidioși, până într-acolo încât au început să vorbească împotriva lui Pavel și a lucrării lui.

Ideea principală din acest verset este următoarea: Pavel este sigur că Dumnezeu îl va mântui și-l va izbăvi din criticile și împotrivirea lor. El este sigur de ajutorul și izbăvirea lui Dumnezeu din două motive:

1. Datorită rugăciunilor înălțate de cei care îl sprijineau—atât cei din Roma cât și ceilalți, din toată lumea, care se rugau pentru el. Observați că el le scrie filipenilor, deci știa că ei vor începe să se roage pentru el imediat, și Dumnezeu răspundea rugăciunilor lor. Prin urmare, el știa că Dumnezeu îl va izbăvi de această împotrivire acerbă pentru că filipenii se rugau în mod sigur pentru el, chiar dacă nimeni altcineva nu ar mai fi făcut-o.

Meditația 1. Ce învățătură glorioasă pentru orice biserică—o biserică atât de tare în Domnul încât primește întotdeauna răspuns la rugăciuni.

2. Datorită Duhului Sfânt care îl va izbăvi. Pavel știa că Duhul Sfânt îi va da orice avea nevoie pentru a trece prin împrejurarea grea în care se afla. Oricare ar fi nevoia noastră și oricât de mare ar fi ea, Duhul Sfânt ne va izbăvi. Strauss spune de ce a fost dat Duhul Sfânt credincioșilor, și Pavel cunoștea motivul; de aceea, el era sigur că va fi izbăvit (*Studii devoționale din Filipeni*, p.79).

a. Duhul Sfânt ne-a fost dat pentru a fi însoțitorul nostru.

> **Isus i-a zis: Eu sunt Calea, Adevărul și Viața. Nimeni nu vine la Tatăl decât prin Mine. (Ioan 14:6)**

b. Duhul Sfânt ne-a fost dat ca să ne călăuzească.

> **Dar Mângâietorul, adică Duhul Sfânt, pe care-L va trimite Tatăl în Numele Meu, vă va învăța toate lucrurile și vă va aduce aminte de tot ce v-am spus Eu. (Ioan 14:26)**

FILIPENI 1:12-19

c. Duhul Sfânt ne-a fost dat ca să ne dea curaj pentru a mărturisi indiferent de circumstanțe.

Când va veni Mângâietorul, pe care-L voi trimite de la Tatăl, adică Duhul adevărului, care pur-cede de la Tatăl, El va mărturisi despre Mine. Și voi, de asemenea, veți mărturisi, pentru că ați fost cu Mine de la început. (Ioan 15:26-27)

d. Duhul Sfânt ne-a fost dat pentru a ne face să ne dăm seama în mintea și în inima noastră, că suntem vinovați.

Totuși vă spun adevărul: vă este de folos să Mă duc; căci, dacă nu Mă duc Eu, Mângâietorul nu va veni la voi; dar, dacă Mă duc, vi-L voi trimite. Și când va veni El, va dovedi lumea vinovată în ce privește păcatul, neprihănirea și judecata. (Ioan 16:7-8)

e. Duhul Sfânt a fost dat pentru a ne împărtăși lucrurile adânci ale lui Dumnezeu.

Dar, după cum este scris: "Lucruri pe care ochiul nu le-a văzut, urechea nu le-a auzit, și la inima omului nu s-au suit, așa sunt lucrurile pe care le-a pregătit Dumnezeu pentru cei ce-L iubesc." Nouă însă Dumnezeu ni le-a descoperit prin Duhul Său. Căci Duhul cercetează totul, chiar și lucrurile adânci ale lui Dumnezeu. (1 Cor. 2:9-10)

f. Duhul Sfânt ne-a fost dat ca să mijlocească pentru noi și ca să ne ajute să ne rugăm.

Și tot astfel și Duhul ne ajută în slăbiciunea noastră: căci nu știm cum trebuie să ne rugăm. Dar însuși Duhul mijlocește pentru noi cu suspine negrăite. (Rom. 8:26)

g. Duhul Sfânt ne-a fost dat ca să rodească roadele Lui în noi.

Roada Duhului, dimpotrivă, este: dragostea, bucuria, pacea, îndelunga răbdare, bunătatea, facerea de bine, credincioșia, blândețea, înfrânarea poftelor. Împotriva acestor lucruri nu este lege. (Gal. 5:22-23)

h. Duhul Sfânt ne-a fost dat ca să ne umple și ca să pună în inima noastră o cântare, indiferent de circumstanțe.

Nu vă îmbătați de vin, aceasta este destrăbălare. Dimpotrivă, fiți plini de Duh. Vorbiți între voi cu psalmi, cu cântări de laudă și cu cântări duhovnicești, și cântați și aduceți din toată inima laudă Domnului. (Efes. 5:18-19)

i. Duhul Sfânt ne-a fost dat ca să ne dea siguranța că suntem copii și moștenitori ai lui Dumnezeu.

Însuși Duhul adeverește împreună cu duhul nostru că suntem copii ai lui Dumnezeu. Și, dacă suntem copii, suntem și moștenitori: moștenitori ai lui Dumnezeu și împreună moștenitori cu Hristos, dacă suferim cu adevărat împreună cu El, ca să fim și proslăviți împreună cu El. (Rom. 8:16-17)

	D. Caracteristicile unui mare credincios creș-tin, 1:20-26	și nu știu ce trebuie să aleg. 23 Sunt strâns din două părți: aș dori să mă mut și să fiu împreună cu Hristos, căci ar fi cu mult mai bine; 24 dar, pentru voi, este mai de trebuință să rămân în trup.	**4. O mare dorință: De a sluji jert-findu-se**
1. O așteptare mare și o nădejde mare: De a-L proslăvi pe Cristos în trupul lui	20 Mă aștept și nădăjduiesc cu tărie că nu voi fi dat de rușine cu nimic; ci că acum, ca totdeauna, Hristos va fi proslăvit cu îndrăzneală în trupul meu, fie prin viața mea, fie prin moartea mea.	25 Și sunt încredințat și știu că voi rămâne și voi trăi cu voi toți, pentru înaintarea și bucuria credinței voastre;	**a. Pentru înaintarea credinței fraților**
2. Un mare angajament în viață și în moarte: Cristos	21 Căci pentru mine a trăi este Hristos și a muri este un câștig.	26 pentru ca, prin întoarce-rea mea la voi, să aveți în mine o mare pricină de lau-dă în Isus Hristos.	**b. Având părtășie cu ceilalți credincioși**
3. O mare dilemă: De a continua viața aceasta sau de a pleca pentru a fi cu Cristos	22 Dar dacă trebuie să mai trăiesc în trup, face să tră-iesc;		

SECȚIUNEA I

CARACTERISTICILE POPORULUI LUI DUMNEZEU, 1:3-30

D. CARACTERISTICILE UNUI MARE CREDINCIOS CREȘTIN, 1:20-26

(1:20-26) **Introducere:** dacă a existat vreodată un om care a trăit o viață devotată Domnului nostru Isus Cristos, atunci acel om a fost Pavel. Amintiți-vă că el se afla în închisoare și risca pedeapsa capitală, având foarte puține șanse de salvare. Moartea îl privea direct în ochi. Acest pasaj este unul dintre cele mai frumoase pasaje din Biblie. Mulți cre-dincioși au ales versetul 21 ca și versetul vieții lor. Mulți și-au luat angajamentul ca prin viețile lor să împlinească fie versetul douăzeci fie versetul douăzeci și unu. Aceasta este mărturia personală a lui Pavel: caracteristicile unui mare credincios creștin.

1. O așteptare mare și o nădejde mare: de a-L proslăvi pe Cristos în trupul lui (v.20).
2. Un mare angajament în viață și în moarte: Cristos (v.21).
3. O mare dilemă: de a continua viața aceasta sau de a pleca pentru a fi cu Cristos (vv.22-23).
4. O mare dorință: de a sluji jertfindu-se (vv.24-26).

1. (1:20) **Scopul credinciosului—Nădejdea:** un mare credincios creștin are o singură mare așteptare și speranță— de a-L proslăvi pe Cristos în trupul lui.

1. Observați cuvintele *aștept cu tărie* (apokaradokian). Înseamnă să privești țintă în depărtare, cu capul ridicat, precum un străjer pe un zid înalt. Înseamnă a-ți concentra atenția cu intensitate și nerăbdare asupra unui anumit lu-cru. Înseamnă a nu privi la nimic altceva și a te uita țintă numai și numai la lucrul respectiv. Înseamnă o concentrare totală asupra unei dorințe.

2. Observați care era așteptarea și nădejdea lui Pavel. Nu uitați că Pavel era la închisoare, acuzat de o faptă foarte gravă pentru care sentința era pedeapsa cu moartea. Singura nădejde a celor mai mulți dintre prizonieri ar fi fost eli-berarea din închisoare, sau anularea pedepsei cu moartea și comutarea sentinței la o pedeapsă mai ușoară. Dar obser-vați "ce aștepta și nădăjduia el cu tărie": să-L proslăvească pe Cristos în trupul lui. Mintea lui Pavel nu era concentrată asupra situației și circumstanțelor îngrozitoare în care se afla; mintea lui se concentra asupra lui Cristos—asupra proslăvirii lui Cristos în trupul lui. În situația lui de întemnițat, el dorea să-și păzească trupul de...

• îndoieli cu privire la Dumnezeu
• a deveni descurajat sau deprimat
• a deveni apatic și ursuz
• a deveni inactiv și indisciplinat
• a-L nega și a-L părăsi pe Dumnezeu
• a se răzvrăti și a-L blestema pe Dumnezeu

Pavel cunoștea slăbiciunile trupului omenesc, cum are tendința de a cădea înspre îndoială, egoism, mândrie, laudă de sine, automulțumire, libertinaj, extravaganță, obișnuință, apatie, lene, robie, sclavie și neglijarea lui Dumnezeu. De la momentul convertirii lui, Pavel s-a dedicat total proslăvirii lui Cristos. Și exista un singur loc unde Cristos putea fi *proslăvit și văzut:* în trupul lui. Singurul loc unde oamenii pot să-L vadă pe Isus Cristos viu este în trupul unui alt om.

FILIPENI 1:20-26

Isus Cristos nu mai era pe pământ; prin urmare El nu putea fi văzut decât dacă Pavel şi alţii Îi permiteau să Se proslăvească prin trupurile lor. Pavel ştia lucrul acesta şi de aceea el I-a dat lui Isus Cristos trupul său.

3. Observaţi expresia "fie prin viaţa mea, fie prin moartea mea". Pavel era faţă în faţă cu moartea. El nu ştia dacă va continua să trăiască sau dacă urma să moară. Dacă urma să fie executat, atunci dorea să fie cât mai credincios şi să Îl proslăvească pe Cristos prin moartea lui. Dacă urma să fie declarat nevinovat şi apoi eliberat, dorea să continue să-L proslăvească pe Cristos în trupul lui.

4. Observaţi de ce dorea Pavel ca Cristos să fie proslăvit în trupul lui: ca să nu fie dat de ruşine cu nimic. Pavel ştia că urmează să treacă prin ceea ce va trece fiecare credincios : scaunul de judecată al lui Cristos. El ştia că fiecare dintre noi urmează să dea socoteală pentru ceea ce am făcut cu trupurile noastre în timpul cât am trăit pe pământ. De fapt, Lehman Strauss accentuează faptul cu numai cu patru ani înainte Pavel scrisese cuvintele următoare (*Studii Devoţionalre din Filipeni*, p.81):

> **Căci toţi trebuie să ne înfăţişăm înaintea scaunului de judecată al lui Hristos, pentru ca fiecare să-şi primească răsplata după binele sau răul pe care-l va fi făcut când trăia în trup. (2 Cor. 5:10)**

Când credincioşii Îl vor vedea pe Cristos la judecată, experienţa aceea nu va fi neapărat una încântătoare.
⇒ Vor fi credincioşi cărora le va fi ruşine.

> **Şi acum, copilaşilor, rămâneţi în El, pentru ca, atunci când Se va arăta El, să avem îndrăzneală şi, la venirea Lui, să nu rămânem de ruşine şi depărtaţi de El. (1 Ioan 2:28)**

⇒ Vor fi credincioşi care vor suferi pierderi şi lucrarea lor va fi arsă.

> **Lucrarea fiecăruia va fi dată pe faţă: ziua Domnului o va face cunoscut, căci se va descoperi în foc. Şi focul va dovedi cum este lucrarea fiecăruia. Dacă lucrarea zidită de cineva pe temelia aceea rămâne în picioare, el va primi o răsplată. Dacă lucrarea lui va fi arsă, îşi va pierde răsplata. Cât despre el, va fi mântuit, dar ca prin foc. (1 Cor. 3:13-15)**

La asta se referea Pavel: el nu dorea să îi fie ruşine atunci cand va sta înaintea lui Cristos. El Îl iubea pe Cristos din toată inima, pentru că Cristos făcuse atât de mult pentru el. Prin urmare, singura lui aşteptare şi nădejde era ca Cristos să fie proslăvit în trupul lui. El dorea să-L onoreze pe Cristos atât prin viaţa lui cât şi prin moartea lui. Mai presus de orice, el nu dorea să fie ruşinat când urma să se înfăţişeze înaintea Domnului său minunat. (Vezi comentariile şi STUDIU APROFUNDAT # 1, *Trupul*—Rom.12:1 pentru mai multe discuţii.)

> **Apoi a zis tuturor: "Dacă voieşte cineva să vină după Mine, să se lepede de sine, să-şi ia crucea în fiecare zi şi să Mă urmeze. Fiindcă oricine va voi să-şi scape viaţa o va pierde; dar oricine îşi va pierde viaţa pentru Mine o va mântui. (Luca 9:23-24)**
> **Să nu mai daţi în stăpânirea păcatului mădularele voastre, ca nişte unelte ale nelegiuirii; ci daţi-vă pe voi înşivă lui Dumnezeu, ca vii, din morţi cum eraţi; şi daţi lui Dumnezeu mădularele voastre, ca pe nişte unelte ale neprihănirii. (Rom. 6:13)**
> **Vă îndemn, dar, fraţilor, pentru îndurarea lui Dumnezeu, să aduceţi trupurile voastre ca o jertfă vie, sfântă, plăcută lui Dumnezeu: aceasta va fi din partea voastră o slujbă duhovnicească. Să nu vă potriviţi chipului veacului acestuia, ci să vă prefaceţi, prin înnoirea minţii voastre, ca să puteţi deosebi bine voia lui Dumnezeu: cea bună, plăcută şi desăvârşită. (Rom. 12:1-2)**
> **Nu ştiţi că trupul vostru este Templul Duhului Sfânt care locuieşte în voi şi pe care L-aţi primit de la Dumnezeu? Şi că voi nu sunteţi ai voştri? Căci aţi fost cumpăraţi cu un preţ. Proslăviţi, dar, pe Dumnezeu în trupul şi în duhul vostru, care sunt ale lui Dumnezeu. (1 Cor. 6:19-20)**

2. (1:21) **Scopul credinciosului**: un mare credincios creştin are un singur angajament în viaţă şi în moarte—Isus Cristos. Pavel face două afirmaţii fenomenale:

1. Prima: "Pentru mine a trăi este Cristos". Ce a vrut să spună prin asta? Cel puţin cinci lucruri.
   a. El şi-a adus trupul ca o jertfă vie lui Isus Cristos.

> **Vă îndemn, dar, fraţilor, pentru îndurarea lui Dumnezeu, să aduceţi trupurile voastre ca o jertfă vie, sfântă, plăcută lui Dumnezeu: aceasta va fi din partea voastră o slujbă duhovnicească. (Rom. 12:1)**

FILIPENI 1:20-26

b. El s-a luptat pentru a-şi preda mădularele—fiecare parte a corpului—lui Cristos ca unelte ale neprihănirii.

> **Să nu mai daţi în stăpânirea păcatului mădularele voastre, ca nişte unelte ale nelegiuirii; ci daţi-vă pe voi înşivă lui Dumnezeu, ca vii, din morţi cum eraţi; şi daţi lui Dumnezeu mădularele voastre, ca pe nişte unelte ale neprihănirii. (Rom. 6:13)**

c. El s-a luptat pentru a-şi controla mintea—pentru a-şi stăpâni fiecare gând şi a-şi concentra fiecare gând asupra lui Isus Cristos şi asupra virtuţilor importante din viaţă.

> **Noi răsturnăm izvodirile minţii şi orice înălţime care se ridică împotriva cunoştinţei lui Dumnezeu; şi orice gând îl facem rob ascultării de Hristos. (2 Cor. 10:5)**
>
> **Încolo, fraţii mei, tot ce este adevărat, tot ce este vrednic de cinste, tot ce este drept, tot ce este curat, tot ce este vrednic de iubit, tot ce este vrednic de primit, orice faptă bună şi orice laudă, aceea să vă însufleţească. (Filip. 4:8)**

d. El s-a dedicat să muncească pentru dragoste şi dreptate în societate.

> **Tot ce voiţi să vă facă vouă oamenii, faceţi-le şi voi la fel; căci în aceasta este cuprinsă Legea şi Prorocii. (Mat 7:12)**
>
> **Iar a doua, asemenea ei, este: Să iubeşti pe aproapele tău ca pe tine însuţi. (Mat. 22:39)**

e. El şi-a dăruit viaţa—fiecare moment din ea—pentru a atinge şi a sluji cât mai mulţi oameni în timpul călătoriei lui pe pământ.

> **Isus le-a zis din nou: "Pace vouă! Cum M-a trimis pe Mine Tatăl, aşa vă trimit şi Eu pe voi." (Ioan 20:21. See Mt.20:28 and Lk.19:10, the two verses below.)**
>
> **Pentru că nici Fiul omului n-a venit să I se slujească, ci El să slujească şi să-Şi dea viaţa ca răscumpărare pentru mulţi. (Mat. 20:28)**
>
> **Pentru că Fiul omului a venit să caute şi să mântuiască ce era pierdut. (Luca 19:10)**
>
> **Ci voi veţi primi o putere, când Se va coborî Duhul Sfânt peste voi, şi-Mi veţi fi martori în Ierusalim, în toată Iudeea, în Samaria şi până la marginile pământului. (Fapte 1:8)**

Meditaţia 1. Ce înseamnă viaţa pentru tine? De ce trăieşti? Care este cel mai mare scop pe care îl ai în viaţă?
- ⇒ Trăieşti pentru bani şi alte lucruri pe care le poţi avea (haine, case, maşini, proprietăţi)? Dacă da, ce vei face peste câţiva ani când vei muri—dacă scapi până atunci de accidente sau boli? Ce vei face când vei pierde totul? Când vine ziua aceea—şi ea va veni, nimic în cer sau pe pământ nu poate opri venirea ei—dacă tu ai trăit pentru bani, la ce îţi vor folosi?
- ⇒ Trăieşti pentru confort (o slujbă bună, o casă comodă, mâncare din belşug, şi suficienţi bani pentru a face tot ce îţi doreşti după ce ieşi la pensie)?
- ⇒ Dacă da, ce se va întâmpla când te va lovi boala, un accident sau o tragedie, sau bătrâneţea? Şi una dintre acestea va veni. Nu poate fi oprită. Dacă ai trăit pentru confort, la ce îţi va folosi lucrul acesta?
- ⇒ Trăieşti pentru o poziţie? Dacă da, ce vei face când vei fi depăşit, concediat, transferat, trecut cu vederea, sau te vei confrunta cu o boală sau cu un accident? La ce îţi va folosi poziţia pe care o ai?
- ⇒ Trăieşti pentru familia ta? Dacă da, ce vei face când membrii familiei se mută în altă parte, cau când mor? Ni se întâmplă tuturor. La ce îţi va folosi familia când vei sta în faţa lui Cristos?
- ⇒ Trăieşti pentru recunoaştere, onoare, popularitate, recreere, recunoştinţă, sezualitate—sau orice altceva? La ce îţi vor folosi acestea când te vei confrunta cu crizele vieţii şi la sfârşit când vei fi faţă în faţă cu moartea? În acel moment dacă nu mai devreme, la ce îţi va folosi orice lucru de pe acest pământ?

2. Ajungem la a doua afirmaţie a lui Pavel. El declară că "a muri este un câştig". El ştia că nu trebuie să îşi bizuie viaţa pe aceste lucruri. El ştia că toate lucrurile de pe pământ sunt trecătoare, inclusiv omul. De aceea, Pavel s-a întors spre Mântuitor, spre Cineva care putea să îl mântuiască şi să-i dea o lume veşnică, o lume care să nu treacă niciodată. Acesta este motivul pentru care el s-a ţinut strâns de Cristos. Isus Cristos este singurul Fiu al lui Dumnezeu pe care Dumnezeu L-a trimis în lume pentru ca să ne descopere adevărul despre o altă lume, o lume veşnică, o lume care nu cunoaşte bătrâneţea, stricăciunea şi moartea. Astfel, Pavel L-a apucat strâns pe Cristos când a aflat...
- că Cristos îi mântuieşte pe oameni de păcat, de moarte şi de pedeapsă.
- că Cristos a făcut posibil ca omul să trăiască veşnic cu Dumnezeu în ceruri noi şi pe un pământ nou.

320

FILIPENI 1:20-26

Fiindcă atât de mult a iubit Dumnezeu lumea, că a dat pe singurul Lui Fiu, pentru ca oricine crede în El să nu piară, ci să aibă viaţa veşnică. (Ioan 3:16)

Adevărat, adevărat vă spun că cine ascultă cuvintele Mele şi crede în Cel ce M-a trimis are viaţa veşnică şi nu vine la judecată, ci a trecut din moarte la viaţă. (Ioan 5:24)

Căci dacă trăim, pentru Domnul trăim; şi dacă murim, pentru Domnul murim. Deci fie că trăim, fie că murim, noi suntem ai Domnului. (Rom. 14:8)

Căci noi, cei vii, totdeauna suntem daţi la moarte din pricina lui Isus, pentru ca şi viaţa lui Isus să se arate în trupul nostru muritor. (2 Cor. 4:11)

Am fost răstignit împreună cu Hristos, şi trăiesc... dar nu mai trăiesc eu, ci Hristos trăieşte în mine. Şi viaţa, pe care o trăiesc acum în trup, o trăiesc în credinţa în Fiul lui Dumnezeu care m-a iubit şi S-a dat pe Sine însuşi pentru mine. (Gal. 2:20)

Căci pentru mine a trăi este Hristos, şi a muri este un câştig. (Filip. 1:21)

În credinţă au murit toţi aceştia, fără să fi căpătat lucrurile făgăduite; ci doar le-au văzut şi le-au urat de bine de departe, mărturisind că sunt străini şi călători pe pământ. (Evrei 11:13)

Dar noi, după făgăduinţa Lui, aşteptăm ceruri noi şi un pământ nou, în care va locui neprihăni-rea. De aceea, preaiubiţilor, fiindcă aşteptaţi aceste lucruri, siliţi-vă să fiţi găsiţi înaintea Lui fără prihană, fără vină şi în pace.(2 Pet. 3:13-14)

Noi ştim că am trecut din moarte la viaţă, pentru că iubim pe fraţi. Cine nu iubeşte pe fratele său rămâne în moarte. (1 Ioan 3:14)

Apoi am văzut un cer nou şi un pământ nou; pentru că cerul dintâi şi pământul dintâi pieriseră, şi marea nu mai era. (Apoc. 21:1)

3. (1:22-23) **Viaţa credinciosului:** un mare credincios creştin are o are dilemă—să continue să trăiască sau să plece pentru a fi cu Cristos. Cuvîntu *a pleca* (analusai) este plin de semnificaţii. El are un sens dublu prin care vorbeşte inimii credinciosului.

1. Înseamnă a dezmebmbra; a dezlega ca la încheierea unei tabere când se dezleagă frânghiile de la corturi. Creează imagina unei dezlegări; împachetări; mutarea spre o altă locaţie. Aceeaşi imagine i se potriveşte şi credinciosului atunci când *pleacă* din viaţa aceasta. El nu îşi încheie existenţa; pur şi simplu este dezlegat şi se mută într-un alt loc, de această dată într-un loc perfect.

2. Înseamnă a dezlega legăturile unei corăbii, a ridica ancora şi a porni spre un alt port. Din nou, credinciosul nu îşi încheie existenţa, el pur şi simplu îşi dezleagă legăturile acestei vieţi, ridică ancora şi pleacă spre locul prezenţei lui Dumnezeu.

Pavel spune că el este prins la mijloc între două mari dorinţe:

⇒ O dorinţă de a trăi o viaţă de slujire plină de roade pentru Domnul Isus Cristos.

⇒ Cealaltă dorinţă este de a pleca şi de a merge pentru a fi cu Cristosd, ceea ce este cu mult mai bine.

Mintea omenească poate se întreabă şi nu înţelege cum un om în toate minţile ar putea vreodată să dorească să moară. Motivul este explicat cu uşurinţă: un credincios adevărat nu moare niciodată; el nu gustă niciodată moartea. El este transferat în prezenţa lui Cristos. Imediat—mai repede decât putem clipi—credinciosul este transportat în lumea perfectă a lui Dumnezeu care se numeşte rai. Credinciosul este făcut desăvârşit—nu va mai experimenta niciodată durerea, suferinţa, păcatul, corupţia, infirmităţile, slăbiciunile, handicapurile, dezamăgirea, teama, pierderea sau moartea. El va fi perfect pentru a-L sluji pe Cristos în cerurile noi şi pământul nou, şi Îl va sluji pe Cristos şi se va închina înaintea Lui pentru totdeauna. Promisiunile lui Dumnezeu pentru credincios sunt fenomenale; pur şi simplu uimesc mintea omenească. Din acest motiv poate un credincios să declare: "a muri este un câştig."

⇒ Promisiunea de a nu muri niciodată şi de a trăi vreşnic împreună cu Cristos.

Fiindcă atât de mult a iubit Dumnezeu lumea, că a dat pe singurul Lui Fiu, pentru ca oricine crede în El să nu piară, ci să aibă viaţa veşnică. (John 3:16)

Adevărat, adevărat vă spun că cine ascultă cuvintele Mele şi crede în Cel ce M-a trimis are viaţa veşnică şi nu vine la judecată, ci a trecut din moarte la viaţă. (John 5:24)

Dar [harul lui Dumnezeu] care a fost descoperit acum prin arătarea Mântuitorului nostru Hristos Isus, care a nimicit moartea şi a adus la lumină viaţa şi neputrezirea, prin Evanghelie. (2 Tim. 1:10)

⇒ Promisiunea cea mai dracă inimii fiecărui credinsios, promisiunea de a fi împreună cu Domnul Isus Cristos în veci de veci.

În casa Tatălui Meu sunt multe locașuri. Dacă n-ar fi așa, v-aș fi spus. Eu Mă duc să vă pregătesc un loc. Și după ce Mă voi duce și vă voi pregăti un loc, Mă voi întoarce și vă voi lua cu Mine, ca acolo unde sunt Eu, să fiți și voi. (Ioan 14:2-3)

Da, suntem plini de încredere, și ne place mult mai mult să părăsim trupul acesta, ca să fim acasă, la Domnul. (2 Cor. 5:8)

Căci însuși Domnul, cu un strigăt, cu glasul unui arhanghel și cu trâmbița lui Dumnezeu, Se va coborî din cer, și întâi vor învia cei morți în Hristos. Apoi, noi cei vii, care vom fi rămas, vom fi răpiți toți împreună cu ei în nori, ca să întâmpinăm pe Domnul în văzduh; și astfel vom fi totdeauna cu Domnul. (1 Tes. 4:16-17)

⇒ Promisiunea primirii unui trup slăvit precum trupul slăvit al Domnului nostru.

Ce spun eu, fraților, este că nu poate carnea și sângele să moștenească Împărăția lui Dumnezeu; și că putrezirea nu poate moșteni neputrezirea. Iată, vă spun o taină: nu vom adormi toți, dar toți vom fi schimbați, într-o clipă, într-o clipită din ochi, la cea din urmă trâmbiță. Trâmbița va suna, morții vor învia nesupuși putrezirii, și noi vom fi schimbați. Căci trebuie ca trupul acesta, supus putrezirii, să se îmbrace în neputrezire, și trupul acesta muritor să se îmbrace în nemurire. (1 Cor. 15:50-53)

El va schimba trupul stării noastre smerite și-l va face asemenea trupului slavei Sale, prin lucrarea puterii pe care o are de a-Și supune toate lucrurile. (Filip. 3:21)

Când Se va arăta Hristos, viața voastră, atunci vă veți arăta și voi împreună cu El în slavă. (Col. 3:4)

Atunci cei neprihăniți vor străluci ca soarele în Împărăția Tatălui lor. Cine are urechi de auzit să audă. (Mat. 13:43)

⇒ Promisiunea de a fi numit moștenitor al lui Dumnezeu.

Însuși Duhul adeverește împreună cu duhul nostru că suntem copii ai lui Dumnezeu. Și, dacă suntem copii, suntem și moștenitori: moștenitori ai lui Dumnezeu și împreună moștenitori cu Hristos, dacă suferim cu adevărat împreună cu El, ca să fim și proslăviți împreună cu El. (Rom. 8:16-17)

⇒ Promisiunea de a domni împreună cu Cristos pentru totdeauna.

Stăpânul său i-a zis: "Bine, rob bun și credincios; ai fost credincios în puține lucruri, te voi pune peste multe lucruri; intră în bucuria stăpânului tău!" (Mat 25:23)

Acolo nu va mai fi noapte. Și nu vor mai avea trebuință nici de lampă, nici de lumina soarelui, pentru că Domnul Dumnezeu îi va lumina. Și vor împărăți în vecii vecilor. (Apoc. 22:5)

Am putea continua lista de promisiuni și de motive care explică de ce un credincios adevărat câteodată tânjește după întâlnirea cu Domnul. După cu spune foarte clar și Barclay, va fi o zi gorioasă de *uniune și reuniune*—o zi glorioasă de uniune cu Domnul nostru minunat, și oa zi glorioasă de reuniune cu toți cei dragi ai noștri care au plecat înaintea noastră (*Scrisorile către Filipeni, Coloseni și Tesaloniceni*, p.34). Singurul cuvânt care poate să exprime suficient de bine tot ce a pregătit Dumnezeu pentru noi cei care Îl cunoaștem, este un cuvânt identic în toate limbile omenești: *Aleluia!*

De aceea, și voi fiți gata; căci Fiul omului va veni în ceasul în care nu vă gândiți. (Mat. 24:44)

Vegheați, dar, pentru că nu știți când va veni stăpânul casei: sau seara, sau la miezul nopții, sau la cântarea cocoșilor, sau dimineața. (Marcu 13:35)

Mijlocul să vă fie încins, și făcliile aprinse. Și să fiți ca niște oameni care așteaptă pe stăpânul lor să se întoarcă de la nuntă, ca să-i deschidă îndată, când va veni și va bate la ușă. (Luca 12:35-36)

4. (1:24-26) **Credincios—Lucrare**: un mare credincios creștin are o singură dorință—de a sluji jertfindu-se. Este interesantă această afirmație a lui Pavel. În timp ce stătea acolo în închisoare și aștepta procesul care urma să-i hotărască viața sau moartea, ceva s-a întâmplat cu Pavel. Fie gândindu-se la nevoile care existau în lume și în biserici, fie printr-o călăuzire a Duhului Sfânt, Pavel a devenit convins că urmează să fie găsit nevinovat de toate acuzațiile care i se aduceau, și eliberat din închisoare. Dar observați cu ce scop: nu ca să continue să trăiască și să se bucure de viață, ci ca să continue lucrarea și slujirea.

FILIPENI 1:20-26

Ceea ce trebuie să vedem este inima lui Pavel—cât de mult tânjea ca să-i câştige pe oameni pentru Cristos şi să împlinească nevoile unei lumi care zace în disperare.

Aşadar, să urmărim lucrurile care duc la pacea şi zidirea noastră. (Rom. 14:19)

Fiecare din noi să placă aproapelui, în ce este bine, în vederea zidirii altora. (Rom. 15:2)

Şi El a dat pe unii apostoli; pe alţii, proroci; pe alţii, evanghelişti; pe alţii, păstori şi învăţători, pentru desăvârşirea sfinţilor, în vederea lucrării de slujire, pentru zidirea trupului lui Hristos. (Efes. 4:11-12)

	E. Caracteristicile bisericii creștine, 1:27-30		4. Caracteristica 4: Curaj și îndrăzneală

1. Caracteristica 1: Purtare creștină—cetățenie cerească
2. Caracteristica 2: Cinstirea evangheliei
3. Caracteristica 3: Fermitate
  b. Trebuie să stea tare în același duh
  c. Trebuie să stea tare în lupta comună pentru credința evangheliei
	27 Numai, purtați-vă într-un chip vrednic de Evanghelia lui Hristos, pentru ca, fie că voi veni să vă văd, fie că voi rămâne departe de voi, să aud despre voi că rămâneți tari în același duh, și că luptați cu un suflet pentru credința Evangheliei,	28 fără să vă lăsați înspăimântați de potrivnici; lucrul acesta este pentru ei o dovadă de pierzare, și de mântuirea voastră, și aceasta de la Dumnezeu.
		29 Căci cu privire la Hristos, vouă vi s-a dat harul nu numai să credeți în El, ci să și pătimiți pentru El,
		30 și să și duceți, cum și faceți, aceeași luptă, pe care ați văzut-o la mine, și pe care auziți că o duc și acum.
			a. Persecuția este o dovadă de pierzare
			b. Persecuția este o dovadă de mântuire
			c. Persecuția este un privilegiu
			
			d. Pavel a lăsat un exemplu viu de răbdare în timpul persecuțiilor

SECȚIUNEA I

CARACTERISTICILE POPORULUI LUI DUMNEZEU, 1:3-30

E. Caracteristicile bisericii creștine, 1:27-30

(1:27-30) **Introducere:** Pavel era la închisoare. El risca era acuzat de o faptă foarte gravă și avea mari șanse să fie executat. El nu credea că va fi executat, dar exista o posibilitate. Nu era sigur dacă va mai vizita vreodată biserica din Filipi, așa că s-a așezat și a început să le scrie. Ce ai spune tu dacă le-ai scrie unor oameni ai lui Dumnezeu dintr-o anumită biserică, pentru ultima oară? Unul dintre subiectele care îl preocupau foarte mult pe Pavel este subiectul acestui pasaj : caracteristicile unei biserici bune. Biserica din Filipi era o biserică bună și Pavel dorea ca ea să rămână așa. Prin urmare, a recapitulat cu ei care sunt caracteristicile unei biserici creștine.

1. Caracteristica 1: Purtarea creștină—cetățenia cerească (v.27).
2. Caracteristica 2: cinstirea evangheliei (v.27).
3. Caracteristica 3: fermitatea (v.27).
4. Caracteristica 4: curaj și îndrăzneală (vv28-30).

1. (1:27) **Cetățenia cerească—Datoria credincioșilor:** prima caracteristică a unei biserici este *purtarea creștină* sau cetățenia cerească. Cuvântul "purtare" (politeuesthe) este semnificativ. A.T. Robertson spune că acest cuvânt este folosit doar de două ori în Noul Testament (Fapte 23:1; Filip.1:27) (*Word Pictures in the New Testament*, Vol.4, p.441). De obicei, când Noul Testament se referă la comportament sau purtare, folosește un cuvânt care vorbește despre cum ar trebui să se comporte un om zi de zi (peripatein). Dar Pavel schimbă acest cuvânt când le scrie filipenilor. De ce oare? Cum am spus în materialul din introducere, orașul Filipi era o bogată colonie romană. De fapt era la fel de celebru ca o Romă în miniatură. Un oraș putea deveni coonie romană în două moduri. La început Roma a întemeiat colonii la hotarele îndepărtate ale imperiului pentru a menține pacea și a se păzi de invaziile hoardelor barbare. Soldaților veterani, gata de ieșirea la pensie, li se acorda de obicei cetățenia romană dacă se mutau și se stabileau în acele colonii. Mai târziu însă, unui oraș i se putea acorda distincția sau titlul de Colonie Romană pentru loialitatea și serviciul față de Imperiu. Trăsătura distinctivă a acestor colonii era loialitatea lor fanatică față de Roma. Cetățenii păstrau toate legăturile cu Roma: limba latină, titlurile, obiceiurie și îmbrăcămintea. Ei refuzau să primească orice fel de influență locală. Ei refuzau total orice influență a lumii din jurul lor. Erau coloniști romani într-un mediu străin.

Acesta este motivul pentru care Pavel folosește cuvântul *politeuesthe.* Se referă la purtare și la comportament, dar mai precis, are sensul de *purtare și comportament cetățenesc,* din partea unui om care este cetățean al unei mari națiuni. Biserica din Filipi a înțeles exact ce a vrut Pavel să spună : ei erau cetățeni ai cerului. Prin urmare ei trebuia să...

- aibă legături strânse cu cerul.
- vorbească limba curată și neîntinată a cerului.
- poarte titlul ceresc, Creștin, și să o facă cu mândrie.
- aducă mărturie despre obiceiurile cerului.
- fie preocupați de treburile cerului.
- se îmbrace ca niște cetățeni ai cerului.
- să nu permită nicio influență din partea lumii.
- trăiască și să se comporte ca o colonie cerească în mijlocul unui mediu străin și întinat.

FILIPENI 1:27-30

Şi mă rog ca dragostea voastră să crească tot mai mult în cunoştinţă şi orice pricepere, ca să deosebiţi lucrurile alese, pentru ca să fiţi curaţi şi să nu vă poticniţi până în ziua venirii lui Hristos. (Filip. 1:9-10)

Nimeni să nu-ţi dispreţuiască tinereţea; ci fii o pildă pentru credincioşi: în vorbire, în purtare, în dragoste, în credinţă, în curăţie. (1 Tim. 4:12)

Cine dintre voi este înţelept şi priceput? Să-şi arate, prin purtarea lui bună, faptele făcute cu blândeţea înţelepciunii! (Iacov 3:13)

Ziua Domnului însă va veni ca un hoţ. În ziua aceea, cerurile vor trece cu trosnet, trupurile cereşti se vor topi de mare căldură, şi pământul, cu tot ce este pe el, va arde. Deci, fiindcă toate aceste lucruri au să se strice, ce fel de oameni ar trebui să fiţi voi, printr-o purtare sfântă şi evlavioasă, aşteptând şi grăbind venirea zilei lui Dumnezeu, în care cerurile aprinse vor pieri, şi trupurile cereşti se vor topi de căldura focului? Dar noi, după făgăduinţa Lui, aşteptăm ceruri noi şi un pământ nou, în care va locui neprihănirea. (2 Pet. 3:10-13)

2. (1:27) **Biserica—Credincioşi**: a doua caracteristică a bisericii creştine este cinstirea *evangheliei*. Cuvântul "vrednic" (axios) înseamnă a se potrivi, a corespunde, a fi adecvat. Purtarea credinciosului trebuie să...

* se potrivească cu evanghelia pe care o mărturiseşte
* corespundă evangheliei pe care o mărturiseşte
* fie adecvată evangheliei pe care o mărturisea
* fie vrednică de evanghelia pe care o mărturiseşte

Nicio biserică şi niciun credincios din biserică nu trebuie să aducă ruşine evangheliei. Dacă un om mărturiseşte evanghelia, atunci el trebuie să trăiască într-un mod vrednic de evanghelie. Purtarea şi comportamentul lui trebuie să se potrivească şi să corespundă cu evanghelia pe care o mărturiseşte.

Lehman Strauss spune că aceasta este imaginea îmbrăcăminţii, o imagine deseori accentuată în Scriptură (*Studii devoţionale din Filipeni*, p.94). Deseori noi spunem că hainele se potrivesc cu omul care le poartă. Asta înseamnă că îmbrăcămintea se potriveşte cu înfăţişarea şi personalitatea omului şi le scoate în evidenţă. La fel se întâmplă cu evanghelia lui Cristos. Dacă ne îmbrăcăm cu evanghelia, atunci trebuie să purtăm evanghelia. Scriptura declară:

Ca să facă în totul cinste învăţăturii lui Dumnezeu, Mântuitorul nostru. (Tit 2:10)

Dar acum lăsaţi-vă de toate aceste lucruri: de mânie, de vrăjmăşie, de răutate, de clevetire, de vorbele ruşinoase care v-ar putea ieşi din gură. Nu vă minţiţi unii pe alţii, întrucât v-aţi dezbrăcat de omul cel vechi cu faptele lui, şi v-aţi îmbrăcat cu omul cel nou, care se înnoieşte spre cunoştinţă, după chipul Celui ce l-a făcut. (Col. 3:8-10)

Astfel, dar, ca nişte aleşi ai lui Dumnezeu, sfinţi şi preaiubiţi, îmbrăcaţi-vă cu o inimă plină de îndurare, cu bunătate, cu smerenie, cu blândeţe, cu îndelungă răbdare. Îngăduiţi-vă unii pe alţii, şi dacă unul are pricină să se plângă de altul, iertaţi-vă unul pe altul. Cum v-a iertat Hristos, aşa iertaţi-vă şi voi. Dar mai presus de toate acestea, îmbrăcaţi-vă cu dragostea, care este legătura desăvârşirii. (Col. 3:12-14)

3. (1:27) **Fermitate—Biserica**: a treia caracteristică a unei biserici este fermitatea. Nu uitaţi că Pavel se afla în închisoare, aşteptând un proces pentru o faptă gravă. Existau şanse ca el să fie chiar executat pe baza unor acuzaţii false. El credea că va fi eliberat, dar nu era în totalitate sigur. Prin urmare, fie că urma să se poată întoarce la această biserică sau nu, ei aveau mare nevoie să primească acest îndemn: îndemnul de a sta fermi, neclintiţi.

1. Biserica trebuia să rămână neclintită în *unitate*: "în *acelaşi duh...cu un suflet*".

⇒ *Acelaşi duh* înseamnă că toţi membrii bisericii trebuie să fie născuţi din nou prin Duhul lui Cristos. Toţi membrii trebuie să aibă un duh înnoit din aceeaşi sursă, de aceeaşi Persoană. Ei trebuie să fie dedicaţi cu toţii Domnului Isus Cristos. Cu toţii trebuie să-I dea inima lor.

⇒ *Cu un suflet* înseamnă că toţi membrii trebuie să lupte pentru acelaşi scop; cu toţii trebuie să se concentreze asupra scopului lui Isus Cristos.

Ideea este următoarea: lumea—oamenii, familiile şi naţiunile din ea—poate să se dezbine şi să se despartă, să se certe şi să se contrazică, să se supere şi să aibă conflicte, să se lupte şi să divorţeze, să se războiască şi să se ucidă, să caute şi să apuce; dar biserica nu trebuie să trăiască în felul acesta. Biserica trebuie să fie unită; trebuie să fie una în duh şi una în gând; una în inimă şi una în scop.

Vă îndemn, fraţilor, pentru Numele Domnului nostru Isus Hristos, să aveţi toţi acelaşi fel de vorbire, să n-aveţi dezbinări între voi, ci să fiţi uniţi, în chip desăvârşit, într-un gând şi o simţire. (1 Cor. 1:10)

FILIPENI 1:27-30

Încolo, fraților, fiți sănătoși, desăvârșiți-vă, îmbărbătați-vă, fiți cu un cuget, trăiți în pace, și Dumnezeul dragostei și al păcii va fi cu voi. (2 Cor. 13:11)

Și căutați să păstrați unirea Duhului, prin legătura păcii. (Efes. 4:3)

Numai, purtați-vă într-un chip vrednic de Evanghelia lui Hristos, pentru ca, fie că voi veni să vă văd, fie că voi rămâne departe de voi, să aud despre voi că rămâneți tari în același duh și că luptați cu un suflet pentru credința Evangheliei. (Filip. 1:27)

Nu faceți nimic din duh de ceartă sau din slavă deșartă; ci, în smerenie, fiecare să privească pe altul mai presus de el însuși. Fiecare din voi să se uite nu la foloasele lui, ci și la foloasele altora. (Filip. 2:3-4)

Încolo, toți să fiți cu aceleași gânduri, simțind cu alții, iubind ca frații, miloși, smeriți. (1 Pet. 3:8)

2. Biserica trebuie să rămână neclintită în lupta pentru credința evangheliei. Cuvântul "să luptați" (sunathlountes) este din domeniul concursurilor sportive. Este imaginea unei echipe care muncește și se luptă împreună împotriva unei împotriviri puternice (de exemplu o echipă de fotbal). Biserica—fiecare membru din ea—trebuie să se lupte, să alerge, să lucreze din greu pentru credința evangheliei: să muncească, să lupte, să depună orice efort ar fi necesar; cu toții cooperând unii cu alții, fără ca vreo persoană să renunțe și să plece. Opoziția este dificilă; de aceea, credința evangheliei are nevoie ca toți membrii să lucreze și să lupte împreună.

De aceea, preaiubiții mei frați, fiți tari, neclintiți, sporiți totdeauna în lucrul Domnului, căci știți că osteneala voastră în Domnul nu este zadarnică. (1 Cor 15:58)

Mărturia aceasta este adevărată. De aceea mustră-i aspru, ca să fie sănătoși în credință, (Tit 1:13)

Fiți treji, și vegheați! Pentru că potrivnicul vostru, diavolul, dă târcoale ca un leu care răcnește, și caută pe cine să înghită. Împotriviți-vă lui tari în credință, știind că și frații voștri în lume trec prin aceleași suferințe ca voi. (1 Pet. 5:8-9)

Voi deci, preaiubiților, știind mai dinainte aceste lucruri, păziți-vă ca nu cumva să vă lăsați târâți de rătăcirea acestor nelegiuiți, și să vă pierdeți tăria; (2 Pet. 3:17)

Preaiubiților, pe când căutam cu tot dinadinsul să vă scriu despre mântuirea noastră de obște, m-am văzut silit să vă scriu ca să vă îndemn să luptați pentru credința, care a fost dată sfinților odată pentru totdeauna. (Iuda 1:3)

4. (1:28-30) **Curaj—Persecuție:** a patra caracteristică a unei biserici este curajul și îndrăzneala. Este foarte greu să fi un credincios creștin într-o lume coruptă. Oamenii se împotrivesc poziției noastre pentru Cristos și pentru neprihănire. Poate în cartier, la birou, la școală, sau un în multe alte locuri—credinciosul creștin este uneori...

* evitat
* ridiculizat
* batjocorit
* izolat
* ignorat
* neglijat
* trecut cu vederea
* nebăgat în seamă

* blestemat
* chestionat
* abuzat
* rău tratat
* defăimat
* persecutat
* arestat
* martirizat

Observați îndemnul: noi nu trebuie să ne temem de cei care ni se opun. Nu trebuie să de temem din patru motive.

1. Persecuția este o dovadă de pierzare pentru acei ptrivnici. Și observați: este un semn *pentru ei.* Duhul lui Dumnezeu poate să folosească persecuția lor la adresa noastră pentru a-i face să se simtă vinovați în inima lor de răul pe care îl fac. Faptul că ei persecută pe semenii lor, este o dovadă de pierzare și de judecată pentru inima lor: îi învinovățește și prin această învinovățire, șansele lor de a fi mântuiți, cresc.

2. Persecuția este o dovadă de mântuire pentru noi. Desigur, nu este singura dovadă, dar este o dovadă. Dacă un credincios rămâne neclintit în timpul unei persecuții, acesta este un semn clar că el este întărit de Duhul lui Dumnezeu și că este un credincios adevărat.

3. Persecuția este un privilegiu, nu o teroare. Atunci cand suntem persecutați, suferim pentru Cristos, Împăratul Suveran al universului. Cristos un este un *rebel fără înseamnătate, un conducător de oameni* care se ascunde undeva într-un loc izolat, care ne face să ne simțim jenați sau rușinați. Cristos este Fiul lui Dumnezeu, Domnul domnilor, Dumnezeul universului, Împăratul Suveran peste tot ce există. Este un mare privilegiu să ne numărăm printre urmașii lui și să Îl reprezentăm pe El. Dacă ni se întâmplă să fim puși la zid de unii dintre aceia care I se împotrivesc sau luptă împotriva Lui, noi nu trebuie să ne lepădăm de El, nici să ne fie rușine să purtăm numele Lui. Noi nu trebuie să fim înspăimântați de persecuții. Este cea mai mare onoare posibilă să Îl reprezinți și să Îl slujești pe Domnul Dumnezeul tu-

turor lucrurilor. El va veni în curând pentru a-i învinge pe toți potrivnicii și dușmanii Lui, și să domnească și să împără-țească peste toate. Noi nu ne-am putea bucura de un privilegiu mai mare decât acela de a pregăti calea pentru El—chiar dacă unii ni se împotrivesc.

4. Pavel (și alții) au lăsat bisericii un exemplu viu și vrednic de urmat în ceea ce privește răbdarea persecuțiilor. Pavel fusese arestat, bătut, și întemnițat când se afla în Filipi; și biserica fusese martoră la întreaga scenă. El a suportat totul pentru Cristos. Prin urmare, noi trebuie să pășim pe urmele lui și să răbdăm orice persecuție s-ar porni împotriva noastră—să facem totul pentru Cristos. Un bun soldat creștin poate răbda persecuția—prin prezența și prin puterea lui Cristos—poate răbda ca un bun soldat creștin pentru Cristos.

> **Păziți-vă de oameni; căci vă vor da în judecata soboarelor și vă vor bate în sinagogile lor. (Mat. 10:17)**
>
> **Atunci vă vor da să fiți chinuiți și vă vor omorî; și veți fi urâți de toate neamurile pentru Numele Meu. (Mat. 24:9)**
>
> **Aduceți-vă aminte de vorba pe care v-am spus-o: "Robul nu este mai mare decât stăpânul său." Dacă M-au prigonit pe Mine, și pe voi vă vor prigoni; dacă au păzit cuvântul Meu, și pe al vostru îl vor păzi. (Ioan 15:20)**
>
> **Căci, cu privire la Hristos, vouă vi s-a dat harul nu numai să credeți în El, ci să și pătimiți pentru El. (Filip. 1:29)**
>
> **Pentru ca nimeni din voi să nu se clatine în aceste necazuri; căci știți singuri că la aceasta suntem rânduiți. (1 Tes. 3:3)**
>
> **De altfel, toți cei ce voiesc să trăiască cu evlavie în Hristos Isus vor fi prigoniți. (2 Tim. 3:12)**
>
> **Preaiubiților, nu vă mirați de încercarea de foc din mijlocul vostru, care a venit peste voi ca să vă încerce, ca de ceva ciudat care a dat peste voi; dimpotrivă, bucurați-vă, întrucât aveți parte de patimile lui Hristos, ca să vă bucurați și să vă înveseliți și la arătarea slavei Lui. Dacă sunteți batjocoriți pentru Numele lui Hristos, ferice de voi! Fiindcă Duhul slavei, Duhul lui Dumnezeu, Se odihnește peste voi. (1 Pet. 4:12-14)**
>
> **Dimpotrivă, dacă suferă pentru că este creștin, să nu-i fie rușine, ci să proslăvească pe Dumnezeu pentru numele acesta. (1 Pet. 4:16)**
>
> **Toate poruncile Tale nu sunt decât credincioșie; ei mă prigonesc fără temei: ajută-mă! (Ps. 119:86)**

| 1. Caracteristica încurajării

2. Caracteristica dragostei
3. Caracteristica părtășiei în Duhul Sfânt | **CAPITOLUL 2**

II. PAȘII SPRE UNITATE, 2:1-18

A. Cristos—Caracteristicile vieții Lui în noi, 2:1-4

Deci, dacă este vreo îndemnare în Hristos, dacă este vreo mângâiere în dragoste, dacă este vreo legătură a Duhului, | dacă este vreo milostivire și vreo îndurare,
2 faceti-mi bucuria deplină si aveti o simtire, o dragoste, un suflet si un gând.
3 Nu faceti nimic din duh de ceartă sau din slavă desartă; ci, în smerenie, fiecare să privească pe altul mai presus de el însuși.
4 Fiecare din voi să se uite nu la foloasele lui, ci și la foloasele altora. | 4. Caracteristica compasiunii

5. Caracteristica interesului pentru bucuria celuilalt

6. Caracteristica smereniei și a umilinței[sA1]

7. Caracteristica înfrânării intereselor personale și diminuarea concentrării asupra propriei persoane |

SECȚIUNEA II

PAȘII SPRE UNITATE, 2:1-18

A. CRISTOS—CARACTERISTICILE VIEȚII LUI IN NOI, 2:1-4

(2:1-4) Introducere: biserica din Filipi era o biserică puternică—o biserică foarte puternică. Atunci când o biserică este puternică, ea este întotdeauna plină de planuri și de viziune, și încearcă întotdeauna să elaboreze o strategie de a răspândi evanghelia. O biserică puternică lansează misiune după misiune și programe peste programe. Ea nu este niciodată liniștită și automulțumită—nici mințile oamenilor, nici mâinile oamenilor din ea. Din această cauză, există întotdeauna pericolul diferențelor de opinie: diferențe de viziune, diferențe în dorințe, griji, interese și priorități. Întotdeauna există mai multe păreri în ceea ce privește alegerea unui proiect care să fie pus în practică și sprijinit, și multe alte diferențe asemănătoare.

Ideea este următoarea: cu cât este mai puternică o biserică și cu cât are mai multă activitate, cu atât trebuie să se acorde mai multă atenție aspectului care vizează unitatea. De ce? Pentru că o biserică puternică are mai multe minți și trupuri care muncesc, și acolo unde muncesc mai mulți oameni la un loc, probabilitatea ca să apară diferențele între ei crește cu atât mai mult. Prin urmare, membrii bisericii trebuie să acorde atenție unității.

Pavel știa lucrul acesta: el știa că trebuie să avertizeze biserica din Filipi. Biserica trebuia să se păzească de dezbinare și diviziune. Aceasta este tema capitolului doi: Pașii spre unitate (2:1-18).

Primul pas spre unitate este Cristos—lăsând ca viața Lui să fie trăită prin noi. În mod special, există șapte caracteristiti care vor ține biserica unită și laolaltă.

1. Caracteristica încurajării (v.1).
2. Caracteristica dragostei (v.1).
3. Caracteristica părtășiei în Duhul (v.1).
4. Caracteristica compasiunii (v.1).
5. Caracteristica interesului pentru bucuria celuilalt (v.2).
6. Caracteristica smereniei și a umilinței (v.3).
7. Caracteristica înfrânării intereselor personale și diminuarea concentrării asupra propriei persoane (v.4).

1. (2:1) **Încurajarea:** caracteristica *încurajării* (paraklesis). Acest cuvânt are mai multe sensuri în diferite locuri din Scriptură; dar în contextul de față înseamnă încurajare, mângâiere, consolare, îndemnare și întărire. Observați că această trăsătură este caracteristică lui Cristos Însuși. Principalul scop al Duhului Său este să-i încurajeze, să-i mângâie și să-i întărească pe credincioși pentru a fi una în duh și pentru a se ocupa cu hărnicie de lucrarea bisericii Lui. Cristos nu vrea să cârtim, să ne plângem, să comentăm, sau să slăbim unitatea bisericii. Duhul lui Cristos trebuie să se apropie de omul descurajat sau supărat și...

- să-l consoleze
- să-l mângâie
- să-l încurajeze
- să-l întărească

Acum priviți la îndemnul din versetul doi:

⇒ "Aveți un gând"—fiți exact ca și Cristos: consolați-vă, mângâiați-vă, încurajați-vă, îndemnați-vă și întăriți-vă unii pe alții.

328

FILIPENI 2:1-4

Nu trebuie să lăsăm absolut nimic să perturbe spiritul de unitate din biserică. Dar observați, noi nu trebuie doar să îi ajutăm pe cei ce sunt descurajați, ci trebuie să lăsăm mângâierea și încurajarea lui Cristos să ne umple pe noi atunci când noi suntem descurajați. Atunci când suntem descurajați, trebuie să-L lăsăm pe Cristos să ne mângâie ; iar când alții sunt descurajați, trebuie să-i mângâiem. Imaginați-vă doar ce spirit de unitate ar umplea biserica dacă toți membrii ei ar lăsa ca încurajarea lui Cristos să se reverse prin ei spre cei din jur. Nu ar mai exista cârtiri, comentarii, nemulțumiri—niciun fel de lipsă de unitate.

> **Nu vă voi lăsa orfani, Mă voi întoarce la voi. (Ioan 14:18)**
> **De aceea mângâiați-vă și întăriți-vă unii pe alții, cum și faceți în adevăr. (1 Tes. 5:11)**
> **Mângâiați, mângâiați pe poporul Meu, zice Dumnezeul vostru (Isaia 40:1)**

2. (2:1) **Dragostea**: caracteristica dragostei. Există o *mângâiere* (paramuthion) a dragostei care se găsește în Cristos. Dragostea lui Cristos îl face pe om să păstreze unitatea cu ceilalți credincioși. Cuvântul "dragoste" se referă la *dragostea agape,* acea dragoste altruistă și jertfitoare. *Dragostea agape* este dragostea minții, a rațiunii și a voinței. Este acea dragoste care merge până-ntr-acolo încât...

- iubește pe cineva chiar dacă persoana respectivă nu merită să fie iubită.
- iubește pe cineva chiar dacă persoana respectivă este total nevrednică de a fi iubită.

Dragostea agape este dragostea lui Cristos, dragostea pe care El a arătat-o atunci când S-a dat și S-a jertfit pe Sine pentru noi. Noi nu meritam aceasta din partea Lui, și eram total nevrednici de o asemenea dragoste, și totuși Cristos ne-a iubit în ciuda acestui fapt.

Imaginați-vă duhul de unitate care ar exista într-o biserică dacă fiecare membru din ea ar lăsa ca dragostea lui Cristos să se reverse prin el spre cei din jur. Nu ar mai exista acolo nicio urmă de amărăciune, mânie, vrajbă—nicio acțiune care să-l rănească pe celălalt în vreun fel. Dacă cineva ar greși și ar merita să fie pedepsit, atunci ceilalți membri ai bisericii s-ar sacrifica și s-ar da pe ei înșiși pentru el. Observați versetul doi:

⇒ "Aveți o dragoste"—aceeași dragoste pe care a avut-o Cristos pentru voi.

Meditația 1. Aceasta este soluția pentru unitate: duhul de dragoste al Domnului! Ce nevoie disperată are biserica de membri care să lase ca dragostea lui Cristos să se reverse prin ei spre cei din jur!

> **Vă dau o poruncă nouă: să vă iubiți unii pe alții; cum v-am iubit Eu, așa să vă iubiți și voi unii pe alții. Prin aceasta vor cunoaște toți că sunteți ucenicii Mei, dacă veți avea dragoste unii pentru alții. (Ioan 13:34-35)**
> **Aceasta este porunca Mea: să vă iubiți unii pe alții, cum v-am iubit Eu. (Ioan 15:12)**
> **Dragostea să fie fără prefăcătorie. Fie-vă groază de rău, și lipiți-vă tare de bine. (Rom. 12:9)**
> **Domnul să vă facă să creșteți tot mai mult în dragoste unii față de alții și față de toți, cum facem și noi înșine pentru voi. (1 Tes. 3:12)**
> **Deci ca unii care prin ascultarea de adevăr v-ați curățat sufletele prin Duhul, ca să aveți o dragoste de frați neprefăcută, iubiți-vă cu căldură unii pe alții, din toată inima. (1 Pet. 1:22)**

3. (2:1) **Părtășia Duhului Sfânt**: caracteristica părtășieie în Duhul. După ce un om s-a încrezut în Isus Cristos ca Domn, Duhul lui Dumnezeu face două lucruri esențiale în el.

⇒ Duhul Sfânt intră în inima și în viața credinciosului pentru a-l mângâia, călăuzi, învăța, echipa și folosi ca să fie un martor al lui Cristos.

⇒ Duhul Sfânt stabilește o legătură spirituală între noul credincios și credincioșii mai vechi. El topește și modelează inima credinciosului după inimile celorlalți credincioși. El le atașează viețile unele de altele, și ei devin una în viață și în scopurile pe care le au. Ei au o viață comună în care își împărtășesc binecuvântările, nevoile și darurile—concentrându-se în toate pe Domnul lor și pe scopul Său.

Duhul Sfânt se concentrează pe menținerea unității și a părtășiei—toate avându-L în centru pe Isus Cristos și misiunea Lui. Biserica și credincioșii trebuie să aibă același gând. Nu trebuie să existe deloc elemente discordante în biserică: discuții despre diferențe, discuții negative, bârfe, zvonuri, partide, niciun lucru care să deranjeze sau să distrugă părtășia Duhului în biserică. Din nou, priviți la versetul doi:

⇒ "Aveți un suflet"—păstrați unitatea Duhului, părtășia Duhului.

4. (2:1) **Compasiunea**: caracteristica compasiunii. Compasiunea este trăsătura care L-a determinat pe Cristos să vină să se aplece spre noi. Compasiunea este forța care Îl face să se apropie de noi din nou și din nou—chiar și atunci când noi ne răzvrătim și ne împotrivim Lui. Poate uneori noi suntem cei supărați; poate chiar Îl jignim și Îl blestemăm, sau luăm armele împotriva mișcării Lui. Dar compasiunea Lui Îl determină să ne aștepte cu brațele deschise toată viața.

Dacă noi am lăsa ca această compasiune a Lui să se reverse prin noi, vă imaginați ce s-ar întâmpla în biserică? Ce s-ar întâmpla dacă noi am fi conduși de compasiune și ne-am apropia de cei...

- care au fost răniți?
- care sunt diferiți?
- care sunt mai retrași?
- care au fost necăjiți?
- care au fost criticați?

Lista ar putea continua la nesfârșit. Dar gândiți-vă câți oameni ar fi fost deja readuși la părtășia bisericii dacă noi am fi avut compasiune și ne-am fi apropiat de ei. Gândiți-vă cât de multe probleme ar fi fost evitate dacă am fi reacționat cu această *compasiune* atunci când a apărut pentru prima oară o diferență de păreri.

Ideea este următoarea : noi trebuie să lăsăm ca această compasiune a lui Cristos să curgă în noi și prin noi. Compasiunea Lui ne va mângâia pe noi atunci când ne simțim diferiți și necăjiți; și tot ea ne va îndemna să ne apropiem plini de compasiune de alții care sunt în necaz. Compasiunea lui Isus Cristos care curge în noi și prin noi menține unitatea în biserică. Și tot ea ne va ține mințile pe aceeași lungime de undă—concentrate asupra nevoilor unei lumi care trebuie câștigată și ajutată cu compasiune.

> **Noi, care suntem tari, suntem datori să răbdăm slăbiciunile celor slabi și să nu ne plăcem nouă înșine. (Rom. 15:1)**
>
> **Purtați-vă sarcinile unii altora și veți împlini astfel legea lui Hristos. (Gal. 6:2)**
>
> **Căci n-avem un Mare Preot care să n-aibă milă de slăbiciunile noastre, ci Unul care în toate lucrurile a fost ispitit ca și noi, dar fără păcat. Să ne apropiem, dar, cu deplină încredere de scaunul harului, ca să căpătăm îndurare și să găsim har, pentru ca să fim ajutați la vreme de nevoie. (Evrei 4:15-16)**
>
> **Încolo, toți să fiți cu aceleași gânduri, simțind cu alții, iubind ca frații, miloși, smeriți. (1 Pet. 3:8)**
>
> **Cum se îndură un tată de copiii lui, așa Se îndură Domnul de cei ce se tem de El. (Ps. 103:13)**
>
> **În toate necazurile lor n-au fost fără ajutor, și Îngerul care este înaintea feței Lui i-a mântuit; El însuși i-a răscumpărat, în dragostea și îndurarea Lui, și necurmat i-a sprijinit și i-a purtat în zilele din vechime. (Isaia 63:9)**

5. (2:2) **Bucuria**: caracteristica bucuriei. Credincioșii dintr-o biserică trebuie să fie preocupați unii de bucuria celorlalți. Și observați: ceea ce aduce bucurie în biserică mai repede decât orice altceva, este unitatea.

> **Faceți-mi bucuria deplină și aveți o simțire, o dragoste, un suflet și un gând. (Filip. 2:2)**

Ideea transmisă de Pavel este simplă, dar direct: bucuria lui în Cristos ar putea fi împlinită de un singur lucru—unitatea din biserica filipenilor. Liderii și membrii unei biserici au de obicei bucurie în Cristos, dar bucuria lor poate fi deplină numai dacă între ei există unitate. Bucuria este întotdeauna întreruptă acolo unde există critici, nemulțumiri, cârtiri, împotriviri, partide, opoziție și multe alte lucruri negative. Noi trebuie să ne închinăm, să planificăm, să ne organizăm, să programăm, să construim, să lucrăm și să slujim în bucuria lui Cristos. Dar singurul mod în care putem face aceasta este...

- având același gând
- având aceeași dragoste
- având același duh
- având același scop

> **V-am spus aceste lucruri, pentru ca bucuria Mea să rămână în voi, și bucuria voastră să fie deplină. (Ioan 15:11)**
>
> **Până acum n-ați cerut nimic în Numele Meu: cereți, și veți căpăta, pentru ca bucuria voastră să fie deplină. (Ioan 16:24)**
>
> **Căci Împărăția lui Dumnezeu nu este mâncare și băutură, ci neprihănire, pace și bucurie în Duhul Sfânt. (Rom. 14:17)**

FILIPENI 2:1-4

Vă îndemn, fraţilor, pentru Numele Domnului nostru Isus Hristos, să aveţi toţi acelaşi fel de vorbire, să n-aveţi dezbinări între voi, ci să fiţi uniţi, în chip desăvârşit, într-un gând şi o simţire. (1 Cor. 1:10)

Încolo, fraţilor, fiţi sănătoşi, desăvârşiţi-vă, îmbărbătaţi-vă, fiţi cu un cuget, trăiţi în pace, şi Dumnezeul dragostei şi al păcii va fi cu voi. (2 Cor. 13:11)

Şi căutaţi să păstraţi unirea Duhului, prin legătura păcii. (Efes. 4:3)

6. (2:3) **Smerenia—Umilinţa**: caracteristica smereniei şi a umilinţei. Observaţi două puncte importante.

1. O biserică puternică şi activă întotdeauna va avea două probleme urâte care vor ridica capul: *ambiţiile egoiste şi îngâmfarea.*

    a. Unii oameni vor fi pur şi simplu e*goişti* faţă de alţii. Ei nu sunt maturi în Domnul; prin urmare ei cad în capcana...

- vorbirii despre diferenţe
- geloziei
- invidiei
- dorinţei după o poziţie
- linguşirilor
- formării de partide
- dorinţei de apreciere
- opoziţiei

Dacă aceşti oameni nu primesc ceea ce vreau, atunci, ei încep să lupte împotriva bisericii sau împotriva altor membri. Rezultatul este lipsa de unitate şi dezbinarea, unul dintre cele mai teribile lucruri care pot apărea în biserica lui Dumnezeu.

Nu faceţi nimic din duh de ceartă sau din slavă deşartă; ci, în smerenie, fiecare să privească pe altul mai presus de el însuşi. (Filip. 2:3)

Adu-le aminte de aceste lucruri şi roagă-i fierbinte, înaintea lui Dumnezeu, să se ferească de certurile de cuvinte, care nu duc la alt folos decât la pieirea celor ce le ascultă. (2 Tim. 2:14)

Şi robul Domnului nu trebuie să se certe; ci să fie blând cu toţi, în stare să înveţe pe toţi, plin de îngăduinţă răbdătoare. (2 Tim. 2:24)

Dar, dacă aveţi în inima voastră pizmă amară şi un duh de ceartă, să nu vă lăudaţi şi să nu minţiţi împotriva adevărului. (Iacov 3:14)

Nu te certa fără pricină cu cineva, când nu ţi-a făcut niciun rău. (Prov. 3:30)

Este o cinste pentru om să se ferească de certuri; dar orice nebun se lasă stăpânit de aprindere. (Prov. 20:3)

Nu te grăbi să te iei la ceartă, ca nu cumva la urmă să nu ştii ce să faci, când te va lua la ocări aproapele tău. (Prov. 25:8)

Un trecător care se amestecă într-o ceartă care nu-l priveşte este ca unul care apucă un câine de urechi. (Prov. 26:17)

    b. Unii oameni vor fi cuprinşi de *îngâmfare* în biserică. Îngâmfarea înseamnă o slavă deşartă. Unii oameni doresc atenţie, recunoaşterea meritelor, poziţii, laude, onoare. Ei vreu ca ceilalţi oameni să le ceară sfatul şi părerea. Ei vreau să facă parte din comitetele importante şi să fie recunoscuţi ca lideri ai bisericii.

Oricine se va înălţa va fi smerit; şi oricine se va smeri va fi înălţat. (Mat. 23:12)

Între apostoli s-a iscat şi o ceartă, ca să ştie care din ei avea să fie socotit ca cel mai mare. (Luca 22:24)

Cum puteţi crede voi care umblaţi după slava pe care v-o daţi unii altora, şi nu căutaţi slava care vine de la singurul Dumnezeu? (Ioan 5:44)

Cine iubeşte certurile iubeşte păcatul, şi cine-şi zideşte poarta prea înaltă, îşi caută pieirea. (Prov. 17:19)

Tu ziceai în inima ta: "Mă voi sui în cer, îmi voi ridica scaunul de domnie mai presus de stelele lui Dumnezeu, voi şedea pe muntele adunării dumnezeilor, la capătul miazănoaptei, mă voi sui pe vârful norilor, voi fi ca Cel Preaînalt." (Isaia 14:13-14)

Dar, chiar dacă ai locui tot atât de sus ca vulturul, chiar dacă ţi-ai aşeza cuibul între stele, tot te voi arunca jos şi de acolo, zice Domnul. (Obadia 1:4)

2. Duhul care trebuie să învingă într-o biserică puternică, este duhul de smerenie și de umilință. De fapt, singurul mod în care o biserică poate să rămână puternică și binecuvântată de Dumnezeu este dacă oamenii din ea umblă într-un duh de smerenie (vezi STUDIU APROFUNDAT # 1, *Umilința*—Ph.2:3).

STUDIU APROFUNDAT # 1

(2:3) **Umilința (tapeinophrosune)—Caracterul umil (tapeinos):** *a se dărui* pe sine însuși cu umilință și supunere; *a se prezenta* în umilință și smerenie; a avea un rang și o poziție umilă; a nu fi îngâmfat, mândru, trufaș, arogant sau încrezut.

Observați: un om umil poate să aibă o poziție înaltă, putere, bogăție, faimă și mult mai multe; dar el umblă în ciuda acestor lucruri, într-un duh de umilință și supunere. El se leapădă de sine însuși de dragul lui Cristos și pentru a-i ajuta pe alții.

Oamenii întotdeauna au privit umilința ca fiind ceva negativ. Un om umil este deseori privit ca un laș, ca o persoană slugarnică, vrednică de dispreț. Oamenii se tem de umilință. Ei simt că umilința este o dovadă de slăbiciune și că îi va face ținta disprețului sau abuzurilor și îi va face pe ceilalți să-i ocolească sau să-i treacă cu vederea.

Din cauza tuturor acestor lucruri, cei mai mulți oameni ignoră și evită învățăturile lui Cristos despre umilință. Lucrul acesta este tragic deoarece...

⇒ un duh de umilință este necesar pentru mântuire (Mat.18:3-4).

⇒ ideea lui în legătură cu umilința nu este una de slăbiciune sau lașitate.

Dumnezeu este Cel care le dă putere oamenilor. El îi face cât de puternici pot fi. Prin umilință Dumnezeu nu înțelege ceea ce înțeleg oamenii. Dumnezeu insuflă un duh nou și puternic în om și îl ajută să biruiască totul în viață. El nu vrea însă ca omul să umble în mândrie. Dumnezeu vrea ca omul să facă exact ce spune definiția umilinței: *să se dăruiască* pe sine însuși într-un duh de supunere și de smerenie; să nu se poarte cu mândie, trufie sau aroganță.

Umilința trebuie dezvoltată în om. Scriptura ne spune cum:

> **Luați jugul Meu asupra voastră și învățați de la Mine, căci Eu sunt blând și smerit cu inima; și veți găsi odihnă pentru sufletele voastre. (Mat. 11:29)**
>
> **Și le-a zis: "Adevărat vă spun că, dacă nu vă veți întoarce la Dumnezeu și nu vă veți face ca niște copilași, cu niciun chip nu veți intra în Împărăția cerurilor. De aceea, oricine se va smeri ca acest copilaș va fi cel mai mare în Împărăția cerurilor. (Mat. 18:3-4)**
>
> **Oricine se va înălța va fi smerit; și oricine se va smeri va fi înălțat. (Mat. 23:12)**
>
> **Aveți aceleași simțăminte unii față de alții. Nu umblați după lucrurile înalte, ci rămâneți la cele smerite. Să nu vă socotiți singuri înțelepți. (Rom. 12:16)**
>
> **Vă sfătuiesc, dar, eu, cel întemnițat pentru Domnul, să vă purtați într-un chip vrednic de chemarea pe care ați primit-o, cu toată smerenia și blândețea, cu îndelungă răbdare; îngăduiți-vă unii pe alții în dragoste. (Efes. 4:1-2)**
>
> **Nu faceți nimic din duh de ceartă sau din slavă deșartă; ci, în smerenie, fiecare să privească pe altul mai presus de el însuși. Fiecare din voi să se uite nu la foloasele lui, ci și la foloasele altora. (Filip. 2:3-4)**
>
> **Astfel, dar, ca niște aleși ai lui Dumnezeu, sfinți și preaiubiți, îmbrăcați-vă cu o inimă plină de îndurare, cu bunătate, cu smerenie, cu blândețe, cu îndelungă răbdare. Îngăduiți-vă unii pe alții, și dacă unul are pricină să se plângă de altul, iertați-vă unul pe altul. Cum v-a iertat Hristos, așa iertați-vă și voi. (Col. 3:12-13)**
>
> **Smeriți-vă, dar, sub mâna tare a lui Dumnezeu, pentru ca, la vremea Lui, El să vă înalțe. (1 Pet. 5:6)**

În contra a ceea ce crede lumea, umilința culege beneficii incredibile. Un studiu mai deliat asupra versetelor de mai sus arată acest lucru.

1. Umilința are ca rezultat venirea omului la Cristos și învățarea de la El. Aceasta duce la autoevaluare, la o evaluare sinceră și curajoasă. Atunci când un om se uită la Isus Cristos, el vede ceea ce ar trebui să fie și devine mai motivat să devină ceea ce ar trebui să fie. El vede unde are nevoie de corectări și îmbunătățiri și se simte îndemnat să umple acele goluri.

2. Umilința are ca rezultat convertirea, asigurând astfel intrarea în împărăția cerurilor.

3. Umilința are ca rezultat înălțarea noastră în Cristos în acea zi glorioasă a izbăvirii.

4. Umilința are ca rezultat relații sănătoase și beneficii sociale și în comunitate (vezi Rom.12:16; Efes.4:1-2; Filip.2:3-4; Col.3:12-13; 1 Pet.5:6). De exemplu...

- Îi recunoaște și îi stimulează pe cei din jur
- Duce la relații mai bune
- Îi încurajează și îi ajută pe cei din jur

- Îi motivează pe ceilalţi să crească şi să muncească mai mult

Cristos pretinde ca urmaşii Lui să umble în umilinţă. Practicarea umilinţei presupune două lucruri.

1. Umilinţa presupune o evaluare sinceră a propriei persoane. Barclay subliniază lucrul acesta (*Scrisorile către Filipeni, Coloseni şi Tesaloniceni*, p.39). Umilinţa vine din cunoaşterea propriei persoane, exact aşa cum suntem cu adevărat. Este nevoie de curaj să ne vedem aşa cum suntem: de cele mai multe ori egoişti, plini de admiraţie de sine şi de iubire de sine. Tindem să exagerăm atenţia pe care ne-o acordăm. Tindem să ne vedem într-un mod nerealist. Ne vedem pe noi înşine ca fiind...

- în centrul acţiunii.
- eroii unei misiuni de salvare spectaculoase.
- mari politicieni care se îndreaptă spre victorie.
- sportivi renumiţi care salvează meciul în ultimul minut sau depăşesc recordurile.
- regine ale frumuseţii care pun în uimire mulţimi de oameni.
- muncitori străluciţi, geniali.
- Făt-frumos sau Cenuşăreasa care îi vrăjesc pe cei din jur.

Suntem astfel mereu în central atenţiei. Umilinţa începe atunci când privim cu sinceritate la propria persoană şi recunoaştem cât de egoişti suntem de fapt. Egoismul slăbeşte şi limitează relaţiile şi realizările noastre. Umilinţa îşi atinge potenţialul maxim atunci când noi ne pierdem propriile vieţi pentru cauza lui Cristos şi pentru binele altora.

2. Umilinţa presupune curaj. Este nevoie de curaj pentru a putea fi sinceri în legătură cu egoismul nostru, şi este de asemenea nevoie de curaj pentru a ne converti şi a ne schimba venind la Cristos ca nişte copilaşi (Mat.18:3-4). Este nevoie de curaj pentru a ne putea concentra asupra lui Cristos şi asupra oamenilor şi pentru a ne dărui cauzei lui Cristos şi altora.

> Aveţi aceleaşi simţăminte unii faţă de alţii. Nu umblaţi după lucrurile înalte, ci rămâneţi la cele smerite. Să nu vă socotiţi singuri înţelepţi. (Rom. 12:16)
>
> Dacă crede cineva că ştie ceva, încă n-a cunoscut cum trebuie să cunoască. (1 Cor. 8:2)
>
> Dacă vreunul crede că este ceva, măcar că nu este nimic, se înşală singur. (Gal. 6:3)
>
> Căci tot ce este în lume: pofta firii pământeşti, pofta ochilor şi lăudăroşia vieţii, nu este de la Tatăl, ci din lume. (1 Ioan 2:16)
>
> Tu mântuieşti pe poporul care se smereşte, şi cu privirea Ta cobori pe cei mândri. (2 Sam. 22:28)
>
> Cel rău, în mândria lui, urmăreşte pe cei nenorociţi, şi ei cad jertfă curselor urzite de el. (Ps. 10:2)
>
> Când vine mândria, vine şi ruşinea, dar înţelepciunea este cu cei smeriţi. (Prov. 11:2)
>
> Prin mândrie se aţâţă numai certuri, dar înţelepciunea este cu cel ce ascultă sfaturile. (Prov. 13:10)
>
> Mândria merge înaintea pieirii, şi trufia merge înaintea căderii. (Prov. 16:18)
>
> Privirile trufaşe şi inima îngâmfată, această candelă a celor răi, nu este decât păcat. (Prov. 21:4)
>
> Dacă vezi un om care se crede înţelept, poţi să ai mai multă nădejde pentru un nebun decât pentru el. (Prov. 26:12)
>
> Cel lacom stârneşte certuri, dar cel ce se încrede în Domnul este săturat din belşug. (Prov. 28:25)
>
> Vai de cei ce se socotesc înţelepţi şi se cred pricepuţi!. (Isaia 5:21)
>
> Ţara este tristă, sleită de puteri; locuitorii sunt mâhniţi şi tânjesc; căpeteniile poporului sunt fără putere. (Isaia 24:4)
>
> Dar, chiar dacă ai locui tot atât de sus ca vulturul, chiar dacă ţi-ai aşeza cuibul între stele, tot te voi arunca jos şi de acolo, zice Domnul. (Obadia 1:4)
>
> Iată, i s-a îngâmfat sufletul, nu este fără prihană în el; dar cel neprihănit va trăi prin credinţa lui. (Hab. 2:4)
>
> În ziua aceea, nu vei mai avea nevoie să roşeşti de toate faptele tale prin care ai păcătuit împotriva Mea; căci atunci voi scoate din mijlocul tău pe cei trufaşi, şi nu te vei mai îngâmfa pe muntele Meu cel sfânt! (Ţef. 3:11)

7. (2:4) **Înfrânarea**: caracteristica înfrânării interesului personal, sau ceea ce Barclay numeşte concentrarea pe sine (*Scrisorile către Filipeni, Coloseni şi Tesaloniceni*, p.40). Foarte simplu, un credincios creştin trebuie să se uite pe el însuşi. El trebuie să nu mai privească la propriile lui lucruri, la propriile lui...

- ambiţii
- dorinţe
- probleme de recunoaştere
- probleme de cinste

FILIPENI 2:1-4

- poziţii
- probleme de neglijare
- probleme de ignorare

- probleme de a nu primi poziţii
- probleme de a fi trecut cu vederea

Credincioşii trebuie să se concentreze asupra lui Cristos şi asupra lucrării lui printre oameni pentru a ajunge în toată lumea cu glorioasa evanghelie a mântuirii. Ei nu trebuie să se concentreze asupra propiilor persoane. Lumea are prea multe nevoi şi este prea disperată pentru ca cei credincioşi să aibă timp de a se concentra pe sine. Fiecare credincios trebuie să se apropie de cei pierduţi, închişi în ei şi neajutoraţi, care suferă de foame sau de frig, de cei păcătoşi şi sortiţi pierzării, de toţi aceştia care se găsesc în comunitatea, oraşul, ţara şi lumea lor. Niciun credincios nu trebuie să se gândească la propriile lui lucruri, ci la problemele celorlalţi. El trebuie să...

- facă vizite
- ajute
- împartă
- hrănească
- îmbrace
- transporte

- asculte
- dea sfaturi
- mângâie
- planifice
- înveţe

"Dacă vrei să fii desăvârşit", i-a zis Isus, "du-te de vinde ce ai, dă la săraci şi vei avea o comoară în cer! Apoi vino şi urmează-Mă." (Mat. 19:21)

Am fost străin, şi nu M-aţi primit; am fost gol, şi nu M-aţi îmbrăcat; am fost bolnav şi în temniţă, şi n-aţi venit pe la Mine. (Mat. 25:43)

Apoi a zis tuturor: Dacă voieşte cineva să vină după Mine, să se lepede de sine, să-şi ia crucea în fiecare zi şi să Mă urmeze. Fiindcă oricine va voi să-şi scape viaţa o va pierde; dar oricine îşi va pierde viaţa pentru Mine o va mântui. (Luca 9:23-24)

Nimeni să nu-şi caute folosul lui, ci fiecare să caute folosul altuia. (1 Cor. 10:24)

După cum mă silesc şi eu în toate lucrurile să plac tuturor, căutând nu folosul meu, ci al celor mai mulţi, ca să fie mântuiţi. (1 Cor. 10:33)

Căci cunoaşteţi harul Domnului nostru Isus Hristos. El, măcar că era bogat, S-a făcut sărac pentru voi, pentru ca, prin sărăcia Lui, voi să vă îmbogăţiţi. (2 Cor. 8:9)

Fiecare din voi să se uite nu la foloasele lui, ci şi la foloasele altora. (Filip. 2:4)

	B. Smerirea eului, 2:5-11	un om, S-a smerit si S-a fă-cut ascultător până la moar-te, si încă moarte de cruce.	**până la umilința supremă – până la moarte**
1. Cristos este exemplul suprem	5 Să aveti în voi gândul acesta care era şi în Hristos Isus:	9 De aceea si Dumnezeu L-a înăltat nespus de mult si I-a dat Numele care este mai presus de orice nume;	**5. Cristos a fost răsplătit—Înălțat nespus de mult de Dumnezeu** a. I s-a dat un Nume mai pre-sus de orice nume
2. Cristos este însăşi natura lui Dumnezeu	6 El, măcar că avea chipul lui Dumnezeu, totusi n-a crezut ca un lucru de apucat să fie deopotrivă cu Dum-nezeu,	10 pentru ca, în Numele lui Isus, să se plece orice ge-nunchi al celor din ceruri, de pe pământ şi de sub pă-mânt,	b. I s-a dat puterea şi autorita-tea supremă
3. Cristos S-a dezbrăcat de Sine însuşi şi a devenit om	7 ci S-a dezbrăcat pe Sine însusi si a luat un chip de rob, făcându-Se asemenea oamenilor.	11 si orice limbă să mărtu-risească, spre slava lui Dumnezeu Tatăl, că Isus	c. I s-a dat slava supremă de Domn[SA1]
4. Cristos S-a smerit pe Sine	8 La înfățişare a fost găsit ca	Hristos este Domnul.	

SECŢIUNEA II

PAŞI SPRE UNITATE, 2:1-18

B. SMERIREA EULUI, 2:5-11

(2:5-11) **Introducere**: acesta este unul dintre cele mai măreţe pasaje scrise vreodată despre Isus Cristos. Prezintă imaginea perfectă a umilinţei—umilinţa lui Isus Cristos. Nimeni nu a reuşit să se apropie măcar de acest standard de umilinţă al lui Cristos, şi nimeni nu va reuşi vreodată. Şi totuşi, dacă ar exista o soluţie pentru toate problemele biseri-cii şi ale lumii, soluţia este ca noi să ne smerim aşa cum s-a smerit Isus. Biserica este de prea multe ori dezbinată, de prea multe ori este plină de cârtiri, nemulţumiri, diferenţe, gelozie, invidie, ambiţie, vorbiri pe la spate, sentimente ne-gative şi dorinţe pentru poziţie şi recunoaşterea meritelor. Singura soluţie este cea dată de acest pasaj: umilinţa—lăsând ca umilinţa lui Isus Cristos să umple şi să se reverse din minţile noastre. Umilinţa este al doilea pas spre unitate. Unitatea bisericii depinde de acest lucru: ca membrii ei să umble în umilinţă—în umilinţa lui Isus Cristos.

1. Cristos este exemplul suprem (v.5).
2. Cristos este însăşi natura lui Dumnezeu (v.6).
3. Cristos S-a dezbrăcat de Sine însuşi şi a devenit om (v.7).
4. Cristos S-a smerit pe Sine până la umilinţa supremă – până la moarte (v.8).
5. Cristos a fost răsplătit—înălţat nespus de mult de Dumnezeu (vv.9-11).

1. (2:5) **Umilinţa lui Isus Cristos**: Isus Cristos este exemplul suprem de umilinţă. Cum am mai spus, acesta este unul dintre cele mai măreţe pasaje scrise vreodată despre Isus Cristos. Foarte simplu, acest pasaj spune că Isus Cristos este Dumnezeu, şi totuşi El S-a smerit pe Sine Însuşi şi a devenit Om. Isus Cristos este Persoana care a locuit în toată gloria perfecţiunii, dar S-a smerit pe Sine însuşi şi a venit în această lume decăzută care nu cunoaşte prea multe lucruri în afară de egoism, lăcomie şi moarte. Imaginaţi-vă ce pas mare în jos a trebuit să facă Isus Cristos pentru a deveni Om. Ne este imposibil să pricepem de câtă smerire a fost nevoie cu adevărat. Şi totuşi, exact aşa a făcut, şi acelaşi lucru tre-buie să-l facem şi noi. Acelaşi *gând* care a fost în Isus Cristos—care L-a determinat pe Cristos să renunţe la tot ce era şi la tot ce avea—acelaşi gând trebuie să îl avem şi noi. Singura cale prin care se pot rezolva problemele lumii este dacă fiecare om permite acestui gând al lui Cristos să-i inunde mintea. Luaţi în considerare problemele legate de...

- războaie
- mânie
- abuzuri
- egoism
- trufie
- aroganţă
- plăceri
- avariţie
- furturi
- foame
- sărăcie
- gelozie
- ură
- certuri
- prejudecăţi
- mândrie
- îngâmfare
- blesteme
- extravaganţă
- lăcomie
- invidie
- lipsa de adăpost
- boli
- imoralitate

FILIPENI 2:5-11

Lista ar putea continua la nesfârșit. Cum pot fi rezolvate aceste probleme altfel decât coborându-ne de acolo de unde suntem, la nivelul unde se află cei care au nevoi? Dacă nu ne coborâm și dacă nu ne smerim—apropiindu-ne astfel de cei care suferă—atunci aceste probleme nu se vor rezolva niciodată. Gândind realist, ne dăm seama că majoritatea oamenilor nu vor face lucrul acesta. Cei mai mulți nu se vor dărui pe ei înșiși pentru a veni în întâmpinarea celor în nevoi. Dar un creștin trebuie să o facă. Acesta este punctul principal din acest pasaj: Isus Cristos Și-a *concentrat* și Și-a *îndreptat gândul și mintea* spre propria Lui smerire. A renunțat la tot ce era și la tot ce avea și S-a coborât la noi pentru a ne împlini nevoia. Acum...

Să aveți în voi gândul acesta care era și în Hristos Isus. (v.5).

Preluați atitudinea lui Cristos și lăsați-o să ia chip în voi. Lăsați ca atitudinea de umilință și de supunere să vă inunde mintea. Renunțați la tot ce sunteți și la tot ce aveți și coborâți-vă acolo unde sund adevăratele nevoi. Faceți tot ce puteți pentru a rezolva problema dezbinărilor, partidelor, cârtirilor, ambițiilor egoiste și mândriilor, dorințelor pentru poziții și putere, lăcomiei și egoismului, suferinței și durerii—atât în biserică cât și în lume. Smeriți-vă și faceți tot ce puteți pentru a rezolva problemele teribile care lovesc biserica și lumea. Smeriți-vă așa cum s-a smerit Cristos și fiți parte la soluție, nu la problemă. Uitați-vă la atitudinea lui Cristos. Priviți-o cu atenție așa cum este ea descrisă foarte clar în ceea ce urmează. Nu ratați această ocazie unică—privilegiul glorios de a fi caracterizați de atitudinea lui Cristos Însuși.

2. (2:6) **Divinitatea lui Isus Cristos:** Cristos este însăși natura lui Dumnezeu. Lucrul acesta este foarte important de observat, pentru că înseamnă...

- că Isus Cristos nu era *ca Dumnezeu;* El este Dumnezeu.
- că Isus Cristos nu doar *a atins un nivel înalt de neprihănire* când a trăit pe pământ, El a fost însăși întruparea neprihănirii.
- că Isus Cristos nu doar *a umblat într-un mod mai perfect* decât umblă ceilalți oameni, El era însăși *imaginea (esența) perfecțiunii.*
- că Isus Cristos nu a devenit Dumnezeu venind pe pământ, El fusese Dumnezeu din veșnicie.

Trei puncte din acest verset arată clar că Isus Cristos este Dumnezeu. Isus Cristos este de aceeași natură cu Dumnezeu.

1. Isus Cristos este de aceeași *"ființă"* cu Dumnezeu. Cuvântul *ființă* (huparchon) înseamnă existență, ceea ce este o persoană în interior și în exterior. Este însăși esența unei persoane, ce este o persoană; acea parte a unei persoane care nu poate fi schimbată. Reprezintă tot ce este o persoană.

Acesta este un adevăr glorios pentru că înseamnă că *Isus Cristos este Dumnezeu;* El este însăși *ființa lui Dumnezeu.*

La început era Cuvântul, și Cuvântul era cu Dumnezeu, și Cuvântul era Dumnezeu. (Ioan 1:1)

2. Isus Cristos este *deopotrivă (de aceeași formă, natură) cu Dumnezeu.* Cuvântul formă (morphe) înseamnă partea permanent, constantă, a unei persoane. Se referă la însăși esența unei persoane, acea parte a lui care nu se schimbă niciodată. Se referă la ființa neschimbătoare. Barclay subliniază că mai există un cuvânt din limba greacă tradus prin "formă" (schema). Acel cuvânt, din contră, înseamnă forma exterioară, variabilă, a unei persoane, acea parte care se schimbă mereu. De exemplu, un om se schimbă mereu (schema) în ceea ce privește înfățișarea din cauza vârstei sau a modei. Dar natura lui de om (morphe) nu se schimbă niciodată. (*Scrisorile către Filipeni, Coloseni și Tesaloniceni,* p.44.)

Toate acestea înseamnă un lucru glorios. Isus este de aceeași esență, ființă și chip cu Dumnezeu. El este Însuși Dumnezeul divin și neschimbător. El locuiește în însăși perfecțiunea și esența lui Dumnezeu; El posedă toate atributele lui Dumnezeu.

El, care este oglindirea slavei Lui și întipărirea Ființei Lui și care ține toate lucrurile cu cuvântul puterii Lui, a făcut curățarea păcatelor și a șezut la dreapta Măririi în locurile preaînalte. (Evrei 1:3)
El este chipul Dumnezeului celui nevăzut, Cel întâi născut din toată zidirea. (Col. 1:15)

3. Isus Cristos este "egal cu Dumnezeu" (Greacă). Cuvântul *deopotrivă* (isa) înseamnă *a fi pe picior de egalitate cu Dumnezeu;* a poseda toate calitățile și atributele lui Dumnezeu Însuși. Observați și cuvântul *de apucat* (arpagmon). Este imaginea unui hoț care încearcă să înșface sau să ia ceva care nu îi aparține. Când Isus Cristos a trăit pe pământ, El mereu a afirmat...

- că este Dumnezeu
- că este Fiul lui Dumnezeu
- că are natura lui Dumnezeu
- că este una cu Dumnezeu
- că *este egal cu Dumnezeu*

Era El un hoț? Încerca să fure sau să ia titlul lui Dumnezeu, sau era El cu adevărat Dumnezeu?

Răspunsul este un adevăr glorios. Isus Cristos nu a trebuit să fure sau să ia pe nedrept această egalitate cu Dumnezeu. El nu a avut nevoie să fure sau să ia dumnezeirea lui Dumnezeu ; El deja se afla într-o egalitate perfectă cu Dumnezeu.

> **Eu și Tatăl una suntem. (Ioan 10:30)**
> **Isus le-a zis: "V-am arătat multe lucrări bune care vin de la Tatăl Meu: pentru care din aceste lucrări aruncați cu pietre în Mine?" Iudeii I-au răspuns: "Nu pentru o lucrare bună aruncăm noi cu pietre în Tine, ci pentru o hulă și pentru că Tu, care ești un om, Te faci Dumnezeu." (Ioan 10:32-33)**
> **Isus le-a zis: "Adevărat, adevărat vă spun că mai înainte ca să se nască Avraam, sunt Eu." (Ioan 8:58)**

3. (2:7) **Isus Cristos, Umilința; Bunăvoința:** Cristos S-a dezbrăcat pe Sine însuși și a devenit om. Nu uitați că tratăm tema umilinței—faptul că Isus Cristos a făcut un pas mare în jos pentru a veni din cer pe pământ. Acest pas în jos a fost așa de mare încât teologii nu îl numesc *umilința lui Cristos, ci umilirea lui Cristos.* Stăpânul Suveran al universului—El, cel care a existat...

- în veșnicie și în perfecțiune
- în glorie și în maiestate
- în domnie și putere

...a pășit în jos și a devenit om. Dar, mai mult decât atât: El care era Domnul și Stăpânul universului—care merita toată onoarea și slujirea din partea tuturor ființelor vii—a luat asupra Lui un chip de rob. El a devenit Robul oamenilor—nu doar al lui Dumnezeu, ci *robul oamenilor.* Imaginați-vă!

⇒ Domnul pe care trebuie să Îl slujim, a venit și ne-a slujit pe noi.
⇒ Domnul pe care trebuie să Îl iubim, a venit și ne-a iubit pe noi.
⇒ Domnul pe care trebuie să Îl adorăm, a venit și ne-a adorat pe noi.
⇒ Domnul pe care trebuie să Îl așteptăm, a venit și ne-a așteptat pe noi.
⇒ Domnul pentru care trebuie să lucrăm, a venit și a lucrat pentru noi.
⇒ Domnul pe care trebuie să Îl căutăm, a venit și ne-a căutat pe noi.

Distanța enormă dintre maiestatea lui Cristos din cer și umilirea lui Cristos de pe pământ este prea mare pentru a fi măsurată. Înțelegerea pe care noi am putea să o avem față de această distanță ar fi ca o găleată de apă comparată cu un ocean întreg. Dar avem porunca să lăsăm *ca aceeași atitudine de umilință* să ne umple; prin urmare, trebuie să studiem umilința profundă a lui Isus Cristos și să facem tot ce putem pentru a o apuca și a o practica. Două afirmații din acest verset necesită un studiu mai intens.

1. Isus Cristos S-a făcut pe Sine nimic; adică S-a *dezbrăcat sau S-a golit pe Sine Însuși.* Cuvântul *nimic* (ekenosen) înseamnă a fi complet gol. Este imaginea de a turna apa dintr-un pahar până când acesta se golește sau de a goli un recipient până când nu mai rămâne nimic (Barclay. *Scrisorile către Filipeni, Coloseni și Tesaloiniceni*, p. 44). Această imagine de a fi complet gol ne face să ne dăm seama cât de departe a mers Cristos în a se umili pe Sine pentru noi. Ce a fost turnat sau golit din Isus Cristos atunci când El a părăsit cerul și a venit pe pământ ? (Este vorba aici despre ceea ce teologii numesc *teoria kenotică).* Observați că acest pasaj nu spune. El spune doar că Isus Cristos *S-a golit pe Sine Însuși.* Sunt însă alte versete care indică acest lucru. (Vezi comentariul, pct. 4—Marcu13:32 pentru mai multe discuții.)

   a. Cristos nu S-a dezbrăcat de dumnezeirea Lui atunci când a venit pe pământ. El nu putea să înceteze a fi cine era: Dumnezeu. Nimeni nu poate să înceteze să mai fie cine este. Orice persoană poate să dobândească alte trăsături sau să înceapă să se comporte diferit; o persoană poate să își schimbe înfățișarea sau purtarea, dar rămâne aceeași persoană în ființa, natura și esența ei. Isus Cristos este Dumnezeu; prin urmare, El este întotdeauna Dumnezeu—El posedă întotdeauna natura lui Dumnezeu (Vezi comentariul—Ioan 1:1-2 pentru mai multe discuții.)

   b. Cristos a renunțat la câteva dintre drepturile Sale de Dumnezeu:

FILIPENI 2:5-11

⇒ El a renunțat la dreptul *de a experimenta numai gloria,* maiestatea, onoarea și închinarea cerului. Venind pe pământ ca și om, El urma să experimenteze orice altceva în afară de glorie, maiestate, onoare și închinare. Oamenii urmau să Îl trateze foarte diferit de modul în care Îl tratasera ființele cerești.

⇒ El a renunțat la dreptul *de a se manifesta numai în cer* și numai în calitate de Dumnezeu Suveran al cerului. Venind pe pământ ca un om, El urma, desigur, să se manifeste ca un om de pe pământ.

Matthew Henry face o afirmație scurtă dar excelentă a acestui fapt:

El S-a golit pe Sine Însuși, S-a dezbrăcat de onorurile și gloria lumii de deasupra, și de forma Lui inițială, pentru a se îmbrăca în zdrențele naturii umane (Comentariul lui Matthe Henry, Vol.6, p.732f).

După cum am spus mai sus, Isus Cristos S-a dezbrăcat pe Sine Însuși de anumite drepturi: dreptul *de a Se manifesta numai în cer* și de *a experimenta numai gloria cerului.* Isus Cristos Însuși spune lucrul acesta chiar înainte de a fi răstignit și de a se întoarce în cer. El se ruga Tatălui și zicea:

Și acum, Tată, proslăvește-Mă la Tine însuți cu slava pe care o aveam la Tine, înainte de a fi lumea. (Ioan 17:5)

⇒ Aceasta și tema altor versete.

Căci negreșit, nu în ajutorul îngerilor vine El, ci în ajutorul semniței lui Avraam. Prin urmare, a trebuit să Se asemene fraților Săi în toate lucrurile, ca să poată fi, în ce privește legăturile cu Dumnezeu, un Mare Preot milos și vrednic de încredere, ca să facă ispășire pentru păcatele norodului. Și, prin faptul că El însuși a fost ispitit în ceea ce a suferit, poate să vină în ajutorul celor ce sunt ispitiți. (Evrei 2:16-18)

Astfel, fiindcă avem un Mare Preot însemnat, care a străbătut cerurile - pe Isus, Fiul lui Dumnezeu - să rămânem tari în mărturisirea noastră. Căci n-avem un Mare Preot care să n-aibă milă de slăbiciunile noastre, ci Unul care în toate lucrurile a fost ispitit ca și noi, dar fără păcat. Să ne apropiem, dar, cu deplină încredere de scaunul harului, ca să căpătăm îndurare și să găsim har, pentru ca să fim ajutați la vreme de nevoie. (Evrei 4:14-16)

2. Isus Cristos *"S-a făcut* asemenea oamenilor." Cuvântul *făcut* (genomai) înseamnă a deveni; o intrare categorică în timp. Nu este vorba de o stare permanentă. Isus a devenit om, dar acest lucru nu urma să fie ceva permanent. Era doar pentru o vreme, pentru o perioadă anume. La împlinirea vremii El Și-a făcut intrarea în lume ca om.

Meditație 1. Observați că Isus Cristos nu a venit pe pământ ca un prinț sau ca un mare conducător. El nu a venit ca să primească omagiul și serviciul oamenilor. El a venit ca cel mai umil dintre oameni, ca un slujitor care să-i slujească pe oamenilor. "A avut o copilărie dură, probabil muncind alături de cel care se credea că ar fi tatăl Său în atelierul său. Întreaga Lui viață nu a însemnat altceva decât umilire, sărăcie, și rușine; nu avea unde să-și plece capul, trăia din mila altora, era un om al durerilor și obișnuit cu suferința, nu era primit nicăieri de oameni cu onoruri sau cinste. Aceasta era umilirea din viața Lui" (Matthew Henry. *Comentariul lui Matthew Henry*, Vol.6, p.732f).

Căci care este mai mare: cine stă la masă sau cine slujește la masă? Nu cine stă la masă? Și Eu totuși sunt în mijlocul vostru ca cel ce slujește la masă. (Luca 22:27)

S-a sculat de la masă, S-a dezbrăcat de hainele Lui, a luat un ștergar și S-a încins cu el. Apoi a turnat apă într-un lighean și a început să spele picioarele ucenicilor și să le șteargă cu ștergarul cu care era încins. (Ioan 13:4-5)

Căci cunoașteți harul Domnului nostru Isus Hristos. El, măcar că era bogat, S-a făcut sărac pentru voi, pentru ca, prin sărăcia Lui, voi să vă îmbogățiți. (2 Cor. 8:9)

Ci S-a dezbrăcat pe Sine însuși și a luat un chip de rob, făcându-Se asemenea oamenilor. (Filip. 2:7)

4. (2:8) **Moartea lui Isus Cristos; Umilirea; Bunăvoința:** Cristos S-a smerit pe Sine până la punctul umilinței supreme—până la moarte—"și încă moarte de cruce." Observați două puncte esențiale.

FILIPENI 2:5-11

1. Isus Cristos S-a smerit pe Sine față de Tatăl. El era ascultător față de Dumnezeu Tatăl. Aceasta a fost voia Tatălui ca Isus Cristos să vină pe pământ și să moară pentru păcatele oamenilor. Și Cristos a împlinit lucrul acesta ; a ascultat de Dumnezeu Tatăl.

> **Nimeni nu Mi-o ia cu sila, ci o dau Eu de la Mine. Am putere s-o dau și am putere s-o iau iarăși: aceasta este porunca pe care am primit-o de la Tatăl Meu. (Ioan 10:18)**
>
> **Dar vine, pentru ca să cunoască lumea că Eu iubesc pe Tatăl și că fac așa cum Mi-a poruncit Tatăl. Sculați-vă, haidem să plecăm de aici! (Ioan 14:31)**
>
> **Căci, după cum prin neascultarea unui singur om, cei mulți au fost făcuți păcătoși, tot așa, prin ascultarea unui singur Om, cei mulți vor fi făcuți neprihăniți. (Rom. 5:19)**
>
> **Apoi zice: "Iată-Mă, vin să fac voia Ta, Dumnezeule." El desființează astfel pe cele dintâi, ca să pună în loc pe a doua. (Evrei 10:9)**

2. Isus Cristos S-a umilit în fața oamenilor. El le-a permis de bună voie oamenilor să-L omoare. El nu era obligat să suporte o asemenea răzvrătire și umilire, dar a făcut-o. Imaginați-vă doar ce implică moartea pe cruce.

⇒ Cristos S-a umilit până la moarte.

⇒ Cristos S-a umilit ieșind din lumea (dimensiunea) spirituală și veșnică și intrând în lumea fizică decăzută pentru ca să moară.

⇒ Cristos S-a umilit renunțând la gloria și măreția Sa veșnică și devenind om cu scopul de a merge la moarte.

⇒ Cristos S-a umilit suferind respingere, lepădare, blesteme, abuzuri, arestare, tortură și în final moarte din partea oamenilor răzvrătiți—pe care El i-a creat inițial pentru bucuria veșniciei—din partea oamenilor răzvrătiți pe care El a venit să-i mântuiască.

⇒ Cristos S-a umilit luând asupra Lui toate păcatele oamenilor și îndurând suferința și greutatea tuturor păcatelor.

⇒ Cristos S-a umilit luând asupra Lui judecata, condamnarea și pedeapsa păcatului în locul tuturor oamenilor.

⇒ Cristos S-a umilit suferind experiența teribilă de a fi părăsit de Dumnezeu, Dumnezeu Și-a întors fața de la El.

⇒ Cristos S-a umilit suferind dreptatea și mânia lui Dumnezeu îndreptate împotriva păcatului.

⇒ Cristos S-a umilit îndurând veșnic durerea suferinței pentru păcate. Cristos este veșnic; prin urmare, moartea Lui rămâne pentru veșnicie înaintea feței lui Dumnezeu. (Imaginați-vă! Este dincolo de puterea noastră de înțelegere, dar agonia eternă a Domnului este un fapt real datorită naturii veșnice a lui Dumnezeu.)

Discuția ar putea continua la nesfârșit, dar ideea este suficient de bine prezentată în Scriptură. Isus Cristos nu numai că S-a umilit devenind robul oamenilor, El S-a umilit până la ultimul nivel posibil al umilinței:

⇒ *Isus Cristos a devenit păcat pentru oameni și a murit în calitate de păcat al lor înaintea dreptei mânii a lui Dumnezeu.*

De fapt, când atârna acolo pe cruce Cristos nici măcar nu mai era un om ; El era păcat, însăși întruchiparea păcatului. Într-un fel El a îmbrățișat toate păcatele lumii și a murit pentru păcatele tuturor oamenilor.

> **Pe Cel ce n-a cunoscut niciun păcat, El L-a făcut păcat pentru noi, ca noi să fim neprihănirea lui Dumnezeu în El. (2 Cor. 5:21)**
>
> **Hristos ne-a răscumpărat din blestemul Legii, făcându-Se blestem pentru noi - fiindcă este scris: "Blestemat e oricine este atârnat pe lemn" (Gal. 3:13)**
>
> **Dar pe Acela care a fost făcut "pentru puțină vreme mai prejos decât îngerii", adică pe Isus, Îl vedem "încununat cu slavă și cu cinste" din pricina morții pe care a suferit-o; pentru ca, prin harul lui Dumnezeu, El să guste moartea pentru toți. (Evrei 2:9)**
>
> **El a purtat păcatele noastre în trupul Său, pe lemn, pentru ca noi, fiind morți față de păcate, să trăim pentru neprihănire; prin rănile Lui ați fost vindecați. (1 Pet. 2:24)**
>
> **Hristos, de asemenea, a suferit o dată pentru păcate, El, Cel Neprihănit, pentru cei nelegiuiți, ca să ne aducă la Dumnezeu. El a fost omorât în trup, dar a fost înviat în duh. (1 Pet. 3:18)**

Meditația 1. Nu uitați ideea acestui pasaj: și anume că noi trebuie să lăsăm umilința lui Isus Cristos să se reverse în noi și prin noi.Noi trebuie să fim smeriți—să umblăm în smerenie unii față de alții. De ce? Pentru ca biserica să fie unită. Unitatea trebuie să triumfe între noi. Noi trebuie să trăim şi să respirăm în unitate. În biserica lui Dumnezeu nu trebuie să existe nicio disonanţă:

- nicio dezbinare
- nicio cârtire
- nicio murmurare
- nicio critică
- nicio gelozie
- nicio ambiţie personală
- niciun egoism
- nicio prejudecată
- niciun adevăr negativ
- niciun dispreţ faţă de ceilalţi
- niciun aer de superioritate

Dar observaţi: singurul mod în care putem atinge o asemenea unitate este să lăsăm ca atitudinea lui Cristos să ne cucerească mintea. Noi trebuie să studiem, să gândim şi să învăţăm umilinţa lui Cristos. Să lăsăm ca umilinţa lui să curgă în noi şi prin noi.

Nu faceţi nimic din duh de ceartă sau din slavă deşartă; ci, în smerenie, fiecare să privească pe altul mai presus de el însuşi. Fiecare din voi să se uite nu la foloasele lui, ci şi la foloasele altora. Să aveţi în voi gândul acesta care era şi în Hristos Isus. (Filip. 2:3-5)

5. (2:9-11) **Înălţarea lui Isus Cristos:** Cristos a fost răsplătit—Dumnezeu L-a înălţat nespus de mult. Cristos S-a smerit în ascultarea de Dumnezeu Tatăl, şi pentru că a fost credincios în umilinţa Lui, Dumnezeu L-a răsplătit înălţându-L atât de mult. Ideea este prezentată clar : Dumnezeu va răsplăti şi va înălţa pe orice credincios care umblă aşa cum a umblat Cristos—în smerenie înaintea Lui şi înaintea oamenilor.

Acum observaţi cât de mult L-a răsplătit Dumnezeu pe Cristos şi cât de sus L-a înălţat.

1. Dumnezeu L-a onorat nespus de mult pe Cristos. Dumnezeu I-a dat lui Cristos un nume mai presus de orice nume. Chiar acum, numele lui Isus Cristos este blestemat în toată lumea. De fapt, în fiecare secundă, numele lui Isus Cristos este dispreţuit de mii de ori de mulţimi de oameni din lumea întreagă. Dar, nu uitaţi : nu toţi oamenii dispreţuiesc numele Lui. Pentru noi, numele Lui este cel mai glorios nume rostit vreodată de vocea omenească, pentru că numele Lui este...

- numele care iartă păcatele noastre.

Şi a început de la Moise şi de la toţi prorocii şi le-a tâlcuit, în toate Scripturile, ce era cu privire la El. (Luca 24:27)

- numele care ne permite accesul în prezenţa lui Dumnezeu.

În ziua aceea, nu Mă veţi mai întreba de nimic. Adevărat, adevărat vă spun că orice veţi cere de la Tatăl, în Numele Meu, vă va da. Până acum n-aţi cerut nimic în Numele Meu: cereţi, şi veţi căpăta, pentru ca bucuria voastră să fie deplină. (Ioan 16:23-24)

2. Dumnezeu I-a dat lui Cristos puterea şi autoritatea supremă. Dumnezeu a rânduit ca orice genunchi să se plece înaintea lui Cristos—genunchii tuturor celor din cer, de pe pământ şi de sub pământ. Fără nicio excepţie.Vine ziua când orice făptură *din orice lume şi din orice dimensiune* îşi va pleca genunchiul în supunere faţă de Domnul Isus Cristos.

El I-a pus totul sub picioare şi L-a dat căpetenie peste toate lucrurile, Bisericii. (Efes. 1:22)
Care stă la dreapta lui Dumnezeu, după ce S-a înălţat la cer şi Şi-a supus îngerii, stăpânirile şi puterile. (1 Pet. 3:22)
Întoarceţi-vă la Mine, şi veţi fi mântuiţi toţi cei ce sunteţi la marginile pământului! Căci Eu sunt Dumnezeu, şi nu altul. Pe Mine însumi Mă jur, adevărul iese din gura Mea, şi cuvântul Meu nu va fi luat înapoi: orice genunchi se va pleca înaintea Mea şi orice limbă va jura pe Mine. (Isaia 45:22-23)

3. Dumnezeu I-a dat lui Cristos închinarea supremă. Dumnezeu se va asigura că orice făptură va mărturisi că Isus Cristos este Domn, spre slava lui Dumnezeu Tatăl:

- ⇒ orice popor, seminţie şi limbă
- ⇒ orice om, minte şi trup
- ⇒ orice rasă, culoare şi formă
- ⇒ orice credinţă, crez şi religie
- ⇒ orice bărbat, femeie şi copil
- ⇒ orice rege, conducător şi autoritate

⇒ orice muncitor calificat sau necalificat

Fiecare genunchi se va pleca şi fiecare limbă va mărturisii că Isus Cristos este exact cine a spus el că este: Fiul Dum-
nezeului Celui Viu. Fiecare făptură i se va închina şi îl va sluji ca Domnul universului.

> **Fiindcă este scris: "Pe viaţa Mea Mă jur, zice Domnul, că orice genunchi se va pleca înaintea Mea şi
> orice limbă va da slavă lui Dumnezeu." (Rom. 14:11)**
>
> **Ei ziceau cu glas tare: "Vrednic este Mielul, care a fost junghiat, să primească puterea, bogăţia, înţe-
> lepciunea, tăria, cinstea, slava şi lauda!" (Apoc. 5:12)**
>
> **Cine nu se va teme, Doamne, şi cine nu va slăvi Numele Tău? Căci numai Tu eşti sfânt, şi toate neamu-
> rile vor veni şi se vor închina înaintea Ta, pentru că judecăţile Tale au fost arătate!" (Apoc. 15:4)**

Meditaţia 1. Ideea este clară: Dumnezeu îl va înălţa pe omul care se smereşte pe sine şi lucrează pentru unitatea
bisericii.

> **De aceea, oricine se va smeri ca acest copilaş va fi cel mai mare în Împărăţia cerurilor. (Mat. 18:4)**
>
> **Ci, când eşti poftit, du-te şi aşază-te în locul cel mai de pe urmă; pentru ca atunci când va veni cel ce
> te-a poftit să-ţi zică: "Prietene, mută-te mai sus." Lucrul acesta îţi va face cinste înaintea tuturor celor ce
> vor fi la masă împreună cu tine. (Luca 14:10)**
>
> **Voi să nu fiţi aşa. Ci cel mai mare dintre voi să fie ca cel mai mic; şi cel ce cârmuieşte, ca cel ce slujeş-
> te. (Luca 22:26)**
>
> **Dar, în schimb, ne dă un har şi mai mare. De aceea zice Scriptura: "Dumnezeu stă împotriva celor
> mândri, dar dă har celor smeriţi." (Iacov 4:6)**
>
> **Tot aşa şi voi, tinerilor, fiţi supuşi celor bătrâni. Şi toţi, în legăturile voastre, să fiţi împodobiţi cu
> smerenie. Căci "Dumnezeu stă împotriva celor mândri, dar celor smeriţi le dă har." Smeriţi-vă, dar, sub
> mâna tare a lui Dumnezeu, pentru ca, la vremea Lui, El să vă înalţe. (1 Pet. 5:5-6)**
>
> **Mândria unui om îl coboară, dar cine este smerit cu duhul capătă cinste. (Prov. 29:23)**
>
> **Căci aşa vorbeşte Cel Preaînalt, a cărui locuinţă este veşnică şi al cărui Nume este sfânt: "Eu locuiesc
> în locuri înalte şi în sfinţenie; dar sunt cu omul zdrobit şi smerit, ca să înviorez duhurile smerite şi să
> îmbărbătez inimile zdrobite. (Isaia 57:15)**
>
> **Toate aceste lucruri doar mâna Mea le-a făcut şi toate şi-au căpătat astfel fiinţa - zice Domnul. - Iată
> spre cine Îmi voi îndrepta privirile: spre cel ce suferă şi are duhul mâhnit, spre cel ce se teme de cuvân-
> tul Meu. (Isaia 66:2)**
>
> **Ţi s-a arătat, omule, ce este bine, şi ce alta cere Domnul de la tine decât să faci dreptate, să iubeşti
> mila şi să umbli smerit cu Dumnezeul tău? (Mica 6:8)**

STUDIU APROFUNDAT # 1

(2:11) **Domn** (kurios): înseamnă stăpân, proprietar. Isus a fost numit *Domn* chiar de la începutul lucrării Sale
(Mat.8:2) şi a acceptat titlul acesta. El chiar S-a numit pe Sine Însuşi Domn (Mat.7:21). Acest cuvânt a rămas un titlu
de respect de-a lungul istoriei. În timpul Imperiului Roman a devenit titlul oficial al împăraţilor romani. Era
deasemenea un titlu acordat zeilor. Titlul din limba ebraică, Adonai, este tradus prin Domn (Gen.15:2), tot aşa este
tradus şi Iehova (Mat.1:20-22; 2:15; 3:3; 4:7, 10; 11;25; 21:9; Marcu12:29-30; Luca1:68; 2:9). Ambele titluri, Adonai
şi Iehova, sunt traduse prin Domn în Mat.22:44. Isus Însuşi L-a numit pe Dumnezeu Tatăl, "Domn" (Mat.4:7, 10). Dar
acest titlul este folosit cel mai mult pentru Isus. Nu există nicio îndoială că Isus este recunoscut ca şi Domn,
identificându-Se cu Iehova şi Adonai din Vechiul Testament (Mat.3:3; 12:8; 21:9; 22:43-45; Luca.1:43; Ioan 14:8-10;
20:28; Fapte 9:5). Atunci când Isus este numit Domn, asta înseamnă că El este Stăpânul şi Proprietarul, Regele regilor
şi Domnul domnilor, singurul Dumnezeu adevărat. El este Iehova, Adonai, Dumnezeu Însuşi.

FILIPENI 2:12-18

	C. Ducerea mântuirii până la capăt, 2:12-18	copii ai lui Dumnezeu, fără vină, în mijlocul unui neam ticălos și stricat, în care străluciți ca niște lumini în lume,	**la a fi curați** a. Fără prihană b. Curați, puri c. Fără vină
1. **Primul pas: Să ducem până la capăt mântuirea (izbăvirea) noastră cu frică și cutremur**	12 Astfel, dar, preaiubiților, după cum totdeauna ați fost ascultători, duceți până la capăt mântuirea voastră, cu frică și cutremur, nu numai când sunt eu de față, ci cu mult mai mult acum, în lipsa mea.	16 ținând sus Cuvântul vieții; așa ca, în ziua lui Hristos, să mă pot lăuda că n-am alergat, nici nu m-am ostenit în zadar.	5. **Al cincilea pas: Să lucrăm la mărturisire**
2. **Al doilea pas: Să lucrăm la ascultare—să fim atenți la îndemnurile lui Dumnezeu din inimă**	13 Căci Dumnezeu este Acela care lucrează în voi și vă dă, după plăcerea Lui, și voința și înfăptuirea.	17 Și chiar dacă va trebui să fiu turnat ca o jertfă de băutură peste jertfa și slujba credinței voastre, eu mă bucur, și mă bucur cu voi toți.	6. **Al șaselea pas: Să urmăm exemplul celor care lucrează sacrificându-se**
3. **Al treilea pas: Să nu ne plângem**	14 Faceți toate lucrurile fără cârtiri și fără șovăieli,	18 Tot așa și voi, bucurați-vă, și bucurați-vă împreună cu mine.	
4. **Al patrulea pas: Să lucrăm**	15 ca să fiți fără prihană și curați,		

SECȚIUNEA II

PAȘI SPRE UNITATE, 2:1-18

C. Ducerea mântuirii până la capăt, 2:12-18

(2:12-18) Introducere: acest pasaj se ocupă în continuare de unitate—unitatea în biserică și unitatea între credincioși. Dar acest pasaj este unic pentru că abordează subiectul măreț al mântuirii. Nu uitați că mântuirea înseamnă izbăvire și că mântuirea este de la Dumnezeu. Dumnezeu este cel care te-a mântuit și te-a izbăvit: "Căci prin har ați fost mântuiți" (Efes.2:8-9). Dar, o dată ce ați fost mântuiți, începeți să lucrați—duceți până la capăt mântuirea și izbăvirea voastră. Mântuirea nu este ceva static și mulțumit de sine. Un om mântuit nu trebuie să stea și să nu facă nimic și să aștepte să primească totul. Un om mântuit trebuie să se scoale și să lucreze. El trebuie să facă tot ce poate pentru a-și duce până la capăt mântuirea. Aceasta este tema pasajului în discuție. Pentru ca biserica să fie unită—pentru ca credincioșii să umble într-un duh de unitate, atunci ei trebuie să privească la mântuirea lor—la întreaga întindere a vieții lor și la mântuirea glorioasă pe care Dumnezeu le-a dat-o—și apoi, ei trebuie să fac tot ce le stă în putință pentru a-și duce până la capăt mântuirea și izbăvirea lor.

1. Primul pas: să ducem până la capăt mântuirea (izbăvirea) noastră cu frică și cutremur (v.12).
2. Al doilea pas: să lucrăm la ascultare—să fim atenți la îndemnurile lui Dumnezeu din inimă (v.13).
3. Al treilea pas: să nu ne plângem (v.14).
4. Al patrulea pas: să lucrăm la a fi curați (v.15).
5. Al cincilea pas: să lucrăm la mărturisire (v.16).
6. Al șaselea pas: să urmăm exemplul celor care lucrează sacrificându-se (vv.17-18).

1. (2:12) **Mântuire—Izbăvire**: credincioșii trebuie să-și ducă până la capăt mântuirea cu frică și cutremur. Nu uitați că Pavel era în închisoare după ce fusese arestat pe baza unor acuzații false. Avea toate șansele să fie și executat. Nu este sigur dacă va mai avea ocazia de a-i vedea sau de a le mai vorbi vreodată fraților din Filipi. Prin urmare, ceea ce le scrie acum a fost gândit foarte bine înainte. Din câte știa Pavel, acestea puteau fi chiar ultimele cuvinte pe care le mai adresa bisericii din Filipi. Din acest motiv trebuie să acordăm o atenție deosebită instrucțiunilor din acest pasaj.

Ce înseamnă să duci mântuirea până la capăt. Termenul *până la capăt* (katergazesthe) înseamnă a lucra până la sfârșit, până la îndeplinire, până la desăvârșire. Înseamnă a duce la bun sfârșit efortul și munca începută; a o realiza în mod perfect; a o duce la îndeplinire. Ideea este următoarea: nu merge numai până la jumătatea drumului în ceea ce privește mântuirea ta. Nu lua doar bucățele și particele atunci când ai ocazia de a lua un pachet întreg. Nu fi mulțumit cu puțin când poți avea mult. Continuă, crești, până când mântuirea este desăvârșită în tine. Este mântuirea *ta personală*. Niciun prieten, niciun păstor nu poate să o ducă la capăt în locul tău. Tu singur trebuie să o faci.

Ideea este prezentată clar: după ce Dumnezeu a mântuit un om, acel om trebuie să fie preocupat de a-L asculta pe Dumnezeu. El trebuie să apuce noua viață și mântuirea primită de la Dumnezeu, și să lucreze la ele până când sunt îndeplinite, duse la bun sfârșit, adică, până când Dumnezeu îl ia acasă și le desăvârșește.

Observați că filipenii sunt un exemplu excelent. Pavel spune că ei au ascultat întotdeauna de Dumnezeu, nu numai atunci când el era cu ei, ci și când Pavel nu era acolo. Acum, când el se confrunta cu moartea, el dorea mai mult ca oricând ca ei să-şi ducă până la capăt mântuirea lor—să continue să-L asculte pe Dumnezeu până când mântuirea lor va atinge desăvârşirea şi perfecţiunea.

Observaţi de asemenea cuvintele "frică şi cutremur". Viaţa nu este uşoară. Ea este plină de necazuri, dureri, suferinţe, tragedii, boli, accidente, pierderi, ispite, păcat, rău, corupţie şi moarte. Fiecare fiinţă umană experimentează astfel de lucruri până la momentul în care ajunge faţă în faţă cu moartea. Uneori viaţa este frumoasă şi minunată, dar realitatea se oglindeşte în lista de mai sus: vaţa este o călătorie prin necazuri până în punctul în care ne aşteaptă moartea. Şi oricât am încerca să negăm sau să ascundem asta, nu avem cu să scăpăm de realitate. Singurul lucru care poate aduce o viaţă din belşug este *încrederea absolută* că vom trăi veşnic într-o lume perfectă. De ce am amintit toate acestea? Dintr-un motiv foarte puternic: se aşteaptă de la noi să ne ducem mântuirea până la capăt, şi să facem acest lucru cu frică şi cutremur.

⇒ Trebuie să ne temem şi să tremurăm din cauza încercărilor şi ispitelor din viaţă. Oricare dintre ele ne poate face să cădem. Lumea şi ispitele ei este puternică, iar firea noastră este slabă. Putem cădea în păcat şi putem eşua mai repede decât ne putem da seama dacă nu lucrăm mereu la mântuirea noastră—cu frică şi cutremur ca să nu greşim.

⇒ Trebuie să ne temem şi să tremurăm ca să nu-L dezamăgim pe Domnul. El ne-a mântuit, El a mers până la capăt pentru a ne mântui. El a demonstrat o dragoste perfectă pentru noi luând păcatele noastre asupra Lui şi purtând pedeapsa în locul nostru. Prin urmare, atunci când noi păcătuim şi greşim, inima lui este rănită. De dragul Lui—pentru a nu-L face să sufere—noi trebuie să ducem până la capăt mâtuirea noastră, cu frică şi cutremur ca să nu-I frângem inima.

⇒ Trebuie să ne temem şi să tremurăm pentru că ne vom înfăţişa înaintea scaunului de judecată al lui Cristos. Dacă păcătuim, vom fi judecaţi, judecaţi aspru. Deşi poate încercăm să ne găsim unele scuze raţionale, părerile noastre legate de judecata lui Dumnezeu nu afectează cu nimic judecata pe care Dunmezeu o va face. Fiecare dintre noi care păcătuieşte şi nu îşi duce până la capăt mântuirea lui va fi judecat şi va avea de pierdut— pierderi mari. Scriptura nu ne învaţă altceva. Din acest motiv, motivul judecăţii, noi trebuie să ne ducem până la capăt mântuirea noastră—cu frică şi cutremur.

> **Nu vă temeţi de cei ce ucid trupul, dar care nu pot ucide sufletul; ci temeţi-vă mai degrabă de Cel ce poate să piardă şi sufletul şi trupul în gheenă. (Mat. 10:28)**
>
> **Ci că, în orice neam, cine se teme de El şi lucrează neprihănire este primit de El. (Fapte 10:35)**
>
> **Căci harul lui Dumnezeu, care aduce mântuire pentru toţi oamenii, a fost arătat şi ne învaţă s-o rupem cu păgânătatea şi cu poftele lumeşti şi să trăim în veacul de acum cu cumpătare, dreptate şi evlavie. (Tit 2:11-12)**
>
> **Şi dacă chemaţi ca Tată pe Cel ce judecă fără părtinire pe fiecare după faptele lui, purtaţi-vă cu frică în timpul pribegiei voastre.(1 Pet. 1:17)**
>
> **Acum, Israele, ce alta cere de la tine Domnul Dumnezeul tău, decât să te temi de Domnul Dumnezeul tău, să umbli în toate căile Lui, să iubeşti şi să slujeşti Domnului Dumnezeului tău din toată inima ta şi din tot sufletul tău. (Deut. 10:12)**
>
> **O, cât de mare este bunătatea Ta, pe care o păstrezi pentru cei ce se tem de Tine şi pe care o arăţi celor ce se încred în Tine, în faţa fiilor oamenilor! (Ps. 31:19)**
>
> **Să ascultăm, dar, încheierea tuturor învăţăturilor: Teme-te de Dumnezeu şi păzeşte poruncile Lui. Aceasta este datoria oricărui om. (Ecl. 12:13)**
>
> **Sfinţiţi însă pe Domnul oştirilor. De El să vă temeţi şi să vă înfricoşaţi. (Isaia 8:13)**

2. (2:13) **Mântuire—Ascultare:** al doilea pas de lucrat în cadrul mântuirii este ascultarea. Credincioşii trebuie să-şi ducă până la capăt mântruirea *lucrând la ascultare*—ascultând de îndemnurile lui Dumnezeu din inimile lor.

> **Căci Dumnezeu este Acela care lucrează în voi şi vă dă, după plăcerea Lui, şi voinţa şi înfăptuirea. (v.13)**

Cuvântul *lucrează* (energon) înseamnă a da energie. Dumnezeu trezeşte, stârneşte şi energizează inima credinciosului ca să facă voia lui Dumnezeu. Acesta este un adevăr minunat. Gândiţi-vă doar: cu toţii experimentăm îndemnări în inimă care ne îndreaptă spre Dumnezeu. Aceste îndemnuri sunt de la Dumnezeu. Dumnezeu lucrează în noi—ne energizează—dându-ne atât *voinţa cât şi puterea* de a face ceea ce Îi place Lui.

Cum am mai spus, acesta este un adevăr minunat. Datoria noastră este să răspundem la aceste îndemnuri—să nu le lăsăm să treacă. Noi trebuie să răspundem şi să facem exact ceea ce aceste *îndemnuri* ne stârnesc şi ne energizează ca să facem.

FILIPENI 2:12-18

Meditația 1. Acesta este un adevăr minunat. Înseamnă că Dumnezeu nu ne lasă singuri ca să ne ducem la bun sfârșit mântuirea și izbăvirea noastră. El lucrează în noi: ne mișcă, ne stârnește, ne energizează și ne trezește ca să ne sculăm și să ne apucăm de treabă. Și spre ce suntem îndemnați să facem, exact acel lucru trebuie să îl facem. Dumnezeu folosește energia și îndemnurile Lui pentru a ne direcționa și a ne călăuzi. Punctul pe care trebuie să îl vedem este că Dumnezeu lucrează întotdeauna în noi—niciodată nu ne lasă singuri—lucrează și ne îndeamnă să ne ducem până la capăt mântuirea.

Meditația 2. Tragedia este următoarea: a ignora, a neglija și a refuza să răspundem la îndemnurile lui Dumnezeu. Când simțim îndemnurile Lui, avem o nevoie disperată de a răspunde și a face ceea ce Dumnezeu ne cheamă să facem. Gândiți-vă doar cât de des sunt aceste îndemnuri, ignorate sau neglijate. Cât de des alegem să nu facem nimic, sau să continuăm să ne facem treburile noastre personale în loc să ascultăm de îndemnurile lui Dumnezeu. Cât suntem de indolenți și de letargici. Gândiți-vă câtă creștere pierdem și de câte ori rănim adânc inima lui Dumnezeu—toate pentru că alegem lucrurile, posesiunile și activitățile lumești, în loc să-L alegem pe El și îndemnurile Lui.

> În adevăr, după cum Tatăl învie morții și le dă viață, tot așa și Fiul dă viață cui vrea. (Ioan 5:21)
> Duhul este acela care dă viață, carnea nu folosește la nimic; cuvintele pe care vi le-am spus Eu sunt duh și viață. (Ioan 6:63)
> Dar Mângâietorul, adică Duhul Sfânt, pe care-L va trimite Tatăl în Numele Meu, vă va învăța toate lucrurile și vă va aduce aminte de tot ce v-am spus Eu. (Ioan 14:26)
> Totuși vă spun adevărul: vă este de folos să Mă duc; căci, dacă nu Mă duc Eu, Mângâietorul nu va veni la voi; dar, dacă Mă duc, vi-L voi trimite. Și când va veni El, va dovedi lumea vinovată în ce privește păcatul, neprihănirea și judecata. (Ioan 16:7-8)
> Vă îndemn, dar, fraților, pentru îndurarea lui Dumnezeu, să aduceți trupurile voastre ca o jertfă vie, sfântă, plăcută lui Dumnezeu: aceasta va fi din partea voastră o slujbă duhovnicească. Să nu vă potriviți chipului veacului acestuia, ci să vă prefaceți, prin înnoirea minții voastre, ca să puteți deosebi bine voia lui Dumnezeu: cea bună, plăcută și desăvârșită. (Rom. 12:1-2)
> Și noi n-am primit duhul lumii, ci Duhul care vine de la Dumnezeu, ca să putem cunoaște lucrurile pe care ni le-a dat Dumnezeu prin harul Său. (1 Cor. 2:12)
> Voi erați morți în greșelile și în păcatele voastre. (Efes. 2:1)
> Dacă deci ați înviat împreună cu Hristos, să umblați după lucrurile de sus, unde Hristos șade la dreapta lui Dumnezeu. (Col. 3:1)
> Cât despre voi, ungerea pe care ați primit-o de la El rămâne în voi și n-aveți trebuință să vă învețe cineva; ci, după cum ungerea Lui vă învață despre toate lucrurile și este adevărată, și nu este o minciună, rămâneți în El, după cum v-a învățat ea. (1 Ioan 2:27)

3. (2:14) **Cârtirile—Șovăielile—Dezbinarea**: credincioșii trebuie să-și ducă până la capăt mântuirea lucrând la a nu se plânge, a nu se certa și a nu se contrazice. Cuvântul *a cârti* (goggusmon) înseamnă a murmura, a bombăni, a comenta. Observați: se referă la tonul șoptit, pe la spate, al plângerilor și al cârtirilor. Este acea formă de critică, nemulțumire, căutare a defectelor, și bârfă care are loc în unele grupuri mici bisericuțe.

Cuvântul *a șovăi* (dialogismon) înseamnă a nu fi sigur de ceea ce faci și a exprima îndoieli. Mai simplu, este așa cum spune și Scriptura: controverse care au ieșit la lumină.

Observați câteva lucruri esențiale.

1. Cârtirile și șovăielile nu trebuie îngăduite în biserică. Așa cum spune și versetul: *Faceți toate lucrurile* fără cârtiri și fără șovăieli. Dacă într-un grup din biserică apar cârtirile, sau chiar între două persoane, liderii spirituali ai bisericii trebuie să se ocupe de problema respectivă exact după instrucțiunile date de Cristos (vezhi schița și comentariile—Mat.18:15-20). Nu trebuie să se permită ca situația respectivă să capete amploare. Cârtirile, dacă nu sunt oprite, vor conduce la certuri, scandaluri și dezbinare.

2. Cârtirile și șovăielile *nu vin niciodată de la Dumnezeu—niciodat!* Aceasta ideea principală din acest verset. *Toate lucrurile*—nu este nimic omis aici—trebuie făcute fără cârtiri și fără șovăieli.

3. Cârtirile și șovăielile au fost chiar acele păcate care au adus judecata asupra multor evrei în timpul rătăcirilor poporului Israel prin pustire.

> Să nu cârtiți, cum au cârtit unii din ei, care au fost nimiciți de nimicitorul. (1 Cor. 10:10; vezi Num. 20:2f; 21:4)

4. Un om care cârtește și șovăie nu își duce mântuirea sau izbăvirea la capăt. El face exact opusul: lucrează pentru a-și atrage asupra-și judecata lui Dumnezeu.

FILIPENI 2:12-18

Meditația 1. Rezultatele cârtirilor sunt mult mai dăunătoare decât își pot imagina oamenii. Acesta este motivul principal pentru care Dumnezeu interzice categoric cârtirile și șovăielile. Cârtirile...

- rănesc
- dăunează
- dezbină
- dărâmă
- descurajează
- sunt împotriva voiei lui Dumnezeu
- împiedică progresul
- opresc creșterea
- îi derutează pe oameni
- sunt pline de egoism
- spun: "uitați-vă la mine"
- produc păreri egoiste
- îi îndepărtează pe oameni de Cristos și de biserică

> Pentru că tot lumești sunteți. În adevăr, când între voi sunt zavistii, certuri și dezbinări, nu sunteți voi lumești și nu trăiți voi în felul celorlalți oameni? (1 Cor. 3:3)
>
> Fiindcă mă tem ca nu cumva, la venirea mea, să vă găsesc așa cum n-aș vrea să vă găsesc, și eu însumi să fiu găsit de voi așa cum n-ați vrea. Mă tem să nu găsesc gâlceavă, pizmă, mânii, dezbinări, vorbiri de rău, bârfe, îngâmfări, tulburări. (2 Cor. 12:20)
>
> Nu faceți nimic din duh de ceartă sau din slavă deșartă; ci, în smerenie, fiecare să privească pe altul mai presus de el însuși. Fiecare din voi să se uite nu la foloasele lui, ci și la foloasele altora. (Filip. 2:3-4)
>
> Adu-le aminte de aceste lucruri și roagă-i fierbinte, înaintea lui Dumnezeu, să se ferească de certurile de cuvinte, care nu duc la alt folos decât la pieirea celor ce le ascultă. (2 Tim. 2:14)
>
> Și robul Domnului nu trebuie să se certe; ci să fie blând cu toți, în stare să învețe pe toți, plin de îngăduință răbdătoare. (2 Tim. 2:24)
>
> Nu te grăbi să te iei la ceartă, ca nu cumva la urmă să nu știi ce să faci, când te va lua la ocări aproapele tău. (Prov. 25:8)

4. (2:15) **Curăția:** credincioșii trebuie să își ducă până la capăt mântuirea lucrând la a fi curați.

1. Credincioșii trebuie să lucreze la a fi *fără prihană* (amempto): fără greșeală și fără pată; să fie ireproșabili; să nu dea niciun prilej de a fi mustrați. Credinciosul trebuie să trăiască o viață fără prihană, fără pată, o viață curată atât în biserică cât și în lume. Nimeni nu trebuie să găsească vreun motiv pentru a arăta un creștin cu degetul și a-l acuza sau a-l învinui de ceva. Creștinul trebuie să fie curat, neîntinat, nepătat, sfânt, neprihănit și nevinovat înaintea oamenilor și înaintea lui Dumnezeu.

2. Creștinii trebuie să lucreze la a fi *curați* (akeraioi): neamestecați și nealterați. Imaginea este aceea în care făina trece prin sită pentru a separa particulele care sunt curate de imurități. Înseamnă că gândurile și viețile noastre...

- nu trebuie să fie întinate prin privitul, cititul sau ascultatul unor lucruri lumești atrăgătoare.
- nu trebuie să fie stăpânite de atracțiile lumești sau sexuale.

Gândurile și viețile noastre trebuie să fie curate, spălate, necontaminate și neîntinate.

> Cât despre voi, ascultarea voastră este cunoscută de toți. Mă bucur, dar, de voi și doresc să fiți înțelepți în ce privește binele, și proști în ce privește răul. (Rom. 16:19)
>
> Ca să deosebiți lucrurile alese, pentru ca să fiți curați și să nu vă poticniți până în ziua venirii lui Hristos. (Filip. 1:10)
>
> Ca să fiți fără prihană și curați, copii ai lui Dumnezeu, fără vină, în mijlocul unui neam ticălos și stricat, în care străluciți ca niște lumini în lume. (Filip. 2:15)
>
> Și tocmai un astfel de Mare Preot ne trebuia: sfânt, nevinovat, fără pată, despărțit de păcătoși și înălțat mai presus de ceruri. (Evr. 7:26)
>
> Domnul mă va izbăvi de orice lucru rău și mă va mântui, ca să intru în Împărăția Lui cerească. A Lui să fie slava în vecii vecilor! Amin. (2 Tim. 4:18)
>
> Iar a Aceluia care poate să vă păzească de orice cădere și să vă facă să vă înfățișați fără prihană și plini de bucurie înaintea slavei Sale. (Iuda 1:24)

FILIPENI 2:12-18

3. Credincioşii trebuie să lucreze la a fi *fără vină* (amoma): fără cusur, fără pată sau defect. Acesta este un cuvânt luat din Vechiul Testament care se referee la jertfele aduse Domnului. Ideea este că un credincios trebuie să trăiască şi să umble pe pământ sub directa observaţie şi cercetare a lui Dumnezeu. El trebuie să umble fără cusur, fără pată şi fără defect.

Totuşi, observaţi un fapt: credinciosul trăieşte în mijlocul unui neam ticălos şi stricat. Lumea este rea, sucită şi pervertită; prin urmare, credinciosul are de umblat pe o cale grea. Dar el trebuie să umble pe ea, pentru că el trebuie să fie o lumină în lume. El trebuie să fie o lumină care să strălucească în lume. El trebuie să reflecte puritatea şi sfinţenia lui Dumnezeu.

> Voi sunteţi lumina lumii. O cetate aşezată pe un munte nu poate să rămână ascunsă. (Mat. 5:14)
> Căci aşa ne-a poruncit Domnul: "Te-am pus ca să fii Lumina Neamurilor, ca să duci mântuirea până la marginile pământului." (Fapte 13:47)
> Odinioară eraţi întuneric; dar acum sunteţi lumină în Domnul. Umblaţi deci ca nişte copii ai luminii. (Efes. 5:8)
> Ca să fiţi fără prihană şi curaţi, copii ai lui Dumnezeu, fără vină, în mijlocul unui neam ticălos şi stricat, în care străluciţi ca nişte lumini în lume. (Filip. 2:15)
> Voi toţi sunteţi fii ai luminii şi fii ai zilei. Noi nu suntem ai nopţii, nici ai întunericului. De aceea să nu dormim ca ceilalţi, ci să veghem şi să fim treji. Căci, cei ce dorm, dorm noaptea; şi, cei ce se îmbată, se îmbată noaptea. Dar noi, care suntem fii ai zilei, să fim treji, să ne îmbrăcăm cu platoşa credinţei şi a dragostei şi să avem drept coif nădejdea mântuirii. Fiindcă Dumnezeu nu ne-a rânduit la mânie, ci ca să căpătăm mântuirea, prin Domnul nostru Isus Hristos, care a murit pentru noi, pentru ca, fie că veghem, fie că dormim, să trăim împreună cu El. De aceea mângâiaţi-vă şi întăriţi-vă unii pe alţii, cum şi faceţi în adevăr. (1 Tes. 5:5-11)

5. (2:16) **Mărturisirea**: credincioşii trebuie să-şi ducă mîntuirea până la capăt lucrând la mărturisire. Vocabularul follosit este expresiv: "Ţineţi sus Cuvântul vieţii." Imaginaţi-vă! Există un *Cuvânt al vieţii*. Oameni pot să trăiască, să trăiască cu adevărat—atât acum cât şi în veşnicie. Oamenii nu trebuie să moară niciodată.

⇒ Este ca şi cum ai spune că s-a descoperit o fântână a tinereţii, cu o singură diferenţă: Cuvântul vieţii nu aduce doar tinereţe veşnică, el aduce perfecţiune—o lume perfectă şi o viaţă perfectă.
⇒ Este ca şi cum ai spune că s-a găsit un leac pentru cancer, cu o singură diferenţă: Cuvântul vieţii nu numai că vindecă boala cancerului, el injectează energia vieţii veşnice în celelalte celule ale corpului.

Dar observaţi şi teribila tragedie! Aşa de mulţi dintre noi nu ţinem sus Cuvântul vieţii. Îl păstrăm pentru noi. Nu împărtăşim mesajul glorios al evangheliei care dă viaţă. Cuvântul vieţii este drept atunci când spune: mesajul vieţii se găseşte în Cristos Isus Domnul nostru.

> Hoţul nu vine decât să fure, să înjunghie şi să prăpădească. Eu am venit ca oile să aibă viaţă, şi s-o aibă din belşug. (Ioan 10:10)
> Eu le dau viaţa veşnică, în veac nu vor pieri, şi nimeni nu le va smulge din mâna Mea. (Ioan 10:28)
> Fiindcă atât de mult a iubit Dumnezeu lumea, că a dat pe singurul Lui Fiu, pentru ca oricine crede în El să nu piară, ci să aibă viaţa veşnică. Dumnezeu, în adevăr, n-a trimis pe Fiul Său în lume ca să judece lumea, ci ca lumea să fie mântuită prin El. (Ioan 3:16-17)
> Adevărat, adevărat vă spun că cine ascultă cuvintele Mele şi crede în Cel ce M-a trimis are viaţa veşnică şi nu vine la judecată, ci a trecut din moarte la viaţă. (Ioan 5:24)
> Lucraţi nu pentru mâncarea pieritoare, ci pentru mâncarea care rămâne pentru viaţa veşnică şi pe care v-o va da Fiul omului; căci Tatăl, adică însuşi Dumnezeu, pe El L-a însemnat cu pecetea Lui. (Ioan 6:27)
> Dar acum, odată ce aţi fost izbăviţi de păcat şi v-aţi făcut robi ai lui Dumnezeu, aveţi ca rod sfinţirea, iar ca sfârşit viaţa veşnică. (Rom. 6:22)
> Dar care a fost descoperit acum prin arătarea Mântuitorului nostru Hristos Isus, care a nimicit moartea şi a adus la lumină viaţa şi neputrezirea, prin Evanghelie. (2 Tim. 1:10)
> În nădejdea vieţii veşnice, făgăduite mai înainte de veşnicii de Dumnezeu, care nu poate să mintă. (Tit 1:2)
> Şi făgăduinţa pe care ne-a făcut-o El este aceasta: viaţa veşnică. (1 Ioan 2:25)
> Ţineţi-vă în dragostea lui Dumnezeu şi aşteptaţi îndurarea Domnului nostru Isus Hristos pentru viaţa veşnică. (Iuda 1:21)

FILIPENI 2:12-18

Meditația 1. Lucrul la care trebuie să lucrăm este să ținem sus Cuvântul vieții. Cuvântul vieții este singura speranță pentru o lume încovoiată sub greutatea atâtor nevoi disperate, în special nevoia disperată de a scăpa de sub păcat și rău, și de sub teribilul destin al morții.

> Duceți-vă și faceți ucenici din toate neamurile, botezându-i în Numele Tatălui și al Fiului și al Sfântului Duh. Și învățați-i să păzească tot ce v-am poruncit. Și iată că Eu sunt cu voi în toate zilele, până la sfârșitul veacului. Amin. (Mat. 28:19-20)
> Apoi le-a zis: Duceți-vă în toată lumea și propovăduiți Evanghelia la orice făptură. (Marcu 16:15)
> Însă, fiindcă avem același duh de credință, potrivit cu ceea ce este scris: "Am crezut, de aceea am vorbit!", și noi credem, și de aceea vorbim. (2 Cor. 4:13)
> Să nu-ți fie rușine, dar, de mărturisirea Domnului nostru, nici de mine, întemnițatul Lui. Ci suferă împreună cu Evanghelia, prin puterea lui Dumnezeu. (2 Tim. 1:8)
> Ci sfințiți în inimile voastre pe Hristos ca Domn." Fiți totdeauna gata să răspundeți oricui vă cere socoteală de nădejdea care este. în voi; dar cu blândețe și teamă. (1 Pet. 3:15)
> Atunci și cei ce se tem de Domnul au vorbit adesea unul cu altul; Domnul a luat aminte la lucrul acesta și a ascultat; și o carte de aducere aminte a fost scrisă înaintea Lui, pentru cei ce se tem de Domnul și cinstesc Numele Lui. (Mal. 3:16)

6. (2:17-18) **Sacrificiu—Muncă**: credincioșii trebuie să își ducă până la capăt mântuirea urmând exemplul celor care au muncit sacrificându-se. Mai simplu, Pavel s-a sacrificat pe sine pentru a-i sluji pe oameni. Imaginea zugrăvită este aceea a jertfelor și ofrandelor aduse de oameni înaintea zeilor păgâni. Pavel și-a adus trupul lui și l-a oferit ca o jertfă și o slujire pentru oameni. El nu a trăit pentru altceva, decât pentru a ține sus Cuvântul vieții, pentru ca să poată fi văzut de oameni. Trupul lui a fost sacrificat în totalitate numai și numai cu acest scop.

> Apoi a zis tuturor: Dacă voiește cineva să vină după Mine, să se lepede de sine, să-și ia crucea în fiecare zi și să Mă urmeze. (Luke 9:23)
> Vă îndemn, dar, fraților, pentru îndurarea lui Dumnezeu, să aduceți trupurile voastre ca o jertfă vie, sfântă, plăcută lui Dumnezeu: aceasta va fi din partea voastră o slujbă duhovnicească. Să nu vă potriviți chipului veacului acestuia, ci să vă prefaceți, prin înnoirea minții voastre, ca să puteți deosebi bine voia lui Dumnezeu: cea bună, plăcută și desăvârșită. (Rom. 12:1-2)
> Căci ați fost cumpărați cu un preț. Proslăviți, dar, pe Dumnezeu în trupul și în duhul vostru, care sunt ale lui Dumnezeu. (1 Cor. 6:20)

	III. EXEMPLELE UNOR CREDIONCIOȘI CREȘTINI, 2:19-30	si să se îngriiească într-adevăr de starea voastră.	care se îngrijea de starea celor din jur
	A. Exemplul lui Timotei, un tânăr care a slujit de pe locul al doilea, 2:19-24	21. Ce-i drept, toti umblă după foloasele lor, si nu după ale lui Isus Hristos.	3. **El era dispus să renunțe la el însuși—pentru a fi preocupat în totalitate de lucrurile lui Cristos**
1. Timotei—un tânăr care a slujit de bună voie pe locul al doilea	19 Nădăjduiesc, în Domnul Isus, să vă trimit în curând pe Timotei, ca să fiu si eu cu inimă bună când o să am stiri despre voi.	22. Stiti râvna lui încercată: cum, ca un copil cu tatăl lui, a lucrat ca un rob împreună cu mine pentru înaintarea Evangheliei.	4. **El era dispus să fie un copil, un ucenic** b. Doritor să fie încercat și dovedit
2. El avea un duh blând, de frate,	20 Căci n-am pe nimeni care să-mi împărtășească simțirile ca el	23. Pe el, dar, nădăjduiesc să vi-l trimit, de îndată ce voi vedea ce întorsătură vor lua lucrurile cu privire la mine. 24. Si am încredere în Domnul că în curând voi veni și eu.	c. Doritor să meargă unde era trimis

SECȚIUNEA III

EXEMPLELE UNOR CREDINCIOȘI CREȘTINI, 2:19-30

A. Exemplul lui Timotei—un tânăr care a slujit de bună voie pe locul al doilea, 2:19-24

(2:19-24) **Introducere:** nimic nu convinge mai tare inima omului decât exemplele de credincioșie din partea altora. Acesta pasaj ne prezintă un exemplu dinamic al unui om care era devotat în totalitate lui Isus Cristos: Timotei. Timotei era un tânăr care a slujit de bună voie de pe locul al doilea.

1. Timotei—un tânăr care a sjujit de bună voie pe locul al doilea (v.19).
2. El avea un duh bland, de frate, care se îngrijea de starea celor din jur (v.20).
3. El era dispus să renunțe la el însuși—pentru a fi preocupat în totalitate de lucrurile lui Cristos (v.21).
4. El era dispus să fie un copil, un ucenic (vv.22-24).

1. (2:19) **Timotei—Lucrători, Asociați—Asistenți:** iată exemplul lui Timotei, un tânăr care a slujit cu bucurie pe locul al doilea. Situația este următoarea. Pavel este foarte îngrijorat cu privire la biserica și credincioșii din Filipi. El îi iubește profund și tânjește să slujească printre ei. Observați că inima lui de păstor se îndreaptă spre ei: el amintește de starea (condiția, bunăstarea) lor de două ori:

⇒ El vrea să le cunoască starea sau condiția (v.19).
⇒ El vrea să se îngrijească de ei, de binele sau bunăstarea lor (v.20).

Dar el este în închisoare; el nu poate să viziteze biserica în mod personal. Ce ar putea să facă? El face următorul lucru care este cel mai bun pentru ei. Face planuri ca să-l trimită pe tovarășul și co-lucrătorul său credincios, Timotei, cât mai curând posibil.

Punctul important de observant este inima de păstor atât a lui Pavel, cât și a lui Timotei, în special a lui Timotei, pentru că el este subiectul acestor versete. Timotei a fost un om chemat să slujească pe locul al doilea. Și totuși, dintre toți oamenii prezentați în Scriptură, Timotei este la fel de credincios ca oricare dintre ei. El a slujit cu bucurie și s-a sacrificat pe locul doi.

> **Meditația 1.** Să slujești pe locul doi este un privilegiu. Al doilea om nu numai că îi conduce pe cei pentru care este responsabil, ci el contribuie și la viața și la lucrarea omului care slujește pe primul loc.

2. (2:20) **Timotei—Grijă—Biserică:** Timotei avea un duh bland, de frate, care se îngrijea de alții. De fapt, el era fără pereche. Erau mulți slujitori excelenți ai evangheliei, dar, dintre toți, spiritul lui Timotei era cel mai apropiat de spiritul lui Pavel. Lui Timotei îi păsa de biserici și de credincioșii din ele la fel de mult cum îi păsa lui Pavel. Inimii lui *îi păsa în mod natural,* era plină de *un interes sincer* (gnesios). Grija lui venea din adâncul sufletului—aceeași grijă plină de bunăvoință pe care ar avea-o un frate adevărat. Lucrarea lui Timotei—grija și interesul lui pentru credincioși—era o grijă profundă și autentică, o grijă adevărată.

> **Vă voi da păstori după inima Mea, și vă vor paște cu pricepere și cu înțelepciune. (Ier. 3:15)**

FILIPENI 2:19-24

Voi pune peste ele păstori care le vor paşte; nu le va mai fi teamă, nici groază, şi nu va mai lipsi niciu-na din ele, zice Domnul. (Ier. 23:4)

Păstoriţi turma lui Dumnezeu care este sub paza voastră, nu de silă, ci de bunăvoie, după voia lui Dumnezeu; nu pentru un câştig mârşav, ci cu lepădare de sine. (1 Pet. 5:2)

3. (2:21) **Lepădarea de sine—Egoismul—Lăcomia:** Timotei era dispus să se lepede de sine însuşi—şi să fie preocu-pat de lucrurile lui Cristos. Plin de certitudine, Pavel spune:

Ce-i drept, toţi umblă după foloasele lor, şi nu după ale lui Isus Hristos. (v.21)

Ce acuzaţie directă la adresa credincioşilor şi mai ales a lucrătorilor. Observaţi ce au de spus câţiva comentatori în legătură cu subiectul acesta:

Matthew Henry întreabă: "A spus Pavel lucrul acesta în pripă, aşa cum a spus David că orice om este înşelă-tor? (Ps.116:11). Oare exista aşa de multă corupţie printre lucrătorii de la început încât nu se afla printre ei niciunul căruia să-i pese de starea oamenilor? Nu trebuie să înţelegem în felul acesta: el vorbeşte în general; toţi, adică majoritatea, sau toţi în comparaţie cu Timotei. Observaţi, a umbla după foloasele noastre şi a-L ne-glija pe Isus Cristos este un mare păcat, şi o situaţie foarte des întâlnită printre creştini şi printre slujitori. Mulţi pun pe primul loc propria lor siguranţă, comoditate, şi propriile interese, înaintea adevărului, a sfinţeni-ei, a datoriei, pun lucrurile care ţin de plăcerea şi de reputaţia lor mai presus decât lucrurile legate de împără-ţia lui Cristos, mai presus de interesele lui Cristos şi de onoarea lui în această lume: dar Timotei nu făcea parte dintre aceştia" (*Comentariul lui Matthew Henry*, Vol.5, p.736).

Ralph P. Martin întreabă: "Oare versetul acesta exprimă amărăciunea lui Pavel cauzată de faptul că atunci când a căutat un tovarăş de slujbă pe care să-l trimită la biserica din Filipi, niciunul nu era dispus să meargă, pentru că "fiecare umbla după foloasele lui" şi "nu după ale lui Isus Cristos" [J.B. Philipps]. ...el îşi aminteşte că într-o lume plină de egoism (vezi Mat.6:32), foarte rar poţi găsi un om ca şi Timotei care să dorească într-adevăr să se îngrijească de binele altora, şi să fie dispus să facă o călătorie obositoare şi mai apoi să resolve certuri şi probleme în biserica din Filipi. Pentru a se ocupa de chestiunea aceasta era nevoie de mult tact, înţe-lepciune şi răbdare" (*Epistola lui Pavel către Filipeni*. Tyndale Bible Commentaries," ed. by RVG Tasker. Grand Rapids, MI: Eerdmans, 1959, p.124f).

Lehman Strauss afirmă: "Această stare demnă de milă de a umbla după interese proprii este blestemul care planează asupra Creştinismului în general şi asupra lucrătorilor în special. Cuvintele lui Pavel sunt un rechizi-toriu dur împotriva păcatului egoismului. Acesta trebuie să fi fost prezent în biserica primară, pentru că ne amintim de îndemnul de la începutul capitolului : "Fiecare din voi să se uite nu la foloasele lui, ci şi la foloasele altora." [2:4].

"Există aşa de puţini care îşi dedică viaţa slujirii dezinteresate. Suntem mai mult preocupaţi de interesele noastre, de bunurile noastre, de avansarea noastră, decât de nevoile altora. Dragostea creştină autentică "nu caută folosul său" [1 Cor.13:5]. 'Nimeni să nu-şi caute folosul lui, ci fiecare să caute folosul altuia" [1 Cor.10:24].

"În ciuda acestor învăţături sfinte, egoismul şi umblarea după slava proprie, câştigă teren o dată cu trecerea timpului. Prea puţini caută să umble pe urmele paşilor lui Cristos sau pe urmele altor creştini adevăraţi aşa cum a fost Pavel. Cei mai mulţi dintre noi umblăm după interesele personale în timp ce mărturisim cu gura Numele lui Cristos. Întrebarea este dacă învăţăturile lui Cristos intră măcar în calculele unor creştini. William Lincoln din Beresford, London, spunea: 'Fi sigur că dacă Îl pui pe Cristos pe locul al doilea, şi lucrurile tale personale pe primul loc, vei da socoteală înaintea Scaunului de Judecată" (*Studii Devoţionale*, p.133.)

Ideea este foarte bine prezentată: Timotei nu umbla după foloasele lui. El se lepăda de el însuşi. El nu a căzut în cap-cana în care au căzut atâţia. Preocuparea lui principală era legată de misiunea şi de adevărul lui Cristos, şi pentru bine-le bisericii. Dar nu acelaşi lucru se putea spune referitor la cei mai mulţi credincioşi şi lucrători din Roma, şi, tragic, nu se poate spune nici despre mulţi credincioşi şi lucrători de-a lungul secolelor. Mulţi au umblat în primul rând după fo-loasele lor; mulţi au pus lucrurile lui Cristos pe locul doi, pentru a-şi apăra...

- stilul de viaţă
- confortul
- acceptarea
- securitatea
- recunoaşterea
- poziţia

- urmaşii
- sprijinul
- posesiunile
- autoritatea
- prieteniile

"Dacă vrei să fii desăvârșit", i-a zis Isus, "du-te de vinde ce ai, dă la săraci și vei avea o comoară în cer! Apoi vino și urmează-Mă." (Mat. 19:21)

Am fost străin, și nu M-ați primit; am fost gol, și nu M-ați îmbrăcat; am fost bolnav și în temniță, și n-ați venit pe la Mine. (Mat. 25:43)

Atunci de ce nu mi-ai pus banii la zarafi, pentru ca, la întoarcerea mea, să-i fi luat înapoi cu dobândă?" Apoi a zis celor ce erau de față: "Luați-i polul și dați-l celui ce are zece poli." (Luca 9:23-24)

Apoi le-a zis: "Vedeți și păziți-vă de orice fel de lăcomie de bani; căci viața cuiva nu stă în belșugul avuției lui." (Luca 12:15)

Și oricine nu-și poartă crucea și nu vine după Mine, nu poate fi ucenicul Meu. (Luca 14:27)

Dacă trăiți după îndemnurile ei, veți muri; dar dacă, prin Duhul, faceți să moară faptele trupului, veți trăi. (Rom. 8:13)

Bine este să nu mănânci carne, să nu bei vin și să te ferești de orice lucru care poate fi pentru fratele tău un prilej de cădere, de păcătuire sau de slăbire. (Rom. 14:21)

Noi, care suntem tari, suntem datori să răbdăm slăbiciunile celor slabi și să nu ne plăcem nouă înșine. (Rom. 15:1)

Nimeni să nu-și caute folosul lui, ci fiecare să caute folosul altuia. (1 Cor. 10:24)

Cei ce sunt ai lui Hristos Isus și-au răstignit firea pământească împreună cu patimile și poftele ei. (Gal. 5:24)

Ba încă și acum privesc toate aceste lucruri ca o pierdere, față de prețul nespus de mare al cunoașterii lui Hristos Isus, Domnul meu. Pentru El am pierdut toate și le socotesc ca un gunoi, ca să câștig pe Hristos (Filip. 3:8)

Dar acum lăsați-vă de toate aceste lucruri: de mânie, de vrăjmășie, de răutate, de clevetire, de vorbele rușinoase care v-ar putea ieși din gură. (Col. 3:5)

Să nu poftești casa aproapelui tău; să nu poftești nevasta aproapelui tău, nici robul lui, nici roaba lui, nici boul lui, nici măgarul lui, nici vreun alt lucru care este al aproapelui tău. (Ex. 20:17)

Căci de la cel mai mic până la cel mai mare, toți sunt lacomi de câștig; de la proroc până la preot, toți înșală. (Ier. 6:13)

Și vin cu grămada la tine, stau înaintea ta ca popor al Meu, ascultă cuvintele tale, dar nu le împlinesc, căci cu gura vorbesc dulce de tot, dar cu inima umblă tot după poftele lor. (Ezec. 33:31)

4. (2:22-24) **Ucenicia**: Timotei era dispus să fie un copil, un ucenic încercat. Între Pavel și Timotei s-a creat o legătură foarte apropiată. Timotei era un fiu pentru Pavel, și observați: Timotei îl privea pe Pavel ca pe un tată. Pavel nu ar fi putut niciodată să spună lucrul acesta dacă Timotei ar fi gândit sau ar fi acționat altfel.

Pavel l-a numit pe Timotei unul dintre ucenicii lui și l-a implicat ca partener de misiune în cea de-a doua călătorie misionară a lui (vezi STUDIU APROFUNDAT # 1, *Timotei*—Fapte 16:1-3 pentru mai multe discuții). Din acel moment mai departe, Timotei a devenit un slujitor dinamic al Domnului—un slujitor chemat să slujească pe locul doi. Barclay face un rezumat excelent al versetelor care fac legătura între Timotei și Pavel. (*Scrisorile către Filipeni, Coloseni și Tesaloniceni*, p.59).

1. Timotei era un prieten apropiat al lui Pavel.
   a. Pavel îl numește pe Timotei copilul lui în credință (1 Cor. 4:17).
   b. Timotei fusese cu Pavel...
   - în Filipi (Fapte 16:1)
   - în Tesalonic și Berea (Fapte 17:1-14)
   - în Corint (Fapte 18:1-5)
   - în Efes (Fapte 19:21-22)
   - în închisoare în Roma (Col.1:1; Ph.1:1)

2. Timotei s-a implicat într-un fel sau altul în șapte dintre scrierile lui Pavel.
   - *Romani* (transmite salutări bisericii)
   - *II Corinteni*
   - *Filipeni și Coloseni*
   - *I și II Tesaloniceni*
   - *I și II Timotei*

3. Timotei era foarte apropiat de Pavel și în lucrarea din biserici. Timotei a fost trimis de Pavel să lucreze...
   - în Tesalonic (1 Tes. 3:6)
   - în Corint (1 Cor.4:17; 16:10-11)

FILIPENI 2:19-24

- în Filipi (Filip.2:19)

Meditația 1. Punctul care trebuie observat este cât erau de strâns legați Pavel și Timotei, și cât de credincios era Timotei. El era un slujitor încercat, un lucrător dispus să slujească în locul unde Domnul l-a așezat—poziția de a sluji pe locul doi.

> Iată cum trebuie să fim priviți noi: ca niște slujitori ai lui Hristos și ca niște ispravnici ai tainelor lui Dumnezeu. (1 Cor. 4:1)
> De aceea, preaiubiții mei frați, fiți tari, neclintiți, sporiți totdeauna în lucrul Domnului, căci știți că osteneala voastră în Domnul nu este zadarnică. (1 Cor. 15:58)
> Suferă împreună cu mine, ca un bun ostaș al lui Hristos. (2 Tim. 2:3)
> Niciun ostaș nu se încurcă cu treburile vieții, dacă vrea să placă celui ce l-a înscris la oaste. (2 Tim. 2:4)
> Legea adevărului era în gura lui și nu s-a găsit nimic nelegiuit pe buzele lui; a umblat cu Mine în pace și în neprihănire, și pe mulți i-a abătut de la rău. (Mal. 2:6)

	B. Exemplul lui Epafrodit—un om care nu a renunţat şi căruia nu i-a fost teamă, 2:25-30	dar Dumnezeu a avut milă de el. Şi nu numai de el, ci şi de mine, ca să n-am întristare peste întristare.	L-a părăsit pe Dumnezeu
1. El nu a renunţat nici nu l-a părăsit pe fratele lui	25 Am socotit de trebuinţă să vă trimit pe Epafrodit, fratele şi tovarăşul meu de lucru şi de luptă, trimisul şi slujitorul vostru pentru nevoile mele.	28 L-am trimis, dar, cu atât mai în grabă, ca să-l vedeţi şi să vă bucuraţi iarăşi şi să fiu şi eu mai puţin mâhnit. 29 Primiţi-l deci în Domnul, cu toată bucuria; şi preţuiţi	4. Concluzie: Apelul a. Pavel îl trimite din nou la biserică, pentru ca biserica să se poată bucura de el. b. Primiţi-l: Vorbeşte despre reputaţia lui; şi-a pus viaţa în joc şi a riscat pentru Cristos.
2. El nu a renunţat nici nu a părăsit biserica	26 Căci dorea fierbinte să vă vadă pe toţi; şi era foarte mâhnit, pentru că aflaserăţi că a fost bolnav.	pe astfel de oameni. 30 Căci pentru lucrul lui Hristos a fost el aproape de moarte şi şi-a pus viaţa în joc, ca să împlinească ce lipsea slujbei voastre pentru mine.	
3 El nu a renunţat nici nu	27 Ce-i drept, a fost bolnav şi foarte aproape de moarte,		

SECŢIUNEA III

EXEMPLELE UNOR CREDINCIOŞI CREŞTINI, 2:19-30

B. EXEMPLUL LUI EPAFRODIT—UN OM CARE NU A RENUNŢAT ŞI CĂRUIA NU I-A FOST TEAMĂ, 2:25-30

(2:25-30) **Introducere—Epafrodit—Lucrător:** Barclay menţionează o întâmplare dramatică referitoare la Epafrodit. Biserica din Filipi auzise că Pavel era în închisoare şi că îi era foarte greu acolo. Inimile lor au început să simtă alături de el, aşa că au hotărât să facă două lucruri: să facă o colectă pentru a veni în întâmpinarea nevoilor materiale ale lui Pavel şi să trimită un frate dedicat care să rămână alături de el şi să îl ajute. Un astfel de om trebuia să fie extraordinar de curajos pentru că alăturându-se unui om acuzat de o faptă foarte gravă, risca să fie el însuşi acuzat de complicitate. Ajutându-l pe Pavel, acest om urma să îşi rişte propria viaţă, Omul ales pentru slujba aceasta a fost Epafrodit.

Pe cand se afla în Roma, Epafrodit s-a îmbolnăvit foarte tare şi a fost aproape de moarte. Veşti despre boala lui au ajuns şi în Filipi. Mai apoi veştile s-au întors şi la Epafrodit, cum că biserica lui era îngrijorată pentru el, în ceea ce priveşte starea lui de sănătate. Iar el la rândul lui a început să fie îngrijorat din pricina lor. Dar Dumnezeu i-a cruţat viaţa, şi după ce şi-a recăpătat puterile, Pavel a simţit (poate pentru ca boala lui să nu recidiveze sau pentru a elimina posibilitatea arestării lui) că Epafrodit trebuie să se întoarcă în Filipi.

Dar apărea totuşi o problemă. Dacă el se întorcea înainte ca soarta lui Pavel să fie certă, unii l-ar fi numit laş, sau ar fi spus că a eşuat în misiunea lui. (*Scrisorile către Filipeni, Coloseni şi Tesaloniceni,* p.60f.) Scopul acestui pasaj este de a da o replică acestui gen de critici care ar fi putut să apară. Pavel îl laudă din plin pe acest mesager al lor.

1. El nu a renunţat nici nu l-a părăsit pe fratele lui (v.25).
2 El nu a renunţat nici nu a părăsit biserica (v.26).
3. El nu a renunţat nici nu L-a părăsti pe Dumnezeu (v.27).
4. Concluzie: apelul (vv.28-30).

1. (2:25) **Slujitor—Slujire:** Epafridit nu l-a părăsut pe fratele lui creştin. El fusese trimis la Roma pentru a-l sluji pe Pavel care se afla în închisoare. Aici Epafrodit s-a îmbolnăvit foarte rău şi a fost aproape de moarte. Ar fi putut cu uşurinţă să se întoarcă în Filipi după ce s-a însănătoşit, dar nu a făcut-o. A rămas credincios chemării şi misiunii lui şi a dus-o la bun sfârşit. Epafrodit era un credincios atât de devotat, încât Pavel îi acordă cinci titluri.

1. El era un *frate în Cristos.* Observaţi tandreţea cu care se exprimă Pavel: îl numeşte "fratele meu". Un frate este o persoană care are aceiaşi părinţi. Epafrodit era născut din Dumnezeu. El şi-a pus credinţa şi încrederea în Domnul Isus Cristos, şi Dumnezeu a onorat credinţa lui oferindu-i naşterea din nou—o naştere spirituală. Dumnezeu a făcut din el *o făptură nouă* sau *o persoană nouă* (2 Cor.5:17; Efes.4:24; Col.3:10). Prin urmare, el era un frate al lui Pavel, un membru în familia lui Dumnezeu.

> Dar tuturor celor ce L-au primit, adică celor ce cred în Numele Lui, le-a dat dreptul să se facă copii ai lui Dumnezeu. (Ioan 1:12)
> De aceea: "Ieşiţi din mijlocul lor şi despărţiţi-vă de ei, zice Domnul; nu vă atingeţi de ce este necurat, şi vă voi primi. Eu vă voi fi Tată, şi voi Îmi veţi fi fii şi fiice, zice Domnul cel Atotputernic." (2 Cor. 6:17-18)

FILIPENI 2:25-30

Aşadar, voi nu mai sunteţi nici străini, nici oaspeţi ai casei, ci sunteţi împreună cetăţeni cu sfinţii, oameni din casa lui Dumnezeu. (Efes. 2:19)

2. El era un *tovarăş de lucru în lucrarea Domnului*. Mulţi oameni slujesc în lucrarea Domnului, dar nu toţi sunt adevăraţi tovarăşi la această lucrare. Un adevărat tovarăş de lucrare *este alături* de prietenul său; stă lângă el: îl înţelege, simte, îl sprijineşte, îl mângâie, îl încurajează şi îl ajută de câte ori este nevoie. Între adevăraţii tovarăşi nu există niciodată...

- distanţă
- invidie
- reţineri
- competiţie
- neglijare
- abandonare

Cum am mai spus, un adevărat tovarăş de lucrare este alături de prietenul său şi stă întotdeauna lângă el. Nu îşi abandonează niciodată prietenul indiferent de circumstanţe. Epafrodit a fost un adevărat exemplu de tovarăş de lucrare. Pavel era în închisoare, pe cale să fie judecat pe viaţă şi pe moarte, şi el fusese abandonat de majoritatea credincioşilor (2 Tim.4:16). Dar priviţi-l pe Epafrodit: el a stat lângă Pavel în ciuda circumstanţelor extreme de grele. Şi amintiţi-vă că el se îmbolnăvise foarte grav; dar chiar şi atunci, când avea toate motivele să se întoarcă acasă pentru a se recupera, el a rămas la Roma alături de Pavel. Epafrodit era un adevărat tovarăş de lucru. El nu s-a dat bătut! El nu era un laş!

Nu este mai mare dragoste decât să-şi dea cineva viaţa pentru prietenii săi. Voi sunteţi prietenii Mei, dacă faceţi ce vă poruncesc Eu. (Ioan 15:13-14)

Cine îşi face mulţi prieteni, îi face spre nenorocirea lui, dar este un prieten care ţine mai mult la tine decât un frate. (Prov. 18:24)

Mai bine doi decât unul, căci iau o plată cu atât mai bună pentru munca lor. Căci, dacă se întâmplă să cadă, se ridică unul pe altul; dar vai de cine este singur şi cade fără să aibă pe altul care să-l ridice. (Eccl 4:9-10)

3. El era un *tovarăş de luptă*. Fără îndoială că se face referire aici la perseverenţa şi statornicia lui Epafrodit. Rămânând aşa de aproape de Pavel, el risca să fie identificat ca un ucenic al lui Pavel care era acuzat pe nedrept de răscoală şi revoltă împotriva statului. Acest pericol a fost probabil motivul pentru care aşa de mulţi credincioşi l-au părăsit pe Pavel (2 Tim.4:16). Dar Epafrodit nu a făcut-o: el a rămas hotărât—a stat ca un tovarăş de luptă al lui Pavel...

- în ciuda pericolului
- în ciuda stării precare de sănătate

Epafrodit era hotărât să îşi ducă la îndeplinirea misiunea de a-l ajuta pe Pavel în lucrare cât putea de mult—în ciuda situaţiei grele de închisoare şi de boală care l-a dus atât de aproape de moarte. Epafrodit era un adevărat soldat—dispus să-şi rişte viaţa de dragul evangheliei şi de dragul oamenilor lui Dumnezeu. El nu a renunţat! El nu era un laş!

Suferă împreună cu mine, ca un bun ostaş al lui Hristos. Niciun ostaş nu se încurcă cu treburile vieţii, dacă vrea să placă celui ce l-a înscris la oaste.(2 Tim. 2:3-4)

4. El era un mesager (trimis) al bisericii. Cuvântul "mesager" *apostolos* de la care avem chiar cuvântul apostol. Acest cuvânt înseamnă mesager, un ambasador trimis într-o misiune foarte specială. Pavel spune că acest sfânt al lui Dumnezeu a fost chemat să fie un mesager foarte special, un ambasador al lui Dumnezeu. El a fost un apostol foarte special şi un mesager al lui Dumnezeu foarte special. El era departe de a fi un om care să-şi abandoneze chemarea! Departe de a fi un laş!

5. El a fost un slujitor foarte special (leitourgon). Barclay menţionează faptul că acest cuvânt avea un sens special pentru grecii din biserica din Filipi. Cuvântul (leitourgon) era un cuvânt măreţ şi se folosea pentru numai pentru a-i caracteriza pe oamenii cu adevărat mari. Era un titlu care se acorda unor mari binefăcători, oameni care îşi iubeau oraşul, cultura, artele sau sportul aşa de mult încât donau mari sume de bani pentru a finanţa aceste domenii. Persoana respectivă era privită ca un mare slujitor dedicate total acelei cauze. (*Scrisorile către Filipeni, Coloseni şi Tesaloniceni*, p.61.) Pavel îi acordă aici acest mare titlul de *slujitor* (leitourgon) lui Epafrodit. Epafrodit era un slujitor extraordinar al lui Dumnezeu care s-a îngrijit de nevoile lui Pavel. El nu s-a dat bătut! El nu era un laş!

Pentru că nici Fiul omului n-a venit să I se slujească, ci El să slujească şi să-Şi dea viaţa ca răscumpărare pentru mulţi. (Mat. 20:28)

Dar între voi să nu fie aşa. Ci oricare va vrea să fie mare între voi să fie slujitorul vostru; şi oricare va vrea să fie cel dintâi între voi să fie robul tuturor. (Marcu 10:43-44)

FILIPENI 2:25-30

S-a sculat de la masă, S-a dezbrăcat de hainele Lui, a luat un ştergar şi S-a încins cu el. Apoi a turnat apă într-un lighean şi a început să spele picioarele ucenicilor şi să le şteargă cu ştergarul cu care era încins. Deci dacă Eu, Domnul şi Învăţătorul vostru, v-am spălat picioarele, şi voi sunteţi datori să vă spălaţi picioarele unii altora. (Ioan 13:4-5, 14)

Încolo, ce se cere de la ispravnici este ca fiecare să fie găsit credincios în lucrul încredinţat lui. (1 Cor. 4:2)

Purtaţi-vă sarcinile unii altora şi veţi împlini astfel legea lui Hristos. (Gal. 6:2)

Aşadar, cât avem prilej, să facem bine la toţi, şi mai ales fraţilor în credinţă. (Gal. 6:10)

Slujiţi-le cu bucurie, ca Domnului, iar nu oamenilor. (Efes. 6:7)

2. (2:26) **Dedicare—Loialitate—Slujire:** Epafrodit nu a părăsit sau abandonat biserica. Biserica din Filipi îl trimisese pe Epafrodit ca să îl ajute şi să îi slujească lui Pavel. În timp ce se afla în Roma el s-a îmbolnăvit foarte grav. În acel moment, Epafrodit ar fi putut să îşi abandoneze misiunea primită din partea bisericii. Ar fi putut gândi nu se merita să-şi piardă viaţa pentru această misiune şi ar fi putut să se întoarcă acasă. Pericolul de a fi identificat ca un complice al lui Pavel ar fi fost cu siguranţă înţeles şi acceptat de cei mai mulţi dacă nu chiar de toţi, iar boala lui şi nevoia de a se recupera după o boală atât de grea ar fi fost cu siguranţă înţelese de toţi. Epafrodit avea toate motivele să se întoarcă acasă şi să lase pe altcineva să-i preia sarcinile şi să-i ducă misiunea la bun sfârşit.

Dar, ca un adevărat ostaş al lui Isus Cristos, el nu a vrut să facă asta şi nu a făcut-o. De fapt, observaţi mărturia glorioasă a acestui verset. Epafrodit nu se gândea la binele lui, ci la binele bisericii. Veştile referitoare la boala lui ajunseseră în biserica lui, şi Epafrodit era *îngrijorat* cu privire la familia, prietenii şi biserica lui pentru că toţi aceştia erau îngrijoraţi pentru el. Ce inimă plină de tandreţe, căldură, bunătate! Este tocmai inima de care avem cu toţii nevoie—în special slujitorii evangheliei.

Punctul pe care trebuie să-l observăm este următorul: Epafrodit era credincios chemării lui şi bisericii lui. El nu a abandonat nici nu a părăsit biserica. El avea toate motivele să o facă, dar nu a făcut-o. A rămas statornic în ciuda celor mai grele circumstanţe şi în ciuda faptului că propria viaţă îi era ameninţată.

3. (2:27) **Dedicare:** Epafrodit nu L-a părăsit nici nu L-a abandonat pe Dumnezeu. Situaţia era de aşa natură încât părea că Dumnezeu l-a părăsit pe el. Părea că Dumnezeu îl binecuvântase din plin înainte să ajungă la Roma. Dumnezeu a călăuzit biserica din Filipi...

*   să îl desemneze ca trimis special pentru Domnul şi pentru biserica filipenilor.
*   să îi dea sarcina dorită de mulţi de a se alătura marelui evanghelist şi misionar, Pavel, şi a sluji nevoilor lui.

Dar când a ajuns în Roma a aflat că asocierea cu Pavel reprezenta un pericol de a fi şi el judecat şi condamnat pentru răscoală—ca un complice al lui Pavel. Asociindu-se cu Pavel îşi risca propria viaţă. Şi apoi, ca şi când asta nu era suficient, s-a îmbolnăvit şi aproape a murit. Dumnezeu ar fi putut să nu lase lucrul acesta să se întâmple. De ce nu l-a oprit? Mii de întrebări au inundat mintea lui Epafrodit—fiecare dintre ele ispitindu-l să se îndoiască de Dumnezeu. El ar fi putut să-şi abandoneze misiunea şi puţini ar fi fost cei care i-ar fi criticat decizia. De fapt, marea majoritate ar fi fost de acord, considerându-i decizia una înţeleaptă.

Dar Epafrodit nu a făcut asta. El nu s-a dat bătut! El nu era un laş! El era un adevărat slujitor al lui Dumnezeu! Dumnezeu a făcut atât de mult pentru el—mai ales mântuindu-l şi dându-i siguranţa vieţii veşnice—încât el nu putea niciodată să-L părăsească sau să-L abandoneze pe Dumnezeu.

4. (2:28-30) **Dedicare—Slujitor:** concluzia este un apel din partea lui Pavel. Pavel îl trimitea pe Epafrodit înapoi bisericii. Biserica trebuia să se bucure de el şi de credincioşia lui statornică. Sub nicio formă nu trebuia să îl critice pentru că s-a întors. El se întorcea pentru că Pavel îl trimisese înapoi, nu pentru că el hotărâse să se întoarcă.

Observaţi cuvintele *şi-a pus viaţa în joc* (paraboleusamenos). A.T. Robertson scoate în evidenţă faptul că acest cuvânt face parte din vocabularul folosit în jocurile de noroc, şi că înseamnă a-şi paria viaţa, a paria totul, a face un pariu nebunesc. Epafrodit şi-a riscat viaţa pentru lucrarea lui Cristos. El şi-a riscat viaţa plin de curaj. (*Word Pictures in the New Testament*, Vol.4, p.449.)

Meditaţia 1. Epafrodit reprezintă atât o provocare cât şi o mustrare pentru un creştin moale şi slab sau pentru o lucrare superficială. Viaţa lui ne arată că a fi creştin este dur şi solicitant. Este o viaţă de renunţare la sine şi de sacrificiu. Este o viaţă în care te gândeşti foarte puţin la confortul şi la binele personal.

Apoi a zis tuturor: "Dacă voieşte cineva să vină după Mine, să se lepede de sine, să-şi ia crucea în fiecare zi şi să Mă urmeze. (Luca 9:23)

Fiindcă oricine va voi să-şi scape viaţa o va pierde; dar oricine îşi va pierde viaţa pentru Mine o va mântui. (Luca 9:24)

FILIPENI 2:25-30

Dacă vine cineva la Mine, şi nu urăşte pe tatăl său, pe mama sa, pe nevasta sa, pe copiii săi, pe fraţii săi, pe surorile sale, ba chiar însăşi viaţa sa, nu poate fi ucenicul Meu. (Luca 14:26)

Dacă trăiţi după îndemnurile ei, veţi muri; dar dacă, prin Duhul, faceţi să moară faptele trupului, veţi trăi. (Rom. 8:13)

Noi, care suntem tari, suntem datori să răbdăm slăbiciunile celor slabi şi să nu ne plăcem nouă înşine. (Rom. 15:1)

Nimeni să nu-şi caute folosul lui, ci fiecare să caute folosul altuia. (1 Cor. 10:24)

Cei ce sunt ai lui Hristos Isus şi-au răstignit firea pământească împreună cu patimile şi poftele ei. (Gal. 5:24)

Ba încă şi acum privesc toate aceste lucruri ca o pierdere, faţă de preţul nespus de mare al cunoaşterii lui Hristos Isus, Domnul meu. Pentru El am pierdut toate şi le socotesc ca un gunoi, ca să câştig pe Hristos. (Phil. 3:8)

| | CAPITOLUL 3

IV. ″ALERGAREA ÎNAINTE″ A CREDINCIOSULUI CREŞTIN, 3:1-21

A. Alergarea înainte: Păzirea propriei persoane, 3:1-3 | scriu mereu aceleaşi lucruri, iar vouă vă este de folos.
2 Păziţi-vă de câinii aceia; păziţi-vă de lucrătorii aceia răi; păziţi-vă de scrijeliţii aceia!
3 Căci cei tăiaţi împrejur suntem noi care slujim lui Dumnezeu prin Duhul lui Dumnezeu, care ne lăudăm în Hristos Isus şi care nu ne punem încrederea în lucrurile pământeşti. | scris (Scriptura)

3. Veghind pentru a nu fi înşelaţi de învăţători falşi

4. Ştiind că noi avem adevărata tăiere împrejur (spirituală)[SA1] |
| 1. Prin bucuria în Domnul
2. Luând aminte la ceea ce este | Încolo, fraţii mei, bucuraţi-vă în Domnul. Mie nu-mi este greu să vă | | |

SECŢIUNEA IV

″ALERGAREA ÎNAINTE″ A CREDINCIOSULUI CREŞTIN, 3:1-21

A. Alergarea înainte: Păzirea propriei persoane, 3:1-3

(3:1-3) Introducere: acest capitol este unul dintre cele mai extraordinare capitole din Biblie, un capitol care ar trebui studiat în mod repetat. El include mărturia personală şi ambiţia lui Pavel. Ne oferă câteva dintre cele mai importante principii care guvernau viaţa lui Pavel. Tema capitolului este ″Alergarea înainte a credinciosului creştin″. Acestea sunt câteva lucruri pe care credinciosul creştin trebuie să le facă în timp ce aleargă spre Cristos. În primul rând, el trebuie să se păzească pe sine însuşi.

1. Prin bucuria în Domnul (v.1).
2. Luând aminte la ceea ce este scris (Scripture) (v.1).
3. Veghind pentru a nu fi înşelaţi de învăţători falşi (v.2).
4. Ştiind că noi avem adevărata tăiere împrejur (spirituală) (v.3).

1. (3:1) **Bucuria:** păziţi-vă bucurându-vă în Domnul. Un om care se bucură întotdeauna în Domnul nu se va rătăci. În umblarea credinciosului prin lume, el se confruntă în premanenţă cu două lucruri: circumstanţele vieţii şi învăţăturile false. Oriunde ar merge, el se confruntă cu încercările vieţii, atât cu cele minore cât şi cu cele majore, El trebuie să stea faţă în faţă cu grelele încercări ale vieţii care includ...

- ispite atrăgătoare
- pofta ochilor
- pofta cărnii (naturii păcătoase)
- lăcomia
- egosimul
- certurile

- dezbinările
- comportamente inumane
- fapte criminale
- moartea
- accidentele
- boala

Lista ar putea continua. Nimeni nu scapă de încercările vieţii—nu atâta timp cât umblă pe acest pământ. El se confruntă cu realitatea teribilă a încercărilor în fiecare zi. Mai observaţi un lucru. Oriunde ar merge, învăţăturile false despre viaţă se ivesc în calea lui. În orice parte s-ar întoarce credinciosul, el se confruntă mereu cu idei diferite referitoare la modul în care trebuie trăită viaţa şi pot fi biruite încercările ei.

⇒ Există învăţătura care spune: ″Mănâncă, bea şi distrează-te, căci mâine vom muri. Uită de încercările şi de problemele vieţii. Viaţa trebuie trăită la maxim de cei care au sănătatea şi banii necesari pentru a putea profita de ea. Deci profită la maxim. Fă tot ce îţi place.″

⇒ Există învăţătura care spune: ″Disciplinează-te şi controlează-te pe tine însuţi. Ai grijă de trupul şi de mintea ta. Nu te lăsa învins de poftele şi de pasiunile acestei vieţi. Este un păcat să abuzezi de mintea şi de trupul tău. Trăieşte cât mai mult şi contribuie cât de mult poţi trăind o viaţă cumpătată şi disciplinată.″

⇒ Există învăţătura care spune: ″Nu exagera. Bucură-te de viaţă—participă—fă tot ce vrei; dar în anumite limite. Nu abuza în mod exagerat de mintea şi de trupul tău. Nu-I nicio problem dacă o faci din când în când; numai nu o face prea des ca să nu-ţi faci rău singur.″

⇒ Există învăţătura care spune că religia este răspunsul atât pentru viaţă cât şi pentru moarte: ″Alătură-te unei comunităţi religioase, practică ritualurile ei, adoptă crezurile ei, şi trăieşte cum poţi mai bine. Acest lucru îşi va crea o bună imagine de sine și încrederea că Dumnezeu te va accepta. Fi cât poți tu de bun și Dumnezeu va accepta această bunătate a ta."

Lista învățăturilor false poate continua la nesfârșit. Ideea este următoarea: credinciosul este bombardat atât cu încercări cât și cu învățături false în fiecare zi a vieții lui. El trebuie, prin urmare, să se păzească; și primul mod în care se poate păzi este bucurându-se în Domnul. Dacă el umblă pe tot parcursul unei zile bucurându-se în Domnnul, mintea lui este concentrată asupra Domnului. El se bucură de ceea ce Cristos a făcut pentru el—se bucură pentru că Domnul...

- l-a justificat
- l-a adoptat
- l-a împăcat
- l-a mântuit
- l-a iubit
- l-a izbăvit
- îl călăuzește și în conduce
- îi asigură neprihănirea
- a murit pentru el—a suportat osânda și judecata în locul lui
- a înviat pentru el—i-a dat o viață nouă
- se îngrijește de el
- îi oferă privilegiul de a-L cunoaște pe Dumnezeu
- îi dă biruința asupra păcatului
- îi dă o nădejde eternă și glorioasa certitudine a vieții veșnice

Credinciosul umblă bucurându-se de tot ceea ce Domnul a făcut și face pentru el. Este esențial ca el să facă lucrul acesta pentru a se putea păzi de asaltul încercărilor și învățăturilor false cu care se confruntă în viață. Pentru ca un credincios să poată alerga înainte în viața de creștin, el trebuie să umble bucurându-se în Domnul.

Acum observați: lucrul măreț pe care îl face bucuria în Domnul este acesta: îl așează și îl păstrează pe om în prezența lui Cristos. Indiferent de greutățile cu care se va confrunta credinciosul—oricât de teribilă ar fi încercarea—el știe că Isus Cristos Domnul său se îngrijește de el. El știe că nimic nu poate să îl despartă de Domnul și de dragostea Lui—că el nu va muri niciodată, ci va continua să trăiască în veșnicie. Prin urmare, el știe că orice ar veni asupra lui, nimic nu va putea să îl biruiască sau să îl înfrângă. Cristos îi va da o putere și o forță supranaturală pentru a trece peste toate. Și dacă va fi chemat să părăsească trupul acesta și să se mute în ceruri, el știe că nu va gusta sau experimenta niciodată moartea; el știe că Isus Cristos îl va însoți imediat chiar în prezența lui Dumnezeu—mai repede decât poate clipi din ochi—cu o viteză de aproximativ 11/100 dintr-o secundă. Credinciosul se află în siguranță totală în puterea Domnului Isus Cristos. De aceea, el în umblarea lui el se bucură în Domnul: el se bucură indiferent de ce ar veni asupra lui.

> **Cine ne va despărți pe noi de dragostea lui Hristos? Necazul, sau strâmtorarea, sau prigonirea, sau foametea, sau lipsa de îmbrăcăminte, sau primejdia, sau sabia? După cum este scris: "Din pricina Ta suntem dați morții toată ziua; suntem socotiți ca niște oi de tăiat." Totuși, în toate aceste lucruri, noi suntem mai mult decât biruitori, prin Acela care ne-a iubit. Căci sunt bine încredințat că nici moartea, nici viața, nici îngerii, nici stăpânirile, nici puterile, nici lucrurile de acum, nici cele viitoare, nici înălțimea, nici adâncimea, nicio altă făptură, nu vor fi în stare să ne despartă de dragostea lui Dumnezeu care este în Isus Hristos, Domnul nostru. (Rom.8:35-39)**

Meditația 1. Bucuria în Domnul este una dintre cele mai bune modalități de a se păzi de încercările vieții și de învățăturile false. Când un om se bucură în Domnul, mintea lui este concentrată asupra Domnului, asupra tuturor lucrurilor pe care Domnul le-a făcut pentru el. Și mintea omului nu poate fi în două locuri în același timp. Dacă ea se concentrează asupra Domnului și asupra mântuirii glorioase realizate de El, atunci ea nu se mai poate concentra și asupra încercărilor și asupra învățăturilor false ale acestei lumi.

> **Totuși să nu vă bucurați de faptul că duhurile vă sunt supuse; ci bucurați-vă că numele voastre sunt scrise în ceruri. (Luca 10:20)**
> **V-am spus aceste lucruri, pentru ca bucuria Mea să rămână în voi, și bucuria voastră să fie deplină. (Ioan 15:11)**
> **Bucurați-vă cu cei ce se bucură; plângeți cu cei ce plâng. (Rom. 12:15)**
> **Ca niște întristați, și totdeauna suntem veseli; ca niște săraci, și totuși îmbogățim pe mulți; ca neavând nimic, și totuși stăpânind toate lucrurile. (2 Cor. 6:10)**
> **Bucurați-vă totdeauna în Domnul! Iarăși zic: Bucurați-vă! (Filip. 4:4)**
> **Bucurați-vă întotdeauna. (1 Tes. 5:16)**

FILIPENI 3:1-3

Preaiubiților, nu vă mirați de încercarea de foc din mijlocul vostru, care a venit peste voi ca să vă încerce, ca de ceva ciudat care a dat peste voi; dimpotrivă, bucurați-vă, întrucât aveți parte de patimile lui Hristos, ca să vă bucurați și să vă înveseliți și la arătarea slavei Lui. (1 Pet. 4:12-13)

Acolo să mâncați înaintea Domnului Dumnezeului vostru și să vă bucurați, împreună cu familiile voastre, de toate bunurile cu care vă va fi binecuvântat Domnul Dumnezeul vostru. (Deut. 12:7)

Atunci toți cei ce se încred în Tine se vor bucura, se vor înveseli totdeauna, căci Tu îi vei ocroti. Tu vei fi bucuria celor ce iubesc Numele Tău.. (Ps. 5:11)

Neprihăniților, bucurați-vă în Domnul și înveseliți-vă! Scoateți strigăte de bucurie, toți cei cu inima fără prihană! (Ps. 32:11)

Căci, chiar dacă smochinul nu va înflori, vița nu va da niciun rod, rodul măslinului va lipsi, și câmpiile nu vor da hrană, oile vor pieri din staule, și nu vor mai fi boi în grajduri, eu tot mă voi bucura în Domnul, mă voi bucura în Dumnezeul mântuirii mele! (Hab.3:17-18)

Cei nenorociți se vor bucura tot mai mult în Domnul, și săracii se vor înveseli de Sfântul lui Israel. (Isa. 29:19)

2. (3:1) **Scripturile**: păziți-vă luând aminte la ceea ce este scris, adică la Scripturi. Observați: Pavel spune că scrie aici anumite lucruri pe care se pare că le-a mai spus și înaintea. Ceea ce urmează să scrie este atât de important încât merită se fie repetat. Biserica trebuie să facă ceea ce este cris aici.

Ideea este următoarea: trebuie să luăm aminte la scrierile lui Pavel și ale Scripturii. Ceea ce spune Scriptura a fost scris ca să ne învețe și să ne ajute *să alergăm înainte* pentru Cristos. Nimeni nu poate alerga înainte fără a împlini ceea ce spune Scriptura. Dacă el nu studiază și nu ascultă de Scriptură, el va fi înfrânt fie de încercările vieții, fie de învățăturile false. Numai păzind Scripturile—poruncile Domnului—putem să ne arătăm dragostea și loialitatea față de Domnul Isus Cristos.

Dacă Mă iubiți, veți păzi poruncile Mele. (Ioan 14:15)

Cine are poruncile Mele și le păzește acela Mă iubește; și cine Mă iubește va fi iubit de Tatăl Meu. Eu îl voi iubi și Mă voi arăta lui. (Ioan 14:21)

Drept răspuns, Isus i-a zis: "Dacă Mă iubește cineva, va păzi Cuvântul Meu, și Tatăl Meu îl va iubi. Noi vom veni la el și vom locui împreună cu el. (Ioan 14:23)

Dacă păziți poruncile Mele, veți rămâne în dragostea Mea, după cum și Eu am păzit poruncile Tatălui Meu și rămân în dragostea Lui. (Ioan 15:10)

Iudeii aceștia aveau o inimă mai aleasă decât cei din Tesalonic. Au primit Cuvântul cu toată râvna și cercetau Scripturile în fiecare zi, ca să vadă dacă ce li se spunea, este așa. (Fapte 17:11)

Și acum, fraților, vă încredințez în mâna lui Dumnezeu și a Cuvântului harului Său care vă poate zidi sufletește și vă poate da moștenirea împreună cu toți cei sfințiți. (Fapte 20:32)

Caută să te înfățișezi înaintea lui Dumnezeu ca un om încercat, ca un lucrător care n-are de ce să-i fie rușine și care împarte drept Cuvântul adevărului. (2 Tim. 2:15).

Toată Scriptura este insuflată de Dumnezeu și de folos ca să învețe, să mustre, să îndrepte, să dea înțelepciune în neprihănire. (2 Tim. 3:16)

Mulți îi vor urma în destrăbălările lor. Și, din pricina lor, calea adevărului va fi vorbită de rău. În lăcomia lor vor căuta ca prin cuvântări înșelătoare să aibă un câștig de la voi. Dar osânda îi paște de multă vreme, și pierzarea lor nu dormitează. (2 Pet. 2:2-3)

3. (3:2) **Învățători falși**: păziți-vă veghind ca să nu fiți înșelați de învățătorii falși. Pavel se confrunta mereu cu învățători falși care îl atacau cu sălbăticie. El menționează trei grupuri de învățători falși în acest verset.

1. Păziți-vă de învățătorii falși care se comportă ca niște *câini* (kunas). Trebuie să observăm aici că Evreii și Neamurile foloseau termenul de "câine" pentru a se jigni unii pe alții. Cuvântul *câine* era cel mai josnic titlu folosit pentru a ridiculiza și a exprima cel mai mare dispreț. Câine nu se referă la animalul de companie din zilele noastre, ci la câinii sălbatici care mișunau prin păduri ziua și pe străzile orașelor în timpul nopții. Ei căutau hoituri ca să se hrănească și mârâiau în mod amenințător, și puteau fi foarte răi și periculoși.

Imaginea creată este grăitoare: există unii învățători falși care se comportă exact ca și câinii sălbatici.

⇒ Ei sunt ca niște necrofagi care caută pe cine să devoreze cu învățăturile lor false. Și dacă cineva intervine pentru a apăra oile și adevărul, atunci ei mârâie și devin răi și periculoși, gata să-l atace pe acesta și să îl distrugă.

Să nu dați câinilor lucrurile sfinte și să nu aruncați mărgăritarele voastre înaintea porcilor, ca nu cumva să le calce în picioare și să se întoarcă să vă rupă. (Mat. 7:6)

Păziți-vă de prorocii mincinoși! Ei vin la voi îmbrăcați în haine de oi, dar pe dinăuntru sunt niște lupi răpitori. (Mat. 7:15)

FILIPENI 3:1-3

Aşa că, să nu vă temeţi de ei. Căci nu este nimic ascuns care nu va fi descoperit şi nimic tăinuit care nu va fi cunoscut. (Mat. 10:26)

Păziţi-vă de câinii aceia; păziţi-vă de lucrătorii aceia răi; păziţi-vă de scrijeliţii aceia! (Filip. 3:2)

Le făgăduiesc slobozenia, în timp ce ei înşişi sunt robi ai stricăciunii. Căci fiecare este robul lucrului de care este biruit. În adevăr, dacă, după ce au scăpat de întinăciunile lumii, prin cunoaşterea Domnului şi Mântuitorului nostru Isus Hristos, se încurcă iarăşi şi sunt biruiţi de ele, starea lor de pe urmă se face mai rea decât cea dintâi. Ar fi fost mai bine pentru ei să nu fi cunoscut calea neprihănirii, decât, după ce au cunoscut-o, să se întoarcă de la porunca sfântă care le fusese dată. Cu ei s-a întâmplat ce spune zicala adevărată: "Câinele s-a întors la ce vărsase" şi "scroafa spălată s-a întors să se tăvălească iarăşi în mocirlă. (2 Pet. 2:19-22)

Afară sunt câinii, vrăjitorii, curvarii, ucigaşii, închinătorii la idoli şi oricine iubeşte minciuna şi trăieşte în minciună! (Apoc. 22:15)

Căci nişte câini mă înconjoară, o ceată de nelegiuiţi dau târcoale împrejurul meu, mi-au străpuns mâinile şi picioarele. (Ps. 22:16)

2. Păziţi-vă de învăţătorii falşi care sunt nişte lucrători răi. Lumea este plină de oameni care lucrează fapte rele.

⇒ Aici se referă la aceia care susţin şi învaţă pe alţii standarde înalte de neprihănire, moralitate şi religie. Ei sunt absolut siguri că sunt neprihăniţi şi buni—cel puţin destul de buni pentru a fi acceptabili înaintea lui Dumnezeu. Nu este posibil ca Dumnezeu să-i respingă—cred ei.

⇒ Se referă deasemenea la cei care trăiesc şi îi învaţă pe alţii rău prin modul în care ei trăiesc şi vorbesc despre moralitate, neprihănire şi religie. Unii trăiesc vieţi josnice, imorale, păcătoase şi extravagante, în timp ce alţii încearcă să combine un stil de viaţă religios cu unul păcătos.

Punctul principal este următorul: există unii oameni care se împotrivesc mereu Domnului Isus Cristos şi mântuirii Lui care se capătă numai prin har. Ei nu acceptă faptul că El este Fiul lui Dumnezeu—că El este Domn peste viaţa omului; Domnul Căruia trebuie să îi dăm tot ce suntem şi tot ce avem. Prin urmare, ei acceptă învăţătura Lui, dar ignoră sau resping evanghelia mântuirii numai prin harul Lui. Ei îşi construiesc propria cale spre Dumnezeu, făcând toate faptele bune care simt ei că sunt necesare pentru a-i ajuta să devină acceptabili înaintea lui Lui. Rezultatul este o învăţătură falsă—o cale spre Dumnezeu care stă împotriva Domnului Isus Cristos şi împotriva căii Lui. Astfel de învăţători falşi sunt nişte lucrători răi—lucrători care se împotrivesc adevărului.

3. Păziţi-vă de învăţătorii falşi care sunt mutilatori ai trupului. Aceşti mutilatori îi reprezintă pe Iudaizatori (vezi comentariul, *Iudaizatorii*—Gal.2:3-5; STUDIU APROFUNDAT # 1—2:4 pentru discuţii. Este important de citit acest comentariu înainte de a merge mai departe cu acest punct.)

Aşa că, oricine va strica una din cele mai mici din aceste porunci şi va învăţa pe oameni aşa, va fi chemat cel mai mic în Împărăţia cerurilor; dar oricine le va păzi şi va învăţa pe alţii să le păzească, va fi chemat mare în Împărăţia cerurilor. Căci vă spun că, dacă neprihănirea voastră nu va întrece neprihănirea cărturarilor şi a fariseilor, cu niciun chip nu veţi intra în Împărăţia cerurilor. (Mat. 5:19-20)

Pentru că, întrucât n-au cunoscut neprihănirea pe care o dă Dumnezeu, au căutat să-şi pună înainte o neprihănire a lor înşişi şi nu s-au supus astfel neprihănirii pe care o dă Dumnezeu. Căci Hristos este sfârşitul Legii, pentru ca oricine crede în El să poată căpăta neprihănirea. În adevăr, Moise scrie că omul care împlineşte neprihănirea pe care o dă Legea va trăi prin ea. (Rom. 10:3-5)

Ei vor să fie învăţători ai Legii, şi nu ştiu nici măcar ce spun, nici ce urmăresc.(1 Tim. 1:7)

Dacă învaţă cineva pe oameni învăţătură deosebită, şi nu se ţine de cuvintele sănătoase ale Domnului nostru Isus Hristos şi de învăţătura care duce la evlavie, este plin de mândrie şi nu ştie nimic; ba încă are boala cercetărilor fără rost şi a certurilor de cuvinte, din care se naşte pizma, certurile, clevetirile, bănuielile rele, zadarnicele ciocniri de vorbe ale oamenilor stricaţi la minte, lipsiţi de adevăr şi care cred că evlavia este un izvor de câştig. Fereşte-te de astfel de oameni.(1 Tim. 6:3-5)

Căci va veni vremea când oamenii nu vor putea să sufere învăţătura sănătoasă; ci îi vor gâdila urechile să audă lucruri plăcute şi îşi vor da învăţători după poftele lor. Îşi vor întoarce urechea de la adevăr şi se vor îndrepta spre istorisiri închipuite. (2 Tim. 4:3-4)

În norod s-au ridicat şi proroci mincinoşi, cum şi între voi vor fi învăţători mincinoşi, care vor strecura pe furiş erezii nimicitoare, se vor lepăda de Stăpânul care i-a răscumpărat şi vor face să cadă asupra lor o pierzare năprasnică.(2 Pet. 2:1)

4. (3:3) **Credincioşii—Tăierea împrejur**: păziţi-vă ştiind că voi aveţi adevărata tăiere împrejur (vezi STUDIU APROFUNDAT # 1, *Tăierea împrejur*—Filip.3:3 pentru discuţii). Observaţi că credincioşii sunt numiţi *cei tăiaţi împrejur.* Ce vrea să spună Pavel?

FILIPENI 3:1-3

1. Credincioşii sunt cei care se închină lui Dumnezeu în modul în care El doreşte cu adevărat să primească închinarea: în duh; adică dacă ei şi-au tăiat împrejur, sau s-au lepădat de fire/carne şi nu se mai închină lui Dumnezeu prin ea. Gândiţi-vă un moment: Cum încearcă cei mai mulţi oameni să se închine lui Dumnezeu?
   ⇒ Frecventând serviviile de la biserică
   ⇒ Rugându-se
   ⇒ Dăruind ocazional pentru diferite cauze
   ⇒ Gândindu-se din când în când la Dumnezeu
   ⇒ Tăindu-se împrejur sau botezându-se sau participând la vreun alt ritual
   ⇒ Respectând ritualurile şi ceremonialurile unei biserici
   ⇒ Alăturându-se unei biserici
   ⇒ Respectând anumite zile de sărbătoare

Dar observaţi un punct critic: oricât ar fi de bune toate aceste lucruri, ele nu constituie baza pentru adevărata închinare. Acestea sunt lucruri pe care le facem *pentru că* ne închinăm; ele sunt rezultatul şi activităţile închinării. Ele nu sunt baza nici spiritul închinării. Într-adevăr, ele ne pot ajuta să ne concentrăm asupra lui Dumnezeu şi ne pot îndemna să ne închinăm Lui, dar cum am spus, ele nu reprezintă nici baza nici spiritul închinării.
   ⇒ Baza închinării este Duhul lui Dumnezeu, şi spiritul închinării este Duhul lui Dumnezeu.

Pentru a se închina lui Dumnezeu, omul trebuie să aibă Duhul lui Dumnezeu în trupul lui şi în duhul lui. El nu se mai închină lui Dumnezeu într-un mod exterior prin ritualuri şi ceremonii. Acum el se închină lui Dumnezeu în interior, prin Duhul lui Dumnezeu care trăieşte în el. Adevărata închinare nu se mai face prin intermediului vreunui lucru care aparţine lumii fizice sau materiale, sau trupului omenesc. Adevărata închinare este în duh.

Meditaţia 1. Adevărata închinare trebuie să fie în inimă şi în Duh. De ce? Pentru că omul poate să frecventeze biserica, poate să respecte toate ritualurile şi ceremonialurile, şi în ciuda acestor lucruri să trăiască în adâncimile păcatului. Dar dacă duhul omului este împăcat cu Dumnezeu, atunci el se închină lui Dumnezeu cu o inimă curată şi pură, fiind liber de păcat şi întinăciune. Un om cu adevărat tăiat împrejur, este omul care se închină lui Dumnezeu în duh.

> **Dumnezeu este Duh; şi cine se închină Lui trebuie să I se închine în duh şi în adevăr. (Ioan 4:24)**
> **Nu ştiţi că trupul vostru este Templul Duhului Sfânt care locuieşte în voi şi pe care L-aţi primit de la Dumnezeu? Şi că voi nu sunteţi ai voştri? Căci aţi fost cumpăraţi cu un preţ. Proslăviţi, dar, pe Dumnezeu în trupul şi în duhul vostru, care sunt ale lui Dumnezeu. (1 Cor. 6:19-20)**

2. Credincioşii sunt cei care se bucură aşa cum Dumnezeu vrea ca ei să se bucure: în Cristos Isus. Cristos Isus...
   • este singurul Fiu al lui Dumnezeu.
   • este Persoana care s-a dat pe Sine Însuşi să moară pentru noi, purtând păcatele şi osânda noastră.
   • este Persoana care ne-a mântuit, a făcut posibil ca noi să trăim veşnic în prezenţa lui Dumnezeu.
   • este singurul Mântuitor, singura cale prin care se poate intra în prezenţa lui Dumnezeu.

Prin urmare, este normal ca Dumnezeu să aştepte de la noi să ne bucurăm în Cristos Isus. Cum am putea noi să ne lăudăm şi să ne bucurăm în ritualuri, ceremonialuri sau religie ? Sursa—Iniţiatorul şi Autorul—credinţei noastre este Cristos Isus. De aceea, adevărata tăiere împrejur, adevăratul credincios nu se laudă cu niciun lucru care are de a face cu fizicul sau materialul—nici cu ritualul sau ceremonialul sau religia. Adevărata tăiere împrejur se bucură şi se laudă în El, Cel care ne-a dat mântuirea şi accesul la Dumnezeu, şi anume în Cristos Isus Domnul nostru.

> **V-am spus aceste lucruri, pentru ca bucuria Mea să rămână în voi, şi bucuria voastră să fie deplină. (Ioan 15:11)**
> **Bucuraţi-vă totdeauna în Domnul! Iarăşi zic: Bucuraţi-vă! (Filip. 4:4)**
> **Pe care voi Îl iubiţi fără să-L fi văzut, credeţi în El fără să-L vedeţi şi vă bucuraţi cu o bucurie negrăită şi strălucită.(1 Pet. 1:8)**
> **Mă bucur în Domnul, şi sufletul Meu este plin de veselie în Dumnezeul Meu; căci M-a îmbrăcat cu hainele mântuirii, M-a acoperit cu mantaua izbăvirii, ca pe un mire împodobit cu o cunună împărătească şi ca o mireasă împodobită cu sculele ei. (Isa. 61:10)**
> **Când am primit cuvintele Tale, le-am înghiţit; cuvintele Tale au fost bucuria şi veselia inimii mele, căci după Numele Tău sunt numit, Doamne Dumnezeul oştirilor! (Ier. 15:16)**

3. Credincioşii sunt cei care nu îşi pun încrederea în lucrurile pământeşti (trup). Carnea sau trupul...

- este numai fizic şi material.
- se poate ocupa numai de lucrurile fizice şi materiale.
- poate face numai fapte bune, poate respecta numai ritualuri exterioare, ceremonii şi practici religioase.
- nu poate face nimic dincolo de ceea ce este fizic şi material.
- nu poate penetra lumea sau dimensiunea spirituală.

Trupul îmbătrâneşte, se deteriorează şi putrezeşte. Prin urmare, carnea merge pe acelaşi drum pe care merg toate substanţele materiale şi fizice : moare şi se descompune. Şi orice ar fi reuşit acest trup să facă sau să realizeze în lumea fizică, toate aceste fapte le ia duce cu el în mormânt. Carnea moare şi tot ce ceea ce este legat de carne sau de fire, moare o dată cu ea. Prin urmare, adevărata tăiere împrejur, adevăratul credincios, nu îşi pune încrederea în acest trup de carne. El are încredere numai în Isus Cristos.

> **Ştiu, în adevăr, că nimic bun nu locuieşte în mine, adică în firea mea pământească, pentru că, ce-i drept, am voinţa să fac binele, dar n-am puterea să-l fac. (Rom. 7:18)**
> **Mulţumiri fie aduse lui Dumnezeu, prin Isus Hristos, Domnul nostru!... Astfel, dar, cu mintea, eu slujesc Legii lui Dumnezeu; dar cu firea pământească slujesc legii păcatului. (Rom. 7:25)**
> **Deci cei ce sunt pământeşti nu pot să placă lui Dumnezeu. (Rom. 8:8)**
> **Dacă trăiţi după îndemnurile ei, veţi muri; dar dacă, prin Duhul, faceţi să moară faptele trupului, veţi trăi. (Rom. 8:13)**
> **Căci firea pământească pofteşte împotriva Duhului, şi Duhul împotriva firii pământeşti: sunt lucruri potrivnice unele altora, aşa că nu puteţi face tot ce voiţi. (Gal. 5:17)**
> **Cine seamănă în firea lui pământească va secera din firea pământească putrezirea; dar cine seamănă în Duhul va secera din Duhul viaţa veşnică. (Gal. 6:8)**
> **Nu iubiţi lumea, nici lucrurile din lume. Dacă iubeşte cineva lumea, dragostea Tatălui nu este în el. Căci tot ce este în lume: pofta firii pământeşti, pofta ochilor şi lăudăroşia vieţii, nu este de la Tatăl, ci din lume. (1 Ioan 2:15-16)**

STUDIU APROFUNDAT # 1

(3:3) **Tăierea împrejur**: înainte de Cristos, tăierea împrejur era un semn care arăta că un om Îl urmează pe adevăratul Dumnezeu. Era un semn care arăta că omul crede promisiunile făcute de Dumnezeu lui Avraam şi poporului Israel (vezi Gen. 17:10-14; Rom.4:11). Dumnezeu nu a intenţionat niciodată ca tăierea împrejur să aibă o altă valoare decât aceea a unui semn. Ea nu trebuia să aducă neprihănirea niciunui om—nici măcar lui Avraam (Rom.4:9-10). A fost dată numai ca un semn—un semn al credinţei pe care omul o avea deja în promisiunea lui Dumnezeu. Omul era deja socotit neprihănit pentru că se încredea în promisiunile lui Dumnezeu; apoi omul era tăiat împrejur ca un semn al credinţei lui în Dumnezeu (vezi comentariul—Rom.4:11 pentru mai multe discuţii).

Totuşi, mulţi au abuzat de scopul lui Dumnezeu în ceea ce priveşte tăierea împrejur.

1. Unii au făcut din tăierea împrejur un înlocuitor pentru adevărata neprihănire. Un om era considerat asigurat în braţele lui Dumnezeu dacă era tăiat împrejur. A crede în Dumnezeu şi a-i iubi pe cei din jur nu avea prea mult de a face cu a fi un copil al lui Dumnezeu. Mulţi au uitat de tăierea împrejur a unei inimi curate şi au devenit Iudei ai tăierii împrejur numai cu numele. Tăierea împrejur a devenit numai un semn exterior şi fizic.

2. Unii foloseau tăierea împrejur ca pe o modalitate de a-i separa şi a-i pune pe oameni în categorii. În jurul celor netăiaţi împrejur s-a ridicat un zid înalt de despărţire (vezi Fapte 10:1; 1 Sam.17:26, 36; 2 Sam.1:20). Orice om care era netăiat împrejur era considerat *despărţit* şi *îndepărtat,* nu numai de cei care erau consideraţi poporul lui Dumnezeu (Iudeii şi cei tăiaţi împrejur) ci de Dumnezeu Însuşi. (Vezi comentariile—Fapte 10:1-33; STUDIU APROFUNDAT # 3— 10:11-16; 15:1-3 pentru mai multe discuţii.) Un om netăiat împrejur era privit cu dispreţ. În mintea unui Iudeu, Dumnezeu iubea numai poporul Israel, dispreţuindu-i şi respingându-i pe toţi ceilalţi oameni (Neamurile).

3. Dumnezeu a desfiinţat tăierea împrejur ca un semn al neprihănirii o dată cu venirea lui Cristos (Gal.5:6; 6:15; Col.2:11). Neprihănirea este acum a inimii, în duhul, nu constă în reguli sau legi (vezi Rom.2:25-29; 4:8-12, 23-25). Omul cu adevărat neprihănit este acel om care Îi aparţine lui Dumnezeu *în lăuntru*—omul al cărui duh a fost *recreat* după chipul naturii lui Dumnezeu. Propria natură neprihănită a lui Dumnezeu este implantată în însăşi natura omului la *naşterea din nou*. Un om care *se naşte din nou* prin Duhul lui Dumnezeu, este "făptura cea nouă" a lui Dumnezeu (Ioan.3:3f;1Pet.1:20; 2 Pt.1:4).

	B. Alergarea înainte – Mărturia personală a lui Pavel – Respingerea autoneprihănirii și căutarea după desăvârșire, 3:4-16	în Hristos, neprihănirea pe care o dă Dumnezeu, prin credință.	
1. Pavel atinsese cel mai înalt nivel în auto-neprihănire	4.Măcar că eu aș avea pricină de încredere chiar în lucrurile pământești. Dacă altul crede că se poate încrede în lucrurile pământești, eu și mai mult;	10 Și să-L cunosc pe El și puterea învierii Lui, și părtășia suferințelor Lui, și să mă fac asemenea cu moartea Lui;	d. Pavel a căutat o experiență biruitoare cu Cristos: Să cunoască puterea Lui glorioasă asupra lumii și asupra a tot ce este în lume
a. Avea nașterea	5 eu, care sunt tăiat împrejur a opta zi, din neamul lui Israel, din semința lui Beniamin, evreu din evrei;	11 ca să ajung cu orice chip, dacă voi putea, la învierea din morți.	e. Pavel a căutat să ajungă la învierea din morți: O experiență eternă cu Cristos
b. Avea moștenirea			
c. Avea statutul social		12 Nu că am și câștigat premiul sau că am și ajuns desăvârșit; dar alerg înainte, căutând să-l apuc, întrucât și eu am fost apucat de Hristos Isus.	**3. Pavel nu credea că a ajuns la destinație – încă nu era perfect**
d. Avea credincioșia și cunoștința	în ce privește Legea, fariseu;		a. El își urmează scopul pe care l-a primit de la Dumnezeu
e. Avea religia	6 în ce privește râvna, prigonitor al Bisericii; cu privire la neprihănirea pe care o dă Legea, fără prihană.	13 Fraților, eu nu cred că l-am apucat încă; dar fac un singur lucru: uitând ce este în urmamea și aruncându-mă spre ce este înainte,	b. El făcea eforturi pentru a uita trecutul
f. Avea râvna religiei			
g. Avea moralitatea	7 Dar lucrurile care pentru mine erau câștiguri le-am socotit ca o pierdere, din pricina lui Hristos.	14 alerg spre țintă, pentru premiul chemării cerești a lui Dumnezeu, în Hristos Isus.	c. El mergea înainte spre țintă, pentru premiul lui Dumnezeu în Cristos Isus
2. Pavel a căutat să-L câștige pe Cristos—neprihănirea Lui, perfecțiunea Lui	8 Ba încă și acum privesc toate aceste lucruri ca o pierdere, față de prețul nespus de mare al cunoașterii lui Hristos Isus, Domnul meu. Pentru El am pierdut toate și le socotesc ca un gunoi, ca să câștig pe Hristos	15 Gândul acesta, dar, să ne însuflețească pe toți care suntem desăvârșiți; și, dacă în vreo privință sunteți de altă părere, Dumnezeu vă va lumina și în această privință.	d. Își concentra mintea pe creșterea și maturizarea în Cristos
a. El și-a considerat propria neprihănire ca o pierdere: O experiență din trecut			
b. Pavel socotea toate lucrurile ca un gunoi: O experiență continuă			
c. Pavel a căutat să fie găsit în Cristos: O experiență viitoare	9 și să fiu găsit în El, nu având o neprihănire a mea pe care mi-o dă Legea, ci aceea care se capătă prin credința	16 Dar, în lucrurile în care am ajuns de aceeași părere, să umblăm la fel	e. El își menținea nivelul de creștere pe care îl atinsese deja

SECȚIUNEA IV

"ALERGAREA" CREDINCIOSULUI CREȘTIN, 3:1-21

B. Alergarea înainte: Mărturia personală a lui Pavel – Respingerea autoneprihănirii și căutarea după desăvârșire, 3:4-16

(3:4-16) **Introducere**: peste tot în lume oamenii simt că au nevoie de o relație cu Dumnezeu. Ei au un simț pentru Dumnezeu, dar simt că ceva nu este în regulă între ei și Dumnezeu. Uneori ei simt că lucrurile sunt în regulă; alteori simt că ceva nu este în regulă între ei și Dumnezeu. Câteodată simt că lucrurile merg bine, alteori că lucrurile merg rău. Dar dincolo de orice sentimente ar putea avea, oamenii nu sunt niciodată siguri dacă lucrurile sunt cu adevărat în regulă între ei și Dumnezeu. Le lipsește siguranța și certitudinea că ei pot să-i fie plăcuți lui Dumnezeu așa încât să poată fi acceptați de El. Ei au speranța că Dumnezeu îi va accepta, dar nu știu sigur, nu au o certitudine absolută.

Aceste sentimente au stat la baza întemeierii religiilor în lume. Oamenii vreau să regleze lucrurile între ei și Dumnezeu; ei vreau să fie acceptați și primiți de Dumnezeu. Ei vreau ca Dumnezeu să aibă grijă de ei și să îi ajute, și mai apoi să îi primească la finalul vieții pe pământ. Prin urmare, ei încearcă să facă tot ce simt ei că îi va face *destul de buni* pentru a fi acceptați de Dumnezeu. Ei fac fapte bune care simt ei că sunt necesare pentru a fi pe plac *dumnezeului lor*. Cert este că nivelul la care simt ei acest lucru este diferit pentru fiecare în parte. Unul poate va simți că trebuie să fie extrem de bun, în timp ce altul simte că trebuie să fie bun numai la un nivel moderat. Ideea de observat este următoarea : *acest tip de religie* este o religie...

- a faptelor
- a facerii de bine

FILIPENI 3:4-16

- a câştigării acceptării din partea lui Dumnezeu
- a încercării de a deveni plăcut înaintea lui Dumnezeu
- a încercării de a fi mai bun
- a pregătirii omului pentru Dumnezeu
- a câştigării aprobării lui Dumnezeu

Este vorba despre o religie a autoneprihănirii—în care omul încearcă să devină cât poate de bun şi de neprihănit—o religie care caută să câştige şi să merite harul lui Dumnezeu—care încearcă să ajungă în prezenţa lui Dumnezeu prin fapte. Există, desigur, o gravă eroare în această abordare a lui Dumnezeu.

⇒ Dumnezeu este perfect şi nicio altă persoană nu este perfectă. Nimeni nu poate să facă destul bine pentru a deveni perfect, indiferent de ce ar face. De fapt, omul este deja imperfect; şi o dată ce perfecţiunea este pierdută, ea este pierdută. Imperfecţiunea nu poate niciodată să devină perfecţiune, nu prin eforturile firii pământeşti, omeneşti (imperfecte). Imperfecţiunea nu poate produce perfecţiune.

Ideea este următoarea: niciun om nu poate să câştige sau să merite vreodată dreptul de a trăi în prezenţa lui Dumnezeu. Dacă va trăi cineva vreodată în prezenţa lui Dumnezeu, acest lucru se va întâmpla pentru că Dumnezeu îl iubeşte destul pe omul respectiv pentru a-l primi şi a-l tranforma într-un om perfect. Exact aceasta face Dumnezeu prin Isus Cristos. Dumnezeu îi acceptă pe oameni *prin Fiul Său,* prin dragostea şi harul Fiului Său.

Exact acesta este lucrul pe care l-a ratat şi Pavel, şi anume evanghelia lui Isus Cristos. Şi acelaşi lucru este ratat de aşa de mulţi oameni din lume. Pavel nu a văzut marea dragoste a lui Dumnezeu pentru om. Şi totuşi, *mai mult decât toţi ceilalţi,* el şi-a dedicat viaţa pentru a-L căuta pe Dumnezeu, făcând cât mai multe fapte bune pentru a fi primit de Dumnezeu. Dar în ciuda tuturor realizărilor lui, el tot nu avea pace cu Dumnezeu. Siguranţa desăvârşită şi certitudinea—că va trăi în veşnicie cu Dumnezeu—încă lipseau. Acesta este mesajul pasajului în discuţie: mărturia personală a lui Pavel—respingerea autoneprihănirii şi întoarcerea spre neprihănirea lui Isus Cristos.

1. Pavel atinsese cel mai înalt nivel în autoneprihănire (vv.4-6).
2. Pavel a căutat să-L câştige pe Cristos—neprihănirea Lui şi perfecţiunea Lui (vv.7-11).
3. Pavel nu credea că a ajuns la destinaţie—încă nu era perfect (vv.12-16).

1. (3:4-6) **Autoneprihănirea—Pavel**: Pavel ajunsese la culmea neprihănirii. Pavel face parte dintre acei oameni care au încercat cel mai mult să facă totul pentru a putea intra în prezenţa lui Dumnezeu. Pavel a făcut toate faptele bune de care era în stare pentru a-şi asigura aprobarea lui Dumnezeu. Puţini ai fost cei care au mai reuşit să obţină ceea ce a obţinut Pavel prin eforturi omeneşti. Şi totuşi, toate acestea erau în zadar. Bunătatea lui şi realizările lui nu l-au făcut plăcut înaintea lui Dumnezeu. Iată motivul principal: el nu putea să se facă pe sine însuşi perfect.

Şi totuşi, observaţi ce spune Pavel: "Dacă altul crede că se poate încrede în lucrurile pământeşti, *eu şi mai mult.* Eu pot să mă laud şi să mă încred în bunătatea, moralitatea şi în faptele mele mai mult decât orice alt om care a trăit vreodată." Aceasta este o afirmaţie fenomenală, dar mai departe Pavel enumeră şapte privilegii şi realizări care arată neputinţa totală a omului de a se mântui singur. Pavel împarte această listă între "Privilegiile naşterii" şi "Realizările prin eforturi proprii".

1. Privilegiile naşterii sunt trei în mod special.
   a. "Tăiat împrejur a opta zi": Pavel spune că avea *naşterea bună.* Orice familie adevărată de evrei întotdeauna îşi ducea fiul pentru a fi tăiat împrejur când împlinea opt zile. Tăierea împrejur era un semn că acea persoană credea în promisiunile lui Dumnezeu—în special promisiunea că poporul evreu este poporul promisiunii şi poporul cu care Dumnezeu a încheiat un legământ. Pavel afirma aici că este un adevărat credincios iudeu care se bucura şi de privilegiul de a avea părinţi credincioşi.

   Meditaţia 1. Pavel spunea că bunătatea şi neprihănirea nu se găsesc în naştere nici în ritualuri sau ceremonii religioase. Şi totuşi, cum pot oamenii să creadă că sunt acceptabili înaintea lui Dumnezeu pentru că...
   - au părinţi credincioşi?
   - au un soţ/soţie credincios/credincioasă?
   - au copii credincioşi?
   - au prieteni credincioşi?
   - au respectat ritualuri şi ceremonii religioase?

   Cât de mulţi oameni se aşteaptă ca neprihănirea celor din jur să se mute şi pe ei—să fie acceptaţi de Dumnezeu datorită altora?

FILIPENI 3:4-16

b. "Din poporul Israel": Pavel spunea că el avea *cea mai bună moştenire naţională* şi o relaţie foarte specială cu Dumnezeu. El se născuse în naţiunea potrivită, în poporul portivit. Numele *Israel* îşi are originea în trecutul îndepărtat, atunci când Dumnezeu a schimbat numele lui Iacov în Israel. Iacov avea o nevoie specială şi Dumnezeu i-a împlinit într-un mod special această nevoie printr-un vis (Gen.32:28). Atunci când un evreu dorea să îşi accentueze relaţia specială pe care o avea cu Dumnezeu, el se numea israelit; adică, spunea prin aceasta că este un descendent din naţiunea şi genealogia poporului Israel care avea o relaţie foarte specială cu Dumnezeu şi care primise un nume special de la Dumnezeu.

Meditaţia 1. Pavel spune aici că bunătatea şi neprihănirea nu se găsesc nici în strămoşi nici în superioritatea socială. Şi totuşi, ce mulţi sunt cei care cred că a te naşte într-o naţiune creştină şi a fi înconjurat de principii creştine, aceste lucruri pot să-ţi câştige vreun merit înaintea lui Dumnezeu. Cât de mulţi sunt cei care simt că oamenii dintr-o naţiune aşa-numită creştină sunt mai acceptabili înaintea lui Dumnezeu decât păgânii dintr-un trib închinător la idoli din fundul junglei? Cât de mulţi simt că au vreun merit înaintea lui Dumnezeu pentru că au un nume de creştin? Cât de mulţi simt că au o relaţie puţin mai bună cu Dumnezeu sau că sunt puţin mai plăcuţi înaintea Lui pentru că trăiesc într-o aşa-numită naţiune religioasă?

c. "Din seminţia lui Beniamin": Beniamin era considerat tribul aristocrat în Israel datorită loialităţii de care a dat dovadă această seminţie atunci când ceilalţi au trădat (1 Împ.12:1) şi datorită faptelor de vitejie ale acestei seminţii de-a lungul istoriei Israelului (Jud.5:14; Osea.5:8). Pavel spunea că face parte din *înalta aristocraţie*, dintre *oamenii cei mai nobili şi respectaţi din Israel*.

Meditaţia 1. Pavel spunea că bunătatea şi neprihănirea nu se găsesc în statutul social sau religios. Şi totuşi, ce mulţi sunt cei care simt că sunt *mai acceptabili* înaintea lui Dumnezeu pentru că aparţin...
- înaltei societăţi?
- unei biserici de elită?
- unei biserici mai dinamice?
- unei lucrări mai active?

2. Realizările obţinute prin eforturi proprii sunt patru la număr.
   a. "Un evreu din evrei": Pavel pretindea că are *limba potrivită* şi *obiceiurile potrivite.* Când evreii au fost cuceriţi şi împrăştiaţi în toată lumea, un evreu credincios refuza întotdeauna să renunţe la limba lui ebraică şi la tradiţiile evreieşti. El a continuat să folosească limba ebraică şi să practice tradiţiile evreieşti. Nu toţi evreii o făceau, dar Pavel spune că el şi familia lui continuau în aceste lucruri. Ce dorea să spună Pavel este că el a rămas credincios. El şi-a păstrat în mod intenţionat limba ebraică şi a refuzat să o uite. La vremea aceea, acest lucru era foarte dificil, pentru că evreii era împrăştiaţi în toată lumea, şi lumea întreagă comunica într-o limbă comună, limba greacă. Dar Pavel a rămas neclintit. El a învăţat şi a refuzat să îşi uite limba. El a rămas loial poporului ales de Dumnezeu. A rămas neîntinat de alte filosofii.

   Meditaţia 1. Pavel spunea că bunătatea şi neprihănirea nu se găsesc în credincioşia faţă de o religie, nici măcar în limbajul spiritual, nici în abilitatea de a cunoaşte sau de a vorbi în termeni religioşi. Şi totuşi, ce mulţi sunt cei care cred că sunt acceptabili înaintea lui Dumnezeu pentru că ei...
   - fac binele şi sunt credioncioşi în a trăi o viaţă bună?
   - sunt credincioşi în studierea religiei lor, a Bibliei, şi a doctrinelor importante ale credinţei?
   - sunt credincioşi în a vorbi şi a împărtăşi despre lucrurile spirituale?
   - cunosc şi utilizează un limbaj şi expresii religioase?

   b. "Un fariseu": Pavel pretindea că are *religia bună;* pentru că era un fariseu. Fariseii erau oameni religioşi foarte stricţi, atât de stricţi încât însuşi numele lor are sensul de *Cei Separaţi.* Pavel spune că face parte din cea mai strictă partidă religioasă care a existat vreodată. El şi-a dedicat întreaga viaţă celei mai *separate* şi mai solicitante religii cunoscute vreodată de om. El a reuşit această *separare,* o separare totală de ceilalţi oameni.

   Meditaţia 1. Pavel spunea că bunătatea şi neprihănirea nu se găsesc în religie, nici măcar în a fi un practicant al adevăratei religii. Şi totuşi, cât de mulţi nu simt exact contrariul?

   c. "Râvnă": Pavel a luptat şi şi-a susţinut cu multă râvnă religia. El a prigonit şi a persecutat cu pasiune biserica. Pavel avea aşa o râvnă pentru religia lui încât a căutat să nimicească orice altă credinţă care era diferită de a lui (Fapte 22:2-21; 26:4-33; 1 Cor.15:8-10; Gal. 1:13).

FILIPENI 3:4-16

Meditația 1. Pavel spunea că bunătatea și neprihănirea nu se găsesc în angajamentul sau râvna față de o religie. Puțini au fost vreodată atât de devotați față de religia lor așa cum era Pavel—puțini au fost vreodată atât de devotați față de serviciile de închinare, obiceiuri, ritualuri și ceremonii ale religiei, așa cum a fost Pavel. Pavel era un religios între religioși. Puțini au fost cei care și-au proclamat și și-au protejat religia așa cum a făcut-o Pavel. Pavel avea foarte multă râvnă în încercarea lui de a-i converti pe cei din jur la religia lui și în încercarea de a-și păstra această religie cât mai curată. Pavel era plin de râvnă pentru religia lui, un om foarte credincios.

d. "Fără prihană": Pavel afirma că a căutat să împlinească legea și că a păzit-o total și pe deplin. Aceasta nu înseamnă că Pavel era fără păcat; înseamnă că atunci când Pavel păcătuia, el păzea legea și aducea jertfe la templu. El păzea toate poruncile, ritualurile și ceremoniile, exact așa cum cerea Scriptura. El urma întocmai toate legile și instrucțiunile din Scripturi. El era fără prihană—din punctul de vedere al ritualurilor și ceremonialurilor—în neprihănirea pe care o dă legea.

Meditația 1. Pavel spunea că bunătatea și neprihănirea nu se găsesc în păzirea tuturor ritualurilor și ceremonialurilor religiei. Nu se găsesc nici măcar în păzirea tuturor poruncilor din Scriptură.

> **Căci vă spun că, dacă neprihănirea voastră nu va întrece neprihănirea cărturarilor și a fariseilor, cu niciun chip nu veți intra în Împărăția cerurilor. (Mat. 5:20)**
>
> **Mulți Îmi vor zice în ziua aceea: "Doamne, Doamne! N-am prorocit noi în Numele Tău? N-am scos noi draci în Numele Tău? Și n-am făcut noi multe minuni în Numele Tău?" Atunci le voi spune curat: "Niciodată nu v-am cunoscut; depărtați-vă de la Mine, voi toți care lucrați fărădelege." (Mat. 7:22-23)**
>
> **Căci nimeni nu va fi socotit neprihănit înaintea Lui prin faptele Legii, deoarece prin Lege vine cunoștința deplină a păcatului. (Rom. 3:20)**
>
> **Pentru că, întrucât n-au cunoscut neprihănirea pe care o dă Dumnezeu, au căutat să-și pună înainte o neprihănire a lor înșiși și nu s-au supus astfel neprihănirii pe care o dă Dumnezeu. (Rom. 10:3)**
>
> **Negreșit, n-avem îndrăzneala să ne punem alături sau în rândul unora din aceia care se laudă singuri. Dar ei, prin faptul că se măsoară cu ei înșiși și se pun alături ei cu ei înșiși, sunt fără pricepere. (2 Cor. 10:12)**
>
> **Mulți oameni își trâmbițează bunătatea; dar cine poate găsi un om credincios? (Prov. 20:6)**
>
> **Este un neam de oameni care se crede curat și totuși nu este spălat de întinăciunea lui. (Prov. 30:12)**

2. (3:7-11) **Neprihănirea—Perfecțiunea—Pavel:** Pavel a căutat să Îl câștige pe Cristos, să câștige neprihănirea și perfecțiunea Lui. Singurul lucru pe care îl căuta Pavel era neprihănirea și desăvârșirea lui Isus Cristos. El știa că oricât de bun ar fi putut deveni, niciodată nu va putea deveni perfect. Nu ar fi putut atinge acest standard și ar fi fost condamnat să se confrunte în final cu moartea. Prin urmare, singura lui speranță pentru a trăi veșnic erau neprihănirea și pefecțiunea lui Isus Cristos. El trebuia să se încreadă în Cristos; trebuia să își concentreze inima și viața—tot ce era și tot ce avea—asupra lui Isus Cristos. Trebuia să se încreadă în faptul că neprihănirea și perfecțiunea lui Isus Cristos *îl vor acoperi*. Prin urmare, el și-a predat inima și viața lui Cristos. El trăia pentru Isus Cristos și se încredea că Dumnezeu își va onora promisiunea. El se încredea că Dumnezeu *îi va socoti credința* ca neprihănirea și perfecțiunea lui Isus Cristos. Dacă Dumnezeu nu ar fi făcut lucrul acesta, atunci el era pierdut și condamnat pentru totdeauna; nu ar fi putut niciodată să ajungă la perfecțiune. Singura lui speranță se găsea în Cristos și numai în Cristos. Desprea aceasta este vorba în pasajul de față. Pavel credea din toată inima că dacă se încredea în Isus Cristos—că dacă umbla după neprihănirea și perfecțiunea lui Isus Cristos, dacă o căuta cu tot sufletul, cu tot ce era și cu tot ce avea—atunci Dumnezeu va lua credința lui și *o va socoti ca neprihănire*. Dumnezeu își va onora angajamentul față de Fiul Său acceptându-l și oferindu-i viața veșnică. Observați cinci puncte esențiale.

1. Pavel avea o *experiență trecută* cu Cristos: a avut un moment în care *și-a socotit propria neprihănire* ca o pierdere (v.7). Pavel se referea la experiența convertirii lui. A existat un moment în care el a renunțat la propria lui neprihpnire și la faptele lui, la propriile lui încercări de a deveni perfect. A existat un moment în care a acceptat faptul că nu putea deveni perfect—că nu putea câștiga neprihănirea—că nu se putea face pe sine însuși acceptabil înaintea lui Dumnezeu.

a. Observați că aceasta este o experiență trecută, o experiență avută o dată pentru totdeauna. Este un moment anume când Pavel a luat o decizie anume—decizia că era incapabil de a-și asigura singur neprihănirea și perfecțiunea. Singura posibilitate ca să devină neprihănit și perfect, era să se încreadă în dragostea lui Dumnezeu—în faptul că Dumnezeu l-a iubit îndeajuns ca să îl acopere cu neprihănirea și perfecțiunea lui Cristos.

b. Observați deasemenea că lucrul acesta nu înseamnă că Pavel a renunțat să mai trăiască pentru Dumnezeu. Din contra, înseamnă că Pavel încerca mai mult ca oricând să trăiască pentru Dumnezeu. Când Dumnezeu a văzut angajamentul total al lui Pavel față de Cristos, El a știut că Pavel avea o credință autentică. El știa că Pavel credea cu adevărat în Cristos ca Mântuitor personal, singura speranță pentru desăvârșire și neprihănire—pentru veșnicie. Dacă Pavel nu s-ar fi dedicat în totalitate lui Cristos, Dumnezeu ar fi știut că credința lui nu este autentică și nu l-ar fi mântuit pe Pavel.

Meditația 1. Dumnezeu vede credința noastră; dacă este sau nu este autentică. Credința autentică face un angajament total față de Isus Cristos. Un om care crede cu adevărat în Isus Cristos Îi va dărui tot ce este și tot ce are lui Cristos. El își socotește propriile eforturi și fapte ca o pierdere—ca un nimic—pentru a-L câștiga pe Cristos.

> **Apoi a zis tuturor: Dacă voiește cineva să vină după Mine, să se lepede de sine, să-și ia crucea în fiecare zi și să Mă urmeze. (Luca 9:23)**
> **Și, fără credință, este cu neputință să fim plăcuți Lui! Căci cine se apropie de Dumnezeu trebuie să creadă că El este și că răsplătește pe cei ce-L caută. (Evr. 11:6)**

2. Pavel a avut o experiență continuă cu Cristos: el socotea în mod continuu toate lucrurile ca o pierdere și un gunoi pentru a-L câștiga pe Cristos (v.8). Verbul *le socotesc* este la timpul prezent; exprimă o acțiune continuă. Când un om a luat hotărârea de a-L căuta pe Cristos, el trebuie *să continue* să Îl caute cunoașterea lui Cristos—să învețe tot ce poate în legătură cu neprihănirea și perfecțiunea lui Isus Cristos.

⇒ Nu este vorba aici de a lua o decizie de a-L urma pe Cristos, și apoi de a te întoarce și a umbla mai departe la fel ca și până acum—făcând tot ce dorești și împlinind dorințele firii pământești și ale minții, poftele naturii și gândurilor păcătoase.

⇒ Este vorba despre a lua o decizie de a-L urma pe Cristos și de a continua să cauți să-L cunoști tot mai mult—să continui să-L cunoști tot mai mult și tot mai mult.

a. Observați că se spune aici că a-L cunoaște pe Cristos este un lucru mare: este prețul nespus de mare al cunoașterii lui Isus Cristos Domnul nostru. Cunoașterea lui Isus Cristos este cea mai mare cunoaștere din lume. Nicio altă cunoaștere nu poate să-i dea omului neprihănirea și desăvârșirea. Nicio altă cunoaștere nu poate să-l facă pe om acceptabil înaintea lui Dumnezeu și să-i dea dreptul de a trăi veșnic.

b. Observați ce spune Pavel: "Am pierdut toate lucrurile". Cuvintele "am pierdut" au sensul de a renunța și de a înlătura. Expresia *toate lucrurile* include nu numai poziția religioasă la care ajunsese Pavel, ci și câștigurile "sociale, financiare, intelectuale și politice" pe care le obținuse (Lehman Strauss, *Studii Devoționale din Filipeni*, p.163). Wuest oferă o descriere grăitoare a tuturor lucrurilor la care Pavel a renunțat pentru a deveni un credincios creștin.

> "Pavel era un cetățean din Tars. În perioada în care a trăit el, numai familiile bogate și care se bucurau de o reputație bună aveau permisiunea să își păstreze această cetățenie a Tarsului. Elementul acesta luminează viața lui Pavel de la începuturi. El s-a născut într-o familie bogată din punct de vedere financiar și cultural. Familia lui era formată din evrei bogați care locuiau într-unu dintre orașele cele mai dezvoltate din orient. Pavel a renunțat la toate acestea pentru a deveni un misionar sărac care călătorește din loc în loc.
> "Dar nu numai că a renunțat la toate acestea după convertire, ci părinții lui nu au mai vrut să aibă nimic de a face cu un fiu care, în perspective lor, i-a dezonorat alăturându-se acelor Creștini urâți și disprețuiți. Ei îl crescuseră în lux, îl trimiseseră la școala iudaică de teologie de la Ierusalim ca să stea la picioarele lui Gamaliel, și i-au oferit o pregătire excelentă în cultura grecească la Universitatea din Tars, o școală grecească de renume. Dar acum ei l-au izgonit. El renunța la tot ce avea mai drag, pentru ce? El ne spune, "ca să-L câștig pe Cristos" (Kenneth S. Wuest. *Wuest's Word Studies*, Vol.2. Grand Rapids, MI: Eerdmans Publishing Company, 1966, p.91).

> **Nu vă temeți de cei ce ucid trupul, dar care nu pot ucide sufletul; ci temeți-vă mai degrabă de Cel ce poate să piardă și sufletul și trupul în gheenă. (Mat. 10:28)**
> **După aceea Isus a ieșit afară și a văzut pe un vameș, numit Levi, șezând la vamă. Și i-a zis: "Vino după Mine!" (Luca 5:27)**
> **Fiindcă oricine va voi să-și scape viața o va pierde; dar oricine își va pierde viața pentru Mine o va mântui. (Luca 9:24)**
> **Tot așa, oricine dintre voi, care nu se leapădă de tot ce are, nu poate fi ucenicul Meu. (Luca 14:33)**
> **Și Isus le-a zis: "Adevărat vă spun că nu este nimeni care să-și fi lăsat casa, sau nevasta, sau frații, sau părinții, sau copiii, pentru Împărăția lui Dumnezeu, și să nu primească mult mai mult în veacul acesta de acum, iar în veacul viitor, viața veșnică." (Luca 18:29-30)**

FILIPENI 3:4-16

> **Ba încă şi acum privesc toate aceste lucruri ca o pierdere, faţă de preţul nespus de mare al cunoaşte-rii lui Hristos Isus, Domnul meu. Pentru El am pierdut toate şi le socotesc ca un gunoi, ca să câştig pe Hristos. (Filip. 3:8)**

3. Pavel a căutat o experienţă viitoare cu Cristos: a căutat să fie găsit în Cristos (v.9). Pavel privea înainte sau la moartea lui sau la revenirea lui Cristos. În momentul în care trebuia să ajungă faţă în faţă cu Dumnezeu, el dorea să fie *găsit în Cristos.*El dorea să stea înaintea lui Dumnezeu în neprihănirea lui Isus Cristos, nu în propria lui neprihănire.

Observaţi că neprihănirea lui Dumnezeu este *Cristos Însuşi.* Neprihănirea lui Dumnezeu nu se referă la comportament sau lucrări sau la fapte de neprihănire. Nimeni nu poate să îşi asigure neprihănirea lui Dumnezeu prin comportament, lucrări sau fapte—oricât de bune ar fi aceste lucrări sau fapte. Neprihănirea lui Dumnezeu este Însuşi Cristos. Orice om trebuie să se încreadă în neprihănirea lui Cristos, să fie acoperit de ea, dacă doreşte să fie acceptabil înaintea lui Dumnezeu.

> **Şi să fiu găsit în El, nu având o neprihănire a mea pe care mi-o dă Legea, ci aceea care se capătă prin credinţa în Hristos, neprihănirea pe care o dă Dumnezeu, prin credinţă. (Filip. 3:9)**
> **Dar acum s-a arătat o neprihănire pe care o dă Dumnezeu, fără lege - despre ea mărturisesc Legea şi Prorocii - şi anume, neprihănirea dată de Dumnezeu, care vine prin credinţa în Isus Hristos, pentru toţi şi peste toţi cei ce cred în El. Nu este nicio deosebire. (Rom. 3:21-22)**
> **Pentru că, întrucât n-au cunoscut neprihănirea pe care o dă Dumnezeu, au căutat să-şi pună înainte o neprihănire a lor înşişi şi nu s-au supus astfel neprihănirii pe care o dă Dumnezeu. Căci Hristos este sfârşitul Legii, pentru ca oricine crede în El să poată căpăta neprihănirea. (Rom. 10:3-4)**
> **Şi voi, prin El, sunteţi în Hristos Isus. El a fost făcut de Dumnezeu pentru noi înţelepciune, neprihăni-re, sfinţire şi răscumpărare. (1 Cor. 1:30)**

4. Pavel căuta să aibă o experienţă de biruinţă cu Cristos: căuta să Îl cunoască pe Cristos—să cunoască puterea Lui glorioasă asupra lumii şi asupra a tot ce este în lume (v.10). Acest verset este unul dintre cele mai extraordinare din în-treaga Biblie, un verset care ar trebui memorat şi ar trebui să stăpânească viaţa credinciosului. Cum am văzut clar pe parcursul întregului pasaj, marea preocupare a lui Pavel în viaţa aceasta era să Îl cunoască pe Cristos. Acest verset ne explică exact ce voia să spună el prin a-L cunoaşte pe Cristos.
   a. A-L cunoaşte pe Cristos înseamnă a cunoaşte puterea învierii Lui. Puterea învierii Domnului se referă la trei lucruri mari (vezi comentariul, *Putere*—Efes.1:20 pentru discuţii).
   b. A-L cunoaşte pe Cristos înseamnă a cunoaşte părtăşia suferinţelor Lui. Cei mai mulţi dintre noi suntem dis-puşi să fim părtaşi la binecuvântările lui Cristos, dar nu vrem să avem deloc de a face cu suferinţele Lui. Ne dăm înapoi de la toată suferinţa, batjocurile şi durerile pe care a trebuit El să le îndure. Nu este nimic plăcut în a suferi durere sau în a fi prigonit de oameni. Şi nu este nicio problemă în a fi sinceri în legătură cu lucrul aces-ta. Pavel a spus că dorea să cunoască *părtăşia* suferinţelor Domnului. Adică, că dorea să fie părtaş *scopului pentru care Cristos suferea.* De ce suferea Cristos? El suferea pentru că propovăduia neprihănirea şi mântuirea lui Dumnezeu—pentru că proclama modul în care oamenii pot deveni acceptabili înaintea lui Dumnezeu şi cum pot trăi veşnic. Pavel spune că îşi doreşte să sufere alături de Cristos, să sufere pentru aceeaşi cauză—să sufere pentru propovăduirea neprihănirii şi mântuirii lui Dumnezeu.

Nu există nicio îndoială: dacă trăim pentru Cristos—dacă proclamăm neprihănirea şi mântuirea lui Dum-nezeu—vom fi prigoniţi. De ce? De ce ar prigoni lumea pe cineva care îi aduce nădejdea vieţii veşnice? Pentru că unii oameni vreau să-şi trăiască viaţa aşa cum le place, iar o viaţă în neprihănire şi un mesaj al neprihănirii îi condamnă. Prin urmare, ei se împotrivesc oricui nu-i lasă să trăiască o viaţă care să le îndeplinească dorinţe-le şi poftele personale şi fireşti (ale naturii păcătoase). Credinciosul trebuie să ştie : va fi persecutat dacă Îl urmează cu adevărat pe Cristos.

> **Întărind sufletele ucenicilor. El îi îndemna să stăruie în credinţă şi spunea că în Împărăţia lui Dum-nezeu trebuie să intrăm prin multe necazuri. (Fapte 14:22)**
> **Căci, cu privire la Hristos, vouă vi s-a dat harul nu numai să credeţi în El, ci să şi pătimiţi pentru El. (Filip. 1:29)**
> **De aceea rabd totul pentru cei aleşi, pentru ca şi ei să capete mântuirea care este în Hristos Isus, îm-preună cu slava veşnică. (2 Tim. 2:10)**
> **De altfel, toţi cei ce voiesc să trăiască cu evlavie în Hristos Isus vor fi prigoniţi. (2 Tim. 3:12)**
> **Chiar dacă aveţi de suferit pentru neprihănire, ferice de voi! "N-aveţi nicio teamă de ei şi nu vă tulbu-raţi! Ci sfinţiţi în inimile voastre pe Hristos ca Domn." Fiţi totdeauna gata să răspundeţi oricui vă cere socoteală de nădejdea care este în voi; dar cu blândeţe şi teamă, având un cuget curat; pentru ca cei ce**

bârfesc purtarea voastră bună în Hristos să rămână de rușine tocmai în lucrurile în care vă vorbesc de rău. (1 Pet. 3:14-16)

Și la aceasta ați fost chemați; fiindcă și Hristos a suferit pentru voi și v-a lăsat o pildă, ca să călcați pe urmele Lui. (1 Pet. 2:21)

Mai observați un lucru: Dumnezeu se apropie de credincios atunci când el suferă pentru cauza lui Cristos. Dumnezeu Își face simțită prezența, dragostea și purtarea de grijă într-un mod special atunci când credinciosul suferă. De fapt, prezența Lui este atât de aproape și atât de dragă încât este numită "Duhul slavei al lui Dumnezeu" care se pogoară peste credinciosul aflat în suferință.

Dacă sunteți batjocoriți pentru Numele lui Hristos, ferice de voi! Fiindcă Duhul slavei, Duhul lui Dumnezeu, Se odihnește peste voi. (1 Pet. 4:14)

c. A-L cunoaște pe Cristos înseamnă a fi făcut asemenea cu moartea Lui. Isus Cristos I S-a supus total lui Dumnezeu. El Și-a dat la moarte firea, natura umană și toate dorințele proprii; El a făcut numai ceea ce dorea și ce voia Dumnezeu. Chiar atunci când a murit, firea (natura) Lui nu a dorit să moară. El nu a vrut să ia asupra Lui păcatele lumii și să fie despărțit de Dumnezeu (vezi Mat.26:39, 42). Dar El S-a supus voiei lui Dumnezeu. Dumnezeu a vrut ca El să moară pentru păcatele lumii; prin urmare, Cristos și-a supus firea și dorințele pentru a face exact ceea ce dorea Dumnezeu. El și-a supus firea și dorințele și a murit pentru păcatele oamenilor.
Pavel a căutat să se facă asemenea morții lui Cristos. El a căutat să se supună total lui Dumnezeu—să își dea la moarte firea și dorințele proprii și să împlinească numai voia și dorințele lui Dumnezeu.

⇒ Pavel a căutat *să se lepede de sine și să ia crucea* lui Cristos în fiecare zi.

Apoi a zis tuturor: "Dacă voiește cineva să vină după Mine, să se lepede de sine, să-și ia crucea în fiecare zi și să Mă urmeze. (Luca 9:23)

⇒ Pavel a căutat *să-și răstignească omul cel vechi* împreună cu Cristos.

Știm bine că omul nostru cel vechi a fost răstignit împreună cu El, pentru ca trupul păcatului să fie dezbrăcat de puterea lui, în așa fel ca să nu mai fim robi ai păcatului. (Rom. 6:6)

⇒ Pavel a căutat să se socotească mort față de păcat dar viu pentru Dumnezeu.

Tot așa și voi înșivă, socotiți-vă morți față de păcat, și vii pentru Dumnezeu, în Isus Hristos, Domnul nostru. (Rom. 6:11)

⇒ Pavel a căutat să *înfrunte moartea* toată ziua.

După cum este scris: "Din pricina Ta suntem dați morții toată ziua; suntem socotiți ca niște oi de tăiat." (Rom. 8:36)

⇒ Pavel a căutat *să moară în fiecare zi.*

În fiecare zi eu sunt în primejdie de moarte; atât este de adevărat lucrul acesta, fraților, cât este de adevărat că am de ce să mă laud cu voi în Hristos Isus, Domnul nostru. (1 Cor. 15:31)

⇒ Pavel a căutat să fie mereu *dat la moarte* de dragul lui Isus.

Căci noi, cei vii, totdeauna suntem dați la moarte din pricina lui Isus, pentru ca și viața lui Isus să se arate în trupul nostru muritor. (2 Cor. 4:11)

⇒ Pavel a căutat să fie *răstignit împreună cu Cristos.*

Am fost răstignit împreună cu Hristos, și trăiesc... dar nu mai trăiesc eu, ci Hristos trăiește în mine. Și viața, pe care o trăiesc acum în trup, o trăiesc în credința în Fiul lui Dumnezeu care m-a iubit și S-a dat pe Sine însuși pentru mine. (Gal. 2:20)

⇒ Pavel a căutat *să moară împreună cu Cristos.*

FILIPENI 3:4-16

> **Dacă ați murit împreună cu Hristos față de învățăturile începătoare ale lumii, de ce, ca și cum ați trăi încă în lume, vă supuneți la porunci ca acestea. (Col. 2:20)**
> **Adevărat este cuvântul acesta: dacă am murit împreună cu El, vom și trăi împreună cu El. (2 Tim. 2:11)**

5. Pavel a căutat o experiență eternă cu Cristos: el a căutat să ajungă la învierea din morți (v.11). Pavel a căutat să folosească toate mijloacele—să se dedice total—pentru acest scop măreț și unic: să ajungă la învierea din morți. Expresia "cu orice chip" nu exprimă îndoială și incertitudine. Pavel nu punea la îndoială învierea, nici dacă va fi el înviat. Pavel pur și simplu întărea ceea ce spusese deja (vv.7-11). El folosește tot ce este și tot ce are—toate mijloacele pe care le are la dispoziție—pentru acest scop măreț: să ajungă la învierea din morți. El este dedicat total acelei mărețe zile a mântuirii. El trăiește pentru ziua aceea și numai pentru ziua aceea.

Ce este atât de special la învierea morților? De ce este ziua aceea atât de diferită? La moarte, noi plecăm să fim cu Domnul. Mai repede decât putem clipi, când vine momentul nostru, vom sta față în față cu Cristos. Care este diferența între această întâlnire cu Cristos și înviere? De ce aștepta Pavel învierea mai mult decât aștepta întâlnirea cu Domnul la moarte? Există cel puțin două motive importante pentru care învierea, glorioasa zi a mântuirii, prevalează asupra întâlnirii cu Domnul în momentul morții.

   a. Glorioasa zi a învierii va declanșa evenimentele care vor grăbii apariția cerurilor noi și pământului nou. La moarte, când mergem să fim cu Domnul, lumea aceasta merge mai departe în păcatele ei, în rușinea ei, în boli, în moarte, în rău și corupție. *Dumnezeu este încă...*

- blestemat și dezonorat
- negat și ignorat
- respins și urât

Dar cum am spus, învierea va declanșa evenimentele care grăbesc venirea zilei glorioase a mântuirii—cerurile noi și pământul nou—ziua aceea în care tot păcatul, tot răul, blestemarea și dezonorarea lui Dumnezeu vor fi oprite. Dumnezeu va deveni Totul în Toți: va fi venerat și slujit în slavă, glorie, putere și stăpânire în veci de veci.

> **Nu vă mirați de lucrul acesta; pentru că vine ceasul când toți cei din morminte vor auzi glasul Lui și vor ieși afară din ele. Cei ce au făcut binele vor învia pentru viață; iar cei ce au făcut răul vor învia pentru judecată. (Ioan 5:28-29)**
> **Voia Tatălui Meu este ca oricine vede pe Fiul și crede în El să aibă viața veșnică; și Eu îl voi învia în ziua de apoi. (Ioan 6:40)**
> **Isus i-a zis: "Eu sunt Învierea și Viața. Cine crede în Mine, chiar dacă ar fi murit, va trăi. (Ioan 11:25)**
> **Și am în Dumnezeu nădejdea aceasta, pe care o au și ei înșiși, că va fi o înviere a celor drepți și a celor nedrepți. (Fapte 24:15)**
> **Și știm că Cel ce a înviat pe Domnul Isus ne va învia și pe noi împreună cu Isus și ne va face să ne înfățișăm împreună cu voi. (2 Cor. 4:14)**
> **Căci însuși Domnul, cu un strigăt, cu glasul unui arhanghel și cu trâmbița lui Dumnezeu, Se va coborî din cer, și întâi vor învia cei morți în Hristos. Apoi, noi cei vii, care vom fi rămas, vom fi răpiți toți împreună cu ei în nori, ca să întâmpinăm pe Domnul în văzduh; și astfel vom fi totdeauna cu Domnul. (1 Tes. 4:16-17)**
> **Ziua Domnului însă va veni ca un hoț. În ziua aceea, cerurile vor trece cu trosnet, trupurile cerești se vor topi de mare căldură, și pământul, cu tot ce este pe el, va arde. Deci, fiindcă toate aceste lucruri au să se strice, ce fel de oameni ar trebui să fiți voi, printr-o purtare sfântă și evlavioasă, așteptând și grăbind venirea zilei lui Dumnezeu, în care cerurile aprinse vor pieri, și trupurile cerești se vor topi de căldura focului? Dar noi, după făgăduința Lui, așteptăm ceruri noi și un pământ nou, în care va locui neprihănirea. (2 Pet. 3:10-13)**
> **Apoi am văzut un cer nou și un pământ nou; pentru că cerul dintâi și pământul dintâi pieriseră, și marea nu mai era. (Apoc. 21:1)**

   b. Glorioasa zi a mântuirii va fi ziua în care trupurile pământești ale celor credincioși vor fi transformate și recreate în trupuri perfecte și veșnice. La moarte când mergem să fim cu Domnul, noi nu primim acel trup perfect și veșnic. Fie vom primi un trup spiritual temporar, fie vom trăi cu Cristos sub forma de duhuri lipsite de trup. Dar cum am mai spus, la înviere, trupurile noastre din prezent vor fi chemate de Dumnezeu din toată lumea, și atunci vor fi transformate în trupuri perfecte și veșnice. Și vom trăi cu Dumnezeu în veci de veci.

Aşa este şi învierea morţilor. Trupul este semănat în putrezire, şi învie în neputrezire; este semănat în ocară, şi învie în slavă; este semănat în neputinţă, şi învie în putere. Este semănat trup firesc, şi învie trup duhovnicesc. Dacă este un trup firesc, este şi un trup duhovnicesc. (1 Cor. 15:42-44)

Şi, după cum am purtat chipul celui pământesc, tot aşa vom purta şi chipul Celui ceresc. Ce spun eu, fraţilor, este că nu poate carnea şi sângele să moştenească Împărăţia lui Dumnezeu; şi că putrezirea nu poate moşteni neputrezirea. Iată, vă spun o taină: nu vom adormi toţi, dar toţi vom fi schimbaţi, într-o clipă, într-o clipită din ochi, la cea din urmă trâmbiţă. Trâmbiţa va suna, morţii vor învia nesupuşi putrezirii, şi noi vom fi schimbaţi. Căci trebuie ca trupul acesta, supus putrezirii, să se îmbrace în neputrezire, şi trupul acesta muritor să se îmbrace în nemurire. Când trupul acesta, supus putrezirii, se va îmbrăca în neputrezire, şi trupul acesta muritor se va îmbrăca în nemurire, atunci se va împlini cuvântul care este scris: Moartea a fost înghiţită de biruinţă. (1 Cor. 15:49-54; vezi 1 Cor.15:12-58)

Ştim, în adevăr, că, dacă se desface casa pământească a cortului nostru trupesc, avem o clădire în cer, de la Dumnezeu, o casă care nu este făcută de mână, ci este veşnică. Şi gemem în cortul acesta, plini de dorinţa să ne îmbrăcăm peste el cu locaşul nostru ceresc, negreşit, dacă atunci când vom fi îmbrăcaţi nu vom fi găsiţi dezbrăcaţi de el. Chiar în cortul acesta deci gemem apăsaţi; nu că dorim să fim dezbrăcaţi de trupul acesta, ci să fim îmbrăcaţi cu trupul celălalt peste acesta, pentru ca ce este muritor în noi să fie înghiţit de viaţă. (2 Cor. 5:1-4)

Dar cetăţenia noastră este în ceruri, de unde şi aşteptăm ca Mântuitor pe Domnul Isus Hristos. El va schimba trupul stării noastre smerite şi-l va face asemenea trupului slavei Sale, prin lucrarea puterii pe care o are de a-Şi supune toate lucrurile. (Filip. 3:20-21)

3. (3:12-16) **Neprihănirea—Perfecţiunea—Pavel**: Pavel nu considera că a ajuns la ţintă—încă nu era perfect. Perfecţiunea este scopul măreţ al credinciosului. Dumnezeu l-a apucat pe credincios dintr-un singur motiv: pentru a-l desăvârşi pe credincios—pentru a-l face perfect aşa încât el să poată trăi şi să se poată închina şi să-L poată sluji pe Cristos pentru totdeauna.

Acum observaţi un punct decisiv: nimeni nu poate atinge perfecţiunea pe acest pământ. Acest fapt este etât de evident pentru un om care gândeşte şi este sincer, încât afirmaţia însăşi este ridicolă. Şi totuşi, prea mulţi sunt atât de înguşti în modul lor de gândire încât nu pot pricepe ce înseamnă cu adevărat perfecţiunea. De exemplu...

- Luaţi în considerare creierul şi mintea. S-a estimate că omul îşi foloseşte numai *o zecime dintr-un procent* din capacitatea sa mentală. Imaginaţi-vă cât este de departe asta de perfecţiune !
- Luaţi în considerare trupul. Cum ar fi oare un trup perfect? Un trup care să nu dorească, să nu gândească şi să nu facă nimic greşit; care să nu îmbătrânească, să nu se strice, să nu moară, să nu degenereze?

Exemplele ar putea continua, dar observaţi ce spune Pavel: el nu atinsese perfecţiunea. De fapt, el accentua mereu cât era de departe de perfecţiune.

Ştiu, în adevăr, că nimic bun nu locuieşte în mine, adică în firea mea pământească, pentru că, ce-i drept, am voinţa să fac binele, dar n-am puterea să-l fac. Căci binele pe care vreau să-l fac, nu-l fac, ci răul pe care nu vreau să-l fac, iată ce fac! (Rom. 7:18-19)

Nu că noi, prin noi înşine, suntem în stare să gândim ceva ca venind de la noi. Destoinicia noastră, dimpotrivă, vine de la Dumnezeu. (2 Cor. 3:5)

Da, mie, care sunt cel mai neînsemnat dintre toţi sfinţii, mi-a fost dat harul acesta să vestesc Neamurilor bogăţiile nepătrunse ale lui Hristos. (Efes. 3:8)

Fără îndoială, Pavel a fost unul dintre cei mai mari bărbaţi care au trăit vreodată. Cartea *II Corinteni* arată clar acest lucru. Dacă Pavel era aşa de departe de perfecţiune, atunci cu cât mai departe suntem noi? Putem repeta ideea: niciun om nu atinge perfecţiunea pe acest pământ. Dar observaţi: Pavel spune cinci lucruri semnificative.

1. Pavel urmărea perfecţiunea, urmărea scopul primit de la Dumnezeu. Când Cristos l-a mântuit pe Pavel, acesta a fost doar începutul, nu sfârşitul. El a fost mântuit *pentru a trăi pentru Cristos şi pentru a-L sluji pe Cristos,* şi atâta timp cât avea de trăit pe pământ, el era hotărât *să trăiască pentru Cristos* şi să facă tot ce-i stătea în putinţă pentru *a-l sluji pe Cristos.* Cuvântul *alerg* (dioko) înseamnă a urmări; a persevera asemeni unui atlet aflat într-o întrecere. Nu era loc aici de plimbare, cu atât mai puţin de odihnă sau de a sta întins în confort, sau de a fi lethargic şi mulţumit de sine. Cristos l-a mântuit pe Pavel pentru perfecţiune—pentru a ajunge la învierea din morţi—şi atâta timp cât Pavel se afla pe acest pământ, el avea de gând să alerge şi să urmărească această perfecţiune.

⇒ Pavel avea de gând să facă tot ce îi stătea în putinţă pentru a-L ajuta pe Domnul în lucrarea măreaţă de a-l desăvârşi.
⇒ Pavel avea de gând să facă tot ce-I stătea în putinţă pentru a ajunge la desăvârşire—desăvârşirea pentru care Dumnezeu l-a ales.

FILIPENI 3:4-16

Meditația 1. Nu există situația ca un credincios autentic să stea liniștit fără să facă nimic după ce a fost mântuit. Credinciosul nu trebuie...
- să devină comod, mulțumit de sine, letargic sau leneș
- să piardă timpul sau ocaziile
- înceapă să creadă că este în siguranță întotdeauna; prin urmare, poate câteodată să facă ce îi place și poate să își satisfacă propriile dorințe

Credinciosul trebuie să urmeze și să alerge după perfecțiune—acea perfecțiune pentru care Cristos l-a mântuit. Credinciosul trebuie să fie activ în a trăi pentru Cristos.

> **Nu știți că cei ce aleargă în locul de alergare, toți aleargă, dar numai unul capătă premiul? Alergați, dar, în așa fel, ca să căpătați premiul! Toți cei ce se luptă la jocurile de obște se supun la tot felul de înfrânări. Și ei fac lucrul acesta ca să capete o cunună care se poate veșteji: noi să facem lucrul acesta pentru o cunună care nu se poate veșteji. Eu deci alerg, dar nu ca și cum n-aș ști încotro alerg. Mă lupt cu pumnul, dar nu ca unul care lovește în vânt. Ci mă port aspru cu trupul meu și-l țin în stăpânire, ca nu cumva, după ce am propovăduit altora, eu însumi să fiu lepădat. (1 Cor. 9:24-27)**
>
> **Comoara aceasta o purtăm în niște vase de lut, pentru ca această putere nemaipomenită să fie de la Dumnezeu, și nu de la noi. Suntem încolțiți în toate chipurile, dar nu la strâmtorare; în grea cumpănă, dar nu deznădăjduiți; (2 Cor. 4:7-8)**
>
> **Voi alergați bine: cine v-a tăiat calea, ca să n-ascultați de adevăr? (Gal. 5:7)**
>
> **Și noi, dar, fiindcă suntem înconjurați cu un nor așa de mare de martori, să dăm la o parte orice piedică și păcatul care ne înfășoară așa de lesne și să alergăm cu stăruință în alergarea care ne stă înainte. (Evr. 12:1)**

2. Pavel a făcut eforturi pentru a uita trecutul. Acesta este un verset care îi poate ajuta pe credincioșii care L-au dezamăgit pe Dumnezeu—care L-au dezamăgit foarte tare. Pavel Îl dezamăgise pe Dumnezeu, și el mărturisea mereu cât de departe mersese în această privință (vezi Rom.7:18-19; 2 Cor.3:5; Efes.3:8). Pavel s-a confruntat cu ceea ce ne confruntăm mulți dintre noi:
⇒ eșecuri și defecte
⇒ lupta de a uita și a merge mai departe

Cum poate cineva să facă asta? Este unul dintre cele mai dificile lucruri din lume. Și este cu atât mai dificil dacă ceilalți nu iartă și nu sunt dispuși să-i permită credinciosului să treacă peste acele eșecuri din trecut. Dar observați: Pavel ne spune cum să ne ocupăm de trecut. Cum? Concentrându-ne și controlându-ne mintea și întinzându-ne spre lucrurile care ne stau înainte. Observați concentrarea și focalizarea :
⇒ *un singur lucru.*
⇒ *fac un singur lucru.*

Într-o acțiune concentrată, noi trebuie să uităm lucrurile care sunt în urma noastră și să ne aruncăm înspre cele care ne stau înainte. Această acțiune implică două părți: atât uitarea cât și aruncarea înspre înainte. Trecutul nu poate fi uitat fără mișcarea de aruncare spre ceea este înainte. Nu ne putem permite să stăm și să ne plângem de milă și să regretăm trecutul. A face asta înseamnă a te concentra pe trecut. Lucrurile din trecut trebuie *uitate*. Mintea trebuie să se concentreze și să se focalizeze pe lucrurile din viitor. Credinciosul trebuie să privească țintă la lucrurile imediate și la lucrurile care îi stau în față. Dacă facem lucrul acesta, nu mai avem timp să ne plângem de milă gândindu-ne la trecut și la eșecurile lui.

> **Nevoiți-vă să intrați pe ușa cea strâmtă. Căci vă spun că mulți vor căuta să intre, și nu vor putea. (Luca 13:24)**
>
> **De aceea, preaiubiții mei frați, fiți tari, neclintiți, sporiți totdeauna în lucrul Domnului, căci știți că osteneala voastră în Domnul nu este zadarnică. (1 Cor. 15:58)**
>
> **Să nu obosim în facerea binelui; căci, la vremea potrivită, vom secera, dacă nu vom cădea de oboseală. (Gal. 6:9)**
>
> **Iată la ce lucrez eu și mă lupt după lucrarea puterii Lui care lucrează cu tărie în mine. (Col. 1:29)**
>
> **Voi nu v-ați împotrivit încă până la sânge, în lupta împotriva păcatului. (Evr. 12:4)**
>
> **De aceea, încingeți-vă coapsele minții voastre, fiți treji și puneți-vă toată nădejdea în harul care vă va fi adus la arătarea lui Isus Hristos. (1 Pet. 1:13)**
>
> **Eu vin curând. Păstrează ce ai, ca nimeni să nu-ți ia cununa. (Apoc. 3:11)**

371

FILIPENI 3:4-16

3. Pavel alerga înainte spre premiu, spre scopul lui Dumnezeu în Isus Cristos. Care este scopul lui Dumnezeu pentru noi în Isus Cristos? Este de a ne transforma după chipul lui Cristos—de a fi desăvârșiți după cum El este desăvârșit. După ce devenim desăvârșiți...

- vom fi feriți de orice stricăciune și veșnici.
- vom trăi în onoare și glorie.
- vom trăi în prezența și puterea lui Dumnezeu.
- vom trăi în neprihănire și curăție perfectă.
- vom trăi închinându-ne și slujindu-I lui Dumnezeu în veci de veci.

Perfecțiunea înseamnă viața veșnică, o viață perfectă care nu se termină niciodată—care continuă la nesfârșit și trăiește lucrurile pe care Dumnezeu ne-a creat să le trăim. Perfecțiunea înseamnă viața veșnică a lui Isus Cristos—a fi transformați conform perfecțiunii lui Isus Cristos. (Vezi comentariile—Rom.8:29; 1 Cor.15:42-44 pentru mai multe discuții.)

> Însuși Duhul adeverește împreună cu duhul nostru că suntem copii ai lui Dumnezeu. Și, dacă suntem copii, suntem și moștenitori: moștenitori ai lui Dumnezeu și împreună moștenitori cu Hristos, dacă suferim cu adevărat împreună cu El, ca să fim și proslăviți împreună cu El. (Rom. 8:16-17)
> Căci pe aceia pe care i-a cunoscut mai dinainte, i-a și hotărât mai dinainte să fie asemenea chipului Fiului Său, pentru ca El să fie Cel întâi născut dintre mai mulți frați. (Rom. 8:29)
> El va schimba trupul stării noastre smerite și-l va face asemenea trupului slavei Sale, prin lucrarea puterii pe care o are de a-Și supune toate lucrurile. (Filip. 3:21)
> Ca unii care știți că veți primi de la Domnul răsplata moștenirii. Voi slujiți Domnului Hristos. (Col. 3:24)
> Preaiubiților, acum suntem copii ai lui Dumnezeu. Și ce vom fi nu s-a arătat încă. Dar știm că, atunci când Se va arăta El, vom fi ca El; pentru că Îl vom vedea așa cum este. (1 Ioan 3:2)

4. Pavel și-a concentrat mintea pe creșterea și maturizarea în Cristos. Toți credincioșii sunt rânduiți de Dumnezeu pentru a fi desăvârșiți în Cristos Isus, și vom fi făcuți perfecți în ziua glorioasă a mântuirii. Haideți atunci, ca noi care suntem rânduiți de Dumnezeu pentru desăvârșire, să ne concentrăm mințile pe desăvârșire. Observați: acest lucru este greu de realizat pentru că trăim într-o lume prinsă în încleștarea...

- confortului și ușurinței
- plăcerilor și belșugului
- posesiunilor și nevoiei pentru recunoaștere
- răsfățului și extravaganței
- dorinței de a acumula tot mai mult

Dar observați ceva: Dumnezeu nu-i va da odihnă unui adevărat credincios până când mintea lui nu se concentrează pe neprihănire și pe curăție, pe evanghelie și pe mărturie. Dumnezeu vorbește inimilor noastre, ne descoperă faptul că eșuăm și că nu ne ridicăm la standardele Lui. Dumnezeu ne cercetează pentru ca să convingă mintea noastră să se concentreze asupra trăirii corecte—asupra alergării spre desăvârșire.

> Voi fiți, dar, desăvârșiți, după cum și Tatăl vostru cel ceresc este desăvârșit. (Mat. 5:48)
> Încolo, fraților, fiți sănătoși, desăvârșiți-vă, îmbărbătați-vă, fiți cu un cuget, trăiți în pace, și Dumnezeul dragostei și al păcii va fi cu voi. (2 Cor. 13:11)
> Până vom ajunge toți la unirea credinței și a cunoștinței Fiului lui Dumnezeu, la starea de om mare, la înălțimea staturii plinătății lui Hristos. (Efes. 4:13)
> Pe El Îl propovăduim noi, și sfătuim pe orice om, și învățăm pe orice om în toată înțelepciunea, ca să înfățișăm pe orice om desăvârșit în Hristos Isus. (Col. 1:28)
> De aceea, să lăsăm adevărurile începătoare ale lui Hristos și să mergem spre cele desăvârșite, fără să mai punem din nou temelia pocăinței de faptele moarte și a credinței în Dumnezeu (Evr. 6:1)
> De unde vin luptele și certurile între voi? Nu vin oare din poftele voastre, care se luptă în mădularele voastre? (Iac. 4:1)

5. Pavel își păstra creșterea pe care o atinsese până la momentul prezent. Prea mulți oameni trăiesc vieți cu urcușuri și coborâșuri. Reușim să atingem un anumit nivel de disciplină și de creștere, iar apoi, nu după mult timp, cădem din nou. Această cădere poate să implice...

- minciuna, furtul sau înșelăciunea
- momente devoționale sau rugăciunea

FILIPENI 3:4-16

- controlul gândurilor şi al minţii
- disciplina trupului şi a obiceiurilor

Creşterea are loc, dar pe parcurs se ivesc tot felul de circumstanţe şi întreruperi, şi atunci *omul cel nou* şi noua creştere sunt lăsate la o parte, şi alunecăm din nou în *omul cel vechi,* şi trăim din nou aşa cum am trăit întotdeauna.

Dar observaţi îndemnul puternic al Scripturii: luaţi tot ce aţi învăţat şi tot ce aţi obţinut, şi umblaţi după această regulă; concentraţi-vă mintea asupra acestei reguli.

Şi umblarea după lucrurile firii pământeşti este moarte, pe când umblarea după lucrurile Duhului este viaţă şi pace. (Rom. 8:6)

Zic, dar: umblaţi cârmuiţi de Duhul şi nu împliniţi poftele firii pământeşti. (Gal. 5:16)

Luaţi seama deci să umblaţi cu băgare de seamă, nu ca nişte neînţelepţi, ci ca nişte înţelepţi. (Efes. 5:15)

Dar dacă umblăm în lumină, după cum El însuşi este în lumină, avem părtăşie unii cu alţii; şi sângele lui Isus Hristos, Fiul Lui, ne curăţă de orice păcat. (1 Ioan 1:7)

Cine zice că rămâne în El trebuie să trăiască şi el cum a trăit Isus. (1 Ioan 2:6)

	C. Alergarea: Urmându-i pe cei care trăiesc sau umblă ca exemple, 3:17-21	19. Sfârșitul lor va fi pierzarea. Dumnezeul lor este pântecele, și slava lor este în rușinea lor, și se gândesc la lucrurile de pe pământ.	a. Sfârșitul lor: Pierzarea b. Dumnezeul lor: Pântecele c. Slava lor: Rușinea d. Gândurile lor: Pământești

1. Motivul 1: Unii trăiesc ca exemple
  a. Pavel a umblat ca un exemplu
  b. Alții au umblat ca exemple
2. Motivul 2: Mulți se poartă ca vrăjmași ai crucii
	17. Urmați-mă pe mine, fraților, și uitați-vă bine la cei ce se poartă după pilda pe care o aveți în noi.
	18. Căci v-am spus de multe ori, și vă mai spun și acum, plângând: sunt mulți care se poartă ca vrăjmași ai crucii lui Hristos.
		20. Dar cetățenia noastră este în ceruri, de unde și așteptăm ca Mântuitor pe Domnul Isus Hristos.
		21. El va schimba trupul stării noastre smerite și-l va face asemenea trupului slavei Sale, prin lucrarea puterii pe care o are de a-Și supune toate lucrurile.
			3. Motivul 3: Credinciosul este un cetățean al cerului
			  a. Viața lui: Centrată pe cer
			  b. Ținta lui: Revenirea lui Cristos
			  c. Sfârșitul lui: Un trup schimbat

SECȚIUNEA IV

"ALERGAREA" CREDINCIOSULUI CREȘTIN, 3:1-21

C. ALERGAREA: URMÂNDU-I PE CEI CARE TRĂIESC ȘI UMBLĂ CA EXEMPLE, 3:17-21

(3:17-21) **Introducere**: acesta este unul dintre cele mai importante pasaje din Biblie. Se referă la exemplul pe care noi îl afișăm înaintea lumii și înaintea familiei și prietenilor noștri. Modul în care trăim și ceea ce facem îi influențează pe cei din jur. Poate că noi nu intenționăm să-i influențăm, dar nu contează dacă dorim sau nu: ei sunt influențați. Familia, prietenii, și copiii—toți cei care ne cunosc—ne privesc; și ne urmează exemplul atât în bine cât și în rău. Poate fi în mod conștient sau inconștient, intenționat sau neintenționat; poate ne dorim sau nu ne dorim ca ei să ne urmeze—nu are importanță—ei ne urmează exemplul. Noi îi influențăm pe oameni prin modul în care trăim și prin ceea ce facem.

⇒ Dacă noi urmărim binele și facem binele, aceasta îi încurajează și pe ei să facă bine.
⇒ Dacă noi urmărim răul și facem răul, acest lucru dă un exemplu rău pentru ceilalți. Îi poate face pe unii (mai ales pe cei mai tineri și imaturi) să creadă că dacă noi am făcut răul respectiv și o ducem destul de bine, și ei pot să facă la fel și să o ducă la fel de bine.

Ideea este următoarea: viața pe care noi o trăim stabilește un model care va fi urmat de ceilalți. Ei ne vor urma indiferent ce facem. Lucrul acesta ne spune ceva, ceva deosebit de important: trebuie să ne trăim viețile la cel mai înalt standard posibil. Trebuie să fim exemplele cele mai dinamice. Trebuie să fim cele mai bune modele care să poată fi urmate de ceilalți. Dar mai ne spune și altceva: trebuie să-i urmăm pe cei care trăiesc la un standard mai înalt. Trebuie să-i reperăm pe cei care umblă ca niște exemple și să ne însușim trăsăturile vieții lor. Trebuie să privim aceste vieți ca pe niște exemple și să studiem îndeaproape trăsăturile vieților lor, și apoi să aplicăm acele trăsături la viețile noastre. Acesta este exemplul pasajului de față: să-i urmăm pe cei care umblă ca exemple pentru noi toți.

1. Motivul 1: unii umblă ca exemple (v.17).
2. Motivul 2: mulți se poartă ca vrăjmași ai crucii (vv.18-19).
3. Motivul 3: credinciosul este un cetățean al cerului (vv.20-21).

1. (3:17) **Pavel—Mărturia**: noi trebuie să îi studiem pe cei care trăiesc ca exemple, în primul rând pentru că ei trăiesc vieți evlavioase. Observați ce spune Pavel: el și alții L-au urmat pe Cristos cu credincioșie; prin urmare, ei reprezentau exemple demne care arătau cum trebuie să arate viața și umblarea. Atunci când cineva își trăiește viața la un standard înalt—când trăiește așa cum a spus Cristos să trăim—acel om este un exemplu. El trăiește așa cum ar trebui să trăim cu toții: exact așa cum a spus Cristos.

Ce a vrut să spună Pavel? Pretindea el că este perfect—că era exemplul perfect pe care trebuie să-l urmeze toată lumea? Nu! De o mie de ori nu! De fapt, el spune exact contrariul. El tocmai a afirmat...

• că nu ar putea niciodată să stea înaintea lui Dumnezeu în propria lui neprihănire (v.9)
• că încă nu a ajuns la desăvârșire (v.12)
• că nu a câștigat premiul (v.12)
• că nu a apucat încă ceea ce a pregătit Cristos pentru el (v.13)

Ce a vrut să spună Pavel? Exact ceea ce a spus. El esra un exemplu dinamic...

• uitând lucrurile din trecut
• aruncându-se spre lucrurile care îi stăteau în față

FILIPENI 3:17-21

- alergând înainte spre acel premiu, pentru care Dumnezeu l-a chemat în Isus Cristos

Pavel era un exemplu dinamic în încercarea lui de a-L urma pe Cristos. El se arunca mereu înainte, alerga mereu înainte pentru a fi ca și Cristos. El nu a ajuns să fie desăvârșit, exact ca și Cristos—nu putea, nu cât era încă în acest trup omenesc—dar alerga și alerga pentru a fi cât mai asemănător cu Crisos. În acest sens este Pavel un model pentru noi. Noi trebuie să îl urmăm pe Pavel...

- uitând trecutul, oricât ar fi el de groaznic
- aruncându-ne înainte spre lucrurile care stau în față
- alergând înainte pentru premiul chemării cerești la care ne-a chemat Dumnezeu în Cristos Isus

Noi nu vom atinge niciodată perfecțiunea, nu în viața aceasta, dar trebuie să Îl urmăm pe Cristos și să căutăm să fim ca El. Acum observați ideea: când întâlnim un om care Îl împărtășește pe Cristos cu un o asemenea dedicare și energie, acel om este un exemplu pentru noi. Noi trebuie să îl urmăm pe omul acela. El Îl urmează pe Cristos, făcând exact ucrurile pe care ar trebui să le facem și noi. Prin urmare, el este pentru noi un exemplu viu.

Observați cuvântul *exemplu* (tupon). Sensul inițial al cuvântului este acela de semn, sau marcă, făcută printr-o lovitură, sau printr-un tipar sau cu vopsea. Ideea este că noi trebuie să Îl căutăm pe Cristos cu atâta sârguință, încât exemplul nostru să fie ca o lovitură puternică pentru cei din jurul nostru. Gândiți-vă la cea mai puternică lovitură a unui boxer sau a unui campion la haltere și apoi imaginați-vă că exemplul nostru pentru Cristos ar trebui să-I lovească pe cei din jur cu la fel de multă putere.

Meditația 1. Niciun credincios nu ar trebui vreodată să pretindă sau să creadă că a ajuns aproape de perfecțiune. Dar *fiecare credincios* ar trebui să-L urmeze pe Cristos cu atât de multă dedicare și credincioșie încât să devină un exemplu dinamic pentru ceilalți. Fiecare credincios ar trebui să poată spune "urmați-mă pe mine"—urmați-mă pe mine căci eu Îl urmez pe Cristos—urmați încercarea mea de a fi ca și Cristos.

> De aceea vă rog să călcați pe urmele mele. (1 Cor. 4:16)
> Călcați pe urmele mele, întrucât și eu calc pe urmele lui Hristos. (1 Cor. 11:1)
> Urmați-mă pe mine, fraților, și uitați-vă bine la cei ce se poartă după pilda pe care o aveți în noi. (Filip. 3:17)
> Ce ați învățat, ce ați primit și auzit de la mine și ce ați văzut în mine, faceți. Și Dumnezeul păcii va fi cu voi. (Filip. 4:9)
> Și voi înșivă ați călcat pe urmele mele și pe urmele Domnului, întrucât ați primit Cuvântul, în multe necazuri, cu bucuria care vine de la Duhul Sfânt. (1 Tes. 1:6)
> Voi sunteți martori, și Dumnezeu de asemenea, că am avut o purtare sfântă, dreaptă și fără prihană față de voi care credeți. (1 Tes. 2:10)
> Voi înșivă știți ce trebuie să faceți ca să ne urmați; căci noi n-am trăit în neorânduială între voi. (2 Tes. 3:7)
> Nimeni să nu-ți disprețuiască tinerețea; ci fii o pildă pentru credincioși: în vorbire, în purtare, în dragoste, în credință, în curăție. (1 Tim. 4:12)
> Dreptarul învățăturilor sănătoase, pe care le-ai auzit de la mine, ține-l cu credința și dragostea care este în Hristos Isus. (2 Tim. 1:13)
> Și dă-te pe tine însuți pildă de fapte bune, în toate privințele. Iar în învățătură, dă dovadă de curăție, de vrednicie. (Tit 2:7)
> Mai presus de toate, frații mei, să nu vă jurați nici pe cer, nici pe pământ, nici cu vreun altfel de jurământ. Ci "da" al vostru să fie "da", și "nu" să fie "nu" ca să nu cădeți sub judecată. (Iacov 5:12)

1. (3:18-19) **Mărturie—Crucea lui Isus Cristos:** noi trebuie să-i reperăm pe cei care trăiesc sau umblă ca exemple, în al doilea rând, pentru că sunt mulți care umblă ca vrăjmași ai crucii. Cine sunt vrăjmașii crucii? Mulți comentatori spun că sunt credincioșii falși și ipocriți din biserică, acei creștini numai cu numele. Ei spun că cuvântul "se poartă" este folosit pentru creștini în versetul 17; prin urmare, același cuvânt din versetul 18 se referă tot la membri din biserică. Se mai spune deasemenea că Pavel plânge numai pentru credincioșii falși din biserică.

Este adevărat că Pavel ar fi putut să se refere la credincioși falși și ipocriți din biserică ; și totuși, fiecare necredincios, atât din biserică cât și din afara ei, umblă ca un vrăjmaș al crucii...

- indiferent dacă este președintele unei națiuni sau al unei mișcări care are ca scop distrugerea bisericii și a crucii.
- indiferent dacă este un credincios care se îndoiește serios de moartea substitutivă și de învierea lui Isus Cristos.

FILIPENI 3:17-21

Mai observați și altceva: este un lucru normal ca credincioșii să plângă pentru cei pierduți. În mod cert Pavel a plâns de multe ori pentru cei pierduți din lume și nu numai pentru credinsioșii falși din biserică. (Vezi Mat.23:37; Luca 13:34; Rom.9:1-3; 10:1; 1 Tim.2:1-4.)

Vă îndemn, dar, înainte de toate, să faceți rugăciuni, cereri, mijlociri, mulțumiri pentru toți oamenii, pentru împărați și pentru toți cei ce sunt înălțați în dregătorii, ca să putem duce astfel o viață pașnică și liniștită, cu toată evlavia și cu toată cinstea. Lucrul acesta este bun și bine primit înaintea lui Dumnezeu, Mântuitorul nostru, care voiește ca toți oamenii să fie mântuiți și să vină la cunoștința adevărului. (1 Tim. 2:1-4)

Din nou, cine sunt vrăjmașii crucii? Se pare că cel mai bine ar fi să luăm versetul exact așa cum este scris: sunt muți care se poartă ca "vrăjmași ai crucii"—indiferent cine ar fi, din interiorul bisericii sau din afara ei. Observați ce se spune despre ei.

1. Destinul lor este *pierzarea* (apoleia). Cuvântul înseamnă distrugere, moarte, nimicire; a-și pierde bunăstarea; a fi distrus sau ruinat, a avea o existență fără sens. Nu înseamnă că persoana respectivă va înceta să existe. Înseamnă că va fi distrusă și devastată și condamnată la o existență fără nicio valoare. Va suferi mari pierderi și ruină în veci de veci.

Dacă cineva se poartă ca un vrăjmaș al crucii, el va fi distrus. Nu contează cine este, fie el din interiorul sau din afara bisericii, el va merge la pierzare, adică la distrugere totală. Cine este un vrăjmaș al crucii? Este acea persoană care...

- respinge crucea lui Cristos ca fiind singura cale spre Dumnezeu
- nu acceptă moartea lui Cristos ca plată pentru păcatele lui
- nu crede că Cristos a murit pentru el, adică, a primit pedeapsa pentru fărădelegile lui
- nu crede că pedeapsa pentru imperfecțiunea lui a fost purtată de Cristos pe cruce
- care nu se apropie de Dumnezeu prin moartea lui Cristos—adică, dorind ca Dumnezeu să îl accepte în moartea lui Cristos
- pretinde că mai sunt și alte căi prin care omul se poate apropia de Dumnezeu—altele, în afară de crucea lui Cristos
- consideră crucea lui Cristos ca fiind o nebunie
- se împotrivește și Îl blesteamă pe Cristos și crucea Lui
- care Îl prigonește și încearcă să-L anihileze pe Cristos și crucea Lui
- neagă și se îndoiește de faptul că Cristos a murit pentru păcatele noastre

Ferice de robul acela pe care stăpânul său, la venirea lui, îl va găsi făcând așa! (Mat. 25:46; vezi v.25-45)

Dar oricine va huli împotriva Duhului Sfânt nu va căpăta iertare în veac: ci este vinovat de un păcat veșnic. (Marcu 3:29)

Acela are lopata în mână; Își va curăța aria cu desăvârșire și Își va strânge grâul în grânar, iar pleava o va arde într-un foc care nu se stinge. (Luca 3:17)

Și va da mânie și urgie celor ce, din duh de gâlceavă, se împotrivesc adevărului și ascultă de nelegiuire. Necaz și strâmtorare va veni peste orice suflet omenesc care face rău: întâi peste iudeu, apoi peste grec. (Rom. 2:8-9)

Și să vă dea odihnă atât vouă, care sunteți întristați, cât și nouă, la descoperirea Domnului Isus din cer, cu îngerii puterii Lui, într-o flacără de foc, ca să pedepsească pe cei ce nu cunosc pe Dumnezeu și pe cei ce nu ascultă de Evanghelia Domnului nostru Isus Hristos. Ei vor avea ca pedeapsă o pierzare veșnică de la fața Domnului și de la slava puterii Lui. (2 Tes. 1:7-9)

Cu cât mai aspră pedeapsă credeți că va lua cel ce va călca în picioare pe Fiul lui Dumnezeu, va pângări sângele legământului, cu care a fost sfințit, și va batjocori pe Duhul harului? Căci știm cine este Cel ce a zis: "A Mea este răzbunarea, Eu voi răsplăti!", și în altă parte: "Domnul va judeca pe poporul Său." (Evr. 10:29-30)

Înseamnă că Domnul știe să izbăvească din încercare pe oamenii cucernici și să păstreze pe cei nelegiuiți, ca să fie pedepsiți în ziua judecății. (2 Pet. 2:9)

Oricine n-a fost găsit scris în Cartea Vieții a fost aruncat în iazul de foc. (Apoc. 20:15)

Dar, cât despre fricoși, necredincioși, scârboși, ucigași, curvari, vrăjitori, închinătorii la idoli și toți mincinoșii, partea lor este în iazul care arde cu foc și cu pucioasă, adică moartea a doua. (Apoc. 21:8)

2. Dumnezeul lor este pântecele (koilia), adică, pofta lor, senzualitatea lor, dorința lor după plăcerile fizice ale acestei lumi. Mulțumirea fizică și materială este dumnezeul lor. Ei își centrează viețile în jurul...

- posesiunilor și proprietăților

- caselor și mobilierului
- mâncărurilor și poftelor
- confortului și belșugului
- banilor și bogățiilor
- plăcerii și sexului
- acceptării și statutului social
- poziției și succesului
- onoarei și celebrității

Gândiți-vă un moment la lucrurile de mai sus, la oricare din ele, și la modul în care unii oameni își contrează și își concentrează întreaga viață asupra unor astfel de lucruri. Unii oameni petrec mai mult timp în fața oglinzii, sau mâncând, sau gândindu-se dacă sunt acceptați, sau la proprietățile și afacerile lor, decât petrec în rugăciune.

Ideea este următoarea: atunci când un om are o poftă și o dorință pentru astfel de lucruri, aceste lucruri devin dumnezeul lui. Aceste pofte încep să-i consume gândurile, energia și efortul. Nu trece mult timp și poftele acestea îi consumă atât de multă energie încât nu mai are timp nici de Dumnezeu nici de orice altceva. Poftele lui, dorințele lui, sau cum spune Scriptura, pântecele lui, devine dumnezeul lui. Marvin Vincent îl citează pe Ciclopul lui Euripide care spune: "Turmele mele pe care nu le jertfesc nimănui decât mie însumi, nu zeilor, ci stomacului meu, cel mai mare dintre zei: căci a mânca și a bea în fiecare zi, și a nu se îngrijora de nimic, acesta este dumnezeul înțelepților" (*Word Studies in the New Testament*, Vol.3, p.452).

> În adevăr, cei ce trăiesc după îndemnurile firii pământești umblă după lucrurile firii pământești; pe când cei ce trăiesc după îndemnurile Duhului umblă după lucrurile Duhului. Și umblarea după lucrurile firii pământești este moarte, pe când umblarea după lucrurile Duhului este viață și pace. (Rom. 8:5-6)
> Dacă trăiți după îndemnurile ei, veți muri; dar dacă, prin Duhul, faceți să moară faptele trupului, veți trăi. (Rom. 8:13)
> Căci astfel de oameni nu slujesc lui Hristos, Domnul nostru, ci pântecelui lor; și, prin vorbiri dulci și amăgitoare, ei înșală inimile celor lesne crezători. (Rom. 16:18)
> Iată, dar, ce vă spun și mărturisesc eu în Domnul: să nu mai trăiți cum trăiesc păgânii în deșertăciunea gândurilor lor, având mintea întunecată, fiind străini de viața lui Dumnezeu, din pricina neștiinței în care se află în urma împietririi inimii lor. Ei și-au pierdut orice pic de simțire, s-au dedat la desfrânare și săvârșesc cu lăcomie orice fel de necurăție. (Efes. 4:17-19)

3. Slava lor este rușinea lor. Aceasta înseamnă pur și simplu că ei se laudă cu cu păcatele și cu lucrurile rușinoase pe care le fac. Ei se laudă și se mândresc...

- cu comfortul lor
- cu bețiile lor
- cu îmbuibările lor
- cu cuceririle lor
- cu sexul lor
- cu petrecerile lor
- cu ceea ce mănâncă
- cu lucrurile pe care și le-au cumpărat
- cu autoritatea și puterea lor
- cu faptul că dețin multe lucruri

> Apoi le-a zis: "Vedeți și păziți-vă de orice fel de lăcomie de bani; căci viața cuiva nu stă în belșugul avuției lui." (Luca 12:15)
> Curvia sau orice alt fel de necurăție, sau lăcomia de avere nici să nu fie pomenite între voi, așa cum se cuvine unor sfinți. (Efes. 5:3)
> De aceea, omorâți mădularele voastre care sunt pe pământ: curvia, necurăția, patima, pofta rea și lăcomia, care este o închinare la idoli. (Col. 3:5)
> Să nu fiți iubitori de bani. Mulțumiți-vă cu ce aveți, căci El însuși a zis: "Nicidecum n-am să te las, cu niciun chip nu te voi părăsi." (Evr. 13:5)
> Căci cel rău se fălește cu pofta lui, iar răpitorul batjocorește și nesocotește pe Domnul. (Ps. 10:3)
> Ei se încred în avuțiile lor și se fălesc cu bogăția lor cea mare. Dar nu pot să se răscumpere unul pe altul, nici să dea lui Dumnezeu prețul răscumpărării.(Ps. 49:6-7)
> Ca norii și vântul fără ploaie, așa este un om care se laudă pe nedrept cu dărniciile lui. (Prov. 25:14)

FILIPENI 3:17-21

Nu te făli cu ziua de mâine, căci nu știi ce poate aduce o zi. (Prov. 27:1)

4. Ei își concentrează mintea pe lucrurile pământești. Acesta este doar un alt mod de a spune că cineva este lumesc. El își concentrează mintea, energia și eforturile pe lucrurile din lume. Dar observați: lucrurile din lume includ mai mult decât satisfacțiile fizice și materiale ale lumii. Lucrurile lumești includ deasemenea lucruri onorabile care sunt acceptate de societate cum ar fi...

- preocupări religioase și spirituale
- programe de dezvoltare personală
- reguli de moralitate și virtuți
- urmărirea ambițiilor și succesului
- un loc de muncă sau afaceri

Cum am mai spus, astfel de lucruri sunt onorabile și chiar necesare pentru supraviețuirea și sănătatea noastră. Dar ideea este următoarea: temelia vieții noastre trebuie să fie crucea lui Cristos, nu lucrurile din lume. Singura nădejde de a birui răul și corupția din societate, răul și moartea, este crucea lui Cristos. Nimic de pe acest pământ, oricât ar fi de bun și de benefic, nu ne poate da viață—nu o viață din belșug și veșnică. Numai Isus Cristos poate să ne dea o viață care poate birui totul și ne poate oferi viața veșnică. Prin urmare, punctul central al vieții noastre trebuie să fie Cristos și crucea Lui. Da, trebuie să acordăm atenție activității pe care o desfășurăm la locul de muncă și familiilor noastre, precum și celorlalte preocupări pe care le mai avem în viața aceasta, dar la baza tuturor acestor lucruri trebuie să fie Cristos și crucea Lui. El și crucea Lui trebuie să fie pasiunea mistuitoare și scopul vieților noastre. Orice om care își concentrează mintea pe lucrurile pământești este un vrăjmaș aș crucii lui Cristos.

> În adevăr, cei ce trăiesc după îndemnurile firii pământești umblă după lucrurile firii pământești; pe când cei ce trăiesc după îndemnurile Duhului umblă după lucrurile Duhului. Și umblarea după lucrurile firii pământești este moarte, pe când umblarea după lucrurile Duhului este viață și pace. (Rom. 8:5-6)
>
> Să nu vă potriviți chipului veacului acestuia, ci să vă prefaceți, prin înnoirea minții voastre, ca să puteți deosebi bine voia lui Dumnezeu: cea bună, plăcută și desăvârșită. (Rom. 12:2)
>
> Noi răsturnăm izvodirile minții și orice înălțime care se ridică împotriva cunoștinței lui Dumnezeu; și orice gând îl facem rob ascultării de Hristos. (2 Cor. 10:5)

3. (3:20-21) **Cer—Credincios:** noi trebuie să îi reperăm pe cei care trăiesc sau umblă ca exemple, în al treilea rând, pentru că fiecare credincios este un cetățean al cerului. Observați trei puncte.

1. Viața credinciosului trebuie să fie centrată pe cer, pentru că cetățenia lui (politeuma) este în cer. Amintiți-vă că Filipi era o colonie romană și că cetățenii acestui oraș, deși trăiau în Macedonia, erau cetățeni ai Romei. Cum am spus mai devreme, cetățenii coloniilor romane trăiau ca romanii: se îmbrăcau ca romanii, vorbeau limba romanilor, trăiau după legile romane, se bucurau de plăcerile și activitățile sociale specifice romanilor și se închinau zeilor romani. În ciuda faptului că trăiau în Macedonia, cetățenia lor era la Roma. (Vezi comentariul, *Cetățenia cerească*—Filip.1:27 pentru mai multe discuții; cp. Efes.2:6.)

Punctul care trebuie observant este următorul: credincioșii din Filipi știau exact ce înseamnă să trăiești într-un loc și cetățenia ta să fie în alt loc. Ei știau exact ce înseamnă să trăiești pe pământ și...

- să te îmbraci ca un cetățean al cerului nu al pământului
- să vorbești ca un cetățean al cerului nu al pământului
- să te bucuri de plăcerile specifice unui cetățean al cerului, nu al pământului
- să trăiești după legile cerului nu după ale pământului
- să te închini Dumnezeului cerului, nu religiilor și dumnezeilor acestui pământ

Meditația 1. Credincioșii trebuie să trăiască în calitate de cetățeni ai cerului, nu ai acestei lumi. Este o idee pe care se insistă foarte mult.

> Totuși să nu vă bucurați de faptul că duhurile vă sunt supuse; ci bucurați-vă că numele voastre sunt scrise în ceruri. (Luca 10:20)
>
> Ca să mâncați și să beți la masa Mea în Împărăția Mea și să ședeți pe scaune de domnie, ca să judecați pe cele douăsprezece seminții ale lui Israel. (Luca 22:30)
>
> Așadar, voi nu mai sunteți nici străini, nici oaspeți ai casei, ci sunteți împreună cetățeni cu sfinții, oameni din casa lui Dumnezeu. (Efes. 2:19)
>
> Dar cetățenia noastră este în ceruri, de unde și așteptăm ca Mântuitor pe Domnul Isus Hristos. (Filip. 3:20)

378

FILIPENI 3:17-21

> Prin credință a venit și s-a așezat el în țara făgăduinței, ca într-o țară care nu era a lui, și a locuit în corturi, ca și Isaac și Iacov, care erau împreună-moștenitori cu el ai aceleiași făgăduințe. Căci el aștepta cetatea care are temelii tari, al cărei meșter și ziditor este Dumnezeu. (Evr. 11:9-10)
>
> În credință au murit toți aceștia, fără să fi căpătat lucrurile făgăduite; ci doar le-au văzut și le-au urat de bine de departe, mărturisind că sunt străini și călători pe pământ. Cei ce vorbesc în felul acesta arată deslușit că sunt în căutarea unei patrii. Dacă ar fi avut în vedere pe aceea din care ieșiseră, negreșit că ar fi avut vreme să se întoarcă în ea. Dar doreau o patrie mai bună, adică o patrie cerească. De aceea lui Dumnezeu nu-I este rușine să Se numească Dumnezeul lor, căci le-a pregătit o cetate. (Evr. 11:13-16)
>
> Binecuvântat să fie Dumnezeu, Tatăl Domnului nostru Isus Hristos, care, după îndurarea Sa cea mare, ne-a născut din nou prin învierea lui Isus Hristos din morți, la o nădejde vie și la o moștenire nestricăcioasă și neîntinată, și care nu se poate vesteji, păstrată în ceruri pentru voi. (1 Pet. 1:3-4)
>
> Nimic întinat nu va intra în ea, nimeni care trăiește în spurcăciune și în minciună; ci numai cei scriși în Cartea Vieții Mielului. (Apoc. 21:27)

2. Viața credinciosului trebuie să se concentreze pe revenirea lui Cristos. El trebuie să aștepte, să vegheze pentru venirea Domnului—să aștepte și să vegheze mereu—în fiecare zi din viața lui. Lehman Strauss accentuează ideea aceasta în citatul următor:

> Cel mai măreț eveniment în orice țară de pe pământ este o vizită din partea împăratului ei. Istoria a înregistrat pregătirile extraordinare și a scris cronici despre astfel de evenimente. Cu această ocazie au fost bătute monede special, și au fost tipărite timbre comemorative, și au fost construite drumuri. Anticiparea Revenirii Domnului nostru Isus Cristos este punctul cel mai luminos al așteptării creștinilor. Noi ar trebui să ne gândim zilnic la venirea Lui... Imaginați-vă cum s-ar simți vecinii voștri dacă Președintele Statelor Unite ar anunța că va face o vizită personală în comunitatea voastră. Sunt sigur că ar avea loc niște pregătiri speciale pentru venirea lui" (Studii devoționale din Filipeni, p.207f).

Kenneth Wuest semnalează că în limba greacă cuvântul *așteaptă* este format din trei cuvinte alăturate. Și anume...

- primul dintre ele se referă la primirea călduroasă făcută unui oaspete. Implică și ideea de pregătire pentru venirea unui oaspete.
- al doilea cuvânt se referă la neacordarea atenției niciunui alt lucru.
- al treilea cuvânt are sensul de a aștepta, de a privi în depărtare și a aștepta în orice moment revenirea lui Cristos (*Filipeni*, Vol.1, p.102).

Toate trei combinate în cuvântul *a aștepta* (apekdechometha) au sensul de a tânji, de a aștepta cu nerăbdare și cu emoție revenirea Domnului Isus Cristos ca să își ia la cer pe poporul Său iubit.

> De aceea, și voi fiți gata; căci Fiul omului va veni în ceasul în care nu vă gândiți. (Mat. 24:44)
>
> A chemat zece din robii săi, le-a dat zece poli și le-a zis: "Puneți-i în negoț până mă voi întoarce." (Luca 19:13)
>
> Să nu vi se tulbure inima. Aveți credință în Dumnezeu și aveți credință în Mine. În casa Tatălui Meu sunt multe locașuri. Dacă n-ar fi așa, v-aș fi spus. Eu Mă duc să vă pregătesc un loc. (Ioan 14:1-2)
>
> Așa că nu duceți lipsă de niciun fel de dar, în așteptarea arătării Domnului nostru Isus Hristos. (1 Cor. 1:7)
>
> Căci însuși Domnul, cu un strigăt, cu glasul unui arhanghel și cu trâmbița lui Dumnezeu, Se va coborî din cer, și întâi vor învia cei morți în Hristos. Apoi, noi cei vii, care vom fi rămas, vom fi răpiți toți împreună cu ei în nori, ca să întâmpinăm pe Domnul în văzduh; și astfel vom fi totdeauna cu Domnul. Mângâiați-vă, dar, unii pe alții cu aceste cuvinte. (1 Tes. 4:16-18)
>
> Și ne învață s-o rupem cu păgânătatea și cu poftele lumești și să trăim în veacul de acum cu cumpătare, dreptate și evlavie, așteptând fericita noastră nădejde și arătarea slavei marelui nostru Dumnezeu și Mântuitor Isus Hristos. (Tit 2:12-13)
>
> Ce ați auzit de la început, aceea să rămână în voi. Dacă rămâne în voi ce ați auzit de la început, și voi veți rămâne în Fiul și în Tatăl. (1 Ioan 2:24)

3. Viața credinciosului trebuie să se concentreze pe trupul slăvit pe care îl va primi la revenirea lui Cristos.
   a. În prezent trupul credinciosului este rău, adică josnic și umilitor. Trupul omenesc este josnic și umilitor pentru că...
      - pentru că originea lui este acest pământ: nu este format decât din substanțe chimice care formează țesuturile lui.

- pentru că este supus păcatului, egoismului, răului și morții.
- pentru că este atât de slab: se îmbolnăvește, se rănește, îmbătrânește și se deteriorează.
- pentru că este coruptibil și muritor, nu oferă nicio speranță dincolo de câțiva ani care trec foarte repede—absolut nicio altă nădejde.

b. Totuși, observați declarația glorioasă: Domnul Isus Cristos va schimba trupul credinciosului și îl va transforma ca să îl facă exact ca trupul Lui glorificat. Cuvântul *va schimba* (summorphon) scoate în evidență un lucru minunat. Acest cuvânt se referă la o schimbare permanentă, constantă, care va rămâne. Trupurile noastre vor fi transformate ca să fie exact ca trupul glorificat al lui Cristos. Imaginați-vă! Să ai un trup care este permanent, veșnic, neschimbător. (Vezi comentariul, pct.2—Filip.2:6 pentru mai multe discuții pe marginea cuvântului *schimbat*.) Credinciosul va primi un trup spiritual.

Este semănat trup firesc [soma psuchikon], și învie trup duhovnicesc [soma pneumatikon]. Dacă este un trup firesc, este și un trup duhovnicesc. (1 Cor. 15:44)

El va schimba trupul stării noastre smerite și-l va face asemenea trupului slavei Sale, prin lucrarea puterii pe care o are de a-Și supune toate lucrurile. (Filip. 3:21)

Căci pe aceia pe care i-a cunoscut mai dinainte, i-a și hotărât mai dinainte să fie asemenea chipului Fiului Său, pentru ca El să fie Cel întâi născut dintre mai mulți frați. (Rom. 8:29)

Preaiubiților, acum suntem copii ai lui Dumnezeu. Și ce vom fi nu s-a arătat încă. Dar știm că, atunci când Se va arăta El, vom fi ca El; pentru că Îl vom vedea așa cum este. (1 Ioan 3:2)

c. Cum este posibil acest lucru? Prin puterea lui Dumnezeu, aceeași putere care poate să Îi supună lui Cristos toate lucrurile. Aceeași putere care a creat lumea și tot ce este în lume...
- este suverană peste întreaga lume
- poate să controleze întreaga lume
- poate să subjuge lumea
- poate să recreeze lumea
- poate să transforme trupul omenesc

Ziua Domnului însă va veni ca un hoț. În ziua aceea, cerurile vor trece cu trosnet, trupurile cerești se vor topi de mare căldură, și pământul, cu tot ce este pe el, va arde. Deci, fiindcă toate aceste lucruri au să se strice, ce fel de oameni ar trebui să fiți voi, printr-o purtare sfântă și evlavioasă, așteptând și grăbind venirea zilei lui Dumnezeu, în care cerurile aprinse vor pieri, și trupurile cerești se vor topi de căldura focului? Dar noi, după făgăduința Lui, așteptăm ceruri noi și un pământ nou, în care va locui neprihănirea. (2 Pet. 3:10-13)

FILIPENI 4:1-5

1. Pasul 1: Pacea vine prin fermitate ("rămâneți tari") a. Sursa tăriei: a fi "în Domnul" b. Încurajarea: Un "frate" căruia îi pasă	**CAPITOLUL 4** **V. SECRETUL PĂCII— PACEA LUI DUMNEZEU, 4:1-9** **A. Pași spre pace (Partea I): Fermitatea, Unitatea, Bucuria și Blândețea, 4:1-5** De aceea, preaiubiții și mult doriții mei frați, bucuria și cununa mea, rămâneți astfel tari în Domnul, preaiubiților!	2 Îndemn pe Evodia și îndemn pe Sintichia să fie cu un gând în Domnul. 3 Și pe tine, adevărat tovarăș de jug, te rog să vii în ajutorul femeilor acestora, care au lucrat împreună cu mine pentru Evanghelie, cu Clement și cu ceilalți tovarăși de lucru ai mei, ale căror nume sunt scrise în Cartea vieții. 4 Bucurați-vă totdeauna în Domnul! Iarăși zic: Bucurați-vă! 5 Blândețea voastră să fie cunoscută de toți oamenii. Domnul este aproape.	**2. Pasul 2: Pacea vine prin înțelegere și unitate** a. Îndemnul: Pentru cei care au neînțelegeri să fie una în Domnul b. Nevoia: Ajutorul din partea unui prieten adevărat 1) Trebuie să le ajute pentru că lucrau împreună 2) Trebuie să le ajute pentru că numele lor sunt scrise în Cartea Vieții **3. Pasul 3: Pacea vine prin bucuria neîntreruptă și repetată** **4. Pasul 4: Pacea vine printr-o blândețe deosebită**

SECȚIUNEA V

SECRETUL PĂCII—PACEA LUI DUMNEZEU, 4:1-9

A. Pași spre (Partea I): Fermitatea, Unitatea, Bucuria și Blândețea, 4:1-5

(4:1-9) **PRIVIRE DE ANSAMBLU ASUPRA SECȚIUNII: Pacea**: ideea principală a întregului pasaj (4:1-9) este pacea lui Dumnezeu (v.7) și prezența Dumnezeului păcii (v.9b). Sunt șase pași pe care trebuie să îi facă un credincios pentru a păstra pacea lui Dumnezeu în inima și în viața lui (vezi schițele—Filip.4:1-9). Dacă un credincios nu reușește să facă acești pași, el Îl întristează atât pe Domnul cât și pe frați, pe cei care au avut o contribuție specială la creșterea lui, cei care îl consider și îl privesc ca pe "bucuria și coroana" (Filip.4:1). Din nefericire, atunci când credinciosul își pierde pacea cu Dumnezeu, se întâmplă câteva lucruri...

- El devine nesigur, timid și începe vinovat și poate descurajat și înfrânt
- El devine critic, nemulțumit, cârtitor și provoacă dezbinări
- El începe să cadă din nou în păcat

Pacea pe care o avea cu Dumnezeu este întreruptă și omul devine neliniștit și această neliniște îi cuprinde sufletul. Neliniștea lui interioară îl determină să cadă în păcat sau să devină un om care cauzează probleme sau îl scufundă în disperare și înfrângere. Simte că a eșuat; prin urmare, se simte nevrednic și neputincios pentru a umbla biruitor cu Dumnezeu. Acesta este cel mai important punct din acest pasaj: secretul păcii—pacea lui Dumnezeu. (Vezi comentariul—Ioan14:27.)

(4:1-5) **Introducere**: acest pasaj se adresează credincioșilor creștini, nu necredincioșilor. Necredincioșii nu au pace cu Dumnezeu. Ei Îl resping, Îl neagă, Îl blesteamă și se împotrivesc lui Dumnezeu. Dumnezeu nu simte niciun fel de pace între El și un necredincios. Oricât ar fi de moderate respingerea și opoziția din partea necredinciosului, rămân totuși respingere și împotrivire și acestea nu includ pacea. Dar atunci când un necredincios își predă viața și Îl acceptă pe Dumnezeu, atunci între el și Dumnezeu se face pace. Pacea domnește atât în inima acelui om, cât și între el și Dumnezeu. De fapt, Dumnezeu revarsă un val de pace peste inima și peste viața noului credincios.

Întrebarea este aceasta: dacă pacea lui Dumnezeu ne inundă, cum putem noi să menținem această pace? Ce trebui să facem pentru ca această pace a lui Dumnezeu să domnească și să conducă în sufletele noastre? Cum rămânem conștienți de prezența lui Dumnezeu în noi—cum rămânem conștienți că Dumnezeul păcii este prezent în ființa noastră? Aceasta este discuția din acest pasaj: pași spre pace.

1. Pasul 1: pacea vine prin fermitate ("rămâneți tari") (v.1).
2. Pasul 2: pacea vine prin înțelegere și unitate (vv.2-3).
3. Pasul 3: pacea vine prin bucuria neîntreruptă și repetată (v.4).
4. Pasul 4: pacea vine printr-o blândețe deosebită (v.5).

1. (4:1) **A rămâne tare—A rămâne ferm—Pacea**: primul pas spre pace este fermitatea. Acesta este un verset de tranziție între ceea ce s-a spus și ce urmează să se spună. Pavel tocmai spusese...

- există dușmani ai crucii lui Cristos,

- cetăţenia credinciosului este în ceruri,
- Domnul se va întoarce şi ne va lua din lumea aceasta pentru a ne duce în cer, dându-ne trupuri schimbate;

...de aceea, rămâneţi tari în Domnul.

Totuşi, observaţi cum versetul se potriveşte cu ceea ce urmează. Versetul nouă este concluzia acestui pasaj:

> **Ce aţi învăţat, ce aţi primit şi auzit de la mine şi ce aţi văzut în mine, faceţi. Şi Dumnezeul păcii va fi cu voi. (Filip. 4:9)**

Dacă cineva Îl vrea pe *Dumnezeul păcii,* el trebuie să facă lucrurile pe care Pavel i-a învăţat să le facă şi pe care le-a făcut şi el, şi unul dintre lucrurile majore pe care Pavel i-a învăţat să-l facă a fost să rămână tari în Domnul. Dacă cineva Îl doreşte pe Dumnezeul păcii, el trebuie să rămână tare în Domnul.

Cuvântul *rămâneţi tari* (stekete) înseamnă pur şi simplu a rămâne ferm, a persista, a persevera. Este imaginea unui soldat care rămâne pe poziţie în faţa unui atac din partea duşmanului. El refuză să cedeze teren oricât ar fi de mare presiunea sau forţa atacului. El nu se clinteşte; nu se calatină şi nu este înfrânt niciodată. Credinciosul creştin trebuie să rămână ferm...

- oricât ar fi de mare încercarea
- oricât ar fi de mare presiunea ispitelor
- oricât ar fi de puternică influenţa, oricât ar fi de bogată oferta sau atracţiile din partea altora

Dar cum poate un credincios să rămână tare? Atunci când ispita de a renunţa este atât de puternică şi încercarea este atât de grea, unde poate găsi credinciosul puterea de a sta ferm? Sunt două locuri unde această putere poate fi găsită.

1. Iată sursa de putere a credinciosului: Domnul Însuşi. Observaţi cuvintele: "Rămâneţi tari *în Domnul".* Există un singur loc în care credinciosul poate să rămână tare şi acest loc este *"în Domnul".* Credinciosul trebuie să îşi aibă suflarea, mişcarea şi fiinţa în Domnul; adică, el trebuie...

- să se roage, să vorbească şi să împărtăşească lucruri cu Domnul toată ziua
- să îşi concentreze gândurile asupra Domnului: mântuirea, nădejdea şi misiunea glorioasă pe care El le-a dat credincioşilor
- să slujească şi să lucreze pentru Domnul, mărturisindu-L pe El şi venind în întâmpinarea nevoilor celor care suferă şi au nevoie de ajutor

Atunci când un credincios umblă *în Domnul* pe parcursul întregii zile, mintea lui şi gândurile lui sunt concentrate asupra Domnului. De aceea, atunci când vin ispitele şi încercările, el este *conştient de prezenţa şi de puterea Domnului.* El s-a gândit, a împărtăşit şi a vorbit cu Domnul—a rămas şi a umblat în Domnul—întreaga zi; prin urmare, el este în stare acum să stea în picioare ferm şi să ţină piept ispitei şi încercării. Exact acesta este sensul expresiei "în Domnul."

⇒ Credincioşii trebuie să umble în rugăciune şi în laudă întreaga zi. Lucrul acesta păstrează pacea lui Dumnezeu în vieţile lor—"pacea lui Dumnezeu" care biruieşte toate încercările şi toate ispitele.

> **Nu vă îngrijoraţi de nimic; ci, în orice lucru, aduceţi cererile voastre la cunoştinţa lui Dumnezeu, prin rugăciuni şi cereri, cu mulţumiri. (Filip. 4:6)**

⇒ Credincioşii trebuie să trăiască având mintea concentrată asupra Domnului şi asupra lucrurilor curate şi onorabile. Lucrul acesta le dă sentimentul că "Dumnezeul păcii" umblă cu ei—Dumnezeul păcii care îi dă credinciosului puterea de a birui toate încercările şi ispitele.

> **Încolo, fraţii mei, tot ce este adevărat, tot ce este vrednic de cinste, tot ce este drept, tot ce este curat, tot ce este vrednic de iubit, tot ce este vrednic de primit, orice faptă bună şi orice laudă, aceea să vă însufleţească. Ce aţi învăţat, ce aţi primit şi auzit de la mine şi ce aţi văzut în mine, faceţi. Şi Dumnezeul păcii va fi cu voi. (Filip. 4:8-9)**

⇒ Credincioşii trebuie să lucreze efectiv la a-I supune lui Cristos toate gândurile.

> **Noi răsturnăm izvodirile minţii şi orice înălţime care se ridică împotriva cunoştinţei lui Dumnezeu; şi orice gând îl facem rob ascultării de Hristos. (2 Cor. 10:5)**

FILIPENI 4:1-5

Meditația 1. Credinciosul care umblă în rugăciue și își concentrează mintea și gândurile asupra Domnului este credinciosul care va rămâne tare în Domnul. Însăși logica ne spune lucrul acesta. Este imposibil să fi "în Domnul" dacă El nu este prezent în gândurile, vorbirea și umblarea ta. Mai simplu spus, noi suntem *în* ceea ce gândim, vorbim și umblăm. Primul pas spre pace este "a rămâne tare în Domnul."

2. Urmează încurajarea: un slujitor sau frate care iubește și căruia îi pasă dacă frații lui credincioși rămân tari. Observați ce simte Pavel, slujitorul, pentru turma lui—cât de mult îi pasă de cei pe care îi are în grijă:
⇒ frații mei pe care îi iubesc.
⇒ pe care doresc să-i văd.
⇒ bucuria și coroana mea.

a. El îi numește "frații mei preaiubiți": ei erau frații și surorile lui în Cristos. Cu toții își puseseră încrederea în Cristos ca Mântuitor și au devenit fii și fiice în familia lui Dumnezeu. Erau cu toții frați și surori în Domnul și Pavel le amintește de această relație. De aceea, ei ar trebui să rămână cu toții tari în Domnul.
b. El mai spune că dorește să îi vadă. Pavel se afla în închisoare și nu putea să fie alături de ei, dar inima lui este alături de familia lui, familia lui Dumnezeu. Prin urmare, ei trebuie să-i facă această bucurie și să rămână tari.
c. El spune mai departe că ei sunt "bucuria și coroana lui." Aceasta este probabil o referire facută la răsplățile care se vor primi în marea zi a mântuirii. Cuvântul *coroană* (stephanos) se referă la cununa de lauri care era pusă pe capul sportivului care câștiga locul întâi la întrecerea respectivă. Pavel spune că bucuria și coroana lui vor fi chiar viețile filipenilor atunci când ei se vor înfățișa înaintea lui Cristos. De aceea, pentru ca el să poată primi bucuria și coroana prezenței lor acolo, ei trebuie să rămână tari în Domnul.
   Lucrul care trebuie observant este următorul: nevoia credincioșilor pentru încurajare personală. Pentru ca acești credincioși să rămână tari, ei trebuie să fie iubiți și să li se poarte de grijă din partea liderului spiritual din biserică și din partea celorlalți credincioși. Nimic nu ne încurajează mai mult decât să știm că suntem iubiți și că celorlalți le pasă de noi. Dragostea din partea celor din jur ne îndeamnă să trăim așa cum trebuie și să rămânem tari în mijlocul încercărilor și ispitelor.

Meditația 1. Scriptura îi îndeamnă pe credincioși să rămână tari în câteva lucruri.
   1) Crediincioșii trebuie să rămână tari în credință.

   Vegheați, fiți tari în credință, fiți oameni, întăriți-vă! (1 Cor. 16:13)

   2) Credincioșii trebuie să rămână tari în libertatea pe care o au în Cristos.

   Rămâneți, dar, tari și nu vă plecați iarăși sub jugul robiei. (Gal. 5:1)

   3) Credincioșii trebuie să rămână tari într-un duh, luptându-se împreună pentru credința evangheliei.

   Numai, purtați-vă într-un chip vrednic de Evanghelia lui Hristos, pentru ca, fie că voi veni să vă văd, fie că voi rămâne departe de voi, să aud despre voi că rămâneți tari în același duh și că luptați cu un suflet pentru credința Evangheliei. (Filip. 1:27)

   4) Credincioșii trebuie să rămână tari în Domnul, care este secretul păcii.

   De aceea, preaiubiții și mult doriții mei frați, bucuria și cununa mea, rămâneți astfel tari în Domnul, preaiubiților! (Filip. 4:1)

   5) Credincioșii trebuie să rămână tari și să țină de învățăturile și doctrinele pe care le-au primit.

   Așadar, fraților, rămâneți tari și țineți învățăturile pe care le-ați primit fie prin viu grai, fie prin epistola noastră. (2 Tes. 2:15)

2. (4:2-3) **Unitate—Frățietate—Restaurare**: al doilea pas spre pace este înțelera și unitatea. Pacea nu poate exista acolo unde oamenii...
- se ceartă
- se ciorovăiesc
- se mușcă
- se dezbină
- cârtesc
- critică

FILIPENI 4:1-5

- au dispute
- se contrazic

Pavel știa asta, lucru ușor de observat de oricine, dar prea des este ignorat de unii. Pavel mai știa ceva, ceva ce știa și Domnul. Erau unii în biserica din Filipi care criticau, se certau, cârteau și nu se înțelegeau. Domnul déjà îl inspirase pe Pavel să-i îndemne pe credincioși să:

⇒ Rămână tari în același duh și pentru apărarea evangheliei.

Numai, purtați-vă într-un chip vrednic de Evanghelia lui Hristos, pentru ca, fie că voi veni să vă văd, fie că voi rămâne departe de voi, să aud despre voi că rămâneți tari în același duh și că luptați cu un suflet pentru credința Evangheliei. (Filip. 1:27)

⇒ Se iubească unii pe alții și să aibă un singur suflet și un singur scop.

Deci, dacă este vreo îndemnare în Hristos, dacă este vreo mângâiere în dragoste, dacă este vreo legătură a Duhului, dacă este vreo milostivire și vreo îndurare, faceți-mi bucuria deplină și aveți o simțire, o dragoste, un suflet și un gând. (Filip. 2:1-2)

⇒ Să-i privească pe ceilalți mai presus decât propria persoană.

Nu faceți nimic din duh de ceartă sau din slavă deșartă; ci, în smerenie, fiecare să privească pe altul mai presus de el însuși. Fiecare din voi să se uite nu la foloasele lui, ci și la foloasele altora. (Filip. 2:3-4)

1. Îndemnul este ca toți cei care se certaseră să se pună de acord în Domnul. Sursa tulburării din biserică provenea de la două femei proeminente din biserică: Evodia și Sintichia. Nu se știe cine au fost ele și care a fost cauza neînțelegerii dintre ele. Un singur lucru se cunoaște despre ele: că aveau o neînțelegere—două femei care aveau păreri diferite și care se ciorovăiau și se certau, criticau și comentau, cârteau și murmurau.

Observați ce a făcut Pavel: el le îndeamnă pe cele două femei să aibă un gând "în Domnul." Cum s-a mai spus și la punctual precedent, dacă un om trăiește și umblă și își are ființa "în Domnul," atunci umblarea lui Îl slujește pe Domnul. El este mistuit de Domnul și de misiunea Lui. Nu are timp de certuri și de neînțelegeri. De fapt, exact opusul este valabil. El are timp numai de a da mâna cu ceilalți care trăiesc și umblă în Domnul—cu toții căutând să împlinească misiunea Domnului pe pământ. Un om care umblă în Domnul este mistuit de dorința de a păstra prezența Domnului vie și reală în inima și în viața lui. Gândurile lui se concentrează asupra Domnului și asupra misiunii Lui, nu asupra diferențelor dintre el și alți credincioși și asupra certurilor și dezbinărilor.

2. Nevoia este pentru un prieten adevărat, un tovarăș de jug, care să intervină și să-i ajute pe cei ce se ceartă. Cuvântul *tovarăș de jug* (sunzuge) este considerat de unii a fi o denumire potrivită pentru un creștin atunci când este botezat. Se obișnuia în acea perioadă să li se dea nume noi credincioșilor la botez pentru a simboliza nașterea lor spirituală. Nu se știe exact cine a fost acest tovarăș de jug, dar el trebuie să fi fost un om foarte respectat de frații din biserică. Numele lui se referă la *jugul* sau *hamul* care era pus pe gâtul boilor pentru arat. Jugul era legat de plug și îi ținea pe cei doi boi împreună pentru ca să poată trage amândoi și să termine munca mai repede. Prin urmare, "tovarăș de jug" se referă la un om care trage înainte și muncește cooperând cu cei din jur. Chiar faptul că Pavel îl roagă să-l ajute în această situație cu cele două femei care se certau, arată că era un om foarte stimat. Pavel simțea că și lui îi pasă și că cele două persoane aflate în conflict îl vor asculta—că el este în stare să resolve disputa și să aducă împăcarea.

Meditația 1. Cele mai mute biserici au unul sau mai mulți *tovarăși de jug,* oameni...
- care iubesc și cărora le pasă de ceilalți
- care întotdeauna îi ajută și îi slujesc pe alții
- cărora Dumnezeu le-a dat daruri și i-a chemat să fie slujitori în turma Sa
- care sunt foarte respectați și apreciați de majoritatea fraților din adunare

Tovarășul de jug este persoana care ar trebui să intervină atunci când certurile și dezbinările încep să-și ridice capetele otrăvite. Tovarășul de jug est un om care a primit de la Dumnezeu daruri speciale prin care să aducă în biserică împăcarea și pacea.

Observați: se transmite un mesaj atât tovarășului de jug cât și celor două persoane implicate în ceartă. Tovarășul de jug trebuie să ajute; obligatoriu trebuie să ajute, nu este ceva opțional pentru el. Dumnezeu l-a chemat și i-a dăruit o natură iubitoare potrivită special pentru acest tip de slujire. Prin urmare, el trebuia să își folosească darul implicându-se și făcând tot ce-i stă în putință pentru a aduce împăcarea și pacea. Observați deasemnea: există două motive pentru care el trebuie să ajute.

a. Cele care se certau lucrau și ele pentru evanghelie. Ele îi ajutaseră pe Pavel, pe Clement și pe alții în biserică. Și acum era nevoie ca ele să slujească pentru evanghelie, nu să se certe și să se contrazică. De aceea, trebuiau luate măsuri și făcute toate eforturile pentru a restabili această relație

b. În al doilea rând, numele lor erau în Cartea Vieții. Ele erau credincioase adevărate care au căzut într-o viață de dezbinare păcătoasă. În ciuda păcatului lor, ele erau cu adevărat credincioase; prin urmare, niciun efort făcut pentru restaurarea lor nu era prea mare.

> Slujiți-le cu bucurie, ca Domnului, iar nu oamenilor. (Efes. 6:7)
>
> Dar între voi să nu fie așa. Ci oricare va vrea să fie mare între voi să fie slujitorul vostru; și oricare va vrea să fie cel dintâi între voi să fie robul tuturor. (Marcu 10:43-44)
>
> "Care dintre aceștia trei ți se pare că a dat dovadă că este aproapele celui ce căzuse între tâlhari?" "Cel ce și-a făcut milă cu el", a răspuns învățătorul Legii. "Du-te de fă și tu la fel", i-a zis Isus. (Luca 10:36-37)
>
> Deci dacă Eu, Domnul și Învățătorul vostru, v-am spălat picioarele, și voi sunteți datori să vă spălați picioarele unii altora. (Ioan 13:14)
>
> I-a zis a doua oară: "Simone, fiul lui Iona, Mă iubești?" "Da, Doamne", I-a răspuns Petru, "știi că Te iubesc." Isus i-a zis: "Paște oițele Mele." (Ioan 21:16)
>
> Noi, care suntem tari, suntem datori să răbdăm slăbiciunile celor slabi și să nu ne plăcem nouă înșine. (Rom. 15:1)
>
> Fraților, chiar dacă un om ar cădea deodată în vreo greșeală, voi, care sunteți duhovnicești, să-l ridicați cu duhul blândeții. Și ia seama la tine însuți, ca să nu fii ispitit și tu. Purtați-vă sarcinile unii altora și veți împlini astfel legea lui Hristos. (Gal. 6:1-2)
>
> Așadar, cât avem prilej, să facem bine la toți, și mai ales fraților în credință. (Gal. 6:10)
>
> Vă rugăm, de asemenea, fraților, să mustrați pe cei ce trăiesc în neorânduială; să îmbărbătați pe cei deznădăjduiți; să sprijiniți pe cei slabi, să fiți răbdători cu toți. (1 Tes. 5:14)
>
> Fiindcă am primit, dar, o împărăție care nu se poate clătina, să ne arătăm mulțumitori și să aducem astfel lui Dumnezeu o închinare plăcută, cu evlavie și cu frică. (Evr. 12:28)
>
> "Întoarceți-vă, copii răzvrătiți, și vă voi ierta abaterile." - "Iată-ne, venim la Tine, căci Tu ești Domnul Dumnezeul nostru." (Ier. 3:22)
>
> "Le voi vindeca vătămarea adusă de neascultarea lor, îi voi iubi cu adevărat! Căci mânia Mea s-a abătut de la ei!" (Osea 14:4)
>
> El va avea iarăși milă de noi, va călca în picioare nelegiuirile noastre, și vei arunca în fundul mării toate păcatele lor. (Mica 7:19)

3. (4:4) **Bucuria**: al treilea pas spre pace este cel al bucuriei în Domnul. Observați că un credincios trebuie să se bucure întotdeauna, adică, fără întrerupere; și apoi, el trebuie să se bucure iarăși, adică în mod repetat.

Nu uitați: Pavel se afla în închisoare și biserica avea ceva probleme cu niște învățături false. Și totuși, Pavel le spune credincioșilor că ei trebuie să meargă mai departe bucurându-se în Domnul. De fapt ei trebuie să se bucure în Domnul întotdeauna—indiferent de cisrcumstanțe (vezi comentariul, *Bucuria*—Filip.3:1 pentru discuții).

4. (4:5) **Blândețea—Cumpătarea**: al patrulea pas spre pace este o blândețe deosebită. Cuvântul *blândețe* (epieikes) este un cuvânt greu de tradus. Unii îl traduc prin cumpătare, stăpânire de sine, considerație, răbdare, curtuazie și docilitate. Există o tendință de a spune că traducerea prin stăpânire de sine sau amabilitate ar fi mai bună. Barclay spune că acest cuvânt include și un sens de dreptate, dar că sensul trece dincolo de asta și exprimă *ceva mai bun decât dreptatea—o blândețe binevoitoare.*

1. Credincioșii trebuie să fie blânzi și binevoitori în relațiile pe care le au cu necredincioșii. Observați cuvântul *toți*. Îndemnnul nu se referă doar la credincioșii din biserică, ci și la necredincioși. Barclay face o expunere excelentă a acestui punct:

> „Creștinul, așa cum îl vede Pavel, este omul care știe că pentru el mai există ceva dincolo de dreptate. Atunci când femeia prinsă în preacurvie a fost adusă înaintea Lui, Isus ar fi putut să aplice litera Legii, și ea ar fi trebuit, potrivit Legii, să fie omorâtă cu pietre; dar El a mers dincolo de dreptate. Din punctul de vedere al dreptății, nimeni nu merită nimic altceva decât condamnarea din partea lui Dumnezeu, dar Dumnezeu merge dincolo de dreptate. Pavel explică faptul că o caracteristică a creștinului în relațiile lui personale cu semenii lui este aceea că el știe când, și când să nu insiste pe dreptate și că el nu uită niciodată că există ceva dincolo de

dreptate, și această caracteristică îl face pe om asemănător cu Dumnezeu" (Scrisorile către Filipeni, Coloseni și Tesaloniceni, p.94.)

Meditația 1. Punctul este foarte clar exprimat: noi trebuie să fim blânzi și binevoitori în toate relațiile pe care le avem cu cei necredincioși. Ultimul lucru pe care trebuie să îl facem este să criticăm, să condamnăm, să neglijăm sau să-i ignorăm pe cei necredincioși. Noi trebuie să câștigăm lumea pentru evanghelie și să îi tratăm cu *blândețe iubitoare.* Trebuie să fim blânzi fără a avea nici o urmă de asprime. Prea mulți dintre noi suntem aspri și critici sau neglijenți și retrași. Prea mulți dintre noi suntem înveliți într-o haină a religiei și nu vrem să avem nimic de a face cu câștigarea celor pierduți. Nevoia disperată a momentului este ca noi să lucrăm pentru evanghelie cu un spirit de *dragoste și blândețe.*

> Cu toată smerenia și blândețea, cu îndelungă răbdare; îngăduiți-vă unii pe alții în dragoste. (Efes. 4:2)
> Îngăduiți-vă unii pe alții, și dacă unul are pricină să se plângă de altul, iertați-vă unul pe altul. Cum v-a iertat Hristos, așa iertați-vă și voi. (Col. 3:13)
> Dimpotrivă, ne-am arătat blânzi în mijlocul vostru, ca o doică ce-și crește cu drag copiii. (1 Tes. 2:7)
> Și robul Domnului nu trebuie să se certe; ci să fie blând cu toți, în stare să învețe pe toți, plin de îngăduință răbdătoare. (2 Tim. 2:24)
> Să nu vorbească de rău pe nimeni, să nu fie gata de ceartă, ci cumpătați, plini de blândețe față de toți oamenii. (Titus 3:2)
> Înțelepciunea care vine de sus este, întâi, curată, apoi pașnică, blândă, ușor de înduplecat, plină de îndurare și de roade bune, fără părtinire, nefățarnică. (Iac. 3:17)

2. Motivul pentru care trebuie să fim blânzi cu oamenii este că Domnul este aproape, foarte aproape. El este gata să vină, și venirea Lui se apropie. Lucrul acesta înseamnă pur și simplu că atunci când El vine, toți vom avea nevoie ca El să se poarte cu noi cu blândețe. Noi suntem păcătoși—bărbați și femei, băieți și fete—care păcătuiesc prea des. Domnul va avea toate drepturile să ne critice și să ne comdamne. Singura noastră nădejde este ca El să fie blând cu noi. De aceea, noi trebuie să fim blânzi cu toți ceilalți oameni. Numai dacă noi suntem iertători față de ei, va fi și Domnul iertător față de noi.

> Dimpotrivă, fiți buni unii cu alții, miloși și iertați-vă unul pe altul, cum v-a iertat și Dumnezeu pe voi în Hristos. (Efes. 4:32)
> Și ne iartă nouă greșelile noastre, precum și noi iertăm greșiților noștri. (Mat. 6:12)
> Dacă iertați oamenilor greșelile lor, și Tatăl vostru cel ceresc vă va ierta greșelile voastre. Dar dacă nu iertați oamenilor greșelile lor, nici Tatăl vostru nu vă va ierta greșelile voastre. (Mat. 6:14-15)
> Și, când stați în picioare de vă rugați, să iertați orice aveți împotriva cuiva, pentru ca și Tatăl vostru care este în ceruri să vă ierte greșelile voastre. (Marcu 11:25)
> Dați, și vi se va da; ba încă, vi se va turna în sân o măsură bună, îndesată, clătinată, care se va vărsa pe deasupra. Căci cu ce măsură veți măsura, cu aceea vi se va măsura. (Luca 6:38)
> Și, chiar dacă păcătuiește împotriva ta de șapte ori pe zi, și de șapte ori pe zi se întoarce la tine și zice: "Îmi pare rău!", să-l ierți. (Luca 17:4)

FILIPENI 4:6-9

1. Pacea vine prin rugăciune
  a. Îndemnul: Nu vă îngrijorați
  b. Remediul: Rugăciunea
    1) Pentru orice lucru
    2) Cu cereri
    3) Cu mulțumiri
  c. Promisiunea: Pacea
    1) Pacea care întrece orice pricepere
      Pacea care ne păzește inimile și gândurile
	B. Pași spre pace (Partea II): Rugăciune și Gândire pozitivă, 4:6-9
	
	6 Nu vă îngrijorați de nimic; ci, în orice lucru, aduceți cererile voastre la cunoștința lui Dumnezeu, prin rugăciuni și cereri, cu mulțumiri. 7 Și pacea lui Dumnezeu, care întrece orice pricepere, vă va păzi inimile și gândurile în Hristos Isus.
		8 Încolo, frații mei, tot ce este adevărat, tot ce este vrednic de cinste, tot ce este drept, tot ce este curat, tot ce este vrednic de iubit, tot ce este vrednic de primit, orice faptă bună și orice laudă, aceea să vă însuflețească. 9 Ce ați învățat, ce ați primit și auzit de la mine și ce ați văzut în mine, faceți. Și Dumnezeul păcii va fi cu voi.	**2. Pacea vine prin gândire pozitivă**
			  a. Îndemnul: Gândiți și practicați lucrurile care sunt...
			    1) Adevărate și vrednice de cinste
			    2) Drepte și curate
			    3) Vrednice de iubit și de primit
			    4) Excelente și demne de laudă
			  b. Sursa puterii de a gândi pozitiv
			    1) Cuvântul lui Dumnezeu
			    2) Exemple demne de urmat
			    3) Efortul personal

SECȚIUNEA V

SECRETUL PĂCII—PACEA LUI DUMNEZEU, 4:1-9

B. PAȘI SPRE PACE (PARTEA II): RUGĂCIUNE ȘI GÂNDIRE POZITIVĂ, 4:6-9

(4:6-9) **Introducere**: nu uitați că încercăm să răspundem la o întrebare—o dată ce primim pacea lui Dumnezeu, cum putem să păstrăm această pace în viața noastră? (Vezi comentariul—Filip.4:1-5 pentru mai multe dinscuții.) O dată ce am făcut *pace cu Dumnezeu,* atunci *pacea lui Dumnezeu* ne inundă viețile. Cum putem menține și păstra această pace? Cum facem ca *pacea lui Dumnezeu* să domnească și să împărățească în sufletele noastre? Cum rămânem conștienți de însăși prezența lui Dumnezeu în lăuntrul nostru—conștienți că "Dumnezeul păcii" trăiește în însăși ființa noastră? Acest pasaj tratează doi dintre cei mai importanți pași pe care îi putem face pentru a avea pacea. Mai mult ca orice alt pasaj, acesta ne spune cum putem avea pace și cum putem păstra pacea. Dacă vom face acești doi pași, pacea lui Dumnezeu va domni și va stăpâni în inimile și în viețile noastre. Nu ne vom pierde niciodată această pace și nu vom rămâne fără ea.

1. Pacea vine prin rugăciune (vv.6-7).
2. Pacea vine prin gândire pozitivă (vv.8-9).

1. (4:6-7) **Pace—Rugăciune—Îngrijorare**: pacea vine prin rugăciune. Observați trei puncte semnificative.

1. Îndemnul lui Pavel: nu vă *îngrijorați* (merimnate) de nimic. Ideea este că un credincios nu trebuie să își facă griji sau să se neliniștească în legătură cu niciun lucru. Cuvântul *nimic* (meden) se referă la orice lucru. Din punct de vedere omensc, filipenii aveau toate motivele să se îngrijoreze și să se neliniștească.

⇒ Treceau printr-o persecuție intensă (Filip.1:18-19).
⇒ Se confruntau cu tulburări în biserică provocate de lipsa de unitate și de certuri (Filip.1:27, 42).
⇒ Aveau câțiva membri firești în adunarea lor, câțiva membri plini de mândrie, super-spirituali și egoiști (Filip.2:3-4; 3:12).
⇒ Se confruntau cu niște învățători falși care se alăturaseră adunării lor, și acei învățători atacau cu înverșunare crucea lui Cristos (Filip.3:2-3, 18-19).
⇒ Unii dintre credincioși se luptau cu nevoile vieții de zi cu zi: hrană, îmbrăcăminte, adăpost (Filip.4:19).

Erau puține lucrurile cu care acești credincisi scumpi nu se confruntau. Ei treceau prin toate încercările și ispitele imaginabile, necazuri care provoacă neliniște și îngrijorare. Din punct de vedere omenesc, oricine se îngrijorează și este cuprins de neliniște atunci când...

• a pierdut sau urmează să piardă hrana, îmbrăcămintea sau casa
• este persecutat, ridiculizat, abuzat sau amenințat
• este înconjurat de certuri, tulburări, oameni firești, sau învățături false

În mijlocul unor astfel de circumstanțe, singurul mod în care cineva poate să nu se îngrijoreze este dacă primește o doză de putere supranaturală.

Aceasta este și ideea textului nostru. Există o soluție pentru îngrijorare și anxietate, o soluție supranaturală: pacea lui Dumnezeu. Dumnezeu *îi va da putere* credinciosului să biruiască îngrijorarea și anxietatea. Dumnezeu va birui încercările vieții pentru credincios, oricât de teribile și de stresante ar fi ele. Dumnezeu îl va inunda pe credincios cu pace—cu însăși pacea lui Dumnezeu—o pace atât de măreață și de minunată încât îl va trece pe credincios biruitor prin mijlocul încercărilor. Bineînțeles că lucrul acesta nu înseamnă că credinciosul nu mai trebuie să fie interesat de problemele vieții cotidiene. El trebuie să fie preocupat de ele, dar există o diferență între preocupare și îngrijorare sau anxietate. Preocuparea ne face să ne ridicăm și să abordăm problemele vieții plini de curaj și de râvnă. Preocuparea ne face să acționăm și să biruim cât ne stă în putință. Îngrijorarea și anxietatea cauzează tot felul de probleme...

- teama de a acționa
- retragerea
- ezitarea
- lașitatea
- depresia
- descurajarea
- o atitudine de înfrângere

- acțiuni pripite, neplanificate
- decizii neînțelepte și dăunătoare
- boli fizice și slăbiciuni
- probleme emoționale
- decădere spirituală
- neîncredere și necredință

Sigur că lista poate continua la nesfârșit, dar lucrul pe care trebuie să îl observăm este cât este de gravă îngrijorarea sau anxietatea. Stați un moment și gândiți-vă la câteva dintre problemele de mai sus: suferința pe care o pot provoca îngrijorările și anxietatea. Gravitatea acestei probleme este ușor de înțeles. Cu toții cunoaștem oameni care suferă enorm din cauza îngrijorărilor și a anxietății; lor pur și simplu le lipsește pacea lui Dumnezeu. Și totuși, Scriptura este fermă: Nu vă îngrijorați de nimic, de absolut nimic.

> Nu vă îngrijorați, dar, zicând: "Ce vom mânca?" sau: "Ce vom bea?" sau: "Cu ce ne vom îmbrăca?" Fiindcă toate aceste lucruri Neamurile le caută. Tatăl vostru cel ceresc știe că aveți trebuință de ele. Căutați mai întâi Împărăția lui Dumnezeu și neprihănirea Lui, și toate aceste lucruri vi se vor da pe deasupra. (Mat. 6:31-33)
> Drept răspuns, Isus i-a zis: "Marto, Marto, pentru multe lucruri te îngrijorezi și te frămânți tu." (Luca 10:41)
> Să nu căutați ce veți mânca sau ce veți bea și nu vă frământați mintea. (Luca 12:29)
> Luați seama la voi înșivă, ca nu cumva să vi se îngreuieze inimile cu îmbuibare de mâncare și băutură și cu îngrijorările vieții acesteia, și astfel ziua aceea să vină fără veste asupra voastră. (Luca 21:34)
> Nu vă îngrijorați de nimic; ci, în orice lucru, aduceți cererile voastre la cunoștința lui Dumnezeu, prin rugăciuni și cereri, cu mulțumiri. Și pacea lui Dumnezeu, care întrece orice pricepere, vă va păzi inimile și gândurile în Hristos Isus. (Filip. 4:6-7)
> Să nu fiți iubitori de bani. Mulțumiți-vă cu ce aveți, căci El însuși a zis: "Nicidecum n-am să te las, cu niciun chip nu te voi părăsi." (Evrei 13:5)
> Și aruncați asupra Lui toate îngrijorările voastre, căci El însuși îngrijește de voi. (1 Pet. 5:7)

2. Remediul împotriva anxietății și îngrijorării: rugăciunea. Cele patru cuvinte folosite pentru rugăciune arată exact cum trebuie rugăciunea să rezolve problema îngrijorărilor.
⇒ Cuvântul *rugăciune* (proseuche) se referă la acele rugăciuni speciale pe care le avem în momentele de devoțiune și închinare. Noi trebuie să ne rezervăm timp pentru rugăciune, un timp special programat pentru închinare și devoțiune personală.
⇒ Cuvântul *cereri(vs.6b)* (deesis) se referă la rugăciunile care se concentrează pe o nevoie specială. Simțim o nevoie profundă, intensă, prin urmare, mergem înaintea lui Dumnezeu și *îi cerem*, adică, ne vărsăm sufletul înaintea Lui. Nevoia—o mare nevoie—ne presează, și singurul ajutor și singura izbăvire posibilă este Dumnezeu. De aceea, venim și ne prezentăm nevoia înaintea Lui ca niște copii: plângând, strigând și implorându-L să ne ajute, să ne mângâie, să ne izbăvească și să ne dea pace.
⇒ Cuvântul *mulțumiri* (eucharistia) înseamnă că Îi mulțumim și Îl lăudăm pe Dumnezeu pentru tot ce este El și pentru tot ce a făcut pentru noi.
⇒ Cuvântul *cererile(vs.6s)* (aitemata) se referă la cereri specifice și bine definite. Rugăciunea noastră nu trebuie să fie făcută la modul general, ea trebuie să fie specifică. Noi trebuie să aducem înaintea lui Dumnezeu exact ceea ce avem nevoie și nu trebuie să ne temem că Îi dăm prea multe detalii sau că Îl deranjăm. Nici nu trebuie să avem rețineri și să nu îi cerem lucruri specifice din teama că El nu ne va răspunde la ceva atât de specific. De prea multe ori credincioșii se tem că nu vor primi răspunsuri la cereri prea specifice, se tem că neprimind un răspuns, lucrul acesta va însemna că ei sunt slabi din punct de vedere spiritual, dacă cererea lor nu este aprobată.

Observați ce spune Scriptura: *"În orice lucru"* rugați astfel—folosiți cele patru moduri de rugăciune și folosiți-le pentru a vă ruga pentru orice lucru. Asta înseamnă două lucruri.

FILIPENI 4:6-9

a. Noi trebuie să umblăm în Dumnezeu—să trăim, să ne mișcăm, să ne avem ființa în El—și facem lucrul acesta prin rugăciune. Ne rugăm "în orice lucru"—pe parcursul întregii zile în timp ce umblăm și ne facem treburile de zi cu zi.

⇒ *Ne rugăm* în timpul pe care l-am rezervat special pentru devoțiune și închinare.

⇒ *Cerem (implorăm)*—ne luptăm în rugăciune—atunci când ne confruntăm cu perioade de nevoi mari și intense.

⇒ Dăm *mulțumire* (și laudă) în fiecare zi în drumurile și umblările pe care le avem de făcut.

⇒ Aducem *cereri*—cereri specifice—lui Dumnezeu. Îi cerem să facă anumite lucruri în umblările noastre de fiecare zi.

Cum am mai spus, umblăm în Dumnezeu—trăim, ne mișcăm, și ne avem ființa în El; și modul prin care facem lucrul acesta este prin rugăciune.

b. Trebuie să ne rugăm pentru orice lucru, oricât de mic și de neînsemnat ar părea. Dumnezeu este interesat de viața noastră până în cele mai mici detalii. El vrea ca noi să-L recunoaștem *în toate căile noastre,* la fiecare pas, pentru că El vrea să aibă grijă de noi la fiecare pas pe care îl facem.

Acum imaginați-vă următoarea scenă: umblăm în fiecare zi, împărtășind totul cu Dumnezeu la fiecare pas, și Dumnezeu ne poartă de grijă în tot ce facem. Ce poate atunci să ne răpească pacea lui Dumnezeu? Absolut nimic! Pentru că în timp ce umblăm în rugăciune și în părtășie cu Dumnezeu, El ne inundă cu prezența Lui și cu pacea Lui. Oricare ar fi conflictul sau încercarea prin care trecem, noi continuăm să împărtășim totul cu Dumnezeu și Dumnezeu continuă să ne umple de pacea Lui. Prin rugăciune El ne dă pacea de a birui și de a trece prin orice încercare. Relația noastră cu Dumnezeu și pacea Lui sunt neîntrerupte.

> **Cereți, și vi se va da; căutați și veți găsi; bateți, și vi se va deschide. (Mat. 7:7)**
>
> **Vegheați și rugați-vă, ca să nu cădeți în ispită; duhul, în adevăr, este plin de râvnă, dar carnea este neputincioasă. (Mat. 26:41)**
>
> **Isus le-a spus o pildă, ca să le arate că trebuie să se roage necurmat și să nu se lase. (Luca 18:1)**
>
> **Vegheați, dar, în tot timpul și rugați-vă, ca să aveți putere să scăpați de toate lucrurile acestea care se vor întâmpla și să stați în picioare înaintea Fiului omului. (Luca 21:36)**
>
> **Faceți în toată vremea, prin Duhul, tot felul de rugăciuni și cereri. Vegheați la aceasta, cu toată stăruința, și rugăciune pentru toți sfinții. (Efes. 6:18)**
>
> **Rugați-vă neîncetat. (1 Tes. 5:17)**

3. Promisiunea: pacea. Pacea (eirene) înseamnă a fi legat, alăturat și țesut împreună. Înseamnă a fi asigurat, încrezător și consolidat în dragostea și în grija lui Dumnezeu. Înseamnă a avea sentimentul, a fi conștient și a ști că Dumnezeu va...

- purta de grijă
- călăuzi
- întări
- susține
- izbăvi
- încuraja
- salva
- da viață adevărată și acum și în veșnicie

Un om poate să experimenteze pacea lui Dumnezeu numai dacă umblă în rugăciune. De ce? Pentru că numai Dumnezeu poate *să izbăvească omul* din cele mai grave circumstanțe și tragedii ale vieții; numai Dumnezeu poate să *toarne siguranță și securitate* în sufletul omenesc. Minunata promisiune în legătură cu pacea lui Dumnezeu include două lucruri.

a. În primul rând, pacea lui Dumnezeu întrece orice pricepere. Este dincolo de orice putem noi cere sau gândi. Depășește orice imaginație a noastră. Gândiți-vă la cele mai grele situații pe care vi le puteți imagina; apoi gândiți-vă la pacea pe care ați dori-o în timp ce treceți prin necazuri. În experiența reală, pacea lui Dumnezeu este cu mult mai adâncă și mai măreață decât orice vă puteți imagina sau înțelege. Pacea lui Dumnezeu îl trece pe credincios prin mijlocul necazurilor și încercărilor.

b. În al doilea rând, pacea lui Dumnezeu ne păzește inimile și mințile. Expresia *vă va păzi* (phrouresei) este un termen militar care are sensul de a cartirui, a face de strajă și a proteja un obiectiv. Pacea lui Dumnezeu este asemeni unui soldat de elită care străjuiește și păzește comoara cea mai de preț a lui Dumnezeu: inima și mintea credinciosului.

Totuși, observați că Dumnezeu ne poate păzi numai dacă noi suntem "în Cristos Isus". Putem cunoaște pacea lui Dumnezeu numai dacă ne-am încrezut în Cristos ca Domn și Mântuitor, și numai dacă umblăm în părtășie cu El. A fi în Cristos înseamnă a umbla în Cristos—a trăi, a te mișca și a avea ființa în El.

FILIPENI 4:6-9

Vă las pacea, vă dau pacea Mea. Nu v-o dau cum o dă lumea. Să nu vi se tulbure inima, nici să nu se înspăimânte. (Ioan 14:27)

V-am spus aceste lucruri ca să aveți pace în Mine. În lume veți avea necazuri; dar îndrăzniți, Eu am biruit lumea. (Ioan 16:33)

Deci fiindcă suntem socotiți neprihăniți, prin credință, avem pace cu Dumnezeu, prin Domnul nostru Isus Hristos. (Rom. 5:1)

Și umblarea după lucrurile firii pământești este moarte, pe când umblarea după lucrurile Duhului este viață și pace. (Rom. 8:6)

Căci Împărăția lui Dumnezeu nu este mâncare și băutură, ci neprihănire, pace și bucurie în Duhul Sfânt. (Rom. 14:17)

Roada Duhului, dimpotrivă, este: dragostea, bucuria, pacea, îndelunga răbdare, bunătatea, facerea de bine, credincioșia, (Gal. 5:22)

Blândețea, înfrânarea poftelor. Împotriva acestor lucruri nu este lege. (Gal. 5:23)

Celui cu inima tare, Tu-i chezășuiești pacea; da, pacea, căci se încrede în Tine. (Isa. 26:3)

Domnul dă tărie poporului Său, Domnul binecuvântă pe poporul Său cu pace. (Ps. 29:11)

2. (4:8-9) **Minte—Gânduri—Gândire pozitivă**: pacea vine prin gândire pozitivă. Cuvântul *a gândi* (logizesthe) înseamnă a considera, a reflecta, a raționa și a judeca. Ideea este aceea de a ne concentra gândurile până când ele ne modelează comportamentul. Adevărul este că:

⇒ devenim ceea ce gândim.
⇒ suntem acolo unde este mintea noastră.
⇒ gândurile noastre ne modelează comportamentul.
⇒ ceea ce facem este expresia a ceea ce gândim.

William Barclay spune, "...este o lege a vieții că dacă un om se gândește la ceva destul de des și destul de mult, va ajunge la un punct în care nu se va mai putea opri să nu se gândească la acel lucru. Gândurile lui vor fi intrat pe un făgaș din care el nu le va mai putea scoate" (Scrisorile către Filipeni, Coloseni și Tesaloniceni, p.97).

Un om care își concentrează gândurile asupra lumii și asupra lucrurilor din lume, va trăi pentru lume și pentru lucrurile din ea: bani, bogăție, terenuri, proprietăți, case, posesiuni, poziție, putere, recunoaștere, onoare, statut social, faimă și o mulțime de alte lucruri pe care lumea le urmărește. Foarte simplu spus, un om care își concentrează gândurile asupra...

- firii pământești (naturii păcătoase) și asupra poftelor ei, va trăi pentru a satisface firea (natura păcătoasă) prin lucruri ca mândria, eul, lăcomia, plăcerile, sexul.
- ochilor și asupra poftelor lor, va trăi pentru a împlini poftele ochilor prin lucruri ca reviste, filme, cărți și emisiuni de televiziune imorale pline de mizerii și pornografie; expunerea trupului omenesc; haine care să atragă privirile; priviri indiscrete.
- lăudăroșiei vieții, adică asupra tuturor lucrurilor pe care el le face și le are, va trăi pentru a împlini dorința de a i se recunoaște meritele, de a primi onoare, poziție și autoritate.

O minte concentrată asupra lumii și asupra firii pământești (naturii păcătoase) este cea care conduce la anxietate și îngrijorare, neliniște și un sentiment de gol în suflet. Acesta a fost accentul punctului anterior (vv.6-7). O minte lumească nu cunoaște pacea—nu pacea adevărată, nu pacea lui Dumnezeu. Dumnezeu nu va permite niciodată ca o mite lumească să aibă pace, pentru că El folosește tocmai această neliniște din sufletul omului pentru a-l aduce pe om la mântuire.

Punctul principal este acesta: când un om Îl acceptă pe Isus Cristos, mintea lui este înnoită prin Duhul lui Dumnezeu.

Să nu vă potriviți chipului veacului acestuia, ci să vă prefaceți, prin înnoirea minții voastre, ca să puteți deosebi bine voia lui Dumnezeu: cea bună, plăcută și desăvârșită. (Rom. 12:2)

Și să vă înnoiți în duhul minții voastre, și să vă îmbrăcați în omul cel nou, făcut după chipul lui Dumnezeu, de o neprihănire și sfințenie pe care o dă adevărul. (Efes. 4:23-24)

Și v-ați îmbrăcat cu omul cel nou, care se înnoiește spre cunoștință, după chipul Celui ce l-a făcut. (Col. 3:10)

O dată ce un om s-a convertit la Cristos și a devenit o făptură nouă, el trebuie să-și concentreze gândurile asupra lucrurilor bune din viață și asupra lui Dumnezeu. El trebuie să își dedice mintea *gândirii pozitive.* De fapt, el trebuie să gândească numai gânduri pozitive. Credinciosul nu trebuie să permită niciunui gând imoral, firesc, lumesc, egoist, pă-

FILIPENI 4:6-9

cătos sau rău, să intre în mintea lui. Nu trebuie să existe niciun astfel de gând negativ în mintea credinciosului. Gândurile păcătoase și negative tulbură și distrug pacea. Din acest motiv, credinciosul trebuie să se lupte pentru a-și cuceri mintea și gândurile. El trebuie să folosească fiecare sursă de enegie de care dispune pentru a-și captura și a-și supune fieare gând. Ceea ce gândim este atât de important încât Dumnezeu ne spune ce să gândim

1. Îndemnul este să gândim și să practicăm gândirea pozitivă.
   a. "Tot ce este *adevărat*" (alethe): real și autentic.
      Multe lucruri în lume par a fi adevărate, dar nu sunt; sunt false și înșelătoare, sunt o iluzie și contrafăcute. Ele par să ofere pace, dar ceea ce oferă este o pace înșelătoare, falsă—doar o fugă de realitate. Noi trebuie să ne concentrăm mițile pe lucrurile adevărate, trebuie să trăim vieți în adevăr atât față de oameni cât și față de Dumnezeu. Atunci când gândurile și viețile noastre sunt concentrate pe lucruri adevărate, pacea intră în inima noastră. only escapism.
   b. "Tot ce este *vrednic de cinste*" (semna): onorabil, care să merite, respectabil, apreciat și nobil. Barclay spune: "Lumea descrie într-adevăr lucrurile care au auspra lor demnitatea sfințeniei. Există lucruri în lumea aceasta superficiale și ieftine, lucruri atrăgătoare pentru oamenii ușuratici; dar creștinul trebuie să își concentreze mintea asupra lucrurilor importante și serioase" (*Scrisorile către Filipeni, Coloseni și Tesaloniceni,* p.98).
   c. "Tot ce este *drept*" (diakia): comportament drept și neprihănit. Se referă la o purtare corectă față de oameni și față de Dumnezeu.
      Credinciosul trebuie să își țină gândurile focalizate pe datoria lui față de oameni și față de Dumnezeu—pe a face ceea ce trebuie față de ei. Omul trebuie să trăiască responsabil viața pe acest pământ. El este responsabil pentru pământ și pentru semenii lui și va răspunde înaintea lui Dumnezeu pentru felul în care s-a purtat. De aceea, el nu trebuie să își concentreze gândurile asupra confortului personal sau asupra plăcerilor și preocupărilor egoiste. El trebuie să își concentreze gândurile asupra lucrurilor *drepte și neprihănite*. Datoria lui este să se gândească la oamenii din jur și mai ales la Dumnezeu. Este de datoria lui să aducă o contribuție, să facă tot ce poate pentru cei din jur și pentru Dumnezeu. O minte plină de gânduri *drepte (neprihănite)* va cunoaște pacea.
   d. "Tot ce este *curat*" (hagna): curat din punct de vedere moral, fără pată, imaculat, pur, nespurcat, lipsit de poluare morală, mizerie, murdărie și impurități.
      Mintea și gândurile credinciosului trebuie să fie curate—fiecare gând.
   e. "Tot ce este *vrednic de iubit*" (prosphile): plăcut, fermecător, grațios; lucruri care provoacă dragostea și bunătatea.
      Gândurile credinciosului nu trebuie să fie gânduri rele sau răutăcioase, de cârtire sau de murmurare, de critică sau gânduri negative. Gândurile credonciosului trebuie să se concentreze pe lucrurile vrednice de iubit—lucruri care îi zidesc pe cei din jur, nu care îi dărâmă.
   f. "Tot ce este *vrednic de primit*" (euphema): lucruri care au o bună reputație, care merită; lucruri de cea mai bună calitate.
      Credinciosul trebuie să se gândească la lucruri vrednice. El nu trebuie să își umple mintea cu gunoaie; el nu trebuie să asculte *zvonuri sau bârfe,* oricât ar fi de *siropoase.* Nici nu trebuie să își umple mintea de gunoaie prin radio, televiziune, muzică, glume proaste, sau din orice altă sursă. Gândurile lui trebuie să se concentreze numai pe lucruri care merită—numai pe lucrurile *vrednice de primit.*
   g. "Orice faptă [sau gând] bună și orice laudă, aceea să vă însuflețească". Gândirea pozitivă este secretul păcii pentru credinciosul creștin.
2. Sursa puterii pentru gândirea pozitivă dublă.
   a. Prima sursă este Cuvântul lui Dumnezeu. Pavel spune că el a predicat și i-a învățat pe filipeni aceste virtuți ale gândirii pozitive, și că ei le-au învățat. Ceea ce Pavel a predicat și a învățat era voia lui Dumnezeu; prin urmare, sursa puterii pentru gândirea pozitivă vine din Cuvântul lui Dumnezeu. În Cuvântul lui Dumnezeu credinciosul poate să găsească lucrurile cu care trebuie să își umple mintea. Gândurile lui trebuie să fie focalizate pe învățăturile din Cuvântul lui Dumnezeu.

> **Cuvântul lui Hristos să locuiască din belșug în voi în toată înțelepciunea. Învățați-vă și sfătuiți-vă unii pe alții cu psalmi, cu cântări de laudă și cu cântări duhovnicești, cântând lui Dumnezeu cu mulțumire în inima voastră. (Col. 3:16)**
>
> **Toată Scriptura este insuflată de Dumnezeu și de folos ca să învețe, să mustre, să îndrepte, să dea înțelepciune în neprihănire. (2 Tim. 3:16)**
>
> **Căci Cuvântul lui Dumnezeu este viu și lucrător, mai tăietor decât orice sabie cu două tăișuri: pătrunde până acolo că desparte sufletul și duhul, încheieturile și măduva, judecă simțirile și gândurile inimii. (Evrei 4:12)**

FILIPENI 4:6-9

Orânduirile Domnului sunt fără prihană și înveselesc inima; poruncile Domnului sunt curate și luminează ochii. (Ps. 19:8)

Cum își va ține tânărul curată cărarea? Îndreptându-se după cuvântul Tău. (Ps. 119:9)

Strâng cuvântul Tău în inima mea, ca să nu păcătuiesc împotriva Ta! (Ps. 119:11)

Cuvântul Tău este o candelă pentru picioarele mele și o lumină pe cărarea mea. (Ps. 119:105)

b. A doua sursă este formată din exemplele demne de urmat. Pavel spune că el a trăit ca o mărturie înaintea filipenilor. Prin urmare, ei puteau să îi urmeze exemplul pentru că gândurile lui și viața lui au fost concentrate pe virtuțile gândirii pozitive.

Urmați-mă pe mine, fraților, și uitați-vă bine la cei ce se poartă după pilda pe care o aveți în noi. (Filip. 3:17)

Voi înșivă știți ce trebuie să faceți ca să ne urmați; căci noi n-am trăit în neorânduială între voi. (2 Tes. 3:7)

Dreptarul învățăturilor sănătoase, pe care le-ai auzit de la mine, ține-l cu credința și dragostea care este în Hristos Isus. (2 Tim. 1:13)

Tu însă ai urmărit de aproape învățătura mea, purtarea mea, hotărârea mea, credința mea, îndelunga mea răbdare, dragostea mea, răbdarea mea. (2 Tim. 3:10)

3. În al treilea rând, mai este și energia și puterea care vin prin efortul personal și autodisciplină. Observați cuvintele: "Ce ați învățat...faceți." De la credincios se așteaptă control și disciplină în ceea ce privește mintea lui. El trebuie să lupte împotriva gândurilor păcătoase și negative, să lupte pentru a avea numai gânduri pozitive. Observați rezultatul gândirii pozitive: Dumnezeul păcii va fi cu credinciosul.

În adevăr, cei ce trăiesc după îndemnurile firii pământești umblă după lucrurile firii pământești; pe când cei ce trăiesc după îndemnurile Duhului umblă după lucrurile Duhului. (Rom. 8:5)

Să nu vă potriviți chipului veacului acestuia, ci să vă prefaceți, prin înnoirea minții voastre, ca să puteți deosebi bine voia lui Dumnezeu: cea bună, plăcută și desăvârșită. (Rom. 12:2)

Căci "cine a cunoscut gândul Domnului, ca să-I poată da învățătură?" Noi însă avem gândul lui Hristos. (1 Cor. 2:16)

Noi răsturnăm izvodirile minții și orice înălțime care se ridică împotriva cunoștinței lui Dumnezeu; și orice gând îl facem rob ascultării de Hristos. (2 Cor. 10:5)

Încolo, frații mei, tot ce este adevărat, tot ce este vrednic de cinste, tot ce este drept, tot ce este curat, tot ce este vrednic de iubit, tot ce este vrednic de primit, orice faptă bună și orice laudă, aceea să vă însuflețească. (Filip. 4:8)

Și să vă înnoiți în duhul minții voastre, și să vă îmbrăcați în omul cel nou, făcut după chipul lui Dumnezeu, de o neprihănire și sfințenie pe care o dă adevărul. (Efes. 4:23-24)

Celui cu inima tare, Tu-i chezășuiești pacea; da, pacea, căci se încrede în Tine. (Isa. 26:3)

FILIPENI 4:10-19

	VI.APRECIEREA PENTRU RELAȚIILE BUNE ÎNTRE CREȘTINI, 4:10-23	14 Dar bine ați făcut că ați luat parte la strâmtorarea mea.	c. Dărnicia este necesară— este o lucrare bună
	A. Aprecierea: Pentru o biserică în care dărnicia jertfitoare este reînnoită, 4:10-19	15 Știți voi înșivă, filipenilor, că, la începutul Evangheliei, când am plecat din Macedonia, nicio biserică n-a avut legătură cu mine în ce privește "darea" și "primirea" afară de voi.	**3. Dărnicia lor a fost deosebită: Au fost singurii care au dăruit și au dăruit în mod constant**
1. Dărnicia lor a fost reînnoită	10 Am avut o mare bucurie în Domnul, că, în sfârșit, ați putut să vă înnoiți iarăși simțămintele voastre față de mine. Vă gândeați voi la așa ceva, dar vă lipsea prilejul.	16 Căci mi-ați trimis în Tesalonic, o dată, și chiar de două ori, ceva pentru nevoile mele.	
2. Dărnicia lor nu era obligatorie, dar era necesară a. Dărnicia nu este obligatorie pentru că Dumnezeu ne învață să fim mulțumiți indiferent de circumstanțe	11 Nu zic lucrul acesta având în vedere nevoile mele; căci m-am deprins să fiu mulțumit cu starea în care mă găsesc. 12 Știu să trăiesc smerit și știu să trăiesc în belșug. În totul și pretutindeni m-am deprins să fiu sătul și flămând, să fiu în belșug și să fiu în lipsă.	17 Nu că umblu după daruri. Dimpotrivă, umblu după câștigul care prisosește în folosul vostru. 18 Am de toate și sunt în belșug. Sunt bogat de când am primit prin Epafrodit ce mi-ați trimis... un miros de bună mireasmă, o jertfă bine primită și plăcută lui Dumnezeu.	**4. Dărnicia lor a fost o jertfă văzută și răsplătită de Dumnezeu** a. Dumnezeu a pus o răsplată în dreptul lor
b. Dărnicia nu este obligatorie pentru că Cristos ne întărește în toate situațiile	13 Pot totul în Hristos care mă întărește.	19 Și Dumnezeul meu să îngrijească de toate trebuințele voastre, după bogăția Sa, în slavă, în Isus Hristos.	b. Lui Dumnezeu I-a plăcut jertfa lor c. Dumnezeu a promis că se va îngriji de toate nevoile lor

SECȚIUNEA VI

APRECIEREA PENTRU RELAȚIILE BUNE ÎNTRE CREȘTINI, 4:10-23

A. APRECIEREA: PENTRU O BISERICĂ ÎN CARE DĂRNICIA JERTFITOARE ESTE REÎNNOITĂ, 4:10-19

(4:10-19) **Introducere:** acest pasaj tratează subiectul isprăvniciei, administrării, în special dărnicia în bani pentru a veni în întâmpinarea nevoilor lucrătorilor și misiunilor, sau pentru a ajuta la răspândirea evangheliei în lume. Nu uitați: Pavel era la închisoare acuzat pe nedrept de răscoală împotriva guvernului. El era în pericol de a fi condamnat la moarte dacă era găsit vinovat. Filipenii auziseră despre această situație grea, și acum auzeau că Pavel a rămas tare pe poziție continuând să predice evanghelia tuturor celor care venau să îl viziteze. Biserica a fost astfel provocată să facă două lucruri: să facă o colectă din dragoste pentru el și să trimită un frate, pe Epafrodit, care să se îl slujească pe Pavel și nevoilor lui. (Vezi schița și comentariul—Filip.2:25-30 pentru mai multe discuții.)

Acest pasaj exprimă aprecierea lui Pavel pentru o biserică în care este reînnoit interesul pentru a face misiune— care începe să dăruiască *din nou* pentru a sprijini lucrarea lui Dumnezeu din întreaga lume.

1. Dărnicia lor a fost reînnoită (v.10).
2. Dărnicia lor nu era obligatorie, dar era necesară (vv.11-14).
3. Dărnicia lor a fost deosebită: Au fost singurii care au dăruit și au dăruit în mod constant (vv.15-16).
4. Dărnicia lor a fost o jertfă văzută și răsplătită de Dumnezeu (vv.17-19).

1. (4:10) **Isprăvnicie—Dărnicie:** biserica și-a înnoit dărnicia. Observați cuvântul *înnoit* (anethalete): înseamnă a fi readus la viață. Este imaginea plantelor și florilor care încolțesc, înmuguresc și înfloresc *din nou*. Atunci când a fost întemeiată biserica, credincioșii l-au sprijinit pe Pavel și misiunea lui în mod regulat. Dar din anumite motive, mai tarziu, ei au renunțat să-i mai acorde acest sprijin. Probabil că asta se întâmplase în urmă cu zece, doisprezece ani (Strauss). Nu se cunoaște motivul pentru care ei au oprit sprijinul financiar pe care i-l trimiteau. Totuși, ce este important de observat aici este reînnoirea acestui sprijin pentru misiune care a avut loc în biserică. Au reluat sprijinul acesta acordat lui Pavel, și dărnicia lor față de el a înflorit din nou. Bucuria din inima lui Pavel este dincolo de tot ce ne putem imagina. El spune: "Am avut o mare bucurie în Domnul."

FILIPENI 4:10-19

Meditația 1. De ce a abandonat biserica sprijinul acordat misiunii lui Pavel? Cum am spus mai sus, nu se cunoaște motivul. Ca de obicei, plin de bunăvoință și discreție, Pavel trece peste această chestiune spunând că știe că lor le păsa de nevoile lui, numai că nu avuseseră încă ocazia să se ocupe de acest lucru. A fost oare întreruperea sprijinului lor...

- justificată: adică, se datora persecuțiilor sau sărăciei?
- nejustificată: adică, se datora neglijenței și lipsei de interes pentru răspândirea evangheliei prin misiune în lumea întreagă?

Pentru a fi sinceri în legătură cu această chestiune, este greu să ne imaginăm un motiv justificat pentru a întrerupe sprijinul acordat misiunii. Este chiar mai greu să ne imagină un motiv care să dureze între zece și doisprezece ani, cum s-a întâmplat în cazul bisericii filipenilor care a încetat să-l mai sprijinească pe Pavel. Fie acel motiv justificat sau nejustificat, cu toții avem nevoie să ne cercetăm inimile în legătură cu sprijinul pe care în acordăm slujitorilor lui Dumnezeu și misiunilor în întreaga lume.

⇒ Evanghelia trebuie sprijinită.
⇒ Evanghelia trebuie dusă în toată lumea.
⇒ Marea nevoie a momentului este ca bisericile să se trezească la realitatea *misiunii globale* a lui Cristos.
⇒ Predicatorii, adică, lucrătorii, misonarii, învățătorii și evangheliștii—toți predicatorii și învățătorii chemați de Dumnezeu—trebuie sprijiniți în lucrarea lor de a duce evanghelia în toată lumea.

Observați următorul lucru: au trecut multe secole de când Isus Cristos a venit să moară pentru păcatele oamenilor și să le dea viață. Și totuși, priviți ce puțin s-a făcut—cât de mulți oameni încă nu a auzit și nu au crezut.

⇒ Unde sunt lucrătorii care să ducă mesajul? Unde sunt cei care se roagă pentru lucrători, așa cu El ne-a învățat? Vedem cu toții ce mulți stau acasă și ce puțini sunt cei care ies în comunitățile lor, pe teren, slujind și mărturisindu-L pe Cristos celor pierduți. Aceasta este metoda lui Dumnezeu? Voia Lui? Dacă reflectăm cu sinceritate găsim răspunsul. Problema nu este că nu știm care este adevărul. Cunoaștem adevărul: știm că trebuie să mergem. Doar că nu suntem dispuși să mergem noi înșine. Nu suntem dispuși să păsărim confortul și securitatea caselor, locului de muncă și al familiei pentru a ieși în comunitate sau a călători în alte țări în lume.

Cea mai mare nevoie a momentului este de lucrători—de muncitori care să facă exact ceea ce a poruncit Cristos: "Duceți-vă în toată lumea și propovăduiți Evanghlia la orice făptură" (Marcu 16:15). Și dacă nu putem să ne ducem, atunci trebuie să ne implicăm sprijinindu-i pe cei care sunt dispuși să meargă!

> **Atunci a zis ucenicilor Săi: "Mare este secerișul, dar puțini sunt lucrătorii!" (Mat. 9:37)**
> **Și le-a zis: Mare este secerișul, dar puțini sunt lucrătorii! Rugați, dar, pe Domnul secerișului să scoată lucrători la secerișul Său. (Luca 10:2)**
> **Tot așa, oricine dintre voi, care nu se leapădă de tot ce are, nu poate fi ucenicul Meu. (Luca 14:33)**
> **Nu ziceți voi că mai sunt patru luni până la seceriș? Iată, Eu vă spun: ridicați-vă ochii și priviți holdele care sunt albe acum, gata pentru seceriș. Cine seceră primește o plată și strânge rod pentru viața veșnică; pentru ca și cel ce seamănă și cel ce seceră să se bucure în același timp. (Ioan 4:35-36)**

2. (4:11-14) **Isprăvnicia—Lucrători—Asigurarea nevoilor:** dărnicia bisericii nu era obligatorie, dar era necesară. Foarte simplu, aceasta înseamnă că Dumnezeu îi va purta de grijă slujitorului Său chiar dacă bisericile nu se îngrijesc de el așa cum ar trebui. De-a lungul veacurilor, cele mai multe biserici nu s-au îngrijit în mod adecvat de lucrătorii lor. Și lucrul acesta a adăugat la suferințele pe care lucrătorii le-au îndurat pentru a duce evanghelia unei lumi care are o nevoie disperată de acest mesaj. Și totuși, slujitorii lui Dumnezeu au mers înainte, oricâte suferințe au avut de îndurat. Observați trei puncte importante.

1. Dărnicia nu este obligatorie pentru că Dumnezeu îi învață pe slujitorii Lui să fie mulțumiți, indiferent de circumstanțe (vv.11-12). Cuvântul *mulțumit* (autarkeia) înseamnă a fi auto-suficient; a fi total detașat de circumstanțe. Observați cuvântul "m-am deprins". Este vorba de un process de învățare. Pavel a trebuit să învețe cum să biruiască circumstanțele și să nu le permit să aducă îngrijorare în inima lui. Dar observați: el a învățat să fie mulțumit. El descrie situația prin trei idei:

⇒ știa ce înseamnă să fie în nevoie (să trăiască smerit, mulțumindu-se cu puțin) și ce înseamnă să fie în belșug (să trăiască având de toate, în prosperitate).
⇒ știa *secretul* gestionării oricărei situații, fie sătul, fie flămând.
⇒ știa să trăiască în belșug și să sufere lipsurile.

FILIPENI 4:10-19

Lehman Strauss spune:

> În zilele de început ale experienței mele creștine nu înțelegeam cum unii creștini pe care îi cunoșteam puteau să fie mulțumiți cu așa de puține bunuri materiale. Sper din toată inima să învăț secretul. Din ceea ce văd în jurul meu pot să spun fără ezitare că este un secret pe care mulți creștini trebuie să îl învețe. Pavel a avut nevoie să îl învețe. el spune: "M-am deprins..." Lecția mulțumirii este una pe care a învățat-o treptat în diferite circumstanțe. Ca un tânăr Iudeu necredincios, nu i-a lipsit nimic din lucrurile lumii acesteia. El nu a cunoscut întotdeauna purtarea de grijă a lui Dumnezeu, dar după ce a fost mântuit a ajuns să o învețe, nu la școală sau la facultate, ci ca un rezultat al experienței încercărilor și disciplinei, "M-am deprins" este o expresie care intră în vocabularul unui elev bun. Ai învățat să fi mulțumit cu locul, poziția și posesiunile pe care le ai în viața aceasta? (Studii deviționale din Filipeni, p.321.)

Care a fost secretul pe care l-a învățat Pavel? Este tratat în următorul punct.

> **Nu zic lucrul acesta având în vedere nevoile mele; căci m-am deprins să fiu mulțumit cu starea în care mă găsesc. (Filip. 4:11)**
> **Negreșit, evlavia însoțită de mulțumire este un mare câștig. Căci noi n-am adus nimic în lume, și nici nu putem să luăm cu noi nimic din ea. Dacă avem, dar, cu ce să ne hrănim și cu ce să ne îmbrăcăm, ne va fi de ajuns. Cei ce vor să se îmbogățească, dimpotrivă, cad în ispită, în laț și în multe pofte nesăbuite și vătămătoare, care cufundă pe oameni în prăpăd și pierzare. Căci iubirea de bani este rădăcina tuturor relelor; și unii, care au umblat după ea, au rătăcit de la credință și s-au străpuns singuri cu o mulțime de chinuri. (1 Tim. 6:6-10)**
> **Să nu fiți iubitori de bani. Mulțumiți-vă cu ce aveți, căci El însuși a zis: "Nicidecum n-am să te las, cu niciun chip nu te voi părăsi." (Evrei 13:5)**

2. Dărnicia nu este necesară pentru că lucrătorul poate totul în Cristos care îl întărește (v.13). Observați versetul:

> **Pot totul în Hristos care mă întărește. (Filip. 4:13)**

Slujitorul lui Dumnezeu (lucrătorul) poate fi mulțumit în orice situație oricât ar fi de grea—prin Cristos—dar nu poate fi mulțumit în nicio situație despărțit de Cristos. Observați exact ce spune versetul:
  ⇒ *"Pot...în El [Cristos]"*
  ⇒ *"Cristos care mă întărește"*

Cristos nu face totul pentru credincios; nici credinciosul nu face totul singur. Atât Cristos cât și credinciosul au o parte de făcut pentru biruirea circumstanțelor. Credinciosul declară: "Pot", și apoi se ridică și înfruntă circumstanțele cu fruntea sus. În momentul acela Cristos intervine și îl întărește pe credincios. Cristos îl umple de putere pe credincios *în timp ce credinciosul* se luptă cu problema.

Sincer vorbind, nu este nevoie de putere decât dacă credinciosul se confruntă și se luptă cu circumstanțele.
  ⇒ Credinciosul nu are nevoie de putere în plus pentru a se ridica și a înfrunta circumstanțele. Orice credincios, oricine ar fi el, are puterea în el însuși de a se ridica și a înfrunta orice circumstanțe s-ar abate asupra lui.
  ⇒ Credinciosul nu are nevoie de putere nici măcar pentru a se lupta să biruiască sau să rezolve circumstanțele. El are puterea în el însuși de a lupta împotriva circumstanțelor care vin asupra lui.

Numai atunci când credinciosul și-a epuizat puterea lui, a făcut tot ce putea să facă, numai atunci este nevoie de o infuzie de putere din partea lui Cristos. Cristos intervine atunci când puterea noastră nu mai este suficientă. Atunci El poate să își demonstreze dragostea Lui minunată și grija pentru slujitorul Lui iubit. Mai observați și altceva: toată lauda și gloria se cuvine atunci lui Cristos, nu omului. Dărnicia nu este obligatorie; Dumnezeu se va îngriji de toate nevoile slujitorilor Săi.

> **Și El mi-a zis: "Harul Meu îți este de ajuns; căci puterea Mea în slăbiciune este făcută desăvârșită." Deci mă voi lăuda mult mai bucuros cu slăbiciunile mele, pentru ca puterea lui Hristos să rămână în mine. De aceea simt plăcere în slăbiciuni, în defăimări, în nevoi, în prigoniri, în strâmtorări, pentru Hristos; căci când sunt slab, atunci sunt tare. (2 Cor. 12:9-10)**
> **Totuși, în toate aceste lucruri, noi suntem mai mult decât biruitori, prin Acela care ne-a iubit. (Rom. 8:37)**
> **Și Dumnezeu poate să vă umple cu orice har, pentru ca, având totdeauna în toate lucrurile din destul, să prisosiți în orice faptă bună. (2 Cor. 9:8)**

FILIPENI 4:10-19

Şi-L rog ca, potrivit cu bogăţia slavei Sale, să vă facă să vă întăriţi în putere, prin Duhul Lui, în omul dinăuntru. (Efes. 3:16)

Pot totul în Hristos care mă întăreşte. (Filip. 4:13)

Aşa că putem zice plini de încredere: "Domnul este ajutorul meu, nu mă voi teme: ce mi-ar putea face omul?" (Evr. 13:6)

Domnul este tăria mea şi scutul meu; în El mi se încrede inima, şi sunt ajutat. De aceea îmi este plină de veselie inima şi-L laud prin cântările mele. (Ps. 28:7)

Eu sunt sărac şi lipsit, dar Domnul Se gândeşte la mine. Tu eşti ajutorul şi izbăvitorul meu: nu zăbovi, Dumnezeule! (Ps. 40:17)

Nu te teme, căci Eu sunt cu tine; nu te uita cu îngrijorare, căci Eu sunt Dumnezeul tău; Eu te întăresc, tot Eu îţi vin în ajutor. Eu te sprijin cu dreapta Mea biruitoare. (Isaia 41:10)

3. Şi totuşi, dărnicia este necesară, şi dărnicia este o faptă bună (v.14). Lucrătorul are nevoie de cele necesare vieţii de zi cu zi şi este nevoie ca lucrarea evangheliei să fie sprijinită pentru a putea fi dusă în întreaga lume. Este mare nevoie de bani şi de mijloace de transport. Lucrurile acestea nu sunt obligatorii; Dumnezeu poate să se îngrijească de toate nevoile slujitorilor să cu sau fără ajutorul vreunei biserici. Dar voia Lui pentru fiecare biserică este să se implice în sprijinirea slujitorilor Săi şi misiunilor din lumea întreagă. Dumnezeu poate să facă lucrarea şi fără ajutorul nostru; Dumnezeu poate să treacă pe lângă noi şi să ne pună pe un raft ca pe un obiect nefolositor. Dar el vrea ca poporul Lui să dăruiască, şi să o facă cu generozitate. Când o fac, ei fac o faptă bună, nobilă şi demnă de laudă.

În toate privinţele v-am dat o pildă şi v-am arătat că, lucrând astfel, trebuie să ajutaţi pe cei slabi şi să vă aduceţi aminte de cuvintele Domnului Isus, care însuşi a zis: "Este mai ferice să dai decât să primeşti." (Fapte 20:35)

Să nu obosim în facerea binelui; căci, la vremea potrivită, vom secera, dacă nu vom cădea de oboseală. Aşadar, cât avem prilej, să facem bine la toţi, şi mai ales fraţilor în credinţă. (Gal. 6:9-10)

3. (4:15-16) **Isprăvnicie—Lucrător—Misiuni**: dărnicia bisericii era deosebită—erau singurii care dăruiau şi o făceau în mod constant. Acesta este un punct la care trebuie să ia aminte toate bisericile de pretutindeni. Când a fost fondată biserica din Filipi, ea a susţinut lucrarea lui Pavel şi era constantă în sprijinul pe care îl acorda. Dar observaţi: aceasta era singura biserică ce îl sprijinea pe Pavel. Lipsa de credincioşie a celorlalte biserici i-a frânt inima lui Pavel. Lucrul acesta este evident din faptul să el spune că nicio altă biserică nu îl sprijinea—niciuna cu excepţia bisericii filipenilor.

În timp ce Pavel se afla în Tesalonic, în această perioadă biserica din Filipi a fost consecventă în sprijinul lor pentru misiune. Şi ce mare nevoie a avut Pavel de sprijinul lor în Tesalonic, pentru că acolo s-a confruntat cu o persecuţie intensă (vezi Fapte 17:1).

Meditaţia 1. Imaginaţi-vă! O singură biserică îl sprijinea pe Pavel şi lucrarea lui misionară în lume! Şi aceasta era o biserică nou plantată. Trebuie neapărat să ne punem fiecare două întrebări.

1) Ce facem noi pentru "Pavelii" şi pentru misiunile din zilele noastre?

2) Ne-am luat un angajament ca să sprijinim vreun misionar sau vreo misiune şi am respectat acel angajament?

Isus a zis ucenicilor Săi: Adevărat vă spun că greu va intra un bogat în Împărăţia cerurilor. (Mat. 19:23)

Dar năvălesc în ei grijile lumii, înşelăciunea bogăţiilor şi poftele altor lucruri, care îneacă Cuvântul şi-l fac astfel neroditor. (Marcu 4:19)

Căci noi n-am adus nimic în lume, şi nici nu putem să luăm cu noi nimic din ea. (1 Tim. 6:7)

Cei ce vor să se îmbogăţească, dimpotrivă, cad în ispită, în laţ şi în multe pofte nesăbuite şi vătămătoare, care cufundă pe oameni în prăpăd şi pierzare. (1 Tim. 6:9)

Da, îl vor vedea: căci înţelepţii mor, nebunul şi prostul deopotrivă pier şi lasă altora avuţiile lor. (Ps. 49:10)

Abia ţi-ai aruncat ochii spre ea şi nu mai este; căci bogăţia îşi face aripi şi, ca vulturul, îşi ia zborul spre ceruri. (Prov. 23:5)

Căci nicio bogăţie nu ţine veşnic şi nici cununa nu rămâne pe vecie. (Prov. 27:24)

Ca o potârniche care cloceşte nişte ouă pe care nu le-a ouat ea, aşa este cel ce agoniseşte bogăţii pe nedrept; trebuie să le părăsească în mijlocul zilelor sale, şi la urmă nu este decât un nebun. (Ier. 17:11)

4. (4:17-19) **Isprăvnicie—Misiune**: dărnicia bisericii era o jertfă văzută şi răsplătită de Dumnezeu. Dărnicia aceasta i-a costat pe cei din Filipi. Ei dăruiau nu numai un procent, ca să zicem aşa, ci cu sacrificiu. Vedem lucrul acesta uitându-ne la două lucruri. Pavel spune că darul lor era o *jertfă* de bun miros, bine primită şi plăcută înaintea lui Dumnezeu. El mai spune şi că darul acesta al lor a creat o *nevoie* printre ei. Dar Pavel le dă un răspuns la această problemă: "Dumnezeu să îngrijească de toate trebuinţele voastre..." (v.19). Observaţi trei puncte.

1. Dumnezeu a văzut cine a dăruit, cine s-a jertfit şi a pus în dreptul lor, în contul lor o răsplată (v.17). Aceasta dorea Pavel prin dărnicie; nu doar pentru el, ci o răsplată pentru cel ce dăruieşte. Pavel ştia că Dumnezeu îi vede şi îi răsplăteşte pe credincioşii care dăruiesc şi se sacrifică ; de aceea, Pavel dorea ca acei credincioşi să dăruiască, şi să o facă sacrificându-se.

> Ci strângeţi-vă comori în cer, unde nu le mănâncă moliile şi rugina şi unde hoţii nu le sapă, nici nu le fură. (Mat. 6:20)
>
> "Dacă vrei să fii desăvârşit", i-a zis Isus, "du-te de vinde ce ai, dă la săraci şi vei avea o comoară în cer! Apoi vino şi urmează-Mă." (Mat. 19:21)
>
> Vindeţi ce aveţi şi daţi milostenie. Faceţi-vă rost de pungi care nu se învechesc, o comoară nesecată în ceruri, unde nu se apropie hoţul şi unde nu roade molia. (Luca 12:33)
>
> Şi să nu primească mult mai mult în veacul acesta de acum, iar în veacul viitor, viaţa veşnică. (Luca 18:30)

2. Dumnezeu privea cu plăcere spre jertfa Filipenilor (v.18). Pavel o compară cu jerfele Vechiului Testament care erau oferite de oameni lui Dumnezeu. Acest angajament faţă de Dumnezeu care merge până la sacrificiu este exact ca acel *bun miros* care se ridica spre cer când era adusă o ardere de tot: era bine primită. Angajamentul acesta jertfitor al filipenilor a fost de un miros plăcut şi bine primit de Dumnezeu. La fel este şi cu dărnicia făcută prin sacrificiu. Acel dar este bine primit înaintea lui Dumnezeu la fel ca mirosul plăcut produs de jerftirea unui animal.

> Am de toate şi sunt în belşug. Sunt bogat de când am primit prin Epafrodit ce mi-aţi trimis... un miros de bună mireasmă, o jertfă bine primită şi plăcută lui Dumnezeu. (Filip. 4:18)
>
> Şi să nu daţi uitării binefacerea şi dărnicia; căci lui Dumnezeu jertfe ca acestea Îi plac. (Evrei 13:16)
>
> Şi voi, ca nişte pietre vii, sunteţi zidiţi ca să fiţi o casă duhovnicească, o preoţie sfântă şi să aduceţi jertfe duhovniceşti, plăcute lui Dumnezeu, prin Isus Hristos.(1 Pet. 2:5)

3. Dumnezeu a promis că se va îngriji de toate nevoile poporului Său iubit (v.19). Aceasta este una dintre cele mai măreţe promisiuni din Scriptură:

"Şi Dumnezeul meu să îngrijească de toate trebuinţele voastre, după bogăţia Sa, în slavă, în Isus Hristos." (Filip.4:19).

a. Există Cineva care poartă de grijă: *Dumnezeu Însuşi*. Oricare ar fi nevoia, nicio nevoie nu este mai mare decât Dumnezeu. Dumnezeu poate şi se va îngiji de orice nevoie. Dar observaţi pronumele "*meu*". "Dumnezeul meu" este Cel care se va îngriji de toate nevoile. Fiecare om trebuie să se asigure...

- că Dumnezeul care poate să se îngrijească de toate nevoile este Dumnezeul lui.
- că Îl cunoaşte pe Dumnezeu în mod personal—destul de bine ca să se poată încrede în El şi să depindă de El pentru împlinirea nevoilor.

b. Există siguranţa purtării de grijă: "Dumnezeul meu *va împlini* toate nevoile voastre" (NTR). Nu există îndoială cu privire la purtarea Lui de grijă. Dumnezeu este Dumnezeu; prin urmare, El poate să poarte de grijă şi va veni în întâmpinarea oricărei nevoi din partea copilului Său.

c. Există o purtare de grijă totală: "*toate nevoile voastre*". Promisiunea nu se referă numai la nevoile noastre fizice în ceea ce priveşte hrana, îmbrăcămintea sau adăpostul. Se referă şi la nevoile mentale, emoţionale, sociale şi spirituale. Se referă la orice nevoie ar putea să apară, cu care s-ar putea confrunta credinciosul. Nicio nevoie nu va fi omisă sau neobservată. Nicio nevoie nu este prea mică sau prea mare. Nicio nevoie nu este neimportantă—nu pentru Dumnezeu, nu în cazul în care vreun copil iubit al Lui trece prin acea nevoie.

⇒ Poate ca înainte ca nevoia să fie rezolvată credinciosul are nevoie să înveţe o lecţie, lecţii cum ar fi: mai multă încredere, răbdare, dragoste, bucurie, pace, blândeţe, smerenie, înfrânare.

⇒ Poate că există vreo mărturie pe care credinciosul să o împărtăşească experimentând puterea lui Cristos care ne ajută să trecem prin încercări.

Dar oricare ar fi încercarea sau nevoia, Dumnezeu va îngriji de toate nevoile noastre.

d. Există *resurse* glorioase: "după bogăţia Sa, în slavă". Toate bogăţiile, slava şi gloria cerului—toate sunt disponibile pentru a veni în întâmpinarea nevoilor copiilor lui Dumnezeu. Nu există nicio limită—cât de mică—la resursele care sunt la dispoziţia lui Dumnezeu. Dumnezeu poate să se îngrijească de orice nevoie.

e. Există un Intermediar: *"În Isus Cristos"*. Este foarte important să observăm aceasta, pentru că Dumnezeu nu face nimic care să nu-L includă pe Cristos. Nimeni nu poate să se apropie de Dumnezeu fără a veni la El prin Isus Cristos. Aceasta este cheia pentru rezolvarea nevoilor pe care le avem: să ne predăm vieţile în mâna lui Isus

FILIPENI 4:10-19

Cristos și să-I cerem lui Dumnezeu să se îngrijească de nevoile noastre *în El.* Trebuie să ne amintim întotdeauna că Dumnezeu are un singur fiu: Domnul Isus Cristos. Dumnezeu Îl iubește pe Cristos atât de mult încât va face orice pentru acel om care îl onorează pe Cristos dăruind, sacrificându-se pentru a ajuta cauza evanghelieie, răspândirea veștii glorioase despre El.

Și Dumnezeu poate să vă umple cu orice har, pentru ca, având totdeauna în toate lucrurile din destul, să prisosiți în orice faptă bună. (2 Cor. 9:8)

Dați, și vi se va da; ba încă, vi se va turna în sân o măsură bună, îndesată, clătinată, care se va vărsa pe deasupra. Căci cu ce măsură veți măsura, cu aceea vi se va măsura. (Luca 6:38)

Iar a Celui ce, prin puterea care lucrează în noi, poate să facă nespus mai mult decât cerem sau gândim noi. (Efes. 3:20)

Și Dumnezeul meu să îngrijească de toate trebuințele voastre, după bogăția Sa, în slavă, în Isus Hristos. (Filip. 4:19)

Și harul Domnului nostru s-a înmulțit peste măsură de mult împreună cu credința și cu dragostea care este în Hristos Isus. (1 Tim. 1:14)

De acum mă așteaptă cununa neprihănirii, pe care mi-o va da în "ziua aceea" Domnul, Judecătorul cel drept. Și nu numai mie, ci și tuturor celor ce vor fi iubit venirea Lui. (2 Tim. 4:8)

În adevăr, în chipul acesta vi se va da din belșug intrare în Împărăția veșnică a Domnului și Mântuitorului nostru Isus Hristos. (2 Pet 1:11)

Nu te teme, căci Eu sunt cu tine; nu te uita cu îngrijorare, căci Eu sunt Dumnezeul tău; Eu te întăresc, tot Eu îți vin în ajutor. Eu te sprijin cu dreapta Mea biruitoare. (Isaia 41:10)

FILIPENI 4:20-23

	B. Apreciere: Pentru Dumnezeu și pentru frații creștini, 4:20-23
1. Dumnezeu trebuie slăvit ca Dumnezeu și ca Tată al nostru	20 A lui Dumnezeu și Tatăl nostru să fie slava în vecii vecilor! Amin.
2. Credincioșii trebuie trimită salutări fiecărui sfânt a. Liderii creștini trebuie să trimită salutări fiecărui sfânt b. Toți sfinții trebuie să trimită salutări celorlalți credincioși, inclusiv celor care reprezintă guvernul	21 Spuneți sănătate fiecărui sfânt în Hristos Isus. Frații care sunt cu mine vă trimit sănătate. 22 Toți sfinții vă trimit sănătate, mai ales cei din casa cezarului.
3. Credincioșii trebuie să cheme harul Domnului nostru Isus Cristos peste toți	23 Harul Domnului Isus Hristos să fie cu voi cu toți! Amin.

SECȚIUNEA VI

APRECIEREA PENTRU RELAȚIILE BUNE ÎNTRE CREȘTINI, 4:10-23

B. APRECIEREA: PENTRU DUMNEZEU ȘI PENTRU FRAȚII CREȘTINI, 4:20-23

(4:20-23) **Introducere**: măreața *Scrisoare către Filipeni* se apropie de încheiere. Dar înainte de a se încheia, mai trebuie făcut un lucru. Trebuie să se exprime aprecierea—aprecierea pentru Dumnezeu și pentru frații creștini.

1. Dumnezeu trebuie slăvit ca și Dumnezeu și ca Tată al nostru (v.20).
2. Credincioșii trebuie să trimită salutări fiecărui sfânt (vv.21-22).
3. Credincioșii trebuie să cheme harul Domnului nostru Isus Cristos peste toți (v.23).

1. (4:20) **Dumnezeu—Slavă**: Dumnezeu trebuie slăvit ca Dumnezeu și ca Tată al nostru.

1. În primul rând, Dumnezeu trebuie slăvit ca Dumnezeu. El este Dumnezeu, Creatorul și Stăpânitor Suveran al universului. Dumnezeu a făcut totul, și el conduce și guvernează totul.

⇒ El este singurul Dumnezeu înțelept care locuiește în slavă, măreție, putere și stăpânire (Iuda 24-25).
⇒ El este singurul care posedă adâncimea infinită a înțelepciunii și cunoștinței, care posedă toate bogățiile înțelepciunii și cunoașterii. El este Cel ale cărui judecăți mai presus de puterea noastră de înțelegere, și ale cărui căi sunt necunoscute. El este Cel a cărui minte niciun om nu poate să o cunoască, și Care are o asemenea înțelepciune încât nu are nevoie de sfatul nimănui: "Din El, prin El, și pentru El sunt toate lucrurile. A lui să fie slava în veci! Amin" (Rom 11:36).
⇒ El este singurul care domnește îmbrăcat cu măreție și putere, a cărui voce este însăși întruparea puterii și a creației. Înaintea lui este măreția și slava. (Ps.29:4; 93:1; 96:6).
⇒ El este singurul a cărui slavă este un foc mistuitor (Ex.24:17). El este Cel a cărei slavă este declarată de ceruri; cerurile vestesc lucrarea mâinilor Lui. (Ps.19:1).

Am putea petrece o veșnicie vestind și proclamându-L pe Dumnezeu. Dumnezeu este Dumnezeu, și pentru că este Dumnezeu, El trebuie slăvit ca Dumnezeu.

2. Dumnezeu trebuie slăvit ca *Tatăl nostru*. Imaginați-vă! Împăratul Suveran al universului S-a smerit atât de mult încât ne-a înfiat ca fii și fiice ale Sale. Gândiți-vă numai la lucrul acesta. El este Puterea Suverană nu numai a acestui pământ, ci a întregului univers. Și totuși...

- noi L-am criticat, am cârtit și ne-am plans de modul în care domnește
- am blestemat însuși Numele Lui
- ne-am răzvrătit și L-am respins
- ne-am îndoit de El și L-am negat, am batjocorit însăși conceptal de Dumnezeu
- nu L-am ascultat în mod intenționat
- am ales să trăim așa cum ne place și să facem tot ce vrem în loc să-L urmăm pe El

Gândiți-vă numai la atitudinea și la comportamentul nostru față de Dumnezeu—față de El, Stăpânul universului în toată slava și imensitatea lui. Și totuși, El nu ne-a distrus; nu ne-a șters de pe fața pământului. Din contră, Și-a trimis

399

Fiul în lume ca să declare că iubește lumea și că vrea să ne împace cu El. Cum? Prin moartea Fiului Său Isus Cristos. Dumnezeu vrea să înfieze bărbați și femei prin credința în moartea Fiului Său. (Vezi comentariul, *Înfiere,*—Gal.4:4-7; STUDIU APROFUNDAT # 2—4:5-6 pentru mai multe discuții.)

Aceasta este *marea umilință (sau bunăvoință) și milă* a lui Dumnezeu—că El, Domnitorul Suveran al universului pe care noi L-am respins și L-am blestemat atât de mult, încă este dispus să ne mântuiască și să ne înfieze și să ne lase să Îl numim Tată (vezi schița și comentariile—Filip.2:5-11).

Marea bunăvoință a lui Dumnezeu cere un singur lucru : ca noi să Îl slăvim și să Îl lăudăm *ca Tatăl nostru în veci de veci.*

> Iată, dar, cum trebuie să vă rugați: "Tatăl nostru care ești în ceruri! Sfințească-se Numele Tău." (Mat. 6:9)
>
> Și voi n-ați primit un duh de robie, ca să mai aveți frică; ci ați primit un duh de înfiere care ne face să strigăm: "Ava!, adică: Tată!" Însuși Duhul adeverește împreună cu duhul nostru că suntem copii ai lui Dumnezeu. Și, dacă suntem copii, suntem și moștenitori: moștenitori ai lui Dumnezeu și împreună moștenitori cu Hristos, dacă suferim cu adevărat împreună cu El, ca să fim și proslăviți împreună cu El. (Rom. 8:15-17)
>
> Căci ați fost cumpărați cu un preț. Proslăviți, dar, pe Dumnezeu în trupul și în duhul vostru, care sunt ale lui Dumnezeu. (1 Cor. 6:20)
>
> Dar, când a venit împlinirea vremii, Dumnezeu a trimis pe Fiul Său, născut din femeie, născut sub Lege, ca să răscumpere pe cei ce erau sub Lege, pentru ca să căpătăm înfierea. Și, pentru că sunteți fii, Dumnezeu ne-a trimis în inimă Duhul Fiului Său care strigă: "Ava", adică: "Tată!" (Gal. 4:4-6)
>
> Prin El, să aducem totdeauna lui Dumnezeu o jertfă de laudă, adică, rodul buzelor care mărturisesc Numele Lui. (Evrei 13:15)
>
> Voi însă sunteți o seminție aleasă, o preoție împărătească, un neam sfânt, un popor pe care Dumnezeu Și l-a câștigat ca să fie al Lui, ca să vestiți puterile minunate ale Celui ce v-a chemat din întuneric la lumina Sa minunată. (1 Pet. 2:9)

2. (4:21-22) **Frățietate—Saluturi—Prejudecă—Părtinire**: credincioșii trebuie să trmită salutări fiecărui sfânt, adică fiecărui credincios adevărat. *Sfânt* (hagion) se referă la cei care sunt separați sau puși de-o parte pentru Dumnezeu; cei care sunt diferiți de oamenii care trăiesc pentru lumea aceasta, pentru lucrurile și plăcerile ei. Observați: fiecare sfânt trebuie salutat. Nu trebuie să arătăm niciun fel de discriminare sau favoritism. Printre sfinți nu trebuie să existe...

- nicio clică
- nicio ignorare
- nicio umilire
- nicio neglijare
- nicio retragere
- nicio jignire

- nicio mândrie
- niciun sentiment de superioritate
- niciun sentiment de super-spiritualitate
- niciun sentiment de a se crede mai bun
- nicio separare
- nicio evitare

Sărăcia, educația, handicapul, lipsa frumuseții exterioare, îmbrăcămintea, statutul social, lipsa unui loc de muncă, rasa, naționalitatea—nimic nu trebuie să-i facă pe credincioși să discrimineze sau să arate părtinire sau favoritism. Toți sfinții sunt egali înaintea lui Dumnezeu. De aceea, toți sfinții trebuie să fie salutați de toți credincioșii.

1. Liderii creștini trebuie să salute fiecare sfânt. Observați că "frații care sunt" cu Pavel transmit salutările lor. Se referă aici probabil la lucrătorii care îl însoțeau și slujeau alături de Pavel în lucrarea lui—oameni ca Timotei și Luca. Pavel nu îi numește, deci nu știm exact cine erau. Punctul care trebuie observat este că liderii creștini trebuie să dea un exemplu și să salute *fiecare sfânt.* Dacă liderul arată discriminare și favoritism, și ceilalți din biserică vor face la fel. Păstorul și toți ceilalți din conducere trebuie să demonstreze întotdeauna dragoste, interes și să le pese *de toți.*

2. Toți sfinții, inclusiv cei care au funcții în guvern, trebuie să salute pe fiecare sfânt. Cei din casa Cezarului nu se referă neapărat membrii familiei Cezarului. Termenul este foarte similar cu ceea ce noi numim funcționari publici, sau angajați ai guvernului. Ca și în zilele noastre, Roma își avea angajații răspândiți în toată lumea. Dar observați: Pavel era în Roma, ceea ce înseamnă că unii dintre acei angajați ai guvernului au fost câștigați pentru Cristos. Lecția pentru noi este că smerenia trebuie demonstrată chiar și de cei aflați în diferite funcții în govern, oricât ar fi de înaltă poziția lor. Chiar dacă cineva se află în casa Cezarului, în cea mai înaltă poziție din guvern, el trebuie să umble smerit înaintea lui Dumnezeu, și să îi salute pe toți sfinții, chiar și pe cei mai umili dintre ei.

> Nu faceți nimic din duh de ceartă sau din slavă deșartă; ci, în smerenie, fiecare să privească pe altul mai presus de el însuși. Fiecare din voi să se uite nu la foloasele lui, ci și la foloasele altora. (Filip. 2:3-4)

Tot aşa şi voi, tinerilor, fiţi supuşi celor bătrâni. Şi toţi, în legăturile voastre, să fiţi împodobiţi cu smerenie. Căci "Dumnezeu stă împotriva celor mândri, dar celor smeriţi le dă har." Smeriţi-vă, dar, sub mâna tare a lui Dumnezeu, pentru ca, la vremea Lui, El să vă înalţe. (1 Pet. 5:5-6)

De aceea, oricine se va smeri ca acest copilaş va fi cel mai mare în Împărăţia cerurilor. (Mat. 18:4)

Isus le-a zis: Împăraţii Neamurilor domnesc peste ele; şi celor ce le stăpânesc li se dă numele de binefăcători. Voi să nu fiţi aşa. Ci cel mai mare dintre voi să fie ca cel mai mic; şi cel ce cârmuieşte, ca cel ce slujeşte. (Luca 22:25-26)

Prin harul care mi-a fost dat, eu spun fiecăruia dintre voi să nu aibă despre sine o părere mai înaltă decât se cuvine; ci să aibă simţiri cumpătate despre sine, potrivit cu măsura de credinţă pe care a împărţit-o Dumnezeu fiecăruia. (Rom. 12:3)

Deoarece avem felurite daruri, după harul care ne-a fost dat: cine are darul prorociei să-l întrebuinţeze după măsura credinţei lui. (Rom. 12:16)

3. (4:23) **Har**: credincioşii trebuie să cheme harul Domnului nostru Isus Cristos peste toţi (vezi comentariile, *Har*—Gal.1:3; STUDIU APROFUNDAT # 1—Efes.1:2; 2:8-9 pentru discuţii).

CUPRINSUL SCHIȚELOR ȘI TEMELOR PRINCIPALE

NU UITAȚI: Atunci când doriți să studiați un anumit subiect și să deschideți la textul biblic respectiv, aveți nu numai textul biblic, ci și *schița și comentariul* textului și al subiectului respectiv.

Acesta este doar unul din *AVANTAJELE* pe care le oferă **Biblia cu Predici și Schițe pentru Predicatori™**. O dată ce ai în biblioteca ta toate aceste volume, vei avea la dispoziție nu numai informații biblice generale (o listă a subiectelor și trimiterilor biblice), **CI** vei avea...

- O schiță a *fiecărui text* și a fiecărui subiect din Biblie.
- O discuție (comentariu) referitoare la fiecare text și subiect biblic.
- Fiecare subiect este susținut de atle texte biblice sau trimiteri.

DESCOPERĂ singur aceste AVANTAJE. Mai jos poți vedea unul din subiectele Epistolei către Filipeni. Acesta este:

AFECȚIUNE
Ce înseamnă. 1:7-8

Caută versetele de mai sus. Citește textul din Scriptură și schița textului, apoi citește comentariul. Vei vedea imediat *AVANTAJUL EXTRAORDINAR* al *CUPRINSULUI* **Bibliei cu Predici și Schițe pentru Predicatori™**.

CUPRINSUL SCHIȚELOR ȘI TEMELOR PRINCIPALE

CUPRINS

CUPRINS

CUPRINS

COLOSENI

COLOSSENI

INTRODUCERE

AUTOR: Apostolul Pavel.

Faptul că Pavel ar fi autorul acestei epistole este contestat de unii comentatori biblici, dar majoritatea îl susțin pe Pavel ca fiind autorul aceste cărți. Cel mai puternic argument care susține faptul că Pavel a scris epistola, constă în similaritatea mare dintre cărțile *Coloseni, Filimon și Efeseni* (vezi *Efeseni*, Introducerea, Cui îi este adresată, punctul 4). Cartea Filimon cu siguranță a ieșit din mâinile lui Pavel. Observați încă cinci lucruri:

1. Timotei, fiul lui Pavel în credință, a fost alături de el în timpul scrierii ambelor scrisori (Col.1:1; Filimon 1).

2. Cei care erau cu Pavel în cartea Filimon sunt de asemenea prezenți în timpul scrierii cărții Coloseni: Epafra, Marcu, Aristah, Dima, and Luca (Col.4:12; Filimon 22-23).

3. Pavel se afla în închisoare în timpul scrierii ambelor scrisori (Col.4:7f; Filimon 1).

4. Pavel îi trimite un mesaj aceleiași persoane în ambele scrisori—Arhip (Col.4:17; Filimon 2).

5. Pavel l-a trimis pe Onisim împreună cu Tihic să ducă scrisoarea celor din Colose. Onisim este robul din scrisoarea către Filimon (Col.4:7-9; Filimon 10).

DATA: Necunoscută. Probabil a fost scrisă undeva între anii 60-63 după Cristos.

Epistola către Coloseni a fost scrisă probabil în timpul întemnițării lui Pavel în Roma. Dar și acest lucru este contestat de mulți. Unii susțin că scrisoarea a fost scrisă din Cezareea (58-60 după Cristos) sau Efes (55-56 după Cristos).

CUI ÎI ESTE ADRESATĂ: Credincioșilor și fraților credincioși în Cristos care sunt în Colose (Col.1:2).

SCOPUL: Să combată o erezie extrem de periculoasă și de amenințătoare care se ridica în biserica din Colose.

Există câteva sugestii în legătură cu ce susținea erezia aceasta. Dar valoarea identificării numelui ereziei este discutabilă, din moment ce foarte puțini au fost cei care au ținut de credința aceea în întregime sau în starea ei pură. Credinciosul și biserica firească poate totuși beneficia dintr-un studiu al caracteristicilor acesteia. (Vezi comentariul —Col.1:15; 2:8-10; 2:11-12; 2:13-15; 2:16-19; 2:20-23 pentru mai multe discuții.)

1. Pun accent pe astrologie, semnele și duhurile stelelor și ale planetelor. Pavel avertizează, "Luați seama ca nimeni să nu vă fure cu filozofia și cu o amăgire deșartă, după datina oamenilor, după învățăturile începătoare ale lumii, și nu după Hristos." (Col.2:8). Apoi Pavel întreabă, "Dacă ați murit împreună cu Hristos față de învățăturile începătoare ale lumii, de ce, ca și cum ați trăi încă în lume, vă supuneți la porunci ca acestea?" (Col.2:20).

2. Pun accent pe filosofie. Această erezie ataca simplitatea evangheliei. Se mândrea cu originalitatea ei și cu abilitatea de a raționaliza. Pavel avertizează, "Luați seama ca nimeni să nu vă fure cu filozofia și cu o amăgire deșartă, după datina oamenilor, după învățăturile începătoare ale lumii, și nu după Hristos." (Col.2:8).

3. Pun accent pe "iluminare." Accentul cădea mai ales pe înțelepciune și cunoaștere (Col.2:3); filosofie și tradiție (Col.2:8); saltul în necunoscut și folosirea minții firești și nespirituale (Col.2:18); și închinarea la abilitatea omului și la voința lui de a se controla și de a se autodisciplina (Col.2:23).

4. Pun accent pe suflet deasupra trupului. Trupul era considerat rău, o închisoare care închidea sufletul. Consecințele erau în două etape. În primul rând unii spuneau că modul prin care sufletul se poate elibera este prin subjugarea trupului, prin disciplinarea lui și controlul lui. De aceea, ascetismul a fost rezultatul inevitabil: "Nu lua, nu gusta, nu atinge cutare lucru!" (Col.2:21). În al doilea rând, unii spuneau că din moment ce sufletul este ceea ce este important, trupul nu contează. Omul poate face ceea ce dorește cu trupul său atâta timp cât are grijă de sufletul său participând la închinarea religioasă și la slujbe. De aceea, trăirea ușuratică a devenit acceptabilă. Omul putea fi lumesc atâta timp cât era și religios. Acesta este lucrul atacat de Pavel, cu atâta putere în pasaje cum ar fi Col.3:5-8 și de Ioan în 1 Ioan 1:6-2:2.

5. Pun accent pe ritual și tradiție. Mâncăruri și băuturi speciale, zile de zărbătoare și festivaluri, tradiții și reguli impuse de oameni, acestea erau foarte importante (Col.2:16, 22).

6. Pun accent pe alți intermediari între Dumnezeu și om: principii de bază sau spirite elementare (Col.2:8, 20) și îngeri (Col.2:18).

7. Pun accent pe smerenia spirituală. Omul era considerat ca fiind nevrednic, în sensul că nu se putea apropia de Dumnezeu, el însuși. Omul trebuia să se supună altor intermediari care să se apropie de Dumnezeu pentru el. Acest lucru evident a rezultat într-o mândrie spirituală și în snobism și în smerenie falsă. (Col.2:23. Observați deasemenea accentul care cade pe "toți" din Col.1:28. Pavel evidențiază faptul că mântuirea nu este limitată doar pentru câțiva.)

Erezia aceasta Îl atacă pe Isus Cristos în fiecare punct.

1. Atacă supremația Lui, sfințenia Lui, faptul că este Mesia, și întruparea Lui. Erezia spunea aceasta: dacă lumea și materialul din care este făcută, inclusiv trupul omului, sunt rele și întemnițează sufletul, atunci Dumnezeu niciodată nu s-ar fi îmbrăcat în trup. De ce? Carnea este rea. Iar Dumnezeu ar deveni și El rău dacă ar

lua asupra Sa carnea umană. Argumentul acesta era în două direcții.

    a. Docetismul. Docetismul susținea că Cristos nu era într-adevăr uman; El doar părea a fi om. Cuvântul "Docetism" înseamnă *a părea*. Isus doar părea că avea un trup. El nu a fost niciodată din carne și oase. El a venit pe pământ doar ca o făptură spirituală.

    b. Cerintinismul. Cerintinismul spunea că există o distincție clară între Cristosul uman și Cristosul divin. Acest lucru trebuia să fie așa pentru că Dumnezeu nu ar fi putut niciodată să sufere și să moară. El nu ar fi putut fi Dumnezeu dacă ar fi suferit și ar fi murit. De aceea se spunea că Duhul lui Dumnezeu nu a intrat în Isus până la botezul Său, și a ieșit din Isus chiar înainte de moartea Sa.

Pavel a trebuit să insiste asupra faptului că Isus este "chipul Dumnezeului celui nevăzut, cel întâi născut din toată zidirea." (Col.1:15): căci "Dumnezeu a vrut ca toată plinătatea să locuiască în El," (Col.1:19); și "în care sunt ascunse toate comorile înțelepciunii și ale științei." (Col.2:3); căci "Căci în El locuiește trupește toată plinătatea Dumnezeirii." (Col.2:9). Ioan combate aceeași erezie spunând că Dumnezeul veșnic a venit pe pământ, a intrat în timp și spațiu (1 Ioan.1:1-4; vezi Schița). El întreabă, " Cine este mincinosul, dacă nu cel ce tăgăduiește că Isus este Hristosul? Acela este Anticristul, care tăgăduiește pe Tatăl și pe Fiul." (1 Ioan.2:22). El spune, "și orice duh, care nu mărturisește pe Isus, nu este de la Dumnezeu, ci este duhul lui Anticrist, de a cărui venire ați auzit. El chiar este în lume acum." (1 Ioan 4:3). Ca răspuns acestora Ioan spune, "El, Isus Hristos, este Cel ce a venit cu apă și cu sânge; nu numai cu apă, ci cu apă și cu sânge; și Duhul este Cel ce mărturisește despre lucrul acesta, fiindcă Duhul este adevărul." (1 Ioan 5:6).

2. Atacă puterea creatoare și rolul suprem al lui Isus Cristos din creație. Pavel a trebuit să insiste "Pentru că prin El au fost făcute toate lucrurile care sunt în ceruri și pe pământ, cele văzute și cele nevăzute: fie scaune de domnii, fie dregătorii, fie domnii, fie stăpâniri. Toate au fost făcute prin El și pentru El. El este mai înainte de toate lucrurile, și toate se țin prin El. (Col. 1:17)

3. Atacă umanitatea lui Isus Cristos. Pavel spune că "prin trupul Lui de carne, prin moarte, ca să vă facă să vă înfățișați înaintea Lui sfinți, fără prihană și fără vină;" prin El a mântuit omul (Col.1:22); căci "în El locuiește trupește toată plinătatea Dumnezeirii." (Col.2:9).

4. Atacă puterea mântuitoare a lui Isus Cristos. Erezia aceasta susținea că era nevoie de ceva mai mult decât doar de Cristos pentru a învinge puterile care erau împotriva omului. Cristos are locul Lui, dar are doar un loc între ceilalți. El este o cale spre Dumnezeu, dar mai există și alte căi. Pavel insistă că "Și pe voi, care odinioară erați străini și vrăjmași prin gândurile și prin faptele voastre rele, El v-a împăcat acum prin trupul Lui de carne, prin moarte, ca să vă facă să vă înfățișați înaintea Lui sfinți, fără prihană și fără vină;" (Col.1:21-22); că "Voi aveți totul deplin în El, care este Capul oricărei domnii și stăpâniri. (Col.2:10); "A dezbrăcat domniile și stăpânirile, și le-a făcut de ocară înaintea lumii, după ce a ieșit biruitor asupra lor prin cruce..." (Col.2:15).

ELEMENTE SPECIALE:

1. Orașul Colose. Colose era unul dintre cele trei orașe care se vedeau unu din celălalt din Valea Lycus, așezate pe râul Lycus. Celelalte orașe, Hierapolis și Laodicea, orașele importante din zonă, erau la distanță de doar șase mile unele de celălalt. Colose era așezat la distanță de doisprezece mile și era cel mai puțin important dintre cele trei. Orașul era așezat la aproximativ o sută de mile este de Efes. Zona era una fertilă iar pășunea era una bogată pentru turmele de animale. De asemenea era unul dintre centrele unde se vopseau haine.

2. Biserica din Colose. Pavel nu vizitase niciodată orașul Colose, așa reiese din informațiile pe care le avem. Biserica de aici nu îi văzuse nicidată fața (Col.2:1), iar cartea Faptele Apostolilor nu relatează o călătorie misionară în această zonă. El le scrie acestora pentru a combate erezia discutată mai sus. Pavel menționează atât Laodicea cât și Hierapolis (Col.2:1; 4:13, 16). S-ar părea că unii dintre convertiții lui Pavel au fondat biserica din Colose. În timp ce se afla în Efes pentru trei ani, Pavel s-a asigurat că "Lucrul acesta a ținut doi ani, așa că toți cei ce locuiau în Asia, Iudei și Greci, au auzit Cuvântul Domnului." (Fapte 19:10). Epafra, care era conlucrător cu Pavel, era pastorul bisericii din Colose. Se pare că el slujea și bisericile din Laodicea and Hierapolis (Col.1:7; 4:12-13; Filimon 23). Biserica se aduna în casa lui Filimon, un convertit de-a lui Pavel (Filimon 10). Biserica era formată în mare parte din credincioși dintre neamuri, pentru că erau străini de promisiunile lui Dumnezeu pentru Israel (Col.1:21). El vorbește despre faptul că "cărora Dumnezeu a voit să le facă cunoscut care este bogăția slavei tainei acesteia între Neamuri, și anume: Hristos în voi, nădejdea slavei." (Col.1:27). Și dă o listă de păcate care erau văzute ca fiind întâlnite între Neamuri (Col.3:5-7).

Biserica este puternică în ciuda ereziei. Ei au ținut la "credința în Isus Cristos" și arătau "dragoste pentru toți sfinții" (Col.1:4). Ei aduceau rod, atingeau oamenii pentru Cristos. (Col.1:6). Ei erau tari, neclintiți în credința lor (Col.2:5). Acest lucru ne indică faptul că erezia doar începea să intre în biserică și nu devenise încă o problemă mare. Pavel trebuia să o omoare și să îi șteargă urmele.

3. *Coloseni* este "Epistola Similară cu *Efeseni*" (vezi *Efeseni*, Introducere, Cui îi este adresată, punctul 4). În *Efeseni*, biserica este văzută ca și trupul lui Cristos. În *Coloseni*, Cristos este văzut ca și Capul bisericii (vezi Col.1:15f).

SCHIȚA CĂRȚII COLOSENI

BIBLIA CU PREDICI ȘI SCHIȚE PENTRU PREDICATORI® este o carte *unică*. Ea este diferită de toate celelalte studii biblice și resurse creștine datorită faptului că fiecare Subiect este prezentat alături de textul biblic. Când alegeți un *Subiect* pentru studiu și mergeți la tabelul de referințe, veți descoperi că atât textul Scripturii cât și Subiectul textului *sunt deja schițate – verset cu verset.*

De exemplu, alegeți un subiect din cele de mai jos, apoi mergeți la textul biblic pe care îl citează, și veți observa cât de ușor și cât de repede puteți folosi acest ghid.

Totodată, fiecare text din Scriptură și fiecare Subiect este *explicat în mod amănunțit într-un Comentariu care conține versetele corespunzătoare;* acestea fiind ușor de găsit la baza paginii. Folosind această metodă veți observa cât de ușor și cât de repede puteți pregăti o predică.

De asemenea, observați că Subiectele Epistolei către Coloseni conțin atât titluri cât și titluri *practice*. Titlurile de gen practic sunt uneori preferate și mult mai atrăgătoare audienței. *Avantajul* unui titlu practic se poate vedea ușor în reclame, panouri, ziare, etc.

O sugestie: Dacă doriți o privire de ansamblu a Epistolei către Coloseni, citiți mai întâi *titlurile principale* (I, II, III, etc.), apoi reveniți și familiarizați-vă cu subtitlurile.

SCHIȚA CĂRȚII COLOSENI

I. TEMELIA VIEȚII CREDINCIOSULUI, 1:1-11

   A. Crezurile fundamentale ale unui mare credincios, 1:1-2

   B. Stâlpii vieții creștine 1:3-8

   C. Marile Cereri în Rugăciune, 1:9-11

II. CRISTOS: FIUL IUBIT AL LUI DUMNEZEU, 1:12-23

   A. Dumnezeu și Omul: Ce a făcut Dumnezeu pentru om, 1:12-14

   B. Dumnezeu și Cristos (Partea I): Persoana lui Cristos, 1:15

   C. Dumnezeu și Cristos (Partea II): Cristos Creatorul, 1:16-17

   D. Dumnezeu și Cristos (Partea III): Cristos este Capul Bisericii , 1:18-19

   E. Dumnezeu și Cristos (Partea IV): Cristos împacă toate lucrurile, 1:20-23

III. NEVOILE BISERICII, 1:24-2:7

   A. Un slujitor care va lucra neobosit pentru biserică, 1:24-29

   B. Caracteristicile distinctive ale unei Biserici mature, 2:1-7

IV. CONTRASTUL DINTRE CRISTOS ȘI ÎNVĂȚĂTURA MINCIOASĂ, 2:8-23

   A. Cristos și Învățătura Mincinoasă, Astrologia, 2:8-10

   B. Cristos și Religia falsă, 2:11-12

   C. Cristos și Ideea omului despre Păcat, Lege și Duhuri Rele, 2:13-15

   D. Cristos și regulile, ritualurile și spiritismul, 2:16-19

   E. Criticarea Filosofiei Lumești și a abordărilor lui Dumnezeu inventate de oameni, 2:20-23

V. CERINȚELE NOII VIEȚI A CREDINCIOSULUI: UN CARACTER DEOSEBIT, 3:1-17

   A. Temelia noii vieți a credinciosului, 3:1-4

   B. Cerințele violente ale noii vieți, 3:5-11

   C. Hainele noii vieți 3:12-14

   D. Inima noii vieți, 3:15-17

VI. RESPONSABILITĂȚI-LE CREDINCIOSULUI, 3:18-4:6

   A. Credinciosul și familia lui, 3:18-21

   B. Credinciosul și munca lui, 3:22-4:1

   C. Credinciosul, viața lui de rugăciune și mărturia lui, 4:2-6

VII. CONCLUZIE: EXEMPLELE UNOR CREDINCIOȘI CREȘTINI EROICI, 4:7-18

COLOSENI

	CAPITOLUL 1
	I. TEMELIA VIEȚII CREDINCIOSULUI, 1:1-11
	A. Crezurile fundamentale ale unui mare credincios, 1:1-2
1. Viața are un scop principal: Voia lui Dumnezeu	**P**avel, apostol al lui Isus Hristos, prin voia lui Dumnezeu, și fratele Timotei,
2. Viața are o relație esențială : Frățietatea	2. către sfinții și frații credincioși în Hristos, care sunt în Colose: Har și pace de la Dumnezeu, Tatăl
3. Viața are două nivele de maturitate spirituală: Credincioși firești și credincioși duhovnicești[SA1]	nostru, și de la Domnul Isus Hristos.
4. Viața are două nevoi spirituale primare: Harul și pacea	

SECȚIUNEA I

TEMELIA VIEȚII CREDINCIOSULUI, 1:1-11

A. Crezurile fundamentale ale unui mare credincios, 1:1-2

(1:1-2) Introducere: nimeni nu ar putea comprima atât de multe lucruri în așa puțin spațiu cum o face Cuvântul lui Dumnezeu. Aceasta este una dintre dovezile inspirației divine a Scripturii. Versetele care deschid cartea Coloseni—primele două versete—sunt un prim exemplu. În doar câteva cuvinte sunt exprimate crezurile fundamentale ale unui credincios puternic.

1. Viața are un scop principal: Voia lui Dumnezeu v.1).
2. Viața are o relație esențială: Frățietatea (v.1).
3. Viața are două nivele ale de maturitate spirituală: credincioșii firești și credincioșii duhovnicești (v.2).
4. Viața are două nevoi spirituale primare: Harul și pacea (v.2).

1. (1:1) **Scopul—voia lui Dumnezeu:** viața are un scop principal —voia lui Dumnezeu. Două lucruri sunt subliniate.

1. Ceea ce Pavel făcea a fost "prin voia lui Dumnezeu"; adică, viața și slujba lui erau în conformitate cu ceea ce Dumnezeu dorea ca el să facă. Pavel nu a ales singur ce să facă în viață, pentru că el nu a vrut să aleagă greșit; el nu a vrut să își irosească viața. El nu a vrut să ajungă la finalul vieții sale și să fie privit de Dumnezeu ca unul care a eșuat în viață. Pentru Pavel exista o singură slujbă sau un singur scop: slujba pe care Dumnezeu dorea ca el să o facă. Profesia pe care și-o dorea el nu conta; conta doar voia lui Dumnezeu pentru viața lui.

> **Meditația 1.** Pentru fiecare credincios există doar o singură slujbă: slujba pe care Dumnezeu vrea ca el să o îndeplinească. Dumnezeu a rânduit pe fiecare credincios de pe acest pământ pentru o slujbă anume. Dacă credinciosul alege o slujbă alta decât aceea pe care Dumnezeu o dorește pentru el, atunci el se află în afara voiei lui Dumnezeu. Atunci el nu își îndeplinește scopul pentru care a fost așezat pe acest pământ.

> **Căci oricine face voia Tatălui Meu care este în ceruri, acela Îmi este frate, soră și mamă. (Mat 12:50)**
> **Dacă vrea cineva să facă voia Lui, va ajunge să cunoască dacă învățătura este de la Dumnezeu, sau dacă Eu vorbesc de la Mine. (Ioan 7:17)**
> **Nu voi M-ați ales pe Mine; ci Eu v-am ales pe voi; și v-am rânduit să mergeți și să aduceți rod, și roada voastră să rămână, pentru ca orice veți cere de la Tatăl, în Numele Meu, să vă dea. (Ioan 15:16)**
> **Să vă facă desăvârșiți în orice lucru bun, ca să faceți voia Lui, și să lucreze în noi ce-I este plăcut, prin Isus Hristos. A Lui să fie slava în vecii vecilor! Amin. (Evrei 13:21)**
> **Voi, dimpotrivă, ar trebui să ziceți: Dacă va vrea Domnul, vom trăi și vom face cutare sau cutare lucru. (Iacov 4:15)**

COLOSENI 1:1-2

2. Slujba aleasă de Dumnezeu pentru Pavel a fost aceea de a fi un slujitor, un misionar, un apostol. Cuvântul apostol (apostolos) înseamnă un om care este trimis special între oameni ca un ambasador sau mesager. Gândul cheie este acesta:

⇒ El este trimis de Dumnezeu. El nu merge de capul lui nici prin autoritatea oamenilor. Atât slujba lui cât și autoritatea lui vin de la Dumnezeu.

⇒ El este mesagerul lui Dumnezeu. De fapt, chemarea lui la această slujbă există doar pentru a transmite mesajul lui Dumnezeu. El nu are nici un drept pentru a-și proclama mesajul său personal sau gândurile sale sau ale altora.

(vezi comentariul, *Apostol*—Gal.1:1 pentru mai multe discuții.)

> Care ne-a și făcut în stare să fim slujitori ai unui legământ nou, nu al slovei, ci al Duhului; căci slova omoară, dar Duhul dă viața. (2 Cor 3:6)
>
> De aceea, fiindcă avem slujba aceasta, după îndurarea pe care am căpătat-o, noi nu cădem de oboseală. Ca unii, care am lepădat meșteșugirile rușinoase și ascunse, nu umblăm cu viclesug și nu stricăm Cuvântul lui Dumnezeu. Ci, prin arătarea adevărului, ne facem vrednici să fim primiți de orice cuget omenesc, înaintea lui Dumnezeu. (2 Cor 4:1-2)
>
> Și toate lucrurile acestea sunt de la Dumnezeu, care ne-a împăcat cu El prin Isus Hristos, și ne-a încredințat slujba împăcării; Noi dar, suntem trimiși împuterniciți ai lui Hristos; și, ca și cum Dumnezeu ar îndemna prin noi, vă rugăm fierbinte, în Numele lui Hristos: Împăcați-vă cu Dumnezeu! (2 Cor 5:18,20)
>
> Al cărei slujitor am fost făcut eu, după darul harului lui Dumnezeu, dat mie prin lucrarea puterii Lui. (Efes. 3:7)
>
> Mulțumesc lui Hristos Isus, Domnul nostru, care m-a întărit, că m-a socotit vrednic de încredere, și m-a pus în slujba Lui. (1 Tim. 1:12)
>
> Dar care a fost descoperit acum prin arătarea Mântuitorului nostru Hristos Isus, care a nimicit moartea și a adus la lumină viața și neputrezirea, prin Evanghelie. Propovăduitorul și apostolul ei am fost pus eu și învățător al Neamurilor. (2 Tim. 1:10-11)

2. (1:1) **Frățietatea**: viața are o relație esențială—frățietatea. Pavel îl menționează pe Timotei, un tânăr ucenic de-al său. Timotei i s-a alăturat lui Pavel pentru a învăța cât putea de mult despre lucrarea lui și pentru a sluji împreună cu Pavel. Dar observați că relația menționată de Pavel nu este aceea dintre un elev și un profesor. Nu este nici măcar aceea dintre un predicator și un coleg de breaslă, un învățător sau administrator. Ci este aceea dintre doi *frați în Cristos*. Relația principală dintre Timotei și credicioșii din Colose era acea relație de frați. Observați că și pe cei din Colose îi numește frați (v.2). Acest lucru accentuează un element important: există multe tipuri de relații în viață. Sunt multe relații cum ar fi cea dintre...

* angajat și angajator
* vecin și vecin
* profesor și elev
* prieten și prieten
* muncitor și muncitor
* vânzător și cumpărător
* slujitor și cel slujit

Toate relațiile din viață sunt importante și își au locul lor în viață și în societate, dar există o relație care este esențială: relația de a fi frați. Un om nu umblă ca un singuratic pe acest pământ. El trăiește printre oameni—oameni la fel ca și el. De aceea un om care umblă singur nu înțelege viața. Relațiile frățești sunt exențiale. Pavel știa acest lucru: peste tot pe unde a călătorit, el a început și a hrănit relații. Aici el îl numește pe Timotei *frate* și pe cei din Colose îi numește *frați* (v.2). Una dintre cele mai deosebite abilități în viață este aceea de a ști cum să relaționezi cu oamenii.

Pentru credincioși este esențial să umble cu alți credincioși împreună ca frați. În biserică nu trebuie să existe nici o urmă de...

* superioritate
* mândrie
* aroganță
* super-spiritualitate
* critică
* cârtire

* invidie
* separatisme
* dezbinări
* egoism
* judecată
* cenzură

COLOSENI 1:1-2

O frățietate adevărată trebuie să fie relația fundamentală din biserică și dintre credincioși. A se trata unii pe alții ca și frați este secretul păcii atât în lume cât și în biserică.

> Tot așa, și noi, care suntem mulți, alcătuim un singur trup în Hristos; dar, fiecare în parte, suntem mădulare unii altora. (Rom. 12:5; cp. 1 Cor. 10:17; 12:12-13; Efes.4:13)
> Iubiți-vă unii pe alții cu o dragoste frățească. În cinste, fiecare să dea întâietate altuia. (Rom. 12:10)
> Nu faceți nimic din duh de ceartă sau din slavă deșartă; ci în smerenie fiecare să privească pe altul mai presus de el însuși. Fiecare din voi să se uite nu la foloasele lui, ci și la foloasele altora. (Filip. 2:3-4)
> Cât despre dragostea frățească, n-aveți nevoie să vă scriem; căci voi singuri ați fost învățați de Dumnezeu să vă iubiți unii pe alții. (1 Tes. 4:9)
> Stăruiți în dragostea frățească. (Evrei 13:1)
> Tot așa și voi, tinerilor, fiți supuși celor bătrâni. Și toți în legăturile voastre, să fiți împodobiți cu smerenie. Căci, Dumnezeu stă împotriva celor mândri, dar celor smeriți le dă har. (1 Pet. 5:5)

3. (1:2) **Maturitate Spirituală**: viața are două nivele ale maturității spirituale—credincioșii firești și credincioșii cu adevărat credincioși, duhovnicești. Observați că Pavel își adresează scrisoarea *sfinților* (credincioșilor) și *fraților credincioși* din biserică. Pavel face o distincție clară între aceste două categorii de credincioși

1. Sunt acei *frații sfinți* (hagios), adică, *credincioșii firești* din biserică. Aici se referă la cei care și-au pus deoparte viețile pentru Domnul Isus în trecut. Ei *s-au despărțit* de lume și *s-au întors* cu fața spre Domnul Isus pentru mântuire. Totuși, un credincios *poate să continue sau nu* viața mai departe cu Domnul Isus. Unii din biserica din Colose *nu mergeau mai departe cu El*. Ei nu erau dedicați în întregime. Dedicarea lor față de Domnul Isus Cristos lipsea. De aceea ei riscau să cadă în capcana falselor învățături și să se întoarcă de la Cristos. Ideea este următoarea: un credincios poate fi un credincios firesc sau un "frate" firesc în biserică. Doar pentru că cineva a făcut o mărturisire și a arătat o mică asemănare cu Cristos, nu înseamnă că el este în siguranță pentru totdeauna—nu înseamnă că el este automat matur în Cristos. Când cineva ajunge să îl cunoască cu adevărat pe Cristos, el începe o călătorie cu Cristos, o călătorie pe parcursul căreia el trebuie să ajungă la un nivel spiritual mult mai înalt.

> Însă nădejdea aceasta nu înșeală, pentru că dragostea lui Dumnezeu a fost turnată în inimile noastre prin Duhul Sfânt, care ne-a fost dat. Căci, pe când eram noi încă fără putere, Hristos, la vremea cuvenită a murit pentru cei nelegiuiți. Pentru un om neprihănit cu greu ar muri cineva; dar pentru binefăcătorul lui, poate că s-ar găsi cineva să moară. Dar Dumnezeu Își arată dragostea față de noi prin faptul că, pe când eram noi încă păcătoși, Hristos a murit pentru noi. (Rom. 5:5-8)
> Cei ce sunt ai lui Hristos Isus, și-au răstignit firea pământească împreună cu patimile și poftele ei. (Gal. 5:24)

2. În al doilea rând, sunt frații credincioși din biserică. Aceștia sunt acei frați care și-au pus deoparte viața pentru Cristos *și au continuat așa*. Ei au rămas loiali și neclintiți, iar loialitatea lor este puternică în ciuda atacurilor lumii și a falșilor învățători. Ei nu erau doborâți de ispitele diavolului nici de dorințele firii (a naturii păcătoase). Ei erau credincioși în ciuda tuturor lucrurilor care le erau potrivnice.

Ideea este următoarea: după ce un om a devenit sfânt, adică și-a pus deoparte viața pentru Cristos, el trebuie să rămână credincios. Și trebuie să crească în credincioșia lui. De fapt, cel mai înalt nivel al maturității spirituale este acela al credincioșiei. A fi credincios sau ascultător de Cristos este lucrul care Îl bucură cel mai mult pe Cristos.

> Nu orișicine-Mi zice: Doamne, Doamne! va intra în Împărăția cerurilor, ci cel ce face voia Tatălui Meu care este în ceruri. (Mat. 7:21)
> De aceea, pe orișicine aude aceste cuvinte ale Mele, și le face, îl voi asemăna cu un om cu judecată, care și-a zidit casa pe stâncă. A dat ploaia, au venit șuvoaiele, au suflat vânturile și au bătut în casa aceea, dar ea nu s-a prăbușit, pentru că avea temelia zidită pe stâncă. Însă oricine aude aceste cuvinte ale Mele, și nu le face, va fi asemănat cu un om nechibzuit, care și-a zidit casa pe nisip. A dat ploaia, au venit șuvoaiele, au suflat vânturile, și au izbit în casa aceea: ea s-a prăbușit, și prăbușirea i-a fost mare. (Mat. 7:24-27)
> Căci oricine face voia Tatălui Meu care este în ceruri, acela Îmi este frate, soră și mamă. (Mat. 12:50)
> Cine are poruncile Mele și le păzește, acela Mă iubește; și cine Mă iubește, va fi iubit de Tatăl Meu. Eu îl voi iubi, și Mă voi arăta lui. (Ioan 14:21)
> Drept răspuns, Isus i-a zis: Dacă Mă iubește cineva, va păzi cuvântul Meu, și Tatăl Meu îl va iubi. Noi vom veni la el, și vom locui împreună cu el. (Ioan 14:23)

COLOSENI 1:1-2

Dacă păziți poruncile Mele, veți rămâne în dragostea Mea, după cum și Eu am păzit poruncile Tatălui Meu, și rămân în dragostea Lui. Voi sunteți prietenii Mei, dacă faceți ce vă poruncesc Eu. (Ioan 15:10, 14)

Samuel a zis: Îi plac Domnului mai mult arderile de tot și jertfele decât ascultarea de glasul Domnului? Ascultarea face mai mult decât jertfele, și păzirea cuvântului Său face mai mult decât grăsimea berbecilor. (1 Sam. 15:22)

Meditația 1. Observați un lucru care trebuie accentuat despre biserică: biserica este formată din oameni; ea nu este o entitate vagă sau abstractă. Este formată din bărbați, femei, băieți și fete. Este formată din sfinți, credincioși adevărați și frați credincioși.

STUDIU APROFUNDAT # 1

(1:2) **Cetățenia—Credincios:** viața are două dimensiuni—cea fizică și cea spirituală. Scriptura prezintă foarte clar acest aspect. Dar observați că acești credincioși sunt atât *în Cristos* cât și *în Colose.* Credinciosul este un cetățean al orașului sau al țării unde locuiește aici pe pământ, dar este și cetățean al împărăției lui Cristos, adică al cerului. (vezi comentariul, *Cetățenie, Ceresc—*Efes.2:6; Filip.1:27; 3:20-21 pentru mai multe discuții.)

William Barclay face o descriere excelentă a acestui punct și merită citat.

[Pavel] le scrie creștinilor care sunt în Colose și care sunt în Cristos. Un credincios întotdeauna se mișcă în două lumi. El se află în orașul, în locul, în societatea unde locuiește pe acest pământ; dar el este și în Cristos. Creștinul trăiește în două dimensiuni. El trăiește în această lume și nu își neglijează relațiile și datoriile față de această lume; el își îndeplinește toate obligațiile față de lumea în care trăiește. Dar mai presus de aceasta el trăiește în Cristos. În această lume el poate să se miște dintr-un loc în altul, astfel încât acum se află într-un loc iar mai apoi este în celălalt; dar oriunde s-ar afla din punct de vedere fizic, el rămâne mereu în Cristos. De aceea circumstanțele exterioare vor conta foarte puțin pentru credincios; bucuria lui, pacea lui și voioșia lui nu depind de ele; aceste lucruri se pot schimba, dar faptul că el se află în Cristos nu se poate schimba. De aceea credinciosul va face orice lucru din toată inima și cu toată ființa. Poate fi un lucru neplăcut, poate fi ceva dureros, poate fi ceva neplăcut sau neașteptat, recompensa poate fi mică și lauda poate inexistentă; totuși credinciosul o face cu credincioșie, fără să se plângă și cu bucurie, pentru că el se află în Cristos și face toate lucrurile ca pentru Domnul. Fiecare ne aflăm în Colosele nostru, oriunde ar fi acel Colose, dar cu toții suntem în Cristos și Cristos este Acela care dă tonul vieții și trăirii noastre. (Scrisorile către Filipeni, Coloseni și Tesaloniceni, p.125).

---

4. (1:2) **Har—Pace:** viața are două nevoi spirituale primare—harul și pacea (vezi comentariul, *Har*—Gal.1:3; STUFIUL APROFUNDAT # 1—Efes.1:2; comentariul—2:8-9; 2:8-10; *Pace*—Gal.1:3; 5:22-23; Efes.2:14-15 pentru mai multe discuții). Un om îi poate dori altuia bogăție, plăcere, faimă, sau sănătate. Dar de fapt există o singură binecuvântare adevărată—binecuvântarea harului și a păcii lui Dumnezeu. Dacă un om are harul și pacea lui Dumnezeu, atunci el are toată puterea interioară și toată încrederea care sutn necesare pentru a depăși orice obstacol și pentru a umbla cu bucurie în această lume, în ciuda oricăror circumstanțe (vezi Filip.4:11-13).

	B. Stâlpii vieții creștine, 1:3-8	6. care a ajuns până la voi și este în toată lumea, unde dă roade și merge crescând, ca și între voi. Și aceasta, din ziua în care ați auzit și ați cunoscut harul lui	4. Nădejdea credinciosului are o sursă măreață: Evanghelia
1. Stâlpii credinței sunt motive bune pentru a-I mulțumi lui Dumnezeu 2. Stâlpii sunt credința și dragostea	3. Mulțumim lui Dumnezeu, Tatăl Domnului nostru Isus Hristos, căci ne rugăm neîncetat pentru voi, 4. și am auzit despre credința voastră în Hristos Isus, și despre dragostea, pe care o aveți față de toți sfinții,	7. Dumnezeu, în adevăr, cum ați învățat de la Epafras, preaiubitul nostru tovarăș de slujbă. El este un credincios slujitor al lui Hristos pentru voi,	a. Este adevărul b. Este pentru fiecare om c. Este pentru toți oamenii d. Produce roadă e. Vine prin auzire f. Este harul lui Dumnezeu g. Este împărtășită de oameni
3. Stâlpii au o temelie puternică: Nădejdea credinciosului	5. din pricina nădejdii care vă așteaptă în ceruri și despre care ați auzit mai înainte în cuvântul adevărului Evangheliei,	8. și ne-a vorbit despre dragostea voastră în Duhul.	h. Are ca rezultat dragostea

SECȚIUNEA I

TEMELIA VIEȚII CREDINCIOSULUI, 1:1-11

B. Stâlpii vieții creștine, 1:3-8

(1:3-8) **Introducere**: acest pasaj este plin de putere, un pasaj care descrie stâlpii vieții de creștin—stâlpii credinței și dragostei. Deasemenea vorbește despre marea nădejde a credinciosului și sursa acestei nădejdi care este Cuvântul lui Dumnezeu. Așa cum s-a spus, acest pasaj este plin de putere! În timp ce studiați acest pasaj, observați cum el așează o fundație solidă împotriva învățăturilor false—marea amenințare cu care se confrunta biserica din Colose și cu care se confruntă biserica în orice generație o înfruntă.

1. Stâlpii credinței sunt motive bune pentru a-I mulțumi lui Dumnezeu (v.3).
2. Stâlpii sunt credința și dragostea (v.4).
3. Stâlpii au o temelie puternică: Nădejdea credinciosului (v.5).
4. Nădejdea credinciosului are o sursă măreață: Evanghelia (v.v5-8).

1. (1:3) **Mulțumirea**: stâlpii aceștia sunt motive bune de mulțumire. Stâlpii vor fi identificați imediat în următorul punct. Pentru moment observați cât de măreți sunt acești stâlpi. Sunt minunați, calități atât de minunate ale vieții, încât îl determină pe Pavel să îi mulțumească lui Dumnezeu pentru existența acestora în viețile credincioșilor coloseni. Stâlpii sunt suportul care ține în picioare viețile credincioșilor. Credincioșii din Colose nu ar putea exista ca și biserică fără susținerea și suportul acestor stâlpi.

Observați încă un lucru: Pavel Îi aduce mulțumire lui Dumnezeu, dar el îi aduce mulțumire singurului Dumnezeu viu și adevărat, Tatălui Domnului nostru Isus Cristos. Nu este niciun alt Dumnezeu decât Domnul nostru Isus Cristos. Acest lucru înseamnă ceva foarte important: Isus Cristos este Fiul lui Dumnezeu; El este exact cine spune El că este (vezi comentariul—Ioan 1:34; comentariul și STUDIU APROFUNDAT# 1—3:31; STUDIU APROFUNDAT # 2—10:25. Deasemenea vezi Cuprinsul, *Isus Cristos, Afirmații*.)

2. (1:4) **Credincios—Credință—Dragoste**: stâlpii vieții creștine sunt credința și dragostea. Credința și dragostea sunt două calități primordiale sau de temelie ale vieții pentru creștinii adevărați. De fapt, împreună ele formează măreața puruncă a lui Dumnezeu.

> **Și porunca Lui este să credem în Numele Fiului Său Isus Hristos, și să ne iubim unii pe alții, cum ne-a poruncit El.(1 Ioann 3:23)**

1. Mărețul stâlp al credinței. Dar observați: credința despre care se vorbește...
   - nu este energia credinței care deseori se învață ca ceva necesar vieții.
   - nu este energia credinței necesară pentru a ajunge la calitățile vieții
   - nu este credința necesară pentru a răzbi prin viață
   - nu este credința în puterile proprii sau în alții care este necesară pentru a trăi o viață de succes ca și om pe acest pământ

COLOSENI 1:3-8

Stâlpul credinței este credința într-o presoană deosebită: persoana lui Isus Cristos Domnul. Ce este atât de deosebit la Isus Cristos care să facă credința în El atât de superioară credinței în alți lideri sau credința în marile calități ale vieții? Spus cât mai simplu, Isus Cristos ne aduce în contact cu Dumnezeu și poate face posibil ca Dumnezeu să ne adopteze ca fii și fiice ale Sale. Așa cum s-a spus în versetul și punctul de mai sus, Dumnezeu este tatăl lui Isus Cristos. De aceea, Isus Cristos poate aduce pe oricine care este *orfan din punct de vedere spiritual* la Tatăl Său. Isus Cristos are dreptul de a-L ruga pe Tatăl Său să adopteze o *persoană orfană*. Isus Cristos face posibilă o relație între Dumnezeu și credincios. Dar noi trebuie să nu uităm niciodată: relația Tată-fiu nu exstă în mod automat. Singura relație naturală dintre Dumnezeu și om este aceea de Creator și creatură. Doar Isus Cristos face posibilă relația Tată-fiu între Dumnezeu și om. (vezi comentariul, *Înfiere*—Gal.4:4-7 pentru mai multe discuții.)

Ideea este aceasta: credința în Isus Cristos îl asigură pe om de prezența minunată și de binecuvântările lui Dumnezeu. Înseamnă că...

- Dumnezeu privește spre credincios așa cum un tată privește spre copilul Său
- Dumnezeu ajută și direcționează gândurile credinciosului prin toate problemele și ispitele vieții
- Credinciosul are puterea lui Dumnezeu la dispoziția sa în timp ce înfruntă problemele de fiecare zi
- Credinciosul este asigurat că va trăi cu Dumnezeu pentru veșnicie

Credinciosul trăiește prin *credința sa în Cristos.* El crede în Cristos; de aceea el trăiește prin această credință. El își conduce viața prin Cristos. El nu face nimic din ceea ce credința lui în Cristos îi interzice. El trăiește, se mișcă, își are ființa în Cristos – în credința în Cristos. Credința în Cristos devine unul din stâlpii principali ai vieții sale.

O altă modalitate de a privi la stâlpul credinței este aceasta. *Credința în Cristos* este ca o sferă, ca o zonă, ca un teritoriu, ca o lume în care credinciosul trăiește. El crede în Isus Cristos; de aceea el trăiește în sfera sau în lumea acelei credințe. El își conduce viața prin Cristos. El nu face nimic din ceea ce credința lui în Cristos îi interzice. El a acceptat sfera, zona, teritoriul lui Cristos ca și lumea în care trebuie să trăiască. De aceea, credinciosul trăiește, se mișcă și își are ființa în lumea aceea, în credința în Cristos. Din nou, credința lui în Cristos devine lumea lui, marele stâlp al vieții sale.

> **Cine crede în Fiul, are viața veșnică; dar cine nu crede în Fiul, nu va vedea viața, ci mânia lui Dumnezeu rămâne peste el. (Ioan 3:36)**
>
> **Adevărat, adevărat vă spun, că cine ascultă cuvintele Mele, și crede în Cel ce M-a trimis, are viața veșnică, și nu vine la judecată, ci a trecut din moarte la viață. (Ioan 5:24)**
>
> **Eu am venit ca să fiu o lumină în lume, pentru ca oricine crede în Mine, să nu rămână în întuneric. (Ioan 12:46)**
>
> **Dar lucrurile acestea au fost scrise, pentru ca voi să credeți că Isus este Hristosul, Fiul lui Dumnezeu; și crezând, să aveți viața în Numele Lui. (Ioan 20:31)**
>
> **Deci, fiindcă suntem socotiți neprihăniți, prin credință, avem (Sau: Să avem.) pace cu Dumnezeu, prin Domnul nostru Isus Hristos. (Rom. 5:1)**

2. Mărețul stâlp al dragostei. Dar observați: dragostea despre care se vorbește nu este dragostea naturală pe care o au oamenii unii pentru alții. Cu toții sunt părtași ai rasei umane și cetățeni ai aceluiași glob; de aceea, toți oamenii ar trebui să se iubească unii pe alții cu o dragoste naturală. Dar așa cum s-a spus, nu despre acest fel de dragoste este vorba în acest pasaj. Marele stâlp al dragostei este dragostea pe care o au credincioșii unii pentru alții. De ce este dragostea credincioșilor mai mare decât dragostea naturală a oamenilor unii pentru alții? Există două motive:
   a. Dragostea credincioșilor este bazată pe dragostea lui Isus Cristos, iar dragostea lui Isus Cristos este chiar culmea dragostei. Acest lucru se vede în jertfa Sa pentru oameni. El a plătit prețul suprem pentru om: El Și-a jertfit viața înaintea lui Dumnezeu pentru a purta păcatele omului—a omului care s-a împotrivit lui Dumnezeu și care i-a stat împotrivă. Nu se poate demonstra o dragoste mai mare. De aceea, când un om își dă viața pentru a-L urma pe Cristos, el de fapt se dă pe sine pentru a iubi așa cum Cristos a iubit. El spune că va iubi pînă la capăt: că se va jertfi pe sine pentru oameni așa cum Cristos s-a jertfit pe Sine.
   b. Dragostea credincioșilor este stârnită de Duhul Sfânt; adică, dragostea credinciosului este o dragoste supranaturală. Duhul Sfânt, care trăiește în credincios, face să creasă dragostea lui Dumnezeu în inima credinciosului. Credinciosul este încurajat și ajutat să îi iubească pe alții de Duhul lui Dumnezeu.

Ideea este aceasta: credincioșii au o mare dragoste pentru toți oamenii: dragostea lui Cristos. Dar ei au o dragoste măreață și specială pentru tovarășii lor credincioși. De ce? Pentru că ei au ales să Îl urmeze pe același Dumnezeu. Ei cu toții trăiesc și se mișcă în credința în Cristos, în aceeași sferă sau lume a credinței. Legătura și atașamentul de dragoste dintre doi oameni care trăiesc și se mișcă și își au ființa în credința în Cristos trebuie să fie foarte speciale. Și țineți minte: în credincioși trăiește același Duh Sfânt. Trebuie să existe o legătură specială, între toți care sunt locuiți de același Duh al lui Dumnezeu. Așa cum s-a spus, un credincios adevărat are o *dragoste specială* pentru toți oamenii de pe acest pământ, dar are *o dragoste foarte specială* pentru frații lui credincioși.

Meditația 1. Acest punct este unul important. Înseamnă că nu este loc în biserică sau între credincioși pentru...

- dezbinare
- certuri
- comentarii
- invidie

- mânii
- resentimente
- critică
- neînțelegere

> **Vă dau o poruncă nouă: Să vă iubiți unii pe alții; cum v-am iubit Eu, așa să vă iubiți și voi unii pe alții. Prin aceasta vor cunoaște toți că sunteți ucenicii Mei, dacă veți avea dragoste unii pentru alții. (Ioan 13:34-35)**
> **Aceasta este porunca Mea: să vă iubiți unii pe alții, cum v-am iubit Eu. (Ioan 15:12)**
> **Dragostea să fie fără prefăcătorie. Fie-vă groază de rău, și lipiți-vă tare de bine. (Rom. 12:9)**
> **Domnul să vă facă să creșteți tot mai mult în dragoste unii față de alții și față de toți, cum facem și noi înșine pentru voi. (1 Tes. 3:12)**
> **Deci, ca unii care, prin ascultarea de adevăr, v-ați curățit sufletele prin Duhul, ca să aveți o dragoste de frați neprefăcută, iubiți-vă cu căldură unii pe alții, din toată inima. (1 Pet. 1:22)**
> **Preaiubiților, să ne iubim unii pe alții; căci dragostea este de la Dumnezeu. Și oricine iubește, este născut din Dumnezeu, și cunoaște pe Dumnezeu. (1 Ioan 4:7)**

În concluzie, credința și dragostea sunt doi dintre stâlpii de susținere importanți ai vieții creștine. Un om care are credința în Isus Cristos și iubește așa cum Isus Cristos a iubit este acela care construiește acești stâlpi fundamentali ai vieții. Altfel, este imposibil să ai o viață de succes fără credința în Isus Cristos și fără dragoste—imposibil să construiești o viață care va primi privilegiul de a trăi veșnic.

3. (1:5) **Nădejdea**: stâlpii au o temelie, nădejdea credinciosului. Nădejdea, speranța pe care o dă Dumnezeu, este motivul pentru care renunțăm la viețile noastre pentru Isus Cristos și mergem până la limitele dragostei unii pentru ceilalți. Un singur lucru l-ar putea determina pe un om să iubească până la punctul de a se jertfi pe sine pentru alt om – mai ales când acel om îl atacă sau încearcă să îl distrugă. Acest lucru este speranța unei promisiuni mărețe—speranța unei răsplătiri mărețe. Observați care este speranța răsplătirii: este nădejdea *păstrată* pentru noi în ceruri. Care este această nădejde?

⇒ Este nădejdea învierii din morți și speranța primirii unui trup perfect și glorios—un trup identic cu al lui Isus Cristos.

> **Și am în Dumnezeu nădejdea aceasta, pe care o au și ei înșiși, că va fi o înviere a celor drepți și a celor nedrepți. (Fapte 24:15)**
> **Ce spun eu, fraților, este că nu poate carnea și sângele să moștenească Împărăția lui Dumnezeu; și că, putrezirea nu poate moșteni neputrezirea. Iată, vă spun o taină: nu vom adormi toți, dar toți vom fi schimbați, într-o clipă, într-o clipită din ochi, la cea din urmă trâmbiță. Trâmbița va suna, morții vor învia nesupuși putrezirii, și noi vom fi schimbați. Căci trebuie ca trupul acesta, supus putrezirii, să se îmbrace în neputrezire, și trupul acesta muritor să se îmbrace în nemurire. Când trupul acesta supus putrezirii, se va îmbrăca în neputrezire, și trupul acesta muritor se va îmbrăca în nemurire, atunci se va împlini cuvântul care este scris: Moartea a fost înghițită de biruință. (1 Cor. 15:50-54)**
> **Dar cetățenia noastră este în ceruri, de unde și așteptăm ca Mântuitor pe Domnul Isus Hristos. El va schimba trupul stării noastre smerite, și-l va face asemenea trupului slavei Sale, prin lucrarea puterii pe care o are de a-Și supune toate lucrurile. (Filip. 3:20-21)**

⇒ Este nădejdea revenirii Domnului Isus și de a fi cu Domnul pentru totdeauna.

> **Și ne învață s-o rupem cu păgânătatea și cu poftele lumești, și să trăim în veacul de acum cu cumpătare, dreptate și evlavie, așteptând fericita noastră nădejde și arătarea slavei marelui nostru Dumnezeu și Mântuitor Isus Hristos. (Tit 2:12-13)**

În casa Tatălui Meu sunt multe locașuri. Dacă n-ar fi așa, v-aș fi spus. Eu Mă duc să vă pregătesc un loc. Și după ce Mă voi duce și vă voi pregăti un loc, Mă voi întoarce și vă voi lua cu Mine, ca acolo unde sunt Eu, să fiți și voi. (Ioan 14:2-3)

Căci însuși Domnul, cu un strigăt, cu glasul unui arhanghel și cu trâmbița lui Dumnezeu, Se va pogorî din cer, și întâi vor învia cei morți în Hristos. Apoi, noi cei vii, care vom fi rămas, vom fi răpiți toți împreună cu ei, în nori, ca să întâmpinăm pe Domnul în văzduh; și astfel vom fi totdeauna cu Domnul. (1 Tes. 4:16-17)

⇒ Este nădejdea de a intra în ceruri și de a trăi acolo pentru totdeauna.

Pentru ca, prin două lucruri care nu se pot schimba, și în care este cu neputință ca Dumnezeu să mintă, să găsim o puternică îmbărbătare noi, a căror scăpare a fost să apucăm nădejdea care ne era pusă înainte, pe care o avem ca o ancoră a sufletului; o nădejde tare și neclintită, care pătrunde dincolo de perdeaua dinăuntrul Templului, unde Isus a intrat pentru noi ca înainte mergător, când a fost făcut Mare Preot în veac, după rânduiala lui Melhisedec. (Evrei 6:18-20)

⇒ Este moștenirea glorioasă pe care o vom primi de la Dumnezeu în calitatea noastră de fii și fiice ale Sale.

Binecuvântat să fie Dumnezeu, Tatăl Domnului nostru Isus Hristos, care, după îndurarea Sa cea mare, ne-a născut din nou prin învierea lui Isus Hristos din morți, la o nădejde vie. (1 Pet. 1:3)

Însuși Duhul adeverește împreună cu duhul nostru că suntem copii ai lui Dumnezeu. Și, dacă suntem copii, suntem și moștenitori: moștenitori ai lui Dumnezeu, și împreună moștenitori cu Hristos, dacă suferim cu adevărat împreună cu El, ca să fim și proslăviți împreună cu El. (Rom. 8:16-17)

Pentru ca, odată socotiți neprihăniți prin harul Lui, să ne facem, în nădejde, moștenitori ai vieții veșnice. (Tit 3:7)

4. (1:5-8) **Cuvântul lui Dumnezeu—Evanghelia**: speranța credinciosului are o sursă măreață: evanghelia, adică, Cuvântul lui Dumnezeu. Observați că atât "Cuvântul" cât și "Evanghelia" sunt menționate în versetul 5. Cuvântul lui Dumnezeu este cel care revelează măreața nădejde pentru om. Omul nu poate găsi speranța—nu o speranță permanentă, nu o speranță care care să fie veșnică și să dureze pentru totdeauna—nicăieri altundeva. Singura speranță veșnică oferită vreodată omului se găsește în Cuvântul lui Dumnezeu—în mesajul glorios al evangheliei (vestea bună). Observați ce se spune despre Cuvântul lui Dumnezeu sau despre evanghelie în aceste patru versete. (Aceste versete asigură un excelent studiu al evangheliei sau al Cuvântului lui Dumnezeu.)

1. Evanghelia sau Cuvântul este adevărul. Nu este un fals; nu este o învățătură greșită. Nu este nici doar o dorință sau o presupunere că mesajul este adevărat. Evanghelia este adevărul lui Dumnezeu, Cuvântul și promisiunea Autorității Suverane care domnește peste acest univers. Acest lucru înseamnă ceva minunat: speranța oferită credinciosului este adevărată. Nu este o dorință sau o presupunere care poate să fie sau poate să nu fie adevărată. Speranța promisă în evanghelie este adevărul lui Dumnezeu însuși.

Sfințește-i prin adevărul Tău: Cuvântul Tău este adevărul. (Ioan 17:17)
Toată Scriptura este insuflată de Dumnezeu și de folos ca să învețe, să mustre, să îndrepte, să dea înțelepciune în neprihănire. (2 Tim. 3:16)

2. Evanghelia Cuvântului este pentru fiecare în parte. Pavel spune că a ajuns până la *voi*. El se adresează tuturor credincioșilor, dar ceea ce vrea să spună este că evanghelia este pentru *fiecare dintre ei*—pentru fiecare în mod personal. Și fiecare personal trebuie să răspundă evangheliei; nimeni nu poate răspunde în locul lui. Speranța din ceruri este pentru fiecare om, și fiecare om trebuie să își dăruiască inima și viața pentru a căuta această speranță.

Eu vă spun: pe orișicine Mă va mărturisi înaintea oamenilor, îl va mărturisi și Fiul omului înaintea îngerilor lui Dumnezeu; dar cine se va lepăda de Mine înaintea oamenilor, va fi lepădat și el înaintea îngerilor lui Dumnezeu. (Luca 12:8-9)
Dar oricui va bea din apa, pe care i-o voi da Eu, în veac nu-i va fi sete; ba încă apa, pe care i-o voi da Eu, se va preface în el într-un izvor de apă, care va țâșni în viața veșnică. (Ioan 4:14)
Toți proorocii mărturisesc despre El că oricine crede în El, capătă, prin Numele Lui, iertarea păcatelor. (Fapte 10:43)
Fiindcă, oricine va chema Numele Domnului, va fi mântuit. (Rom. 10:13)

COLOSENI 1:3-8

Oricine crede că Isus este Hristosul, este născut din Dumnezeu; și oricine iubește pe Cel ce L-a născut, iubește și pe cel născut din El. (1 Ioan 5:1)

Și Duhul și Mireasa zic: Vino! Și cine aude, să zică: Vino! Și celui ce îi este sete, să vină; cine vrea, să ia apa vieții fără plată! (Apoc. 22:17)

3. Evanghelia sau Cuvântul este pentru întreaga lume: este atât universală cât și personală. Evanghelia nu este...
- pentru un anumit grup de oameni
- pentru o națiune sau o naționalitate anume
- pentru o anumită religie sau denominație
- pentru o anumită biserică
- pentru o anumită clasă socială
- pentru un anumit grad de inteligență

Evanghelia nu trebuie limitată în niciun sens al cuvântului; ea trebuie proclamată întregii lumi. Speranța oferită de Dumnezeu este pentru fiecare ființă care trăiește pe acest pământ sau care a trăit sau va trăi vreodată pe pământ. Nu trebuie să existe vreo discriminare, parțialitate, sau favoritism – față de nimeni.

Atunci Petru a început să vorbească, și a zis: În adevăr, văd că Dumnezeu nu este părtinitor. (Fapte 10:34)

Apoi le-a zis: Duceți-vă în toată lumea, și propovăduiți Evanghelia la orice făptură. (Marcu 16:15)

Și să se propovăduiască tuturor neamurilor, în Numele Lui, pocăința și iertarea păcatelor, începând din Ierusalim. (Luca 24:47)

Ci voi veți primi o putere, când Se va pogorî Duhul Sfânt peste voi, și-Mi veți fi martori în Ierusalim, în toată Iudea, în Samaria, și până la marginile pământului. (Fapte 1:8)

4. Evanghelia produce roade. A adus roade în coloseni și va aduce roadă în oricine își dedică viața pentru a urma evanghelia. Care este acestă roadă?
⇒ Roada Duhului Sfânt.

Roada Duhului, dimpotrivă, este: dragostea, bucuria, pacea, îndelunga răbdare, bunătatea, facerea de bine, credincioșia, blândețea, înfrânarea poftelor. Împotriva acestor lucruri nu este lege. (Gal. 5:22-23)

⇒ Roada altor convertiți, roada câștigării de suflete pentru Cristos.

Nu vreau să nu știți, fraților, că, de multe ori am avut de gând să vin la voi, ca să culeg vreun rod printre voi, ca printre celelalte neamuri, dar am fost împiedicat până acum. (Rom. 1:13)

⇒ Roada sfințirii, a purității, a unei vieți curate.

Pe orice mlădiță, care este în Mine și n-aduce rod, El o taie; și pe orice mlădiță care aduce rod, o curăță, ca să aducă și mai multă rod. Acum voi sunteți curați, din pricina cuvântului, pe care vi l-am spus. (Ioan 15:2-3)

Marea speranță a evangheliei este ceea ce s-a spus: o viață plină de dragoste, pace și bucurie; o viață care lucrează ca să schimbe societatea convertindu-i și pe alții; o viață care caută puritatea și sfințenia lui Cristos. Evanghelia și doar evanghelia îi poate oferi o astfel de viață omului.

5. Evanghelia sau Cuvântul vine prin auzire. Acest lucru este ceva normal dar totuși câteodată trecut cu vederea. Oamenii pot sta lângă evanghelie fără să asculte ce spune ea. Ei permit minților lor să rătăcească sau să se concentreze pe alte lucruri sau își închid urechile ca să nu audă cumva evanghelia. Totuși, nimeni nu poate auzi evanghelia până nu își deschide urechile și nu este dornic să audă mesajul și să îl primească. Puterea urechii se află în mâinile omului; el poate să își deschidă sau să își închidă urechea. Decizia îi aparține. Dar observați: evanghelia, mesajul glorios al speranței oferite omului, vine doar prin auzirea Cuvântului lui Dumnezeu (Rom.10:17).

Astfel, credința vine în urma auzirii; iar auzirea vine prin Cuvântul lui Hristos. (Rom. 10:17)

6. Evanghelia sau Cuvântul lui Dumnezeu este mesajul harului Său. Nu există mesaj mai glorios decât mesajul evangheliei lui Dumnezeu. Harul lui Dumnezeu este marea speranță oferită omului din partea lui Dumnezeu—marile

daruri şi binecuvântări pe care El le întinde omului. Dar observaţi: speranţa şi binecuvântările sunt oferite şi întinse omului, nu sunt forţate asupra sa. Depinde de om dacă doreşte să primească speranţa şi binecuvântările lui Dumnezeu. Harul lui Dumnezeu este disponibil, dar harul Său trebuie primit. (vezi comentariul, *Har*—Gal.1:3; Efes.2:8-10; 2:8-9 pentru mai multe discuţii.)

> **Ci credem că noi, ca şi ei, suntem mântuiţi prin harul Domnului Isus. (Fapte 15:11)**
> **Căci harul lui Dumnezeu, care aduce mântuire pentru toţi oamenii, a fost arătat, şi ne învaţă s-o rupem cu păgânătatea şi cu poftele lumeşti, şi să trăim în veacul de acum cu cumpătare, dreptate şi evlavie, (Tit 2:11-12)**

7. Evanghelia sau Cuvântul lui Dumnezeu este împărtăşit de oameni. Cei din Colose au auzit despre speranţa evangheliei de la slujitorul, Epafra. Dumnezeu nu a încredinţat evanghelia în sarcina îngerilor, ci în sarcina omenilor. El a ales oameni şi cere socoteală de la oameni pentru felul în care împărtăşesc Cuvântul Său.

> **Nu voi M-aţi ales pe Mine; ci Eu v-am ales pe voi; şi v-am rânduit să mergeţi şi să aduceţi rod, şi roada voastră să rămână, pentru ca orice veţi cere de la Tatăl, în Numele Meu, să vă dea. (Ioan 15:16)**
> **Iată cum trebuie să fim priviţi noi: ca nişte slujitori ai lui Hristos, şi ca nişte ispravnici ai tainelor lui Dumnezeu. Încolo, ce se cere de la ispravnici, este ca fiecare să fie găsit credincios în lucrul încredinţat lui. (1 Cor. 4:1-2)**
> **Slujitorul ei am fost făcut eu, după ispravnicia, pe care mi-a dat-o Dumnezeu pentru voi ca să întregesc Cuvântul lui Dumnezeu. (Col. 1:25)**
> **Ci, fiindcă Dumnezeu ne-a găsit vrednici să ne încredinţeze Evanghelia, căutăm să vorbim aşa ca să placem nu oamenilor, ci lui Dumnezeu, care ne cercetează inima. (1 Tes. 2:4)**
> **Potrivit cu Evanghelia slavei fericitului Dumnezeu care mi-a fost încredinţată mie. Mulţumesc lui Hristos Isus, Domnul nostru, care m-a întărit, că m-a socotit vrednic de încredere, şi m-a pus în slujba Lui.**
> **(1 Tim. 1:11-12)**
> **În nădejdea vieţii veşnice, făgăduite mai înainte de veşnicii de Dumnezeu, care nu poate să mintă, ci Şi-a descoperit Cuvântul la vremea Lui, prin propovăduirea care mi-a fost încredinţată, după porunca lui Dumnezeu, Mântuitorul nostru. (Tit 1:2-3)**

8. Evanghelia sau Cuvântul are ca rezultat dragostea. Credincioşii coloseni erau nişte credincioşi adevăraţi, aşa că erau umpluţi de dragoste *în Duhul lui Dumnezeu.* Ei şi-au dăruit inimile nădejdii evangheliei. Prin urmare, dragostea lui Cristos era generată, produsă în inimile lor prin Duhul Sfânt.

> **Însă nădejdea aceasta nu înşeală, pentru că dragostea lui Dumnezeu a fost turnată în inimile noastre prin Duhul Sfânt, care ne-a fost dat. (Rom. 5:5)**
> **Roada Duhului, dimpotrivă, este: dragostea, bucuria, pacea, îndelunga răbdare, bunătatea, facerea de bine, credincioşia. (Gal. 5:22)**

| 1. Cererea 1: Să cunoască voia lui Dumnezeu—să se umple de cunoștința voii Lui
a. în orice fel de înțelepciune duhovnicească
b. în orice fel de pricepere duhovnicească | C. Marile Cereri în Rugăciune, 1:9-11

9. De aceea și noi, din ziua când am auzit aceste lucruri, nu încetăm să ne rugăm pentru voi, și să cerem să vă umpleți de cunoștința voii Lui, în orice fel de înțelepciune și pricepere duhovnicească; | 10. pentru ca astfel să vă purtați într-un chip vrednic de Domnul, ca să-I fiți plăcuți în orice lucru: aducând roade în tot felul de fapte bune, și crescând în cunoștința lui Dumnezeu: 11. întăriți, cu toată puterea, potrivit cu tăria slavei Lui, pentru orice răbdare și îndelungă răbdare, cu bucurie, | 2. Cererea 2: Să se poarte într-un chip vrednic de Cristos
a. aducând roade în tot felul de fapte bune
b. crescând în cunoștința lui Dumnezeu

3. Cererea 3: Să posede puterea lui Dumnezeu
a. să aibă răbdare
b. să aibă îndelungă răbdare
c. să aibă bucurie |

SECȚIUNEA I

TEMELIA VIEȚII CREDINCIOSULUI, 1:1-11

C. Marile cereri în rugăciune, 1:9-11

(1:9-11) **Introducere**: Pavel se afla în închisoarea din Roma când le scrie credincioșilor din Colose. La un moment dat a fost vizitat de Epafra, pastorul bisericii din Colose. Se pare că Epafra a avut nevoie de sfaturi și ajutor în legătură cu învățăturile mincinoase care pătrundeau în biserică. Pavel, apostolul ales de Dumnezeu pentru neamuri, era omul înspre care era normal să se întoarcă pentru ajutor. Acesta este scopul scrisorii către Coloseni: pentru a încuraja biserica și pe credincioșii din ea pentru a se debarasa de învățăturile mincinoase și pentru a continua cu Cristos.

Nu uitați: Pavel nu vizitase niciodată biserica din Colose. Credincioșii nu îl văzuseră niciodată față în față, iar acum îi era imposibil să îi viziteze pentru că se afla în închisoare. Ei aveau nevoie de el, pentru că învățăturile mincinoase erau extrem de periculoase și întreaga slujire a bisericii era în pericol. Fiind în închisoare și neputând să ajungă la ei, ce putea face? Doar două lucruri:

⇒ El le putea scrie și putea împărtăși cu ei Cuvântul lui Dumnezeu într-o scrisoare.

⇒ El putea să se roage pentru ei.

Pavel a făcut amândouă aceste lucruri. Pasajul acesta relatează rugăciunea lui: ce i-a cerut el lui Dumnezeu pentru credincioșii din Colose. El cere trei lucruri; el a avut trei cereri mărețe. Toate trei sunt lucruri necesare fiecărei biserici și fiecărui credincios, mai ales celor care se confruntă cu învățături mincinoase. Observați cum aceste trei cereri conduc la o relație mai adâncă cu Dumnezeu, o umblare mai puternică experimentată de majoritatea credincioșilor. Fiecare credincios ar trebui să dorească aceste trei lucruri, și să le dorească din toată inima.

1. Cererea 1: să cunoască voia lui Dumneze—să fie plini de cunoștința voii lui Dumnezeu (v.9).
2. Cererea 2: să umble vrednici de Cristos (v.10).
3. Cererea 3: să posede puterea lui Dumnezeu (v.11).

1. (1:9) **Voia Lui Dumnezeu—Înțelepciune—Pricepere**: prima mare cerere este să cunoască voia lui Dumnezeu. Dar observați exact ce spune Scriptura: noi trebuie să fim umpluți de cunoștința voiei lui Dumnezeu. Nu este destul să cunoaștem doar voia lui Dumnezeu, noi trebuie să fim *umpluți* de cunoștința voii lui Dumnezeu. Voia lui Dumnezeu trebuie să ne inunde întreaga ființă. Nimic din ceea ce nu este după voia lui Dumnezeu nu trebuie să se găsească în noi. Dar observați: aici nu se vorbește despre voia lui Dumnezeu pentru un anumit lucru sau pentru câteva lucruri anume. Ci aici se vorbește despre *întregul scop al lui Dumnezeu pentru viață*. Voia lui Dumnezeu implică *întreaga viață*, tot ce facem noi în fiecare moment din fiecare zi. Voia lui Dumnezeu implică tot ce facem noi, tot ce spunem noi și chiar tot ce gândim noi. În termeni simpli noi trebuie să trăim și să ne mișcăm și întreaga ființă să o avem în voia lui Dumnezeu. Dumnezeu dorește pentru noi o anumită viață. Iar noi trebuie să învățăm despre această viață și trebuie să fim umpluți de cunoștința acelei vieți.

⇒ Pe scurt, voia lui Dumnezeu pentru noi implică fiecare comportament al nostru; ea chiar ajunge până în profunzimile imaginației și ale gândurilor. Imaginați-vă! Chiar și fiecare gând trebuie să fie controlat de voia lui Dumnezeu.

> **Noi răsturnăm izvodirile minții și orice înălțime, care se ridică împotriva cunoștinței lui Dumnezeu; și orice gând îl facem rob ascultării de Hristos. (2 Cor 10:5)**

COLOSENI 1:9-11

Ideea este următoarea: Dumnezeu ne spune cum să ne trăim viața, iar ceea ce ne spune El este voia Sa. De aceea, noi trebuie să studiem ceea ce are Dumnezeu de spus. Noi trebuie să studiem Cuvântul lui Dumnezeu: să învățăm și să câștigăm cât de multă cunoștință putem despre voia Lui—despre cum să trăim viața. Noi trebuie să studiem și să învățăm până când cunoștința voiei Lui ne va inunda viețile—ne va inunda atât de mult încât împlinirea voiei Sale se va revărsa din cumportamentul nostru și din trăirea noastră.

> Vină împărăția Ta; facă-se voia Ta, precum în cer și pe pământ. (Mat. 6:10)
> Isus le-a zis: Mâncarea Mea este să fac voia Celui ce M-a trimis, și să împlinesc lucrarea Lui. (Ioan 4:34)
> Vă îndemn dar, fraților, pentru îndurarea lui Dumnezeu, să aduceți trupurile voastre ca o jertfă vie, sfântă, plăcută lui Dumnezeu: aceasta va fi din partea voastră o slujbă duhovnicească. Să nu vă potriviți chipului veacului acestuia, ci să vă prefaceți, prin înnoirea minții voastre, ca să puteți deosebi bine voia lui Dumnezeu: cea bună, plăcută și desăvârșită. (Rom. 12:1-2)
> Și lumea și pofta ei trece; dar cine face voia lui Dumnezeu, rămâne în veac. (1 Ioan 2:17)
> Învață-mă să fac voia Ta, căci Tu ești Dumnezeul meu. Duhul Tău cel bun să mă călăuzească pe calea cea dreaptă! (Ps. 143:10)

Observați un lucru minunat: cunoașterea voiei lui Dumnezeu implică atât înțelepciune cât și pricepere. Omul care este umplut de voia lui Dumnezeu are atât înțelepciune cât și pricepere—înțelepciune spirituală și pricepere spirituală.

⇒ *Înțelepciune* (sophiai) înseamnă că un om cunoaște principiile de bază ale vieții.
⇒ *Priceperea* (sunesei) înseamnă că un om are priceprea de a aplica principiile de bază ale vieții la viața de zi cu zi, la circumstanțele și deciziile vieții.

Credinciosul are nevoie atât de înțelepciune cât și de pricepere: el trebuie să învețe toate principiile de bază ale vieții, și trebuie să învețe să le aplice la viața de zi cu zi. Dar cum? Cum poate el să capete atât înțelepciunea cât și priceperea?

⇒ Studiind Cuvântul lui Dumnezeu.

> Dar lucrurile acestea au fost scrise, pentru ca voi să credeți că Isus este Hristosul, Fiul lui Dumnezeu; și crezând, să aveți viața în Numele Lui. (Ioan 20:31)
> Și acum, fraților, vă încredințez în mâna lui Dumnezeu și a Cuvântului harului Său, care vă poate zidi sufletește, și vă poate da moștenirea împreună cu toți cei sfințiți. (Fapte 20:32)
> Și tot ce a fost scris mai înainte, a fost scris pentru învățătura noastră, pentru ca, prin răbdarea și nu prin mângâierea pe care o dau Scripturile, să avem nădejde. (Rom 15:4)
> Aceste lucruri li s-au întâmplat ca să ne slujească drept pilde, și au fost scrise pentru învățătura noastră, peste care au venit sfârșiturile veacurilor. (1 Cor. 10:11)
> Toată Scriptura este insuflată de Dumnezeu și de folos ca să învețe, să mustre, să îndrepte, să dea înțelepciune în neprihănire. (2 Tim. 3:16)
> Deci, ca unii care, prin ascultarea de adevăr, v-ați curățit sufletele prin Duhul, ca să aveți o dragoste de frați neprefăcută, iubiți-vă cu căldură unii pe alții, din toată inima. (1 Pet. 1:22)
> Și, ca niște prunci născuți de curând, să doriți laptele duhovnicesc și curat, pentru ca prin el să creșteți spre mântuire. (1 Pet. 2:2)
> Fiule, dacă vei primi cuvintele mele, dacă vei păstra cu tine învățăturile mele, dacă vei lua aminte la înțelepciune, și dacă-ți vei pleca inima la pricepere. (Prov. 2:1-2)

⇒ Prin rugăciune—rugându-se să fie umplut de cunoștința voiei lui Dumnezeu.

> Și mă rog ca Dumnezeul Domnului nostru Isus Hristos, Tatăl slavei, să vă dea un duh de înțelepciune și de descoperire, în cunoașterea Lui. (Efes. 1:17)
> Dacă vreunuia dintre voi îi lipsește înțelepciunea, s-o ceară de la Dumnezeu, care dă tuturor cu mână largă și fără mustrare, și ea îi va fi dată. (Iacov 1:5)

Meditația 1. Gândiți-vă la viețile superficiale pe care atât de mulți oameni le trăiesc. Gândiți-vă la cât de puțin cunosc cei mai mulți oameni despre Dumnezeu și despre voia Lui. Comparați aceste fapt tragic cu felul de viață pe care Dumnezeu o dorește pentru fiecare om. Vă miră faptul că...

- atât de mulți oameni sunt înșelați de învățături mincinoase?
- atât de multe dintre misiunile noastre sunt superficiale și formale?

2. (1:10) **Credincios, Umblare**: a doua cerere este să umble vrednici de Cristos. Acesta este un punct esenţial şi critic pentru credincios. Acest lucru trebuie predicat şi învăţat din nou şi din nou. De fapt, acest lucru trebuie să fie adânc înrădăcinat în inimile şi minţile credincioşilor:

⇒ Nu este suficient *să cunoască* voia lui Dumnezeu.

⇒ Nu este suficient *să posede* înţelepciunea: să aibă principiile de bază ale vieţii.

⇒ Nu este suficient *să posede* priceperea: să aibă abilitatea de a aplica principiile de bază ale vieţii la viaţa de zi cu zi.

A cunoşte ceva şi a avea abilitatea de a face ceva este foarte important, dar aceastea implică doar cunoştinţa minţii. Punctul critic este în punerea în practică a ceea ce cunoaştem. Noi trebuie să trăim voia lui Dumnezeu în viaţa noastră; noi trebuie să practicăm şi să facem voia lui Dumnezeu. A cunoaşte voia lui Dumnezeu nu are nici o valoare până când nu ne dedicăm vieţile împlinirii ei.

⇒ Cunvântul *a trăi* sau *a umbla* (peripatesai) înseamnă *a ne aranja* vieţile—comportamentul nostru şi purtarea noastră—după modelul lui Cristos.

⇒ Cuvântul *vrednic* (axios) înseamnă a cântări sau a avea aceeaşi greutate ca un alt lucru (Wuest, *Efeseni and Coloseni*, Vol.1, p.176).

Acest lucru înseamnă ceva minunat: umblarea noastă trebuie să cântărească la fel de mult ca umblarea lui Cristos. Comportamentul nostru trebuie să se alinieze voiei lui Dumnezeu tot atât de mult cât s-a aliniat comportamentul lui Cristos. Noi trebuie să trăim o viaţă la fel de vrednică, ca viaţa lui Cristos. Voia lui Dumnezeu trebuie să ne controleze comportamentul nostru la fel de mult cât a controlat şi comportamentul lui Cristos.

⇒ Cristos este modelul iar noi suntem copiile. Copiile trebuie să fie la fel ca şi modelul (Wuest).

Cum este posibilă o asemenea umblare sau o asemenea viaţă? Există o singură cale. Noi trebuie să fim întru totul dedicaţi pentru două lucruri.

1. Noi trebuie să aducem roadă în fiecare faptă bună; adică trebuie să facem fiecare faptă bună. Obseraţi cuvântul "orice." Tot ceea ce spune Dumnezeu trebuie făcut. Relaţia noastră cu Dumnezeu este la fel ca şi relaţia noastră cu oricine altcineva. Nimeni nu este mulţumit când facem doar jumătate din ceea ce ni s-a spus. Pentru a mulţumi pe cineva trebuie să facem tot ceea ce a spus el. Cu atât mai mult este adevărat acest lucru pentru Dumnezeu! Dacă dorim să Îl mulţumim pe El, noi trebuie să facem orice faptă bună şi trebuie să aducem roadă, cât de multă roadă putem.

> Tot aşa să lumineze şi lumina voastră înaintea oamenilor, ca ei să vadă faptele voastre bune, şi să slăvească pe Tatăl vostru, care este în ceruri. (Mat. 5:16)
>
> Îndeamnă-i să facă bine, să fie bogaţi în fapte bune, să fie darnici, gata să simtă împreună cu alţii. (1 Tim. 6:18)
>
> Şi dă-te pe tine însuţi pildă de fapte bune, în toate privinţele. Iar în învăţătură, dă dovadă de curăţie, de vrednicie, (Tit 2:7)
>
> Să veghem unii asupra altora, ca să ne îndemnăm la dragoste şi la fapte bune. (Evrei 10:24)
>
> Tot aşa şi credinţa: dacă n-are fapte, este moartă în ea însăşi. Dar va zice cineva: Tu ai credinţa, şi eu am faptele. Arată-mi credinţa ta fără fapte, şi eu îţi voi arăta credinţa mea din faptele mele. (Iacov 2:17-18)
>
> Să aveţi o purtare bună în mijlocul Neamurilor, pentru ca în ceea ce vă vorbesc de rău ca pe nişte făcători de rele, prin faptele voastre bune, pe care le văd, să slăvească pe Dumnezeu în ziua cercetării. (1 Pet. 2:12)

2. Noi trebuie să creştem în cunoştinţa lui Dumnezeu. Observaţi o întrebare critică: Cum ajungem noi să Îl cunoaştem pe Dumnezeu—cum ajungem noi să avem o cunoaştere personală asupra lui Dumnezeu şi o relaţie cu Dumnezeu?

⇒ Noi nu Îl cunoaştem pe Dumnezeu doar pentru că ştim despre Dumnezeu. Dacă cunoaştem doar Cuvântul lui Dumnezeu, asta nu înseamnă să Îl cunoaştem pe însuşi Dumnezeu—nu într-un mod personal şi intim.

Observaţi ce spune versetul: "pentru ca astfel să vă purtaţi într-un chip vrednic de Domnul...crescând în cunoştinţa lui Dumnezeu." Ajungem să Îl cunoaştem pe Dumnezeu la fel cum ajungem să cunoaştem pe oricine altcineva. Noi umblăm cu ei: ne asociem cu ei, avem părtăşie, împărtăşim cu ei. La fel este şi cu Dumnezeu, cu cât umblăm mai mult cu El cu atât mai mult vom creşte în cunoştinţa Lui.

Noi deci, prin botezul în moartea Lui, am fost îngropați împreună cu El, pentru ca, după cum Hristos a înviat din morți, prin slava Tatălui, tot așa și noi să trăim o viață nouă. (Rom. 6:4)

Pentru că umblăm prin credință, nu prin vedere. (2 Cor. 5:7)

Zic dar: umblați cârmuiți de Duhul, și nu împliniți poftele firii pământești. (Gal. 5:16)

Vă sfătuiesc dar eu, cel întemnițat pentru Domnul, să vă purtați într-un chip vrednic de chemarea, pe care ați primit-o. (Efes. 4:1)

Trăiți în dragoste, după cum și Hristos ne-a iubit, și S-a dat pe Sine pentru noi ca un prinos și ca o jertfă de bun miros, lui Dumnezeu. (Efes. 5:2)

Luați seama deci să umblați cu băgare de seamă, nu ca niște neînțelepți, ci ca niște înțelepți. (Efes. 5:15)

Dar dacă umblăm în lumină, după cum El însuși este în lumină, avem părtășie unii cu alții; și sângele lui Isus Hristos, Fiul Lui, ne curăță de orice păcat. (1 Ioan 1:7)

3. (1:11) **Putere**: a treia cerere este pentru puterea lui Dumnezeu. Puterea lui Dumnezeu este esențială pentru credincios. Acest lucru reiese foarte clar dacă punem două întrebări.

⇒ Cu ce îl ajută pe credincios să cunoască voia lui Dumnezeu, dar nu are puterea să facă voia lui Dumnezeu?

⇒ Cum poate credinciosul să umble într-un chip vrednic de Cristos dacă nu are această putere pentru a umbla vrednic?

Mulți oameni în lumea aceasta cred că omul are puterea necesară în sine însuși pentru a deveni puternic din punct de vedere spiritual; cred că acest lucru are legătură cu voința și cu disciplina; că omul poate să biruiască circumstanțele vieții. Și într-o oarecare măsură acest lucru este adevărat. Dar firea omului dă greș în trei zone critice.

⇒ Firea nu poate deveni perfectă, și nici nu poate face ceva în acest sens. De aceea, indiferent de ceea ce face sau devine firea, totuși ea nu este primită de Dumnezeu. De ce? Pentru că Dumnezeu este perfect, și pentru că este perfect, Dumnezeu poate primi doar perfecțiune.

⇒ Firea nu poate birui moartea. Indiferent ce ar face firea și trupul până la urmă ajung tot materie moartă. Iar un lucru este sigur: moartea nu are loc cu Dumnezeu.

⇒ Carnea nu poate face ceea ce spune acest verset: nu poate suporta și nu poate fi răbdătoare în ciuda ispitelor și a necazurilor acestei vieți, și nu poate în *același timp să fie plină de bucurie întotdeauna*.

Datorită acestor trei lucruri noi avem nevoie de puterea lui Dumnezeu. Puterea omului poate trece peste unele probleme ale vieții, dar puterea lui nu poate trece peste toate problemele mai ales peste cele menționate aici.

⇒ Doar puterea lui Dumnezeu ne poate face acceptabili (perfecți) înaintea Lui.

⇒ Doar puterea lui Dumnezeu poate birui moartea, adică să ne aducă la viață pentru veșnicie.

⇒ Doar puterea lui Dumnezeu poate să ne dea puterea că să putem suporta orice probleme cu un duh plin de bucurie.

Imaginați-vă unele necazuri pe care trebuie să le înfruntăm: boală, accidente, sărăcie, pierderi, moarte. Este imposibil pentru firea pământească să treacă prin unele probleme ale vieții *cu un duh de bucurie*. Dar Dumnezeu are puterea, puterea pentru ...

- a ne da înțelegere și pace
- a ne întări și a ne liniști
- a ne da speranță și siguranță

De unde vine o asemenea putere? De la Dumnezeu. Iar noi asigurăm prezența acestei puteri prin rugăciune. Aceasta este ideea principală din marea cerere a lui Pavel. Iar acum observați rezultatele puterii lui Dumnezeu.

1. Puterea lui Dumnezeu ne dă un duh de răbdare (hupomonen): tărie, statornicie, perseverență. Cuvântul *răbdare* nu este ceva pasiv; este ceva activ. Nu este duhul care stă și suportă problemele vieții, primind orice ar veni. Ci mai degrabă este duhul care stă în picioare și înfruntă toate problemele care vin, în mod activ le cucerește și le depășește. Când un om justificat cu adevărat se confruntă cu necazuri, el este îndemnat să se ridice și să le înfrunte cu capul sus. El pornește imediat să le cucerească și să le biruiască. El știe că Dumnezeu îngăduie necazurile ca să îl învețe pe el tot mai mult despre răbdare.

Când veți auzi de războaie și de răscoale, să nu vă spăimântați; pentru că întâi trebuie să se întâmple aceste lucruri. Dar sfârșitul nu va fi îndată. (Luca 21:9)

Bucurați-vă în nădejde. Fiți răbdători în necaz. Stăruiți în rugăciune. (Rom. 12:12)

Căci aveți nevoie de răbdare, ca, după ce ați împlinit voia lui Dumnezeu, să puteți căpăta ce v-a fost făgăduit. (Evrei 10:36)

COLOSENI 1:9-11

Frații mei, să priviți ca o mare bucurie când treceți prin felurite încercări, ca unii care știți că încercarea credinței voastre lucrează răbdare. Dar răbdarea trebuie să-și facă desăvârșit lucrarea, pentru ca să fiți desăvârșiți, întregi, și să nu duceți lipsă de nimic. (Iacov 1:2-4)

Fiți dar îndelung răbdători, fraților, până la venirea Domnului. Iată că plugarul așteaptă roada scumpă a pământului, și o așteaptă cu răbdare, până primește ploaie timpurie și târzie. (Iacov 5:7)

2. Puterea lui Dumnezeu ne dă un duh de răbdare (vezi comentariul, *Răbdare—Îndelungă răbdare*, pct.4—Gal.5:22-23 pentru discuții).

3. Puterea lui Dumnezeu ne dă un duh de bucurie prin toate problemele și necazurile vieții (vezi comentariul, *Bucurie*—Filip..1:4 pentru mai multe discuții).

| | II. CRISTOS: FIUL IUBIT AL LUI DUMNEZEU 1:12-23

A. Dumnezeu și Omul: Ce a făcut Dumnezeu pentru om, 1:12-14 | 13. El ne-a izbăvit de sub puterea întunericului, și ne-a strămutat în Împărăția Fiului dragostei Lui, în care avem
14. răscumpărarea, prin sângele Lui, iertarea păcatelor. | 2. Dumnezeu ne-a eliberat de sub puterea întunericului

3. Dumnezeu ne-a mântuit și ne-a iertat păcatele |
| 1. Dumnezeu ne-a dat o moștenire | 12. mulțumind Tatălui, care v-a învrednicit să aveți parte de moștenirea sfinților, în lumină. | | |

SECȚIUNEA II

CRISTOS: FIUL IUBIT AL LUI DUMNEZEU, 1:12-23

A. DUMNEZEU ȘI OMUL: CE A FĂCUT DUMNEZEU PENTRU OM, 1:12-14

(1:12-23) PRIVIRE GENERALĂ ASUPRA SECȚIUNII: Isus Cristos, Persoana și Lucrarea: acesta este unul dintre cele mai minunate pasaje din Scriptură care s-a scris vreodată. Importanța lui nu poate prea subliniată îndeajuns. Acesta este un pasaj care revelează suprema Domnului Isus Cristos. El este mai presus de orice, mai presus de orice atât în lucrarea Sa cât și în Persoana Sa. Cine este El și ceea ce a făcut el pentru om nu poate fi egalat vreodată. Acesta este scopul acestui pasaj minunat, un pasaj care acoperă atât de mult în doar douăsprezece versete scurte: acela de a arăta lumii cine este Isus Cristos și ce a făcut El.

Griffith Thomas spune, "[acesta] constituie unul dintre cele mai importante documente din Noul Testament pentru studiul Cristologiei" (*Studiul cărților Coloseni și Filimon*, ed. by His Daughter. Grand Rapids, MI: Baker, 1973, p.45).

Bishop W.R. Nicholson este citat de Griffith Thomas astfel: "[aceasta este] o afirmație Cristologică [care] nu are egal, și cu siguranță nici superior" (*Studiul cărților Coloseni și Filimon*, p.45).

William Barclay spune, "Acesta este un pasaj...de o asemenea importanță întât noi trebuie să petrecem un timp considerabil studiindu-l" (*Scrisorile către Filipeni, Coloseni, și Tesaloniceni*, p.135). Apoi începe și scrie șaptesprezece pagini despre aceste douăsprezece versete.

A.T. Robertson spune: "[aceasta este o] minunată imagine a persoanei și a lucrării lui Cristos... un răspuns final și complet pentru... [învățăturile mincinoase] despre Isus Cristos pentru toate filosofiile speculative și pentru toate eforturile moderne [pentru a] 'da o imagine redusă' a lui Cristos" (*Word Pictures in the New Testament*, Vol.4, p.477).

Matthew Henry spune cu tărie: "Aici găsim un rezumat...al evangheliei în legătură cu minunata lucrare de răscumpărare a lui Cristos" (Comentariile lui *Matthew Henry*, Vol.5, p.752).

Cristos: Fiul iubit al lui Dumnezeu, 1:12-23
A. Dumnezeu și Omul: Ce a făcut Dumnezeu pentru om, 1:12-14
B. Dumnezeu și Cristos (Partea I): Persoana lui Cristos, 1:15
C. Dumnezeu și Cristos (Partea II): Cristos Creatorul, 1:16-17
D. Dumnezeu și Cristos (Partea III): Cristos Capul Bisericii, 1:18-19
E. Dumnezeu și Cristos (Partea IV): Cristos Împacă toate lucrurile, 1:20-23

Observați un alt lucru în legătură cu acest pasaj. El este inclus în mujlocul unor alte pasaje de laudă și mulțumire, nu este în sine o predică (Matthew Henry. *Comentariul lui Matthew Henry*, Vol.5, p.752).

(1:12-14) Introducere: Dumnezeu a făcut trei lucruri minunate pentru om, lucruri atât de minunate încât întrec imaginația omului. Dacă ne concentrăm atenția asupra acestor trei lucruri, profunzimea a ceea ce Dumnezeu a făcut pentru noi ne va inunda vețile. Nu vom mai fi la fel niciodată. Ce a făcut Dumnezeu pentru om?
1. Dumnezeu ne-a dat o moștenire (v.12).
2. Dumnezeu ne-a eliberat din împărăția întunericului (v.13).
3. Dumnezeu ne-a mântuit și ne-a iertat păcatele. (v.14).

1. (1:12) **Moștenire**: Dumnezeu ne-a dat o moștenire. Înainte să începem să vorbim despre moștenire, observați încă un lucru.

COLOSENI 1:12-14

1. Noi trebuie să fim *pregătiți*, adică calificați și gata înainte să putem primi moștenirea. Omul nu este pregătit să primească nimic de la Dumnezeu, mai ales o moștenire, în starea lui păcătoasă și coruptă. Înainte ca să primească moștenirea de la Dumnezeu el trebuie să fie făcut acceptabil înaintea lui Dumnezeu. Observați: exact asta spune Scriptura: Dumnezeu ne-a învrednicit. Nu ne spune încă ce a făcut E pentru a ne învrednici; spune doar că Dumnezeu ne-a *învrednicit* să primim o moștenire de la El. (Ceea ce a făcut El pentru a ne face pe noi vrednici va fi discutat în versetele 13-14.)

2. Noi împărtășim moștenirea cu toți ceilalți sfinți în lumină. Țineți minte, *sfinți* (hagios) sunt aceia care și-au pus deoparte viețile lor pentru Dumnezeu (vezi comentariul, pct.2—Col.1:2). Dumnezeu este Lumina; de aceea, când un om își predă viața lui Dumnezeu, el își întoarce viața înspre lumină. El trebuie să trăiască și să se miște și să își aibă ființa în lumină, adică în Dumnezeu. El trebuie să umble în *lumina lui Dumnezeu*, atât de mult încât el credinciosul este numit lumina lumii. Asta vrea să spună când zice "sfinți în împărăția luminii." Ei sunt oameni care și-au dedicat viețile trăirii în lumina lui Dumnezeu. De aceea, ei sunt sfinți, oameni puși deoparte în lumina lui Dumnezeu.

Ideea este următoarea: fiecare sfânt care trăiește și se mișcă în lumina lui Dumnezeu primește moștenirea lui Dumnezeu. Dar observați: din moment ce Dumnezeu este lumina, doar aceia *puși deoparte în lumină* pot să trăiască cu Dumnezeu. Orice om care trăiește *în întuneric* nu poate primi vreodată moștenirea lui Dumnezeu pentru că întunericul nu poate locui în lumină. Lumina distruge și elimină întunericul.

3. Dumnezeu le-a dat credincioșilor o moștenire. Care este această moștenire? Scriptura descrie moștenirea în următoarele moduri.

a. Suntem moștenitori ai vieții veșnice.

> **Pentru ca, odată socotiți neprihăniți prin harul Lui, să ne facem, în nădejde, moștenitori ai vieții veșnice. (Tit 3:7)**

b. Suntem moștenitori ai mântuirii.

> **Nu sunt oare toți duhuri slujitoare trimise să îndeplinească o slujbă pentru cei ce vor moșteni mântuirea? (Evrei 1:14)**

c. Suntem moștenitori ai promisiunilor făcute lui Avraam, adică ai promisiunilor legate de moștenirea lumii și de a fi cetățeni ai unei mari națiuni de oameni.

> **Și dacă sunteți ai lui Hristos, sunteți sămânțalui Avraam, moștenitori prin făgăduință. (Gal. 3:29. Vezi comentariul—Rom.4:13.)**
> **În adevăr, făgăduința făcută lui Avraam sau seminței lui, că va moșteni lumea, n-a fost făcută pe temeiul Legii, ci pe temeiul acelei neprihăniri, care se capătă prin credință. (Rom. 4:13)**

d. Suntem moștenitori ai slavei.

> **Și, dacă suntem copii, suntem și moștenitori: moștenitori ai lui Dumnezeu, și împreună moștenitori cu Hristos, dacă suferim cu adevărat împreună cu El, ca să fim și proslăviți împreună cu El. (Rom. 8:17)**

e. Suntem moștenitori ai neprihănirii.

> **Prin credință Noe, când a fost înștiințat de Dumnezeu despre lucruri care încă nu se vedeau, și, plin de o teamă sfântă, a făcut un chivot ca să-și scape casa; prin ea, el a osândit lumea, și a ajuns moștenitor al neprihănirii care se capătă prin credință. (Evrei 11:7)**

f. Suntem moștenitori a darului vieții.

> **Bărbaților, purtați-vă și voi, la rândul vostru, cu înțelepciune cu nevestele voastre, dând cinste femeii ca unui vas mai slab, ca unele care vor moșteni împreună cu voi harul vieții, ca să nu fie împiedicate rugăciunile voastre. (1 Pet. 3:7)**

g. Suntem moștenitori a favorului special al lui Dumnezeu—moștenitori care vor sluji de laudă slavei Sale.

În El am fost făcuți și moștenitori, fiind rânduiți mai dinainte, după hotărârea Aceluia, care face toate după sfatul voii Sale, ca să slujim de laudă slavei Sale, noi, care mai dinainte am nădăjduit în Hristos. (Efes. 1:11-12)
și care este o arvună a moștenirii noastre, pentru răscumpărarea celor câștigați de Dumnezeu, spre lauda slavei Lui. (Efes. 1:14)

h. Suntem moștenitori ai răsplătirii, ai moștenirii și a tot ce include aceasta.

Mulțumind Tatălui, care v-a învrednicit să aveți parte de moștenirea sfinților, în lumină. (Col. 1:12)
Ca unii care știți că veți primi de la Domnul răsplata moștenirii. Voi slujiți Domnului Hristos. (Col. 3:24)

i. Suntem moștenitori ai moștenirii veșnice.

Și tocmai de aceea este El mijlocitorul unui legământ nou, pentru ca, prin moartea Lui pentru răscumpărarea din abaterile făptuite sub legământul dintâi, cei ce au fost chemați, să capete veșnica moștenire, care le-a fost făgăduită. (Evrei 9:15)

j. Suntem moștenitori ai unui trup nemuritor și perfect care ne va fi dat la revenirea lui Cristos.

Ce spun eu, fraților, este că nu poate carnea și sângele să moștenească Împărăția lui Dumnezeu; și că, putrezirea nu poate moșteni neputrezirea. Iată, vă spun o taină: nu vom adormi toți, dar toți vom fi schimbați, într-o clipă, într-o clipită din ochi, la cea din urmă trâmbiță. Trâmbița va suna, morții vor învia nesupuși putrezirii, și noi vom fi schimbați. Căci trebuie ca trupul acesta, supus putrezirii, să se îmbrace în neputrezire, și trupul acesta muritor să se îmbrace în nemurire. Când trupul acesta supus putrezirii, se va îmbrăca în neputrezire, și trupul acesta muritor se va îmbrăca în nemurire, atunci se va împlini cuvântul care este scris: Moartea a fost înghițită de biruință. (1 Cor. 15:50-54; vezi 1 Pet. 1:3-4)

2. (1:13) **Izbăvire—Întuneric—Împărăția Cerurilor**: Dumnezeu ne-a eliberat de sub puterea întunericului și ne-a mutat în împărăția Fiului Său iubit.
1. Observați două lucruri legate de "împărăția întunericului."
   a. "Împărăția întunericului" ne arată că există un regat, un tărâm al întunericului, o lume a întunericului. Întunericul înseamnă exact ceea ce se spune: în întuneric un om nu poate să vadă și să înțeleagă sau să cunoască. Imaginați-vă scena: un om care încearcă să meargă și se tot împiedică într-o lume plină de întuneric. El nu poate să vadă sau să înțeleagă:
      ⇒ cine este el cu adevărat
      ⇒ de unde a venit el
      ⇒ unde se află
      ⇒ unde merge

Aceasta este starea omului natural, a omului care nu a fost eliberat de sub puterea întunericului de către Dumnezeu. Omul care se află în întuneric nu știe...
   - cine este el: de ce a fost creat de Dumnezeu și ce planuri are Dumnezeu pentru el.
   - de unde a venit el: că Dumnezeu este originea lui; că Dumnezeu l-a creat.
   - unde este el: că lumea a fost făcută de Dumnezeu și că aceasta are un scop veșnic în planul lui Dumnezeu.
   - unde merge: că el este o ființă veșnică care ori va trăi veșnic în prezența și în lumina lui Dumnezeu ori va trăi în întuneric departe de prezența lui Dumnezeu.

Trebuie să vedem că întunericul este o lume în care necredinciosul se află și se mișcă. El nu cunoaște aceste lucruri, el nu știe adevărul despre această lume sau despre viață sau despre Dumnezeu. El umblă într-o viață și într-o lume plină de întuneric, orb față de adevăr. (Vezi comentariul, *Întuneric*—Efes.5:8 pentru mai multe discuții.)
   b. "Împărăția întunericului" deasemenea ne spune că întunericul nu este doar o lume, ci este și o *stăpânire*—o stăpânire activă care îi înrobește pe oameni și care este în opoziție cu lumina lui Dumnezeu. *Lumea întunericului* este o domnie răzvrătită față de Dumnezeu. Acesta este motivul pentru care oamenii se luptă atât de mult cu Dumnezeu. Este greu să ne imaginăm respingerea pe care mulți oameni o au față de Dumnezeu, și totuși este adevărat. Imaginați-vă doar cât de contradictoriu este să vezi *o ființă rațională* că îl...

COLOSENI 1:12-14

- înjură pe Dumnezeu
- îl neagă pe Dumnezeu
- îl respinge pe Dumnezeu
- rănește alți oameni
- își face rău lui însuși
- îi ridiculizează, îi persecută și îi omoară pe
  cei care îl mărturisesc pe Dumnezeu

Un om rațional nu s-ar purta așa și nu ar acționa așa sub nici o formă dacă nu ar fi rob împărăției întunericului.

> Dar dacă ochiul tău este rău, tot trupul tău va fi plin de întuneric. Așa că, dacă lumina care este în tine este întuneric, cât de mare trebuie să fie întunericul acesta! (Mat. 6:23)
>
> În El era viața, și viața era lumina oamenilor. Lumina luminează în întuneric, și întunericul n-a biruit-o. (Ioan 1:4-5)
>
> Și judecata aceasta stă în faptul că, odată venită Lumina în lume, oamenii au iubit mai mult întunericul decât lumina, pentru că faptele lor erau rele. (Ioan 3:19)
>
> Noaptea aproape a trecut, se apropie ziua. Să ne dezbrăcăm dar de faptele întunericului, și să ne îmbrăcăm cu armele luminii. (Rom. 13:12)
>
> Dar ei au rămas greoi la minte: căci până în ziua de astăzi, la citirea Vechiului Testament, această maramă rămâne neridicată, fiindcă marama este dată la o parte în Hristos. (2 Cor. 3:14)
>
> A căror minte necredincioasă a orbit-o dumnezeul veacului acestuia, ca să nu vadă strălucind lumina Evangheliei slavei lui Hristos, care este chipul lui Dumnezeu. (2 Cor. 4:4)
>
> Având mintea întunecată, fiind străini de viața lui Dumnezeu, din pricina neștiinței în care se află în urma împietririi inimii lor. (Efes. 4:18)
>
> Dar cine urăște pe fratele său, este în întuneric, umblă în întuneric, și nu știe încotro merge, pentru că întunericul i-a orbit ochii. (1 Ioan 2:11)

2. Observați că Dumnezeu Însuși ne-a izbăvit de întuneric. Cuvântul *izbăvit* (erusato) înseamnă a smulge din întuneric. Un om pierdut în întuneric beznă este fără speranță dacă cineva nu îl salvează. Și observați: el nu poate fi salvat de aceia care sunt pierduți în același întuneric ca și el. Nici un om care este în lumea întunericului nu are lumină, pentru că dacă ar avea lumină ar folosi-o pentru a ieși din întuneric. Acesta este motivul pentru care Dumnezeu a trebuit să-l izbăvească pe om. Doar El este lumina; de aceea, El a fost singurul în stare să se aplece și să-l scoată pe om din întuneric. Cum a făcut lucrul acesta? Răspunsul este dat în următorul punct.

3. Dumnezeu ne-a transferat, ne-a adus în împărăția Fiului Său iubit, în împărăția lui Isus Cristos. Noi trebuie să ținem minte întotdeauna că împărăția lui Isus Cristos deja există.
- ⟹ Conducerea Lui și domnia Lui deja există în lumea spirituală sau în dimensiunea spirituală, adică în ceruri.
- ⟹ Conducerea Lui și domnia Lui deja există în inimile și viețile credincioșilor în această lume fizică și în acest dimensiune.

Mesajul acestei evanghelii minunate este acela că Dumnezeu l-a mutat pe credincios de sub stăpânirea întunericului în împărăția Fiului Său iubit. (vezi **STUDIU APROFUNDAT # 3**, *Împărăția Cerurilor*—Mat.19:23-24 pentru mai multe discuți.)

> Drept răspuns, Isus i-a zis: Adevărat, adevărat îți spun că, dacă un om nu se naște din nou, nu poate vedea Împărăția lui Dumnezeu. (Ioan 3:3)
>
> Împărăția Mea nu este din lumea aceasta, a răspuns Isus.Dacă ar fi Împărăția Mea din lumea aceasta, slujitorii Mei s-ar fi luptat ca să nu fiu dat în mâinile Iudeilor; dar acum, Împărăția Mea nu este de aici. Atunci un Împărat tot ești! I-a zis Pilat. Da, a răspuns Isus. Eu sunt Împărat. Eu pentru aceasta M-am născut și am venit în lume, ca să mărturisesc despre adevăr. Oricine este din adevăr ascultă glasul Meu. (Ioan 18:36-37)
>
> Întărind sufletele ucenicilor. El îi îndemna să stăruie în credință și spunea că în Împărăția lui Dumnezeu trebuie să intrăm prin multe necazuri. (Fapte 14:22)
>
> Căci Împărăția lui Dumnezeu nu este mâncare și băutură, ci neprihănire, pace și bucurie în Duhul Sfânt. (Rom. 14:17)
>
> Căci trebuie ca El să împărățească până va pune pe toți vrăjmașii sub picioarele Sale. (1 Cor. 15:25)

Pe când Fiului I-a zis: Scaunul Tău de domnie, Dumnezeule, este în veci de veci; toiagul domniei Tale este un toiag de dreptate. (Evrei 1:8)

Îngerul, al şaptelea a sunat din trâmbiţă. Şi în cer s-au auzit glasuri puternice, care ziceau: Împărăţia lumii a trecut în mâinile Domnului nostru şi ale Hristosului Său. Şi El va împărăţi în vecii vecilor. (Apoc. 11:15)

El va face ca domnia Lui să crească, şi o pace fără sfârşit va da scaunului de domnie al lui David şi împărăţiei lui, o va întări şi o va sprijini prin judecată şi neprihănire, de acum şi-n veci de veci: iată ce va face râvna Domnului oştirilor. (Isaia 9:7)

Iată vin zile, zice Domnul, când voi ridica lui David o Odraslă, neprihănită. El va împărăţi, va lucra cu înţelepciune, şi va face dreptate şi judecată în ţară. (Ier. 23:5)

3. (1:14) **Mântuire – Iertare**: Dumnezeu ne-a mântuit, ne-a iertat păcatele (vezi comentariul şi STUDIU APROFUNDAT # 1—Efes.1:7 pentru mai multe discuţii. Efes.1:7 şi Col.1:14 sunt versete aproape identice.)

	B. Dumnezeu și Cristos (Partea I): Persoana lui Cristos, 1:15
1. Isus Cristos este chipul Dumnezeului nevăzut 2. El este deasupra tuturor lucurilor	15. El este chipul Dumnezeului celui nevăzut, cel întâi născut din toată zidirea.

SECȚIUNEA II

CRISTOS: FIUL IUBIT AL LUI DUMNEZEU, 1:12-23

B. Dumnezeu și Cristos (Partea I): Persoana lui Cristos, 1:15

(1:15) Introducere: acest pasaj din Scriptură este unul dintre cele mai importante pasaje scrise vreodată. Acest pasaj face două lucruri foarte importante.

⇒ Demolează învățăturile mincinoase și gândurile false despre Dumnezeu și Isus Cristos.

⇒ Descoperă exact cine este Dumnezeu și Isus Cristos.

Acesta era însuși scopul lui Pavel. Învățăturile mincinoase intraseră pe nesimțite în biserica din Colose, mai ales o învățătură mincinoasă care Îl ataca pe Isus Cristos. Această învățătură se numea Gnosticism. Acesta era motivul pentru care pastorul bisericii din Colose (Epafra) îl vizitase pe Pavel: pentru a-i cere sfatul lui Pavel în legătură cu această erezie. Din nefericire: învățăturile Gnosticismului au continuat să infecteze bisericile de-a lungul secolelor, chiar și astăzi. Într-o formă sau alta, învățături similare cu acelea sunt folosite pentru a ataca biserica. Din această cauză, învățăturile Gnosticismului și *echivalentul modern al acestuia* vor fi dezbătute în următoarele puncte. Ceea ce trebuie să ținem minte este că: în întregul pasaj Pavel răspunde învățăturilor mincinoase care se infiltraseră în biserică. Și nu există vreo cale mai bună de a veni împotriva acestor învățături mincinoase decât prezentarea adevărului. Învățătura mincinoasă era un atac la persoana lui Isus Cristos, îndreptat atât împotriva Lui cât și împotriva lucrăriii Sale. De aceea, Pavel ia creionul și Îl proclamă pe Cristos și pe Dumnezeu (Partea I): Persoana lui Cristos.

1. Isus Cristos este chipul Dumnezeului nevăzut (v.15).
2. Isus Cristos se află deasupra tuturor lucrurilor (v.15).

1. (1:15) **Isus Cristos, Divinitatea—Dumnezeu, Revelație—Gnosticism**: Isus Cristos este chipul Dumnezeului nevăzut. Cuvântul *chip* (eikon) înseamnă exact imagine, însuși chipul lui Dumnezeu.

⇒ Înseamnă că Isus Cristos a fost *însăși reprezentarea lui Dumnezeu—Dumnezeu în toate privințele.* Wuest îl citează pe Lightfoot și spune că "chip" înseamnă un însemn sau o marcă arsă sau întipărită pe (ceva)...o copie precisă, exactă sub toate aspectele.

⇒ Înseamnă că Isus Cristos a fost manifestarea perfectă sau revelația perfectă a lui Dumnezeu. Dumnezeu este invizibil sau nevăzut, dar Isus Cristos L-a desperit pe Dumnezeu lumii. El L-a revelat pe Dumnezeu într-un mod perfect, fiind reprezentarea perfectă a Lui.

Impactul acestui adevăr despre Isus Cristos are urmări extraordinare pentru om. Distruge toate învățăturile mincinoase despre Dumnezeu și despre Cristos și Îl descoperă pe Dumnezeu oamenilor. Arată omului cine este Dumnezeu și cum este El. Așa cum s-a spus în introducere, acesta a fost scopul cu care Pavel le scrie colosenilor. O învățătură mincinoasă s-a infiltrat în biserica din Colose, învățătură care ataca persoana lui Cristos. Observați cu câtă forță adevărul distruge această eroare.

1. Gnosticismul spunea că există mulți intermediari—mulți mediatori (emanations)—între Dumnezeu și om, că Isus Crisos nu este singurul mediator.

a. Paralela învățăturilor false se poate vedea foarte clar de-a lungul secolelor. Au fost și întotdeauna vor fi aceia care susțin că...

• Isus Cristos nu este singura persoană care ne poate apropia de Dumnezeu; că El nu este singurul mijlocitor între Dumnezeu și om; că există și alți mediatori, sau interemediari ai lui Dumnezeu—alte învățături care sunt la fel de importante ca și Isus Cristos—care ne pot pune în legătură cu Dumnezeu. (vezi Buddha, Mohammed, și alți lideri ai diferitelor culte, și mesia autoproclamați.)

b. Totuși observați cum adevărul distruge aceste învățături mincinoase. Isus Cristos, care a trăit și a umblat printre oameni, este chipul desăvârșit al lui Dumnezeu, Însuși Domnul universului. Aceasta înseamnă un lucru minunat: Dumnezeu nu este aşa cum mulţi oameni ar crede. El nu este un Dumnezeu distant şi fără nici o grijă, care se află undeva în universul acesta. El nu este despărţit de oameni de o serie de intermediari, sau de diferite cai de a ajunge la El. Dumnezeu nu este departe de contactul cu lumea acesta; El nu a îngreunat modul prin care se poate ajunge la El. El este la îndemână, atât de aproape încât a venit pe pământ ca să trăiască la fel ca şi un om printre noi. Şi făcând acest lucru El a făcut două lucruri minunate pentru noi prin Domnul Isus Cristos. În primul rând, El ne-a arătat exact cine este El şi cum este El; şi în al doilea rând, El ne-a arătat modul prin care putem să ajungem la El.

Gândiţi-vă pentru un moment la tot ce ne-a arătat Isus Cristos despre Dumnezeu.

⇒ Faptul că a venit pe pământ ne arată că El şi doar El este Singura Persoană care ne poate duce la Dumnezeu.

⇒ Faptul că a venit pe pământ ne arată că Dumnezeu este aproape de noi.

⇒ Faptul că Isus Cristos a trăit ca şi un om, slujindu-i şi ajutându-i pe alţii, ne arată că lui Dumnezeu îi pasă.

⇒ Faptul că Isus Cristos a murit omorât de mâinile oamenilor ne arată că Dumnezeu este dragoste—El s-a jertfit pe Sine de bună voie. Fiind Dumnezeu, El nu a fost nevoit să moară. Aşa cum spune Scriptura, ar fi putut chema îngerii din ceruri ca să Îl elibereze.

⇒ Faptul că Isus Cristos proclamă mântuirea omului ne arată că Dumnezeu este un Mântuitor.

⇒ Faptul că Isus Cristos a proclamat judecata asupra răului şi i-a avertizat pe oameni în legătură cu pierzarea, ne arată că Dumnezeu este Dumnezeu drept.

Lista ar putea continua, dar ideea este foarte clară. Dumnezeu nu este dezinteresat de soarta omului şi nici departe de om, încât să îl lase pe om să bâjbâie prin viaţa aceasta singur câutându-L pe Dumnezeu. Dumnezeu îl iubeşte şi îi pasă atât de mult de om încât i-a arătat omului exact cine este El şi cum este El cât şi calea pentru a ajunge la El. Doar Isus Cristos este chipul lui Dumnezeu, Persoana Supremă din univers. Doar El este Mijlocitorul între Dumnezeu şi om. Dumnezeu este la fel de aproape ca şi Isus Cristos.

> **Isus i-a zis: Eu sunt calea, adevărul şi viaţa. Nimeni nu vine la Tatăl decât prin Mine. (Ioan 14:6)**
>
> **Căci prin El şi unii şi alţii avem intrare la Tatăl, într-un Duh. (Efes. 2:18)**
>
> **Căci este un singur Dumnezeu, şi este un singur mijlocitor între Dumnezeu şi oameni: Omul Isus Hristos. (1 Tim. 2:5)**
>
> **Dar acum Hristos a căpătat o slujbă cu atât mai înaltă cu cât legământul al cărui mijlocitor este El, e mai bun, căci este aşezat pe făgăduinţe mai bune. (Evrei 8:6; vezi Evrei 12.24)**
>
> **Şi tocmai de aceea este El mijlocitorul unui legământ nou. (Evrei 9:15)**
>
> **Căci Hristos n-a intrat într-un locaş de închinare făcut de mână omenească, după chipul adevăratului locaş de închinare, ci a intrat chiar în cer, ca să Se înfăţişeze acum, pentru noi, înaintea lui Dumnezeu. (Evrei 9:24)**
>
> **Pe calea cea nouă şi vie (Cristos) , pe care ne-a deschis-o El, prin perdeaua dinăuntru, adică trupul Său. (Evrei 10:20)**
>
> **Copilaşilor, vă scriu aceste lucruri, ca să nu păcătuiţi. Dar dacă cineva a păcătuit, avem la Tatăl un Mijlocitor (Sau Avocat. Greceşte: Paraclet, adică apărător, ajutor.), pe Isus Hristos, Cel neprihănit. (1 Ioan 2:1)**
>
> **De Isus, Mijlocitorul legământului celui nou, şi de sângele stropirii, care vorbeşte mai bine decât sângele lui Abel. (Evrei 12:24)**
>
> **Căci Dumnezeu a vrut ca toată plinătatea să locuiască în El. (Col. 1:19)**

2. Gnosticismul spunea să trupul uman este rău. Această învăţătură are ca rezultat două atitudini diferite în legătură cu trupul şi viaţa.

⇒ Unii spuneau că trupul trebuie disciplinat, controlat şi avut îngrijit pe cât de mult posibil. Prin controlul asupra poftelor şi dorinţelor şi prin menţinerea în formă, degradarea şi răutatea trupului puteau fi controlate mai uşor.

⇒ Alţii spuneau opusul: ceea ce se face cu trupul contează prea puţin, pentru că acesta era rău şi sortit morţii. De aceea, atâta timp cât cineva purta de grijă sufletului său, putea mânca, bea şi se putea veseli.

a. Paralela cu învăţăturile mincinoase din zilele noastre se poate vedea foarte clar.

⇒ Unii se concentrează asupra trupului, şi asupra sănătăţii lui prin recreere, disciplină şi un stil de viaţă strict, încercând să evite răul adică slăbiciunea, boala, îmbătrânirea şi moartea trupului pe cât posibil.

COLOSENI 1:15

⇒ Alţii trăiesc aşa cum doresc, mâncând, bând şi petrecând după plăcerile lor, crezând că contează foarte puţin cum trăiesc. Gândiţi-vă cât de mulţi oameni cred că pot face ceea ce doresc—ce doresc, când doresc—atâta timp cât cred în Dumnezeu şi I se închină şi mai fac şi câte o faptă bună din când în când.

Ideea este următoarea: fiecare acordă atenţie lucrurilor spirituale doar atât cât doreşte să o facă, doar atât cât i se pare necesar pentru a-şi menţine duhul lui în legătură cu Dumnezeu. Dar concentrarea lui este pe trup şi pe plăcerile lui, chiar dacă plăcerea este păstrarea disciplinei şi a controlului sau stimularea firii.

b. Observaţi cum adevărul distruge acest stil de viaţă şi această învăţătură. Trupul uman nu este rău; Isus Cristos ne arată acest lucru. El este chipul lui Dumnezeu—Însuşi Fiul lui Dumnezeu—care a venit pe pământ în trup uman. De aceea, trupul uman nu poate fi rău, pentru că Dumnezeu poate fi atins de rău.

Trupul uman trebuie să fie un lucru onorabil pentru că altfel Isus Cristos nu s-ar fi îmbrăcat în trup, în chip de om şi nu ar fi venit pe pământ. Concluzia este una şocantă şi extraordinară pentru viaţa omului. Din moment ce trupul este onorabil înseamnă că tot ceea ce omul face cu trupul său este important pentru binele lui spiritual. Ceea ce face el cu trupul său îi afectează relaţia şi destinul lui cu Dumnezeu. Este imposibil pentru cineva să îşi ţină duhul în relaţie bună cu Dumnezeu în timp ce îşi lasă trupul să facă ce doreşte. Omul este om, format atât din trup cât şi din duh. De aceea el trebuie să Îl onoreze pe *Dumnezeu atât cu trupul său cât şi cu duhul*, la fel cum a făcut Isus Cristos *în trupul Său* primit de la Dumnezeu. (vezi schiţa şi comentariul—Rom.12:1-2; 1 Cor.6:12-20 pentru mai multe discuţii.)

> Vă îndemn dar, fraţilor, pentru îndurarea lui Dumnezeu, să aduceţi trupurile voastre ca o jertfă vie, sfântă, plăcută lui Dumnezeu: aceasta va fi din partea voastră o slujbă duhovnicească. (Rom. 12:1)
> Mâncările sunt pentru pântece, şi pântecele este pentru mâncări. Şi Dumnezeu va nimici şi pe unul şi pe celelalte. Dar trupul nu este pentru curvie: el este pentru Domnul, şi Domnul este pentru trup. (1 Cor. 6:13)
> Nu ştiţi că trupul vostru este Templul Duhului Sfânt, care locuieşte în voi, şi pe care L-aţi primit de la Dumnezeu? Şi că voi nu sunteţi ai voştri? Căci aţi fost cumpăraţi cu un preţ. Proslăviţi dar pe Dumnezeu în trupul şi în duhul vostru, care sunt ale lui Dumnezeu. (1 Cor. 6:19-20)
> Prin trupul Lui de carne, prin moarte, ca să vă facă să vă înfăţişaţi înaintea Lui sfinţi, fără prihană şi fără vină. (Col. 1:22)

3. Gnosticismul spunea că pentru a găsi calea spre Dumnezeu trebuie să dobândeşti o anumită înţelepciune şi anumite cuvinte cheie asigură deschiderea lumii spirituale. Accentul cădea pe intelect şi pe cunoaştere, pe îmbunătăţirea cunoştinţelor personale şi a efortului personal pentru a câştiga acceptul lui Dumnezeu.

a. Paralela cu modul de gândire natural al omului este evidentă. Atât de mulţi oameni se simt în siguranţă dacă...
* cunosc despre Dumnezeu şi despre religie
* cunosc fraze religioase şi vorbesc limbajul religios şi pios
* sunt destul de religioşi pentru a învăţa despre Dumnezeu şi despre religie

Dar observaţi: a cunoaşte despre cineva nu înseamnă a cunoaşte acea persoană; nu înseamnă o cunoaştere personală.

b. Adevărul revelat în Isus Cristos atacă exact temelia acestor gânduri şi acestor învăţături. Dumnezeu nu mântuieşte un om pentru că acesta se gândeşte la Dumnezeu şi cunoaşte câteva lucruri despre religie şi despre Dumnezeu. Dumnezeu mântuieşte atât oameni needucaţi cât şi educaţi, pe cei simpli cât şi pe cei intelectuali, pe cei ignoranţi cât şi pe cei înţelepţi, pe cei săraci cât şi pe cei bogaţi, pe cei tineri cât şi pe cei adulţi. Acest lucru se poate vedea în Isus Cristos care este chipul lui Dumnezeu...
* a venit pe pământ ca un bebeluş.
* a fost crescut de părinţi simpli şi săraci
* nu a fost educat la o universitate sau la vreo altă şcoală în afară de sinagoga din comunitatea lor.
* întotdeauna a slujit şi a întins mâna înspre cei nevoiaşi din lume—cei care aveau o nevoie, indiferent de vârstă, simplitate, suferinţă ignoranţă sau se aflau în orice circumstanţe nefericite.

Isus Cristos descoperă că Dumnezeu îi mântuieşte pe toţi cei care vin la Tatăl prin El—prin El care ne mântuieşte şi ne iartă de păcate (Col.1:14).

> Duceţi-vă dar la răspântiile drumurilor, şi chemaţi la nuntă pe toţi aceia pe care-i veţi găsi. (Mat. 22:9)

COLOSENI 1:15

În adevăr, nu este nici o deosebire între Iudeu și Grec; căci toți au același Domn, care este bogat în îndurare pentru toți cei ce-L cheamă. Fiindcă, oricine va chema Numele Domnului, va fi mântuit. (Rom. 10:12-13)

Pe El Îl propovăduim noi, și sfătuim pe orice om, și învățăm pe orice om în toată înțelepciunea, ca să înfățișăm pe orice om, desăvârșit în Hristos Isus. (Col. 1:28)

Care voiește ca toți oamenii să fie mântuiți și să vină la cunoștința adevărului. (1 Tim. 2:4)

Și Duhul și Mireasa zic: Vino! Și cine aude, să zică: Vino! Și celui ce îi este sete, să vină; cine vrea, să ia apa vieții fără plată! (Apoc. 22:17)

Întoarceți-vă la Mine, și veți fi mântuiți toți cei ce sunteți la marginile pământului! Căci Eu sunt Dumnezeu, și nu altul. (Isaia 45:22)

„Voi toți cei însetați, veniți la ape, chiar și cel ce n-are bani! Veniți și cumpărați bucate, veniți și cumpărați vin și lapte, fără bani și fără plată! (Isaia 55:1)

Concluzia este puternică: Isus Cristos este imaginea exactă, reprezentarea exactă, manifestarea perfectă, însăși Persoana lui Dumnezeu. Nu este alt om care ne poate aduce aproape de Dumnezeu și nu este vreun alt stil de viață pe care putem să îl urmăm pentru a ajunge la Dumnezeu. Isus Cristos este Împăratul Suveran al universului care a venit pe pământ ca Dumnezeu pentru a-i mântui pe oameni.

Că adică, Dumnezeu era în Hristos, împăcând lumea cu Sine, neținându-le în socoteală păcatele lor, și ne-a încredințat nouă propovăduirea acestei împăcări. Noi dar, suntem trimiși împuterniciți ai lui Hristos; și, ca și cum Dumnezeu ar îndemna prin noi, vă rugăm fierbinte, în Numele lui Hristos: Împăcați-vă cu Dumnezeu! Pe Cel ce n-a cunoscut nici un păcat, El L-a făcut păcat pentru noi, ca noi să fim neprihănirea lui Dumnezeu în El. (2 Cor. 5:19-21)

Și fără îndoială, mare este taina evlaviei Cel ce a fost arătat în trup, a fost dovedit neprihănit în Duhul, a fost văzut de îngeri, a fost propovăduit printre Neamuri, a fost crezut în lume, a fost înălțat în slavă. (1 Tim. 3:16)

2. (1:15) **Isus Cristos, Divinitate**: Isus Cristos este întâiul născut, deasupra tuturor lucrurilor. Cuvântul "întâi născut" nu înseamnă că Isus Cristos a fost prima ființă creată în univers. Înseamnă *prioritate, superioritate, preeminență, supremație*. Înseamnă că El a existat înainte de toată creația ca și Persoana Supremă a universului. Întreaga creație este moștenirea Sa. (Vezi comentariul, *Isus Cristos, Veșnic*—Col.1:16; 1:17 pentru mai multe discuții. vezi Rom.8:29; Col.1:18.)

Eu și Tatăl una suntem. (Ioan 10:30)

Isus i-a zis: De atâta vreme sunt cu voi, și nu M-ai cunoscut, Filipe? Cine M-a văzut pe Mine, a văzut pe Tatăl. Cum zici tu dar: „Arată-ne pe Tatăl?" Nu crezi că Eu sunt în Tatăl, și Tatăl este în Mine? Cuvintele, pe care vi le spun Eu, nu le spun de la Mine; ci Tatăl, care locuiește în Mine, El face aceste lucrări ale Lui. (Ioan 14:9-10)

A căror minte necredincioasă a orbit-o dumnezeul veacului acestuia, ca să nu vadă strălucind lumina Evangheliei slavei lui Hristos, care este chipul lui Dumnezeu. (2 Cor. 4:4)

El, măcar că avea chipul lui Dumnezeu, totuși n-a crezut ca un lucru de apucat să fie deopotrivă cu Dumnezeu. (Filip. 2:6)

El, care este oglindirea slavei Lui și întipărirea Ființei Lui, și care ține toate lucrurile cu Cuvântul puterii Lui, a făcut curățirea păcatelor, și a șezut la dreapta Măririi în locurile prea înalte. (Evrei 1:3)

	C. Dumnezeu şi Cristos (Partea II): Cristos Creatorul, 1:16-17
1. Cristos a creat toate lucrurile	16. Pentru că prin El au fost făcute toate lucrurile care sunt în ceruri şi pe pământ, cele văzute şi cele nevăzute: fie scaune de domnii, fie dregătorii, fie domnii, fie stăpâniri. Toate au fost făcute prin El şi pentru El. 17. El este mai înainte de toate lucrurile, şi toate se ţin prin El.
a. Din cer şi de pe pământ	
b. Vizibile şi invizibile	
2. Cristos a creat toate lucrurile pentru Sine	
3. Cristos este mai înainte de toate lucrurile	
4. Cristos ţine toate lucurile	

SECŢIUNEA II

CRISTOS: FIUL IUBIT AL LUI DUMNEZEU, 1:12-23

C. DUMNEZEU ŞI CRISTOS (PARTEA II): CRISTOS CREATORUL, 1:16-17

(1:16-17) **Introducere—Creaţia**: acest pasaj vorbeşte despre creaţia universului. Răspunde la întrebări cum ar fi...
- Care este originea universului?
- Cum a ajuns lumea să existe?
- Ce forţă a adus universul în fiinţă?
- Există mai multe lumi sau universuri? Există mai mult decât doar o dimensiune fizică? Există alte lumi invizibile în alte dimensiuni?
- Care este scopul sau finalitatea lucrurilor sau a creaţiei?
- Ce ţine lucrurile împreună? Care este forţa care pune ordine în acest univers? Care este puterea din spatele legilor naturii cum ar fi gravitaţia?

Există în principal trei perspective asupra creaţiei.

În primul rând, există perspectiva seculară sau punctul de vedere umanist, ideea care susţine că lumea a apărut la întâmplare. Susţine că lumea nu a fost creată de vreo forţă sau putere. Nu există vreo putere care să stea în spatele acestei lumi. Nu a existat nimic şi apoi cumva a apărut un gaz sau un element, doar a apărut...
- din nimic
- de nicăieri

Mai apoi după multe veacuri, acest element gazos a devenit două elemente care au început acest proces de evoluţie care a continuat până când la un moment dat lumea a fost creată. Desigur, au existat şi întotdeauna vor exista diferite idei care susţin procesul evoluţiei în diferite moduri (vezi ideea teoriei Big Bang care este destul de populară). Totuşi, ideea susţinută de aceşti umanişti sau secularişti este că universul a început din nimic şi de nicăieri.

În al doilea rând, mai este perspectiva care susţine că un dumnezeu a creat lumea, dar care este departe de lume şi despărţit de ea. Acest dumnezeu îndepărtat este perceput în diferite moduri:
⇒ Unii îl văd ca fiind bun; alţii îl văd ca fiind rău.
⇒ Unii cred că el însuşi a creat lumea; alţii cred că el a folosit forţe intermediare.

Aceasta era percepţia Gnosticismului, a învăţăturii mincinoase care intrase în biserica din Colose. Deasemenea este percepţia pe care o au oamenii din societatea de astăzi. Ei *simt* că Dumnezeu este departe, complet despărţit şi rupt de lume. Dacă se gândesc la creaţie, ei nu pot să Îl vadă pe Dumnezeu creând lumea pentru că El este prea despărţit de ea. De aceea ei cred că El probabil a folosit forţe intermediare sau fiinţe, alţi intermediari sau vreo altă cale prin care a creat lumea.

Iar al treilea punct de vedere este percepţia pur Creştină, adevărul că Dumnezeu însuşi, Majestatea Suverană a universului a creat lumea prin persoana lui Isus Cristos. Aceasta desigur este discuţia acestui pasaj. În timp ce este studiat, observaţi forţa cu care se proclamă adevărul: se declară în termeni foarte clari felul în care a început universul. Observaţi deasemenea cum această proclamare demolează toate învăţăturile false şi cu cât mai logic şi pe înţeles este adevărul în comparaţie cu învăţăturile false. Cristos este creatorul universului.

COLOSENI 1:16-17

1. Cristos a creat toate lucrurile (v.16).
2. Cristos a creat toate lucrurile pentru Sine (v.16).
3. Cristos este înaintea tuturor lucrurilor (v.17).
4. Cristos ține toate lucrurile împreună (v.17).

1. (1:16) **Creație—Isus Cristos, Creator**: Isus Cristos a creat toate lucrurile. Acest lucru este este declarat, observați totuși cât de profund este acest adevăr și cât de mult acoperă din verset.

1. Cuvântul folosit *prin El* (en autoi) înseamnă *în El*; adică, creația a avut loc *în* Cristos, *înlăuntrul* ființei Lui:

⇒ Inima lui Cristos a dorit lumea.
⇒ Mintea lui Cristos a planificat lumea.
⇒ Voința lui Cristos a creat destinul lumii.
⇒ Cuvântul lui Cristos a creat lumea.

Creația lumii a avut loc în Cristos, în personalitatea Lui și în ființa Lui. Lumea s-a născut în El.

⇒ *Dragostea lui Cristos* a mișcat inima lui Cristos ca să creeze lumea.
⇒ *Priceperea lui Cristos* i-a determinat mintea să pună la cale lumea.
⇒ *Bogățiile harului Său* L-au făcut să dorească lumea.
⇒ *Puterea Cuvântului Său* au adus lumea în ființă.

Universul acesta există datorită lui Cristos și doar datorită Lui. Ideea universului s-a născut *în El*, iar creația universului au avut loc prin energia și prin efortul Lui. Însuși Isus Cristos a adus universul în ființă.

2. Cuvintele *toate lucrurile* (ta panta) sunt pline de însemnătate. Înseamnă...

• "toate lucrurile" în mod colectiv, adică toate lucrurile din acest univers au fost create de Cristos.
• "toate lucrurile" în mod individual, adică fiecare detaliu al creației a fost creat de Cristos. Fiecare părticică din fiecare lucru, fiecare ființă și fiecare element s-au născut în Cristos și doar în El.

Ideea este că nu există nimic, niciun lucru care să nu fi fost creat de Cristos. Toate lucrurile au fost create de El, în cele mai mici detalii din fiecare lucru.

3. Cuvintele *au fost făcute* (ektisthe) sunt la timpul aorist în limba greacă ceea ce înseamnă că, creația a fost un eveniment istoric. Creația de fapt a avut loc în felul următor. Isus Cristos Însuși *a creat* lumea. A existat un moment, o zi, o oră, un moment când El a rostit un cuvânt, și toate lucrurile, fiecare lucru în complexitatea lui a luat ființă.

4. Creația lui Cristos include toate lumile și toate dimensiunile. Aceasta se spune cu afirmația, "cele văzute și cele nevăzute: fie scaune de domnii, fie dregătorii, fie domnii, fie stăpâniri." Observați cum această afirmație include absolut totul:

⇒ Dacă există alte *planete sau ființe vizibile* în spațiu, Cristos le-a creat pe toate.
⇒ Dacă există lumi invizibile sau ființe în alte dimensiuni, Cristos le-a creat pe toate.

Indiferent ce fel de lume ar fi sau ce fel de ființă—tronuri, puteri, stăpâniri sau autorități—Cristos le-a creat pe toate. Nu există niciun lucru pe care El să nu îl fi creat.

⇒ nicio planetă   ⇒ nicio plantă
⇒ nicio stea   ⇒ niciun mineral
⇒ nicio ființă   ⇒ niciun element
⇒ nicio   ⇒ niciun lucru
   dimensiune

> **Toate lucrurile au fost făcute prin El; și nimic din ce a fost făcut, n-a fost făcut fără El. (Ioan 1:3)**
>
> **Totuși pentru noi nu este decât un singur Dumnezeu: Tatăl, de la care vin toate lucrurile și pentru care trăim și noi, și un singur Domn: Isus Hristos, prin care sunt toate lucrurile și prin El și noi. (1 Cor. 8:6)**
>
> **Și să pun în lumină înaintea tuturor care este isprăvnicia acestei taine, ascunse din veacuri în Dumnezeu, care a făcut toate lucrurile. (Efes. 3:9)**
>
> **Pentru că prin El au fost făcute toate lucrurile care sunt în ceruri și pe pământ, cele văzute și cele nevăzute: fie scaune de domnii, fie dregătorii, fie domnii, fie stăpâniri. Toate au fost făcute prin El și pentru El. (Col. 1:16)**

2. (1:16) **Creație, Scop—Isus Cristos, Creatorul**: Cristos a creat toate lucrurile *pentru Sine*. Gândiți-vă un moment: dacă Cristos într-adevăr a creat toate lucrurile, înspre cine ar privi întreaga creație? Pe cine ar slăvi creația, ar onora,

cui s-ar închina şi pe cine ar sluji? Răspunsul este evident: creaţia priveşte înspre Creator. Creaţia îşi datorează existenţa Creatorului ei; de aceea, creaţia trebuie să Îl glorifice pe Creatorul ei. Creaţia îşi găseşte raţiunea de a exista şi fiinţa în Isus Cristos. Isus Cristos a creat universul...
- pentru ca în veacurile care vor urma să facă de cunoscut bogăţiile harului Său (Efes.2:7).
- pentru ca să îşi descopere slava Sa (Rom.8:18).

În termeni simpli, universul a fost creat pentru Cristos pentru ca El să îl poată...
- iubi
- binecuvânta
- mântui
- primi
- salva
- înălţa

De aceea, creaţia Îi datorează Domnului Isus Cristos toată slava, onoarea, închinarea şi slujirea. Universul există pentru Creatorul lui.

> Şi când toate lucrurile Îi vor fi supuse, atunci chiar şi Fiul Se va supune Celui ce I-a supus toate lucrurile, pentru ca Dumnezeu să fie totul în toţi. (1 Cor. 15:28)
> Ca să-l aducă la îndeplinire la plinirea vremurilor, spre a-Şi uni iarăşi într-unul în Hristos, toate lucrurile: cele din ceruri, şi cele de pe pământ. (Efes. 1:10)
> Căci Dumnezeu a vrut ca toată plinătatea să locuiască în El, şi să împace totul cu Sine prin El, atât ce este pe pământ cât şi ce este în ceruri, făcând pace, prin sângele crucii Lui. (Col. 1:19-20)
> La sfârşitul acestor zile, ne-a vorbit prin Fiul, pe care L-a pus moştenitor al tuturor lucrurilor, şi prin care a făcut şi veacurile. (Evrei 1:2)
> Se cuvenea, în adevăr, ca Acela pentru care şi prin care sunt toate, şi care voia să ducă pe mulţi fii la slavă, să desăvârşească, prin suferinţe, pe Căpetenia mântuirii lor. (Evrei 2:10)
> Din El, prin El, şi pentru El sunt toate lucrurile. A Lui să fie slava în veci! Amin. (Rom. 11:36)

3. (1:17) **Isus Cristos, Veşnic:** Isus Cristos este înainte de toate lucrurile. Acest punct este unul foarte important pentru că înseamnă două lucruri.

1. Isus Cristos a fost înaintea tuturor lucrurilor. Înainte să fie creat primul lucru, Isus Cristos deja a existat. El nu este o fiinţă creată; El este Creatorul. Când El a creat totul nu exista nimic în univers. Înainte de timp, înainte ca universul să existe, El era acolo. Doar El este veşnic.

> Înainte ca să se fi născut munţii, şi înainte ca să se fi făcut pământul şi lumea, din vecinicie în vecinicie, Tu eşti Dumnezeu! (Ps. 90:2)
> Eu am fost aşezată din veşnicie, înainte de orice început, înainte de a fi pământul. (Prov. 8:23)
> La început era Cuvântul, şi Cuvântul era cu Dumnezeu, şi Cuvântul era Dumnezeu. (Ioan 1:1)
> Şi acum, Tată, proslăveşte-Mă la Tine însuţi cu slava, pe care o aveam la Tine, înainte de a fi lumea. (Ioan 17:5)
> El, măcar că avea chipul lui Dumnezeu, totuşi n-a crezut ca un lucru de apucat să fie deopotrivă cu Dumnezeu, ci S-a dezbrăcat pe sine însuşi şi a luat un chip de rob, făcându-Se asemenea oamenilor. La înfăţişare a fost găsit ca un om, S-a smerit şi S-a făcut ascultător până la moarte, şi încă moarte de cruce. (Filip. 2:6-8)
> Eu sunt Alfa şi Omega, Cel dintâi şi Cel de pe urmă, Începutul şi Sfârşitul. (Apoc. 22:13)

2. Isus Cristos este înaintea tuturor lucrurilor şi în importanţă, supremaţie, şi întâietate. Nimic nu îi este superior. Doar El este Majestatea Suverană a acestui univers. Doar El stă înaintea tuturor ca Cel Suprem; toate celelalte—fiecare lucru—îi sunt supuse şi îi datorează existenţa lor, închinarea lor şi slujirea lor.

> Patriarhii, şi din ei a ieşit, după trup, Hristosul, care este mai presus de toate lucrurile, Dumnezeu binecuvântat în veci. Amin! (Rom. 9:5)
> El este chipul Dumnezeului celui nevăzut, cel întâi născut din toată zidirea. (Col. 1:15)
> El este mai înainte de toate lucrurile. (Col. 1:17)

Meditaţia 1. Acest punct distruge toate ideile care spun că Isus Cristos este doar un mare învăţător, numai una printre multe alte persoane importante care ne pot conduce spre Dumnezeu.

4. (1:17) **Isus Cristos, Creator**: Isus Cristos ţine toate lucrurile laolaltă. Wuest îl citează pe Lightfoot şi face o afirmaţie excelentă în acest sens:

> [Isus Cristos] este principiul coeziunii universului. El dă creaţiei unitatea şi solidaritatea care o face să fie un cosmos (un sistem ordonat) în locul unui haos (o masă neformată). De aceea (spre exemplu) forţa gravitaţiei, cea care ţine lucrurile la locul lor şi care reglează mişcările lucrurilor care se mişcă, este expresia minţii Lui (Efeseni şi Coloseni, Vol.1, p.185).

Barclay, ca de obicei, este foarte descriptiv în expunerile Sale:

> ...Fiul este cel care ţine lumea laolaltă. Adică, toate legile prin care această lume are o ordine şi nu este haos sunt expresia minţii Fiului. Legea gravitaţiei şi toate legile ştiinţifice nu sunt doar ştiinţifice; sunt legi divine. Sunt legile care pun ordine în univers. Aceste legi fac lumea aceasta un loc pe care ne putem baza şi de care putem depinde. Fiecare lege a ştiiţei şi a naturii este de fapt o expresie a gândului lui Dumnezeu. Prin aceste legi, şi de aceea prin mintea lui Dumnezeu universul stă laolaltă şi nu se dezintegrează în haos (Scrisorile către Filipeni, Coloseni şi Tesaloniceni, p.144).

Ideea este clară: Isus Cristos este cel care ţine lumea laolaltă. Dragostea şi puterea Sa...
* ţin universul ca să nu se dezintegreze
* ţin toate creaturile ca să nu se distrugă complet unele pe altele prin sălbăticie

Toate lucrurile sunt ţinute prin Isus Cristos, prin...
* energia Lui
* forţa Lui
* puterea Lui
* ordinea Lui
* unitatea Lui
* solidaritatea Lui

> **El este mai înainte de toate lucrurile, şi toate se ţin prin El. (Col. 1:17)**
> **El, care este oglindirea slavei Lui şi întipărirea Fiinţei Lui, şi care ţine toate lucrurile cu Cuvântul puterii Lui, a făcut curăţirea păcatelor, şi a şezut la dreapta Măririi în locurile prea înalte. (Evrei 1:3)**

Meditaţia 1. Isus Cristos este veşnic. Acest fapt spune câteva lucruri importante despre Cristos.
1) Cristos ne revelează cea mai importantă Persoană din întreg universul. El descoperă tot ceea ce este Dumnezeu şi tot ceea ce El vrea să spună omului. De aceea, Cristos trebuie studiat cu atenţie, şi tot ceea ce este El şi spune El trebuie pus la loc de cinste (vezi Ioan 5:24).
2) Cristos Îl *descoperă* pe Dumnezeu într-un mod perfect. El este Dumnezeu, de aceea, când ne uităm la Cristos Îl vedem pe Dumnezeu (vezi STUDIU APROFUNDAT # 2—Ioan.14:6. Vezi Ioan.14:9.)
3) Cristos revelează faptul că Dumnezeu este cea mai minunată Persoană. Dumnezeu este mai minunat decât orice om la care am putea visa. El este plin de dragoste, plin de grijă pentru noi, plin de bunătate şi de adevăr; El nu tolerează nedreptatea: crima, furtul, minciuna, înşelăciunea, abuzul, tratamente nedrepte, neglijarea şi ignorarea soţului sau a soţiei, a copilului, vecinului, fratelui, surorii sau străinului. Dumnezeu iubeşte şi lucrează şi se mişcă înspre un univers perfect care va fi plin de oameni care aleg să iubească, să I se închine, să trăiască şi să lucreze pentru El (vezi Ioan.5:24-29).

Meditaţia 2. Natura lui Cristos este...
* să existe veşnic
* să existe într-o stare de perfecţiune, necunoscând nimic altceva decât perfecţiunea veşnică
* să existe într-o comuniune perfectă şi în părtăşie veşnică (vezi 1 Ioan 1:3)

Observaţi: este însăşi natura lui Cristos ca să împărtăşească aceste lucruri cu credincioşii; de aceea toate aceste trei lucruri vor face parte şi din experienţa noastră.

> **În ziua aceea, veţi cunoaşte că Eu sunt în Tatăl Meu, că voi sunteţi în Mine, şi că Eu sunt în voi. (Ioan 14:20)**
> **Căci pe aceia, pe care i-a cunoscut mai dinainte, i-a şi hotărât mai dinainte să fie asemenea chipului Fiului Său, pentru ca El să fie cel întâi născut dintre mai mulţi fraţi. (Rom. 8:29)**

Noi toți privim cu fața descoperită, ca într-o oglindă, slava Domnului, și suntem schimbați în același chip al Lui, din slavă în slavă, prin Duhul Domnului. (2 Cor. 3:18)

El va schimba trupul stării noastre smerite, și-l va face asemenea trupului slavei Sale, prin lucrarea puterii pe care o are de a-Și supune toate lucrurile. (Filip. 3:21)

Prin care El ne-a dat făgăduințele Lui nespus de mari și scumpe, ca prin ele să vă faceți părtași firii dumnezeiești, după ce ați fugit de stricăciunea, care este în lume prin pofte. (2 Pet. 1:4)

Preaiubiților, acum suntem copii ai lui Dumnezeu. Și ce vom fi, nu s-a arătat încă. Dar știm că atunci când Se va arăta El, vom fi ca El; pentru că Îl vom vedea așa cum este. (1 Ioan 3:2)

	D. Dumnezeu și Cristos (Partea III): Cristos este Capul Bisericii, 1:18-19
1. El este Capul bisericii 2. El este începutul bisericii 3. El este cel întâi născut dintre morți 4. El este Cel dintâi în toate lucrurile 5. El este plin cu plinătatea lui Dumnezeu	18. El este Capul trupului, al Bisericii. El este începutul, cel întâi născut dintre cei morți, pentru ca în toate lucrurile să aibă întâietatea. 19. Căci Dumnezeu a vrut ca toată plinătatea să locuiască în El,

SECȚIUNEA II

CRISTOS: FIUL IUBIT AL LUI DUMNEZEU, 1:12-23

D. Dumnezeu și Cristos (Partea III): Cristos este Capul Bisericii, 1:18-19

(1:18-19) **Introducere**: acest pasaj este una dintre imaginile minunate a relației dintre Cristos și biserică. El zugrăvește biserica și pe Cristos și relația dintre aceștia în cei mai clari termeni. Acesta este un pasaj care ar trebui să fie studiat de fiecare biserică din nou și din nou și din nou.

1. El este Capul bisericii (v.18).
2. El este începutul bisericii (v.18).
3. El este Cel întâi născut dintre cei morți (v.18).
4. El este Cel dintâi în toate lucrurile (v.18).
5. El este plin de plinătatea lui Dumnezeu (v.19).

1. (1:18) **Biserica—Isus Cristos, Capul Bisericii**: Isus Cristos este capul bisericii. (vezi comentariul, *Biserica*—Mat.16:19 pentru sensul cuvântului *biserică*.) Aici găsim cea mai frumoasă descriere a lui Cristos și a bisericii: imaginea trupului, Capul fiind Cristos iar biserica trupul Său. Când biserica este numită trupul lui Cristos, atunci sunt ilustrate cel puțin trei idei sau imagini. (vezi comentariile și schițele—Rom.12:3-8; 1 Cor.12:12-31; Efes.1:22-23; 2:19-22 pentru mai multe discuții.)

1. Prima idee este cea a vieții, a celei mai vitale legături sau relații. Un trup nu poate trăi despărțit de cap iar capul nu poate trăi despărțit de trup. Atât capul cât și trupul sunt absolut necesare unul altuia pentru ca viața să fie posibilă. Fără Isus Cristos, biserica nu poate exista, iar fără biserică viața lui Cristos pe pământ nu poate fi cunoscută și nu poate exista. Cristos este făcut cunoscut doar prin viețile copiilor Săi, prin biserică. Aceasta este metoda aleasă de El pentru a Se face cunoscut.

Meditația 1. Acest lucru este de importanță vitală.
1) Dacă vreo parte a lumii este lipsită de prezența bisericii (fără trupul Său), atunci acea parte a lumii nu poate să Îl cunoască pe Cristos Capul.
2) Dacă lumea vede un trup de oameni care au un cap altul decât Cristos, atunci acel trup de oameni nu este biserica, nu biserica adevărată.

2. Ideea de activitate și a sursei acesteia. Trupul este cel care acționează, dar capul este acela care îi spune trupului cum să acționeze. Capul este cel care...

- face planuri pentru trup
- direcționează trupul
- ghidează trupul
- inspiră trupul
- ridică trupul
- activează trupul
- conduce trupul

Trupul nu face nimic fără cap. Tot ceea ce face trupul începe de la cap.

Meditația 1. Acest lucru este important. Înseamnă că biserica este total dependentă de Cap, de Isus Cristos. Trupul își găsește scopul, sensul și semnificația în Capul care este Isus Cristos. De aceea, trupul sau biserica

442

trebuie să învețe cât mai mult și mai mult să să onoreze Capul. Trupul trebuie să învețe să privească spre Cap pentru planuri, pentru motivație și călăuzire.

3. Ideea controlului. Capul trebuie să conducă și să stăpânească peste trup. Trupul trebuie să fie controlat de cap. Trupul nu trebuie să acționeze despărțit de cap. Dar observați: câteodată trupul acționează despărțit de cap. Când se întâmplă așa, acest lucru se datorează unei boli, unui handicap, sau unui accident. Există vorba de o defecțiune—fizică, emoțională sau mentală. La fel este și cu biserica. Când Cristos nu controlează trupul bisericii, acest lucru se întâmplă datorită unei defecțiuni, sau unei probleme în interiorul trupului.

Meditația 1. Trupul bisericii trebuie să se lase controlat de Cristos. Biserica trebuie să trăiască o viață disciplinată, controlată așa cum a spus Cristos. Când biserica trăiește așa cum a spus Cristos, atunci biserica trăiește o viață neatinsă de boli și accidente.

> **El I-a pus totul sub picioare, și L-a dat căpetenie peste toate lucrurile, Bisericii, (Efes. 1:22)**
>
> **Ci, credincioși adevărului, în dragoste, să creștem în toate privințele, ca să ajungem la Cel ce este Capul, Hristos. (Efes. 4:15)**
>
> **Căci bărbatul este capul nevestei, după cum și Hristos este capul Bisericii, El, Mântuitorul trupului. (Efes. 5:23)**
>
> **El este Capul trupului, al Bisericii. El este începutul, cel întâi născut dintre cei morți, pentru ca în toate lucrurile să aibă întâietatea. (Col. 1:18)**
>
> **Și nu se ține strâns de Capul din care tot trupul, hrănit și bine închegat, cu ajutorul încheieturilor și legăturilor, își primește creșterea pe care i-o dă Dumnezeu. (Col. 2:19)**

2. (1:18) **Biserica**: Isus Cristos este începutul bisericii. Cuvântul *început* (arche) poate avea două sensuri.

1. *Început* înseamnă putere creatoare. Când ceva începe pentru prima oară, este creat sau adus în ființă de cineva sau de ceva mai mare decât acel lucru. Isus Cristos este Persoana care a dat naștere bisericii. El este mai mare decât biserica; de aceea, El a avut puterea să creeze biserica, și să o aducă în ființă.

⇒ Biserica este ideea minții Sale: El a fost Cel care a visat la biserică, s-a gândit la ea și a văzut scopul măreț pe care aceasta l-ar putea îndeplini pe pământ.

⇒ Biserica este planul inimii Sale: El a văzut cum ar putea fi întemeiată biserica și construită pe pământ iar inima Sa a dorit acest lucru.

⇒ Biserica este dorința voiei Sale: El a dorit și a tânjit după biserică; de aceea El a dorit să o întemeieze.

⇒ Biserica este lucrarea mâinilor sale și a vieții Sale. Isus Cristos a venit pe pământ și a dat naștere bisericii (vezi schița și comentariul și STUDIU APROFUNDAT # 1, *Biserica* —Mat.16:18).

⇒ Biserica este rezultatul dragostei Sale; El a iubit lumea; de aceea; El și-a întemeiat biserica și atinge lumea prin biserica Sa.

⇒ Biserica este în grija Sa: El privește înspre biserică și are în vedere binele bisericii Sale, asigurându-Se că își împlinește scopul pe acest pământ. Nici chiar porțile iadului nu pot birui biserica datorită dragostei și grijii Sale (Mat.16:18).

Ideea este următoarea: Isus Cristos a început biserica. El este începutul, El este puterea creatoare care a întemeiat și care a dat naștere bisericii.

Meditația 1. Isus Cristos este Persoana—singura Persoană—care trebuie onorată și recunoscută ca începutul bisericii lui Dumnezeu pe pământ. Nimeni nu trebuie vreodată să ia locul lui Cristos în biserică. El și doar El trebuie să fie slăvit ca fiind Sursa vieții bisericii și a ființei ei. El și doar El poate aduce oameni la Dumnezeu.

2. *Început* înseamnă *cel dintâi în timp.* Isus Cristos a fost prima Persoană din biserică. El a întemeiat biserica; prin urmare; El a fost cel dintâi membru, mărețul și gloriosul Fondator al bisericii. Toți ceilalți care au venit în biserică au venit după El.

Meditația 1. Acest lucru are o semnificație imensă. Un om care nu Îl urmează pe Cristos nu reușește să intre cu adevărat în biserica pe care El a fondat-o. Un om poate sta pe băncile unei clădiri și poate auzi vocea predicatorului, dar dacă nu Îl urmează pe Cristos, nu se află în trupul Fondatorului bisericii. În acest caz el urmează un alt trup și o altă mișcare. Și un lucru trebuie subliniat: Cristos a fost foarte clar în legătură cu trupul

Său şi cu biserica Sa—şi în legătură cu felul în care biserica Sa şi urmaşii Săi trebuie să trăiască. De aceea, pentru a face parte din biserica Sa, un om trebuie să trăiască în voia pe care El a stabilit-o.

> **Ca să nu mai fim copii, plutind încoace şi încolo, purtaţi de orice vânt de învăţătură, prin viclenia oamenilor şi prin şiretenia lor în mijloacele de amăgire; ci, credincioşi adevărului, în dragoste, să creştem în toate privinţele, ca să ajungem la Cel ce este Capul, Hristos. (Efes. 4:14-15)**
>
> **Nimeni să nu vă răpească premiul alergării, făcându-şi voia lui însuşi printr-o smerenie şi închinare la îngeri, amestecându-se în lucruri pe care nu le-a văzut, umflat de o mândrie deşartă, prin gândurile firii lui pământeşti, şi nu se ţine strâns de Capul din care tot trupul, hrănit şi bine închegat, cu ajutorul încheieturilor şi legăturilor, îşi primeşte creşterea pe care i-o dă Dumnezeu. (Col. 2:18-19)**
>
> **Oricine tăgăduieşte pe Fiul, n-are pe Tatăl. Oricine mărturiseşte pe Fiul, are şi pe Tatăl. Ce aţi auzit de la început, aceea să rămână în voi. Dacă rămâne în voi ce aţi auzit de la început, şi voi veţi rămâne în Fiul şi în Tatăl. (1 Ioan 2:23-24)**

3. (1:18) **Biserica—Isus Cristos, Înviere**: Isus Cristos a fost Cel dintâi care a înviat din morţi. Învierea lui Cristos şi biserica sunt strâns legate în trei privinţe.

1. Învierea lui Cristos este motivul pentru care biserica există. Dacă Isus Cristos nu ar fi înviat din morţi, nici biserica nu ar fi existat. Dumnezeu iubeşte omul şi doreşte ca omul să trăiască veşnic în prezenţa Sa. A făcut acest lucru posibil prin învierea lui Isus Cristos şi prin întemeierea bisericii. Atunci s-a întâmplat următorul lucru: Isus Cristos a devenit Cel dintâi om care a înviat din morţi şi care nu trebuie să mai moară niciodată. El a deschis calea spre biruirea morţii; şi pentru că a făcut acest lucru, El ne stă înainte ca şi Cel dintâi, Modelul, Primul, Omul Perfect care a biruit moartea. De aceea, când un om crede cu adevărat în învierea lui Cristos, Dumnezeu ia credinţa acelui om şi îl socoteşte ca fiind în Cristos. Dumnezeu socoteşte încrederea acelui om în învierea lui Cristos ca energia şi puterea învierii Domnului. De aceea, când un om este pregătit să plece din această lumea, el se află *în energia şi în puterea* învierii lui Cristos, iar energia şi puterea lui Cristos îl transferă pe acel om direct în prezenţa lui Dumnezeu.

Dar observaţi: acesta este mesajul şi speranţa evangheliei. Acei oameni care cred în învierea lui Cristos fac parte din biserica Lui. Aceasta este biserica: un trup de oameni care s-au încrezut în puterea învierii lui Cristos pentru a birui moartea în locul lor şi care îi va transfera în prezenţa veşnică a lui Dumnezeu. Despărţiţi de învierea lui Cristos nu ar exista speranţă şi nu ar fi nici vreun mesaj al puterii biruitoare; prin urmare, nu ar exista nici biserică.

Meditaţia 1. Învierea lui Cristos şi biserica sunt strâns legate.
⇒ Fiecare om care se încrede cu adevărat în învierea lui Cristos este un membru adevărat al bisericii Domnului.
⇒ Fiecare membru adevărat al bisericii este un om care a crezut cu adevărat în învierea lui Cristos.
⇒ Nu există un om care să fie membru adevărat în biserică şi să nu creadă în învierea lui Cristos.
⇒ Nu există un om care să fie membru adevărat în biserică şi să nu creadă în învierea Domnului.

Meditaţia 2. Biserica este un trup de oameni care cred cu adevărat în învierea lui Cristos. Biruinţa asupra morţii este mesajul minunat şi plin de speranţă al bisericii. Exact acest lucru o deosebeşte de toate celelalte organizaţii ale oamenilor cum sunt cluburile sociale sau civice.

2. Învierea lui Cristos şi viaţa bisericii înseamnă că există o nouă viaţă care le este disponibilă oamenilor. Când Cristos a fost înviat din morţi, trupul şi viaţa Sa au fost total diferite de trupul şi viaţa avută anterior. El a primit un trup şi o viaţă schimbată; El a fost înviat la o viaţă nouă, pentru a trăi faţă în faţă cu Dumnezeu pentru totdeauna. Tot aşa este şi cu biserica. Biserica trebuie să fie o imagine a învierii şi a vieţii schimbate a lui Cristos. Biserica trebuie să fie.
...
* total diferită de lume
* despărţită de lume şi dăruită în totalitate lui Dumnezeu
* trebuie să îşi trăiască viaţa ca şi când ar trăi faţă în faţă cu Dumnezeu

3. Învierea lui Cristos este puterea prin care biserica trebuie să trăiască. Învierea lui Cristos dovedeşte că există o putere nelimitată, enormă, care este disponibilă pentru viaţă şi pentru a birui toate greutăţile vieţii, chiar şi judecata şi moartea. Biserica trebuie să trăiască ca nişte fiinţe înviate—fiinţe cu o nouă viaţă, o viaţă plină de putere şi energie care biruieşte toate necazurile vieţii. Doar imaginaţi-vă! Puterea pentru a birui toate necazurile şi toate ispitele vieţii, inclusiv moartea şi judecata. O asemenea putere este disponibilă, şi trebuie să fie *vie şi la lucru* în biserică. De fapt, puterea învierii Domnului Isus Cristos trebuie să fie însuşi sângele care dă viaţă bisericii.

Dar, mulțumită ajutorului lui Dumnezeu, am rămas în viață până în ziua aceasta; și am mărturisit înaintea celor mici și celor mari, fără să mă depărtez cu nimic de la ce au spus proorocii și Moise că are să se întâmple; și anume, că Hristosul trebuie să pătimească, și că, după ce va fi cel dintâi din învierea morților, va vesti lumină norodului și Neamurilor. (Fapte 26:22-23)

Care a fost dat din pricina fărădelegilor noastre, și a înviat din pricină că am fost socotiți neprihăniți. (Rom. 4:25)

Dacă mărturisești deci cu gura ta pe Isus ca Domn, și dacă crezi în inima ta că Dumnezeu L-a înviat din morți, vei fi mântuit. (Rom. 10:9)

Că a fost îngropat și a înviat a treia zi, după Scripturi. (1 Cor. 15:4)

Și care este față de noi, credincioșii, nemărginita mărime a puterii Sale, după lucrarea puterii tăriei Lui, pe care a desfășurat-o în Hristos, prin faptul că L-a înviat din morți, și L-a pus să șadă la dreapta Sa, în locurile cerești. (Efes. 1:19-20)

Binecuvântat să fie Dumnezeu, Tatăl Domnului nostru Isus Hristos, care, după îndurarea Sa cea mare, ne-a născut din nou prin învierea lui Isus Hristos din morți, la o nădejde vie. (1 Pet. 1:3)

4. (1:18) **Isus Cristos—Supremație**: Isus Cristos este deasupra tuturor lucrurilor. Dumnezeu Tatăl are doar un Fiu, pe Domnul Isus Cristos care este Dumnezeu Fiul.

Observați două lucruri.

1. Isus Cristos este deasupra tuturor lucrurilor din univers pentru că El este Cel care a murit și a înviat pentru mântuirea omului. Pentru că Isus Cristos a fost în totalitate ascultător față de Dumnezeu în moartea și în învierea Sa, Dumnezeu L-a pus mai presus de toate lucrurile, Cel dintâi în toate.

Un alt mod de a spune același lucru este acesta: Dumnezeu Fiul a venit de bună voie pe pământ pentru a muri și pentru a învia pentru mântuirea omului. De aceea, Dumnezeu Tatăl trebuie să Îl iubească pe Dumnezeu Fiul cu o dragoste supremă. El este gata să facă orice pentru Cristos, pentru a-I da Lui supremația peste toate lucrurile.

Încă un mod de a spune același lucru este acesta. Dumnezeu Tatăl are doar un Fiu care este Domnul Isus Cristos, Dumnezeu Fiul. Dumnezeu Fiul a fost *ascultător într-un mod perfect* în venirea pe pământ și în moartea Sa pentru om și în învierea din morți. De aceea, Dumnezeu Tatăl trebuie să Îl iubească pe Fiul Său pe singurul Său Fiu cu o dragoste supremă. El trebuie să facă totul și să aranjeze toate lucrurile pentru a se concentra asupra Singurului Său Fiu.

Ideea este următoarea: marea dragoste a lui Dumnezeu pentru Fiul Său explică de ce există biserica. Dumnezeu a creat lumea și l-a creat și pe om ca acesta să I se închine și să Îl slujească pe El, dar când omul s-a răzvrătit și a refuzat să Îl onoreze pe El, Dumnezeu a trebuit să își ducă la îndeplinire planul în alt mod. Nu toți oamenii aveau să I se închine și să îl slujească pe El, dar El a știut că o parte din ei ar face acest lucru dacă El ar pregăti o cale. Așa a făcut Dumnezeu. El a pregătit calea prin Fiul Său Isus Cristos și prin biserică. Omul care crede în Fiul Său Isus Cristos este iertat de răzvrătirea Lui și acceptat în trupul nou de oameni pe care Dumnezeu îl crează, trupul numit "biserica."

⇒ Aceasta este biserica: un trup de oameni care s-au apropiat de Dumnezeu prin Domnul Isus Cristos pentru a I se închina și a-L sluji pe Dumnezeu.

2. Acesta este motivul pentru care Isus Cristos trebuie să aibă supremația, întâietatea în toate în toate lucrurile: El este Cel care a venit pe pământ să sufere și să moară. El este Cel care a iubit și S-a dat pe Sine pentru biserică. El este Cel care a murit pentru a întemeia biserica (Efes.5:25). De aceea, Dumnezeu L-a făcut pe Cristos cel dintâi și Autoritatea Supremă a universului.

⇒ Isus Cristos a fost înălțat la mâna dreaptă a lui Dumnezeu Tatăl.

Domnul Isus, după ce a vorbit cu ei, S-a înălțat la cer, și a șezut la dreapta lui Dumnezeu. (Marcu 16:19)

Pe care a desfășurat-o în Hristos, prin faptul că L-a înviat din morți, și L-a pus să șadă la dreapta Sa, în locurile cerești. (Efes. 1:20)

⇒ Isus Cristos a primit un nume mai presus de orice nume.

De aceea și Dumnezeu L-a înălțat nespus de mult, și I-a dat Numele, care este mai presus de orice nume. (Filip. 2:9)

⇒ Isus Cristos a primit toate lucrurile.

Ei ziceau cu glas tare: Vrednic este Mielul, care a fost înjunghiat, să primească puterea, bogăția, înțelepciunea, tăria, cinstea, slava și lauda! (Apoc. 5:12)

⇒ Isus Cristos a fost făcut atât Dumnezeu cât şi Cristos (Mesia, Mântuitor).

Să ştie bine dar, toată casa lui Israel, că Dumnezeu a făcut Domn şi Hristos pe acest Isus, pe care L-aţi răstignit voi. (Fapte 2:36)

Totuşi pentru noi nu este decât un singur Dumnezeu: Tatăl, de la care vin toate lucrurile şi pentru care trăim şi noi, şi un singur Domn: Isus Hristos, prin care sunt toate lucrurile şi prin El şi noi. (1 Cor. 8:6)

⇒ Isus Cristos a fost înălţat deasupra tuturor lucrurilor.

Cel ce vine din cer, este mai presus de toţi; cel ce este de pe pământ, este pământesc, şi vorbeşte ca de pe pământ. Cel ce vine din cer, este mai presus de toţi. (Ioan 3:31)

⇒ Isus Cristos este Domn atât peste cei vii cât şi peste cei morţi.

Căci Hristos pentru aceasta a murit şi a înviat ca să aibă stăpânire şi peste cei morţi şi peste cei vii. (Rom. 14:9)

⇒ Isus Cristos are un nume mai presus de îngeri.

Ajungând cu atât mai presus de îngeri, cu cât a moştenit un Nume mult mai minunat decât al lor. (Evrei 1:4)

⇒ Isus Cristos are mai multă onoare decât cel mai cinstit dintre oameni.

Căci El a fost găsit vrednic să aibă o slavă cu atât mai mare decât a lui Moise, cu cât cel ce a zidit o casă are mai multă cinste decât casa însăşi. (Evrei 3:3)

⇒ Isus Cristos este Alfa şi Omega, începutul şi sfârşitul.

Care zicea: Eu sunt Alfa şi Omega, Cel dintâi şi Cel de pe urmă. Ce vezi, scrie într-o carte, şi trimite-o celor şapte Biserici: la Efes, Smirna, Pergam, Tiatira, Sardes, Filadelfia şi Laodicea. (Apoc. 1:11)

⇒ Isus Cristos are toate lucrurile aşezate sub picioarele Lui.

El I-a pus totul sub picioare, şi L-a dat căpetenie peste toate lucrurile, Bisericii, (Efes. 1:22)

⇒ Isus Cristos are toate lucrurile supuse.

Care stă la dreapta lui Dumnezeu, după ce s-a înălţat la cer, şi Şi-a supus îngerii, stăpânirile şi puterile. (1 Pet. 3:22)

5. (1:19) **Isus Cristos, Persoana Lui**: Isus Cristos este plin de toată plinătatea lui Dumnezeu Însuşi. Tot ceea ce este Dumnezeu locuieşte în Isus Cristos. Asta vrea să spună versul acesta. Isus Cristos este sută la sută Dumnezeu în toată natura Lui divină. Cuvântul *locuieşte* (katoikeo) înseamnă a face o locuinţă *permanentă* sau o casă *permanentă*. Toată plinătatea lui Dumnezeu a fost *la ea acasă* în Cristos înainte ca El să vină pe pământ, a fost *acasă* în El în timp ce era pe pământ, şi va fi *acasă* în El pentru veşnicie. Isus Cristos este Dumnezeu, Fiul lui Dumnezeu care are natura perfectă a lui Dumnezeu Tatăl în toată Fiinţa Sa şi în toate atributele Sale.

Acest lucru este important pentru biserică pentru că înseamnă că...

- Dumnezeu este Capul bisericii
- Dumnezeu este începutul bisericii
- Dumnezeu este Acela care a venit pe pământ pentru a muri şi pentru a învia din morţi
- Dumnezeu este Cel dintâi din univers
- Dumnezeu în toată plinătatea Sa locuieşte în Isus Cristos, Fiul lui Dumnezeu

COLOSENI 1:18-19

Înseamnă că biserica I se închină lui Dumnezeu când se închină Fiului lui Dumnezeu. Înseamnă că Dumnezeu Tatăl este onorat când Dumnezeu Fiul este onorat. Atât Tatăl cât şi Fiul au aceeaşi natură perfectă; de aceea, ceea ce se face pentru Fiul se face pentru Tatăl. Fiul trebuie să fie slăvit şi slujit la fel ca şi Tatăl. De fapt, datorită a ceea ce a făcut Dumnezeu Fiul când a venit pe pământ—a murit şi a înviat din morţi—Dumnezeu Tatăl vrea ca Fiul Său să fie cel dintâi. Observaţi cuvântul "mulţumit": Tatăl este mulţumit pentru că Fiul are natura Sa şi este Cel dintâi din univers. (vezi schiţa şi comentariu—Filip.2:5-11 pentru mai multe discuţii.)

Meditaţia 1. Biserica poate să Îl mulţumească pe Tatăl doar prin slujirea şi slăvirea Domnului Isus Cristos, Cel în care locuieşte toată plinătatea lui Dumnezeu.

La început era Cuvântul, şi Cuvântul era cu Dumnezeu, şi Cuvântul era Dumnezeu. El era la început cu Dumnezeu. (Ioan 1:1-2)

Şi noi toţi am primit din plinătatea Lui, şi har după har. (Ioan 1:16)

Căci în El locuieşte trupeşte toată plinătatea Dumnezeirii. (Col. 2:9)

Care este trupul Lui, plinătatea Celui ce plineşte totul în toţi. (Efes. 1:23)

Şi fără îndoială, mare este taina evlaviei Cel ce a fost arătat în trup, a fost dovedit neprihănit în Duhul, a fost văzut de îngeri, a fost propovăduit printre Neamuri, a fost crezut în lume, a fost înălţat în slavă. (1 Tim. 3:16)

Care va fi făcută la vremea ei de fericitul şi singurul Stăpânitor, Împăratul împăraţilor şi Domnul domnilor. (1 Tim. 6:15)

El, care este oglindirea slavei Lui şi întipărirea Fiinţei Lui, şi care ţine toate lucrurile cu Cuvântul puterii Lui, a făcut curăţirea păcatelor, şi a şezut la dreapta Măririi în locurile prea înalte. (Evrei 1:3)

| 1. Dumnezeu a împăcat totul cu Sine—prin Cristos
a. Nevoia: Să facă pace
b. Modalitatea: Crucea
c. Rezultatul: Toate lucrurile din cer și de pe pământ sunt împăcate
2. Dumnezeu i-a împăcat pe cei care erau străini și vrăjmași cu Dumnezeu—prin Cristos | E. Dumnezeu și Cristos (Partea IV): Cristos împacă toate lucrurile, 1:20-23

20. și să împace totul cu Sine prin El, atât ce este pe pământ cât și ce este în ceruri, făcând pace, prin sângele crucii Lui.
21. Și pe voi, care odinioară erați străini și vrăjmași prin gândurile și prin faptele voastre rele, El v-a împăcat acum | 22. prin trupul Lui de carne, prin moarte, ca să vă facă să vă înfățișați înaintea Lui sfinți, fără prihană și fără vină;
23. negreșit, dacă rămâneți și mai departe întemeiați și neclintiți în credință, fără să vă abateți de la nădejdea Evangheliei, pe care ați auzit-o, care a fost propovăduită oricărei făpturi de sub cer, și al cărei slujitor am fost făcut eu, Pavel. | 3. Dumnezeu are un scop măreț în împăcare: de a-l face desăvârșit pe credincios

4. Dumnezeu a condiționat împăcarea
a. Omul trebuie să continue în credință
b. Omul nu trebuie să se departeze de evanghelie |

SECȚIUNEA II

CRISTOS: FIUL IUBIT AL LUI DUMNEZEU, 1:12-23

E. Dumnezeu și Cristos (Partea IV): Cristos împacă toate lucrurile, 1:20-23

(1:20-23) **Introducere**: acest pasaj este unul dintre cele mai importante studii din Scriptură, mesajul împăcării. Omul poate fi acum împăcat cu Dumnezeu datorită lui Cristos. Este un pasaj minunat, pentru că ne descoperă nu doar faptul că Dumnezeu l-a împăcat pe om cu Sine, ci că El a împăcat întregul univers – întreaga creație – cu Sine. Și nu numai atât, ci El a împăcat toate lucrurile cu Sine, fie de pe pământ sau din cer.

1. Dumnezeu a împăcat toate lucrurile cu Sine – prin Cristos (v.20).
2. Dumnezeu i-a împăcat pe cei care erau străini și vrăşmași cu Dumnezeu—prin Cristos (vv.21-22).
3. Dumnezeu are un mare scop în împăcare: de a-l face desăvârșit pe credincios (v.22).
4. Dumnezeu a condiționat împăcarea (v.23).

1. (1:20) **Împăcare**: Dumnezeu a împăcat toate lucrurile cu Sine – toată creația – toată creația atât din cer cât și de pe pământ. (Vezi comentariul și schița, *Împăcare și Pace* —Efes.2:11-18 pentru mai multe discuții.) Acesta este unul dintre versetele minunate din Scriptură, dar este unul șocant, unul care ne deschide ochii. S-ar părea că învață mântuirea universală, adică, tot ce este în ceruri și pe pământ a fost mântuit prin sângele lui Cristos. Dar acest lucru nu poate fi ceea ce Pavel a vrut să spună, pentru că nu este ceea ce ne învață restul Scripturii. Observați trei lucruri semnificative .

1. Există o mare nevoie de pace între om și Dumnezeu. Omul nu are pace cu Dumnezeu. Sufletul lui nu găsește pacea, este gol și singur, fără direcție și fără scop: sufletul său este cât se poate de despărțit de Dumnezeu. Relația dintre om și Dumnezeu poate fi descrisă în trei moduri.

    a. Omul nu are *pace cu Dumnezeu*. Observați cuvântul "cu." Pacea *cu* Dumnezeu face referire la relația omului cu Dumnezeu. Omul nu Îl cunoaște pe Dumnezeu în mod personal; el nu este nici aproape de Dumnezeu nici în apropierea Lui. Deseori chiar pune la îndoială existența lui Dumnezeu, iar chiar dacă crede că Dumnezeu există, El cunoaște prea puține lucruri sau chiar nimic despre Dumnezeu.

    În loc să simtă o *pace cu Dumnezeu*, el simte despărțire de Dumnezeu, Îl simte pe Dumnezeu ca și când ar fi undeva în spațiu, la o mare distanță de el, departe de pământ.

        Deci, fiindcă suntem socotiți neprihăniți, prin credință, avem (Sau: Să avem.) pace cu Dumnezeu, prin Domnul nostru Isus Hristos. (Rom. 5:1)

    b. Omul nu experimentează *pacea lui Dumnezeu*. Observați cuvântul "*lui*": pacea "*lui*" Dumnezeu se referă la pacea lui Dumnezeu pe care cineva poate să o aibă în inimă și în viață. Omul își petrece ziua îngrijindu-se de treburile sale, dar inima lui nu este liniștită; el nu are pace; el cunoaște foarte puțin sau poate chiar nimic despre pacea lui Dumnezeu. Îi lipsește siguranța în timp ce se confruntă cu circumstanțele, problemele, necazurile și ispitele vieții.

COLOSENI 1:20-23

Nu vă îngrijorați de nimic; ci în orice lucru, aduceți cererile voastre la cunoștința lui Dumnezeu, prin rugăciuni și cereri, cu mulțumiri. Și pacea lui Dumnezeu, care întrece orice pricepere, vă va păzi inimile și gândurile în Hristos Isus. (Filip. 4:6-7)

c. Omul nu îl experimentează pe *Dumnezeul păcii* locuind în inima lui și umplându-i sufletul. În umblarea sa prin viață, el nu știe cum este să aibă prezența lui Dumnezeu cu el; el nu știe cum este când Îl ai pe Dumnezeu păcii care să te ajute să înfrunți necazurile și greutățile vieții de zi cu zi.

Încolo, frații mei, tot ce este adevărat, tot ce este vrednic de cinste, tot ce este drept, tot ce este curat, tot ce este vrednic de iubit, tot ce este vrednic de primit, orice faptă bună, și orice laudă, aceea să vă însuflețească. Ce ați învățat, ce ați primit și auzit de la mine, și ce ați văzut în mine, faceți. Și Dumnezeul păcii va fi cu voi. (Filip. 4:8-9)

Ideea este aceasta: omul are o nevoie, o mare nevoie de pacea lui Dumnezeu. Dumnezeu s-a îngrijit de această nevoie împăcându-i pe toți oamenii cu Sine prin Fiul Său Isus Cristos.

2. Există o modalitate pentru împăcare: prin sângele de pe cruce. Cum ne împacă *sângele de pe cruce* pe noi cu Dumnezeu? Sunt două imagini care ne explică acest lucru.

a. Imaginea pedepsei nedrepte și a morții. Crucea era locul unde erau executați răufăcătorii. Ceea ce înseamnă că Isus Cristos a murit la fel ca un făcător de rele, și cu toate acestea El nu era un făcător de rele. El nu a meritat moartea, pentru că El nu a călcat legea. El nu a fost atârnat pe cruce pentru că a meritat să moară; El nu se afla acolo datorită păcatului său. De aceea, El cu siguranță murea pentru altcineva. El a fost Cel fără prihană care murea pentru cei nelegiuiți.

Acest lucru este foarte important. Dacă Cel Drept a murit pentru păcatele celui nelegiuit, atunci cel nelegiuit nu mai este vinovat de păcatele sale. El este eliberat de orice povară a păcatului: el nu mai este considerat nelegiuit pentru că acum el este considerat justificat. Cum? Prin credință. Când un om crede cu adevărat că Cristos Cel Drept a murit pentru păcatele lui nelegiuite, Dumnezeu socotește exact așa. Dumnezeu ia credința acelui om și *o acceptă ca fiind identificarea lui cu Cristos.* Fiind eliberat de sub povara păcatului omul devine acceptabil înaintea lui Dumnezeu. Omul este împăcat și adus aproape de Dumnezeu prin moartea lui Cristos pentru păcatele sale nelegiuite.

Hristos, de asemenea, a suferit odată pentru păcate, El, Cel neprihănit, pentru cei nelegiuiți, ca să ne aducă la Dumnezeu. El a fost omorât în trup, dar a fost înviat în duh. (1 Pet. 3:18)

b. Imaginea sângelui sau a jertfei. Când este menționat sângele lui Cristos, se face referire la jertfa lui Cristos. Sângele lui Cristos este strâns legat de sângele jertfelor de animale din Vechiul Testament. De-a lungul secolelor Dumnezeu i-a spus omului că păcatul este un lucru grav, foarte grav—ceva vrednic de moarte. Păcatul este cel care îl desparte pe om de Dumnezeu. De aceea, omul fie trebuia să moară pentru păcatele sale, fie cineva care era fără vină și fără păcat trebuia să moară în locul său. Acel Cineva, desigur, trebuia să fie Dumnezeu însuși, pentru că nimeni altcineva nu este fără vină și perfect. Dar nu era chiar vremea potrivită pentru ca Dumnezeu să vină pe pământ în persoana Fiului Său, Domnul Isus Cristos; împlinirea vremii nu venise încă. Omul încă nu învățase totul despre grozăvia păcatului și despre prețul mare pe care Dumnezeu trebuia să îl plătească jertfindu-L pe Fiul Său pentru om.

Jertfele de animale au fost una dintre căile prin care Dumnezeu a dorit să îl învețe aceste adevăruri pe om. Omul trebuia să creadă că animalul este jertfit pentru el. Dacă el credea cu adevărat acest lucru, atunci Dumnezeu accepta jertfa acelui animal ca jertfă purtătoare de păcate. Acest lucru, desigur, însemna că omul era eliberat de vina păcatului. Astfel el era împăcat și primit de Dumnezeu prin sângele vărsat.

Ideea este aceasta: jertfa sângelui lui Cristos este sacrificiul suprem. Sângele perfect al Fiului lui Dumnezeu a fost acum jertfit pentru păcatele omului. De aceea, jertfele de animale își găsesc împlinirea în Cristos. Dacă un om crede că sângele lui Cristos (viața Sa) a fost jertfită pentru păcatele sale, atunci Dumnezeu acceptă credința lui. Dumnezeu socotește credința credinciosului ca și moartea lui Cristos. Credinciosul se identifică cu moartea lui Cristos, ca și când el ar fi murit. De aceea, el nu mai trebuie să moară. El este împăcat și adus aproape de Dumnezeu prin sângele sau prim jertfa lui Cristos.

El a purtat păcatele noastre în trupul Său, pe lemn, pentru ca noi, fiind morți față de păcate, să trăim pentru neprihănire; prin rănile Lui ați fost vindecați. (1 Pet. 2:24)

449

c. Imaginea crucii sau a blestemului. Imaginea lui Cristos pe cruce este întotdeauna imaginea unui blestem:

Blestemat e oricine este atârnat pe lemn. (Gal. 3:13)

Blestemul, desigur este moartea. Toți cei care au atârnat vreodată pe cruce erau blestemați să moară ca niște făctori de rele. Totuși, imaginea merge mai adânc decât moartea fizică. Se face referire și la moartea spirituală, veșnică. Omul este blestemat la moarte spirituală și veșnică și nu există altă scăpare de la acest lucru decât prin Cristos. Când Cristos a atârnat pe cruce, El a purtat blestemul condamnării, al pedepsei și al morții omului. Omul care crede cu adevărat că Cristos a purtat blestemul său și condamnarea sa, devine acceptabil înaintea lui Dumnezeu. În termeni simpli, Dumnezeu Îl iubește pe Fiul Său atât de mult încât El va primi pe orice om care Îl onorează pe Fiul Său cu credință și încredere autentică. Dacă cineva crede că păcatele sale sunt iertate prin crucea lui Cristos, atunci Dumnezeu îi va ierta păcatele. Dumnezeu Își iubește Fiul atât de mult. El va face moartea Fiului Său eficientă pentru orice om care crede. De aceea, dacă cineva crede că sângele lui Cristos îl împacă pe El cu Dumnezeu, Dumnezeu îl va împăca. Dumnezeu îl va onora pe fiul Său făcând acest lucru; Dumnezeu va permite omului care are o credință autentică să se apropie de El.

Dar Dumnezeu Își arată dragostea față de noi prin faptul că, pe când eram noi încă păcătoși, Hristos a murit pentru noi. Deci, cu atât mai mult acum, când suntem socotiți neprihăniți, prin sângele Lui, vom fi mântuiți prin El de mânia lui Dumnezeu. (Rom. 5:8-9)

3. Rezultatul morții lui Cristos. Toate lucrurile sunt împăcate cu Dumnezeu, chiar dacă acestea sunt de pe pământ sau din cer. Așa cum s-a spus mai sus, acest lucru nu înseamnă mântuire universală. Scripura nu învață că fiecare om va fi împăcat cu Dumnezeu. Logica noastră și o privire sinceră în jur ne vor convinge că este așa. Următorul verset și punct spun foarte clar că doar credincioșii adevărați sunt împăcați cu Dumnezeu. Culmea nedreptății ar fi ca cei care sunt nelegiuiți să fie primiți de Dumnezeu. Dacă cei nelegiuiți continuă să Îl nege și să Îl blesteme pe Dumnezeu și continuă să se poarte egoist față de semenii lor, Dumnezeu nu ar mai fi Dumnezeu dacă i-ar primi pe cei nelegiuiți. Ceea ce înseamnă acest verset este următorul lucru:

a. Dumnezeu a împăcat toate lucrurile de pe pământ: atât pe om cât și lumea lui au fost împăcate cu Dumnezeu. Ușa împăcării cu Dumnezeu acum este deschisă, și omul trebuie să intre și să trăiască veșnic cu Dumnezeu. Dumnezeu a făcut tot ce i-a stat în putință: El a făcut posibil ca omul să se apropie de El prin împăcare. Depinde de om dacă dorește să se apropie de Dumnezeu. Dumnezeu Și-a făcut partea Lui. Acum omul trebuie să se întoarcă la Dumnezeu prin credință în sângele lui Cristos.

    Observați încă un punct. Împăcarea "tuturor lucrurilor" include întreaga creație, lumea însăși. Pământul a fost creat pentru om, să fie locul lui; de aceea, și creația va fi mântuită la fel cum omul va fi mântuit. Va exista un cer nou și un pământ nou la fel cum va fi un om nou, care vor trăi veșnic.

Că și ea va fi izbăvită din robia stricăciunii, ca să aibă parte de slobozenia slavei copiilor lui Dumnezeu. Dar știm că până în ziua de azi, toată firea suspină și suferă durerile nașterii. Și nu numai ea, dar și noi, care avem cele dintâi roade ale Duhului, suspinăm în noi, și așteptăm înfierea, adică răscumpărarea trupului nostru. (Rom. 8:21-23)
Ziua Domnului însă va veni ca un hoț. În ziua aceea, cerurile vor trece cu trosnet, trupurile cerești se vor topi de mare căldură, și pământul, cu tot ce este pe el, va arde. Deci, fiindcă toate aceste lucruri au să se strice, ce fel de oameni ar trebui să fiți voi, printr-o purtare sfântă și evlavioasă, așteptând și grăbind venirea zilei lui Dumnezeu, în care cerurile aprinse vor pieri, și trupurile cerești se vor topi de căldura focului? Dar noi, după făgăduința Lui, așteptăm ceruri noi și un pământ nou, în care va locui neprihănirea. (2 Pet. 3:10-13)

b. Dumnezeu a împăcat toate lucrurile din ceruri: prin cuvântul ceruri probabil se face referire la întreaga lume cu toate dimensiunile existente. Toate lumile, toate dimensiunile, au fost împăcate cu Dumnezeu prin Cristos. Indiferent câte dimensiuni există—chiar dacă mai există doar una singură, cea spirituală—fiecare ființă din ea a fost împăcată cu Dumnezeu prin moartea lui Cristos. Moartea lui Cristos este atât de minunată și de măreață, încât cuprinde toate lumile, indiferent de locul unde se află acestea și de felul lor.

    Observați: ideea acestui verset este de a privi înainte—de a privi îaninte înspre viața care va exista în cerurile și în pământul nou. Viața viitoare va fi o viață împăcată cu Dumnezeu, o viață care va vedea toate celelalte lucruri din cerurile și din pământul nou, împăcate cu Dumnezeu. Asta înseamnă că criminalii, adulterii, idolatri și toți ceilalți necredincioși nu vor fi acolo. Înseamnă că toți cei care vor fi acolo vor fi împăcați cu Dumnezeu.

Şi toate lucrurile acestea sunt de la Dumnezeu, care ne-a împăcat cu El prin Isus Hristos, şi ne-a încredinţat slujba împăcării; că adică, Dumnezeu era în Hristos, împăcând lumea cu Sine, neţinându-le în socoteală păcatele lor, şi ne-a încredinţat nouă propovăduirea acestei împăcări. (2 Cor. 5:18-19)

Şi a împăcat pe cei doi cu Dumnezeu într-un singur trup, prin cruce, prin care a nimicit vrăjmăşia. (Efes. 2:16)

Şi să împace totul cu Sine prin El, atât ce este pe pământ cât şi ce este în ceruri, făcând pace, prin sângele crucii Lui. (Col. 1:20)

Prin urmare, a trebuit să Se asemene fraţilor Săi în toate lucrurile, ca să poată fi, în ce priveşte legăturile cu Dumnezeu, un mare preot milos şi vrednic de încredere, ca să facă ispăşire pentru păcatele norodului. (Evrei 2:17)

2. (1:21-22) **Împăcarea—Isus Cristos, Moarte**: Dumnezeu i-a împăcat pe cei care erau străini şi vrăjmaşi cu Dumnezeu. Acest verset ne arată că Pavel nu se gândea la o mântuire universală. El se adresează credincioşilor, celor care cred cu adevărat că sângele lui Isus Cristos i-a împăcat pe ei cu Dumnezeu. El doreşte ca ei să îşi amintească cât de minunată este împăcarea. Dumnezeu a făcut un lucru minunat pentru ei.

1. Credincioşii au fost *străini* (apellotriomenous) de Dumnezeu. Cuvântul înseamnă: înstrăinaţi, despărţiţi, separaţi datorită lipsei de acceptare; înseamnă a fi detaşat datorită sentimentelor neprietenoase şi datorită indiferenţei. Omul este străin de Dumnezeu...

- pentru că lui nu îi place cine este Dumnezeu. Omul nu este gata să se supună suveranităţii lui Dumnezeu şi Domniei lui Cristos.
- pentru că nu îi place ceea ce spune Dumnezeu şi refuză să renunţe la tot ceea ce este el şi ce are pentru a-L asculta pe Dumnezeu cu toată fiinţa.
- pentru că simte că Dumnezeu îi va trece cu vederea păcatul. Omul simte că Dumnezeu nu îl va condamna niciodată, nu la momentul analizei finale.
- Pentru că el crede că Dumnezeu este departe, în mare parte despărţit de lume şi de treburile lui zilnice. Omul crede că Dumnezeu nu este preocupat şi îi pasă prea puţin de viaţa lui de zi cu zi.

2. Credincioşii au fost *vrăjmaşi* (exthrous) cu Dumnezeu. Cuvântul înseamnă ostili, răzvrătiţi, plini de ură. Gândiţi-vă doar un moment: gândiţi-vă la felul în care oamenii reacţionează faţă de Dumnezeu. Ei ...

- Îl ignoră
- Îl blestemă
- Îl hulesc
- Îl batjocoresc
- Îl neglijează
- Îl neagă pe El, Îi neagă însăşi existenţa
- nu Îl ascultă
- Îl mărturisesc fără sinceritate
- Îl slujesc cu jumătate de inimă

Observaţi unde are loc răzvrătirea: în minte şi în gânduri. Un om se gândeşte să facă un lucru despre care ştie că este împotriva Cuvântului şi Voiei lui Dumnezeu. Dar gândul este sădit în mintea lui şi el macină acel gând. Gândul acela şi mintea sunt cele care conduc la fapte rele. Şi orice comportament sau orice faptă care nu este în concordanţă cu voia lui Dumnezeu înseamnă răzvrătire. Când inima omului este provocată la neascultare faţă de Dumnezeu, el acţionează împotriva lui Dumnezeu. Iar a acţiona împotriva Regelui regilor înseamnă insurecţie. Înseamnă a acţiona contra *ordinelor explicite* ale Regelui regilor. Tragedia teribilă este că fiecare om s-a răzvrătit şi prea des se răzvrăteşte împotriva lui Dumnezeu. Fiecare om a stat sau stă pe acest pământ ca un vrăjmaş al lui Dumnezeu, un vrăjmaş care îl sfidează în faţă pe Dumnezeu. Fiecare om a refuzat să asculte poruncile Regelui şi fiecare om care este sincer şi deschis ca să recunoască acest lucru, ştie asta. Marea misiune a omului...

- nu este să nege faptul că el este un vrăjmaş al lui Dumnezeu
- nu este să demonstreze că este destul de bun pentru a fi acceptat de Dumnezeu
- nu este să Îl nege pe Dumnezeu şi să Îl respingă (negarea şi respingerea nu pot niciodată să elimine adevărul şi realitatea)

Faptul că omul este înstrăinat—că este un vrăjmaş al lui Dumnezeu—se vede clar. Marea misiune a omului este să caute calea spre împăcarea cu Dumnezeu.

3. Credincioşii au fost împăcaţi cu Dumnezeu prin trupul lui Isus Cristos, *prin moartea Sa*. Observaţi cuvintele unice din această afirmaţie (v.22ª). Accentul cade pe trupul lui Isus. El a venit pe pământ în trupul unui om. El a luat parte cu adevărat la carne şi sânge. A trebuit să facă acest lucru —a fost necesar.

a. Isus Cristos a trebuit să aibă un trup adevărat pentru a putea atinge perfecțiunea trupului uman. El a trebuit să trăiască o viață perfectă și sfântă; El a trebuit să trăiască o viață fără păcat, ca și om. Trăind o viață perfectă și fără de păcat, El a devenit Modelul Perfect de neprihănire pentru toți oamenii. Pentru că El stă înaintea întregii rase umane ca Omul perfect și ideal, perfecțiunea Lui și neprihănirea Lui stau în picioare pentru toți oamenii. Toți oamenii care se încred în El cu adevărat sunt acoperiți de perfecțiunea și neprihănirea Lui. De aceea ei sunt primiți de Dumnezeu

b. Isus Cristos a trebuit să aibă un trup adevărat pentru a putea purta păcatele și condamnarea omului și pentru a putea muri pentru om. Ca și Om Perfect și Ideal, orice ar fi făcut Isus ar fi putut acoperi greșelile omului. De aceea, daca Isus Cristos a fost gata să poarte condamnarea pentru păcatele oamenilor, înseamnă că a putut să o facă. Aceasta este marea dragoste a lui Dumnezeu, pentru că Isus Cristos a fost gata, a dorit să moară pentru om. Când un om crede cu adevărat că Isus Cristos a murit pentru el, Dumnezeu ia credința acelui om și o socotește ca moartea sa. De aceea, omul nu trebuie să moară niciodată. Când trece din viața aceasta în cea viitoare, el nu va gusta experiența morții. Mai repede decât clipeala din ochi Dumnezeu îl va transfera pe credincios în prezența Sa. De ce? Pentru că dragostea lui Cristos îl acoperă. Isus Cristos a plătit deja pedeapsa și a suferit condamnarea pentru păcatele credinciosului. Credinciosul este eliberat de păcat; el este împăcat cu Dumnezeu prin moartea trupului lui Cristos.

> **Eu sunt Păstorul cel bun. Păstorul cel bun își dă viața pentru oi. (Ioan 10:11)**
>
> **Căci, pe când eram noi încă fără putere, Hristos, la vremea cuvenită a murit pentru cei nelegiuiți. (Rom. 5:6)**
>
> **Dar Dumnezeu Își arată dragostea față de noi prin faptul că, pe când eram noi încă păcătoși, Hristos a murit pentru noi. (Rom. 5:8)**
>
> **El S-a dat pe Sine însuși pentru păcatele noastre, ca să ne smulgă din acest veac rău, după voia Dumnezeului nostru și Tatăl. (Gal. 1:4)**
>
> **Trăiți în dragoste, după cum și Hristos ne-a iubit, și S-a dat pe Sine pentru noi ca un prinos și ca o jertfă de bun miros, lui Dumnezeu. (Efes. 5:2)**
>
> **Și din partea lui Isus Hristos, martorul credincios, cel întâi născut din morți, Domnul împăraților pământului! A Lui, care ne iubește, care ne-a spălat de păcatele noastre cu sângele Său, (Apoc. 1:5)**

3. (1:22) **Împăcarea:** Dumnezeu a avut un mare scop în împăcare—să-l prezinte pe credincios perfect înaintea Lui. Vine ziua unei mari încoronări, o zi când fiecare credincios îi va fi prezentat lui Dumnezeu față în față. Ce moment! A fi adus înaintea lui Dumnezeu și prezentat Lui. Emoția, mirarea, reverența și uimirea momentului vor fi dincolo de imaginație. Acesta este motivul morții lui Cristos. Trei lucruri sunt esențiale pentru noi să le avem, pentru a putea sta înaintea lui Dumnezeu.

1. Trebuie să fim *sfinți* (hagios): separați, puși deoparte, și dedicați lui Dumnezeu.
   ⇒ Trebuie să trăim vieți care sunt puse deoparte pentru Cristos, și pentru credința că El a murit pentru împăcarea noastră și că moartea Sa ne acoperă.
   ⇒ Trebuie să trăim vieți care sunt despărțite de lume și de egoism și de fire (natura păcătoasă) și de faptele ei rele.
   ⇒ Noi trebuie să trăim vieți puse deoparte, consacrate lui Dumnezeu și slujirii Lui, vieți trăite pentru cauza Lui.

2. Și noi trebuie să fim *fără pată* (amomous): fără pată, fără vină, fără defect, fără greș.

3. Și noi trebuie să fim *fără prihană* (anegkle-tous): fără reproș, fără vină, de neacuzat. Imaginați-vă cum ar fi să stați înaintea lui Dumnezeu, sfinți, fără pată, fără reproș. Imaginați-vă cât de mulțumit ar fi Dumnezeu! Cât s-ar bucura El de noi și cât ar fi de încântat—că L-am onorat pe Cristos, Singurul Său Fiu, încrezându-ne în El atât de mult! În timp ce îi suntem prezentați lui Dumnezeu, ce ar spune El? Care ar fi primele Lui cuvinte? Noi am fi fără cuvinte, fără îndoială. Dar ce zi a încoronării, plină de glorie, de măreție—să stăm față în față cu Tatăl nostru, cu Dumnezeul gloriei, Împăratul Suveran al întregului univers.

Acesta este marele scop al lui Dumnezeu al împăcării: să ne prezinte pe noi perfecți înaintea lui Dumnezeu.

> **Domnul să vă facă să creșteți tot mai mult în dragoste unii față de alții și față de toți, cum facem și noi înșine pentru voi, ca să vi se întărească inimile, și să fie fără prihană în sfințenie, înaintea lui Dumnezeu, Tatăl nostru, la venirea Domnului nostru Isus Hristos împreună cu toți sfinții Săi. (1 Tes. 3:12-13)**
>
> **Dumnezeul păcii să vă sfințească El însuși pe deplin; și: duhul vostru, sufletul vostru și trupul vostru, să fie păzite întregi, fără prihană la venirea Domnului nostru Isus Hristos. (1 Tes. 5:23)**

COLOSENI 1:20-23

De aceea, preaiubiților, fiindcă așteptați aceste lucruri, siliți-vă să fiți găsiți înaintea Lui fără prihană, fără vină, și în pace. (2 Pet. 3:14)

Vă îndemn dar, fraților, pentru îndurarea lui Dumnezeu, să aduceți trupurile voastre ca o jertfă vie, sfântă, plăcută lui Dumnezeu: aceasta va fi din partea voastră o slujbă duhovnicească. Să nu vă potriviți chipului veacului acestuia, ci să vă prefaceți, prin înnoirea minții voastre, ca să puteți deosebi bine voia lui Dumnezeu: cea bună, plăcută și desăvârșită. (Rom. 12:1-2)

Căci sunt gelos de voi cu o gelozie după voia lui Dumnezeu, pentru că v-am logodit cu un bărbat, ca să vă înfățișez înaintea lui Hristos ca pe o fecioară curată. (2 Cor. 11:2)

Până vom ajunge toți la unirea credinței și a cunoștinței Fiului lui Dumnezeu, la starea de om mare, la înălțimea staturii plinătății lui Hristos; (Efes. 4:13)

Ca să înfățișeze înaintea Lui această Biserică, slăvită, fără pată fără zbârcitură sau altceva de felul acesta, ci sfântă și fără prihană. (Efes. 5:27)

Pe El Îl propovăduim noi, și sfătuim pe orice om, și învățăm pe orice om în toată înțelepciunea, ca să înfățișăm pe orice om desăvârșit în Hristos Isus. (Col. 1:28)

4. (1:23) **Împăcarea**: Dumnezeu a condiționat împăcarea. Sunt două condiții.

1. Un om trebuie să continue să creadă în Isus Cristos și să crească în credință. El trebuie să se înrădăcineze tot mai mult în credința lui în Cristos.

⇒ Cuvântul *să rămână* (epimenete) înseamnă a continua și mai mult (A.T. Robertson, *Word Pictures in the New Testament*, Vol.4, p.483); a continua tot timpul, a merge tot mai departe; a merge tot mai mult înainte.

⇒ Cuvântul *înrădăcineze* (tethemeliomenoi) înseamnă a avea temelia în Cristos, ca în fundația solidă a unei clădiri. Acest cuvânt ilustrează fundația unei clădiri, fundația solidă care dă cea mai mare stabilitate posibilă unei clădiri. Credinciosul trebuie să fie înrădăcinat și să își aibă temelia în Cristos pentru a putea face față furtunilor grele din viața lui.

⇒ Cuvântul *neclintiți* (hedraioi) înseamnă statornic. Credinciosul trebuie să stea neclintit și statornic și să continue să fie așa dacă dorește să fie prezentat perfect înaintea lui Dumnezeu.

2. Un om nu trebuie să se îndepărteze de la speranța evangheliei. Ce l-ar putea îndepărta un om de la evanghelie?

- lumea
- pofta
- lăcomia
- confortul
- mândria
- faima
- prietenii
- persecuția
- slujba
- învățăturile mincinoase
- puterea
- familia

Care este nădejdea evangheliei? Gloria lui Dumnezeu: ca noi să fim împăcați și să îi fim prezentați lui Dumnezeu ca perfecți înaintea Lui—ca noi să primim minunatul privilegiu de a trăi veșnic împreună cu El, slăvindu-L și slujindu-L pe El pentru veșnicie—totul pentru gloria lui Isus Cristos Domnul nostru.

Meditația 1. Nu este suficient să Îl mărturisim pe Cristos. Un om trebuie să trăiască pentru Cristos. Un om care doar L-a mărturisit pe Cristos și nu trăiește pentru Cristos, trăiește o minciună. Omul trebuie să continue în credință și să crească așa de mult încât să nu mai poată fie mutat. Dacă este mutat de lângă Cristos și stă departe de El, El nu mai poate fi prezentat niciodată desăvârșit înaintea lui Dumnezeu. El va fi negat credința. A continua cu Cristos este absolut esențial. Este condiția pentru împăcarea cu Dumnezeu.

De aceea, preaiubiții mei frați, fiți tari, neclintiți, sporiți totdeauna în lucrul Domnului, căci știți că osteneala voastră în Domnul nu este zadarnică. (1 Cor. 15:58)

Rămâneți dar tari, și nu vă plecați iarăși sub jugul robiei. (Gal. 5:1)

Ca să nu mai fim copii, plutind încoace și încolo, purtați de orice vânt de învățătură, prin viclenia oamenilor și prin șiretenia lor în mijloacele de amăgire. (Efes. 4:14)

Numai, purtați-vă într-un chip vrednic de Evanghelia lui Hristos, pentru ca, fie că voi veni să vă văd, fie că voi rămâne departe de voi, să aud despre voi că rămâneți tari în același duh, și că luptați cu un suflet pentru credința Evangheliei. (Filip. 1:27)

Fiți treji, și vegheați! Pentru că potrivnicul vostru, diavolul, dă târcoale ca un leu care răcnește, și caută pe cine să înghită. Împotriviți-vă lui tari în credință, știind că și frații voștri în lume trec prin aceleași suferințe ca voi. (1 Pet. 5:8-9)

Voi deci, preaiubiților, știind mai dinainte aceste lucruri, păziți-vă ca nu cumva să vă lăsați târâți de rătăcirea acestor nelegiuiți, și să vă pierdeți tăria; (2 Pet. 3:17)
Ci alipiți-vă de Domnul Dumnezeul vostru, cum ați făcut până în ziua aceasta. (Iosua 23:8)

	III. NEVOILE BISERICII, 1:24-2:7	26. Vreau să zic: taina ținută ascunsă din veșnicii și în toate veacurile, dar descoperită acum sfinților Lui,	3. Un slujitor care va împărtăși măreața taină a lui Dumnezeu—"Cristos în voi, nădejdea slavei"
	A. Un slujitor care va lucra neobosit pentru biserică, 1:24-29	27. cărora Dumnezeu a voit să le facă cunoscut care este bogăția slavei tainei acesteia între Neamuri, și anume: Hristos în voi, nădejdea slavei.	
1. Un slujitor care este gata să sufere pentru biserică	24. Mă bucur acum în suferințele mele pentru voi; și în trupul meu, împlinesc ce lipsește suferințelor lui Hristos, pentru trupul Lui, care este Biserica.	28. Pe El Îl propovăduim noi, și sfătuim pe orice om, și învățăm pe orice om în toată înțelepciunea, ca să înfățișăm pe orice om, desăvârșit în Hristos Isus.	4. Un slujitor care Îl va predica pe Cristos, care va avertiza și va învăța pe fiecare om
2. Un slujitor ales de Dumnezeu ca să proclame Cuvântul lui Dumnezeu	25. Slujitorul ei am fost făcut eu, după ispravnicia, pe care mi-a dat-o Dumnezeu pentru voi ca să întregesc Cuvântul lui Dumnezeu.	29. Iată la ce lucrez eu, și mă lupt după lucrarea puterii Lui, care lucrează cu tărie în mine.	5. Un slujitor care va lucra și va lupta—se va trudi neobosit, depinzând în totalitate de energia lui Cristos

SECȚIUNEA III

NEVOILE BISERICII, 1:24–2:7

A. Un slujitor care va lucra neobosit pentru biserică, 1:24-29

(1:24-2:7) **PRIVIRE DE ANSAMBLU ASUPRA SECȚIUNII—Biserica**: acest pasaj scurt de treisprezece versete dezvoltă unul dintre cele mai importante subiecte: nevoile bisericii. Sunt discutate două nevoi de bază.

1. Nevoia pentru un slujitor care să lucreze neobosit pentru biserică.
2. Nevoia pentru o biserică matură, formată din credincioși care cresc în Domnul.

(1:24-29) **Introducere**: una dintre nevoile de bază a unei biserici este să aibă un slujitor care să muncească cu râvnă pentru biserică.

1. Un slujitor care este gata să sufere pentru biserică (v.24).
2. Un slujitor ales de Dumnezeu ca să proclame Cuvântul lui Dumnezeu. (v.25).
3. Un slujitor care va împărtăși măreața taină a lui Dumnezeu—"Cristos în voi, nădejdea slavei" (vv.26-27).
4. Un slujitor care Îl va predica pe Cristos și care va averitza și va învăța pe fiecare (v.28).
5. Un slujitor care va lucra și va lupta—se va trudi neobosit, depinzând în totalitate de energia lui Cristos (v.29).

1. (1:24) **Slujire—Suferință—Credincioșie—Biserică**: biserica are nevoie de un slujitor (lucrător) care va suferi de bună voie pentru ceilalți, adică, pentru biserică, pentru trupul lui Cristos. Pavel a fost un astfel de slujitor. El a fost gata să plătească orice preț și a acceptat orice suferință pentru a ajunge la alții cu Cristos și pentru a-i ajuta să crească. El și-a dăruit în totalitate viața: el a suferit mult, și suferința pe care a purtat-o, a purtat-o de bună voie pentru cauza lui Cristos și pentru biserica Sa. Acesta este mesajul acestui verset. El ne învață un lucru minunat: slujitorul lui Cristos de fapt *completează suferințele lui Cristos*. Când Cristos a fost pe pământ, El a iubit biserica și S-a dat pe sine pentru ea, de aceea, El Și-a dăruit inima Sa și viața Sa pentru biserică, adică pentru credincioși. Cristos a slujit, a lucrat, S-a ostenit—și a făcut toate aceste lucruri fără a obosi. În fiecare zi din viața Sa, El a suferit până la punctul extenuării și al oboselii, luptându-Se să ajungă la oameni și să le împărtășească din Cuvânt. Cristos a purtat orice povară care a fost necesară pentru a zidi biserica. Și făcând așa, El a lăsat *modelul acesta* pentru toți cei care Îl urmează pe El. După plecarea Sa de pe pământ, El Se așteaptă ca toți credincioșii *să umble pe urmele pașilor Săi*, să își dăruiască viețile pentru a suferi orice este necesar pentru a sluji oamenilor. Cristos așteaptă de la fiecare slujitor și credincios să sufere pentru biserică: să întregească biserica, să o aducă la plinătatea măsurii sale, să o umple la plinătatea voiei Sale. El așteaptă de la noi să plătim orice preț este necesar pentru a zidi biserica. El așteaptă de la noi...

- să împlinim orice suferințe sau dureri, jertfe sau oboseală care lipsesc.

COLOSENI 1:24-29

A lucra și a munci pentru Cristos pe acest pământ nu este ușor. A sluji biserica în această lume nu este ușor. Motivul este datorat ideilor și comportamentului oamenilor față de Cristos și față de biserica Sa. Ideile oamenilor și comportamentele lor sunt corupte. Ei privesc spre Cristos și spre biserica Sa și simt...

- că biserica nu are nici un sens pentru omul modern.
- că biserica este acceptabilă doar dacă stă la locul ei.
- că biserica este acceptabilă ca și un serviciu social pentru comunitate.
- că biserica este necesară pentru a ridica nivelul moralității și al justiției.
- că biserica este bună în sensul în care se îngrijește de nevoile religioase ale omului.

Lista ar putea continua și continua, pentru că sentimentele oamenilor legate de biserică sunt aproape fără sfârșit. Unii oameni se uită la Cristos și neagă relevanța Lui și blesteamă numele Lui. Lor nu le pasă deloc de de biserica Lui. Când vine vorba de biserică, ei...

- o ignoră
- o neglijează
- o abuzează
- o ridiculizează
- o persecută
- încearcă să o distrugă

Alți oameni Îl mărturisesc pe Cristos și se alătură bisericii Sale dar angajamentul lor este aproape lipsit de valoare. Ei sunt...

- inactivi
- somnoroși
- complăcuți
- dezinteresați
- nu susțin nici o activitate
- fără viziune

Pe lângă toate acestea, întotdeauna vor fi în biserică oameni care sunt ...

- lumești
- firești
- carnali
- dezbinători
- critici
- bârfitori
- comentatori
- plângăreți
- critici
- cei care fac probleme

Altfel de idei și comportamente pun multă presiune și greutate pe umerii liderilor din biserică. Astfel de lucruri cauzează atât de multă suferință pentru slujitorul adevărat al lui Cristos. Slujitorul adevărat tânjește după oameni care Îl cunosc pe Cristos și bogăția vieții pe care o aduce Cristos. El vrea ca oamenii să crească în imaginea lui Cristos și să își țină ochii ațintiți spre nădejdea slavei care va fi dată fiecărui credincios adevărat. El știe că fără de Cristos oamenii sunt pierduți și blestemați pentru judecată. De aceea, el suferă orice povară și orice durere care este necesară pentru a ajunge la oameni și a-i ajuta să crească.

> **Aduceți-vă aminte de vorba, pe care v-am spus-o: ,Robul nu este mai mare decât stăpânul său. Dacă m-au prigonit pe Mine, și pe voi vă vor prigoni; dacă au păzit cuvântul Meu, și pe al vostru îl vor păzi. (Ioan 15:20)**
>
> **Căci cu privire la Hristos, vouă vi s-a dat harul nu numai să credeți în El, ci să și pătimiți pentru El. (Filip. 1:29)**
>
> **Tu, însă, ai urmărit de aproape învățătura mea, purtarea mea, hotărârea mea, credința mea, îndelunga mea răbdare, dragostea mea, răbdarea mea, prigonirile și suferințele care au venit peste mine în Antiohia, în Iconia și în Listra. Știi ce prigoniri am răbdat; și totuși Domnul m-a izbăvit din toate. De altfel, toți cei ce voiesc să trăiască cu evlavie în Hristos Isus, vor fi prigoniți. (2 Tim. 3:10-12)**
>
> **Uitați-vă dar cu luare aminte la Cel ce a suferit din partea păcătoșilor o împotrivire așa de mare față de Sine, pentru ca nu cumva să vă pierdeți inima, și să cădeți de oboseală în sufletele voastre. Voi nu v-ați împotrivit încă până la sânge, în lupta împotriva păcatului. (Evrei 12:3-4)**

2. (1:25) **Slujitor—Biserică—Cuvântul lui Dumnezeu—Cristos în voi:** biserica are nevoie de un slujitor care a fost ales de Dumnezeu pentru a proclama Cuvântul lui Dumnezeu. Observați două puncte importante.

1. Pavel a fost făcut slujitor de către Dumnezeu. Pavel era un slujitor pentru că Dumnezeu l-a chemat la aceasta. El nu era în slujire pentru că ...

- a crezut el că slujirea era o profesie bună
- unii prieteni au crezut că el ar fi un bun slujitor
- el avea talentele naturale pentru slujire
- el dorea să își dedice viața învățării celor mai înalte principii de moralitate și dreptate

456

COLOSENI 1:24-29

Observați un lucru foarte important. Cuvântul *isprăvnicie* (oikonomian) face referire la acel slujitor care se îngrijește de toată casa și de toate lucrurile proprietarului. Slujitorul este acel ispravnic al lui Dumnezeu, omul ales să supravegheze casa sau biserica lui Dumnezeu. Acest fapt este aproape imposibil de crezut, dar este adevărat: Dumnezeu i-a ales unii oameni pentru a se îngriji de lucrurile Sale pentru El. Acest slujitor a fost ales de Dumnezeu să fie ispravnicul lumii Sale al bisericii Sale și al oamenilor Săi. Dumnezeu a luat biserica Sa și pe oamenii Săi și i-a așezat în mâinile slujitorilor Săi, sub...

- isprăvnicia lor
- supravegherea lor
- administrarea lor
- slujirea lor
- responsabilitatea lor

- grija lor
- viața lor
- dragostea lor

Ce chemare mare și ce responsabilitate enormă, și totuși ea vine de la Dumnezeu; de aceea, trebuie îndeplinită.

> **Dacă vestesc Evanghelia, nu este pentru mine o pricină de laudă, căci trebuie s-o vestesc; și vai de mine, dacă nu vestesc Evanghelia! Dacă fac lucrul acesta de bună voie, am o răsplată. Chiar dacă-l fac de silă, este o isprăvnicie care mi-a fost încredințată. (1 Cor. 9:16-17)**
> **Slujitorul ei am fost făcut eu, după isprăvnicia, pe care mi-a dat-o Dumnezeu pentru voi ca să întregesc Cuvântul lui Dumnezeu. (Col. 1:25)**
> **Ci, fiindcă Dumnezeu ne-a găsit vrednici să ne încredințeze Evanghelia, căutăm să vorbim așa ca să placem nu oamenilor, ci lui Dumnezeu, care ne cercetează inima. În adevăr, cum bine știți, niciodată n-am întrebuințat vorbe măgulitoare, nici haina lăcomiei: martor este Dumnezeu. (1 Tes. 2:4-5)**
> **Încolo, fraților, rugați-vă pentru noi ca, Cuvântul Domnului să se răspândească și să fie proslăvit cum este la voi. (2 Tes. 3:1)**
> **Potrivit cu Evanghelia slavei fericitului Dumnezeu care mi-a fost încredințată mie. Mulțumesc lui Hristos Isus, Domnul nostru, care m-a întărit, că m-a socotit vrednic de încredere, și m-a pus în slujba Lui. (1 Tim. 1:11-12)**
> **Ci Și-a descoperit Cuvântul la vremea Lui, prin propovăduirea care mi-a fost încredințată, după porunca lui Dumnezeu, Mântuitorul nostru. (Tit 1:3)**

2. Pavel a fost ales pentru a împlini Cuvântul lui Dumnezeu, adică pentru a face cunoscut Cuvântul lui Dumnezeu.
   ⇒ Robertson spune că slujitorul trebuie să "dea libertate Cuvântului lui Dumnezeu în întregime " (*Word Pictures in the New Testament*, Vol.4, p.484).
   ⇒ Griffith Thomas spune că slujitorul trebuie să întregească "mesajul harului lui Dumnezeu," adică "să pună întregul lui suflet în...evanghelia divină care i-a fost încredințată" (*Studies in Colossians and Philemon*, numărul paginii necunoscut).
   ⇒ Herbert Carson spune că slujba slujitorului este să "ducă la îndeplinire...Cuvântul lui Dumnezeu, declarând...evanghelia" (*The Epistle of Paul to the Colossians and Philemon*. "Tyndale Bible Commentaries," ed. by RVG Tasker. Grand Rapids, MI: Eerdmans, 1960, p.52).
   ⇒ Marvin Vincent spune să slujitorul trebuie să "spună totul în...predicarea evangheliei neamurilor, și în mod egal în predicarea înaintea evreilor" (*Word Studies in the New Testament*, Vol.3. Grand Rapids, MI: Eerdmans, 1946, p.478).
   ⇒ Wuest îl citează pe Lightfoot când spune că slujitorul trebuie să "predice în întregime, dezvolte în mod total Cuvântul" (*Efeseni și Coloseni*, Vol.1, p.192).
   ⇒ Matthew Henry spune în termeni simpli, "Noi suntem slujitorii lui Cristos pentru binele oamenilor Săi, pentru a 'îndeplini Cuvântul lui Dumnezeu' (adică...pentru a-l predica)" (*Matthew Henry Comentarii*, Vol.5, p.754).

> **Și pe drum, propovăduiți, și ziceți: Împărăția cerurilor este aproape!(Mat. 10:7)**
> **Apoi le-a zis: Duceți-vă în toată lumea, și propovăduiți Evanghelia la orice făptură. (Marcu 16:15)**
> **Duceți-vă, stați în Templu, și vestiți norodului toate cuvintele vieții acesteia. (Fapte 5:20)**
> **Încolo, fraților, rugați-vă pentru noi ca, Cuvântul Domnului să se răspândească și să fie proslăvit cum este la voi. (2 Tes. 3:1)**
> **Propovăduiește Cuvântul, stăruie asupra lui la timp și ne la timp, mustră, ceartă, îndeamnă cu toată blândețea și învățătura. (2 Tim. 4:2)**

3. (1:26-27) **Slujitor—Prezenţa lui Cristos—Cristos în voi—Biserica**: biserica are nevoie de un slujitor care va propovădui taina lui Dumnezeu—mesajul glorios care spune: "Cristos în voi, nădejdea slavei." Ce înseamnă asta? Amintiţi-vă că acest cuvânt "taină", înseamnă secret, un secret pe care Dumnezeu nu l-a putut descoperi lumii până când omul nu a fost pregătit să îl primească. Care este taina pe care Dumnezeu a ţinut-o secretă, şi care acum a fost descoperită? Este formată din două părţi; există două părţi la această revelaţie.

1. În primul rând, taina că Cristos trăieşte într-adevăr în interiorul credinciosului. Acesta este adevărul *Prezenţei lui Cristos*—că Cristos trăieşte într-adevăr în inimile şi vieţile credincioşilor şi că prezenţa Sa este garanţia vieţii lor veşnice în glorie.

Exact acest lucru l-a promis Cristos când a fost pe pământ. El a fost pregătit să înfrunte crucea dar chiar înainte să moară a spus:

> **Şi Eu voi ruga pe Tatăl, şi El vă va da un alt Mângâietor (Greceşte: Paraclet, apărător, ajutor.), care să rămână cu voi în veac; şi anume, Duhul adevărului, pe care lumea nu-l poate primi, pentru că nu-L vede şi nu-L cunoaşte; dar voi Îl cunoaşteţi, căci rămâne cu voi, şi va fi în voi. Nu vă voi lăsa orfani, Mă voi întoarce la voi. (Ioan 14:16-18)**

Duhul Sfânt este prezenţa personală a lui Cristos. Cristos este prezent în fiecare credincios prin persoana Duhului Sfânt (vezi schiţa şi comentariul—Ioan.14:15-26 pentru mai multe discuţii.) Observaţi trei lucruri.

a. Isus a zis, "Eu voi veni la voi." El a vrut să spună că se va întoarce după ce va pleca, adică după ce va muri. El se va întoarce pentru a le da credincioşilor prezenţa Lui personală. El nu îi va lăsa *nemângâiaţi* (orphanous); acest cuvânt înseamnă orfani, fără ajutor părintesc, fără de vreun ajutor. Isus nu i-ar fi lăsat să lupte singuri cu necazurile şi ispitele acestei vieţi.

Prezenţa lui Isus alături de urmaşii Săi a început odată cu învierea Sa şi cu venirea Duhului Sfânt. Isus a spus că va veni la credincios în persoana Duhului Sfânt.

b. Prezenţa lui Isus este o prezenţă vie şi veşnică. El a murit, dar nu a rămas mort. El a înviat şi a biruit moartea; El a înviat ca să trăiască veşnic. Acum gândiţi-vă: dacă Isus Cristos trăieşte veşnic şi El locuieşte în credincios, atunci asta înseamnă că şi credinciosul trăieşte veşnic. Cristos, Prezenţa Eternă trăieşte *în* credincios; de aceea, credinciosul devine şi el veşnic. El nu moare niciodată. (vezi STUDIU APROFUNDAT # 1—Ioan.8:51.) Credinciosul este veşnic datorită prezenţei veşnice a lui Cristos *din lăuntrul lui*.

De fapt, când Isus spune "Eu trăiesc" (Ioan.14:19), El vrea să spună că El trăieşte din belşug şi veşnic: El îşi trăieşte viaţa în toată plinătatea şi înseamnătatea ei. De aceea, trăind *în* credincios, Cristos îi dă acelaşi fel de viaţă şi credinciosului, o viaţă care este trăită atât din belşug cât şi veşnică. (vezi STUDIU APROFUNDAT # 2, *Viaţa*—Ioan.1:4; STUDIU APROFUNDAT # 1—10:10; STUDIU APROFUNDAT # 1—17:2-3.)

c. Prezenţa lui Cristos este o uniune vie, *o legătură strânsă* între Dumnezeu, Cristos şi credincios. "În acea zi" (Ioan 14:20) se referă la învierea lui Isus şi la venirea Duhului Sfânt.

Acum observaţi: când Isus a înviat din morţi, credincioşii au ştiut ceva. Ceea ce a spus El a fost adevărat în sensul absolut. Isus a fost cu adevărat "în" Dumnezeu. Dumnezeu este veşnic, deci fiind "în" Dumnezeu, Isus trebuie să trăiască veşnic; El trebuia să învieze din morţi.

Un alt lucru era cunoscut. Tot ceea ce Isus a spus a fost adevărat. El îi aşeza pe toţi credincioşii "în" El şi Se aşeaza pe El Însuşi "în" ei; sau altfel spus, când a venit Duhul Sfânt, credincioşii au fost aşezaţi "în" Duhul Lui şi Duhul Lui a fost aşezat "în" ei. (vezi comentariul, *Duhul Sfânt*—Fapte 2:1-4 pentru mai multe discuţii.)

Acesta este adevărul glorios al mesajului "Cristos în voi"— Cristos cu adevărat trăieşte în credincios. Aceasta este prima parte a tainei măreţe a lui Dumnezeu care a fost ţinută ascunsă dar acum este descoperită fiilor oamenilor.

> **În ziua aceea, veţi cunoaşte că Eu sunt în Tatăl Meu, că voi sunteţi în Mine, şi că Eu sunt în voi. (Ioan 14:20)**
>
> **Eu în ei, şi Tu în Mine; pentru ca ei să fie în chip desăvârşit una, ca să cunoască lumea că Tu M-ai trimis, şi că i-ai iubit, cum M-ai iubit pe Mine. (Ioan 17:23)**
>
> **Voi însă nu mai sunteţi pământeşti, ci duhovniceşti, dacă Duhul lui Dumnezeu locuieşte în adevăr în voi. Dacă n-are cineva Duhul lui Hristos, nu este al Lui. (Rom. 8:9)**
>
> **Am fost răstignit împreună cu Hristos, şi trăiesc dar nu mai trăiesc eu, ci Hristos trăieşte în mine. Şi viaţa, pe care o trăiesc acum în trup, o trăiesc în credinţa în Fiul lui Dumnezeu, care m-a iubit şi S-a dat pe Sine însuşi pentru mine. (Gal. 2:20)**
>
> **Cărora Dumnezeu a voit să le facă cunoscut care este bogăţia slavei tainei acesteia între Neamuri, şi anume: Hristos în voi, nădejdea slavei. (Col. 1:27)**

COLOSENI 1:24-29

> Cine păzeşte poruncile Lui, rămâne în El, şi El în el. Şi cunoaştem că El rămâne în noi prin Duhul, pe care ni L-a dat. (1 Ioan 3:24)
>
> Iată Eu stau la uşă, şi bat. Dacă aude cineva glasul meu şi deschide uşa, voi intra la el, voi cina cu el, şi el cu Mine. (Apoc. 3:20)

2. În al doilea rând, taina lui Dumnezeu este că Cristos va trăi înăuntrul omului, indiferent cine ar fi el—Dumnezeu nu are în vedere faţa omului. El nu are preferinţe şi nu arată favoritisme. Acest lucru i-ar putea şoca pe unii cum ar fi Evreii sau pe unii oameni religioşi care simt că ei sunt speciali înaintea lui Dumnezeu. Dar acest lucru este proclamat de Sfânta Scriptură. Observaţi cuvintele exacte ale acestui pasaj:

> Cărora Dumnezeu a voit să le facă cunoscut care este bogăţia slavei tainei acesteia între Neamuri, şi anume: Hristos în voi, nădejdea slavei. (v.27).

Cristos locuieşte *în neamuri*; adică, El locuieşte în oricine este gata să îşi deschidă inima şi viaţa pentru El. Când Dumnezeu l-a trimis pe Fiul Său Isus Cristos în lume ca să moară pentru oameni, Dumnezeu le-a arătat oamenilor că El îi iubeşte pe toţi în mod egal. El nu arată favoritisme nimănui—nici măcar unui om—cu atât mai puţin unei naţiuni de oameni sau unei clase de oameni. Fiecare om se poate apropia de Dumnezeu acuma, şi poate deveni acceptabil înaintea Lui prin Fiul Său, Isus Cristos.

Acesta este un alt lucru care trebuie subliniat: Cristos în voi, *nădejdea slavei*. Singura speranţă a omului de a intra vreodată în şi de a trăi în glorie este Isus Cristos. Isus Cristos trebuie să trăiască în inima omului când acesta moare pentru ca să i se permită să intre în slavă. Garanţia slavei este prezenţa lui Cristos şi a Duhului Său în inima credinciosului.

> Şi Cel ce ne întăreşte împreună cu voi, în Hristos, şi care ne-a uns, este Dumnezeu. El ne-a şi pecetluit, şi ne-a pus în inimă arvuna Duhului. (2 Cor. 1:21-22)
>
> Şi voi, după ce aţi auzit cuvântul adevărului (Evanghelia mântuirii voastre), aţi crezut în El, şi aţi fost pecetluiţi cu Duhul Sfânt, care fusese făgăduit, şi care este o arvună a moştenirii noastre, pentru răscumpărarea celor câştigaţi de Dumnezeu, spre lauda slavei Lui. (Efes. 1:13-14)
>
> Prin care El ne-a dat făgăduinţele Lui nespus de mari şi scumpe, ca prin ele să vă faceţi părtaşi firii dumnezeieşti, după ce aţi fugit de stricăciunea, care este în lume prin pofte. (2 Pet. 1:4)
>
> Iată Eu stau la uşă şi bat. Dacă aude cineva glasul Meu şi deschide uşa, voi intra la el, voi cina cu el, şi el cu Mine. (Apoc. 3:20)

4. (1:28) **Slujitor—Predicator—Evanghelist**: biserica are nevoie de un slujitor care Îl va predica pe Cristos şi care îi va avertiza pe oameni şi îi va învăţa. Aceasta este marea însărcinare a slujitorului.

1. Slujitorul trebuie să Îl predice pe Cristos. Acest punct este revoluţionar, pentru că declară exact opusul a ceea ce a făcut omul întotdeauna. Omul întotdeauna a proclamat idei, teorii, poziţii, domnii, coduri, standarde morale, legi, filosofii, instituţii şi religii. Dar nu asta trebuie să fie tema proclamării slujitorului. Oricât ar fi de bune şi de ajutor unele dintre aceste lucruri, ele nu se află în sarcina slujitorului şi nici a bisericii lui Dumnezeu. Slujitorul predică despre o Persoană, nu despre lucruri, indiferent cât de bune ar putea fi. Griffith Thomas spune bine:

> Tema Creştinismului nu este o teorie, nici o instituţie, nici o carte, nici un set de reguli, nici măcar un cod de morală, nici un sistem sau o filosofie, şi nici măcar o afirmaţie a adevărului sau a unui principiu. Este imposibil...să iubeşti, să te închini, sau să te rogi unui principiu. (Studii din Coloseni şi Filimon, p.66).

> Apoi le-a zis: Duceţi-vă în toată lumea, şi propovăduiţi Evanghelia la orice făptură. (Marcu 16:15)
>
> Căci noi nu ne propovăduim pe noi înşine, ci pe Domnul Hristos Isus. Noi suntem robii voştri, pentru Isus. (2 Cor. 4:5)
>
> Propovăduieşte Cuvântul, stăruie asupra lui la timp şi ne la timp, mustră, ceartă, îndeamnă cu toată blândeţea şi învăţătura. (2 Tim. 4:2)

2. Slujitorul trebuie să avertizeze şi să sfătuiască pe fiecare om. Omul trebuie avertizat cu privire la faptul că: el nu poate intra în glorie dacă Cristos nu este în El. Nici un om nu este perfect, nici un om nu are neprihănirea necesară pentru a se putea face acceptat de Dumnezeu. Omul nu poate câştiga şi nu poate face destule fapte neprihănite pentru a ajunge perfect. De aceea, el va fi alungat din prezenţa lui Dumnezeu, pentru că Dumnezeu este perfect şi doar perfecţiunea poate sta în prezenţa lui Dumnezeu. Singura speranţă a omului este Cristos, pentru că doar Cristos este neprihănit. Doar Cristos este perfect. Acest lucru este esenţial pentru om, pentru că acest lucru înseamnă că...

COLOSENI 1:24-29

- singura speranță a omului pentru a primi acceptul lui Dumnezeu este să Îl aibă pe Cristos, neprihănirea Lui și perfecțiunea Lui, care să trăiască în interiorul trupului său.
- singura speranță pe care o are omul de a avea biruință asupra morții, când va veni acest moment, este să Îl aibă pe Cristos, neprihănirea și perfecțiunea Lui, care să trăiască în trupul Său.

Omul trebuie avertizat: el trebuie să se pocăiască de răutatea sa, de egoismul său și trebuie să se întoarcă spre Dumnezeu și să se încreadă în El în ascultare. El trebuie să se încreadă și trebuie să Îl asculte pe Singurul Fiu al lui Dumnezeu, Domnul Isus Cristos. El trebuie să își predea viața în mâna lui Cristos și să Îl lase pe Cristos să intre în viața lui și să îi controleze viața, în caz contrar, va fi blestemat să fie despărțit de Dumnezeu pentru veșnicie. Un om nu poate trăi o viață despărțit de Dumnezeu și separat de El și apoi la moarte să se aștepte să intre în prezența lui Dumnezeu. Dacă un om trăiește o viață separat și despărțit de Dumnezeu, atunci el va continua tot așa separat și despărțit de Dumnezeu—va continua pentru veșnicie. Dumnezeu a făcut tot ce a putut pentru om. Prin Fiul Său Isus Cristos. Nu poate face mai mult de atât, mai mult decât să dea viața Fiului Său iubit pentru mântuirea omului. Nu se mai poate face nimic altceva. Decizia îi aparține fiecărui om în parte. Omul trebuie avertizat—avertizat de omul pe care Dumnezeu l-a ales să îl avertizeze, adică, de slujitor.

Și nu luați deloc parte la lucrările neroditoare ale întunericului, ba încă mai degrabă osândiți-le. (Efes. 5:11)

Vă rugăm, de asemenea, fraților, să mustrați pe cei ce trăiesc în neorânduială; să îmbărbătați pe cei deznădăjduiți; să sprijiniți pe cei slabi, să fiți răbdători cu toți. (1 Tes. 5:14)

Propovăduiește Cuvântul, stăruie asupra lui la timp și ne la timp, mustră, ceartă, îndeamnă cu toată blândețea și învățătura. (2 Tim. 4:2)

Să fie cumpătate, cu viața curată, să-și vadă de treburile casei, să fie bune, supuse bărbaților lor, pentru ca să nu se vorbească de rău Cuvântul lui Dumnezeu. (Tit 2:5)

Strigă în gura mare, nu te opri! Înalță-ți glasul ca o trâmbiță, și vestește poporului Meu nelegiuirile lui, casei lui Iacov păcatele ei! (Isaia 58:1)

Când voi zice celui rău: ”Vei muri negreșit!” dacă nu-l vei înștiința, și nu-i vei spune, ca să-l întorci de la calea lui cea rea și să-i scapi viața, acel om rău va muri prin nelegiuirea lui, dar îi voi cere sângele din mâna ta! (Ezec. 3:18)

Dar dacă vei înștiința pe cel rău, ca să se întoarcă de la calea lui, și el nu se va întoarce, va muri în nelegiuirea lui, dar tu îți vei mântui sufletul. (Ezec. 33:9)

3. Slujitorul trebuie să învețe pe fiecare om. Nu este destul să îi avertizeze. Odată ce au fost avertizați și au răspuns avertizării invitându-L pe Cristos în inimile și în viețile lor, oamenii trebuie să fie învățați. Ei trebuie să învețe cum să trăiască și să umble în Cristos. Observați cuvântul "înțelepciune." Aceasta înseamnă cunoștința practică, a ști cum să aplici și să practici și să trăiești în viața de fiecare zi marile învățături ale lui Cristos. Slujitorul trebuie să învețe "cu toată înțelepciunea"; adică, el trebuie să fie practic în învățăturile lui. Teoria și principiile, desigur, sunt necesare; dar acestea trebuie aplicate la viața de zi cu zi. Credincioșii trebuie să știe cum să Îl urmeze pe Cristos în fiecare zi în timp ce înfruntă necazurile și ispitele vieții.

4. Slujitorul are un scop; să prezinte fiecare om perfect în Cristos. Slujitorul trebuie să lucreze și să lucreze pentru a *prezenta* pe fiecare om *perfect în Cristos* (vezi comentariul, pt.2—Efes.4:12-16 pentru mai multe discuții).

Voi fiți dar desăvârșiți, după cum și Tatăl vostru cel ceresc este desăvârșit. (Mat. 5:48)

Până vom ajunge toți la unirea credinței și a cunoștinței Fiului lui Dumnezeu, la starea de om mare, la înălțimea staturii plinătății lui Hristos. (Efes. 4:13)

De aceea, să lăsăm adevărurile începătoare ale lui Hristos, și să mergem spre cele desăvârșite, fără să mai punem din nou temelia pocăinței de faptele moarte, și a credinței în Dumnezeu. (Evrei 6:1)

Dar răbdarea trebuie să-și facă desăvârșit lucrarea, pentru ca să fiți desăvârșiți, întregi, și să nu duceți lipsă de nimic. (Iacov 1:4)

5. (1:29) **Slujitor—Sârguință**: biserica are nevoie de un slujitor care va lucra și va lupta—cu sârguință, depinzând de Cristos pentru energie.

1. Cuvântul *trudă* (kopiao) înseamnă să te lupți și să lucrezi până la epuizare, oboseală și durere. Este imaginea unui sportiv care se luptă, este în agonie și care se forțează dincolo de limitele sale pentru a-și atinge obiectivele. Aceasta este chemarea lui Dumnezeu pentru slujitor: să lucreze și să se lupte cu sârguință ca și Pavel și ca cel mai dedicat dintre sportivi.

2. Cuvântul *energie* (energeia) înseamnă a lucra eficient, şi este folosit doar pentru puterea supraomenească care lucrează foarte eficient. (Wuest, *Efeseni şi Coloseni*, Vol.1, p.195). În acest caz, puterea lui Cristos este cea care lucrează şi dă energie. Când slujitorul a ajuns la capătul puterilor, Cristos intervine şi îi dă putere şi energie trupului său—o putere şi o energie care face lucruri mari în el.

Meditaţia 1. Slujitorul care a lucrat cu adevărat până la epuizare şi a experimentat energia şi puterea lui Cristos ştie cât de glorioasă este această experienţă. Lucrul tragic este că sunt atât de puţini care lucrează în mod susţinut până la punctul în care Cristos trebuie să intervină cu energia şi puterea Sa. Prea des uităm:

⇒ că atâta timp cât avem puterea fizică şi energia pentru a lucra, energia şi puterea lui Cristos nu ne sunt necesare.

Singura cale prin care putem experimenta energia fizică şi puterea lui Cristos este dacă ne folosim până la epuizare energia şi puterea noastră. Când noi suntem complet epuizaţi, atunci Cristos intervine, altfel El ne-ar abandona şi astfel ar încălca promisiunea Cuvântului Său. Şi El nu va face asta niciodată. De aceea, când noi nu mai avem putere pentru a lucra, atunci El ne dă din energia şi puterea lui supranaturală.

> **Isus le-a zis: Mâncarea Mea este să fac voia Celui ce M-a trimis, şi să împlinesc lucrarea Lui. Nu ziceţi voi că mai sunt patru luni până la seceriş? Iată, Eu vă spun: Ridicaţi-vă ochii, şi priviţi holdele, care sunt albe acum, gata pentru seceriş. (Ioan 4:34-35)**
>
> **Cât este ziuă, trebuie să lucrez lucrările Celui ce M-a trimis; vine noaptea, când nimeni nu mai poate să lucreze. (Ioan 9:4)**
>
> **În sârguinţă, fiţi fără preget. Fiţi plini de râvnă cu duhul. Slujiţi Domnului. (Rom. 12:11)**
>
> **Încolo, ce se cere de la ispravnici, este ca fiecare să fie găsit credincios în lucrul încredinţat lui. (1 Cor. 4:2)**
>
> **De aceea, preaiubiţii mei fraţi, fiţi tari, neclintiţi, sporiţi totdeauna în lucrul Domnului, căci ştiţi că osteneala voastră în Domnul nu este zadarnică. (1 Cor. 15:58)**
>
> **De aceea îţi aduc aminte să înflăcărezi darul lui Dumnezeu, care este în tine prin punerea mâinilor mele. (2 Tim. 1:6)**
>
> **Propovăduieşte Cuvântul, stăruie asupra lui la timp şi ne la timp, mustră, ceartă, îndeamnă cu toată blândeţea şi învăţătura. (2 Tim. 4:2)**
>
> **Dar tu fii treaz în toate lucrurile, rabdă suferinţele, fă lucrul unui evanghelist, şi împlineşte-ţi bine slujba. (2 Tim. 4:5)**
>
> **De aceea, preaiubiţilor, fiindcă aşteptaţi aceste lucruri, siliţi-vă să fiţi găsiţi înaintea Lui fără prihană, fără vină, şi în pace. (2 Pet. 3:14)**
>
> **Du-te la furnică, leneşule; uită-te cu băgare de seamă la căile ei, şi înţelepţeşte-te! (Prov. 6:6)**
>
> **Cine strânge vara, este un om chibzuit, cine doarme în timpul seceratului este un om care face ruşine. (Prov. 10:5)**
>
> **Tot ce găseşte mâna ta să facă, fă cu toată puterea ta! Căci, în locuinţa morţilor, în care mergi, nu mai este nici lucrare, nici chibzuială, nici ştiinţă, nici înţelepciune! (Ecl. 9:10)**

	CAPITOLUL 2	3. în care sunt ascunse toate comorile înțelepciunii și ale științei.	c. Vine din cunoștința că în Cristos este toată înțelepciunea și știința *SA1*
1. Prima caracteristică: Un slujitor care se luptă în rugăciune și care este îngrijorat pentru biserică	**B. Caracteristicile distinctive ale unei Biserici mature, 2:1-7**	4. Spun lucrul acesta, pentru ca nimeni să nu vă înșele prin vorbiri amăgitoare.	3. A treia caracteristică : Rezistența la învățăturile amăgitoare
	Vreau, în adevăr, să știți cât de mare luptă duc pentru voi, pentru cei din Laodicea și pentru toți cei ce nu mi-au văzut fața în trup;.	5. Căci măcar că sunt departe cu trupul, totuși cu duhul sunt cu voi, și privesc cu bucurie la buna rânduială care domnește între voi și la tăria credinței voastre în Hristos.	4. A patra caracteristică: Menținerea unei discipline militare: Ordine și stabilitate
2. A doua caracteristică: A avea încredere și încurajare a. Vine din unitatea dragostei b. Vine din certitudinea că ceea ce credinciosul crede în legătură cu taina lui Dumnezeu este corect	2. pentru ca să li se îmbărbăteze inimile, să fie uniți în dragoste, și să capete toate bogățiile plinătății de pricepere, ca să cunoască taina lui Dumnezeu Tatăl, adică pe Hristos,	6. Astfel dar, după cum ați primit pe Hristos Isus, Domnul, așa să și umblați în El, 7. fiind înrădăcinați și zidiți în El, întăriți prin credință, după învățăturile care v-au fost date, și sporind în ea cu mulțumiri către Dumnezeu	5. A cincea caracteristică: Umblarea în Domnul a. A umbla înrădăcinat și zidit b. A umbla cum ai fost învățat c. A umbla plin de mulțumire

SECȚIUNEA III

NEVOILE BISERCII, 1:24-2:7

B. CARACTERISTICILE DISTINCTIVE ALE UNEI BISERICI MATURE, 2:1-7

(2:1-7) **Introducere**: cea de-a doua mare nevoie a bisericii este nevoia de oameni maturi, oameni care cresc în mod constant în Domnul. Cuvântul *constant* trebuie observat: oamenii maturi sunt constanți în tot ceea ce fac. Ei cresc în mod constant în Domnul. Una dintre marile tragedii ale sociatății de astăzi este lipsa constanței sau a perseverenței. Puțini oameni sunt perseverenți în umblarea lor zilnică cu Domnul. Acesta este subiectul acetui pasaj minunat: caracateristicile unui popor matur.

1. Prima caracteristică: Un slujitor care se luptă în rugăciune și care este îngrijorat pentru biserică (v.1).
2. A doua caracteristică: A avea încredere și încurajare (vv.2-3).
3. A treia caracteristică: Rezistența la învățăturile amăgitoare (v.4).
4. A patra caracteristică: Menținerea unei discipline militare: Ordine și stabilitate (v.5).
5. A cincea caracteristică: Umblarea cu Domnul (vv.6-7).

1. (2:1) **Rugăciunea—Grija—Slujitor**: un popor matur trebuie să aibă slujitori care se luptă în rugăciune pentru ei și care se îngrijorează pentru ei. Amintiți-vă că Pavel nu a văzut niciodată în mod personal biserica din Colose; nu el era slujitorul de pe teren. (Pastorul bisericii din Colose era Epafra.) Acest lucru spune ceva foarte important: slujitorii trebuie să se lupte în rugăciune pentru credincioșii și pentru bisericile din toată lumea. De fapt, bisericile pot fi mature în Domnul doar în măsura în care slujitorii din toată lumea se luptă în rugăciune penru bisericile din toată lumea. Imaginați-vă scena: imaginați-vă că sunteți deasupra pământului uitându-vă în jos spre el—uitându-vă la fiecare biserică de pe pământ. Imaginați-vă fiecare pastor de pe pământ luptându-se în rugăciune pentru fiecare biserică. Imaginați-vă că fiecare biserică este adusă în rugăciune în fiecare zi de către fiecare slujitor. Imaginați-vă doar ce s-ar întâmpla: creșterea, maturizarea, slujirea care ar fi pentru a-i atinge pe cei pierduți. Asta dorea Pavel, și aceasta este marea provocare pentru fiecare dintre noi. Un popor matur trebuie să aibă slujitori care se luptă în rugăciune și care se îngrijorează pentru el. Nu există altă cale pentru a ajunge la maturitate. Un om cu inma împărțită, devotat doar pe jumătate, poate produce doar oameni cu inima împărțită sau devotați doar pe jumătate.

Observați cuvântul *luptă* (agona). Înseamnă a lupta, a agoniza, a insista în rugăciune pentru credincioșii din biserici. Este imaginea unii atlet care își folosește fiecare gram de energie pe care îl are în lupta competiției. Ideea este că Pavel a luptat din greu, a încercat, a agonizat, și s-a epuizat în rugăciune.

Slujitorii din întreaga lume trebuie să se lupte în rugăciune pentru credincioșii din întreaga lume, fie că îi cunosc sau nu, fie că i-au văzut vreodată sau nu. Rugăciunea nu este ușoară; ea este o muncă, o muncă grea. Slujitorul sau credinciosul care ia în serios rugăciunea, ştie ce înseamnă să te lupţi în rugăciune; el ştie ce înseamnă să faci faţă atacurilor care încearcă să întrerupă rugăciunea...

- gândurile care merg în altă parte
- imaginaţia
- programul strict
- Gândurile care se luptă împotriva ascultării în rugăciune

- lucrurile urgente
- stresul de la lucru
- mândria lucrurilor care se înalţă împotriva cunoaşterii lui Dumnezeu

Dar în ciuda tuturor acestora, slujitorul trebuie să iasă victorios. Slujitorul trebuie să se roage: să agonizeze şi să se lupte în rugăciune—să se lupte în rugăciune pentru toţi credincioşii şi pentru toate bisericile din lume. Acesta este exemplul lui Pavel şi al Domnului nostru, şi aceasta este voia lui Dumnezeu pentru noi. De fapt, este porunca Lui.

Meditaţia 1. Fără îndoială, eşecul nostru de a lupta în rugăciune unii pentru alţii este motivul major pentru care atât de mulţi credincioşi şi atât de multe biserici sunt imature în Domnul. Dumnezeu se descoperă şi îi binecuvântează pe cei care sunt cufundaţi în rugăciune. Rugăciunea—comuniunea şi părtăşia cu El—este canalul principal prin care El a ales să îi binecuvânteze pe oamenii Săi.

> Cereţi, şi vi se va da; căutaţi şi veţi găsi; bateţi, şi vi se va deschide. (Mat. 7:7)
> Vegheaţi şi rugaţi-vă, ca să nu cădeţi în ispită; duhul, în adevăr, este plin de râvnă, dar carnea este neputincioasă. (Mat. 26:41)
> De aceea vă spun că, orice lucru veţi cere, când vă rugaţi, să credeţi că l-aţi şi primit, şi-l veţi avea. (Marcu 11:24)
> Isus le-a spus o pildă, ca să le arate că trebuie să se roage necurmat, şi să nu se lase. (Luca 18:1)
> Şi orice veţi cere în Numele Meu, voi face, pentru ca Tatăl să fie proslăvit în Fiul. Dacă veţi cere ceva în Numele Meu, voi face. (Ioan 14:13-14)
> Dacă rămâneţi în Mine, şi dacă rămân în voi cuvintele Mele, cereţi orice veţi vrea, şi vi se va da. (Ioan 15:7)
> Până acum n-aţi cerut nimic în Numele Meu: cereţi, şi veţi căpăta, pentru ca bucuria voastră să fie deplină. (Ioan 16:24)
> Faceţi în toată vremea, prin Duhul, tot felul de rugăciuni şi cereri. Vegheaţi la aceasta, cu toată stăruinţa, şi rugăciune pentru toţi sfinţii, (Efes. 6:18)
> Rugaţi-vă neîncetat. (1 Tes. 5:17)
> Este vreunul printre voi în suferinţă? Să se roage! Este vreunul cu inimă bună? Să cânte cântări de laudă! (Iacov 5:13)
> Şi orice vom cere, vom căpăta de la El, fiindcă păzim poruncile Lui, şi facem ce este plăcut înaintea Lui. (1 Ioan 3:22)
> Dacă poporul Meu peste care este chemat Numele Meu se va smeri, se va ruga, şi va căuta Faţa Mea, şi se va abate de la căile lui rele, îl voi asculta din ceruri, îi voi ierta păcatul, şi-i voi tămădui ţara. (2 Cronici 7:14)
> Mă veţi căuta, şi Mă veţi găsi, dacă Mă veţi căuta cu toată inima. (Ier. 29:13)

2. (2:2-3) **Biserica**: un popor matur are inimi care sunt încurajate şi pline de încredere, asigurate pe deplin. Cuvântul *încurajat* (paraklethosin) înseamnă să fi tare, întărit, înrădăcinat şi încins (Vincent. *Word Studies in the New Testament*, Vol.3, p.482). Este acel tip de putere care...
- dă energie, care dă încredere şi siguranţă
- care îl ajută pe credincios să ţină piept învăţăturilor mincinoase, necazurilor şi ispitelor
- care încurajează, mângâie şi zideşte siguranţa şi încrederea în viaţă, atât în viaţa aceasta cât şi pentru veşnicie

Inima umană tânjeşte după o asemenea putere, după o asemenea siguranţă, şi mângâiere. De unde vine această putere? Unde este izvorul din care curg încrederea şi siguranţa?

1. Inimile îşi au rădăcina în *dragoste*—în legătura dragostei cu care suntem legaţi unii de ceilalţi Gândiţi-vă la oamenii care se simt (şi uneori şi noi ne-am simţit)...

- singuri
- fără prieteni
- izolaţi
- ignoraţi

- neiubiţi
- neimportanţi
- trecuţi cu vederea
- fără importaţă

- neglijați
- defavorizați

Un om care se simte așa, foarte rar se simte puternic, foarte rar este plin de încredere sau sigur pe sine. Din contră, el se simte slab, neacceptat, incapabil să facă față situațiilor. El se simte nesigur, iar acest lucru îl face fie să se retragă, fie să reacționeze cu o atitudine superioară și arogantă. Cu toții am văzut astfel de reacții.

Ideea este aceasta: răspunsul pentru o inimă puternică, sigură și plină de încredere este dragostea—a fi uniți în dragoste unii cu alții. Aceasta este slujba bisericii și a credincioșilor ei: să se iubească unii pe alții—să zidească dragostea dintre ei—să zidească dragostea pentru toți, să nu neglijeze, sau să ignore nici măcar pe un om. Când inimile noastre sunt unite împreună în dragoste, atunci inima fiecărui credincios va fi puternică, încurajată, plină de încredere, mângâiată și pregătită pentru orice.

Meditația 1. Observați că inimile tari nu își au izvorul în religie, ceremonie, ritualuri legi sau reguli. Inimile tari își au rădăcinile în dragoste—inimile unite în dragoste.

2. Inimile puternice vin din certitudinea că ceea ce cineva crede despre Dumnezeu este corect. Mulți oameni nu sunt siguri în legătură cu Dumnezeu. Nu sunt siguri...
- că Dumnezeu există cu adevărat
- că Dumnezeu într-adevăr le dorește binele
- că Dumnezeu este cu adevărat interesat de viața lor de fiecare zi
- că ei pot cu adevărat să Îl cunoască pe Dumnezeu în mod personal
- că viața veșnică există cu adevărat
- că pot ști cu adevărat că mai există viață după moarte

a. Observați fraza "taina lui Dumnezeu." Pentru cei mai mulți oameni Dumnezeu este o taină. Dar nu la asta se referă Scriptura când vorbește despre taină. "Taină" înseamnă *un secret*, un secret al lui Dumnezeu care este acum descoperit. Punctul principal este că *acum l-a descoperit*: nu numai poate fi cunoscut, ci chiar este cunoscut de mulți oameni. Ideea este aceasta: o inimă puternică—asigurată și plină de încredere—vine din cunoașterea tainei lui Dumnezeu, din certitudinea că ceea ce un credincios crede despre Dumnezeu este corect.

Care este marele secret al lui Dumnezeu care a fost descoperit acum? Observați exact ce spune acest verset: "taina lui Dumnezeu, și anume [kai] Cristos." Isus Cristos este taina lui Dumnezeu. Isus Cristos este Cel care Îl descoperă pe Dumnezeu oamenilor.
⇒ Când oamenii se uită la Isus Cristos, ei Îl văd pe Dumnezeu.
⇒ Când oamenii ajung să-L cunoască pe Isus Cristos, ei ajung să Îl cunoască pe Dumnezeu în mod personal.

O dată ce un om vine la Dumnezeu prin Isus Cristos, Dumnezeu așează Duhul Lui în inima acelui om. Iar Duhul lui Dumnezeu dă putere, atât siguranță cât și încredere în inima credinciosului. Duhul lui Dumnezeu ne dă siguranța absolută că Îl cunoaștem cu adevărat pe Dumnezeu și că suntem adoptați ca fii și fiice iubite de El. Știm cu siguranță absolută că ceea ce credem despre Dumnezeu este chiar așa. Duhul lui Dumnezeu pune această siguranță în inimile noastre.

Și voi n-ați primit un duh de robie, ca să mai aveți frică; ci ați primit un duh de înfiere, care ne face să strigăm: Ava! adică: Tată! Însuși Duhul adeverește împreună cu duhul nostru că suntem copii ai lui Dumnezeu. (Rom. 8:15-16)

El ne-a și pecetluit, și ne-a pus în inimă arvuna Duhului. (2 Cor. 1:22)

Dar când a venit împlinirea vremii, Dumnezeu a trimis pe Fiul Său, născut din femeie, născut sub Lege, ca să răscumpere pe cei ce erau sub Lege, pentru ca să căpătăm înfierea. Și pentru că sunteți fii, Dumnezeu ne-a trimis în inimă Duhul Fiului Său, care strigă:Ava, adică: Tată! (Gal. 4:4-6)

Cine păzește poruncile Lui, rămâne în El, și El în el. Și cunoaștem că El rămâne în noi prin Duhul, pe care ni L-a dat. (1 Ioan 3:24)

Cunoaștem că rămânem în El și că El rămâne în noi prin faptul că ne-a dat din Duhul Său. (1 Ioan 4:13)

El, Isus Hristos, este Cel ce a venit cu apă și cu sânge; nu numai cu apă, ci cu apă și cu sânge; și Duhul este Cel ce mărturisește despre lucrul acesta, fiindcă Duhul este adevărul. (1 Ioan 5:6)

b. Observați cuvintele *înțelegere și cunoștință*. Când un om înțelege și Îl cunoaște pe Isus Cristos, atunci el capătă *"o înțelegere completă "* a lui Dumnezeu. El primește o *"înțelegere completă"* că înțelegerea lui despre

COLOSENI 2:1-7

Dumnezeu este corectă. Gândirea noastră de oameni ne spune acest lucru: dacă am putea fi sută la sută siguri că cunoştinţa noastră cu privire la Dumnezeu este corectă, atunci inimile noastre ar fi pline de încredere. Iar aceasta este declaraţia glorioasă a Scripturii: putem fi siguri. De fapt, putem avea o înţelegere completă— prin Isus Cristos—pentru că Isus Cristos Însuşi este descoperirea tainei lui Dumnezeu. Isus Cristos este revelaţia lui Dumnezeu, siguranţa şi încrederea noastră în Dumnezeu.

În adevăr, Evanghelia noastră v-a fost propovăduită nu numai cu vorbe, ci cu putere, cu Duhul Sfânt şi cu o mare îndrăzneală. Căci ştiţi că, din dragoste pentru voi am fost aşa printre voi. (1 Tes. 1:5)
Şi din pricina aceasta sufăr aceste lucruri; dar nu mi-e ruşine, căci ştiu în cine am crezut. Şi sunt încredinţat că El are putere să păzească ce I-am încredinţat până în ziua aceea. (2 Tim. 1:12)
Să ne apropiem cu o inimă curată, cu credinţă deplină, cu inimile stropite şi curăţite de un cuget rău, şi cu trupul spălat cu o apă curată. (Evrei 10:22)
Şi prin aceasta ştim că Îl cunoaştem, dacă păzim poruncile Lui. (1 Ioan 2:3)
Noi am cunoscut dragostea Lui prin aceea că El Şi-a dat viaţa pentru noi; şi noi deci trebuie să ne dăm viaţa pentru fraţi. Prin aceasta vom cunoaşte că suntem din adevăr, şi ne vom linişti inimile înaintea Lui, (1 Ioan 3:16, 19)
Cunoaştem că rămânem în El şi că El rămâne în noi prin faptul că ne-a dat din Duhul Său. (1 Ioan 4:13)
Cine crede în Fiul lui Dumnezeu, are mărturisirea aceasta în el; cine nu crede pe Dumnezeu, Îl face mincinos, fiindcă nu crede mărturisirea, pe care a făcut-o Dumnezeu despre Fiul Său. Şi mărturisirea este aceasta: Dumnezeu ne-a dat viaţa veşnică, şi această viaţă este în Fiul Său. Cine are pe Fiul, are viaţa; cine n-are pe Fiul lui Dumnezeu, n-are viaţa. V-am scris aceste lucruri ca să ştiţi că voi, care credeţi în Numele Fiului lui Dumnezeu, aveţi viaţa veşnică. (1 Ioan 5:10-13)

STUDIU APROFUNDAT # 1
(2:3) **Isus Cristos—Înţelepciune—Cunoştinţă**: un popor matur cunoaşte faptul că toate bogăţiile înţelepciunii şi cunoaşterii sunt ascunse în Cristos.
1. Oamenii caută după înţelepciune şi ştiinţă. Cuvântul înţelepciune (sophia) înseamnă acea abilitate de a folosi adevărul o dată ce acesta este cunoscut; înseamnă a folosi adevărul cu înţeleciune exact aşa cum ar trebui folosit. Înseamnă înţelepciunea de a şti cum să înfrunţi problemele de zi cu zi şi a şti cum să le face faţă cu înţelepciune. Înseamnă înţelepciune practică, să ştii cum să aplici aceste mari adevăruri la viaţa de zi cu zi. Cuvântul *ştiinţă* (gnosis) este abilitatea de a acumula adevărul. Este acea abilitate de a vedea şi de a cunoşte adevărul. Înseamnă a vedea şi a şti ce este de făcut. Înseamnă a înţelege marile adevăruri ale vieţii. Înseamnă a vedea răspunsul la marile probleme ale...
- vieţii şi morţii
- binelui şi răului
- timpului şi a veşniciei
- lui Dumnezeu şi omului
- sănătăţii şi bolii
- mângâierii şi suferinţei

2. Observaţi unde sunt ascunse bogăţiile stiinţei şi a înţelepciunii: acestea sunt ascunse în Isus. Ce înseamnă acest lucru?
  a. Isus Cristos este întruparea întregii înţelepciuni . El este Cel care a trăit *în mod practic* adevărul, care a trăit şi nu a păcătuit niciodată. El este Cel care a înfruntat fiecare necaz şi problemă din viaţa Sa şi le-a rezolvat—care a trăit la fel cum trăiesc toţi oamenii. Înţelepciunea vieţii—a felului în care trebuie trăită viaţa—este văzută în Isus Cristos şi doar în El. În El sunt toate bogăţiile înţelepciunii, toate tainele practice a vieţii de fiecare zi.
  c. Isus Cristos este întruparea ştiinţei. El este Creatorul şi Cel care susţine universul; de aceea, toate adevărurile şi toate lucrurile care se ştiu despre univers se găsesc în El. (Acest lucru trebuie să fie adevărat, pentru că atunci când se face orice lucru, lucrurile ştiute despre natura lui se găsesc la persoana care a creat acel lucru.) În Isus Cristos se găseşte toată ştiinţa creaţiei, a universului, a binelui şi răului, a timpului şi a veşniciei, a sănătăţii şi a bolii, a mângâierii şi a suferinţei, a lui Dumnezeu şi a oamenilor.
    Toate *bogăţiile înţelepciunii* sunt ascunse în Cristos. Omul se poate *înţelege* pe sine şi lumea în care trăieşte, doar în Isus Cristos. Orice altă încercare de a înţelege lumea despărţiţi de Cristos duce la o concluzie falsă şi la o lume coruptă, la discriminare, la ceartă, dezbinare şi toate celelalte rele care există în lume.
3. Observaţi că înţelepciunea şi ştiinţa sunt "ascunse" în Isus Cristos. Acest lucru nu înseamnă că ele sunt ascunse

> de noi, ci mai degrabă sunt ascunse *pentru noi* (Matthew Henry. *Matthew Henry's Commentary*, Vol.5, p.756). Acestea sunt acolo pentru ca noi să le căutăm și astfel să Îl onorăm pe Cristos, Sursa și Esența inimilor și vieților noastre.
>
> O, adâncul bogăției, înțelepciunii și științei lui Dumnezeu! Cât de nepătrunse sunt judecățile Lui, și cât de neînțelese sunt căile Lui! Și în adevăr, „cine a cunoscut gândul Domnului? Sau cine a fost sfetnicul Lui? Cine I-a dat ceva întâi, ca să aibă de primit înapoi?" Din El, prin El, și pentru El sunt toate lucrurile. A Lui să fie slava în veci! Amin. (Rom. 11:33-36)
>
> Dar pentru cei chemați, fie Iudei, fie Greci, este puterea și înțelepciunea lui Dumnezeu. (1 Cor. 1:24)
>
> Și voi, prin El, sunteți în Hristos Isus. El a fost făcut de Dumnezeu pentru noi înțelepciune, neprihănire, sfințire și răscumpărare. (1 Cor. 1:30)
>
> În care sunt ascunse toate comorile înțelepciunii și ale științei. (Col. 2:3)
>
> Dacă vreunuia dintre voi îi lipsește înțelepciunea, s-o ceară de la Dumnezeu, care dă tuturor cu mână largă și fără mustrare, și ea îi va fi dată. (Iacov 1:5)
>
> Ci cel ce se laudă să se laude că are pricepere și că Mă cunoaște, că știe că Eu sunt Domnul, care fac milă, judecată și dreptate pe pământ! Căci în acestea găsesc plăcere Eu, zice Domnul. (Ier. 9:24)
>
> Să cunoaștem, să căutăm să cunoaștem pe Domnul! Căci El se ivește ca zorile dimineții, și va veni la noi ca o ploaie, ca ploaia de primăvară, care udă pământul!" (Osea 6:3)

3. (2:4) **Învățăturile mincinoase**: un popor matur rezistă la amăgire și la înșelăciune. Cuvântul *înșelăciune* (paralogizetai) înseamnă a induce în eroare, a trișa, a înșela, a seduce, a duce pe cineva în rătăcire. Observați cum are loc această amăgire: prin *argumente care sună frumos* (pithanologiai), adică prin cuvinte care îndupleca, care sunt elocvente, convingătoare, atractive.

1. Credincioșii pot fi amăgiți de insistența cuvintelor elocvente ale învățăturii mincinoase. Oamenii sunt ușor influențați de...

- elocvență
- argumente
- raționamente
- logică
- insistențe
- gânduri bine gândite

De aceea, când o idee, poziție, filosofie, religie, doctrină sau credință este prezentată într-un mod atent gândit, oamenii sunt convinși ușor. Ei sunt înduplecați, înșelați, și duși departe de Cristos. Poate fi vorba de un argument împotriva...

- creației lumii de către Dumnezeu
- responsabilității omului înaintea lui Dumnezeu
- nașterea sau întruparea lui Dumnezeu în trup de om
- viața perfectă și fără de păcat a lui Cristos
- moartea lui Cristos în locul nostru
- învierea lui Isus Cristos din morți
- mântuirea prin har prin credință
- revenirea lui Isus Cristos
- învierea din morți
- judecata veșnică și moartea veșnică
- distrugerea lumii prin foc sau recreerea pământului și a cerurilor noi
- existența credincioșilor față în față cu Dumnezeu, slujindu-L și slăvindu-L pe El pentru veșnicie

Argumentul poate fi îndreptat împotriva oricărei învățături majore din Scriptură. Dacă sunt destul de insistenți, unii oameni pot fi convinși. Aceștia încep să pună la îndoială adevărul și încep să-și pună întrebări cu privire la el.

Observați cuvintele "Spun lucrul acesta." Motivul pentru care Pavel a proclamat că toată înțelepciunea și știința sunt în Cristos este pentru a-i proteja pe credincioși împotriva învățăturilor mincinoase. Credincioșii trebuie să știe că tot adevărul se află în Cristos, și trebuie să caute tot adevărul în Cristos.

2. Credincioșii pot fi înșelați de cuvintele fumoase ale celor care trăiesc după poftele firii (ale naturii păcătoase). Natura umană este ușor influențată de ...

- aparențe
- insinuări
- atractivitate
- sugestii
- carismă
- imaginație
- gânduri
- dorințe

De aceea, când o idee este îmbrăcată într-un mod atractiv, oamenii sunt atraşi de ea şi duşi departe de Cristos. Din nou, adevărul şi felul de trăire înţelept pentru credincios se găseşte în Cristos. Calea înţelepciunii este întoarcerea de la amăgirea cuvintelor frumoase şi a sugestiilor. Cristos Însuşi—viaţa de neprihănire pe care El a trăit-o şi modul de viaţă fără de păcat în care El a umblat—este cărarea înţeleaptă pentru fiecare credincios.

Vă îndemn, fraţilor, să vă feriţi de cei ce fac dezbinări şi tulburare împotriva învăţăturii, pe care aţi primit-o. Depărtaţi-vă de ei. Căci astfel de oameni nu slujesc lui Hristos, Domnul nostru, ci pântecelui lor; şi, prin vorbiri dulci şi amăgitoare, ei înşeală inimile celor lesne crezători. (Rom. 16:17-18)

Oamenii aceştia sunt nişte apostoli mincinoşi, nişte lucrători înşelători, care se prefac în apostoli ai lui Hristos. Şi nu este de mirare, căci chiar Satana se preface într-un înger de lumină. Nu este mare lucru dar, dacă şi slujitorii lui se prefac în slujitori ai neprihănirii. Sfârşitul lor va fi după faptele lor. (2 Cor. 11:13-15)

Ca să nu mai fim copii, plutind încoace şi încolo, purtaţi de orice vânt de învăţătură, prin viclenia oamenilor şi prin şiretenia lor în mijloacele de amăgire. (Efes. 4:14)

Dar oamenii răi şi înşelători vor merge din rău în mai rău, vor amăgi pe alţii, şi se vor amăgi şi pe ei înşişi. (2 Tim. 3:13)

În adevăr, mai ales printre cei tăiaţi împrejur, sunt mulţi nesupuşi, flecari şi amăgitori. (Tit. 1:10)

Copilaşilor, este ceasul cel de pe urmă. Şi, după cum aţi auzit că are să vină anticrist, să ştiţi că acum s-au ridicat mulţi anticrişti: prin aceasta cunoaştem că este ceasul de pe urmă. Ei au ieşit din mijlocul nostru, dar nu erau dintre ai noştri. Căci dacă ar fi fost dintre ai noştri, ar fi rămas cu noi; ci au ieşit, ca să se arate că nu toţi sunt dintre ai noştri. (1 Ioan 2:18-19)

Duhul lui Dumnezeu să-L cunoaşteţi după aceasta: Orice duh, care mărturiseşte că Isus Hristos a venit în trup, este de la Dumnezeu; şi orice duh, care nu mărturiseşte pe Isus, nu este de la Dumnezeu, ci este duhul lui Anticrist, de a cărui venire aţi auzit. El chiar este în lume acum. (1 Ioan 4:2-3)

Căci în lume s-au răspândit mulţi amăgitori, care nu mărturisesc că Isus Hristos vine în trup. Iată amăgitorul, iată Anticristul! (2 Ioan 1:7)

Lumina lămpii nu va mai lumina în tine, şi nu se va mai auzi în tine glasul mirelui şi al miresei, pentru că negustorii tăi erau mai marii pământului, pentru că toate neamurile au fost amăgite de vrăjitoria ta. (Apoc. 18:23)

4. (2:5) **Neclintire—Stabilitate—Ordine**: un popor matur păstrează disciplina—ordinea şi stabilitatea.
⇒ Cuvântul *ordine* (taxin) înseamnă a menţine o disciplină militară, ordinea militară şi aranjamentul militar; de a ţine piept puternic (The Amplified New Testament); a menţine linia militară intactă, neîntreruptă. (A.T. Robertson, *Word Pictures in the New Testament*, Vol.4, p.489).
⇒ Cuvântul *neclintire* (stereoma) înseamnă a sta ferm şi a persevera; a fi nemişcat, stabil; a nu ceda niciodată, a nu da înapoi. Şi acesta este un cuvânt militar. A.T. Robertson spune că aceasta este aceea "parte solidă a liniei care poate rezista şi rezistă unui atac puternic" al înşelăciunii.

Observaţi că, credincioşii din biserica din Colose erau atacaţi de învăţături mincinoase chiar în timp ce Pavel le scria aceasta scrisoare. Dar ei răspundeau atacurilor ca o armată victorioasă. Ei menţineau disciplina şi păstrau ordinea şi erau neclintiţi. Observaţi deasemenea importanţa încurajării slujitorului: Pavel spune că este alături de ei *în duh*, şi se bucura văzându-i biruitori asupra învăţătorilor mincinoşi.

De aceea, preaiubiţii mei fraţi, fiţi tari, neclintiţi, sporiţi totdeauna în lucrul Domnului, căci ştiţi că osteneala voastră în Domnul nu este zadarnică. (1 Cor. 15:58)

Rămâneţi dar tari, şi nu vă plecaţi iarăşi sub jugul robiei. (Gal. 5:1)

Ca să nu mai fim copii, plutind încoace şi încolo, purtaţi de orice vânt de învăţătură, prin viclenia oamenilor şi prin şiretenia lor în mijloacele de amăgire. (Efes. 4:14)

Numai, purtaţi-vă într-un chip vrednic de Evanghelia lui Hristos, pentru ca, fie că voi veni să vă văd, fie că voi rămâne departe de voi, să aud despre voi că rămâneţi tari în acelaşi duh, şi că luptaţi cu un suflet pentru credinţa Evangheliei. (Filip. 1:27)

De aceea, preaiubiţii şi mult doriţii mei fraţi, bucuria şi cununa mea, rămâneţi astfel tari în Domnul, preaiubiţilor! (Filip. 4:1)

Aşadar, fraţilor, rămâneţi tari, şi ţineţi învăţăturile, pe care le-aţi primit fie prin viu grai, fie prin epistola noastră. (2 Tes. 2:15)

Fiţi treji, şi vegheaţi! Pentru că potrivnicul vostru, diavolul, dă târcoale ca un leu care răcneşte, şi caută pe cine să înghită. Împotriviţi-vă lui tari în credinţă, ştiind că şi fraţii voştri în lume trec prin aceleaşi suferinţe ca voi. (1 Pet. 5:8-9)

> **Voi deci, preaiubiților, știind mai dinainte aceste lucruri, păziți-vă ca nu cumva să vă lăsați târâți de rătăcirea acestor nelegiuiți, și să vă pierdeți tăria. (2 Pet. 3:17)**

5. (2:6-7) **Credincioși, Umblare:** un popor matur umblă în Domnul. Acest lucru înseamnă cel puțin două lucruri. În primul rând, credincioșii umblă la fel cum L-au primit pe Cristos–prin credință. Ei L-au primit pe Cristos prin credință, așa că ei trebuie să continue cu Cristos prin credință. Când ei L-au primit pe Cristos, ei s-au încrezut în neprihănirea Lui și în moartea Lui ca să le acopere păcatele și să îi facă acceptabili înaintea lui Dumnezeu. Prin urmare, ei trebuie *să umble în continuare încrezându-se* în neprihănirea Lui și în moartea Lui. Neprihănirea Lui și moartea Lui sunt cele care continuă să acopere păcatele lor și să îi facă acceptabili înaintea lui Dumnezeu. Ei nu au nimic în ei care să îi facă să merite, să câștige sau să îi facă acceptabili înaintea lui Dumnezeu. Ei nu pot face nimic și nu pot avea nimic care să le asigure aprobarea lui Dumnezeu. Singura acceptare înaintea lui Dumnezeu pentru credincioși este Cristos, încrederea în neprihănirea Lui și în moartea Lui Cristos. (Vezi comentariul, *Isus Cristos, Moarte*, pct.3—Col.1:21-22 pentru mai multe discuții.)

> **Pentru că umblăm prin credință, nu prin vedere. (2 Cor. 5:7)**
> **Dar dacă umblăm în lumină, după cum El însuși este în lumină, avem părtășie unii cu alții; și sângele lui Isus Hristos, Fiul Lui, ne curăță de orice păcat. (1 Ioan 1:7)**

În al doilea rând, credincioșii L-au primit pe Cristos ca *Isus Cristos și Domn*. Adică, atunci când credincioșii L-au primit pe El, ei L-au acceptat pe El ca pe Mesia Cel adevărat și ca Domnul cerului; ei L-au primit pe El ca *Domn al vieților lor*. De aceea, credincioșii trebuie să umble înaintea Lui ca Domn; ei trebuie să continue să umble înaintea lui și să continue să Îl slujească ca și Domn al vieților lor.

> **Noi deci, prin botezul în moartea Lui, am fost îngropați împreună cu El, pentru ca, după cum Hristos a înviat din morți, prin slava Tatălui, tot așa și noi să trăim o viață nouă. (Rom. 6:4)**
> **Zic dar: umblați cârmuiți de Duhul, și nu împliniți poftele firii pământești. (Gal. 5:16)**
> **Vă sfătuiesc dar eu, cel întemnițat pentru Domnul, să vă purtați într-un chip vrednic de chemarea, pe care ați primit-o. (Efes. 4:1)**
> **Trăiți în dragoste, după cum și Hristos ne-a iubit, și S-a dat pe Sine pentru noi „ca un prinos și ca o jertfă de bun miros", lui Dumnezeu. (Efes. 5:2)**
> **Luați seama deci să umblați cu băgare de seamă, nu ca niște neînțelepți, ci ca niște înțelepți. (Efes. 5:15)**
> **Cine zice că rămâne în El, trebuie să trăiască și el cum a trăit Isus. (1 Ioan 2:6)**

Sunt trei lucruri în mod deosebit pe care credinciosul trebuie să le facă.
1. Credinciosul trebuie să fie înrădăcinat și zidit în Cristos. Sunt două imagini în această afirmație.
   ⇒ Imaginea înrădăcinării estea aceea a unui copac. Credinciosul trebuie să fie ca un copac înalt care își are rădăcinile adânc înfipte în pământ. Pământul îi dă putere împotriva vânturilor, a furtunilor și îi dau hrana pentru viață. Credinciosul trebuie să își tragă hrana și puterea din Cristos.
   ⇒ Imaginea zidirii este aceea a unei clădiri. Isus Cristos este temelia pentru viață. Singura temelie sigură. De aceea, credinciosul matur este o persoană care și-a zidit viața lui pe Cristos.

Ideea de subliniat este următoarea: accentul cade pe atașamentul puternic și pe fluxul de hrană și de viață care vine dinspre Cristos spre credincios. Adică, credinciosul trebuie să umble într-o legătură continuă, și într-o părtășie neîntreruptă cu Cristos. Viața lui și mintea lui trebuie să se concentreze pe Cristos fără întrerupere, trăgându-și toată hrana și puterea de la El. Acest punct este esențial, pentru că nu există altă sursă de hrană sau de putere *permanentă*— nu una care ține veșnic și care dă viață veșnică sufletului omenesc.

> **"De aceea, pe orișicine aude aceste cuvinte ale Mele, și le face, îl voi asemăna cu un om cu judecată, care și-a zidit casa pe stâncă. A dat ploaia, au venit șuvoaiele, au suflat vânturile și au bătut în casa aceea, dar ea nu s-a prăbușit, pentru că avea temelia zidită pe stâncă. Însă oricine aude aceste cuvinte ale Mele, și nu le face, va fi asemănat cu un om nechibzuit, care și-a zidit casa pe nisip. (Mat. 7:24-26)**
> **Căci nimeni nu poate pune o altă temelie decât cea care a fost pusă, și care este Isus Hristos. (1 Cor. 3:11)**
> **Așa ca să-și strângă pentru vremea viitoare drept comoară o bună temelie pentru ca să apuce adevărata viață. (1 Tim. 6:19)**

COLOSENI 2:1-7

Totuşi temelia tare a lui Dumnezeu stă nezguduită, având pecetea aceasta: Domnul cunoaşte pe cei ce sunt ai Lui; şi: Oricine rosteşte Numele Domnului, să se depărteze de fărădelege!" (2 Tim. 2:19)

2. Credinciosul trebuie să umble întărit în credinţă aşa cum a fost învăţat. Cuvântul *întărit* înseamnă a fi tare, stabil, a nu renunţa. Acest lucru arată nevoia acută de învăţători puternici în biserică. Când credincioşii au învăţători puternici, ei trebuie să înveţe tot ce pot învăţa despre credinţă şi trebuie să se ţină de aceste învăţături. Ei nu trebuie să renunţe la ele. Barclay spune,

Sunt unele crezuri care rămân ca o temelie pentru toată credinţa, şi acestea nu se schimbă... adevărurile neschimbătoare care spun că Isus Cristos este Domnul (Scrisori către Filipeni, Coloseni şi Tesaloniceni, p.159)

Credincioşii maturi sunt întăriţi în credinţă, şi ei trebuie să rămână tari în credinţă aşa cum au fost învăţaţi.

Iar Aceluia care poate să vă întărească, după Evanghelia mea şi propovăduirea lui Isus Hristos, potrivit cu descoperirea tainei, care a fost ţinută ascunsă timp de veacuri. (Rom. 16:25)
Fiind înrădăcinaţi şi zidiţi în El, întăriţi prin credinţă, după învăţăturile care v-au fost date, şi sporind în ea cu mulţumiri către Dumnezeu. (Col. 2:7)
Şi însuşi Domnul nostru Isus Hristos, şi Dumnezeu, Tatăl nostru, care ne-a iubit şi ne-a dat, prin harul Său, o mângâiere veşnică şi o bună nădejde, să vă mângâie inimile, şi să vă întărească în orice lucru şi cuvânt bun! (2 Tes. 2:16-17)
Să nu vă lăsaţi amăgiţi de orice fel de învăţături străine; căci este bine ca inima să fie întărită prin har, nu prin mâncăruri, care n-au slujit la nimic celor ce le-au păzit. (Evr. 13:9)
M-a scos din groapa pieirii, din fundul mocirlei; mi-a pus picioarele pe stâncă şi mi-a întărit paşii. (Ps. 40:2)
Inima îi este mângâiată, n-are nicio teamă, până ce îşi vede împlinită dorinţa faţă de potrivnicii lui. (Ps. 112:8)

3. Credinciosul trebuie să umble plin de mulţumire. Isus Cristos Domnul a făcut atât de multe pentru credincios—atât de mult şi încă face, nu încetează niciodată, nici măcar pentru un moment din zi. De aceea credinciosul trebuie să înveţe să umble într-un duh de mulţumire care nu poate fi înterupt—o mulţumire care se revarsă în laudă pentru Domnul în fiecare moment din fiecare zi.

Bucuraţi-vă totdeauna în Domnul! Iarăşi zic: Bucuraţi-vă! Nu vă îngrijoraţi de nimic; ci în orice lucru, aduceţi cererile voastre la cunoştinţa lui Dumnezeu, prin rugăciuni şi cereri, cu mulţumiri. (Filip. 4:4,6)
Mulţumiţi lui Dumnezeu pentru toate lucrurile; căci aceasta este voia lui Dumnezeu, în Hristos Isus, cu privire la voi. (1 Tes. 5:18)
Prin El, să aducem totdeauna lui Dumnezeu o jertfă de laudă, adică, rodul buzelor care mărturisesc Numele Lui. (Evr. 13:15)

	IV. CONTRASTUL DINTRE CRISTOS ȘI ÎNVĂȚĂTURA MINCIOASĂ, 2:8-23 A. Cristos și Învățătura Mincinoasă, Astrologia, 2:8-10

1. **Luați seama la filosofiile deșarte**
  a. Este doar o tradiție
  b. Are de a face doar cu principiile lumii
  c. Este doar o înșelăciune
2. **Cristos este Sursa realității și a adevărului**
  a. Este plinătatea lui Dumnezeu
  b. Îl întregește pe om
  c. Este capul oricărei domnii și sătpâniri
	8. Luați seama ca nimeni să nu vă fure cu filozofia și cu o amăgire deșartă, după datina oamenilor, după învățăturile începătoare ale lumii, și nu după Hristos.
	9. Căci în El locuiește trupește toată plinătatea Dumnezeirii.
	10. Voi aveți totul deplin în El, care este Capul oricărei domnii și stăpâniri.

SECȚIUNEA IV

CONTRASTUL DINTRE CRISTOS ȘI ÎNVĂȚĂTURA MINCINOASĂ, 2:8-23

A. CRISTOS ȘI ÎNVĂȚĂTURA MINCINOASĂ, ASTROLOGIA, 2:8-10

(2:8-10) **Introducere**: importanța acestui pasaj se poate vedea clar din titlul acestei secțiuni, "Cristos și Învățătura Mincinoasă, Astrologia."

1. Luați seama la filosofiile deșarte (v.8).
2. Cristos este Sursa realității și a adevărului (vv.9-10).

1. (2:8) **Filosofia—Astrologia**: atenție la filosofia lumească. Fraza folosită *luați seama* (blepete) înseamnă a fi atent, a te păzi, a te feri. De ce? "[pentru ca] nimeni să nu vă fure cu filozofia și cu o amăgire deșartă." Cuvântul *să fure* (sulagogeo) înseamnă a duce în robie sau scalvie.

⇒ Unii oameni caută cu sinceritate adevărul și realitatea. Ei caută să cunoască adevărul și realitatea în ceea ce privește universul acesta și problemele cu care se confruntă, dar ei se limitează la aceasta. Această abordare are un mare dezavantaj pentru că duce fie la o concluzie incompletă fie la una eronată. Acest dezavantaj va fi dezvoltat în câteva momente.

⇒ Alții au idei sau filosofii noi cu privire la adevăr și la realitate, dar ei sunt mai interesați de poziția lor decât de adevăr. Ei au nevoie de alți oameni care să accepte poziția lor, altfel ideile lor mor. De aceea, ei trebuie să își prezinte ideile în fața oamenilor și trebuie să-i convingă pe oameni să accepte ideile și filosofiile lor fie că sunt corecte sau nu.

Credincioșii trebuie, prin urmare, să ia seama și să se păzească de filosofiile lumești și de ideile lumești ca să nu le devină robi sau sclavi acestora.

Ce se înțelege prin *filosofie sau amăgire deșartă*? Pavel ne spune exact la ce se referă.

1. Filosofia lumească este filosofia care urmează exact aceleași tradiții pe care oamenii le-au urmat de-a lungul timpului.

2. Filosofia lumească este filosofia care caută realitatea folosindu-se de principiile de bază sau de cunoștințele elementare despre lume. Cuvintele *principii de bază* (stoicheia) înseamnă...

- principiile elementare, învățăturile elementare cu privire la univers.
- învățăturile rudimentare (Evrei 5:12)
- noțiunile brute cu privire la univers
- elementele, materialele din care este format universul (2 Pet.3:10-12)

COLOSENI 2:8-10

Filosofia lumească foloseşte doar cunoştinţa umană şi tradiţia umană pentru a căuta realitatea şi adevărul cu privire la lume şi la viaţă. Singura sursă pe care filosfia lumească o foloseşte este lumea şi principiile ei, elementele ei sau materialele ei.

3. Filosofia lumească este filosofia care are de a face doar cu principiile, elementele şi materialele acestei lumi (univers). Oamenii întotdeauna au încercat să găsească răspunsuri la viaţă şi la lume în lumea însăşi. Oamenii vreau să ştie...

- Care este originea universului şi a vieţii?
- Cine este omul şi de unde a venit el? De ce este omul aici şi unde merge?
- De unde a venit răul? Poate fi controlat? Sau mai mult, poate fi abolit?
- Există Dumnezeu? Cum putem şti asta?
- Viaţa pe această planetă este tot ce există? Există viaţă după moarte?

Întrebările ar putea continua. Ideea de reţinut este următoarea: filosofiile lumeşti au încercat să afle răspunsurile la aceste întrebări *doar în această lume* (univers). Filosofiile lumeşti privesc doar la elementele sau materialele aceste lumi şi caută acolo răspunsurile vieţii. Consecinţa acestui lucru este una tragică, pentrucă tot ce este în lume—fiecare particulă din ea—trece, moare. De aceea, dacă o filosofie se bazează pe materialul din care este făcută această lume, atunci nu există *un răspuns permanent sau o soluţie permanentă* pentru lume. De ce? Pentru că omul şi lumea lui vor muri, vor înceta să mai existe, pentru că universul în sine este fizic şi se trece—deşi mai lent decât trece omul—dar negreşit se stinge. (De fapt, va fi distrus; totuşi, nu de mâna omului, ci de Dumnezeu. Dar aceasta este o discuţie pentru altă ocazie. Vezi 2 Pet.3:3-18, în special. 10-13.) Ideea este aceasta: o filosofie bazată pe lume este inutilă pentru a găsi *un răspuns permanent şi o soluţie permanentă pentru viaţă*. Cel mai bun lucru pe care o filosofie lumească sau o ştiinţă îl poate face este...

- să facă viaţa mai confortabilă
- să facă viaţa mai sigură şi să o lungească

Dar acestea nu sunt veşnicec, nici confortul nici siguranţa. Nu sunt adevăruri veşnice şi nici realităţi veşnice. Omul şi lumea sa au nevoie de ceva mai mult, mult mai mult decât doar de o filosofie lumească, o filosofie care oferă doar *un răspuns pe termen mediu sau scurt la întrebările vieţii.*

> **S-au fălit că sunt înţelepţi, şi au înnebunit. (Rom. 1:22)**
>
> **Căci înţelepciunea lumii acesteia este o nebunie înaintea lui Dumnezeu. De aceea este scris: El prinde pe cei înţelepţi în viclenia lor.Şi iarăşi: Domnul cunoaşte gândurile celor înţelepţi. Ştie că sunt deşarte.(1 Cor. 3:19-20)**
>
> **Înţelepciunea aceasta nu vine de sus, ci este pământească, firească (Greceşte: sufletească.), drăcească. (Iacov 3:15)**
>
> **De aceea voi lovi iarăşi pe poporul acesta cu semne şi minuni din ce în ce mai minunate, aşa că înţelepciunea înţelepţilor lui va pieri, şi priceperea oamenilor lui pricepuţi se va face nevăzută.(Isa. 29:14)**
>
> **Căci te încredeai în răutatea ta şi ziceai: ,Nimeni nu mă vede! Înţelepciunea şi ştiinţa ta te-au amăgit, de ziceai în inima ta: ,Eu şi numai eu. De aceea nenorocirea va veni peste tine, fără să-i vezi zorile; urgia va cădea peste tine, fără s-o poţi împăca; şi deodată va veni peste tine prăpădul, pe neaşteptate. (Isa. 47:10-11)**
>
> **Căci poporul Meu este nebun, nu Mă cunoaşte; sunt nişte copii fără minte şi lipsiţi de pricepere; sunt meşteri să facă răul, dar nu ştiu să facă binele. (Ier. 4:22)**
>
> **Prin înţelepciunea şi priceperea ta ţi-ai făcut avere, şi ţi-ai grămădit aur şi argint în vistieriile tale; prin marea ta înţelepciune şi prin negoţul tău ţi-ai mărit bogăţiile, şi prin bogăţiile tale inima ţi s-a îngâmfat foarte mult (Ezec. 28:4-5)**
>
> **Pentruce se întărîtă nemulţumirile, şi pentruce cugetă popoarele lucruri deşerte? (Ps. 2:1)**

Din moment ce omul are nevoie de ceva mai mult decât de o filosofie lumească, de ce are el nevoie de fapt? Ce poate satisface nevoile omului mai bine decât cele mai înţelepte ştiinţe ale omului? Ţineţi minte că omul are nevoie de viaţă —viaţă adevărată, viaţă reală, o viaţă din belşug şi o viaţă care este veşnică—care nu se îmbolnăveşte şi care nu suferă accidente şi nici moarte. Omul are nevoie de o viaţă reală care nu suferă sub greutatea corupţiei, a putrezirii, şi a deteriorării, şi care nu se poate pierde în dezastre naturale.

⇒ Omul are nevoie de o lume adevărată, nu o lume care pare falsă, ca şi când ar fi o greşeală.
⇒ Omul are nevoie de o lume reală, nu de o lume care trece ca o iluzie.
⇒ Omul are nevoie de o lume autentică, nu de o lume care este doar o aparenţă, care pare contrafăcută.

⇒ Omul are nevoie de o lume plină de scop, nu de o lume în care totul este la voia întâmplării fără nimic permanent, și fără sens.

Cum poate omul intra în posesia unei astfel de lumi? Cum poate găsi omul o viață permanentă și veșnică? Răspunsul este simplu: el nu poate. Dacă o astfel de lume nu există, omul nu poate să o găsească vreodată, pentru că ea nu poate fi găsită.

Dar, ce-ar fi dacă o *lume veșnică* există într-o *dimensiune spirituală* a existenței? Cum o poate găsi omul în cazul acesta? Dacă există *o lume spirituală*, omul nu o poate găsi, pentru că el este fizic, adică materie, substanță. Iar substanța și materia nu pot intra sau nu se pot mișca înspre spiritual, indiferent de ceea ce unii oameni ar putea spune sau gândi.

⇒ Ceea ce este coruptibil nu poate ajunge în lumea incoruptibilă pentru că el este deja coruptibil.

⇒ Ceea ce este dezonorabil nu poate ajunge în lumea gloriei pentru că el este deja dezonorabil (lipsit de glorie și de perfecțiune).

⇒ Ceea ce este slab nu poate ajunge în lumea puterii perfecte și infinite pentru că este deja slab (lipsit de puterea infinită).

⇒ Ceea ce este natural nu poate ajunge în lumea spirituală, pentr că este deja natural.

⇒ Ceea ce este muritor nu poate ajunge în lumea nemuritoare pentru că este deja muritor.

⇒ Cei care sunt pe moarte (procesul morții) nu pot ajunge în lumea vieții pentru că ei deja mor (în acest proces al morții—chiar și un trup se află deja în procesul morții).

Omul este total incapabil să intre sau să se mute în lumea spirituală sau în dimensiunea spirituală. El nu poate cunoaște lumea spirituală pentru că el și lumea lui sunt fizici și materiali (coruptibili și dezonorați, slabi și saturali, muritori și pe moarte).

Acest lucru înseamnă ceva foarte important: există o singură cale prin care omul poate cunoaște vreodată dimensiunea spirituală a lumii. Lumea spirituală trebuie să *se descopere* pe sine lumii fizice. Dumnezeu trebuie *să Se descopere* pe Sine omului. Exact acest lucru l-a făcut Dumnezeu în Cristos, iar acesta este mesajul minunat și glorios al punctului următor.

Meditația 1. *Principiile de bază* (elemente sau materia) ale acestui univers se referă și la semnele și spiritele stelelor și al planetelor. Ideea că acestea determină soarta omului a fost desigur prezentă în mintea omul de la începutul vremilor. Trebuie să ne păzim de *astrologie și semnele zodiacului* la fel ca de oricare altă filosofie lumească. Stelele și planetele sunt la fel de mult parte din universul format din materie ca și omul. Ele fac parte din lumea fizică și din dimensiunea umană la fel ca și omul. De fapt, acestea sunt obiecte fără viață, având chiar mai puține abilități decât omul. Acestea sunt chiar mai puțin capabile să intre sau să se mute într-o lume spirituală sau într-o altă dimensiune.

2. (2:9-10) **Isus Cristos, Divinitatea:** Isus Cristos este Sursa realității și a adevărului, însăși prezența lui Dumnezeu. Observați: realitatea și adevărul—răspunsurile pentru viață și lume—nu se găsesc în filosofii nici în idei omenești. Acestea se găsesc într-o Persoană, în Pesoana Domnului Isus Cristos.

Gândiți-vă pentru un moment: dacă o Persoană (Dumnezeu) într-adevăr a creat lumea, atunci răspunsul cu privire la viață și creație (adevăr și realitate) trebuie să se găsească în El, și nu în lumea pe care El a creat-o. El este Calea spre înțelegerea lumii; nu lumea este calea prea a-L înțelege pe El. Este adevărat că noi putem privi la lumea aceasta și putem învăța unele lucruri despre Dumnezeu, dar cu siguranță nu putem învăța tot ceea ce trebuie să știm. De exemplu, lumea nu ne poate spune cum putem birui răul și moartea, nu într-un mod perfect. De aceea, dacă noi căutăm adevărul doar în lume, rămânem incompleți și nesatisfăcuți și pe o pistă greșită. De aceea, noi trebuie să căutăm adevărul și răspunsurile la toate lucrurile în Persoana care a făcut toate lucrurile. Doar El cunoaște întreaga poveste.

Mesajul glorios al evangheliei și al acestui pasaj este acela că Dumnezeu chiar există. El există cu adevărat și El S-a descoperit pe Sine în Cristos. Cristos este revelația lui Dumnezeu, a adevărului și a realității, a vieții în sine, a originii sale, a scopului ei, a însemnătății ei și a destinului ei. Observați trei adevăruri minunate.

1. Cristos este plinătatea lui Dumnezeu. Cristos este Dumnezeu Însuși care a venit pe pământ. Observați versetul: "Căci în El locuiește trupește toată plinătatea Dumnezeirii." Tot ceea ce este Dumnezeu locuiește în Cristos.

⇒ Cristos este Dumnezeu într-un sens absolut, întreg și perfect.

Isus Cristos are întreaga natură și întreaga ființă a lui Dumnezeu la fel cum Dumnezeu Tatăl are întreaga natură a lui Dumnezeu. (vezi comentariul, *Isus Cristos, Sfințenia*—Filip.2:5-11; 2:5; Ioan 1:1-2.) Dumnezeu Tatăl și Dumnezeu Fiul au aceeaşi fiinţă şi natură, aceea a lui Dumnezeu. Cuvântul *plinătate* (pleroma) înseamnă că nici măcar o părticică din natura lui Dumnezeu nu lipseşte din natura lui Cristos.

Cuvântul *trăieşte* sau *locuieşte* (katoikei) înseamnă a fi acasă acolo, a fi stabilit permanent acolo şi prezent. Aceasta ne spune...

- că plinătatea lui Dumnezeu a locuit dintotdeauna în Cristos, chiar şi înainte ca El să vină pe pământ. (Ioan.1:1, 18; 17:5, 24; Filip.2:6)
- că plinătatea lui Dumnezeu a locuit în Cristos când Cristos a umblat pe pământ în trup de om (Ioan.1:14, 18; 1 Ioan.1:1-3)
- că plinătatea lui Dumnezeu nu a fost doar un dar temporar pentru Cristos

Ce înseamnă asta pentru noi în mod practic pentru trăirea noastră de zi cu zi? Înseamnă două lucruri minunate.

a. În primul rând, Dumnezeu nu este undeva deprte în spaţiu. Dumnezeu nu este fără nici o grijă pentru lumea aceasta. Dumnezeu nu a creat doar lumea şi a lăsat-o să facă ce vrea, să zboare prin spaţiu, iar oamenii să se descurce fiecare cum poate mai bine. Dumnezeu este interesat de lume şi îngrijorat pentru ea—atât de mult încât El a venit pe pământ pentru a arăta cât de îngrijorat este El.

b. Dumnezeu este dragoste, nu este răutate. Doar un Dumnezeu rău l-ar lăsa pe om în întuneric încât să trebuiască să se chinuie şi să se trudească pentru a-L putea găsi pe Dumnezeu. Un Dumnezeu plin de dragoste s-ar descoperi omului şi i-ar arăta omului...

- calea spre Dumnezeu
- adevărul cu privire la Dumnezeu, la om şi la lumea lui
- viaţa pe care omul trebuie să o trăiască (Ioan.14:6)

> **Şi cine Mă vede pe Mine, vede pe Cel ce M-a trimis pe Mine. (Ioan 12:45)**
> **Dacă m-aţi fi cunoscut pe Mine, aţi fi cunoscut şi pe Tatăl Meu. Şi de acum încolo Îl veţi cunoaşte; şi L-aţi şi văzut. (Ioan 14:7)**
> **Isus i-a zis: De atâta vreme sunt cu voi, şi nu M-ai cunoscut, Filipe? Cine M-a văzut pe Mine, a văzut pe Tatăl. Cum zici tu dar: Arată-ne pe Tatăl? (Ioan 14:9)**
> **Tot ce are Tatăl, este al Meu; de aceea am zis că va lua din ce este al Meu, şi vă va descoperi. (Ioan 16:15)**
> **Căci în El locuieşte trupeşte toată plinătatea Dumnezeirii. (Col. 2:9)**
> **Şi fără îndoială, mare este taina evlaviei Cel ce a fost arătat în trup, a fost dovedit neprihănit în Duhul, a fost văzut de îngeri, a fost propovăduit printre Neamuri, a fost crezut în lume, a fost înălţat în slavă. (1 Tim. 3:16)**
> **El, care este oglindirea slavei Lui şi întipărirea Fiinţei Lui, şi care ţine toate lucrurile cu Cuvântul puterii Lui, a făcut curăţirea păcatelor, şi a şezut la dreapta Măririi în locurile prea înalte. (Evrei 1:3)**

2. Credincioşii sunt întregi în Cristos. Noi am primit *plinătatea* (pepleromenoi) în Cristos. În Greacă de fapt spune aşa, "În El sunteţi plini." Când un om crede cu adevărat şi devine părtaş cu Cristos, el primeşte plinătatea lui Cristos. Ce este această plinătate a lui Cristos pe care o primesc credincioşii? Scriptura o descrie în câteva moduri.

a. Credincioşii primesc înţelepciune, neprihănire, sfinţenie şi răscumpărare.

> **Şi voi, prin El, sunteţi în Hristos Isus. El a fost făcut de Dumnezeu pentru noi înţelepciune, neprihănire, sfinţire şi răscumpărare. (1 Cor. 1:30)**

⇒ *Înţelepciunea* înseamnă că noi Îl înţelegem pe Dumnezeu, înţelegem lumea şi omul:originea, scopul şi sfârşitul creaţiei.

⇒ *Neprihănirea* înseamnă că înţelegem răul din această lume, atât păcatul cât şi moartea, şi ştim că singura cale prin care putem ajunge la neprihănire este prin Cristos.

⇒ *Sfinţenia* înseamnă că noi ne-am pus deoparte vieţile pentru Dumnezeu pentru a trăi pentru El şi pentru a-L slujii pe El.

⇒ *Răscumpărarea* înseamnă că am fost mântuiţi de corupţie şi moarte şi am primit viaţa veşnică.

b. Credincioşii primesc plinătatea naturii lui Cristos. Natura divină a lui Dumnezeu este aşezată în credincioşi şi ei devin făpturi noi în Cristos.

Prin care El ne-a dat făgăduințele Lui nespus de mari și scumpe, ca prin ele să vă faceți părtași firii dumnezeiești, după ce ați fugit de stricăciunea, care este în lume prin pofte. (2 Pet. 1:4)

Căci, dacă este cineva în Hristos, este o făptură (Sau: zidire.) nouă. Cele vechi s-au dus: iată că toate lucrurile s-au făcut noi. (2 Cor. 5:17)

Și să vă îmbrăcați în omul cel nou, făcut după chipul lui Dumnezeu, de o neprihănire și sfințenie pe care o dă adevărul. (Efes. 4:24)

Și v-ați îmbrăcat cu omul cel nou, care se înnoiește spre cunoștință, după chipul Celui ce l-a făcut. (Col. 3:10)

c. Credincioșii primesc acum plinătatea vieții. Din momentul în care credincioșii Îl primesc pe Cristos, lor nu trebuie să le lipsească nimic. Dacă unui credincios îi lipsește ceva—orice plinătate a acestei vieți—este pentru că el și-a luat ochii de la Cristos și a alunecat. Când se confruntă cu viața de zi cu zi...

- credinciosul primește belșug în viață, viață din belșug.

  Hoțul nu vine decât să fure, să junghie și să prăpădească. Eu am venit ca oile să aibă viață, și s-o aibă din belșug. (Ioan 10:10)

- Credinciosul primește plinătatea bucuriei.

  V-am spus aceste lucruri, pentru ca bucuria Mea să rămână în voi, și bucuria voastră să fie deplină. (Ioan 15:11)

- Credinciosul primește toate cele necesare vieții, inclusiv mâncare, îmbrăcăminte și adăpost (vezi Mat.6:24-34).

  Căutați mai întâi Împărăția lui Dumnezeu și neprihănirea Lui, și toate aceste lucruri vi se vor da pe deasupra. (Mat. 6:33)

- credinciosul primește plinătatea Duhului lui Dumnezeu, a lui Dumnezeu Însuși.

  Roada Duhului, dimpotrivă, este: dragostea, bucuria, pacea, îndelunga răbdare, bunătatea, facerea de bine, credincioșia, blândețea, înfrânarea poftelor. Împotriva acestor lucruri nu este lege. (Gal. 5:22-23)

  Și să cunoașteți dragostea lui Hristos, care întrece orice cunoștință, ca să ajungeți plini de toată plinătatea lui Dumnezeu. (Efes. 3:19)

  Nu vă îmbătați de vin, aceasta este destrăbălare. Dimpotrivă, fiți plini de Duh. (Efes. 5:18)

d. Credincioșii primesc plinătatea vieții veșnice.

  Pentru ca oricine crede în El să nu piară, ci să aibă viața veșnică. Fiindcă atât de mult a iubit Dumnezeu lumea, că a dat pe singurul Lui Fiu, pentru ca oricine crede în El, să nu piară, ci să aibă viața veșnică. (Ioan 3:15-16)

  Și viața veșnică este aceasta: să Te cunoască pe Tine, singurul Dumnezeu adevărat și pe Isus Hristos, pe care L-ai trimis Tu. (Ioan 17:3)

  Cine seamănă în firea lui pământească, va secera din firea pământească putrezirea; dar cine seamănă în Duhul, va secera din Duhul viața veșnică. (Gal. 6:8)

e. Credincioșii primesc plinătatea cunoștinței voiei lui Dumnezeu.

  De aceea și noi, din ziua când am auzit aceste lucruri, nu încetăm să ne rugăm pentru voi, și să cerem să vă umpleți de cunoștința voii Lui, în orice fel de înțelepciune și pricepere duhovnicească. (Col. 1:9)

Meditația 1. Observați că plinătatea vieții și răspunsurile la adevăr și realitate nu vin de la o filosofie ci de la o Persoană, Isus Cristos.

3. Cristos este Capul tuturor domniilor şi stăpânirilor; adică, nu există domnie, autoritate, sau putere care să fie între Dumnezeu şi om. Nimic, absolut nimic, nu poate sta între Dumnezeu (Adevărul şi Realitatea absolută) şi om...

- nicio forţă
- nicio putere
- nicio energie
- nicio persoană
- nicio ştiinţă
- nicio lege a universului
- niciun semn zodiacal
- niciun semn sau duh al stelelor sau al planetelor
- nicio energie astrologică

Explicaţia şi soarta omului şi a lumii sale se găsesc în Isus Cristos şi doar în El. El este singurul intermediar între Dumnezeu şi om. Omul se poate apropia de Dumnezeu doar prin Cristos. Nimeni altcineva—persoană sau forţă—nu ne poate prezenta pe noi înaintea lui Dumnezeu şi nu ne poate face acceptabili înaintea Lui. Dumnezeu îi acceptă doar pe pei care vin la El prin Cristos.

Fiindcă atât de mult a iubit Dumnezeu lumea, că a dat pe singurul Lui Fiu, pentru ca oricine crede în El, să nu piară, ci să aibă viaţa veşnică. (Ioan 3:16)

Cel ce vine din cer, este mai presus de toţi; cel ce este de pe pământ, este pământesc, şi vorbeşte ca de pe pământ. Cel ce vine din cer, este mai presus de toţi. (Ioan 3:31)

Doamne, I-a răspuns Simon Petru, la cine să ne ducem? Tu ai cuvintele vieţii veşnice. (Ioan 6:68)

De aceea v-am spus că veţi muri în păcatele voastre; căci, dacă nu credeţi că Eu sunt, veţi muri în păcatele voastre. (Ioan 8:24)

Isus i-a zis: Eu sunt calea, adevărul şi viaţa. Nimeni nu vine la Tatăl decât prin Mine. (Ioan 14:6)

În nimeni altul nu este mântuire: căci nu este sub cer nici un alt Nume dat oamenilor, în care trebuie să fim mântuiţi. (Fapte 4:12)

Căci nimeni nu poate pune o altă temelie decât cea care a fost pusă, şi care este Isus Hristos. (1 Cor. 3:11)

COLOSENI 2:11-12

	B. Cristos și Religia falsă, 2:11-12
1. Religia falsă: Accentuează ritualurile și forma exterioară	11. În El ați fost tăiați împrejur, nu cu o tăiere împrejur, făcută de mână, ci cu tăierea împrejur a lui Hristos, în dezbrăcarea de trupul poftelor firii noastre pământești,
2. Religia adevărată: Îl accentuează pe Cristos și ceea ce este spiritual a. Părăsirea păcatelor b. Îngroparea prin botez și învierea la o nouă viață c. Credința în puterea lui Dumnezeu	12 fiind îngropați împreună cu El, prin botez, și înviați în El și împreună cu El, prin credința în puterea lui Dumnezeu, care L-a înviat din morți.

SECȚIUNEA IV

CONTRASTUL DINTRE CRISTOS ȘI ÎNVĂȚĂTURILE MINCINOASE, 2:8-23

B. Cristos și Religia Falsă, 2:11-12

(2:11-12) **Introducere—Tăierea împrejur—Religia Falsă; Adevărată**: o religie falsă este orice religie care nu se bazează pe dragostea lui Isus Cristos. Fiindcă atât de mult a iubit Dumnezeu lumea pentru ca oricine crede în El să nu piară ci să aibă viață veșnică. (Ioan.3:16).

> **Dar Dumnezeu Își arată dragostea față de noi prin faptul că, pe când eram noi încă păcătoși, Hristos a murit pentru noi. (Rom. 5:8)**

Gândirea noastră ne spune asta: dacă Dumnezeu a iubit lumea atât de mult încât L-a dat pe singurul Lui Fiu pentru mântuirea ei, atunci singura cale posibilă spre Dumnezeu este prin fiul Său. Singurul mod prin care putem fi primiți de El este prin Fiul Său.

Dumnezeu nu este un Dumnezeu al indiferenței și al urii, un Dumnezeu care ne-a lăsat în întuneric, de capul nostru să încercăm să căutăm și să descoperim o cale spre El. Dumnezeu este dragoste; Lui îi pasă de om, și îl iubește pe om cu adevărat. De fapt Dumnezeu îl iubește pe om cu o dragoste infinită și veșnică—o dragoste atât de mare încât El L-a trimis pe Fiul Său în lume ca să ne descopere adevărul și ca să poarte judecata păcatelor noastre făcute împotriva lui Dumnezeu. Ideea este aceasta: orice religie care *se concentrează pe orice altceva* decât pe dragostea lui Dumnezeu și pe Fiul lui Dumnezeu, nu vine de la Dumnezeu—nu de la singurul Dumnezeu viu și adevărat. Este o religie falsă.

Problema unei religii false se strecurase pe nesimțite și în biserica din Colose. Unii învățau că este nevoie de un anumit ritual pentru mântuire, ritualul tăierii împrejur. Acest pasaj ne redă o discuție excelentă asupra religiei false care accentuează ritualul mai mult decât dragostea lui Dumnezeu și a Fiului Său, Domnul Isus Cristos.

1. Religia Falsă: accentuează ritualul și forma exterioară. (v.11).
2. Religia adevărată: pune accentul pe Cristos și pe ceea ce este spiritual (vv.11-12).

1. (2:11) **Religia, Falsă—Tăierea împrejur**: există o religie falsă care accentuează ritualul, ceremonia și forma exterioară mai mult decât se concentrează pe Cristos. Unii oameni din biserica din Colose accentuau ritualul tăierii împrejur. Ei spuneau că un om trebuie să fie tăiat împrejur ca să poată fi mântuit, că Dumnezeu nu îl primește dacă nu este tăiat împrejur. Faptul că își predă inima și viața lui, lui Isus Cristos nu era destul. Chiar dacă se încrezuse în Cristos și I-a dat tot ceea ce era el și tot ceea ce avea el, Dumnezeu nu îl primește dacă nu este tăiat împrejur. Exista un motiv pentru această convingere. Tăierea împrejur era un ritual al credinței pentru evrei. Acesta simboliza două lucruri.

⇒ În primul rând circumcizia simboliza credința unui om și a familiei lui în Dumnezeu. Când cineva se încredea în Dumnezeu, acesta era tăiat împrejur, ca un semn sau ca o mărturie a credinței lui în Dumnezeu. Circumcizia lui declara întregii lumi că atât el cât și familia lui Îl vor urma pe Dumnezeu.

⇒ În al doilea rând, circumcizia mai simboliza și tăierea sau îndepărtarea "naturii păcătoase" care era în carne. Când se tăia prepuțul și se îndepărta, era o imagine a păcatului—întreaga natură păcătoasă sau păcatul cu totul—era tăiat și îndepărtat de la om.

476

COLOSENI 2:11-12

Aceasta era imaginea circumcizia, a ceea ce Dumnezeu a intenţionat până la venirea lui Cristos. În termeni simpli, omul trebuia să se încreadă în Dumnezeu, să îşi dea inima şi viaţa lui, Domnului; atunci, ca un semn sau ca un simbol a credinţei lui, el trebuia să fie tăiat împrejur. Dar ceea ce s-a întâmplat a fost exact ceea ce se întâmplă atât de des cu lucrurile spirituale: omul a corupt scopul iniţial al lui Dumnezeu cu privire la circumcizie. Omul a început să spună că un om poate fi primit de Dumnezeu...

- nu pentru că s-a încrezut în Dumnezeu
- ci datorită tăierii împrejur

Îndiferent cât de mult se încredea un om în Dumnezeu, el nu era primit de Dumenzeu dacă nu era tăiat împrejur. Tăierea împrejur era legitimaţia lui pentru a fi primit în prezenţa lui Dumnezeu, şi fără ea, nu putea primi liberă trecere în prezenţa lui Dumnezeu.

Paralela cu alte religii false se poate vedea usor. De-a lungul secolelor, unii au accentuat că cineva nu poate fi primit—indiferent cât de mult a crezut şi şi-a dat viaţa lui Cristos—dacă nu...

- a-a alăturat bisericii
- a fost confirmat
- a fost botezat
- a ţinut legea

Învăţăturile mincinoase şi religiile false au avut întotdeauna tendinţa *să adauge* la Cristos alte lucruri pentru a putea fi mântuit. Omul putea să creadă şi să se încreadă în Cristos cu toată inima lui, să renunţe la tot ceea ce este el şi tot ce are, dar nu era destul. Omul trebuia să mai facă ceva pentru a se face acceptabil şi pentru a putea fi primit de Dumnezeu.

> Iudeu nu este acela care se arată pe dinafară că este Iudeu; şi tăiere împrejur nu este aceea care este pe dinafară, în carne. (Rom. 2:28)
> Le mărturisesc că ei au râvnă pentru Dumnezeu, dar fără pricepere: pentru că, întrucât n-au cunoscut neprihănirea, pe care o dă Dumnezeu, au căutat să-şi pună înainte o neprihănire a lor înşişi, şi nu s-au supus astfel neprihănirii, pe care o dă Dumnezeu. Căci Hristos este sfârşitul Legii, pentru ca oricine crede în El, să poată căpăta neprihănirea. (Rom. 10:2-4)
> Având doar o formă de evlavie dar tăgăduindu-i puterea. Depărtează-te de oamenii aceştia. (2 Tim. 3:5)
> Domnul zice: Când se apropie de Mine poporul acesta, Mă cinsteşte cu gura şi cu buzele, dar inima lui este departe de Mine, şi frica pe care o are de Mine, nu este decât o învăţătură de datină omenească. (Isaia 29:13)
> Căci bunătate voiesc, nu jertfe, şi cunoştinţă de Dumnezeu mai mult decât arderi de tot! (Osea 6:6)
> Samuel a zis: Îi plac Domnului mai mult arderile de tot şi jertfele decât ascultarea de glasul Domnului? Ascultarea face mai mult decât jertfele, şi păzirea cuvântului Său face mai mult decât grăsimea berbecilor. (1 Sam. 15:22)
> Dacă ai fi voit jertfe, Ţi-aş fi adus: dar Ţie nu-Ţi plac arderile de tot. Jertfele plăcute lui Dumnezeu sînt un duh zdrobit: Dumnezeule, Tu nu dispreţuieşti o inimă zdrobită şi mîhnită. (Ps. 51:16-17)

2. (2:11-12) **Adevărata Religie— Adevărata Tăiere împrejur—Botez**: religia adevărată îl accentuează pe Cristos şi doar pe Cristos. Religia reală este spirituală, nu fizică; şi este adusă de Cristos nu de mâinile oamenilor. Observaţi trei puncte importante.

1. Adevărata religie are nevoie de tăierea împrejur a lui Cristos, trebuie să Îl lase pe Cristos să taie deoparte natura noastă păcătoasă din carnea noastră. Gîndiţi-vă pentru un moment: Ce om are puterea de a tăia păcatul din vieţile noastre? Unde este omul care poate să ia păcatele din firea noastră şi să facă trupurile noastre să poată să se înfăţişeze perfecte înaintea lui Dumnezeu? Există un astfel de om? A existat vreodată sau va exista vreodată un astfel de om pe pământ? Orice om cinstit care gândeşte ştie că nici un om nu poate îndepărta păcatul din alt om—nici măcar un singur păcat, cu atât mai puţin toate păcatele. Există o singură cale prin care păcatul poate fi îndepărtat din carnea noastră— poate fi îndepărtat doar de Isus Cristos. Cum îndepărtează Cristos păcatul din noi? Prin moarte.

Când a murit Cristos, El a murit *pentru păcatele noastre*. Adică, El a purtat vina şi pedeapsa păcatelor noastre. El a atârnat pe cruce...

- ca un păcătos vinovat, pentru noi: în locul nostru, ca înlocuitor pentru noi
- ca unul care purta judecata şi pedeapra păcatelor *pentru noi*

De aceea, când noi credem şi ne încredem cu adevărat în Cristos—că El a murit pentru noi—Dumnezeu îndepărtează păcatele noastre de la noi. El taie atât păcatul nostru cât şi vina noastră şi le aruncă. Acest lucru înseamnă ceva minunat: noi putem sta înaintea lui Dumnezeu fără de păcat. Imaginaţi-vă că staţi înaintea lui Dumnezeu fără păcat, iertaţi complet şi total—acceptaţi de Dumnezeu ca fiind perfecţi. Dar niciodată să nu uitaţi de ce: doar datorită lui Cristos şi doar Lui, nu datorită unui ritual nici, vreunui lucru religios sau făcut de om. Suntem acceptaţi de Dumnezeu datorită lui Cristos, Fiului Său drag, şi nu datorită altui lucru. Adevărata religie nu este *Cristos plus încă ceva*; adevărata religie este *doar Cristos*. Doar Cristos poate tăia afară păcatul. Adevărata tăiere împrejur, adevărata religie...

- "nu este tăierea împrejur făcută de vreun om, *de mâna omului*."
- "este punerea deoparte a naturii păcătoase...*cu tăierea împrejur făcută de Cristos*."

> **Ştim bine că omul nostru cel vechi a fost răstignit împreună cu El, pentru ca trupul păcatului să fie dezbrăcat de puterea lui, în aşa fel ca să nu mai fim robi ai păcatului. (Rom. 6:6)**
>
> **Să trăim frumos, ca în timpul zilei, nu în chefuri şi în beţii; nu în curvii şi în fapte de ruşine; nu în certuri şi în pizmă; ci îmbrăcaţi-vă în Domnul Isus Hristos, şi nu purtaţi grijă de firea pământească, pentru ca să-i treziţi poftele. (Rom. 13:13-14)**
>
> **În El aţi fost tăiaţi împrejur, nu cu o tăiere împrejur, făcută de mână, ci cu tăierea împrejur a lui Hristos, în dezbrăcarea de trupul poftelor firii noastre pământeşti. (Col. 2:11)**
>
> **De aceea, omorâţi mădularele voastre care sunt pe pământ: curvia, necurăţia, patima, pofta rea, şi lăcomia, care este o închinare la idoli. (Col. 3:5)**

2. Adevărata religie înseamnă să fi botezat şi înviat cu Cristos. La ce se referă aici botezul? Înseamnă botezul morţii lui Isus sau botezul în apă pe care l-a făcut Isus? Cristos a zis:

> **Am un botez cu care trebuie să fiu botezat, şi cât de mult doresc să se îndeplinească! (Luca 12:50)**

Comentatorii biblici au părerile împărţite cu privire la sensul de aici. Totuşi, sensul acestui pasaj este acelaşi indiferent care interpretare este susţinută. Când un om crede în Cristos, când crede cu adevărat, Dumnezeu ia credinţa acelui om şi...

- socoteşte acea persoană ca şi când ar fi fost îngropată odată cu Cristos în botezul morţii Sale
- socoteşte acea persoană ca şi când ar fi fost înviată odată cu Cristos

Când cinva este botezat prin scufundare sau prin stropire, acelaşi mesaj este proclamat. Actul botezului proclamă întregii lumi că un om s-a încrezut în Cristos, în moartea şi în învierea Sa. De aceea...

- când cinva este pus *sub apă (prin scufundare sau prin stropire)*, el declară că Dumnezeu îl socoteşte îngropat odată cu Cristos
- când cinva este ridicat de sub apă, el declară că Dumnezeu îl socoteşte înviat odată cu Cristos

Ideea care trebuie reţinută este că întregul act religios se bazează şi se concentrează pe Cristos—pe ceea ce a făcut Cristos. Cristos este Cel care a murit şi a înviat din morţi. De aceea, în Cristos *crede şi se încrede* omul, şi nu în ritualul botezului. Doar Cristos poate mântui: doar moartea Sa poate sta în locul morţii omului; doar învierea Sa poate sta în locul învierii omului.

⇒ Nici un om nu poate scăpa vreodată de moarte dacă nu se încrede cu adevărat în moartea lui Cristos, că stă în locul morţii sale.

⇒ Nici un om nu poate birui vreodată moartea şi nu poate trăi veşnic dacă nu se încrede în învierea lui Cristos, că stă în locul învierii sale.

Adevărata religie se concentrează asupra lui Cristos, asupra morţii şi învierii Sale, şi asupra a nimic altceva. Dumnezeu mântuieşte şi primeşte un om pentru că se concentrează asupra Fiului Său şi doar asupra Lui.

> **Nu ştiţi că toţi câţi am fost botezaţi în Isus Hristos, am fost botezaţi în moartea Lui? Noi deci, prin botezul în moartea Lui, am fost îngropaţi împreună cu El, pentru ca, după cum Hristos a înviat din morţi, prin slava Tatălui, tot aşa şi noi să trăim o viaţă nouă. (Rom. 6:3-4)**
>
> **Toţi care aţi fost botezaţi pentru Hristos, v-aţi îmbrăcat cu Hristos. (Gal. 3:27)**
>
> **Fiind îngropaţi împreună cu El, prin botez, şi înviaţi în El şi împreună cu El, prin credinţa în puterea lui Dumnezeu, care L-a înviat din morţi. (Col. 2:12)**

COLOSENI 2:11-12

Icoana aceasta închipuitoare vă mântuiește acum pe voi, și anume botezul, care nu este o curățire de întinăciunile trupești, ci mărturia unui cuget curat înaintea lui Dumnezeu, prin învierea lui Isus Hristos. (1 Pet. 3:21)

3. Adevărata religie este o credință în puterea lui Dumnezeu și doar a lui Dumnezeu. Cuvântul *putere* (energeias) înseamnă energie, lucru. Dumnezeu trebuie să lucreze la om pentru ca acesta să poată fi acceptabil înaintea Lui. Nimeni nu poate face asta în locul Lui, nimeni nu poate schimba un om pentru a-l face acceptabil înaintea lui Dumnezeu. Doar Dumnezeu are abilitatea și puterea pentru a-l face acceptabil îanintea Lui. Observați două puncte.

    a. Cum lucrează Dumnezeu în noi pentru a ne face acceptabili înaintea Lui? Prin credința în Cristos. Este un lucru cert că...

      • Cristos a murit și a fost înviat din morți

    Așa cum s-a spus în punctul precedent, când un om crede cu adevărat în Cristos, atunci Dumnezeu ia *credința* acelui om și o socotește ca moartea și învierea lui Cristos. Adică, Dumnezeu identifică, consideră, socotește, privește înspre acel om ca și cum ar fi *în Cristos*—ca și cum ar fi murit și ar fi înviat odată cu Cristos. De aceea, omul acela nu mai trebuie să moară niciodată pentru că el deja a murit și a fost înviat din morți—*în Cristos*. Acel om trăiește în Dumnezeu și este primit de El—doar pentru că El este *în Cristos*. Un alt mod de a spune asta este următorul: un om crede *în Cristos*; de aceea, Dumnezeu îl socotește ca fiind *în Cristos*—ca fiind tot ceea ce este Cristos. Omul acela se identifică cu Cristos, cu tot ceea ce a făcut Cristos.

    b. Cum putem ști că Dumnezeu într-adevăr face asta, că El într-adevăr ne mântuiește așa? Pentru că El L-a înviat pe Cristos din morți. Observați că aceasta este exact ce spune acest verset:

Fiind îngropați împreună cu El, prin botez, și înviați în El și împreună cu El, prin credința în puterea lui Dumnezeu, care L-a înviat din morți. (Col. 2:12)

    Învierea lui Cristos dovedește că Dumnezeu are puterea să facă ceea ce spune. El are puterea să ne socotească ca *fiind în Cristos* și are puterea *să ne învieze din morți*. Dovada acestui lucru este faptul că El deja a înviat un om, pe Isus Cristos. Și priviți cine a fost El: omul care a purtat *toate păcatele* lumii asupra Sa. Vina și pedeapsa pentru fiecare păcat comis vreodată au fost purtate de el. Dacă Dumnezeu a putut și L-a înviat din morți pe El, atunci el poate și ne va învia și pe—dacă noi credem și ne încredem în Fiul Său.

    Adevărata religie este religia lui Dumnezeu și a puterii Sale. Adevărata religie este religia care este creată de energia, puterea, lucrul și lucrarea lui Dumnezeu. Adevărata religie este despre Dumnezeu și doar despre El.

Avram a crezut pe Domnul, și Domnul i-a socotit lucrul acesta ca neprihănire. (Gen. 15:6)

Și oricine crede, este iertat prin El de toate lucrurile de care n-ați putut fi iertați prin Legea lui Moise. (Fapte 13:39)

Căci toți au păcătuit, și sunt lipsiți de slava lui Dumnezeu. Și sunt socotiți neprihăniți, fără plată, prin harul Său, prin răscumpărarea, care este în Hristos Isus. (Rom. 3:23-24)

Căci ce zice Scriptura? Avraam a crezut pe Dumnezeu, și aceasta i s-a socotit ca neprihănire. (Rom. 4:3)

Deci, fiindcă suntem socotiți neprihăniți, prin credință, avem (Sau: Să avem.) pace cu Dumnezeu, prin Domnul nostru Isus Hristos. Deci, cu atât mai mult acum, când suntem socotiți neprihăniți, prin sângele Lui, vom fi mântuiți prin El de mânia lui Dumnezeu. (Rom. 5:1,9)

Căci cine a murit, de drept, este izbăvit de păcat. (Rom. 6:7)

Cine va ridica pâră împotriva aleșilor lui Dumnezeu? Dumnezeu este Acela, care-i socotește neprihăniți! (Rom. 8:33)

Și așa erați unii din voi! Dar ați fost spălați, ați fost sfințiți, ați fost socotiți neprihăniți, în Numele Domnului Isusa Hristos, și prin Duhul Dumnezeului nostru. (1 Cor. 6:11)

Totuși, fiindcă știm că omul nu este socotit neprihănit, prin faptele Legii, ci numai prin credința în Isus Hristos, am crezut și noi în Hristos Isus, ca să fim socotiți neprihăniți prin credința în Hristos, iar nu prin faptele Legii; pentru că nimeni nu va fi socotit neprihănit prin faptele Legii. (Gal. 2:16)

Tot așa și Avraam a crezut pe Dumnezeu, și credința aceasta i-a fost socotită ca neprihănire. (Gal. 3:6)

Astfel, Legea ne-a fost un îndrumător spre Hristos, ca să fim socotiți neprihăniți prin credință. (Gal. 3:24)

COLOSENI 2:11-12

Şi să fiu găsit în El, nu având o neprihănire a mea, pe care mi-o dă Legea, ci aceea care se capătă prin credinţa în Hristos, neprihănirea, pe care o dă Dumnezeu, prin credinţă. (Filip. 3:9)

| 1. Punctul 1: Cristos și ideea omului despre păcat și moarte
a. Ideea omului despre păcat și moarte
b. Cristos dă viață omului, ietându-i păcatele | **C. Cristos și Ideea omului despre Păcat, Lege, Duhuri Rele, 2:13-15**

13. Pe voi, care erați morți în greșelile voastre și în firea voastră pământească netăiată împrejur, Dumnezeu v-a adus la viață împreună cu El, după ce ne-a iertat toate greșelile. | 14. A șters zapisul cu poruncile lui, care stătea împotriva noastră și ne era potrivnic, și l-a nimicit, pironindu-l pe cruce.
15. A dezbrăcat domniile și stăpânirile, și le-a făcut de ocară înaintea lumii, după ce a ieșit biruitor asupra lor prin cruce. | 2. Punctul 2: Cristos și ideea omului despre lege
a. Ideea omului despre lege
b. Cristos a răstignit pe crucea Lui acuzațiile aduse împotriva omului
3. Punctul 3: Cristos și ideea omului despre forța răului, duhurile rele
a. Ideea omului despre duhurile rele
b. Cristos le-a biruit pe toate |

SECȚIUNEA IV

CONTRASTUL DINTRE CRISTOS ȘI ÎNVĂȚĂTURILE MINCINOASE, 2:8-23

C. CRISTOS ȘI IDEEA OMULUI DESPRE PĂCAT, LEGE, ȘI DUHURILE RELE, 2:13-15

(2:13-15) **Introducere**: acest pasaj dezvoltă trei concepte sau idei de bază despre om și lumea lui. Și pune laolaltă conceptele omului și lucrarea lui Dumnezeu în Cristos. Ne arată cât de slabe sunt ideile omului în comparație cu ceea ce a făcut Dumnezeu în Cristos.

1. Punctul 1: Cristos și ideea omului despre păcat și moarte (v.13).
2. Punctul 2: Cristos și ideea omului despre lege (v.14).
3. Punctul 3: Cristos și ideea omului despre forța răului, duhurile rele (v.15).

1. (2:13) **Păcat—Moarte---Om, Starea lui**: primul punct dezvoltă ideea omului despre păcat și moarte în comparație cu Cristos.

1. Concepția omului despre păcat și moarte este foarte diferiră de ceea ce învata Biblia. Când omul se gândește la păcat, el nu vede păcatul ca pe o încălcare a legii lui Dumnezeu și nici ca pe o răzvrătire împotriva Lui. Omul vede păcatul ca pe...

- o eroare umană
- o alunecare personală
- o greșeală morală
- o greșeală fizică
- o eroare care nu putea fi prevenită
- o imaturitate psihologică
- o neînțelegere filosofică
- o greșeală de evaluare
- o etichetare semnatică greșită
- o iresponsabilitate socială
- un neajuns al educației
- un defect de caracter

Ceea ce cineva numește păcat depinde de locul unde se află—depinde de mediul său, de pregătirea lui, de moștenira lui și de crezurile lui. Puține persoane sunt dispuse să I se supună lui Dumnezeu și să mărturisească, că păcatul este de fapt o încălcare a legii și a voiei lui Dumnezeu, o răzvrătire sau o insurecție împotriva Lui și a modului în care El i-a spus omului să trăiască.

Perspectiva omului asupra morții deasemenea variază în funcție de mediul din care vine și de crezurile sale. Conceptele omului și felul în care privește moartea diferă atât de mult de perspectiva biblică, la fel cum noaptea este diferită de zi. Când oamenii se uită la moarte, ei cred despre ea că este...

- o încetare a existenței
- o trecere în neființă
- o stare semiconștientă a existenței
- reîncarnarea într-o altă formă de viață pe pământ
- trecerea într-o altă lume și primirea unei noi șanse de a ajunge în cer, de a câștiga acceptarea lui Dumnezeu

COLOSENI 2:13-15

Ideea omului despre moarte implică fie negarea unei vieți care o urmează pe aceasta, fie acordarea unei noi șanse pentru a intra în favorurile lui Dumnezeu.

Observați punctul critic: ideea omului despre biruirea morții este *concentrată pe om. Se concentrează pe puterea și abilitatea omului...*

- de a nega viața de apoi și speranța că negarea acesteia o face să nu existe
- de a lucra pentru a ajunge în rai—și pentru a primi acceptul lui Dumnezeu și o a doua șansă din partea Lui

Concepția omului cu privire la păcat și moarte se bazează pe om—pe abilitatea lui, pe energia lui, pe puterea lui de a se face acceptabil înaintea lui Dumnezeu. Ideea este aceasta: erau unii oameni în biserica din Coloseni care îi învățau pe alții că omul trebuia să primească aprobarea lui Dumnezeu prin eforturi personale și prin munca lui: el trebuia să fie tăiat împrejur, trebuia să treacă prin ritualurile religioase pentru a putea fi primit de Dumnezeu. Ei trebuia să se încreadă în Dumnezeu și *în plus,* să fie tăiați împrejur. Ei credeau în conceptul biblic cu privire la păcat și moarte, și credeau în Cristos. Dar ei adăugau ritualul tăierii mprejur la Cristos.

Meditația 1. Acest fapt proclamă un lucru important pentru noi: acela că nu este suficient să avem o doctrină biblică sănătoasă dacă nu ne apropiem de Dumnezeu exact așa cum a spus El. Nu este suficient să spunem că noi nu tăiem nimic din Cuvântul lui Dumnezeu; nici nu trebuie să adăugăm nimic la El. Oamenii păcătuiesc și oamenii mor, și există ceva dincolo de viața aceasta; dar Dumnezeu este dragoste, și El a pregătit o cale pentru oameni pentru a putea deveni acceptabili înaintea Lui și pentru a putea primi dreptul să trăiască în viața de dincolo de aceasta. Este absolut critic ca noi să urmăm calea pe care El a pregătit-o pentru noi să o urmăm exact așa cum a spus El.

2. Cristos stă împotriva ideii omului despre păcat și moarte. Isus Cristos nu ar fi venit în lume dacă păcatul și moartea nu ar fi fost reale. Dacă nu ar fi existat viața de dincolo de moarte—dacă păcatul și moartea nu i-ar fi ținut pe oameni departe de viața de dincolo—atunci Isus Critos nu ar fi venit pe pământ. Dumnezeu nu și-ar fi trimis pe Fiul Său în lume să moară pentru păcatele oamenilor și să biruiască moartea dacă moartea și păcatul nu ar fi fost reale. Nimeni să nu se amăgească. Dumnezeu nu l-ar fi lăsat pe Cristos să atârne pe cruce dacă oamenii nu ar fi fost păcătoși, condamnați la moarte veșnică. Observați două lucruri.

a. Acest verset spune: "Pe voi, care erați morți în greșelile voastre și în firea voastră pământească netăiată împrejur (carne)." Omul este deja mort datorită păcatului și datorită faptului că nu este tăiat împrejur; adică, păcatul nu a fost tăiat afară din fire (din natura păcătoasă) de Dumnezeu. (vezi comentariul—Col.2:12 pentru mai multe discuții.) Accentul cade pe moarte—pe faptul că omul este deja mort. Este adevărat, omul este așa cum spune el, viu, dar se află în procesul morții. El îmbătrînește, se deteriorează, și moare în fiecare moment. Nu există nici un moment în care omul nu se află în ghearele morții: chiar de la momentul concepției omul a început procesul morții; și în timp ce el crește și se maturizează, el se află încă în procesul morții. El trăiește, dacă se poate spune așa, într-o lume a morții, în mijlocul morții, în dimensiunea morții. Fiecare oră care trece face ca omul să îmbătrânească, să se deterioreze, și să moară încă o oră. (Vezi comentariul—Evrei.9:27. Vezi schița și comentariul—Rom.5:12-21.)

> **Adevărat, adevărat vă spun, că cine ascultă cuvintele Mele, și crede în Cel ce M-a trimis, are viața veșnică, și nu vine la judecată, ci a trecut din moarte la viață. (Ioan 5:24)**
> **Voi erați morți în greșelile și în păcatele voastre. (Efes. 2:1)**
> **fiindcă ați fost născuți din nou nu dintr-o sămânță, care poate putrezi, ci dintr-una care nu poate putrezi, prin Cuvântul lui Dumnezeu, care este viu și care rămâne în veac. (1 Pet. 1:23)**
> **Fiindcă atât de mult a iubit Dumnezeu lumea, că a dat pe singurul Lui Fiu, pentru ca oricine crede în El, să nu piară, ci să aibă viața veșnică. (Ioan 3:16)**
> **Noi rătăceam cu toții ca niște oi, fiecare își vedea de drumul lui; dar Domnul a făcut să cadă asupra Lui nelegiuirea noastră a tuturor. (Isaia 53:6)**
> **Și, când se întoarce acasă, cheamă pe prietenii și vecinii săi, și le zice: Bucurați-vă împreună cu mine, căci mi-am găsit oaia care era pierdută.(Luca 15:6)**
> **După ce l-a găsit, cheamă pe prietenele și vecinele ei, și zice: Bucurați-vă împreună cu mine, căci am găsit leul, pe care-l pierdusem. (Luca 15:9)**
> **Pentru că Fiul omului a venit să caute și să mântuiască ce era pierdut. (Luca 19:10)**
> **El a purtat păcatele noastre în trupul Său, pe lemn, pentru ca noi, fiind morți față de păcate, să trăim pentru neprihănire; prin rănile Lui ați fost vindecați. Căci erați ca niște oi rătăcite. Dar acum v-ați întors la Păstorul și Episcopul sufletelor voastre. (1 Pet. 2:24-25)**

COLOSENI 2:13-15

Fiindcă plata păcatului este moartea: dar darul fără plată al lui Dumnezeu este viața veşnică în Isus Hristos, Domnul nostru. (Rom. 6:23)

Şi umblarea după lucrurile firii pământeşti, este moarte, pe când umblarea după lucrurile Duhului este viață și pace. (Rom. 8:6)

Apoi pofta, când a zămislit, dă naştere păcatului; şi păcatul odată făptuit, aduce moartea. (Iacov 1:15)

Dar cât despre fricoşi, necredincioşi, scârboşi, ucigaşi, curvari, vrăjitori, închinătorii la idoli, şi toți mincinoşii, partea lor este în iazul, care arde cu foc şi cu pucioasă, adică moartea a doua.(Apoc. 21:8)

b. Dumnezeu îl face pe credincios viu în Cristos. Cuvântul viu (sunezoopoiesen) înseamnă a învia, a aduce la viață. Credinciosul este adus la viață dintre cei morți. Cum? Fiind "cu Cristos".

Ce înseamnă să fi "cu Cristos"? În termeni simpli următorul lucru: cînd ne încredem în Cristos—ne încredem cu adevărat în El—Dumnezeu ia încrederea noasrtă şi ne identifică cu El. Dumnezeu ne aşează *împreună cu Cristos*. Aceasta înseamnă ceva minunat: înseamnă că noi am fost cu Cristos în atât în moartea cât şi în învierea Sa.

De aceea, când Cristos a murit pentru păcatele noastre, noi am murit împreună cu El. Dumnezeu ne identifică cu El, de aceea, noi nu mai trebuie să murim pentru păcatele noastre. Pedeapsa pentru păcatele noastre a fost deja plătită; Cristos a plătit pentru ele. Cristos a purtat vina, judecata, condamnarea şi pedeapsa pentru păcatele noastre. În consecință noi suntem *iertați de toate păcatele noastre.*

Meditația 1. Aceasta este adevărata concepție cu privire la păcat şi moarte, singura cale prin care noi putem fi iertați şi eliberați de moarte. Gândirea noastră sinceră ne spune asta, pentru că nu există nimic altceva care poate elibera omul de păcat şi de moarte...

- niciun om
- nicio forță
- nicio abilitate
- nicio substanță materială
- nicio ştiință
- nicio energie
- niciun lucru fizic

Indiferent cât de mult sau cât de departe căutăm, nu vom descoperi nimic care poate da viața veşnică omului. Poate putem descoperi moduri prin care putem prelungi viața, sau putem să o facem mai comodă, pentru că cu mulți ani în urmă oamenii au trăit sute şi sute de ani. Biblia ne spune asta. Dar oamenii nu vor birui niciodată moartea în totalitate sau în mod perfect. Viața veşnică—aprobarea şi acceptarea lui Dumnezeu—vine doar prin puterea dătătoare de viață a lui Isus Cristos.

Drept răspuns, Isus i-a zis: Adevărat, adevărat îți spun că, dacă un om nu se naşte din nou, nu poate vedea Împărăția lui Dumnezeu. (Ioan 3:3)

În adevăr, după cum Tatăl învie morții, şi le dă viață, tot aşa şi Fiul dă viață cui vrea. (Ioan 5:21)

Duhul este acela care dă viață, carnea nu foloseşte la nimic; cuvintele, pe care vi le-am spus Eu, sunt duh şi viață. (Ioan 6:63)

Şi dacă Duhul Celui ce a înviat pe Isus dintre cei morți locuieşte în voi, Cel ce a înviat pe Hristos Isus din morți, va învia şi trupurile voastre muritoare, din pricina Duhului Său, care locuieşte în voi. (Rom. 8:11)

Voi erați morți în greşelile şi în păcatele voastre. (Efes. 2:1)

Dar Dumnezeu, care este bogat în îndurare, pentru dragostea cea mare cu care ne-a iubit, măcar că eram morți în greşelile noastre, ne-a adus la viață împreună cu Hristos (prin har sunteți mântuiți). (Efes. 2:4-5)

Cu privire la felul vostru de viață din trecut, să vă dezbrăcați de omul cel vechi care se strică după poftele înşelătoare; şi să vă înnoiți în duhul minții voastre. (Efes. 4:22-23)

Şi v-ați îmbrăcat cu omul cel nou, care se înnoieşte spre cunoştință, după chipul Celui ce l-a făcut. (Col. 3:10)

2. (2:14) **Lege—Isus Cristos, Cruce—Om, Starea lui**: punctul al doilea dezvoltă ideea lui Cristos şi concepția omului despre lege.

1. Concepția omului despre lege este formată din două puncte.

⇒ Unii oameni văd legea ca pe o listă de reguli pe care Dumnezeu le-a dat unor mari oameni religioşi să le scrie fie în Biblie fie în alte cărți religioase.

COLOSENI 2:13-15

⇒ Alți oameni văd legile lui Dumnezeu ca pe niște legi nescrise care sunt înrădăcinate în natura omului și a lumii. Omul simte în mod instinctiv ceea ce este bine și ceea ce este rău și el trebuie să trăiască după ceea ce instinctul sau conștiința lui îi spune. (vezi Rom.2:14-15).

Omul simte legile scrise ca fiind scrise împotriva lui —legile îl condamnă când face ceva ce este împotriva lor sau câns simte că face ceva să le încalce. Observați cuvântul *zapisul* (cheirographon). Se referă la un act legal sau la o datorie, ceea ce Barclay numește *o listă de acuzații* sau o listă scrisă împotriva omului (*Scrisori către Filipeni, Coloseni, și Tesaloniceni*, p.170). Ideea este următoarea: omul simte această listă de acuzații scrisă împotriva lui. Și el ar trebui să simtă răul pe care l-a făcut pentru că încălcările lui împotriva legii lui Dumnezeu îl condamnă la moarte veșnică. Doar simțind și asumându-și păcatele lui va putea el vreodată să se întoarcă spre Dumnezeu pentru a primi mântuirea.

Meditația 1. Gândiți-vă cât de mulți oameni sunt înfrânți, descurajați, și puși jos de vina păcatelor lor. Câți sunt atât de apăsați și sunt în depresie poate, se simt nevrednici și neacceptați de Dumnezeu. Câți oameni sunt zdrobiți pentru că simt că L-au dezamăgit pe Dumnezeu atât de mult. Indiferent cât de mult încearcă să țină legea—să facă binele—ei nu reușesc. De aceea, Dumnezeu nu i-ar primi niciodată, sau cel puțin așa simt ei.

2. Cristos stă în opoziție cu ideea omului despre lege. Este adevărat că omul se va înfățișa înaintea lui Dumnezeu *în neprihănirea lui* și va fi judecat după lege. Dacă omul așa alege să se înfățișeze înaintea lui Dumnezeu, atunci i se va permite să se înfățișeze înaintea Lui în propria lui neprihănire. Omul poate pretinde o *neprihănire dată de lege*. De fapt, sunt doar două moduri prin care cineva se poate înfățișa înaintea lui Dumnezeu, prin lege sau prin autoneprihănire este una dintre căi. Dar observați: niciun om nu poate fi primit de un Dumnezeu *perfect*, fără păcat, dacă omul acela nu este perfect și fără de păcat. Și niciun om cinstit care gândește nu poate spune că este perfect și fără de păcat. De aceea, nimeni nu va fi vreodată primit de Dumnezeu prin lege sau prin autoneprihănire. Totuși, acesta este mesajul glorios al acestui verset. Dumnezeu S-a îngrijit de o cale prin care legea și lista de acuzații împotriva noastră să fie ștearsă. Această cale este Isus Cristos.

Isus Cristos a luat lista de acuzații scrisă împotriva noastră și le-a țintuit pe cruce. Asta înseamnă două lucruri.

a. Cristos "a nimicit [legea]" pentru oameni. Cum? Cristos a ținut legea și a împlinit-o în mod perfect. El a trăit o viață fără de păcat ca și Om pe pământ. Făcând așa, El a devenit standardul pentru om, sau legea supremă pentru oameni. Omul acum trebuie să privească înspre Isus Cristos și trebuie să Îl urmeze pe El ca și standard al vieții. Legea este dată la o parte, dată din cale. Cristos a împlinit legea și a devenit El standardul pentru oameni. (vezi STUDIU APROFUNDAT #2—Mat.5:17.)

b. Cristos "a țintuit legea pe cruce." Adică, Cristos a purtat judecata și pedeapsa dată omului de lege. Cristos a purtat judecata legii pentru om și a suportat El Însuși pedeapsa. Cum a putut El face asta? Ținând legea în mod perfect. Ascultând legea în mod perfect, Cristos a devenit Modelul și Omul Ideal pentru toți oamenii. Ca și Omul Ideal, El a îmbrățișat și a acoperit toți oamenii. Neprihănirea lui este neprihănirea ideală; de aceea, neprihănirea Lui acoperă toți oamenii. Moartea Lui este moartea ideală și purtarea ideală a judecății; de aceea, moartea Lui acoperă toți oamenii. Viața Lui este viața ideală; de aceea, viața Lui acoperă toți oamenii. (vezi comentariul-Mat.5:17-18.)

Când un om se încrede în Isus Cristos ca și Mântuitorul său, Dumnezeu îndepărtează lista cu acuzații de la acel om. Cum? Prin Cristos—prin crucea lui Cristos. Când a murit Cristos pe cruce, El a purtat vina și condamnarea și acuzațiile acelui om. De aceea, acea persoană poate sta fără vină și fără de păcat înaintea lui Dumnezeu—totul datorită lui Cristos care a luat lista acuzațiilor și le-a țintuit pe cruce cu El când a murit.

Să nu credeți că am venit să stric Legea sau Proorocii; am venit nu să stric, ci să împlinesc. (Mat. 5:17)

Dacă trăiți după îndemnurile ei, veți muri; dar dacă, prin Duhul, faceți să moară faptele trupului, veți trăi. (Rom. 8:3)

Hristos ne-a răscumpărat din blestemul Legii, făcându-Se blestem pentru noi, fiindcă este scris: Blestemat e oricine este atârnat pe lemn. (Gal. 3:13)

Dar când a venit împlinirea vremii, Dumnezeu a trimis pe Fiul Său, născut din femeie, născut sub Lege. (Gal. 4:4)

Ca să răscumpere pe cei ce erau sub Lege, pentru ca să căpătăm înfierea. (Gal. 4:5)

3. (2:15) **Duhuri Rele—Om, Starea lui—Isus Cristos, Lucrarea Lui**: punctul al treilea are de a face cu concepția omului și concepția lui Cristos în legătură cu duhurile rele.

Ideea omului cu privire la univers este aceea că în univers există tot felul de forțe.

COLOSENI 2:13-15

⇒ Unii oameni văd forțele ca pe niște energii naturale și puteri în univers cum ar fi gravitația.

⇒ Alții văd aceste forțe ca fiind ființe vii, cum ar fi îngerii, printre care unele sunt bune și altele sunt rele.

Oamenii întotdeauna au recunoscut forțele, energiile, puterile sau domniile din univers. Oamenii fie văd forțe naturale sau spirite supranaturale în spatele stelelor și a planetelor și a vieții din univers—fie forțe naturale sau duhuri spirituale care controlează viețile și destinele atât ale oamenilor cât și destinele lumii. Gândiți-vă doar la milioanele de oameni de-a lungul secolelor care au privit la semnele sau la spiritele planetelor sau la semnele din astrologie sau la semnele zodiacale.

Ideea de reținut este aceasta: Biblia declară fără ezitare și fără echivoc că există și alte forțe în univers. De fapt, Biblia învață că mai există cel puțin o altă lume într-o altă dimensiune a ființei—o altă dimensiune, alta decât cea fizică. Acea lume este dimensiunea spirituală. Și în acea dimensiune există ființe vi, atât bune cât și rele, la fel cum și în această lume există atât oameni buni cât și oameni răi.

Declarația glorioasă a aceastui verset (v.15) este că Cristos a dezbrăcat de putere puterile și autoritățile, indiferent cine sunt ele sau ce forță sau ce energie au. Cuvântul *dezbrăcat* (apekdusamenos) înseamnă a dezarma, a despuia forțele răului de toate puterile lor.

Barclay descrie scena aceasta bine:

> [Forțele răului] erau ostile, rele, și făceau rău omului. Isus le-a biruit pentru totdeauna. El le-a dezbrăcat de putere: cuvântul folosit aici este același cuvânt care se folosește când se face referire la un dușman dezarmat, dezbrăcat de armură și arme. O dată pentru totdeauna Isus a rupt puterea lor. El le-a făcut de rușine și le-a dus în robie, cu victoria Lui triumfantă. Imaginea aceasta este imaginea unui general Roman trimfant. Când un general Roman câștiga o victorie importantă, i se permitea să mărșăluiască cu armatele triumfante pe străzile Romei, iar în urma lui veneau Regii și liderii și poporul cucerit de el. Aceștia erau primiți ca și victime ale lui și ca și prada lui. Pavel se gândeste la Isus ca la un general biruitor, bucurându-se de un fel de triumf cosmic; și între cei învinși de El sunt puterile răului, învinse pentru totdeauna, în văzul tuturor (*Scrisori către Filipeni, Coloseni și Tesaloniceni, p.172*).

Wuest dă o imagine suplimentară acestei scene:

> Domnul nostru după moartea Sa pe Cruce, a trebuit să se prezinte înaintea Tronului Harului...ca Mare Preot, desăvârșind lucrarea....Pentru a face asta, Domnul nostru a trebuit să dezbrace de putere celelate domnii ...le-a arătat plin de curaj...prezentându-le în biruință (*Efeseni și Coloseni, Vol.1, p.209*).

Ideea acestui verset este aceea de a declara că Cristos l-a învins pe Satan și duhurile lui rele—toate puterile și energiile, puterile și autoritățile acestui univers. Cristos l-a biruit pe Satan și forțele lui rele, le-a rupt puterile și le-a distrus lucrările. Cristos a triumfat asupra răului în patru moduri.

1. El a biruit duhurile și forțele răului necedând ispitelor diavolului (Mat.4:1-11) și nepăcătuind niciodată (2 Cor.5:21; Evrei 4:15; 7:26; 1 Pet.1:19; 2:22). Cristos a trăit o viață perfectă; el a fost perfect neprihănit. De aceea, El a devenit Omul Perfect, Omul Ideal (vezi comentariul—Mat.8:20), Neprihănirea Perfectă...

- în care toți oamenii trebuie să se încreadă
- pe care toți oamenii trebuie să Îl urmeze
- pe care toți oamenii trebuie să Îl folosească ca și *model* pentru viețile lor

Satan a fost înfrânt prin faptul că acum s-a făcut posibilă o Neprihănire Perfectă pentru oameni. Acum omul poate deveni acceptabil înaintea lui Dumnezeu îmbrăcându-se cu neprihănirea lui Cristos *prin credință* (2 Cor.5:21; Efes.4:23-24. vezi STUDIU APROFUNDAT # 2, *Justificare*—Rom.4:22; comentariul—5:1.)

2. El a biruit forțele și duhurile răului murind *pentru oameni*, și purtând toată vina și pedeapsa omului pentru păcat. În numele omului, Cristos a luat toate păcatele oamenilor asupra sa și a purtat judecata lui Dumnezeu împotriva păcatului. El este *Omul Ideal*, așa că moartea Sa devine Moartea Ideală. La fel cum *Neprihănirea Lui Ideală* stă în numele fiecărui om și acoperă pe fiecare om. De aceea, pedeapsa pentru păcate acum a fost plătită. Omul nu mai trebuie să moară și să fie despărțit de Dumnezeu (vezi STUDIU APROFUNDAT # 1, *Moarte*—Evrei 9:27). Calea spre a trăi veșnic în prezența lui Dumnezeu este acum deschisă. Puterea lui Satan este ruptă și distrusă.

Astfel dar, deoarece copiii sunt părtași sângelui și cărnii, tot așa și El însuși a fost deopotrivă părtaș la ele, pentru ca, prin moarte, să nimicească pe cel ce are puterea morții, adică pe diavolul, și să izbăvească pe toți aceia, care prin frica morții erau supuși robiei toată viața lor. (Evrei 2:14-15)

COLOSENI 2:13-15

Acum are loc judecata lumii acesteia, acum stăpânitorul lumii acesteia va fi aruncat afară. Și după ce voi fi înălțat de pe pământ, voi atrage la Mine pe toți oamenii. Vorbind astfel, arăta cu ce moarte avea să moară. (Ioan 12:31-33. vezi Ioan 14:30, în special vv.28-31 16:11)

El ne-a izbăvit de sub puterea întunericului, și ne-a strămutat în Împărăția Fiului dragostei Lui, în care avem răscumpărarea, prin sângele Lui, iertarea păcatelor. (Col. 1:13-14)

3. El a biruit duhurile rele și spiritele rele prin învierea Lui din morți. Din nou, ca și Omul Ideal, învierea lui Cristos a devenit *Învierea Ideală*. Învierea Lui stă în numele tuturor oamenilor și acoperă pe fiecare om. Observați două lucruri:

   a. Duhul sfințeniei perfecte (neprihănirea perfectă) L-a înviat pe Cristos din morți. Moartea nu a putut să țină captivă perfecțiunea, pentru că moartea este rezultatul păcatului. Cristos, fiind perfect, a trebuit să învieze.

   b. Când Cristos a înviat, El l-a biruit pe Satan, arătând în mod deschis că moartea este lucrarea lui Satan. Moartea nu trebuie să fie experiența naturală a fiecărui om. Moartea nu a fost niciodată scopul lui Dumnezeu; viața a fost scopul lui Dumnezeu. Învierea lui Cristos arată acest lucru foarte clar.

Fiind îngropați împreună cu El, prin botez, și înviați în El și împreună cu El, prin credința în puterea lui Dumnezeu, care L-a înviat din morți. A dezbrăcat domniile și stăpânirile, și le-a făcut de ocară înaintea lumii, după ce a ieșit biruitor asupra lor prin cruce. (Col. 2:12,15)

4. El a biruit forțele răului și duhurile rele prin Întruparea Sa, adică prin venirea Lui în lume și prin descoperirea Lui ca Fiu al lui Dumnezeu. Gândiți-vă la asta: faptul că Fiul lui Dumnezeu a venit în lume distruge lucrarea diavolului. Imediat după ce Fiul lui Dumnezeu a intrat în scenă, venirea Lui a însemnat că lucrările diavolului urmează să fie distruse.

Cine păcătuiește, este de la diavolul, căci diavolul păcătuiește de la început. Fiul lui Dumnezeu S-a arătat ca să nimicească lucrările diavolului. (1 Ioan 3:8)

Fiindcă atât de mult a iubit Dumnezeu lumea, că a dat pe singurul Lui Fiu, pentru ca oricine crede în El, să nu piară, ci să aibă viața veșnică. Dumnezeu, în adevăr, n-a trimis pe Fiul Său în lume ca să judece lumea, ci ca lumea să fie mântuită prin El. (Ioan 3:16-17; vezi Ioan 3:18-21)

	D. Cristos și regulile, ritualurile și spiritismul, 2:16-19	făcându-și voia lui însuși printr-o smerenie și închinare la îngeri, amestecându-se în lucruri pe care nu le-a văzut, umflat de o mândrie deșartă, prin gândurile firii lui pământești.	a. Abordarea greșită a lui Dumnezeu: Spiritism—prin închinarea la îngeri, la duhuri sau la vedenii
1. Cristos și regulile și ritualurile, a. Abordarea greșită a lui Dumnezeu: Prin umbra regulilor, a ritualurilor și judecarea altora prin prisma acestora b. Abordarea corectă a lui Dumnezeu: Prin Cristos, singurul trup acceptat 2. Cristos și spiritismul	16. Nimeni dar să nu vă judece cu privire la mâncare sau băutură, sau cu privire la o zi de sărbătoare, cu privire la o lună nouă, sau cu privire la o zi de Sabat, 17. care sunt umbra lucrurilor viitoare, dar trupul este al lui Hristos. 18. Nimeni să nu vă răpească premiul alergării,	19. și nu se ține strâns de Capul din care tot trupul, hrănit și bine închegat, cu ajutorul încheieturilor și legăturilor, își primește creșterea pe care i-o dă Dumnezeu.	b. Abordarea corectă a lui Dumnezeu: Prin Cristos care este Capul 1) Doar El hrănește și îngrijește viața 2) Doar El leagă viața

SECȚIUNEA IV

CONTRASTUL DINTRE CRISTOS ȘI ÎNVĂȚĂTURILE MINCINOASE, 2:8-23

D. Cristos și Regulile, Ritualurile și Spiritismul, 2:16-19

(2:16-19) **Introducere**: acest pasaj Îl prezintă pe Cristos împotriva a două învățături care i-au urmărit pe oameni de-a lungul secolelor—învățăturile mincinoase care se infiltrează în mod constant în biserică și atacă oamenii și pe stradă.

1. Cristos și regulile și ritualurile . (vv.16-17).
2. Cristos și spiritismul (vv.18-19).

1. (2:16-17) **Regulile și Legile—Ritualurile—Isus Cristos, Divinitatea—Libertatea Creștină—Legalismul**: Cristos și regulile și ritualurile. Fiecare om care gândește știe că noi trebuie să avem reguli și legi pentru a putea trăi o viață controlată și dreaptă. Dar atunci când adoptăm o regulă, la un moment dat eșuăm în respectarea ei. Cumva, într-un oarecare mod, nu putem respecta acea regulă în mod perfect. Acest lucru are o importanță crucială: noi niciodată nu ne putem apropia de Dumnezeu și nu putem deveni acceptabili înaintea Lui prin reguli sau legi sau ritualuri, sau prin orice altceva am face prin eforturile noastre propri. De ce? Pentru că Dumnezeu este perfect, și pentru a ne putea apropia de Dumnezeu și noi trebuie să fim perfecți. Dar aceasta este problema vieții omului: noi deja suntem imperfecți și nu putem fi perfecți niciodată pentru că noi deja am greșit. Cum putem atunci să putem fi primiți de Dumnezeu, a cărui natură cere perfecțiune? Există o singură cale: prin dragostea lui Dumnezeu. Noi trebuie să ne încredem în Dumnezeu, că El ne iubește destul pentru a se îngriji de o cale prin care El să ne poată considera perfecți. Noi nu suntem perfecți, așa că noi trebuie să credem să El se va îngriji de o cale prin care noi vom fi considerați perfecți. Aceasta este evanghelia glorioasă a Fiului Său, Isus Cristos. Când noi ne încredem în neprihănirea și în perfecțiunea lui Isus Cristos, atunci Dumnezeu socotește încrederea noastră în Fiul Său iubit ca și neprihănire. Când noi ne concentrăm pe Fiul lui Dumnezeu, adică Îl onorăm pe El cu încrederea noastră și cu viețile noastre, Dumnezeu ne onorează pe noi socotindu-ne neprihăniți și perfecți *în neprihănirea lui Cristos.*

Observați: accentul prezentului pasaj cade pe concentrarea atenției asupra lui Cristos, Fiul lui Dumnezeu. Dumnezeu Tatăl își iubește Fiul Său cu o dragoste veșnică, cea mai mare dragoste care există. De aceea, Dumnezeu primește pe orice om care este *în Fiul Său* și nu primește pe nimeni care *nu este în Fiul Său*. El onorează orice om care *se încrede în totalitate* în Fiul Său, și nu onorează pe oricine *nu se încrede în totalitate* în El. Acum observați punctele esențiale ale acestor două versete.

1. Regulile și ritualurile erau problema care intrase în biserica din Colose. Unii credincioși se întorseseră la aceste reguli și ritualuri și îi judecau pe ceilalți prin prisma acestora. Unii învățători mincinoși distrăgeau atenția unora dintre credincioși de la Cristos. Ei spuneau...

- că regulile și ritualurile trebuiau să fie *concentrarea principală a atenției și vieții omului*
- că omul *devine acceptabil înaintea lui Dumnezeu* dacă respectă un anumit set de legi și reguli
- că omul *Îi face pe plac lui Dumnezeu* dacă mănâncă și bea mâncărurile care trebuie să le mănânce și dacă ține diferite ritualuri religioase și zile de sărbătoare

Observați cum această învățătură muta atenția omului de la Cristos la legi și ritualuri. Această accentuare își găsește rădăcinile în învățăturile false ale Gnosticilor care au intrat pe nesimțite în biserica din Colose. (vezi comentariul,

COLOSENI 2:16-19

Gnosticism, pct.2—Col.1:15 pentru o discuție detaliată asupra acestui subiect. Acest punct discută despre omul extrem de disciplinat și despre omul indulgent.)

Meditația 1. Oamenii tind să se apropie de Dumnezeu prin ținerea unor reguli și legi, și prin disciplinarea trupurilor lor, a minților lor și a spiritului lor. Omul simte că Dumnezeu îl va primi dacă el se prezintă înaintea lui Dumnezeu cu...
- un trup curat și moral
- un duh care este religios și care ține ritualurile și zilele sfinte ale religiei
- o viață care slujește și care dăruiește

2. Adevărata abordare a lui Dumnezeu este Cristos. Regulile și ritualurile sunt doar umbre în abordarea lui Dumnezeu; Cristos este adevăratul trup care ne dă voie să ne apropiem de Dumnezeu și să Îi facem pe plac. Ideea este aceasta: Cristos a fost Fiul perfect al lui Dumnezeu; adică, El a ținut toate regulile și legile date și nu a încălcat niciodată nici măcar una. El a fost fără de păcat, omul perfect. De aceea, El poate sta înaintea întregii rase umane ca și Omul Ideal, ca și modelul înspre care fiecare om trebuie acum să privească. Noi nu mai avem doar legi și reguli care să ne conducă la Dumnezeu; noi avem o viață umană, trupul lui Cristos Însuși—un trup care a trăit viața exact așa cum Dumnezeu vrea ca viața să fie trăită. Prin urmare, noi nu mai trebuie să ne apropiem de Dumnezeu prin legi și ritualuri, ci prin Cristos. Cristos trebuie să fie *centrul și concentrarea* vieții noastre. Noi trebuie *să trăim, să ne mișcăm și să ne avem ființa în El*, urmând viața Ideală și modelul pe care El l-a fixat pentru noi.
⇒ Cristos este singurul nostru mijloc de a-L aborda pe Dumnezeu.
⇒ Cristos este singurul prin care putem fi acceptați de Dumnezeu.
⇒ Concentrarea asupra lui Cristos este singura cale prin care noi putem să Îi facem pe plac lui Dumnezeu.

Observați: regulile și ritualurile erau umbre folosite de Dumnezeu înainte de venirea lui Cristos. Acestea au fost folosite de Dumnezeu pentru a-l învăța pe om că nimic nu poate să îi aducă viața veșnică, nu substanța adevărată a vieții care aduce satisfacție și care dă asigurarea absolută a vieții veșnice împreună cu Dumnezeu. Regulile și ritualurile niciodată nu pot satisface inima omului, nu în mod permanent. Doar prezența Dumnezeului viu în inima omului poate satisface omul. Aici intervine Cristos: Cristos locuiește în viețile credincioșilor, el locuiește de fapt în trupurile credincioșilor, în prezența Duhului Sfânt. De aceea, credinciosul experimentează satisfacția și siguranța acceptării lui Dumnezeu și a vieții veșnice alături de El.

Ideea este aceasta: nici o regulă și nici un ritual nu pot da viață și siguranță omului. Regulile și ritualurile sunt doar lucruri goale, obiecte fără viață. Dar nu și Cristos. El este o persoană vie care poate relaționa și care poate da viața și siguranța lui Dumnezeu în inima unui om. Legile și ritualurile ne pot îndrepta spre Dumnezeu, dar nu acestea sunt substanța adevărată a vieții. Cristos este adevărata substanță a vieții— singura substanță, singurul trup, și singura viață care ne poate aduce la Dumnezeu și care ne poate prezenta ca acceptabili înaintea lui Dumnezeu.

> **Dar acum s-a arătat o neprihănire (Grecește: dreptate), pe care o dă Dumnezeu, fără lege despre ea mărturisesc Legea și proorocii și anume, neprihănirea dată de Dumnezeu, care vine prin credința în Isus Hristos, pentru toți și peste toți cei ce cred în El. Nu este nici o deosebire. (Rom. 3:21-22)**
> **Pentru că, întrucât n-au cunoscut neprihănirea, pe care o dă Dumnezeu, au căutat să-și pună înainte o neprihănire a lor înșiși, și nu s-au supus astfel neprihănirii, pe care o dă Dumnezeu. Căci Hristos este sfârșitul Legii, pentru ca oricine crede în El, să poată căpăta neprihănirea. (Rom. 10:3-4)**
> **Căci Împărăția lui Dumnezeu nu este mâncare și băutură, ci neprihănire, pace și bucurie în Duhul Sfânt. (Rom. 14:17)**
> **Dar nu carnea ne face pe noi plăcuți lui Dumnezeu: nu câștigăm nimic dacă mâncăm din ea, și nu pierdem nimic dacă nu mâncăm. (1 Cor. 8:8)**
> **Dacă ați murit împreună cu Hristos față de învățăturile începătoare ale lumii, de ce, ca și cum ați trăi încă în lume, vă supuneți la porunci ca acestea. (Col. 2:20)**
> **Având doar o formă de evlavie dar tăgăduindu-i puterea. Depărtează-te de oamenii aceștia. (2 Tim. 3:5)**
> **Aceasta era o asemănare pentru vremurile de acum, când se aduc daruri și jertfe, care nu pot duce pe cel ce se închină în felul acesta, la desăvârșirea cerută de cugetul lui. Ele sunt doar niște porunci pământești, date, ca toate cele privitoare la mâncăruri, băuturi și felurite spălături, până la o vreme de îndreptare. Dar Hristos a venit ca Mare Preot al bunurilor viitoare, a trecut prin cortul acela mai mare și mai desăvârșit, care nu este făcut de mâini, adică nu este din zidirea aceasta; și a intrat, odată pentru totdeauna, în Locul prea sfânt, nu cu sânge de țapi și de viței, ci cu însuși sângele Său, după ce a căpătat o răscumpărare veșnică. Căci dacă sângele taurilor și al țapilor și cenușa unei vaci, stropită peste cei întinați, îi sfințește și le aduce curățirea trupului, cu cât mai mult sângele lui Hristos, care, prin Duhul**

COLOSENI 2:16-19

cel veșnic, S-a adus pe Sine însuși jertfă fără pată lui Dumnezeu, vă va curăți cugetul vostru de faptele moarte, ca să slujiți Dumnezeului cel viu! (Evrei 9:9-14)

Meditația 1. Noi întotdeauna când avem de a face cu acest subiect trebuie să ținem minte un lucru. Când un om Îl urmează pe Cristos, el trăiește așa cum a trăit Cristos. Adică...

- el mănâncă așa cum a mâncat Cristos, a mâncat doar ceea ce a avut nevoie și ceea ce i-a făcut bine trupului Său
- el se închină cu credincioșie așa cum s-a închinat și Cristos
- el trăiește în mod cumpătat, cu neprihănire și în sfințenie așa cum a trăit Cristos

Lista ar putea continua și continua. Ideea este că Cristos a împlinit legea pentru a ne lăsa nouă un model viu a felului în care viața trebuie trăită prin plinătatea Duhului lui Dumnezeu. El nu a împlinit legea pentru a ne elibera pe noi, pentru a putea trăi în păcat. El, Fiul lui Dumnezeu este acum modelul. Noi acum avem mai mult decât doar legi și ritualuri scrise, mai mult decât doar cerneală pe hârtie. Avem viața lui Cristos pe care trebuie să o urmăm.

2. (2:18-19) **Spiritismul—Închinarea Falsă—Vedenii False—Smerenia Falsă—Isus Cristos, Sfințenia—Biserica**: Cristos și spiritismul. Observați cuvântul *răpească* (katabrabeueto). Înseamnă a fura; a trișa; a fura recompensa de la cineva. Este posibil ca învățătorii falși să le răpească răsplata credincioșilor? Cum? Urmându-i pe aceia care învață că mai există o cale spre Dumnezeu, alta decât Cristos. Cristos este calea pregătită de Dumnezeu, care duce la El, și nu este altă cale. Observați ideile din aceste versete.

1. Abordarea falsă a lui Dumnezeu discutată aici este spiritismul, închinarea la Dumnezeu prin diferiți îngeri sau spirite sau viziuni. Din nou, biserica din Colose a fost influențată foarte mult de învățătura Gnosticilor care spuneau că există intermediari sau mediatori între Dumnezeu și om. (vezi comentariul, *Gnosticism*, pct.1—Col.1:15 pentru mai multe discuții.) Observați cuvintele "amestecându-se în lucruri pe care nu le-a văzut." Aici se face referire la vedenii, acelea care văd în lumea spirituală, într-o altă lume decât cea fizică. Unii dintre credincioși susțineau diverse vedenii—vedenii ale lucrurilor spirituale și ale îngerilor. Și așa cum deseori se întâmplă când oamenii au experiențe spirituale adânci, și cei din Colose au început să se concentreze pe aceste vedenii de îngeri pe care susțineau ei că le apăreau: ei se concentrau asupra acestora și nu asupra lui Cristos.

Oamenii tind să simtă că Dumnezeu este undeva departe în spațiu, într-o altă dimensiune care nu poate fi atinsă, sau cel puțin care nu se poate atinge de oamenii de rând. Ei se simt prea păcătoși și prea nevrednici pentru a se apropia de Dumnezeu sau pentru a atrage atenția și grija lui Dumnezeu. De aceea, ei simt nevoia de a avea intermediari care să stea între ei și Dumnezeu—intermediari care să prezinte situația și viața lor lui Dumnezeu. Drept rezultat, oamenii tind să privească și să se roage unor ființe mai mici cum ar fi îngerii sau sfinții plecați dinte ei. Alții se întorc spre a căuta vedenii sau experiențe spirituale adânci pentru a-L cunoaște pe Dumnezeu și pentru a primi ajutorul Lui în viață.

Observați încă un lucru: în aceast tip de abordare a lui Dumnezeu există o smerenie falsă. Un om care vrea să se apropie de Dumnezeu prin vedenii și duhuri de fapt spune că el este nevrednic să se apropie de Dumnezeu. Și pentru asta are nevoie de alți oameni pentru a se înfățișa înaintea lui Dumnezeu în numele lui. Dar observați: aici este o smerenie falsă pentru că acea persoană susține că a avut vedenii cu îngeri sau duhuri pe care alți oameni nu le-au avut. Unii oameni din biserica din Colose susțineau că au diferite daruri speciale și că au experimentat diferite vedenii, și totuși ei erau nevrednici de asemenea experiențe. În ei era un aer voluntar de smerenie (auto-impus) și păreau a fi mai spirituali decât alți credincioși. Pavel spune că ei erau înșelați și spune că se aflau în pericol să își piardă răsplata. Ei erau "umflați de mândrie" cu niște noțiuni moarte (vezi comentariul—1 Cor.4:6).

Ideea este aceasta: spiritismul își concentrează atenția pe experiențele spirituale—îngeri, duhuri și vedenii—și nu pe o cale de abordarea a lui Dumnezeu care este Cristos. Mintea omului și gândurile lui se concentrează mai mult pe spirite și pe experiențele spirituale decât pe Cristos. Cristos este retrogradat la o poziție inferioară în viața omului decât duhurile acestea și vedeniile. Omul caută mai mult să aibă vedenii a acestor duhuri decât Îl caută pe Cristos.

Ceea ce Barclay spune aici rămâne ca un avertisment pentru toți credincioșii, chiar și pentru cei care umblă în credincioșie și știu ce înseamnă să ai o experiență adâncă cu Domnul:

> *Nimeni nu va nega vreodată vedeniile misticismului, dar întotdeauna există un pericol când un om începe să creadă că a atins un nivel înalt de sfințenie care îi permite lui să vadă ceea ce oamenii de rând nu văd—sau cum spune el—nu pot vedea; și pericolul este că de multe ori oamenii nu văd ceeea ce Dumnezeu le trimite, ci văd ceea ce vreau ei să vadă (Scrisori către Filipeni, Coloseni și Tesaloniceni, p.175).*

2. Abordarea corectă a lui Dumnezeu este prin Cristos. Cristos este Capul, singurul mediator care poate sta între Dumnezeu și om și care poate...
- asigura aprobarea și acceptarea lui Dumnezeu pentru om
- asigura dragostea și grija lui Dumnezeu pentru om

Niciun duh—niciun înger sau vedenie—nu poate face ceea ce Cristos poate face. Doar Cristos are acces în prezența lui Dumnezeu *în numele omului*. Doar Cristos poate sta înaintea lui Dumnezeu ca reprezentant sau ca și *Capul Omului*. Nimeni, nicio altă persoană nu poate sta înaintea lui Dumnezeu în numele omului. De ce? Pentru că trupul are doar un cap, nu două. Răspunsul se găsește în analogia cu imaginea trupului uman. Un trup are doar un cap. Iar poporul lui Dumnezeu formează un trup de oameni—un trup de oameni care trăiesc sub *voia și sub controlul Capului* care este Cristos. Observați două lucruri despre Cap, care este Cristos.
- a. Capul este partea care se îngrijește de tot trupul și care hrănește tot trupul. La fel este și cu Cristos. Doar Cristos se poate îngriji și poate hrăni trupul de credincioși care este biserica. Doar Cristos le poate da oamenilor puterea și hrana lui Dumnezeu pentru a-i ajuta în umblarea lor de fiecare zi prin viață.
- b. Capul este cel care ține trupul împreună și care îl face să funcționeze așa cum trebuie. La fel este și cu Cristos. Doar El...
  - poate ține un om laolaltă—toate gândurile, toate emoțiile, și toate celelalte lucruri de care are nevoie pentru a-l face un om întreg
  - poate să îi țină pe toți într-un singur trup de dragoste, bucurie și pace—închinându-se, slujindu-L și trăind pentru Dumnezeu așa cum ar trebui

Meditația 1. Ideea este bine subliniată. Omul nu se poate apropia de Dumnezeu și nici nu poate primi ajutorul lui Dumnezeu prin orice altă cale decât prin Fiul Său, Domnul Isus Cristos. Niciun duh sau înger sau vedenie nu poate aduce sprijinul și puterea lui Dumnezeu oamenilor. Doar Cristos, Capul rânduit de Dumnezeu, poate sprijini omul și poate să îl hrănească în viața aceasta.

> Cel ce vine din cer, este mai presus de toți; cel ce este de pe pământ, este pământesc, și vorbește ca de pe pământ. Cel ce vine din cer, este mai presus de toți. (Ioan 3:31)
>
> Voi Mă numiți ,Învățătorul și Domnul, și bine ziceți, căci sunt. (Ioan 13:13)
>
> Căci Hristos pentru aceasta a murit și a înviat ca să aibă stăpânire și peste cei morți și peste cei vii. (Rom. 14:9)
>
> [Puterea lui Dumnezeu] pe care a desfășurat-o în Hristos, prin faptul că L-a înviat din morți, și L-a pus să șadă la dreapta Sa, în locurile cerești. (Efes. 1:20)
>
> De aceea și Dumnezeu L-a înălțat nespus de mult, și I-a dat Numele, care este mai presus de orice nume. (Filip. 2:9)
>
> El este Capul trupului, al Bisericii. El este începutul, cel întâi născut dintre cei morți, pentru ca în toate lucrurile să aibă întâietatea. (Col. 1:18)
>
> Ajungând cu atât mai presus de îngeri, cu cât a moștenit un Nume mult mai minunat decât al lor. (Evrei 1:4)
>
> Căci El a fost găsit vrednic să aibă o slavă cu atât mai mare decât a lui Moise, cu cât cel ce a zidit o casă are mai multă cinste decât casa însăși. (Evrei 3:3)
>
> Care zicea: Eu sunt Alfa și Omega, Cel dintâi și Cel de pe urmă. Ce vezi, scrie într-o carte, și trimite-o celor șapte Biserici: la Efes, Smirna, Pergam, Tiatira, Sardes, Filadelfia și Laodicea." (Apoc. 1:11)

COLOSENI 2:20-23

	E. Criticarea Filosofiei Lumești și a abordărilor lui Dumnezeu inventate de oameni, 2:20-23	22. Toate aceste lucruri, care pier odată cu întrebuințarea lor, și sunt întemeiate pe porunci și învățături omenești,	oamenilor
1. Credincioșii sunt morți împreună cu Cristos și nu se supun învățăturilor lumești despre Dumnezeu și despre lume	20. Dacă ați murit împreună cu Hristos față de învățăturile începătoare ale lumii, de ce, ca și cum ați trăi încă în lume, vă supuneți la porunci ca acestea:	23. au, în adevăr, o înfățișare de înțelepciune, într-o închinare voită, o smerenie și asprime față de trup, dar nu sunt de nici un preț împotriva gâdilării firii pământești.	3. Sunt bazate pe faptele, eforturile și mândria omenească 4. Ele mărturisesc smerenia înaintea lui Dumnezeu, dar este o smerenie falsă
2. Ele îi înrobesc și îi subjugă pe oameni legilor și învățăturilor	21. „Nu lua, nu gusta, nu atinge cutare lucru!"		

SECȚIUNEA IV

CONTRASTUL DINTRE CRISTOS ȘI ÎNVĂȚĂTURILE MINCINOASE, 2:8-23

E. Criticarea Filosofiei Lumești și a abordărilor lui Dumnezeu inventate de oameni, 2:20-23

(2:20-23) **Introducere**: acest pasaj încheie discuția despre contrastul dintre Cristos și învățăturile mincinoase. Acesta stă ca un hotar, ca o fortăreață tare împotriva învățăturilor mincinoase. El face trei afirmații puternince împotriva filosofiei lumești sau a abordărilor lui Dumnezeu, fabricate de om.

1. Credincioșii sunt morți împreună cu Cristos și nu se supun învățăturilor lumești despre Dumnezeu și despre lume (v.20).
2. Ele îi înrobesc și îi subjugă pe oameni legilor și învățăturilor oamenilor (vv.21-22).
3. Sunt bazate pe faptele, eforturile și mândria omenească (v.23).
4. Ele mărturisesc smerenia înaintea lui Dumnezeu, dar este o smerenie falsă (v.23).

1. (2:20) **Isus Cristos, Moarte—Libertatea Creștină**: credincioșii sunt morți împreună cu Cristos față de învățăturile începătoare ale lumii. Țineți minte că aceste cuvinte *învățăturile începătoare ale lumii* (stoicheia) înseamnă două lucruri diferite și Cristos ne mântuiește de amândouă. (vezi comentariul, *Filosofie*—Col.2:8 pentru mai multe discuții.)

1. *Învățăturile începătoare ale lumii* înseamnă noțiuni brute sau idei primitive ale oamenilor despre univers—adică, despre Dumnezeu, despre realitate și despre adevăr. Ideile omului și filosofiile lui; învățăturile elementare și rudimentare ale omului; înțelegerea lui elementară despre Dumnezeu și despre univers. Când oamenii se gândesc la Dumnezeu, aceștia născocesc tot felul de căi, moduri și legi prin care ar putea ajunge la El și ar putea primi aprobarea Lui și acceptarea Lui. Totuși, există trei mari probleme în modul în care omul Îl abordează pe Dumnezeu.

   a. În primul rând, noi nu putem respecta legi și reguli—nu într-un mod perfect. Îndiferent în ce mod alegem să ajungem la Dumnezeu, noi nu putem ține dreaptă cărarea spre El. Noi nu putem sta pe cale—nu în fiecare moment și nu în mod perfect. De aici izvorăște o problemă imposibil de rezolvat, pentru că Dumnezeu este perfect și noi nu suntem. De aceea, noi nu putem și acceptabili înaintea Lui; suntem respinși în mod automat din cauza imperfecțiunii noastre. Imperfecțiunea nu poate trăi în prezența unui Dumnezeu perfect. Aceasta este prima problemă când încercăm să ținem legile și toate regulile pentru a putea fi destul de buni pentru Dumnezeu.

   b. În al doilea rând, o dată ce am încălcat o regulă sau o lege, suntem vinovați înaintea lui Dumnezeu. De aceea, noi trebuie să fim judecați, condamnați și pedepsiți pentru că am încălcat acea lege. Un călcător de lege este vinovat și nu poate fi primit iar pedeapsa trebuie purtată. De aceea regulile și legile nu ne pot face acceptabili înaintea lui Dumnezeu și acestea pot duce doar la vină și condamnare.

   c. În al treilea rând, noi murim; noi nu trăim veșnic. Și nu există vreo lege sau vreo forță pe acest pământ care să ne dea energia și puterea pentru a trăi veșnic. Dacă ar fi existat, atunci o mulțime de oameni ar ține de acest lucru și ar asculta acea lege. Regulile și legile ne condamnă atunci când le încălcăm. Nu au nicio putere să ne salveze de la moarte sau să ne dea viața veșnică. Datorită acestui lucru, regulile și legile nu pot fi calea prin care noi putem să ne apropiem de Dumnezeu.

   Cum atunci putem noi să ne apropiem de Dumnezeu. Dacă cele mai înțelepte gânduri ale omului despre Dumnezeu și despre univers nu sunt calea cea bună prin care să ne apropiem de El, atunci care este această

491

cale? Răspunsul la această întrebare va fi discutat în câteva momente, dar întâi vom privi la al doilea sens al termenului *învăţături începătoare.*

2. *Învăţături începătoare* înseamnă elementele de bază sau materialele de bază ale acestui univers, lucrurile despre care oamenii spun că sunt la baza universului sau chiar la baza realităţii. De-a lungul secolelor oamenii au susţinut că la baza universului stau diverse forţe, energii, puteri, domnii, spirite, îngeri şi fiinţe. Drept rezultat oamenii şi-au dedicat vieţile şi s-au închinat diverselor creaturi şi forţe, elemente şi materiale. Totuşi, există o problemă crucială cu această abordare a lui Dumnezeu, o problemă care îi condamnă pe toţi cei care caută adevărul şi vor să se apropie de Dumnezeu prin elementele acestui univers sau prin duhuri din lumea spirituală.

    a. În primul rând, problema corupţiei. Tot ceea ce există în acest univers este coruptibil, îmbătrâneşte, moare se deteriorează şi putrezeşte. De aceea, nimic din acest univers nu poate salva omul, pentru că, calea tuturor lucrurilor—a tuturor elementelor şi a tutror materialelor —este calea morţii.

    b. În al doilea rând, problema căutării adevărului şi a lui Dumnezeu prin spirite şi îngeri din lumea spirituală este o problemă cu două aspecte.

      ⇒ În primul rând, omul nu poate penetra lumea spirituală. El este fizic, şi ceea ce este fizic nu se poate muta în lumea spirituală indiferent ce ar spune cineva. Dacă lumea spirituală ne va fi făcută vreodată cunoscută, atunci lumea spirituală trebuie să ni se descopere nouă.

      ⇒ În al doilea rând, aceia care susţin că au primit vedenii sau revelaţii ale lumii spirituale, încă se confruntă cu problema cu care se confruntă toţi ceilalţi: problema imperfecţiunii (a lipsei neprihănirii), a morţii, a vieţii veşnice. Niciun înger, niciun duh, sau vreun alt intermediar nu s-a îngrijit vreodată de problema păcatului şi a morţii, şi a vieţii veşnice pentru noi. Noi deja am păcătuit şi suntem deja imperfecţi. De aceea, cineva, undeva, trebuia *să poarte păcatele noastre* sau pedeapsa noastră în locul nostru sau dacă nu, atunci noi trebuie să plătim pentru ea. Şi mai mult decât atât, cineva trebuia să treacă prin experienţa morţii şi trebuia să o biruiască şi să ne spună şi nouă cum să facem acelaşi lucru, dacă acest lucru nu s-a întâmplat, atunci noi urmează să murim şi să nu ajungem niciodată la Dumnezeu.

Acesta este mesajul glorios al evangheliei. Dumnezeu este dragoste, dragoste eternă şi infinită, aşa că El a făcut toate aceste lucruri pentru noi. El a făcut aceasta prin Fiul Său, Isus Cristos.

> **Fiindcă atât de mult a iubit Dumnezeu lumea, că a dat pe singurul Lui Fiu, pentru ca oricine crede în El, să nu piară, ci să aibă viaţa veşnică. (Ioan 3:16)**

Fiul lui Dumnezeu, Isus Cristos, a asigurat perfecţiunea pentru noi. El a venit pe pământ şi a trăit o viaţă fără păcat şi perfectă. De aceea, El a stat înaintea lui Dumnezeu şi înaintea lumii ca Omul Perfect şi Ideal. Şi ca şi Omul Perfect şi Ideal El a putut lua păcatele noastre asupra Lui şi a putut muri pentru ele. Şi asta a şi făcut: Cristos a luat efectiv judecata noastră şi a purtat pedeapra pentru imperfecţiunile noastre şi pentru păcatul nostru. Apoi El a înviat din morţi, biruind moartea.

Acum observaţi versetul: "dacă *aţi murit cu Cristos* faţă de învăţăturile începătoare ale lumii." Moartea lui Cristos este calea pe care Dumnezeu a stabilit-o pentru noi prin care să ne apropiem de El. Omul trebuie...

- să se pocăiască şi să se întoarcă de la învăţăturile începătaore, adică de la abordarea omenească a lui Dumnezeu
- să creadă că Dumnezeu iubeşte lumea, că El nu este departe, că nu l-a lăsat pe om în întuneric să se descurce singur şi să caute după ajutorul lui Dumnezeu
- să creadă că Fiul lui Dumnezeu a murit pentru el, că a purtat pedeapsa lui şi moartea în locul lui

Dacă Cristos a făcut asta pentru noi, atunci noi suntem liberi, nu mai trebuie să căutăm Îl căutăm pe Dumnezeu prin reguli, legi, îngeri, duhuri şi prin forţele şi energiile acestui univers. Cum să Îl căutăm atunci? Prin credinţa în Cristos. Când noi credem în Cristos, ne încredem în Omul Ideal. De aceea, moartea şi învierea Lui pot sta în locul nostru. Adică, atunci când a murit El, El a murit ca şi Omul Ideal şi când a înviat dintre cei morţi, a înviat ca şi Omul Ideal. Lucrul acesta înseamnă pur şi simplu că Omul Ideal, Omul Perfect poate sta în locul fiecărui om. Tot ceea ce a făcut El stă în locul omului. Când El a murit, a murit pentru noi; şi când a înviat ca să trăiască cu Dumnezeu pentru veşnicie, El a înviat pentru noi. De aceea, când noi credem în Cristos, noi suntem acceptaţi de Dumnezeu în neprihănirea lui Cristos. Şi fiind acceptaţi de Dumnezeu suntem eliberaţi de încercările de a ne apropia de El prin orice alt mod. Cristos ne-a eliberat de orice altă abordare.

În termeni simpli, Dumnezeu ne iubeşte; de aceea, El s-a îngrijit de o rezolvare pentru problema împerfecţiunii (păcatul) şi a morţii. El s-a îngrijit ca să ne deschidă o cale şi nouă ne-a dat dreptul de a ne apropia de El faţă în faţă— *prin Fiul Său. În Cristos* noi suntem eliberaţi de abordările insuficiente şi corupte la adresa lui Dumnezeu, de elementele și materialele acertui univers și de noțiunile elementare și ideile oamenilor despre cum trebuie să ne apropiem de Dumnezeu și cum trebuie să Îi facem pe plac.

> ⇒ Dacă ești mort împreună cu Cristos, atunci ești liber de încercarea de a te apropia de Dumnezeu prin principiile începătoare ale lumii.

2. (2:21-22) **Alunecarea—Căutarea lui Dumnezeu—Reguli—Filosofia**: prima critică la adresa abordărilor lui Dumnezeu fabricate de om este că acestea îl înrobesc pe om și îi subjugă pe oameni unor reguli și unor învățături făcute de om. Unii din biserica din Colose se întorceau la regulile și la legile oamenilor cu privire la modul în care să îi facă plăcere lui Dumnezeu. Ei se întorceau la ideea...

- că omul poate să Îi facă pe plac lui Dumnezeu dacă își controlează slăbiciunile firii—că omul poate câștiga aprobarea lui Dumnezeu dacă prezintă un trup curat și pur înaintea lui Dumnezeu. De aceea, ei au început să vină cu tot felul de reguli necesare pentru mâncare și pentru îngrijirea trupului pentru a trăi o viață curată. Observați cât de clar spune Pavel: ei spuneau "Nu lua, nu gusta, nu atinge cutare lucru!"

Fără îndoială, disciplina și controlul și un trup curat, toate acestea sunt înțelepte; și fiecare om ar trebui să dezvolte cel mai sănătos și cel mai moral trup pe care l-ar putea avea. Dar nu aceste lucruri ne fac acceptabili înaintea lui Dumnezeu. Această abordare a lui Dumnezeu are două mari defecte.

> ⇒ În primul rând, un om poate avea cel mai sănătos și cel mai pur trup din lume, și totuși acel om este imperfect și moare. Sănătatea și moralitatea, indiferent de cât de curate și de pure ar fi, nu ne opresc din îmbătrânire și nu ne salvează de la moarte. Noi suntem încă coruptibili și mergem pe drumul pe care merge carnea—calea morții și a despărțirii de Dumnezeu.

> ⇒ În al doilea rând, abordarea lui Dumnezeu prin legi, reguli și disciplină, ne forțează să ne concentrăm atenția asupra regulilor și nu asupra lui Cristos. Noi trebuie să ne concentrăm mințile pe aceste reguli pentru că altfel le încălcăm fără să ne dăm seama. În loc să-L mulțumească pe Dumnezeu, acest lucru Îl nemulțumește. Dumnezeu vrea ca viețile noastre să fie concentrate asupra Fiului Său, Isus Cristos.

Ideea este aceasta: filosofiile și ideile omului ne înrobesc: ne forțează să ne dedicăm viețile noastre lor și să ne concentrăm atenția asupra lor, iar apoi subjugă până la moarte. Ideile omului nu ne eliberează; nu ne duc mai sus decât este cel care a gândit acea idee, iar acea înălțime nu este deloc o înălțime. Este o adâncime, adâncimea morții spre care merg toți oamenii.

Întrebarea este aceasta: dacă tu ești mort împreună cu Cristos și nu mai trebuie să mori niciodată—dacă ești una cu Cristos—dacă ești deja acceptabil înaintea lui Dumnezeu ...de ce atunci încerci încă să devi acceptabil înaintea lui Dumnezeu? Treaba ta nu este să devi acceptabil înaintea lui Dumnezeu. Treaba ta este să te concentrezi asupra Fiului lui Dumnezeu, Cristos, care ți-a dat atât de multe în moartea Sa și în învierea Sa. Treaba ta este...

- să studiezi viața și voia Sa
- să urmez modelul vieții Sale pentru viața ta
- să Îl slujești pe El în misiunea Sa, să dai tot ce ești tu și să atingi pe toți oamenii cu evanghelia vieții veșnice

Viața în Cristos nu este robie; este libertate. Viața în Cristos este o viață liberă de corupție și de moarte—o viață care deja este acceptată de Dumnezeu și care deja a primit viața veșnică de la Dumnezeu. Viața în Cristos nu este robită de nimic—este eliberată de toate elementele și materialele aceste lumi inclusiv de moarte—este eliberată să trăiască și să se miște și să își aibă ființa față în față cu Dumnezeu. Nu pentru că noi suntem vrednici sau merităm acest lucru, ci datorită lui Cristos și a ceea ce a făcut El. Dumnezeu Îl iubește pe Cristos atât de mult încât el primește pe oricine vine la El recunoscându-L și slăvindu-L pe Cristos pentru ceea ce a făcut când a murit pentru om.

Dacă sunteți morți cu Cristos, de ce vă întoarceți iar la ideile și la regulile oamenilor și încercați acum să Îi faceți pe plac lui Dumnezeu prin faptele și eforturile voastre personale? Omul trebuie să Îi facă pe plac lui Dumnezeu, da! Dar el trebuie să Îi facă pe plac lui Dumnezeu fiindu-I supus lui Cristos și urmându-L pe El, nu fiind înrobit de reguli, religii, filosofii, și idei de-ale oamenilor. Omul trebuie să își concentreze atenția asupra lui Cristos, nu asupra elementelor și materialelor din această lume care înrobesc, și cu siguranță nu trebuie să se concentreze asupra noțiunilor oscilante ale oamenilor cu privire la Dumnezeu și a părerilor lor despre cum să Îl abordeze pe Dumnezeu.

> **Să nu dați câinilor lucrurile sfinte, și să nu aruncați mărgăritarele voastre înaintea porcilor, ca nu cumva să le calce în picioare, și să se întoarcă să vă rupă. (Mat. 7:6)**
>
> **Nu orișicine-Mi zice: Doamne, Doamne!va intra în Împărăția cerurilor, ci cel ce face voia Tatălui Meu care este în ceruri. (Mat. 7:21; cp. 1 Jn 3:23)**

COLOSENI 2:20-23

Isus le-a răspuns: Lucrarea pe care o cere Dumnezeu este aceasta: să credeți în Acela, pe care L-a trimis El (Ioan 6:29)

Adevărat, adevărat, vă spun, le-a răspuns Isus,că, oricine trăiește în păcat, este rob al păcatului. (Ioan 8:34)

Nu știți că, dacă vă dați robi cuiva, ca să-l ascultați, sunteți robii aceluia de care ascultați, fie că este vorba de păcat, care duce la moarte, fie că este vorba de ascultare, care duce la neprihănire? (Rom. 6:16)

Dar văd în mădularele mele o altă lege, care se luptă împotriva legii primite de mintea mea, și mă ține rob legii păcatului, care este în mădularele mele. (Rom. 7:23)

Căci Împărăția lui Dumnezeu nu este mâncare și băutură, ci neprihănire, pace și bucurie în Duhul Sfânt. (Rom. 14:17)

Dar nu carnea ne face pe noi plăcuți lui Dumnezeu: nu câștigăm nimic dacă mâncăm din ea, și nu pierdem nimic dacă nu mâncăm. (1 Cor. 8:8)

Ei se laudă că cunosc pe Dumnezeu, dar cu faptele Îl tăgăduiesc, căci sunt o scârbă: nesupuși, și netrebnici pentru orice faptă bună. (Tit 1:16; vezi Ioan 6:29)

Ele sunt doar niște porunci pământești, date, ca toate cele privitoare la mâncăruri, băuturi și felurite spălături, până la o vreme de îndreptare. Dar Hristos a venit ca Mare Preot al bunurilor viitoare, a trecut prin cortul acela mai mare și mai desăvârșit, care nu este făcut de mâini, adică nu este din zidirea aceasta; și a intrat, odată pentru totdeauna, în Locul prea sfânt, nu cu sânge de țapi și de viței, ci cu însuși sângele Său, după ce a căpătat o răscumpărare veșnică. Căci dacă sângele taurilor și al țapilor și cenușa unei vaci, stropită peste cei întinați, îi sfințește și le aduce curățirea trupului, cu cât mai mult sângele lui Hristos, care, prin Duhul cel veșnic, S-a adus pe Sine însuși jertfă fără pată lui Dumnezeu, vă va curăți cugetul vostru de faptele moarte, ca să slujiți Dumnezeului cel viu! (Evrei 9:10-14)

Le făgăduiesc slobozenia, în timp ce ei înșiși sunt robi ai stricăciunii. Căci fiecare este robul lucrului de care este biruit. (2 Pet. 2:19)

Și porunca Lui este să credem în Numele Fiului Său Isus Hristos, și să ne iubim unii pe alții, cum ne-a poruncit El.(1 Ioan 3:23)

3. (2:23) Filosofia—Religia, Falsă—Mândria—Faptele—A-L căuta pe Dumnezeu: ce-a de a doua critică la adresa filosofiei și abordărilor lui Dumnezeu, fabricate de oameni este aceea că acestea toate se bazează pe faptele omului, pe eforturile omului, pe mândria omului. Foarte simplu, cel mai mare lucru pe care îl poate face omul în procesul de a se mântui singur este să creeze o religie a faptelor care nu este nimic mai mult decât o religie a mândriei. Observați: Scriptura admite că omul poate avea o înțelepciune lumească și o minte încăpățânată. Regulile și ideile oamenilor sunt o "închinare auto-impusă." Oamenii sunt foarte capabili să...

- gândească
- să judece
- fie inteligenți
- să controleze
- să disciplineze
- să acționeze

Dar sunt defecte mari în om pe care omul nu le poate rezolva. Aceste defecte trebuie privite mai îndeaproape.
⇒ Înțelepciunea omului și voința lui nu pot distruge păcatul din viața omului. Omul nu se poate opri din păcat prin înțelepciune și voință—indiferent ce ar face.
⇒ Înțelepciunea omului și voința lui nu pot distruge moartea. Omul nu se poate opri din procesul morții.

De aceea, indiferent cât de înțelept ar fi și cât de mult și-ar controla omul trupul și viața—indiferent ce valori și ce morală ar urma; indiferent ce fel de religie auto-impusă ar adopta—omul tot păcătuiește și tot moare. El este tot inacceptabil înaintea lui Dumnezeu. De aceea, când omul își folosește înțelepciunea lui și voința lui pentru a crea căi de abordare a lui Dumnezeu...

- el doar se înalță pe sine prin înțelepciunea lui și prin disciplina lui
- el Îl evită pe Dumnezeu și Îl ignoră, și ignoră abordările pe care Dumnezeu le-a stabilit și de care s-a îngrijit
- el urmează o cale care este total fără de însemnătate și neadecvată, pentru că nimic făcut de om nu poate ajunge altundeva decât în putrezire
- el este total incapabil să distrugă păcatul și moartea din om

Dar Domnul i-a zis: Voi, Fariseii, curățiți partea de afară a paharului și a blidului, dar înăuntrul vostru este plin de jefuire și de răutate. Nebunilor, oare Acela care a făcut partea de afară, n-a făcut și pe cea dinăuntru? (Luca 11:39-40)

S-au fălit că sunt înțelepți, și au înnebunit. (Rom. 1:22)

494

COLOSENI 2:20-23

Căci înţelepciunea lumii acesteia este o nebunie înaintea lui Dumnezeu. De aceea este scris: El prinde pe cei înţelepţi în viclenia lor.(1 Cor. 3:19)

Lauda noastră este mărturia, pe care ne-o dă cugetul nostru că ne-am purtat în lume, şi mai ales faţă de voi, cu o sfinţenie şi curăţie de inimă date de Dumnezeu, bizuindu-ne nu pe o înţelepciune lumească, ci pe harul lui Dumnezeu. (2 Cor. 1:12)

Înţelepciunea aceasta nu vine de sus, ci este pământească, firească (Greceşte: sufletească.), drăcească. (Iacov 3:15)

Iată ce soartă au ei, cei plini de atîta încredere, precum şi cei ce îi urmează, cărora le plac cuvintele lor. (Ps. 49:13)

Nebunul zice în inima lui: Nu este Dumnezeu! S-au stricat oamenii, au săvârşit fărădelegile urâte, nu este nici unul care să facă binele. (Ps. 53:1)

Cei nesocotiţi glumesc cu păcatul, dar între cei fără prihană este bunăvoinţă. (Prov. 14:9)

Cine se încrede în inima lui este un nebun, dar cine umblă în înţelepciune va fi mântuit. (Prov. 28:26)

De aceea voi lovi iarăşi pe poporul acesta cu semne şi minuni din ce în ce mai minunate, aşa că înţelepciunea înţelepţilor lui va pieri, şi priceperea oamenilor lui pricepuţi se va face nevăzută. (Isa. 29:14)

Căci poporul Meu este nebun, nu Mă cunoaşte; sunt nişte copii fără minte şi lipsiţi de pricepere; sunt meşteri să facă răul, dar nu ştiu să facă binele. (Ier. 4:22)

4. (2:23) **Filosofia—Religia Falsă—Fapte—Căutarea lui Dumnezeu**: cea de-a treia critică la adresa filosofiei şi a abordărilor lui Dumnezeu făcute de oameni, este aceea că aceştia mărturisesc o smerenie înaintea lui Dumnezeu, dar aceasta este o smerenia falsă.

⇒ Când un om urmează un set de legi şi reguli ale religiei, el mărturiseşte o *nevoie*—fie o nevoie pentru ceva mai mult decât are deja sau pentru ceva mai înaşt decât el. Mărturisirea acestei nevoi este un semn al smereniei—a faptului că lipseşte ceva.

Dar observaţi un punct important: când el începe să urmeze aceste reguli şi ritualuri ale credinţei sale—începe să îşi controleze şi să îşi disciplineze viaţa după aceste reguli—el arată abilitatea lui de a controla şi de a disciplina, pentru a se face acceptabil înaintea lui Dumnezeu. De aceea, smerenia lui este contradictorie; este o smerenie falsă. Singura smerenie adevărată este recunoaşterea nevredniciei—depravarea totală—şi necesitatea imediată ca Dumnezeu ca să ne salveze. Când Dumnezeu ne salvează, nu putem fi salvaţi de nicio altă persoană mai înaltă, şi nu suntem salvaţi pentru vreun merit sau vreo faptă de-a noastră. De aceea, Dumnezeu şi doar Dumnezeu este slăvit şi nu noi. Adevărata smerenie este concentrarea totală asupra lui Dumnezeu ca Mântuitor al lumii şi nu asupra omului pentru că ar fi contribuit la mântuire. Aşa cum spune Pavel: "nu au nici un preţ împotriva gâdilării firii pământeşti"— nu în smerenie şi mântuirea adevărată.

Doi oameni s-au suit la Templu să se roage; unul era Fariseu, şi altul vameş. Fariseul sta în picioare, şi a început să se roage în sine astfel: Dumnezeule, Îţi mulţumesc că nu sunt ca ceilalţi oameni, hrăpăreţi, nedrepţi, preacurvari sau chiar ca vameşul acesta. Eu postesc de două ori pe săptămână, dau zeciuială din toate veniturile mele. Vameşul sta departe, şi nu îndrăznea nici ochii să şi-i ridice spre cer; ci se bătea în piept, şi zicea: Dumnezeule, ai milă de mine, păcătosul! Eu vă spun că mai degrabă omul acesta s-a pogorât acasă socotit neprihănit decât celălalt. Căci oricine se înalţă, va fi smerit; şi oricine se smereşte, va fi înălţat. (Luca 18:10-14)

Dacă aţi fi orbi, le-a răspuns Isus, n-aţi avea păcat; dar acum ziceţi: Vedem. Tocmai de aceea, păcatul vostru rămâne.(Ioan 9:41)

Negreşit, n-avem îndrăzneala să ne punem alături sau în rândul unora din aceia care se laudă singuri. Dar ei, prin faptul că se măsoară cu ei înşişi şi se pun alături ei cu ei înşişi, sunt fără pricepere. (2 Cor. 10:12)

Ori în ce ne osândeşte inima noastră; căci Dumnezeu este mai mare decât inima noastră, şi cunoaşte toate lucrurile. (1 Ioan 3:20)

Pentru că zici: Sunt bogat, m-am îmbogăţit, şi nu duc lipsă de nimic, şi nu ştii că eşti ticălos, nenorocit, sărac, orb şi gol. (Apoc. 3:17)

Oricâtă dreptate aş avea, gura mea mă va osândi; şi oricât de nevinovat aş fi, El mă va arăta ca vinovat. (Ioav 9:20)

Sunt curat, sunt fără păcat, sunt fără prihană, nu este fărădelege în mine. (Iov 33:9)

Mulţi oameni îşi trâmbiţează bunătatea; dar cine poate găsi un om credincios? (Prov. 20:6)

Este un neam de oameni care se crede curat, şi totuşi, nu este spălat de întinăciunea lui. (Prov. 30:12)

COLOSENI 2:20-23

Şi cu toate acestea, tu zici: Da, sunt nevinovat! Să se întoarcă acum mânia Lui de la mine! Iată, Mă voi certa cu tine, pentru că zici: N-am păcătuit! (Ier 2:35)

		să umblați după lucrurile de sus, unde Hristos șade la dreapta lui Dumnezeu. 2 Gândiți-vă la lucrurile de sus, nu la cele de pe pământ. 3 Căci voi ați murit, și viața voastră este ascunsă cu Hristos în Dumnezeu. 4 Când Se va arăta Hristos, viața voastră, atunci vă veți arăta și voi împreună cu El în slavă.	**Cu Cristos** 2. Noua viață a credinciosului este o viață care caută lucrurile de sus—din cer—unde este Cristos
	CAPITOLUL 3 **V. CERINȚELE NOII VIEȚI A CREDINCIOSULUI: UN CARACTER DEOSEBIT, 3:1-17** **A. Temelia noii vieți a credinciosului, 3:1-4** **D**acă deci ați înviat împreună cu Hristos,		a. Ce înseamnă: Gândiți-vă la lucrurile de sus, nu la cele de pe pământ b. Motivul: Ați murit și sunteți ascunși cu Cristos viața voastră: vă veți arăta în slavă cu Cristos
1. Noua viață a credinciosului este o viață înviată			

SECȚIUNEA V

CERINȚELE NOII VIEȚI A CREDINCIOSULUI: UN CARACTER DEOSEBIT, 3:1-17

A. TEMELIA NOII VIEȚI A CREDINCIOSULUI, 3:1-4

(3:1-4) **Introducere**: acesta este un pasaj extraordinar din Scriptură, un pasaj spre care se întorc credincioșii atunci când caută o umblare mai profundă și mai consacrată cu Domnul. El reprezintă temelia noii vieți a credinciosului.

1. Noua viață a credinciosului este o viață înviată cu Cristos (v.1).
2. Noua viață a credinciosului este o viață care caută lucrurile de sus—din cer, unde este Cristos (vv.1-4).

1. (3:1) **Credinciosul, Identificarea cu Cristos—Înviat cu Cristos—Viața nouă**: viața credinciosului este o viață care a fost înviată cu Cristos. Dumnezeu Îl iubește pe Fiul Său, Isus Cristos—Îl iubește cu o dragoste veșnică și desăvârșită. Prin urmare, atunci când un om crede în El, când își predă cu adevărat viața în mâna lui Cristos, Dumnezeu iartă păcatele acelui om și îl acceptă *în Cristos*. Dumnezeu pur și simplu *îl identifică pe acel om* cu Cristos în moartea și învierea Lui. Dumnezeu începe să *considere că omul respectiv* a murit și a înviat cu Cristos. Noul credincios nu a fost prezent în mod fizic la moartea și la învierea lui Cristos, dar Dumnezeu consideră acest lucru ca și cum s-ar fi întâmplat. Dumnezeu consideră, apreciază și socotește așa.

Nu uitați: Dumneeu face acest lucru pentru noi pentrucă Îl iubește pe Fiul Său, Isus Cristos, așa de mult. Îl iubește atât de mult, încât atunci când noi credem în Cristos, Dumnezeu face *exact ceea ce credem noi*. El face asta datorită faptului că credința noastră *se concentrează asupra lui Cristos și Îl onorează*. Și pentru că Îl onorează pe Fiul Său, Dumnezeu socotește credința noastră ca și cum ar fi realitatea care s-a întâmplat. El socotește că noi am murit și am înviat cu Cristos.

Acesta este un lucru minunat. Înseamnă că noi suntem uniți cu Cristos; ne identificăm cu Cristos. Credința noastră *în Cristos* ne-a așezat *în Cristos*. Prin urmare, tot ce a experimentat Cristos am experimentat și noi. Atunci când El a înviat din morți, și noi am înviat împreună cu El. Învierea Lui înseamnă...

- că noi am înviat cu El.
- că noi a biruit moartea.
- că suntem înviați la o viață nouă.
- că viața noastră cea veche în lumea ei păcătoasă s-a încheiat; nu mai are nicio putere asupra noastră. Noi suntem, cum am mai spus, înviați *la o viață nouă*.
- că noi umblăm în această viață nouă, trăind o viață care este moartă față de păcat și vie față de Dumnezeu— vie față de neprihănire și sfințenie.

> **Și dacă Duhul Celui ce a înviat pe Isus dintre cei morți locuiește în voi, Cel ce a înviat pe Hristos Isus din morți va învia și trupurile voastre muritoare, din pricina Duhului Său, care locuiește în voi. (Rom. 8:11)**
>
> **Voi erați morți în greșelile și în păcatele voastre. El ne-a înviat împreună și ne-a pus să ședem împreună în locurile cerești, în Hristos Isus. (Efes. 2:1,6)**
>
> **Pe voi, care erați morți în greșelile voastre și în firea voastră pământească netăiată împrejur, Dumnezeu v-a adus la viață împreună cu El, după ce ne-a iertat toate greșelile. (Col. 2:13)**
>
> **Dacă deci ați înviat împreună cu Hristos, să umblați după lucrurile de sus, unde Hristos șade la dreapta lui Dumnezeu. (Col. 3:1)**

2. (3:1-4) **Viață nouă:** viața credinciosului este o viață care caută lucrurile de sus, adică, lucrurile care sunt în cer cu Cristos. Observați trei puncte esențiale.

1. Observați însemnătatea îndemnului: "gândiți-vă la lucrurile de sus." Sensul este explicat clar și răspicat în două afirmații:

⇒ În primul rând, umblați după lucrurile de sus, unde Cristos stă la dreapta lui Dumnezeu. Adică, căutați lucrurile cerești, lucrurile cerului.

⇒ În al doilea rând, *gândiți-vă* (phromeite) la lucrurile de sus, nu la cele de pe pământ. Concentrați-vă mintea în mod continuu asupra lucrurilor cerești, nu asupra lucrurilor pământești.

Foarte simplu, lucrurile lui Cristos, lucrurile cerești trebuie să preocupe viața și mintea credinciosului. Dar pentru ca credinciosul să își poată concentra mintea asupra lururilor lui Cristos, el trebuie să știe care sunt acele lucruri. Prin urmare, se ridică întrebarea: Care sunt lucrurile lui Cristos și lucrurile de sus care trebuie să ne preocupe și să ne consume gândurile?

> **În adevăr, cei ce trăiesc după îndemnurile firii pământești umblă după lucrurile firii pământești; pe când cei ce trăiesc după îndemnurile Duhului umblă după lucrurile Duhului. Și umblarea după lucrurile firii pământești este moarte, pe când umblarea după lucrurile Duhului este viață și pace. (Rom. 8:5-6)**

> **Să nu vă potriviți chipului veacului acestuia, ci să vă prefaceți, prin înnoirea minții voastre, ca să puteți deosebi bine voia lui Dumnezeu: cea bună, plăcută și desăvârșită. (Rom 12:2)**

> **Măcar că trăim în firea pământească, totuși nu ne luptăm călăuziți de firea pământească. Căci armele cu care ne luptăm noi nu sunt supuse firii pământești, ci sunt puternice, întărite de Dumnezeu ca să surpe întăriturile. Noi răsturnăm izvodirile minții și orice înălțime care se ridică împotriva cunoștinței lui Dumnezeu; și orice gând îl facem rob ascultării de Hristos. (2 Cor. 10:3-5)**

> **Cu privire la felul vostru de viață din trecut, să vă dezbrăcați de omul cel vechi care se strică după poftele înșelătoare; și să vă înnoiți în duhul minții voastre, și să vă îmbrăcați în omul cel nou, făcut după chipul lui Dumnezeu, de o neprihănire și sfințenie pe care o dă adevărul. (Efes. 4:22-24)**

Învierea lui Cristos ne spune care sunt lucrurile lui Cristos și lucrurile de sus. Învierea Lui ne permite să fim *"înviați cu Cristos".* Nu uitați: noi luăm parte și participăm la învierea lui Cristos. Aceasta este o *relație pozițională* cu Dumnezeu. Cum am afirmat în comentariul precedent, atunci când Îl primim pe Cristos, Dumnezeu ne așează în Cristos. El începe să ne vadă *în Cristos, deja așezați în locurile cerești și desăvârșiți pentru veșnicie* (vezi Efes.2:4-7). Datorită poziției glorioase pe care Dumnezeu ne-a oferit-o, noi ar trebui să căutăm lucrurile lui Cristos și lucrurile cerești. Învierea Domnului Isus Cristos a făcu cel puțin șapte lucruri minunate pentru noi. Aceste șapte lucruri ar trebui să ne umple gândurile și mintea de laudă și buzele de rugăciuni de recunoștință.

a. Învierea lui Cristos ne arată și ne garantează că Cristos este Fiul lui Dumnezeu. Gândurile noastre trebuie să se concentreze asupra acestui fapt glorios: că Dumnezeu L-a trimis pe Fiul Său în lume ca să ne mântuiască.

> **Ea privește pe Fiul Său, născut din sămânța lui David, în ce privește trupul, iar în ce privește duhul sfințeniei, dovedit cu putere că este Fiul lui Dumnezeu, prin învierea morților; adică pe Isus Hristos, Domnul nostru. (Rom. 1:3-4)**

Isus Cristos a afirmat că este Fiul lui Dumnezeu, că poseda însăși natura lui Dumnezeu, că El era Una cu Tatăl (Ioan10:30-33, 36. Vezi comentariul—Ioan 5:19 pentru mai multe versete.) El a pretins de nenumărate ori că Dumnezeu este Tatăl Său (Ioan 5:17-30, 36-37, 43, 45; 6:29, 32-34, 37-40, 44-46, 57, 65; 8:16, 19, 25-29, 38, 42, 49, 54-55. Vezi comentariul, *Isus Cristos, Fiul lui Dumnezeu*—Ioan 1:34 pentru o listă completă de referințe.) Când Dumnezeu L-a înviat pe Isus Cristos din morți, el a confirmat și a pecetluit afirmațiile lui Cristos. Și prin înviere Dumnezeu declară că Isus Cristos este Fiul Său iubit.

b. Învierea lui Cristos ne mântuiește și ne justifică. Adevărul glorios al mântuirii și al justificării ar trebui să ne umple gândurile și să ne facă să-I dăm slavă în fiecare zi.

> **Care a fost dat din pricina fărădelegilor noastre, și a înviat din pricină că am fost socotiți neprihăniți. (Rom. 4:25)**

c. Învierea lui Cristos ne înviază la o viață nouă—o viață din belșug și veșnică. Este singurul mod în care putem birui firea pământească (natura păcătoasă).

COLOSENI 3:1-4

Noi deci, prin botezul în moartea Lui, am fost îngropați împreună cu El, pentru ca, după cum Hristos a înviat din morți, prin slava Tatălui, tot așa și noi să trăim o viață nouă. (Rom. 6:4)

În adevăr, dacă ne-am făcut una cu El, printr-o moarte asemănătoare cu a Lui, vom fi una cu El și printr-o înviere asemănătoare cu a Lui. Știm bine că omul nostru cel vechi a fost răstignit împreună cu El, pentru ca trupul păcatului să fie dezbrăcat de puterea lui, în așa fel ca să nu mai fim robi ai păcatului; căci cine a murit, de drept, este izbăvit de păcat. Acum, dacă am murit împreună cu Hristos, credem că vom și trăi împreună cu El, întrucât știm că Hristosul înviat din morți nu mai moare: moartea nu mai are nicio stăpânire asupra Lui. Fiindcă prin moartea de care a murit, El a murit pentru păcat, o dată pentru totdeauna; iar prin viața pe care o trăiește, trăiește pentru Dumnezeu. Tot așa și voi înșivă, socotiți-vă morți față de păcat, și vii pentru Dumnezeu, în Isus Hristos, Domnul nostru. Deci păcatul să nu mai domnească în trupul vostru muritor și să nu mai ascultați de poftele lui. Să nu mai dați în stăpânirea păcatului mădularele voastre, ca niște unelte ale nelegiuirii; ci dați-vă pe voi înșivă lui Dumnezeu, ca vii, din morți cum erați; și dați lui Dumnezeu mădularele voastre, ca pe niște unelte ale neprihănirii. (Rom. 6:5-13)

Măcar că trăim în firea pământească, totuși nu ne luptăm călăuziți de firea pământească. Căci armele cu care ne luptăm noi nu sunt supuse firii pământești, ci sunt puternice, întărite de Dumnezeu ca să surpe întăriturile. Noi răsturnăm izvodirile minții și orice înălțime care se ridică împotriva cunoștinței lui Dumnezeu; și orice gând îl facem rob ascultării de Hristos. (2 Cor. 10:3-5)

Dacă deci ați înviat împreună cu Hristos, să umblați după lucrurile de sus, unde Hristos șade la dreapta lui Dumnezeu. Gândiți-vă la lucrurile de sus, nu la cele de pe pământ. Căci voi ați murit, și viața voastră este ascunsă cu Hristos în Dumnezeu. Când Se va arăta Hristos, viața voastră, atunci vă veți arăta și voi împreună cu El în slavă. (Col 3:1-4)

d. Învierea lui Cristos ne dă puterea de a trăi o viață de victorie asupra păcatului și asupra necazurilor acestei lumi și de a manifesta roada Duhului lui Dumnezeu în umblarea noastră prin această lume.

Tot astfel, frații mei, prin trupul lui Hristos, și voi ați murit în ce privește Legea, ca să fiți ai altuia, adică ai Celui ce a înviat din morți; și aceasta, ca să aducem rod pentru Dumnezeu. (Rom. 7:4)

Și dacă Duhul Celui ce a înviat pe Isus dintre cei morți locuiește în voi, Cel ce a înviat pe Hristos Isus din morți va învia și trupurile voastre muritoare, din pricina Duhului Său, care locuiește în voi. Așadar, fraților, noi nu mai datorăm nimic firii pământești, ca să trăim după îndemnurile ei. Dacă trăiți după îndemnurile ei, veți muri; dar dacă, prin Duhul, faceți să moară faptele trupului, veți trăi. (Rom. 8:11-13)

Roada Duhului, dimpotrivă, este: dragostea, bucuria, pacea, îndelunga răbdare, bunătatea, facerea de bine, credincioșia, blândețea, înfrânarea poftelor. Împotriva acestor lucruri nu este lege. (Gal. 5:22-23)

Și care este față de noi, credincioșii, nemărginita mărime a puterii Sale, după lucrarea puterii tăriei Lui, pe care a desfășurat-o în Hristos, prin faptul că L-a înviat din morți și L-a pus să șadă la dreapta Sa, în locurile cerești. (Efes. 1:19-20)

La înfățișare a fost găsit ca un om, S-a smerit și S-a făcut ascultător până la moarte, și încă moarte de cruce. De aceea și Dumnezeu L-a înălțat nespus de mult și I-a dat Numele care este mai presus de orice nume; Astfel, dar, preaiubiților, după cum totdeauna ați fost ascultători, duceți până la capăt mântuirea voastră, cu frică și cutremur, nu numai când sunt eu de față, ci cu mult mai mult acum, în lipsa mea. Căci Dumnezeu este Acela care lucrează în voi și vă dă, după plăcerea Lui, și voința și înfăptuirea. (Filip. 2:8-9,12-13)

Pentru ca, astfel, să vă purtați într-un chip vrednic de Domnul, ca să-I fiți plăcuți în orice lucru, aducând roade în tot felul de fapte bune și crescând în cunoștința lui Dumnezeu, întăriți, cu toată puterea, potrivit cu tăria slavei Lui, pentru orice răbdare și îndelungă răbdare, cu bucurie. (Col. 1:10-11)

Imaginați-vă ce înseamnă a trăi o viață de putere plină de roada Duhului lui Dumnezeu în umblarea de zi cu zi—biruind păcatele și trecând ca niște învingători prin încercările vieții. Prin unirea noastră cu Cristos *primi puterea* [energia] de a umbla ca niște biruitori în fiecare zi (cp. Ioan 15:1-5 pentru o descriere excelentă a unirii noastre cu Cristos).

e. Învierea ne dă o nădejde vie, nădejdea slavei. Mintea noastră ar trebui să se focalizeze pe slava cerului care va fi a noastră fie când Dumnezeu ne ia acasă sau la revenirea lui Cristos.

Binecuvântat să fie Dumnezeu, Tatăl Domnului nostru Isus Hristos, care, după îndurarea Sa cea mare, ne-a născut din nou prin învierea lui Isus Hristos din morți, la o nădejde vie și la o moștenire nestricăcioasă și neîntinată, și care nu se poate veșteji, păstrată în ceruri pentru voi. (1 Pet 1:3-4)

COLOSENI 3:1-4

Şi dacă Duhul Celui ce a înviat pe Isus dintre cei morţi locuieşte în voi, Cel ce a înviat pe Hristos Isus din morţi va învia şi trupurile voastre muritoare, din pricina Duhului Său, care locuieşte în voi. Eu socotesc că suferinţele din vremea de acum nu sunt vrednice să fie puse alături cu slava viitoare, care are să fie descoperită faţă de noi. (Rom 8:11,18)

Care prin El sunteţi credincioşi în Dumnezeu care L-a înviat din morţi şi I-a dat slavă, pentru ca credinţa şi nădejdea voastră să fie în Dumnezeu. (1 Pet. 1:21)

f. Învierea lui Cristos garantează învierea noastră (vezi 1 Cor.15:12-58). Gândurile noastre trebuie să se centreze pe slava trupului glorificat pe care Dumnezeu ni l-a promis.

În adevăr, dacă ne-am făcut una cu El, printr-o moarte asemănătoare cu a Lui, vom fi una cu El şi printr-o înviere asemănătoare cu a Lui. (Rom. 6:5)

Şi ştim că Cel ce a înviat pe Domnul Isus ne va învia şi pe noi împreună cu Isus şi ne va face să ne înfăţişăm împreună cu voi. (2 Cor. 4:14)

Căci, dacă credem că Isus a murit şi a înviat, credem şi că Dumnezeu va aduce înapoi, împreună cu Isus, pe cei ce au adormit în El. Iată, în adevăr, ce vă spunem prin Cuvântul Domnului: noi cei vii, care vom rămâne până la venirea Domnului, nu vom lua-o înaintea celor adormiţi. Căci însuşi Domnul, cu un strigăt, cu glasul unui arhanghel şi cu trâmbiţa lui Dumnezeu, Se va coborî din cer, şi întâi vor învia cei morţi în Hristos. Apoi, noi cei vii, care vom fi rămas, vom fi răpiţi toţi împreună cu ei în nori, ca să întâmpinăm pe Domnul în văzduh; şi astfel vom fi totdeauna cu Domnul. Mângâiaţi-vă, dar, unii pe alţii cu aceste cuvinte. (1 Tes. 4:14-18)

g. Învierea ne asigură că Dumnezeu va judeca lumea prin Cristos. Minţile şi rugăciunile noastre ar trebui să se focalizeze pe evanghelizare şi pe faptul teribil că judecata vine. Fiecare om va trebui să dea socoteală înaintea lui Cristos şi toţi aceia care L-au respins vor fi despărţiţi de Dumnezeu pentru totdeauna.

Pentru că a rânduit o zi în care va judeca lumea după dreptate, prin Omul pe care L-a rânduit pentru aceasta şi despre care a dat tuturor oamenilor o dovadă netăgăduită, prin faptul că L-a înviat din morţi. (Fapte 17:31)

Şi I-a dat putere să judece, întrucât este Fiu al omului. Nu vă miraţi de lucrul acesta; pentru că vine ceasul când toţi cei din morminte vor auzi glasul Lui şi vor ieşi afară din ele. Cei ce au făcut binele vor învia pentru viaţă; iar cei ce au făcut răul vor învia pentru judecată. (Ioan 5:27-29)

Crisos a afirmat că Dumnezeu I-a încredinţat toată judecata: că El este Cel pe care Dumnezeu L-a rânduit să judece lumea. Dumnezeu a pecetluit şi a aprobat ceea ce a spus Cristos prin faptul că *L-a înviat din morţi*. Cristos Însuşi va judeca lumea. Judecata vine: învierea lui Cristos o dovedeşte.

2. Observaţi care sunt cele două motive pentru care trebuie să căutăm lucrurile lui Cristos şi cereşti: pentru că noi suntem morţi, şi vieţile noastre sunt *ascunse cu Cristos* în Dumnezeu.

a. Credinciosul este mort. El nu este mort din punct de vedere fizic; el încă trăieşte pe pământ. Dar Dumnezeu *îl consideră mort pe credincios* în moartea lui Cristos. Când a murit Cristos, a murit şi credinciosul—împreună cu Cristos *în mintea lui Dumnezeu*. Dumnezeu socoteşte astfel, şi orice consideră Dumnezeu, devine o realitate. Prin urmare, credinciosul este într-adevăr mort în mintea lui Dumnezeu. Acest lucru are o semnificaţie importantă: un om mort nu poate să păcătuiască, pentru că un om mort nu mai trăieşte pentru pământul acesta. El trăieşte pentru lumea de dincolo.

Meditaţia 1. Din moment ce suntem morţi, trebuie să căutăm şi să ne gândim la lucrurile lui Cristos şi la cele cereşti.

b. Credinciosul este *ascuns cu Cristos.* Ce înseamnă asta? Înseamnă că Dumnezeu îl consideră pe credincios *ascuns* în învierea şi viaţa lui Cristos. Când Cristos a înviat, El a înviat la o viaţă nouă, nu la *viaţa Lui cea veche.* El a murit faţă de viaţa Lui cea veche o dată pentru totdeauna. Prin urmare, atunci când se spune că credinciosul este *ascuns* în Cristos, înseamnă că Dumnezeu îl socoteşte pe credincios înviat împreună cu Cristos. Dumnezeu îl consideră pe credincios înviat la o viaţă nouă. Dumnezeu îl vede pe credincios *ascuns* în Cristos zi de zi. Dumnezeu îl vede umblând *în* Cristos şi în neprihănirea lui Cristos. Şi pentru că este în Cristos, credinciosul îşi concentrează mintea pe lucrurile de sus, pe lucrurile lui Cristos şi ale cerului. El îşi focalizează mintea şi viaţa asupra lucrurilor care Îi sunt plăcute lui Cristos.

COLOSENI 3:1-4

O ilustrație excelentă care exprimă ce înseamnă să fi *"ascuns cu Cristos"* este următoarea: ia degetul arătător de la mâna dreaptă și apucă-l cu mâna stângă. Imaginează-ți că degetul arătător ești tu și că mâna stângă Îl reprezintă pe Cristos. Unde ești tu (degetul arătător)? *În Cristos.* Ești ascuns în Cristos. Când Dumnezeu se uită la tine, El te vede *ascuns în Cristos.* (Vezi **STUDIU APROFUNDAT # 1**, *Credincios, Poziția în Cristos*—Rom. 8:1 pentru mai multe discuții.)

Meditația 1. Când ești ascuns în Cristos...
- Cristos este singurul pe care Dumnezeu Îl consideră viu. Cristos este viața ta în ochii lui Dumnezeu, viața în care trăiești.
- trăiești, te miști și îți ai ființa în noua viață a lui Cristos. Acum ești ascuns în viața lui Cristos. Nu mai ești văzut ca trăind și mișcându-te, căci ești *ascuns în Cristos.* Cristos este singura viață, singurul trup văzut de Dumnezeu și care trebuie să fie văzut în lume.

Gândiți-vă cât trebuie să fim de predați și de dăruiți lui Cristos—atât de dăruiți încât numai viața lui Cristos să fie văzută. Cum este posibil acest lucru?
⇒ Căutând lucrurile care sunt acolo sus, unde este așezat Cristos.
⇒ Concentrându-ne mințile asupra lucrurilor de sus, nu asupra celor de pe pământ. Străduindu-ne să dăm la o parte orice închipuire și orice lucru care se înalță deasupra cunoștinței lui Dumnezeu, până într-acolo încât să facem din fiecare gând un rob al lui Cristos.

În trăirea practică de fiecare zi, opriți televizorul; lăsați la o parte revistele și cărțile. Intrați în Cuvântul lui Dumnezeu; meditați și rugați-vă în fața Cuvântului, memorați și trăiți Cuvântul. În plus, petreceți timp singuri în rugăciune—cel puțin în fiecare dimineață și în fiecare seară—și învățați să șoptiți o rugăciune la fiecare câteva minute. Predați-vă viețile în totalitate lui Cristos; aduceți-vă trupurile ca o jertfă *vie* lui Dumnezeu: cunoașteți-L, credeți și înțelegeți-L și faceți-L cunoscut. Voi sunteți martorii Lui—faceți-o.

Voi sunteți martorii Mei - zice Domnul - voi și Robul Meu pe care L-am ales, ca să știți, ca să Mă credeți și să înțelegeți că Eu sunt: înainte de Mine n-a fost niciun dumnezeu, și după Mine nu va fi. (Isaia 43:10)

Nu avem cum să Îl cunoaștem dacă nu ne concentrăm mintea asupra Lui. Prin urmare, să facem acest lucru mergând în odăița noastră de rugăciune și căutând fața Lui cu o dăruire înnoită.
⇒ Viețile noastre sunt ascunse cu Cristos. .
⇒ Noi trăim, și totuși nu trăim noi, ci Cristos trăiește în noi (Gal. 2:20).
⇒ Noi suntem mereu dați la moarte de dragul lui Isus, pentru ca viața lui Cristos să fie descoperită în trupul nostru muritor. (2 Cor.4:11).
⇒ Pentru noi a trăi este Cristos și a muri este un câștig (Filip.1:21).
⇒ Noi știm următorul lucru: am trecut de la moarte la viață—prin urmare, să trăim pentru Cristos (1 Ioan 3:14).

3. Observați care este răsplata pentru a fi ascuns în Cristos și pentru a căuta lucrurile lui Cristos și ale cerului: răsplata este de a ne arăta cu Cristos în slavă. Gândiți-vă un moment: Dumnezeu ne vede *ascunși cu Cristos;* prin urmare, suntem înviați cu Cristos. Asta înseamnă că fiind înviați din morți, nu mai trebuie să murim niciodată. Cristos trăiește deja în prezența lui Dumnezeu. Din moment ce Dumnezeu ne vede *ascunși cu Cristos,* Dumnezeu ne vede în prezența Lui. El deja ne-a acceptat ca fiind în prezența lui pentru totdeauna—toate acestea pentru că noi suntem acolo *"ascunși cu Cristos".*

Acum, la modul propriu, noi suntem încă pe pământ. Dumnezeu ne-a lăsat aici ca să fim martori ai lui. Dar când El va fi gata să ne ia acasă în cer, atunci se va întâmpla următorl lucru : când ne vom confrunta cu moartea—în ultima secundă, în ultimul moment, chiar înainte de a părăsi lumea aceasta pentru a intra în următoarea—Dumnezeu ne va aținti mințile asupra lui Isus și ne va transporta imediat în împărăția Lui cerească (vezi **STUDIU APROFUNDAT # 1**—2 Tim. 4:18). Dumnezeu ne va ajuta să *ne concentrăm mintea* și noi nu vom gusta sau experimenta moartea (vezi Ioan 8:51-52; Evrei 2:9).

Observați că acest verset are de a face cu revenirea lui Cristos. Când Cristos se va întoarce, noi ne vom înfățișa și vom reveni cu El *în slavă.* Vor fi ceruri noi și un pământ nou și Cristos va domni în veci de veci, și noi vom domni în slavă cu El.

Atunci cei neprihăniți vor străluci ca soarele în Împărăția Tatălui lor. Cine are urechi de auzit să audă. (Mat. 13:43)

Căci întristările noastre ușoare, de o clipă, lucrează pentru noi tot mai mult o greutate veșnică de slavă. (2 Cor. 4:17)

El va schimba trupul stării noastre smerite și-l va face asemenea trupului slavei Sale, prin lucrarea puterii pe care o are de a-Și supune toate lucrurile. (Filip. 3:21)

Când Se va arăta Hristos, viața voastră, atunci vă veți arăta și voi împreună cu El în slavă. (Col. 3:4)

De aceea rabd totul pentru cei aleși, pentru ca și ei să capete mântuirea care este în Hristos Isus, împreună cu slava veșnică. (2 Tim. 2:10)

Sfătuiesc pe prezbiterii dintre voi, eu, care sunt un prezbiter ca și ei, un martor al patimilor lui Hristos și părtaș al slavei care va fi descoperită. (1 Pet. 5:1)

| 1. Prima cerință este violentă: Omorâți toate păcatele care înrobesc trupul și mădularele
a. Lista de păcate
b. Motivele
  1) Astfel de păcate aduce mania lui Dumnezeu asupra omului
  2) Astfel de păcate aparțin vieții vechi

2. A doua cerință este | **B. Cerințele violente ale noii vieți, 3:5-11**

5. De aceea, omorâți mădularele voastre care sunt pe pământ: curvia, necurăția, patima, pofta rea și lăcomia, care este o închinare la idoli.
6. Din pricina acestor lucruri vine mânia lui Dumnezeu peste fiii neascultării.
7. Din numărul lor erați și voi odinioară, când trăiați în aceste păcate.
8. Dar acum lăsați-vă de toate aceste lucruri: | de mânie, de vrăjmășie, de răutate, de clevetire, de vorbele rușinoase care v-ar putea ieși din gură.
9. Nu vă mințiți unii pe alții, întrucât v-ați dezbrăcat de omul cel vechi cu faptele lui,
10. și v-ați îmbrăcat cu omul cel nou, care se înnoiește spre cunoștință, după chipul Celui ce l-a făcut.
11. Aici nu mai este nici grec, nici iudeu, nici tăiere împrejur, nici netăiere împrejur, nici barbar, nici scit, nici rob, nici slobod, ci Hristos este totul și în toți. | violentă: Lăsați-vă de păcatele care înrobesc emoțiile și limba
a. Lista de păcate
b. Motivele
  1) Ne-am dezbrăcat de omul cel vechi
  2) Ne-am îmbrăcat cu omul cel nou

  3) Suntem *un singur trup* în Cristos |

SECȚIUNEA V

CERINȚELE NOII VIEȚI A CREDINCIOSULUI: UN CARACTER DEOSEBIT, 3:1-17

B. Cerințele violente ale noii vieți, 3:5-11

(3:5-11) **Introducere**: acesta este un pasaj violent din Scriptură, un pasaj care atacă multe persoane exact acolo unde se află. Dar este un pasaj de care avem nevoie disperată cu toții. El tratează cerințele violente ale noii vieți în Cristos a credinciosului.

1. Prima cerință este violentă: omorâți toate păcatele care întrobesc trupul și mădularele (vv.5-7).
2. A doua cerință este violentă: lăsați-vă de păcatele care înrobesc emoțiile și limba (vv.8-11).

1. (3:5-7) **Păcatele trupului—Omorâți—Mânia lui Dumnezeu**: prima cerință este una violentă—omorâți păcatele care înrobesc trupul și mădularele lui. Expresia "omorâți" înseamnă a se purta în așa fel ca și cum trupul ar fi mort. Credinciosul trebuie să ia mădularele, membrele trupului său și să le dea la moarte în ceea ce privește păcatul. Cum poate un credincios să facă lucrul acesta? Considerând că trupul său este *ascuns în moartea lui Cristos.* El se poartă ca și cum trupul său ar fi mort împreună cu Cristos. Și nu uitați: un om mort nu poate să păcătuiască; un om mort nu poate face nimic. Prin urmare, credinciosul este mort față de păcat.

Ideea este următoarea: această acțiune se petrece la nivelul minții sau al spiritului. Un om dorește să trăiască pentru Dumnezeu; prin urmare, el privește la trupul său și la păcat. Singurul mod în care el poate birui păcatul este purtându-se față de trupul său ca și cum ar fi mort față de păcat, sau purtându-se față de păcat ca și cum ar fi mort față de trupul său. Acest om trebuie să trăiască ca și cum trupul său nu are nimic de a face cu păcatul, și ca și cum păcatul nu are nimic de a face cu trupul său. Dar observați: această viață este posibilă numai în Cristos. Numai Cristos—prin Duhul Sfânt—poate lucra în inima omului și poate să-i dea energia și puterea de a birui păcatul *permanent și pentru totdeauna.* Unii oameni se pot autodisciplina pentru a birui păcatul, dar nu pot să o facă pentru *toate păcatele, nici în mod permanent și pentru totdeauna.* Acest lucru se poate face numai prin Cristos. Există o diferență enormă între disciplina omenească și controlul divin, și această diferență o face Isus Cristos. (Vezi comentariile—Filip.2:13; Col.3:4 pentru mai multe discuții.)

1. Care sunt păcatele care trebuie omorâte sau date la moarte? Biblia este foarte precisă, pentru că există câteva păcate specifice care au tendința de a înrobi trupul omenesc.
   a. Păcatul *imoralității sexuale* (vezi comentariul, pct.2—Gal.5:19-21 pentru discuții).
   b. Păcatul *necurăției* (vezi comentariul, pct.3—Gal.5:19-21 pentru discuții).
   c. Păcatul *poftei* (pathos): pasiunea, dorința, excitarea, o poftă nestăpânită. Este vorba, desigur, de o dorință și o tânjire după lucrurile greșite, cum ar fi excesul de mâncare, alcoolul, drogurile, nuditatea, pornografia, literature obscenă, relații nepotrivite, sex în afara căsătoriei, etc.

> Dar Eu vă spun că oricine se uită la o femeie ca s-o poftească, a și preacurvit cu ea în inima lui. Dacă deci ochiul tău cel drept te face să cazi în păcat, scoate-l și leapădă-l de la tine; căci este spre folosul tău să piară unul din mădularele tale și să nu-ți fie aruncat tot trupul în gheenă. (Mat. 5:28-29)

Din pricina aceasta, Dumnezeu i-a lăsat în voia unor patimi scârboase; căci femeile lor au schimbat întrebuințarea firească a lor în una care este împotriva firii; tot astfel, și bărbații au părăsit întrebuințarea firească a femeii, s-au aprins în poftele lor unii pentru alții, au săvârșit parte bărbătească cu parte bărbătească lucruri scârboase și au primit în ei înșiși plata cuvenită pentru rătăcirea lor. (Rom. 1:26-27)

Zic, dar: umblați cârmuiți de Duhul și nu împliniți poftele firii pământești. Căci firea pământească poftește împotriva Duhului, și Duhul împotriva firii pământești: sunt lucruri potrivnice unele altora, așa că nu puteți face tot ce voiți. (Gal. 5:16-17)

Cei ce sunt ai lui Hristos Isus și-au răstignit firea pământească împreună cu patimile și poftele ei. (Gal 5:24)

Fugi de poftele tinereții și urmărește neprihănirea, credința, dragostea, pacea, împreună cu cei ce cheamă pe Domnul dintr-o inimă curată. (2 Tim 2:22)

d. Păcatul *dorințelor rele* (epithumian kaken): dorințe rele, o tânjire după tot felule de lucruri rele. Este vorba despre acel lucru din om care îl impinge să dorească, să ia, să apuce și să se aplece spre tot felul de lucruri rele care îi fac plăcere trupului și mădularelor sale. Este acea dorință care îl face pe om...

- să continue să privească
- să continue să simtă
- să continue să atingă
- să continue să asculte
- să continue să miroase
- să continue să caute

Nu în aprinderea poftei, ca Neamurile care nu cunosc pe Dumnezeu. (1 Tes. 4:5)

Ci fiecare este ispitit, când este atras de pofta lui însuși și momit. Apoi pofta, când a zămislit, dă naștere păcatului; și păcatul, odată făptuit, aduce moartea. (Iacov 1:14-15)

Preaiubiților, vă sfătuiesc ca pe niște străini și călători, să vă feriți de poftele firii pământești, care se războiesc cu sufletul.(1 Pet. 2:11)

e. Păcatul *lăcomiei* (pleonexian): dorința, tânjirea, pofta de a avea ceva. Înseamnă a dori ceva de care nu ai nevoie; înseamnă a dori mai mult decât ai nevoie și mai mult decât ar trebuie să ai. Observați că lăcomia este idolatrie. Dacă un om privește atât de mult la ceva încât poftește lucrul respectiv, el transformă acel lucru în dumnezeul lui pe care îl caută cu toată energia lui și cu toate eforturile minții și trupului său. (Vezi comentariul, pct.7—Efes.4:17-19; Rom.13:9 pentru mai multe discuții.)

Să nu poftești casa aproapelui tău; să nu poftești nevasta aproapelui tău, nici robul lui, nici roaba lui, nici boul lui, nici măgarul lui, nici vreun alt lucru care este al aproapelui tău. (Exod 20:17)

Căci de la cel mai mic până la cel mai mare, toți sunt lacomi de câștig; de la proroc până la preot, toți înșală. (Ier. 6:13)

Și vin cu grămada la tine, stau înaintea ta ca popor al Meu, ascultă cuvintele tale, dar nu le împlinesc, căci cu gura vorbesc dulce de tot, dar cu inima umblă tot după poftele lor. (Ezec. 33:31)

Dacă poftesc ogoare, pun mâna pe ele, dacă doresc case, le răpesc; asupresc pe om și casa lui, pe om și moștenirea lui. (Mica 2:2)

Vai de cel ce strânge câștiguri nelegiuite pentru casa lui, ca să-și așeze apoi cuibul într-un loc înalt și să scape din mâna nenorocirii! (Hab. 2:9)

Am să vă arăt de cine să vă temeți. Temeți-vă de Acela care, după ce a ucis, are puterea să arunce în gheenă; da, vă spun, de El să vă temeți. (Luca 12:15)

De aceea, omorâți mădularele voastre care sunt pe pământ: curvia, necurăția, patima, pofta rea și lăcomia, care este o închinare la idoli. (Col. 3:5)

Căci iubirea de bani este rădăcina tuturor relelor; și unii, care au umblat după ea, au rătăcit de la credință și s-au străpuns singuri cu o mulțime de chinuri.(1 Tim. 6:10)

2. Există două motive puternice pentru a da la moarte păcatele care înrobesc trupul.

a. Asemenea păcate aduc mania lui Dumnezeu asupra oamenilor. Cuvântul *mânie* (orge) înseamnă furie, dar nu este vorba de o furie care se aprinde repede, nici de furia care are ca sursă emoțiile puternice. Ci, este vorba despre o furie decisivă și deliberată. Este o furie care vine în urma unei decizii bine gândite, o furie care vine de la nivelul intelectual, pentru că cineva a făcut ceva rău și jignitor. Este o furie care judecă și condamnă păcatul şi răul, imoralitatea şi nedreptatea. Este o furie care urăşte păcatul şi răul, şi ca urmare pregăteşte o răzbunare şi o pedeapsă pe măsură.

> Dar când a văzut pe mulţi din farisei şi din saduchei că vin să primească botezul lui, le-a zis: "Pui de năpârci, cine v-a învăţat să fugiţi de mânia viitoare? (Mat. 3:7)
> Mânia lui Dumnezeu se descoperă din cer împotriva oricărei necinstiri a lui Dumnezeu şi împotriva oricărei nelegiuiri a oamenilor care înăbuşă adevărul în nelegiuirea lor. (Rom. 1:18)
> Dar, cu împietrirea inimii tale, care nu vrea să se pocăiască, îţi aduni o comoară de mânie pentru ziua mâniei şi a arătării dreptei judecăţi a lui Dumnezeu, şi va da mânie şi urgie celor ce, din duh de gâlceavă, se împotrivesc adevărului şi ascultă de nelegiuire. Necaz şi strâmtorare va veni peste orice suflet omenesc care face rău: întâi peste iudeu, apoi peste grec. (Rom. 2:5,8-9)
> Nimeni să nu vă înşele cu vorbe deşarte; căci din pricina acestor lucruri vine mânia lui Dumnezeu peste oamenii neascultători. (Efes. 5:6)
> Căci ei înşişi istorisesc ce primire ne-aţi făcut şi cum de la idoli v-aţi întors la Dumnezeu, ca să slujiţi Dumnezeului celui viu şi adevărat şi să aşteptaţi din ceruri pe Fiul Său, pe care L-a înviat din morţi, pe Isus, care ne izbăveşte de mânia viitoare. (1 Tes. 1:9-10)

b. Astfel de păcate erau obişnuite în viaţa noastră cea veche. Noi obişnuiam să umblăm şi să trăim în asemenea păcate, dar nu o mai facem acum. Care este diferenţa? Cristos. Acum suntem *ascunşi în Cristos*. El ne-a mântuit de păcatele care atrag mania lui Dumnezeu asupra noastră. A ne întoarce şi a reîncepe să umblăm în aceleaşi păcate ar însemna să Îl negăm pe Cristos. Şi nu trebuie să facem acest lucru...
   • pentru a nu frânge inima lui Dumnezeu abuzând de moartea Fiului Său iubit
   • pentru a nu atrage mania lui Dumnezeu peste noi

> Voi eraţi morţi în greşelile şi în păcatele voastreîn care trăiaţi odinioară, după mersul lumii acesteia, după domnul puterii văzduhului, a duhului care lucrează acum în fiii neascultării. (Efes. 2:1-2)
> Urmaţi-mă pe mine, fraţilor, şi uitaţi-vă bine la cei ce se poartă după pilda pe care o aveţi în noi. Căci v-am spus de multe ori, şi vă mai spun şi acum, plângând: sunt mulţi care se poartă ca vrăjmaşi ai crucii lui Hristos. Sfârşitul lor va fi pierzarea. Dumnezeul lor este pântecele, şi slava lor este în ruşinea lor, şi se gândesc la lucrurile de pe pământ. Dar cetăţenia noastră este în ceruri, de unde şi aşteptăm ca Mântuitor pe Domnul Isus Hristos. El va schimba trupul stării noastre smerite şi-l va face asemenea trupului slavei Sale, prin lucrarea puterii pe care o are de a-Şi supune toate lucrurile. (Filip. 3:17-21)
> Ajunge, în adevăr, că în trecut aţi făcut voia neamurilor şi aţi trăit în desfrânări, în pofte, în beţii, în ospeţe, în chefuri şi în slujiri idoleşti neîngăduite. De aceea se miră ei că nu alergaţi împreună cu ei la acelaşi potop de desfrâu şi vă batjocoresc. Dar au să dea socoteală înaintea Celui ce este gata să judece viii şi morţii. (1 Pet. 4:3-5)
> Dar voi, preaiubiţilor, aduceţi-vă aminte de vorbele vestite mai dinainte de apostolii Domnului nostru Isus Hristos. Cum vă spuneau că în vremurile din urmă vor fi batjocoritori, care vor trăi după poftele lor nelegiuite. Ei sunt aceia care dau naştere la dezbinări, oameni supuşi poftelor firii, care n-au Duhul. Dar voi, preaiubiţilor, zidiţi-vă sufleteşte pe credinţa voastră preasfântă, rugaţi-vă prin Duhul Sfânt, ţineţi-vă în dragostea lui Dumnezeu şi aşteptaţi îndurarea Domnului nostru Isus Hristos pentru viaţa veşnică. (Iuda 1:17-21)

2. (3:8-11) **Omul cel nou—Omul cel vechi—Emoţii—Limbă**: a doua cerinţă este deasemenea violentă—să ne dezbrăcăm de păcatele care înrobesc emoţiile şi limba. Imaginea este aceea de a ne dezbrăca de haine.

1. Sunt şase păcate de care trebuie să ne dezbrăcăm. Observaţi: toate cele şase au de a face cu emoţii profunde sau cu limba—reacţii şi sentimente împotriva altei persoane.
   a. Păcatul *mânie* (orgen): (vezi comentariul—Efes.4:26-27 pentru discuţii).
   b. Păcatul *furiei* (thumon): (vezi comentariul, pct.10—Gal.5:19-21 pentru discuţii).
   c. Păcatul *răutăţii* (kakian): sentimente profunde înrădăcinate împotriva unei alte persoane, ură care durează, o amărăcine şi o ranchiună profundă îndreptată împotriva unei alte persoane.

> Să prăznuim, dar, praznicul nu cu un aluat vechi, nici cu un aluat de răutate şi viclenie, ci cu azimele curăţiei şi adevărului. (1 Cor. 5:8)
> Fraţilor, nu fiţi copii la minte; ci la răutate fiţi prunci; iar la minte fiţi oameni mari. (1 Cor. 14:20)
> Orice amărăciune, orice iuţeală, orice mânie, orice strigare, orice clevetire şi orice fel de răutate să piară din mijlocul vostru. (Efes. 4:31)

COLOSENI 3:5-11

Dar acum lăsați-vă de toate aceste lucruri: de mânie, de vrăjmășie, de răutate, de clevetire, de vorbele rușinoase care v-ar putea ieși din gură. (Col. 3:8)

Lepădați, dar, orice răutate, orice vicleșug, orice fel de prefăcătorie, de pizmă și de clevetire. (1 Pet. 2:1)

d. Păcatul *defăimării* (blasphemian): vorbirea care insultă, rănește, jignește și arată dispreț. Înseamnă a ocărî pe cineva.

Fiindcă iudeii i se împotriveau și-l batjocoreau, Pavel și-a scuturat hainele și le-a zis: Sângele vostru să cadă asupra capului vostru; eu sunt curat. De acum încolo, mă voi duce la Neamuri. (Fapte 18:6)

Din numărul lor sunt Imeneu și Alexandru, pe care i-am dat pe mâna Satanei, ca să se învețe să nu hulească. (1 Tim. 1:20)

Și voi înjosiți pe cel sărac! Oare nu bogații vă asupresc și vă târăsc înaintea judecătoriilor? Nu batjocoresc ei frumosul nume pe care-l purtați? (Iacov 2:6-7)

Apoi am stat pe nisipul mării. Și am văzut ridicându-se din mare o fiară cu zece coarne și șapte capete; pe coarne avea zece cununi împărătești, și pe capete avea nume de hulă. (Apoc. 13:1)

Și au hulit pe Dumnezeul cerului, din pricina durerilor lor și din pricina rănilor lor rele, și nu s-au pocăit de faptele lor. (Apoc. 16:11)

e. Păcatul *vorbirii murdare* (aischrologian) (vezi comentariul, pct.1—Efes.5:4 pentru discuții).
f. Păcatul *minciunii*: (vezi comentariul—Efes.4:25 pentru discuții).
2. Există trei motive puternice pentru care noi trebuie să ne dezbrăcăm de păcatele emoțiilor și ale limbii.
a. Trebuie să ne dezbrăcăm de *omul cel vechi* (vezi STUDIU APROFUNDAT # 1, *Omul cel vechi*—Efes.4:22 pentru discuții).
b. Trebuie să ne îmbrăcăm cu *omul cel nou* (vezi STUDIU APROFUNDAT # 3, *Omul cel nou*—Efes.4:24; STUDIU APROFUNDAT # 3, *Minte înnoită*—Efes.4:23 pentru discuții).
c. Noi suntem cu toții *un singur trup* în Cristos (v.11). Cristos a făcut posibil ca noi să fim adoptați ca și copii, fii și fiice, ai lui Dumnezeu. Noi suntem cu toții—fiecare dintre noi—copii ai lui Dumnezeu. Aparținem aceleiași familii—familia lui Dumnezeu. Prin urmare, nu este loc pentru reacții unii împotriva celorlalți, nu este loc pentru...

- mânie
- furie
- răutate
- vorbire defăimătoare, jignitoare
- vorbire murdară
- minciună

Observați cum Scriptura acoperă toate domeniile care ar putea isca dezbinări și neînțelegeri între noi:

⇒ rasa și nașterea (Grec sau Iudeu)
⇒ religia și ritualul (trăierea împrejur sau netăirerea împrejur)
⇒ educația și cultura (Barbar sau Scit)
⇒ clasa socială și bogăția sau proprietățile (rob sau liber)

Tot așa și noi, care suntem mulți, alcătuim un singur trup în Hristos; dar, fiecare în parte, suntem mădulare unii altora. (Rom. 12:5)

Având în vedere că este o pâine, noi, care suntem mulți, suntem un trup; căci toți luăm o parte din aceeași pâine. (1 Cor. 10:17)

Nu mai este nici iudeu, nici grec; nu mai este nici rob, nici slobod; nu mai este nici parte bărbătească, nici parte femeiască, fiindcă toți sunteți una în Hristos Isus. (Gal. 3:28)

Până vom ajunge toți la unirea credinței și a cunoștinței Fiului lui Dumnezeu, la starea de om mare, la înălțimea staturii plinătății lui Hristos. (Efes. 4:13)

	C. Hainele noii vieţi, 3:12-14
1. Sunt aleşii lui Dumnezeu, sfinţi şi preaiubiţi	12. Astfel, dar, ca nişte aleşi ai lui Dumnezeu, sfinţi şi preaiubiţi, îmbrăcaţi-vă cu o inimă plină de îndurare, cu bunătate, cu smerenie, cu blândeţe, cu îndelungă răbdare.
2. Haina îndurării	
3. Haina bunătăţii	
4. Haina smereniei	
5. Haina blândeţii	
6. Haina răbdării	
7. Haina îngăduinţei	13 Îngăduiţi-vă unii pe alţii, şi dacă unul are pricină să se plângă de altul, iertaţi-vă unul pe altul. Cum v-a iertat Hristos, aşa iertaţi-vă şi voi.
8. Haina iertării	
9. Haina dragostei	14 Dar mai presus de toate acestea, îmbrăcaţi-vă cu dragostea, care este legătura desăvârşirii.

SECŢIUNEA V

CERINŢELE NOII VIEŢI A CREDINCIOSULUI: UN CARACTER DEOSEBIT, 3:1-17

C. Hainele noii vieţi, 3:12-14

(3:12-14) **Introducere**: din momentul în care un om L-a primit pe Cristos, el are o viaţă nouă. După cum am văzut în pasajul precedent, credinciosul trebuie să se dezbrace de hainele vieţii sale vechi, pentru că hainele vechii vieţi nu se potrivesc cu viaţa lui cea nouă. Acum, sunt câteva haine pe care credinciosul trebuie să le îmbrace, câteva haine care se potrivesc cu noua lui viaţă în Cristos.

1. Sunt aleşii lui Dumnezeu, sfinţi şi preaiubiţi (v.12).
2. Haina îndurării (v.12).
3. Haina bunătăţii (v.12).
4. Haina smereniei (v.12).
5. Haina blândeţii (v.12).
6. Haina răbdării (v.12).
7. Haina îngăduinţei (v.13).
8. Haina iertării (v.13).
9. Haina dragostei (v.14).

1. (3:12-14) **Viaţa cea nouă**: hainele celor aleşi. Credincioşii sunt "aleşii lui Dumnezeu." Ei sunt oamenii aleşi de Dumnezeu ca să fie poporul Său sfânt şi preaiubit.

⇒ Credincioşii au fost aleşi pentru a fi *sfinţi*. Cuvântul *sfinţi* înseamnă a fi separaţi sau puşi de-o parte. Dumnezeu i-a chemat pe credincioşi afară din lume şi departe de viaţa cea veche pe care lumea o oferea, viaţa veche de păcat şi de moarte. El i-a chemat să fie separaţi de lume şi puşi de-o parte pentru El şi pentru viaţa cea nouă pe care El o oferă, o viaţă nouă de neprihănire şi veşnică.

⇒ Credincioşii au fost aleşi pentru a fi *preaiubiţii* lui Dumnezeu. Dumnezeu i-a chemat pe credincioşi să se întoarcă de la viaţa cea veche în care Îl urau pe Dumnezeu, viaţa cea veche care se răzvrătea, Îl ignora, Îl nega şi Îl blestema mereu pe Dumnezeu. Dumnezeu i-a chemat pe credincioşi să fie preaiubiţii Lui, oamenii care primesc dragostea lui în Isus Cristos şi care Îi permit să Îşi reverse dragostea peste ei.

Ideea este următoarea: cei aleşi ai lui Dumnezeu, sfinţi şi preaiubiţi, sunt aceia care au crezut cu adevărat şi s-au încrezut în Isus Cristos ca Mântuitor. Aceşti oameni, credincioşii, sunt cei care au acum o *viaţă nouă* în Cristos. Prin urmare, acest pasaj este pentru credincios. Observaţi încă un lucru: porunca: *îmbrăcaţi-vă* (enduno). Aceasta este imaginea de a-şi pune îmbrăcăminte; credinciosul trebui *să îşi îmbrace omul cel nou*. Omul cel nou nu trebuie lăsat gol; el trebuie îmbrăcat. Care sunt hainele pe care trebuie să le îmbrace? Sunt opt haine pentru omul cel nou.

2. (3:12) **Îndurare—Compasiune**: credinciosul trebuie să îmbrace haina îndurării. *Îndurarea* (oiktirmou) înseamnă milă, compasiune. Dumnezeu a arătat atâta milă faţă de noi, încât un lucru pe care trebuie neapărat să-l facem este să arătăm milă faţă de alţii. Compasiunea şi mila ar trebui să se reverse din inimile noastre spre cei...

- pierduți
- nestatornici
- singuri
- care suferă
- bolnavi
- săraci

- fără locuință
- flămânzi
- bătrâni
- goi
- sărmani
- orfani

Desigur, lista poate continua. Ideea este că credinciosul nu mai are dreptul de a trece cu vederea pe cei nevoiași din lume fără a se implica. El este acum un om nou, și una din hainele omului nou este haina îndurării. Credinciosul trebuie să se îmbrace cu îndurare. El trebuie să aibă compasiune și să vină în întâmpinarea nevoilor care se află în lume—să se implice cu tot cea are și cu tot ce este, fără a refuza nimic atâta timp cât există nevoi în lume.

> Împarte-ți pâinea cu cel flămând și adu în casa ta pe nenorociții fără adăpost; dacă vezi pe un om gol, acoperă-l, și nu întoarce spatele semenului tău. (Isa 58:7)
> În toate privințele v-am dat o pildă și v-am arătat că, lucrând astfel, trebuie să ajutați pe cei slabi și să vă aduceți aminte de cuvintele Domnului Isus, care însuși a zis: "Este mai ferice să dai decât să primești. (Fapte 20:35)
> Aduceți-vă aminte de cei ce sunt în lanțuri, ca și cum ați fi și voi legați cu ei; de cei chinuiți, ca unii care și voi sunteți în trup. (Evrei 13:3)

3. (3:12) **Bunătate**: credinciosul trebuie să se îmbrace cu haina *bunătății*. (vezi comentariul, pct.5—Gal.5:22-23 pentru discuții.)

4. (3:12) **Smerenia**: credinciosul treuie să se îmbrace cu haina *smereniei*. (Vezi comentariul și STUDIU APROFUNDAT # 1, *Smerenia*—Filip.2:3 pentru discuții.)

5. (3:12) **Blândețea** : credinciosul trebuie să se îmbrace cu haina *blândeții*. (Vezi comentariul, pct.8—Gal.5:22-23.)

6. (3:12) **Răbdarea**: credinciosul trebuie să se îmbrace cu haina *răbdării*. (Vezi comentariul, pct.4—Gal.5:22-23.)

7. (3:13) **Îngăduința**: credinciosul trebuie să se îmbrace cu haina *îngăduinței*. A se îngădui unii pe alții (anechomenoi) înseamnă a se reține; a suporta; a se abține; a se controla.

De multe ori se uită ceva: există multe lucruri la fiecare dintre noi pe care oamenii trebuie să le îngăduie. Cei din jur trebuie să suporte o mulțime de lucruri atunci când au de a face cu noi. Fiecare om este vinovat de...

- slăbiciune
- purtare neatrăgătoare
- purtare greșită
- neglijență
- eșec
- purtare rea
- purtare iritantă

Există unele lucruri la fiecare dintre noi care nu le plac anumitor oameni. Nimeni nu scapă de asta. În plus, fiecare dintre noi face lucruri care îi irită pe cei din jur. Din nou, ni se întâmplă tuturora. Oricui i se pot găsi slăbiciuni și defecte.

Dar observați: nu aceasta spune Scriptura să facem. Scriptura spune că credinciosul trebuie să îmbrace haina îngăduinței. Credinciosul trebuie să poarte și să rabde slăbiciunile celorlalți. El trebuie să suporte și să îndure defectele altor credincioși.

> Pavel, rob al lui Isus Hristos, chemat să fie apostol, pus deoparte ca să vestească Evanghelia lui Dumnezeu. (Rom. 15:1)
> Purtați-vă sarcinile unii altora și veți împlini astfel legea lui Hristos. (Gal. 6:2)
> Vă sfătuiesc, dar, eu, cel întemnițat pentru Domnul, să vă purtați într-un chip vrednic de chemarea pe care ați primit-o. (Efes. 4:1)
> Cu toată smerenia și blândețea, cu îndelungă răbdare; îngăduiți-vă unii pe alții în dragoste. (Efes. 4:2)

> Îngăduiţi-vă unii pe alţii, şi dacă unul are pricină să se plângă de altul, iertaţi-vă unul pe altul. Cum v-a iertat Hristos, aşa iertaţi-vă şi voi. (Col. 3:13)

8. (3:13) **Iertarea:** credinciosul trebuie să se îmbrace cu haina *iertării;* el trebuie *să ierte* (charizomenoi). Cuvântul înseamnă să fi amabil cu celălat; să îl ierţi pentru un rău pe care l-a făcut împotriva ta. Observaţi: a avut loc o ceartă sau o neînţelegere. Cineva ne-a rănit şi ne-a făcut să suferim. Dar orice ar fi făcut, noi trebuie să ne îmbrăcăm într-un duh de iertare. Trebuie să fim atât de îmbrăcaţi în acest duh de iertare încât nicio neînţelegere şi nici o ceartă să nu ne poată clătina.

Observaţi de ce: pentru că Cristos ne-a iertat. Indiferent de cât de mult rău a făcut cineva împotriva noastră, nu se poate compara cu răul pe care noi I L-am făcut lui Cristos. Şi totuşi, Cristos ne-a iertat. Prin urmare, şi noi trebuie să îi iertăm pe cei care au făcut rău împotriva noastră—oricât de mare ar fi acest rău.

> Şi, când staţi în picioare de vă rugaţi, să iertaţi orice aveţi împotriva cuiva, pentru ca şi Tatăl vostru care este în ceruri să vă ierte greşelile voastre. (Marcu 11:25)
>
> Voi însă iubiţi pe vrăjmaşii voştri, faceţi bine şi daţi cu împrumut, fără să nădăjduiţi ceva în schimb. Şi răsplata voastră va fi mare şi veţi fi fiii Celui Preaînalt; căci El este bun şi cu cei nemulţumitori şi cu cei răi. Fiţi, dar, milostivi cum şi Tatăl vostru este milostiv. (Luca 6:35-36)
>
> Şi, chiar dacă păcătuieşte împotriva ta de şapte ori pe zi, şi de şapte ori pe zi se întoarce la tine şi zice: "Îmi pare rău!", să-l ierţi." (Luca 17:4)
>
> Dimpotrivă, fiţi buni unii cu alţii, miloşi şi iertaţi-vă unul pe altul, cum v-a iertat şi Dumnezeu pe voi în Hristos. (Efes. 4:32)
>
> Îngăduiţi-vă unii pe alţii, şi dacă unul are pricină să se plângă de altul, iertaţi-vă unul pe altul. Cum v-a iertat Hristos, aşa iertaţi-vă şi voi. (Col. 3:13)

9. (3:14) **Dragostea:** mai presus de orice, credinciosul trebuie să se îmbrace cu haina *dragostei* (agapen). Observaţi că dragostea trebuie să fie haina principală a noii vieţi a creştinului. Ea "este legătura desăvârşirii"; adică, dragostea face legătura între toate calităţile noii vieţi a credinciosului. Dacă credinciosul s-a îmbrăcat cu dragostea—dacă el îi iubeşte într-adevăr pe oameni—atunci el este mereu îmbrăcat cu...

- îndurare
- bunătate
- smerenie
- blândeţe
- răbdare
- îngăduinţă
- iertare

> Căci, pe când eram noi încă fără putere, Hristos, la vremea cuvenită, a murit pentru cei nelegiuiţi. (Rom. 5:6)
>
> Dar Dumnezeu Îşi arată dragostea faţă de noi prin faptul că, pe când eram noi încă păcătoşi, Hristos a murit pentru noi. (Rom. 5:8)
>
> Căci, dacă atunci când eram vrăjmaşi, am fost împăcaţi cu Dumnezeu, prin moartea Fiului Său, cu mult mai mult acum, când suntem împăcaţi cu El, vom fi mântuiţi prin viaţa Lui. (Rom. 5:10)
>
> Isus i-a răspuns: "Cea dintâi este aceasta: "Ascultă Israele! Domnul Dumnezeul nostru este un singur Domn"; şi: "Să iubeşti pe Domnul Dumnezeul tău cu toată inima ta, cu tot sufletul tău, cu tot cugetul tău şi cu toată puterea ta"; iată porunca dintâi. Iar a doua este următoarea: "Să iubeşti pe aproapele tău ca pe tine însuţi." Nu este altă poruncă mai mare decât acestea." (Marcu 12:29-31)
>
> Acum, dar, rămân acestea trei: credinţa, nădejdea şi dragostea; dar cea mai mare dintre ele este dragostea. (1 Cor. 13:13)

	D. Inima noii vieți, 3:15-17	Învățați-vă și sfătuiți-vă unii pe alții cu psalmi, cu cântări de laudă și cu cântări duhovnicești, cântând lui Dumnezeu cu mulțumire în inima voastră.	a. O alegere: Să locuiască
1. O inimă stăpânită de pacea lui Cristos a. O alegere: Să stăpânească b. Motivul: Un trup c. Răspunsul: Fiți recunoscători **2. O inimă bogată în Cuvântul lui Cristos**	15. Pacea lui Hristos, la care ați fost chemați, ca să alcătuiți un singur trup, să stăpânească în inimile voastre, și fiți recunoscători. 16 Cuvântul lui Hristos să locuiască din belșug în voi în toată înțelepciunea.	17 Și orice faceți, cu cuvântul sau cu fapta, să faceți totul în Numele Domnului Isus și mulțumiți, prin El, lui Dumnezeu Tatăl.	b. Motivul: De a se învăța și sfătui unii pe alții cu înțelepciune c. Dovada: Un duh care cântă **3. O inimă care face totul în numele lui Cristos** a. O alegere: Faceți totul b. Răspunsul: Dați mulțumire

SECȚIUNEA V

CERINȚELE NOII VIEȚI A CREDINCIOSULUI: UN CARACTER DEOSEBIT, 3:1-17

D. Inima noii vieți, 3:15-17

(3:15-17) **Introducere**: când o nouă viață intră în lume, o inimă nouă intră în lume. Nu există viață fără inimă. O viață nouă are nevoie de o inimă nouă. Așa este și cu credinciosul: credinciosul primește o inimă nouă atunci când primește o viață nouă. *Inima vieții noi* este marea temă a acestui pasaj.

1. O inimă stăpânită de pacea lui Cristos (v.15).
2. O inimă bogată în Cuvântul lui Cristos (v.16).
3. O inimă care face totul în numele lui Cristos (v.17).

1. (3:15) **Pacea**: în primul rând, credinciosul trebuie să aibă o inimă stăpânită de pacea lui Cristos. El trebuie să lase ca pacea lui Cristos să stăpânească în toate lucrurile. Cel mai bun text grecesc conține expresia "pacea lui Cristos" în loc de "pacea lui Dumnezeu." Cuvântul *pace* (eirene) înseamnă a fi legat, țesut, ținut laolaltă. Înseamnă să fi asigurat, să ai certitudine în dragostea și purtarea de grijă a lui Dumnezeu. Înseamnă să știi că Dumnezeu va avea grijă de tine indiferent care este problema sau care ar fi circumstanțele. Înseamnă să fi absolut sigur că Dumnezeu nu va permite ca nimic să ne înfrângă sau să ne facă rău. Dumnezeu...

- ne va întări
- ne va încuraja
- ne va călăuzi
- ne va susține
- se va îngriji de noi
- ne va izbăvi
- ne va mântui
- ne va da viață și acum și în veșnicie

Dar observați un alt punct esențial: această pace este pacea lui Cristos, și numai El o posedă. Prin urmare, un om poate experimenta adevărata pace numai cunoscându-L pe Cristos. Numai Cristos poate aduce adevărata pace inimii omenești, acea pace care aduce izbăvirea și siguranța izbăvirii sufletului omenesc. Trei lucruri semnificative sunt accentuate cu privire la pacea lui Cristos.

1. Credinciosul este liber să aleagă: credinciosul nu experimentează pacea lui Cristos în mod automat. El ar trebui, dar s-ar putea să nu fie așa. Aceasta este o poruncă, ceea ce înseamnă că necesită ascultare. Cuvântul *să stăpânească* (brabeueto) înseamnă a fi sau a se comporta ca un arbitru. Pacea trebuie să fie ca un arbitru, factorul de decizie în toate circumstanțele și situațiile vieții.

⇒ Matthew Henry exprimă bine aceasta: "Lăsați această pace să stăpânească în inimile voastre—să conducă și să guverneze acolo... a un arbitru [lăsați-o] care decide toate neînțelegerile dintre voi" (*Comentariul lui Matthew Henry's*, Vol.5, p.764).

⇒ William Barclay accentuează la rândul lui: "Lăsați ca pacea lui Dumnezeu... să fie cea care decide [arbitrul] toate lucrurile din inima voastră" (*Scrisorile către Filipeni, Coloseni și Tesaloniceni*, p. 190).

Ideea este următoarea: credinciosul trebuie să facă o alegere—decizia îi aparține dacă va lăsa sau nu ca pacea lui Cristos să stăpânească. Scriptura o poruncește, dar credinciosul trebuie să fie dispus să lase ca arbitrul păcii să stăpânească în viața lui. El trebuie să fie dispus să lase la o parte toate diferențele și neînțelegerile—să fie dispus să renunțe la neînțelegeri și să Îl lase pe Cristos să le rezolve prin stăpânirea păcii Sale.

> **Vă las pacea, vă dau pacea Mea. Nu v-o dau cum o dă lumea. Să nu vi se tulbure inima, nici să nu se înspăimânte. (Ioan 14:27)**

COLOSENI 3:15-17

V-am spus aceste lucruri ca să aveți pace în Mine. În lume veți avea necazuri; dar îndrăzniți, Eu am biruit lumea. (Ioan 16:33)

Deci fiindcă suntem socotiți neprihăniți, prin credință, avem pace cu Dumnezeu, prin Domnul nostru Isus Hristos. (Rom. 5:1)

Căci El este pacea noastră care din doi a făcut unul și a surpat zidul de la mijloc care-i despărțea. (Efes. 2:14)

Multă pace au cei ce iubesc Legea Ta și nu li se întâmplă nicio nenorocire. (Ps. 119:165)

Celui cu inima tare, Tu-i chezășuiești pacea; da, pacea, căci se încrede în Tine. (Isaia 26:3)

O! de ai fi luat aminte la poruncile Mele, atunci pacea ta ar fi fost ca un râu, și fericirea ta, ca valurile mării. (Isaia 48:18)

2. Motivul pentru care credincioșii trebuie să lase ca pacea lui Cristos să le conducă inimile este foarte clar exprimat: noi sunte mădularele *unui singur trup.* Noi nu suntem chemați să facem parte din *două trupuri,* ci dintr-unul singur. Orice credincios care este *undeva afară* într-un alt trup, nu este un credincios authentic. Există un singur trup al lui Cristos, un singur trup de credincioși, o singură biserică. Acest lucru are o semnificație importantă: credincioșii trebuie să acționeze în unitate. Ei trebuie să trăiască și să se poarte ca un trup, ca un trup de oameni aflați în armonie unii cu alții. Cum? Lăsând ca pacea lui Cristos să stăpânească în inimile lor. Pacea trebuie să fie factorul de decizie, arbitrul în toate relațiile dintre credincioși. (Vezi comentariile—Col.1:18 pentru mai multe discuții.)

Meditația 1. De ce este dat acest îndemn? Pentru că de prea multe ori se ridică în biserică unii oameni care...

- sunt certăreți și dezbinători
- critică și judecă
- cârtesc și se plâng
- bârfesc și răspândesc zvonuri

De prea multe ori cineva devine un om care creează probleme, care provoacă conflicte în trupul lui Cristos, în biserică. Acel om accept arbitrul neînțelegerilor în locul arbitrului păcii. El lasă ca neînțelegerile să stăpânească în inima lui în loc să Îl lase pe Crisos și pacea Lui.

Acesta este motivul pentru acest îndemn. Este nevoie de acest îndemn. Unii oameni au o nevoie disperată să audă provocarea și ceea ce Dumnezeu cere: *Lăsați ca pacea lui Cristos să stăpânească în inimile voastre, căci ca mădulare ale aceluiași trup ați fost chemați la pace.*

Împrietenește-te dar cu Dumnezeu și vei avea pace; te vei bucura astfel iarăși de fericire. (Iov 22:21)

Depărtează-te de rău și fă binele; caută pacea și aleargă după ea! (Ps. 34:14)

Căci El este pacea noastră care din doi a făcut unul și a surpat zidul de la mijloc care-i despărțea. (Efes. 2:14)

Pacea lui Hristos, la care ați fost chemați, ca să alcătuiți un singur trup, să stăpânească în inimile voastre, și fiți recunoscători. (Col. 3:15)

Să se depărteze de rău și să facă binele, să caute pacea și s-o urmărească. (1 Pet. 3:11)

Și umblarea după lucrurile firii pământești este moarte, pe când umblarea după lucrurile Duhului este viață și pace. (Rom. 8:6)

Căci Împărăția lui Dumnezeu nu este mâncare și băutură, ci neprihănire, pace și bucurie în Duhul Sfânt. (Rom. 14:17)

3. Credincioșii trebuie să răspundă îndemnului la a avea pace cu recunoștință. Credincioșii ar trebuie să-I mulțumească mereu lui Cristos pentru pacea Sa...

- pacea pe care El personal a adus-o în inimile lor
- pace ape care El a adus-o tuturor oamenilor care se încred în El
- pacea pe care El a adus-o în trupul Lui, în biserică
- privilegiul glorios pe care în au toți oamenii de a cunoaște pacea Lui

Mulțumiți totdeauna lui Dumnezeu Tatăl, pentru toate lucrurile, în Numele Domnului nostru Isus Hristos. Supuneți-vă unii altora în frica lui Hristos. (Efes. 5:20-21)

Nu vă îngrijorați de nimic; ci, în orice lucru, aduceți cererile voastre la cunoștința lui Dumnezeu, prin rugăciuni și cereri, cu mulțumiri. Și pacea lui Dumnezeu, care întrece orice pricepere, vă va păzi inimile și gândurile în Hristos Isus. (Filip. 4:6-7)

COLOSENI 3:15-17

Şi să împace totul cu Sine prin El, atât ce este pe pământ, cât şi ce este în ceruri, făcând pace prin sângele crucii Lui. (Col. 1:20)

2. (3:16) **Cuvântul:** în al doilea rând, credinciosul trebuie să aibă o inimă bogată în Cuvântul lui Cristos. El trebuie să lase ca Cuvântul lui Cristos să locuiască în inima lui. În toată Scriptura, aceasta este singura oară când "Cuvântul lui Dumnezeu" este numit "Cuvântul lui Cristos". Accentul în cartea Coloseni este asupra lui Cristos; prin urmare, Cuvântul lui Dumnezeu devine *Cuvântul lui Cristos* în această epistolă. (Vezi 2 Cor.2:17; 4:2; 1 Tes.1:8; 2:13; 4:15; 2 Tes.3:1.)

Sunt exprimate trei idei semnificative în legătură cu Cuvântul lui Cristos.

1. Alegerea îi aparține credinciosului: Cuvântul lui Cristos nu locuieşte în mod natural în inima credinciosului. Cuvântul *lucuieşte* (enoikeito) înseamnă a fi acasă sau a-şi face o casă; a rămâne undeva permanent. Credinciosul trebuie să facă loc în inima lui pentru Cuvântul lui Cristos. El trebuie să lase Cuvântul lui Cristos să locuiască şi să rămână în inima lui. Credinciosul trebuie să facă curăţenie în inima lui, să scoată afară lucrurile vechi, şi să lase Cuvântul lui Cristos să se instaleze ca un resident permanent în inima lui.

Observaţi cuvântul *din belşug*. Este important, pentru că acestui Cuvânt al lui Cristos trebuie să i se permit să locuiască *din belşug* în inimile noastre. Credinciosul nu terbuie să se mulţumească doar cu o fărâmă din Cuvântul lui Cristos. El trebuie să lase ca Cuvântul lui Cristos să *locuiască din belşug* în el. Cuvântului lui Cristos trebuie să i se permit să umple inima credinciosului cu toată bogăţia poruncilor, promisiunilor, învăţăturilor şi avertizărilor din el.

Şi poruncile acestea, pe care ţi le dau astăzi, să le ai în inima ta. (Deut. 6:6)

Puneţi-vă, dar, în inimă şi în suflet aceste cuvinte pe care vi le spun. Să le legaţi ca un semn de aducere aminte pe mâinile voastre şi să fie ca nişte fruntare între ochii voştri. (Deut. 11:18)

Strâng cuvântul Tău în inima mea, ca să nu păcătuiesc împotriva Ta! (Ps. 119:11)

Cuvântul lui Hristos să locuiască din belşug în voi în toată înţelepciunea. Învăţaţi-vă şi sfătuiţi-vă unii pe alţii cu psalmi, cu cântări de laudă şi cu cântări duhovniceşti, cântând lui Dumnezeu cu mulţumire în inima voastră. (Col. 3:16)

Dacă rămâneţi în Mine şi dacă rămân în voi cuvintele Mele, cereţi orice veţi vrea, şi vi se va da. (Ioan 15:7)

Caută să te înfăţişezi înaintea lui Dumnezeu ca un om încercat, ca un lucrător care n-are de ce să-i fie ruşine şi care împarte drept Cuvântul adevărului. (2 Tim. 2:15)

Toată Scriptura este insuflată de Dumnezeu şi de folos ca să înveţe, să mustre, să îndrepte, să dea înţelepciune în neprihănire. (2 Tim. 3:16)

Şi, ca nişte prunci născuţi de curând, să doriţi laptele duhovnicesc şi curat, pentru ca prin el să creşteţi spre mântuire, dacă aţi gustat în adevăr că bun este Domnul. (1 Pet. 2:2-3)

2. Motivul pentru care credincioşii trebuie să lase Cuvântul lui Cristos să locuiască în ei este clar exprimat: credincioşii trebuie să se înveţe şi să se sfătuiască unii pe alţii cu înţelepciune. Aceasta este sarcina credinciosului, însuşi motivul pentru care Dumnezeu nu ne-a luat încă la cer: pentru a ne învăţa şi a ne sfătui unii pe alţii. Prin învăţătură se înţelege instruirea din Cuvânt şi prin sfaturi se are în vedere avertizarea Scripturii. Dar cum putem noi să-i învăţăm şi să-i sfătuim pe alţii dacă noi...

- nu cunoaştem Cuvântul lui Cristos?
- nu lăsăm Cuvântul lui Cristos să locuiască în noi?

Răspunsul este evident: nu putem. Şi observaţi încă un lucru: nu este suficient să cunoaştem Cuvântul lui Cristos. Noi trebuie să trăim Cuvântul lui Cristos. A cunoaşte Cuvântul şi a nu-l trăi înseamnă ipocrizie. Vieţile noastre trebuie să fie casa, locuinţa Cuvântului lui Cristos. Când oamenii se uită la noi, ei trebuie să vadă imediat că vieţile noastre sunt umplute de Cuvântul lui Cristos.

Mai trebuie scos în evidenţă încă un lucru. Noi putem să-i învăţăm şi să-i sfătuim pe alţii cu răbdare dar nu *cu înţelepciune*. Filosofiile şi învăţăturile lumeşti despre realitate şi despre adevăr, despre Dumnezeu şi despre univers, sunt doar nişte noţiuni omeneşti. Adevărul şi înţelepciunea cu privire la viaţă se găsesc în *Cuvântul lui Cristos şi numai în Cuvântul lui Cristos*. (Vezi comentariul—Col.2:8-10 pentru mai multe discuţii.)

Porunceşte şi învaţă aceste lucruri.(1 Tim. 4:11)

Şi robul Domnului nu trebuie să se certe; ci să fie blând cu toţi, în stare să înveţe pe toţi, plin de îngăduinţă răbdătoare. (2 Tim. 2:24)

Şi poruncile acestea, pe care ţi le dau astăzi, să le ai în inima ta. Să le întipăreşti în mintea copiilor tăi şi să vorbeşti de ele când vei fi acasă, când vei pleca în călătorie, când te vei culca şi când te vei scula. (Deut. 6:6-7)

COLOSENI 3:15-17

Vor învăța pe poporul Meu să deosebească ce este sfânt de ce nu este sfânt și vor arăta deosebirea dintre ce este necurat și ce este curat. (Ezec. 44:23)

3. Există o modalitate prin care ne putem da seama dacă Cuvântul lui Cristos locuiește sau nu în noi: Ne învățăm și ne sfătuim noi unii pe alții cu psalmi, cu cântări de laudă și cu cântări duhovnicești, cântând cu mulțumire lui Dumnezeu? De-a lungul fiecărei zile în umblarea noastră...

- vorbim noi despre Cristos?
- împărtășim Cuvântul lui Cristos unii cu alții?
- ne învățăm unii pe alții?
- ne sfătuim, ne încurajăm și ne avertizăm unii pe alții?
- cântăm noi singuri și împreună cu alții?

Meditația 1. Ce imagine contrastantă cu ceea ce trăim atât de mulți dintre noi! Credinciosul trebuie să trăiască, să se miște și să își aibă ființa în Cristos, și trebuie să Îl lase pe Cristos să trăiască, să se miște și să Își aibă ființa în el. Pentru credincios, a trăi este Cristos. Noi trebuie să umblăm în fiecare zi vorbind și împărtășind despre Cristos, învățându-ne și sfătuindu-ne unii pe alții din Cuvântul lui Cristos, cântând psalmii Scripturii, cântările bisericii, și cântările duhovnicești care se înalță dintr-o inimă plină de bucuria Domnului și de Cuvântul Lui.

Și poruncile acestea, pe care ți le dau astăzi, să le ai în inima ta. Să le întipărești în mintea copiilor tăi și să vorbești de ele când vei fi acasă, când vei pleca în călătorie, când te vei culca și când te vei scula. (Deu 6:6-7)

Să învățați pe copiii voștri în ele și să le vorbești despre ele când vei fi acasă, când vei merge în călătorie, când te vei culca și când te vei scula. Să le scrii pe ușorii casei tale și pe porțile tale. (Deut. 11:19-20)

Ce este de făcut atunci? Mă voi ruga cu duhul, dar mă voi ruga și cu mintea; voi cânta cu duhul, dar voi cânta și cu mintea. (1 Cor. 14:15)

Cuvântul lui Hristos să locuiască din belșug în voi în toată înțelepciunea. Învățați-vă și sfătuiți-vă unii pe alții cu psalmi, cu cântări de laudă și cu cântări duhovnicești, cântând lui Dumnezeu cu mulțumire în inima voastră. (Col. 3:16)

Veniți să cântăm cu veselie Domnului și să strigăm de bucurie către Stânca mântuirii noastre. (Ps. 95:1)

3. (3:17) **Datoria credinciosului:** în al treilea rând, credinciosul trebuie să aibă o inimă care face totul în numele lui Cristos. Orice face el, cu cuvântul sau cu fapta, el face totul în numele Domnului Isus.

1. Credinciosul are de ales. El este cel care vorbește și acționează; nimeni nu vorbește nici nu acționează în locul lui. Dacă vorbește și acționează pentru Cristos sau nu o face, aceasta este alegerea lui. Porunca este acolo: "faceți totul în numele Domnului Isus", dar alegerea privitoare la ceea ce va vorbi și ceea ce va face, îi aparține. El este singurul responsabil pentru cuvintele și faptele lui.

2. Credinciosul trebuie să facă totul *în numele Domnului Isus.* Ce înseamnă asta? Înseamnă că credinciosul știe ceva: numele lui Cristos este singurul nume pe care Dumnezeu îl acceptă în prezența Lui. Prin urmare, singurele persoane pe care El le acceptă sunt acelea care vin înaintea Lui în numele lui Cristos. Nu mai există niciun alt nume dat oamenilor în care să fie mântuiți. De aceea, credinciosul se apropie de Dumnezeu "în numele lui Isus Cristos", adică, predându-și viața lui Cristos și trăind pentru Cristos. Acesta este motivul pentru care credinciosul nu îndrăznește să vorbească sau să acționeze în afara numelui lui Cristos. A face astfel ar însemna că el nu se apropie de Dumnezeu prin Cristos, că mărturisirea lui a fost una falsă.

Din nou, ce înseamnă să faci totul în numele Domnului Isus? Înseamnă...

- *a trăi, a ne mișca, și a ne avea ființa* în numele lui Cristos
- *a ne încrede și a depinde* de numele lui Cristos în tot ceea ce facem
- *a mărturisi* numele lui Cristos în tot ceea ce spunem și ce facem
- *a-L reprezenta* pe Cristos în tot ceea ce spunem și facem

Simplu spus, noi nu trebuie să facem nimic care să Îl necinstească pe Cristos. Oridecâteori vorbim, Cristos trebuie să condimenteze și să umple conversația noastră ; și când acționăm, Cristos trebuie să fie cinstit prin purtarea noastră.

Trebuie să ne amintim întotdeauna ceva : Cristos aude fiecare cuvânt pe care îl rostim și vede fiecare faptă pe care o facem. Noi Îl iubim din toată inima; prin urmare, căutăm să nu Îl întristăm sau să Îl rănim prin ceea ce spunem sau facem. Dimpotrivă, căutăm să aducem cinste și onoare numelui Său.

513

COLOSENI 3:15-17

Şi să se propovăduiască tuturor neamurilor, în Numele Lui, pocăinţa şi iertarea păcatelor, începând din Ierusalim. (Luca 24:47)

Şi orice veţi cere în Numele Meu, voi face, pentru ca Tatăl să fie proslăvit în Fiul. (Ioan 14:13)

Dar lucrurile acestea au fost scrise pentru ca voi să credeţi că Isus este Hristosul, Fiul lui Dumnezeu; şi, crezând, să aveţi viaţa în Numele Lui. (Ioan 20:31)

Mulţumiţi totdeauna lui Dumnezeu Tatăl, pentru toate lucrurile, în Numele Domnului nostru Isus Hristos. (Efes. 5:20)

3. Răspunsul credinciosului este recunoştinţa. Dumnezeu *Tatăl* a devenit Tatăl credinciosului prin Cristos şi numai prin Cristos. Prin urmare, credinciosul Îi aduce în permanenţă mulţumiri lui Dumnezeu. Dar observaţi, chiar şi când aduce mulţumire, credinciosul se apropie de Dumnezeu tot prin Cristos. Oricât ar fi de importantă mulţumirea şi lauda, omul tot trebuie să vină la Dumnezeu prin Cristos. Dumnezeu nu va accepta pe niciun om despărţit de Cristos, nici măcar dacă acesta doreşte să Îi aducă mulţumire şi laudă.

Deci fie că mâncaţi, fie că beţi, fie că faceţi altceva: să faceţi totul pentru slava lui Dumnezeu. Să nu fiţi pricină de păcătuire nici pentru iudei, nici pentru greci, nici pentru Biserica lui Dumnezeu. (1 Cor. 10:31-32)

Orice faceţi să faceţi din toată inima, ca pentru Domnul, nu ca pentru oameni. (Col. 3:23)

	VI.RESPONSABILITĂŢI-LE CREDINCIOSULUI, 3:18-4:6 **A. Credinciosul şi familia lui, 3:18-21**
1. Soţiile creştine: Supuneţi-vă soţilor voştri	18. Nevestelor, fiţi supuse bărbaţilor voştri, cum se cuvine în Domnul.
2. Soţii creştini: Iubiţi-vă soţiile şi nu fiţi aspri cu ele	19 Bărbaţilor, iubiţi-vă ne-vestele şi nu ţineţi necaz pe ele.
3. Copiii creştini: Ascultaţi de pă-rinţii voştri	20 Copii, ascultaţi de părin-ţii voştri în toate lucrurile, căci lucrul acesta place Domnului.
4. Părinţii creştini: Nu–i întărâtaţi pe copii la mânie	21 Părinţilor, nu întărâtaţi pe copiii voştri, ca să nu-şi piardă nădejdea.

SECŢIUNEA VI

RESPONSABILITÎŢILE CREDINCIOSULUI, 3:18–4:6

A. CREDINCIOSUL ŞI FAMILIA LUI, 3:18-21

(3:18-21) **Introducere**: acesta este un pasaj important din Scriptură indiferent de generaţie. Fiecare generaţie este martora unui atac împotriva unităţii dintre soţi şi soţie şi împotriva familiei. Pofta omului după plăcerile senzuale îl fa-ce să nu mai respecte credincioşia dintre soţ şi soţie, credincioşie pe care Dumnezeu o cere şi o aşteaptă. Cristos şi numai Cristos trebuie să fie centrul oricărei familii pentru ca aceasta să poată supravieţui în ciuda tuturor atacurilor care se ridică împotriva ei. Şi nu este suficient ca doar unul sau doi membri sin familie să fie ascultători faţă de Cris-tos—fiecare membru trebuie să facă din Cristos centrul vieţii sale. Un singur membru din familie care nu este ascultă-tor şi credincios, afectează unitatea familiei şi aduce traumă, durere, şi de multe ori chiar distrugerea familiei. Aceasta este importanţa vitală a discuţiei despre creştin şi familie.

1. Soţiile creştine: supuneţi-vă soţilor voştri (v.18).
2. Soţii creştini: iubiţi-vă soţiile şi nu fiţi aspri cu ele (v.19).
3. Copiii creştini: ascultaţi de părinţii voştri (v.20).
4. Părinţii creştini: nu îi întărâtaţi la mânie pe copii. (v.21).

1. (3:18) **Familia—Soţiile**: Soţiile creştine trebuie să se supună soţilor lor. Acesta este lucrul cel mai potrivit şi nor-mal pe care l-ar putea face. Scriptura nu lasă loc de interpretare: îi spune soţiei exacte ce aşteaptă Domnul de la ea. Vi-ne imediat şi rândul soţului, dar pentru moment este exprimată voia lui Dumnezeu cu privire la soţie. Voila Lui implică două puncte uimitoare.

1. În primul rând, soţiile creştine trebuie să se supună soţilor los. Cuvântul *a se supune* (hupotassesthe) înseamnă a se apleca sub o autoritate, a asculta.

⇒ Vine scoate în evidenţă faptul că acest cuvânt se foloseşte în domeniul militar pentru a exprima atitudinea faţă de un rang superior (*An Expository Dictionary of New Testament Words*. Old Tappan, NJ: Fleming H. Revell, 1940.)

⇒ Robertson spune că acest cuvânt are un sens militar şi că se referă şi la tipul de ascultare pe care un cetăţean trebuie să o manifeste faţă de guvern (*Word Pictures in the New Testament*, Vol.4, p.506).

În societatea modernă acest cuvânt este prea dur; de fapt el este prea dur pentru mulţi. Mulţi resping ideea supune-rii femeii considerând-o arhaică, expirată şi demodată. Unii chiar reacţionează cu mânie şi ostilitate împotriva Cuvân-tului lui Dumnezeu şi împotriva celor care propovăduiesc datoria soţiilor.

Au ei dreptate? Exagerează Scriptura când declară că soţiile trebuie să se supună soţilor lor? A făcut Dumnezeu o greşeală în ceea ce priveşte ordinea lucrurilor în familie? Pentru un creştin, răspunsul este nu. Problema nu constă în ceea ce a spus Dumnezeu, ci în *felul în care înţelegem noi ceea ce a spus El* sau în răzvrătirea noastră împotriva voiei Lui. Orice soţie care reacţionează împotriva poruncii lui Dumnezeu, face asta fie pentru că nu înţelege ce spune Dum-

515

nezeu, fie că pur şi simplu *nu este dispusă să îşi predea viaţa în mâna lui Dumnezeu şi să Îl urmeze aşa cum spune El.* Ce vrea să spună Dumnezeu prin supunere ? Dumnezeu nu vrea să spună *o supunere dictatorială*...

- că o soţie trebuie să se supună unui tiran
- că o soţie trebuie să se supună tuturor dorinţelor unui soţ care se comportă ca o bestie
- că o soţie trebuie să fie o sclavă sau un preş de şters pe picioare pentru soţ
- că o soţie trebuie să îşi slujească soţul fără limite
- că o soţie trebuie considerată inferioară soţului

Ce vrea Dumnezeu să spună prin supunere este ordine, cooperare, relaţie, parteneriat—modul în care soţul şi soţia trebuie să umble împreună prin viaţă. Orice trup de oameni—chiar dacă este format numai din doi—trebuie să aibă un lider care să preia conducerea în călătoria prin lumea aceasta cu necazurile, ispitele şi greutăţile ei. Între cei doi, soţul şi soţia, unul dintre ei trbuie să fie liderul principal. Porunca lui Dumnezeu referitoare la cei doi, este ca soţul să preia conducerea.

2. În al doilea rând, soţiile creştine trebuie să se supună pentru că acesta este singurul lucru potrivit şi normal pe care în pot face. Cuvântul *se cuvine* (aneken) înseamnă a face ceea ce trebuie. De ce se cuvine ca ele să facă lucrul acesta? Nu pentru că soţul ar fi superior iar soţia inferioară ca fiinţe umane. Motivul este pentru că soţia este *în Domnul*. Ea şi-a predat viaţa ei pentru a trăi în Domnul, pentru a-L iubi şi a-L urma, şi pentru a fi un martor al Lui, *trăind exact aşa cum El a spus să trăiască.* Prin urmare, când Domnul spune că aceasta este voia Lui pentru ea, să se supună soţului, ea se supune. Ea se supune pentru că Domnul îi spune că supunerea este modul în care El doreşte ca ea să trăiască alături de soţul ei. Şi din nou, această supunere este pur şi simplu...

- ordinea lui Dumnezeu pentru familie.
- relaţia, cooperarea şi parteneriatul care trebuie să existe între soţie şi soţ.

> **Celor căsătoriţi le poruncesc nu eu, ci Domnul, ca nevasta să nu se despartă de bărbat. (1 Cor. 7:10)**
> **Nevestelor, fiţi supuse bărbaţilor voştri ca Domnului. (Efes. 5:22)**
> **Nevestelor, fiţi supuse bărbaţilor voştri, cum se cuvine în Domnul. (Col. 3:18)**
> **Femeile, de asemenea, trebuie să fie cinstite, neclevetitoare, cumpătate, credincioase în toate lucrurile. (1 Tim. 3:11)**
> **Ca să înveţe pe femeile mai tinere să-şi iubească bărbaţii şi copiii. (Tit 2:4)**
> **Tot astfel, nevestelor, fiţi supuse şi voi bărbaţilor voştri; pentru ca, dacă unii nu ascultă Cuvântul, să fie câştigaţi fără cuvânt, prin purtarea nevestelor lor. (1 Pet. 3:1)**
> **Nu opri o binefacere celui ce are nevoie de ea, când poţi s-o faci. (Prov. 3:27)**

2. (3:19) **Familie---Soţi:** Soţilor creştini, iubiţi-vă soţiile şi nu fiţi aspri cu ele. Această poruncă demolează toate împotrivirile şi reacţiile negative în legătură cu porunca supunerii care le-a fost dată soţiilor. Cum?

Cuvântul "iubiţi„ nu exprimă doar acea iubire la nivelul afecţiunii şi al sentimentelor, ci se referă la *dragostea agape* a lui Dumnezeu. Soţul creştin trebuie să îşi iubească soţia la fel de mult şi în acelaşi fel precum ne-a iubit Dumnezeu pe noi. *Dragostea agape* este...

- o dragoste lipsită de egoism
- o dragoste care dăruieşte şi se sacrifică
- o dragoste a voinţei precum şi a inimii
- o dragoste a angajamentului precum şi a afecţiunii
- o dragoste care are în vedere cel mai mare bine al soţiei

Foarte practic, soţul nu caută ca soţia să îi ămplinească nevoile, dorinţele şi interesele; ci el caută să vină în întâmpinarea tuturor acestor nevoi ale soţiei. Este voia lui Dumnezeu ca soţul să se sacrifice în totalitate pentru soţia lui Şi observaţi, el trebuie să facă acest lucru fără a fi aspru. Soţie sunt exact ca şi soţii; uneori ele eşuează în supunerea de care trebuie să dea dovadă; şi atunci când eşuează, soţul are tendinţa de a deveni aspru şi iritat. Este în natura omului să aibă resentimente şi să fie aspru; de aceea, soţul creştin trebuie să lupte împotriva acestei ispite. Un soţ trebuie să iubească şi să se sacrifice chiar dacă soţia nu merită să fie iubită, şi este total nevrednică de iubire. Soţii trebuie să asculte de Cristos în ciuda acestu lucru. Aceasta este voia lui Cristos.

Meditaţia 1. Gândiţi-vă ce diferenţă enormă ar exista între soţi şi soţii dacă aceştia ar iubi şi s-ar supune aşa cum spune Scriptura.

> **Bărbaţilor, iubiţi-vă nevestele cum a iubit şi Hristos Biserica şi S-a dat pe Sine pentru ea. (Efes. 5:25)**

COLOSENI 3:18-21

Bărbaţilor, purtaţi-vă şi voi, la rândul vostru, cu înţelepciune cu nevestele voastre, dând cinste femeii ca unui vas mai slab, ca unele care vor moşteni împreună cu voi harul vieţii, ca să nu fie împiedicate rugăciunile voastre. (1 Pet. 3:7)

De aceea va lăsa omul pe tatăl său şi pe mama sa, şi se va lipi de nevasta sa şi se vor face un singur trup. (Gen. 2:24)

Izvorul tău să fie binecuvântat, şi bucură-te de nevasta tinereţii tale. (Prov. 5:18)

3. (3:20) **Familia—Copiii:** copii, ascultaţi de părinţi în toate lucrurile. Cuvântul *ascultaţi* (hupakouete) înseamnă a acorda atenţie, a se conforma, şi a urma instrucţiunile sau sfaturile unui ghid. Când părinţii îndrumă un copil, copilul trebuie să asculte. Şi observaţi: el trebuie să asculte *"în toate lucrurile".* Cum rămâne cu îndrumarea păcătoasă pe care uneori o primesc copiii de la unii părinţi abuzivi? Nu desprea aceasta vorbeşte Scriptura. (Vezi comentariul, *Copii— Efes.6:1-3* pentru discuţii despre abuzul asupra copiilor.) Scriptura vorbeşte despre îndrumarea normal de zi cu zi pe care părinţii le-o oferă copiilor. Copiii trebuie să asculte de părinţi în *toate instrucţiunile lor.* Ei simt că ar trebui să aibă voie...

- să aibă ceva
- să facă ceva
- să meargă undeva
- să vină acasă târziu

Neînţelegerile apar întotdeauna, şi totuşi Dumnezeu spune că un copil trebuie să asculte *în toate lucrurile.* Acest lucru înseamnă că un părinte are întotdeauna dreptate? Nu. Înseamnă că un copil are o ocazie unică de a învăţa disciplina, controlul şi ordinea. Şi când vor pleca să înfrunte viaţa pe cont propriu, fără părinţii lor, vor avea de înfruntat o lume...

- egoistă
- solicitantă
- coruptă
- rea
- păcătoasă

- puternică
- competitivă
- ameninţătoare
- periculoasă
- autoritară

Copilul trebuie să fie pregătit şi una dintre pregătirile majore este cea a disciplinei şi a controlului. Când copilul va deveni adult, multe lucruri îi vor fi solicitate, dintre care unele vor fi nedrepte. El va trebui să facă faţă acelor solicitări pentru a putea supravieţui în această lume stricată. Copiii creştini au ocazia să înveţe să asculte şi să urmeze instrucţiuni acum—cât timp se află încă acasă. Ei trebuie să folosească instrucţiunile primite de la părinţi ca pe un antrenament şi pregătire pentru viitor—pentru viaţa de adulţi. Cu cât este copilul mai ascultător, cu atât va fi mai disciplinat şi se va putea controla pentru a înfrunta viaţa când va pleca pe cont propriu în lume. for their adulthood.

Observaţi încă un punct: ascultarea copilului îi este plăcută Domnului. Domnul are un obiectiv principal pentru copil: să îl pregătească pentru a deveni un adult cât mai echilibrat şi productiv. Prin urmare, când copilul ascultă de părinţi, Domnul vede că acel copil este disciplinat şi că practică autocontrolul; El vede că acel copil se pregăteşte pentru a deveni un adult puternic. De aceea, ascultarea copilului îi este plăcută Domnului.

Căci Moise a zis: "Să cinsteşti pe tatăl tău şi pe mama ta"; şi: "Cine va grăi de rău pe tatăl său sau pe mama sa să fie pedepsit cu moartea." (Marcu 7:10)

Copii, ascultaţi în Domnul de părinţii voştri, căci este drept. (Efes. 6:1)

Copii, ascultaţi de părinţii voştri în toate lucrurile, căci lucrul acesta place Domnului. (Col. 3:20)

Ascultă, fiule, învăţătura tatălui tău şi nu lepăda îndrumările mamei tale! (Prov. 1:8)

Fiule, păzeşte sfaturile tatălui tău şi nu lepăda învăţătura mamei tale. (Prov. 6:20)

Fiule, păstrează cuvintele mele şi ţine la tine sfaturile mele. (Prov. 7:1)

Pildele lui Solomon. Un fiu înţelept este bucuria tatălui, dar un fiu nebun este mâhnirea mamei sale. (Prov 10:1)

Copilul lasă să se vadă încă din faptele lui dacă purtarea lui va fi curată şi fără prihană. (Prov. 20:11)

Ascultă pe tatăl tău, care te-a născut, şi nu nesocoti pe mama ta, când a îmbătrânit. (Prov 23:22)

Dar adu-ţi aminte de Făcătorul tău în zilele tinereţii tale, până nu vin zilele cele rele şi până nu se apropie anii când vei zice: "Nu găsesc nicio plăcere în ei. (Ecl. 12:1)

4. (3:21) **Familie—Părinte:** părinţilor, nu întărâtaţi la mânie pe copiii voştri (vezi comentariul, *Părinţi—Efes.6:4* pentru discuţii).

517

	B. Credinciosul și munca lui, 3:22-4:1	primi de la Domnul răsplata moștenirii. Voi slujiți Domnului Hristos.	1) Munca va fi răsplătită de Cristos
1. Robii (angajații) a. Ascultați de stăpâni (angajatori)—nu numai când vă supraveghează b. Munciți—cu sinceritate c. Munciți—cu reverență pentru Dumnezeu d. Munciți—din toată inima	22 Robilor, ascultați în toate lucrurile pe stăpânii voștri pământești; nu numai când sunteți sub ochii lor, ca cei ce caută să placă oamenilor, ci cu curăție de inimă, ca unii care vă temeți de Domnul. 23 Orice faceți să faceți din toată inima, ca pentru Domnul, nu ca pentru oameni, 24 ca unii care știți că veți	25 Căci cine umblă cu strâmbătate își va primi plata după strâmbătatea pe care a făcut-o; și nu se are în vedere fața omului. **CAPITOLUL 4** Stăpânilor, dați robilor voștri ce le datorați și ce li se cuvine, căci știți că și voi aveți un Stăpân în cer.	2) Munca va fi judecată de Cristos **2. Stăpânii (angajatorii)** a. Dați ceea ce se cuvine, fiți corecți b. Motivul: Aveți un stăpân

SECȚIUNEA VI

RESPONSABILITĂȚILE CREDINCIOSULUI, 3:18-4:6

B. Credinciosul și munca lui, 3:22-4:1

(3:22-4:1) **Introducere**: acest pasaj este aproape identic cu cel din Efeseni (Efes.6:5-9). Se ocupă de o temă deosebit de important, economia lumii: robi și stăpâni, munca și management, angajat și angajator, muncitor și șef. Scoate în evidență în termeni foarte cerți faptul că răspunsul la principalele problem care apar la locul de muncă este în primul rând unul spiritual, nu economic. Observați că discuția este privitoare la robi și stăpâni, dar că învățăturile de aici se aplică la orice generație de muncitori, indiferent de statutul lor.

1. Robii (angajații) (3:22-25).
2. Stăpânii (angajatorii) (4:1).

1. (3:22-25) **Muncitor—Angajat—Muncă**: muncitorul trebuie să asculte; adică, el trebuie să urmeze instrucțiunile superiorului său. Observați că el trebuie să asculte "în toate lucrurile". La locul de muncă nu trebuie să existe nicio poruncă a superiorului de care el să nu asculte. Acest lucru desigur că nu înseamnă a îndeplini ordine care sunt contrare învățăturii Domnului sau care fac rău oamenilor lui Dumnezeu sau lucrurilor create de El. Totuși, înseamnă că muncitorul creștin trebuie să facă ceea ce i se spune atunci când se bucură de privilegiul de a avea un loc de muncă, de privilegiul...

- de a-și câștiga existența și de a-și putea întreține familia.
- de a-și aduce contribuția prin serviciile pe care le prestează societății.
- de a câștiga suficient pentru a putea veni în întâmpinarea unor nevoi pe care le au cei din jur sau pentru a ajuta la cauza răspândirii evangheliei în întreaga lume.

Atitudinea muncitorului creștin este că energia și efortul pe care el le depune la locul de muncă sunt importante pentru Domnul. Prin urmare, Domnul ne dă câteva instrucțiuni clare și fără echivoc pentru muncitorul creștin.

1. Muncitorul creștin nu trebuie să lucreze numai de ochii lumii, ca unul care dorește să le facă pe plac oamenilor; adică, el nu trebuie să lucreze numai atunci când îl vede șeful sau când acesta este prezent. Muncitorul creștin trebuie să lucreze cu sârguință tot timpul, făcând exact...

- ceea ce i s-a spus să facă *și chiar mai mult*
- ceea ce se așteaptă de la el *și chiar mai mult*
- ceea c ear trebui să producă *și chiar mai mult*

Muncitorul creștin nu ar trebui niciodată să fie mediocru—nu trebuie niciodată să facă numai ceea ce i s-a cerut. Muncitorul creștin trebuie să fie întotdeauna cel mai bun în ceea ce face, și să meargă dincolo de ceea ce este dator să facă. (Vezi comentrariul, pct.3—Efes.6:5-8 pentru mai multe discuții.)

> **Căci au iubit mai mult slava oamenilor decât slava lui Dumnezeu. (Ioan 12:43)**
> **Frica de oameni este o cursă, dar cel ce se încrede în Domnul n-are de ce să se teamă. (Prov. 29:25)**

COLOSENI 3:22-4:1

2. Muncitorul creștin trebuie să lucreze cu curăție *de inimă* (vezi comentariul, pct.2—Efes.6:5-8 pentru discuții).

3. Muncitorul creștin trebuie să lucreze plin de reverență față de Dumnezeu. Aceasta trebuie să fie caracteristica muncitorului creștin. Teama și respectul lui față de Dumnezeu trebuie să se vadă în fața tuturor celor care îl înconjoară și lucrează împreună cu el. Fiecare om va fi judecat pentru ceea ce ce face pe pământ, va fi judecat pentru lucrurile pe care le-a făcut și pentru modul în care le-a făcut. Muncitorul creștin știe...

- că Dumnezeu este atent la sârguința lui
- că Dumnezeu îl va răsplăti pentru sârguința lui
- că lucrarea pe care o va primi în ceruri va depinde de credincioșia și sârguința de care a dat dovadă aici pe pământ

Prin urmare, muncitorul creștin lucrează cu sârguință în teama de Dumnezeu—lucrează cu râvnă ca să nu piardă ceea ce a pregătit Dumnezeu pentru el.

> Ci mă port aspru cu trupul meu și-l țin în stăpânire, ca nu cumva, după ce am propovăduit altora, eu însumi să fiu lepădat. (1 Cor. 9:27)
>
> Nu vă temeți de cei ce ucid trupul, dar care nu pot ucide sufletul; ci temeți-vă mai degrabă de Cel ce poate să piardă și sufletul și trupul în gheenă. (Mat. 10:28)
>
> Și îndurarea Lui se întinde din neam în neam peste cei ce se tem de El. (Luca 1:50)
>
> Ci că, în orice neam, cine se teme de El și lucrează neprihănire este primit de El. (Fapte 10:35)
>
> Și dacă chemați ca Tată pe Cel ce judecă fără părtinire pe fiecare după faptele lui, purtați-vă cu frică în timpul pribegiei voastre. (1 Pet 1:17)
>
> Cine este omul care se teme de Domnul? Aceluia Domnul îi arată calea pe care trebuie s-o aleagă. (Ps. 25:12)
>
> O, cât de mare este bunătatea Ta, pe care o păstrezi pentru cei ce se tem de Tine și pe care o arăți celor ce se încred în Tine, în fața fiilor oamenilor! (Ps. 31:19)

4. Muncitorul creștin trebuie să lucreze din toată inima—ca pentru Domnul, nu ca pentru oameni. Cuvântul *din inimă* (ek psuches) înseamnp *din suflet*. Munca creștinului trebuie să fie făcută din tot sufletul, din adâncul ființei lui. El nu lucrează pentru oamenii de pe acest pământ, ci pentru Domnul. El lucrează din cel mai profund motiv posibil, pentru un otiv care vine din însuși sufletul lui: Domnul Isus Cristos i-a spus să lucreze, și să lucreze cu sârguință. Domnul Isus este Domnul său; prin urmare, muncitorul creștin face ceea ce îi spune Domnul său. Dar observați: există două motive principale pentru care el lucrează cu sârguință.

a. Munca făcută cu sârguință va fi răsplătită de Cristos. Aici pe pământ, creștinul care muncește poate fi tratat rău, abuzat, înșelat, trecut cu vederea, poate unii vor profita de el; dar Domnul știe, și El îl va răsplăti din belșug pe cel care muncește cu sârguință. De fapt, răsplata moștenirii depășește mintea omenească. Se întinde dincolo și mai presus de ceea ce omul și-ar putea imagina vreodată. Ea include un trup nou care va fi veșnic, ceruri noi și un pământ nou, și poziții de conducere, autoritate și slujire pentru Domnul Isus. (Vezi comentariile—Luca 16:10-12; Rom. 4:13; STUDIU APROFUNDAT # 3—8:17 pentru mai multe discuții.)

> Încolo, ce se cere de la ispravnici este ca fiecare să fie găsit credincios în lucrul încredințat lui. (1 Cor. 4:2)
>
> De aceea, preaiubiții mei frați, fiți tari, neclintiți, sporiți totdeauna în lucrul Domnului, căci știți că osteneala voastră în Domnul nu este zadarnică. (1 Cor. 15:58)
>
> Ca niște buni ispravnici ai harului felurit al lui Dumnezeu, fiecare din voi să slujească altora după darul pe care l-a primit. (1 Pet. 4:10)

b. Neglijența în muncă și lenea vor fi judecate de Cristos. Mulți oameni care muncesc o fac într-un mod greșit; ei greșesc prin faptul că...

- sunt leneși
- sunt iresponsabili
- sunt dezinteresați
- sunt neproductivi
- nu le pasă
- au prejudecăți
- mint
- sunt neglijenți
- sunt egoiști
- nu sunt corecți
- înșeală
- fură

Lista ar putea continua la nesfârșit. Ideea este următoarea: fiecare om de pe pământ va fi judecat de Dumnezeu pentru răul pe care la făcut în slujba lui. El va da socoteală de munca pe care a făcut-o și va fi judecat exact pentru ceea ce a făcut. Și observați: nu se are în vedere fața omului. Toți vor sta înaintea lui Dumnezeu—oricine ar fi.

> **Stăpânul său i-a zis: "Bine, rob bun și credincios; ai fost credincios în puține lucruri, te voi pune peste multe lucruri; intră în bucuria stăpânului tău!" (Mat. 25:23)**
> **Căci toți trebuie să ne înfățișăm înaintea scaunului de judecată al lui Hristos, pentru ca fiecare să-și primească răsplata după binele sau răul pe care-l va fi făcut când trăia în trup. (2 Cor. 5:10)**
> **Căci cine umblă cu strâmbătate își va primi plata după strâmbătatea pe care a făcut-o; și nu se are în vedere fața omului. (Col. 3:25)**

2. (4:1) **Angajator—Om de afaceri—Manager—Stăpân**: angajatorul sau managerul trebuie să fie drept și correct față de angajat. Trebuie să existe dreptate și corectitudine...

- salarii
- sarcinile de lucru
- producție și obiective
- așteptări și solicitări
- promovare

Motivul este foarte clar explicat: managerul sau angajatorul are un Stăpân în cer. Dumnezeu vede tot ceea ce face angajatorul și îl va trage la răspundere pentru tot ceea ce face. (Vezi comentariul, *Manageri*—Efes.6:9 pentru mai multe discuții.)

> **Și voi, stăpânilor, purtați-vă la fel cu ei; feriți-vă de amenințări, ca unii care știți că Stăpânul lor și al vostru este în cer și că înaintea Lui nu se are în vedere fața omului. (Efes. 6:9)**
> **Stăpânilor, dați robilor voștri ce le datorați și ce li se cuvine, căci știți că și voi aveți un Stăpân în cer. (Col. 4:1)**
> **Să nu asupreși pe aproapele tău și să nu storci nimic de la el prin silă. Să nu oprești până a doua zi plata celui tocmit cu ziua. (Lev. 19:13)**
> **Să-i dai plata pentru ziua lui înainte de apusul soarelui; căci e sărac și o dorește mult. Altfel, ar striga către Domnul împotriva ta, și te-ai face vinovat de un păcat. (Deut. 24:15)**
> **De aș fi nesocotit dreptul slugii sau slujnicei mele, când se certau cu mine. (Iov 31:13)**
> **Vai de cel ce își zidește casa cu nedreptate, și odăile, cu nelegiuire; care pune pe aproapele său să lucreze degeaba, fără să-i dea plata. (Ier. 22:13)**
> **Mă voi apropia de voi pentru judecată și Mă voi grăbi să mărturisesc împotriva descântătorilor și preacurvarilor, împotriva celor ce jură strâmb, împotriva celor ce opresc plata simbriașului, care asupresc pe văduvă și pe orfan, nedreptățesc pe străin, și nu se tem de Mine, zice Domnul oștirilor. (Mal. 3:5)**

| 1. Rugați-vă și continuați să vă rugați
  a. Stăruiți în rugăciune
  b. Vegheați în rugăciune
  c. Rugați-vă cu mulțumiri
  d. Rugați-vă pentru ceilalți, mai ales pentru lucrarea Domnului—fiți mijlocitori | C. Credinciosul, viața lui de rugăciune și mărturia lui, 4:2-6

2 Stăruiți în rugăciune, vegheați în ea cu mulțumiri. 3 Rugați-vă totodată și pentru noi, ca Dumnezeu să ne deschidă o ușă pentru Cuvânt, ca să putem vesti taina lui Hristos, | pentru care, iată, mă găsesc în lanțuri; 4 ca s-o fac cunoscut așa cum trebuie să vorbesc despre ea. 5 Purtați-vă cu înțelepciune față de cei de afară; răscumpărați vremea. 6 Vorbirea voastră să fie totdeauna cu har, dreasă cu sare, ca să știți cum trebuie să răspundeți fiecăruia. | 2. Umblați cu înțelepciune înaintea oamenilor fără Cristos

3. Vorbiți cu har—răspunzând și împărtășind despre ceea ce vă face viața diferită |

SECȚIUNEA VI

RESPONSABILITĂȚILE CREDINCIOSULUI, 3:18-4:6

C. CREDINCIOSUL, VIAȚA LUI DE RUGĂCIUNE ȘI MĂRTURIA, 4:2-6

(4:2-6) **Introducere**: acest pasaj acoperă două dintre cele mai importante teme pentru credincios—cea a vieții de rugăciune și a mărturiei.

1. Rugați-vă și continuați să vă rugați (vv.2-4).
2. Umblați cu înțelepciune înaintea oamenilor fără Cristos (v.5).
3. Vorbiți cu har—răspunzând și împărtășind despre ceea ce vă face viața diferită (v.6).

1. (4:2-4) **Rugăciunea—Datoria credinciosului**: prima datorie a credinciosului este să se roage și să continue în rugăciune. Ne sunt date patru instrucțiuni importante—instrucțiuni care trebuie respectate cu sfințenie.

1. În primul rând, *stăruiți în rugăciune*. Cuvântul *stăruiți* (proskartereite) înseamnă a fi constant, perseverent și neobosit în rugăciune. Înseamnă a rămâne constant și neîntrerupt în rugăciune—a rămâne constant și neîntrerupt în părtășia și comuniunea cu Dumnezeu. Înseamnă a umbla și a respira rugăciunea—de a trăi și a se mișca și a-și avea ființa în rugăciune. Înseamnă a nu avea niciun moment în care să nu ne aflăm în rugăciune.

Cum este posibil acest lucru? Când avem atât de multe îndatoriri și treburi care ne solicită atenția, cum putem noi stărui și umbla într-o rugăciune neîntreruptă? Ce vrea să spună Scriptura este că noi trebuie...

- să dezvoltăm o *atitudine de rugăciune*.
- să umblăm într-un *duh de rugăciune*.
- să ne luăm pauze în timpul serviciului și să petrecem un moment *în rugăciune*.
- *să ne rugăm întotdeauna* când mințile noastre nu sunt ocupate cu munca.
- *să ne trezim devreme* și să ne rugăm înainte de a începe activitățile zilnice. Să petrecem un timp de închinare cu Dumnezeu în rugăciune. Să facem un obicei din această practică.
- *să ne rugăm înainte de a merge la culcare*. Să petrecem un timp mai lung de rugăciune înainte a ne culca. Să facem un obicei din această practică.

Dacă suntem sinceri, trebuie să recunoaștem majoritatea dintre noi că pierdem multe minute în fiecare oră visând cu ochii deschiși și gândindu-ne la diferite lucruri—pierdem timp prețios care ar putea fi petrecut în rugăciune. Dacă am învăța să capturăm aceste minute pentru rugăciune, am descoperi ce înseamnă să umblăm și să trăim în rugăciune. Observați un fapt crucial: aceasta este datoria credinciosului. Nu este ceva ce Dumnezeu poate face în locul nostru. Noi singuri trebuie să ne autodisciplinăm pentru a trăi în rugăciune. Dacă nu ne rugăm, nimeni nu o poate face în locul nostru.

Scriptura este clară: credinciosul trebuie să stăruiască în rugăciune, să se dăruiască rugăciunii.

> **Noi răsturnăm izvodirile minții și orice înălțime care se ridică împotriva cunoștinței lui Dumnezeu; și orice gând îl facem rob ascultării de Hristos. (2 Cor. 10:5)**
> **Cereți, și vi se va da; căutați și veți găsi; bateți, și vi se va deschide. (Mat. 7:7)**
> **Până acum n-ați cerut nimic în Numele Meu: cereți, și veți căpăta, pentru ca bucuria voastră să fie deplină. (Ioan 16:24)**
> **Nu vă îngrijorați de nimic; ci, în orice lucru, aduceți cererile voastre la cunoștința lui Dumnezeu, prin rugăciuni și cereri, cu mulțumiri. (Filip. 4:6)**
> **Stăruiți în rugăciune, vegheați în ea cu mulțumiri. (Col. 4:2)**

Este vreunul printre voi în suferință? Să se roage! Este vreunul cu inimă bună? Să cânte cântări de laudă! (Iacov 5:13)

Nimeni, dar, să nu-l disprețuiască. Să-l petreceți în pace, ca să vină la mine, pentru că îl aștept cu frații. (1 Cor. 16:11)

2. În al doilea rând, *vegheați în rugăciune.* Cuvântul *vegheați* (gregorountes) înseamnă a fi treaz, în alertă, a nu dormi, a fi activ, concentrate. Înseamnă a lupta împotriva lucrurilor care ne distrag atenția, împotriva somnolenței, împotriva gândurilor rătăcitoare, și împotriva visării cu ochii deschiși. Înseamnă să ne disciplinăm mințile și să ne controlăm gândurile pentru rugăciune. Dacă suntem sinceri, aceasta este o problemă care îi afectează pe toți credincioși la un moment dat. Munca excesivă, oboseala, presiunea, tensiunile—o listă lungă de lucruri pot să ne facă să ne fie foarte greu să ne concentrăm în rugăciune. Acesta este motivul pentru care Pavel accentuează nevoia de a *veghea în rugăciune.* Dar observați: vigilența în rugăciune este datoria credinciosului. Din nou, nu este ceva ce Dumnezeu face în locul nostru. Noi suntem responsabili pentru veghere și pentru concentrare. Noi suntem cei care trebuie să ne disciplinăm mintea și să ne controlăm gândurile. Din acest motiv, nu trebuie să renunțăm niciodată la rugăciune. Noi trebuie...

- să luptăm mereu împotriva somnolenței și a gândurilor rătăcitoare.
- să învățăm să ne concentrăm—să ne disciplinăm mintea și să ne controlăm gândurile.
- să ne învățăm pe noi înșine să veghem în rugăciune.

Apoi a venit la ucenici, i-a găsit dormind și a zis lui Petru: "Ce, un ceas n-ați putut să vegheați împreună cu Mine! Vegheați și rugați-vă, ca să nu cădeți în ispită; duhul, în adevăr, este plin de râvnă, dar carnea este neputincioasă. (Mat. 26:40-41)

Isus le-a spus o pildă, ca să le arate că trebuie să se roage necurmat și să nu se lase. (Luca 18:1)

Vegheați, dar, în tot timpul și rugați-vă, ca să aveți putere să scăpați de toate lucrurile acestea care se vor întâmpla și să stați în picioare înaintea Fiului omului. (Luca 21:36)

3. În al treilea rând, să ne rugăm aducând mulțumiri. Când cineva face ceva pentru noi, noi îi mulțumim persoanei respective. Persoana care a făcut pentru noi mai mult decât oricine altcineva este Dumnezeu. De aceea, noi trebuie să Îi mulțumim. De fapt, Dumnezeu continuă să ne binecuvinteze și să ne ajute; mâna Lui este în mod continuu peste viața noastră, îngrijindu-se de noi; prin urmare, noi ar trebui să-I mulțumim în continu. Lauda noastră trebuie să se înalțe spre El pe parcursul întregii zile, în timp ce ne ocupăm de treburile noastre zilnice. Nu trebuie să treacă nici măcar o oră fără să Îi mulțumim și să Îl lăudăm pe Dumnezeu. Noi nu trebuie să Îl uităm niciodată pe Fiul Său—că El a luat păcatele noastre asupra Lui și a primit pedeapsa și judecata păcatelor în locul nostru. Acest lucru ar trebui să umple inimile noastre de recunoștință și laudă.

Dar mulțumiri fie aduse lui Dumnezeu, care ne dă biruința prin Domnul nostru Isus Hristos! (1 Cor. 15:57)

Căci ați fost cumpărați cu un preț. Proslăviți, dar, pe Dumnezeu în trupul și în duhul vostru, care sunt ale lui Dumnezeu. (1 Cor. 6:20)

Mulțumiri fie aduse lui Dumnezeu pentru darul Lui nespus de mare! (2 Cor. 9:15)

Mulțumiți totdeauna lui Dumnezeu Tatăl, pentru toate lucrurile, în Numele Domnului nostru Isus Hristos. (Efes. 5:20)

Mulțumiți lui Dumnezeu pentru toate lucrurile; căci aceasta este voia lui Dumnezeu, în Hristos Isus, cu privire la voi.(1 Tes. 5:18)

Prin El, să aducem totdeauna lui Dumnezeu o jertfă de laudă, adică, rodul buzelor care mărturisesc Numele Lui. (Evrei 13:15)

Voi însă sunteți o seminție aleasă, o preoție împărătească, un neam sfânt, un popor pe care Dumnezeu Și-l-a câștigat ca să fie al Lui, ca să vestiți puterile minunate ale Celui ce v-a chemat din întuneric la lumina Sa minunată. (1 Pet. 2:9)

Lăudați pe Domnul, chemați Numele Lui: faceți cunoscut printre popoare faptele Lui înalte! (1 Cron. 16:8)

Cântați Domnului, care împărățește în Sion, vestiți printre popoare isprăvile Lui! (Ps. 9:11)

Adu ca jertfă lui Dumnezeu mulțumiri și împlinește-ți juruințele făcute Celui Preaînalt. (Ps. 50:14)

Te laudă popoarele, Dumnezeule, toate popoarele Te laudă. (Ps. 67:3)

Binecuvântat să fie Domnul care zilnic ne poartă povara, Dumnezeu, Mântuirea noastră. - (Oprire) (Ps. 68:19)

Frumos este să lăudăm pe Domnul și să mărim Numele Tău, Preaînalte. (Ps. 92:1)

4. În al patrulea rând, rugați-vă pentru ceilalți, în special pentru slujitori. Mijlociți înaintea lui Dumnezeu pentru slujitori. Nu uitați că Pavel se afla în închisoare, dar observați pentru ce solicită el rugăciunea. William Barclay scoate în evidență faptul că Pavel ar fi putut cere bisericii să se roage pentru eliberarea lui, pentru un *verdict nevinovat* în procesul care îl aștepta (el nu era vinovat), sau pentru ca viața lui să aibă un final liniștit (*Scrisorile către Filipeni, Coloseni și Tesaloniceni*, p.198f). Dar el nu a cerut aceasta. El a cerut ca ei să se roage pentru lucrarea lui. El dorea ca credincioșii să se roage ca Dumnezeu să îi dea...
- ocazii pentru a mărturisi—pentru a împărtăși taina sau mântuirea lui Cristos.
- îndrăzneală în mărturisire (v.4).

Noi trebuie să ne amintim întotdeauna că rugăciunea este una dintre legile universului. Cu siguranță, este o lege foarte mult negată și ignorată de oameni. Chiar și cei care înțeleg că ea este una dintre legile lui Dumnezeu o neglijează. Și totuși, Dumnezeu a stabilit această lege spiritual că El acționează ca răspuns la rugăciunii. Indiferent dacă noi credem sau nu, Dumnezeu spune clar că rugăciunea este o lege a universului. Rugăciunea este legea prin care El lucrează și acționează printre oameni în lumea lor. Prin urmare, dacă noi vrem ca binecuvântarea lui Dumnezeu să fie peste viețile noastre și peste lucrarea noastră de slujire—dacă vrem ca lucrarea lui Dumnezeu să meargă înainte și să aducă roade, noi trebuie să ne rugăm pentru cei care lucrează cu evanghelia. Trebuie să învățăm să mijlocim în rugăciune.

> **De unde vin luptele și certurile între voi? Nu vin oare din poftele voastre, care se luptă în mădularele voastre? Voi poftiți, și nu aveți; ucideți, pizmuiți, și nu izbutiți să căpătați; vă certați și vă luptați, și nu aveți, pentru că nu cereți. Sau cereți, și nu căpătați, pentru că cereți rău, cu gând să risipiți în plăcerile voastre. (Iacov 4:1-3)**
> **Tot ce veți cere cu credință, prin rugăciune, veți primi. (Mat. 21:22)**
> **Dacă rămâneți în Mine și dacă rămân în voi cuvintele Mele, cereți orice veți vrea, și vi se va da. (Ioan 15:7)**
> **Când Mă va chema, îi voi răspunde; voi fi cu el în strâmtorare, îl voi izbăvi și-l voi proslăvi. (Ps. 91:15)**
> **Cheamă-Mă, și-ți voi răspunde; și îți voi vesti lucruri mari, lucruri ascunse pe care nu le cunoști. (Ier. 33:3)**

2. (4:5) **Datoria credinciosului—Mărturie**: umblați cu înțelepciune înaintea oamenilor care sunt fără Cristos, răscumpărând timpul. Observați două puncte importante.

1. Cuvântul *"cei de afară"* se referă la cei necredincioși din lume, cei care umblă prin viață fără Cristos și fără Dumnezeu. Gândiți-vă ce înseamnă asta: ei umblă...
- fără vreo nădejde dincolo de viața aceasta.
- fără siguranța unei vieți de dincolo cu Dumnezeu.
- fără ajutor în înfruntarea necazurilor și problemelor acestei vieți.
- fără pace.
- fără siguranță.
- fără grija și izbăvirea lui Dumnezeu.
- fără părtășia cu Dumnezeu și cu familia de credincioși ai lui Dumnezeu.
- fără eliberare de vinovăție—fără nicio siguranță a iertării păcateloe.
- Fără lumină—fără eliberare de întunericul morții și al mormântului.

Scriptura zugrăvește un contrast clar între necredincioșii care sunt *afară din Cristos* și credincioșii care sunt *în Cristos*.

> **Pentru desăvârșirea sfinților, în vederea lucrării de slujire, pentru zidirea trupului lui Hristos, până vom ajunge toți la unirea credinței și a cunoștinței Fiului lui Dumnezeu, la starea de om mare, la înălțimea staturii plinătății lui Hristo. (Efes. 4:12-13)**

2. Credincioșii trebuie să fie înțelepți față de cei ce sunt fără Cristos, răscumpărând sau folosindu-și cu cât mai multă înțelepciune timpul. A fi înțelept înseamnă...
- a umbla cu atenție, găsind o modalitate de a trăi pentru Cristos înaintea lumii
- a umbla în neprihănire și în evlavie
- a umbla cu mare atenție la fiecare pas
- a umbla în fapte bune

Şi observaţi: trebuie să profităm de fiecare ocazie; adică, trebuie să căutăm să câştigăm fiecare moment trăind pentru Cristos înaintea acestei lumi pierdute. Trebuie ca întotdeauna să căutăm ocazii de a face bine şi de a lăsa ca lumina noastră să lumineze înaintea oamenilor. Trebuie să încercăm să profităm la maxim pentru a mărturisi prin modul în care trăim.

> **Noi deci, prin botezul în moartea Lui, am fost îngropaţi împreună cu El, pentru ca, după cum Hristos a înviat din morţi, prin slava Tatălui, tot aşa şi noi să trăim o viaţă nouă. (Rom. 6:4)**
> **Zic, dar: umblaţi cârmuiţi de Duhul şi nu împliniţi poftele firii pământeşti. (Gal. 5:16)**
> **Vă sfătuiesc, dar, eu, cel întemniţat pentru Domnul, să vă purtaţi într-un chip vrednic de chemarea pe care aţi primit-o. (Efes. 4:1)**
> **Trăiţi în dragoste, după cum şi Hristos ne-a iubit şi S-a dat pe Sine pentru noi "ca un prinos şi ca o jertfă de bun miros - lui Dumnezeu. (Efes. 5:2)**
> **Luaţi seama deci să umblaţi cu băgare de seamă, nu ca nişte neînţelepţi, ci ca nişte înţelepţi. (Efes. 5:15)**
> **Astfel, dar, după cum aţi primit pe Hristos Isus, Domnul, aşa să şi umblaţi în El. (Col. 2:6)**
> **Dar dacă umblăm în lumină, după cum El însuşi este în lumină, avem părtăşie unii cu alţii; şi sângele lui Isus Hristos, Fiul Lui, ne curăţă de orice păcat. (1 Ioan 1:7)**
> **Cine zice că rămâne în El trebuie să trăiască şi el cum a trăit Isus. (1 Ioan 2:6)**

3. (4:6) **Datoria credinciosului—Mărturisirea:** vorbiţi mereu cu har, răspunzând şi împărtăşind despre ceea ce vă face viaţa diferită. Ce aşteaptă Dumnezeu de la noi: să trăim o viaţă atât de diferită încât oamenii să ne întrebe care este lucrul care ne face diferiţi. Câţi dintre noi trăim o viaţă atât de diferită? Observaţi exact ce se spune.

Când umblăm printre necredincioşi, trebuie să fim atenţi la vorbirea şi la conversaţia noastră. Trebuie...

- să ne asigurăm că vorbim *cu har* (en charita), adică, cu bunătate, cu blândeţe, şi cu amabilitate.
- să ne condimentăm conversaţia cu sare; adică, trebuie să îi dăm gust, să transformăm conversaţia în ceva cât mai plăcut, găsind subiecte de bun gust şi îndepărtându-ne de subiectele de prost gust şi vulgare.

Ce se întâmplă când acţionăm astfel est izbitor: necredincioşii vor începe să observe vieţile noastre şi conversaţia noastră—că suntem atât de diferiţi într-un mod bun şi pozitiv. Şi unii ne vor întreba care este lucrul care ne dă atâta pace, siguranţă şi certitudine în viaţă. Acesta est momentul în care avem ocazia unică de a mărturisi. Atunci putem să întindem mâna şi să îi ridicăm pe cei care sunt fără de Cristos, pierduţi în disperare şi deznădejde pentru totdeauna.

> **Felul vostru de vorbire să fie: "Da, da; nu, nu"; ce trece peste aceste cuvinte vine de la cel rău. (Mat. 5:37)**
> **Vorbirea voastră să fie totdeauna cu har, dreasă cu sare, ca să ştiţi cum trebuie să răspundeţi fiecăruia. (Col. 4:6)**
> **Dreptarul învăţăturilor sănătoase, pe care le-ai auzit de la mine, ţine-l cu credinţa şi dragostea care este în Hristos Isus. (2 Tim. 1:13)**
> **De vorbire sănătoasă şi fără cusur, ca potrivnicul să rămână de ruşine şi să nu poată să spună nimic rău de noi. (Tit 2:8)**
> **Toţi greşim în multe feluri. Dacă nu greşeşte cineva în vorbire, este un om desăvârşit şi poate să-şi ţină în frâu tot trupul. (Iacov 3:2)**
> **Ci sfinţiţi în inimile voastre pe Hristos ca Domn." Fiţi totdeauna gata să răspundeţi oricui vă cere socoteală de nădejdea care este în voi; dar cu blândeţe şi teamă. (1 Pet. 3:15)**

	VII. CONCLUZIE: EXEMPLELE UNOR CREDINCIOŞI CREŞTINI EROICI, 4:7-18	12 Epafra, care este dintre ai voştri, vă trimite sănătate. El, rob al lui Hristos, totdeauna se luptă pentru voi în rugăciunile sale, pentru ca, desăvârşiţi şi deplin încredinţaţi, să stăruiţi în voia lui Dumnezeu.	6. Epafra: Credinciosul care s-a luptat în rugăciune şi a lucrat din greu pentru credincioşii din biserică
1. Tihic: Credinciosul care i-a slujit pe ceilalţi	7 Tot ce este cu privire la mine vă va spune Tihic, fratele preaiubit şi slujitorul credincios, tovarăşul meu de slujbă în Domnul. 8 Vi l-am trimis înadins, ca să luaţi cunoştinţă despre starea noastră şi să vă mângâie inimile.	13 Căci vă mărturisesc că are o mare râvnă pentru voi, pentru cei din Laodiceea şi pentru cei din Ierapole.	
2. Onisim: Credinciosul care a căutat să îşi repare trecutul	9 L-am trimis împreună cu Onisim, fratele credincios şi preaiubit, care este dintre ai voştri. Ei vă vor spune tot ce se petrece pe aici.	14 Luca, doctorul preaiubit, şi Dima vă trimit sănătate. 15 Spuneţi sănătate fraţilor din Laodiceea şi lui Nimfa, şi bisericii din casa lui.	7. Luca: Doctorul preaiubit 8. Dima: Credinciosul care a alunecat înapoi 9. Nimfa: Credinciosul care a avut o casă deschisă^DS1
3. Aristarh: Credinciosul care a stat ca un tovarăş în necazuri	10 Aristarh, tovarăşul meu de temniţă, vă trimite sănătate; tot aşa şi Marcu, vărul lui Barnaba (cu privire la care aţi primit porunci... dacă vine la voi, să-l primiţi bine),	16 După ce va fi citită această epistolă la voi, faceţi aşa ca să fie citită şi în Biserica laodicenilor; şi voi, la rândul vostru, să citiţi epistola care va veni din Laodiceea.	
4. Marcu: Credinciosul care şi-a ispăşit greşeala	11 şi Isus, zis Iust: ei sunt din numărul celor tăiaţi împrejur şi singurii care au lucrat împreună cu mine pentru Împărăţia lui Dumnezeu, oameni care mi-au fost de mângâiere.	17 Şi spuneţi lui Arhip: "Ia seama să împlineşti bine slujba pe care ai primit-o în Domnul."	10. Arhip: Credinciosul care a primit o slujbă special şi avea nevoie de încurajare
5. Iust: Credinciosul iudeu care s-a întors de la religie spre Cristos		18 Urarea de sănătate este cu mâna mea: Pavel. Aduceţi-vă aminte de lanţurile mele. Harul să fie cu voi! Amin.	11. Pavel: Credinciosul care era credincios până la punctul de a suferi închisoarea

SECŢIUNEA VII

CONCLUZIE: EXEMPLUL UNOR CREDINCIOŞI CREŞTINI EROICI, 4:7-18

(4:7-18) **Introducere**: aceasta este una dintre cele mai frumoase liste cu eroi ai credinţei din istorie.
1. Tihic: credinciosul care i-a slujit pe ceilalţi (vv.7-8).
2. Onisim: credinciosul care a căutat să-şi repare trecutul (v.9).
3. Aristarh: credinciosul care a stat ca un tovarăş în necazuri (v.10).
4. Marcu: credinciosul care şi-a ispăşit greşeala (v.10).
5. Iust: credinciosul iudeu care s-a întors de la religie la Cristos (v.11).
6. Epafra: credinciosul care s-a luptat în rugăciune şi a lucrat din greu pentru credincioşi şi pentru biserică (v.12-13).
7. Luca: doctorul preaiubit (v.14).
8. Dima: credinciosul care a alunecat înapoi (v.14).
9. Nimfa: credinciosul care a avut o casă deschisă (vv.15-16).
10. Arhip: credinciosul care a primit o slujbă special şi avea nevoie de încurajare (v.17).
11. Pavel: credinciosul care a fost credincios până la punctul de a suferi închisoarea (v.18).

1. (4:7-8) **Tihic**: credinciosul care i-a slujit pe ceilalţi (vezi comentariu şi STUDIU APROFUNDAT # 1—Efes.6:21-22 pentru discuţii).

2. (4:9) **Onisim**: credinciosul care a căutat să-şi repare trecutul. Onisim era sclavul care fugise despre care este vorba în Epistola către Filimon. Onisim fugise din Colose la Roma. Observaţi ce spune Pavel despre el.
1. El era un frate credincios şi drag. El fusese condus la Domnul fie de către Pavel, fie de un alt credincios din Roma. În orice caz, Pavel îl cunoştea bine pe Onisim. Pavel era în stare să afirme...

- că el era credincios Domnului. El asculta de Domnul și păzea poruncile Lui și umbla cu credincioșie în El zi de zi și mărturisea despre harul Lui mântuitor.

El era deasemenea un frate preaiubit, un frate în Domnul, care le era atât de drag celorlalți credincioși încât era cunoscut ca un *frate preaiubit*.

2. El Îi era atât de credincios lui Cristos și atât de iubit încât acum era "dintre ai voștri". Nu uitați: el era un sclav și unii frați din biserica din Colose erau oameni bogați care aveau sclavi. Acesta este un plunct semnificativ. Nu trebuie să existe diferențe de ordin social în biserica Domnului. Cel mai sărac dintre frați trebuie primit bine și iubit la fel de mult ca și cel mai bogat.

3. El se întorcea la Colose cu Tihic. De ce? Pentru că încălcase legea fugind de la stăpânul său Filimon, și dorea să remedieze situația respectivă. El fusese convertit și Dumnezeu i-a iertat toate păcatele. El dorea ca să primească și iertarea lui Filimon. (Vezi Epistola către Filimon pentru mai multe discuții.)

> Așa că, dacă îți aduci darul la altar, și acolo îți aduci aminte că fratele tău are ceva împotriva ta, lasă-ți darul acolo înaintea altarului și du-te întâi de împacă-te cu fratele tău; apoi vino de adu-ți darul. Caută de te împacă degrabă cu pârâșul tău, câtă vreme ești cu el pe drum; ca nu cumva pârâșul să te dea pe mâna judecătorului, judecătorul să te dea pe mâna temnicerului, și să fii aruncat în temniță. (Mat. 5:23-25)
> Și, când stați în picioare de vă rugați, să iertați orice aveți împotriva cuiva, pentru ca și Tatăl vostru care este în ceruri să vă ierte greșelile voastre. (Marcu 11:25)
> Îngăduiți-vă unii pe alții, și dacă unul are pricină să se plângă de altul, iertați-vă unul pe altul. Cum v-a iertat Hristos, așa iertați-vă și voi. (Col. 3:13)

3. (4:10) **Aristarh**: credinciosul care a stat ca un tovarăș în necazuri. Scriptura spune următoarele lucruri despre Aristarh:

⇒ El era membru în biserica din Tesalonic, un cetățean al acestei cetăți (Fapte 19:29; 20:4).
⇒ El a fost unul dintre credincioșii atacați de o mulțime violent în Efes. Cetățenii se răsculau împotriva Creștinilor pentru că atât de mulți oameni se converteau încât acest lucru afecta într-un mod negativ vânzarea de idoli făcuți pentru zeița Artemis. Faptul că Aristarh a fost unlu dintr credincioșii atacați arată faptul că el era un lider și un purtător de cuvânt pentru Cristos (Fapte 19:29).
⇒ El a mers împreună cu Pavel pentru a misiona în Asia (Fapte 20:4).
⇒ El a călătorit cu Pavel la Roma după ce Pavel fusese arestat și era transferat la Roma ca și prizonier (Fapte 27:2).
⇒ El apare ca întemnițat alături de Pavel la Roma în timp ce Pavel aștepta procesul sub acuzarea de trădare. Se pare că și el era acuzat de aceeași crimă. (Col.4:10; Filim.24).

Ideea principală este că el era *un adevărat tovarăș*, un tovarăș care a stat alături de frații lui la bine și la rău. El nu ar fi conceput niciodată să își părăsească prietenii dragi în Domnul, oricât ar fi fost de dificilă situația și oricât de teribil ar fi fost necazul. El prefera să riște închisoarea și chiar moartea decât să fie un trădător. Era un om pe care se merita să îl ai aproape când dacă treceai prin necazuri, pentru că el ar fi stat alături de tine.

> Purtați-vă sarcinile unii altora și veți împlini astfel legea lui Hristos. (Gal. 6:2)
> Aduceți-vă aminte de cei ce sunt în lanțuri, ca și cum ați fi și voi legați cu ei; de cei chinuiți, ca unii care și voi sunteți în trup. (Evrei 13:3)

4. (4:10) **Ioan Marcu**: credinciosul care și-a ispășit greșeala. Marcu îl părăsise pe Pavel și lucrarea lui cu ceva timp înainte (vezi STUDIU APROFUNDAT # 4, *Ioan Marcu*—Fapte 12:25; 13:13 pentru discuții). Dar observați ce spune Pavel bisericii din Colose. El le spune fraților să îl primească dacă el va putea să îi viziteze. Se pare că bisericile plantate de Pavel primiseră informații despre faptul că Marcu îl părăsise pe Pavel. Dar acum acest tânăr s-a se pocăise și și-a rededicat viața lui Cristos. El și-a ispășit greșeala; prin urmare, trebuia să fie primit.

Meditația 1. Când un credincios cade și păcătuiește, chiar dacă Îl părăsește pe Cristos, el trebuie reprimit cu brațele deschise dacă s-a pocăit. Noi nu trebuie să reproșăm nimănui eșecurile și păcatele pe care le-a avut. Cristos ne-a iertat atât de multe—fiecăruia dintre noi—prin urmare și noi trebuie să iertăm și să îi reprimim pe frații și pe surorile noastre înapoi în viața noastră.

526

Pocăiește-te, dar, de această răutate a ta și roagă-te Domnului să ți se ierte gândul acesta al inimii ta-le, dacă este cu putință. (Fapte 8:22)

Fiți primitori de oaspeți între voi, fără cârtire. (1 Pet. 4:9)

Întoarce-Ți privirea de la păcatele mele, șterge toate nelegiuirile mele! (Ps. 51:9)

Eu, Eu îți șterg fărădelegile, pentru Mine, și nu-Mi voi mai aduce aminte de păcatele tale. (Isaia 43:25)

Să se lase cel rău de calea lui, și omul nelegiuit să se lase de gândurile lui, să se întoarcă la Domnul care va avea milă de el, la Dumnezeul nostru care nu obosește iertând. (Isaia 55:7)

5. (4:11) **Iust**: credinciosul iudeu care sa întors de la religie la Cristos. Iudei erau desiguri foarte stricți în religia lor. Majoritatea iudeilor din Roma L-au respins pe Cristos și s-au întors împotriva lui Pavel și a predicării lui (vezi Fapte 28:17-29). Dar mai erau și câțiva care s-au întors de la relige spre Cristos (Fapte 28:24). Iust era unul dintre ei, și el se pare că a devenit atât de tare în credință încât a devenit un tovarăș apropiat al lui Pavel, suficient de apropiat ca Pavel să îl menționeze în scrisoarea către Coloseni.

Observați: Pavel spune că toți credincioșii menționați până aici sunt credincioși iudei, credincioși care s-a întors de la religie spre Cristos. Ei lucrau acum alături de Pavel și alături de alți credincioși—lucrau pentru împărăția lui Dum-nezeu. Observați că Pavel spune că ei au fost alături de el și l-au mângâiat când se afla în închisoare.

Meditația 1. Este absolut esențial ca cei care se încred în relligie să se întoarcă spre Cristos. Religia nu poate face ca omul să fie primit de Dumnezeu; numai Cristos poate face asta.

Căci vă spun că, dacă neprihănirea voastră nu va întrece neprihănirea cărturarilor și a fariseilor, cu niciun chip nu veți intra în Împărăția cerurilor. (Mat. 5:20)

Nu oricine-Mi zice: "Doamne, Doamne!" va intra în Împărăția cerurilor, ci cel ce face voia Tatălui Meu care este în ceruri. (Mat. 7:21)

Isus le-a răspuns: "Fățarnicilor, bine a prorocit Isaia despre voi, după cum este scris: "Norodul acesta Mă cinstește cu buzele, dar inima lui este departe de Mine. (Marcu 7:6)

Pentru că, întrucât n-au cunoscut neprihănirea pe care o dă Dumnezeu, au căutat să-și pună înainte o neprihănire a lor înșiși și nu s-au supus astfel neprihănirii pe care o dă Dumnezeu. Căci Hristos este sfârșitul Legii, pentru ca oricine crede în El să poată căpăta neprihănirea. (Rom. 10:3-4)

Având doar o formă de evlavie, dar tăgăduindu-i puterea. Depărtează-te de oamenii aceștia. (2 Tim. 3:5)

Cine poate zice: "Mi-am curățat inima, sunt curat de păcatul meu"? (Prov. 20:9)

Este un neam de oameni care se crede curat și totuși nu este spălat de întinăciunea lui. (Prov. 30:12)

6. (4:12-13) **Epafra**: credinciosul care s-a luptat în rugăciune și a lucrat din greu pentru credincioșii din biserica lui.
⇒ El era *"slujitorul"* bisericii din Colose (Col.1:7).
⇒ El era un *"slujitor credincios* al lui Cristos" (Col.1:7).
⇒ El era "un *rob al lui Isus Cristos"* (Col.4:12).
⇒ El a fost un *"tovarăș de slujbă"* care îi era foarte drag li aproape de inima lui Pavel (Col.1:7).
⇒ El era atât de dedicat și de consacrat lui Cristos încât Pavel l-a numit "tovarășul meu de temniță" (Filim.23).
⇒ El era un slujitor care se lupta cu ardoare în rugăciune pentru toți frații săi dragi din Colose (Col.4:12). El se ru-ga în mod special pentru un lucru : ca ei să fie desăvârșiți și plini de voia lui Dumnezeu ; adică, ca ei să *cunoască* pe deplin voia lui Dumnezeu și să o împlinească în mod desăvârșit.

Faceți în toată vremea, prin Duhul, tot felul de rugăciuni și cereri. Vegheați la aceasta, cu toată stăru-ința, și rugăciune pentru toți sfinții. (Efes. 6:18)

Stăruiți în rugăciune, vegheați în ea cu mulțumiri. (Col. 4:2)

Căutați pe Domnul și sprijinul Lui, căutați necurmat fața Lui! (1 Chr 16:11)

⇒ El era un slujitor care a muncit din greu pentru biserica lui și pentru toate bisericile care îl înconjurau (Col.4:13, Laodicea și Ierapole). El se ruga și se ruga mult, dar și lucra mult—atât de mult încât munca lui era o mărturie chair înaintea marelui apostol Pavel.

Isus le-a zis: "Mâncarea Mea este să fac voia Celui ce M-a trimis și să împlinesc lucrarea Lui. Nu ziceți voi că mai sunt patru luni până la seceriș? Iată, Eu vă spun: ridicați-vă ochii și priviți holdele care sunt albe acum, gata pentru seceriș. (Ioan 4:34-35)

Cât este ziuă, trebuie să lucrez lucrările Celui ce M-a trimis; vine noaptea, când nimeni nu mai poate să lucreze. (Ioan 9:4)

Nu ştiţi că cei ce aleargă în locul de alergare, toţi aleargă, dar numai unul capătă premiul? Alergaţi, dar, în aşa fel, ca să căpătaţi premiul! Toţi cei ce se luptă la jocurile de obşte se supun la tot felul de înfrânări. Şi ei fac lucrul acesta ca să capete o cunună care se poate veşteji: noi să facem lucrul acesta pentru o cunună care nu se poate veşteji. (1 Cor. 9:24-25)

Iată la ce lucrez eu şi mă lupt după lucrarea puterii Lui care lucrează cu tărie în mine. (Col. 1:29)

De aceea îţi aduc aminte să înflăcărezi darul lui Dumnezeu care este în tine prin punerea mâinilor mele. (2 Tim. 1:6)

7. (4:14) **Luca:** doctoral care era preaiubit de Pavel şi de biserică (vezi Introducere, *Autor—Evanghelia lui Luca;* STUDIU APROFUNDAT # 2—Fapte 16:10 pentru discuţii). Observaţi un lucru aici în Coloseni: despre Luca se spune că ar fi "doctoral preaiubit"—un doctor care era noastre drag pentru inimile credincioşilor. Se pare că îngrijirile medicale pe care el le acorda credincioşilor erau pline de seriozitate, compasiune, căldură. El Îl slujea pe Cristos într-un mod foarte eficient printre credincioşi.

Vă dau o poruncă nouă: să vă iubiţi unii pe alţii; cum v-am iubit Eu, aşa să vă iubiţi şi voi unii pe alţii. Prin aceasta vor cunoaşte toţi că sunteţi ucenicii Mei, dacă veţi avea dragoste unii pentru alţii. (Ioan 13:34-35)

Dragostea să fie fără prefăcătorie. Fie-vă groază de rău, şi lipiţi-vă tare de bine. (Rom. 12:9)

Domnul să vă facă să creşteţi tot mai mult în dragoste unii faţă de alţii şi faţă de toţi, cum facem şi noi înşine pentru voi. (1 Tes. 3:12)

Deci ca unii care prin ascultarea de adevăr v-aţi curăţat sufletele prin Duhul, ca să aveţi o dragoste de fraţi neprefăcută, iubiţi-vă cu căldură unii pe alţii, din toată inima. (1 Pet. 1:22)

8. (4:14) **Dima:** credinciosul care a alunecat înapoi (vezi comentariul, *Dima*—Filim. 24 pentru discuţii).

9. (4:15) **Nimfa:** credinciosul care a avut o casă deschisă şi şi-a deschis casa pentru biserică. Observaţi că Nimfa trăia în Laodicea şi Pavel cunoştea despre el şi despre mărturia lui pentru Cristos. El era atât de dedicate lui Cristos încât şi-a deschis casa pentru toţi credioncioşii din cetate, făcând din casa lui locul de întâlnire pentru biserică. Nu uitaţi: biserica primară nu avea clădiri; prin urmare ei se întâlneau în casele credincioşilor pentru momentele de închinare şi părtăşie.

Ajutaţi pe sfinţi când sunt în nevoie. Fiţi primitori de oaspeţi. (Rom. 12:13)

Ci să fie primitor de oaspeţi, iubitor de bine, cumpătat, drept, sfânt, înfrânat; (Tit 1:8)

Să nu daţi uitării primirea de oaspeţi, căci unii, prin ea, au găzduit fără să ştie pe îngeri. (Evrei 13:2)

Fiţi primitori de oaspeţi între voi, fără cârtire. (1 Pet. 4:9)

> **STUDIU APROFUNDAT # 1**
> (4:15-16) **Epistola către Laodiceeni:** Care este scrisoarea către Laodiceeni?
> ⇒ Era o scrisoare care s-a pierdut?
> ⇒ Era *Epistola către Filimon?*
> ⇒ Era *Epistola către Efeseni?*
> Nimeni nu ştie, şi părerile diferă referitor la subiesctu acestei scrisori. Dar observaţi instrucţiunile lui Pavel de a face să circule această scrisoare împreună cu scrisoarea Colosenilor între biserici şi în bisericile din împrejurimi. Acesta este un punct surprinzător: înseamnă că scrisorile din Noul Testament nu sunt numai nişte scrisori amicale între prieteni, ci ele se adresează tuturor credincioşilor din toate generaţiile şi din toate bisericile. Ele sunt Cuvântul lui Dumnezeu inspirat, şi prin urmare trebuie să fie puse la dispoziţia tuturor credincioşilor pentru a fi studiate şi trăite în viaţa de zi cu zi.

10. (4:17) **Arhip:** credinciosul care a primit o slujbă specială şi avea nevoie de încurajare. Care era misiunea sau sarcina lui Arhip? Nu ştim. El mai este menţionat într-un singur alt loc şi acolo este numit tovarăş de luptă (Filim.2). Oricare ar fi fost, ea trebuie să fi fost o slujbă la fel grea ca a unui soldat aflat pe front. Erau necesare devotamentul şi disciplina care caracterizează o slujbă în domeniul militar. Acest lucru este cu siguranţă de înţeles în momentul în care slujitorul începe să ducă evanghelia unei lumi pierdute şi fără Dumnezeu. Oricare ar fi cazul cu Arhip, el avea nevoie să fie încurajat; avea nevoie *ia seama şi să-şi împlinească bine* slujba.

Meditația 1. Oare câți nu abandonează și nu duc până la capăt slujba care le-a fost încredințată? Oare câți...

- nu au nevoie *să ia seama* (blepe): să aibă privirea ațintită pe chemarea lui Dumnezeu și să nulase ca lumea și lucrurile ei să-i atace și să-i înfrângă?
- nu au nevoie să *împlinească* (plerois): să continue să-și împlinească și ducă până la capăt misiunea?

11. (4:18) **Pavel**: credinciosul care a fost loial până la punctual de a suferi închisoarea și având toate șansele de a muri ca un martir. Pavel semnează el însuși scrisoarea. Nu uitația: el era legat cu lanțuri la mâini așa că avea pe cineva care îi scria scrisorile în timp ce el le dicta. El încheie spunând pur și simplu:

⇒ "Aduceți-vă aminte de lanțurile mele"—întemnițarea; adică, rugați-vă pentru mine.

⇒ "Harul să fie cu voi"—favoarea și binecuvântările lui Dumnezeu—pe care noi nu le merităm dar pe care El le revarsă peste noi oricum.

CUPRINSUL SCHIȚELOR ȘI TEMELOR PRINCIPALE

NU UITAȚI: Atunci când doriți să studiați un anumit subiect și să deschideți la textul biblic respective, aveți nu numai textul biblic, ci și *schița și comentariul* textului și al subiectului respectiv.

Acesta este doar unul din *AVANTAJELE* pe care le oferă **Biblia cu Predici și Schițe pentru Predicatori™**. O dată ce ai în biblioteca ta toate aceste volume, vei avea la dispoziție nu numai informații biblice generale (o listă a subiectelor și trimiterilor biblice), **CI** vei avea…

- O schiță a *fiecărui text* și a fiecărui subiect din Biblie.
- O discuție (comentariu) referitoare la fiecare text și subiect biblic.
- Fiecare subiect este susținut de atle texte biblice sau trimiteri.

DESCOPERĂ singur aceste AVANTAJE. Mai jos poți vedea unul din subiectele Epistolei către Coloseni. Acesta este:

ACUZAȚIE, LIBERI DE
Ce înseamnă. 1:22

Turn Caută versetele de mai sus. Citește textul din Scriptură și schița textului, apoi citește comentariul. Vei vedea imediat *AVANTAJUL EXTRAORDINAR* al *CUPRINSULUI* **Bibliei cu Predici și Schițe pentru Predicatori™**.

CUPRINSUL SCHIȚELOR ȘI TEMELOR PRINCIPALE

CUPRINS

CUPRINS

RESURSELE BIBLIEI SCHIȚATE

Acest material, la fel ca și alte lucrări de acest gen, vine din partea unui om imperfect, fiind ca urmare supus greșelii. Totuși, Îi suntem recunoscători lui Dumnezeu atât pentru că ne-a chemat, cât și pentru că prin Duhul Sfânt ne-a dat putere să îndeplinim această lucrare. Prin harul și bunătatea Lui, *Biblia cu Predici și Schițe pentru Predicatori*® este în curs de traducere și distribuire în limba română. Vor fi tipărite și alte volume în funcție de fondurile disponibile.

Manualul Pastorului Evanghelic este de asemenea disponibil în forma tipărită.

Dumnezeu ne-a dat putere și ne-a ajutat să ajungem până aici. Încrederea noastră este că, atâta timp cât avem privirea ațintită asupra Lui și rămânem înrădăcinați în adevărurile de netăgăduit ale Scripturii, vom continua această lucrare prin următoarele volume. Viitorul va aduce și alte resurse utile ale **Bibliei Schițate**, care să îi ajute pe slujitorii iubiți ai lui Dumnezeu în studierea Bibliei și în lucrarea de ucenicizare.

Oferim acest material în primul rând Lui, în al Cărui Nume ne ostenim și lucrăm și pentru a Cărui glorie a fost realizat, și în al doilea rand, tuturor celor care, în orice loc s-ar afla, predică și învață pe alții Cuvântul lui Dumnezeu.

Rugăciunea noastră zilnică este ca fiecare volum să conducă mii, milioane, da chiar miliarde de oameni către o mai bună înțelegere a Scripturilor, și la o cunoaștere deplină a lui Isus Hristos, Cuvântul Întrupat despre care mărturisesc Scripturile.

Vă veți bucura să aflați că Leadership Ministries Worldwide are parteneriate cu organizații, tipografii și misiuni creștine din întreaga lume, cu scopul de a face ca resursele Bibliei Schițate să fie disponibile și ușor de procurat în multe țări și diferite limbi. Scopul nostru este ca fiecare lucrător creștin, fie cleric sau laic, oriunde s-ar afla el, să înțeleagă Cuvântul Sfânt al lui Dumnezeu și să prezinte mesajul lui Dumnezeu cu o claritate, autoritate și înțelepciune mai presus de puterile lui omenești.

Pentru mai multe informații și prețuri, contactați-ne la adresa:

LEADERSHIP MINISTRIES WORLDWIDE

P.O. Box 21310
Chattanooga, TN 37424-0310 USA
(423) 855-2181 FAX (423) 855-8616
E-Mail – info@outlinebible.org
www.outlinebible.org– se pot descărca materiale *GRATUITE*

LEADERSHIP MINISTRIES WORLDWIDE

SCOPUL NOSTRU

LEADERSHIP MINISTRIES WORLDWIDE

existã pentru a-i echipa pe lucrãtori, învãțãtori și laici în vederea înțelegerii, predicãrii și învã-
țãrii Cuvântului lui Dumnezeu, prin publicarea și distribuirea în toatã lumea a
***Bibliei cu Predici și Schițe pentru Predicatori*®**
și a altor resurse biblice **Schițate**; pentru a uceniciza bãrbați, femei, bãieți și fete pentru Isus
Hristos.

MISIUNEA NOASTRÃ

1. De a face Biblia atât de ușor de înțeles – și adevãrul ei atât de clar – încât bãrbați și fe-
mei de pretutindeni, fie învãțãtori sau elevi, predicatori sau ascultãtori, sã poatã pã-
trunde mesajul ei sã sã-L primeascã pe Isus Hristos ca Mântuitor, și...

2. De a pune Biblia în mâna tuturor celor care predicã și învațã pe alții din Cuvântul Sfânt al
lui Dumnezeu, verset cu verset, învãțãturã cu învãțãturã, indifferent de posibilitatea fiecã-
ruia de a o cumpãra.

Resursele biblice **Schițate** au fost date agenției LMW pentru tipãrire și mai ales pentru dis-
tribuire în toatã lumea la/sub preț minim, de oameni care au ales sã rãmânã anonimi. Un lu-
cru rãmâne totuși la fel de adevãrat astãzi cum a fost pe vremea lui Hristos.

Evanghelia este gratuitã, însã prețul ei este foarte mare

LMW depinde de darurile generoase oferite de credincioșii care au pe inimã lucrarea Dom-
nului și o dragoste fierbinte pentru cei pierduți. Ei ajutã la plãtirea tipãririi, traducerii și
distribuirii în mâinile slujitorilor lui Dumnezeu din toatã lumea, resursele biblice **Schițate**,
pentru ca aceștia sã prezinte mesajul Evangheliei cu claritate, autoritate și o înțelegere mai
presus de puterile lor.

LMW a fost înființatã în statul Tennessee în Iulie 1992, și a primit statutul de organizație
non- profit IRS 501 (c)(3) în Martie 1994. LMW este o organizație misionarã internationalã
și neconfesionalã. Toate fondurile rezultate din vânzãrile acestor volume în Statele Unite,
precum și donațiile din partea partenerilor noștri, sunt folosite în întregime pentru susți-
nerea proiectelor de traducere și distribuire a resurselor biblice **Schițate** predicatorilor, li-
derilor de biserici, și tuturor celor care studiazã Biblia în lumea întreagã.

PO Box 21310 – Chattanooga, TN 37424 – (423) 855-2181 – FAX (423) 855-8616
E-mail – info@outlinebible.org
www.outlinebible.org